***ACCESO GRATIS* a la Lectura en la Nube**

Para visualizar el libro electrónico en la nube de lectura envíe junto a su nombre y apellidos una fotografía del código de barras situado en la contraportada del libro y otra del ticket de compra a la dirección:

ebooktirant@tirant.com

En un máximo de 72 horas laborales le enviaremos el código de acceso con sus instrucciones.

DERECHO DEL TRABAJO, CAMBIOS ECONÓMICOS Y NUEVA SOCIEDAD

Homenaje a Jesús R. Mercader Uguina por sus 25 años de Cátedra

Procedimiento de selección de originales, ver página web:
www.tirant.net/index.php/editorial/procedimiento-de-seleccion-de-originales

DERECHO DEL TRABAJO, CAMBIOS ECONÓMICOS Y NUEVA SOCIEDAD

Homenaje a Jesús R. Mercader Uguina por sus 25 años de Cátedra

tirant lo blanch
Valencia, 2025

En caso de erratas y actualizaciones, la Editorial Tirant lo Blanch publicará la pertinente corrección en la página web www.tirant.com.

EDITA: TIRANT LO BLANCH
C/ Artes Gráficas, 14 - 46010 - Valencia
TELFS.: 96/361 00 48 - 50
FAX: 96/369 41 51
Email: tlb@tirant.com
www.tirant.com
Librería virtual: www.tirant.es
DEPÓSITO LEGAL: V-3362-2025
ISBN: 979-13-7010-631-7

Si tiene alguna queja o sugerencia, envíenos un mail a: *atencioncliente@tirant.com*. En caso de no ser atendida su sugerencia, por favor, lea en *www.tirant.net/index.php/empresa/politicas-de-empresa* nuestro procedimiento de quejas.

Responsabilidad Social Corporativa: http://www.tirant.net/Docs/RSCTirant.pdf

Listado de autores por orden de aparición

Luis Enrique de la Villa Gil
Francisco Javier Gómez Abelleira
Antonio Álvarez del Cuvillo
Luis Gordo González
Ana Belén Muñoz Ruiz
María Teresa Alameda Castillo
Daniel Pérez del Prado
Víctor Sánchez del Olmo
María del Sol Herráiz Martín
Gabriela Rizzo Lorenzo
Patricia Nieto Rojas
Cristina Aragón Gómez
Lourdes Sánchez-Galindo Mas
Marta Navas-Parejo Alonso
Víctor Maneiro Hervella
Maravillas Espín Sáez
Magdalena Nogueira Guastavino
Ana de la Puebla Pinilla
Alfonso Esteban Miguel
Pablo Gimeno Díaz de Atauri
Icíar Alzaga Ruiz
Ana Isabel García Salas
Elena Desdentado Daroca
José Delgado Ruiz
Amanda Moreno Solana
Eva María Blázquez Agudo
David Lantarón Barquín
Nuria Elena Ramos Martín
Ignacio García-Perrote Escartín
Manuel Carlos Palomeque López

Índice

ASPECTOS COLECTIVOS DE LA RELACIÓN LABORAL

ASPECTOS PROCESALES

SEGURIDAD SOCIAL

SEGURIDAD Y SALUD LABORAL

SEMBLANZAS

Preliminar

Esta obra ha sido elaborada por Profesores y Profesoras de Derecho del Trabajo y de la Seguridad Social que hemos disfrutado de la dirección de Jesús R. Mercader Uguina, ya sea en nuestras tesis doctorales o en los proyectos de investigación que ha liderado. Sirve pues de reconocimiento y agradecimiento a su labor de tutela, consejo y acompañamiento en nuestras trayectorias profesionales, a la vez que de celebración de sus 25 años como catedrático de Derecho del Trabajo y de la Seguridad Social. El prólogo del libro, a cargo de Luis Enrique de la Villa, y las semblanzas de Jesús Mercader, elaboradas por Ignacio García-Perrote y M. Carlos Palomeque López, lo enriquece con la presencia de quien Jesús Mercader reconoce como maestros y amigos.

Al diseñar el contenido de la monografía, nuestro objetivo fue que cada capítulo consistiera en una aportación de las personas participantes a partir de un trabajo o investigación del profesor Mercader. Por ello, la obra no es, ni pretende ser, una selección de sus más importantes aportaciones, sino tan sólo una reflexión personal sobre aquellos trabajos que cada uno de nosotros hemos tenido, por distintas razones, interés en retomar.

Dado que se trata de un homenaje, nos hemos tomado la licencia, ciertamente atípica en trabajos académicos, de iniciar cada capítulo con una referencia personal sobre nuestra relación con Jesús Mercader. Una referencia que estimamos imprescindible para entender que la relevancia de su figura va más allá de lo estrictamente académico.

Los autores queremos dejar constancia de nuestro agradecimiento a la editorial Tirant lo Blanch y, en particular, a su Director Salvador Vives que, desde el primer momento, aceptó sin reservas la propuesta de publicar este libro. Y al Profesor Goerlich Peset, que medió para conseguirlo.

Esta obra quedó cerrada el 29 de junio de 2025.

LOS AUTORES

Prólogo

LUIS ENRIQUE DE LA VILLA GIL
Catedrático de Derecho del Trabajo y de la Seguridad Social

Con cálculo y medida, pulimenta
el cristal que estas horas ilumina
y marca al oro un rumbo, al tiempo un modo.
Rosa Chacel, 'A la orilla de un pozo'.

1. ICH SAGE ICH UND KÖNNT AUCH SAGEN WIR ...

Decía Berthold Brecht (1898-1956), que sabía él, y que podría también decir que sabíamos nosotros, es decir, todos, algo sobre algo o sobre alguien. Pues, asimismo, todos sabemos aquí en España, y en buena parte de Europa y de América, que Jesús R. Mercader Uguina es un jurista excepcional, especializado en el amplio mundo de las relaciones laborales, pero apto para sobresalir al mismo nivel, antes o ahora, en cualquier otra rama del ordenamiento jurídico. Mi ventaja sobre los demás es que yo lo he sabido y lo he dicho hace ya 33 años, en un acto académico solemne que todavía pueden certificar tres grandes figuras del Derecho del Trabajo, Antonio Martín Valverde, Manuel Carlos Palomeque López y Gabriel García Becedas, miembros vivos del Tribunal que juzgó su tesis doctoral sobre *La estructura de la negociación colectiva y relaciones entre convenios*, recordando mi intervención oral, como director de la tesis, de la que existe un documento gráfico de video/audio. En ese documento se reproduce asimismo la valoración que mereció el trabajo de los juristas citados y de los que ya no pueden leernos, Fernando Valdés Dal-Ré y Javier Matía Prim.

Cuando dos años después la tesis se convirtió en el libro editado por Civitas, con el concierto de la Universidad Autónoma de Madrid, ya con el galardón del Premio Extraordinario de Doctorado, mis palabras pasaron de la voz a la letra, que quiero reproducir para que no se olviden, ni siquiera los versos que encabezaron mi prólogo firmado en Chapinería, en septiembre de 1994, que he querido que sea el mismo que encabeza ahora su continuación en este nuevo prólogo ...

"*He presenciado durante largos años como ha recibido Jesús Mercader las olas en su cuerpo y he coincidido con él al pensar que nuestro oficio no es precisamente un sueño de cristal. A lo mejor por eso mismo, a la hora de afrontar su primer gran reto científico, ha vencido fácilmente las habituales tentaciones de calcar del italiano o de aliñar una ensalada de latines menores y ha roto moldes para elaborar un producto singularísimo, escrito airosa y desenfadadamente, en el que no se sabe si apreciar más el escogimiento de la nomenclatura, el ensamblaje de las ideas o la final extracción de sólidas conclusiones por el casi inédito método de permitir rodar al convenio colectivo en torno a su propio eje y ratificar de tal guisa la intuición impresa por el laboralista dominicano Lupo Hernández Rueda en el lirismo de sus más recientes versos ... el mar inventa el mar ... (sombras con luces sobre el agua) ...*

Los considerados 'maestros' no logran saber con certeza si son capaces de que su alma corte a los demás a su medida; pero quizá entienden, como Garcilaso, que a esos otros se les quiere por el hábito del alma misma. A cualquiera le gustaría tener un discípulo como Jesús Mercader para que a su abrigo se le atribuyera un ápice siquiera del mérito de la obra bien pensada, bien gestada y bien realizada que ha llevado a término; no quiero ser yo la excepción sino que manu propria roboro et confirmo *que esa tesis doctoral, presentada ahora como densísimo libro colmador de un racimo de vacíos, constituye una de las grandes investigaciones del laboralismo español de todos los tiempos, en la que se combina maravillosamente el sabor de la tradición —patrimonio de los maestros de nuestros maestros, de éstos y de nosotros, que salva al neófito de escalar la montaña sin cordada— con el talento personal del autor, que orilla el riesgo de recalentar otra vez más el mismo guiso. Quien está más allá de la mitad del camino tiene suerte de acompasar su tranco con quien ha poco que lo recorre; en Azorín leí —de bachiller viajero, muchos años antes de aprenderlo por mí mismo— que si bellos son los crepúsculos, bellas también son las auroras*".

Estas palabras han resultado proféticas, pues Jesús ha seguido un rumbo dorado y ha dado al tiempo su mejor modo para convertirse en el maestro que ahora es, en mi discípulo-maestro, categoría de difícil equilibrio en la que progresivamente predomina la segunda sobre la primera proposición. El currículo que en su sexta década luce Jesús es manifiestamente impropio de ese recorrido medio, consistencia que no recuerdo haber conocido en cualquier otro caso dentro de las mismas coordenadas. En su grandiosidad causa mayor estupefacción que admiración, con ser ésta de enorme impacto.

2. BENE DICERE, RECTE DICERE

Una buena definición de que sea la poesía resulta de combinar el 'sonido' con el 'sentido'. De manera que no es poesía la palabra que suena bien pero nada estimable dice y tampoco la que dice algo estimable pero sin ritmo, sin sentimiento o sin lirismo. Siglos antes Cicerón exigía hablar con rectitud, pero con elocuencia y así lo hace Jesús Mercader, particularmente cuando se adentra en el copioso campo de las ideas generales. Por ejemplo, cuando afirma que el Derecho del Trabajo es ... "*el resultado de un modelo en el que el espíritu del sistema se conjuga con un rechazo de las abstracciones inútiles, una preocupación primordial por la claridad y, en fin, una sensibilidad hacia la cultura en su más amplio sentido*". Una manifestación absolutamente innovadora que no se encuentra en las explicaciones sobre el fin o la función del Derecho del Trabajo, ni siquiera en su propio 'manual', publicado a partir de 2008. Y no es baladí anotar la circunstancia en la que esa heterodoxa explicación aparece, concretamente en el momento en que explica el papel cumplido por el 'manual' de los profesores Palomeque y Álvarez de la Rosa en la construcción de la ciencia jurídica (*Trabajo y Derecho*, 2023, nº 100, p. 1), un libro que juntos 'crearon' en 1993 y todavía juntos 'mataron' en 2022, al celebrar su trigésima edición, recordando, por cierto, mi presencia en ambos momentos.

Por ejemplo, también, cuando compartió la fascinación causada por *El ordenamiento jurídico* de Santi Romano (1875-1947), que le llevaría a plantearse la 'disolución del concepto de fuente del Derecho' y a contemplar las 'deformaciones' y deformidades' de la función legislativa en materia laboral, ofreciendo esa lucubración nuevamente a nuestro compañero Álvarez de la Rosa en el libro homenaje que le dedicamos (Comares, 2014, pp. 203 y ss.). En realidad, la construcción del gran jurista italiano era circular, como su propia vida, pues al afirmar que el Derecho no era un sistema normativo, solo, sino un sistema institucional en el que la sociedad quedaba implicada en su organización y en su estructura, conducía inevitablemente a la recuperación de las fuentes tradicionales, ya que la ley, los reglamentos, la integración judicial y las propias costumbres no eran sino la expresión de ese mismo sistema institucional. Pero lo de menos es la dosis de gloria que pudiera restar a Romano tras su deterioro fascista, sino la lucida exposición del profesor Mercader... "*la idea de fuente del Derecho no es más que una ilusión ficticia, una metáfora de la realidad. El citado concepto sugiere claramente que existe un elemento de naturaleza única, el Derecho, y que este fluye de diversos orígenes, del mismo modo que el agua lo hace en la naturaleza, con una misma composición química más allá de sus numerosos accidentes. Así como el agua continúa su ciclo en la lluvia y en los deshielos, puede pensarse que el Derecho, una vez nacido, produce lagunas, se desborda en ocasiones y vuelve a formularse una y otra vez en la jurisprudencia, en la doctrina y a veces en ciertas situaciones sociales y políticas que, en ocasiones, contribuyen a restaurar el equilibrio natural. La realidad se resiste a ser atrapada y, también, como el agua, busca fluir con libertad*". Bellas provocaciones del profesor Mercader, naturales en el hacer de los creadores, los que convierten la arena en tierra de siembra, pero compatible a la postre con el riguroso tratamiento clásico de las fuentes del Derecho del Trabajo en sus ejemplares *Lecciones* 2ª a 5ª.

De la tesis anterior brilla con luz propia el juego de las 'metáforas' en el mundo jurídico, un asunto mimado por el profesor Mercader y retomado con mayor énfasis en uno de sus homenajes al querido amigo y maestro Aurelio Desdentado (*Liber Amicorum,* Tirant lo Blanch, 2022, pp. 363 y ss.). Con apoyo en Aristóteles, como adelantado definidor de la metáfora —'llevar más allá'— y en Ludwig Wittgenstein (1889-1951), propone Mercader la contraposición entre la 'oscura teoría' y la 'refrescante metáfora', un complemento necesario del seco y hasta críptico análisis jurídico ..."*la esencial incorporeidad del Derecho, su condición de realidad pensada, de constructo intelectual, de 'cosa hecha con palabras', requiere recurrir a la metáfora para ver en imagen lo que solo puede funcionar y ser operativo como idea. El jurista recurre frecuentemente a la metáfora para articular su propio pensamiento ... Esa huida del concepto para atravesar a través de imágenes de definición y de construcción de la idea es una experiencia propia del pensar jurídico si entendemos, como Oliver Wendell Holmes* [1809-1894] *que la labor del abogado es ver la relación entre nuestro hecho particular y todo el marco del Universo*" ... A partir de ahí Aurelio va guiando de la mano a Jesús —como Virgilio al poeta en la *Comedia*— del Infierno al Paraíso, con Kelsen levantando la cabeza, discutiendo a Jardiel la existencia de las Once Mil Vírgenes o contemplando la partida de billar entre Aristóteles y Hume, hasta aterrizar en la pista de las Parábolas ...

La *Parábola,* recuerda Mercader ... "*es una potente herramienta de comunicación y persuasión, que consiste en narrar un hecho imaginario, del que se deduce, por comparación o semejanza, una verdad importante o una enseñanza moral*" ... Y, así, la del 'Ogro filantrópico' sirve para advertir de los males del exceso de protección, lo mismo que predicó siempre Sagardoy ... 'la peor protección es la total protección'; la del 'efecto Mateo', que allá en mi juventud, alejada, ¡ay!, e incluso alejada de los tiempos de Aurelio, puso en solfa el principio de igualdad; o la del 'espejismo Robin Hood', para entrar a saco en el recargo de las prestaciones sociales ...

3. IN UN RIPOSO FREDDO LE FORME OPACHE SONO SPARCHE

Esto dice el nobel Montale (1896-1981) en uno de sus poemas. Y viene ahora como anillo al dedo pues Jesús Mercader, con la templanza que le caracteriza, ha ido haciendo fácil lo difícil, claro lo oscuro y trasparente lo opaco. En una obra tan inmensa ya, solo cabe valerse de pequeñas muestras, en lo cuantitativo, diamantinas, empero, en lo cualitativo. Y pueden emparentarse por su destino, dispersas por los muchos libros homenaje y obras colectivas en las que ha participado, dotadas siempre del plus de notoriedad, porque en ellas la firma de Jesús ha venido siendo determinante.

Empecemos con sus estudios sobre la igualdad en un arco que abro en 2001 y cierro en 2023. El estudio que aportó a mi primer libro homenaje (Lex Nova, 2001, pp. 589 y ss.), es a mi entender el más sugestivo de los muchos y definitivos que adornan nuestra doctrina. Me limitaré, por obvias razones, a sus principales epígrafes, llenos luego de innovación inesperada sin caer en la erótica del lenguaje esotérico, porque cuando cualquier sobado asunto pasa por su redoma parece otro … "*el 'distorsionador y superfluo' e 'imposible' principio de igualdad en la aplicación de la ley o el precedente judicial 'débil' en la doctrina del Tribunal Constitucional*". Dos años después, aborda el 'marco teórico' de la igualdad, en la obra colectiva sobre los *Principios del Derecho del Trabajo*, a partir de la 'parábola orweliana' de la *Animal Farm* … "*en la sociedad tampoco existe nada igual. La naturaleza, como ponen de manifiesto las modernas ideas sobre el caos, huye de la simetría; en la misma, podría decirse, nada es igual. Sin embargo, siempre ha existido la vaga idea de un igualitarismo utópico; de una igualdad de capacidades naturales, pero lo cierto y verdadero es que la igualdad no es una ley de la naturaleza … Desde Aristóteles, la igualdad puede ser vista como desigualdad, pues mientras que uno de los sentidos de este concepto, el de igualdad aritmética, remite al criterio igualitario de que los iguales deben ser tratados igualmente, el otro sentido éticamente relevante, el de igualdad geométrica o proporcional, propone establecer una cierta desigualdad entre situaciones desiguales. El criterio de la primera es 'lo mismo para todos'; el criterio de la segunda es 'lo mismo para los mismos', y por lo tanto cosas iguales para los iguales pero desiguales para los desiguales*" … (CEF, 2003, pp. 211 y ss.). Y en la feliz iniciativa del profesor Mercader de incorporar a sus múltiples fructíferas experiencias la del ejercicio profesional, el comentario de la sentencia casacional 1.148/2023 le presta oportunidad para compartir la tesis de la Sala, negando que la nulidad del despido de mujer embarazada deba ir acompañada en todo caso de indemnización por daño moral, concluyendo contrariamente que la existencia de causa de nulidad objetiva de un despido tal … "*no presupone actuación vulneradora por parte del empleador ni lesión necesaria de un derecho fundamental y, por consiguiente, no puede llevar anexa indemnización adicional alguna si esa vulneración no se ha acreditado*" (Anuario 2024 de Práctica Laboral para Abogados. La Ley, pp. 667 y ss.).

Considera Mercader que la dignidad del trabajador es un concepto jurídico indeterminado, cuyo contenido depende de los usos, valores y principios éticos imperantes en cada sociedad y en cada momento histórico ... "*la dignidad no se atribuye a la especie humana, sino a cada uno de los seres humanos ... la tutela de la dignidad de las personas se fundamenta, probablemente, en lo que se ha calificado como la exigencia de construir una sociedad decente. Una sociedad decente o una sociedad civilizada, es aquella cuyas instituciones no humillan a las personas sujetas a su autoridad, y cuyos ciudadanos no se humillan unos a otros ... La dignidad es la base y razón de ser de los derechos inviolables inherentes a la persona ... No obstante, en el ordenamiento español, la cláusula de dignidad de la persona no recoge un auténtico derecho fundamental, en el sentido de que no es predicable de ella el régimen jurídico establecido en el art. 53 CE. De ahí que no quepa fundar pretensiones únicamente sobre la base de la dignidad de la persona, a diferencia de lo que ocurre en otros países, Alemania significadamente*" (Enciclopedia Alfredo Montoya Melgar, Civitas, 2009, pp. 554 y ss.).

Pese a la claridad con la que el Magistrado Salvador Alarcón Horcas delimitaba en 1927 —una década antes de ser vilmente asesinado por el Frente Popular— el contrato de trabajo y el contrato de sociedad, el catolicismo social, con la solemne expresión de la encíclica *Quadragessino Anno* de 1931, creó una confusión paternalista que el profesor Mercader se cuida de solventar. Pero no deja de admitir que esa aparente claridad se empaña por ... "*la posibilidad de que los socios aporten su trabajo a la sociedad, lo que introduce elementos de incertidumbre en la lógica definición del contrato de sociedad, al permitir que la misma se configure de forma muy diversa, bien como un trabajo subordinado, organizado y dirigido dentro de la propia sociedad, bien como un trabajo autónomo dentro de la misma. Ello, unido a las fronteras siempre móviles del contrato de trabajo, determina que el contrato de sociedad haya sido a menudo un lugar para conflictos*" ... Ese oscuro panorama le obliga —conocido su rigor— a una confrontación con todos los tipos de sociedades reconocidos por el ordenamiento español, esfuerzo que nunca antes se hiciera, y que ahora obsequia un catálogo imprescindible para andar con soltura por ese cable de acero tendido en el vacío (El Trabajo, Ceura, 2009, pp. 333 y ss.).

4. ENTRE EL DESEO Y SU OBJETO HABÍA UN TIEMPO

Este verso de José Ángel Valente (1929-2000) mide las tres décadas transcurridas entre la conversión del profesor Mercader en 'mariscal' de los estudios sobre la negociación colectiva y la vigencia actual de la gloria adquirida. Cierto es que hay otros pocos 'mariscales' de ese mismo reino, pero no es el momento de ofrecer listas, ni de establecer comparaciones y aún menos de imponer jerarquías.

En 2006, mi discípulo/maestro me honró presentando, con nota previa, la reproducción de mi artículo de 1972, *Los convenios colectivos como normas socio profesionales desvirtuadas*, en el que yo defendía que la intensidad de la intervención administrativa en su negociación y aprobación, transformaba los convenios en reglamentos peculiares. Destacaba ese proemio la defensa de un modelo paradigmático de convenio colectivo, asentado y solo existente en cuanto norma socio profesional típica, cuando existe dualidad de partes y las mismas actúan de forma perfectamente diferenciada; cuando las partes que negocian el convenio adoptan y aprueban el acuerdo por sí mismas; cuando el acuerdo significa una composición de intereses colectivos contrapuestos de los interlocutores o antagonistas sociales; o, en fin, cuando el acuerdo queda referido a la tutela del trabajo, a las condiciones básicas en las que se presta y al empleo. A partir de esos presupuestos, la valoración de un sistema de negociación como el existente en aquel momento en nuestro país que, por oposición a lo expuesto, venía caracterizado por su estatalización, el achicamiento esencial de la autonomía colectiva y su infra ordenación a unas reglamentaciones *sui generis* de fijación sectorial de las condiciones de trabajo, llevaba necesariamente a calificarlos de normas colectivas 'desvirtuadas'. A partir de ahí se ocupa Jesús de aclarar el alcance del verbo 'desvirtuar', con el significado de ... "*quitar o perder la virtud o el valor ... es pues lo ausente de virtud ... y en el trabajo, a fuerza de definir un modelo en negativo, se ofrece en toda su plenitud y rasgos caracterizadores un modelo 'virtuoso' de negociación colectiva, en el que la libertad y la autonomía de los grupos sociales definen un premonitorio modelo futuro definido por el principio de la negociación libre y voluntaria, la libertad para decidir el nivel de la negociación y la expulsión de cualquier injerencia pública en el nacimiento y aplicación de los convenios colectivos*" (50 Estudios, CEF, 2006, pp. 491 y ss.).

En el año 2010 trata Mercader del papel protagonista de los convenios en la determinación del importe salarial y, bajo los amplios márgenes de libertad dejados a la negociación colectiva, se ocupa de las cláusulas de revisión salarial, entendidas como instrumento jurídico cuya finalidad es garantizar o conservar el poder adquisitivo de los trabajadores cuando los instrumentos pactados resultan inferiores al coste de la vida. Sin embargo, denuncia, junto a su colaborador Pérez del Prado, que esas cláusulas ... "*adolecen en nuestro país de una falta absoluta de coordinación y homogeneidad en cuanto a lo que la forma se refiere. Ello ha dado lugar a una amplia amalgama de cláusulas que podrían agruparse en cláusulas univariantes o bivariantes, según admitan una o dos formas respectivamente de regulación. Así, las cláusulas univariantes únicamente regularían los supuestos en los que el IPC previsto resulta menor que el real; por el contrario, las cláusulas bivariantes, serían aquellas que admiten dos tipos de regulaciones, la anterior y, además, aquella en que la inflación prevista es mayor que la real*". A partir de esta distinción el detalle se multiplica por sus efectos (cláusulas retroactivas y no retroactivas, cláusulas indiciadas absolutas y relativas, cláusulas puras y cláusulas híbridas, etc). Pero del estudio de numerosos convenios colectivos deduce ..."*que la redacción de muchas cláusulas tiende más a asegurar el incremento salarial pactado, que el mantenimiento del poder adquisitivo de los salarios*" ... (Homenaje al profesor Albiol. Tirant lo Blanch, 2010, pp. 615 y ss.).

Luego, en 2015, el profesor Mercader comenta la sentencia casacional de 23 de octubre de 2012 sobre la evolución de la regla de la concurrencia de convenios, en relación con los convenios de empresa, espigando la multitud de aspectos polémicos que la reforma de la Ley 3/2012 supuso en la configuración de los convenios colectivos. Entre ellas la inaplicación definitiva o temporal del convenio posterior invasor del ámbito del precedente, el alcance de la nueva ultractividad convencional, la ruptura del binomio tradicional de las cláusulas normativas y obligacionales del convenio colectivo —una cuestión capaz de levantar a Nipperdey de su sepultura— o, la de mayor calado, la suscitada inconstitucionalidad del nuevo modelo legal de negociación colectiva. Sobre este particular nos recuerda que el constituyente tan solo constitucionalizó la institución abstractamente definida, pero no la garantía de una concreta regulación. De manera que ... "*sobre la tutela de la esencia misma de la negociación colectiva, el legislador posee una amplísima libertad a la hora de diseñar el modelo convencional existente ... [y] ... el modelo de negociación colectiva diseñado constitucionalmente, entendemos que no se ha visto lesionado por el actuar del legislador. Y ello porque, como ha puesto de manifiesto nuestro Tribunal Constitucional, no puede confundirse la libertad sindical con un concreto modelo de ordenación de las relaciones sindicales; ni tampoco la negociación colectiva con una determinada forma o modo de configurar su estructura. Ambas opciones respetan los valores constitucionales y, en última instancia, la propia configuración de nuestro estado como social y democrático de Derecho*" (Homenaje al profesor Martín Valverde, Tecnos, 2015, pp. 918 y ss.).

Solo dos años después vuelve el profesor Mercader sobre los espinosos problemas de la concurrencia de convenios colectivos y transformaciones de su estructura, obteniendo nuevas conclusiones. Una, la inexistencia de neutralidad de cualquier opción legal que se obtenga en esta materia y, otra, la continuidad del papel ordenador de la negociación colectiva sectorial ... "*la figura del acuerdo marco interprofesional y, por extensión, de los acuerdos o convenios sectoriales, de ámbito estatal o autonómicos, regulados en el art. 83.2 ET, constituye el instrumento elegido de hecho y de derecho para las tareas de ordenación y coordinación centralizada de la negociación colectiva en nuestro país. La negociación sectorial ha regido y sigue rigiendo en la práctica a la hora de ordenar nuestra estructura convencional y, paralelamente, explica el escaso desarrollo de los niveles empresariales*". Y los datos estadísticos demuestran, también ... "*que desde 2012 se ha producido un muy relevante retroceso del convenio provincial a favor, sin embargo, de los sectoriales autonómicos y estatales. Parece que los agentes sociales han optado por redirigir la negociación hacia un ámbito que sí provee de mayores incentivos a la racionalidad salarial sin atomizar y desestructurar el sistema, como es el sectorial ya sea autonómico o estatal. En conclusión, ha comenzado a superarse el modelo de centralización intermedia sectorial provincial*" (Homenaje al profesor Palomeque, Comares, 2017, pp. 741 y ss.).

Insiste sobre lo mismo en el reciente comentario, junto con la letrada Mª Remedios Rodríguez Fernández, a la sentencia del Tribunal Superior de Justicia de Galicia, de 31 de octubre de 2023, sobre la prevalencia del VI Convenio General de la Construcción respecto del Convenio Provincial de Pontevedra, contradictorio en aspectos esenciales... "*un modelo de negociación articulada como el que diseña el CGSC requiere de una precisa sintonía de los diferentes ámbitos negociales que lo integran, sin que los diferentes convenios puedan aplicarse de manera independiente, sino que imperativamente han de hacerlo de forma simultánea (aunque no concurrente), pues de otro modo se frustraría el programa racionalizador perseguido por el legislador y que no es otro que evitar una 'negociación en cascada', que lleva consigo un proceso descendente de superación de mínimos a partir de las condiciones establecidas en las unidades de ámbito superior*" (Anuario 2024 de Práctica Laboral para Abogados. La Ley, pp. 621 y ss.).

En el año 2023, finalmente, el profesor Mercader trae a colación la sentencia casacional de 18 de octubre de 2022 sobre cláusulas de subrogación convencional, planteando si en esa regulación hay lugar para los convenios de empresa, un espacio cerrado por el Tribunal Supremo. Sin embargo, el comentarista encuentra algunas grietas que permitirían hacer funcional la subrogación, porque ... "*la realidad pone de manifiesto que pueden quedar espacios para que los convenios colectivos de empresa incorporen cláusulas de este tipo bien que siempre formuladas como auto obligaciones por la empresa. Es claro que un convenio de empresa no puede establecer una cláusula subrogatoria que vincule a terceros, pero ello no impediría que un convenio de este ámbito incorpore cláusulas en las que sea la propia empresa firmante la que se compromete, cuando sucede a otra, a subrogarse en los contratos que mantenía aquella con sus trabajadores*" (Anuario 2023 de Práctica Laboral para Abogados. La Ley, pp. 735 y ss.).

5. FOR AS THE SUN IS DAILY NEW AND OLD

Este verso de los *Sonetos* de Shakespeare (1564-1616) es adecuado para comparar el sol con la contratación temporal de los trabajadores. Algo muy, muy viejo, pero a la vez muy, muy nuevo, pues se reproduce día a día. El profesor Mercader ha denunciado, con conocimiento de causa, la escandalosa paradoja que plantea la contratación laboral en nuestro país, ese derrumbamiento de la presunción jurídica de la indefinición del contrato entre empleador y trabajador por una práctica que hace de la contratación temporal la regla general invariable, atacada con pálidas medidas de diferente cuño, que dejan impasible el vicio endémico. La última solución de disfrazar la indefinición de la discontinuidad en el trabajo, añade a la paradoja la visible situación de indefinición referida a la inactividad más que al trabajo efectivo.

El profesor Mercader estrenó su aguileña visión del problema en la obra que les encomendé realizar, a él y a mi distinguidísima discípula/maestra, Yolanda Valdeolivas García, en el verano de 1988, tomándonos unas copas en la terraza de mi casa de Chapinería, un librito sobre los *Contratos de Trabajo Temporales*, para la colección AKAL/IURE por cuenta de la sociedad Dictamen y Asesoría, bajo mi dirección. A finales de año el libro estaba en la calle con ese mismo título y una presentación en la que se enunciaban los dos factores que habían perpetuado la quiebra de la estabilidad en el empleo … "*por un lado, la acogida de la reivindicación patronal de restar protección a los trabajadores en el ámbito de la relación individual de trabajo, a cambio de la recuperación de los derechos y libertades colectivas; y, de otra parte, las exigencias de la crisis económica con el apremio de imaginar cualquier tipo de contrato que pudiera ser utilizado por los interesados en la creación más cómoda o asequible de puestos de trabajo, siquiera pasajeros*".

Seguramente ese pequeño libro sirvió de acicate para que, en el 1999, publicara Jesús el primoroso libro de *La Contratación Temporal en la jurisprudencia del Tribunal Supremo*, editado por Tirant lo Blanch en la colección 'azul,' bajo el cuidado de Ignacio Albiol. Un libro de 155 páginas en el que se mantenía un repensado equilibrio entre el respeto a las sentencias casacionales y la crítica a los poderes públicos fracasados en su papel de hacer respetar la ley. Desde entonces, el profesor Mercader ha figurado por méritos propios entre los tratadistas de mayor conocimiento sobre los entresijos de una contratación temporal irracional, tan abultada como fraudulenta.

La última aportación del autor sobre la materia va precedida de un título premonitorio … *Modelo de contratación laboral en un contexto con expectativas de crecimiento económico: ¿Estamos preparados para crear empleo?* … En este importante estudio se confrontan los 17 supuestos de presunta utilización de la contratación indefinida con los 27 supuestos de uso de la contratación temporal. Aparte del pasmo que produce la comprobación de que muchas de esas posibles vías de creación de empleo legal, no son utilizadas por desconocidas, o sea, por 'mal vendidas' a los potenciales empleadores —una imperdonable falla de las autoridades competentes—, concentra Mercader la crítica al apostar ... "*por una ambiciosa simplificación del amplio conjunto de modalidades contractuales existentes en España para incentivar a los empresarios a contratar, para eliminar el temor a la fijeza en la relación de trabajo y, sobre todo, para combatir el desempleo y la dualidad. Ello podría concretarse en la reducción significativa de los contratos en tres únicas modalidades, con costes indemnizatorios similares o idénticos, bajo los siguientes supuestos; un único contrato de carácter indefinido, un contrato temporal causal por necesidades empresariales (que aglutinase a todos los actuales de obra o servicio, eventual, interinidad, etc.) y un contrato formativo para jóvenes (que incluyera los actuales en prácticas y para la formación)*" (Las reformas laborales y de Seguridad social, Lex Nova/ Thomson Reuters, 2014, pp. 41 y ss.).

6. SOUS MA FORME DE FEUILLE, ET DE SOURCE, ET DE SABLE

Bajo todas estas formas auspiciadas por Jacques Audiberti (1899-1966), o bajo todas las insoslayables para impedir que el césped se emborrone con las pisadas de los desaliñados, las Administraciones Públicas, estatales y autonómicas, deben conseguir que las leyes cumplan sus propósitos benéficos, evitando los estrepitosos reveses de cada día, magnificados hoy por la imprevisión singular ante la Dana levantina y la sucesiva plural impericia negligente para paliar los efectos de la tragedia. Una contemplación de conjunto sobre la Administración Laboral o Social, paralela a los tratamientos globales sobre el derecho de las relaciones de trabajo y de protección social, ha sido desconocida en la doctrina, y no solo española, por lo que debe considerarse una felicísima iniciativa la que adoptó Jesús Mercader, junto al magistrado César Tolosa Tribiño, en el año 2000, al acometer un tratamiento sistemático y global de esa olvidada materia, precedida casi únicamente por mi menos elaborado libro de 1967, *Administración Laboral y de Seguridad Social*, que premiaron los citados autores encomendándome el prólogo de su importante obra, rematada con una segunda edición en 2004.

De ese prólogo me permito recordar ahora algún pasaje...

"La ambición de los autores consigue comprender todos los mil y un aspectos directa e indirectamente conectados a la organización, a los procedimientos administrativos y a los procesos judiciales en el área de la Administración Social. Aportación muy destacada, es, por citar alguna de entre los centenares que serían reseñables, la relativa al estudio del pluralismo administrativo en la Constitución Española, incluyendo la distribución competencial y el análisis de la que denominan 'administración laboral de las Comunidades Autónomas', particularmente en lo que atañe a las competencias ejecutivas, a la coordinación estatal de las competencias autonómicas, a los instrumentos e interferencia del Estado en aquellas competencias ajenas y a los principios de prevalencia y supletoriedad. Asimismo llama muy favorablemente la atención el capítulo destinado a describir, desde sus remotos antecedentes, la organización y el funcionamiento de la Inspección de Trabajo, a partir de la exposición de las cuestiones no siempre sencillas que afectan a su estatuto de personal. Llamativa es la clasificación que se propone de las competencias administrativas de los órganos laborales en los grupos de competencias informativas, autorizatorias, de ordenación y conformación de derechos, arbitrales, prestacionales, de fomento, sancionadoras, en fin, haciendo ver el anacronismo de la clasificación tradicional de las funciones administrativas en policiales, de fomento y de servicio público, columna vertebral de buena parte de los manuales de Derecho Administrativo durante más de medio siglo"...

Y esta alusión a la importancia máxima de una Administración Laboral o Social bien dotada de los medios indispensables para el eficaz cumplimiento de esas prolijas funciones, viene a cuento en la circunstancia actual de transponer la revolucionaria Directiva (UE) 2019/1152, obligación ya incumplida por España en los días en que se escriben estas páginas. Uno de los comentarios más brillantes a esa norma europea trascendental, llamada a remover los Hechos y el Derecho de cuanto se relaciona con el trabajo dependiente y por cuenta ajena, ha sido el realizado por Jesús va para cuatro años, sin que de momento necesite ninguna ampliación o corrección. Porque se esforzó en resaltar esa dura carga impuesta a los empleadores de facilitar a sus trabajadores condiciones de trabajo 'transparentes y previsibles', algo que se dice pronto pero que se cumplirá tarde y, seguramente mal, salvo que las Administraciones Públicas cuenten con los medios adecuados para que sus funciones, en particular de control, puedan llevarse a cabo con solvencia. No será malo traer a colación la advertencia que la Inspección de Trabajo ha hecho a la Ministra del ramo, respecto de los horarios y jornadas reducidas, necesitados de un permanente y generalizado control para que la reforma no quede en agua de borrajas, lo que exige un vigoroso reforzamiento de los medios personales y materiales imprescindibles. Y ese toque de atención es una gota de agua del torrente que supondrá comprobar que todo empleador asegura a sus trabajadores condiciones de trabajo 'transparentes y previsibles'. Y entretanto damos tiempo al tiempo, bueno será conocer el cartesiano planteamiento del profesor Mercader respecto del *pasado* (irrelevancia de la Directiva 91/533/CEE), el *presente* (reforzamiento de la transparencia contractual, lucha contra las manifestaciones del trabajo a llamada y garantías transversales frente a la precariedad) y el *futuro* (antes y después del 1 de agosto de 2022) del 'alma dual' de la Directiva (UE) 2019/1152. Su pesimista conclusión es desde luego realista, no solo por el presagio de una actitud negligente del Gobierno, plenamente confirmada, sino también por constatar que … "*aunque la Directiva se ha mostrado ambiciosa y, sin duda, mejora y perfecciona a su predecesora, lo cierto es que mantiene todavía espacios sin regular que necesitarán a corto plazo, nuevas y contundentes respuestas*". Pasado ya un largo tiempo desde que se emitió esa opinión (Documentación Laboral, 2021, nº 122, pp. 9 y ss), habrá aumentado la desconfianza de Jesús con *la calma de la piedra* a la que se refería, el dos veces bohemio, Rainer Maria Rilke (1875-1926) en las *Elegías de Duino.*

7. CLAVA UN ARADO AQUÍ Y ALLÁ UNA LANZA

Con esfuerzo pausado y osadía para ganar la batalla —dicho de ese modo o con el verso de Ángela Figuera Aymerich (1902-1984)— se fue construyendo el derecho a la protección social de los ciudadanos, a partir de la decimonónica protección social de los obreros. Concepto inevitable ya el de la *Protección Social* que no sustituye al más común de *Seguridad Social* sino que guarda con éste la relación del todo y de la parte. Coincido con el profesor Mercader en el diseño de un modelo similar de protección social que incluye el cuidado de la salud, las prestaciones económicas y las ayudas asistenciales, que yo he identificado como la 'salud (art. 43 CE), el dinero (art. 41 CE) y el amor (art. 50 CE)', bajo la referencia a la célebre canción del argentino Sciammarella (1902-1973), en los años cuarenta del pasado siglo. Y Jesús, con mayor rigor jurídico, se ha servido del diseño de una fórmula trimembre de 'garantías institucionales' (art. 41 CE), 'derechos' (art. 43 CE) y 'principios rectores' (art. 50). A este modelo público de protección social le ha dedicado Jesús estudios sobre sus tres grandes soportes, como se irá viendo a continuación, incluyendo los sugerentes sobre gestión de la sanidad (1996) y test constitucional de los servicios sanitarios (2001), preludio aquél de la aventura, en 1997, junto a Ignacio García-Perrote, de coordinar un verdadero manual de Protección Social, aunque las modas del momento lo bautizaran como *Derecho de la Seguridad*

Social, aglutinador de 40 colaboraciones, que conoció su cuarta y última edición en el 2004, confiándome ambos queridísimos discípulos/maestros, el prólogo mantenido en todas ellas.

Los profesores García-Perrote y Mercader colaboraron asimismo en el homenaje a José Vida Soria, uno de nuestros mayores especialistas en materia de protección social. Afirman allí que … "*el Estado contemporáneo ha dejado de ser un garante de libertades individuales para responsabilizarse íntegramente del mantenimiento y mejora de un justo orden social. El Estado se hace cargo de la 'procura existencial' (Daseinvorsorge), es decir* [con cita a García Pelayo], *lleva a cabo las medidas que aseguran al hombre las posibilidades de existencia que no puede asegurarse por sí mismo. Pero, además, responde a la idea de que no solo las clases menos favorecidas sino la generalidad de los ciudadanos, son incapaces de proporcionarse los elementos necesarios para su bienestar* … [por lo que] … *el primer objetivo del estado del bienestar es el mantenimiento de un estándar de vida*" … (Homenaje, Comares, pp. 535 y ss.).

Ya por su cuenta, el profesor Mercader se dedica a la glosa de las aportaciones de Aurelio Desdentado sobre el 'Estado Democrático de Bienestar', con reflexiones nada coincidentes con las anteriores, sin duda porque en los trece años transcurridos se había pasado de los deseos a las realidades —dialéctica que preside la poesía de Cernuda— y, por eso, en vez de ensalzar los objetivos del Estado del bienestar, tocaba lamentar el 'asalto' a la utopía. En este punto, Jesús no tiene empacho en compartir las levantiscas conclusiones de la siempre fogosa lucidez de Aurelio … "*ante esa política de desmantelamiento de las instituciones de protección social y de fortalecimiento del poder empresarial, el movimiento obrero en su conjunto debería formular, por encima de querellas, más o menos sectarias, por la hegemonía, un proyecto de acción común a nivel institucional. De lo contrario, las conclusiones para el futuro son claramente pesimistas, porque como recuerda una cita tan repetida como olvidada: el que no sabe defender las conquistas existentes, nunca hará otras*". Tan honesto como todo lo que huele a Aurelio, aunque sea pedirle peras al olmo, ante la evidencia de que los llamados a la lucha prefieren hoy el pacto en los despachos con moqueta (La obra jurídica de Aurelio Desdentado, Imprenta del Boletín Oficial del Estado, 2021, pp. 887 y ss.).

El estudio del desempleo ha preocupado seriamente al profesor Mercader, particularmente los condicionamientos económicos de su protección. Se hace eco de las corrientes políticas y económicas, según las cuales la relación entre la cuantía del subsidio y el último salario recibido por el trabajador, estando en activo, es un factor que influye sobre la búsqueda de empleo, primero porque normalmente el desempleo prolongado desmoraliza al individuo que lo sufre, de modo que la atribución al mismo de una elevada tasa de sustitución desincentiva su voluntad de búsqueda de empleo. La cuestión está en decidir si este fenómeno justificaría las reformas peyorativas del sistema institucional de la protección a los desempleados. Tras esta duda, el profesor Mercader analiza las consecuencias sociales y económicas, que resume en tres ... "e*n primer lugar, la protección por desempleo plantea una situación de riesgo moral, y cuando es duradera y generosa se aprende a vivir con subsidios y además se consiguen ingresos suplementarios en la economía sumergida. Por ello, las prestaciones de desempleo inciden negativamente y de forma muy significativa en el proceso de salida del paro hacia el empleo. En segundo lugar, la duración del subsidio podría producir efecto sobre la duración del paro, convirtiéndose en lo que se ha calificado 'subvención a la ociosidad'. Y ello porque el efecto de disponibilidad del subsidio tiende a transformar el desempleo en un fenómeno estructural ya que, cuanto más tiempo permanece una persona parada, mayores dificultades tiene para conseguir un puesto de trabajo ... de este modo, la extensión del estado del bienestar sería el responsable del aumento del paro. Finalmente, el subsidio por desempleo produce un efecto directo sobre el proceso de selección del empleo. Esta tesis se sostiene en la existencia de un sector secundario de empleos menos atractivos económica y socialmente. Ocurre que muchos parados deciden no optar por esos empleos porque prefieren ocupar los 'buenos' puestos de trabajo, pero no los consiguen. Entonces algunas personas optan por el subsidio sobre la obtención de un empleo de ese sector secundario*" (Homenaje a Rosa Quesada Segura, Consejo Andaluz de Relaciones Laborales, 2016, pp. 705 y ss.).

Con la colaboración de Lourdes Sánchez-Galindo, parte Jesús Mercader de la norma de incompatibilidad general entre la pensión de jubilación y el trabajo del pensionista y analiza de seguido las numerosas y complejas excepciones a tal regla. El análisis le anima a romper esa situación y a sustituirla por la compatibilidad plena entre pensión y renta por la actividad realizada, con argumentación convincente. En definitiva —dice— "*se echa en falta en nuestra regulación una auténtica fórmula de compatibilidad 'pura' entre trabajo y pensión sin restricciones, como existe en muchos Estados miembros de la UE, como Portugal, Chipre, Dinamarca, Finlandia, Irlanda, Italia, Suecia y Países Bajos*". Una compatibilidad que habría de afrontarse con distintos niveles de intensidad ... "*una reforma de menor calado, enfocada en la introducción de ciertos cambios normativos que simplemente incentiven el recurso a las modalidades de jubilación parcial, flexible y anticipada. Y una reforma de mayor intensidad, centrada en sustituir el actual modelo basado en la regla general de incompatibilidad por otro en el que impere la norma contraria. Según esta propuesta, el trabajador pensionista podrá acogerse a cualquiera de las modalidades de compatibilidad existentes, sin límites de jornada ni retribución, trabajando por cuenta ajena o propia y percibiendo un alto porcentaje o incluso la totalidad de la pensión, mientras continúa cotizando al sistema. Todo esto podría quedar enmarcado en el contexto de un nuevo 'contrato de trabajo del jubilado activo o flexible' —sometido a una regulación especial que incentivara su uso por parte de las empresas— para el caso de compatibilizar trabajo por cuenta ajena. En caso de tratarse de trabajo autónomo, se garantizaría la compatibilidad plena sin límite de ingresos; a cambio, una cotización solidaria sería un buen aliciente a efectos de favorecer la sostenibilidad del sistema*" (Homenaje al profesor José Luis Tortuero, Laborum, 2024, tomo II, pp. 755 y ss.).

En el extenso homenaje que me dedicaron un centenar de compañeros sobre la jubilación, con motivo de la mía, Jesús eligió una manifestación protectora asistencial, previa la contemplación de las interacciones entre la vejez y la dependencia, consiguiendo elaborar un 'test de dependencia'. Ese test se sujeta a las tres premisas básicas de la pérdida, temporal o irreversible, de la autonomía física, la edad 'avanzada' y la alteridad de la tutela. En una de sus múltiples versiones legales, carecer de autonomía significa la necesidad de otra persona para realizar los actos corrientes o esenciales de la vida diaria, entendiendo por tales ... "*todos aquellos que sean precisos para la satisfacción de una necesidad primaria e ineludible, para poder fisiológicamente subsistir o para realizar aquellos actos indispensables en la guarda de la seguridad, dignidad, higiene y decoro fundamentales para la humana convivencia*". La edad avanzada opera como presupuesto porque ... "*a medida que los individuos envejecen, la imposibilidad de realizar autónomamente algunas actividades cotidianas se produce por dos motivos no excluyentes: por un lado, la dependencia puede tener su origen en una o, generalmente, varias enfermedades crónicas; por otro lado, puede ser el reflejo de una pérdida general en las funciones fisiológicas atribuible al proceso global de senescencia*". Finalmente, la alteridad de la tutela remite a la necesidad de otra persona, aunque la persona dependiente mantenga alguna capacidad residual. La familia y, en particular las mujeres, han corrido frecuente y desinteresadamente con esa carga. Pero, observa Mercader, que aunque la solidaridad familiar no desaparezca ... "*los diferentes cambios sociodemográficos van a alterar profundamente el papel de los cuidadores informales ... factores tales como la reducción progresiva del tamaño de las viviendas, las grandes transformaciones ocurridas en los modelos de familia ... pérdida de su concepción como institución permanente ... movilidad geográfica de los distintos miembros de la familia ... variedad de modelos coexistentes (personas que viven solas, familias monoparentales, uniones de hecho) y democratización en las relaciones intergeneracionales y entre los miembros de la pareja ... permanencia de los hijos/as en la casa familiar hasta edades que llegan a superar los 30 años, incremento progresivo de la esperanza de vida ... cambios profundos en la posición social de las mujeres y, por ende, su rol dentro de la familia*". A partir de estos supuestos generales, válidos para casi todos los países de la UE, cada uno de ellos está adoptando sistemas de protección social diferenciados. El modelo español se caracteriza por su complejidad, por la defectuosa delimitación de las medidas de Seguridad social y de Asistencia social, lo que, a la vez, es causa y efecto de la confusa delimitación de las obligaciones protectoras del Estado y de las Comunidades Autónomas y determina la insuficiente financiación responsable de crear lamentables lagunas en la cobertura de las más apremiantes necesidades de los dependientes (Homenaje a Luis Enrique de la Villa, Iustel, 2007, pp. 911 y ss.).

Salvo excepciones maniqueas, se acepta que la protección social de los ciudadanos, y de la población activa asalariada, en particular, requiere contemplar, junto a la protección social pública, la privada, de enorme significado en materia de pensiones y asistencia sanitaria y, muy particularmente, en el difuso campo de la asistencia social. El profesor Mercader es autor de un importante estudio sobre la identificación y las modalidades de ese ámbito protector, constitucionalizado por el último inciso del art. 41 CE … '*la asistencia y prestaciones complementarias serán libres*', una formulación inexacta, como tantas otras del texto constitucional, pero suficiente por su ambigüedad para dar cobijo a cualquier prestación complementaria que no invada el terreno propio de los sistemas públicos de Salud, Seguridad Social y Asistencia Social, aunque este último sea de momento —y quizá por los siglos de los siglos, ¡ay!— un sistema invertebrado. Anota en este punto Jesús que … "*el sistema complementario que ha de apoyarse y desarrollarse en España no compite con el sistema público, sino que por un lado le permite a éste satisfacer las demandas básicas de suficiencia económica y solidaridad, mientras de forma progresiva extiende el radio de cobertura social desde opciones fundadas bien en la decisión individual, bien en la negociación colectiva*". Dando entrada a las modalidades de protección social complementaria enuncia Mercader las mejoras voluntarias, las mutualidades de previsión social, los seguros colectivos y los planes y fondos de pensiones. Una enunciación que se limita a los complementos de los sistemas públicos de Seguridad y de Asistencia Social, bien que asimismo el sistema público de Salud necesita contar con la sanidad privada. La privacidad de todas las modalidades expuestas es indiscutible, aunque respecto de las 'mejoras voluntarias' actúa solo en el momento cronológico de la liberalidad o negociación para su establecimiento, pues una vez establecidas se transmutan en prestaciones del sistema de Seguridad Social en sentido estricto (Tratado de Seguridad Social Monereo-Rodríguez Iniesta, 2017, tomo II, pp. 785 y ss.).

8. CUANDO VIVA EN NOSOTROS UN QUIJOTE EXTENDIDO Y ANIÑEMOS LAS MANOS ABIERTAS A LOS OTROS

El verso solidario de Vicente Cano Cano (1927-1994) es propicio para alabar a todo aquel que, cual Quijote, ayuda a los demás sin buscar otra recompensa que su catalogación de maestro 'extendido', solo si cual caballero andante se comporta. El profesor Mercader viene desde años atrás ayudando a otros en numerosas obras colectivas, en particular en los comentarios de las leyes que, salvo en equipo, no pueden ser abarcadas. Empezando por las que yo mismo proyecté, en el año 2006, Jesús fue uno de los quijotes que hicieron posible la glosa de los numerosos y prolijos preceptos de la última Ley de Procedimiento Laboral, asumiendo el análisis de los arts. 3 a 35, 77 y 175 a 183 (Grupo Wolters Kluwer, 2006, pp, 122-378, 596-602 y 1.248-1.305); no solo eso, sino que en el 2015 evitó que el tránsito a la Ley reguladora de la Jurisdicción Social, creara un vació editorial pernicioso. Y cinco años después, volvió a auxiliarme con el mismo desinterés en los comentarios a la Ley del Estatuto de los Trabajadores, haciéndose cargo, junto a Ignacio García-Perrote, de los arts. 50 a 53 (Iustel, 2011, pp. 871-926).

Ese afán de comentarista en provecho de otro se seguiría manifestando en otros muchos proyectos ajenos al comentar el art. 41 de la Constitución española (Wolters Kluwer, 2008, pp. 1043-1.061), los preceptos dedicados a la intervención de la autoridad laboral en el periodo de consultas de los despidos colectivos (Tirant lo Blanch, 2016, pp. 401-433), el estatutario art. 42 en el homenaje al profesor Sala Franco (Tirant lo Blanch, 2016, pp. 799-809) y los preceptos dedicados a la ejecución provisional, junto con Ana de la Puebla, en el homenaje al profesor Alfonso Mellado (Tirant lo Blanch, 2023, pp. 653-668). Y cómo no, importantísimo anotar la ampliación del campo de juego asumido por Jesús desde 2015, cuando inicia con Sagardoy Abogados la función de *Councel* y, con mayor implicación jurídica, cuando desde 2019 pasa a realizar la misma función en el despacho Uría-Menéndez, en la que continúa. Asimismo, desde 2015, se compromete con el profesor Palomeque, Director de la revista *Trabajo y Derecho* que, en enero de ese año, empezó a editarse, a dirigir la sección de 'Práctica Jurídica y Despachos Profesionales' ..."*con la voluntad de constituirse en un espacio para el análisis de todos aquellos temas que posean un indudable interés práctico* [y] *convertirnos en una herramienta útil para la práctica jurídica desde las actividades de los despachos profesionales, el objetivo último de esta sección que, ilusionadamente, ponemos en marcha*".

Tras estos ejemplos de colaboración en los proyectos ajenos, Jesús se decidió a dar un salto decisivo en el propio 2015, al aceptar la responsabilidad de crear un proyecto propio, con implicación de grandes equipos de colaboradores. El ejemplo príncipe es el comentario a la Ley reguladora de la Jurisdicción Social, imprescindible en su manejo presente y futuro, sucesora bienaventurada del proyecto de 2006 a mi cargo, y que con sus 23 colaboradores —dos de ellos, además, coordinadores del magno empeño— refuerza el precedente de combinar los saberes de los académicos de la disciplina, los magistrados y letrados de la Administración de Justicia y de otras instituciones públicas, cual el sistema de Seguridad Social, y, por supuesto, de los Abogados expertos en los entresijos forenses (La Ley, Wolters Kluwer, 2015, 1.960 pp.). Sin una introducción o prólogo, Jesús prefiere utilizar su comentario al art. 1 de la Ley para afirmar que … "*el art. 24 CE tiene como objeto elevar a la categoría de derecho fundamental una exigencia inherente a la idea de Estado de Derecho: que todos los derechos e intereses legítimos puedan ser, llegado el caso, defendidos ante un genuino órgano judicial, de manera que no existan supuestos de denegación de justicia … El derecho a la tutela judicial efectiva es consecuencia necesaria del deber de respeto a los demás y de la paz social a que se refiere el art. 10 CE … Es éste un derecho relacionado con la dignidad humana que pertenece a la persona en cuanto tal y no en cuanto ciudadano … comprende por igual al español y al extranjero … y por extensión, junto con las personas físicas, a las personas jurídicas*" …

A su vez, desde 2020, ha pasado a integrar el Consejo de Dirección del 'Anuario de Práctica Laboral para Abogados' sustituyendo a nuestro gran amigo y eminente magistrado casacional, García-Perrote.

9. I AM ALPHA AND OMEGA THE BEGINNING AND THE END

El estrafalario escritor y poeta Denis Johnson (1949-2017), émulo sin saberlo del murciano Eloy Sánchez Rosillo —*principio y final habitan el mismo relámpago*— aprovechó la nomenclatura griega para acariciar la misma idea. Que para ser un grande de algo hay que agotar las letras del abecedario es decir todas las cosas que deban ser atendidas prioritariamente. Y ninguna de mayor actualidad e interés que las nuevas tecnologías digitales y su influencia en el Derecho del Trabajo, sobre lo cual el profesor Mercader es ya indiscutible protagonista.

Precedido por la obra sobre 'Nuevas tecnologías y sociedad de la información' (Lex Nova, 2002), y continuado por las monografías 'Protección de datos en las relaciones laborales' (Lebfevre, 2018), 'Algoritmos e inteligencia artificial' (Tirant lo Blanch, 2022), más el jugoso artículo 'En busca del empleador invisible', en el nº 100 de El Cronista del Estado Social y Democrático de Derecho—, en 2017 publicó una obra propicia para despertar la inquietud de los laboralistas españoles. Anota, sabiamente, en ella que ... "*la utopía técnica adquiere el carácter de una mera anticipación del futuro. Los inventos técnicos de manera insoslayable se han terminado por convertir, a corto y medio plazo, en innovaciones sociales y, por extensión, esa nueva realidad viene a la idea del progreso ... Los cambios se convierten en previsibles, el progreso técnico puede planificarse y el desarrollo productivo deviene una consecuencia natural. Lo que resultaba fruto de la imaginación —lo onírico— termina por convertirse en algo tangible y, con el tiempo, un elemento estructural de la sociedad*" (p. 23). Los capítulos que siguen a la introducción son una muestra de la inteligencia y la imaginación combinadas de Jesús ... "*la técnica y licuefacción del orden jurídico, el impacto de la digitalización en las formas de trabajo y el redimensionamiento de la noción de 'prestador de servicios', los limites de la empresa panóctica, el 'big data', el incierto futuro de la protección de datos y el impacto de la robótica en las nuevas formas de trabajo*". El solo enunciado de estos asuntos dispara el interés de cualquier laboralista preocupado por el futuro inmediato del ordenamiento jurídico, y erige a Jesús en fuente personal primaria para la interlocución oral y escrita. Y no solo eso, sino que, fuera del campo de las relaciones laborales, cualquier persona de cultura media querrá conocer los escritos de Jesús para descifrar el alcance real de tantas formulaciones misteriosas ... "*mi jefe es un algoritmo, límites de la vigilancia telefónica, el trabajador auto transparente, los interrogantes de la época post humana*", etc (El futuro del trabajo en la era de la digitalización y la robótica, Tirant lo Blanch, 245 pp.).

Con la notoriedad derivada de la defensa de una ponencia en un Congreso Nacional y el plus de responsabilidad implícita, el profesor Mercader analizó 'La gestión laboral a través de algoritmos' en Alicante en mayo de 2022. Retomando una frase antológica del profesor Palomeque, afirma el ponente que los algoritmos y la inteligencia artificial serán los compañeros del viaje hacia el Derecho Digital del Trabajo ... "*los sistemas algorítmicos se reivindican como un instrumento eficaz para valorar a un conjunto de individuos de idéntica manera y, por tanto, vienen a constituirse en un eficaz aliado para las políticas de gestión empresarial (también conocidas como 'people analytics' o 'Big Data HR'. Lo mejor de los algoritmos es que son hiperlógicos: extrapolan o extraen conclusiones para maximizar la eficiencia. Su uso permite, a priori, tratar de evitar que las contrataciones o las extinciones de contratos no se basen en corazonadas, impresiones o prejuicios*". Enumera Jesús las garantías buscadas por las empresas para la gestión algorítmica concretándolas en cuatro: la transparencia informativa (individual, colectiva y referida a la 'explicabilidad'), la gobernanza de los datos, la aproximación basada en el alto riesgo y la reserva de humanidad o 'humano al mando'. Su conclusión sobre el futuro de un trabajo que camina sobre algoritmos conduce a la evidencia de que ... "*la inteligencia artificial posee tanto riesgos como oportunidades en términos de creación y mantenimiento de un modelo de trabajo decente* [y, desde luego] ... *hay una tarea en la que los algoritmos nunca podrán ayudarnos a resolver: dónde, cómo y cuándo utilizarlos*" (XXXII Congreso AEDTSS, pp 253 y ss.).

En el homenaje a Juan Antonio Sagardoy de 2023, Mercader propone la aprobación de un Estatuto digital de los trabajadores, propio de una nueva ley estatutaria del siglo XXI que introduciría amplias reformas en el vigente, alguna ya adelantada por la disposición adicional vigésimo tercera, introducida por la Ley Riders de 2021. El argumento, más que jurídico, se impone por el buen sentido, por el compás inevitable de las exigencias de la sociedad mutante... "*parece que empezamos a pasar página para entrar en un tiempo nuevo. Un tiempo que, lenta e imperceptiblemente, va mudando nuestros hábitos vitales, sociales y económicos para instalarse definitivamente en nuestras vidas. Por ello, aunque un principio básico de la existencia humana es la resistencia intelectual al cambio, quizá por un deseo de conservación y por la inseguridad que toda alteración de lo conocido lleva consigo, lo cierto es que nuestra capacidad de dar respuesta a los retos a los que nos enfrentamos, debe pasar necesariamente por asumirlos*" (En Monografía coordinada por Paloma Abad y Rafael Sáez Carbo, pp. 247 y ss.).

A mi petición, Jesús llevó a cabo 'una primera lectura en clave laboral' de la Propuesta de Reglamento de Inteligencia Artificial de la Comisión Europea (PRIA), en la que se contiene un definición del sistema de IA ... 'como sistema basado en máquinas diseñado para funcionar con diversos niveles de autonomía y capaz para objetivos explícitos o implícitos de generar información de salida —como predicciones, recomendaciones o decisiones— que influya en entornos reales o virtuales'. Se pasa revista a los 6 principios y 2 subprincipios inspiradores del Reglamento: intervención y vigilancia humana, solidez y seguridad técnicas, privacidad y gobernanza de datos, transparencia, diversidad, no discriminación y equidad y, finalmente, bienestar social y medioambiental. Principios auxiliados por los subprincipios de 'alfabetización' (información para comprender las oportunidades y riesgos de la IA) y no menoscabo de los derechos e intereses de los trabajadores. Para garantizar ese objetivo es necesario un fuerte sistema de control, de parte de los representantes de los trabajadores y de parte de las autoridades públicas, dotadas de competencia para la imposición de fuertes sanciones a los infractores, con un tope de multa de 40 millones de euros (Comentario en la RGDTSS, 2024, nº 67).

Una última vuelta a esos ensayos se contiene en el capítulo que el profesor Mercader incluye en la obra colectiva 'Derecho y Tecnologías', esforzándose por descartar esa interesada afirmación extrema de que 'mi jefe es un algoritmo', cuyos malignos propósitos se encaminan a despintar la existencia de relaciones laborales y diluir las responsabilidades empresariales … "*la gran cuestión está en si las reglas de imputación de responsabilidades empresariales que favorecen la tutela de los trabajadores … es cierto que la idea de empresa regulada por nuestra legislación es material, física, tangible, pero también lo es la tendencia hacia la ingravidez empresarial. Pero no debe olvidarse que, en muchos casos, detrás de los algoritmos y de su gestión existen importantes equipos de personas destinadas, precisamente, a dar soporte, desarrollo y mantenimiento a dicha realidad. Por el momento, los elementos personales siguen estando en la base de las empresas algorítmicas*" … (En Mª Emilia Casas y Daniel Pérez del Prado, Fundación Ramón Areces, 2025, pp. 335 y ss.).

10. HOY TU NOMBRE ME LLEVA BAJO LAS MISMAS ALAS

Poco importa conocer el ánimo de Emilio Prados (1899-1962) al escribir este verso polisémico, que a mí me vale para poner fin a este recorrido por la obra insigne de Jesús Mercader, un laboralista con las mismas alas de todos aquellos que nos han servido de modelo, nuestros respectivos maestros. El también hace tiempo que lo es, hace tiempo que se desliza por la realidad entre el 'hacer' y el 'dejar', consciente de que sin los esfuerzos conjuntos el éxito se dispersa y llega a diluirse. Que sea Mercader la cabeza de un magno equipo universitario se debe a su sacrificio cercano, a sus tiempos dilatados, a su continua presencia, porque como dijera Wallace Stevens (1879-1955) en agudo aforismo … "*no se es duquesa a cien metros del carruaje*" …

Jesús Mercader lleva 40 años dedicado a la Universidad. Su etapa de estudiante finalizó con el Premio extraordinario de Doctorado, sobresaliendo como docente e investigador en tres sucesivas Universidades, la Autónoma de Madrid, la de Cantabria y la Carlos III a la que pertenece en la actualidad y de la que fue Secretario General durante ocho cursos académicos. Ha acreditado excepcionales condiciones de organizador, al frente de uno de los Departamentos más activos de España por sus resultados y por su proyección internacional. Ha dirigido o coordinado 50 libros colectivos, 5 Másteres Oficiales de títulos propios y ha sido el 'principal' de 25 Proyectos de Investigación, lo que le ha reportado premios diversos, últimamente el de mejor laboralista de España, 2024, por decisión unánime del Jurado de ASNALA compuesto de doce miembros. Extraordinario docente, ha obtenido en numerosas evaluaciones periódicas la puntuación de 98,64/100, un nivel reservado a las grandes figuras en el arte de la lección magistral, cuando se logra fundir los discursos disertivo y asertivo. La obra escrita causa admiración por su calidad científica y por su cadencia. Hasta 19 monografías ha tenido tiempo de publicar, junto a 3 obras generales, entre ellas las magníficas *Lecciones de Derecho del Trabajo*, que desde la primera de 2008 conoce ya la 17ª edición, ahora con el auxilio de tan calificados laboralistas como son Ana de la Puebla Pinilla y Francisco Javier Gómez Abelleira. Ha dirigido o coordinado Jesús 45 libros, ha publicado 206 artículos de revista, se ha anotado 208 capítulos o similares en obras colectivas, sus comentarios de legislación suman 30 y los de jurisprudencia 26, alcanzando el techo de 146 sus editoriales, prólogos y presentaciones.

Pero hace ya 25 años que Jesús decidió dedicar una parte de su actividad a la aplicación del ordenamiento jurídico. Cuatro años ejerciendo la función de letrado del Tribunal Constitucional le ha dotado del amplísimo bagaje jurídico-constitucional de que dispone, capacitado para una interpretación dinámica y solvente de la norma cúspide del Derecho español. Una experiencia acrecida por su función de alto asesoramiento jurídico laboral como *Councel* de los despachos 'Sagardoy Abogados' (2015-2019) y 'Uría Menéndez' (2019 a la actualidad), uno y otro de reconocida relevancia internacional en sus respectivas características y especialidades.

Merecedor del homenaje a sus fecundos 25 años de cátedra, la trayectoria del profesor Jesús R. Mercader Uguina es de tal brillantez en todos los órdenes en los que se ha manifestado, que bien podría corresponder a la del término de una vida dedicada al estudio profundo de las instituciones socio laborales. Un homenaje en el que participan 29 destacados laboralistas y yo mismo en este prólogo, unidos en la diversidad por el hondo cariño a Jesús, y al que ponen entrañable coda Ignacio García-Perrote Escartín y Manuel Carlos Palomeque López. Personalmente no albergo dudas de que este homenaje solo es el primero de una larga serie, paralela a una obra que, hoy por hoy, carece de límites previsibles.

Arcipreste, marzo de 2025

PARTE GENERAL

Los principios del derecho del trabajo: una aproximación a su fenomenología y a sus funciones

FRANCISCO JAVIER GÓMEZ ABELLEIRA
Catedrático de Derecho del Trabajo y Seguridad Social, Universidad Carlos III de Madrid
ORCID 0000-0002-1266-7983

En la diversidad de las leyes, se hace ya visible que no son absolutas
G. W. F. Hegel, Fundamentos de la Filosofía del Derecho, 1821

1. INTRODUCCIÓN

Cuando, hace un tiempo, quienes compartimos el afecto personal y profesional por el profesor Jesús R. Mercader nos propusimos rendirle un tributo sincero, con ocasión de cumplir sus primeros 25 años como catedrático de la disciplina, entendimos que no había mejor manera de hacerlo que a través de una relectura de sus trabajos, entablando, diríamos, un diálogo con ellos. Esta opción la hacía posible la ingente producción científica del profesor Mercader; había, por tanto, mucho donde elegir, había para todos cuantos nos embarcamos en el proyecto, cualquiera podía encontrar un trabajo de su predilección o de su afición digamos temática.

En mi caso, reconozco que fueron muchas las tentaciones, con temas de derecho individual y de negociación colectiva en particular. Por razones que luego mencionaré, sentía especial predilección por su libro "Estructura de la negociación colectiva y relaciones entre convenios", del año 1994, quizá por la inclinación a retornar a lo que nos impacta en nuestra juventud, pero me decidí finalmente por afrontar la relectura de otro de sus excelentes libros, que aparece 20 años después de aquel, siendo él ya catedrático de la Universidad Carlos III de Madrid, en la que ambos somos compañeros desde hace más de dos décadas.

Los principios de aplicación del Derecho del Trabajo es, en efecto, un libro publicado por el profesor Mercader en 2014. Lleva el subtítulo de "Formación, decadencia y crisis". Solo tiene 10 años, pero ya se puede considerar un clásico de la disciplina. El autor se lo dedica al maestro Carlos Palomeque y cuenta con un prólogo del también maestro Aurelio Desdentado, del que me gustaría rescatar ahora su lúcida reflexión acerca de lo que él mismo llama "saturación principialista": "La aplicación del derecho se convierte así en un territorio inseguro con un margen de indeterminación muy amplio y eso tiene riesgos importantes, sobre todo en un ámbito en que las concepciones personales de la justicia suelen ser intensas y tienden a la polaridad".

Mi interés por este libro es profesional, como jurista práctico, pero también académico, como profesor investigador y como docente. La capacidad de transmitir lo que se sabe a estudiantes de grado y de postgrado requiere prestar especial atención a los "principios", en el sentido de los pilares sobre los que se va construyendo el edificio entero que es una disciplina como el derecho del trabajo. Esta construcción está siempre inacabada cuando dichos estudiantes se gradúan, pero si los pilares están sólidamente asentados, les corresponde a ellos ir completando la construcción, a través del estudio a lo largo de la vida. Las ideas fundamentales que están en este libro, en torno a los principios pro operario, norma más favorable, condición más beneficiosa e indisponibilidad de derechos, deben formar parte de ese curriculum mínimo que está en los cimientos de quien luego podrá ser un profesional con garantías.

El libro es la culminación de una larga reflexión de su autor sobre un tema central de la disciplina, pues, si no me equivoco, la idea nuclear de la "crisis y decadencia" de los principios se remonta, en él, a las postrimerías del siglo pasado[1]. Culminación no significa abandono del tema, como prueba que la idea de fondo del libro se proyecte más adelante en la pro-

---

[1] En 1998, aparece su artículo "Crisis y decadencia del principio de norma más favorable en la jurisprudencia laboral", en la *Revista Aranzadi de derecho patrimonial*, núm. 1, 1998; volvió sobre el tema en otro artículo, este de 2002, titulado "La silenciosa decadencia del principio de norma más favorable", publicado en *Civitas. Revista española de derecho del trabajo*, núm. 109, 2002.

ducción científica del profesor Mercader sobre cuestiones concretas, como es el caso de la retribución variable[2].

El libro ofrece, además, una reflexión que se enmarca en una preocupación que me parece constante en la trayectoria académica del profesor Mercader, como es la del sistema de fuentes, que arranca nada menos que con su tesis doctoral, luego elaborada como el libro al que ya me he referido, titulado "Estructura de la negociación colectiva y relaciones entre convenios", que aparece en 1994, en plena elaboración de mi propia tesis doctoral, y cuyo impacto en aquel momento recuerdo perfectamente hoy, treinta años después[3]. Entonces no conocía personalmente a su autor, pero aquel libro fue cuidadosamente estudiado y lógicamente referenciado en mi propia tesis, además de otro trabajo que publicó en la Revista de Trabajo y Seguridad Social en 1993 con el título "Problemas de conflicto y coordinación entre convenios colectivos en el seno de la empresa: notas para un estudio". Esta preocupación por las fuentes es constante en la obra del profesor Mercader: "Sistema de fuentes y globalización" (2003), "Disrupción digital y sistema de fuentes: una visión general" (2023), su estudio sobre las fuentes de la relación laboral especial de la abogacía (2019) y la dirección, junto a la profesora Ana de la Puebla, de una obra colectiva reciente, titulada "Cambio tecnológico y transformación de las fuentes laborales" (2023), dan prueba de ello.

Si lo anterior no fuera suficiente, hay todavía una razón más poderosa que encuentro en la raíz de este libro: su carácter profundamente académico en el mejor sentido del término. Entiendo este carácter como una voluntad constante de replantearse las cuestiones fundamentales, de no dar nada por definitiva o permanentemente asentado, de no aceptar acríticamente ningún dogma. Son rasgos que hay que pedir de todo estudioso, pero especialmente de quienes van ganando más madurez y una mayor preeminencia doctrinal, porque enfrentarse críticamente a categorías virtualmente dogmáticas, como los llamados principios aplicativos del Derecho del Trabajo, no es tarea fácil.

---

2 Me refiero al artículo de Jesús Mercader "Retribución variable y principios del Derecho del Trabajo", *Revista Derecho Social y Empresa*, núm. 5, 2016.

3 Veo que no me falla la memoria y que tampoco hay aquí un sesgo retrospectivo, pues en un simple hojeo de las páginas de mi libro "La adhesión al convenio colectivo" (1997), veo citado con profusión ese libro tan fundamental de Jesús Mercader en materia de negociación colectiva.

En las páginas que siguen no me propongo hacer una recensión del libro. Trataré, dentro de los límites de mis modestas capacidades, de ofrecer una reflexión conceptual sobre los principios jurídicos, que se basa en mi propia experiencia como abogado, como investigador y como docente. Ya he subrayado la importancia de esta última condición en todo este asunto, pero también la tiene y mucha en el ejercicio profesional práctico, cuya esencia es la argumentación; y en esta, el reclamo a los principios es inesquivable. Empezaré tratando de desentrañar qué son los principios en el mundo del derecho, y lo haré a partir de un repaso de lo que se nos muestra como evidente (llamémosle aproximación fenomenológica) y de las funciones que los principios desempeñan en las actividades jurídicas (aproximación funcional). Espero que ambos vectores permitan ofrecer un concepto de principios que pueda proyectarse sobre el ámbito específico del derecho del trabajo. Y todo ello dentro del limitado espacio que los coordinadores de la obra han considerado prudente concedernos.

2. ¿QUÉ SON LOS PRINCIPIOS EN EL DERECHO?

La primera cuestión que deberíamos tratar de responder es qué son los principios. Hay que plantearla necesariamente porque no es un concepto en absoluto claro. Es de los que abiertamente son polisémicos y se utilizan en el derecho con diversos sentidos. Con la palabra "principio", y me limito al estricto mundo jurídico, queremos a menudo referirnos a cosas muy distintas. Dependiendo del contexto, podemos entender una u otra cosa a partir del uso de la palabra en cuestión. ¿Qué diferencia hay entre principios y normas o entre principios y reglas? ¿Qué queremos significar cuando utilizamos la palabra "principio"? ¿Tiene alguna utilidad específica este concepto?

Para tratar de responder a esta serie de cuestiones con algo de perspectiva, vamos a partir de un texto jurídico tan relevante y central como el Código Civil, y lo vamos a tomar, además, en su versión original de 1889. En esa versión original del Código, la voz "principio", en la acepción que aquí interesa, solo aparece tres veces: en su artículo 6, referido a los "principios generales del derecho"[4]; en su artículo 1611, que menciona "el principio

---

[4] Artículo 6. El Tribunal que rehúse fallar a pretexto de silencio, oscuridad o insuficiencia de las Leyes, incurrirá en responsabilidad.
Cuando no haya Ley exactamente aplicable al punto controvertido, se aplicará la costumbre del lugar y, en su defecto, los principios generales del derecho.

de la redención de los dominios"; y en su disposición transitoria 13ª, que señala que "los casos no comprendidos directamente en las disposiciones anteriores se resolverán aplicando los principios que les sirven de fundamento".

En el diseño original del Código, la función que cumplen los principios generales del derecho es la de colmar las lagunas de la ley y la costumbre, al modo en que la referida disposición transitoria lo establece para las lagunas que dejen las doce disposiciones transitorias que se ocupan de cuestiones específicas, a las que habría que sumar otras previsiones transitorias contenidas a lo largo de su articulado. El adjetivo "generales" es apropiado, no tanto para el deslinde con unos supuestos principios "particulares", sino para plasmar la idea de fondo, que es la de la "generalización creciente" (Del Vecchio[5]), que supera los límites de la técnica analógica (de la *analogia legis* a la *analogia iuris*). Lo que define a un principio, en este sentido, es su carácter general, que implica su aplicabilidad a múltiples supuestos de hecho. De este modo, la virtualidad práctica del principio es dar solución a un caso que no la tiene directamente en la ley o en el derecho consuetudinario. Otras funciones teóricamente posibles, como la interpretativa de la propia ley o como la explicativa del derecho, no están expresamente comprendidas en el alcance de aquel viejo artículo.

En contraste con esa concepción unidimensional de los principios, el vigente artículo 1 del Código Civil, que resulta de la reforma de 1974[6], no solo les reconoce su carácter de fuente supletoria de la ley y la costumbre (art. 1.1), sino también "su carácter informador del ordenamiento jurídico" (art. 1.4). Esta función, ya claramente interpretativa de la totalidad del ordenamiento, viene reforzada por la vinculación de todos los órganos judiciales a la interpretación y aplicación de las leyes "según los preceptos y principios constitucionales" (art. 5.1 LOPJ). Lógicamente, estos últimos son la subespecie más destacada de los principios generales, pero todos ellos pueden considerarse potencialmente pertinentes en el proceso aplicativo de concretas normas legales.

Pero además de la mención a los principios generales en el Código Civil, es significativa para nuestro análisis la expresión codificada de "principio de la redención de los dominios". Como he señalado, el Código Civil no es pródigo en el uso del concepto de principio jurídico, pero cuando

---

5 DEL VECCHIO, G., *Los principios generales del derecho,* Lima, Ara, 2023, p. 43.

6 Decreto 1836/1974, de 31 de mayo, por el que se sanciona con fuerza de Ley el texto articulado del título preliminar del Código Civil.

lo hace, como en esta concreta materia de los censos, el uso responde a la idea de la relevancia de la regla que se establece. La redención, como forma de extinguir el derecho de censo, se configura "como un elemento esencial", en particular por el "carácter imperativo del que se inviste al precepto"[7]. Seguramente, a las alturas de 1889, enunciar nada menos que un "principio" de redención de los censos tenía una intencionalidad político-simbólica, dado que la obra desamortizadora está inextricablemente ligada al problema de la redención de los censos, un problema social (e incluso laboral, ya que hablamos de trabajo agrícola) de primera magnitud durante el siglo XIX en algunas regiones españolas, como Galicia entre otras. Lo que cabe deducir de este uso del término principio es que se trata de un concepto que da cabida a normas de especial relieve en la orografía jurídica: por tomar la expresión de un civilista clásico, ya que estamos todavía en el terreno del Código Civil, los principios "tienen una virtualidad jurídica *in se*, por ellos mismos, dada la magnificencia de su contenido y la eficacia de su actuación"[8].

Esta revisión de un texto tan significativo para el ordenamiento jurídico como es el Código Civil permite alcanzar la siguiente conclusión provisional: la idea de principio está conectada con lo general y con lo relevante. Dicho de otro modo, de una regla muy particular no se diría que es un principio salvo que sea del todo relevante para el derecho o para una parcela amplia del derecho; por otro lado, reglas muy generales pueden alcanzar el estatus de principios por esa característica misma de generalidad, la cual lógicamente también correlaciona con la noción de importancia o relieve. Estas características de los principios son las que propician su naturaleza "informadora" o "inspiradora", lo cual implica que del principio se extrae una cantidad importante de reglas que son aplicables a supuestos fácticos concretos. Por ejemplo, cuando la Ley de Enjuiciamiento Civil dice, en su exposición de motivos (VI), que se inspira "en el principio de justicia rogada o principio dispositivo", admite a continuación que de él "se extraen todas sus razonables consecuencias".

La recién citada Ley de Enjuiciamiento Civil es buena muestra de la evolución jurídica posterior al Código Civil, que se produce a lo largo del siglo

---

7 ECHEVERRÍA SUMMERS, F. M., Comentario del artículo 1608, en R. BERCOVITZ RODRÍGUEZ-CANO, *Comentarios al Código Civil*, Valencia, Tirant lo Blanch, 2013, p. 11369.

8 PUIG PEÑA, F., *Tratado de Derecho Civil español*, Madrid, Revista de Derecho Privado, 1957, p. 329.

XX y lo que llevamos del XXI, y que se caracteriza por dos importantes transformaciones. La primera es doctrinal y la segunda legislativa o, mejor, de técnica legislativa. Seguramente la doctrinal antecede y es causa de la transformación legislativa.

La doctrinal es la nueva visión que desde la teoría del derecho se ofrece de los principios, concretada en su diferenciación respecto de las "reglas". Entre los laboralistas, esta dicotomía la recepciona y desarrolla, por ejemplo, Martín Valverde[9]. La diferenciación la formula Dworkin como una crítica al positivismo jurídico representado fundamentalmente por Hart, y la califica de "lógica": mientras que una regla contiene una formulación tal que se aplica o no enteramente a un supuesto de hecho dado ("all-or-nothing"), un principio proporciona una razón que empuja en una dirección ("states a reason that argues in one direction")[10]. Reglas y principios serían dos formas de regulación, pero mientras aquellas ciñen la conducta, estos la modulan; no en vano "regla" también significa un instrumento de medición en geometría, y "kanon" alude, en griego, a la regla de medir que utilizaban los profesionales de la construcción, que debía satisfacer "la minuciosa exactitud necesaria para erigir una casa, un templo, una muralla"[11]. Prueba lo anterior la categoría jurídico-laboral de la huelga de celo o reglamento, cuya prohibición podría antojarse una paradoja: un cumplimiento estricto de todas las reglas conduce a la parálisis, precisamente porque la regla ciñe, mientras que el principio flexibiliza. La huelga de celo daña por "la falta absoluta de flexibilidad"[12], poniendo de relieve que "el modo de actuar humano común es el sistema de referencia por medio del cual interpretamos un lenguaje extraño", y que "seguir la regla es una práctica"[13]. Esto explica que el Código Civil ataque el "ejercicio antisocial" de cualquier derecho, subraye que este debe ejercerse dentro de unos "límites normales" (art. 7.2) y diga que los contratos obligan a todas las consecuencias que, según su naturaleza, sean conformes al uso (art. 1258). La referencia al "uso social" vivifica una institución de tan impensa-

---

9 MARTÍN VALVERDE, A., "Principios y reglas en el Derecho del Trabajo. Planteamiento teórico y algunos ejemplos", en de la Villa Gil, L. E., López Cumbre, L. (Dir.), *Los principios del Derecho del Trabajo*, Madrid, CEF, 2003, p. 39 ss.

10 DWORKIN, R., *Taking rights seriously*, Londres, Bloomsbury, 2013, p. 39-42.

11 DASTON, L., *Reglas. Una breve historia de lo que gobierna nuestras vidas*, Madrid, Alianza, 2024, p. 37-38.

12 GARCÍA SALAS, A. I., *El ejercicio abusivo de la huelga*, Valencia, Tirant lo Blanch, 2018, p. 69.

13 WITTGENSTEIN, L., *Investigaciones filosóficas*, 206 y 202 respectivamente.

ble regulación (vía reglas) como la patria potestad (art. 156 CC), y el "uso del lugar" está en el núcleo jurídico del régimen matrimonial (arts. 1319, 1362, 1371 CC). En este tipo de instituciones sociales, como la familia, se aprecia la naturaleza de la regla jurídica como "paradigma" o "modelo". Pero, aunque quizá en un grado menor, los problemas que genera el mundo del trabajo, la vida profesional o el comportamiento dentro de las organizaciones no son ajenos a esta caracterización de "las reglas como modelos en la acción analógica"[14].

El éxito doctrinal de la distinción entre regla y principio la convierte en un lugar común en la teoría del derecho, en especial tras las aportaciones de Alexy, quien la sitúa como "clave para la solución de problemas centrales de la dogmática de los derechos fundamentales", y como "uno de los pilares fundamentales del edificio de la teoría de los derechos fundamentales"[15]. El éxito no es incompatible con que existan varias tesis acerca del criterio distintivo entre reglas y principios, desde quienes defienden un criterio cualitativo, como el propio Alexy (los principios como "mandatos de optimización") o Bäcker (las reglas son derrotables, los principios no)[16] o Beladiez Rojo (los principios carecen de supuesto de hecho, a diferencia de las reglas)[17], a quienes lo proponen cuantitativo o de grado ante la convicción de que no hay un "criterio absoluto, 'todo o nada'"[18]. Se trata de una polémica que en opinión de Atienza y Manero "se ha vuelto ciertamente espesa", y como ellos apuntan, el concepto de principio se utiliza por los juristas "con significados diversos, y no parece que tenga mucho sentido afirmar que uno de ellos es el *esencial*, el *verdadero*"[19]. Resulta significativo que estos autores lleguen a encontrar al menos ocho significados o acepciones de "principio jurídico", aunque ellos mismos reconduzcan esta variedad a tan solo una dicotomía exhaustiva y excluyente: principios

---

14 DASTON, L., *op. cit.*, p. 21.

15 ALEXY, R., *Teoría de los derechos fundamentales*, 3ª ed., Madrid, CEPC, 2022, p. 73.

16 BÄCKER, C., "Reglas, principios y derrotabilidad", *Doxa: Cuadernos de Filosofía del Derecho*, núm. 37 (2014), p. 33: "La derrotabilidad debe ser entendida como la capacidad de admitir excepciones. Si echamos un vistazo a las reglas, notaremos que, en general, tienen excepciones"; "por el contrario, los principios son mandatos de optimización que no admiten excepciones".

17 BELADIEZ ROJO, M., *Los principios jurídicos*, Madrid, Civitas, 2010, p. 112.

18 PRIETO SANCHÍS, L., *Sobre principios y normas. Problemas del razonamiento jurídico*, Lima, Palestra / Temis, 2013, p. 65.

19 ATIENZA, M., RUIZ MANERO, J., "Sobre principios y reglas", *Doxa: Cuadernos de Filosofía del Derecho*, núm. 10 (1991), p. 102, 103.

en sentido estricto (norma que expresa los valores superiores de un ordenamiento jurídico) y directrices o normas programáticas ("norma que estipula la obligación de perseguir determinados fines")[20].

La transformación de la técnica legislativa consiste en una creciente expresión de los principios en el articulado de las leyes. En contraste con el tradicional carácter no escrito de estos, el derecho contemporáneo se plasma en leyes que acostumbran enunciar explícitamente los principios que las inspiran o informan. Lo acabamos de comprobar con la Ley de Enjuiciamiento Civil y su fundamental inspiración en el principio dispositivo. Alejandro Nieto se refiere a una "práctica legislativa entusiásticamente principialista"[21]. La propia Constitución nos ofrece un magnífico ejemplo de ello, en la línea de que la "codificación" de los principios ocurre singularmente «en momentos de reforma y repensamiento en todo un sector del ordenamiento» (Predieri)[22]. Lo cierto es que en la producción legislativa contemporánea, la expresión de principios forma parte de la técnica legislativa al uso, especialmente en las a menudo largas exposiciones de motivos. Otro ejemplo claro lo proporciona la Ley 15/2022, de 12 de julio, integral para la igualdad de trato y la no discriminación, cuyo artículo 4.3 establece: "El derecho a la igualdad de trato y la no discriminación es un principio informador del ordenamiento jurídico y, como tal, se integrará y observará con carácter transversal en la interpretación y aplicación de las normas jurídicas". Esta plasmación legislativa de un derecho subjetivo como principio nos permite iniciar una aproximación fenomenológica al tema de los principios, es decir, una aproximación basada en las distintas formas en que estos se presentan o aparecen.

2.1. Aproximación fenomenológica

Como decíamos, la plasmación legislativa del derecho a la igualdad de trato y la no discriminación como un auténtico principio nos permite empezar a entender el sentido preciso de este concepto: un principio es el fundamento de una parte o sección del ordenamiento jurídico; como tal, sobresale por su generalidad y relevancia. En el caso que acabamos de referir, una Ley como la 15/2022 tiene como fundamento el citado principio,

---

20 ATIENZA, M., RUIZ MANERO, J., *op. cit.*, p. 105, 104.

21 NIETO, A., *Derecho administrativo sancionador*, Madrid, Tecnos, 1993, p. 36.

22 LEGUINA VILLA, J., "Principios generales del derecho y Constitución", *Revista de Administración Pública*, núm. 114 (1987), p. 11.

y así lo reconoce el propio texto legal, al señalar, por ejemplo, que "el desarrollo de este principio ha dado lugar a la aprobación de diferentes directivas que forman un importante corpus normativo de protección frente a la discriminación" (Preámbulo, I).

Este carácter basal o fundamental de los principios es el que propicia que su colocación gramatical adecuada sea con el verbo proclamar: de un principio se puede decir que se proclama, sin que resulte altisonante. Una ley puede proclamar el principio de estabilidad en el empleo, e incluso puede ubicar esta expresión en el frontispicio legislativo, que es el propio nombre de la ley, como ocurre con el Real Decreto-ley 32/2021, de 28 de diciembre, de medidas urgentes para la reforma laboral, la garantía de la estabilidad en el empleo y la transformación del mercado de trabajo; pero sonaría ridículo, exagerado o pedante afirmar que esa misma norma "proclama" que el contrato de trabajo por circunstancias de la producción tendrá una duración no superior a seis meses.

Si las simples reglas se establecen y los principios se proclaman es porque en estos se contienen, en forma extremadamente sucinta y expresiva, mensajes normativos de gran calado o de la mayor importancia. Cabría jugar con las palabras y afirmar que lo principal está en los principios. Cuando la Ley 4/2023, de 28 de febrero, para la igualdad real y efectiva de las personas trans y para la garantía de los derechos de las personas LGTBI, proclama el "principio de no patologización", al hilo de la regulación de la atención a la salud de las personas intersexuales (art. 19.1) y trans (art. 56), condensa en cuatro meras palabras todo un contenido regulatorio que, siendo importante en la mens legislatoris, es fecundo en consecuencias jurídicas.

Por este carácter sintético, los principios suelen tener unos perfiles difusos, por contraposición a las más específicas o precisas reglas. El halo conceptual de un principio es más indeterminado, y su utilización va a plantear casi siempre cierta vaguedad en cuanto a su significado y alcance. Los principios son, por ello, del gusto de los juristas, y no solo de los académicos: permiten dar rienda suelta a la creatividad en la elaboración de razonamientos jurídicos. El principio general de adaptación del trabajo a la persona, que así lo enuncia el artículo 36.5 ET, justifica que la razón jurídica argumentativa levante el vuelo para exprimir todo su oculto o velado jugo, en tanto que reglas más prosaicas, como, por no salirnos del mismo artículo, la de que "la jornada de trabajo de los trabajadores nocturnos no podrá exceder de ocho horas diarias de promedio, en un periodo de referencia de quince días" (art. 36.1) propician comúnmente elaboraciones más terrenales.

Para el legislador, elevar algo a categoría de principio supone realzar o subrayar la norma en cuestión. No suena igual decir que en los órganos de representación, gobierno y administración de los sindicatos las personas de cada sexo no han de superar el sesenta por ciento ni ser menos del cuarenta por ciento, que decir, con mayor solemnidad y, por tanto, con mayor énfasis, que "los órganos de representación, gobierno y administración de los sindicatos constituidos al amparo de esta ley se nombrarán atendiendo al principio de representación paritaria y presencia equilibrada entre mujeres y hombres, de tal manera que las personas de cada sexo no superen el sesenta por ciento ni sean menos del cuarenta por ciento". En realidad, el contenido estrictamente regulatorio es idéntico en ambos textos, pero es evidente que para el legislador que busca enriquecer el ordenamiento jurídico con una Ley Orgánica 2/2024, de 1 de agosto, de representación paritaria y presencia equilibrada de mujeres y hombres, utilizar tantas veces el lema legislativo, y además en duplicado, debe de ser algo importante. La regla "sesenta cuarenta" no puede alcanzar, por sí sola, el simbolismo político que se alcanza al proclamar un principio de representación paritaria (o de presencia equilibrada).

Por su propia naturaleza, la proclamación (legislativa) o creación (doctrinal o jurisprudencial) de principios ha de ser moderada, so pena de devaluación de su fuerza persuasiva o argumentativa. No todo pueden ser principios. Como señala Prieto Sanchís, "los principios son una noción relacional o comparativa"[23], en el sentido de que se presentan como fundamentos de un grupo de normas o, como señalamos anteriormente, como fundamentos de un sector del ordenamiento jurídico. La medida de la importancia del principio la suele proporcionar el tamaño de ese sector. Por ejemplo, el principio de igualdad y no discriminación es de importancia tan capital que es fundamento de amplios sectores del ordenamiento; y esa importancia se propulsa todavía más cuando del principio se afirma su transversalidad, como ocurre en el ya citado artículo 4.3 de la Ley 15/2022.

Los principios pueden identificarse, por tanto, con las "bases" de la regulación de un tema determinado. Aparecen entonces como normas de bases, al modo de las leyes de bases. Los principios se muestran como los trazos fundamentales en que debe asentarse la regulación de una materia.

---

23 PRIETO SANCHÍS, L., *op. cit.*, p. 67.

Un ejemplo evidente lo proporciona el artículo 52 de la LISOS, rubricado "principios de tramitación", a propósito de la regulación del procedimiento sancionador. En este caso, se proporciona, en muy escuetos párrafos, un bosquejo o esbozo de lo esencial del procedimiento, dejando lo concreto de los detalles para una regulación ulterior, que podrá ser de rango reglamentario, como ocurre en este caso del procedimiento sancionador social. Se trata de una estructura normativa muy habitual, por ejemplo en el juego entre norma constitucional (que proporciona el principio, el esbozo) y la norma de desarrollo (ley orgánica, ley, etc. que contiene el detalle regulatorio).

Lógicamente, la importancia de un principio no viene dada tan solo por la vertiente cuantitativa, relativa a su radio de acción en el conjunto del ordenamiento, sino que va asociada claramente a la jerarquía de la fuente en la que se consagra. Cabe hablar, así, de principios internacionales, constitucionales o de derecho europeo. Y por el propio carácter esencialmente fundamental de las normas constitucionales y de muchas de las internacionales y europeas, es obvio que en las fuentes internacionales y europeas, además de en la Constitución, se van a concentrar un buen número de principios jurídicos. Puesta esta idea en negativo, los principios jurídicos no han de buscarse comúnmente en normas reglamentarias, sino en los textos de mayor rango jerárquico, en los que la densidad principialista alcanza las mayores cotas, siendo un ejemplo sobresaliente el que proporciona el artículo 25.1 CE: como escribe Nieto, con un toque de humor, "eche el lector la cuenta y comprobará que en este artículo se sale a principio por palabra y quizás por sílaba"[24].

Precisamente este artículo 25.1 CE es un buen ejemplo de otro rasgo de estos elementos del derecho que son los principios: de un principio cabe deducir otros. Habrá, por tanto, principios de elevada generalidad e importancia que son capaces de generar principios algo más específicos, sin dejar de ser tales, es decir, sin dejar de poseer esas notas de relevancia y generalidad que son esenciales al concepto de principio. Al establecer que "nadie puede ser condenado o sancionado por acciones u omisiones que en el momento de producirse no constituyan delito, falta o infracción administrativa, según la legislación vigente en aquel momento", se establece primaria o inmediatamente un principio de legalidad sancionadora, pero es posible deducir, a partir de aquí, principios más específicos, como el de

---

[24] NIETO, A., *op. cit.*, p. 36.

tipicidad, reserva legal, prohibición de la analogía, irretroactividad, entre otros[25].

Un principio no tiene por qué ser enunciado explícitamente como tal "principio". En muchas ocasiones, su elevación a esta especial categoría es obra de los intérpretes, judiciales, doctrinales, etc. La propia Constitución es prueba de ello, pues la palabra "principio", que aparece en 23 ocasiones a lo largo de todo su articulado, no se utiliza en el citado artículo 25.1, que, diciendo tan solo que "nadie puede ser condenado o sancionado por acciones u omisiones que en el momento de producirse no constituyan delito, falta o infracción administrativa, según la legislación vigente en aquel momento", es la fuente de la que jurisprudencia y doctrina deducen los principios de legalidad, tipicidad, reserva legal, prohibición de la analogía, bis in idem e irretroactividad (Nieto)[26]. Algo similar ocurre en el artículo 3.5 ET, que establece que "los trabajadores no podrán disponer válidamente, antes o después de su adquisición, de los derechos que tengan reconocidos por disposiciones legales de derecho necesario", y que "tampoco podrán disponer válidamente de los derechos reconocidos como indisponibles por convenio colectivo". La elevación de este enunciado normativo a la condición de principio es generalizada en la doctrina y la jurisprudencia.

Nada de lo anterior implica que un principio sea siempre y en todo lugar más importante que una regla. Un principio es más importante en términos filosóficos, políticos, teóricos o académicos, pero una regla puede ser más decisiva, y frecuentemente lo será, en términos prácticos, es decir, en el plano de los argumentos utilizados por abogados, jueces, funcionarios y académicos a la hora de motivar jurídicamente sus peticiones, decisiones, actos u opiniones. La razón es evidente: si existe una regla aplicable al supuesto de hecho, la cual por definición contiene una solución clara y concreta para él, no hay necesidad de alegar ningún principio, salvo para reforzar la solución contenida en la regla. Sin embargo, también es cierto que no todas las reglas ofrecen soluciones unívocas, ya que con frecuencia son susceptibles de interpretaciones diversas, y es en este punto donde la alegación de principios puede ser verdaderamente decisiva al inclinar la interpretación hacia uno u otro lado.

Otra nota característica muy apreciable de los principios en su actual fenomenología es que compiten en un mercado bastante saturado. Al de-

---

25 NIETO, A., *op. cit.*, p. 36.

26 NIETO, A., *op. cit.*, p. 36.

cir que compiten se entiende que hay principios que pueden colisionar y por ende anularse recíprocamente, como vectores con sentidos opuestos. Volvemos al caso de la Ley de Enjuiciamiento Civil y su fundamental principio dispositivo: en la propia exposición de motivos se reconoce que este principio habrá de cesar en sus efectos allí donde entre en colisión con el principio de protección de intereses públicos, es decir, en los "casos en que predomina un interés público que exige satisfacción". De este modo, existirán "procesos en que no rige el principio dispositivo o debe ser matizada su influencia en razón de un indiscutible interés público inherente al objeto procesal" (XIX).

Este repaso fenomenológico de los principios nos permite empezar a responder a la pregunta de qué son. Parece desprenderse de las reflexiones anteriores que un principio es una norma de agregación de contenidos más amplios y, como tal, es relativamente fundamental para el sector del ordenamiento jurídico del que tratemos. Existe una diferencia clara, entonces, entre un principio, como norma de élite o norma de cabecera o de base, y una regla, que podría calificarse de norma ordinaria, norma de regulación *simpliciter* o norma de desarrollo.

La diferencia, ya se ve, no radica tanto en la estructura lógica o lingüística de principios y reglas, cuanto en su alcance, es decir, en la sombra que proyectan en un vasto espacio jurídico. El principio de autonomía colectiva preside todo el sector del derecho sindical o derecho laboral colectivo; en él se agregan multitud de contenidos normativos; su sombra es alargada; cabría pensar en un sistema jurídico que se limitase a proclamar el principio y que careciese de toda regulación de sindicatos, huelgas u órganos de representación en los centros de trabajo. No hay un principio, en cambio, sino una mera regla de desarrollo en afirmar que "los sindicatos constituidos al amparo de esta Ley, para adquirir la personalidad jurídica y plena capacidad de obrar, deberán depositar, por medio de sus promotores o dirigentes sus estatutos en la oficina pública establecida al efecto" (art. 4.1 LOLS); pero esa regla ha de ser respetuosa con el principio que finalmente la inspira o la preside, razón por la cual, por ejemplo, el control que se permite a esa oficina pública es de mera constatación de cumplimiento de los requisitos que se enumeran a continuación en el artículo, sin perjuicio de que "tanto la Autoridad Pública, como quienes acrediten un interés directo, personal y legítimo, podrán promover ante la Autoridad Judicial la declaración de no conformidad a derecho de cualesquiera estatutos que hayan sido objeto de depósito y publicación" (art. 4.6 LOLS). En este punto, es fácil comprobar que los principios desempeñan una función esencialmente interpretativa, de la que pasamos a tratar a continuación, junto con otras funciones que podrían desempeñar los principios y que hemos de tratar de averiguar.

2.2. Aproximación funcional

Al tratar de dar con el concepto más ajustado de principio jurídico, parece inexcusable detectar qué funciones cumplen los principios en el ordenamiento jurídico. Los principios son interesantes porque son utilizados, y son utilizados lógicamente con algún propósito o finalidad, por lo que puede predicarse de ellos que cumplen alguna función en las operaciones o actuaciones más características del derecho: la producción normativa de los poderes legislativos, la argumentación de los profesionales que han de motivar sus opiniones, peticiones o decisiones y el trabajo de los académicos en la ordenación, construcción y sistematización del material jurídico.

Aquí surge una distinción importante. La operación de producción normativa es esencialmente de naturaleza voluntarista y no exige una acabada justificación o razonamiento en términos estrictamente jurídicos. Es cierto que en los contemporáneos Estados de derecho, toda propuesta normativa (sea una ley, una directiva, un real decreto, etc.) ha de revestirse de una motivación, pero no tan exigente y minuciosa como la requerida en la fase aplicativa del derecho. Como señala García Amado, "el legislador se debe a la política, al sistema político, no al sistema jurídico"[27]. Por el contrario, las operaciones argumentativas tanto de los prácticos del derecho como de los teóricos o dogmáticos del derecho encuentran su valor más en la justificación o razonamiento que en la conclusión, aunque esto deba contar con matices diferenciales para una conclusión que se plasma en una decisión vinculante (por ejemplo, una sentencia) y otra que se plasma simplemente en un material académico con valor meramente persuasivo o didáctico. Cabe distinguir, por tanto, entre la relevancia de los principios en la labor voluntarista del productor del derecho y la que tienen en la labor argumentativa de tribunales, administraciones, juristas académicos, etc.

De alguna manera nos hemos referido ya a la vertiente legislativa al reseñar la significación política que puede connotar la proclamación de un principio. Para un órgano de producción normativa, un principio actúa en dos momentos distintos: en la génesis de la norma y en la plasmación o acabado final de la misma.

---

[27] GARCÍA AMADO, J. A., *Argumentación jurídica. Fundamentos teóricos y elementos prácticos*, Valencia, Tirant lo Blanch, 2023, p. 294.

En la génesis de la norma, los principios se identifican con las ideas últimas que justifican la necesidad de promulgar esa norma. Nótese que la necesidad de aprobar una norma puede relacionarse con una situación social de hecho que se quiere alterar, revertir, mitigar o eliminar: por ejemplo, una excesiva tasa de temporalidad en la contratación laboral. Esta necesidad no es, en sí misma, ningún principio jurídico. Este se identifica con la idea última que ese órgano productor tenga acerca de cómo deba ordenarse, acerca del deber-ser, de esa parcela de la realidad social. Si el desiderátum o aspiración legislativa es la estabilidad en el empleo, este es el principio que cabe identificar en esa norma, porque esa es la idea última, la idea clave que explica la motivación y la puesta en marcha del esfuerzo que supone elaborar y aprobar una norma.

En la plasmación final de la norma, los principios pueden jugar distintas funciones: simbólico-políticas, de realce normativo o de síntesis normativa. Las dos primeras no requieren mucha explicación, habida cuenta, en el primer caso, de la asociación entre política y eslogan: los principios son fácilmente trasladables en el marco de la comunicación política y operan como símbolos de determinadas decisiones políticas; y habida cuenta, en el segundo caso, del carácter fundamental de los principios, ya comentado aquí: un principio contiene una norma fundamental en una área del derecho más o menos amplia. Este carácter es el que propicia que puedan ser utilizados, además, como vehículos de síntesis normativa. Así ocurre, por ejemplo, en la regulación del proceso de derecho colaborativo en el artículo 19 LO 1/2025, de 2 de enero, de medidas en materia de eficiencia del Servicio Público de Justicia, regulación que prácticamente se limita a la enunciación de unos principios: "Los principios fundamentales del proceso colaborativo son: la buena fe, la negociación sobre intereses, la transparencia, la confidencialidad, el trabajo en equipo entre las partes, sus abogadas y abogados y las terceras personas expertas neutrales que pudieran, en su caso, participar, así como la renuncia a tribunales por parte de los y las profesionales de la abogacía que hayan intervenido en el proceso, caso de no conseguirse una solución, total o parcial, de la controversia". Al margen de la dudosa consideración como principio de cuestiones tales como "el trabajo en equipo", lo cierto es que la regulación no consta tanto de reglas como de principios, a partir de los cuales habrán de deducirse las concretas soluciones a los problemas que suscitará su puesta en práctica.

Un uso sintético de la idea de principio se produce también cuando, tras enunciarse una regla importante, el texto legal mismo la encapsula en un enunciado principialista. Es el caso del Reglamento General de Protección de Datos (Reglamento (UE) 2016/679 del Parlamento Europeo y del

Consejo, de 27 de abril de 2016), cuyo artículo 4, rubricado "Principios relativos al tratamiento", establece reglas acerca del tratamiento de datos personales que se formulan como principios. Por ejemplo, tras establecer que los datos que sean objeto de tratamiento han de ser "adecuados, pertinentes y limitados a lo necesario en relación con los fines para los que son tratados", eleva esta regla a la categoría de principio, con el nombre de "minimización de datos". Se trata de una labor legislativa de clarificación, similar a la que podría resultar de un comentario o tratado doctrinal sobre el tema: en lugar de que el principio se declare por vía doctrinal, es el propio legislador quien lo hace, "etiquetando" la regla.

En la labor argumentativa de los profesionales, que es el auténtico corazón de la actividad jurídica, los principios pueden constituir por sí solos la esencia de un razonamiento que conduce a una solución admisible en derecho, aunque también pueden tratar de reforzar una determinada interpretación de las reglas aplicables. Hay situaciones fácticas no cubiertas por regla alguna que han de solucionarse mediante la aplicación de principios, por ejemplo el de buena fe en las relaciones contractuales. En la mayoría de los casos, sin embargo, los principios se esgrimen para orientar la interpretación de la regla que directamente atañe al supuesto fáctico que se enjuicia. Esta función de los principios es central, porque componen el sustrato de la interpretación teleológica. Como hemos señalado, si un principio es la norma de élite o de cabecera de un sector más o menos amplio del ordenamiento jurídico, es lógico pensar que todas las reglas que pertenecen a ese sector pueden y deben ser interpretadas conforme a la finalidad que indica o a la que apunta el correspondiente principio; y en esta línea, la consideración de este como mandato de optimización tiene perfecto encaje.

Tratando de la argumentación jurídica, es de interés observar cómo dos fenómenos en apariencia contrarios se desarrollan en el tiempo. Por un lado, la tendencia a la "no fricción" de lo digital o algorítmico. Por otro lado, la experiencia real de la actividad jurídica en una época postpositivista.

Respecto de lo primero, resulta evidente una tendencia a desplazar lo flexible (las soluciones plurales, propias de los sistemas jurídicos contemporáneos) por lo algorítmico, en lo que se ha dado en llamar "lex cryptographica", que haría referencia a "una supuesta 'lex ex machina', que condensaría su potencial jurídico en la gráfica expresión 'Code is Law': lo codificado obtiene fuerza de ley, obligando el 'código' automáticamente y con rotundos efectos de irreversibilidad"[28]. Se trataría de reglas en lenguaje matemático, con capacidad incluso de autoejecución. Se ha dicho, además, que "el camino sigue en línea de crear y emplear, cada vez más, algoritmos en el ejercicio de determinadas funciones jurídicas, o dicho de otro modo, algoritmizar la Justicia entendida en sentido amplio. Funciones legislativas o redactoras de normas, funciones negociadoras o mediadoras, funciones arbitrales o funciones judiciales, funciones registrales, funciones tuitivas administrativas, funciones notariales, y un largo etcétera, están convirtiendo esta realidad computacional jurídica en tangible y veraz"[29]. Tiene razón Mercader cuando afirma que "el desarrollo de los sistemas de IA puede ser el gran reto de las formas de hacer Derecho en los próximos años"[30]. Por ejemplo, se ha llegado a profetizar que la forma dominante de creación del derecho en el futuro será la de microdirectivas, que desplazarán a las reglas y a los principios como piezas del derecho; estas microdirectivas serán posibles gracias a los avances en las tecnologías predictivas y comunicativas, de manera que a partir de los grandes objetivos establecidos legislativamente (mandatos, prohibiciones, etc.), las máquinas serán capaces de crear y comunicar un vasto catálogo de microdirectivas adaptadas a todo tipo de situaciones concretas[31]. Lo que aquí se aventura apunta a un orden jurídico que opera "sin fricción", un rasgo que caracteriza el mundo o la condición digital; como explica Juan Luis Suárez, lo fundamental en este punto "es la simplificación de la experiencia y la reducción del número de opciones a las que se enfrenta un usuario en su contacto con lo digital"[32].

Cualquier jurista con un mínimo de experiencia sabe que este estado africcional dista de describir el hoy por hoy de la actividad jurídica. Y es que nos encontramos ante una forma de razonar en derecho cada vez más presidida por los principios. Y esta parece la nota dominante en el momento actual. Antes que certidumbre derivada de creaciones jurídicas tecnológicas, el día a día de los juristas está marcado, hoy, por "un derecho cada vez más líquido", tomando prestada otra vez la expresión de Mercader: "el

---

28 LUQUIN BERGARECHE, R., *Smart contracts: aplicaciones jurídicas y de salud digital*, Valencia, Tirant lo Blanch, 2024, p. 27.

29 BARONA VILAR, S., *Algoritmización del derecho y de la justicia. De la inteligencia artificial a la smart justice*, Valencia, Tirant lo Blanch, 2021, p. 249.

30 MERCADER UGUINA, J. R., *Algoritmos e inteligencia artificial en el derecho digital del trabajo*, Valencia, Tirant lo Blanch, Valencia, 2022, p. 45.

31 Estas ideas en CASSEY, A. J., NIBLET, A., "The Death of Rules and Standards", *Indiana Law Journal*, vol. 92, 2017, p. 1402 ss.

32 J. L. SUÁREZ, *La condición digital*, Madrid, Trotta, 2023, p. 95.

orden jurídico pierde estabilidad y sus mandatos se vuelven más oscuros y difíciles de conocer"[33]. Esta liquidez del orden jurídico es el resultado de distintos factores, y uno especialmente importante es la crisis del positivismo jurídico y la "constitucionalización del orden jurídico", un largo proceso histórico iniciado tras la Segunda Guerra Mundial, con la promulgación de constituciones conteniendo un extenso catálogo de derechos fundamentales y de principios jurídicos. Una de las características sobresalientes de esta constitucionalización del derecho o postpositivismo es la "sobreinterpretación" del texto constitucional, lo que significa, en palabras de Aguiló Regla, que "se huye de la interpretación literal en favor de una interpretación extensiva, de manera que del texto constitucional pueden extraerse gran cantidad de normas y de principios implícitos"[34]. No parece tampoco casual que la jurisprudencia del *Conseil d'État* (Francia) empiece a extender, a mediados del siglo XX, el recurso de *excès de pouvoir* "a la violación de valores jurídicos que están más allá de la ley, al incorporar las infracciones a los principios generales del derecho; incluso denominándolos de ese modo. Técnica ésta que se usó al inicio en unos pocos casos, con posterioridad plagó su jurisprudencia"[35].

No es este el lugar para extenderse en este tema capital, porque lo que está en cuestión es nada menos que el artículo 9.3 CE en pleno. Un derecho con un protagonismo excesivo de los principios pone en entredicho no solo el principio de legalidad, sino también los de jerarquía normativa, publicidad de las normas, la irretroactividad de las disposiciones sancionadoras no favorables o restrictivas de derechos individuales, la seguridad jurídica, la responsabilidad y la interdicción de la arbitrariedad de los poderes públicos[36]. El riesgo de una proliferación de principios y de su sobreinterpretación en expansión creciente es enorme, porque, dado el halo de indeterminación que les es inherente y su probable colisión o contraposición recíproca, su sobreabundancia puede abocar a un escenario que cabría denominar como un "bazar de principios" (legal principles shopping). Ante tal panorama caótico, no es de extrañar que, en asuntos

---

33 MERCADER UGUINA, J. R., *Algoritmos…, cit.*, p. 43.

34 AGUILÓ REGLA, J., "Positivismo y postpositivismo. Dos paradigmas jurídicos en pocas palabras", *Doxa: Cuadernos de Filosofía del Derecho*, núm. 30 (2007), p. 667.

35 VERGARA BLANCO, A., "Nota introductoria", en MODERNE, F., *Principios generales del derecho. Legitimidad, método y controversias en derecho administrativo y constitucional*, Valencia, Tirant lo Blanch, 2024, p. 12.

36 Cabe remitir a la obra fundamental de LAPORTA, F., *El imperio de la ley. Una visión actual*, Madrid, Trotta, 2007.

difíciles, casi cualquier solución sea jurídicamente plausible. Cabe traer a colación el asunto, recientemente resuelto por dos Salas del Tribunal Supremo, la de lo Social y la de lo Contencioso-administrativo, y por el Tribunal Constitucional, de la duración de la prestación por nacimiento y cuidado de menor en familias monoparentales. Es significativa, a este respecto, la argumentación de la Sala Tercera del Supremo: "*Ciertamente nuestra función en la interpretación de las normas, que es de lo que se trata, no es un cometido sencillo [...], porque el ordenamiento jurídico no es una mera suma de normas o textos normativos, legales y reglamentarios, que precisen de una aplicación mimética al caso concreto. Es una estructura organizada que constituye un verdadero sistema, en el que además del conjunto de normas están los principios constitucionales o no y los criterios hermenéuticos mediante los que se materializa la interpretación normativa, a través de la vinculación y ensamblaje que proporciona la necesaria coherencia y racionalidad a esa estructura, según el correspondiente sistema de fuentes del Derecho*"[37]. La Sala de lo Social, en cambio, adopta una posición más cauta y sobria, afirmando que "*lo que se nos pide va más allá de lo que significa "interpretar y aplicar el derecho" y se sitúa en el ámbito de su creación*", sin que "*el interés por la protección del menor, como principio que debe informar el ordenamiento jurídico y como criterio hermenéutico que debe ser utilizado por los Tribunales*" lleve a dicha Sala a una conclusión distinta de la de confirmar la constitucionalidad y la adecuación al derecho internacional y europeo de la regulación interna española[38]. Finalmente, la Sentencia del Tribunal Constitucional 140/2024, de 6 de noviembre de 2024, declara la inconstitucionalidad de la vigente regulación legal al situar el principio del interés superior del menor en el centro de la argumentación, con el resultado de que, desde la perspectiva de los recién nacidos, cabe hablar de una "diferencia de trato entre situaciones que son sustancialmente iguales", afirmación insostenible si se hubiera partido de otros principios jurídicos. No se trata aquí de entrar en el fondo del asunto, sino de poner de relieve de qué modo la invocación de principios contradictorios aboca a soluciones contrapuestas. Atinada resulta la reflexión de Hegel cuando sostiene, a propósito de las leyes del derecho, en contraposición a las leyes de la naturaleza, que "el hombre no se queda en lo existente, sino que está convencido de tener en sí mismo la medida de lo que es recto"; "en la naturaleza, la verdad suprema es que *existe una ley*: en las leyes del derecho, una cosa no vale por su propia existencia, sino que se exige que se corresponda con su propio criterio. Es decir, aquí hay un posible conflicto entre lo que

---

37 STS (C-A.) 1612/2024 de 15 octubre 2024 (rec. 5372/2022).

38 STS (Soc.) 1129/2024 de 13 septiembre 2024 (rec. 2584/2023).

es y lo que debe ser, entre el derecho en sí y para sí, que es invariable, y la arbitrariedad de la determinación de lo que debe valer como derecho"[39].

2.3. Conclusiones en clave conceptual

Esta revisión doble, en clave fenomenológica y en clave funcional, nos permite formular algunas conclusiones acerca del concepto de principio en el derecho. La primera es que la distinción entre reglas y principios basada en un criterio estructural y lógico no responde al uso real en el derecho; mejor dicho, no explica todos los usos reales en el derecho. Cuando el artículo 3.1 LISOS dice que "no podrán sancionarse los hechos que hayan sido sancionados penal o administrativamente, en los casos en que se aprecie identidad de sujeto, de hecho y de fundamento", ¿se está ante una regla o un principio? Desde un punto de vista estructural y lógico, parece evidente que estamos ante una regla, con un supuesto de hecho bien definido (un hecho ha sido sancionado penal o administrativamente, concurriendo mismo sujeto, mismo hecho y mismo fundamento) y una consecuencia jurídica perfectamente perfilada (no cabe sancionar ese hecho nuevamente). Sin embargo, todos identificamos un auténtico principio jurídico: non bis in idem. Es un principio porque la regla es de importancia capital en el derecho, tanto por su rango constitucional (artículo 25.1) como por su arraigo en la tradición jurídica europea; es, por supuesto, un principio fundamental del derecho de la UE[40].

La segunda conclusión es que un principio contiene una norma que es básica o fundamental para, al menos, un sector del ordenamiento jurídico, cuando no para todo él. Los principios tienen, por tanto, cierta generalidad o transversalidad, que deriva de ese carácter básico o fundamental. Ello provoca, a su vez, que los principios puedan "moverse" con cierta agilidad por distintas áreas temáticas y que se utilicen en el razonamiento jurídico como claves de ponderación. Si, como dice Alexy, el derecho contiene reglas y principios, como dos tipos de normas, "entonces el razonamiento jurídico inevitablemente combinará la subsunción con la ponderación"[41]. La existencia de principios "claramente formulados, con zonas de influencia conocidas de antemano" es beneficiosa para la práctica jurídica[42], en

---

39 HEGEL, *Fundamentos de la filosofía del derecho* (Prefacio) (1820).

40 STJUE 15 octubre 2002 (ECLI:EU:C:2002:582), ap. 59.

41 ALEXY, R., *El concepto y la naturaleza del derecho*, Madrid, Marcial Pons, 2008, p. 43.

42 MARTÍN VALVERDE, A., *op. cit.*, p. 70.

particular porque coadyuvan a la interpretación teleológica, la cual, junto a la literal, debe ser seguramente preponderante.

Los principios son de especial interés en el ámbito profesional universitario, en particular en la actividad docente. La formación inicial en el derecho del trabajo puede basarse en los principios, caracterizados normalmente por ser aglutinadores de distintas instituciones y reglas. El complejo paisaje normativo laboral puede ordenarse en torno a una serie de principios, explicativos de su funcionamiento y de sus instituciones. En esos principios está plasmado el ethos o el carácter de esta disciplina, que es lo más importante que cabe transmitir en las etapas formativas iniciales. Los principios son también, así, principios estructurales o cardinales, es decir, elementos constructivos fundamentales.

3. SOBRE LOS LLAMADOS PRINCIPIOS APLICATIVOS DEL DERECHO DEL TRABAJO EN LA FORMACIÓN JURÍDICA

En la tradición académica iuslaboralista, los principios del derecho del trabajo son, por antonomasia, los llamados principios aplicativos o de aplicación del derecho del trabajo. Una obra bien representativa de esa tradición es el *Derecho del Trabajo* de Alonso Olea, cuya primera edición, de 1971, se refiere, en su lección 29, a los principios de norma mínima, de norma más favorable, de condición más beneficiosa, de irrenunciabilidad y el "pro operario". Una obra capital en este tema es la dirigida por De la Villa Gil y López Cumbre, que aparece en 2003 con el título *Los principios del Derecho del Trabajo*, y en la que, junto a otros principios, se dan cita también el principio pro operario (cap. 3), el de indisponibilidad de los derechos laborales (cap. 4), el de norma mínima y norma más favorable (caps. 5 y 6) y el de condición más beneficiosa (caps. 7 y 8). La culminación de esta tradición es el libro de Mercader *Los principios de aplicación del Derecho del Trabajo*, que aborda en sendos capítulos el "lento languidecer" del principio "in dubio pro operario", la "silenciosa decadencia" del principio de norma más favorable, el "proceso de disolución del desconcertante principio de condición más beneficiosa" y, finalmente, como "restos del naufragio", "la vigorosa conservación de la regla de indisponibilidad de derechos". Basta la transcripción que se acaba de hacer de los títulos de cada capítulo del libro, suficientemente expresivos todos ellos, para hacerse una primera idea de dónde nos encontramos en este tema.

Toda disciplina jurídica tiene un "ethos", un carácter. Quienes se dedican académicamente al derecho penal, por ejemplo, suelen apelar a un ethos minimalista o de última ratio: el principio de intervención mínima traspasa todo el ordenamiento penal, máxime en un sistema, como el español, que aúna, en el ius puniendi estatal, un derecho administrativo sancionador. Conforme a ese principio, no toda infracción o irregularidad o ilegalidad merece estar en el ámbito penal, aunque en los últimos tiempos el principio se vea debilitado por ese vector de signo contrario que son, y lo reconoce el propio Código Penal en su exposición de motivos, "las crecientes necesidades de tutela en una sociedad cada vez más compleja": se trata, según este Código, de una "antinomia" entre aquel sagrado principio y estas más prosaicas "necesidades". El "ethos" del derecho administrativo es la interdicción de la arbitrariedad, mediante la sujeción de las actuaciones de los poderes públicos al derecho. Es la gran idea contemporánea de "someter el Poder sistemáticamente a un juicio en el que cualquier ciudadano pueda exigirle cumplidamente justificaciones de su comportamiento ante el Derecho"[43]. El derecho privado de contratos encuentra su eje en el principio de la autonomía de la voluntad: se trata de maximizar u optimizar este principio hasta el punto en que colisione con otros principios, intereses, valores o derechos dignos de protección, como señaladamente ocurre en el caso del derecho de consumo. Así podríamos seguir visitando otras disciplinas, pero la idea está clara y no es necesario insistir más. El derecho laboral tiene también un claro ethos, un principio inspirador último, que es la protección de la parte débil de la relación laboral. En esto guarda analogía con el derecho de consumo, con el que también coincide en la filiación respecto del derecho privado de contratos.

Sin este gran principio rector que es la protección de la parte trabajadora del contrato de trabajo, el derecho laboral carecería de todo sentido y podría disolverse en el ámbito del derecho común de contratos. Este principio inspira, como decimos, la legislación laboral y hay cierta naturalidad en el hecho de empujar el radio de acción de este principio no solo a la producción normativa (donde tiene su asiento más claro y evidente), sino también al momento aplicativo, en sede judicial o administrativa. Es este radio de acción el que se viene cuestionando largamente en relación con el concreto principio pro operario, que es uno de esos principios derivados o mediatos: un principio derivado de otro más amplio como es el de protección o tuitivo de la parte débil de la relación laboral. Es incuestionable la conclusión alcanzada por Mercader en este punto acerca de

---

[43] GARCÍA DE ENTERRÍA, E., "La lucha contra las inmunidades del poder en el derecho administrativo (poderes discrecionales, poderes de gobierno, poderes normativos)", *Revista de Administración Pública*, núm. 38 (1962), p. 161.

lo absolutamente residual que resulta este "in dubio pro operario" como criterio de interpretación legal, dado que es un "criterio supletorio de último grado"[44]. Como explica Irureta Uriarte, "las exigencias derivadas del principio protector obligan principalmente al legislador"[45].

Si hubiéramos de medir la fortaleza o debilidad de un argumento jurídico, cabría decir que uno que estuviera basado en exclusiva en el principio pro operario tendría probablemente la mayor de las debilidades. Seguramente ningún profesional afrontaría la tarea de defender la posición de su cliente con el exclusivo asidero de este principio, ya que con toda probabilidad sería una posición suicida. Tampoco ninguna sentencia ni ninguna opinión académica querría presentarse sobre el único argumento del principio en cuestión. No es que el principio carezca de fuerza retórica: tiene toda la que corresponde al principio inspirador del entero ordenamiento laboral, pero precisamente por ello, en el grado de sofisticación y elaboración de este sector del ordenamiento en que nos encontramos, abundante en reglas (incluidas las que resultan de una ingente jurisprudencia), un principio tan generalísimo está abocado al fracaso si no va acompañado de argumentos sólidos basados en reglas concretas o en principios de naturaleza algo más específica para el caso de que se trate. Le ocurre como a la semilla de la que nace el centenario roble, que este hace irrelevante a aquella.

Al principio de norma más favorable le ocurre algo parecido, al menos en cuanto "víctima" de una progresiva decadencia histórica. El artículo 3.3 ET es el precipitado de una tradición que está descrita, con gran riqueza de detalle, por Mercader[46]. Probablemente, el precepto ya nació algo obsoleto en 1980, pero esa obsolescencia se fue agrandando con los años: con la evolución del sistema normativo laboral, la desaparición de las normas estatales sectoriales y la articulación de la negociación colectiva y de la estructura de convenios colectivos sobre criterios diferentes al de norma más favorable. El mayor sentido del principio de norma más favorable se produce al hilo de la relación entre, por un lado, las reglamentaciones y ordenanzas laborales, características del período preconstitucional, y los convenios colectivos. Mientras estos crecían en protagonismo a lo largo

---

44 MERCADER UGUINA, J. R., *Los principios…, cit.*, p. 65.

45 IRURETA URIARTE, P., "El impacto de los principios jurídicos en el Derecho del Trabajo", en CARBONELL, F., et al. (Coord.), *Principios jurídicos. Análisis y crítica*, Santiago (Chile), Abeledo Perrot Thomson Reuters, 2011, p. 307.

46 MERCADER UGUINA, J. R., *Los principios…, cit.*, p. 42-45.

de la década de los 1970, aquellos reglamentos sectoriales iniciaban un evidente descenso en el protagonismo regulador. En este sentido, la LRL representa "un pequeño vuelco en la consideración de las distintas fuentes de regulación sectorial de las relaciones de trabajo, dando una especie de preferencia o mejor posición al convenio colectivo", que se plasma en su artículo 4.1, que ya no atribuye a las reglamentaciones y ordenanzas la condición de norma mínima frente a los convenios colectivos, sino que se opta por el principio de norma más favorable[47].

En esta evolución, la aplicación del artículo 3.3 ET se confunde, a menudo, con un principio de compensación y absorción de mejoras provenientes de distintas fuentes. Un ejemplo de ello lo proporciona el caso resuelto por la STSJ Castilla y León / Burgos 781/2024 de 10 octubre 2024 (Rec. 684/2024), donde se rechaza la pretensión de la plantilla de lucrarse del incremento porcentual pactado en el convenio colectivo sectorial cuando la materia salarial se encuentra en la empresa regulada por un pacto específico entre la empresa y el comité de empresa. La argumentación del TSJ se apoya en el artículo 3.3 ET porque el pacto de empresa es más favorable, en su conjunto y en cómputo anual, que lo que resulta del convenio colectivo de sector. En realidad, sin mencionarlo, se produce aquí una manifestación del citado principio de compensación y absorción de mejoras provenientes de distintas fuentes. En otras ocasiones en que se plantean conflictos entre convenios y pactos, el problema se soluciona mediante el recurso a las técnicas interpretativas de los convenios, a partir de su literalidad y de la intención de los negociadores, como ocurre en la STSJ Madrid 595/2024 de 29 julio 2024 (Rec. 18/2024).

El carácter de principio de una proposición jurídica se evidencia, en ocasiones, en su resistencia, en la pertinacia con la que regresa una y otra vez en contextos diferentes. En el caso de la norma más favorable, cabe citar dos contextos en los que se manifiesta con relativa robustez. Uno es la coordinación internacional de los sistemas de seguridad social. Es representativo, al respecto, lo señalado en el artículo 8 del Reglamento (CE) 883/2004, acerca de la relación entre este instrumento europeo y otros instrumentos de coordinación (vgr., convenios internacionales bilaterales o multilaterales): "continuarán siendo de aplicación determinadas disposiciones de convenios de seguridad social suscritos por los Estados miembros con anterioridad a la fecha de aplicación del presente Reglamento, siem-

---

47 GARCÍA MURCIA, J., *La reglamentación sectorial del trabajo. De la intervención pública a la autonomía colectiva*, Madrid, Civitas, 2001, p. 133.

pre que resulten más favorables para los beneficiarios". Otro contexto es el del derecho social europeo en general, construido sobre el principio de que "no afectará a la facultad de los Estados miembros de aplicar o adoptar disposiciones legales, reglamentarias o administrativas más favorables para los trabajadores o de promover o permitir la aplicación de convenios colectivos o acuerdos celebrados entre interlocutores sociales más favorables para los trabajadores" (texto a modo de ejemplo tomado del art. 8 de la Directiva 2001/23). Sin embargo, estas "versiones" del principio de norma más favorable tienen matices importantes, que las alejan de la versión del artículo 3.3 ET: en el caso, por ejemplo, de las directivas sociales, cabría entender el enunciado transcrito más bien como una descripción del carácter de norma mínima de las propias directivas. Este otro principio de norma mínima es más una categoría descriptiva que prescriptiva: al explicarla o desarrollarla se describe, antes que nada, el funcionamiento de las distintas capas normativas en un mismo tema o asunto; sin perjuicio de que sea cierto que ese funcionamiento responde al principio último de protección: la protección conferida a la parte débil por una norma no puede ser desplazada, reducida o menoscabada por una norma de rango inferior.

En cualquier caso, la decadencia de los principios pro operario y de norma más favorable es un hecho, a día de hoy, y merece su reflejo en la organización de las enseñanzas del derecho del trabajo, que ya no pasan por subrayar estos principios en los estadios introductorios o iniciales de la formación jurídico-laboral, sino a menudo por omitirlos o relegarlos, precisamente con el objetivo de subrayar aquellos otros que sí constituyen hoy los pilares de este sector del ordenamiento. Metodológicamente, se trata de conceptos que no conforman una base sobre la que construir prácticamente ningún conocimiento relevante entre quienes se inician en el estudio del derecho del trabajo, en grado o en postgrado. En el caso del pro operario, su disolución puede disfrazarse de transformación en ese principio informador generalísimo, que es la protección de la parte trabajadora, como parte débil del contrato, algo que sí es de todo punto obligatorio mencionar y tratar al abordar un estudio inicial del derecho del trabajo. En el caso de la norma más favorable, su tratamiento en una aproximación fundamental es probablemente perjudicial, porque aleja la mirada de las cuestiones, ya de por sí bastante problemáticas, y que sí son del todo relevantes, como la relación entre la ley y el convenio colectivo, o entre los distintos productos de la autonomía colectiva entre sí.

Una consideración bien distinta merecen la condición más beneficiosa y la indisponibilidad de derechos, y creo que el libro de Mercader refleja perfectamente esta idea. Empezando por la condición más beneficiosa, su conformación contemporánea dista de parecerse a la clásica u original de solución a un problema de derecho transitorio (sucesión de normas). Hoy, es prácticamente un axioma que una condición más beneficiosa no puede tener un origen normativo. Esta idea se conecta con la máxima potenciación de la autonomía colectiva que resulta de los artículos 82.4 y 86.5 ET: en la negociación de un nuevo convenio colectivo no existen ataduras normativas provenientes del anterior, por mucho que de facto, en términos prácticos, en la renegociación convencional sí existan vinculaciones de naturaleza social, por la dificultad que entraña acordar un texto regresivo. Lo cierto es que la condición más beneficiosa opera en el plano puramente contractual y su singularidad, y lo que la hace merecedora de un estatus específico, es su etiología implícita o silente. Desde luego que en un contrato de trabajo o en cualquier documento contractual pueden las partes individualmente acordar condiciones de trabajo que sean más beneficiosas que las previstas en el orden normativo aplicable (art. 3.1 c ET). Pero construir una figura específica para explicar esta realidad no tiene sentido, ya que es una realidad jurídicamente plana, que podría incluso alojarse en un precepto tan general como el artículo 1255 CC. Toda la especificidad e interés de la condición más beneficiosa proviene del hecho de que sea frecuente en la realidad social el disfrute por los trabajadores de condiciones de trabajo o beneficios de cualquier índole que no están regulados en norma alguna ni en pacto expreso alguno. Todo el problema jurídico se remite a la cuestión de la interpretación de una voluntad tácita, y como expresa Mercader "la idea de declaración de voluntad tácita constituye una auténtica ficción jurídica", pero "su autor quedaría vinculado por su conducta, por el sentido que objetivamente debe atribuirse a ella, de tal manera que no pueda ya contravenirlo ni rechazarlo"[48].

Jurídicamente, sin embargo, la condición más beneficiosa no presenta una especificidad radical en relación con lo que ocurre en el derecho común de obligaciones y contratos. El principio "nemo potest mutare consilium suum in alterius iniuriam" (principio de los actos propios) parece describir perfectamente lo que ocurre jurídicamente en materia de condiciones más beneficiosas: la empresa no puede cambiar su voluntad unilateralmente en perjuicio del trabajador. Al igual que en el principio de los actos propios, en el de condición más beneficiosa lo que se protege es la

---

[48] MERCADER UGUINA, J. R., *Los principios…, cit.*, p. 146, 147.

aspiración "a la regularidad y a la constancia", debiendo primar "la situación creada *ab initio*", y no la "*a posteriori* fruto de un cambio inopinado"[49].

Ese cambio de voluntad empresarial ha de discurrir por las vías de la modificación sustancial de las condiciones de trabajo (art. 41 ET), de la renegociación o de la absorción y compensación de la mejora. En esta conexión entre la institución de la condición más beneficiosa y la institución de la modificación sustancial se aprecia un efecto deformante de aquella sobre esta; este efecto consistiría en que la alteración de una condición más beneficiosa obligaría a seguir el procedimiento de modificación sustancial con independencia de la entidad de aquella condición, poniendo con ello en entredicho la sustancialidad inherente al procedimiento del artículo 41 ET. Un buen ejemplo de este efecto puede encontrarse en el caso resuelto por la STS 160/2021 de 4 febrero 2021 (Rec. 147/2019), en el que se aprecia la existencia de una condición más beneficiosa consistente en la entrega por la empresa a cada trabajador de un objeto como obsequio por Navidad: según se lee en la sentencia, "*en 2013 la empresa entregó una taza blanca de dos colores por un importe de 9.404, 71 euros.- En 2014 una caja de madera con 4 juegos grabado Logo por importe de 18.905, 32 euros.- En 2015 un cargador power bank azul 2000 MAH por 17.523, 48 euros.- En 2016 unos imanes marcados a laser en caja marcada por 19.462, 50 euros y en 2017 tazas con mensaje por 21.456 euros*". Dado que el conflicto afecta a 4.500 empleados, es posible aproximarse al valor de la condición más beneficiosa para cada persona dividiendo el coste total por el número de beneficiarios: en los últimos años, rondaría los 4 o 5 euros por persona. Cuesta ver "sustancialidad" en la transformación de este beneficio en una donación a una ONG por el importe que la empresa venía soportando. Se trata del tema de las que Mercader llama "condiciones más beneficiosas no esenciales"[50], cuya alteración o eliminación parece abocada a una negociación o a un procedimiento del artículo 41 ET, produciendo un efecto distorsionante en esta figura en su relación con el *ius variandi.*

Pero más allá de la vertiente estrictamente jurídica, la frecuencia con la que en la práctica laboral se producen situaciones de beneficios o mejoras sin sustrato normativo ni convencional ni contractual expreso, y la conflictividad socio-laboral ligada a estas situaciones, aconseja configurar esta situación jurídicamente de una manera típica, y aquí el llamado principio

---

49 JARAMILLO JARAMILLO, C. I., "La doctrina de los actos propios en el ámbito contractual", Tesis doctoral, Universidad de Salamanca, 2012, p. 23, 24.

50 MERCADER UGUINA, J. R., *Los principios..., cit.*, p. 162.

de la condición más beneficiosa tiene su encaje. Se trata de una categoría, por tanto, con más importancia fáctica que jurídica, y que seguramente no merece el tratamiento de un auténtico principio jurídico específico del derecho laboral; aunque sí cabría hablar de la versión laboralista de un principio jurídico general como es el de los actos propios, conectado a su vez con el más general principio de la buena fe.

El último de los principios aplicativos estudiados por Mercader es el de la indisponibilidad de derechos. La importancia de este principio es incuestionable. Si hubiera que explicar el derecho laboral en cinco o diez ideas, entre ellas estaría, sin duda, que los derechos que las leyes y los convenios colectivos reconocen a los trabajadores son indisponibles por estos, salvo en contextos transaccionales. La diferencia última entre el derecho común de los contratos y el derecho laboral radica en este punto: mientras que aquel consagra el principio de la autonomía de la voluntad, con el límite de la moral, el orden público y las leyes imperativas, relativamente escasas, el derecho laboral consagra el principio opuesto, derivado de la abundancia de leyes imperativas, complementadas por convenios colectivos también imperativos, que establecen derechos de los que los trabajadores no pueden disponer. No se trata de valorar si la disposición responde a un consentimiento libre o si el consentimiento está viciado por el error, la violencia, la intimidación o el dolo; simplemente se prohíbe la disposición, con independencia de la voluntad genuina del sujeto, que carece aquí de cualquier relevancia.

Dada la centralidad de la idea de indisponibilidad en el derecho laboral, no es inapropiado calificarla como un principio. Desde luego no es un principio en el riguroso sentido estructural, lingüístico o formal: no es un mandato de optimización, sino una regla con perfiles relativamente determinados, que se complementa, además, con la que establece el efecto de la nulidad parcial (art. 9.3 ET). Sin embargo, como ya se ha comentado en este trabajo, la palabra principio es polisémica y admite distintas acepciones. Es más, es una realidad que "principio" se utiliza en el mundo jurídico en varios sentidos, y esta realidad no parece que vaya a cambiar próximamente, por muchos esfuerzos doctrinales que se realicen por aquilatar los conceptos de principio y de regla.

La prohibición de disposición de derechos presenta, además, ciertas limitaciones, que provienen del carácter no siempre indubitado de los derechos. La incertidumbre jurídica es, a menudo, una causa de debilitamiento de aquella prohibición, justamente porque el objeto sobre el que la renuncia se proyecta no se encuentra total y claramente perfilado. De ahí la admisión de la transacción, y de ahí las reglas procesales complementarias sobre admisión de la transacción en cualquier momento del proceso. Que la transacción deba homologarse salvo "lesión grave para alguna de las partes, fraude de ley o abuso de derecho" (art. 235.4 LRJS) es indicativa de una colisión de principios: entre el de la autonomía de la voluntad y el de indisponibilidad, porque el legislador aprecia que, en un momento como el procesal, con la garantía de la asistencia jurídica profesional, nadie tutela mejor sus propios intereses que uno mismo (autonomía), por lo que el otro principio resulta debilitado o, si se prefiere, menos optimizado (indisponibilidad).

El carácter transversal de la condición más beneficiosa y de la indisponibilidad es incuestionable: ambos operan en áreas temáticas muy diversas de la práctica jurídico-laboral. Esta "generalidad" y su relevancia en la orografía laboral justifican su tratamiento como principios y aconsejan su enseñanza en las etapas más tempranas de introducción al derecho del trabajo. Otros principios, como el de autonomía colectiva o el de estabilidad en el empleo, tienen un menor grado de generalidad o transversalidad, pero dominan intensamente ciertas parcelas importantes de la disciplina (el derecho colectivo, en un caso, o la regulación de la contratación laboral, en el otro). El reto doctrinal o académico perenne es ordenar el material jurídico al abrigo de unos pocos principios.

Bibliografía

AGUILÓ REGLA, J., "Positivismo y postpositivismo. Dos paradigmas jurídicos en pocas palabras", *Doxa: Cuadernos de Filosofía del Derecho,* núm. 30, 2007.

ALEXY, R., *El concepto y la naturaleza del derecho,* Madrid, Marcial Pons, 2008.

ALEXY, R., *Teoría de los derechos fundamentales,* 3ª ed., Madrid, CEPC, 2022.

ATIENZA, M.; J. RUIZ MANERO, "Sobre principios y reglas", *Doxa: Cuadernos de Filosofía del Derecho,* núm. 10, 1991.

BÄCKER, C., "Reglas, principios y derrotabilidad", *Doxa: Cuadernos de Filosofía del Derecho,* núm. 37, 2014.

BARONA VILAR, S., *Algoritmización del derecho y de la justicia. De la inteligencia artificial a la smart justice,* Tirant lo Blanch, Valencia, 2021.

BELADIEZ ROJO, M., *Los principios jurídicos,* Civitas, Madrid, 2010.

CASSEY, A. J.; A. NIBLET, "The Death of Rules and Standards", *Indiana Law Journal,* vol. 92, 2017.

DASTON, L. *Reglas. Una breve historia de lo que gobiernas nuestras vidas,* Madrid, Alianza, 2024.

DEL VECCHIO, G., *Los principios generales del derecho,* Lima, Ara, 2023.

DWORKIN, R., *Taking rights seriously,* Londres, Bloomsbury, 2013.

ECHEVERRÍA SUMMERS, F. M., Comentario del artículo 1608, en R. BERCOVITZ RODRÍGUEZ-CANO, *Comentarios al Código Civil,* Tirant lo Blanch, Valencia, 2013.

GARCÍA AMADO, J. A., *Argumentación jurídica. Fundamentos teóricos y elementos prácticos,* Valencia, Tirant lo Blanch, 2023.

GARCÍA DE ENTERRÍA, E., "La lucha contra las inmunidades del poder en el derecho administrativo (poderes discrecionales, poderes de gobierno, poderes normativos)", *Revista de Administración Pública,* núm. 38, 1962.

GARCÍA MURCIA, J., *La reglamentación sectorial del trabajo. De la intervención pública a la autonomía colectiva,* Madrid, Civitas, 2001.

GARCÍA SALAS, A. I., *El ejercicio abusivo de la huelga,* Valencia, Tirant lo Blanch, 2018.

HEGEL, *Fundamentos de la filosofía del derecho* (1820).

IRURETA URIARTE, P., "El impacto de los principios jurídicos en el Derecho del Trabajo", en F. CARBONELL et al. (Coord.), *Principios jurídicos. Análisis y crítica,* Santiago (Chile), Abeledo Perrot Thomson Reuters, 2011.

JARAMILLO JARAMILLO, C. I., "La doctrina de los actos propios en el ámbito contractual", Tesis doctoral, Universidad de Salamanca, 2012.

LAPORTA, F., *El imperio de la ley. Una visión actual,* Madrid, Trotta, 2007.

LEGUINA VILLA, J., "Principios generales del derecho y Constitución", *Revista de Administración Pública,* núm. 114, 1987.

LUQUIN BERGARECHE, R., *Smart contracts: aplicaciones jurídicas y de salud digital,* Valencia, Tirant lo Blanch, 2024.

MARTÍN VALVERDE, A., "Principios y reglas en el Derecho del Trabajo. Planteamiento teórico y algunos ejemplos", en DE LA VILLA GIL, L. E., LÓPEZ CUMBRE, L. (Dir.), *Los principios del Derecho del Trabajo,* Madrid, CEF, 2003.

MERCADER UGUINA, J. R., "Crisis y decadencia del principio de norma más favorable en la jurisprudencia laboral", en la *Revista Aranzadi de derecho patrimonial,* núm. 1, 1998.

MERCADER UGUINA, J. R., "La silenciosa decadencia del principio de norma más favorable", publicado en *Civitas. Revista española de derecho del trabajo,* núm. 109, 2002.

MERCADER UGUINA, J. R., *Los principios de aplicación del Derecho del Trabajo. Formación, decadencia y crisis,* Valencia, Tirant lo Blanch, 2014.

MERCADER UGUINA, J. R., "Retribución variable y principios del Derecho del Trabajo", *Revista Derecho Social y Empresa,* núm. 5, 2016.

MERCADER UGUINA, J. R., *Algoritmos e inteligencia artificial en el derecho digital del trabajo,* Valencia, Tirant lo Blanch, 2022.

NIETO, A., *Derecho administrativo sancionador,* Madrid, Tecnos, 1993.

PRIETO SANCHÍS, L., *Sobre principios y normas. Problemas del razonamiento jurídico* Lima, Palestra / Temis, 2013.

PUIG PEÑA, F., *Tratado de Derecho Civil español,* Madrid, Revista de Derecho Privado, 1957.

SUÁREZ, J. L., *La condición digital,* Madrid, Trotta, 2023.

VERGARA BLANCO, A., "Nota introductoria", en MODERNE, F., *Principios generales del derecho. Legitimidad, método y controversias en derecho administrativo y constitucional,* Valencia, Tirant lo Blanch, 2024.

WITTGENSTEIN, L., *Investigaciones filosóficas* (1953).

Articulación entre la ley y el juicio de proporcionalidad en la protección de los derechos fundamentales de la persona trabajadora frente a la disrupción tecnológica[1]

ANTONIO ÁLVAREZ DEL CUVILLO
Profesor Titular de Derecho del Trabajo y la Seguridad Social, Universidad de Cádiz
ORCID 0000-0003-2103-347X

1. EL PUNTO DE PARTIDA: JUICIO DE PROPORCIONALIDAD E INTERVENCIÓN LEGISLATIVA EN LA OBRA DEL PROFESOR MERCADER

Una de las principales líneas de investigación del profesor Mercader Uguina ha sido la de la proyección de los derechos fundamentales de ciudadanía sobre la relación de trabajo asalariado, especialmente —pero no exclusivamente— en el contexto del cambio tecnológico. A este respecto, resulta muy destacable su interés por la comprensión y análisis del "juicio de proporcionalidad" que generalmente se aplica para resolver los problemas jurídicos relativos al conflicto entre las exigencias derivadas del cum-

1 Este trabajo se realiza en el marco del Proyecto de Investigación "La dimensión socio-laboral de los riesgos asociados al cambio tecnológico: Conceptualización, prevención y reparación" (Referencia: PID2021-124979NB-I00)

plimiento de las obligaciones laborales y los requerimientos de la protección de los derechos fundamentales.

Así, en el año 2003 publica, junto con el profesor García-Perrote un capitulo de libro sobre la ponderación en materia de derechos fundamentales, en el que ambos autores conjugan su experiencia práctica como Letrados del TC con un elevado rigor teórico y doctrinal[2]. En esta investigación se destaca que el juicio de ponderación implica la búsqueda de un equilibrio entre los intereses laborales y empresariales, que no depende, a grandes rasgos, de una jerarquía formal de valores, sino sobre todo de la consideración de las circunstancias particulares de cada caso. A este respecto, se postula la necesidad de enriquecer el juicio de ponderación simple con la aplicación del principio de concordancia práctica, que supone la búsqueda de la realización óptima de los bienes constitucionalmente protegidos que entran en conflicto. Para ello se considera que es muy necesaria la intervención del legislador dirigida a armonizar los distintos bienes e intereses constitucionalmente relevantes. Por consiguiente, la aplicación del juicio de proporcionalidad no solo no excluye la regulación normativa, sino que, de algún modo, incluso la requiere.

Casi veinte años después, el profesor Mercader retoma el análisis del juicio de proporcionalidad en un artículo[3] que adopta una perspectiva diacrónica que permite adaptar la teoría jurídica a la realidad presente, relacionándola con las previsiones de futuro. Así, se analiza la evolución de la doctrina del TC sobre la proyección de los derechos de ciudadanía en el ámbito laboral, que avanza desde una perspectiva contractualista a un enfoque más explícitamente sostenido sobre el modelo de la proporcionalidad (pp. 160-167). Por otra parte, se expone cómo los profundos cambios derivados de la creciente implantación de dispositivos tecnológicos en el contexto empresarial requieren que se renueve la reflexión sobre la efectividad de los derechos fundamentales, lo que exige un cierto enriquecimiento del principio de proporcionalidad (pp. 171-175). Una vez más, se hace un llamamiento a la intervención legislativa, con objeto de no aban-

---

2 GARCÍA-PERROTE ESCARTÍN, Ignacio y MERCADER UGUINA, Jesús Rafael, Conflicto y ponderación de los derechos fundamentales de contenido laboral. Un estudio introductorio, En AAVV (coords. Rodrigo Martín Jiménez y Antonio Vicente Sempere Navarro), *El modelo social en la Constitución española de 1978*. Ministerio de Trabajo e Inmigración, 2003, pp. 249-272.

3 MERCADER UGUINA, Jesús Rafael, El juicio de proporcionalidad en lo laboral: construcción, nuevas dimensiones y futuros escenarios, *Anuario coruñés de derecho comparado del trabajo*, 14, 2022, pp. 157-175.

donar completamente la solución de los problemas a la incertidumbre de las ponderaciones judiciales abiertas. A este respecto, se valoran positivamente los avances incorporados por la normativa de protección de datos, pero se considera que es necesario integrar explícitamente algunos de los nuevos criterios (transparencia, limitación de la finalidad y minimización) en el juicio de proporcionalidad, en lugar de aplicarlos de manera separada. Debe ser el legislador quien lleve a cabo esta articulación de manera plena, aunque, en tanto esto se produce, la argumentación judicial debería hacer un esfuerzo por incorporar estos principios a la ponderación en la medida de lo posible.

Por último, estas reflexiones se proyectan de manera más precisa sobre el nuevo escenario tecnológico, en un estudio muy reciente[4], en el que nuevamente se destaca la relevancia de la función normativa a la hora de "urbanizar" los nuevos espacios derivados de la transformación tecnológica (pp. 7-9). Para ello, se aborda de manera más específica el modo en el que los principios básicos de la normativa de protección de datos pueden integrarse en la ponderación misma (pp. 9-10). Así, el principio de "transparencia" (individual o colectiva) aparece como un requisito previo a la aplicación de la ponderación, el de "limitación de la finalidad" opera como refuerzo del juicio de justificación de la restricción empresarial y el principio de "minimización" afecta particularmente al juicio de indispensabilidad. Más aún, tanto el Reglamento Europeo de Protección de Datos como el Reglamento de Inteligencia Artificial articulan una nueva forma de aplicar el juicio de proporcionalidad, vinculándolo, no tanto a principios de optimización como a reglas taxativas (p. 11).

Estos estudios permiten abrir paso a un nuevo e interesante enfoque de investigación en relación con la búsqueda de la efectividad de los derechos fundamentales en el ámbito laboral en el nuevo contexto tecnológico: el de la necesaria, pero, al mismo tiempo, compleja conexión entre los juicios abstractos de proporcionalidad y los desarrollos normativos surgidos para evitar que los avances tecnológicos supongan un retroceso de la dignidad humana. Este trabajo trata de profundizar en este enfoque, partiendo de una consideración general sobre el papel de la proporcionalidad en la argumentación jurídica (epígrafe 2); posteriormente, se analizará crítica-

---

4 MERCADER UGUINA, Jesús Rafael, El principio de proporcionalidad como límite al control laboral basado en la inteligencia artificial. *Trabajo y Derecho: nueva revista de actualidad y relaciones laborales*, nº Extra, 19, 2024, pp. 1-19 (paginación generada en el formato electrónico).

mente el funcionamiento del juicio de proporcionalidad en la aplicación de los derechos fundamentales (epígrafe 3); a continuación, se explicarán los motivos por los que la disrupción tecnológica aconseja los cambios normativos que efectivamente se están produciendo (epígrafe 4); a partir de ahí, se expondrán las diversas posibilidades teóricas que tiene la legislación para enriquecer o condicionar el juicio de proporcionalidad, contrastándolo con estas nuevas regulaciones (epígrafe 5); se continuará con un breve excurso sobre una tendencia jurisprudencial que corre el riesgo de distorsionar este tratamiento normativo (epígrafe 6), para finalizar con unas conclusiones generales (epígrafe 7).

2. DIMENSIONES DE LA PROPORCIONALIDAD EN EL DISCURSO JURÍDICO

La "proporcionalidad" es un tópico muy común en el discurso jurídico, que se utiliza, de un lado, como parámetro de justificación o crítica del contenido de las normas y, de otro lado, como criterio hermenéutico para su interpretación o aplicación a supuestos concretos. Se constituye inicialmente a partir de una metáfora, dado que pretende proyectar —no sin dificultades— una relación geométrica o matemática a la solución de cuestiones que en realidad son cualitativas y que resultan opinables o discutibles en un contexto social determinado. Ya señalaba Aristóteles que lo justo es "una especie de proporción"[5]; en este caso, se refería concretamente a la equidad en la distribución de bienes y honores entre los ciudadanos ("justicia distributiva") y reconocía inmediatamente el carácter problemático de este tropo, en la medida en que, si bien puede acordarse que esta distribución debe hacerse en función del "mérito", lo cierto es que la propia noción de "mérito" podría variar en función de las distintas convicciones políticas.

En la actualidad, a menudo esta proporción "geométrica" se manifiesta como un determinado punto de equilibrio entre intereses contrapuestos que se concreta de antemano en los textos normativos[6], de modo que el problema la atribución cualitativa de valor se remite a la voluntad del "legislador" como titular de la soberanía. En este contexto, se espera del

---

5 ARISTÓTELES, *Ética a Nicómaco*, V, 3, 25-30.

6 HECK, Philip, Jurisprudencia de intereses (M. González Enríquez, Trad.), *Anales de la Academia Matritense del Notariado*, 4, 509-550, 1948, p. 529.

ordenamiento jurídico que establezca soluciones predeterminadas para los conflictos que pudieran plantearse en el futuro, estableciendo una proporción "adecuada"que concilie los diversos intereses en juego. De manera muy señalada, el Derecho del Trabajo aborda la contraposición de intereses inherente a las relaciones de trabajo asalariado que se desenvuelven en el orden económico capitalista, con la finalidad de canalizar y apaciguar el conflicto social; esto se consigue a menudo a través de la fijación de "normas mínimas" (legales, reglamentarias o convencionales) que reconocen hasta cierto punto —en determinada proporción— los intereses personales y humanos de la persona trabajadora, entrando en tensión con los elementos deshumanizadores que son inherentes al uso instrumental de la fuerza de trabajo en el contexto de una relación de poder desigual. En la práctica, estos puntos de equilibrio están determinados por los resultados de luchas sociales y políticas, pero, al mismo tiempo se pretende que estos se "justifiquen" conforme a parámetros de "razonabilidad", en relación con una serie de valores y de ideales regulatorios de política jurídica. Dicho de otro modo, en el debate político-jurídico se aspira a que las soluciones concretas incorporadas a las normas se vean informadas por el ideal regulatorio de la "proporcionalidad", por más que la discusión quede siempre abierta en virtud de la distintas atribuciones de valor que existen en la sociedad.

Ahora bien, la proporcionalidad no se agota en la configuración de los enunciados normativos, sino que también afecta a su aplicación a los casos concretos. Eso es porque, en este caso, la necesidad de generalización de expectativas —cristalizada en el principio de la "seguridad jurídica"—, tampoco es un valor absoluto, sino que debe conjugarse con la necesidad de atender a las circunstancias concretas presentes en cada caso, que también es inherente a la práctica jurídica y a su funcionalidad social, pues, de lo contrario, no cumpliría adecuadamente su función de canalizar el conflicto[7]. En efecto, la norma abstracta no puede prever todas y cada una de las circunstancias que podrían llegar a ser relevantes y esto no implica que pierda virtualidad, sino que sus enunciados deben complementarse con una interpretación y aplicación presidida una vez más por la aspiración de la proporcionalidad. Ahí entra en juego la noción jurídica de "equidad",

---

7 "[…] nuestras leyes, en relación con la abundancia de problemas de la vida, son defectuosas, incompletas y no exentas de contradicciones […] el legislador moderno es consciente de esta insuficiencia, y por ello espera del juez una obediencia, no literal, sino conforme con los intereses en juego", HECK, P., *Op. Cit.*, p. 536.

reconocida expresamente en el art. 3.2 del Código Civil, que impone al juez la obligación de ponderar o modular la aplicación de las normas, tomando en consideración todas las circunstancias que puedan concurrir en cada caso. Así, por ejemplo, se entiende que la sanción del empresario debe ser proporcionada a la gravedad de la infracción cometida por el trabajador. Del mismo modo, la noción de "abuso de derecho" alude a una forma de ejercicio del derecho que provoca un daño excesivo ("desproporcionado") en relación con el interés reconocido por la facultad que se ejerce; por ejemplo, una huelga podría resultar abusiva en la medida en que provocara un desequilibrio en los sacrificios mutuos de las partes, pero también podría calificarse como abusiva una respuesta empresarial a la huelga que terminara desactivando su eficacia. En estos casos, los intereses en juego se condensan en una serie de "principios" abstractos, que deben ponderarse y equilibrarse entre sí a la hora de incidir en la aplicación de enunciados normativos que deben conectarse con la complejidad de la realidad a través de una serie de operaciones hermenéuticas.

Sin embargo, existen supuestos en los que la incidencia de las circunstancias particulares asume una gama de posibilidades tan amplia y tan imprevisible que el legislador no puede arbitrar por sí mismo un punto de equilibrio, ni siquiera en términos abstractos, sino que se remite implícita o explícitamente a la proporcionalidad entendida como ideal regulatorio[8]. Así sucede en los derechos reconocidos a la persona trabajadora en relación con la distribución de la jornada, como la determinación de las vacaciones (38.2 ET) o las adaptaciones a las necesidades de conciliación familiar (34.8 ET); en estos casos, el carácter inherentemente cualitativo del derecho afectado impide el recurso a la técnica de la "norma mínima", por lo que se hace un llamamiento expreso al poder regulador de la autonomía individual y, en caso de desacuerdo, la cuestión se termina reenviando al juez, que deberá decidir la cuestión en función de una ponderación entre intereses contrapuestos. Lo mismo ocurre en un supuesto muy distinto, como es el de la armonización del derecho de huelga con la garantía de los servicios esenciales de la comunidad (art. 28.2 CE); como es imposible prever en abstracto la proporción óptima que equilibra ambos intereses, el problema se remite en último término a la actuación discrecional del poder ejecutivo, que, en último término, podrá ser controlada por la jurisdicción.

---

[8] "El juez, para llenar las lagunas, debe aplicar los juicios valorativos de la ley, pero puede encontrarse ante una situación en que haya de resolver un conflicto según su propia valoración de los intereses vitales", HECK, P., *Op. Cit.*, p. 537.

Estos supuestos en los que aparentemente el juez debe adoptar una solución "en equidad" resultan especialmente problemáticos, tanto desde una perspectiva de legitimidad de las resoluciones judiciales como desde una óptica puramente pragmática. En lo que respecta a la legitimidad, nuestro orden político no faculta a los jueces para resolver los conflictos de intereses según sus preferencias subjetivas, sino que estos deben remitirse siempre a la voluntad del legislador, como depositario formal de la soberanía popular; es por ello que estas decisiones no pueden presentarse jamás como adoptadas plenamente "en equidad", sino que deben construir su legitimación apelando siempre al Derecho vigente. Por otra parte, desde un punto de vista pragmático, la amplitud de la discrecionalidad judicial provoca una significativa incertidumbre respecto al resultado final, que opera en detrimento de la generalización de expectativas y, por lo tanto, de la seguridad jurídica.

Por eso, la teoría jurídica se ha esforzado en establecer los parámetros que permitan estructurar este tipo de decisiones judiciales para que sean racionales, coherentes con el ordenamiento jurídico y persuasivas para la comunidad jurídica. A este respecto, el planteamiento más exitoso es el de la "teoría de la argumentación jurídica" de Robert ALEXY, que distingue entre dos tipos de enunciados normativos, las "reglas" y los "principios"[9]. Las "reglas" son preceptos taxativos que solo pueden cumplirse o no cumplirse, mientras que los "principios" serían mandatos de optimización, que ordenan que un valor o un interés se realice en la mayor medida que sea posible, tomando en consideración las posibilidades fácticas y jurídicas de la realidad. La colisión o aparente contradicción de las normas caracterizadas como "principios" termina desembocando en un juicio de proporcionalidad, que, a su vez, se subdivide en tres apreciaciones: adecuación, necesidad y proporcionalidad en sentido estricto[10].

Esta teoría se ha desarrollado y aplicado principalmente en lo que respecta a los conflictos entre derechos fundamentales, donde la lógica de la ponderación parece particularmente relevante a pesar de que la colisión entre principios abstractos de optimización podría producirse en muchas otras situaciones. En efecto, todos los derechos fundamentales son enunciados generales y abstractos, que actualmente se reconocen como

---

9 ALEXY, Robert, *Teoría de los derechos fundamentales* (E. Garzón Valdés, Trad.). Centro de Estudios Constitucionales Alexy, 1993 [publicado originalmente en 1986], pp. 82 y ss.

10 *Ibid.*

jurídicamente vinculantes, incluso frente a los sujetos privados; al mismo tiempo, la inmensa mayoría de ellos —pero no todos— podrían calificarse como "principios", en tanto que se configuran como manifestaciones de la idea de "libertad", que en nuestra cultura jurídica tiene un carácter expansivo —deseamos la máxima libertad posible para todos los ciudadanos—, que necesariamente tiene que conciliarse con las libertades de los demás, con la existencia de un orden jurídico-político y con las propias limitaciones impuestas por la realidad material. Esto implica que el contenido de los derechos fundamentales solo puede determinarse con precisión en el contexto concreto en el que se pretenden aplicar. Ello adquiere particular relevancia en lo que respecta a la proyección de los derechos fundamentales "de libertad", concebidos inicialmente frente a los poderes públicos, al contexto de las relaciones laborales. En efecto, las obligaciones inherentes al contrato de trabajo asalariado implican un cierto sometimiento de la persona trabajadora a los poderes empresariales, que, sin embargo, debe conciliarse de algún modo con el respeto a la dignidad de la persona. Así, por ejemplo, no hay duda de que la libertad religiosa abarca el derecho de la persona a asistir a celebraciones de carácter religioso, pero eso no quiere decir que la persona trabajadora tenga un derecho automático a ausentarse del trabajo; sin embargo, al mismo tiempo, tampoco puede excluirse la posibilidad de que este derecho pueda tener impacto en el desenvolvimiento de la relación de trabajo, de modo que, por ejemplo, pueda proponerse una adaptación "razonable" de la jornada que no perjudique los intereses empresariales —o que lo haga de manera insignificante— para garantizar el cumplimiento de una obligación religiosa importante para el sujeto. Por todo ello, es necesario profundizar en las características del juicio de proporcionalidad en lo que respecta al ejercicio de los derechos fundamentales en el ámbito laboral.

3. EL JUICIO DE PROPORCIONALIDAD EN MATERIA DE DERECHOS FUNDAMENTALES Y SUS PROBLEMAS

Los problemas de legitimidad y de seguridad jurídica que supone el "juicio de ponderación fuerte", es decir, aquel en el que aparentemente se atribuye al juez la tarea de determinar en cada caso concreto el punto de equilibrio de los intereses contrapuestos siguiendo un esquema abstracto de justificación, se trasladan lógicamente a los conflictos relativos a la aplicación de los derechos fundamentales, adquiriendo una especial relevancia, dada la singular trascendencia de estos derechos en nuestro sistema jurídico. Así, algunos autores han propuesto la sustitución del juicio de ponderación fuerte por un juicio de delimitación del contenido de cada derecho[11]; sin embargo, no creo que esta sustitución pueda producirse en todos los casos.

Desde luego, el juicio de delimitación sustituye globalmente a la ponderación en los derechos fundamentales que se configuran en el texto constitucional como "reglas taxativas". Así, el art. 15 CE establece que, "en ningún caso", puede someterse a las personas a torturas o tratos inhumanos o degradantes, lo que termina configurando una prohibición absoluta de la violencia y el acoso en el trabajo (STC 56/2019 de 6 de mayo); por otra parte, el segundo inciso del art. 14 CE establece que no puede "prevalecer discriminación alguna", de manera que la prohibición de "discriminación grupal" es una regla taxativa, a pesar de la desafortunada confusión con el principio de igualdad formal que opera a menudo en la práctica[12]. En estos supuestos, no opera automáticamente el esquema de la ponderación de principios, sino que el foco de la argumentación consiste en establecer si los hechos controvertidos encajan o no en una calificación jurídica determinada. Dicha calificación alude a una determinada modalidad específica de vulneración de la dignidad humana, que no puede sacrificarse en aras a la consecución de otros fines, por legítimos que estos sean. No obstante, esto no supone una exclusión de las consideraciones de proporcionalidad; es muy posible que estas sigan desplegando una enorme relevancia en la argumentación —ya hemos visto que operan generalmente en la aplicación de cualesquiera normas jurídicas—, pero lo harán en un contexto situacional distinto[13] que proporciona mayores asideros al intérprete. Dicho

---

11 PRESNO LINERA, Miguel Ángel, "Una crítica al uso de la teoría de la ponderación en los conflictos (aparentes) entre derechos fundamentales", *Liber amicorum: homenaje al profesor Luis Martínez Roldán*, Universidad de Oviedo, 2016, pp. 575-587. Por otra parte, con carácter más general, puede encontrarse una elocuente crítica a la técnica de la ponderación en sí misma en GARCÍA AMADO, Juan Antonio, "Sobre ponderaciones. Debatiendo con Manuel Atienza", en ATIENZA RODRÍGUEZ, Manuel y GARCÍA AMADO, Juan Antonio, *Un debate sobre la ponderación*, Palestra, 2012, pp. 39-85.

12 ÁLVAREZ DEL CUVILLO, Antonio, *El concepto de discriminación grupal y su eficacia real en el ámbito de las relaciones laborales*, Tirant lo Blanch, 2024, pp. 166, 287-288, 421 y ss.

13 En la Retórica clásica, estos contextos situacionales se denominan "estados de causa"; a este respecto, *Vid.* CICERÓN, *La invención retórica*, Libros I y II. Lo que hoy entendemos como "ponderación de principios" contrapuestos se ubicaría en el estado de la "comparación", que exige acudir a los recursos del género deliberativo; Cicerón, pone el ejemplo de un general que entrega al ejército enemigo las

de otro modo, en las reglas taxativas, el esquema abstracto de la ponderación "fuerte" se sustituye por una calificación jurídica que facilita enormemente la identificación de los elementos concretos que deben tomarse en consideración en cada caso[14].

Por otra parte, en los derechos fundamentales que se caracterizan como principios de optimización —que son la mayoría—, aunque se aplique el juicio de ponderación, siguen siendo relevantes las operaciones de delimitación del contenido del derecho. En primer lugar, para que se pueda activar el mecanismo de la ponderación es necesario asumir previamente como punto de partida que la conducta controvertida afecta de algún modo al interés material protegido por el derecho ("juicio de afectación"), lo que, sin duda, requiere una delimitación previa. Así por ejemplo, en principio no se desplegará la protección del derecho a la intimidad si no concurren "expectativas razonables de privacidad" que hagan inteligible la pretensión de realización del derecho fundamental. En segundo lugar, pueden existir comportamientos que afecten tan intensamente al interés material protegido por el derecho que se entienda que vulneran en todo caso su contenido esencial, esto es, el conjunto de facultades sin las cuales el derecho no es reconocible como tal, lo que excluiría la posibilidad de la ponderación, al provocar automáticamente un resultado desproporciona-

---

armas y el equipo de su tropa con objeto de salvar la vida de sus soldados (II, 72). En cambio, la actual delimitación del contenido del derecho fundamental conecta con el estado de causa de la "definición"; a este respecto Cicerón menciona un supuesto muy interesante de un padre que recurre a la patria potestad para dar órdenes a un cargo público (II, 52), en el que se trata la cuestión desde la óptica de la tipicidad del delito, pero se reconoce que se podría acudir a otros estados de causa (seguramente a la comparación).

14 Por ejemplo, no puede asumirse un cierto grado de acoso moral por parte del empresario con objeto de optimizar la libertad de empresa, dado que ello supondría una instrumentalización de la dignidad humana; sin embargo, es muy posible que en la consideración de si concurre un ambiente de trabajo humillante o intimidatorio se tomen en consideración valoraciones de proporcionalidad de la conducta del sujeto activo. Esta articulación de las relaciones de proporcionalidad con los elementos constitutivos del concepto concurre también —o, en todo caso, debería de concurrir— en la discriminación indirecta. Ciertamente, la justificación del impacto desfavorable alude a un esquema abstracto de justificación equiparable al juicio de proporcionalidad, pero esta valoración no se realiza de manera descontextualizada, sino que se dirige a desactivar la vinculación entre una medida aparentemente neutra y la adscripción a grupos sociales, lo que afecta al tipo de argumentos que pueden añadirse (*Vid.* ÁLVAREZ DEL CUVILLO, Antonio, *El concepto... Op. Cit.*, pp. 432-434).

do (por ejemplo, la instalación de una cámara oculta en el cubículo de un aseo para descubrir si los trabajadores consumen drogas).

Entre estos dos extremos —la falta de afectación del derecho y la vulneración de su contenido esencial—, a menudo existe una cierta gradación de realización de los intereses materiales protegidos por los derechos fundamentales que se configuran como principios de optimización. En principio, la armonización de estos intereses con los demás bienes constitucionalmente protegidos corresponde al legislador, que tiene que desarrollar el contenido de estos derechos dentro del respeto a su contenido esencial (arts. 53.1 y 81 CE). Ahora bien, en ausencia de esta regulación o simplemente en los espacios que esta no pueda regular, resulta ineludible aludir a una ponderación de principios que implique una valoración contextual de las circunstancias particulares de cada caso[15]. Así, por ejemplo, no es posible determinar de antemano en términos absolutos si el empleador puede prohibir la exhibición de símbolos religiosos en la indumentaria del personal a su servicio o si puede recurrir a un detective para controlar los eventuales incumplimientos que pudieran tener lugar fuera del lugar de trabajo. La respuesta a estos interrogantes es necesariamente casuística y, en estos casos, ni siquiera tenemos una regulación específica que permita orientar la ponderación. Por lo demás, a veces es la propia regulación la que hace un llamamiento al juicio abstracto de proporcionalidad, que resultaría, por tanto, ineludible.

De manera sintética, podemos caracterizar la estructura del juicio de proporcionalidad en la doctrina del TC español del siguiente modo:

---

15 Por eso, no puedo compartir las opiniones que mantienen que siempre debe aplicarse una delimitación puramente abstracta del contenido de los derechos en juego. PRESNO LINERA, M. A. *Op. Cit.*, pp. 582-583, por supuesto, admite que los derechos constitucionales tienen "límites externos" que derivan de su coexistencia con los demás derechos (por ejemplo, la libertad de expresión puede estar limitada por el derecho al honor), pero sostiene que el punto de equilibrio está ya fijado de antemano en el texto de la Constitución. Lo cierto es que, desde una perspectiva externa al discurso jurídico y puramente empírica, los enunciados constitucionales no resuelven en realidad problemas concretos, por más que las resoluciones deban fundamentarse en ellos. La respuesta a estos problemas depende necesariamente de las circunstancias del contexto (así, los contenidos de la libertad de expresión en el trabajo no dependen únicamente de lo que se dice, sino de en qué circunstancias se dice) y estas circunstancias abarcan, por supuesto, el grado de afectación a otros bienes constitucionalmente protegidos. De este modo, el recurso a la ponderación resulta ineludible si el problema no está explícitamente resuelto por las normas de desarrollo de los derechos fundamentales.

– En primer lugar, existen dos presupuestos previos al análisis de proporcionalidad: el juicio de afectación y el juicio de justificación. El juicio de afectación, como ya se ha visto, se refiere a la consideración de si la conducta impugnada supone inicialmente un perjuicio para los intereses materiales a los que se refiere el derecho fundamental invocado; en caso de que no sea así, naturalmente, no puede proseguirse en el análisis de proporcionalidad. Por otra parte, el juicio de justificación implica que existe un motivo legítimo que subyace al comportamiento controvertido que se conecta con un bien constitucionalmente protegido. Lógicamente, si la medida cuestionada carece de justificación, no puede entrarse en ningún análisis de proporcionalidad, puesto que no habría ninguna colisión de principios, sino que debería reconocerse inmediatamente la efectividad plena del derecho constitucional afectado[16].

– En segundo lugar, se somete la medida impugnada a un análisis de racionalidad, desde la perspectiva de la lógica instrumental, aplicándose el juicio de adecuación (también llamado "de idoneidad") y el juicio de necesidad (también llamado "de indispensabilidad"). El juicio de adecuación o idoneidad se refiere a la existencia de una conexión de causalidad entre la medida impugnada y el fin legítimo que la justifica y, por tanto, alude a una noción de utilidad o eficacia. El juicio de necesidad o indispensabilidad supone más bien un control de "eficiencia", en la medida en que se exige que no se puedan concebir medidas menos lesivas para alcanzar con el mismo grado de eficacia el fin pretendido. Si no se supera alguno de estos tests, no se pasaría a la ponderación de principios.

– En tercer lugar, en caso de que la medida esté justificada y sea idónea y necesaria para cumplir un fin legítimo, se pasaría al juicio de proporcionalidad en sentido estricto, que es el que, en realidad, implica acudir a la lógica de la "ponderación fuerte", esto es, a valorar el "peso" relativo de los argumentos que operan en favor de cada uno de los principios en juego. En este caso, se pretende ir más allá del control de la racionalidad económica de las decisiones —que, por sí sola, podría terminar instrumentalizando la dignidad humana en aras a la consecución de determinados fines—, para entrar en un análisis crítico de la "razonabilidad" de los propios fines.

Esta última operación es la que presenta mayores problemas. Ciertamente, los demás elementos del esquema (afectación, justificación, idoneidad e indispensabilidad) pueden suponer problemas jurídicos de

---

16 MERCADER UGUINA, J., "El principio de proporcionalidad...", *Op. Cit.*, pp. 4-5.

interpretación o aplicación; sin embargo, esto es muy habitual en la práctica jurídica. Son, por así decirlo, problemas jurídicos reconocibles que se pueden abordar con los recursos argumentativos asentados en el campo jurídico. Sin embargo, la ponderación "fuerte" de principios contiene un componente un tanto misterioso, aparentemente inexplicable, en tanto que el juez termina estableciendo *por sí mismo* un punto de equilibrio que supone la inaplicación de un bien jurídico constitucionalmente protegido para salvaguardar otro. Aparecen aquí los problemas de legitimidad y de incertidumbre que antes se han mencionado, agravados por la suma importancia de los bienes jurídicos que están en juego en los conflictos que afectan a los derechos fundamentales. No parece de ningún modo aceptable que el juez establezca la prioridad entre los principios en virtud de una intuición puramente subjetiva, basada exclusivamente en sus propias convicciones personales.

Por ello es comprensible que algunos autores pretendan aplicar literalmente la metáfora geométrica o matemática que es inherente a la idea de la proporcionalidad, asumiendo implícitamente la posibilidad de "calcular" de una manera "objetiva" el punto de equilibrio entre dos o más principios contrapuestos, como si nos encontráramos ante una realidad cuantificable y medible con exactitud. Sucumbe a esta tentación el propio ALEXY, al enunciar una "fórmula del peso" de carácter matemático[17], que es, sin duda, el aspecto más débil de su teoría[18]. La presentación matemática de la ponderación puede proporcionar una ilusión de exactitud o precisión, pero en realidad no puede excluir la discusión, sino que solamente la traslada a la cuantificación de los valores incluidos en la fórmula. De este modo, los aspectos interesantes del problema son precisamente los que no quedan capturados en la fórmula, mientras que los que se incluyen en ella quedan descontextualizados, al separarse

---

[17] Se trataría de un cociente numérico entre: a) el valor abstracto de cada principio, pues se asume que uno de ellos podría ser globalmente más importante que otro; b) la intensidad de afectación a cada principio, generalmente definida en una estructura triádica de leve/medio/grave y, c) el grado de fiabilidad de los presupuestos empíricos y normativos sobre los que descansan las valoraciones anteriores, *Vid.* ALEXY, Robert., *Teoría de la argumentación jurídica: la teoría del discurso racional como teoría de la fundamentación jurídica*, (Trad. M. Atienza e I. Espejo, Trad.), Palestra, 2017 [el texto original es de 1978], pp. 563 y ss.

[18] Critica esta fórmula ATIENZA RODRÍGUEZ, M., "A vueltas con la ponderación", en ATIENZA RODRÍGUEZ, Manuel y GARCÍA AMADO, Juan Antonio, *Op. Cit.*, pp. 25-26.

artificialmente del problema concreto que les da sentido[19]. Así, la estrategia de trasponer los aspectos cualitativos a un lenguaje matemático a fin de obtener unos resultados numéricos, que posteriormente volverán a traducirse al lenguaje natural, carece, en realidad, de valor epistémico, dado que simplemente introduce una mayor confusión y oscuridad en una tarea ya de por sí compleja. Debe asumirse que la ponderación es una cuestión necesariamente dialéctica y retórica, en la medida en que se refiere a materias que siempre van a poder ser objeto de discusión racional, por más que la decisión judicial ponga fin autoritativamente al conflicto cuando ya no pueda ser objeto de recurso.

Esto no implica que el juez pueda adoptar "caprichosamente" la decisión que más se ajuste a sus preferencias subjetivas, puesto que su decisión debe someterse a ciertos parámetros de racionalidad e intersubjetividad. En primer lugar, debe atenerse a los hechos aportados por las partes y tomar en consideración las "reglas del juego" dialécticas que tengan aplicarse respecto a la carga de la prueba y, en su caso, de la persuasión. En segundo lugar, debe conectarse racionalmente con los "puntos de vista"

---

19 Si se atribuye el mismo valor de afectación a los dos principios en conflicto y los demás factores permanecen constantes, el cociente sería 1, por lo que el problema supuestamente carecería de solución; en cambio, es posible que, a la vista de las circunstancias del caso, la solución sea muy clara. Supongamos el caso de un carnicero que se convierte a una religión que proscribe el consumo de carne animal y que experimenta una irreconciliable contradicción entre su trabajo y sus creencias (afectación máxima de la libertad religiosa), que impide la realización del trabajo (afectación máxima de la libertad de empresa); aunque se produce un "empate matemático", resulta evidente que no se le puede reconocer un derecho a la objeción de conciencia que le permita negarse a desempeñar sus tareas conservando su salario, porque ello sería incompatible con la situación jurídica objetiva en la que se encuentra en virtud del contrato de trabajo. Por otra parte, no hay nada que garantice que las cifras obtenidas en la valoración del intérprete sean magnitudes equivalentes y puedan, por tanto, operar entre sí, una vez desgajadas de los argumentos que se habían utilizado inicialmente para fundamentar la atribución de valor; se estaría, por tanto "sumando peras con manzanas". ALEXY se adelanta a esta objeción razonando que debe partirse de que los principios son conmensurables si se pretende obtener una solución. Sin embargo, el hecho de que una persona pueda deliberar entre dos opciones alternativas (por ejemplo, ir a una fiesta o estudiar para un examen) no implica necesariamente que la manera de afrontar el dilema que tiene que resolver sea convertir las preferencias en valores numéricos formalmente disociados de las razones que han motivado la cuantificación, cuando son precisamente estas razones los elementos que tiene que ponderar.

de cada una de las partes, tratando de comprenderlos y tomando en consideración todas las circunstancias aportadas por ellas en su argumentación, así como aquellas que razonablemente se desprendan de los hechos incorporados al proceso; para "sopesar" realmente los distintos argumentos, estos tienen que tenerse en cuenta de manera efectiva ("colocarse en la balanza"). Una vez considerados todos los puntos de vista, se produce ineludiblemente un momento puramente intuitivo en el que el juzgador adopta una posición determinada; así pues, en tercer lugar, debe reconstruir los fundamentos de su decisión intuitiva, a un discurso racional que sea inteligible y persuasivo respecto a la comunidad de los juristas. Para ello debe refutar explícitamente los argumentos que operen en contra de su decisión, sin omitirlos de manera estratégica —como haría una argumentación de parte— y, al mismo tiempo, subrayar los aspectos que determinan la relevancia de los factores que favorecen la decisión finalmente adoptada; en todo caso, deberá fundamentar su discurso siempre, no en sus percepciones subjetivas, sino en los valores consagrados en el ordenamiento jurídico.

Desde luego, en los casos difíciles, es posible conjeturar que otro juez o tribunal podría haber adoptado una decisión distinta siguiendo un procedimiento igualmente riguroso, pero, al menos, la solución del conflicto se habría situado en un contexto dialéctico y retórico que facilita la intersubjetividad. Esto permite abordar el problema de la legitimidad de las decisiones, pero no termina de resolver el de la seguridad jurídica. Lo hace, eso sí, para el caso resuelto a partir de la decisión judicial, pero no puede obviarse que hubiera sido deseable que las partes hubieran podido conocer este equilibrio de antemano, dándoles mayores posibilidades de evitar el proceso. Por eso mismo la ponderación "fuerte" —es decir, la de carácter abstracto, que no se refiere a la interpretación equitativa de una regla— debería aplicarse como último recurso cuando exista un déficit de regulación, por más que, al mismo tiempo, este déficit regulatorio no siempre derive de un defecto técnico, dado que a menudo es imposible prever todas las circunstancias relevantes para hacer justicia a los bienes constitucionales en juego. Dicho de otro modo, en la protección de los derechos fundamentales resulta oportuno buscar una articulación entre principios y reglas que permita evitar en la medida de lo posible el recurso a la ponderación "fuerte". Esta necesidad opera con particular relevancia cuando se producen cambios significativos del contexto, como sucede con la incorporación sustancial de desarrollos tecnológicos a las relaciones laborales.

4. LA NECESIDAD DE "URBANIZAR" EL ESPACIO DE DOMINACIÓN ABIERTO POR LA TECNOLOGÍA EN EL CONTEXTO LABORAL

Los "derechos fundamentales" no son enunciados esenciales intemporales de carácter universal, sino construcciones sociales contingentes dirigidas a proteger intereses humanos básicos (que sí podríamos caracterizar como universales) en un contexto socio-histórico determinado. Así, por ejemplo, la "libertad sindical" o el "derecho de huelga" están ligados al conflicto social inherente al modo de producción capitalista. Este contexto socio-histórico está determinado por multitud de factores, entre los cuales, por supuesto, se encuentran los de carácter tecnológico. Las tecnologías producidas por los seres humanos, entrelazadas e imbricadas en sus relaciones sociales, culturales, económicas y políticas, configuran el mundo en el que se desenvuelve la vida humana y se desarrollan los conflictos resueltos por el Derecho. En particular, contribuyen a delimitar el espacio de posibilidades y las modalidades del ejercicio del poder y la dominación social.

Los derechos fundamentales son dispositivos jurídicos de autodefensa de los individuos y de la sociedad civil frente al ejercicio del poder por parte de personas públicas o privadas, que permiten mecanismos de control que abren espacio al ideal regulatorio de la "democracia". En este contexto, los cambios tecnológicos y su incorporación a los procesos productivos delimitan nuevos marcos para el ejercicio del poder, que deben ser racionalizados ("urbanizados"[20]) a través de la intervención jurídica. Esto puede implicar tanto la aparición de nuevos derechos fundamentales como el establecimiento de nuevas garantías y marcos regulatorios. En concreto, los usos actuales de la tecnología en el entorno laboral producen una serie de problemas sociales que deben ser abordados por el ordenamiento[21]: a) intensificación de la magnitud del poder empresarial; b) falta de control sobre la información personal; c) naturalización del poder y difuminación de la responsabilidad humana; c) aparición de nuevos escenarios sociales no regulados culturalmente.

---

20 MERCADER UGUINA, J., "El principio de proporcionalidad...", *Op. Cit.*, p. 8.

21 Me he ocupado de todos estos elementos con más detalle, aunque solo en relación con la intimidad en ÁLVAREZ DEL CUVILLO, Antonio, La influencia de las nuevas tecnologías sobre el derecho a la intimidad en el contexto laboral, *El Derecho de las Relaciones Laborales*, nº 11/2020, pp. 4-10 del ejemplar electrónico en base de datos. Lo que viene a continuación es un desarrollo más actualizado de las mismas ideas desde una perspectiva más amplia.

4.1. Intensificación del poder empresarial

El desarrollo tecnológico implica un incremento progresivo de las posibilidades de dominación de los seres humanos sobre la naturaleza, pero esta incluye también necesariamente a las demás personas, en el contexto de las desigualdades propias de cada modelo productivo. En el mundo actual, una de las manifestaciones de esta intensificación del poder es el incremento de las posibilidades del escrutinio sobre la persona y actividad del trabajador a través de múltiples dispositivos que se van incorporando —o que podrían incorporarse en el futuro— a la organización productiva: videovigilancia, audiovigilancia, monitorización del trabajo realizado en el ordenador, geolocalización, tacógrafos, datos biométricos, sistemas de IA, etc. Todo ello implica una tendencia a la disolución de los "oasis" de privacidad y de humanidad que florecen en el trabajo asalariado. En efecto, se incrementan las posibilidades de obtención masiva de todo tipo de datos personales y se puede paralizar la espontaneidad de los movimientos corporales y de las interacciones comunicativas, en la medida en que la "vigilancia panóptica" opere como inhibidor de la conducta. Por otra parte, el carácter unilateral del flujo de información y comunicación incrementa notablemente la desigualdad entre las partes; así, por ejemplo, no es lo mismo ser vigilado por un sistema de videovigilancia que por una persona con la que se puede interactuar. Todo esto apunta a la necesidad de introducir precisiones específicas en el esquema abstracto de justificación que se ha visto anteriormente

4.2. Falta de control sobre la información personal

Las tecnologías de la información y la comunicación, unidas a otros factores sociales, económicos, políticos y culturales favorecen en la actualidad un incremento exponencial de las posibilidades de recopilación, tratamiento, análisis y difusión masiva de datos asociados a la persona. Desde luego, la intensificación del escrutinio a la que he hecho referencia anteriormente facilita que sea el propio empresario quien capte esta información personal, pero esta dinámica va mucho más allá de los instrumentos asociados al ejercicio del poder empresarial de control en el ámbito laboral. En este contexto, las consecuencias de los posibles usos futuros de estos datos resultan imprevisibles, de modo que el sujeto pierde el control sobre la relevancia de sus propios datos personales, que termina trascendiendo las esferas tradicionalmente consideradas como "privadas", "íntimas" o "sensibles". Fragmentos de información aparentemente inocuos pueden terminar desplegando consecuencias muy nocivas sobre el titular, cuando operan en combinación con otros datos o acaban en poder de determinadas personas o entidades. Por todo ello se ha desarrollado progresivamente el derecho a la autodeterminación informativa como un "nuevo" derecho fundamental autónomo que se configura como una garantía específica al servicio de los derechos al honor, la intimidad y la propia imagen (como lo son el secreto de las comunicaciones o la inviolabilidad del domicilio). Este derecho fundamental se reconoce en el art. 8 de la CDFUE, pero, en lo que respecta al texto constitucional, ha sido deducido por la jurisprudencia del TC de la pionera mención a la informática que aparece en el art. 18.4 CE.

4.3. Naturalización del poder y difuminación de la responsabilidad humana

La integración de la tecnología en los procesos productivos produce el efecto de "naturalizar" las relaciones de poder que ejercen unas personas sobre otras, en el sentido de que el dominio parece desprenderse irremediablemente de los dispositivos técnicos mismos —concebidos como fuerzas impersonales o fenómenos de la naturaleza— sustrayéndose así aparentemente de la responsabilidad derivada de la acción humana, es decir, de la justificación, el diálogo, la negociación y el conflicto. Así, por ejemplo, el ritmo de trabajo impuesto por la cadena de montaje o por el flujo de comunicaciones de una aplicación informática parecen venir impuestos por una fuerza externa insoslayable y no por una decisión humana que pueda verse sometida a cuestionamiento o crítica.

Este fenómeno es en gran medida universal, pero se ha visto recientemente amplificado por la incorporación, real o potencial, de algoritmos y dispositivos de inteligencia artificial a los procesos de adopción de decisiones empresariales[22]. Gran parte de la reflexión doctrinal a este respecto se ha centrado en los posibles riesgos de discriminación, dado que en este ámbito es donde la normativa norteamericana exige con mayor claridad a

---

22 LÓPEZ AHUMADA, Eduardo, Sistemas algorítmicos y desarrollo de la inteligencia artificial desde la perspectiva del poder de dirección de las empresas, *Revista Internacional y Comparada de Relaciones Laborales y Derecho del Empleo*, 12, 4, 2024, pp. 41-42 y 60, hace referencia a la "inexistencia de jefe o cuadro de mando"o la "apariencia de ausencia de control", MARTÍN RIVERA, Lucía, La inteligencia artificial y la gestión algorítmica aplicadas a las relaciones laborales: de la legislación española a la Ley Europea de Inteligencia Artificial. *Revista Internacional y Comparada de Relaciones Laborales y Derecho del Empleo*, 12, 4, 2024, se refiere al "decaimiento de la responsabilidad empresarial" (p. 70) y a la falsa sensación de certeza o seguridad de las soluciones (p. 82).

los empresarios la justificación de sus decisiones. Sin embargo, el problema puede extenderse a todo tipo de situaciones que afectan a las condiciones de trabajo, incluyendo, claro está, al esquema de justificación de las medidas empresariales que afecten a los derechos fundamentales.

4.4. Nuevos escenarios para la interacción social y comunicativa

Por último, el contexto actual ha implicado la aparición de "nuevos escenarios digitales" en los que se desarrolla una parte muy importante de la interacción social y comunicativa, afectando profundamente a todas las dimensiones de la vida humana, entre la que se encuentra la laboral[23]. En estos espacios se difuminan las nociones del tiempo y del espacio tal y como están acotadas en nuestra cultura, lo que determina un cierto desdibujamiento del lugar y el tiempo de trabajo como núcleo básico de imputación de los poderes y responsabilidades del empresario; del mismo modo, las responsabilidades del trabajador —por ejemplo, en el ciberacoso o en lo que respecta a las declaraciones hechas en redes sociales— también pueden aparecer un tanto borrosas. Por otra parte, en este "espacio líquido" no pueden operar los marcadores tradicionales de carácter material que se han utilizado en nuestra cultura para definir las "expectativas razonables de intimidad" (puertas, cajones, cerraduras, atribuciones de uso a los espacios, etc.), de modo que deben construirse nuevas reglas para el acceso, el uso responsable y el control empresarial de entornos en los que las pautas sociales de comportamiento son menos claras (dispositivos del empresario, herramientas de sofware, comunicaciones electrónicas, etc.)

5. MODALIDADES DE ARTICULACIÓN ENTRE NORMATIVA Y JUICIO DE PROPORCIONALIDAD

Para racionalizar o "urbanizar" esta nueva realidad puede acudirse a una diversidad de técnicas normativas que establezcan reglas concretas de actuación que permitan, o bien eludir, o bien precisar el esquema abstracto de justificación de las decisiones empresariales que opera en el juicio "fuerte" de ponderación.

---

[23] ÁLVAREZ DEL CUVILLO, Antonio, La delimitación del derecho a la intimidad de los trabajadores en los nuevos escenarios digitales. *Temas Laborales*, 151, 2020, pp. 275-292.

– En primer lugar, los usos intensivos de tecnología en el ámbito laboral a menudo se relacionan con una **afectación inmediata y automática** de los derechos fundamentales, particularmente de los derechos a la intimidad y a la protección de datos.

En efecto, la consideración de afectación al derecho a la intimidad ha exigido tradicionalmente la delimitación de un "espacio" privado o íntimo, tomando en consideración pautas culturales generalizadas, que permiten individualizar determinados espacios físicos, datos personales o situaciones vitales que resultan merecedores de protección, distinguiéndose así de otros, que no tendrían carácter "privado" y que, por tanto, no darían paso a la ponderación abstracta de proporcionalidad. En gran medida esto se ha conseguido a través del concepto de "expectativas razonables de privacidad"[24]. Si bien esta noción tenía inicialmente un carácter expansivo, ampliando la protección a determinados espacios inicialmente alejados de la idea tradicional de la "privacidad", como el ámbito laboral, pronto va adquiriendo una dimensión restrictiva, en la medida en que las resoluciones judiciales han terminado atribuyendo al empleador una elevada capacidad para determinar unilateralmente las condiciones del ejercicio del derecho a la intimidad en su ámbito de organización y dirección. En el ordenamiento español, esta tendencia restrictiva se llevó al extremo en las SSTC 241/2012 de 17 de diciembre y 170/2013 de 7 de octubre, en las que, a partir de este concepto de "expectativas razonables de privacidad", se interpretó que dos supuestos de acceso a comunicaciones electrónicas quedaban excluidos, no solo de la aplicabilidad de la garantía del secreto de las comunicaciones, sino también de la propia afectación del derecho a la intimidad y, por tanto, de la necesidad de acudir a una relación de proporcionalidad. Esta doctrina ha sido ampliamente superada tanto por la STEDH *Barbulescu II*[25], que exige en todo caso un análisis de proporcionalidad, como por la normativa específica de protección de datos.

Como es sabido, el derecho de autodeterminación informativa protege cualquier tipo de datos personales, sin necesidad de que estos se hayan calificado previamente como especialmente "privados" o "íntimos". Del mismo modo, la normativa española vigente regula determinados supuestos de intervención empresarial en los que la intimidad se considera auto-

---

24 Para una exploración del surgimiento y evolución de este contexto, *Ibid.*, pp. 280-287.

25 STEDH (Gran Sala) de 5 de noviembre de 2017 (Núm. 61496/08, Caso Barbulescu contra Rumania).

máticamente afectada, dado que se hace un llamamiento expreso a acudir directamente a la ponderación de proporcionalidad. Así sucede, por ejemplo, en relación con la indagación en los dispositivos digitales puestos a disposición por la empresa (art. 87 LOPD), la videovigilancia y grabación de sonidos (art. 89 LOPD) y la geolocalización (art. 90 LOPD). Por otra parte, el art. 22 RGPD establece un derecho de la persona a no ser objeto de una decisión basada únicamente en el tratamiento automatizado, con algunas excepciones, entre las que se encuentra que sea necesaria para la celebración o ejecución de un contrato; esta excepción conduce a una suerte de juicio de indispensabilidad que seguramente podríamos reconducir a la ponderación fuerte. También se hace un llamamiento explícito a las relaciones de proporcionalidad en el caso de utilización de sistemas de IA para evaluar o clasificar a las personas atendiendo a su comportamiento social o características personales [art. 5.1 c. ii RIA].

En general podríamos decir que, en la actualidad, cualquier uso intensivo de dispositivos tecnológicos dirigido a facilitar el ejercicio de los poderes empresariales implica un riesgo significativo de la producción de daños a los derechos fundamentales, por lo que debería acudirse en todo caso al análisis de proporcionalidad, sin necesidad de una consideración previa de la afectación de los derechos. Dicho de otro modo, la intensificación de las posibilidades de indagación ha requerido una expansión de las expectativas razonables de privacidad.

– En segundo lugar, la **técnica de la "prohibición"** implica la definición de una situación específica de vulneración automática de los derechos fundamentales en juego, que en principio permitiría cerrar el paso a la ponderación fuerte entre principios jurídicos, al configurarse como una regla taxativa de desarrollo de dichos principios.

Un ejemplo muy concreto de prohibición específica relacionada con la tecnología es el art. 89.2 LOPD, que impide radicalmente la instalación de sistemas de grabación de sonidos y de videovigilancia en todos los lugares destinados al descanso o esparcimiento de las personas trabajadoras. En este caso, la verificación del supuesto de hecho de la prohibición permitiría eludir completamente el juego de la ponderación de principios, al haber predeterminado el legislador su carácter desproporcionado.

En muchos casos, la prohibición incluye sus propias excepciones, de manera que la relevancia de los distintos intereses en juego habría sido "objetivada" por el legislador en el texto de la norma. En tal caso también quedaría excluida la ponderación "fuerte", al margen de que los parámetros de proporcionalidad o equidad puedan inspirar las operaciones de delimitación necesarias para aplicar los supuestos de la prohibición y de las excepciones a los casos concretos. Así sucede con la prohibición general de tratamiento de datos especialmente sensibles o biométricos (art. 9 RGPD), que admite numerosas excepciones, entre las que se encuentra, en algunos casos, el consentimiento del titular (*Cfr.*, sin embargo, art. 9 LOPD).

Por otra parte, el art. 5 del Reglamento UE 2024/1689, por el que se establecen normas armonizadas en materia de inteligencia artificial (en adelante, RIA), establece una serie de prohibiciones específicas de uso de los sistema de IA, que reflejarían, por tanto, conductas que automáticamente se consideran desproporcionadas y que podrían tener impacto en el ámbito laboral: a) técnicas subliminales o engañosas para alterar sustancialmente el comportamiento de las personas; b) explotación de situaciones de vulnerabilidad, para alterar sustancialmente el comportamiento; c) evaluación o clasificación de personas, de modo que se puedan provocar tratos desfavorables en contextos que no guarden relación con aquellos en los que se recabaron los datos (para los demás supuestos, se alude a una relación de proporcionalidad); d) elaboración de perfiles relativos a la probabilidad de comisión de delitos; e) creación de bases de datos de reconocimiento facial a través de una extracción no selectiva de imágenes de internet o circuitos cerrados de televisión; f) inferencia de las emociones de una persona física en los lugares de trabajo, con la excepción de que se instale por motivos médicos o de seguridad; g) uso de datos biométricos para inferir la raza, opiniones políticas, afiliación sindical, convicciones religiosas o filosóficas, vida sexual u orientación sexual; h) uso de sistemas de identificación biométrica remota en tiempo real en espacios de acceso público, salvo en determinados casos, relacionados con la seguridad pública. En sentido similar, también el art. 7 de la reciente Directiva de trabajo en plataformas, establece una serie de prohibiciones respecto al uso de los sistemas automatizados de seguimiento y toma de decisiones en estas empresas.

– Una tercera técnica de regulación sería la de la **exigencia de una "garantía"**. A estos efectos, una "garantía" consiste en la imposición de un determinado comportamiento que debe preceder o acompañar a toda intervención potencialmente lesiva de un derecho fundamental, con objeto de facilitar un cierto equilibrio entre los distintos interés en juego.

A este respecto, resulta especialmente destacable la exigencia de *transparencia individual y colectiva*[26], que caracteriza a la normativa europea y

---

26 MERCADER UGUINA, J. R., "El principio de proporcionalidad…", *Op. Cit.*, pp. 9-10.

española de protección de datos. En realidad, esta normativa requiere, como regla general, de manera más intensa, el consentimiento del titular de los datos personales para poder llevar a cabo el tratamiento [art. 6.1 a) RGPD], pero en el ámbito laboral esta garantía se ve casi siempre desactivada por la circunstancia de que el tratamiento de los datos personales resulte "necesario" para la ejecución de un contrato [art. 6.1 b) RGPD] o, en su caso, para el cumplimiento de una obligación legal [art. 6.1 c) RGPD]. No obstante, esta exigencia de "necesidad" implicaría la afectación automática del derecho y la remisión a un juicio de proporcionalidad que se ve fuertemente condicionado o modulado por un cuerpo normativo bastante detallado. Entre estas modulaciones normativas adquiere particular relevancia la obligación de suministrar al titular de los datos información suficiente y clara respecto a diversos aspectos del tratamiento llevado a cabo (arts. 12, 13 y 14 RGPD y art. 11 LOPD). Por otra parte, en la normativa española se prevé expresamente la aportación de información previa a los trabajadores y, en su caso, a los representantes respecto al uso de determinados dispositivos tecnológicos para ejercer los poderes empresariales de control, considerando que afectan tanto al derecho de autodeterminación informativa como al derecho a la intimidad; así sucede con la videovigilancia y audiovigilancia (art. 89.1 LOPD) y la geolocalización (art. 90.2 LOPD).

Por lo demás, más allá de la normativa de protección de datos, la normativa laboral general establece competencias de información de los órganos de representación unitaria que también podrían vincularse a este deber de transparencia. A este respecto, se establece la obligación de informar de los parámetros en los que se basan los algoritmos o sistemas de IA que afectan a la toma de decisiones laborales relevantes [art. 64.4 d) ET].

Otro ejemplo de garantía incluida en la normativa de protección de datos sería la necesaria elaboración de unos criterios de uso de los dispositivos digitales, previa consulta a los representantes de los trabajadores (arts. 87.3 LOPD y 17.3 Ley 10/2021). Por lo demás, debe informarse a los trabajadores de los criterios adoptados al respecto (art. 87.3 *in fine* LOPD).

Asimismo, en la reciente Directiva 2024/2831/UE sobre el trabajo de plataformas, se da un paso más de la transparencia a la "*explicabilidad*" (art. 11), exigiéndose, por tanto, una explicación clara respecto a la motivación de las decisiones adoptadas o respaldadas por sistemas automatizados. Esta regulación amplía y desarrolla una tendencia que se apreciaba ya en los artículos 13.2 f) y 14.2 g) del RGPD[27] respecto a la información sobre decisiones automatizadas.

Asimismo, como una garantía distinta a la transparencia y a la explicabilidad, el art. 35 RGPD prevé la necesidad de *evaluar el impacto* de las operaciones de tratamiento de datos en caso de que dicho tratamiento entrañe un riesgo elevado para los derechos y libertades de las personas físicas, como sucede, por ejemplo en los casos de evaluación sistemática y exhaustiva de aspectos personales de personas físicas basada en un tratamiento automatizado, el tratamiento a gran escala de datos especialmente sensibles o la observación a gran escala de una zona de acceso público (art. 35.3 RGPD y art. 8 Directiva 2024/2831/UE).

Un tratamiento similar al de la evaluación de riesgos, pero más completo y detallado aparece en el nuevo Reglamento de Inteligencia Artificial en relación con los "*sistemas de alto riesgo*"[28], entre los que se encuentran las decisiones relacionadas con la selección y contratación de personas físicas, así como en las decisiones que afecten a las condiciones de trabajo, la promoción o la rescisión de los contratos, la asignación de tareas y la evaluación del rendimiento y comportamiento de las personas trabajadoras (Anexo III, RIA). Así, se hace referencia a la implantación de un sistema de gestión de riesgos (art. 9 RIA), el establecimiento de mecanismos de supervisión humana (art. 14 RIA) por parte de personas que tengan la competencia, formación y autoridad necesarias (art. 26.2 RIA), el despliegue de los sistemas de IA conforme a las instrucciones de uso (art. 26.1 RIA), la comprobación de la pertinencia y representatividad de los datos de entrada (art. 26.4 RIA) o la evaluación del impacto sobre los derechos fundamentales (art. 27 RIA)

En otro orden de cosas, el problema jurídico más importante en relación con la previsión de garantías específicas es el de la determinación de las *consecuencias del incumplimiento* sobre la ponderación de proporcionalidad.

A mi juicio, la regla general que debería operar por defecto habría de ser la de la *exclusión del mecanismo de la ponderación*, de manera que la con-

---

27 BLÁZQUEZ AGUDO, E. Obligaciones de transparencia y protección de datos en el ámbito de las relaciones laborales, Labos: Revista de Derecho del Trabajo y Protección Social, 5, 2024, pp. 23-24.

28 Hay que tener en cuenta que estas medidas no están aún en vigor, conforme a lo previsto en al art. 113 c) RIA.

ducta controvertida que no viene acompañada de las garantías previstas por el ordenamiento debería considerarse automáticamente como desproporcionada, en la medida en que estas garantías constituyen precisamente una especificación del principio de proporcionalidad prevista de antemano por el legislador. Así, por ejemplo, la ausencia o insuficiencia de información respecto a un tratamiento de datos personales debería implicar en todo caso la vulneración del derecho a la autodeterminación informativa y, por tanto, la ilegalidad del tratamiento.

Sin embargo, es posible que el ordenamiento prevea *excepciones* explícitas o incluso implícitas a la aplicación de la garantía. En este caso, no se realiza inicialmente una ponderación global o abstracta en abstracto, comparando y "sopesando" en bloque los distintos argumentos a favor o en contra de cada uno de los principios que se contraponen, sino que la ausencia de la garantía se convierte en un argumento determinante que es preciso refutar expresamente. Dicho de otro modo, el responsable de la acción controvertida tendrá que argumentar por qué en las circunstancias particulares a las que se refiere el problema, en realidad la garantía no resultaba aplicable. Solo en caso de que consiguiera desactivar este argumento, se pasaría a la ponderación abstracta de proporcionalidad; en caso contrario, la medida controvertida se consideraría automáticamente como desproporcionada.

Por último, es posible concebir, al menos como hipótesis un "*efecto débil*" del incumplimiento de la garantía, en cuyo caso no se excluiría el juicio abstracto de proporcionalidad, sino que, simplemente, la ausencia de la garantía se configuraría como un argumento más, que en este caso operaría a favor de la consideración de la vulneración del derecho, y que, por tanto, no tendría que ser refutado explícitamente, aunque ciertamente podría tener un peso importante en la decisión final.

Ciertamente, podría pensarse también en una separación absoluta entre la garantía y el juicio de proporcionalidad. De este modo, la infracción de las garantías podría acarrear alguna sanción, pero no afectaría a la ponderación y, por tanto, no condicionaría la validez del comportamiento controvertido. A mi juicio, esta interpretación sería errónea, porque confundiría el contenido del derecho fundamental con su contenido esencial, ignorando que, cuando la ley establece garantías específicas, está también ampliando el alcance del derecho fundamental objeto de regulación.

– En cuarto lugar, otra forma de incidir en el juicio de proporcionalidad sería el de establecer **limitaciones para las posibles justificaciones** que permitirían la intervención que afecta a los intereses protegidos por un derecho fundamental. Así, por ejemplo, el art. 87.2 LOPD establece que el empleador solo podrá acceder a los contenidos del uso de medios digitales facilitados a los trabajadores para controlar el cumplimiento de las obligaciones laborales o para garantizar la integridad de estos dispositivos. Ciertamente, en este caso, la justificación prevista es muy amplia, por lo que el efecto de la medida se difumina, confundiéndose con el que ya hemos visto de afectación automática del derecho a la intimidad. De manera más concreta, el art. 89.1 LOPD, en relación con el 22.4 de la misma norma, prevé la posibilidad de que el deber de informar a los trabajadores de la videovigilancia se restrinja a la colocación de un dispositivo informativo en un lugar visible, cuando las cámaras tengan la finalidad de preservar la seguridad de las personas, bienes e instalaciones (art. 22.1 LOPD) y capten la comisión de un ilícito flagrante por parte de la persona trabajadora. Por último, de manera más clara todavía, se especifica que los sistemas de audiovigilancia solo se admitirán cuando resulten relevantes para proteger la seguridad de las instalaciones, personas y bienes (art. 89.3 LOPD); en caso contrario —por ejemplo, la audiovigilancia para controlar la prestación laboral— la intervención no sería posible, lo que equivaldría a una prohibición.

– En quinto lugar, también podría afectarse al juicio de necesidad o indispensabilidad, estableciéndose **determinadas posibilidades alternativas** que habría que descartar de manera explícita, condicionando el juicio de indispensabilidad. Esto en principio no impide que, en una posible impugnación de la medida, la parte contraria pueda alegar otras posibilidades alternativas menos lesivas del contenido del derecho, pero, en todo caso, la fijación de algunas de ellas en la ley podría proporcionar una cierta seguridad.

– Por último, en sexto lugar, es posible que la ley establezca especificaciones o concreciones de los distintos elementos a tomar en consideración del juicio de ponderación, adaptados a situaciones concretas relacionadas con la utilización de dispositivos tecnológicos. Una concreción de este tipo aparece en el famoso test "Barbulescu"[29], si bien esta no se debe a la intervención del legislador, sino a la doctrina del TEDH.

Ya en el ámbito normativo, tiene un cierto carácter de especificación de las circunstancias a ponderar el principio de minimización del uso de los datos personales [art. 5.1 c) LOPD]. De este modo, en el ámbito del

29 Desarrollo esta idea en ÁLVAREZ DEL CUVILLO, Antonio, "La influencia...", *Op. Cit.*, pp. 15-16.

derecho a la protección de datos, se concretaría la exigencia de proporcionalidad —sin excluir la intervención de otros factores—, en la idea de que los datos se utilicen exclusivamente para la finalidad que justificaba su tratamiento.

En cambio, no es posible que la ley establezca de antemano preferencias o prioridades que determinen diferencias en el "peso" de los distintos argumentos en el juicio de ponderación abstracto, dado que, como hemos visto, la ponderación no puede realizarse siguiendo una fórmula matemática, sino atendiendo a las circunstancias concurrentes en cada caso concreto. Ciertamente, el legislador puede tener preferencias muy concretas respecto a determinados usos tecnológicos, pero estas deben concretarse en prohibiciones (con posibles excepciones) o en garantías cuyo incumplimiento determine automáticamente la inadecuación de la conducta controvertida.

6. TENDENCIAS JUDICIALES A ELUDIR LA REDUCCIÓN DE LA DISCRECIONALIDAD IMPUESTA POR LA NORMATIVA

A primera vista, podría parecer que los jueces tendrían que sentirse cómodos con una mayor intervención de la ley positiva, puesto que ello permite reducir la incertidumbre que genera el juicio de proporcionalidad fuerte y, por tanto, las dificultades para legitimar sus decisiones. Sin embargo, lo cierto es que hasta cierto punto se han habituado a la valoración de las circunstancias concurrentes en el caso concreto, hasta el punto de que se detecta una cierta tendencia a minimizar el efecto de algunas garantías y especificaciones normativas, en favor de una ponderación abstracta basada en la equidad. A mi juicio, esto puede llevar a una confusión entre el contenido esencial del derecho fundamental y su contenido completo, que abarca también las facultades y garantías adicionales incorporadas por la legislación.

Más allá del contexto tecnológico, esta tendencia aparece de algún modo reflejada en la Sentencia del Tribunal Supremo de 5 de junio de 2024 (R. 5671/2022, Sala de lo Social), relativa al registro del bolso de una trabajadora sin la presencia de un representante de los trabajadores, incumpliendo, por consiguiente, la garantía específica establecida en el art. 18 ET[30]. En este caso, la sentencia considera que este incumplimiento

---

[30] La sentencia cita doctrina de la Sentencia del Tribunal Supremo de 26 de septiembre de 2007 (R. 966/2006, Sala de lo Social), que sí se refería al control del uso

hace el registro ilícito, invalidando la prueba, pero sin que ello implique una vulneración del derecho a la intimidad. Ciertamente, la decisión está bastante bien argumentada, por cuanto se afirma que la finalidad de la garantía no es proteger la intimidad, sino la objetividad y eficacia de la prueba; de hecho, se subraya que la presencia del representante incrementa el número de personas que accederían a los efectos personales de la trabajadora. No obstante, personalmente no comparto este razonamiento, porque entiendo que la presencia del representante no solo permite garantizar la objetividad del registro controvertido, sino también que este se realice de manera proporcionada en relación con la finalidad perseguida, por lo que opera como una garantía para proteger intereses materiales relacionados con la intimidad.

Esta tendencia a minimizar las garantías se ha manifestado con especial intensidad en lo que respecta a la videovigilancia como instrumento de control del cumplimiento de las obligaciones laborales. Para entender esto es preciso hacer previamente una composición del régimen jurídico previsto en la LOPD. En primer lugar, como regla general, para utilizar la videovigilancia con la finalidad de controlar el cumplimiento de las obligaciones laborales, es necesario que el empresario informe de ello con carácter previo y de forma expresa, clara y concisa, tanto a los trabajadores como, en su caso, a sus representantes (art. 89.1 LOPD). En segundo lugar, es posible instalar cámaras con la finalidad de preservar la seguridad de las personas, bienes e instalaciones de la empresa (art. 22.1 LOPD), cumpliéndose en este caso el deber de información simplemente con la instalación de un dispositivo informativo en un lugar visible (art. 22.4 LOPD). En este caso, si las cámaras de seguridad captaran la "comisión flagrante de un acto ilícito" por parte de los trabajadores, se considerará cumplido el deber de información con el distintivo anteriormente mencionado. De todo lo anterior se deduce que el "acto ilícito" no se refiere a cualquier incumplimiento contractual, como podría ser una falta de puntualidad —dado que ello nos remitiría al deber de información previa expresa, clara y concisa a los trabajadores o a los representantes—, sino exclusivamente a los actos ilícitos que pongan en riesgo la seguridad de las personas, los bienes y las instalaciones, en tanto que esta es la justificación admitida para las cámaras de seguridad y opera un principio de minimización. En base a lo anterior, la videovigilancia encubierta de los trabajadores, que, desde la óptica del

---

de dispositivos tecnológicos y ya avanzaba la misma conclusión. Sin embargo, de cualquier modo, en aquel supuesto tampoco se consideraba, de cualquier modo, que el art. 18 ET fuera aplicable a los registros informáticos.

contenido esencial de los derechos fundamentales en juego resultaría admisible siempre que fuera proporcionada (STC 39/2016, de 3 de marzo y STEDH *López Ribalda II*[31]), no sería lícita en ningún caso en el ordenamiento jurídico español, salvo que consiguiera justificarse que el art. 89.1 LOPD contiene una excepción implícita en determinados supuestos, que habría que concretar. Se trata, por tanto, de una regulación más favorable al derecho fundamental que, puede ser discutible, pero que, desde luego, es legítima.

Este esquema legal se ha visto desvirtuado por la Sentencia del Tribunal Supremo de 22-7-2022 (Rº 701/2022, Sala de lo Social)[32], que se ocupa de un supuesto de videovigilancia encubierta que ciertamente se había llevado a cabo de manera bastante proporcionada, más allá del incumplimiento de la literalidad de la norma. La sentencia llega a decir que "[...] no todo incumplimiento del deber de información previa, en nuestro caso, del artículo 89.1 de la Ley Orgánica 3/2018, conlleva una vulneración del derecho fundamental a la protección de datos del artículo 18.4 CE", dado que "una ponderación de la proporcionalidad de la medida adoptada puede excluir la vulneración de este derecho fundamental". No puedo compartir de ningún modo el razonamiento de la sentencia, por cuanto el desarrollo legal del derecho fundamental a través de una Ley Orgánica debería considerarse "contenido adicional del derecho". Por lo tanto, no puede admitirse que una prueba podría estar incumpliendo la normativa de protección de datos y al mismo tiempo sostenerse su validez en el proceso. La argumentación alude a la particularidad del ámbito de la vigilancia —

---

31 STEDH (Gran Sala) de 17 octubre 2019 (Núm. Caso López Ribalda II).

32 Esta tendencia restrictiva ya se advertía en la Sentencia del Tribunal Supremo de 13 de octubre de 2021 (Rº. 3715/2018, Sala de lo Social), en la que se admite como prueba la grabación de la cámara de seguridad de un autobús, que captó que un conductor no había cobrado el billete a una mujer en varias ocasiones y que en el tiempo de parada fumó dentro del autobús, orinó hacia fuera y tuvo un cierto contacto sexual con la mujer a la que le había dado paso. Sin duda estos comportamientos constituyen incumplimientos laborales, pero resulta mucho más dudoso entender que se trata de actos ilícitos que afecten a la seguridad de las personas, bienes e instalaciones. Es importante constatar que en este caso, no resultaba aplicable la actual LOPD, sino la de 1999. Sin embargo, llama la atención que en los hechos probados se constata que las cámaras se habían instalado "para seguridad de los conductores", mientras que la sentencia asume la validez de la finalidad de controlar la prestación laboral, sin tomar en consideración el principio de minimización del tratamiento de datos previsto en el RGPD, que sí estaba en vigor.

el servicio doméstico—, así como al carácter proporcionado que en este caso presentaba la intervención a la luz de la jurisprudencia del TC y el TEDH respecto a casos anteriores a la LOPD de 2018; sin embargo, esta excepcionalidad debería haberse reconducido —si ello fuera posible— a la existencia de una excepción implícita al deber general de colocar un distintivo informativo de la videovigilancia. Ciertamente, se subraya que se está examinando un supuesto "excepcional y singular", de manera que solo podría prescindirse de este distintivo en casos excepcionales, que no se especifican. Sin embargo, al mismo tiempo se reconoce que podría haber un incumplimiento de la normativa de protección de datos que podría resultar sancionable, desvirtuando así las restricciones que el legislador ha impuesto expresamente al juicio "fuerte" de proporcionalidad en la normativa de desarrollo del derecho en juego. Todo esto, unido a la posible inercia aplicativa en órganos inferiores de la jurisprudencia previa del TC y del TEDH, pueden llevar a una doctrina restrictiva, que termine admitiendo la videovigilancia encubierta cuando existan sospechas de conducta inapropiada, sin enfrentarse explícitamente a la contradicción que hoy en día presenta esta doctrina con la letra de la ley. En definitiva, me parece que el TS aquí ha terminado siendo arrastrado por consideraciones de equidad relacionadas con la "justicia del caso concreto", optando por acudir a un juicio de proporcionalidad "fuerte" en lugar de aplicar la ley que desarrolla el derecho fundamental, lo que ha generado una doctrina que podría terminar expandiéndose y proyectándose a otras prohibiciones, garantías o limitaciones de la justificación que la normativa está empezando a establecer en relación con las nuevas tecnologías (por ejemplo, con la Inteligencia Artificial o el trabajo en plataformas).

Posteriormente, la STC 119/2022, de 1 de noviembre, ha abordado de nuevo el problema de la videovigilancia, admitiendo la prueba de unas cámaras "de seguridad" respecto a las que no se había aportado información previa más allá del distintivo informativo. En este caso, a mi juicio, aplica correctamente la normativa de desarrollo, por cuanto estas cámaras captaron un ilícito del trabajador que podía considerarse como un problema de seguridad para los bienes de la empresa. Sin embargo, resulta llamativo que exprese que la nueva regulación está en concordancia con la jurisprudencia anterior del TC y del TEDH (*Crf.* F2.5 *in fine*), sin advertir que existe un régimen legal más favorable a la eficacia del derecho fundamental, lo que implica nuevamente un riesgo de que esta doctrina judicial previa se termine aplicando mecánicamente, sin atender a los cambios normativos.

7. CONCLUSIONES

El juicio de proporcionalidad en materia de derechos fundamentales genera numerosos problemas jurídicos, tanto en lo que refiere a la certidumbre de las soluciones como a la legitimación democrática de la respuesta judicial. No obstante, como regla general resulta ineludible, en la medida en que los derechos fundamentales vinculan a los sujetos privados, pero tienen un contenido muy abstracto que necesita de una adaptación a las circunstancias particulares de cada caso, que, en gran medida, resultan imprevisibles en su totalidad. A este respecto, el proceso de adopción de las decisiones judiciales debe aplicar determinadas pautas dialécticas y retóricas, tomando en consideración todos los posibles argumentos "a favor" y "en contra" de cada una de las posiciones posibles.

Ahora bien, la ponderación abstracta de proporcionalidad puede y debe articularse con una normativa de desarrollo que contenga ciertas especificaciones para situaciones concretas que pudieran producirse. En particular, la generalización del uso de dispositivos tecnológicos en la esfera de la producción de bienes y servicios y, por consiguiente, su incidencia en los derechos fundamentales de las personas trabajadoras, aconseja una intervención activa del legislador, que desarrolle y enriquezca el contenido de estos derechos, enriqueciendo, condicionando o, en su caso, excluyendo, el juicio abstracto de proporcionalidad. Así, los factores más importantes a considerar son: a) la intensificación del poder empresarial; b) la falta de control sobre la información personal; c) el riesgo de disolución de la responsabilidad humana; y d) la aparición de nuevos escenarios digitales de interacción social.

A este respecto, algunas medidas posibles de desarrollo legislativo son las siguientes: a) afectación automática del derecho (que llevaría inmediatamente a la ponderación); b) prohibición (que excluiría la ponderación); c) establecimiento de garantías (transparencia individual y colectiva, evaluación de riesgos, supervisión humana...), cuyo incumplimiento podría excluir o limitar la ponderación; d) limitación de las justificaciones posibles; e) exposición de posibles medidas alternativas de cara al juicio de indispensabilidad; f) establecimiento de argumentos específicos que deben tenerse en cuenta en el juicio de ponderación.

Estas concreciones legales pueden verse amenazadas en el futuro por una cierta tendencia jurisprudencial a aferrarse al esquema de justificación abstracto del juicio de ponderación "fuerte", resolviendo "en equidad" sin tomar en suficiente consideración el desarrollo legislativo del derecho fundamental). Para evitar estas disfunciones, resulta conveniente que el legislador prevea expresamente las consecuencias del incumplimiento de las prohibiciones, garantías y limitaciones de las justificaciones posibles, estableciendo siempre las posibles excepciones de manera expresa en los textos normativos, aunque sea con cierta vocación de generalidad.

Bibliografía

ALEXY, Robert, *Teoría de los derechos fundamentales* (E. Garzón Valdés, Trad.). Centro de Estudios Constitucionales, 1993 [publicado originalmente en 1986].

ÁLVAREZ DEL CUVILLO, Antonio, La delimitación del derecho a la intimidad de los trabajadores en los nuevos escenarios digitales. *Temas Laborales*, 151, 2020, pp. 275-292.

ÁLVAREZ DEL CUVILLO, Antonio, La influencia de las nuevas tecnologías sobre el derecho a la intimidad en el contexto laboral, El Derecho de las Relaciones Laborales, 11, 2020 (ejemplar en formato electrónico de base de datos).

ÁLVAREZ DEL CUVILLO, Antonio, *El concepto de discriminación grupal y su eficacia real en el ámbito de las relaciones laborales*, Tirant lo Blanch, 2024.

ARISTÓTELES, *Ética Nicomáquea.* Traducción de Julio Palli Bonet en *Aristóteles II*, Editorial Gredos, 2011.

ATIENZA, Manuel y GARCÍA AMADO, Juan Antonio, *Un debate sobre la ponderación.* Palestra. Temis, 2012.

BLÁZQUEZ AGUDO, E. Obligaciones de transparencia y protección de datos en el ámbito de las relaciones laborales, Labos: Revista de Derecho del Trabajo y Protección Social, 5, 2024, pp. 8-25.

CICERÓN, *La invención retórica.* Traducción de Salvador Nuñez. Editorial Gredos, 1997.

GARCÍA-PERROTE ESCARTÍN, Ignacio y MERCADER UGUINA, Jesús Rafael, Conflicto y ponderación de los derechos fundamentales de contenido laboral. Un estudio introductorio, En AAVV (coords. Rodrigo Martín Jiménez y Antonio Vicente Sempere Navarro), *El modelo social en la Constitución española de 1978.* Ministerio de Trabajo e Inmigración, 2003, pp. 249-272.

HECK, Philip, Jurisprudencia de intereses (M. González Enríquez, Trad.), *Anales de la Academia Matritense del Notariado*, 4, 1948, pp. 509-550.

LÓPEZ AHUMADA, Eduardo, Sistemas algorítmicos y desarrollo de la inteligencia artificial desde la perspectiva del poder de dirección de las empresas, *Revista Internacional y Comparada de Relaciones Laborales y Derecho del Empleo*, 12, 4, 2024.

MARTÍN RIVERA, Lucía, La inteligencia artificial y la gestión algorítmica aplicadas a las relaciones laborales: de la legislación española a la Ley Europea de Inteligencia Artificial. *Revista Internacional y Comparada de Relaciones Laborales y Derecho del Empleo*, 12, 4, 2024.

MERCADER UGUINA, Jesús Rafael, El juicio de proporcionalidad en lo laboral: construcción, nuevas dimensiones y futuros escenarios, *Anuario coruñés de derecho comparado del trabajo*, 14, 2022, pp. 157-175.

MERCADER UGUINA, Jesús Rafael, El principio de proporcionalidad como límite al control laboral basado en la inteligencia artificial. *Trabajo y Derecho: nueva revista de actualidad y relaciones laborales*, nº Extra, 19, 2024, pp. 1-19 (paginación generada en el formato electrónico).

PRESNO LINERA, Miguel Ángel, "Una crítica al uso de la teoría de la ponderación en los conflictos (aparentes) entre derechos fundamentales", *Liber amicorum: homenaje al profesor Luis Martínez Roldán*, Universidad de Oviedo, 2016, pp. 575-587.

El sistema de fuentes laboral en el siglo XXI: nuevos interrogantes

LUIS GORDO GONZÁLEZ
Profesor Contratado Doctor, Universidad Autónoma de Madrid
ORCID: 0000-0002-6442-2806

SUMARIO: 1. El sistema de fuentes laboral: el origen del "maratón" de investigación. 2. Reglas de determinación del Convenio colectivo en el sector público. 3. Reglas de determinación del Convenio colectivo en la subcontratación de servicios. 4. Reglas de determinación del Convenio colectivo en los centros especiales de empleo. 5. Prioridad del convenio autonómico y provincial: interrogantes. 6. Conclusiones. Bibliografía.

1. EL SISTEMA DE FUENTES LABORAL: EL ORIGEN DEL "MARATÓN" DE INVESTIGACIÓN

Una de las materias más complejas del Derecho del Trabajo es probablemente su sistema de fuentes por incorporar cánones ajenos al resto del ordenamiento. Por una parte, la propia noción del Convenio colectivo de eficacia general, una norma con alcance cuasi-público[1], negociada por sujetos privados, pero dotados de representación institucional; y con una naturaleza híbrida, que la aleja y aproxima de forma simultánea tanto de los contratos privados, como de las normas legales[2]. Por otra parte, la articulación de los convenios colectivos, caracterizada por una relación multinivel no jerarquizada, que dificulta la determinación de la norma vigente y que

---

[1] El Tribunal Constitucional ha reiterado que convenio colectivo alcanza una relevancia cuasi-pública no sólo porque se negocia por entes o sujetos dotados de representación institucional y a los que la ley encarga específicamente esa función, sino también porque una vez negociado adquiere eficacia normativa, se incardina en el sistema de fuentes del Derecho y se impone a las relaciones de trabajo incluidas en su ámbito, *vid.*, entre otras: STC 177/1988, de 10 de octubre de 1988 y STS 280/2006 de 9 octubre de 2006.

[2] *Cfr.* MERCADER UGUINA, Jesús R., *Estructura de la negociación colectiva y relaciones entre convenios.* Madrid, Ediciones Universidad Autónoma de Madrid, 1994, p. 94 y ss.

se traduce en una imagen de cierta descoordinación para aquel que se aproxima por vez primera al sistema de fuentes laboral.

Enfrentar el análisis de este problema central del Derecho del Trabajo como tesis doctoral evidencia algunas de las muchas características que ostenta el profesor Mercader como investigador. En primer lugar, su excelsa capacidad de análisis, demostrando una comprensión profunda y exhaustiva de la materia laboral. En segundo lugar, su agudo criterio para revisitar temas estructurales de la disciplina, sabiendo encontrar nuevas ideas e interrogantes. Finalmente, su intuición para encontrar y afrontar el estudio de nuevos temas que deben ser analizados. Materias que muchos otros dejarían incluso antes de comenzar, pero que él siempre ha afrontado con el mayor de los compromisos.

Además de los anteriores rasgos, otra de las grandes señas de identidad del profesor Mercader es su generosidad con sus compañeros, especialmente con aquellos que están en sus primeras etapas investigadoras. En mi caso, los consejos y la atención que me prestó durante la investigación de mi tesis doctoral fueron esenciales para poder enfocar el objeto de mi investigación y, más tarde, los valiosos comentarios que me realizó en el acto de defensa mejoraron aún más los resultados de trabajo. A partir de aquel momento, he tenido el privilegio de poder participar en todos los proyectos de investigación del profesor Mercader y poder aprender de él y discutir hipótesis y nuevas líneas de investigación junto a él.

Por todo lo anterior, creo que el mejor tributo que puedo ofrecer para homenajear su sobresaliente trayectoria en estos veinticinco años de cátedra es revisitar en este capítulo su trabajo inicial como investigador. Volver a analizar una materia tan compleja tiene sentido y utilidad porque la dificultad del sistema de fuentes no ha dejado de incrementarse a lo largo del tiempo. La prohibición de concurrencia absoluta entre convenios, presente en la primera versión del Estatuto de los Trabajadores[3], se ha ido excepcionando con sucesivas reformas del artículo 84 Estatuto de los Trabajadores. Asimismo, la determinación del convenio aplicable se ha vuelto cada vez más complejo en un entorno empresarial cada vez más descentralizado. En concreto, en los últimos años, se han presentado problemas en la determinación del convenio colectivo y en la aplicación de la

---

3 El artículo 84 de la Ley 8/1980, de 10 de marzo, del Estatuto de los Trabajadores, señalaba escuetamente que "Un convenio colectivo, durante su vigencia, no podrá ser afectado por lo dispuesto en convenios de ámbito distinto, salvo pacto en contrario, conforme a lo dispuesto en el número dos del artículo ochenta y tres".

regla anticoncurrencia en el sector público; en los supuestos de actividades descentralizadas, especialmente cuando esta se desarrolla en el marco de empresas multiservicios; en los centros especiales de empleo; y, finalmente, en la estructura entre los convenios autonómicos y provinciales. A continuación, se profundizará en el análisis de estas situaciones.

2. REGLAS DE DETERMINACIÓN DEL CONVENIO COLECTIVO EN EL SECTOR PÚBLICO

El primer escenario en el que las normas clásicas de determinación del convenio colectivo aplicable han necesitado de interpretación y ajustes en los últimos años ha sido el sector público.

El sistema normativo en este sector se articula a partir del Estatuto Básico del Empleado Público[4] (en adelante EBEP). Esta norma contiene aquello que es común al conjunto de los funcionarios de todas las Administraciones públicas, más las normas legales específicas aplicables al personal laboral a su servicio. Además, del complejo marco regulador creado por el EBEP[5] y de la normativa que lo desarrolle, aprobada por el legislador estatal y el de las Comunidades Autónomas, en el ámbito de sus respectivas competencias, el EBEP reconoce a los empleados públicos el derecho a la negociación colectiva. Por ello, el empleo público se rige, también, por lo dispuesto en los Acuerdos —para el personal funcionario— y en los Convenios colectivos —para el personal laboral—, negociados ambos instrumentos entre las administraciones y los representantes de los empleados públicos.

Si centramos nuestro análisis en el empleo laboral de la Administración pública, el convenio colectivo que afecta a su personal tiene algunas diferencias con respecto al sector privado. En primer lugar, en las admi-

---

4 Real Decreto Legislativo 5/2015, de 30 de octubre, por el que se aprueba el texto refundido de la Ley del Estatuto Básico del Empleado Público.

5 Las dudas interpretativas eran tantas tras la aprobación del Estatuto Básico que la Secretaría General para la Administración Pública tuvo que publicar una instrucción el 5 de junio de 2007 sobre la aplicación del EBEP en el ámbito de la Administración General del Estado y sus organismos públicos. Dicha resolución indicaba qué preceptos de la normativa precedente deben considerarse vigentes hasta la aprobación de las oportunas leyes de función pública y las normas reglamentarias de desarrollo en cada Administración Pública (BOE de 23 de junio de 2007).

nistraciones públicas la negociación colectiva tiene un ámbito de actuación menor que en el ámbito privado pues está limitada por los principios de igualdad, legalidad y cobertura presupuestaria. Así, en primer lugar, el contenido de los convenios colectivos del sector público se encuentra restringido en materia salarial. Donde no se puede acordar incrementos por encima de lo previsto en la Ley de Presupuestos[6]. En segundo lugar, la Administración está vinculada por el principio de legalidad en los procesos de negociación colectiva. Por ello, los convenios colectivos que puede suscribir deben cumplir las normas marcadas por el Estatuto de los Trabajadores. En este sentido, la Administración solo puede suscribir convenios colectivos estatutarios[7]. Es decir, convenios con eficacia jurídica normativa y eficacia personal general.

Además de las singularidades anteriores vinculadas a los límites y al contenido del propio convenio colectivo, en el sector público es necesario realizar otra precisión sobre las reglas para determinar el convenio colectivo aplicable en aquellas ocasiones en las que las administraciones públicas participan en el mercado desarrollando tareas que podrían encuadrarse dentro del ámbito funcional de algún convenio sectorial. Ello puede resultar problemático si la administración no dispone de convenio colectivo propio o si en el suyo no contiene grupos profesionales aplicables a tareas que esté contratando[8]. En ambos casos, el Tribunal Supremo ha deter-

---

6 CRUZ VILLALÓN, Jesús, Los condicionantes de la negociación colectiva del personal laboral del sector público, EN: DURÁN LÓPEZ, Federico y SÁEZ LARA, Carmen (coords.), *Derechos laborales individuales y colectivos en el empleo público: libro en homenaje a Pedro Gómez Caballero,* Consejo Andaluz De Relaciones Laborales, 2023, pp. 57 y ss.

7 En este sentido, *vid.* GARCÍA BLASCO, Juan, VAL TENA, Ángel Luis de, GONZÁLEZ LABRADA, Manuel, Delimitación jurídica del derecho a la negociación colectiva en el sector público. el reconocimiento de un sistema (peculiar) de negociación colectiva en el empleo público, EN: GARCÍA BLASCO, Juan (Director), *La negociación colectiva en el sector público,* Ministerio de Trabajo, Migraciones y Seguridad Social, 2019, pp. 57, 651. Igualmente, CRUZ VILLALÓN, Jesús, Los condicionantes de la negociación colectiva del personal laboral del sector público, *op. cit.*, p. 59. Por el contrario, se ha defendido la posibilidad de suscribir convenios colectivos extraestatutarios en el sector público por MOLL NOGUERA, Rafael, La negociación colectiva del personal laboral de las Administraciones Públicas y su exclusión del convenio sectorial. *Trabajo y Derecho,* núm. 69, 2020, [formato electrónico], p. 15.

8 Es habitual sobre todo que los ayuntamientos contraten personal de oficios variados —como, por ejemplo, pintores, albañiles, jardineros, mecánicos, etc.— para fomentar la empleabilidad en el municipio con cargo a subvenciones de las

minado que los convenios sectoriales acordados entre sindicatos y asociaciones de empresarios no resultan de aplicación a la administración, ya que estos no respetan el principio de correspondencia[9]. Es decir, que los sujetos que negociaron el convenio colectivo no representan adecuada y suficiente a la administración en el ámbito específico del convenio. La falta de representatividad se evidencia también en que los negociadores del convenio colectivo privado necesariamente fueron guiados por intereses particulares o sectoriales, que muy difícilmente podrán coincidir con los fines públicos y generales que deben inspirar la actuación de la administración pública.

Con el anterior pronunciamiento el Tribunal Supremo corrigió su jurisprudencia previa sobre el convenio colectivo aplicable a la Administración[10]. Asimismo, unificó la respuesta jurídica sobre la aplicabilidad de condiciones derivadas de un convenio colectivo sectorial a la Administración. En concreto, ya había sostenido de forma reiterada que la Administración pública no resultaba vinculada por las cláusulas previstas por la negociación colectiva del sector privado que imponían la subrogación de plantillas[11].

La restricción a la aplicación del convenio sectorial negociado por asociaciones de empresarios y sindicatos a la administración pública no sería conflictiva si esta última pudiera desarrollar un nivel sectorial de negociación propio. Sin embargo, dicha opción presenta algunas dificultades para resultar exitosa. En primer lugar, aunque no pueda encontrarse una previsión que prohíba expresamente la participación de la administración en las asociaciones patronales, parece que las normas que regulan la constitución de estas asociaciones están pensadas exclusivamente para el sector privado[12]. Por tanto, la Administración no contaría con organizaciones

---

Comunidades Autónomas. Estos oficios, al no ser habituales en la actividad del Ayuntamiento, no están incluidos en ocasiones en los grupos profesionales que contemple el convenio colectivo de la entidad local.

9 STS de 6 de mayo de 2019 (ECLI:ES:TS:2019:1956).

10 Con anterioridad el Tribunal Supremo había declarado que el convenio sectorial sí servía para determinar las condiciones laborales en el sector público, Cfr. STS 7 de octubre de 2004 (ECLI:ES:TS:2004:6310).

11 Por todas SSTS de 17 de junio de 2011 (ECLI:ES:TS:2011:4710) y de 21 de abril de 2015 (ECLI:ES:TS:2015:2112).

12 Así se deduce de la lectura de la Ley 19/1977, de 1 de abril, sobre regulación del derecho de asociación sindical y del Real Decreto 416/2015, de 29 de mayo, sobre depósito de estatutos de las organizaciones sindicales y empresariales.

que puedan representarla en una negociación sectorial. En segundo lugar, asimismo, las reglas de legitimidad para acordar un convenio colectivo sectorial, dispuestas por el Estatuto de los Trabajadores, presentan inconsistencias desde el punto de vista del sector público. Es difícil pensar que una administración pueda cumplir con representar al 10% de los empresarios, en el ámbito geográfico y funcional del convenio, y dar ocupación a igual porcentaje de personas trabajadoras afectadas, u ocupar al 15% de las personas trabajadoras afectadas, tal y como exige el artículo 87.3 ET.

Por las razones anteriormente expuestas, parece que la Administración tiene restringido el nivel sectorial de negociación[13]. Aunque, por el contrario, su organización sí parece encajar adecuadamente en la legitimación de los convenios de grupos de empresas o pluralidad de empresas vinculadas por razones organizativas o productivas[14]. Esa doble realidad impide que la Administración pueda llegar a acordar importantes materias, como, por ejemplo, la ampliación de la duración del contrato por circunstancias de la producción en su modalidad larga, la posibilidad de celebrar contratos fi-

---

13 No obstante, algunas Comunidades Autónomas han explorado mecanismos para alcanzar acuerdos sobre la base de sus asociaciones de municipios. Al respecto, *vid.* Protocolo constituyente del marco sectorial de relaciones laborales para las instituciones locales de Euskadi (28 de abril de 2008). Disponible en: https://www.eudel.eus/es/file/libro_ficheros/UDALHITZ%20castellano.pdf [consulta: 7 de abril de 2025]. Asimismo, por parte de un sector doctrinal se ha defendido la posible negociación sectorial de la Administración sobre la base de estas asociaciones de municipios, *cfr.* MOLL NOGUERA, Rafael, La negociación colectiva del personal laboral de las Administraciones Públicas y su exclusión del convenio sectorial. *Trabajo y Derecho*, núm. 69, 2020, [formato electrónico], p. 4.

14 Se ha señalado que las dificultades son especialmente notorias en las administraciones con estructuras complejas, con diversos centros e instalaciones diversas. En estos casos, la negociación con la representación unitaria no es posible, por existir varios centros. En estos casos, la negociación se desarrolla de forma híbrida entre una representación sectorial y un único empleador. Por suerte, dicho supuesto el ET ha incorporado la legitimación para negociar los convenios colectivos, *vid.* MÁRQUEZ PRIETO, Antonio, VILA TIERNO, Francisco y GÓMEZ SALADO, Miguel Ángel, Sujetos negociadores y legitimación negocial, EN: GARCÍA BLASCO, Juan (Director), L*a negociación colectiva en el sector público, Ministerio de Trabajo, Migraciones y Seguridad Social*, 2019, p. 120. Quizás el II convenio colectivo de las universidades públicas de la Comunidad de Madrid (BOCAM de 10 de enero de 2006), sea un buen ejemplo de este tipo de nivel de negociación. Aunque debe notarse que el convenio fue acordado con carácter previo a que el legislador incluyera una regulación empresa para los convenios de grupo y pluralidad de empresas.

jos-discontinuos a tiempo parcial o la posibilidad de establecer un periodo mínimo de llamamiento anual y una cuantía por fin de llamamiento. Todas estas materias están reservadas exclusivamente a la negociación colectiva sectorial por el Estatuto de los trabajadores, excluyendo que cualquier otro ámbito —empresarial o supraempresarial— pueda incorporar este tipo de regulaciones.

A pesar de todo lo expuesto, creo que debería hacerse una precisión adicional sobre el régimen descrito. Si bien es razonable y comprensible que la Administración, cuando actúa exclusivamente ejerciendo sus funciones ordinarias, debería quedar al margen del convenio sectorial privado, pues, como se ha señalado, los sujetos negociadores del convenio colectivo fueron guiados por criterios y objetivos privados, que no vinculan a la Administración. Sin embargo, cuando el sector público actúa en ámbitos donde los intereses privados están fuertemente influidos por el servicio público —como, por ejemplo, la educación, en todos sus niveles o la sanidad— quizás la Administración sí debería quedar vinculada por los convenios sectoriales. Y ello con independencia de la forma jurídica en la que se preste el servicio[15]. Ello porque en esos casos las asociaciones patronales sí estarían representando los intereses de la administración. Ciertamente, esta propuesta exigiría que la administración tuviera cabida en las organizaciones patronales de dichos sectores, con independencia de que la administración la utilizara.

3. REGLAS DE DETERMINACIÓN DEL CONVENIO COLECTIVO EN LA SUBCONTRATACIÓN DE SERVICIOS

La subcontratación en España ha experimentado un notable crecimiento en las últimas décadas[16], especialmente en sectores como la construc-

---

15 Puede consultarse una muestra de las diferentes fórmulas de organización en el sector público en ESTEBAN MIGUEL, Alfonso, El concepto grupo público de empresas. Extensión de la responsabilidad laboral, *Revista Labos*, vol. 3, núm. 1, 2022, pp. 98-101.

16 Se ha señalado que la subcontratación está "llamada a presidir el futuro de la organización empresarial descentralizada y flexible", MONEREO PÉREZ, José Luis, Subcontratación empresarial y reforma laboral, En MONEREO PÉREZ, José Luis, RODRÍGUEZ ESCANCIANO, Susana Y RODRÍGUEZ INIESTA, Guillermo (Dir.), *La reforma laboral de 2021: estudio técnico de su régimen jurídico*, Murcia, Laborum, 2022, p. 279.

ción, la industria y los servicios. Este fenómeno, con base en la libertad de empresa protegida por el artículo 38 de la Constitución Española, permite a las empresas acceder a una mayor flexibilidad y especialización, optimizando sus recursos y centrándose en su actividad principal. Sin embargo, también plantea desafíos significativos. Por una parte, desde el punto de vista de la propia organización empresarial, la externalización de servicios genera la pérdida de control sobre los procesos y la calidad del trabajo realizado y puede dificultar la coordinación de la actividad productiva, al tener que convivir diferentes culturas y organizaciones empresariales. Por otra parte, desde el punto de vista de las relaciones colectivas en la empresa, la subcontratación provoca, al menos, dos importantes retos. En primer lugar, induce el fraccionamiento de la plantilla necesaria para realizar una misma actividad productiva en diversas sociedades independientes y, por tanto, también provoca la atomización de la representación legal, reduciendo el número de miembros de dichos órganos y entorpeciendo su coordinación. En segundo lugar, se producen importantes dificultades para determinar el convenio colectivo aplicable. Es difícil de entender para el lego en la materia que la misma actividad, que un día se somete a un convenio colectivo, al día siguiente de ser externalizada, con la misma plantilla y en el mismo centro de trabajo, esté sujeta a un convenio colectivo diferente. La incertidumbre, además, se vio acrecentada hasta el año 2021 debido a la inexistencia en el Estatuto de los Trabajadores de normas concretas para determinar el convenio colectivo aplicable en los supuestos de subcontratación. En esta particular dinámica, son especialmente problemáticas las empresas multiservicios, como a continuación se pondrá de manifiesto.

Las empresas multiservicios constituyen una evolución del fenómeno de la subcontratación. La actividad de estas empresas consiste, de forma genérica, en prestar una pluralidad de servicios a terceros, en ocasiones con carácter permanente, aportando el personal y los medios materiales necesarios para ello. La existencia de este tipo de empresas, sin un único objeto social, plantea un reto importante desde el punto de vista de la delimitación del convenio colectivo aplicable, pues, como en seguida se detallará, la inexistencia de un objeto social claro impide aplicar las reglas clásicas de determinación del convenio colectivo aplicable.

La creación de este tipo de empresas tuvo una inusitada expansión a partir del año 2012, a consecuencia de la entrada en vigor del Decreto-ley 3/2012, de 10 de febrero, de medidas urgentes para la reforma del mercado laboral. La reforma buscaba reducir la dualidad laboral entre contratos temporales y permanentes y fomentar la contratación indefinida. Además, la reforma perseguía dotar de mayor flexibilidad y adaptabilidad a las relaciones laborales mediante la modificación de aspectos clave de la negociación colectiva. Entre otras medidas, el RDL 3/2012 promovió la revisión de los convenios colectivos durante su vigencia y limitó su ultraactividad, estableciendo un plazo máximo para su vigencia una vez expirados. Asimismo, modificó sustancialmente la estructura de la negociación colectiva[17]. En concreto, a partir del 2012, la norma general anticoncurrencia, prevista en el artículo 84.1 ET[18], incorporó una importante excepción. Sería posible acordar un convenio colectivo de empresa en cualquier momento y este primaría sobre los convenios sectoriales, aunque estuvieran vigentes, en varias importantes materias (art. 84.2 ET[19]), entre ellas, en la determinación del horario y la distribución del tiempo y en la cuantía salarial.

El nuevo marco jurídico impulsó la negociación de convenios de empresa entre las compañías multiservicios[20], para huir de los convenios sectoriales con condiciones salariales y laborales más favorables[21]. De hecho,

---

17 Se ha llegado a señalar que la reforma del año 2012 llevó a cabo una "(des)estructuración del sistema de negociación", MONEREO PÉREZ, José Luis, Identidad de las empresas multiservicios: régimen jurídico y responsabilidades", En: AA.VV., *Descentralización productiva, nuevas formas de trabajo y organización empresarial: XXVIII Congreso de Derecho del Trabajo y de la Seguridad Social*, Madrid, Cinca, 2018, vol. 1, pp. 235-274.

18 La doctrina judicial ha entendido sostenido que esta prohibición de concurrencia implica una preferencia sobre el convenio acordado con carácter anterior (*prior tempore potior in iure*) o criterio cronológico, *vid.* STS de 18 de febrero de 2015 (ECLI:ES:TS:2015:1068).

19 Las materias en las que el convenio de empresa tenía prioridad eran: a) La cuantía del salario base y de los complementos salariales, incluidos los vinculados a la situación y resultados de la empresa; b) El abono o la compensación de las horas extraordinarias y la retribución específica del trabajo a turnos; c) El horario y la distribución del tiempo de trabajo, el régimen de trabajo a turnos y la planificación anual de las vacaciones; d) La adaptación al ámbito de la empresa del sistema de clasificación profesional de los trabajadores; e) La adaptación de los aspectos de las modalidades de contratación que se atribuyen por esta ley a los convenios de empresa; f) Las medidas para favorecer la conciliación entre la vida laboral, familiar y personal; y, finalmente, g) Aquellas otras que dispongan los acuerdos y convenios colectivos a que se refiere el artículo 83.2.

20 Al respecto, *vid.* LÓPEZ BALAGUER, Mercedes, Empresas de trabajo temporal y empresas multiservicios: la historia que se repite. Documentación Laboral. Madrid, Cinca, vol. II, núm. 110, 2017, p. 69.

21 Esos convenios empresariales con condiciones más precarias eran acordados, mayoritariamente, con la representación unitaria, en empresas de menos de 50 tra-

muchas compañías multiservicios trataron de acordar convenios de empresa para beneficiarse de dicha prioridad aplicativa. Sin embargo, ante la falta de representantes en todos los centros de trabajo, muchos de estos convenios fueron anulados por infringir el principio de correspondencia. Los tribunales han rechazado de forma reiterada que se pudiera acordar un convenio colectivo de empresa de ámbito estatal negociando solo con algunos representantes unitarios (delegados de personal o comités de empresa), de uno o varios centros de trabajo de la empresa multiservicios[22]. Ello evidencia que con carácter general el convenio colectivo de empresa en este tipo de sociedades no era la manifestación de una verdadera negociación, sino un mero escudo frente al convenio sectorial, que facilitaba a estas empresas ofrecer sus servicios con ofertas más bajas —debido a los costes laborales más reducidos— en competencia desleal frente a aquellas otras sometidas a los convenios sectoriales[23]. De hecho, la enorme precarización de las relaciones laborales en este tipo de empresas llevó a los sindicatos más representativos a nivel nacional, UGT y CCOO, a acordar en 2015 y renovar posteriormente la declaración conjunta "*Actuación en externalización y empresas multiservicios*". En ella aseguraban, entre otros compromisos, que no participarían en la negociación de convenios de empresa en este tipo de compañías.

Desde el año 2012 había, por tanto, dos posibles escenarios para determinar las condiciones laborales en una empresa multiservicios. El primero consistía en que la compañía contara con su propio convenio colectivo de empresa. En cuyo caso, si respetaba el principio de correspondencia[24], este resultaría de aplicación directa y preferente sobre el convenio de sector en

---

bajadores y con unos periodos de negociación breves y una vigencia del convenio superior a la media de los convenios colectivos, *vid.* MARTÍN HERNÁNDEZ — CARRILLO, Manuel, Externalización y empresas multiservicio. *Revista de Estudios Jurídico Laborales y de Seguridad Social.* Núm. 2, abril 2021, p. 275.

22 Como ejemplo de estos pronunciamientos *vid.*: STS de 6 de marzo de 2024 (ECLI:ES:TS:2024:1360); STS de 21 de diciembre de 2017 (ECLI:ES:TS:2017:4824); SAN 10 de febrero de 2016 (ECLI:ES:AN:2016:255); SAN de 17 de noviembre de 2015 (ECLI:ES:AN:2015:3976). Tampoco resulta correcto la negociación de un convenio colectivo de empresa con representantes unitarios y representantes adhoc, *vid.* STS de 18 de febrero de 2016 (ECLI:ES:TS:2016:1248).

23 ESTEVE SEGARRA, Amparo, Criterios para la determinación del convenio sectorial de referencia para actividades desarrolladas. *Documentación laboral.* Cinca, núm. 115, 2018, pp. 84.

24 Así, por ejemplo, no debe olvidarse que estas empresas, como cualquier otra, pueden acordar convenios de ámbito inferior a la empresa, pero estos instrumentos

las materias recogidas en el artículo 84.2 ET, incluida la cuantía salarial. El segundo, era que la empresa multiservicios no hubiera acordado dicho instrumento y, en consecuencia, se abrían múltiples posibles interpretaciones.

En primer lugar, se trató de argumentar que en ausencia de un convenio colectivo de empresa debería resultar de aplicación el convenio correspondiente a la actividad preponderante de la empresa multiservicio, tal y como marcan las reglas generales de determinación[25]. Sin embargo, esta solución adolecía de un importante inconveniente. En muchas ocasiones en las empresas multiservicios resulta imposible o arbitrario determinar una única actividad principal con base en los criterios habituales —estos son: las cifras económicas de las distintas actividades desarrolladas, la plantilla destinada a cada una de ellas, la finalidad o negocio concreto llevado a cabo o la subordinación de unas actividades respecto de otras[26]—.

El segundo de los criterios que se trató de articular para identificar el convenio colectivo aplicable defendía extender el de la empresa principal a la empresa multiservicio[27]. Ciertamente esta solución podría ser adecuada y legítima. Sin embargo, solo puede imponerse mediante una previsión

---

no disfrutarán de la prioridad aplicativa prevista en el art. 84.2 ET, así lo ha señalado el Tribunal Supremo, STS de 8 de febrero de 2018 (ECLI:ES:TS:2018:563).

25 Así, por ejemplo, la STS de 17 de marzo de 2015 (ECLI:ES:TS:2015:1539) determinó que a la empresa multiservicios Clece le resultaba de aplicación el Convenio Colectivo del Sector de Limpieza de Edificios y Locales de la Comunidad de Madrid. No obstante, de la lectura atenta se constata una información sumamente importante: la empresa no acreditó que su actividad principal fuera otra distinta a la de limpieza de edificios y locales ni qué convenio sería el aplicable a las personas trabajadoras contratadas por ella.

26 Debe recordarse que el objeto social estipulado en los estatutos de la sociedad no son el medio para determinar el convenio colectivo aplicable, y, ello, porque de lo contrario, no tendría el Convenio un soporte objetivo y de estabilidad: bastaría, simplemente, al empleador, cambiar el objeto social escriturado e inscrito en el Registro Mercantil, para hacer variar, unilateralmente, el convenio aplicable, cfr. STS de 10 de julio de 2000 (ECLI:ES:TS:2000:5652).

27 La STSJ de Valencia de 22 de febrero de 2007 (ECLI:ES:TSJCV:2007:840) y la STSJ de Castilla-La Mancha de 22 de marzo de 2006 (ECLI:ES:TSJCLM:2006:801) declararon aplicable el convenio de la empresa principal en un supuesto de subcontratación por analogía de la normativa de empresas de trabajo temporal. Es interesante también la SAN de 30 de mayo de 2014 (ECLI:ES:AN:2014:2368), que interpretó que la Directiva 2008/104/CE, de 19 de noviembre de 2008 relativa al trabajo a través de empresas de trabajo temporal, resulta de aplicación a cualquier empresa que ponga a disposición a trabajadores para otras empresas, aunque no sea una ETT.

legal[28], como ocurre en el caso de las empresas de trabajo temporal a través del artículo 11 de la Ley 14/1994[29].

Finalmente, el último criterio para delimitar el convenio colectivo aplicable sostuvo que las relaciones laborales en las empresas multiservicios debían quedar reguladas por el convenio colectivo sectorial cuyo ámbito funcional comprendiera la actividad que llevaran a cabo los trabajadores en el marco de cada contrata. Parece que al delimitarse de esta forma el convenio colectivo aplicable al personal de la empresa multiservicio se estaría acudiendo al parámetro más adecuado y objetivo frente al alternativo de la actividad preponderante de la empresa multiservicios en su conjunto, que, como se ha señalado, normalmente no se conoce.

Esta tercera interpretación es la que mayores consensos alcanzó. De hecho, fue acogida por la Comisión Consultiva Nacional de Convenios Colectivos[30] y, además, por el Tribunal Supremo[31]. Asimismo, finalmente, junto otras relevantes medidas, fue incorporada a la legislación en el año 2021 a través de una reforma laboral acordada con los agentes sociales en el marco del diálogo social tripartito[32].

La reforma laboral del año 2021 llevó a cabo dos importantes modificaciones en materia de determinación del convenio colectivo aplicable, que deben ser analizadas de forma conjunta para entender la dimensión y relevancia del cambio operado. En primer lugar, puso fin a la prioridad aplicativa del convenio colectivo de empresa en materia salarial. En segundo lugar, fijó un marco legal para determinar el convenio colectivo aplicable cuando existe descentralización productiva.

---

28 El Tribunal Supremo rechazó, de hecho, que se pudiera obligar a la empresa subcontratista, fuera multiservicios o no, a aplicar el convenio de la empresa principal sin una habilitación legal que lo exigiera, al respecto, *vid.* STS 12 de febrero de 2021 (ECLI:ES:TS:2021:486).

29 Ley 14/1994, de 1 de junio, por la que se regulan las empresas de trabajo temporal.

30 Consultas CCNCC 96/2014 y 5/2016. Aunque ciertamente lo hizo tras algunos pronunciamientos contradictorios. Al respecto, ESTEVE SEGARRA, Amparo, Criterios para la determinación del convenio sectorial de referencia para actividades desarrolladas. *Documentación laboral.* Cinca, núm. 115, 2018, pp. 88.

31 STS de 11 de junio de 2020 (ECLI:ES:TS:2020:1957).

32 Real Decreto-ley 32/2021, de 28 de diciembre, de medidas urgentes para la reforma laboral, la garantía de la estabilidad en el empleo y la transformación del mercado de trabajo.

En cuanto a la supresión de la prioridad aplicativa del convenio colectivo de empresa en materia salarial[33], el legislador eliminaba, con ello, la posibilidad de perseguir unos costes operativos más bajos a costa de precarizar las relaciones laborales externalizadas. En consecuencia, se ponía fin a uno de los incentivos más importantes que tenían las empresas multiservicios para huir de la negociación sectorial[34]. No obstante, debe matizarse y reconocerse que, si bien las empresas no pueden devaluar las condiciones salariales recurriendo a la prioridad aplicativa en materia salarial, nada impide que un convenio colectivo de empresa mantenga salarios más bajos que el sectorial si el de empresa es anterior al sectorial y, por tanto, de aplicación preferente *ex* art. 84.1 ET[35]. Esta prohibición de concurrencia queda referida a la vigencia inicial pactada o prorrogada expresamente por las partes, pero no al periodo de ultraactividad[36]. Aunque algún fallo ha previsto la "impermeabilización" de la unidad de negociación durante dicho periodo cuando se haya iniciado de manera efectiva la negociación de un nuevo convenio[37].

---

33 El listado de materias respecto de las que sí es posible acordar un convenio colectivo de empresa con prioridad aplicativa a partir del RDL 32/2021 son: a) El abono o la compensación de las horas extraordinarias y la retribución específica del trabajo a turnos; b) El horario y la distribución del tiempo de trabajo, el régimen de trabajo a turnos y la planificación anual de las vacaciones; c) La adaptación al ámbito de la empresa del sistema de clasificación profesional de las personas trabajadoras; d) La adaptación de los aspectos de las modalidades de contratación que se atribuyen por esta ley a los convenios de empresa; e) Las medidas para favorecer la corresponsabilidad y la conciliación entre la vida laboral, familiar y personal; f) Aquellas otras que dispongan los acuerdos y convenios colectivos a que se refiere el artículo 83.2 ET (art. 84.2 ET).

34 ALFONSO MELLADO, Carlos L, La reforma de la negociación colectiva en el Real Decreto-Ley 32/2021: orígenes y contenido, En MONEREO PÉREZ, José Luis, RODRÍGUEZ ESCANCIANO, Susana Y RODRÍGUEZ INIESTA, Guillermo (Dir.), *La reforma laboral de 2021: estudio técnico de su régimen jurídico*, Murcia, Laborum, 2022, p. 477.

35 Cfr. STS de 29 de enero de 2025 (ECLI:ES:TS:2025:407). No obstante, ello ciertamente no será habitual entre las empresas multiservicios, pues precisamente se lanzaron a aprobar convenios de empresa para inaplicar las condiciones de los sectoriales, que eran anteriores, *vid.* ALFONSO MELLADO, Carlos L, La reforma de la negociación colectiva en el Real Decreto-Ley 32/2021: orígenes y contenido, *op. cit.*, p. 482.

36 Entre otras, STS de 10 de octubre de 2021 (ECLI:ES:TS:2021:3749).

37 STS 17 de mayo de 2004 (ECLI:ES:TS:2004:3333).

En segundo lugar, la reforma laboral de 2021 incorporó, por fin, en el artículo 42.6 ET, una regulación legal para concretar cómo determinar el convenio colectivo aplicable a empresas que participaran en la externalización de servicios. Dicha regulación resulta especialmente útil en los casos en los que interviene una empresa multiservicio. Esta norma, con una redacción más que críptica y cuestionable, debe ser aplicada en sentido inverso al que está redactada.

Así, primero, en los supuestos de subcontratación resulta de aplicación el convenio colectivo de empresa de la contratista o subcontratista[38], en los términos que resulten del artículo 84 ET. Debe volver a destacarse que estos convenios de empresa ya no tendrán prioridad aplicativa en materia salarial y, por tanto, no podrán fijar condiciones tan precarias como antes de la reforma laboral. Asimismo, debe precisarse que la remisión al artículo 84 ET en su integridad parece indicar que no se está creando en este apartado una excepción a la norma anticoncurrencia del citado precepto. Por tanto, el convenio colectivo de la empresa contratista o subcontratista resultará de aplicación siempre que respete la regla *prior in tempore* respecto de otros convenios previos[39].

Segundo, en defecto de la primera opción, resultará de aplicación el convenio colectivo del sector de la actividad desarrollada en la contrata o subcontrata, con independencia de su objeto social o forma jurídica, salvo que exista otro convenio sectorial aplicable conforme a lo dispuesto en el Título III. Este inciso del artículo 42.6 ET arroja dudas sobre cómo debe ser interpretado, pues parece que ambas previsiones pudieran conducir exactamente a determinar aplicable el mismo convenio colectivo. Lectura que debe ser rechazada, en mi opinión, por suponer una interpretación irrazonable del precepto legal. En consecuencia, debe partirse de la necesidad de interpretar ambas previsiones del primer párrafo del artículo 42.6 ET de tal forma que conduzcan a determinar diferentes convenios colectivos de aplicación. En este sentido, la primera parte del precepto parece más clara. Supone incorporar a la ley el criterio que había sido previa-

---

38 No obstante, para que resulte de aplicación el convenio de empresa se exige que el ámbito del dicho convenio esté bien definido y no excluya la actividad subcontratada. En cuyo caso, resultará de aplicación la regla siguiente. Es decir, el convenio del sector de la actividad desarrollada en la contrata o subcontrata, *vid.* STSJ Madrid de 15 de diciembre de 2023 (ECLI:ES:TSJM:2023:13706)

39 LÓPEZ TERRADA, EVA, La determinación del convenio colectivo aplicable en situaciones de concurrencia conflictiva y no conflictiva: viejos problemas y nuevas reglas. *Lex Social, Revista jurídica de los derechos sociales*, vol. 15, núm. 1, 2025, p. 10.

mente fijado por el Tribunal Supremo, como ya se ha señalado, cuando las empresas contratistas carecen de convenio de empresa[40]. Ello es especialmente relevante en las empresas multiservicios porque, dada su actividad plural, estas no pueden incluirse en ningún convenio sectorial normal. En estos casos, por tanto, el legislador ha sido partícipe de que, ante la ausencia de una actividad preponderante, adquiere protagonismo las funciones desarrolladas por las personas trabajadoras para determinar el convenio colectivo aplicable. Así, las empresas multiservicios podrán quedar vinculadas por diversos convenios colectivos[41], tantos como actividades desarrollen sus trabajadores. De hecho, incluso podrán ofrecer sus servicios a un mismo cliente teniendo que aplicar varios convenios colectivos[42], si prestan para él diferentes actividades.

Como se ha señalado, la segunda previsión —salvo que exista otro convenio sectorial aplicable conforme a lo dispuesto en el Título III— debe conducir, por tanto, a otro convenio colectivo aplicable que no sea el de la actividad desarrollada en el marco de la contrata. Dos son las interpretaciones que me parecen más razonables y compatibles.

En primer lugar, el primer bloque de convenios que pueden ser concretados a partir de esta previsión son aquellos convenios alcanzados en unidades anómalas en la tradición de nuestro país. Nos estamos refiriendo a una serie de convenios colectivos sectoriales acordados en el marco de actividades subcontratadas transversales, como, por ejemplo, el XXIII Con-

---

40 Similar alternativa fue también la elegida por el legislador para regular la subcontratación en el sector público. No obstante, en este caso solo referidas a las condiciones salariales, *vid.* art. 122.2 Ley 9/2017, de 8 de noviembre, de Contratos del Sector Público, por la que se transponen al ordenamiento jurídico español las Directivas del Parlamento Europeo y del Consejo 2014/23/UE y 2014/24/UE, de 26 de febrero de 2014: "la obligación del adjudicatario de cumplir las condiciones salariales de los trabajadores conforme al Convenio Colectivo sectorial de aplicación".

41 Aunque pudiera parecer anómalo que una empresa deba aplicar una multiplicidad de convenios colectivos, lo cierto es que nuestro ordenamiento ha contemplado dicha solución con normalidad en otras circunstancias, tales como, por ejemplo, los supuestos en los que la empresa tenga varios convenios franja o cuando se produzca un supuesto de sucesión empresarial en el que se deba mantener el convenio o convenios de la entidad anterior.

42 PUEBLA PINILLA, Ana de la, Convenio colectivo aplicable al trabajo prestado en el marco de contratas y subcontratas, En: GOERLICH PESET, José María, MERCADER UGUINA, Jesús R. y PUEBLA PINILLA, Ana de la, *La reforma laboral de 2021. Un estudio del Real Decreto-ley 32/2021*, Valencia, 2022, p. 135.

venio colectivo de contratas ferroviarias (BOE de 14 de junio de 2022[43]) o el convenio colectivo de las Contratas de limpieza de centros educativos dependientes del Departamento de Educación dependientes del Gobierno Vasco (BOPV de 23 de junio de 2003)[44]. También podría encuadrarse aquí un convenio colectivo sectorial de las empresas multiservicios[45].

El segundo lugar, de forma más interesante y compatible con la anterior, es posible que ese convenio alternativo dispuesto conforme al Título III del Estatuto de los Trabajadores se refiera al convenio del sector de la empresa principal[46]. Debe tenerse en cuenta que el propio Tribunal Supremo ha reconocido que es posible que los convenios de la empresa principal incluyan en su ámbito funcional y en su clasificación profesional las actividades desarrolladas por empresas externalizadas[47]. El impedimento para aplicar estos convenios colectivos no era la validez de la definición de sus grupos profesionales y de su ámbito funcional, el obstáculo era la ausencia de una previsión legal[48]. Esa omisión, en mi opinión, es la que habría

---

43 El Tribunal Supremo ha reconocido que este Convenio tiene entidad propia derivada de la configuración diseñada por los negociadores y por la tradición normativa de nuestro país, STS de 17 de marzo de 2023 (ECLI:ES:TS:2023:963).

44 Una muestra de estos convenios puede consultarse en MERCADER UGUINA, Jesús, R., 2023. La determinación del convenio aplicable a contratas y subcontratas: la vida sigue igual... En: *El foro de Labos* [en línea]. Disponible en: https://www.elforodelabos.es/2023/02/la-determinacion-del-convenio-aplicable-a-contratas-y-subcontratas-la-vida-sigue-igual/ [consulta: 18 de marzo de 2025].

45 SALA FRANCO, Tomás, *La reforma laboral: la contratación temporal y la negociación colectiva*. Valencia, Tirant lo Blanch, 2022, pp. 86 y 87.

46 PUEBLA PINILLA, Ana de la, Convenio colectivo aplicable al trabajo prestado en el marco de contratas y subcontratas, *op. cit*., p. 137. En sentido discrepante, MONEREO PÉREZ, José Luis, Subcontratación empresarial y reforma laboral, En MONEREO PÉREZ, José Luis, RODRÍGUEZ ESCANCIANO, Susana Y RODRÍGUEZ INIESTA, Guillermo (Dir.), *La reforma laboral de 2021: estudio técnico de su régimen jurídico*, Murcia, Laborum, 2022, pp. 330 y ss y LÓPEZ TERRADA, EVA, La determinación del convenio colectivo aplicable en situaciones de concurrencia conflictiva y no conflictiva: viejos problemas y nuevas reglas. *op. cit*., p. 11.

47 "Es lógico que, en los supuestos de subcontratación, las funciones que realicen los trabajadores de las empresas contratistas también encajen en la clasificación profesional del convenio colectivo sectorial aplicable a la empresa principal, toda vez que son tareas que esta empresa puede desarrollar con trabajadores directos suyos", *vid.* STS 12 de febrero de 2021 (ECLI:ES:TS:2021:486).

48 STS de 12 de marzo de 2020 (ECLI:ES:TS:2020:1718).

quedado corregida tras el RDL 32/2021[49]. El criterio teleológico vendría a confirmar esta interpretación, pues la propia exposición de motivos de la norma señala como uno de sus objetivos "procurar la necesaria protección a las personas trabajadoras de la contrata o subcontrata, evitando una competencia empresarial basada de manera exclusiva en peores condiciones laborales". Asimismo, señala que sería "difícilmente defendible que dos personas que realizan trabajos de igual valor tengan condiciones laborales diferentes". En consecuencia, parece razonable y ajustado a derecho sostener que la nueva redacción del art. 42.6 ET implica que la subcontratación de la propia actividad deberá estar sometida al convenio colectivo aplicable a la empresa principal[50]. Ello desde luego evitaría situaciones escandalosas y precarizadoras en la externalización de servicios[51].

La interpretación anterior debe ponerse en conexión con diferentes cláusulas convencionales acordadas en el pasado en el seno de la negociación colectiva para tratar de concretar ámbitos funcionales que tuvieran en cuenta procesos de externalización, pero que, tras la reforma laboral, han adquirido nuevo protagonismo.

Ante la ausencia de un criterio legal, la negociación colectiva tomó conciencia de la importancia del problema planteado y trató de buscar soluciones ampliando el perímetro de los convenios colectivos sectoriales para incluir dentro de los mismos las actividades auxiliares o conexas con la principal. Con ello trataban de evitar la evasión de la regulación colectiva sectorial y obligar a todas las empresas multiservicios que interactúan en dicho ámbito a respetar la regulación básica. Los promotores, principalmente las organizaciones sindicales, diseñaron diferentes tipos de cláusu-

---

49 En sentido crítico, MARTÍNEZ MORENO, Carolina, *Reforma laboral.* Madrid, Francis Lefebvre, 2022, pp. 42-43.

50 Se ha criticado que la subcontratación de la propia actividad pueda soslayar el ámbito convencional aplicable, *vid.* ESTEVE SEGARRA, Amparo, La limpieza en subcontratas de hostelería ¿«no es» del convenio de hostelería? *Trabajo y Derecho,* núm. 85 (versión electrónica), 2022, p. 12. Asimismo, voto particular formulado por el magistrado Florentino Eguaras Mendiri en la STSJ País Vaso de 21 de marzo de 2017 (ECLI:ES:TSJPV:2017:1023).

51 Nótese, por ejemplo, que los hechos que debe analizar la STS 12 de febrero de 2021 (ECLI:ES:TS:2021:486) consisten en la externalización del 90% de la plantilla de una empresa en una contrata multiservicios. Trabajadoras que en la empresa principal eran camareras de piso, sometidas al Convenio colectivo de hostelería, pero que, tras la externalización —trabajando en el mismo centro de trabajo y haciendo las mismas funciones—, se convirtieron en limpiadoras sometidas al Convenio colectivo de limpieza.

las protectoras de los derechos de las personas trabajadoras en procesos de descentralización. Al respecto es posible identificar tres grandes tipos de cláusulas: inclusivas, prohibitivas y extensivas[52].

Las cláusulas inclusivas —también denominadas colonizadoras— incorporadas en los convenios colectivos suelen resultar, por lo general, incompatibles con el marco legal vigente[53]. Estas buscan ampliar al ámbito funcional del convenio en el que se incorporaban. Por ello los tribunales han anulado en ocasiones este tipo de cláusulas, al infringir el principio de correspondencia suponiendo una ampliación arbitraria del ámbito de aplicación del convenio colectivo. Estas resultan contrarias al ordenamiento jurídico cuando la inclusión es artificial y forzada. No debería ocurrir así, como ya se ha señalado, cuando el convenio colectivo incorpora actividades y funciones que encajan en el proceso productivo de la empresa principal, toda vez que son tareas que esta empresa puede desarrollar con sus propios trabajadores[54].

Por su parte, con carácter general, las cláusulas prohibitivas y las extensivas sí parecen encontrar acomodo en nuestro ordenamiento jurídico al no infringir la arquitectura de la negociación colectiva diseñada en el Título III del Estatuto de los Trabajadores.

Las disposiciones prohibitivas pretenden impedir en un sector la externalización de servicios a través de contratas —sean multiservicios o no—. La limitación a la subcontratación diseñada en cada unidad de negociación podría ser cuantitativa o cualitativa. Las primeras son aquellas que restringen el número de contrataciones posibles[55]. En cuanto a las limitaciones cualitativas, las hay que exigen que la contratación no suponga una

---

52 Un análisis de este tipo de cláusulas puede ser consultado en MELIÁN CHINEA, Laura María, *El sistema de negociación colectiva y sus reglas de articulación. La estructura negocial en los diversos escenarios de la producción.* Cizur Menor, Aranzadi, 2020, pp. 237-239.

53 LAHERA FORTEZA, Jesús, *La negociación colectiva tras la reforma laboral de 2021.* Valencia, Tirant lo Blanch, 2022, p. 56.

54 En sentido contrario, THIBAULT ARANDA, Xavier, Las condiciones de trabajo aplicables a los trabajadores empleados en las contratas, en: PÉREZ DE LOS COBOS ORIHUEL, Francisco, (dir.), *La regulación laboral de las contratas y subcontratas: puntos críticos,* Valencia, Tirant lo Blanch, 2023, p. 127.

55 Art. 11 VII Convenio colectivo de industrias de ferralla 2023-2024 (BOE de 16 de febrero de 2024).

reducción de la mano de obra directa[56]. Otras, por ejemplo, excluyen la contratación de algún tipo de empresa, como las cooperativas de trabajo asociado[57].

Ambas restricciones, cualitativa o cuantitativa, podría pensarse que suponen una restricción injustificada de la competencia en el mercado, al perjudicar la actividad de terceros agentes económicos. No puede dejar de reconocerse que la opción empresarial por la subcontratación es una decisión legítima al amparo de la libertad de empresa y del ordenamiento laboral, que regula, pero no impide, dicha subcontratación. Sin embargo, estas cláusulas no han sido tachadas de nulidad por vulnerar la libre competencia. Ello porque su fundamento es el mantenimiento o incremento del empleo estable. En este sentido, "es claro que el fomento de la contratación por cuenta ajena, frente a la subcontratación, ósea la satisfacción preferente de las necesidades laborales de la empresa con personal interno propio, no constituye una política ajena al ámbito de la potestad normativa de la autonomía laboral, que delinea el art. 85 del ET"[58]. Por tanto, estas cláusulas no suponen una práctica restrictiva de la competencia al no ser ajenas a la potestad normativa de la autonomía colectiva.

Las cláusulas extensivas también parecen acomodarse al marco legal y son válidas y adecuadas para lograr los fines perseguidos —proteger los derechos del personal que presenta sus servicios en empresas externalizadas—. Estas cláusulas obligan a las empresas principales, integradas correctamente en el ámbito funcional del convenio sectorial, a que exijan que las condiciones del personal de las empresas externalizadas sean las mismas que las de su propio personal[59]. Este tipo de cláusulas, por tanto, van más allá del marco legal y resultan un buen ejemplo de cómo la negociación colectiva sigue teniendo espacio para desarrollar mejoras en las condiciones laborales.

---

56 Art. 68 Convenio colectivo estatal de empresas de seguridad para el periodo 2023-2026 (BOE de 14 de diciembre de 2022).

57 DA 1ª Convenio colectivo estatal del sector de industrias cárnicas (BOE de 16 de julio de 2022).

58 SAN de 7 noviembre 2011 (ECLI: ES:AN:2001:6579).

59 Este tipo de cláusulas han sido validadas por el Tribunal Supremo, *vid.* STS de 13 de julio de 2022 (ECLI:ES:TS:2022:2881).

4. REGLAS DE DETERMINACIÓN DEL CONVENIO COLECTIVO EN LOS CENTROS ESPECIALES DE EMPLEO

Los problemas para determinar el Convenio colectivo aplicable también han sido habituales en los centros especiales de empleo. Estas entidades son empresas cuyo objetivo principal es realizar un trabajo productivo, participando regularmente en las operaciones del mercado, y teniendo como finalidad el asegurar un empleo remunerado y la prestación de servicios de ajuste personal y social que requieran sus trabajadores con discapacidad[60]. La plantilla de los centros especiales de empleo estará constituida por el mayor número de personas trabajadoras con discapacidad que permita la naturaleza del proceso productivo y, en todo caso, por el 70% de aquélla[61].

Las especiales características de estas organizaciones clave para fomentar la integración de las personas con discapacidad en el mercado laboral han llevado a que el legislador dote a estos centros de normas especiales en materia laboral, como, por ejemplo, ayudas a la contratación y a la adaptación de los puestos de trabajo. La determinación del convenio colectivo aplicable a los centros especiales de empleo también se rige por reglas generales especiales.

En primer lugar, el convenio colectivo aplicable a este tipo de empresas se negocia entorno a una unidad con características especiales. De forma ordinaria en nuestro país el ámbito funcional de los convenios colectivos viene marcado por el perímetro de la actividad desarrollada, ya sea en el sector o en la empresa, que además deben cumplir con el principio de correspondencia, como ya se ha tenido la oportunidad de señalar previamente. Lo cierto es que los centros especiales de empleo pueden realizar muy distintas actividades —desde hostelería a gestión de residuos o limpieza—. Por ello, de aplicar el criterio ordinario, cada centro quedaría vinculado por convenios diferentes, negociados sin tener en cuenta las especiales condiciones de la plantilla de estos centros. Quizás, para dar respuesta a esta evidencia, los agentes sociales constituyeron hace mucho tiempo una unidad de negociación específica, que da cobertura negocial a estos pro-

---

60 Cfr. Art. 1 Real Decreto 2273/1985, de 4 de diciembre, por el que se aprueba el Reglamento de los Centros Especiales de Empleo definidos en el artículo 42 de la Ley 13/1982, de 7 de abril, de Integración Social del Minusválido.

61 Art. 43.2 Real Decreto Legislativo 1/2013, de 29 de noviembre, por el que se aprueba el Texto Refundido de la Ley General de derechos de las personas con discapacidad y de su inclusión social.

yectos empresariales[62], con independencia de las funciones o actividades a las que se dediquen estas empresas. Esta unidad, anómala en la tejido empresarial español, ha sido aceptada por el Tribunal Supremo[63], que ha declarado que la aplicación especial del Convenio colectivo de centros y servicios de atención a personas con discapacidad se encuentra justificada y no es discriminatoria ni contraria al derecho a la igualdad, porque los trabajadores de los Centros especiales de empleo están sometidos a una relación laboral especial, que es la que sirve para definir el ámbito de aplicación del citado convenio en detrimento de los convenios sectoriales específicos en función de la actividad desarrollada.

La aplicación del convenio colectivo de centros y servicios de atención a personas con discapacidad no exige la mejora de las condiciones previstas por los convenios sectoriales específicos. Es decir, dicho convenio puede favorecer a las plantillas de los centros de trabajo, que gozarán en muchas ocasiones de mejores condiciones que aquellas otras personas trabajadoras sometidas a convenios sectoriales que regulen relaciones laborales ordinarias. No obstante, también podrán percibir peores salarios o tener peores jornadas, respecto de otros convenios. Ello no conculca tampoco el derecho a la igualdad y no discriminación y en modo alguno cabría exigir una comparación de norma más favorable entre dos convenios entre los que no existe relación de jerarquía.

La segunda de las adaptaciones en materia de selección del convenio colectivo aplicable se produce cuando los centros especiales de empleo actúan como entidades contratistas o subcontratistas. En estos casos, las reglas previstas para la contratación, ex artículo 42.6 ET, conducirían a la aplicación del convenio colectivo de la actividad que dichos centros estuvieran desarrollando para la empresa principal y no el convenio colectivo especializado para centros y servicios de atención a personas con discapacidad. Sin embargo, la disposición adicional vigesimoséptima del ET, añadida por el Real Decreto-ley 32/2021, dispone que a este tipo de contratas y subcontratas no les será de aplicación el régimen previsto en el artículo

---

62 El primer Convenio Colectivo estatal para los Centros de Atención y Asistencia a Deficientes Mentales y Minusválidos Físicos fue publicado en BOE el 14 de septiembre de 1979. La unidad se ha mantenido activa negociando sucesivas versiones de acuerdos, hasta el más reciente XV Convenio colectivo general de centros y servicios de atención a personas con discapacidad (BOE de 27 de junio de 2019).

63 Entre otras muchas, STS de 20 de diciembre de 2022 (ECLI:ES:TS:2022:4814) y STS de 11 de abril de 2023 (ECLI:ES:TS:2023:1399).

42 ET[64]. Por tanto, en los supuestos de subcontratación de la actividad laboral por centros especiales de empleo resultará de aplicación el Convenio colectivo general de centros y servicios de atención a personas con discapacidad. Dicha previsión no hace más que incorporar al texto normativo el tradicional criterio de la Sala de lo Social del Tribunal Supremo, que ha rechazado que las relaciones laborales de los trabajadores discapacitados destinados a la ejecución de una actividad subcontratada se rijan por el convenio colectivo correspondiente a esta en lugar de por el convenio colectivo específico de los centros especiales de empleo[65].

Finalmente, debemos realizar un último bloque de precisiones en la determinación del convenio colectivo aplicable a los centros especiales de empleo cuando estos forman parte de un proceso de sucesión empresarial. Es habitual que algunos convenios colectivos sectoriales contemplen la subrogación del personal en actividades desmaterializadas[66], es el caso, por ejemplo, de los sectores de seguridad y limpieza[67]. Dichas cláusulas son vitales en actividades desmaterializadas, en las que actúan como eficaz medio para proteger la estabilidad en el empleo de las personas trabajadoras.

---

64 Aunque no se diga, se sobreentiende que tales contratas y subcontratas serán las concertadas a través de los "enclaves laborales" que regula el Real Decreto 290/2004, de 20 de febrero, por el que se regulan los enclaves laborales como medida de fomento del empleo de las personas con discapacidad. El art. 1.2 del citado Real Decreto define los enclaves laborales como: "el contrato entre una empresa del mercado ordinario de trabajo, llamada empresa colaboradora, y un centro especial de empleo para la realización de obras o servicios que guarden relación directa con la actividad normal de aquélla y para cuya realización un grupo de trabajadores con discapacidad del centro especial de empleo se desplaza temporalmente al centro de trabajo de la empresa colaboradora".

65 Entre otras, STS de 9 de diciembre de 2015 (ECLI:ES:TS:2015:5773).

66 La STSJUE de 11 de julio de 2018 (Asunto C-60/17, Somoza Hermo) determinó la indiferencia de la causa que motiva la continuidad de los contratos de trabajo sobre la noción de sucesión de plantilla.

67 Artículo 14 a 18 Convenio colectivo estatal de empresas de seguridad para el periodo 2023-2026 (BOE de 14 de diciembre de 2022) y artículos 17 y 18 del Convenio colectivo sectorial de limpieza de edificios y locales (BOE de 23 de mayo de 2013 y de 17 de octubre de 2014). No obstante, este tipo de cláusulas se encuentra recogidas en otros muchos convenios colectivos, como, por ejemplo, entre otros: *vid.* ORTEGA LOZANO, Pompeyo Gabriel, La obligación de subrogación de los trabajadores: puntos conflictivos en el fenómeno sucesorio por cambio de titularidad (unidad productiva autónoma), por sucesión de plantilla y por mandato del convenio colectivo. *Revista Española de Derecho del Trabajo*, Aranzadi, núm. 54, 2022 [en línea], p. 10.

En aplicación de las cláusulas de convenios colectivos que regulan relaciones laborales ordinarias, se pueden producir dos situaciones. En primer lugar, que el centro especial de empleo sea la entidad saliente a la que le sucede una empresa ordinaria, no sometida a la legislación especial de centros de empleo. En segundo lugar, puede ocurrir, por el contrario, que el centro especial de empleo suceda a otra empresa que tenía una plantilla de trabajadores no sometidos a la relación laboral especial de personas con discapacidad en centros especiales de empleo[68]. En ambos casos, se plantea el interrogante de si las cláusulas convencionales de los convenios sectoriales que contemplan la subrogación del personal resultan aplicables a los centros especiales de empleo.

Si la empresa entrante es un centro especial de empleo, estos convenios sectoriales de empresas ordinarias y las cláusulas para regular la subrogación de personal en supuestos de actividades desmaterializadas en ellos contenidas no les serían exigibles pues, tal y como acabamos de poner de manifiesto, a los centros especiales de empleo les resulta de aplicación el Convenio colectivo general de centros y servicios de atención a personas con discapacidad. Podría pensarse, por tanto, que un centro especial de empleo entrante no debería subrogar a la plantilla de la empresa ordinaria saliente. Sin embargo, el Tribunal Supremo ha señalado en ocasiones, que sí correspondería la subrogación con base en que el convenio colectivo de personas con discapacidad que resultaba de aplicación contenía una declaración general de que estos centros participan en igualdad de condiciones con el resto de empresas y buscaban integrar en dicho proyecto tanto a personas con discapacidad como sin ellas[69]. No puede compartirse la argumentación del Tribunal. Si bien es loable la búsqueda de la estabilidad de las plantillas, lo cierto es que, si la cláusula solo está en el convenio colectivo sectorial que regula relaciones ordinarias, esta no puede resultar en modo alguno aplicable al centro especial de empleo, pues, ya hemos señalado que estos centros no se encuentran dentro del ámbito funcional de los mismos. Quizás conscientes de esta precaria situación, los sujetos negociadores del Convenio colectivo general de centros y servicios de atención a personas con discapacidad incorporaron a partir del año 2012 a este

---

68 Dicha relación laboral especial se encuentra regulada por el Real Decreto 1368/1985, de 17 de julio, por el que se regula la relación laboral de carácter especial de los minusválidos que trabajen en los Centros Especiales de Empleo.

69 Cfr. STSs de 21 de octubre de 2010 (ECLI:ES:TS:2010:6223) y de 9 de abril de 2013 (ECLI:ES:TS:2013:2060).

convenio una regulación específica sobre la subrogación[70]. Ello pone fin a las posibles dudas, pues ahora los centros especiales de empleo sí quedan vinculados por la cláusula de subrogación general recogida en su propio convenio colectivo.

Ciertamente, la subrogación de la plantilla de la empresa ordinaria saliente podría poner en peligro la propia existencia del centro especial de empleo, que necesita que, al menos, el 70% de su personal esté sometido a la relación laboral especial del personal con discapacidad. Por ello, el XVI Convenio colectivo aplicable a los centros especiales de empleo contempla que solo será posible la subrogación del personal sometido a una relación ordinaria hasta el número máximo de este tipo de personas trabajadoras que la propia regulación legal de constitución y mantenimiento de un centro especial de empleo permita[71]. No obstante, la limitación impuesta no será admisible si la actividad es materializada o si siendo desmaterializada la asunción de la plantilla o de las funciones desarrolladas por la misma

---

70 Art. 27 XIV Convenio colectivo general de centros y servicios de atención a personas con discapacidad (BOE de 20 de septiembre de 2012): "Al objeto de garantizar y contribuir al principio de estabilidad en el empleo mediante cualquiera de las modalidades de contratación, las empresas y centros de trabajo cualquiera que sea su actividad, que en virtud de contratación pública, privada, por concurso, adjudicación o cualquier otro tipo de transmisión, sustituyan en la prestación de un servicio o actividad a una empresa o entidad que, bajo cualquier forma jurídica y tanto en régimen de relación laboral ordinaria o especial, estuviera incluida en el ámbito funcional del convenio, se subrogará obligatoriamente en los contratos de trabajo de los trabajadores que estuvieran adscritos a dicho servicio o actividad con una antigüedad mínima en el mismo de tres meses, en los términos que se detallan en este artículo. La citada subrogación se producirá en la totalidad de derechos y obligaciones de los trabajadores, garantizándose su continuidad en la prestación del servicio y será imperativa aun cuando ello implicará la transformación de un contrato formalizado al amparo de la relación laboral especial en centros especiales de empleo en un contrato y relación laboral ordinaria de personas con discapacidad o minusvalía".

71 Art. 5 XIV Convenio colectivo general de centros y servicios de atención a personas con discapacidad: "Cuando la nueva empresa adjudicataria sea un centro especial de empleo podrá asumir con el proceso de subrogación hasta el número máximo de trabajadores sin relación laboral de carácter especial que la propia regulación legal de constitución y mantenimiento de un centro especial de empleo permita y, todo ello, atendiendo al cumplimiento legal y reglamentario de creación y funcionamiento de los centros especiales de empleo. No obstante con carácter excepcional, mientras ese centro especial de empleo mantenga la adjudicación de la citada contrata podrá subrogarse en la totalidad de la plantilla de los trabajadores de la empresa saliente".

asumida por el centro especial de empleo es significativa. En dicho caso, correspondería aplicar íntegramente el régimen jurídico previsto por el artículo 44 ET y no sería posible que el convenio fijara un régimen jurídico más restrictivo[72]. Así, cuando la empresa entrante sea un centro espacial de empleo y deba asumir a personal sometido a una relación ordinaria por encima de los umbrales legales, deberá realizar dicha subrogación y, posteriormente, ajustar a las previsiones legales su plantilla —bien contratando más personal o bien extinguiendo objetivamente contratos—.

También se deben despejar algunas incógnitas en la determinación del convenio colectivo aplicable cuando la empresa saliente es un centro especial de empleo. Parece razonable sostener que la empresa entrante debe subrogarse como empleadora de los trabajadores del centro especial de empleo. Pues, aunque el centro especial no resultaba vinculado por el convenio sectorial, que contempla la cláusula de subrogación, la empresa entrante sí lo está[73]. No obstante, ello puede provocar una novación del régimen jurídico del personal subrogado, mermando la protección de las personas trabajadoras, ya que el nuevo empleador no tendrá la consideración de centro especial de empleo. Por tanto, la relación laboral que se entable tras la subrogación perderá la naturaleza de relación laboral especial, quedando sujeta al ET en su integridad como contrato de trabajo común[74].

La mencionada novación podría llevar a sostener que correspondería la extinción del contrato de trabajo del personal del centro especial por producirse una modificación sustancial del vínculo jurídico (art. 4.2 Directiva 2001/23/CE[75]). En consecuencia, la extinción debería ser calificada como improcedente, conforme a las normas ordinarias de calificación, y

---

72 Entre otras, STS de 27 de septiembre de 2018 (ECLI:ES:TS:2018:3545).

73 Así lo entiende la jurisprudencia: STS de 10 de febrero de 2014 (ECLI:ES:TS:2014:1039), STSJ Madrid de 24 de febrero de 2025 (ECLI:ES:TSJM:2025:2364). Se ha puesto de manifiesto que si la cláusula de subrogación solo está prevista en el convenio colectiva de la empresa entrante, la sucesión empresarial no puede aplicarse a los trabajadores de la empresa saliente, *cfr.* NORES TORRES, Luis Enrique, La subrogación convencional, En: PUEBLA PINILLA, Ana de la (Directora), *Subrogación contractual a través de la negociación colectiva*, Madrid, Ministerio de Trabajo y Economía Social, p. 66.

74 *Cfr.* voto particular magistrada Maria Lourdes Arastey Sahun en la STS de 10 de octubre de 2012 (ECLI:ES:TS:2012:8621).

75 Directiva 2001/23/CE del Consejo, de 12 de marzo de 2001, sobre la aproximación de las legislaciones de los Estados miembros relativas al mantenimiento de

reconocer que con dicha extinción se estaría discriminado al personal del centro especial de empleo, pues la finalización de su contrato traería exclusivamente causa en su condición de persona con discapacidad. Por tanto, el despido sería nulo, por discriminatorio, correspondiendo la readmisión y la indemnización correspondiente por haber resultado extinguido su contrato de forma discriminatoria (art. 183 LRJS). Sin embargo, la necesidad de garantizar la estabilidad en el empleo, que preside la Directiva 2001/23/CE y las normas que la transponen, nos llevan a defender que parece más razonable sostener que la relación especial debe quedar suspendida hasta que un nuevo centro especial de empleo se subrogue como empleador o hasta que el nuevo empleador tramite su solicitud ante la autoridad administrativa para adquirir dicha condición. No obstante, la persona trabajadora conservará los beneficios derivados de la relación laboral especial vigente hasta la subrogación con el nuevo empleador, aunque este no tenga la característica de centro especial de empleo. Ello porque el artículo 44 ET y el 3.1 de la Directiva 2001/23/CE exigen que los derechos y obligaciones que resulten para el cedente de un contrato de trabajo o de una relación laboral existente en la fecha del traspaso, serán transferidos al cesionario como consecuencia de tal traspaso.

5. NUEVA PRIORIDAD DEL CONVENIO AUTONÓMICO Y PROVINCIAL

Finalmente, el último de los retos en materia de delimitación del convenio colectivo aplicable que se analizarán en el presente capítulo es la nueva estructura de la negociación territorial de nuestro país. La distribución de la negociación colectiva estuvo históricamente marcada por el criterio cronológico, es decir, la preferencia por el convenio acordado con carácter previo (*prior tempore potior in iure*)[76]. Ello impedía que convenios aprobados con posterioridad, en otras unidades de negociación, afectaran al ya vigente. Sin embargo, a lo largo de los años se han aprobado dife-

---

los derechos de los trabajadores en caso de traspasos de empresas, de centros de actividad o de partes de empresas o de centros de actividad.

76 Ya explícitamente contemplado en la STS de 29 de enero de 1992 (ECLI:ES:TS:1992:560).

rentes excepciones que han ido cambiando la fisonomía de las normas de concurrencia[77].

En primer lugar, el Real Decreto-ley 7/2011, de 10 de junio, de medidas urgentes para la reforma de la negociación colectiva, tuvo como objetivo modernizar y mejorar la estructura de la negociación colectiva en España. Esta reforma buscaba simplificar y hacer más eficiente el proceso de negociación colectiva, promoviendo una mayor flexibilidad y adaptabilidad en los convenios colectivos. Entre las medidas más destacadas de este cambio legislativo, se incluyó la reorganización de la estructura de los convenios colectivos, facilitando la prioridad aplicativa del nivel de empresa. No obstante, dicha prioridad podía ser dispuesta e incluso anulada por los acuerdos interprofesionales.

En segundo lugar, sobre los cimientos diseñados por la anterior norma, el Real Decreto-ley 3/2012, de 10 de febrero, de medidas urgentes para la reforma del mercado laboral profundizó en esa modificación de la estructura tradicional de la negociación colectiva en nuestro país e impulsó la primacía del convenio de empresa, que generó, como se ha tenido la oportunidad de señalar previamente, efectos perversos, especialmente en la externalización de servicios. Más tarde, la reforma de 2021 conservó los aspectos nucleares de la prioridad aplicativa empresarial incorporados en 2012 y solo suprimió la posibilidad de alterar las cuantías salariales.

Más recientemente, el Real Decreto-ley 2/2024, de 21 de mayo[78], aunque tenía por objeto principal la reforma de la prestación y del subsidio por desempleo, ha llevado a cabo la última de las variaciones más importantes en la prohibición de concurrencia. En concreto, dio una nueva redacción al artículo 84 ET, que altera de forma relevante la estructura de la

---

[77] Se ha señalado, a consecuencia de la última de las reformas aprobadas, que "la excepción parece convertirse en la regla" y que "la afectación de un convenio por otro durante su vigencia es cada vez más fácil y asequible", *vid.* MARÍN ALONSO, Inmaculada, La prioridad aplicativa del convenio colectivo autonómico sobre el estatal y su impacto en la estructura negociadora, *Temas Laborales*, núm. 171, 2024, p. 65.

[78] Real Decreto-ley 2/2024, de 21 de mayo, por el que se adoptan medidas urgentes para la simplificación y mejora del nivel asistencial de la protección por desempleo, y para completar la transposición de la Directiva (UE) 2019/1158 del Parlamento Europeo y del Consejo, de 20 de junio de 2019, relativa a la conciliación de la vida familiar y la vida profesional de los progenitores y los cuidadores, y por la que se deroga la Directiva 2010/18/UE del Consejo (BOE de 22 de mayo de 2024).

negociación colectiva en nuestro país. En concreto, en cumplimiento del acuerdo alcanzado entre el Partido Socialista Obrero Español y el Partido Nacionalista Vasco[79], el Real Decreto-Ley modificó los criterios tradicionales de relación entre convenios estatales y autonómicos y provinciales.

Antes de la reforma, también se permitía, con carácter general, que se negociaran Convenios sectoriales autonómicos que afectaran a lo dispuesto en el ámbito estatal. No obstante, en principio, el nivel sectorial autonómico no podía desarrollar esa prioridad aplicativa respecto de las siguientes materias: el periodo de prueba, las modalidades de contratación, la clasificación profesional, la jornada máxima anual de trabajo, el régimen disciplinario, las normas mínimas en materia de prevención de riesgos laborales y la movilidad geográfica. Dicho listado podía ser modificado, ampliando o reduciendo las materias, por acuerdos interprofesionales. Se dejaba en consecuencia un amplio margen para que los diferentes sectores pudieran desarrollar la estructura que consideraran más adecuada.

La reforma de 2024 ha mantenido inalterado el listado de materias que contemplaba el antiguo artículo 84.4 ET. Sin embargo, ha introducido dos importantes modificaciones. En primer lugar, se suprime la posibilidad de que los acuerdos interprofesionales amplíen el catálogo de materias reservadas a los convenios sectoriales nacionales, tal y como se podía hasta ahora para favorecer la homogeneidad de las condiciones laborales de las personas trabajadoras. En segundo lugar, también se elimina la posibilidad de que la negociación colectiva reduja el citado listado. No obstante, la tradición parece apuntar a que sería más probable y necesario que los agentes sociales ampliaran el catálogo de materias reservadas a la negociación colectiva sectorial nacional, que el escenario de una hipotética reducción. En definitiva, el nuevo artículo 84.5 ET determina que el listado previsto —*numerus clausus*— son materias respecto de las que el convenio autonómico no dispone de prioridad aplicativa y, por tanto, en caso de regularlas, resultará de aplicación la regla general anticoncurrencia prevista en el artículo 84.1[80].

---

79 Acuerdo de investidura EAJ-PNV / PSOE, 10 de noviembre de 2023, disponible en: https://www.eaj-pnv.eus/es/documentos/21097/acuerdo-de-investidura-eaj-pnv-psoe [consulta: 16 de abril de 2025].

80 En términos similares, CABERO MORÁN, Enrique, La propuesta de prioridad aplicativa de los convenios colectivos y acuerdos interprofesionales de comunidad autónoma. *Trabajo y Derecho*, núm. 110, febrero 2024, [on-line], p. 7.

Por otra parte, el nuevo apartado 84.3 ET establece una prioridad aplicativa del convenio sectorial autonómico respecto del estatal, siempre que los primeros sean aprobados por las organizaciones con legitimidad inicial, plena y decisoria correspondiente, conforme a los arts. 87 y 88 ET, como no podría ser de otra forma[81]. No obstante, dicha prioridad queda condicionada a que este convenio fije una regulación más beneficiosa que el convenio sectorial estatal. La regulación se separa, por tanto, en este punto de la prioridad aplicativa del convenio de empresa que no tiene porqué mejorar la regulación de los convenios previos sobre los que se antepone. Asimismo, el apartado 84.3 ET extiende también la misma prioridad a los acuerdos interprofesionales de ámbito autonómico[82]. Sin embargo, estos acuerdos difícilmente podrán quedar vinculados por una regulación más beneficiosa, pues la definición de normas sobre estructura no parece admitir comparación posible[83].

La nueva regulación, plantea varios interrogantes sobre qué debe entenderse por favorabilidad y qué norma debe entenderse más favorable; sobre cuándo debe computarse la favorabilidad; y, finalmente, sobre cómo compatibilizar la prioridad del convenio autonómico y del provincial.

En primer lugar, la exigencia de que el convenio autonómico sea más favorable obliga a incorporar al ordenamiento un criterio de favorabilidad

---

81 Se ha señalado que solo el País Vasco podría hacer uso de forma interesante de esta prioridad aplicativa autonómica, puesto que en el resto de las comunidades las confederaciones sindicales
mayoritarias a nivel del país mantienen su hegemonía a través de sus confederaciones afiliadas, y por tanto respetan la disciplina de los convenios colectivos centrales, *cfr.* OJEDA AVILÉS, Antonio, La prioridad aplicativa de los convenios colectivos vascos y el cambio constitucional. *Revista General de Derecho del Trabajo y de la Seguridad Social*, núm. 68, 2024, p. 267.

82 Con ello, el legislador finalmente resuelve una laguna de nuestro ordenamiento, la carencia de normas que resolvieran la concurrencia conflictiva entre acuerdos interprofesionales, *cfr.* MARTÍNEZ GAYOSO, María de las Nieves, Estado de las autonomías y negociación colectiva, EN: *Briefs AEDTSS*, núm. 62, 2023 [en línea]. Disponible en: https://www.aedtss.com/estado-de-las-autonomias-y-negociacion-colectiva/ [consulta: 16 de abril de 2025].

83 Es posible que los acuerdos interprofesionales también incorporen regulación sobre las condiciones de trabajo. En cuyo caso, sí resultaría de aplicación la norma de mayor favorabilidad, *vid.* LÓPEZ TERRADA, EVA, La determinación del convenio colectivo aplicable en situaciones de concurrencia conflictiva y no conflictiva: viejos problemas y nuevas reglas. *op. cit.*, p. 25.

o norma mínima entre disposiciones convencionales[84], que hasta la reforma de 2024 había sido rechazado de forma reiterada al entender que el artículo 3.3 ET solo resultaba de aplicación para resolver la concurrencia de normas de diferente rango jerárquico, resultando el artículo 84 ET la norma especial para resolver conflictos entre convenios[85]. En este sentido, la reforma introduce una jerarquía de los convenios estatales sobre los autonómicos[86].

Asimismo, plantea la duda de si dicha condición debe predicarse respecto de todas y cada una de las materias abordadas por el nuevo convenio autonómico o si el análisis de la norma más favorable se debe realizar sobre el conjunto de los textos convencionales. Debe recordarse al respecto las reticencias del Tribunal Supremo a adoptar técnicas de espigueo en el análisis y comparación entre Convenios[87]. Sin embargo, la literalidad de la norma parece imponer ese espigueo normativo, resultando de aplicación la materia prioritaria más favorable en cada caso[88]. En cualquier caso, se opte por una u otra interpretación, parece que la nueva regulación nos aboca a una gran litigiosidad para determinar qué convenios son más favorables a otros en caso de concurrencia.

En segundo lugar, la regla de preferencia se somete, como se ha señalado, a que el Convenio autonómico sea más favorable. Sin embargo, no se determina el momento del cómputo de dicha norma más favorable. Por ello, podría defenderse que la mejora solo es exigible en el momento inicial del pacto de preferencia y que a partir de dicho instante se desa-

---

84 MARÍN ALONSO, Inmaculada, La prioridad aplicativa del convenio colectivo autonómico sobre el estatal y su impacto en la estructura negociadora, *op. cit.*, p. 66.

85 STS de 1 de abril de 2016 (ECLI: ES:TS:2016:1771).

86 Se ha señalado que la aplicación del criterio de norma mínima exige que entre las normas convencionales exista una relación de jerarquía, *vid.* MERCADER UGUINA, Jesús R., *Estructura de la negociación colectiva y relaciones entre convenios.* Madrid, Ediciones Universidad Autónoma de Madrid, 1994, p. 279.

87 Entre otras, STSs de 5 de febrero de 2025 (ECLI:ES:TS:2025:516), de 30 de octubre de 2024 (ECLI:ES:TS:2024:5382) y de 4 de junio de 2008 (ECLI:ES:TS:2008:3749).

88 *Vid.* OJEDA AVILÉS, Antonio, La prioridad aplicativa de los convenios colectivos vascos y el cambio constitucional. *op. cit.*, p. 271; MARÍN ALONSO, Inmaculada, La prioridad aplicativa del convenio colectivo autonómico sobre el estatal y su impacto en la estructura negociadora, *op. cit.*, p. 67. En sentido contrario, LÓPEZ TERRADA, EVA, La determinación del convenio colectivo aplicable en situaciones de concurrencia conflictiva y no conflictiva: viejos problemas y nuevas reglas. *op. cit.*, p. 26.

rrollaría un nuevo Convenio/unidad de negociación, que disfrutaría de la prohibición general de no concurrencia prevista en el art. 84.1 ET. Por tanto, las mejoras del Convenio sectorial estatal no le resultarían de aplicación. Sin embargo, teniendo en cuenta que el legislador ha optado por no replicar el modelo de preferencia aplicativa del convenio de empresa, parece que un criterio sistemático nos aboca a entender que los convenios autonómicos deberán contener en todo momento normas más favorables que los acuerdos nacionales. En este sentido, las unidades autonómicas se deberían actualizar conforme vayan mejorando las condiciones previstas en los acuerdos estatales.

Finalmente, si los interrogantes de la prioridad del convenio autonómico no fueran suficientes, el art. 84.4 contempla una nueva prioridad aplicativa del convenio colectivo sectorial provincial, que requiere también de varias precisiones. En primer lugar, la prioridad aplicativa del ámbito provincial queda condicionada y sometida a que un acuerdo de interés profesional de ámbito autonómico posibilite dicha circunstancia. De ello se deriva que ni los convenios colectivos sectoriales autonómicos ni nacionales, ni los acuerdos de interés profesional estatal son instrumento hábil para llevar a cabo dicha autorización. En segundo lugar, el nuevo art. 84.3 determina que el "suelo" que deberán respetar y mejorar los convenios sectoriales provinciales sea el previsto por la negociación sectorial estatal. No obstante, no contempla qué ocurrirá en aquellos supuestos en los que los Convenios sectoriales autonómicos hayan mejorado la regulación prevista por los instrumentos sectoriales estatales. No parece posible sostener a la vista de la literalidad del nuevo precepto que el ámbito autonómico se convierta en un nuevo suelo automáticamente para el nivel provincial. Dicha interpretación alteraría de forma sistémica nuestro modelo de relaciones laborales, estableciendo una prelación entre convenios sectoriales de diferente ámbito territorial y rompiendo con la "inmunidad" de las unidades de negociación, que se verían condicionadas siempre por lo acordado en unidades de ámbito superior. Por tanto, parece que el nuevo art. 84.4 ET posibilita la existencia de un convenio sectorial provincial que mejore el suelo estatal, pero empeore el autonómico. Dicho posible efecto parece lejano a los objetivos de los partidos políticos negociadores y, sin embargo, es quizás la interpretación más ajustada a la literalidad de la norma. No obstante, es cierto que si los agentes sociales desean evitar dicho posible efecto la negociación colectiva autonómica es libre de fijar reglas al respecto para ordenar la estructura negocial provincial.

6. CONCLUSIONES

El análisis de algunos de los problemas que han afectado de forma más relevante al sistema de fuentes laboral revela una complejidad creciente debido a la incorporación de normas y reformas que buscan adaptar el marco laboral a las nuevas realidades económicas y sociales. La interacción entre convenios colectivos de distintos niveles y la introducción de nuevas reglas de concurrencia han generado un entorno normativo dinámico y, en ocasiones, descoordinado.

Las reformas recientes, como la prioridad aplicativa del convenio autonómico sobre el estatal, han tenido un impacto transcendental en la estructura de la negociación colectiva. Estas modificaciones han introducido nuevos desafíos y oportunidades para los sujetos negociadores, que deben navegar un marco normativo más complejo y fragmentado. La capacidad de los sindicatos y de las organizaciones patronales para adaptarse a estas nuevas reglas será crucial para mantener la estabilidad y eficacia de la negociación colectiva en el futuro.

En cualquier caso, los interrogantes en materia de determinación del convenio colectivo son todavía muchos. Es seguro que surgirán más dudas en el futuro, lo que nos obligará a permanecer atentos a los cambios. La evolución del marco normativo y las nuevas realidades del mercado laboral demandan una constante revisión y ajuste de las reglas de concurrencia y aplicación de los convenios colectivos. Solo mediante un seguimiento continuo y una adaptación proactiva podremos garantizar que la regulación laboral siga siendo efectiva en el siglo XXI.

Bibliografía

ALFONSO MELLADO, Carlos L, La reforma de la negociación colectiva en el Real Decreto-Ley 32/2021: orígenes y contenido, En MONEREO PÉREZ, José Luis, RODRÍGUEZ ESCANCIANO, Susana y RODRÍGUEZ INIESTA, Guillermo (Dir.), *La reforma laboral de 2021: estudio técnico de su régimen jurídico*, Murcia, Laborum, 2022, pp. 449-484.

CABERO MORÁN, Enrique, La propuesta de prioridad aplicativa de los convenios colectivos y acuerdos interprofesionales de comunidad autónoma. *Trabajo y Derecho*, núm. 110, febrero 2024, [on-line], pp. 1-8.

CRUZ VILLALÓN, Jesús, Los condicionantes de la negociación colectiva del personal laboral del sector público, EN: DURÁN LÓPEZ, Federico y SÁEZ LARA, Carmen (coords.), *Derechos laborales individuales y colectivos en el empleo público: libro en homenaje a Pedro Gómez Caballero*, Consejo Andaluz De Relaciones Laborales, 2023, pp. 55-70.

ESTEBAN MIGUEL, Alfonso, El concepto grupo público de empresas. Extensión de la responsabilidad laboral, *Revista Labos*, vol. 3, núm. 1, 2022, pp. 96-120.

ESTEVE SEGARRA, Amparo, Criterios para la determinación del convenio sectorial de referencia para actividades desarrolladas. Documentación laboral. Cinca, núm. 115, 2018, pp. 81-92.

ESTEVE SEGARRA, Amparo, La limpieza en subcontratas de hostelería ¿«no es» del convenio de hostelería? *Trabajo y Derecho,* núm. 85 (versión electrónica), 2022, pp. 1-17.

GARCÍA BLASCO, Juan, VAL TENA, Ángel Luis de, GONZÁLEZ LABRADA, Manuel, Delimitación jurídica del derecho a la negociación colectiva en el sector público. el reconocimiento de un sistema (peculiar) de negociación colectiva en el empleo público, EN: GARCÍA BLASCO, Juan (Director), *La negociación colectiva en el sector público,* Ministerio de Trabajo, Migraciones y Seguridad Social, 2019, pp. 31-57.

LAHERA FORTEZA, Jesús, *La negociación colectiva tras la reforma laboral de 2021,* Valencia, Tirant lo Blanch, 2022.

LÓPEZ BALAGUER, Mercedes, Empresas de trabajo temporal y empresas multiservicios: la historia que se repite. Documentación Laboral. Madrid, Cinca, vol. II, núm. 110, 2017, pp. 57-76.

LÓPEZ TERRADA, EVA, La determinación del convenio colectivo aplicable en situaciones de concurrencia conflictiva y no conflictiva: viejos problemas y nuevas reglas. *Lex Social, Revista jurídica de los derechos sociales,* vol. 15, núm. 1, 2025, pp. 1-32.

MARÍN ALONSO, Inmaculada, La prioridad aplicativa del convenio colectivo autonómico sobre el estatal y su impacto en la estructura negociadora, *Temas Laborales,* núm. 171, 2024, pp. 41-68.

MÁRQUEZ PRIETO, Antonio, VILA TIERNO, Francisco y GÓMEZ SALADO, Miguel Ángel, Sujetos negociadores y legitimación negocial, EN: GARCÍA BLASCO, Juan (Director), L*a negociación colectiva en el sector público, Ministerio de Trabajo, Migraciones y Seguridad Social,* 2019, pp. 89-127.

MARTÍN HERNÁNDEZ —CARRILLO, Manuel, Externalización y empresas multiservicio. Revista de Estudios Jurídico Laborales y de Seguridad Social. Núm. 2, abril 2021, pp. 273-278.

MARTÍNEZ GAYOSO, María de las Nieves, Estado de las autonomías y negociación colectiva, EN: *Briefs AEDTSS,* núm. 62, 2023 [en línea]. Disponible en: https://www.aedtss.com/estado-de-las-autonomias-y-negociacion-colectiva/ [consulta: 16 de abril de 2025].

MARTÍNEZ MORENO, Carolina, *Reforma laboral.* Madrid, Francis Lefebvre, 2022, pp. 42-43.

MELIÁN CHINEA, Laura María, *El sistema de negociación colectiva y sus reglas de articulación. La estructura negocial en los diversos escenarios de la producción.* Cizur Menor, Aranzadi, 2020, pp. 237-239.

MERCADER UGUINA, Jesús R., *Estructura de la negociación colectiva y relaciones entre convenios.* Madrid, Ediciones Universidad Autónoma de Madrid, 1994, p. 94 y ss.

MOLL NOGUERA, Rafael, La negociación colectiva del personal laboral de las Administraciones Públicas y su exclusión del convenio sectorial. *Trabajo y Derecho,* núm. 69, 2020, [formato electrónico], pp. 1-26.

MONEREO PÉREZ, José Luis, Identidad de las empresas multiservicios: régimen jurídico y responsabilidades", En: AA.VV., Descentralización productiva, nuevas formas de trabajo y organización empresarial: XXVIII Congreso de Derecho del Trabajo y de la Seguridad Social, Madrid, Cinca, 2018, vol. 1, pp. 235-274.

MONEREO PÉREZ, José Luis, Subcontratación empresarial y reforma laboral, En MONEREO PÉREZ, José Luis, RODRÍGUEZ ESCANCIANO, Susana Y RODRÍGUEZ INIESTA, Guillermo (Dir.), *La reforma laboral de 2021: estudio técnico de su régimen jurídico,* Murcia, Laborum, 2022, p. 279.

NORES TORRES, Luis Enrique, La subrogación convencional, En: PUEBLA PINILLA, Ana de la (Directora), *Subrogación contractual a través de la negociación colectiva,* Madrid, Ministerio de Trabajo y Economía Social, pp. 51-79.

OJEDA AVILÉS, Antonio, La prioridad aplicativa de los convenios colectivos vascos y el cambio constitucional. *Revista General de Derecho del Trabajo y de la Seguridad Social,* núm. 68, 2024, pp. 260-272.

ORTEGA LOZANO, Pompeyo Gabriel, La obligación de subrogación de los trabajadores: puntos conflictivos en el fenómeno sucesorio por cambio de titularidad (unidad productiva autónoma), por sucesión de plantilla y por mandato del convenio colectivo. *Revista Española de Derecho del Trabajo,* Aranzadi, núm. 54, 2022 [en línea], pp. 1-21.

PUEBLA PINILLA, Ana de la, Convenio colectivo aplicable al trabajo prestado en el marco de contratas y subcontratas, En: GOERLICH PESET, José María, MERCADER UGUINA, Jesús R. y PUEBLA PINILLA, Ana de la, *La reforma laboral de 2021. Un estudio del Real Decreto-ley 32/2021,* Valencia, 2022, pp. 117-150.

SALA FRANCO, Tomás, *La reforma laboral: la contratación temporal y la negociación colectiva.* Valencia, Tirant lo Blanch, 2022, pp. 86 y 87.

THIBAULT ARANDA, Xavier, Las condiciones de trabajo aplicables a los trabajadores empleados en las contratas, en: PÉREZ DE LOS COBOS ORIHUEL, Franciso, (dir.), *La regulación laboral de las contratas y subcontratas: puntos críticos,* Valencia, Tirant lo Blanch, 2023, pp. 115-136.

Los derechos fundamentales del trabajador y el nuevo entorno digital: sobre el control de las emociones y los datos biométricos

ANA BELÉN MUÑOZ RUIZ[1]
Profesora Titular de Derecho del Trabajo y de la Seguridad Social (Catedrática acreditada)
Universidad Carlos III de Madrid
ORCID 0000-0002-8863-9938

1. INTRODUCCIÓN

Me siento muy afortunada de poder contribuir al homenaje del Prof. Jesús R. Mercader Uguina a quien tuve el privilegio de conocer en mi etapa de estudiante de Licenciatura en la Universidad de Cantabria y del que puedo seguir aprendiendo como profesora e investigadora en la Universidad Carlos III de Madrid.

Del historial científico del Prof. Mercader tengo un especial cariño y admiración por la obra titulada "Derechos fundamentales de los trabajadores y nuevas tecnologías: ¿hacia una empresa panóptica?", Relaciones Laborales, 2001, nº 10, pp. 11 a 31. La obra tiene su origen en la conferencia que el Prof. Mercader impartió sobre el tema "Derechos fundamentales del

---

[1] El presente trabajo forma parte de los resultados del proyecto de investigación "La dimensión sociolaboral de los riesgos asociados al cambio tecnológico: Conceptualización, prevención y reparación" Proyecto PID2021-124979NB-I00 financiado por MCIN /AEI /10.13039/501100011033 / FEDER, UE, dirigido por el profesor Mercader Uguina.

trabajador, poderes del empresario y nuevas tecnologías" con motivo de la festividad de San Raimundo de Peñafort en la Facultad de Derecho de la Universidad de Cantabria.

El primer motivo que me conduce a su elección es que recuerdo con mucho afecto su elaboración. En aquel periodo me había incorporado al Área de Derecho del Trabajo y de la Seguridad Social de la Universidad de Cantabria con el propósito de realizar la Tesis Doctoral bajo la dirección del Prof. Mercader. Sin duda, aquella etapa de formación predoctoral fue un aprendizaje continuo al poder observar en primera línea el quehacer de la actividad investigadora en la Universidad. El rigor científico, la alta exigencia, el pensamiento crítico y la humildad han sido cuatro grandes pilares que he aprendido de mi querido maestro-el Prof. Mercader. En palabras de Adela Cortina: *"Para alcanzar la meta el buen profesional tiene que desarrollar unas virtudes, esa palabra extraordinaria que en griego se dice areté, que significa "excelencia". Los profesionales tienen que ser excelentes. No se construye una buena sociedad con mediocres ni con negligentes, sino con gentes excelentes, que ponen su excelencia al servicio de la dignidad de las personas. Que no puede entenderse sólo en el sentido negativo de no dañar a las personas, sino también en el sentido positivo de sí empoderarles para que puedan llevar adelante los planes de vida que tengan razones para valorar".* Muchísimas gracias querido Jesús por haber confiado en mis virtudes para formar parte de tu escuela como jurista.

Como segunda razón, cabe apuntar que se trata de una obra muy relevante en el historial científico del Prof. Mercader. La calidad de la amplísima lista de sus publicaciones es sobresaliente y su valor añadido es notorio, pues advierten nuevas dimensiones de problemas vinculados con la temática laboral. Con todo, la obra seleccionada es especialmente vanguardista, porque anticipa nuevos hitos en el derecho del trabajo. La evolución posterior de esta temática aporta aún más interés a la contribución realizada por el Prof. Mercader en 2001. En verdad, el derecho se ha visto en la tesitura de regular no sólo la complejidad técnica del derecho fundamental de protección de datos de carácter personal sino envolver también al algoritmo y a la inteligencia artificial.

En este contexto de homenaje, me hace muy feliz poder realizar algunas aportaciones sobre los derechos fundamentales y el nuevo entorno digital, centrando el análisis en el control de las emociones y los datos biométricos de las personas trabajadoras.

2. LA PROFUNDA TRANSFORMACIÓN DE LOS DATOS BIOMÉTRICOS Y SU IMPACTO LABORAL

Los datos biométricos han experimentado una profunda transformación con las aplicaciones de la inteligencia artificial (en adelante, IA) hasta el punto de que cabe distinguir entre datos biométricos de primera y segunda generación. Los primeros se vienen considerando sistemas biométricos en base a características estáticas y los segundos denominados sistemas biométricos con apoyo en características dinámicas. La segunda generación de datos incluye tecnología biométrica que permite la identificación a través de la captura de datos (forma de caminar, voz, olor corporal, ondas cerebrales, actividad eléctrica del corazón, dilatación de las pupilas) pero, a diferencia de la primera, desde una distancia y en movimiento. Estas características biométricas pueden en ocasiones ser tratadas mientras el titular de los datos (por ejemplo, un trabajador) no lo percibe. La llamada segunda generación de datos podría ser usada para la elaboración de perfiles implicando que los individuos sean categorizados e incluso ser objeto de discriminación y estigma social. En este sentido, el reconocimiento facial ha sido considerado como el "plutonio de la IA"[2].

A su vez, desde los comienzos de los años 90 se viene investigando en los sistemas de reconocimiento automático de las emociones. Programadores y matemáticos sugieren tres modos de expresión emocional adecuados para la detección automatizada: (i) la emoción a partir de la expresión facial; (ii) la detección de la emoción a partir del habla y; (iii) la detección de la emoción multimodal, es decir, la combinación de la emoción facial y del habla. De los tres modos de expresión emocional, la expresión facial es una de las formas más poderosas que tienen las personas para entablar conversaciones y comunicar emociones y otras señales mentales, sociales y fisiológicas. Una de las formas más importantes en que las personas muestran sus emociones es a través de las expresiones faciales[3].

Cuando nos referimos a emociones comúnmente nos referimos a emociones concretas y a los estados de ánimo (por ejemplo, estados depresivos

---

2 En palabras de Luke Stark de Microsoft Research, PASQUALE, Frank, *Las nuevas leyes de la robótica. Defender la experiencia humana en la era de la IA*. Galaxia Gutenberg, S.L. 2024, p. 182-183.

3 PRASANTHI JASMINE, K., y NAGA PRAKASH, K. *Reconocimiento de emociones humanas a partir de imágenes de rostros*. Ediciones Nuestro Conocimiento, 2021, p. 5-6.

o ansiosos). ¿Y los sentimientos? Los sentimientos se definen como el poso que dejan las emociones[4].

Querer comprender el comportamiento humano ignorando las emociones es como querer comprender el funcionamiento de un coche ignorando su motor. Los sistemas de reconocimiento de emociones pueden ser una fuente potencial de información para las empresas sobre las personas trabajadoras[5]. En esta lógica, resulta igual de importante comprender las propias emociones como reconocer las emociones de los demás. Más aún cuando, con frecuencia, las motivaciones humanas residen en el estado emocional de los agentes[6].

Precisamente el nuevo Reglamento (UE) 2024/1689, de 13 de junio de 2024, por el que se establecen normas armonizadas en materia de inteligencia artificial (en adelante, RIA), introduce los conceptos de reconocimiento automatizado de emociones, identificación biométrica remota y sistema de categorización biométrica para establecer nuevos mecanismos de tutela en el ámbito laboral. Si bien se establece una entrada en vigor aplazada y distinta en función del articulado de esta norma[7], la novedad de su regulación es motivo suficiente para realizar un análisis pormenorizado de las nuevas dimensiones legales vinculadas con la biometría, sus implicaciones para los trabajadores y los niveles de riesgo que introduce.

La definición de dato biométrico a que se refiere el RIA[8] coincide con la establecida en el artículo 4 (14) del Reglamento (UE) 2016/679 del Parlamento Europeo y del Consejo de 27 de abril de 2016, relativo a la protección de las personas físicas en lo que respecta al tratamiento de datos personales y a la libre circulación de estos datos (RGPD), según el cual los datos biométricos pertenecen a la categoría de datos especiales que se obtienen a partir de un tratamiento técnico específico, relativos a las características físicas, fisiológicas o conductuales de una persona física que permitan o confirmen la identificación única de dicha persona, como imá-

---

4 CAMPS, Victoria, *El gobierno de las emociones.* Barcelona, Herder, 2011, p. 40.

5 Sobre este tema, me remito a mi libro MUÑOZ RUIZ, Ana Belén, Biometría y sistemas automatizados de reconocimiento de emociones: implicaciones jurídico-laborales. Valencia, Tirant lo Blanch, 2023.

6 PINEDA OLIVA, David, *Sobre las emociones.* Ediciones Cátedra, 2019, p. 12.

7 Con carácter general la entrada en vigor está prevista para el 2 de agosto de 2026. *Vid.* artículo 113 del RIA.

8 *Vid.* artículo 3 (34) RIA.

genes faciales o datos dactiloscópicos Otros ejemplos de datos biométricos son el reconocimiento de iris o retina, firma, voz, etc.

En el contexto de mutación de los datos biométricos, nos indica el RIA que el procesamiento de los datos biométricos a través de sistemas de IA pueden permitir la autenticación, la identificación o la categorización de las personas físicas y el reconocimiento de las emociones de las personas físicas (considerando 14 RIA). Al respecto, conviene tener presente la definición de sistema de inteligencia artificial recogida en el RIA, según el cual, es un sistema basado en una máquina que está diseñado para funcionar con distintos niveles de autonomía y que puede mostrar capacidad de adaptación tras el despliegue, y que, para objetivos explícitos o implícitos, infiere de la información de entrada que recibe la manera de generar resultados de salida, como predicciones, contenidos, recomendaciones o decisiones, que pueden influir en entornos físicos o virtuales (artículo 3 (1) RIA). Veamos las tres nuevas categorías de datos biométricos vinculadas a los sistemas de IA.

2.1. Sistemas de identificación remota

El RIA introduce importantes novedades respecto de los sistemas de identificación basados en la biometría si lo comparamos con lo dispuesto en el RGPD. El concepto de identificación biométrica a que hace referencia el Reglamento debe definirse como el reconocimiento automatizado de características humanas de tipo físico, fisiológico o conductual, como la cara, el movimiento ocular, la forma del cuerpo, la voz, la entonación, el modo de andar, la postura, la frecuencia cardíaca, la presión arterial, el olor o las características de las pulsaciones de tecla, a fin de determinar la identidad de una persona comparando sus datos biométricos con los datos biométricos de personas almacenados en una base de datos de referencia, independientemente de que la persona haya dado o no su consentimiento (artículo 3 (35) RIA).

A partir de las premisas anteriores, el RIA se centra en la biometría remota y sus variantes (en tiempo real y en tiempo diferido) definiendo el sistema de identificación biométrica remota como un sistema de IA destinado a identificar a las personas físicas sin su participación activa y generalmente a distancia comparando sus datos biométricos con los que figuran en una base de datos de referencia (artículo 3 (41) RIA). Estos sistemas de identificación biométrica remota suelen utilizarse para detectar a varias personas o su comportamiento de forma simultánea, a fin de simplificar considerablemente la identificación de personas sin su participación activa (considerando 17 RIA).

Por su parte el sistema de identificación biométrica remota en tiempo real es un sistema de identificación biométrica remota, en el que la recogida de los datos biométricos, la comparación y la identificación se producen sin una demora significativa; engloba no solo la identificación instantánea, sino también, a fin de evitar la elusión, demoras mínimas limitadas (artículo 3 (42) RIA).

Y el sistema de identificación biométrica remota en diferido se define como cualquier sistema de identificación biométrica remota que no sea un sistema de identificación biométrica remota en tiempo real (artículo 3 (43) RIA).

Como se observa, en el caso de los sistemas en tiempo real, la recogida de los datos biométricos, la comparación y la identificación se producen de manera instantánea, casi instantánea o, en cualquier caso, sin una importante demora. En este sentido, no debe existir la posibilidad de eludir las normas contempladas en el Reglamento en relación con el uso en tiempo real de los sistemas de IA de que se trate generando demoras mínimas. Los sistemas en tiempo real implican el uso de materiales en directo o casi en directo, como grabaciones de vídeo, generados por una cámara u otro dispositivo con funciones similares. En cambio, en los sistemas en diferido ya se han recabado los datos biométricos y la comparación e identificación se producen con una importante demora. A tal fin se utilizan materiales, como imágenes o grabaciones de vídeo captadas por cámaras de televisión en circuito cerrado o dispositivos privados, generados con anterioridad a la utilización del sistema en relación con las personas físicas afectadas (considerando 17 RIA).

Hay que aclarar que quedan excluidos de la identificación biométrica remota los sistemas de IA destinados a la verificación biométrica, que comprende la autenticación, cuyo único propósito es confirmar que una persona física concreta es la persona que dice ser, así como la identidad de una persona física con la finalidad exclusiva de que tenga acceso a un servicio, desbloquee un dispositivo o tenga acceso de seguridad a un local. Esa exclusión se justifica por el hecho de que tales sistemas probablemente tengan una repercusión menor en los derechos fundamentales de las personas físicas que los sistemas de identificación biométrica remota que puedan utilizarse para el tratamiento de los datos biométricos de un gran número de personas sin su participación activa[9].

---

9 Considerandos 15 y 17 RIA. Por verificación biométrica cabe entender la verificación automatizada y uno-a-uno, incluida la autenticación, de la identidad de las

2.2. Sistemas de categorización biométrica

El RIA introduce también el concepto de sistema de categorización biométrica que se define como un sistema de IA destinado a incluir a las personas físicas en categorías específicas en función de sus datos biométricos (artículo 3 (40) RIA).

Estos sistemas se basan en datos biométricos de las personas físicas, como la cara o las impresiones dactilares de una persona física, para deducir o inferir las opiniones políticas, la afiliación sindical, las convicciones religiosas o filosóficas, la raza, la vida sexual o la orientación sexual de una persona física (considerando 30 RIA). En este caso, no es importante identificar o verificar al individuo, sino asignarle automáticamente a una categoría determinada. Las categorías específicas pueden referirse a aspectos como el sexo, la edad, el color del pelo, el color de los ojos, los tatuajes, los rasgos conductuales o de la personalidad, la lengua, la religión, la pertenencia a una minoría nacional o la orientación sexual o política.

No se incluyen en la definición los sistemas de categorización biométrica que sean una característica meramente accesoria intrínsecamente vinculada a otro servicio comercial, lo que significa que la característica no puede utilizarse, por razones técnicas objetivas, sin el servicio principal y que la integración de dicha característica o funcionalidad no es un medio para eludir la aplicabilidad de las normas del Reglamento. Por ejemplo, los filtros que clasifican las características faciales o corporales utilizados en los mercados en línea podrían constituir una característica accesoria de este tipo, ya que sólo pueden utilizarse en relación con el servicio principal, que consiste en vender un producto permitiendo al consumidor previsualizar cómo le quedaría y ayudarlo a tomar una decisión de compra. También, los filtros utilizados en los servicios de redes sociales que clasifican las características faciales o corporales a fin de que los usuarios puedan añadir o modificar imágenes o vídeos también podrían considerarse una característica accesoria, ya que dichos filtros no pueden utilizarse sin el servicio principal de las redes sociales, que consiste en compartir contenidos en línea (considerando 16 RIA).

---

personas físicas mediante la comparación de sus datos biométricos con los datos biométricos facilitados previamente (artículo 3 (36) RIA).

2.3. Sistema automatizado de reconocimiento de emociones

Mientras que el reconocimiento facial busca identificar a un individuo en particular, la detección emocional apunta a detectar y clasificar emociones analizando cualquier rostro[10]. El RIA da un paso adelante e introduce por primera vez en una norma jurídica de alcance comunitario el concepto de sistema automatizado de reconocimiento de emociones. Se define el sistema de reconocimiento de emociones como un sistema de inteligencia artificial destinado a distinguir o inferir las emociones o las intenciones de las personas físicas a partir de sus datos biométricos (artículo 3 (39) RIA)[11].

En el RIA el concepto de emociones se refiere a emociones o intenciones como la felicidad, la tristeza, la indignación, la sorpresa, el asco, el apuro, el entusiasmo, la vergüenza, el desprecio, la satisfacción y la diversión. Pero no incluye los estados físicos, como el dolor o el cansancio, como, por ejemplo, los sistemas utilizados para detectar el cansancio de los pilotos o conductores profesionales con el fin de evitar accidentes. Tampoco incluye la mera detección de expresiones, gestos o movimientos que resulten obvios, salvo que se utilicen para distinguir o deducir emociones. Esas expresiones pueden ser expresiones faciales básicas, como un ceño fruncido

---

[10] CRAWFORD, Kate, *Atlas de la IA*. Ned Ediciones, 2023, p. 235.

[11] En la tramitación del Reglamento comunitario se formularon algunas propuestas de cambio respecto del concepto originario que, finalmente, no prosperaron. La versión originaria definía el sistema automatizado de emociones del siguiente modo: "el sistema de reconocimiento de emociones es un sistema de inteligencia artificial (en adelante, IA) destinado a detectar o deducir las emociones o las intenciones de personas físicas a partir de sus datos biométricos". El 25 de noviembre de 2022 el Consejo de la Unión Europea adoptó su posición (también denominada "orientación general") sobre la Ley de Inteligencia Artificial. En dicho documento se realizan algunas modificaciones en la definición de sistema de reconocimiento de emociones. Se propuso la siguiente definición: "un sistema de IA destinado a detectar o deducir los estados mentales, las emociones o las intenciones de las personas físicas a partir de sus datos biométricos". Como se observa, se incluyen los estados mentales para así dar cobertura a los estados de ánimo que podrían no considerarse emociones, por ejemplo, estar confuso, estar despistado, falta de concentración. Además de estados mentales, se podría añadir estados físicos (por ejemplo, estar cansado, tener una cojera, trabajador con una lesión). Con fecha de 14 de junio de 2023 el Parlamento Europeo incorporó en la definición los pensamientos: "el sistema de reconocimiento de emociones es un sistema de IA destinado a detectar o deducir las emociones, los pensamientos, los estados de ánimo o las intenciones de individuos o grupos a partir de sus datos biométricos y sus datos de base biométrica".

o una sonrisa; gestos como el movimiento de las manos, los brazos o la cabeza, o características de la voz de una persona, como una voz alzada o un susurro (considerando 18 del RIA).

En definitiva, la emoción de una persona expone su vulnerabilidad esencial. Se dice que un ser sin emociones porque se ha liberado de éstas no es un ser humano[12]. De hecho, los ordenadores emocionales que simulan intencionalidad, emociones, valores y sentido común son eso, únicamente simulaciones, no realidades. Hacen como si sintieran, pero para sentir se necesita un cuerpo[13].

¿Por qué abordar los sistemas de reconocimiento de emociones en el RIA? La razón se explica en el preámbulo de la norma cuando se dice que los datos biométricos pueden permitir las funciones tradicionales (autenticación, la identificación o la categorización de las personas físicas) pero también el reconocimiento de las emociones de las personas físicas (considerando 14 RIA). Y esto es preocupante porque el tratamiento de datos biométricos por parte de las empresas puede derivar en el conocimiento de enfermedades de la persona trabajadora o predisposición a padecerlas sin cumplir la finalidad de prevención de riesgos laborales. A su vez, pueden producirse fallos del sistema de la IA debido a las singularidades culturales y derivar en discriminaciones[14].

A diferencia de los controles tradicionales (videovigilancia, ordenador, Internet, entre otros), los sistemas de reconocimiento de emociones emplean algoritmos e IA que, como se verá, incrementará la capacidad de análisis y explotación del resultado alcanzado. Lo que va a significar una mayor intromisión en los derechos de intimidad y protección de datos de carácter personal de las personas trabajadoras y producir lesiones indirectas de otros derechos fundamentales (discriminación, daños a la salud mental y su conexión con la seguridad y salud en el trabajo).

Los datos biométricos (voz, rostro, movimiento corporal, entre otros) han evolucionado de forma sorprendente. Por lo que se refiere a la voz, los científicos han conseguido con varias técnicas de procesado capturar esta

---

12 CAMPS, Victoria, *El gobierno de las emociones*. Barcelona: Herder, 2011, p. 38.

13 CORTINA ORTS, Adela, *Ética de la inteligencia artificial*. Anales de la Real Academia de Ciencias Morales y Políticas, N. 96, 2019, p. 385.

14 *Vid.* en detalle MUÑOZ RUIZ, Ana Belén, *Biometría y sistemas automatizados de reconocimiento de emociones: implicaciones jurídico-laborales*. Valencia, Tirant lo Blanch, 2023.

capa de información, oculta a primera vista, amplificando y extrayendo características tonales y acústicas del habla humana. Las emociones que este sistema puede detectar pueden ser calma, felicidad, tristeza, ira, temor, asco, sorpresa... o simplemente "neutral"[15]. En este sentido, se describen supuestos donde las máquinas juzgan a los humanos y, por ejemplo, pueden tener como resultado que una persona no consiga un trabajo por el tono de voz[16].

La fiabilidad de este sistema se ve comprometida por la presencia de "Ruido" en la grabación, a pesar de ser un procedimiento computacionalmente más sencillo que el reconocimiento del habla ("Ok Google", Alexa, Siri...)[17]. De todas formas, los valores de fiabilidad esperados en los resultados superan el 80% y pueden llegar a alcanzar el 95%, dependiendo de la calidad de la fuente de grabación y de su procesamiento.

El análisis de la voz por sí mismo no es capaz de analizar ningún aspecto de la salud ("física") de la persona propietaria de la voz, incluso la salud "psíquica" es de muy difícil interpretación usando sólo la voz, pero eso no quiere decir que no pueda ser de ayuda en la salud de las personas. Por ejemplo, en Taiwán se realizó un ensayo en el cual se utiliza este sistema para el análisis de las reacciones de los pacientes durante las consultas. Esto sirve para "entrenar" a los doctores a tener una mayor empatía. El objetivo es conseguir este análisis y un asesoramiento al facultativo a tiempo real[18].

Existe consenso científico en relación a que al afirmar que es el rostro donde están ubicados muchos de los rasgos en que los humanos nos fijamos para reconocer a otro, juega además un papel clave en la comunicación e interacción con los demás, en la transmisión de la identidad y de la emoción[19]. Precisamente, el reconocimiento facial de emociones (FER/ Facial Emotion Recognition) es la tecnología que analiza las expresiones

---

15 https://www.projectpro.io/article/speech-emotion-recognition-project-using-machine-learning/573

16 *Vid.* PASQUALE, Frank, *Las nuevas leyes de la robótica. Defender la experiencia humana en la era de la IA*. Galaxia Gutenberg, S.L. 2024, p. 173.

17 Instituto Nacional de Ciberseguridad (INCIBE), Tecnologías biométricas aplicadas a la ciberseguridad. Una guía de aproximación para el empresario, 2016, p. 12.

18 LI, H.-C.; PAN, T.; LEE, M.-H.; CHIU, H.-W, Make Patient Consultation Warmer: A Clinical Application for Speech Emotion Recognition, Appl. Sci. 2021, 11, 4782.

19 ESCAJEDO SAN EPIFANIO, Leire, *Reconocimiento e identificación de las personas mediante Biometrías estáticas y dinámicas,* Tesis Doctoral, Universidad de Alicante, 2015, p. 86.

faciales, tanto de imágenes como de vídeos, con el objetivo de obtener información acerca del estado emocional del sujeto[20].

Debido a que la cara es uno de nuestros medios más importantes de comunicación no verbal, la cantidad de emociones detectables por este medio es alta: ira, asco, miedo, alegría, sorpresa... Los modelos pueden incluso detectar "emociones compuestas", por ejemplo "tristemente sorprendido", "sorprendentemente enfadado"...

Se sabe que la comunicación verbal supone solamente un 7% de la comunicación humana, mientras que la expresión facial supone entre un 38% y un 55%[21].

En cuanto al entorno laboral, esta técnica tendrá uso en dos vertientes: aspectos puramente laborales y detección de enfermedades de la persona trabajadora. En cuanto a los aspectos puramente laborales, esta tecnología ayudará a los reclutadores después de las entrevistas de trabajo a tomar decisiones (y en un futuro durante las entrevistas), detectará el interés del candidato durante la entrevista de trabajo y durante el trabajo, se podrá monitorizar las actitudes, atención y motivación de los empleados.

Los datos de salud que se pueden detectar con esta técnica son limitados, lógicamente se limitan a enfermedades mentales: detección de autismo, enfermedades degenerativas, trastornos psicóticos, tendencias suicidas, depresión... También está en estudio la posible detección de enfermedades genéticas que tengan un reflejo en la cara de la persona.

Por lo que se refiere al estudio de emociones a través de los movimientos del trabajador, en el ámbito laboral es posible la detección de estados de ansiedad y de estrés[22]. El gran problema de desarrollo de esta técnica es la identificación de las características relacionadas con las emociones en los movimientos del cuerpo humano, es decir, relacionar ciertos movimientos o conjuntos de movimientos con emociones, o un conjunto de emociones. Las emociones que se pueden estudiar aquí son, de momento, felicidad, tristeza, miedo, ira y "neutral". La gran ventaja de este sistema es que el sujeto objeto de estudio puede ni siquiera saber que lo está siendo, ya que la imagen puede capturarse a gran distancia (no como el análisis de la voz, o de la expresión facial).

---

20 *Vid.* sobre el tema: Technology and Privacy Unit of the European Data Protection Supervisor, Facial Emotion Recognition, Issue 1, 2021.

21 BLUSHAN C. y otros. Facial Expression Recognition, 25 mayo de 2021.

22 AHMED, Ferdous y otros, Emotion Recognition from body movement, 2019.

La precisión de estos sistemas llega a valores del 90%, incluso del 96% si la persona está sentada (y el algoritmo está preparado para ello). Si la persona puede estar haciendo diferentes acciones, la precisión del algoritmo puede bajar, teniendo un valor aproximado del 85%. De todas formas, el sistema tiene dificultades que todavía no han sido corregidas, por ejemplo, si la persona está andando[23].

En definitiva, si bien la precisión de los sistemas de IA puede variar considerablemente en función de factores muy diversos, tales como la calidad de la cámara, la luz, la distancia, la base de datos, el algoritmo y la etnia, edad o sexo del sujeto, se están reduciendo sin cesar sus tasas de falsa aceptación[24].

3. LOS NIVELES DE RIESGO EN EL NUEVO REGLAMENTO EUROPEO DE INTELIGENCIA ARTIFICIAL

Siguiendo el enfoque de regulación basado en el riesgo, el RIA menciona de forma expresa que el límite de los sistemas de IA son los derechos fundamentales: dignidad, intimidad, protección de datos de carácter personal, no discriminación y seguridad y salud de las personas trabajadoras.

En efecto, el RIA, a diferencia de otras normas previas con una lógica semejante como el RGPD, donde las referencias a la salud se concentran en el tratamiento de los datos de salud al ser considerado como datos especialmente protegidos, establece como uno de sus objetivos garantizar un nivel elevado de protección de la salud y seguridad: "Artículo 1º: El objetivo del presente Reglamento es mejorar el funcionamiento del mercado interior y promover la adopción de una inteligencia artificial (IA) centrada en el ser humano y fiable, garantizando al mismo tiempo un elevado nivel de pro-

---

23 Como ejemplo, se ha publicado noticia de un proyecto piloto que se desarrollará en las cárceles de Cataluña. La prueba piloto consiste en analizar a través de las imágenes registradas por las cámaras de vigilancia interna y de la IA las expresiones faciales y el lenguaje corporal de los reclusos. El objetivo es prevenir riesgos que puedan producirse, como una fuga o la introducción de droga en la prisión. *Vid.* noticia: Diario El Periódico de 20 de septiembre de 2023.

24 Si bien un índice de precisión del 99% puede parecer bueno en general, supone un riesgo considerable cuando el resultado lleve a sospechar de una persona inocente. Incluso una tasa de error del 0,1% puede tener efectos graves cuando se aplica a grandes poblaciones, por ejemplo, en las estaciones de tren. *Vid.* Comisión Europea, Inteligencia artificial: preguntas y respuestas, 1 de agosto de 2024.

tección de la salud, la seguridad y los derechos fundamentales consagrados en la Carta, incluidos la democracia, el Estado de Derecho y la protección del medio ambiente, frente a los efectos perjudiciales de los sistemas de IA (en lo sucesivo, «sistemas de IA») en la Unión así como prestar apoyo a la innovación".

Se afirma en el considerando 47 del RIA que "los sistemas de IA pueden tener un efecto adverso para la salud y la seguridad de las personas, en particular cuando funcionan como componentes de seguridad de productos. (...) Por ejemplo, los robots cada vez más autónomos que se utilizan en las fábricas o con fines de asistencia y atención personal deben poder funcionar y desempeñar sus funciones de manera segura en entornos complejos. Del mismo modo, en el sector sanitario, donde puede haber repercusiones especialmente importantes en la vida y la salud, los sistemas de diagnóstico y de apoyo a las decisiones humanas, cuya sofisticación es cada vez mayor, deben ser fiables y precisos".

A partir de estas premisas, el RIA establece hasta cuatro niveles de riesgo donde podemos encontrar alguna expresión de los sistemas de identificación biométrica remota, sistema de categorización biométrica y sistemas automatizados de reconocimiento de emociones de las personas empleadas. Nos referimos a los niveles 1 (riesgo inaceptable), nivel 2 (alto riesgo), nivel 3 (riesgo limitado) y nivel 4 (riesgo mínimo). Analicemos cada uno de ellos y sus implicaciones laborales.

3.1. Sistemas de identificación biométrica remota

El RIA sitúa a los sistemas de identificación biométrica remota en el nivel 1 de riesgo (riesgo inaceptable). Se indica que queda prohibida el uso de sistemas de identificación biométrica remota en tiempo real en espacios de acceso público con fines de garantía del cumplimiento del Derecho (artículo 5.1 h) RIA).

Ahora bien, hay que advertir que los sistemas de IA destinados a la verificación biométrica no forman parte del concepto de sistema de identificación biométrica remota según la terminología del RIA. Luego, estos sistemas no formarían parte del nivel 1. Además, se recoge una excepción a la regla de la prohibición de la identificación biométrica remota en tiempo real. Se establece que esta tipología de sistemas de IA estarán prohibidos, salvo y en la medida en que dicho uso sea estrictamente necesario para alcanzar uno o varios de los objetivos siguientes: i) la búsqueda selectiva de víctimas concretas de secuestro trata de seres humanos o explotación sexual de seres humanos, así como la búsqueda de personas desaparecidas, ii) la prevención de una amenaza específica, importante e inminente para la vida o la seguridad física de las personas físicas o de una amenaza real y actual o real y previsible de un atentado terrorista, iii) la localización o identificación de una persona sospechosa de haber cometido un delito a fin de llevar a cabo una investigación o un enjuiciamiento penales o de ejecutar una sanción penal por alguno de los delitos mencionados en el anexo II que en el Estado miembro de que se trate se castigue con una pena o una medida de seguridad privativas de libertad cuya duración máxima sea de al menos cuatro años[25].

Es muy útil el análisis de dos conceptos relevantes para comprender el alcance de la prohibición. El primero de ellos es el concepto espacio de acceso público que se define como cualquier lugar físico, de propiedad privada o pública, al que pueda acceder un número indeterminado de personas físicas, con independencia de que deban cumplirse determinadas condiciones de acceso y con independencia de las posibles restricciones de capacidad (artículo 3.44 RIA). Si bien se debe determinar caso por caso si un espacio es de acceso público o no teniendo en cuenta las particularidades de la situación concreta, se aclara en la norma comunitaria que los locales de empresas y fábricas, así como las oficinas y lugares de trabajo a los que solo se pretende que accedan los empleados y proveedores de servicios pertinentes, no son espacios de acceso público (considerando 19 RIA).

El segundo de los términos se refiere a la garantía del cumplimiento del Derecho que se refiere a las actividades realizadas por las autoridades garantes del cumplimiento del Derecho, o en su nombre, para la prevención, la investigación, la detección o el enjuiciamiento de delitos o la ejecución de sanciones penales, incluidas la protección frente a amenazas para la seguridad pública y la prevención de dichas amenazas (artículo 3.1 46) RIA).

---

25 El uso de sistemas de identificación biométrica remota en tiempo real en espacios de acceso público con fines de garantía del cumplimiento del Derecho para cualquiera de los objetivos mencionados en el apartado 1, párrafo primero, letra h), debe desplegarse para los fines establecidos en dicha letra, únicamente para confirmar la identidad de la persona que constituya el objetivo específico y tendrá en cuenta los siguientes aspectos: a) la naturaleza de la situación que dé lugar al posible uso, y en particular la gravedad, probabilidad y magnitud del perjuicio que se produciría de no utilizarse el sistema; b) las consecuencias que tendría el uso del sistema en los derechos y las libertades de las personas implicadas, y en particular la gravedad, probabilidad y magnitud de dichas consecuencias (artículo 5.1 h) RIA).

La exclusión de los lugares de trabajo del término espacio de acceso público no implica que el uso de la biometría remota en tiempo real esté permitido en el ámbito laboral. En este punto, se deben aplicar las bases de legitimación recogidas en el RGPD y su desarrollo en España por la Ley Orgánica 3/2018, de 5 diciembre, de Protección de Datos Personales y Garantía de los Derechos Digitales. De hecho, el RIA enlaza la prohibición con lo dispuesto en el RGPD al indicar que el párrafo primero, letra h), se entiende sin perjuicio de lo dispuesto en el artículo 9 del RGPD en lo que respecta al tratamiento de datos biométricos con fines distintos de la garantía del cumplimiento del Derecho (artículo 5.1 h) RIA).

Hay que advertir también que el RIA prohíbe la introducción en el mercado, la puesta en servicio para este fin específico o el uso de sistemas de IA que creen o amplíen bases de datos de reconocimiento facial mediante la extracción no selectiva de imágenes faciales de internet o de circuitos cerrados de televisión, pues esas prácticas agravan el sentimiento de vigilancia masiva y pueden dar lugar a graves violaciones de los derechos fundamentales, incluido el derecho a la intimidad (artículo 5.1 e) y considerando 43 RIA).

En España, contamos con pronunciamientos de la Autoridad Catalana de Protección de Datos y la Agencia Española de Protección de Datos en el sentido de limitar los usos por parte de las empresas del reconocimiento facial de las personas empleadas, permitiendo su aplicación sólo por motivos excepcionales. En este sentido, la Agencia catalana se ha pronunciado en similares términos al analizar los dispositivos de control de presencia en el trabajo mediante reconocimiento facial. En su informe CNS 2/2022, de 2 febrero, la Agencia catalana ha dado respuesta a la consulta planteada por un Ayuntamiento sobre la posibilidad de instalar un sistema de control de presencia en el lugar de trabajo mediante reconocimiento facial. En dicha consulta se concluye que "el consentimiento del personal afectado no puede considerarse una base jurídica adecuada para la implantación de un sistema de control horario mediante reconocimiento facial como el descrito en la consulta. Sería necesaria la previsión de este sistema de control en una disposición legal o en un convenio colectivo aplicable, o en su caso, en pacto o acuerdo consultado de la negociación colectiva, circunstancias que no parecen concurrir en el caso analizado. En cualquier caso, antes de la implantación de un sistema de este tipo, es necesario realizar una evaluación del impacto sobre la protección de datos a la vista de las circunstancias concretas en las que se lleve a cabo el tratamiento por determinar su licitud y su proporcionalidad, incluso el análisis de la existencia de alternativas menos intrusivas, y establecer las garantías adecuadas".

Sobre el rostro de la persona, también es interesante referirse al supuesto laboral donde se utiliza el software de reconocimiento facial para el control de presencia de las personas empleadas. El trabajador-denunciante expone que la empresa toma una fotografía de la cara de los empleados desde un dispositivo de la entrada y que esa imagen se usa para fichar la entrada y la salida en el puesto de trabajo. Manifiesta que nunca ha sido informado del uso de los datos biométricos, tan solo les hacen firmar un consentimiento al uso de los derechos de imagen que podrían ser utilizadas y difundidas para la publicación en su página web, redes sociales, campañas, revistas, folletos, publicidad corporativa y demás materiales de apoyo necesarios para la difusión y promoción de la empresa.

A partir de esta respuesta, el trabajador presentó demanda judicial en el orden social y denuncia ante la Agencia Española de Protección de Datos. El caso del control de presencia mediante reconocimiento facial es especialmente interesante por diversas razones. En primer lugar, porque describe las obligaciones de las empresas que pretenden utilizar este tipo de tecnología con funciones laborales. En segundo término, como se ha dicho, se produce la singularidad de que el trabajador insta las dos vías: la judicial y la administrativa. En la vía judicial la Sentencia del Juzgado de lo Social nº 2 de Alicante de 15 de septiembre de 2023 (nº 190/2023) analizó el cumplimiento de las obligaciones del consentimiento del trabajador, la proporcionalidad de la medida y la evaluación de impacto. Por su parte, la AEPD (EXP202209921) se pronunció sobre el requisito de la evaluación de impacto. Como resultado, la AEPD condenó a la empresa a abonar la suma de 20.000 euros[26] y la sentencia declaró la vulneración del derecho a la intimidad personal y familiar y a la propia imagen ordenando el cese de la conducta empresarial y el abono al trabajador de la indemnización por daños morales en la suma de 6.251 euros. Más recientemente, se ha sancionado a una empresa con multa de 220.000 euros por haber aplicado el reconocimiento facial para el registro horario (Expediente Nº: EXP202212247 publicado el 22 de noviembre de 2024 en la web de la AEPD).

Siguiendo con el análisis del RIA, para activar el supuesto de excepción de los sistemas de identificación remota en tiempo real y en espacios de acceso público se precisa autorización previa por parte de una autoridad judicial o una autoridad administrativa independiente cuya decisión sea

---

[26] La multa impuesta por la Agencia Española de Protección de Datos fue reducida porque la empresa procedió al pago voluntario de la sanción en la cuantía de 12.000 euros, reconociendo así su responsabilidad.

vinculante del Estado miembro en el que vaya a utilizarse dicho sistema[27] y cumplir garantías y condiciones necesarias y proporcionadas en relación con el uso de conformidad con el derecho nacional que autorice dicho uso, en particular en lo que respecta a las limitaciones temporales, geográficas y personales[28].

La autoridad judicial competente o una autoridad administrativa independiente cuya decisión sea vinculante únicamente concederá la autorización cuando tenga constancia, sobre la base de pruebas objetivas o de indicios claros que se le aporten, de que el uso del sistema de identificación biométrica remota en tiempo real es necesario y proporcionado para alcanzar alguno de los objetivos especificados en el apartado 1, párrafo primero, letra h), el cual se indicará en la solicitud, y, en particular, se limita a lo estrictamente necesario en lo que se refiere al período de tiempo, así como al ámbito geográfico y personal. Además, dicha autoridad no podrá adoptar ninguna decisión que produzca efectos jurídicos adversos para una persona exclusivamente sobre la base de los resultados de salida del sistema de identificación biométrica remota en tiempo real.

En el nivel 2 de riesgo (alto riesgo) se incluyen los sistemas de identificación biométrica remota en la medida que su uso esté permitido por el Derecho de la Unión o nacional aplicable. Explica el RIA que, dado que los datos biométricos constituyen una categoría de datos personales sensibles, procede clasificar como de alto riesgo varios casos de uso críticos de sistemas biométricos. Ello se debe a que las imprecisiones técnicas de los sistemas de IA destinados a la identificación biométrica remota de las personas físicas pueden dar lugar a resultados sesgados y tener efectos discriminatorios, lo que es especialmente pertinente por lo que respecta a la

---

27 No obstante, en una situación de urgencia debidamente justificada, se podrá empezar a utilizar tal sistema sin autorización siempre que se solicite dicha autorización sin demora indebida, a más tardar en un plazo de veinticuatro horas. Si se rechaza dicha autorización, el uso se interrumpirá con efecto inmediato y todos los datos, así como los resultados y la información de salida generados por dicho uso, se desecharán y suprimirán inmediatamente.

28 El uso del sistema de identificación biométrica remota en tiempo real en espacios de acceso público sólo se autorizará si la autoridad garante del cumplimiento del Derecho ha completado una evaluación de impacto relativa a los derechos fundamentales según lo dispuesto en el artículo 27 y ha registrado el sistema en la base de datos de la UE de conformidad con el artículo 49. No obstante, en casos de urgencia debidamente justificados, se podrá empezar a utilizar tales sistemas sin el registro en la base de datos de la UE, siempre que dicho registro se complete sin demora indebida.

edad, la etnia, la raza, el sexo o la discapacidad. Por lo tanto, los sistemas de identificación biométrica remota deben clasificarse como de alto riesgo debido a los riesgos que entrañan (artículo 6.2, anexo III, punto 1, letra a) y considerando 54 RIA).

¿A qué supuestos permitidos y calificados de alto riesgo se refiere el RIA? Podríamos entender incluidos en este nivel 2 de alto riesgo los sistemas de identificación biométrica remota en espacios considerados de acceso no público y los sistemas de identificación biométrica remota en diferido[29] (por ejemplo, el análisis de grabaciones ya realizadas con IA), entre otros. En este punto, el Reglamento comunitario se muestra permisivo, pues advierte que los Estados miembros podrán adoptar leyes más restrictivas sobre el uso de sistemas de identificación biométrica remota en diferido (artículo 26.10 RIA). De aquí cabe entender que, por ejemplo, los Estados miembros podrían clasificar a los sistemas de identificación biométrica remota en diferido en el nivel 1.

Entendemos que en este nivel 2 no estarían incluidos los sistemas de IA destinados a la verificación biométrica. Aplicando el criterio de la verificación, el reglamento comunitario también excluye a los sistemas destinados a la verificación de documentos de viaje (anexo III, 7.d) RIA). Ni tampoco estarían encuadrados en el nivel 2 los sistemas biométricos destinados a ser utilizados exclusivamente a efectos de posibilitar la ciberseguridad y las medidas de protección de los datos personales no deben considerarse sistemas de IA de alto riesgo (considerando 54).

En la condición de responsables del despliegue se enumeran en el RIA las obligaciones de las empresas y entidades públicas que usen estos sistemas de alto riesgo y que son las siguientes: a) Deber de transparencia y explicación individual. Transparencia informando al trabajador afectado y a la representación de los trabajadores de que están expuestos a este tipo de sistema. Dicha información debe proporcionarse con anterioridad a la puesta en servicio o utilización del sistema de IA en el lugar de trabajo (artículo 26.7 RIA). Por su parte, la explicación individual consiste en el derecho del trabajador (y obligación de la empresa) a recibir explicaciones claras y significativas acerca del papel que el sistema de IA ha tenido en el proceso de toma de decisiones y los principales elementos de la decisión

---

29 El Reglamento comunitario define sistema de identificación biométrica remota en diferido como cualquier sistema de identificación biométrica remota que no sea un sistema de identificación biométrica remota en tiempo real (artículo 3 (43) RIA).

adoptada cuando produzca efectos jurídicos o le afecte considerablemente del mismo modo, de manera que considere que tiene un efecto perjudicial para su salud, su seguridad o sus derechos fundamentales (artículo 86 RIA). b) Cuando proceda, los responsables del despliegue de sistemas de IA de alto riesgo utilizarán la información facilitada conforme al artículo 13 del RIA para cumplir la obligación de llevar a cabo una evaluación de impacto relativa a la protección de datos que les imponen el artículo 35 del RGPD o el artículo 27 de la Directiva (UE) 2016/680, relativa a la protección de las personas físicas en lo que respecta al tratamiento de datos personales por parte de las autoridades competentes para fines de prevención, investigación, detección o enjuiciamiento de infracciones penales o de ejecución de sanciones penales, y a la libre circulación de dichos datos. c) Supervisión humana. Los sistemas de IA de alto riesgo precisan de supervisión humana y los responsables del despliegue deben encomendar dicha supervisión a las personas físicas que tengan la competencia, la formación y la autoridad necesarias (artículo 26.2 RIA). En el caso de los sistemas de identificación biométrica remota las medidas que se refieren a la supervisión humana garantizarán, además, que el responsable del despliegue no actúe ni tome ninguna decisión basándose en la identificación generada por el sistema, salvo si al menos dos personas físicas con la competencia, formación y autoridad necesarias han verificado y confirmado por separado dicha identificación (artículo 14.5 RIA)[30]. d) Deber de vigilar el correcto funcionamiento de los sistemas sobre la base de las instrucciones de uso y, cuando proceda, informarán al proveedor o distribuidor y a la autoridad competente de acuerdo con el artículo 72 del Reglamento, relativo al sistema de vigilancia poscomercialización. e) Los responsables del despliegue que sean autoridades públicas o instituciones, órganos y organismos de la Unión deben cumplir las obligaciones de registro previstas en el artículo 49 del Reglamento. f) En el caso de un sistema de IA de alto riego de identificación biométrica remota en diferido el responsable del despliegue solicitará, ex ante o sin demora indebida y a más tardar en un plazo de cuarenta y ocho horas, a una autoridad judicial o administrativa cuyas decisiones sean vinculantes y estén sujetas a revisión judicial, una autorización para utilizar ese sistema, salvo cuando se utilice para la identi-

---

[30] El requisito de la verificación por parte de al menos dos personas físicas por separado no se aplicará a los sistemas de IA de alto riesgo utilizados con fines de garantía del cumplimiento del Derecho, de migración, de control fronterizo o de asilo cuando el Derecho nacional o de la Unión considere que la aplicación de este requisito es desproporcionada.

ficación inicial de un posible sospechoso sobre la base de hechos objetivos y verificables vinculados directamente al delito. Cada utilización deberá limitarse a lo que resulte estrictamente necesario para investigar un delito concreto[31].

No se hace referencia explícita en la norma a otros posibles sistemas de identificación biométrica que pudieran estar encuadrados en el nivel 3 (riesgo mínimo) o nivel 4 (riesgo limitado). Para estos supuestos entendemos que debemos aplicar las obligaciones y garantías previstas para los datos biométricos en el RGPD, pues ambas normas son complementarias y no excluyentes. Además, conviene tener en cuenta que el RIA fomenta para los sistemas de IA que no sean de alto riesgo la adopción de códigos de conducta para la aplicación voluntaria de alguno o de todos los requisitos descritos para el nivel 2 (artículo 95 RIA).

3.2. Sistemas de categorización biométrica

Con carácter general, el sistema de categorización biométrica se encuentra en el nivel 1 (riesgo inaceptable) y, por tanto, su uso está prohibido. Al respecto, indica el RIA que está prohibida la introducción en el mercado, la puesta en servicio para este fin específico o el uso de sistemas de categorización biométrica que clasifiquen individualmente a las personas físicas sobre la base de sus datos biométricos para deducir o inferir su raza, opiniones políticas, afiliación sindical, convicciones religiosas o filosóficas, vida sexual u orientación sexual (artículo 5.1 g) RIA).

Como se ha dicho, la prohibición se refiere a datos biométricos como la cara o las impresiones dactilares de una persona física (considerando 30 RIA). Y comprende el proceso de establecer si sus datos biométricos pertenecen a un grupo con características predefinidas, a fin de adoptar una medida específica. Por ejemplo, la categorización podría consistir que en una pantalla de vacantes de puestos de trabajo o ascensos en la intranet de

---

31 Especifica el RIA que no obstante lo dispuesto en la Directiva (UE) 2016/680 y en el marco de una investigación cuya finalidad sea la búsqueda selectiva de una persona sospechosa de haber cometido un delito o condenada por ello (artículo 26.10 RIA). En caso de que se deniegue la autorización, dejará de utilizarse el sistema de identificación biométrica remota en diferido objeto de la solicitud de autorización con efecto inmediato y se eliminarán los datos personales asociados al uso del sistema de IA de alto riesgo para el que se solicitó la autorización.

la empresa se muestren diferentes anuncios dependiendo del trabajador que la mira, basándose en su edad o sexo.

Ahora bien, la prohibición viene acompañada de dos excepciones. En primer lugar, la prohibición no incluye el etiquetado, al filtrado ni a la categorización lícitos de conjuntos de datos biométricos adquiridos de conformidad con el Derecho nacional o de la Unión en función de datos biométricos, como la clasificación de imágenes en función del color del pelo o del color de ojos, que pueden utilizarse, por ejemplo, en el ámbito de la garantía del cumplimiento del Derecho (artículo 5.1 g) RIA y considerando 30 RIA).

En segundo término, no está prohibido en la medida que quedan fuera del concepto de sistema de categorización biométrica los sistemas de categorización biométrica que sean una característica meramente accesoria intrínsecamente vinculada a otro servicio comercial, lo que significa que la característica no puede utilizarse, por razones técnicas objetivas, sin el servicio principal y que la integración de dicha característica o funcionalidad no es un medio para eludir la aplicabilidad de las normas del Reglamento. Por ejemplo, los filtros que clasifican las características faciales o corporales utilizados en los mercados en línea podrían constituir una característica accesoria de este tipo, ya que solo pueden utilizarse en relación con el servicio principal, que consiste en vender un producto permitiendo al consumidor previsualizar cómo le quedaría y ayudarlo a tomar una decisión de compra. Los filtros utilizados en los servicios de redes sociales que clasifican las características faciales o corporales a fin de que los usuarios puedan añadir o modificar imágenes o vídeos también podrían considerarse una característica accesoria, ya que dichos filtros no pueden utilizarse sin el servicio principal de las redes sociales, que consiste en compartir contenidos en línea (considerando 16 RIA).

En el ámbito laboral, conviene recordar que las empresas y entidades públicas tienen importantes restricciones para procesar los datos biométricos de las personas trabajadoras. En noviembre de 2023 la Agencia Española de Protección de Datos publicaba un nuevo documento que afectó sustancialmente a las empresas que hubieran implantado un sistema de control horario utilizando datos biométricos de las personas trabajadoras[32]. Nos referimos principalmente al registro horario a través de la huella

---

32 AEPD, Guía sobre Tratamientos de Control de Presencia mediante Sistemas biométricos, 23 noviembre de 2023. *Vid.* MUÑOZ RUIZ, Ana Belén, ¿Cómo deben aplicar las empresas el nuevo criterio sobre registro de jornada y datos biométri-

dactilar, pero el documento se refiere a todos los datos biométricos (el reconocimiento facial o del iris, la voz, entre otros). En síntesis, en la nueva guía se establece lo siguiente:

1°. En la actual normativa legal española no se contiene autorización suficientemente específica alguna para considerar necesario el tratamiento de datos biométricos con la finalidad de un control horario de la jornada de trabajo. Ni los artículos 20.3 y 34.9 del ET para las personas trabajadoras ni el artículo 54.2 del texto refundido de la Ley del Estatuto Básico del Empleado Público (EBEP) para los empleados públicos constituyen una base legal para autorizar este uso en las empresas y en las entidades públicas.

En el caso de que el convenio colectivo incluyera el registro horario basado en los datos biométricos de la persona trabajadora, se debería justificar la necesidad de este tratamiento y por qué no son adecuados los sistemas existentes como tarjetas, certificados, claves, sistemas contact-less, etc.

2°. En un tratamiento de registro de jornada implementado con técnicas biométricas el consentimiento de la persona empleada no puede levantar la prohibición del tratamiento, ni ser una base para determinar la licitud, al existir de forma general una situación de desequilibrio entre la persona trabajadora y la empresa o entidad pública que es la responsable del tratamiento.

3°. En el supuesto que hubiera base legal para llevarlo a cabo, las empresas y entidades públicas deberán superar la evaluación de impacto, previamente al inicio del tratamiento y cumplir determinadas garantías, obligaciones de transparencia y seguridad. El nuevo criterio de la AEPD ha

---

cos?, *Blog El Foro de Labos*, 5 de diciembre de 2023. Sobre la situación anterior a la publicación de la nueva Guía, puede consultarse MUÑOZ RUIZ, Ana Belén, *Biometría y los sistemas automatizados de reconocimiento de emociones: implicaciones jurídico-laborales*. Valencia, Tirant lo Blanch, 2023, p. 23-86. En esta obra se defendió la postura de que, con carácter general, el uso del dato biométrico para el control horario en la empresa no estaría justificado con la salvedad de los sistemas de reconocimiento que tienen su base en la seguridad de las instalaciones de la empresa o un fin equiparable. Para los supuestos en los que quedara acreditada la razón de seguridad, entendemos que el patrón parcial es más adecuado que uno más completo ya que es menos invasivo. Y ello pese a que este sistema no garantice una identificación unívoca y cierta de la persona, pero puede ser suficiente para verificar que se trata de una persona con derecho de acceso a esas instalaciones en concreto. En definitiva, el control horario se puede llevar a cabo en la empresa con alternativas menos invasivas para la privacidad de las personas empleada.

sido aplicado en resoluciones posteriores (por ejemplo, el Expediente Nº: EXP202304834 publicado el 12 de diciembre de 2024 en su web).

El sistema de categorización biométrica también puede estar en el nivel de riesgo 2 (sistemas de alto riesgo). En efecto, el RIA nos aclara que deben clasificarse como de alto riesgo los sistemas de IA destinados a ser utilizados para la categorización biométrica conforme a atributos o características sensibles protegidos en virtud del artículo 9, apartado 1, del RGPD, en la medida en que no estén prohibidos en virtud del Reglamento de Inteligencia Artificial[33].

Entendemos que quedarían incluidos en este nivel 2 los sistemas de IA los supuestos de sistemas de IA con finalidad de categorización biométrica no prohibidos por el RIA como el etiquetado, al filtrado ni a la categorización lícitos de conjuntos de datos biométricos adquiridos de conformidad con el Derecho nacional o de la Unión en función de datos biométricos, como la clasificación de imágenes en función del color del pelo o del color de ojos, que pueden utilizarse, por ejemplo, en el ámbito de la garantía del cumplimiento del Derecho.

Las obligaciones de las empresas y entidades públicas que empleen este tipo de sistemas de IA de nivel 2 (alto riesgo) se han explicado en el epígrafe 4.1.

Es posible encuadrar algún supuesto de sistemas de categorización biométrica en el nivel 3 de riesgo (riesgo limitado) donde se aplica la obligación de transparencia. Nos indica el RIA que los responsables del despliegue de un sistema de reconocimiento de emociones o de un sistema de categorización biométrica informarán del funcionamiento del sistema a las personas físicas expuestas a él y tratarán sus datos personales de conformidad con los Reglamentos (UE) 2016/679 y (UE) 2018/1725 y con la Directiva (UE) 2016/680, según corresponda[34].

---

33 Ni tampoco estarían encuadrados en el nivel 2 los sistemas biométricos destinados a ser utilizados exclusivamente a efectos de posibilitar la ciberseguridad y las medidas de protección de los datos personales (considerando 54 RIA).

34 Esta obligación no se aplicará a los sistemas de IA utilizados para la categorización biométrica y el reconocimiento de emociones que hayan sido autorizados por ley para detectar, prevenir e investigar delitos, con sujeción a las garantías adecuadas para los derechos y libertades de terceros y de conformidad con el Derecho de la Unión (artículo 50.3 RIA).

La información y estas notificaciones deben facilitarse en formatos accesibles a las personas con discapacidad. Además, al aplicar dicha obligación de transparencia, deben tenerse en cuenta las características de las personas físicas pertenecientes a colectivos vulnerables debido a su edad o discapacidad en la medida en que el sistema de IA esté destinado a interactuar también con dichos colectivos (considerando 132 RIA).

Por último, el nivel de riesgo 4 (riesgo mínimo) incluye entre otros videojuegos con IA o filtros de *spam*. En este nivel de riesgo podríamos mencionar la aventura gráfica y el uso de la gamificación con finalidad laboral. Si se utiliza en el ámbito de la empresa, se podría averiguar si un trabajador es zurdo, la edad, estado de salud (por la velocidad de reacción), entre otros aspectos.

3.3. *Sistema automatizado de reconocimiento de emociones*

En primer lugar, los sistemas de reconocimiento de emociones aparecen mencionados de forma explícita en el nivel de riesgo 1 (riesgo inaceptable), luego, están prohibidos. Sin embargo, se recogen dos excepciones. Señala el artículo 5.1 f) RIA: "Quedan prohibidas las siguientes prácticas de IA: (...) La introducción en el mercado, la puesta en servicio para este fin específico o el uso de sistemas de IA para inferir las emociones de una persona física en los lugares de trabajo y en los centros educativos, excepto cuando el sistema de IA esté destinado a ser instalado o introducido en el mercado por motivos médicos o de seguridad".

Se siguen de esta forma las directrices aportadas por el Comité Europeo de Protección de Datos (CEPD) y del Supervisor Europeo de Protección de Datos (SEPD) que habían considerado que el uso de la IA para inferir emociones de una persona física es muy indeseable y deberá prohibirse, excepto en determinados casos de uso bien especificados, a saber, con fines de salud o investigación (por ejemplo, pacientes para quienes el reconocimiento emocional es importante), siempre con las salvaguardias adecuadas y, por supuesto, con sujeción a todas las demás condiciones y límites de protección de datos, incluida la limitación de la finalidad[35].

En segundo término, se debe añadir que los sistemas de reconocimiento de emociones también podrían estar en el nivel de riesgo 2: sistemas de IA

---

[35] CEPD-SEPD Dictamen conjunto 5/2021 sobre Ley de Inteligencia Artificial, 18 de junio de 2021.

de alto riesgo cuando no estén prohibidos, por ejemplo, aquéllos que estén justificados por motivos médicos o de seguridad. De hecho, en el Anexo III del RIA donde se enumeran los sistemas de IA de alto riesgo aparecen los sistemas de IA destinados a ser utilizados para el reconocimiento de emociones y se dice en el considerando 54 del RIA que: "Además, deben clasificarse como de alto riesgo los sistemas de IA destinados a ser utilizados para la categorización biométrica conforme a atributos o características sensibles protegidos en virtud del artículo 9, apartado 1, del Reglamento (UE) 2016/679 sobre la base de datos biométricos, en la medida en que no estén prohibidos en virtud del presente Reglamento, así como los sistemas de reconocimiento de emociones que no estén prohibidos con arreglo al presente Reglamento".

Las obligaciones de las empresas y entidades públicas que empleen este tipo de sistemas de IA de nivel 2 (alto riesgo) se han explicado en el epígrafe 4.1.

Si bien pensamos que los ejemplos que podrían encajar en estas excepciones son limitados (en la medida que el RIA ha excluido los sistemas utilizados para detectar el cansancio de los pilotos o conductores profesionales de la definición de sistema de reconocimiento de emociones), podemos mencionar alguno. Sería el caso antes mencionado de las cámaras de IA que algunas cárceles españolas han implantado para identificar expresiones faciales y lenguaje corporal de los reclusos[36].

En tercer lugar, también podríamos entender que habrá sistemas de este tipo que encajen en el nivel de riesgo 3 (nivel de riesgo limitado). Es el caso de los sistemas de reconocimiento de emociones cuando no se basen en los datos biométricos de las personas empleadas.

El artículo 50 del RIA se refiere a la IA que se destina a interactuar con personas físicas tales como los robots de software (por ejemplo, chatbots). Desde nuestra perspectiva, si el robot de software se apoya en el lenguaje escrito para inferir emociones o intenciones estaríamos en el nivel de riesgo 3 y se aplicarán las obligaciones del artículo 50 RIA (deber de transparencia). Según el artículo 50 RIA los proveedores garantizarán que los sistemas de IA destinados a interactuar directamente con personas físicas se diseñen y desarrollen de forma que las personas físicas de que se trate estén informadas de que están interactuando con un sistema de IA, excepto cuando resulte evidente desde el punto de vista de una persona física

36 Diario El Periódico de 20 de septiembre de 2023.

razonablemente informada, atenta y perspicaz, teniendo en cuenta las circunstancias y el contexto de utilización.

Y el artículo 50.3 RIA indica que los responsables del despliegue de un sistema de reconocimiento de emociones o de un sistema de categorización biométrica informarán del funcionamiento del sistema a las personas físicas expuestas a él y tratarán sus datos personales de conformidad con los Reglamentos (UE) 2016/679 y (UE) 2018/1725 y con la Directiva (UE) 2016/680, según corresponda.

Ahora bien, si en la conversación entre el chatbot y la persona trabajadora procesa la voz de la persona física (dato biométrico) podríamos estar en el nivel de riesgo 1 o 2 según las circunstancias.

En efecto, existe un tipo de robótica denominada robots de software que trabaja en las sombras y que puede afectar a los derechos de privacidad de las personas empleadas. Nos referimos a los robots RPA (Automatización robótica de procesos) y a los chatbots que habitan en nuestros ordenadores y smartphones y sobre todo tienen la capacidad de hablar, escuchar, reconocernos y contestarnos.

Se han definido como los trabajadores virtuales de cuello azul frente a la robótica industrial que se asimila más a los trabajadores de cuello blanco. A diferencia de los robots industriales y los coches robóticos, los robots software no son directamente visibles y no tienen una realidad física (en el sentido que no pesan, no ocupan espacio), sino que son pura lógica, puro software. Si se prefiere decirlo de otra manera, son solo programas. Por eso ni los vemos ni les podemos tocar. Se dice que son habitantes de las sombras y que actúan sobre las aplicaciones o los ficheros[37].

Podemos distinguir dos clases de robots software. Por un lado, los RPA o lo que es lo mismo la automatización robótica de procesos. Los robots RPA se dedican a trabajar con otros activos digitales. Fundamentalmente, interactúan con las pantallas de otras aplicaciones y con documentos ofimáticos como hojas de cálculo o ficheros PDF. Lo que hacen, dicho de forma simplificada, es leer datos de pantallas y de ficheros, realizar cálculos o

---

[37] La doctrina especializada ha identificado seis características de los robots que se aplican a los robots industriales, biológicos y robots software. Se refieren a la artificialidad, capacidad de adaptación, interacción con el entorno, autonomía, sustitución de personas y similitud con la forma de trabajar las personas. *Vid.* GAVILÁN, Ignacio G. R., *Robots en la sombra. RPA, robots conversacionales y otras formas de automatización cognitiva*. Madrid, Anaya, 2021.

tomar decisiones basadas en esa información y volver a escribir en pantallas o ficheros los resultados o conclusiones obtenidas[38].

De otra parte, existe una categoría de robots que normalmente se denominan chatbots. Un chatbot es un módulo software cuya misión es interaccionar con personas de forma abierta y natural mediante conversaciones. Se trata de una variedad de robots especializados en dialogar con personas mediante conversaciones naturales. Es decir, en esta categoría de robots incluimos aquellos chatbots que interaccionan con nosotros a través de sistemas de mensajería como Facebook Messenger, Slack o WhatsApp, pero también aquellos otros que hablan con nosotros, emiten voz y escuchan y entienden, a su vez, la voz humana. Es decir, incluimos también a los a veces denominados voicebots y los altavoces inteligentes. Nos estamos refiriendo con ello a software del tipo de Alexa, Siri, Cortana y todo tipo de robots más especializados construidos con capacidad de mantener conversaciones por voz[39].

Tanto los RPA como los chatbots incluyen elementos de inteligencia artificial para reconocimiento de voz, para procesamiento de lenguaje natural, para visión artificial y para reconocimiento óptico de caracteres. Por tanto, estos robots, aparte de la programación, incluyen dosis mayores o menores de adaptación a través de lo que denominamos como aprendizaje[40].

En todo caso, los robots de software pueden leer el correo electrónico y los documentos que se procesan en el puesto de trabajo pudiendo llegar a pulverizar el derecho fundamental de intimidad de la persona trabajadora.

Como ya se ha dicho, el nivel de riesgo 4 (riesgo mínimo) incluye entre otros videojuegos con IA o filtros de *spam*. En este sentido, la aventura gráfica y el uso de la gamificación con finalidad laboral puede provocar en las personas empleadas distintas emociones durante el proceso como alegría, frustración, decepción, triunfo…

---

38 Más extensamente, GAVILÁN, Ignacio G. R., *Robots en la sombra. RPA, robots conversacionales y otras formas de automatización cognitiva*. Madrid, Anaya, 2021.

39 GAVILÁN, Ignacio G. R., *Robots en la sombra. RPA, robots conversacionales y otras formas de automatización cognitiva*. Madrid, Anaya, 2021, p. 55 y 88.

40 GAVILÁN, Ignacio G. R., *Robots en la sombra. RPA, robots conversacionales y otras formas de automatización cognitiva*. Madrid, Anaya, 2021, p. 55-56.

4. CONCLUSIÓN FINAL

En el estudio realizado se pone de manifiesto la profunda transformación del control empresarial y el riesgo de deshumanización de la persona trabajadora. Si bien en 2001 el Prof. Mercader brillantemente hacía referencia a los controles de primera generación (videovigilancia, grabación de sonidos, control informático y etiquetas electrónicas), se observan en la actualidad versiones más complejas que se se nutren de datos biométricos e incluso de las emociones e intenciones de las personas trabajadoras. Para lograr cierto freno a una vigilancia empresarial extrema que la tecnología posibilita, el reforzamiento de los derechos fundamentales de las personas trabajadoras parece ser la senda más sólida para seguir. En el nuevo entorno digital, donde las empresas podrían emplear sistemas de IA para procesar los datos biométricos de los trabajadores, las medidas de prohibición (en algunos casos) y la necesidad de cumplir exigentes deberes son las garantías más robustas y que el legislador de la Unión Europea ha tratado de plasmar en el RIA.

Bibliografía

AHMED, Ferdous y otros, Emotion Recognition from body movement, 2019.

BLUSHAN C., y otros. Facial Expression Recognition, 25 mayo de 2021.

CAMPS, Victoria, *El gobierno de las emociones*. Barcelona, Herder, 2011.

CORTINA ORTS, Adela, *Ética de la inteligencia artificial*. Anales de la Real Academia de Ciencias Morales y Políticas, N. 96 (2019).

CORTINA ORTS, Adela,

CRAWFORD, Kate, Atlas de la IA. Ned Ediciones, 2023.

ESCAJEDO SAN EPIFANIO, Leire, *Reconocimiento e identificación de las personas mediante Biometrías estáticas y dinámicas*. Tesis Doctoral, Universidad de Alicante, 2015.

GAVILÁN, Ignacio G. R., *Robots en la sombra. RPA, robots conversacionales y otras formas de automatización cognitiv*a. Madrid, Anaya, 2021.

LI, H.-C.; PAN, T.; LEE, M.-H.; CHIU, H.-W, Make Patient Consultation Warmer: A Clinical Application for Speech Emotion Recognition, Appl. Sci. 2021, 11, 4782.

MERCADER UGUINA, Jesús R., *El "big bang" de la biometría laboral. De la huella dactilar a los neurodatos*. Labos. Vol. 5. N 2, 2024, p. 4-23.

MERCADER UGUINA, Jesús R., *Algoritmos e inteligencia artificial*. Valencia, Tirant lo Blanch, 2022.

MERCADER UGUINA, Jesús R., *El futuro del trabajo en la era de la digitalización y la robótica*. Valencia, Tirant lo Blanch, 2017.

MUÑOZ RUIZ, Ana Belén, *Biometría y sistemas automatizados de reconocimiento de emociones: implicaciones jurídico-laborales*. Valencia, Tirant lo Blanch, 2023.

MUÑOZ RUIZ, Ana Belén, 2023, ¿Cómo deben aplicar las empresas el nuevo criterio sobre registro de jornada y datos biométricos?, *Blog El Foro de Labos*, 5 de diciembre de 2023.

MUÑOZ RUIZ, Ana Belén, 2019, ¿Se deben regular los algoritmos? Un breve análisis a la propuesta normativa alemana: la pirámide de criticidad basada en el riesgo, *Blog El Foro de Labos*, 11 de diciembre de 2019.

PASQUALE, Frank, *Las nuevas leyes de la robótica. Defender la experiencia humana en la era de la IA*. Galaxia Gutenberg, S.L. 2024.

PINEDA OLIVA, David, *Sobre las emociones*. Ediciones Cátedra, 2019.

PRASANTHI JASMINE, K., y NAGA PRAKASH, K. *Reconocimiento de emociones humanas a partir de imágenes de rostros*. Ediciones Nuestro Conocimiento, 2021.

RODRÍGUEZ-PIÑERO ROYO, Miguel, *Las facultades de control de datos biométricos del trabajador. Temas Laborales*. N 150, 2019, pp. 91-109.

Las indemnizaciones disuasorias en la vulneración de derechos fundamentales: sin espacio para los daños punitivos puros y la ductilidad del daño moral

MARÍA TERESA ALAMEDA CASTILLO
Profesora Titular Derecho del Trabajo y de la Seguridad Social, Universidad Carlos III de Madrid
ORCID 0000-0002-9590-6053

1. INTRODUCCIÓN

La brillante aportación doctrinal del Profesor Jesús R. Mercader Uguina en materia de derechos fundamentales aúna la construcción científica rigurosa y su experiencia como Letrado del Tribunal Constitucional (2000-2003). Pese a su apariencia clásica, es este un tema de innegable actualidad y permanente elaboración[1], muy especialmente en los últimos tiempos ante el impacto de la revolución tecnológica (robotización, Inteligencia Artificial) y los nuevos derechos digitales, renovada visión recogida en excelentes trabajos del Profesor Mercader Uguina[2].

---

1 "Derechos fundamentales, indemnización por daños morales y prudente arbitrio del juzgador en su determinación: una tormenta perfecta", *Revista Galega de Dereito Social*, nº 15, 2022, pp. 9-44, y "Derechos fundamentales de los trabajadores y nuevas tecnologías ¿hacia una empresa panóptica?, *Relaciones Laborales*, nº 1, 2001, pp. 665-686.

2 *El futuro del trabajo en la era de la digitalización y la robótica*, Valencia, Ed. Tirant lo Blanch, 2017, *Protección de datos y garantías de los derechos digitales en las relaciones*

Al hilo de las reflexiones que incorpora en materia de derechos fundamentales en uno de sus últimos trabajos nos plantearemos aquí el espacio que tienen las indemnizaciones disuasorias/preventivas en la vulneración de derechos fundamentales y una eventual dimensión punitiva. Como expone el autor, en los sistemas de derecho civil continental, la tradición jurídica se ha configurado en torno a la separación entre la finalidad preventiva (correspondiente al Poder Público por medio de la sanción administrativa) y la función reparadora (correspondiente a la indemnización estrictamente reparadora por daños)[3]. Es más, el establecimiento de un sistema de indemnizaciones punitivas pudiera chocar con preceptos constitucionales[4], en concreto, el art. 25.1 CE[5].

---

laborales, Madrid, Ed. Francis Lefebvre, 2019, *Algoritmos e inteligencia artificial en el derecho digital del trabajo*, Valencia, Ed. Tirant lo Blanch, 2024 y "El principio de proporcionalidad como límite al control laboral basado en la inteligencia artificial", *Trabajo y Derecho: revista de actualidad y relaciones laborales*, nº 19 (extra), 2024.

3 En la misma línea SALVADOR CODERCH, al afirmar que la institución de los *punitive damages* es ajena a la cultura jurídica europea cuando no contraria al principio de que los estados europeos detentan, en sus respectivos territorios, el monopolio de la imposición y el cobro de sanciones pecuniarias: aquellos no resultan admisibles porque son una pena privada que se impone, en un proceso civil al causante doloso o gravemente negligente de un daño, por un importe varias —o muchas— veces superior al de la indemnización puramente compensatoria. Los *punitive damages* se imponen para prevenir pero también para castigar y enseñar (PROSSER, W. L., *The Law of Torts,* St. Paul West, Lawyer's edition, 1971, 4ª edition); para prevenir tanto como retribuir y expresar indignación —reafirmar la confianza en el derecho violado y hacer justicia— (FLEMING, J. G., *The Law of Torts,* Sydney, The Law Book Co, 1998, 9th edition). Sin embargo, algunas resoluciones judiciales o tesis doctrinales sobre *punitive damages* se han centrado en solo alguna de las funciones anteriores y han prescindido de las demás. En el caso *BMW of North America, Inc. V. Gore* (116 S. Ct. 1598 [1996]), el Tribunal Supremo de Alabama consideró que una condena de *punitive damages* 500 veces superior al importe de los daños realmente causados era razonable, claramente prevalecieron en esa fase del proceso las funciones sancionatoria y expresiva de aquellos. Pero, recurrida la sentencia, el Tribunal Supremo Federal estimó el recurso al considerar que el importe era excesivo por desproporcionado (*Punitive damages, InDret. Revista para el análisis del Derecho,* 013, 2000, ps. 3 y 10).

4 "Ley de infracciones y sanciones como «baremo»: funciones y disfunciones en la determinación de los daños morales derivados de la vulneración de derechos fundamentales", *Trabajo y Derecho: revista de actualidad y relaciones laborales,* nº 112, 2024, p. 18.

5 *«Nadie puede ser condenado ni sancionado por acciones u omisiones que en el momento de producirse no constituyan delito, falta o infracción administrativa, según la legislación vigente en aquel momento».*

En este contexto, el art. 10:101 de los Principios de derecho europeo de la responsabilidad civil (naturaleza y objeto de la indemnización) del *European Group on Tort Law* parte de la base de que la indemnización es un pago en dinero que tiene por objeto compensar a la víctima, es decir, restablecerla, en la medida en que el dinero pueda hacerlo, en la posición que hubiera tenido si el ilícito por el que se reclama no se hubiera producido. Con ello indica que la función principal de la indemnización es compensar a la víctima pero, seguidamente, alude a que la indemnización *también* contribuye a la finalidad de prevenir el daño[6].

2. INDEMNIZACIÓN POR VULNERACIÓN DE DERECHOS FUNDAMENTALES: FUNCIÓN REPARADORA ¿Y FINALIDAD PREVENTIVA/DISUASORIA?

La tradicional diáfana separación entre las funciones asignadas al Derecho Civil (reparación, compensación) y al Penal (prevención), empiezan a difuminarse en el momento en que, desde la óptica civilista, se empieza a discutir, si el Derecho privado y, especialmente, el Derecho de daños, no posee también una función preventiva[7]. Autores como SALVADOR CODERCH y CASTIÑEIRA PALOU sostienen que el derecho de daños puede cumplir sus funciones compensatoria y preventiva de tal manera que el principio de prevención se integraría en el de compensación. Así,

---

6 No obstante, para autores como MARTIN-CASALS, «*al guardar silencio sobre otras cuestiones*», el precepto rechaza implícitamente tanto las indemnizaciones simbólicas (*nominal damages*), existentes en el Derecho francés (*un frac de dommages et intérêts*) o en el derecho inglés, como las indemnizaciones punitivas (*punitive/exemplary damages*) existentes, aunque con distinto alcance, tanto en el Derecho inglés como en el norteamericano (*Principios de derecho europeo de responsabilidad civil: texto y comentario*, Pamplona, Ed. Aranzadi, 2008).
En relación a las indemnizaciones simbólicas, declararía la STS 21 de junio de 2018 (Stcia. 318/2018) que no es admisible que se fijen indemnizaciones de carácter simbólico pues al tratarse de derechos protegidos por la CE como derechos reales y efectivos, aquella indemnización convertiría la garantía jurisdiccional en un acto meramente ritual o simbólico incompatible con el contenido de los arts. 9.1., 1.1 y 53 CE y la correlativa exigencia de una reparación acorde con el relieve de los valores e intereses en juego (STC 186/2001, de 17 de septiembre [ECLI:ES:TC:2001:186]).

7 ALAMEDA CASTILLO, M. T., "Repensando el modelo de tutela resarcitoria en la vulneración de derechos fundamentales inespecíficos en el contrato de trabajo", Revista de Derecho Social, nº 66, 2014, p. 6.

habría de distinguirse entre la función preventiva del Derecho de daños y la adopción, en un procedimiento civil, de medidas sancionadoras *«pues la primera no es incompatible con la compensación de daños sino que coadyuva con ella»*[8]. Con más dudas lo plantea PANTALEÓN PRIETO, para el que una cosa es, que en la práctica, la indemnización o compensación económica tenga efecto preventivo (indirectamente: la amenaza de una responsabilidad civil puede prevenir, pero lo hace de forma indirecta y tangencial —de rebote—) y otra bien distinta es que esta sea una función normativa del Derecho Civil[9]. No se ha producido en su opinión, un radical viraje de las funciones de la responsabilidad civil hacia otras que son propias del Derecho Penal y del Derecho Administrativo[10].

2.1. Estado de la cuestión a nivel normativo

El art. 18 de la Directiva 2006/54, de 5 de julio de 2006[11], establece que los Estados miembros introducirán en sus ordenamientos jurídicos nacionales las medidas necesarias para garantizar la indemnización o la reparación —según determinen—, real y efectiva del perjuicio sufrido por una persona a causa de una discriminación por razón de su sexo, de manera disuasoria y proporcional al perjuicio sufrido. Junto a ello el art. 35 de la Directiva recoge que los Estados miembros establecerán el régimen de sanciones aplicables en caso de incumplimiento de las disposiciones nacionales adoptadas en cumplimiento de la misma y adoptarán todas las medidas necesarias para garantizar su aplicación. Las sanciones, que podrán incluir la indemnización a la víctima, serán efectivas, proporcionadas y disuasorias.

A nivel interno, como reza el art. 183.1 y 2 Ley 36/2011, de 10 de octubre, reguladora de la jurisdicción social (en adelante, LRJS), cuando la sentencia declare la existencia de vulneración, el juez deberá pronunciarse sobre la cuantía de la indemnización que, en su caso, le corresponda a la

---

8 *Prevenir y castigar. Libertad de información y expresión, tutela del honor y funciones de Derecho de daños,* Madrid, Ed. Marcial Pons, 1997, ps. 117 y 173-174.

9 "Artículo 1902", En: PAZ-ARES, C. *et altrii, Comentario al Código Civil,* Madrid, Ed. Secretaría General Técnica, Centro de Publicaciones, 1991, ps. 1971 y ss.

10 "La prevención a través de la indemnización: los daños punitivos en el derecho norteamericano y el logro de sus objetivos en el derecho español", *Estudios de Derecho Judicial,* nº 37, 2001, ps. 37 y 38.

11 Relativa a la aplicación del principio de igualdad de oportunidades e igualdad de trato entre hombres y mujeres (refundición).

parte demandante por haber sufrido discriminación u otra lesión de sus derechos fundamentales y libertades públicas, en función tanto del daño moral unido a la vulneración del derecho fundamental, como de los daños y perjuicios adicionales derivados. El tribunal se pronunciará sobre la cuantía del daño, determinándolo prudencialmente cuando la prueba de su importe exacto resulte demasiado difícil o costosa, para resarcir suficientemente a la víctima y restablecer a esta, en la medida de lo posible, en la integridad de su situación anterior a la lesión, «*así como para contribuir a la finalidad de prevenir el daño*».

Pese a que la referencia normativa existe, bien es cierto que en nuestro sistema jurídico ha existido un tradicional reparto de roles entre la satisfacción del interés individual con finalidad reparadora o resarcitoria (indemnización) y la institucional o pública apoyada en la estructura gubernativa estatal que persigue la conducta para sancionar el incumplimiento y evitar su reproducción en el futuro (sanción administrativa). Por eso, es mayoritaria la opinión doctrinal que sostiene que del art. 183 LRJS no puede deducirse que el aspecto preventivo de la indemnización quiera ejemplificar una determinada conducta empresarial, por grosera que esta sea, imponiendo una sanción punitiva[12]. Esta dinámica escapa por completo a la lógica interna que preside el cumplimiento forzoso de la legalidad laboral siendo, además, una cuestión de extraordinaria concreción práctica[13]. También esta línea restrictiva y la separación clara entre reparación a través de indemnizaciones y óptica disuasoria en las sanciones es la que parece deducirse del art. 10 de la LO 3/2007, de 22 de marzo, para la igualdad efectiva de mujeres y hombres, que bajo la rúbrica *Consecuencias jurídicas de las conductas discriminatorias* establece que los actos y las cláusulas de los negocios jurídicos que constituyan o causen discriminación por razón de sexo se considerarán nulos y sin efecto, y darán lugar a responsabilidad a través de un sistema de reparaciones o indemnizaciones que sean reales, efectivas y proporcionales al perjuicio sufrido, así como, en su caso, a través de un sistema eficaz y disuasorio de sanciones que prevenga la realización de conductas discriminatorias.

---

12 También claramente algunos pronunciamientos judiciales (STSJ Castilla La Mancha 21 de diciembre de 2017 (Rº 1401/2017) [«*en el derecho español no existen indemnizaciones punitivas con carácter general*»]).

13 ARIAS DOMÍNGUEZ, A., *La cuantificación de la indemnización por daño moral por transgresión de derechos fundamentales en los despidos nulos,* Madrid, Ed. BOE, 2023, p. 143.

Por su parte, Ley 15/2022, de 12 de julio, integral para la igualdad de trato y no discriminación, en sus arts. 27.1 y 28 en relación a la tutela judicial de derecho a la igualdad de trato y no discriminación establece el derecho a la indemnización por los daños y perjuicios causados precisando que acreditada la discriminación, se presumirá la existencia de daño moral, que se valorará atendiendo a las circunstancias del caso, a la concurrencia o interacción de varias causas de discriminación previstas en la ley y a la gravedad de la lesión efectivamente producida, para lo que se tendrá en cuenta, en su caso, la difusión o audiencia del medio a través del que se haya producido. En el concreto ámbito de la discriminación por discapacidad, el art. 75.2 RD Legislativo 1/2013, de 29 de noviembre, por el que se aprueba el Texto Refundido de la Ley General de derechos de las personas con discapacidad y su inclusión social. Bajo la rúbrica *Tutela judicial y protección contra las represalias,* recoge que la indemnización o reparación a que pueda dar lugar la reclamación correspondiente no estará limitada por un tope máximo fijado *a priori.* La indemnización por daño moral procederá aun cuando no existan perjuicios de carácter económico y se valorará atendiendo a las circunstancias de la infracción y a la gravedad de la lesión.

2.2. *Interpretación judicial a nivel comunitario e interno*

En materia de no discriminación por razón de sexo, el TJUE estableció que las indemnizaciones deberían tener la entidad suficiente para ser disuasorias. Así, en un caso de acceso al empleo, la STJUE 10 de abril de 1984 (asunto C 14/83, Van Colson y Kamann) declararía que aquellas debían tener un efecto disuasorio real respecto al empresario. Ello parecía dar entrada a la dimensión preventiva y permitir cierto margen para los daños punitivos. Pero la STJUE 17 de diciembre de 2015 (asunto C 407/14, Arjona Camacho)[14] parecía haber zanjado la cuestión sobre la no admisibilidad de los daños punitivos entendiendo que la Directiva 2006/54/CE, del Parlamento Europeo y del Consejo, de 5 de julio de 2006, relativa a la aplicación del principio de igualdad de oportunidades e igualdad de trato entre hombres y mujeres en asuntos de empleo y ocupación, a falta de disposición en el ordenamiento español que permita en abono de los daños punitivos, no prevé que el juez nacional pueda condenar por sí mismo al autor de una discriminación al abono de tales daños. El efecto disuasorio real buscado por la normativa no implica la concesión a la víctima de una

---

14 ECLI:EU:2015:829.

discriminación por razón de sexo de una indemnización en concepto de daños punitivos, que va más allá de la reparación íntegra de los perjuicios efectivamente sufridos y es una medida sancionadora. Así, la vía de la indemnización punitiva se encontraría vedada hasta que no se consolidara una opción legislativa que concretara cómo proceder a la indemnización en estos casos, pero ante la inexistencia de dicha norma, el juez no podrá condenar por sí mismo al autor de una discriminación, por ejemplo, al abono de la citada indemnización[15].

También en esta línea contraria a la admisibilidad de las indemnizaciones disuasorias/punitivas, la STSJ Castilla-La Mancha de 21 de diciembre de 2017[16] que entendería que no cabe una indemnización preventiva adicional pero también se localizan otros pronunciamientos que mantienen una posición más abierta. La STSJ Andalucía (Sevilla) de 19 de mayo de 2022[17] que de manera expresa *recoge «la finalidad de la condena indemnizatoria por vulneración de derechos fundamentales prevista en el art. 183 LRJS es doble, una resarcitoria y* otra compensatoria y la cuantía debe ser de tal entidad que sea disuasoria de futuras conductas *pues no hay que olvidar que las indemnizaciones por daños y perjuicios ex art. 183 LRJS son unos daños punitivos o punitive damage»*. El TS también alude a esta visión más innovadora en la STS 20 de abril de 2022[18] al referir que la más reciente doctrina de la Sala se ha alejado más del objetivo propiamente resarcitorio, para situarse en un plano que no descuida el aspecto preventivo y cuanto más se atiende a la función preventiva más nos alejamos de la lógica reparadora[19]. La indemnización aquí cumpliría también en los supuestos de vulneración de derechos fun-

---

15 LÓPEZ CUMBRE, L., "Daños punitivos en el ámbito laboral", *Análisis GA&P*, febrero 2016, p. 3, ARIAS DOMÍNGUEZ, A., *La cuantificación de la indemnización por daño moral por transgresión de derechos fundamentales en los despidos nulos, op. cit.*, p. 147.

16 Rº 1401/2017.

17 Rº 2453/2020.

18 Rº 2391/2019.

19 En esa visión preventiva de la indemnización, también se alinea la SJS nº 1 de Madrid de 13 de mayo de 2022 favorable a que la nueva redacción del art. 183 LRJS abre la puerta a la solicitud de daños punitivos, posibilitando la finalidad disuasoria de las indemnizaciones para evitar que las conductas lesivas de derechos fundamentales se produzcan de nuevo, para evitar que *«la lesión de los derechos fundamentales no salga rentable»* (asimismo, SSJS nº 1 Melilla 25 de enero [Stcia 20/2022] y 8 de febrero [Stcia 55/2021]). En esta misma línea, STSJ Andalucía 20 de diciembre de 2012 (Rº 3752/2012) afirmando que la indemnización por daños morales tiene una función distinta, una función de compensación *«amen de ser*

damentales una función correctiva, catártica, restauradora del orden jurídico y social alterado por el causante y responsable de los daños y, por tanto, análoga a la punitiva[20].

3. ESPACIO PARA LAS INDEMNIZACIONES DISUASORIAS EN LA VULNERACIÓN DE DERECHOS FUNDAMENTALES

En todo caso, resulta peculiar que la indemnización tienda a *«contribuir a la finalidad de prevenir el daño»* porque ello supone imponer una indemnización adicional a la estrictamente destinada a reparar el daño sufrido[21]. Pero, en realidad, existe una fisura entre el discurso de la función preventiva de la indemnización y su práctica básicamente porque no se cuenta con parámetros operativos claros (legales, normativos, jurisprudenciales) que cuantifiquen este aspecto de la indemnización. Aun cuando, en ocasiones, como expresa MOLINA NAVARRETE, los tribunales aluden a la necesidad de imponer una indemnización no simbólica para corregir la práctica lesiva de derechos fundamentales[22], dicha práctica rara vez disocia los elementos de la indemnización que tienen que ver con la reparación del daño de los preventivos y si bien es cierto que sí acrecienta la indemnización por daño moral, no lo hace de manera muy significativa. En definitiva, la alusión a la dimensión disuasoria de la indemnización en la mayoría de los supuestos en que se acude a ella, se invoca más como elemento retórico que como un argumento de autoridad con sustantividad propia y determinante, por lo que el cambio de cultura indemnizatoria que pretendía implementar el art. 183 LRJS con la función preventiva superando el tradicional sistema de tasación de daños, no habría cumplido todas las expectativas que se habían cifrado en él, porque su mayor enemigo, el elemento que con más fuerza ha minado la propia eficacia del principio, ha sido la tendencia judicial a

realmente un punitive damages o daños punitivos» (SSTSJ Andalucía 15 de septiembre y 30 de junio 2022 [Rº 777/2022 y Rº 1957/2022, respectivamente]).

20 MERCADER UGUINA, J. R., "Ley de infracciones y sanciones como «baremo»: funciones y disfunciones en la determinación de los daños morales derivados de la vulneración de derechos fundamentales", *op. cit.*, p. 13.

21 BALLESTER PASTOR, A., "El proceloso camino hacia la efectividad y adecuación de las indemnizaciones por vulneración de derechos fundamentales", *Revista de Derecho Social,* nº 69, 2015, p. 34.

22 MOLINA NAVARRETE, C., *Indemnizaciones disuasorias, nueva garantía de efectividad de la tutela social: entre retórica judicial y prácticas innovadoras,* Albacete, Ed. Bomarzo, 2019, p. 33 y 42.

imponer cantidades indemnizatorias estandarizadas[23] en las que es difícil localizar el efectos disuasorio pretendido[24].

Ahora bien, en muchos supuestos paradigmáticos de aplicación del principio de justicia correctiva (violencia de género, sexual, por razón de sexo, acoso o discriminaciones directas intencionales...), se esconde la dimensión preventiva/disuasoria bajo la apariencia de una indemnización por daño moral. Esto es, no se reputa explícitamente el carácter punitivo de una parte de la indemnización pero esta se calcula más sobre la base del reproche de la conducta del responsable que sobre la verdadera entidad del daño padecido por víctima (*daños punitivos escondidos*)[25]. En esta línea, se localizan pronunciamientos judiciales en los que la elevación de la indemnización persigue, precisamente, evitar la reiteración de la conducta (acoso moral) ante la evidencia de que se ha producido en el pasado (argumento directamente relacionado con el propósito preventivo)[26]. Y también se aprecia el aspecto preventivo en asuntos colectivos, donde la indemnización por daño moral viene más rodada[27].

Y es aquí, en la elevación de la indemnización, donde podría ubicarse esa dimensión disuasoria de la indemnización (*«finalidad de prevenir el daño»* [art. 183 LRJS]), plano indemnizatorio que no descuida el aspecto preventivo [STS 22 de abril 2022, citada *supra*]). Pero no olvidemos que la jurisprudencia comunitaria e interna insisten en que el principal escollo para admitir los daños punitivos en nuestro sistema es el ataque al principio de legalidad que podría suponer: vulneración de la garantía criminal (*nulla poena sine legem* —art. 25.1 CE—) y del principio de taxatividad (descripción clara en la ley de la acción u omisión que determina daños punitivos). Y *a sensu contrario*, ya se ha apuntado que el respeto al principio de legalidad se obtendría si la posibilidad de imponer daños punitivos estuviera expresamente prevista en la norma (LISOS), de tal forma que se recogiera no solo el grado o tipo de reproche o la intolerabilidad de la

---

23 Como constatamos después (*vid., infra* 4.1).

24 *Indemnizaciones disuasorias, nueva garantía de efectividad de la tutela social: entre retórica judicial y prácticas innovadoras, op. cit.*, ps. 113 y 114.

25 LLAMAS POMBO, E., "De nuevo sobre el daño moral. Algunos apuntes de reflexión", En: SANTOS MORÓN, M. J., MERCADER UGUINA, J. R., DEL OLMO, P. (dir.), *Nuevos retos del Derecho de daños en Iberoamérica,* Valencia, Tirant lo Blanch, 2020, p. 29.

26 STSJ País Vasco 17 de julio de 2018 (Rº 1532/2018). Indemnización adicional de 12.000 € sobre los 20.000 € de la sentencia de instancia conforme a la LISOS.

27 SJS nº 3 de Elche de 16 de octubre de 2017 (Stcia 341/2017). *Vid., infra* 4.1.1.

conducta del agente, sino la naturaleza y la extensión de la sanción (v gr. multiplicador —doble, triple—)[28].

Tal referencia normativa no existe de momento, ¿entonces qué espacio queda para la dimensión disuasoria, preventiva de la indemnización por vulneración de derechos fundamentales en el contrato de trabajo? ¿Cabría admitir un espacio disuasorio/preventivo aun cuando no fuera punitivo? Entendemos que sí porque una cosa es que lo punitivo sea preventivo/disuasorio —que siempre lo será— y, otra, que todo lo disuasorio/preventivo sea punitivo, puede serlo o no[29]. Esto es, hay un espacio para aquella dimensión en la indemnización por daño moral en línea con la última visión judicial de TS y con la expresa referencia normativa a la importancia de aquel en la vulneración de derechos fundamentales (Ley 15/2022, RD Legislativo 1/2013 —discapacitados—, LRJS).

Por tanto, espacio disuasorio/preventivo en la vulneración de derechos fundamentales en el contrato de trabajo sí (ubicado en el daño moral), daños punitivos, no. De esta manera se salvaría el escollo constitucional y, además, el obstáculo de que aquellos daños de neto perfil punitivo en los ordenamientos en que sí existen, no terminan acreciendo significativamente el patrimonio del sujeto que ha visto vulnerado sus derechos fundamentales sino que terminan en buena medida en las arcas públicas[30], algo absolutamente opuesto a la lógica indemnizatoria interna.

---

28 Sobre el tema, HERRERO SUÁREZ, C., “El sistema estadounidense de *treble damages* ¿un modelo a importar?, En: GARCÍA TOMILLO, M. (Dir.), *Límites entre el Derecho sancionador y el Derecho privado,* Valladolid, Lex Nova, 2012, ps. 127 y ss.

29 ALAMEDA CASTILLO, M. T., “Repensando el modelo de tutela resarcitoria en la vulneración de derechos fundamentales inespecíficos en el contrato de trabajo”, *op. cit.*, ps. 8 y 9.

30 Históricamente, los daños punitivos surgieron para compensar a la víctima de daños como el moral, el sufrimiento emocional y físico que no se podía compensar por otros medios. En Estados Unidos, determinados Estados recogen la denominada *split-recovery legislation* que supone que estos reciben una parte de la cantidad impuesta en concepto de daños punitivos (en California puede llegar hasta el 75% de la cantidad obtenida). Así, los Estados reciben principalmente el beneficio económico de la sanción que le sería atribuido al tratarse de una conducta altamente reprobable generadora de un daño especialmente cruel siendo oportuno que esa multa no vaya solo a quien ha sufrido el daño sino también a las arcas públicas, en definitiva, a todos los ciudadanos (v gr. Entidades de carácter público de las que pudieran beneficiarse [Asociaciones de defensa de derechos]). Además, hay otros argumentos a favor de la atribución al Estado del beneficio económico que lleva aparejado la imposición de la sanción: se trataría de un medio

No obstante, pese a lo expuesto, sí es posible localizar, en determinados supuestos, en los que el ordenamiento jurídico tiene presente la relevancia del incumplimiento y del daño causado, un matiz de plus reparador con perfiles punitivos pero que no encaja estrictamente en la sanción entendida como cantidad impuesta por el poder público y a ingresar en el Tesoro dado que revierte en el perjudicado (de ahí su singularidad). En todo caso, habrá de ser una norma (para la doctrina mayoritaria, solo ley, en estricta aplicación del principio de legalidad al presentar perfiles de sanción) la que incorpore instituciones con aquellos perfiles determinando módulos, sistemas o criterios de cálculo de los mismos. Responde a esta naturaleza el recargo de prestaciones al que, a nivel doctrinal[31] y judicial (social)[32] se atribuye expresamente aquella naturaleza sancionadora o punitiva aun cuando presenta rasgos de indemnización y de sanción al darse en él elementos de ambas dimensiones. El TS insistirá en las dimensiones sancio-

---

para incrementar el bienestar general y no solo el particular y, por otra parte, es aquel quien afronta los costes de la Administración de Justicia.

En este contexto, se muestra crítico con los daños punitivos, LLAMAS POMBO, especialmente en relación al destino de la indemnización punitiva pagada pues si se la entregamos a la víctima, admitimos abiertamente un acto de enriquecimiento injusto dado que, por definición, le estamos indemnizando por encima de los que supuso el daño (estricto, añadimos nosotros, sin otras visiones más amplias que permite el daño moral...). Continúa el autor sosteniendo que si se la queda el Estado *«alguien tendrá que explicar en qué difiere esa multa de la sanción penal»* y, si se piensa en financiar por esta vía a determinadas ONGs, asociaciones de víctimas o similares, *«no resulta la mejor manera de desincentivar los daños»* ("Formas de reparación del daño (y II), *Práctica Derecho de daños*, nº 81, 2010, p. 26).

31 Entiende MERCADER UGUINA que si se ha aplicado una reparación por la vía de la responsabilidad civil, el recargo de prestaciones es siempre, por hipótesis, sanción punitiva porque actúa sobre un daño que jurídicamente está completamente indemnizado. No obstante, después se mostrará más partidario de situaciones de sobreindemnización (*Indemnizaciones derivadas de accidente de trabajo, Seguridad Social y Derecho de daños,* Madrid, Ed. La Ley, 2001, ps. 157 y 160). También previamente, DESDENTADO BONETE y DE LA PUEBLA PINILLA ("En busca de la reparación integral: las medidas complementarias de protección de accidente a través de la responsabilidad civil del empresario y del recargo de prestaciones", En: GONZALO GONZÁLEZ, B., NOGUEIRA GUASTAVINO, M., *Cien años de Seguridad Social. A propósito de la Ley de Accidentes de Trabajo de 30 de enero de 1900,* Madrid, Ed. UNED/Fraternidad, 2000, ps. 655-656).

32 SSTS 25 de enero 2024 (Rº 3521/2020), 2 de octubre de 2000 (2393/1999), STSJ Comunidad Valenciana 11 octubre 2001 (Rº 3582/1999).

nadoras, indemnizatorias y prestacionales de la compleja institución del recargo de prestaciones[33].

Al margen de ello, con carácter general, y sintetizando lo expuesto, en nuestro modelo, en la indemnización por daños y perjuicios derivados de la vulneración de derechos fundamentales hay un claro componente de reproche social ante conductas especialmente reprobables pero ante él reacciona el ordenamiento por la vía del Derecho administrativo sancionador que es punitivo, preventivo y disuasorio. La reacción social ante aquellos comportamientos beneficia también a toda la sociedad como destinataria del importe pecuniario de la sanción impuesta pero, en la estricta dimensión contractual, nos movemos en los márgenes del Derecho de daños pero admitiendo los criterios o parámetros amplios de aplicación que permite la indemnización por daño moral para dar entrada a la óptica disuasoria. Dimensión esta en absoluto ajena en muchos pronunciamientos judiciales: *«si la violación del derecho no lleva aparejada ningún perjuicio tangible para el infractor, fácilmente se verá inclinado a repetir en el futuro idéntica o parecida conducta ilícita»*[34], *«estas conductas lejos de reprimirse, encontrarán un acicate para repetirse»*[35].

4. LA DUCTILIDAD DE LA INDEMNIZACIÓN POR DAÑO MORAL Y LA FLEXIBILIDAD DEL BAREMO DE LA LISOS

La cuantificación monetaria del daño moral constituye un instrumento útil para adecuar a las circunstancias del caso la reparación del perjudicado, superando los límites y las dificultades que derivan de una estricta valoración de los daños y perjuicios sufridos por aquel[36]. Presenta el daño moral perfiles singulares: carácter subjetivo frente a la objetividad de los daños materiales, consiguiente relajación de la prueba y arbitrio judicial en la instancia[37]. Aun cuando nos movemos en la lógica del Derecho ci-

---

33 SSTS 25 de enero de 2024 (Rº 3521/2020), 11 de mayo de 2018 (Rº 3012/2016), 837/2018 (Rº 2367/2016), 23 de marzo de 2015 (Rº 2057/2014), 8 de julio de 2009 (Rº 4582/2006) y 13 de febrero de 2008 (Rº 163/2007).

34 STJS Baleares 1 de junio de 1999 (Rº 245/1999).

35 STSJ Canarias 30 de noviembre de 1999 (Rº 591/1999).

36 BERCOVITZ RODRÍGUEZ-CANO, R., “La dignidad de las víctimas de delitos”, *Aranzadi Civil*, nº 6, 2010, p. 12.

37 CARDENAL CARRO, M., *La indemnización en los procesos de tutela de la libertad sindical*, Pamplona, Ed. Aranzadi, 2006, ps. 210-211.

vil de daños, las vulneraciones de derechos fundamentales, afectantes a la dignidad del individuo y reprobables en todos los ámbitos, presentan en el contexto de una relación laboral perfiles más lesivos ante la situación de necesidad del trabajador que ya tiene un contrato de trabajo y también cuando se pretende acceder a él. El desequilibrio económico y jurídico de trabajador y empresario —aun amortiguado por normas sustantivas y procesales *pro operario*— es un terreno especialmente abonado para lesiones de derechos fundamentales de ahí que la plasticidad, ductilidad, que incorpora la indemnización por daño moral sea especialmente adecuada en este ámbito social que se aleja, por los intereses tutelados, del equilibrio contractual típicamente civil.

El RD Legislativo 2/1995, de 7 de abril, por el que se aprobó el Texto Refundido de la Ley de Procedimiento Laboral, no recogía norma alguna sobre la fijación de la cuantía de la reparación económica ligada a daños materiales o morales a compensar en supuestos de vulneración de derechos fundamentales. Ambas eran cuestiones a valorar por los tribunales de instancia discrecionalmente y la cuantificación realizada por el juez o tribunal que tramitó la causa no era revisable en vía de recurso, siempre que se hubiera efectuado sobre unas «*coordenadas normales, según su prudente arbitrio y las circunstancias del caso*»[38]. La traducción en términos económicos de los daños materiales es sencilla pues su fijación es meramente objetiva e inmediata mientras que la indemnización por daños morales será subjetiva y mediata pues carecen de traducción económica automática[39].

Tras la entrada en vigor de la LRJS serán aplicables las reglas indemnizatorias recogidas en los arts. 179.3 y 183, ambos en sede del proceso de tutela de derechos fundamentales y libertades públicas. El primero requiere que en la demanda se recojan las circunstancias relevantes para la determinación de la indemnización que se reclama, incluyendo la gravedad, duración y consecuencias o las bases de cálculo de los perjuicios estimados para el trabajador y se excepciona de ello a los daños morales unidos a la vulneración de un derecho fundamental cuando resulte difícil su estimación detallada. Junto a ello, como ya indicamos, el art. 183 LRJS recuerda

---

38 STS 22 de febrero de 2011 que admite el recurso en supuestos de error notorio, arbitrariedad, notoria desproporción. STSJ Cataluña de 20 de marzo de 2005 que rebajaría una indemnización por daños morales en un supuesto de discriminación por razón de sexo de 300.000 € a 20.000 €.

39 BAZ TEJEDOR, J. A., *La tutela judicial de los derechos fundamentales en el proceso de trabajo*, Valladolid, Ed. Lex Nova, 2006, p. 237.

que cuando la sentencia declare la vulneración del derecho fundamental, el juez habrá de pronunciarse sobre la cuantía de la indemnización incluyendo daño moral y perjuicios adicionales derivados. El juez se pronunciará sobre la cuantía del daño, determinándolo prudencialmente cuando la prueba de su importe exacto resultare demasiado difícil o costosa, para resarcir suficientemente a la víctima y restablecer a esta, en la medida de lo posible, en la integridad de su situación anterior a la lesión, así como a la finalidad de prevenir el daño.

Ahora bien, aun cuando se trate de daños morales, los parámetros valorativos difusos a emplear no serán, por ello, irrazonables[40]. En tales criterios de razonabilidad habrá que incluir: a) El repudio social que merece la transgresión del derecho fundamental violentado, atendiendo a las peculiaridades personales del agresor y la víctima[41], b) la eficacia precisa de la medida indemnizatoria adoptada para satisfacer adecuadamente a la víctima del daño causado y c) el carácter ejemplarizante de la medida para comportamientos futuros del agresor y, en general, de toda la sociedad que espera del poder judicial la adopción de decisiones adecuadas de protección y salvaguarda para el libre ejercicio de los derechos fundamentales[42].

En materia de prueba se ha asistido, como expresa MERCADER UGUINA, a «*un viaje de ida y vuelta*»[43]. En un primer momento se defendería la automaticidad de la indemnización por daños morales[44], después, se requeriría la existencia de datos probatorios no solo del posible daño, sino también de los parámetros identificadores de su cuantía[45]. Con posterioridad, la STC 247/2006, de 24 de julio[46], rectificaría hacia la visión más abier-

---

40 ALAMEDA CASTILLO, M. T., "Repensando el modelo de tutela resarcitoria en la vulneración de derechos fundamentales inespecíficos…, *op. cit.*, p. 10.

41 Como expresaría GOÑI SEIN —en sede de libertad sindical—, no cabría vincular la naturaleza de la pretensión indemnizatoria con el concepto de daño patrimonial civil porque el epicentro reside en la vulneración de un derecho fundamental, «*no se está ante una mera valoración de daño económico*» (*La indemnización por daños derivados de la conducta antisindical*, Madrid, Ed. Tecnos, 1996, p. 22).

42 CARDENAL CARRO, *La indemnización en los procesos de tutela de la libertad sindical, op, cit.*, p. 193 y 208.

43 "Ley de infracciones y sanciones como «baremo»: funciones y disfunciones en la determinación de los daños morales derivados de la vulneración de derechos fundamentales", *op. cit.*, p. 4.

44 STS 9 de junio de 1993 (Rº 3856/1992).

45 STS 22 de julio de 1996 (Rº 3780/1995).

46 Recurso de amparo 6074/2003.

ta al afirmar que este tipo de daños se dan en todo caso, sin que sea factible aportar prueba concreta del perjuicio sufrido y de su cuantificación monetaria, dada la índole del daño moral. Así, los daños morales resultan indisolublemente unidos a la vulneración del derecho fundamental y cuando resulte difícil su estimación detallada (lo que ocurrirá casi siempre) deberán flexibilizarse, en lo necesario, las exigencias normales para la determinación de la indemnización[47]. Será suficiente a efectos de su reconocimiento por el órgano judicial solicitar en la demanda la indemnización, no siendo necesariamente exigible un mayor grado de concreción en la exposición de parámetros objetivos de muy difícil cumplimiento en atención a la propia naturaleza de los daños morales reclamados[48]. La no aportación en juicio de indicios, bases o apoyos de cálculo, no puede conllevar que no se determine indemnización alguna pues el daño, efectivamente, ha sido causado y ha de compensarse, aunque para su cuantificación se aleguen unas cifras genéricas sin colegir del relato fáctico *«un sufrimiento personal, daño moral, y en la personalidad del actor»*, siendo en la práctica tan solo suficiente la existencia de una vulneración de derechos fundamentales[49]. Para el TC, resultaría incongruente (afectando al art. 24 CE) que una sentencia que declara la vulneración de un derecho fundamental de la persona trabajadora no se pronuncie sobre la cuantía de la indemnización que debe recibir por dicha vulneración, así que, en todo caso, la sentencia

---

47 STS 5 de octubre de 2017 (Rº. 2497/2015), 26 de abril y 12 de julio de 2016 (Rº 113/2015 y Rº 361/2014, respectivamente), 2 de febrero de 2015 (Rº 279/2013), 8 de julio de 2014 (Rº 282/2013), 17 de diciembre de 2013 (Rº 109/2012).

48 STS 23 de febrero de 2022 (Rº 4322/2019, un comentario a la misma en MONEREO PÉREZ, J. L., “Despido nulo por vulneración de derechos fundamentales, resarcimiento del daño moral y modo “prudencial” de cuantificación de la indemnización”, *Revista de Jurisprudencia Laboral*, nº 3/2022, BOE.es, pp. 1-16). También STS 9 de marzo 2022 (Rº 2269/2019). En esta sentencia el Alto Tribunal tiene en cuenta que la relación laboral duró alrededor de dos años siendo el salario bruto del trabajador durante ese periodo de 23.618,28 €/año, por lo que considera manifiestamente excesiva y desproporcionada la suma reclamada por daños morales de 25.000 € (la declaración de nulidad del despido ya implica la readmisión del trabajador más el pago de los salarios dejados de percibir desde la fecha de la resolución del contrato). Para el TS es más razonable y adecuado fijar la indemnización en la suma correspondiente a la cuantía inferior de esa multa (6.251 €), que prudencialmente resulta más proporcionada y ajustada a las circunstancias del caso para resarcir en sus justos términos el perjuicio derivado del daño moral infringido al trabajador.

49 SSTS 5 de octubre de 2017 (Rº 2497/2015), 23 de febrero de 2022 (Rº 4322/2019, citada *supra*) y 10 de enero de 2023 (Rº 2582/2020).

habrá de cuantificar una indemnización[50]. Ahora bien, no cabría aceptar condenar de oficio a una vulneración por derechos fundamentales cuando la parte actora no la hubiera pedido ni en la instancia, ni en el recurso de suplicación ni en la impugnación al recurso de casación para la unificación de doctrina[51].

En cualquier caso, la fijación del importe de la indemnización por daños morales ha de ajustarse a criterios de razonabilidad que no resulten excesivos y desorbitados en función de las circunstancias del caso[52]. La utilización del criterio orientador de las sanciones pecuniarias previstas en la LISOS para las infracciones producidas en el caso ha sido admitido por la jurisprudencia constitucional y ordinaria[53]. Ahora bien, no se trataría de hacer una aplicación automática y directa del importe de las sanciones, sino que habría de atenderse a la razonabilidad de esas cifras para la solución del caso, en función de la gravedad de la vulneración del derecho fundamental[54], buscando no tanto el objetivo propiamente resarcitorio cuanto el aspecto preventivo que ha de corresponder a la indemnización en estos casos[55]. Por tanto, el baremo de la LISOS nos estaría dando margen para incorporar el aspecto preventivo/disuasorio en la indemnización por vulneración de derechos fundamentales de la mano de la razonabilidad del daño moral.

No obstante, ya se apunta que tal opción también presenta riesgos pues al ser el propio órgano judicial el que establece prudencialmente su cuantía, utilizando como criterio orientador el texto de la LISOS, el margen

---

50 STC 61/2021, de 15 de marzo (Recurso de amparo 6838/2019).

51 STS 8 de marzo de 2022 (Rº 130/2019). En sentido contrario, STSJ Galicia 14 de febrero de 2023 (Rº 6185/2022).
Ahora bien, sí se produciría incongruencia por omisión cuando habiéndose condenado la vulneración de derechos fundamentales, la sentencia no se pronuncia sobre la indemnización, pues la indemnización sí fue expresamente pedida en primera instancia aunque no hubiese sido pedido expresamente ese punto por el demandante en el recurso (STS 10 de enero de 2023 [Rº 2582/2020]).

52 STS 2 de febrero de 2015 (Rº 279/2013).

53 STC 247/2006 (Recurso de amparo 6074/2003, citada) y SSTS 19 de diciembre de 2017 (Rº 624/2016), 2 de febrero de 2015 (Rec. 279/13), 8 de julio de 2014 (Rec. 282/13) y 15 de febrero de 2012 (Rº. 6701).

54 No obstante, *vid. infra* 4.1.

55 GARCÍA ROMERO, B., "Indemnización adicional por daño moral derivado de la vulneración de derechos fundamentales en el supuesto en el que, por dicha vulneración, el despido es declarado nulo", *Revista de Jurisprudencia Laboral*, nº 4/2022, BOE.es, p. 6.

de discrecionalidad es muy amplio[56], por lo que, en aras de la seguridad jurídica, sería deseable que el legislador fijara unos criterios específicos de cuantificación más precisos para la determinación del importe de la indemnización adicional[57]. Por su parte, aunque el art. 40 LISOS permite una graduación de las multas, las horquillas son tan amplias que su aplicación difícilmente permite garantizar la igualdad en la concesión de las indemnizaciones. También se ha objetado la identificación entre la función de reparación con la función represiva, abriendo la puerta de las indemnizaciones punitivas en concurrencia con el régimen de sanciones penales y administrativas, con el consiguiente riesgo de infracción del principio *non bis in idem,* si el infractor ha sido ya sancionado con misma multa que ahora se toma como elemento decisivo de cálculo de la indemnización[58].

Del análisis de lo expuesto hasta ahora resulta evidente la dificultad de que las indemnizaciones por vulneración de derechos fundamentales respondan realmente a los objetivos reparadores, compensatorios y preventivos queridos por la ley. Existen un gran campo de discrecionalidad judicial, aleatoriedad e inseguridad jurídica[59]. No obstante, ante la realidad de que la utilización de los elementos que ofrece la LISOS no es suficiente para el cumplimiento de aquellos objetivos, al ser la horquilla de la cuantificación excesivamente amplia (en faltas muy graves en materia laboral, entre 7.501 € y 225.018 €), el TS determina a veces como elementos para cuantificar la indemnización: a) la antigüedad del trabajador en la empresa, b) la persistencia temporal de la vulneración del derecho fundamental, c) la intensidad del quebranto del derecho, d) las consecuencias que se provoquen en la situación personal o social del trabajador/sujeto titular del derecho infringido, e) posible reincidencia de conductas vulneradoras, f) carácter pluriofensivo de la lesión, g) contexto en que se haya producido la

---

56 Como apunta la STSJ Canarias (Santa Cruz de Tenerife) 6 de marzo de 2018 (Stcia. 222/2018) el empleo orientativo de normativa sancionadora presenta deficiencias y es criticable porque la LISOS no está concebida ni diseñada para cuantificar indemnizaciones por daño moral aun cuando su uso, a efectos puramente orientativos, esté admitido.

57 GARCÍA ROMERO, B., "Indemnización adicional por daño moral..., *op. cit.*, p. 8.

58 MERCADER UGUINA, J. R., "Ley de infracciones y sanciones como «baremo»: funciones y disfunciones en la determinación de los daños morales derivados de la vulneración de derechos fundamentales", *op. cit.*, p. 11.

59 "Criterios para el cálculo de la indemnización por vulneración de derechos fundamentales. Una revisión sistemática de sentencias y una propuesta de baremo", *Labos*, Vol. 5, nº 2, 2024, p. 56).

conducta o actitud tendente a impedir la defensa y protección del derecho transgredido y 8) otras atendiendo a las circunstancias del caso[60]. Pero, en realidad, los criterios que se reiteran, son menos (salario, antigüedad, vulneración de más de un derecho fundamental, reincidencia de la conducta empresarial y consecuencias de esta y existencia de otra forma de reparación del daño) y la práctica judicial recurre una y otra vez a la fijación de la indemnización de 6.251 € (7.501 €)[61].

En relación al salario, la indemnización más común oscila entre 1/3 y ½ del salario anual del trabajador (aun con excepciones), pudiendo afirmarse que las indemnizaciones son superiores en términos absolutos para los trabajadores con salarios superiores, sin embargo, proporcionalmente, las indemnizaciones de los trabajadores con salarios bajos son superiores a las de los trabajadores con salarios altos. Apuntará en este contexto TODOLÍ SIGNES una interesante reflexión. Aunque los derechos fundamentales son predicables de todas las personas con la misma intensidad, no cabe duda que las personas en peores circunstancias económicas sufrirán más la injusticia de una vulneración ya que su situación precaria se verá agravada. Bien por un despido ilícito, bien por otra concreta vulneración de los derechos fundamentales, aquella se suma a su compleja situación económica. Y, además, desde la vertiente preventiva de la indemnización por daños morales parece tener sentido que las personas con peores salarios perciban indemnizaciones proporcionalmente superiores, pues su situación es más vulnerable y se encuentran más desprotegidos para defender sus derechos fundamentales. Si se quiere reducir el abuso en sus derechos, es conveniente que sus indemnizaciones sean proporcionalmente mayores[62]. Argumento similar mantiene el autor sobre el criterio de la antigüedad, las empresas, por ejemplo, tendrían más incentivos para despedir vulnerando derechos fundamentales a trabajadores que lleven prestando servicios en la empresa poco tiempo —*la vulneración saldría barata*— con lo cual el objetivo disuasorio se reduce. Algún pronunciamiento judicial se sitúa en una línea contraria alineándose, precisamente, con finalidad preventiva: abono de indemnización de 10.000 € en un supuesto de vulneración de la

60 STS 20 de abril de 2022 (Rº 2391/2019).

61 Cuantifica TODOLI SIGNES tras llevar a cabo una rigurosa revisión de sentencias, que el 73% de las indemnizaciones concedidas responden *«a parámetros desconocidos»* ("Criterios para el cálculo de la indemnización por vulneración de derechos fundamentales., *op. cit.*, p. 56).

62 TODOLI SIGNES, A., "Criterios para el cálculo de la indemnización por vulneración de derechos fundamentales…, *op. cit.*, ps. 61 y 63.

garantía de indemnidad de una persona trabajadora con una semana de antigüedad[63].

En relación al criterio de reincidencia, por su parte, es claro que la vertiente preventiva explicaría claramente el incremento de la indemnización, si una empresa que vulneró derechos fundamentales y que ya fue condenada al abono de una indemnización en su momento, vuelve a vulnerar, es obvio que la indemnización anterior no fue disuasoria. Lógicamente, la segunda vulneración, exige una indemnización cualitativamente superior[64]. Por su parte, criterios como la cifra de negocio de la empresa, habrían de ser tenidos en cuenta en la fijación de la indemnización por daños morales, para que estas impliquen, realmente, un desincentivo a la conducta infractora. La propia LISOS en su art. 39 establece este criterio entre los que habrán de valorarse en la graduación de las sanciones. La idoneidad del mismo es clara: prevención general, que es un dato objetivo y fácilmente demostrable y que desplegará realmente el efecto desincentivador de la vulneración de derechos fundamentales pues, de no ser así, las empresas con menor cifra de negocios estarían siendo tratadas injustamente, al recaer realmente, solo en ellas, aquel efecto[65].

4.1. Ámbitos concretos de las indemnizaciones disuasorias: visión judicial

Precisamos a continuación —sin ánimo de exhaustividad— los ámbitos más frecuentes en los que la dimensión preventiva/disuasora de la indemnización por daños morales en la vulneración de derechos fundamentales en el contrato de trabajo está teniendo mayor reflejo judicial. Aun cuando es claro —y reiteradamente afirmado— que la determinación prudencial de la indemnización por el juez debe atender al doble principio de suficiencia indemnizatoria para la reparación íntegra y para la finalidad preventiva frente a vulneraciones futuras, alejándose del objetivo propiamente resarcitorio para situarse en un plano que no descuida el aspecto preven-

---

63 SJS Palma de Mallorca de 19 de febrero de 2021 (Proc. 395/2020).

64 TODOLI SIGNES, A., "Criterios para el cálculo de la indemnización por vulneración de derechos fundamentales…, *op. cit.*, p. 68. En este sentido, STS 20 de abril de 2022 (Rº 2391/2019 —citada *supra*—) que llevaría a cabo una interpretación extensiva al considerar agravante que la vulneración hubiera afectado a otro trabajador distinto de la empresa.

65 TODOLI SIGNES, A., "Criterios para el cálculo de la indemnización por vulneración de derechos fundamentales…, *op. cit.*, p. 74.

tivo[66], se aprecia una fisura entre el discurso de la función preventiva de la indemnización y su práctica. La doctrina critica aquí la inefectividad y el exceso de nominalismo o retórica judicial, recurriendo las sentencias una y otra vez a indemnizaciones de nivel mínimo[67] (grado mínimo, escalón mínimo art. 40.1 c] LISOS —muy graves—)[68]. Lógicamente, la estandarizada y previsible indemnización vacía, en buena medida, la dimensión preventivo-disuasoria. De antemano se conocería el *precio de la vulneración del derecho* y este nominalismo debilita, ciertamente, la tutela pese a tratarse de derechos fundamentales que requieren la máxima protección constitucional[69]. Tanto es así que, muchas veces, la empresa al recurrir, pide revisión de la posible indemnización fijada en la instancia *solicitando su rebaja al estándar* de los 6.251 €. Pese a todo, se aprecia una evolución favorable en el período 2020-2024 hacia una mayor importancia de la dimensión disuasoria en la indemnización y a su individualización —como se señaló en páginas precedentes— atendiendo a las circunstancias del caso. La aprobación de la Ley 15/2022, integral para la igualdad de trato y no discriminación, que se pronuncia precisamente sobre esa individualización parece estar teniendo impacto a estos efectos.

Dos indicaciones más, la indemnización adicional del art. 183 LRJS está implícitamente unida a la vulneración del derecho fundamental producido y no a las consecuencias que puedan derivarse de eventuales declaraciones de nulidad, es una indemnización especial y específica y sin el reconocimiento de esta, la vulneración de derechos fundamentales quedaría vacía de suficiente protección y reparación y, desde luego, sin el añadido valor disuasorio[70]. Así, no cabe subsumir completamente la indemnización por derechos fundamentales dentro de las otras que recogen las

---

66 STS 19 de diciembre de 2017 (Rº 624/2016).

67 MOLINA NAVARRETE, C., *Indemnizaciones disuasorias, nueva garantía de efectividad de la tutela social: entre retórica judicial y practicas innovadoras, op. cit.*, p. 34.

68 6251 €, tras la actualización de cuantías 7501 € (Ley 10/2021, de 9 de julio).

69 En este contexto aludirá MOLINA NAVARRETE a la importancia del principio de vertebración de los daños en la fijación de la indemnización: daño emergente, daños a la profesionalidad, daños a la salud, daños personales morales (donde se ubicaría la dimensión disuasoria, indemnización adicional) (claramente clasificados en SJS nº 2 Palma de Mallorca 8 noviembre 2018 (Stcia. 374/2018], *Indemnizaciones disuasorias, nueva garantía de efectividad de la tutela social: entre retórica judicial y practicas innovadoras, op. cit.*, p. 108-112).

70 STSJ Castilla-La Mancha 2 de mayo de 2018 (Rº 2582/2020).
Insisten en la dimensión preventiva de la indemnización, SSTS 9 de marzo de 2022 (Rº 2269/2019), 21 de febrero de 2019 (Rº 214/2019), 8 de febrero de 2018

normas laborales, pues estas no compensan el daño moral implícitamente unido e indisociable a una vulneración de un derecho fundamental, ni tienen la capacidad disuasoria que exige el art. 183 LRJS[71]. Por su parte, a efectos preventivos/disuasorios, es relevante la intencionalidad de causar daño pues se trataría de un dolo que habría de considerarse agravante del comportamiento infractor. No en vano, el art. 39.2 LISOS establece que el grado de negligencia y la intencionalidad deben ser contempladas para modular la sanción aplicable[72].

4.1.1. Derechos colectivos

En supuestos de prácticas antisindicales, se localizan bastantes pronunciamientos judiciales que resaltan la dimensión no solamente reparadora de la indemnización por vulneración del derecho de libertad sindical. La indemnización no puede ser simbólica y ha de tener el correspondiente efecto disuasorio de eventuales incumplimientos futuros[73] pudiendo el juzgador ponderar aquel efecto para evitar ulteriores conductas similares[74]. Así, la STSJ Cataluña de 2 de mayo de 2017 que fija una indemnización de 30.000 € ante el comportamiento de persecución de la empresa a un miembro del comité de empresa hasta el punto de que el despido le impidió participar en la negociación del convenio colectivo. La empresa cuestionaría la procedencia de la indemnización al entender que no se habían acreditado daños pero la Sala la asumiría (desasosiego que las vulneraciones provocaron, incertidumbre dilatada que provoca sufrimiento moral...) junto con la legitimidad del prudente arbitrio del juzgador.

Otros ejemplos con indemnizaciones inferiores. La STS 16 de febrero 2017[75] en un supuesto de vulneración reincidente del derecho de libertad sindical por parte de la Administración, afirmaría que en los dos aspectos en los que el art. 183 LRJS dispensa protección, el daño unido a los perjui-

---

(Rº 274/2016), 26 de abril de 2016 (Rº 113/2015), 17 de diciembre de 2013 (Rº 109/2012).

71 CRESPO ORTÍZ, D., "La indemnización adicional por vulneración de derechos fundamentales del art. 183 LRJS. Reflexionando en torno a sus pretensiones y su cálculo", *Labos*, Vol. 4, nº 3, 2023, p. 159.

72 CRESPO ORTÍZ, D., "La indemnización adicional por vulneración de derechos fundamentales del art. 183 LRJS..., *op. cit.*, ps. 172.

73 STSJ Andalucía (Sevilla) 20 de diciembre de 2018 (Stcia. 3669/2018).

74 Rº 818/2017.

75 Rº 90/2016.

cios y la contribución de prevenir el daño, el segundo, contribuir a la prevención, no fue satisfecho[76], acentuado, además, porque era la segunda vez que los demandantes acudían a la vía judicial para recabar la declaración de que su derecho había sido vulnerado. La reiteración en el comportamiento de la demandada pone de manifiesto que una previa declaración de vulneración del derecho fundamental no contribuyó a prevenir el ilícito y se cuantifica la indemnización preventiva en —los reiterados— 6.000 €. También fijará el Tribunal igual indemnización reparatoria y preventiva en la SAN 4 de julio de 2018[77] en un supuesto de preterición de un sindicato minoritario por una gran empresa (derecho a constituir una sección sindical y nombrar un delegado sindical). Pero también se localizan otras sentencias que fijan indemnizaciones menores que difícilmente alcanzarán la finalidad preventiva-disuasoria (STS 6 de junio 2018[78], indemnización de 1500 € o STS 3 febrero 2017[79], indemnización de 300 €).

4.1.2. Prohibición de discriminaciones por razón de sexo

La centralidad de la evitación de discriminaciones por razón de sexo en todos los ámbitos y especialmente en el laboral conecta con la prohibición de discriminación y de obstaculización de la igualdad efectiva de oportunidades y el deber de promoción de esta (arts. 14 y 9.2 CE), también con la dignidad de la mujer, la seguridad y salud en el trabajo, la protección de la familia... Aun así, la realidad judicial evidencia la necesidad —con carácter general— de dotar de una mayor eficacia resarcitorio-preventiva a la indemnización por daño asociado a la discriminación por razón de sexo-género[80].

---

[76] Sí el primero ya que la finalidad de información fue satisfecha (no producción de daño).

[77] Stcia. 117/2018. De *sanción disuasoria* hablará la STSJ Cataluña 14 de julio de 2016 (Stcia. 4642/2016) que fija una cuantía indemnizatoria de 7.000 € para un caso de nulidad de despido disciplinario lesivo del derecho de libertad sindical en su vertiente individual y a la tutela judicial efectiva —garantía de indemnidad—.

[78] Stcia. 602/2018.

[79] Stcia. 102/2017.

[80] MOLINA NAVARRETE, C., *Indemnizaciones disuasorias, nueva garantía de efectividad de la tutela social: entre retórica judicial y practicas innovadoras, op. cit.*, ps. 56-57.

Se localizan supuestos de fijación de indemnizaciones de solo 3.000 €, lo que supone la cuantía de una inexplicable sanción grave y no muy grave[81] y también de los reiterados 6.000 €[82]. Más excepcionales son indemnizaciones superiores (15.500 € en despido de trabajadora embarazada[83], 35.000 € en discriminación salarial por razón de sexo, teniendo en cuenta las diferencias entre los salarios percibidos por la actora y los que le hubieren correspondido percibir en caso de que no hubiese existido esa discriminación[84], 40.000 € acción resolutoria del art. 50 ET en un caso de discriminación por razón de sexo en materia de promoción profesional[85]).

Incluso en los casos especialmente reprobables como acoso sexual y acoso por razón de sexo, las cuantías tampoco son muy elevadas (15.000 € aun constatado el historial de incumplimientos en materia de igualdad de la empresa y los daños personales —psicológicos— provocados a la víctima[86] o los clásicos 6.251 €[87]).

4.1.3. Nulidad objetiva del despido: posiciones judiciales encontradas

Especialmente controvertidos son los supuestos de nulidad objetiva del despido del art. 55.5 ET. La STJUE 22 de febrero de 2018 (asunto C-103/1635, Jessica Porras Guisado)[88] afirmaría que ciertamente habida cuenta del riesgo que supone para el estado físico y psíquico de las trabajadoras embarazadas, que hayan dado a luz o en periodo de lactancia la contingencia de un despido, la protección en concepto de reparación, aun cuando dé lugar a la readmisión de la trabajadora despedida y al abono de la retribución dejada de percibir a causa del despido, no puede susti-

---

81 STSJ Andalucía (Sevilla) 9 marzo de 2017 (Stcia. 757/2017), STSJ Canarias (Santa Cruz de Tenerife) 6 de junio de 2017 (Rº 39/2017).

82 STS 24 enero de 2017 (Stcia. 43/2017).

83 STSJ Cataluña 6 de mayo de 2016 (Stcia. 2793/2016).

84 STJS Andalucía (Málaga) 14 de febrero de 2018 (Rº 2089/2017).

85 La discriminación deriva de su condición de mujer y madre de 3 hijos con cambio de puesto con peor expectativa profesional y peor retribución (estrés con prolongación de la situación degradante y discriminatoria en el tiempo) (STSJ 11 de diciembre de 2018 [Stcia. 2437/2018]).

86 STSJ Galicia 16 de marzo de 2018 (Rº 5398/2017).

87 STSJ Cantabria 30 de enero de 2019 (Rº 74/2019). 20.000 € es la cantidad fijada en un caso de despido discriminatorio a trabajadora víctima de violencia de género (STSJ Madrid 18 de junio de 2018 [Stcia. 369/2018]).

88 ECLI:EU:C:2018:99.

tuir a la protección de carácter preventivo. En esta misma dirección, en el ámbito interno, algunos pronunciamientos judiciales mantienen la automaticidad del resarcimiento indemnizatorio por la nulidad objetiva de los despidos *ex* art. 55.5 b) ET pues cualquier otra comprensión de la figura de la nulidad de los despidos en la modalidad reforzada u objetiva la reduciría a mera tutela simbólica (STSJ Andalucía —Sevilla— 23 de enero de 2020[89] despido en caso de reducción de jornada). También, STSJ País Vasco de 12 de junio de 2018[90] que en un supuesto de despido nulo por causa de embarazo aludirá a que este responde a la tutela objetiva tanto de la maternidad como de la discriminación por razón de sexo, de ahí que opere una protección reforzada de la trabajadora en esta situación, con independencia de que exista un conocimiento por parte del empleador de esta circunstancia. Asimismo, la STSJ Madrid 18 de junio de 2021[91] entiende que no puede aplicarse una *objetividad aséptica*, ya que estamos en presencia de una actuación claramente vulneradora de derechos de la parte trabajadora al haberse producido una discriminación por razón de sexo constitucionalmente vedada[92]. Sin embargo, también se localizan pronunciamientos judiciales en sentido contrario. Así, la STSJ Castilla y León [Valladolid] 18 de noviembre de 2015[93] que diferencia entre nulidad objetiva y nulidad por causa de discriminación y remite a la sentencia de la misma Sala de 17 de julio de 2013[94]. También la STSJ Cataluña 21 de junio de 2021[95] que declara la nulidad automática del despido pero la falta de prueba del conocimiento por parte de la empresa de la situación de embarazo de la trabajadora impide que haya incurrido en violación del derecho fundamental a la no discri-

---

89 Rº 3399/2018.

90 Rº 1028/2018.

91 Rº 286/2021.

92 ROJO TORRECILLA, E., "Despido por embarazo y derecho a indemnización por los daños morales producidos. Notas a la importante sentencia del TSJ de Madrid de 18 de junio de 2021 (con rectificación de criterio anterior) (Disponible en: *http://www.eduardorojotorrecilla.es/2021/07/despido-por-embarazo-y-derecho.html.* Consultado 15 de enero 2025).

93 Rº 2005/2015.

94 Rº 1171/2013. En esta sentencia afirmaría el Tribunal que además de la constatación del hecho determinante de la nulidad objetiva, en estos casos, es necesaria una conducta vulneradora de los derechos fundamentales lo que exigirá un análisis casuístico de cada concreto supuesto que haya de juzgarse.

95 Rº 1926/2021.

minación por razón de sexo del art. 14 CE y, en consecuencia, proceda la condena a indemnización de los daños y perjuicios morales[96].

Los argumentos en una dirección y en otra, son igualmente razonables siendo precisa unificación de doctrina en la materia por el Tribunal Supremo[97]. Esta ha llegado de la mano de la STS 12 diciembre de 2023 (Stcia. 1148/2023) que confirma el criterio de la STSJ Madrid 23 de septiembre de 2021 (Stcia 764/2022) y rechaza el de STSJ Madrid 18 junio 2021(Rº 286/2021). Para la sentencia unificadora, la nulidad objetiva del art. 55.5 b) ET derivada de causa extintiva que justifique el despido de una mujer embarazada (cuyo embarazo es desconocido por el empresario hasta el momento de la entrega de la carta de despido), no conlleva el reconocimiento automático de una indemnización por daño moral. Para ello es necesario que se aleguen indicios de que el despido tiene como móvil la discriminación por el hecho del embarazo de la mujer o por cualquier otra causa prohibida o que implique vulneración de derechos fundamentales.

4.1.4. Despidos por enfermedad

Como es conocido, hasta la entrada en vigor de la Ley 15/2022, la enfermedad como tal, sin plus de asimilación a discapacidad, no era un factor de discriminación. En este contexto, la STSJ Canarias (Las Palmas)[98] 27 julio de 2023, aplicando el (*«Acreditada la discriminación, se presumirá la existencia de daño moral, que se valorará atendiendo a las circunstancias del caso, a la concurrencia o interacción de varias causas previstas en la ley y a la gravedad de la lesión efectivamente producida [...] »*) modula la indemnización por daño moral (de 7501 € a 2853,2 €) apartándose de la cuantía tomada como referencia en la instancia limitada a la aplicación del baremo de la LISOS[99]. La mis-

---

96 También, STSJ Galicia 7 de noviembre y 9 de diciembre de 2019 (Rº 4093/2019 y Rº 3789/2019, respectivamente), STSJ Cataluña 26 de abril de 2018 (Rº 3002/2015).

97 MERCADER UGUINA, J. R., "Derechos fundamentales, indemnización por daños morales y prudente arbitrio del juzgador en su determinación: una tormenta perfecta", *op. cit.*, p. 24. *Véase,* LÓPEZ TERRADA, E., "La controvertida indemnización por lesiones de los derechos fundamentales de las personas trabajadoras", *Lex Social,* vol. 11, nº 1, 2021, pp. 32-36.

98 Rº 355/2023.

99 La Sala entiende relevantes las circunstancias ofrecidas por la empresa (antigüedad del trabajador que no alcanzaba el año, actitud proactiva al empleo de un colectivo con dificultades de acceso al mercado laboral, proceso de IT de corta duración...). Otro supuesto de despido nulo por discriminatorio aquí sí con causa

ma deficiente protección y poco efecto preventivo-disuasorio (de nuevo, indemnizaciones de 6251 €) se localizan en STSJ Castilla-La Mancha 9 de noviembre de 2018 (despido de trabajadora con cáncer de mamá y diversas situaciones de IT durante 9 años[100]), STSJ País Vasco 2 de mayo de 2018[101] y STSJ Cataluña 28 de febrero de 2019 (despido por enfermedad derivado de acoso moral en el trabajo)[102]. Una indemnización algo superior en STSJ País Vasco 6 de noviembre de 2018 (9.000 € en un supuesto de despido nulo por enfermedad equiparable a discapacidad por su larga duración y las limitaciones funcionales que generaría a largo plazo)[103].

4.1.5. Afectación a la esfera psico-social del trabajador

Los supuestos de vulneración de derechos fundamentales que afectan a la dimensión psicosocial del trabajador son, frecuentemente, casos de conductas pluriofensivas o que generan daños en diversas direcciones. La seguridad y salud del trabajador, su dignidad, diversas formas de discriminación (por razón de sexo, orientación o condición sexual, nacionalidad, raza, creencias...), de ahí que especialmente en estos casos sea necesaria una auténtica individualización de la indemnización por daño moral en sus dimensiones reparadora-preventiva[104]. No en vano, ya algunos pronunciamientos judiciales aludirán a los riesgos derivados de la diversidad en la empresa: nuevos conflictos psicosociales vinculados a distintas nacionalidades, culturas, orientación sexual[105].

Pese a ello, también aquí son frecuentes los pronunciamientos judiciales que siguen el estándar previsible judicial y empresarialmente norma-

---

en una discapacidad, STSJ Canarias (Santa Cruz de Tenerife) 5 de junio de 2018 (Stcia. 586/2018).

100 Stcia. 1461/2018.

101 Stcia. 936/2018.

102 Stcia. 1066/2019.

103 Stcia. 2203/2018.

104 En este contexto, MOLINA NAVARRETE refiere la necesaria vertebración de los daños y perjuicios saliéndose de esquemas únicos o de baremo automático (*Indemnizaciones disuasorias, nueva garantía de efectividad de la tutela social: entre retórica judicial y prácticas innovadoras, op. cit.*, p. 97).

105 STSJ Andalucía (Sevilla) 27 de diciembre de 2018 (Stcia. 3737/2018).

lizado, «*casi tarifado*»[106] (6.251 €)[107]. Pero idéntico TSJ también se sale en ocasiones de esta vía, por ejemplo, STSJ País Vasco 12 de febrero de 2019[108] en el caso de una empleada pública que sufrió un daño a su salud psíquica continuado por falta de gestión preventiva del ambiente conflictivo (daño psíquico culposo). El supuesto, no se consideró situación constitutiva de acoso u hostigamiento pese a que el conflicto laboral prolongado causó graves daños en la salud de la trabajadora y frente a los 40.000 € por daño moral solicitados por la demandante, la instancia y la Sala fijan 15.000 € como indemnización (grado medio infracción grave preventiva de riesgos laborales —art. 40.2 b] LISOS—)[109]. Y en la STSJ País Vasco de 17 de julio de 2018[110] —citada *supra*— resaltaría la finalidad preventiva de la indemnización incrementando la indemnización concedida en la instancia (20.000 €) en 12.000 € más por la reiteración de la conducta del Servicio Vasco de Salud en un supuesto de acoso (previamente condenado por hechos similares —riesgos psicosociales—).

Bibliografía

ALAMEDA CASTILLO, M. T., "Repensando el modelo de tutela resarcitoria en la vulneración de derechos fundamentales inespecíficos en el contrato de trabajo", Revista de Derecho Social, nº 66, 2014.

ARIAS DOMÍNGUEZ, A., *La cuantificación de la indemnización por daño moral por transgresión de derechos fundamentales en los despidos nulos,* Madrid, Ed. BOE, 2023.

BALLESTER PASTOR, M. A., "El proceloso camino hacia la efectividad y adecuación de las indemnizaciones por vulneración de derechos fundamentales", *Revista de Derecho Social,* nº 69, 2015.

BAZ TEJEDOR, J. A., *La tutela judicial de los derechos fundamentales en el proceso de trabajo,* Valladolid, Ed. Lex Nova, 2006.

BERCOVITZ RODRÍGUEZ-CANO, R., "La dignidad de las víctimas de delitos", *Aranzadi Civil,* nº 6, 2010.

---

106 MOLINA NAVARRETE, C., *Indemnizaciones disuasorias, nueva garantía de efectividad de la tutela social..., op. cit.,* p. 106.

107 STSJ País Vasco 24 de abril de 2018 (Rº 920/2018).

108 Stcia. 326/2019.

109 10.000 € fijaría la STSJ País Vasco 20 de septiembre de 2018 (Stcia. 1720/2018) en un caso de vulneración de derecho a la no discriminación por razón de sexo por ejercer el derecho de guarda legal, así como de incumplimiento de las obligaciones preventivas ante situaciones conflictividad, derivándose daños psíquicos y morales (cambio de puesto y consecuencias en la salud psíquica, con varias situaciones de IT, sin actividad preventiva alguna, pese a ser solicitada).

110 Rº 128/2018.

CARDENAL CARRO, M., *La indemnización en los procesos de tutela de la libertad sindical,* Pamplona, Ed. Aranzadi, 2006.

CRESPO ORTÍZ, D., "La indemnización adicional por vulneración de derechos fundamentales del art. 183 LRJS. Reflexionando en torno a sus pretensiones y su cálculo", *Labos,* Vol. 4, nº 3, 2023. Consultado 15 de enero 2025.

DESDENTADO BONETE, A. y DE LA PUEBLA PINILLA, A., "En busca de la reparación integral: las medidas complementarias de protección de accidente a través de la responsabilidad civil del empresario y del recargo de prestaciones", En: GONZALO GONZÁLEZ, B., NOGUEIRA GUASTAVINO, M., *Cien años de Seguridad Social. A propósito de la Ley de Accidentes de Trabajo de 30 de enero de 1900,* Madrid, UNED/ Fraternidad, 2000.

FLEMING, J. G., *The Law of Torts,* Sydney, The Law Book Co, 1998, 9th edition.

GARCÍA ROMERO, B., "Indemnización adicional por daño moral derivado de la vulneración de derechos fundamentales en el supuesto en el que, por dicha vulneración, el despido es declarado nulo", *Revista de Jurisprudencia Laboral,* nº 4, 2022.

GOÑI SEIN, J. L., *La indemnización por daños derivados de la conducta antisindical,* Madrid, Ed. Tecnos, 1996.

HERRERO SUÁREZ, C., "El sistema estadounidense de *treble damages* ¿un modelo a importar?, En: GARCÍA TOMILLO, M. (Dir.), *Límites entre el Derecho sancionador y el Derecho privado,* Valladolid, Lex Nova, 2012.

LÓPEZ CUMBRE, L., "Daños punitivos en el ámbito laboral", *Análisis GA&P,* febrero 2016.

LÓPEZ TERRADA, E., "La controvertida indemnización por lesiones de los derechos fundamentales de las personas trabajadoras", *Lex Social,* vol. 11, nº 1, 2021.

LLAMAS POMBO, E., "Formas de reparación del daño (y II), *Práctica Derecho de daños,* nº 81, 2010.

LLAMAS POMBO, E., "De nuevo sobre el daño moral. Algunos apuntes de reflexión", En: SANTOS MORÓN, M. J., MERCADER UGUINA, J. R., DEL OLMO, P. (dir.), *Nuevos retos del Derecho de daños en Iberoamérica,* Valencia, Tirant lo Blanch, 2020.

MARTIN-CASALS, M., *Principios de derecho europeo de responsabilidad civil: texto y comentario,* Pamplona, Ed. Aranzadi, 2008.

MERCADER UGUINA, J. R., *Indemnizaciones derivadas de accidente de trabajo, Seguridad Social y Derecho de daños,* Madrid, Ed. La Ley, 2001.

MERCADER UGUINA, J. R., "Derechos fundamentales de los trabajadores y nuevas tecnologías ¿hacia una empresa panóptica?, *Relaciones Laborales,* nº 1, 2001.

MERCADER UGUINA, J. R., *El futuro del trabajo en la era de la digitalización y la robótica,* Valencia, Ed. Tirant lo Blanch, 2017.

MERCADER UGUINA, J. R., *Protección de datos y garantías de los derechos digitales en las relaciones laborales,* Madrid, Ed. Francis Lefebvre, 2019.

MERCADER UGUINA, J. R., "Derechos fundamentales, indemnización por daños morales y prudente arbitrio del juzgador en su determinación: una tormenta perfecta", *Revista Galega de Dereito Social,* nº 15, 2022.

MERCADER UGUINA, J. R., *Algoritmos e inteligencia artificial en el derecho digital del trabajo,* Valencia, Ed. Tirant lo Blanch, 2024.

MERCADER UGUINA, J. R., "El principio de proporcionalidad como límite al control laboral basado en la inteligencia artificial", *Trabajo y Derecho: revista de actualidad y relaciones laborales,* nº 19 (extra), 2024.

MERCADER UGUINA, J. R., "Ley de infracciones y sanciones como «baremo»: funciones y disfunciones en la determinación de los daños morales derivados de la vulneración de derechos fundamentales", *Trabajo y Derecho: revista de actualidad y relaciones laborales*, nº 112, 2024.

MOLINA NAVARRETE, C., *Indemnizaciones disuasorias, nueva garantía de efectividad de la tutela social: entre retórica judicial y prácticas innovadoras,* Albacete, Ed. Bomarzo, 2019.

MONEREO PÉREZ, J. L., "Despido nulo por vulneración de derechos fundamentales, resarcimiento del daño moral y modo "prudencial" de cuantificación de la indemnización", *Revista de Jurisprudencia Laboral,* nº 3/2022, BOE.es.

PANTALEÓN PRIETO, F., "Artículo 1902", En: PAZ-ARES, C. *et altrii, Comentario al Código Civil,* Madrid, Ed. Secretaría General Técnica, Centro de Publicaciones, 1991.

PROSSER, W. L., *The Law of Torts,* St. Paul West, Lawyer's edition, 1971, 4th edition.

ROJO TORRECILLA, E., "Despido por embarazo y derecho a indemnización por los daños morales producidos. Notas a la importante sentencia del TSJ de Madrid de 18 de junio de 2021 (con rectificación de criterio anterior) (Disponible en: *http://www.eduardorojotorrecilla.es/2021/07/despido-por-embarazo-y-derecho.html.*

SALVADOR CODERCH, P., *Punitive damages, InDret. Revista para el análisis del Derecho,* 013, 2000.

SALVADOR CODERCH, P., CASTIÑEIRA PALOU, M. T., *Prevenir y castigar. Libertad de información y expresión, tutela del honor y funciones de Derecho de daños,* Madrid, Ed. Marcial Pons, 1997.

TODOLI SIGNES, A., "Criterios para el cálculo de la indemnización por vulneración de derechos fundamentales. Una revisión sistemática de sentencias y una propuesta de baremo", *Labos,* Vol. 5, nº 2, 2024.

El pensamiento económico en la obra de Jesús Mercader

DANIEL PÉREZ DEL PRADO
Profesor Titular de Derecho del Trabajo y de la Seguridad Social
Universidad Carlos III de Madrid
ORCID: 0000-0001-7106-6769

SUMARIO: 1. Introducción: no fue la economía, o no solo. 2. Adam Smith y la Escuela Clásica. 3. Marx y los socialismos. 4. Keynes y los postkeynesianos. 5. La Nueva Economía Clásica o la Economía "mainstream". 6. La aportación de Jesús Mercader al pensamiento jurídico (y al económico): la apuesta por la interdisciplinariedad. Bibliografía.

1. INTRODUCCIÓN: NO FUE LA ECONOMÍA, O NO SOLO

Era el curso 2006/2007. Jesús no hacía mucho que se había incorporado a la Universidad Carlos III tras su paso por el Tribunal Constitucional como letrado. En aquella época impartía clase en las dobles licenciaturas de Derecho y Economía y de Derecho y ADE. A él le gustaba porque el estudiantado era (y es), por lo general, muy proactivo. Desde luego que mi clase lo era. No solamente por propia inquietud personal de cada uno, sino también por los diferentes orígenes sociales de quienes la integrábamos. En el grupo 19.69 convivíamos desde nietos de figuras ilustres de nuestra historia, o descendientes de altos cargos, a una nutrida representación (probablemente en aquel momento más que ahora) del sur de Madrid.

No sé si en el aula cristalizaba una moderna lucha de clases, como la que sugieren algún autor de moda[1]; la simple confrontación de intereses entre "los de arriba y los de abajo", como diría algún economista preeminente[2]; el contexto, marcado en parte por los excesos de la mayoría absoluta del segundo gobierno de Aznar y, en particular, por la guerra de Irak; o una combinación de todos estos factores; pero el caso es que en el

---

1 JONES, O. P., *Chavs: la demonización de la clase obrera*, Capitán Swing, Madrid, 2012.

2 STIGLITZ, J. E., *La gran brecha: qué hacer con las sociedades desiguales*, Taurus, Barcelona, 2015.

grupo 19.69 pocos eran los que se guardaban sus opiniones, más o menos fundadas jurídicamente, para la intimidad. Al contrario, habiendo cogido confianza con el paso de los años, cualquier pretexto nos servía y el Derecho del Trabajo y de la Seguridad Social está cargado de pretextos.

Este particular contexto, unido al hecho de que me había propuesto sacar el mayor provecho a mi paso por la universidad y a que en mi casa me enseñaron que, con respeto y conocimiento, uno puede decir lo que quiera, me convirtieron en uno más de entre los asiduos que bombardeaban a Jesús nada más pasar el umbral de la puerta y hasta que se marchaba (a pesar del terrible horario en que se impartían las dos asignaturas de nuestra rama). Su carácter afable facilitaba además sobremanera la tarea, hasta el punto de llegar al abuso, como cuando le pedimos que nos llevara "de excursión" al Tribunal Constitucional, o que nos dejara las presentaciones PowerPoint, germen de su actual manual, un poco antes. "Tendré que prepararlos —nos dijo— el fin de semana, mientras mi hija Irene salta sobre mis hombros". Pero, así lo hizo, porque así era (y es) de generoso.

¿Pero cómo no preguntar a alguien que se sabía de memoria un número abrumador de sentencias del Tribunal Constitucional (por mencionar solo las que más usaba en aquel momento), que era capaz de citarte a los filósofos más conocidos (también a los completamente desconocidos) y combinártelos con cualquier economista histórico o moderno? El colmo de nuestra admiración, también de nuestro asombro, fue cuando en clase nos habló con cierto grado de detalle de un personaje del corazón muy de moda en aquella época. ¿Era posible que quien te citaba a la Pandectística alemana se supiera al dedillo la vida de una conocida exmujer de torero? Algún tiempo después comprendí que el debate sobre la laboralidad de los colaboradores de televisión podría haber contribuido a aquella chocante manifestación de los inconmensurables conocimientos e intereses de Jesús.

Es muy probable que aquella insistencia en sacarle jugo terminara por destacarme ante sus ojos en un momento en que estaba terminando de cerrar su equipo. Sin embargo, siempre que pienso en cómo el destino terminó por unirme a Jesús Mercader viene a mi mente la película "Match Point", de Woody Allen, y la famosa escena de la pelota en la red, muestra enormemente plástica de cómo un hecho aparentemente simple puede terminar por decantar nuestro destino.

En aquel momento, como decía, Jesús echaba mano de su reciente paso por el TC de forma muy habitual. Casualmente yo acababa de terminar una asignatura optativa sobre derechos fundamentales y jurisprudencia constitucional, por lo que lo básico, lo tenía fresco. El caso es que al hilo de sus explicaciones citó una sentencia que yo conocía. Hoy no recuerdo ni cuál era, pero sí cómo le insistí, pues algún fleco de su explicación no me terminaba de convencer. El caso es que llegó un momento que, por necesidad imperiosa de continuar la clase, comprendí que era mejor aparcar la cuestión, aunque no estuviera completamente convencido de lo que me dijo.

Volviendo en el Cercanías a Parla, incluso en el tranvía, continué dándole vueltas a aquella sentencia y se me ocurrió que, dado que no era prudente reabrir el asunto en la siguiente clase, quizá podía escribirle un mail con las dudas que aun latían en mi cabeza. Al llegar a casa me puse a ello ¡Las vueltas que le pude dar a aquella redacción! El caso es que cuando ya estaba acabando pensé que quizá era un exceso por mi parte: "¿qué pensará este hombre de mí ante tanta insistencia?". Lo que es peor, "¿se pensará que soy un "marisabidillo" ante la temeridad de decirle a él, que ha estado trabajando allí y con lo que sabe, que no me parece del todo correcto lo que nos ha dicho sobre esa sentencia del Constitucional?"

Estaba en este debate vital cuando al final, casi de forma temeraria y poco habitual en mí, apreté el botón de enviar. Como era de esperar, ninguno de mis temores se materializó, sino un amable mail, rápido y detallado, en el que, agradeciéndome mi interés, no ahorraba detalles en justificar su argumentación. Probablemente él ni recordará esta anécdota, pero yo nunca he dejado de pensar que, como aquella pelota, mi vida hubiera podido haber sido muy diferente si hubiera caído del lado contrario de la red, si no hubiera clicado en "enviar".

A partir de ese momento, mi vida cambió para siempre. Como dije en una ocasión especial, a él le debo poderme dedicar a una profesión que no estaba entre mis planes, pero que me apasiona. A lo largo de este tiempo, Jesús me ha enseñado muchísimas cosas, mucho Derecho del Trabajo y de la Seguridad Social, sin olvidar la Economía y la Filosofía, pero también otras muchas cosas que, sin ser ciencia, son igual de relevantes para la vida profesional y también para la personal. También me ha hecho un regalo que jamás le podré devolver: poderme dedicar el resto de mis días a lo que me gusta, aprender y enseñar.

De él he aprendido el respeto por los maestros y maestras y lo que significa ocupar tu puesto "en la honrosa fila"[3]; que esto también implica respe-

---

3 PECES-BARBA MARTÍNEZ, G., «Lección jubilar de Gregorio Peces-Barba», *Fundación Gregorio Peces-Barba para el estudio y cooperación en derechos humanos*, 2008, fe-

tar las tradiciones y eventos, aunque en esto se observe el influjo claro de su hermano académico; que nuestra profesión se rige también por una serie de reglas no escritas que aprendes de tu maestro o maestra; que puedes hacer más equipo en Comillas o con unas inolvidables risas en El Soplao, que en mil horas en la facultad; que no importa quién lleve el paraguas, sino que haya alguien a tu lado que te resguarde; que la mejor forma de encontrar la inspiración es que te pille trabajando; que trabajar en la interdisciplinariedad es difícil, pero imprescindible; y que, desde la adversidad, puedes alcanzar las estrellas.

Jesús Mercader quería construir un equipo interdisciplinar. Por eso también daba clase en Derecho y Economía. Desde el principio vio claramente que esa era la senda a seguir, que por ahí debía transitar el avance científico de nuestra disciplina. La Economía me unió a Jesús Mercader, pero no solo. Sirvan estas páginas como ejemplo del modo en que él mismo aplicó metodológicamente la interdisciplinariedad y como muestra del respeto, aprecio y admiración que le profeso.

2. ADAM SMITH Y LA ESCUELA CLÁSICA

Como siempre hay que empezar por el principio, cuando hablamos de Economía, hay que comenzar necesariamente por Adam Smith. Los primeros economistas tienen más de filósofos que de economistas[4] y esto convierte sus ideas en atemporales, por más que en casos como éste el personaje también lo sea. De hecho, al padre de la Escuela Clásica, recurre el profesor Mercader para ilustrar dos cuestiones que, bien miradas, resultan de rabiosa actualidad.

Por una parte, desde le época del escocés sabemos que la especialización productiva es una de las vías para ganar en productividad y, de ahí, poder ser más competitivos en un marco en el que, especialmente desde la globalización, la competitividad deviene en un elemento esencial, no solamente para la supervivencia económica de cualquier país, sino para poder sostener su Estado del Bienestar[5]. De ahí que, por otra parte, e íntima-

---

cha de consulta 20 mayo 2021, en https://fundaciongregoriopeces-barba.org/leccion-jubilar-de-gregorio-peces-barba/.

4 HEILBRONER, R. L., *Los filósofos terrenales*, Alianza Editorial, Madrid, 2015.

5 Como pusiera de manifiesto el trabajo colectivo MERCADER UGUINA, J. R.; PAREJO ALFONSO, L. (EDS.), *Productividad y conciliación en la vida laboral y personal:*

mente conectado con lo anterior, la regulación social en sentido amplio, esto es, tanto el Derecho del Trabajo como el Derecho de la Seguridad Social, haya de contribuir a las ganancias de productividad y competitividad, sin perder por ello su función esencial. Esto, que resulta obvio en relación al primero dadas sus estrechas vinculaciones con la actividad productiva, también es aplicable a los sistemas de protección social, por cuanto no han de desincentivarla.

Por consiguiente, productividad y competitividad son el nexo común que vertebra el análisis de estas dos cuestiones, en las que los economistas clásicos han tenido una posición muy destacada. En relación a la primera, si hablamos de especialización y división del trabajo, necesariamente hay que recurrir[6] a Adam Smith y su famoso ejemplo de la fábrica de alfileres[7], a partir del cual el escocés explicó cómo la división del trabajo conduce a la especialización y, de ahí, a una más eficiente organización productiva, al aumentarse la producción y reducirse los costes. Aportación, todo sea dicho de paso, que, aunque ha pasado a la historia, ni era completamente nueva, pues ya había sido tratada por pensadores anteriores como Hutcheson, Hume, Turgot o Mandeville; ni Smith la desarrolló con brillantez, pues no lo aplicó al comercio internacional, como luego hicieran Ricardo y Stuart Mill. Tampoco parecía ser del todo original, pues cuando Smith acusó a su amigo Adam Ferguson de plagio por emplear el mismo ejemplo en su *Essay on the History of Civil Society*, éste alegó en su defensa que lo había extraído de la *Encyclopédie* francesa[8].

Sea como fuere, Mercader se pregunta qué queda de estos modelos de organización del trabajo en la sociedad postindustrial para concluir que cada vez menos, no solamente por el creciente predominio del sector servicios en el que estas lógicas industriales no encajan, sino porque «en el

---

análisis de situación y propuestas para el futuro, Ariel España, 2008. No obstante, este es un tema que se observa transversalmente en su obra, especialmente en lo que hace a su vinculación con la remuneración, como, por ejemplo, se evidencia en MERCADER UGUINA, J. R., *Modernas tendencias en la ordenación salarial: la incidencia sobre el salario de la reforma laboral*, Aranzadi Editorial, Pamplona, 1996; *Salario y crisis económica*, Tirant lo Blanch, Valencia, 2011.

6 MERCADER UGUINA, J. R., *Derecho del trabajo. Nuevas tecnologías y sociedad de la información*, Editorial Lex Nova, Valladolid, 2002, p. 49.

7 SMITH, A., *La riqueza de las naciones*, Alianza Editorial, Madrid (España), 2002, pp. 33-34 (Libro I).

8 MURRAY N. ROTHBARD, *Historia del pensamiento económico. Vol. 1: El pensamiento económico hasta Adam Smith*, Unión Ed, Madrid, 1999, pp. 484-485.

nuevo contexto de producción con elevadas productividad, alta calidad, flexibilidad productiva... la empresa necesita movilizar, en mayor medida que en el pasado, las capacidades más intelectuales de la fuerza de trabajo, incluso en algunos puestos de trabajo considerados como descualificados o monótonos. En esta situación, las políticas de gestión anteriores de tipo taylorista demuestran sus límites e incapacidades, con lo que se abre la búsqueda de nuevas fórmulas»[9].

Nuevas fórmulas en las que en las que la división del trabajo, si no desaparece, como mínimo se reconfigura para proyectar la labor profesional sobre el conjunto de la actividad productiva, de tal suerte que la persona trabajadora gana iniciativa, responsabilidad y autonomía. Vaticinio éste que, más de veinte años después, no solamente sigue vigente, sino que se intensifica. En la sociedad actual, los avances tecnológicos vinculados a la digitalización ponen en cuestión los moldes clásicos de definición no sólo de las fórmulas tradicionales de trabajo por cuenta ajena sino, incluso, las de trabajo autónomo tradicional. «En una época de transformación tecnológica, la vuelta a la creación paciente del ser humano a la individualización de las creaciones y a la huida de la rutina de la producción en masa puede ser una respuesta al desafío de la robotización»[10]. Buena muestra de ello es la impresión 3D, que permite un trabajo personalizado y basado en un modelo de negocio "long tail", caracterizado por la abundancia de productos distintos dentro de una misma categoría. «En fin, paradójicamente, la tecnología propicia una vuelta a los principios del capitalismo, a la proliferación de "artesanos" y la formación de "gremios"»[11].

Por otra parte, en lo que hace a la relación entre protección social y productividad o, si se prefiere, con la eficiencia, también está entre las aportaciones más célebres de Adam Smith sus críticas a las "leyes de pobres", como recuerda Mercader en "Filantropía, beneficencia y caridad en el primer derecho obrero"[12]. En este trabajo se nos recuerda que la Revolución Industrial será «el punto de inflexión que ayude a transformar la sociedad, completando la transición del sistema de beneficencia cristiana

---

9 MERCADER UGUINA, J. R., *Derecho del trabajo. Nuevas tecnologías y sociedad de la información, cit.*, p. 53.

10 MERCADER UGUINA, J. R., *El futuro del trabajo en la era de la digitalización y la robótica*, Tirant lo Blanch, Valencia, 2017, p. 237.

11 *Ibid.*, p. 238.

12 MERCADER UGUINA, J. R., «Filantropía, beneficencia y caridad en el primer derecho obrero», *Revista Española de Derecho del Trabajo*, Nº 137, 2008, p. 33.

al denominado "flagelo económico" que la nueva mentalidad económica y social habría de implantar. Mientras que la caridad medieval se había preocupado de la salvación del que daba, más que de la conducta del que recibía, la nueva ideología mercantilista puso el acento en el objetivo de forzar a los pobres sanos a entrar en el mercado de trabajo»[13].

Aunque, como se nos recuerda en este estudio, este cambio de dirección arranca antes de Adam Smith, con los fisiócratas, lo cierto es que encontraron en él un altavoz mucho más potente: las Leyes de pobres impiden que «la escasez de mano de obra de una parroquia no pueda ser aliviada por la sobreabundancia de otra», de forma que «es más difícil para un pobre atravesar la frontera artificial de una parroquia que un brazo de mar o una cordillera»[14].

Nótese que la crítica de Smith se basa en que son un obstáculo a la libre circulación de trabajadores, lo que supondría una rémora al desarrollo económico. Este tipo de normas exigían la adscripción de los pobres a determinadas parroquias que se encargaban de su sustento caritativo. Lo que se critica en la principal obra de Smith es precisamente la vinculación o sujeción geográfica de mano de obra potencial. No obstante y de forma añadida, indirectamente también se refiere a ellas cuando incluye a los pobres entre los grupos improductivos[15]. Resulta así que los medios dedicados a estos grupos se retraen de su inversión en capital, lo que reduce el bienestar del conjunto de la sociedad. «El capital se incrementa por la parsimonia y disminuye con la prodigalidad y la mala conducta»[16].

---

13 *Ibid.*, p. 32.

14 SMITH, A., *La riqueza de las naciones, cit.*, p. 206 (Libro I).

15 No obstante, se trataba de un grupo muy heterogéneo, en el que se integraban terratenientes, profesionales liberales, músicos y artistas, en definitiva, todo aquel que no desempeñara un trabajo productivo o manufacturero. Frecuentemente a Adam Smith, como padre de la teoría clásica, se le presenta como un autor insensible a la realidad social de su época, proclive al individualismo y al egoísmo. Sin embargo, lo cierto es que sí mostró preocupación por la realidad social que vivían muchos de sus conciudadanos. Así, en *La Riqueza de las Naciones* afirma que «sirvientes, campesinos y obreros de diferente clase conforman una gran parte de cada gran sociedad política. Lo que mejora las circunstancias de la gran mayoría nunca puede ser visto como un inconveniente para el conjunto. Ninguna sociedad puede seguramente ser floreciente y feliz si la mayor parte de sus miembros son pobres y miserables». *Ibid.*, p. 96 (Libro I). Aunque quizá la obra que mejor muestra la verdadera consideración que le merece el ser humano sea SMITH, A., *Teoría de los sentimientos morales*, Fondo de Cultura Económica, México, 2004.

16 SMITH, A., *La riqueza de las naciones, cit.*, p. 337 (Libro I).

Más explícitos fueron aún a este respecto, como también recuerda Mercader, otros economistas clásicos como Malthus y Ricardo. Para el primero las Leyes de pobres resultaban criticables, en síntesis, porque inducían a un incremento de los precios que, a su vez, disminuían tanto los salarios reales como el precio del dinero; y porque llevaban también a un aumento de la población sin proporcionar los medios necesarios para su subsistencia. El resultado es que esta asistencia caritativa desincentivaba el trabajo, pues las familias que trabajaban obtenían los mismos bienes que los que no y empobrecían a lo que hoy llamaríamos "clases medias" y a la sociedad en general, no solamente por la variación de los precios, sino porque el conjunto de bienes de primera necesidad a repartir, derivado del aumento de la población, sería menor. «Las leyes de pobres, desde que existen en Inglaterra, han contribuido a elevar el precio de los bienes de primera necesidad y a bajar el precio real del trabajo. Han contribuido, por tanto, a empobrecer a quienes viven de su trabajo [...]. Las leyes de pobres se han construido sobre los pilares incontestables de la benevolencia, pero es muy evidente que no han alcanzado su objetivo. Tenemos que admitir que en algunos casos han conseguido reducir el sufrimiento, pero en general la situación de los pobres, aún con la asistencia de las parroquias, está lejos de haber acabado con la miseria»[17].

En idénticos términos se manifiesta David Ricardo, que precisamente cita al anterior para rechazarlas también haciendo especial hincapié en el hecho de que implicaban una substracción al Estado de los rendimientos netos que éste debía emplear en actividades productivas o, al menos, las que tiene como mínimo encomendadas, como la defensa y la seguridad. En suma, para este otro autor clásico, las Leyes de pobres eran también un peligro para la sociedad por cuanto que contribuían a disminuir la riqueza total del país. «El principio de la gravitación no es más cierto que la tendencia de tales leyes a cambiar riqueza y poder por la miseria y debilidad; a apartar el esfuerzo del trabajo de todo objeto distinto que el de proporcionar la mera subsistencia; a ocupar la mente continuamente en facilitar los deseos del cuerpo, hasta que al final todas las clases de hombres sean infectadas con la plaga de la pobreza universal»[18].

---

17 MALTHUS, T. R., *An essay on the principle of population*, Prometheus Books, Amherst, N.Y., 1998, pp. 86 y 91.

18 RICARDO, D., *The works and correspondence of David Ricardo*, Liberty Fund, Indianapolis, IN, 2004, p. 108. La cita ha sido extraída del capítulo V de su obra *On principles of political economy and taxation, Third edition*, 1821. Traducción propia.

Como veremos más adelante, sus herederos en el siglo XX, en especial la Nueva Economía Clásica, retomarán estas ideas para criticar lo que a su juicio son "excesos" del Estado del Bienestar, cuando no "quimeras" de la Seguridad Social[19]. La llamada "crisis fiscal" del Estado del Bienestar[20] no solamente pone en tela de juicio que éste sea financieramente sostenible en lo macro, sino también sus efectos perversos sobre la liberad de los individuos. Pero esto son ya reflexiones de otro tiempo que, aunque conectadas claramente con las de los siglos XVIII y XIX, merecen una atención separada.

3. MARX Y LOS SOCIALISMOS

Si hay un estudioso de la Escuela Clásica, ese fue Karl Marx. Su obra, más que una crítica a los clásicos, lo fue al capitalismo, sobre la base, eso sí, de lo que aquellos habían construido. De hecho, al margen de críticas furibundas a Malthus; se declaró ferviente admirador de David Ricardo, de quien dijo que era «el mejor economista del siglo XIX»[21]. La tarea fundamental de Marx fue someter a la crítica conceptual hegeliana las ideas de los economistas de la escuela precedente, mostrando discrepancias, pero también haciendo suyas algunas de sus principales aportaciones, como la determinación del valor de los bienes a partir del trabajo, la tendencia de la sociedad capitalista a la reducción de la tasa de ganancia con el paso del tiempo o la relación entre la renta de la tierra y las diferencias en la producción agrícola[22].

Esta crítica al sistema capitalista, probablemente su mayor aportación al pensamiento contemporáneo, se extienden a su regulación, lo que hace de la relación entre el marxismo ortodoxo y el Derecho social algo ciertamente complejo, a pesar de que el Derecho del Trabajo nazca y crezca con el movimiento obrero[23]. Son los excesos del capital los que dan pie

---

19 MILTON FRIEDMAN, M., «Social Security Chimeras», *The New York Times*, 1999.

20 GOLD, S. D., *The Fiscal Crisis of the States: Lessons for the Future*, Georgetown University Press, 1995; O'CONNOR, J., *La crisis fiscal del Estado*, 2ª ed, Península, Barcelona, 1994.

21 SPERBER, J., *Karl Marx: una vida decimonónica*, Galaxia Gutenberg, 2013, p. 424.

22 *Ibid.*, p. 397.

23 Y con los postulados teóricos, incluidos los jurídicos, que lo sustentaron y lo hicieron evolucionar. A este respecto, véase MONEREO PÉREZ, J. L., *Fundamentos doctrinales del derecho social en España*, Trotta, Madrid, 1999.

a la aparición de la Ley laboral, pero sin que esto resulte ser más que un mero incidente y sin la suficiente entidad como para poder cambiar el funcionamiento del conjunto del sistema. Al contrario, contribuye a su pervivencia, incrementando sus contradicciones: «este proceso de explotación desaforada crea su propia reacción. Se mina la salud de los trabajadores y se amenaza la provisión de futuras generaciones. Es entonces cuando el propio interés de los capitalistas los obliga, muy a su pesar, a aceptar una legislación del trabajo que altera su codicia excesiva. Las leyes del trabajo limitan la jornada diaria y mejora las condiciones del trabajo al tiempo que se prohíbe que los salarios desciendan por debajo del nivel de subsistencia»[24]. Frente a la «operación ideológica de enmascaramiento de la irracionalidad de las normas laborales»[25], la postura marxista sólo puede optar por su completa sustitución junto con la del conjunto del sistema del que trae causa.

Aun así, Marx reconoce que esta relación de causa-efecto entre la explotación capitalista de la clase obrera y la emergencia de las primeras leyes laborales es un resultado positivo, aunque insuficiente e incompleto, del capitalismo respecto de otros períodos históricos, cuestión que precisamente destaca Mercader[26] al señalar cómo el pensador alemán reconoció que ciertamente «algunos de los debates sobre el terrible problema del trabajo infantil también están relacionados con esta cuestión de la libertad de elección. La peor violación de las normas contra el trabajo infantil es la esclavitud casi total de los hijos de las familias desfavorecidas y el hecho de que sean obligados a realizar labores en condiciones de explotación (en lugar de ser libres y probablemente ir a la escuela)»[27].

Pero, al margen de la fina lectura de su tiempo, pues Marx, como Engels, fue, ante todo, un avezado observador de las tensiones derivadas de la revolución industrial; Mercader nos destaca la línea lógica existente entre

---

24 ROBINSON, J., *Introducción a la economía marxista*, 5ª ed., Siglo XXI, México D.F., 1973, p. 52.

25 VIDA SORIA, J., «La esencia y la existencia del Derecho del Trabajo (Una revisión crítica del Concepto del Derecho del Trabajo y sus derivaciones conceptuales, dogmáticas y sistemáticas», *Revista Derecho laboral*, vol. 192, 1998, p. 923.

26 MERCADER UGUINA, J. R., *Derecho del trabajo. Nuevas tecnologías y sociedad de la información, cit.*, p. 247.

27 Cita que, a su vez, toma de otro gran economista, Amartya SEN. SEN, A. K., *Desarrollo y libertad*,: Planeta, Barcelona, 2000, p. 48.

el pensamiento de Hegel, que pasa por Marx[28], y termina en los socialistas utópicos (de los que luego bebería la socialdemocracia posterior), cuyo nexo común es el papel interventor del Estado: «el adjetivo "social" comenzó a ser utilizado, con una significación avanzada y tratando de establecer una cierta correlación entre la acción social y la actividad del Estado, en los esquemas de determinados sectores socialistas operantes hacia mediados del siglo XIX. Este fue el caso, en Francia, de Louis Blanc, inventor del socialismo de Estado. En Alemania, años después, Ferdinand Lasalle trasladaría el ideario socialista al culto hegeliano del Estado como único vehículo a través del cual la sociedad puede cumplir el desarrollo racional de sus tensiones históricas»[29].

Para el socialismo no marxista, de índole revisionista, utópica o pragmática[30], la regulación laboral no es más que un medio para la consecución de un fin, que es la propiedad colectiva de los medios de producción. Desde una perspectiva más práctica, se apuesta por la mejora de las condiciones sociales y de trabajo y de protección social en el corto plazo, sin renunciar a su programa máximo en el largo, pues precisamente son sus contradicciones las que pueden conducir a la "caída final del capitalismo"[31]. Para estos planes cortoplacistas, la intervención del Estado resultaba imprescindible, pero, a la vez, postponía sine die el fin del capitalismo con la colectivización de la propiedad.

Pero es este matiz frente a Marx el que va permitir germinar de una forma mucho más potente el Derecho del Trabajo en éstos frente a aquél, a pesar de los vínculos claros entre ambos. Es más, pronto se trasladará a la

---

28 Vínculo que queda frecuentemente eclipsado por otros mucho más notorios, como la derivación de la dialéctica hegeliana al materialismo dialéctico marxista. HEILBRONER, R. L., *Los filósofos terrenales, cit.*, pp. 212-213.

29 MERCADER UGUINA, J. R., «Filantropía, beneficencia y caridad en el primer derecho obrero», *cit.*, p. 37.

30 En el plano económico-filosófico, frecuentemente se menciona el revisionismo, el movimiento georgista americano y el fabianista británico, algunas manifestaciones del socialismo utópico (Blanc, Fourier, Owen) o a pensadores como, Lasalle o Rodbertus. BELTRÁN, L., *Historia de las doctrinas económicas,* 3 ed., rev.actualizada, Teide, Barcelona, 1976, pp. 179-218.

31 WEBB, B.; WEBB, S., *Decay of Capitalist Civilization,* Read Books, 2013, cap. V. Para el caso particular de España, resulta muy ilustrativa la explicación que aporta DESDENTADO de la mano de una de las figuras más representativas del socialismo moderno. DESDENTADO BONETE, A., «Largo caballero: El derecho del trabajo entre la reforma y la revolución. Al margen de dos biografías», *Revista de información laboral,* 6, 2018, Lex Nova, pp. 19-56.

otra gran rama de nuestro ámbito de conocimiento, pues la Seguridad Social también hunde sus raíces en esta misma génesis: «cuando, a partir de mayo de 1863, Lasalle aceptó mantener una serie de encuentros periódicos con Bismark, la vocación "estatista" del socialismo de Lasalle quedó plenamente evidenciada, produciéndose una cierta síntesis entre el nacionalismo de Bismark y el socialismo de Lasalle, fruto de la cual sería el "Estado de servicio social" o el "socialismo de Estado"». A lo que Mercader añade «la política social, entendida como antídoto al socialismo revolucionario, había sido elaborada y formulada a partir de 1872 (Congreso de Eisenach) por los llamados "socialistas de cátedra". Estos profesores de economía (Wagner, Schmoller), en su revisión de los principios liberales clásicos, habían llegado a la conclusión de la necesidad de la intervención del Estado para corregir las consecuencias negativas de la libre competencia»[32].

Pero aún hay una aportación más del socialismo utópico, que nada tiene que ver con lo anterior y que nos destaca Jesús Mercader en una parcela poco conocida de su obra. En su trabajo "En busca del ideal de vivienda obrera: realidades y sueños"[33] aborda la especial interrelación entre arquitectura, urbanismo y trabajo[34]. Aunque es cierto que las cuestiones relacionadas con las condiciones de alojamiento de la clase trabajadora, como parte de la cuestión social, arrancan antes del socialismo utópico, con lo que él denomina como movimientos filantrópicos (y que en esta concreta esfera se materializan en las "company towns"), lo cierto es que alcanzan su cenit con las propuestas de pensadores como Owen, Fourier y Cabet. La Comunidad Ideal de Robert Owen, el falansterio de Fourier, el familisterio de Godín, la Icaria de Cabet o la Happy Colony de Pemberton, constituyen utopías urbanas interrelacionadas que, aunque fracasadas, dejaron su impronta en arquitectos y urbanistas posteriores como Arturo Soria, Tony Garnier o Le Corbusier.

Es más, en un momento como el actual, en el que la crisis de la vivienda reemerge, evidenciándose serias dificultades de buena parte de la pobla-

---

32 MERCADER UGUINA, J. R., «Filantropía, beneficencia y caridad en el primer derecho obrero», *cit.*, p. 38.

33 MERCADER UGUINA, J. R., «En busca del ideal de vivienda obrera: realidades y sueños», *Trabajo y Derecho. Nueva Revista de Actualidad y Relaciones Laborales,* 42, 2018, pp. 19-35.

34 Un gusto, el de la arquitectura, que se observa en otros trabajos y que arranca ya en su tesis doctoral MERCADER UGUINA, J. R., *Estructura de la negociación colectiva y relaciones entre convenios,* Editorial Civitas: Ediciones de la Universidad Autónoma de Madrid, Madrid, 1994.

ción, en particular de los jóvenes, para acceder a un hogar, ya sea en alquiler o propiedad, se suscita también el debate, de nuevo, de cuál ha de ser el rol del Estado ante esta emergencia social. Un debate que, como muchos otros, se repite cíclicamente y en el que, paradójicamente, la vivienda ha desaparecido de nuestra rama del Derecho. Como recuerda Mercader en este trabajo, la vivienda era una cuestión habitual en los manuales de la década de los 30 del siglo pasado, pero se esfumó sin dejar rastro a partir de la Guerra Civil[35].

En la sociedad del riesgo[36], en la que ya estamos inmersos en el debate acerca del modo en que debemos gestionar los nuevos riesgos relacionados con los avances tecnológicos digitales[37] o el cambio climático[38], resulta paradójico que, hasta ahora, uno no tan nuevo, pero de tanta relevancia social, el del acceso a la vivienda, haya estado ausente. Es probable que la cobertura frente al riesgo de no tener donde resguardarse, al menos para la parte más desfavorecida de la población, exija su desmercantilización[39], esto es, su provisión por un mercado fuertemente controlado, cuando no fuera del mercado. Desde este prisma, el riesgo del sinhogarismo se asemeja mucho a un riesgo social y los mecanismos para su cobertura a los que tradicionalmente ha empleado el Derecho Social ¿Volverá la vivienda a formar parte de nuestra rama jurídica? Los clásicos nunca mueren.

Al margen de esta particular reflexión, de lo que no hay duda es de que el problema del acceso a la vivienda está tomando tal magnitud en las sociedades occidentales, que resulta difícil pensar que no vaya a ser una cuestión protagonista en los próximos tiempos. En este sentido, aunque las propuestas que se están poniendo encima de la mesa son muy variadas,

---

35 MERCADER UGUINA, J. R., «En busca del ideal de vivienda obrera», *cit.*, n. 4.

36 BECK, U., *La sociedad del riesgo: hacia una nueva modernidad*, Paidós, Barcelona, 1998.

37 MERCADER UGUINA, J. R., «Riesgos laborales y transformación digital: hacia una empresa tecnológicamente responsable», *Teoría y derecho: revista de pensamiento jurídico*, 23, 2018, Tirant lo Blanch; MULAS GRANADOS, C. (ED.), *El Estado dinamizador. Nuevos riesgos, nuevas políticas y la reforma del Estado de Bienestar en Europa*, Universidad Complutense de Madrid, Madrid, 2010.

38 MANDELLI, M.; BEAUSSIER, A. L.; CHEVALIER, T.; PALIER, B., *Defining, Operationalizing and Classifying Socio-Ecological Risks*, HAL, 2024, fecha de consulta 27 septiembre 2024, en https://sciencespo.hal.science/hal-04801294.

39 MONEREO PÉREZ, J. L., «La polírica social en el Estado del Bienestar: los derechos sociales de la ciudadanía como derechos de "desmercantilización"», *Revista de trabajo y Seguridad Social*, 19, 1995, pp. 7-46.

todas tienen un nexo común, que es un rol proactivo del Estado. En unos casos, para acompañar una liberalización del suelo a través de ayudas e incentivos fiscales fundamentalmente; en otros, mediante la promoción y provisión, en fórmula mixta o directa, de viviendas en alquiler o en régimen protegido. Y en esto, en la reflexión acerca del rol del Estado en la sociedad, no solamente tuvieron un papel protagonista los movimientos socialistas a los que hemos prestado especial atención en este apartado, sino también Keynes y sus seguidores, al que dedicamos el siguiente.

4. KEYNES Y LOS POSTKEYNESIANOS

A John Maynard Keynes le debemos muchas cosas, pero, desde el punto de vista científico, lo fundamental, fue el nacimiento de una nueva rama de la Economía, la Macroeconomía[40]. Aunque ya tenía tras de sí un amplio bagaje profesional, el Crack del 29 y la Gran Depresión no le afectaron en lo personal (había perdido su fortuna, que rehízo en muchas ocasiones, un año antes), pero sí supusieron el estímulo intelectual definitivo que daría lugar a su *opus magnum*, la *Teoría general de la ocupación, el interés y el dinero*. Con esta obra se establecía un nuevo marco teórico para intentar explicar cómo funciona la economía en un mundo en el que las crisis no eran nacionales, sino que trascendían fronteras y continentes.

Con ella, conseguimos conocer mejor no solamente las causas y desarrollo de las crisis económicas, sino a ver la Economía a vista de pájaro. La actividad individual de cada sujeto deja de estar en el centro para cobrar importancia las variables agregadas, como la demanda total, la inflación, el producto interior bruto o el empleo y el desempleo. El enfoque cambió porque el mundo había cambiado. Keynes sentía una gran admiración por lo que habían hecho los economistas clásicos y creía que habían hecho una interpretación precisa de cuál era la mejor forma de satisfacer las necesidades sociales de su tiempo. Pero la morfología del capitalismo moderno nada tenía que ver con la del siglo XVIII o XIX, con lo que el retrato que hicieron los clásicos se había quedado obsoleto. Los avances tecnológicos permitían producir más con mucho menos esfuerzo y recursos, hasta el

---

[40] VON WALLWITZ, G., *Mr. Smith y el paraíso: La invención del bienenstar,* Erst Aufl, El Acantilado, Barcelona, 2016, p. 175.

punto que la escasez ya no era el problema fundamental de la humanidad, ni de la Economía[41].

Aunque cuando se menciona a Keynes frecuentemente se hace para justificar la intervención del Estado en la economía, como agente alentador de la actividad económica en busca del efecto multiplicador y del aprovechamiento máximo de los recursos disponibles, lo cierto es que, desde un punto de vista técnico, esta especial preocupación por intentar explicar, desde lo macro, el crecimiento económico, hacen que factores como éste precisamente, el del avance tecnológico, cobren especial importancia. La tecnología es un elemento esencial para explicar el crecimiento de los países, pero también el modo en que puede afectar el empleo e, indirectamente, a determinadas condiciones de trabajo, como la jornada o el salario.

Éste es precisamente el elemento que ha suscitado el interés de Jesús Mercader. En sus trabajos más recientes vinculados al impacto de los cambios disruptivos relacionados con la digitalización, el profesor Mercader ha echado mano de forma recurrente al padre del keynesianismo para intentar pronosticar, como hiciera él, de qué forma los avances tecnológicos podrán influir sobre el empleo.

Quizá el ejemplo más destacado sea su monografía *El futuro del trabajo en la era de la digitalización y la robótica*[42], en el que se pregunta y nos pregunta si se cumplirá la profecía de Keynes. Se refiere con ello al vaticinio que el célebre economista británico hiciera en una conferencia pronunciada en la Residencia de Estudiantes el 10 de junio de 1930. Según Keynes, la sociedad de nuestra época sería, como consecuencia de los avances tecnológicos y de la inversión, una en la que el trabajo tendría un papel muy reducido («turnos de tres horas o semanas de quince»), en el camino hacia la sociedad del ocio y el bienestar[43].

«No se equivocaba», afirma rotundo Mercader, para remachar con datos de la contabilidad nacional cómo la jornada de trabajo se ha ido reduciendo a lo largo del tiempo. Todo ello, claro está, teniendo en cuenta que

---

41 CARTER, Z. D., *El precio de la paz: Dinero, democracia y la vida de John Maynard Keynes*, Paidós, Barcelona, 2021, p. 284.

42 MERCADER UGUINA, J. R., *El futuro del trabajo en la era de la digitalización y la robótica, cit.*

43 KEYNES, J. M., «Las posibilidades económicas de nuestros nietos», en Estefanía, J. (ed.) *Keynes. Las posibilidades económicas de nuestros nietos. Siete Ensayos de Persuasión.*, Taurus, Madrid, 2015, p. 123.

«la profecía ni remotamente tuvo en cuenta el impacto de la robotización ni tampoco los efectos de un mundo sin trabajo»[44]. De esta forma se viene a subrayar el especial papel que innovación y tecnología juegan como motores del crecimiento económico y, a partir de ahí, para la creación de empleo y la transformación del trabajo. Éste es, probablemente, un punto en común entre el keynesianismo y la escuela austriaca y neoclásica posteriores a juzgar por las citas que el propio Mercader introduce a Schumpeter y Leontief[45]: los avances tecnológicos aumentan la productividad y, por ello, inciden sobre el crecimiento económico y el empleo.

La cuestión es si en la cuarta y la quinta revoluciones industriales existe algún elemento que nos haga pensar que en esta ocasión las cosas serán diferentes. Aunque nada tiene que ver el trabajo actual con el de la primera revolución industrial, lo cierto es que el ser humano no ha conseguido desembarazarse del trabajo como principal fuente de recursos y, de ahí, como clave de bóveda sobre la que se asienta y articula nuestra vida. Así que el debate actual descansa en saber si el trabajo continúa ese proceso de transformación o si, por el contrario, el momento actual es tan disruptivo que dará paso a una etapa nueva en la que aquél deje de ser el centro de nuestra existencia.

La falta de consenso en este debate lleva a distinguir las diversas posturas existentes entre, por un lado, los llamados tecno-pesimistas[46], por vaticinar, una vez más[47], que el avance tecnológico conduce al fin del trabajo[48] y, ello, a pesar de que el resultado estaría lejos de ser pésimo, pues nos encontraríamos ante una sociedad mucho más libre, capaz de dedicar su tiempo a otros quehaceres que le resultara más provechosos o placenteros[49]. Eso sí, exigiría idear nuevas formas de ganarse la vida, como la renta

---

44 MERCADER UGUINA, J. R., *El futuro del trabajo en la era de la digitalización y la robótica, cit.*, pp. 225-226.

45 *Ibid.*, pp. 227-228.

46 *Ibid.*, pp. 127-132.

47 BRYNJOLFSSON, E.; MCAFEE, A., «Will Humans Go the Way of Horses», *Foreign Affairs*, vol. 94, 2015, pp. 8-14.

48 RIFKIN, J., *El fin del trabajo: Nuevas tecnologías contra puestos de trabajo: el nacimiento de una nueva era*, Paidós, Barcelona, 2014.

49 ARENDT, H., *La condición humana*, Paidós, Barcelona, 2005, pp. 129-142; KEYNES, J. M., «Las posibilidades económicas de nuestros nietos», *cit.*

básica[50], y de sufragar estas nuevas fuentes de ingresos vitales, como el llamado "dividendo robot"[51].

Al otro lado de la balanza estarían los tecno-optimistas, es decir, aquellos que consideran que el impacto de la digitalización sobre el empleo puede generar efectos positivos, permitiendo la emergencia de nuevas actividades y profesiones que no solamente sustituirían a las que desaparecerían, sino que serían suficientes como para más que compensar aquellas. El resultado final serían un saldo neto positivo, un mercado de trabajo digital con más empleo que el actual[52].

Aún habría espacio, como en todo buen análisis científico, para una tercera postura intermedia que sostendría un impacto neto no es claro, esto es, que pueden destruirse y crearse de forma aproximada igual número de puestos de trabajo. Por el momento, esta es la línea que se impone, en el bien entendido de que, hasta ahora, no se observaría un impacto significativo de la digitalización que incline la balanza hacia la creación o destrucción de empleo[53]. Esto no quiere decir que, como en todo proceso de cambio o transformación, no haya ganadores ni perdedores. Al contrario, frecuentemente desde esta perspectiva se subraya la necesidad de prestar atención a aquellas actividades que resulten más afectadas, de tal suerte que no solamente se puedan poner en marcha medidas formativas, de re-

---

50 FORD, M. R., *El auge de los robots: la tecnología y la amenaza de un futuro sin empleo*, Paidós, Barcelona, 2016; VAN PARIJS, P., «Basic Income: A Simple and Powerful Idea for the Twenty-First Century», *Politics & Society*, vol. 32, 1, 2004, SAGE Publications Inc, pp. 7-39.

51 BRYNJOLFSSON, E.; MCAFEE, A., «Will Humans Go the Way of Horses», *cit.*, pp. 8-14; GÓMEZ SALADO, M. A., «Robótica, empleo y seguridad social: la cotización de los robots para salvar el actual estado del bienestar», *Revista Internacional y Comparada de Relaciones Laborales y Derecho del Empleo*, vol. 6, 3, 2018, ADAPT University Press.

52 Una síntesis de los principales argumentos tecno-optimistas pueden encontrarse en el apartado IV de MERCADER UGUINA, J. R., «Reflexiones sobre los efectos de la simultánea creación, destrucción y transformación del empleo en la era digital», en Molina Navarrete, C., Vallecillo Gámez, M. R. (eds.) *De la economía digital a la sociedad del e-work decente: condiciones sociolaborales para una industria 4.0 justa e inclusiva*, Aranzadi, 2021, pp. 93-113.

53 ACEMOGLU, D.; AUTOR, D.; HAZELL, J.; RESTREPO, P., *AI and Jobs: Evidence from Online Vacancies*, National Bureau of Economic Research, Inc, 2020. El estudio se refiere a EEUU, lo cual, sin embargo, no perjudica el resultado dado su grado de digitalización.

ciclaje y reconversión, sino para quienes salen ganando puedan compensar a quienes salen perdiendo[54].

Ésta precisamente parece que es también la postura del profesor Mercader, la de prestar atención, más que al resultado, al cambio en sí. Y es que el debate no es nuevo. Hace más de 20 años, con la anterior revolución industrial, al criticar lo que él mismo denominó "la escatología del fin del trabajo", dijo «la polémica del fin del trabajo que se produce en nuestros días exige ser analizada desde un punto de vista necesariamente institucional; esto es, es necesario tener en cuenta que la economía no se juega en un espacio vacío, sino en el entramado normativo que surge como producto de las relaciones y de los conflictos de poder que se despliegan entre los diferentes grupos sociales con estrategias de acción y de percepción diferenciadas. De este modo, lo que está cambiando son precisamente estos contextos institucionales, y ello está dando lugar al proceso actual de crisis del trabajo, como construcción de un orden lógico-normativo que refleja nuevos equilibrios de los poderes sociales, desplegados en torno al modelo de trabajo existente en las sociedades occidentales»[55]. Estas reflexiones, a pesar del tiempo transcurrido, como las de Keynes, siguen de rabiosa actualidad.

Un seguidor de Keynes, John Kenneth Galbraith dedicó buen parte de su vida al estudio del poder[56]. Para él, era un elemento central en Economía, hasta el punto que si el economista no lo tiene en cuenta despoja a la ciencia económica de su conexión con la realidad: «la debilidad funda-

---

54 PÉREZ DEL PRADO, D., *Derecho, Economía y Digitalización. El impacto de la inteligencia artificial, los algoritmos y la robótica sobre el empleo y las condiciones de trabajo,* Tirant lo Blanch, Valencia, 2023, pp. 45-48.

55 MERCADER UGUINA, J. R., *Derecho del trabajo. Nuevas tecnologías y sociedad de la información, cit.*, pp. 30-31. Precisamente en esta obra, recurre Mercader también a Keynes para referirse a la misma cuestión, aunque desde la perspectiva del debate sobre la reducción de la jornada máxima: «la política para conseguir pleno empleo mediante la inversión es sólo una aplicación particular de un teorema. Se podría obtener el mismo resultado bien consumiendo más, bien trabajando menos (…), considero la política de inversión como una cura de urgencia (…) la solución definitiva es menos trabajo (…) como dosificar los tres ingredientes de la cura es una cuestión de gusto y de experiencia, es decir, de moral y de conocimientos». KEYNES, J. M., *The Collected Writings of John Maynard Keynes: Volume 28: Social, Political and Literary Writings*, vol. 28, Royal Economic Society, 1978.

56 GALBRAITH, J. K., *Capitalismo americano: el concepto del poder compensatorio,* Ariel, Barcelona, 1956; *La sociedad opulenta,* Ed. especial para Expansión., Ciro Ediciones, Sant Just Desvern, 2011; *La anatomía del poder,* Ariel, 2013.

mental de la economía neoclásica —afirmó— no reside en el error de los supuestos [de los modelos de competencia perfecta] por los que elude el problema del poder. La capacidad para sostener creencias erróneas es muy grande, especialmente cuando ello coincide con la conveniencia. Pero al eludir el poder, al convertir a la economía en una disciplina no política, la teoría neoclásica destruye, por el mismo proceso, su relación con el mundo real»[57].

Desde esta perspectiva, no tener en cuenta los "equilibrios de poderes sociales", parafraseando a Mercader, conduce necesariamente a resultados parciales, cuando no erróneos. «Específicamente, la exclusión del poder y de su concomitante contenido político de la economía hace que esta solo pueda vislumbrar dos problemas económicos intrínsecos e importantes. Uno de ellos es el problema microeconómico de la imperfección del mercado [...] que conduce a aberraciones en la distribución de los recursos y el ingreso. El otro es el problema macroeconómico del desempleo o la inflación, de una deficiencia o exceso de la demanda agregada de bienes y servicios, incluyendo la asociada a efectos monetarios. Y en ambos casos el fracaso es dramático. La economía neoclásica lleva a la solución errónea del problema microeconómico y a ninguna solución del problema macroeconómico. Al mismo tiempo, deja de analizar en gran medida toda una constelación de otros problemas económicos urgentes»[58].

En suma, "la economía no se juega en un espacio vacío", sino en un marco de intereses contrapuestos, factor este que conocemos bien quienes nos dedicamos al Derecho del Trabajo. Tenerlos en cuenta es crucial a la hora de alcanzar soluciones equilibradas y estables. En la era de la "polarización", en la que incluso los poderes económicos parecen estar haciéndose con el poder político —una mirada a la segunda Administración Trump basta para corroborarlo—, este elemento clave trasciende el específico ámbito laboral para convertirse en una guía de navegación general. En la era digital, entender que los avances tecnológicos alteran los equilibrios de poder, como otros lo hicieron en revoluciones digitales anteriores, se convierte en una pieza esencial no solamente para entender la trascendencia social del fenómeno, sino para poder formular marcos regulatorios adecuados.

---

57 GALBRAITH, J. K., «El Poder Y El Economista Útil», *El Trimestre Económico*, vol. 41, 161(1), 1974, Fondo de Cultura Económica, p. 233.

58 *Ibid.*, pp. 233-234.

Éste es el fallo teórico esencial, con dramáticas consecuencias reales, nos recuerda Galbraith, de los herederos modernos de Adam Smith. Unos herederos que dominan el pensamiento económico de nuestros días y que, cuando parecen flaquear, se revuelven y resurgen con el mayor de los bríos. Ni el capitalismo se refunda, ni Hayek ha muerto.

5. LA NUEVA ECONOMÍA CLÁSICA O LA ECONOMÍA "MAINSTREAM"

Friedrich von Hayek tuvo en su mano haber cambiado la historia de la Economía del siglo XX, pero fracasó. Su oposición a las tesis de la *Teoría General*, materializadas en el famoso intercambio epistolar con el mismísimo Keynes, terminó con el triunfo del británico y prácticamente el olvido del austriaco. El resultado fue que durante los llamados "años dorados" la Economía y el mundo fueron keynesianos.

Sin embargo, algunas décadas después, por capricho del destino, ya desaparecido Keynes, Hayek contraatacaría[59]. Para ello contaría con seguidores en el ámbito político, siendo los más destacados Margaret Thatcher y Ronald Reagan; y un brillante aliado en el ámbito académico (aunque con un enorme gusto, a diferencia de Hayek, por la acción política), Milton Friedman. El estadounidense creía que «lo que Keynes había legado a la economía técnica era muy positivo», pero que, por el contrario, su legado político era enormemente negativo, pues había contribuido a la «proliferación de gobiernos demasiado grandes cada vez más interesados en controlar la vida diaria de sus ciudadanos»[60].

Ahí radica precisamente el punto de conexión con Hayek. La teoría económica de Friedman no se basaba en la del capital de la Escuela austriaca que Hayek defendía. Al contrario, era bastante crítico con ella, lo que no le impidió profesarle una gran admiración, particularmente en lo que hacía al reto de reducir el tamaño del gobierno para dejar un mayor espacio a la acción individual de los ciudadanos, punto central de *Camino*

---

59 Con el sugestivo título "El contraataque de Hayek" se inicia el capítulo clave para entender el modo en que las ideas de éste terminarán por imponerse a las de Keynes a partir de la década de los 80. No obstante, el libro en su conjunto es un magnífico pretexto para sumergirse en el pensamiento de ambos economistas. WAPSHOTT, N., *Keynes vs Hayek: el choque que definió la economía moderna*, Deusto, Barcelona, 2013, cap. 16.

60 *Ibid.*, p. 282.

de servidumbre. El liberalismo de Friedman encajaba perfectamente con la consustancial desconfianza de Hayek hacia cualquier gobierno. El pensamiento de Hayek había encontrado en Friedman su natural heredero.

Un heredero que contaba con un punto fuerte adicional, además de sus incontestables habilidades teóricas: no rehuía la exposición pública. Son innumerables las entrevistas y conferencias que pueden encontrarse, incluso hoy en día, a través de Internet[61]. Pero, por si esto fuera poco, pronto se involucró en política, como asesor derrotado candidato republicano Goldwater, del presidente Nixon o, más tarde, del presidente Reagan. Unas dotes comunicativas que en aquél eran excelentes, pero que en este último eran absolutamente extraordinarias. Las ideas de Hayek y de Friedman habían ganado un excelente portavoz: «seguramente no verías nunca a Hayek en el *Today show*, pero podías ver a Reagan explicando lo esencial de la teoría de Hayek con ejemplos más claros y un lenguaje más comprensible»[62]. Por si todo esto fuera poco, al otro lado del Atlántico iba a surgir una aliada muy poderosa. La que terminaría por ser primera ministra británica, Margaret Thatcher, era ferviente admiradora de Hayek, al que leyó en su juventud y terminaría por conocer personalmente en su madurez. De hecho, se cuenta que, cuando resultó elegida, Hayek le escribió un telegrama el en que le dijo "gracias por el mejor regalo que podía recibir en mi ochenta cumpleaños", a lo que ella respondió "estoy muy orgullosa de haber aprendido tanto de usted en los últimos años. Estoy segura de que vamos a triunfar. Si lo hacemos, estoy segura de su contribución a nuestra victoria habrá sido inmensa"[63].

Éste fue el coctel perfecto de lo que Friedman llamaría una auténtica "contrarrevolución"[64]. Con la denominación "Nueva Economía Clásica" se designa a la reacción contrakeynesiana que emerge en la década de los 70 y que bebe, tanto de la Escuela Clásica, es decir, Adam Smith, David Ricardo o Malthus; como de la Neoclásica, el grupo de escuelas —la austriaca, la inglesa o de Cambridge y la de Lausana[65] que en los 30 intentaron

---

61 Por ejemplo, ésta en materia de Seguridad Social: https://www.youtube.com/watch?v=rCdgv7n9xCY

62 WAPSHOTT, N., *Keynes vs Hayek, cit.*, p. 287.

63 *Ibid.*, p. 292.

64 FRIEDMAN, M., «The Counter-Revolution in Monetary Theory», en Wood, G. E. (ed.) *Explorations in Economic Liberalism*, Palgrave Macmillan, 1996, pp. 3-21.

65 NEFFA, J. C.; NEFFA, J. C. (EDS.), «La teoría neoclásica ortodoxa y su interpretación del mercado laboral», en *Teorías económicas sobre el mercado de trabajo. II. Neoclásicos y nuevos keynesianos*, Fondo de Cultura Económica, México, 2007, p. 28.

resucitar a los clásicos y que fracasaron ante el dominio keynesiano. Como reacción al keynesianismo hasta entonces imperante, atacaron su principal aportación, la macroeconomía, por lo que también son llamados "Nueva Macroeconomía Clásica".

Cincuenta años después han ocurrido muchas cosas, aunque su dominio sigue siendo evidente, a pesar de las críticas. De ahí que en su versión más moderna también se la designe con el término "Economía *mainstream*". Este término pretende reflejar lo que creen la mayoría de los economistas y, por tanto, se utiliza para describir el pensamiento convencional o dominante en esta disciplina científica. En concreto, lo que proyecta esta corriente principal de la Economía es un conjunto persuasivo de supuestos que se utilizan para justificar postulados más próximos al capitalismo competitivo que al socialismo democrático o de economía mixta[66]. Es una denominación no exenta de problemas, pues lo que se entiende dominante varía según quien escriba. Así, con "Economía *mainstream*" se ha designado a las "doctrinas centrales de la economía", a la economía "neoclásica ", a la "economía estándar", o la "ortodoxia económica" en la que denomina "visión liberal de mercado"[67].

El propio Jesús Mercader observó ese dominio absoluto en el debate económico contemporáneo cuando, bajo la denominación "pensamiento único", delineó las principales líneas de ataque a los sistemas de Seguridad Social: «es importante, para el pensamiento único, dirigir la lógica de las instituciones a favor de la libertad recortando el territorio ganado por aquellas instituciones que implican una estatalización creciente de la sociedad: seguridad social, normativas laborales que crean desempleo, subvenciones, etc. La lógica del Estado mínimo exige reorientarlas de forma que su misma lógica de funcionamiento las lleva a evolucionar natural y automáticamente hacia una reducción del Estado. Entre las ideas más prometedoras están los cheques escolares, la posibilidad de sustituir cotizaciones a la Seguridad Social por contribuciones a cajas privadas, o la posibilidad de desgravar fiscalmente los gastos privados que reemplazan las funciones actuales del Estado. Si analizamos la supervivencia de la Seguridad Social en el Estado mínimo, las conclusiones son nada esperanzadoras. Así, Hayek afirma que el Estado puede ofrecer cualquier forma de seguro social

---

66 RICCI, D. M. (ED.), «Mainstream Economics», en *A Political Science Manifesto for the Age of Populism: Challenging Growth, Markets, Inequality and Resentment*, Cambridge University Press, Cambridge, 2020, p. 29.

67 *Ibid.*, p. 28.

a condición de que no se reserve con ello ningún monopolio ni privilegio exclusivo [...]. Si los individuos son libres de contratar un seguro privado, el seguro privado sólo será interesante en los casos de mayor riesgo, y se transforma de facto en asistencia pública financiada por impuestos pagados por los demás, correspondiéndose exactamente con lo que habría sido la porción redistributiva de las primas obligatorias de seguridad social. Así, tampoco es seguro en la teoría de Hayek que el seguro social forme parte de las competencias del Estado mínimo»[68].

Y así es. Es más, Hayek fue muy claro a este respecto al oponerse a los programas de Seguridad Social sobre la base de tres argumentos principales: en primer lugar, porque estos programas son necesariamente coercitivos, al designar al gobierno como proveedor monopolista de ciertos servicios y dar a su administradores amplia discreción para distribuir prestaciones entre los individuos de acuerdo con lo que se cree que merecen; en segundo lugar, porque estos programas están reñidos con una democracia sana, en parte porque su propia complejidad derrota la deliberación democrática, ya que ni los ciudadanos, ni sus representantes pueden entenderlos en su completitud; finalmente, porque la burocracia que administra los programas de Seguridad Social también controla el flujo de información sobre ellos, lo que la convierte en «propaganda subvencionada» y le confiere «un poder sobre las mentes» similar al de un estado totalitario[69].

Nótese que la crítica no se centra en argumentos técnicos, que podíamos denominar como "micro" y que son también habituales en la literatura económica contemporánea. Nos estamos refiriendo a la ya mencionada Crisis Fiscal, a la supuesta insostenibilidad financiera de la Seguridad Social y, desde esta perspectiva, a la impostergable necesidad de recortarla, de reducirla. La crítica se cierne sobre la protección social desde lo "macro" para conectar con lo más íntimo del ser humano: su libertad. De hecho, desde las posiciones más extremas no se duda en acusar a la Seguridad So-

---

68 MERCADER UGUINA, J. R., *Derecho del trabajo. Nuevas tecnologías y sociedad de la información, cit.*, p. 269. Cita aquí el libro HAYEK, F. A., *Derecho, legislación y libertad: una nueva formulación de los principios liberales de la justicia y de la economía política*, Unión Editorial, Madrid, 2006.

69 HAYEK, F. A., *The constitution of liberty*, Routledge, London, 1960, pp. 288-293.

cial de ser una quimera[70], un fraude, una estafa[71], que no solamente no cumple su función, sino que impide al ser humano vivir en libertad.

Milton Friedman no puedo ser más explícito: «afortunadamente —para mí— tengo un trabajo estable y carezco de ambiciones políticas, por lo que no dudo en mirar a esta vaca sagrada [que es la Seguridad Social] a la cara y decirle que es una monstruosidad. Es un ejemplo muy específico de un programa que pretende tener un conjunto de resultados pero que, de hecho, tiene resultados opuestos. [...] Lo mínimo que podemos hacer para que la seguridad social tenga algún sentido es introducir algo de competencia. Me opongo a obligar a la gente a comprar una renta vitalicia de vejez, porque creo que, si la gente quiere gastar sus bienes en una vida desenfrenada, debería ser libre de hacerlo. Si quiero posteriormente apoyarlos cuando sean indigentes en su vejez, ese es mi privilegio y deberíamos ser libres de apoyarlos. Por eso, personalmente, me opongo a obligarlos. Muchos no están de acuerdo conmigo. Supongamos que usted no está de acuerdo conmigo. Supongamos que acepta la idea de que todo el mundo debería estar obligado a protegerse a través de una prestación de vejez para no convertirse en una carga para el resto. Entonces, lo mínimo que puede hacer es dejar que lo compre donde quiera. Dejar comprarlo a una compañía de seguros privada de buena reputación puede conseguir mejores resultados en muchos casos que lo que está recibiendo ahora. Eso, al menos, introduciría cierta competencia, haría que fuera necesario mantener alguna relación entre los beneficios pagados y lo que la gente está pagando para el caso en que considere que deben ser obligatorios este tipo de programas»[72].

Aunque el triunfo de la Economía *mainstream* ha tenido consecuencias devastadoras sobre la igualdad, lo que a su vez ha repercutido en crecimientos económicos más débiles y en mayor inestabilidad política y económica, al propiciar el auge de los populismos de corte ultranacionalista y crisis económicas más frecuentes y profundas[73]; lo cierto es que sigue

---

70 MILTON FRIEDMAN, M., «Social Security Chimeras», *cit.*

71 FRIEDMAN, M., «The Biggest Ponzi Scheme on Earth», *Hoover Institution,* 1999, fecha de consulta 4 diciembre 2024, en https://www.hoover.org/research/biggest-ponzi-scheme-earth.

72 FRIEDMAN, M., «Transfer Payments and the Social Security System», en *National Industrial Conference Board Record,* 1965, pp. 4-5, fecha de consulta 4 diciembre 2024, (Traducción propia).

73 PIKETTY, T., *Capital e ideología,* Deusto, Barcelona, 2019.

dominando el mundo y, ello, a pesar de tenerse que enfrentar a claras contradicciones, como el hecho de que, quienes ahora más alientan sus postulados, sin embargo, están en contra del libre comercio. Ejemplo paradigmático de su fortaleza es su actual vigor tras la Gran Recesión[74] 2008-2013 y la crisis económica derivada de la Pandemia de COVID-19. Lejos de asistir a la "refundación del capitalismo", como vaticinara el presidente Macron, el mundo presencia el rearme y fortalecimiento de quienes con sus postulados alentaron la primera y hubieran agravado la segunda.

Si algo puso de manifiesto la crisis financiera de 2008 es que habíamos vuelto a caer en los mismos errores que en los años 30 del siglo pasado. Krugman no pudo ser más explícito: «es evidente que vamos a tener que aprendernos de nuevo las lecciones que la Gran depresión enseñó a nuestros abuelos. No intentaré exponer aquí los detalles de un nuevo régimen regulador, pero ha de quedar claro el nuevo principio básico: todo aquello que deba ser rescatado durante una crisis financiera porque desempeña un papel esencial en el mecanismo financiero debe estar sujeto a regulación cuando no hay una crisis, para evitar así que incurra en unos riesgos excesivos»[75].

Pero no bastaba con esto, no bastaba con regular los mercados. Era (y es) necesario un completo cambio de enfoque. «Por primera vez en dos generaciones, los fallos de la economía por el lado de la demanda —gasto privado insuficiente para utilizar la capacidad productiva disponible— se han convertido en la limitación, clara y actual, de la prosperidad para una gran parte del mundo. [...] El conjunto específico de ideas absurdas que ha reivindicado el nombre de "economía de oferta" es una doctrina excéntrica, que tendría poca influencia si no apelara a los prejuicios de los editores y de los ricos; pero durante las últimas décadas ha habido una continua tendencia a desplazar, en el pensamiento económico, el énfasis que se ponía en el lado de la demanda, trasladándolo al lado de la oferta de la economía»[76].

---

74 STIGLITZ, J. E., «La gran recesión», *Claves de Razón Práctica,* 2010.

75 KRUGMAN, P. R., «El retorno de la economía de la depresión y la crisis de 2008», *Ars medica. Revista de humanidades,* vol. 8, 1 (JUN), 2009, Grupo Ars XXI de Comunicación, S.L., p. 62. Más ampliamente en KRUGMAN, P. R., *El retorno de la economía de la depresión: y la crisis actual,* Crítica, 2009.

76 KRUGMAN, P. R., «El retorno de la economía de la depresión y la crisis de 2008», *cit.,* pp. 56-57.

Si algo puso de manifiesto la crisis pandémica de 2020 fue que el Estado era más necesario que nunca. No solamente porque los avances científicos que permitieron vencer a la enfermedad nacieron de la colaboración público-privada y, además, a nivel global[77]; sino porque los mecanismos económicos, también los jurídicos, que se pusieron en marcha para paliar sus efectos sociales supusieron desplegar un papel muy activo por parte de las Administraciones públicas.

Tal es el caso de los fondos "Next Generation" en la UE o del "Investing in America" en los Estados Unidos, claros ejemplos de política macroeconómica de incentivo de la demanda agregada con especial preocupación en que las inversiones procuren generar, además, valor añadido. Desde la perspectiva jurídica y centrándonos únicamente en la rama que nos concierne, tanto el Derecho del Trabajo como la Seguridad Social han desplegado herramientas nuevas y no tan nuevas para procurar la conservación de los empleos y la adaptación de la actividad productiva ante shocks tan adversos como los que tuvimos que hacer frente[78]. Probablemente el ejemplo-síntesis de todas estas herramientas sean nuestros ERTEs, destacados por la OCDE como buena práctica a nivel global[79].

Unos y otros, que luego tuvieron su continuidad como consecuencia de la inestabilidad económica derivada de la guerra en Ucrania, pusieron de manifiesto, de nuevo, la operatividad de las políticas de demanda, no solamente para hacer frente a las crisis económicas y salir lo antes posible de ellas, sino como estrategia estable para asegurar crecimientos económicos estables y robustos, retroalimentadas con políticas complementarias de redistribución y fomento de la igualdad de oportunidades[80].

Y, sin embargo, a pesar de estos dos ejemplos tan recientes, el vaticinio que Jesús Mercader nos dejara hace más de dos décadas, sigue hoy muy

---

77 JASSO VILLAZUL, J.; TORRES VARGAS, A., «Nuevos mecanismos de colaboración público-privada para el desarrollo y acceso a la vacuna COVID-19: una perspectiva desde la teoría fundamentada», *Contaduría y Administración*, vol. 65, 5, 2020.

78 CASAS BAAMONDE, M. E., *El Derecho del Trabajo en la emergencia de la pandemia de la COVID-19. ¿y después?*, Real Academia de Ciencias Morales y Políticas, Madrid, 2021.

79 «PREPARING ERTE FOR THE FUTURE», *OECD*, 2024, fecha de consulta 29 octubre 2024, en https://www.oecd.org/en/publications/preparing-erte-for-the-future_a70bf8ec-en.html.

80 PIKETTY, T., *Una breve historia de la igualdad*, Deusto, 2021.

vigente. La Economía *mainstream* prosigue su largo reinado propugnando menos Estado, lo que significa menos regulación laboral y menos Seguridad Social. De frente, como vemos, nuevas viejas fórmulas postkeynesianas y, en el horizonte, un cambio en el modelo productivo, la digitalización, que quizá determine por decantar la balanza: si los avances tecnológicos nos conducen a una sociedad de más ocio, entonces resultará imprescindible reformular nuestros Estados del bienestar, lo que a su juicio no tiene por qué estar reñido con la responsabilidad individual y amplias dosis de iniciativa propia[81].

6. LA APORTACIÓN DE JESÚS MERCADER AL PENSAMIENTO JURÍDICO (Y AL ECONÓMICO): LA APUESTA POR LA INTERDISCIPLINARIEDAD

Hace tiempo que se viene insistiendo en la necesidad de avanzar en la investigación interdisciplinar (también en la docencia). Son múltiples los argumentos que han venido sustentando esta postura, aunque probablemente el más extendido en nuestro ámbito sea la necesidad de "soldar" teoría y praxis, permitiendo conocer la faceta social del fenómeno jurídico y evitar quedarse «en la simple formulación de programas abstractos»[82]. Se trata de observar la función del Derecho del Trabajo y de la Seguridad Social como una pieza más del engranaje social.

Ahora bien, este enfoque no es único, sino que cabe distinguir, al menos, dos perspectivas diferentes[83]. Por una parte, desde el funcionalismo jurídico clásico, la aproximación interdisciplinar resulta imprescindible para poder conocer en su plenitud la función esencial del Derecho del Trabajo y de la Seguridad Social[84], cual es el control y canalización del

---

81 MERCADER UGUINA, J. R., *El futuro del trabajo en la era de la digitalización y la robótica, cit.*, pp. 239-245.

82 RIVERO LAMAS, J. B., «La enseñanza del Derecho del Trabajo», en *II Jornadas hispano-luso-brasileñas de Derecho del Trabajo*, Ministerio de Trabajo, Madrid, 1985, p. 330.

83 *Ibid.*, pp. 322-340.

84 VIDA SORIA, J., «La esencia y la existencia del Derecho del Trabajo (Una revisión crítica del Concepto del Derecho del Trabajo y sus derivaciones conceptuales, dogmáticas y sistemáticas», *cit.*, pp. 15-20.

conflicto entre clases o grupos con intereses contrapuestos[85]. No es posible aprehender el conflicto, que está en la base de la aparición y desarrollo del Derecho Social, sin los aportes de la Economía, Sociología y la Ciencia Política al menos.

Ahora bien, al margen del debate acerca de si la aproximación marxista sobre la lucha de clases sigue siendo aplicable en nuestros días[86], lo cierto es que, como mínimo, podría acordarse que hoy no resulta suficiente. Hoy en día, el Derecho del Trabajo y de la Seguridad Social no es solamente prevención, control y canalización del conflicto, sino que cumple también otras funciones conexas, como la reequilibradora de una relación, la laboral, que es por naturaleza desigual[87]; o como la garantía de unos estándares mínimos en materia condiciones de trabajo y bienestar personal y familiar. Desde esta perspectiva, esta aproximación seguiría siendo válida, pero requeriría de una puesta al día del objeto de estudio.

Sin perjuicio de lo anterior, de otra parte, desde el funcionalismo sociológico se ha pretendido justificar la validez del Derecho social (y de cualquier rama del Derecho) en una idea de justicia «sustentada en datos objetivamente comprobables»[88]. Éste ha sido el enfoque predominante en

---

85 El Derecho de la Seguridad Social participa también, desde una visión claramente marxista, de esta función de control de conflicto a través de la cobertura de determinadas situaciones de necesidad que favorezcan el "adormecimiento" de la clase trabajadora. VIDA SORIA, J., «¿Qué fue eso de la Seguridad Social?», *Relaciones laborales: Revista crítica de teoría y práctica*, 2, 2001, pp. 377-392.

86 Frente a la tendencia general que la considera superada, véase JONES, O. P., *Chavs, cit.*

87 ALONSO OLEA, M.; CASAS BAAMONDE, M. E., *Derecho del trabajo*, Civitas, Madrid, 2005, p. 36; PALOMEQUE LÓPEZ, M. C., «La función y refundación del Derecho del Trabajo», en *Derecho del Trabajo y Razón Crítica. Libro dedicado al profesor Manuel Carlos Palomeque López en su vigésimo quinto aniversario como catedrático*, Caja Duero, Salamanca, 2004, pp. 36-49. También se ha dicho que es el Derecho «llamado a delimitar las relaciones sociales que le sirven de soporte». ALONSO GARCÍA, M., *Curso de derecho del trabajo*, 7a ed. actualizada, Ariel, Barcelona, 1981, p. 5. Dando un paso más, se ha sostenido también que es un Derecho de certeza, pues la facilita al trabajador, básicamente, en relación a una renta, salarial o social, y en relación a los cuidados de la salud. DE LA VILLA GIL, L. E., *El derecho del trabajo a mis 80 años, cit.*, p. 112.

88 WIEACKER, F., «Formalismo y naturalismo en la ciencia jurídica moderna: en torno a una "filosofía del derecho positivo"», *Anales de la Cátedra Francisco Suárez*, 22, 1982, Cátedra Francisco Suárez (Departamento de Filosofía del Derecho), p. 232. La "idea de justicia" ha sido señalada también, ya en el ámbito jurídico laboral, como la puerta de entrada del análisis interdisciplinar BORRAJO DACRUZ,

la cultura científica de las ciencias sociales en las últimas décadas cuando se refieren al Derecho. El auge de ciencias como la Economía y la Sociología —se ha llegado incluso a hablar de la "superioridad" de los economistas[89]— se sustenta precisamente en su vocación de justificación científica sobre la base de argumentos y datos objetivos o que tienden a serlo.

Uno de los elementos más valiosos que destila la obra de Jesús Mercader es que se basa en la idea de que el Derecho no puede quedar al margen de esta otra aproximación, so pena de ser considerada una ciencia menor por subjetiva. La incorporación de las herramientas propias de otras ciencias a la investigación jurídico-laboral cumple también, por tanto, una función de legitimación de las propias tesis más allá del criterio estrictamente técnico-jurídico. De esta forma se sigue garantizando que tal justificación no se circunscriba al elemento puramente formal, sino que siga conectando con la realidad material, sin caer en la subjetividad y el voluntarismo.

Ahora bien, que esta tarea sea necesaria no quiere decir que sea sencilla, especialmente para aquellos juristas que tienen solo formación jurídica. «Las experiencias muestran que no resulta fácil articular esta interdisciplinariedad en la programación de la enseñanza del Derecho sin correr graves riesgos de desvirtuar lo específico de aquella; sin que lo sustancial del conocimiento y de la aplicación de la Ciencia del Derecho se difumine y pierda el rango principal que le corresponde en la formación del jurista. De ahí que más que insistir en los aspectos interdisciplinares de los planes de estudio, proceda reducir la cuestión a la necesidad que se impone a los juristas que elaboran y aplican el Derecho de integrar perspectiva y datos para conseguir tener un conocimiento lo más completo posible de la realidad subyacente al orden normativo»[90].

E., «Prólogo», en Passarelli, F. S. (ed.) *Nociones de derecho del trabajo*, Instituto de Estudios Políticos, Madrid, 1963 (Estudios de trabajo y previsión), p. VIII. Asimismo, se encuentra en el origen de aproximaciones que apuntan al carácter tuitivo del Derecho del Trabajo sobre la base de la teoría de la solidaridad. DE LA VILLA GIL, L. E., «La función del derecho del trabajo en la situación económica y social contemporánea», en *Derecho del trabajo y seguridad social. Cincuenta estudios del profesor Luis Enrique de la Villa Gil: homenaje a sus 50 años de dedicación universitaria*, Centro de Estudios Financieros, 2006, p. 368.

89 FOURCADE, M.; OLLION, E.; ALGAN, Y., «The Superiority of Economists», *Journal of Economic Perspectives*, vol. 29, 1, 2015, pp. 89-114. Este sugestivo artículo analiza el auge de la Economía, aunque personalice en los economistas, en su relación con otras ciencias, justificando tal posición de dominio y estudiando sus causas.

90 RIVERO LAMAS, J. B., «La enseñanza del Derecho del Trabajo», *cit.*, p. 339.

Esto implica la utilización de métodos adicionales y complementarios, aunque sea en una forma básica, a los propios de la ciencia jurídica. «Queda fuera de discusión que el profesor de Derecho, por más que quiera, no podrá ser un especialista en sociología, economía, historia politología, etc., pero tampoco puede objetarse la utilidad que la posesión de conocimientos básicos o elementales de estas materias puede reportar al científico del Derecho»[91].

Jesús Mercader se propuso, desde muy pronto, no solamente seguir esta estela, sino ponerla en práctica. Los vistos hasta aquí no son más que unos pocos ejemplos, los de los economistas más destacados de la historia del pensamiento económico, pero el uso de estudios económicos en sus trabajos va más allá estos economistas y los asuntos mencionados. Por citar algunos ejemplos adicionales, para hablar del riesgo moral[92] recurre a Stiglitz[93]; para analizar el fenómeno del paro[94] y los mecanismos para luchar contra él[95], echa mano de Layard y Nickel[96], por no mencionar los estudios de los economistas patrios[97], cuando son necesarios datos, análisis o argumentos centrados en nuestro mercado de trabajo.

Así, encontramos en la obra de Jesús Mercader buena parte de las técnicas que se han sugerido en la investigación interdisciplinar[98], desde la utilización de bibliografía económica, pasando por las nociones o argumentos creados y/o utilizados por esta otra ciencia, para finalizar con el

---

91 MONTOYA MELGAR, A., «Sobre el Derecho del Trabajo y su ciencia», en *Derecho y trabajo,* Civitas, Madrid, 1997, p. 113.

92 MERCADER UGUINA, J. R., «Administrativización y contractualización de las leyes y sus efectos sobre las de acompañamiento (Comentario a las novedades en materia laboral y de Seguridad Social de la Ley 24/2001 de 27 de diciembre)», *Relaciones Laborales,* N° 1, 2002, p. 1325.

93 J. E. STIGLITZ, *La economía del sector público,* 4ª ed., Antoni Bosch, Barcelona, 2016.

94 MERCADER UGUINA, J. R., «El paro de larga duración en España: un análisis multifactorial», *Relaciones Laborales,* N° 2, 1998, pp. 377-403.

95 MERCADER UGUINA, J. R., «El "compromiso de actividad": significado, contenido y alcance», *Relaciones Laborales,* Nº. 1, 2003, pp. 387-406.

96 LAYARD, P. R. G.; NICKELL, S. J.; JACKMAN, R., *La crisis del paro,* Alianza, Madrid, 1996.

97 Ad. ex MERCADER UGUINA, J. R., «El paro de larga duración en España: un análisis multifactorial», *cit.*

98 FIX-ZAMUDIO, H., *Metodología, docencia e investigación jurídicas,* 5ª ed., Porrúa, México, 1996, pp. 78-85.

empleo de datos, frecuentemente recopilados en gráficos o tablas, para acompañar la explicación o argumentación.

Pero su apuesta por la interdisciplinariedad no acaba aquí, sino que se extiende a otras acciones que, si bien son también relevantes, resultan complementarias de la utilización de técnicas y métodos de otras ciencias junto al jurídico. Nos estamos refiriendo a aquellas que trascienden la labor científica individual para alcanzar el trabajo colectivo, asumiendo que el avance científico es más provechoso y efectivo cuando se tejen alianzas. Incluso, desde esta perspectiva, se alcanza la docencia, probablemente nuestra mayor acción social, la auténtica y más efectiva actividad de transferencia.

Así, por un lado, se ha insistido en la incorporación de formación no jurídica en las enseñanzas jurídicas universitarias. De hecho, la Academia española ha comenzado en tiempos relativamente recientes a obtener resultados, no tanto de la inserción de determinadas asignaturas, que también, sino de la creación y desarrollo de estudios conjuntos[99]. En esta línea, Jesús Mercader se atrevió a compartir con el alumnado de la Universidad Carlos III un curso sobre "pensamiento económico y mercado de trabajo". Este capítulo rememora en parte aquellas tardes de disfrute mutuo entre el alumnado y profesores. En un sentido similar, a él le debe esta misma universidad que en el grado en robótica haya una signatura dedicada al "marco laboral de la robótica". La interdisciplinariedad no tiene límites, por lo que no puede quedarse circunscrita las ciencias sociales.

Por otro lado, a través de la investigación colectiva con expertos provenientes de diversos campos, de tal suerte que se alcancen grupos de investigación verdaderamente multidisciplinares[100] y, lo que es más importante, se cree un caldo de cultivo apropiado para el desarrollo de este tipo de actividad investigadora, de entendimiento entre distintos tipos de científicos. De nuevo aquí, encontramos en la trayectoria profesional de Jesús Mercader hitos muy destacados, como las primeras colaboraciones con economistas en el observatorio de la negociación colectiva de Ricardo Es-

---

99 *Ibid.*, p. 98; SALA FRANCO, T., «El realismo jurídico en la investigación del Derecho del Trabajo», en *Filosofía y Derecho. Estudios en honor del profesor José Corts Grau*, Universidad, 1977, p. 49.

100 CRUZ VILLALÓN, J., «La metodología de la investigación en el Derecho del Trabajo», *cit.*, p. 98; GOERLICH PESET, J. M., «Consideraciones sobre el método en el derecho del trabajo», *Revista de ciencias jurídicas*, 2, 1997, Facultad de Ciencias Jurídicas, pp. 146-147.

cudero; o con economistas y sociólogos principalmente de la Carlos III, pero también de otras universidades; para terminar más recientemente con su trabajo conjunto con ingenieros y tecnólogos. Pero aquí, sin lugar a dudas, lo más destacado fue su esmero en crear un grupo de investigación, "Derecho del Trabajo, Cambios Económicos y Nueva Sociedad" que se caracteriza, entre otras cosas, pero sobre todo y fundamentalmente, por la interdisciplinariedad.

A Jesús Mercader le debemos mucho en lo científico. Su obra abarca prácticamente todas las áreas del Derecho Social, continuando el camino que otros iniciaron o comenzando nuevos que debemos continuar transitando. Pero si hay una aportación que destaca por encima de todas, a mi juicio, es precisamente su apuesta decidida por la interdisciplinariedad. Un método, como vemos, difícil de aplicar, pero que él ha conseguido desarrollar prácticamente de forma transversal en cualquiera de sus trabajos. Una forma de entender el análisis científico que él ha llevado hasta sus últimas consecuencias, construyendo un equipo en el que economistas, politólogos, graduados sociales y juristas trabajamos juntos con el ánimo de comprender mejor nuestro campo de estudio y objeto de trabajo y de tender puentes con otros para el avance del saber científico en nuestra rama del Derecho.

Comencé este capítulo con la parte más personal de mi relación con Jesús Mercader y dándole las gracias por todo lo que le debo como ser humano. Lo termino desde el plano estrictamente profesional para darle también las gracias por esto, por su apuesta decidida y brillante por la interdisciplinariedad, pero también por todo, pues aquella no deja de ser una pieza más, a mi juicio la más importante, pero no la única, de un magnífico trabajo científico aún, afortunadamente, en construcción.

Bibliografía

ACEMOGLU, D.; AUTOR, D.; HAZELL, J.; RESTREPO, P., *AI and Jobs: Evidence from Online Vacancies*, National Bureau of Economic Research, Inc, 2020.

ALONSO GARCÍA, M., *Curso de derecho del trabajo*, 7a ed. actualizada, Ariel, Barcelona, 1981.

ALONSO OLEA, M.; CASAS BAAMONDE, M. E., *Derecho del trabajo*, Civitas, Madrid, 2005.

ARENDT, H., *La condición humana*, Paidós, Barcelona, 2005.

BECK, U., *La sociedad del riesgo: hacia una nueva modernidad*, Paidós, Barcelona, 1998.

BELTRÁN, L., *Historia de las doctrinas económicas*, 3 ed., rev.actualizada, Teide, Barcelona, 1976.

BORRAJO DACRUZ, E., «Prólogo», en Passarelli, F. S. (ed.) *Nociones de derecho del trabajo,* Instituto de Estudios Políticos, Madrid, 1963 (Estudios de trabajo y previsión).

BRYNJOLFSSON, E.; MCAFEE, A., «Will Humans Go the Way of Horses», *Foreign Affairs,* vol. 94, 2015, pp. 8-14.

CARTER, Z. D., *El precio de la paz: Dinero, democracia y la vida de John Maynard Keynes,* Paidós, Barcelona, 2021.

CASAS BAAMONDE, M. E., *El Derecho del Trabajo en la emergencia de la pandemia de la COVID-19. ¿y después?,* Real Academia de Ciencias Morales y Políticas, Madrid, 2021.

CRUZ VILLALÓN, J., «La metodología de la investigación en el Derecho del Trabajo», *Temas laborales: Revista andaluza de trabajo y bienestar social,* nº 132, 2016, Consejo Andaluz de Relaciones Laborales, pp. 73-121.

DE LA VILLA GIL, L. E., «La función del derecho del trabajo en la situación económica y social contemporánea», en *Derecho del trabajo y seguridad social. Cincuenta estudios del profesor Luis Enrique de la Villa Gil: homenaje a sus 50 años de dedicación universitaria,* Centro de Estudios Financieros, 2006, pp. 363-385.

DESDENTADO BONETE, A., «Largo caballero: El derecho del trabajo entre la reforma y la revolución. Al margen de dos biografías», *Revista de información laboral,* nº 6, 2018, Lex Nova, pp. 19-56.

FIX-ZAMUDIO, H., *Metodología, docencia e investigación jurídicas,* 5ª ed., Porrúa, México, 1996.

FORD, M. R., *El auge de los robots: la tecnología y la amenaza de un futuro sin empleo,* Paidós, Barcelona, 2016.

FOURCADE, M.; OLLION, E.; ALGAN, Y., «The Superiority of Economists», *Journal of Economic Perspectives,* vol. 29, nº 1, 2015, pp. 89-114.

FRIEDMAN, M., «The Biggest Ponzi Scheme on Earth», *Hoover Institution,* 1999, fecha de consulta 4 diciembre 2024, en https://www.hoover.org/research/biggest-ponzi-scheme-earth.

FRIEDMAN, M., «The Counter-Revolution in Monetary Theory», en Wood, G. E. (ed.) *Explorations in Economic Liberalism,* Palgrave Macmillan, 1996, pp. 3-21.

FRIEDMAN, M., «Transfer Payments and the Social Security System», en *National Industrial Conference Board Record,* 1965, fecha de consulta 4 diciembre 2024.

GALBRAITH, J. K., *Capitalismo americano: el concepto del poder compensatorio,* Ariel, Barcelona, 1956.

GALBRAITH, J. K., «El Poder Y El Economista Útil», *El Trimestre Económico,* vol. 41, nº 161(1), 1974, Fondo de Cultura Económica, pp. 231-247.

GALBRAITH, J. K., *La anatomía del poder,* Ariel, 2013.

GALBRAITH, J. K., *La sociedad opulenta,* Ed. especial para Expansión., Ciro Ediciones, Sant Just Desvern, 2011.

GOERLICH PESET, J. M., «Consideraciones sobre el método en el derecho del trabajo», *Revista de ciencias jurídicas,* nº 2, 1997, Facultad de Ciencias Jurídicas, pp. 129-148.

GOLD, S. D., *The Fiscal Crisis of the States: Lessons for the Future,* Georgetown University Press, 1995.

GÓMEZ SALADO, M. A., «Robótica, empleo y seguridad social: la cotización de los robots para salvar el actual estado del bienestar», *Revista Internacional y Comparada de Relaciones Laborales y Derecho del Empleo,* vol. 6, nº 3, 2018, ADAPT University Press, pp. 139-170.

HAYEK, F. A., *Derecho, legislación y libertad: una nueva formulación de los principios liberales de la justicia y de la economía política,* Unión Editorial, Madrid, 2006.

HAYEK, F. A., *The constitution of liberty,* Routledge, London, 1960.

HEILBRONER, R. L., *Los filósofos terrenales,* Alianza Editorial, Madrid, 2015.

JASSO VILLAZUL, J.; TORRES VARGAS, A., «Nuevos mecanismos de colaboración público-privada para el desarrollo y acceso a la vacuna COVID-19: una perspectiva desde la teoría fundamentada», *Contaduría y Administración,* vol. 65, nº 5, 2020, p. 224.

JONES, O. P., *Chavs: la demonización de la clase obrera,* Capitán Swing, Madrid, 2012.

KEYNES, J. M., «Las posibilidades económicas de nuestros nietos», en Estefanía, J. (ed.) *Keynes. Las posibilidades económicas de nuestros nietos. Siete Ensayos de Persuasión.*, Taurus, Madrid, 2015.

KEYNES, J. M., *The Collected Writings of John Maynard Keynes: Volume 28: Social, Political and Literary Writings,* vol. 28, Royal Economic Society, 1978.

KRUGMAN, P. R., *El retorno de la economía de la depresión: y la crisis actual,* Crítica, 2009.

KRUGMAN, P. R., «El retorno de la economía de la depresión y la crisis de 2008», *Ars medica. Revista de humanidades,* vol. 8, nº 1 (JUN), 2009, Grupo Ars XXI de Comunicación, S.L., pp. 56-63.

LAYARD, P. R. G.; NICKELL, S. J.; JACKMAN, R., *La crisis del paro,* Alianza, Madrid, 1996.

MALTHUS, T. R., *An essay on the principle of population,* Prometheus Books, Amherst, N.Y., 1998.

MANDELLI, M.; BEAUSSIER, A. L.; CHEVALIER, T.; PALIER, B., *Defining, Operationalizing and Classifying Socio-Ecological Risks,* HAL, 2024, fecha de consulta 27 septiembre 2024, en https://sciencespo.hal.science/hal-04801294.

MERCADER UGUINA, J. R., *El futuro del trabajo en la era de la digitalización y la robótica,* Tirant lo Blanch, Valencia, 2017.

MERCADER UGUINA, J. R., «En busca del ideal de vivienda obrera: realidades y sueños», *Trabajo y Derecho. Nueva Revista de Actualidad y Relaciones Laborales,* nº 42, 2018, pp. 19-35.

MERCADER UGUINA, J. R., *Estructura de la negociación colectiva y relaciones entre convenios,* Editorial Civitas: Ediciones de la Universidad Autónoma de Madrid, Madrid, 1994.

MERCADER UGUINA, J. R., *Modernas tendencias en la ordenación salarial: la incidencia sobre el salario de la reforma laboral,* Aranzadi Editorial, Pamplona, 1996.

MERCADER UGUINA, J. R., «Reflexiones sobre los efectos de la simultánea creación, destrucción y transformación del empleo en la era digital», en Molina Navarrete, C., Vallecillo Gámez, M. R. (eds.) *De la economía digital a la sociedad del e-work decente: condiciones sociolaborales para una industria 4.0 justa e inclusiva,* Aranzadi, 2021, pp. 93-113.

MERCADER UGUINA, J. R., «Riesgos laborales y transformación digital: hacia una empresa tecnológicamente responsable», *Teoría y derecho: revista de pensamiento jurídico,* nº 23, 2018, Tirant lo Blanch, pp. 92-107.

MERCADER UGUINA, J. R., *Salario y crisis económica,* Tirant lo Blanch, Valencia, 2011.

MERCADER UGUINA, J. R.; PAREJO ALFONSO, L. (eds.), *Productividad y conciliación en la vida laboral y personal: análisis de situación y propuestas para el futuro,* Ariel España, 2008.

MERCADER UGUINA, J. R., «Administrativización y contractualización de las leyes y sus efectos sobre las de acompañamiento (Comentario a las novedades en materia laboral y de Seguridad Social de la Ley 24/2001 de 27 de diciembre)», *Relaciones Laborales,* nº Nº 1, 2002, pp. 1305-1347.

MERCADER UGUINA, J. R., *Derecho del trabajo. Nuevas tecnologías y sociedad de la información,* Editorial Lex Nova, Valladolid, 2002.

MERCADER UGUINA, J. R., «El "compromiso de actividad": significado, contenido y alcance», *Relaciones Laborales,* nº Nº. 1, 2003, pp. 387-406.

MERCADER UGUINA, J. R., «El paro de larga duración en España: un análisis multifactorial», *Relaciones Laborales,* nº Nº 2, 1998, pp. 377-403.

MERCADER UGUINA, J. R., «Filantropía, beneficencia y caridad en el primer derecho obrero», *Revista Española de Derecho del Trabajo,* nº Nº 137, 2008, pp. 27-71.

MILTON FRIEDMAN, M., «Social Security Chimeras», *The New York Times,* 1999.

MONEREO PÉREZ, J. L., *Fundamentos doctrinales del derecho social en España,*: Trotta, Madrid, 1999.

MONEREO PÉREZ, J. L., «La polírica social en el Estado del Bienestar: los derechos sociales de la ciudadanía como derechos de "desmercantilización"», *Revista de trabajo y Seguridad Social,* nº 19, 1995, pp. 7-46.

MONTOYA MELGAR, A., «Sobre el Derecho del Trabajo y su ciencia», en *Derecho y trabajo,* Civitas, Madrid, 1997.

MULAS GRANADOS, C. (ed.), *El Estado dinamizador. Nuevos riesgos, nuevas políticas y la reforma del Estado de Bienestar en Europa,* Universidad Complutense de Madrid, Madrid, 2010.

MURRAY N. ROTHBARD, *Historia del pensamiento económico. Vol. 1: El pensamiento económico hasta Adam Smith,* Unión Ed, Madrid, 1999.

NEFFA, J. C.; NEFFA, J. C. (eds.), «La teoría neoclásica ortodoxa y su interpretación del mercado laboral», en *Teorías económicas sobre el mercado de trabajo. II. Neoclásicos y nuevos keynesianos,* Fondo de Cultura Económica, México, 2007.

NICHOLAS WAPSHOTT, *Keynes vs Hayek: el choque que definió la economía moderna,* Deusto, Barcelona, 2013.

O'CONNOR, J., *La crisis fiscal del Estado,* 2ª ed, Península, Barcelona, 1994.

PALOMEQUE LÓPEZ, M. C., «La función y refundación del Derecho del Trabajo», en *Derecho del Trabajo y Razón Crítica. Libro dedicado al profesor Manuel Carlos Palomeque López en su vigésimo quinto aniversario como catedrático,* Caja Duero, Salamanca, 2004, pp. 37-52.

PECES-BARBA MARTÍNEZ, G., «Lección jubilar de Gregorio Peces-Barba», *Fundación Gregorio Peces-Barba para el estudio y cooperación en derechos humanos,* 2008, fecha de consulta 20 mayo 2021, en https://fundaciongregoriopeces-barba.org/leccion-jubilar-de-gregorio-peces-barba/.

PÉREZ DEL PRADO, D., *Derecho, Economía y Digitalización. El impacto de la inteligencia artificial, los algoritmos y la robótica sobre el empleo y las condiciones de trabajo,* Tirant lo Blanch, Valencia, 2023.

PIKETTY, T., *Capital e ideología,* Deusto, Barcelona, 2019.

PIKETTY, T., *Una breve historia de la igualdad,* Deusto, 2021.

«Preparing ERTE for the Future», *OECD,* 2024, fecha de consulta 29 octubre 2024, en https://www.oecd.org/en/publications/preparing-erte-for-the-future_a70bf8ec-en.html.

RICARDO, D., *The works and correspondence of David Ricardo,* Liberty Fund, Indianapolis, IN, 2004.

RICCI, D. M. (ed.), «Mainstream Economics», en *A Political Science Manifesto for the Age of Populism: Challenging Growth, Markets, Inequality and Resentment,* Cambridge University Press, Cambridge, 2020, pp. 29-44.

RIFKIN, J., *El fin del trabajo: Nuevas tecnologías contra puestos de trabajo: el nacimiento de una nueva era,* Paidós, Barcelona, 2014.

RIVERO LAMAS, J. B., «La enseñanza del Derecho del Trabajo», en *II Jornadas hispano-luso-brasileñas de Derecho del Trabajo,* Ministerio de Trabajo, Madrid, 1985.

ROBINSON, J., *Introducción a la economía marxista,* 5ª ed., Siglo XXI, México D.F., 1973.

SALA FRANCO, T., «El realismo jurídico en la investigación del Derecho del Trabajo», en *Filosofía y Derecho. Estudios en honor del profesor José Corts Grau,* Universidad, 1977.

SEN, A. K., *Desarrollo y libertad,*: Planeta, Barcelona, 2000.

SMITH, A., *La riqueza de las naciones,* Alianza Editorial, Madrid (España), 2002.

SMITH, A., *Teoría de los sentimientos morales,* Fondo de Cultura Económica, México, 2004.

SPERBER, J., *Karl Marx: una vida decimonónica,* Galaxia Gutenberg, 2013.

STIGLITZ, J. E., *La economía del sector público,* 4ª ed., Antoni Bosch, Barcelona, 2016.

STIGLITZ, J. E., *La gran brecha: qué hacer con las sociedades desiguales,* Taurus, Barcelona, 2015.

STIGLITZ, J. E., «La gran recesión», *Claves de Razón Práctica,* 2010.

VAN PARIJS, P., «Basic Income: A Simple and Powerful Idea for the Twenty-First Century», *Politics & Society,* vol. 32, nº 1, 2004, SAGE Publications Inc, pp. 7-39.

VIDA SORIA, J., «La esencia y la existencia del Derecho del Trabajo (Una revisión crítica del Concepto del Derecho del Trabajo y sus derivaciones conceptuales, dogmáticas y sistemáticas», *Revista Derecho laboral,* vol. 192, 1998.

VIDA SORIA, J., «¿Qué fue eso de la Seguridad Social?», *Relaciones laborales: Revista crítica de teoría y práctica,* nº 2, 2001, pp. 377-392.

VON WALLWITZ, G., *Mr. Smith y el paraíso: La invención del bienenstar,* Erst Aufl, El Acantilado, Barcelona, 2016.

WEBB, B.; WEBB, S., *Decay of Capitalist Civilization,* Read Books, 2013.

WIEACKER, F., «Formalismo y naturalismo en la ciencia jurídica moderna: en torno a una "filosofía del derecho positivo"», *Anales de la Cátedra Francisco Suárez,* nº 22, 1982, Cátedra Francisco Suárez (Departamento de Filosofía del Derecho), pp. 219-234.

Reflexiones a propósito de la vivienda (como parte esencial de la vida de la clase) obrera

VÍCTOR SÁNCHEZ DEL OLMO
Profesor Ayudante Doctor, Universidad Autónoma de Madrid
0000-0001-6103-1319

> *"Toda gran ciudad tiene uno o más barrios feos en los cuales se amontona la clase trabajadora. A menudo, a decir verdad, la miseria habita en callejuelas escondidas, junto a los palacios de los ricos; pero, en general, tiene su barrio aparte, donde, desterrada de los ojos de la gente feliz, tiene que arreglárselas como pueda. En Inglaterra estos barrios feos están más o menos dispuestos del mismo modo en todas las ciudades; las casas peores están en la peor localidad del lugar; por lo general, son de uno o dos pisos, en largas filas, posiblemente con los sótanos habitados, e instalados irregularmente por doquier. Estas casitas, de tres o cuatro piezas y una cocina, llamadas cottages, son en Inglaterra, y con excepción de una parte de Londres, la forma general de la habitación de toda la clase obrera. En general, las calles están sin empedrar, son desiguales, sucias, llenas de restos de animales y vegetales sin canales de desagüe y, por eso, siempre llenas de fétidos cenagales. Además, la ventilación se hace difícil por el defectuoso y embrollado plan de construcción, y dado que muchos individuos viven en un pequeño espacio, puede fácilmente imaginarse qué atmósfera envuelve a estos barrios obreros"*[1]

---

1 Esta cita, de ENGELS, Friedrich, *La situación de la clase obrera en Inglaterra*, Madrid, Ediciones Akal, 2020, p. 60, es adoptada por el profesor Mercader Uguina en su obra MERCADER UGUINA, Jesús R., "En busca del ideal de vivienda obrera: realidades y sueños", *Trabajo y Derecho*, núm. 42, Madrid, 2018, pp. 1-22 (obra de referencia para este homenaje), para ilustrar los lindes del contenido reflexivo de su obra. En este homenaje se recoge la cita para comenzar este texto porque me parece el punto de partida idóneo cuando se trata de abarcar una cuestión social como es la vivienda obrera, objeto, habitualmente, de pesadumbre, como ya ha puesto de manifiesto el profesor Mercader Uguina y como veremos a lo largo del presente texto.

1. INTRODUCCIÓN

Con este artículo, centrado en el homenaje a la obra del profesor Mercader Uguina, se pretende la reflexión acerca de la vivienda como elemento inherente a la condición obrera. No es objeto de estudio la vivienda en general, tampoco es el objetivo de este trabajo llevar a cabo ningún tipo de propaganda política acerca de la vivienda. Se trata de un estudio histórico, social y literal sobre el vínculo vivienda-clase obrera y las condiciones pasadas y actuales que este colectivo tiene y mantiene. Para este estudio se han analizado los textos de académicos actuales y pasados. También, los escritos de quienes fueron protagonistas de aquella situación em aquella época y tuvieron a bien relatarla. Con todo ello, se ha llevado a cabo un debate sobre la vivienda obrera, en el pasado y en el presente (con grandes similitudes) e, incluso, con la mira puesta en el futuro.

De este modo, al hablar de vivienda, podemos partir de la premisa, con carácter general plenamente aceptada, de que toda persona necesita un espacio propio en el que mantenerse a salvo. A salvo del clima, a salvo de la sociedad, e, incluso, a salvo del trabajo mismo (circunstancia, como sabemos, compleja actualmente debido al impacto de las nuevas tecnologías[2]). En otras palabras y de una manera más amplia y más gráfica: un techo bajo el que cobijarse[3].

Resulta por ello interesante partir del hecho de que la vivienda es una necesidad básica para el desarrollo humano, no solo es un espacio físico donde las personas residen, sino también un entorno que moldea la per-

---

2 Puede verse un estudio sobre el tema en GINÈS I FABRELLAS, Anna y PEÑA MONCHO, Juan, "Derecho a la desconexión y prevención de riesgos laborales derivados del uso de la tecnología", *LABOS Revista De Derecho Del Trabajo Y Protección Social*, 4(1), pp. 130-150.

3 HOLM, Andrej, *Lo que Engels no podía saber*, Katakrak, Pamplona, 2024, p. 25.

sonalidad[4], las relaciones sociales y la calidad de vida de sus habitantes; un espacio, en consecuencia, donde las personas desarrollan su identidad, construyen sus lazos sociales y proyectan su vida futura. No obstante, como resulta fácilmente perceptible, en el sistema económico capitalista actual el acceso a una vivienda adecuada no solo no está garantizado, sino que atiende, más bien, a ciertas fuerzas caprichosas del mercado.

Para las clases trabajadoras esto implica una lucha constante contra la especulación inmobiliaria, el encarecimiento del suelo y las dinámicas de exclusión urbana. Es sabido que, en un ecosistema capitalista, la vivienda, con carácter general, no se genera para satisfacer necesidades humanas, sino como una mercancía para generar beneficios. En el caso de la vivienda obrera, estas funciones están condicionadas por las restricciones económicas, el hacinamiento y la falta de servicios básicos, lo que genera un impacto profundo en la personalidad y el bienestar de sus habitantes.

Por otro lado, la especulación inmobiliaria y la acumulación de suelo urbano por parte de las élites económicas aumentan una desigualdad ya existente, desplazando a las clases trabajadoras hacia los márgenes de las ciudades o forzándolas a vivir en condiciones insalubres. Ello, sin entrar en la discusión de que en la actualidad más de mil millones de personas viven en asentamientos informales, sin acceso a servicios básicos[5]. La mercantilización de la vivienda, en resumidas cuentas, ha exacerbado esta crisis, convirtiéndola en una inversión especulativa en lugar de un bien social.

Y todo ello a pesar de que, Naciones Unidas, en la Declaración Universal de los Derechos Humanos de 1948[6], incorporó, en su artículo 25,

---

4 No en vano, el profesor Mercader Uguina, en la obra objeto de homenaje, trae a colación la reflexión de Dostoyevski que sugiere que "*nuestra alma toma las dimensiones de la habitación donde vivimos*", (p. 1).

5 Véase el informe y datos de Naciones Unidas (ONU-Habitat. Programa de las Naciones Unidas para los Asentamientos Humanos) en https://onu-habitat.org/index.php/el-futuro-de-la-humanidad-sera-urbano?fbclid=IwAR140e_zmyUasKWGqxQv_gcvXglad1Ypyrs35qUaVcMyHA89WDzmPFsdle8_aem_AfRRfBKW0X-0hALGDdjlLJXLpVeXJaPRZL1uMKPzBqhxdNGMPQuGZXmrLILzNWBq7Lfo [Última consulta el 9 de enero 2025].

6 Se establece este derecho en los siguientes términos: "*(t)oda persona tiene derecho a un nivel de vida adecuado que le asegure, así como a su familia, la salud y el bienestar, y en especial la alimentación, el vestido, la vivienda, la asistencia médica y los servicios sociales necesarios; tiene asimismo derecho a los seguros en caso de desempleo, enfermedad, invalidez, viudez, vejez u otros casos de pérdida de sus medios de subsistencia por circunstancias independientes de su voluntad*".

la vivienda como un derecho humano. Esta necesidad de contar con una vivienda digna se comprende mucho mejor cuando hablamos de la clase obrera, un colectivo al que, debido a su situación en la sociedad, el acceso a la vivienda le supone un mayor esfuerzo[7].

Sin embargo, como adelantábamos, esta condición, unida al hecho de que la vivienda ha sido objeto de una capitalización desmedida en los últimos tiempos, ha provocado que a este colectivo, particularmente, le resulte aún más difícil acceder a ella en condiciones compatibles con los estándares sobre los que descansaría la dignidad humana[8]. Es interesante recordar, a estos efectos, cómo en los últimos 10 años el precio medio de la vivienda ha pasado de ser de 1.564 euros el metro cuadrado (diciembre de 2014) a 2.271 euros el metro cuadrado (diciembre de 2024)[9].

O los alquileres, si lo preferimos, que han pasado de 7,2 euros el metro cuadrado en 2014 a 13,5 euros el metro cuadrado en 2024[10]. Y todo ello teniendo en cuenta que la evolución de los salarios brutos medios anuales ha aumentado a otra velocidad muy diferente desde el año 2014[11], que fue de 22.858,17 euros por trabajador, a un salario medio bruto anual de

---

7 Posteriormente, nuestra propia Constitución incluye, en su artículo 47, como principio rector de la política social y económica dirigido a los poderes públicos, el derecho (con mayor componente de autoimpuesta ingenuidad que de derecho) al acceso a una vivienda digna y adecuada en los siguientes términos: "*Todos los españoles tienen derecho a disfrutar de una vivienda digna y adecuada. Los poderes públicos promoverán las condiciones necesarias y establecerán las normas pertinentes para hacer efectivo este derecho, regulando la utilización del suelo de acuerdo con el interés general para impedir la especulación. La comunidad participará en las plusvalías que genere la acción urbanística de los entes públicos*".

8 Entendida de manera colectiva, objetiva. Aunque sea de un extraordinario valor, no nos es posible adentrarnos el debate sobre la concepción y alcance de la dignidad humana. En palabras de Atienza, aunque descubiertas gracias al homenajeado, podemos entender, por ilustrativo, que la dignidad humana consistiría, entre otras acepciones, en el *derecho a tener derechos.* Se puede ver un estudio sobre la materia en ATIENZA, Manuel, *Sobre la dignidad en la Constitución española de 1978,* en: https://dfddip.ua.es/es/documentos/sobre-la-dignidad-en-la-constitucion-espanola-de-1978.pdf?noCache=1509347213749

9 Se pueden consultar estos datos en la base de datos especializada de un portal de compra, venta y alquiler de vivienda: https://www.idealista.com/sala-de-prensa/informes-precio-vivienda/

10 Se puede consultar en https://www.idealista.com/sala-de-prensa/informes-precio-vivienda/alquiler/

11 Puede consultarse este dato en el informe del INE: https://www.ine.es/prensa/np996.pdf

26.948,87 euros para el año 2022[12]. Sin ánimo de ser exhaustivo en el análisis de las cifras, pues no es el objeto del estudio (imaginemos aquellas personas que cobran el salario mínimo —más de 2 millones—), vemos fácilmente como el aumento de los precios de la vivienda no se corresponde con el aumento de los salarios medios provocando, como adelantábamos, una situación de precariedad acumulada para el colectivo con sueldos más precarios: la clase obrera[13].

Teniendo siempre presente lo comentado hasta el momento, podemos adelantar que, en esta obra, se trae de nuevo el análisis de esta realidad que, por otro lado, y como veremos seguidamente, no es exclusiva de nuestro tiempo[14].

1.1. Sobre el profesor Mercader Uguina

Esta obra nace del ánimo colectivo de homenajear al profesor Mercader Uguina en el 25 aniversario del acceso a la Cátedra. Por este motivo, nada desdeñable, se hace imperioso dedicar unas palabras a la persona del maestro.

---

12 Últimos datos publicados. Se puede consultar en https://www.ine.es/metodologia/t22/ees_prinre22.pdf

13 Se puede encontrar otro ejemplo de lo descrito en https://elpais.com/economia/negocios/2025-02-08/la-locura-del-alquiler-de-habitaciones-520-euros-al-mes-por-ocho-metros-cuadrados.html

14 A este respecto, el profesor Mercader Uguina, en su obra, recuerda "*el interés por la vivienda obrera como un elemento esencial ligado a las condiciones de vida de los trabajadores*" y que ello "*fue objeto de especial atención en los manuales de Derecho Social aparecidos durante el período de la segunda República. Así, dedican apartados especiales a la protección legal del obrero fuera del lugar de trabajo, si bien los mismos, por lo general, se encuentran especialmente referidos al régimen de las casas baratas: R. ESPEJO DE HINOJOSA, Legislación obrera e industrial, Barcelona, Tipografía Catalana, 1931, 2ª ed., pp. 137-139; L. MARTIN GRANIZO, y M. GONZALEZ ROTHVOSS, Derecho social, Madrid, Reus, 1932, 2ª ed., pp. 218-232. B. BERNALDO DE QUIROS, Derecho social, Madrid, Instituto Reus, 1932, pp. 111-122. P. CALLEJO DE LA CUESTA, Derecho social, Madrid, Librería de Victoriano Suárez, 1935, pp. 217-237 quien subraya que "si toda acción social protectora de las clases proletarias está justificada y es digna del mayor elogio ¡Cuánto no ha de serlo la encaminada a humanizar su vida material, redimiéndolas del albergue y de la choza (…)!". Especial atención dedica a esta materia A. GALLART FOLCH, Derecho español del trabajo, Barcelona, Labor, 1936, pp. 394-402, en el que destina un apartado específico a "los problemas de la habitación obrera". Tras este período la materia quedó del todo abandonada por los laboralistas.*".

Tuve el honor de conocer al profesor Mercader Uguina en el año 2017, cuando me hice cargo de la tutorización de varios trabajos de fin de Máster de los alumnos del Máster Universitario en Asesoramiento y Consultoría Jurídico-Laboral de la Universidad Carlos III de Madrid. Desde ese momento, he coincidido con el profesor Mercader Uguina en varios actos académicos, de diferente alcance y condición, pero que han supuesto siempre un momento de felicidad y crecimiento académico.

El profesor Mercader Uguina, bajo mi percepción, tiene cierta similitud con esas famosas figuras rusas que se guardan dentro de sí mismas las unas a las otras, siendo el resultado, por otro lado, la misma figura[15]. A mis ojos, el profesor Mercader Uguina es un jurista y académico que goza de diferentes atributos, meticulosamente compatibles, que encajan y se recogen los unos dentro de los otros. Así, nos encontramos ante un jurista teórico, un académico estudioso del Derecho, un filósofo, que guarda dentro un jurista vinculado a la práctica, un jurista que se antoja resolutivo, un jurista intérprete y aplicador del Derecho.

El profesor Mercader Uguina inicia la obra objeto de este homenaje, precisamente, compartiendo con el lector una idea similar. La estratificación, la cualidad de algo de poseer diferentes capas. Para ello, el aquí homenajeado acude a la obra de Víctor Hugo (Los miserables), para ilustrar su pensamiento[16].

Esta estratificación de la persona antes comentada confiere a quien la posee un valor extraordinario. A mi parecer, el profesor Mercader Uguina es, en resumidas cuentas, titular de este extraordinario valor.

1.2. Sobre la obra elegida

Para este homenaje, como hemos adelantado veladamente, se ha elegido la obra del profesor Mercader Uguina: *En busca del ideal de vivienda obrera: realidades y sueños*[17].

---

15 Figuras *Matrioshkas* talladas en madera, con un hueco en su interior en el que almacenan las otras, idénticas, pero de menor tamaño.

16 De este modo, el profesor Mercader Uguina introduce su obra haciendo suyas las palabras del autor francés poniendo de manifiesto cómo "*Paris tiene debajo de sí otro París. Un París de alcantarillas con sus calles, encrucijadas, plazas, callejuelas sin salida; con sus arterias y circulación, que es fango, faltando solo la forma humana*".

17 MERCADER UGUINA, Jesús R., "En busca del ideal de vivienda obrera: realidades y sueños", *Trabajo y Derecho,* núm. 42, Madrid, 2018, pp. 1-22.

Y ello, reconozco abiertamente, por tratarse de una obra que posee un corte predominantemente más romántico, ligada al ámbito filosófico, de política social. Ciertamente, el profesor Mercader Uguina, en su obra, lleva a cabo un análisis completo de esta institución, la vivienda obrera, que pasa por estudiar diferentes etapas y normas relacionadas con el impulso de la misma, parándose a analizar los textos y acciones de teóricos, filósofos y políticos.

De este modo, se han invitado al debate a *Marx, Engels, Bentham, Foucault, Ledoux, Owen, De Gorge, Fourier, Pemberton, Cabet, Howard, Garnier, Le Corbusier,* entre otros y, en paralelo, ahonda en los textos de *Dostoyevski* y *Víctor Hugo.* Un estudio completo, como se puede advertir, sobre la teoría y puesta en práctica de un proyecto (que resulta ser más o menos social) como es la vivienda obrera.

En este homenaje se ha optado por este título, ligeramente diferente: *Reflexiones a propósito de la vivienda (como parte esencial de la vida de la clase) obrera,* con la intención de reflexionar sobre el alcance primigenio de la obra del profesor Mercader Uguina, circunscrita a la vivienda obrera, centrando el foco, no obstante, quizá más detenidamente en la obra de Engels y sus planteamientos, que relaciona la vivienda con la lucha de clases, y en la obra de Bentham y su diseño sobre el *Panóptico,* y en la obra de diversos testigos de la realidad de la vivienda obrera cuando esta inició su andadura como tal.

Para dar trámite a todo ello, se recuerda lo que la vivienda representa para la clase obrera y cómo esta, en multitud de ocasiones, supone un elemento más de opresión frente a la clase dominante.

Esta forma de *cuestión social*[18] supone una expresión concreta de la lucha de clases en el sistema capitalista. Este artículo analiza, en síntesis, cómo la vivienda, lejos de ser una necesidad cubierta por el desarrollo económico y social, se convierte en ocasiones en un espacio de conflicto estructural entre el capital y el trabajo.

Como hemos avanzado ya, al igual que el maestro español, en este trabajo se va a tener muy presente la obra de Engels, generalmente eclipsado

---

[18] El propio profesor Mercader Uguina, en la p. 2 de su obra, recuerda a PALOMEQUE LOPEZ, Manuel Carlos, *Derecho del trabajo e ideología,* Madrid, Tecnos, Madrid, 1995, p. 9, cuando afirma que "*es el deplorable estado y condición de las clases trabajadoras resultante de la industrialización capitalista, lo que eufemísticamente llegó a denominarse en la época la cuestión social*".

por Marx, pero que es titular de un catálogo excelso sobre la situación obrera del siglo XIX, como son las obras *Contribución al problema de la vivienda* (1872) y *La situación de la clase obrera en Inglaterra* (1845)[19]. A partir de los planteamientos de Engels se explorarán ciertas dinámicas históricas y contemporáneas que perpetúan la precariedad habitacional para las clases trabajadoras.

Además de lo mencionado, no puedo dejar de reconocer que en el texto del profesor Mercader Uguina hay una cita, ciertamente ilustrativa, que me llevó a optar por esta obra de manera decidida y es la que sugiere que "*El obrero es utilizado como una herramienta y la barraca casa es el almacén en el que se le deja por la noche para volverle a usar el día siguiente*"[20]. Qué más se puede decir[21].

2. LA VIVIENDA OBRERA

El profesor Mercader Uguina, parafraseando a Soria[22], nos recuerda que "*la cuestión de la habitación obrera es la primera de las cuestiones*

---

19 En esta obra se han consultado las siguientes ediciones y traducciones: ENGELS, Friedrich, *La situación de la clase obrera en Inglaterra,* Madrid, Ediciones Akal, 2020 y ENGELS, Friedrich, *Contribución al problema de la vivienda,* Fundación Federico Engels, Madrid, 2015.

20 Obra de referencia, p. 3.

21 Ello, sin olvidar, por otro lado, como se ha puesto de manifiesto por la doctrina, que el obrero no es siquiera titular de las atenciones por parte de la empresa que, con perversa normalidad, recaen sobre la máquina. Así lo recuerda PALOMEQUE LÓPEZ, Manuel Carlos, *Derecho del trabajo e ideología,* Tecnos, Madrid, 2011, p. 53, que ilustra cómo "*la burguesía trata a sus máquinas*" en el siglo XIX, pero que es perfectamente aplicable a los tiempos actuales.

22 Arturo Soria, Madrid (1844-1920) fue conocido por el diseño y desarrollo del actual distrito de Ciudad Lineal de Madrid, cuya calle principal lleva su nombre. Recuerda el profesor Mercader Uguina, citando a SAMBRICIO, Carlos, *Arturo Soria y la Ciudad Lineal,* Consejo Superior de los Colegios de Arquitectos, 1982, núm. 58, p. 22, que la *ciudad lineal de Arturo Soria supone, a la vez, la «última utopía del siglo XIX y punto de enlace con el urbanismo de nuestro siglo, en la bisagra entre ambos la teoría y la práctica de la Ciudad Lineal de Madrid constituyen una de las principales aportaciones españolas a la ciencia urbanística moderna». La cuestión social está muy presente en la propuesta de Soria hasta el punto de que se ha afirmado que: «la ciudad que predica Arturo Soria se funda, precisamente, en la voluntad de ruralizar la ciudad, acercándose en esto a las ideas expuestas por Marx en Ios "Grundise"».*

sociales"[23]. Un ejemplo de la importancia que ha tenido y tiene la vivienda obrera en la vida social.

Por otro lado, parece pacífico afirmar que Engels, con su obra *La cuestión de la vivienda,* ha sido el máximo exponente en el pensamiento crítico sobre la vivienda obrera desde el siglo XIX. Así, el autor prusiano identifica la vivienda como "*un campo de batalla en la lucha de clases, donde la acumulación capitalista agrava la precariedad habitacional".*

Esta visión sigue siendo relevante en el siglo XXI, en un contexto de crisis global de vivienda marcado por la gentrificación[24], los desalojos y la privatización del espacio urbano. Del mismo modo, Engels recuerda que "*La penuria de la vivienda para los obreros y para una parte de la pequeña burguesía de nuestras grandes ciudades modernas no es más que uno de los innumerables males menores y secundarios originados por el actual modo de producción capitalista*"[25].

Es conocido que la vivienda obrera surge como una respuesta a las condiciones de vida deplorables que enfrentaba la clase trabajadora en el contexto del capitalismo industrial del siglo XIX. Su propósito fundamental, como hemos adelantado, es proporcionar un espacio básico de refugio, de protección, de crecimiento personal y colectivo, y de reproducción social; aunque históricamente esta finalidad ha estado marcada por el interés de las clases dominantes (aquellos que poseían los medios de producción y el

---

23 Obra objeto del homenaje, p. 13. En este sentido, se incide seguidamente en la opinión de Soria y se recuerdan sus palabras: "*La casa de un piso, sin humedad, debe ser el ideal del hogar. Dadas dos casas juntas medianeras y otras dos aisladas, en las primeras hay más peligro de incendios, de desavenencias y de pleitos. La casa debe ser aislada, independiente, es el traje de la familia. Dada una ciudad de casas aglomeradas de muchos pisos, mal oxigenada y una ciudad lineal en que cada familia tenga una casa de pocos pisos, y cada casa una huerta y un jardín, en la ciudad aglomerada se morirán al año de cada 1.000 habitantes 40 o 44; en las ciudades lineales no morirán más que 16 o 18, cuando más 20. En las ciudades lineales se estará más en contacto con la naturaleza, la vida será más moral porque las causas y las ocasiones que fomentan los vicios disminuyen. En resolución, las ciudades lineales son más fuertes, más perfectas, así en lo físico como en lo intelectual y lo moral, que las ciudades aglomeradas*".

24 La expulsión de personas trabajadoras de sus viviendas y barrios es un fenómeno que Engels observó ya en el siglo XIX, y que persiste hoy en procesos como la gentrificación y los megaproyectos urbanos. Estos fenómenos demuestran cómo el capital reorganiza las ciudades a su antojo con el fin de servir a los intereses de las clases dominantes.

25 ENGELS, Friedrich, *Contribución al problema de la vivienda,* Fundación Federico Engels, Madrid, 2015, p. 19.

capital) en mantener la fuerza laboral en condiciones mínimas de subsistencia.

En este sentido, la vivienda obrera, en origen, tenía varias finalidades relacionadas con: (i) la reproducción de la fuerza de trabajo, pues la vivienda obrera asegura un espacio donde los trabajadores puedan descansar y regenerar su capacidad para trabajar, lo cual es esencial para el funcionamiento del sistema. Esta función, destacada por Engels, resalta cómo el capitalismo no busca garantizar bienestar, sino asegurar la productividad laboral; (ii) el control social, ya que, con carácter general, las viviendas obreras han sido diseñadas para controlar los movimientos y comportamientos de los trabajadores. Ejemplos como las *Company towns* (ciudades corporativas[26]) muestran cómo los patrones utilizaban la vivienda como una herramienta de vigilancia y subordinación (analizaremos brevemente más adelante la obra de Bentham en este sentido); y (iii) la segregación espacial debida a que la vivienda obrera refuerza la división de clases mediante la separación espacial de los trabajadores respecto a las élites. Los barrios obreros, a menudo situados en las periferias de las ciudades o en áreas insalubres, se convierten en espacios de exclusión y marginalización.

Ante tales premisas, y conociendo las razones del nacimiento de la vivienda obrera, en este trabajo se va a llevar a cabo un repaso de conceptos y profundización en las ideas *Engelianas* en relación con la vivienda obrera y con la obra del profesor Mercader Uguina[27]. El lector quizá pueda rece-

---

26 En palabras del profesor Mercader Uguina (p. 3), citando a DE FUSCO, Renato y TERMINIO, Alberto, *Company town in Europa dal XVI al XX secolo,* Franco Angeli, 2017, p. 10: "*viviendas entendidas como «asentamientos de naturaleza industrial nacidos para conciliar las exigencias de unir casa y trabajo en un único centro habitado funcional para los intereses del empresario y de los del obrero», aparecen ligadas a ideales filantrópicos, si bien las mismas esconden bajo su humanista velo una finalidad no confesada: reforzar el control permanente del obrero*".

27 Sin perjuicio de que hubiera otras propuestas y formas de afrontar la situación de la vivienda obrera, como pone de manifiesto el profesor Mercader Uguina en su obra. De todos, quizá quepa resaltar el pensamiento de Owen, socio de Bentham, e interesado del *Panóptico* (recogido, como recuerda el profesor Mercader Uguina, por GINER, Salvador, *Historia del pensamiento social,* Barcelona, Ariel, 1978, p. 423), por su interés de cara al debate (criticado por Fourier, como bien recoge el profesor Mercader Uguina. P. 10). De este autor, Owen, el homenajeado recuerda que "*desarrolló la idea de que el carácter de un individuo estaba totalmente condicionado por su entorno y que la explotación de los trabajadores, en particular de los niños, junto con las condiciones infrahumanas de las que había sido testigo en sus viajes por Gran Bretaña, inevitablemente generarían descontento e ineficiencia en la mano de obra. La combinación*

lar de este análisis por cuanto, en cierta medida, pueda parecer antiguo o sesgado. No obstante, las páginas que siguen describen, desgraciadamente, una realidad que no es exclusiva de tiempo pasados.

2.1. La habitación obrera primigenia: la habitación obrera inglesa a la luz de la obra de Engels

Se ha dicho que *el nivel de la clase obrera inglesa la inhabilita para ocupar una habitación suficiente, salubre y agradable*[28]. Esta ilustración explicaría la existencia de barrios humildes (perdón por el eufemismo) en la Inglaterra de los siglos XIX y XX (y, con alta probabilidad, del siglo XXI). Proliferan y se multiplican, en este sentido, los también conocidos como *slums*[29].

Engels, en su obra *Contribución al problema de la vivienda,* aborda uno de los problemas más acuciantes de la época industrial: las condiciones de vivienda de la clase trabajadora. Engels parte de su experiencia vital y observación directa de los barrios obreros en ciudades como Mánchester y Londres, así como de estudios de otros pensadores de su tiempo.

El texto de Engels surge como respuesta crítica a los debates contemporáneos y a las soluciones propuestas por los socialistas utópicos (Proudhon, principalmente) y la burguesía reformista. Engels argumenta que el problema de la vivienda no puede ser resuelto dentro de los marcos del sistema capitalista, ya que este mismo sistema es la causa estructural del problema. Por tanto, cualquier solución duradera debe pasar por una transformación revolucionaria de la sociedad y del sistema (lo que suponen, como sabemos, los principios básicos del Marxismo).

Durante la Revolución industrial, las ciudades europeas crecieron de manera descontrolada debido a la concentración de industrias y trabajado-

---

de una vivienda digna, una buena formación académica y condiciones laborales racionales, a la vez que humanitarias, daría como resultado una clase obrera satisfecha y eficiente. En suma, era posible conjugar filantropía y beneficio económico". Su obra se encuentra recogida en OWEN, Robert, *A New View of Society: or Essays on the Principle of the Formation of the Human Character, and the Application of the Principle to Practice,* London, 1813-1814.

28 GONZÁLEZ APARICIO, Enrique, "La habitación obrera inglesa", *El Trimestre económico,* vol. 1, núm. 4, 1934, p. 406.

29 Facilita el profesor Mercader Uguina su definición por comparación como "*barrios obreros denominados tugurios, barracas, taudis, ciudadelas, slums, inner cities, mietkasernen*" (p. 3).

res en zonas urbanas. Este proceso, en consecuencia, llevó a la formación de barrios obreros densamente poblados, caracterizados por: (i) una superpoblación, con varias familias compartiendo espacios reducidos y mal ventilados; (ii) la falta de higiene, debido a la ausencia de servicios básicos como agua potable, alcantarillado o sistemas de recolección de basura que hacía que las enfermedades infecciosas fueran comunes; y (iii) una construcción deficiente, ya que las viviendas eran levantadas de forma apresurada y con materiales de baja calidad, lo que las hacía insalubres y peligrosas.

Engels describe estas condiciones como un síntoma del capitalismo industrial, donde las necesidades humanas quedan subordinadas a las demandas de acumulación de capital. Para los capitalistas, el bienestar de los trabajadores es irrelevante, siempre que puedan seguir extrayendo beneficios.

En este sentido, Engels identifica y determina varias dinámicas capitalistas que explican las condiciones de la vivienda obrera: (i) la vivienda se percibe como mera mercancía. En el capitalismo, las viviendas no son consideradas un derecho básico, sino una mercancía destinada a generar beneficios para los propietarios y especuladores. Esta lógica mercantil crea una contradicción: mientras los trabajadores necesitan viviendas asequibles, los propietarios buscan maximizar las rentas, lo que lleva a alquileres elevados y viviendas inadecuadas; (ii) la especulación inmobiliaria. La concentración urbana hace que el suelo adquiera un valor cada vez más elevado, incentivando la especulación. Engels señala cómo los especuladores compran terrenos baratos en zonas periféricas, los urbanizan de forma mínima y luego venden o alquilan a precios inflados, generando ganancias desproporcionadas; y (iii) la "renovación" urbana. Los proyectos de renovación urbana impulsados por las autoridades burguesas, que consisten en demoler barrios pobres en el centro de las ciudades para construir viviendas de lujo o infraestructuras. Este proceso, que Engels describe como *embellecimiento de las ciudades*[30], no resuelve el problema, sino que lo desplaza: los trabajadores expulsados de estas zonas son forzados a trasladarse a áreas aún más insalubres y alejadas.

Como decimos, Engels dedica un amplio espacio de si obra a criticar las soluciones propuestas por la burguesía y algunos socialistas utópicos. Según él, estas propuestas son insuficientes y erróneas porque no atacan las raíces del problema.

---

30 ENGELS, Friedrich, *Contribución al problema de la vivienda*, Fundación Federico Engels, Madrid, 2015, pp. 98 y ss.

Las iniciativas filantrópicas burguesas[31], como la construcción de viviendas económicas por parte de empresarios o fundaciones, son descritas por Engels como parches superficiales. Estas medidas benefician principalmente a la burguesía, ya que los costos suelen ser traspasados a los inquilinos a través de subsidios estatales financiados con impuestos pagados en gran parte por los trabajadores. Engels sostiene que estas iniciativas no buscan transformar el sistema, sino simplemente garantizar un mínimo de estabilidad social para preservar el orden capitalista.

A nadie se le escapa que Engels dedica una crítica especial a Pierre-Joseph Proudhon (1809-1865) y sus propuestas (Socialismo utópico) para resolver el problema de la vivienda[32]. Proudhon proponía que los trabajadores se organizaran en asociaciones de inquilinos para adquirir colectivamente las viviendas que ocupaban. Engels argumenta que estas propuestas ignoran las relaciones estructurales de poder en el capitalismo y son ilusorias, ya que no alteran la lógica de mercado que perpetúa la explotación de una clase sobre la otra.

Con todo, lo más importante resulta la vinculación que realiza Engels del problema de la vivienda con la lucha de clases, señalando que no es un problema independiente, sino una manifestación de las contradicciones del capitalismo.

Los trabajadores no solo son explotados en las fábricas mediante la extracción de plusvalía, sino también en el ámbito doméstico, a través de los alquileres. Los propietarios, al igual que los capitalistas industriales, se benefician de la precariedad de la clase trabajadora[33].

Engels describe cómo el capitalismo tiende a concentrar la propiedad de la tierra y la vivienda en manos de unos pocos, aumentando la desigualdad y consolidando el poder de la burguesía. Como consecuencia de ello, esta concentración limita aún más las posibilidades de los trabajadores de acceder a viviendas dignas.

---

[31] También analizadas por el profesor Mercader Uguina, pp. 3 y ss.

[32] En este sentido, Engels tiene un capítulo entero dentro de su obra *Contribución al problema de la vivienda* dedicado a Proudhon (Cómo resuelve Proudhon del problema de la vivienda), en el que muestra su disconformidad con él.

[33] En este sentido, ENGELS, Friedrich, *Contribución al problema de la vivienda*, Fundación Federico Engels, Madrid, 2015, p. 51, razona: "*El capital es el dominio sobre el trabajo ajeno no pagado. La casita del obrero no será capital más que cuando la haya alquilado a un tercero y se apropie, en forma de alquiler, una parte del producto del trabajo de este tercero*".

Engels acusa al Estado burgués de ser cómplice de esta explotación, al favorecer los intereses de los propietarios mediante leyes de desalojo, subsidios para la especulación inmobiliaria y políticas que perpetúan la desigualdad[34].

De este modo, Engels enfatiza que el problema de la vivienda no puede resolverse dentro del capitalismo[35]. En su lugar, propone una transformación revolucionaria que elimine las bases mismas del sistema pasando inevitablemente por: (i) la abolición de la propiedad privada, solo de esta manera se puede garantizar que las viviendas sean accesibles para todos y se gestionen en función de las necesidades humanas, no del lucro; (ii) la planificación socialista, un sistema socialista donde la vivienda sea gestionada de forma colectiva y planificada. Esto permitiría reducir la superpoblación mediante una distribución equitativa de la población en las ciudades, mejorar las condiciones de las viviendas existentes y construir nuevas viviendas con estándares adecuados, garantizando acceso universal; y (iii) la organización de la clase trabajadora.

Con todo, se aprecia que la obra de Engels ofrece un análisis profundo y crítico de un problema que sigue siendo central en las sociedades modernas. Engels demuestra que la vivienda no es solo un problema técnico o administrativo, sino una cuestión política y social, inseparable, por otro lado, de la lucha de clases. Su propuesta, basada en el socialismo revolucionario, desafía las bases mismas del capitalismo, destacando la necesidad de una transformación estructural para garantizar una vida digna para todos.

En cualquier caso, se puede estar de acuerdo con los planteamientos de Engels o no. Lo que es innegable es que la vivienda ha sido y es un problema estructural, que afecta con mayor intensidad a la clase obrera desde hace décadas (o siglos), como veremos seguidamente.

2.2. La pequeña Irlanda: ¿un golpe de realidad?

Existe en la obra de Engels un lugar absolutamente oscuro, precario[36]. El peor *Macondo* en el peor momento. El peor lugar en términos vivienda-

---

34 ENGELS, Friedrich, *La situación de la clase obrera en Inglaterra*, Madrid, Ediciones Akal, 2020, pp. 55 y ss.

35 Idea, por otro lado, transversal en sus obras.

36 Un lugar que se verá igualmente reflejado posteriormente en la obra de Dickens, en la ciudad de Londres.

dignidad. Con esta descripción es probable que el lector ya pueda identificar lugares conocidos de la actualidad que casen con esta descripción.

El profesor Mercader Uguina recuerda cómo Engels, en uno de sus trabajos de referencia (*La situación de la clase obrera en Inglaterra*[37]), apuntaba a la *Pequeña Irlanda* como el *lugar más horrible*. Se trataba de una zona al sur de la ciudad de Mánchester donde residían trabajadores irlandeses migrantes, quienes vivían en condiciones de extrema pobreza y hacinamiento. Engels utilizó este ejemplo para ilustrar los efectos devastadores del capitalismo industrial sobre la clase trabajadora.

Este lugar, recuerda el profesor Mercader Uguina, era descrito por Engels de la siguiente manera: "*Las casitas son viejas, sucias y minúsculas, y las calles desiguales y llenas de baches, destrozadas por las rodadas y en parte sin sumideros ni pavimento; montones de desperdicios, residuos y porquería nauseabunda*

---

[37] ENGELS, Friedrich, *La situación de la clase obrera en Inglaterra*, Madrid, Ediciones Akal, 2020, p. 91. En ella Engels retrata lo siguiente: "*en una hondonada bastante profunda, bordeada en semicírculo por el Medlock, y por los cuatro lados por grandes fábricas, altas orillas cubiertas de casas o de terraplenes, hay unos 200 cottages repartidos en dos grupos, siendo la pared del fondo casi siempre mediana; allí viven unas 4000 personas, casi todos irlandeses. Los cottages son viejos, sucios y del tipo más pequeño: las calles desiguales llenas de baches, en parte sin pavimentar y sin alcantarillado; por todas partes una cantidad considerable de inmundicias, de detritos y de fango nauseabundo entre las charcas estancadas; la atmósfera es irrespirable por las emanaciones, ensombrecida y pesada por el humo de una docena de chimeneas de fábricas; una multitud de niños y mujeres en harapos rondan por esos lugares, tan sucios coma los cerdos que se arrellanan en los montones de cenizas y en las charcas. En suma, todo este rincón ofrece un espectáculo tan repugnante como los peores patios de las orillas del Irk. La población que vive en esos cottages deteriorados, detrás de ventanas rotas sobre las que se ha pegado papel engrasado, y las puertas hendidas con marcos podridos, incluso en los sótanos húmedos y sombríos, en medio de semejante suciedad y hedor infinitos, en esa atmósfera que parece intencionalmente reducida, esta población debe realmente situarse en la escala más baja de la humanidad. Tal es la impresión y la conclusión que impone al visitante el aspecto de este barrio visto desde el exterior. Mas, ¿qué decir cuando se conoce* que, en cada una de ésas pequeñas casas, que tienen a lo sumo dos piezas y una buhardilla, a veces un sótano, viven veinte personas, que en todo ese barrio no hay más que un retrete —casi siempre inabordable desde luego— para unas 120 personas, y que pese a todos los sermones de los médicos, pese a la emoción que se apoderó de las autoridades sanitarias durante la epidemia de cólera, cuando descubrieron el estado de la "Pequeña Irlanda", todo está hoy, en el año de gracia de 1844, casi en el mismo estado que en 1831? El Dr. Kay relata que, no son solamente los sótanos, sino también la planta baja de las casas las que son húmedas; él explica que hace tiempo cierto número de sótanos fueron rellenados de tierra, pero poco a poco ésta se ha extraído y ahora son habitados por irlandeses*". También referenciada en ENGELS, Friedrich, *Contribución al problema de la vivienda*, Fundación Federico Engels, Madrid, 2015, pp. 100-101.

yacen entre los charcos permanentes por todas partes [...] La raza que vive en esas casitas ruinosas, tras los cristales rotos, reparados con trozos de hule, puertas desvencijadas y jambas podridas, o en sótanos oscuros y húmedos, con mugre y hedor inmensurables, encerrados en este ambiente como con un propósito, esta raza ciertamente debe de haber alcanzado el escalón más bajo de la humanidad. Viviendas inmundas, el agotamiento que implicaba el tener que vivir al día, y la tortura mental y física del lugar de trabajo era la realidad de los trabajadores"[38].

Lo realmente importante de esta situación descrita por Engels resultaba ser que el sufrimiento de los habitantes de la *Pequeña Irlanda* no era una consecuencia inevitable del progreso industrial, sino el resultado de un sistema económico injusto que ignoraba absolutamente las necesidades de la clase trabajadora.

En la actualidad podemos ver reflejos de la *Pequeña Irlanda* en muchas comunidades marginadas en todo el mundo[39]. Aunque las condiciones específicas han cambiado, debido en parte a los avances tecnológicos y sociales, los paralelismos con los barrios obreros contemporáneos, tanto en países desarrollados como en desarrollo, resultan evidentes.

Por otro lado, podemos encontrarnos con un fenómeno peculiar, por indeseado, como es el caso de los *trabajadores pobres*, personas empleadas, pero incapaces de enfrentar los gastos corrientes y/o una vivienda digna. En este sentido, cabe recordar las cifras adelantadas al inicio de este trabajo en las que se aprecian los ingresos medios recibidos y los precios de las viviendas y de los alquileres. Y se hace necesario matizar que nos referimos también a profesionales cualificados, que se ven obligados a malvivir debido a las miserias de un sistema que ha expandido sus redes a lo que, en otro momento, hubiera sido una clase social (media) no tan expuesta a tales preocupaciones.

---

38 Obra de referencia, p. 3.

39 Podemos pensar en el ejemplo de la Cañada Real de Madrid. Un asentamiento en el que viven 8000 personas y en el que se cortó el suministro de luz en el año 2020. https://www.20minutos.es/noticia/5669542/0/quinto-invierno-sin-luz-canada-real-todos-son-culpables/. Piénsese, también, en los muchos migrantes contemporáneos que viven en condiciones precarias y enfrentan discriminación laboral y social, al igual que los irlandeses en el siglo XIX. En este sentido podemos encontrar fácilmente ejemplos de trabajadores agrícolas migrantes en Europa o Estados Unidos.

2.3. Vigencia de los planteamientos de Engels en la actualidad

La obra de Engels, *Contribución al problema de la vivienda*, como sabemos, fue escrita hace aproximadamente un siglo y medio y, sin embargo, mantiene una sorprendente vigencia al analizar los problemas habitacionales que siguen afectando a las sociedades contemporáneas. Las dinámicas estructurales que Engels identificó en el capitalismo industrial del siglo XIX no solo persisten, sino que se han llegado a intensificar en el contexto del capitalismo globalizado y neoliberal.

Engels identificó, como hemos adelantado, que, en el capitalismo, la vivienda es tratada como una mercancía, no como un derecho humano. Esta característica estructural sigue siendo central en la economía mundial actual. Hoy, las viviendas se han convertido en activos financieros que alimentan mercados especulativos[40]. Empresas transnacionales y fondos de inversión adquieren grandes cantidades de propiedades para especular con su valor, lo que eleva artificialmente los precios y dificulta el acceso a la vivienda.

Adicionalmente, en muchas ciudades, el auge de plataformas de alquiler a corto plazo (como puede ser Airbnb, por ejemplo[41]) ha desplazado a residentes locales en favor de turistas, contribuyendo a la gentrificación de determinadas zonas y al consecuente aumento de los precios.

Otro elemento a tener en cuenta es la gentrificación, fenómeno que Engels ya denunciaba como *renovación urbana*, y que se ha extendido globalmente. Los barrios obreros son transformados en zonas de moda, ex-

---

[40] En este sentido, hemos sido testigos recientemente de la salida de ciertos fondos de inversión de vivienda de Cataluña ante la legislación llevada a cabo por la Generalitat, en relación con la regulación de precios del alquiler en Cataluña: https://soymadrid.org/destacado/grandes-fondos-abandonan-cataluna-tras-las-nuevas-restricciones-al-alquiler/ El argumento sostenido por quienes abandonan la región, parece ser que "*Desde la perspectiva de los grandes propietarios, esta regulación ha asestado un golpe definitivo a la rentabilidad de los activos residenciales en arrendamiento, cuyo margen financiero ya era ajustado, oscilando entre el 3% y el 4%. Sin la posibilidad de revalorizar las rentas, argumentan, mantener estas inversiones resulta insostenible*". Nada nuevo a la luz de la obra de Engels.

[41] Véase, por ejemplo, este problema tratado en: https://cadenaser.com/nacional/2024/04/23/los-datos-que-explican-como-el-fenomeno-airbnb-de-alquiler-vacacional-esta-calentando-las-rentas-en-espana-cadena-ser/ que ha provocado una respuesta por parte del Gobierno que pretende atajar esta situación. Puede consultarse en: https://elpais.com/espana/2025-01-13/sanchez-anuncia-una-intervencion-del-mercado-desbocado-sobran-airbnb-y-faltan-viviendas.html

pulsando a las comunidades de menores ingresos y reforzando la desigualdad[42].

De este modo, y a través de este modelo de gentrificación, que describe el desplazamiento de comunidades trabajadoras debido al encarecimiento de la vida en sus barrios, podemos apreciar una de las manifestaciones modernas de los procesos que Engels ya denunció.

Así, en las ciudades actuales, los centros urbanos, antes ocupados por trabajadores, han sido transformados en enclaves para las clases altas y para actividades comerciales. Este fenómeno fuerza a las clases populares a trasladarse a periferias, en ocasiones, mal conectadas y con servicios deficientes. El análisis de Engels sobre la expulsión y desposesión de los trabajadores se manifiesta hoy de manera exacerbada en las grandes ciudades.

En esta línea, en la actualidad, se ha desatado una crisis habitacional que afecta a millones de personas. Algunos ejemplos que confirman la vigencia de los argumentos de Engels se parecían en la falta de vivienda asequible. En las principales ciudades del mundo, es preciso reiterar, el costo de la vivienda ha crecido de manera desproporcionada en relación con los salarios, creando una situación en la que cada vez más personas destinan un porcentaje elevado de sus ingresos al pago de alquileres o hipotecas.

Engels denunció el papel del Estado burgués como defensor de los intereses de la clase propietaria. Hoy, podemos advertir cómo el papel del Estado en la crisis de vivienda sigue siendo objeto de crítica debido a su limitada acción en este delicado asunto[43].

Y ello es debido, primeramente, a que, en lugar de invertir directamente en viviendas sociales, muchos gobiernos canalizan recursos públicos hacia empresas privadas o incentivan el desarrollo de proyectos de lujo bajo el pretexto de estimular la economía[44]. Por otro lado, la desregulación

---

42 Puede verse un estudio actual en https://www.elsaltodiario.com/gentrificacion/nomadas-ciudad-madrid

43 Lo que se critica incluso desde foros poco sospechosos de criticar este modelo capitalista, como pueda ser el medio *El Confidencial*, que sin embargo, reconoce que "*La escasez de viviendas favorece a los propietarios del capital y perjudica a los nuevos entrantes en el mercado o los colectivos vulnerables a los que supuestamente debería estar defendiendo la izquierda*" véase en: https://blogs.elconfidencial.com/economia/tribuna/2025-02-06/vivienda-peor-fracaso-politica-publica-coalicion-gobierno_4058175/ [Última consulta el 9 de febrero de 2025].

44 Puede verse a este respecto un ejemplo actual en el proyecto Madrid Nuevo Norte y el marketing asociado al mismo en: https://creamadridnuevonorte.com/pro-

existente del mercado ha permitido la especulación desenfrenada, beneficiando a los inversores a costa de los intereses y necesidades del colectivo obrero.

Aunque Engels no utilizó el término *Derecho a la ciudad*, de sus escritos se extrae esta idea, desarrollada posteriormente por pensadores como Henri Lefebvre y David Harvey. Este concepto plantea la necesidad de que los habitantes urbanos participen en la planificación y el uso de la ciudad, en lugar de ser excluidos por las dinámicas de mercado[45]. Ello conllevaría la democratización de las ciudades y, con ello, de la vivienda.

2.4. *El pensamiento de Bentham: el Panóptico como herramienta de control de la clase obrera a través de la vivienda*

Al igual que ocurre con la obra de Engels, el profesor Mercader Uguina recoge parte del pensamiento del filósofo inglés Jeremy Bentham, padre del utilitarismo, en relación con esta materia. Bentham, entre sus obras más destacadas cuenta con una que se mueve entre lo útil y lo perverso, y a través de la cual se diseña un sistema de control especializado. Este sistema, en un principio ideado para centros correccionales, se denominó el *Panóptico.*

Este sistema es importante en esta obra pues, a los condicionantes que hemos venido analizando sobre la situación de la vivienda obrera, añade y resalta otro, el control de la clase obrera a través de la vivienda (y, en la actualidad, a través de los medios tecnológicos de producción del trabajo).

De este modo, el Panóptico de Bentham pasaba por ser un modelo arquitectónico y conceptual, desarrollado en el siglo XVIII, que tenía como objetivo principal facilitar la vigilancia eficiente en instituciones como cár-

---

yecto/impacto-social-y-economico/ En él se destacan elementos económicos tales como que *El Instituto Universitario de Predicción Económica L.R. Klein, dependiente de la Universidad Autónoma de Madrid, ha realizado un estudio que analiza la repercusión que Madrid Nuevo Norte y las intervenciones urbanas asociadas al proyecto van a tener para la economía nacional.*

45 Véase un estudio sobre la materia en GARNIER, Jean-Pierre, “El derecho a la ciudad desde Henri Lefebvre hasta David Harvey. Entre teorizaciones y realización”, *Ciudades: Revista del Instituto Universitario de Urbanística de la Universidad de Valladolid*, núm. 15, 2012 (Ejemplar dedicado a: Ordenación del territorio: fundamentos y práctica de una disciplina en construcción), pp. 217-225.

celes, hospitales, escuelas y fábricas[46]. Su diseño es fiel reflejo de las ideas utilitaristas de Bentham, centradas en maximizar la utilidad y minimizar el sufrimiento. En palabras de Foucault: "*Bentham ha sentado el principio de que el poder debía ser visible e inverificable. Visible: el detenido tendrá sin cesar ante los ojos la elevada silueta de la torre central de donde es espiado. Inverificable: el detenido no debe saber jamás si en aquel momento se le mira; pero debe estar seguro de que siempre puede ser mirado. Bentham, para hacer imposible de decidir si el vigilante está presente o ausente, para que los presos, desde sus celdas, no puedan siquiera percibir una sombra o captar un reflejo, previo la colocación, no sólo de unas persianas en las ventanas de la sala central de vigilancia, sino de unos tabiques en el interior que la cortan en ángulo recto, y para pasar de un pabellón a otro, en vez de puertas unos pasos en zigzag; porque el menor golpeo de un batiente, una luz entrevista, un resplandor en una rendija traicionarían la presencia del guardián. El Panóptico es una máquina de disociar la pareja ver sin ser visto: en el anillo periférico, se es totalmente visto, sin ver jamás; en la torre central, se ve todo, sin ser jamás visto*"[47].

Como el propio profesor Mercader Uguina recoge, utilizando la cita a Kaufmann[48], esta idea de control sobre la población obrera se materializó a través Ledoux, que propuso la construcción de la *Ciudad Ideal de Chaux*: "*un gran espacio cerrado con planimetría simétrica y eje axial, sobre la base de una media elipse cerrada por su diámetro. En el centro, la casa del director; a ambos lados, las fábricas de sal; en el perímetro, los pabellones para los trabajadores y sus familias (con un espacio central comunitario alrededor de una chimenea), intercalándose con otros pabellones destinados a los artesanos y sus talleres (talleres de carreteros, toneleros y almacenes de hierro) y, en los extremos, la residencia de los comisarios e intendentes; junto a la entrada principal, la casa de los guardianes y la cárcel.* Pero Ledoux, tal y como reconoce el profesor Mercader Uguina,

---

46 Bentham aseguraba que el "*principio panóptico puede adoptarse con feliz éxito a todos los establecimientos en que se deban reunir la inspección y la economía: no está necesariamente ligado a ideas de rigor: pueden suprimirse las rejas de hierro: se puede permitir comunicación; y se puede hacer cómoda y nada molesta la inspección. Una casa de industria, una fábrica edificada por este plan da a un hombre solo la facilidad de dirigir los trabajos de un gran número, y pudiendo estar los cuartos abiertos o cerrados, permiten diferentes aplicaciones del principio*". BENTHAM, Jeremy, *El Panóptico*, Editions Pierre Relfon, Madrid, 1979, p. 74.

47 FOUCAULT, Michel, *Vigilar y castigar*, Siglo Veintiuno editores, Buenos Aires, 2022, p. 186

48 KAUFMANN, Emil, *Tres Arquitectos revolucionarios: Boullée, Ledoux y Lequeu*, Barcelona, Editorial Gustavo Gili, Barcelona, 1980.

se anticipa con la idea de que *"el director tiene que ver todo y oír todo; haremos que el obrero no pueda sustraerse a la vigilancia escondiéndose detrás de un pilar"*[49].

Es posible que el lector está relacionando la vieja idea del *Panóptico* de Bentham con los actuales controles, más sofisticados, pero de idéntica esencia y finalidad. Lo cierto, en este sentido, es que la vigencia del *Panóptico* de Bentham no se limita a su uso en contextos arquitectónicos o históricos, ni siquiera físicos, sino que su principio de vigilancia constante y control se ha adaptado extraordinariamente bien a los tiempos modernos, especialmente con el auge de las nuevas tecnologías y la inteligencia artificial[50].

En el ámbito laboral vemos su estela en aspectos tan polémicos como la supervisión remota en entornos de trabajo digital, en los cuales los empleadores monitorean la productividad, los tiempos de conexión, e incluso el contenido que sus empleados consumen o producen. De igual modo, nos encontramos con el panóptico control en los espacios de trabajo físicos: oficinas o espacios en los que se integran cámaras, sistemas de acceso controlado y otras tecnologías para vigilar el comportamiento de los empleados[51]. En suma, este versión moderna de *Panóptico* ha generado y genera debates éticos sobre hasta qué punto la vigilancia es aceptable en nombre de la seguridad, la productividad o la eficiencia.

Como sea, se precia cómo el *Panóptico* de Bentham sigue vigente como metáfora y como modelo adaptado al contexto actual. Aunque su forma física ha evolucionado hacia la tecnología y lo digital, el principio de vigilancia constante y autocontrol sigue siendo una característica fundamental de la sociedad contemporánea. Esto plantea dilemas importantes sobre el equilibrio entre seguridad, control y libertad indi-

---

49 LEDOUX, Claude-Nicolas, *La arquitectura considerada bajo sus relaciones con el arte, las costumbres y la legislación*, (1804), Madrid, Escuela Técnica Superior de Arquitectura, 1984.

50 En este sentido, hoy estas ideas utilitaristas siguen siendo relevantes en áreas como las redes sociales y el Big Data: empresas tecnológicas recopilan datos sobre las actividades en línea de los usuarios. Aunque no siempre se percibe directamente, las personas son conscientes de que están siendo observadas a través de algoritmos y análisis de comportamiento o el aumento de sistemas de videovigilancia en espacios públicos y privados crea una sensación de vigilancia constante, similar a lo que propone el *Panóptico.*

51 Incluso de las emociones, como pone de manifiesto en su estudio MUÑOZ RUÍZ, Ana Belén, *Biometría y sistemas automatizados de reconocimiento de emociones: Implicaciones jurídico-laborales*, Tirant lo Blanch, Valencia, 2023.

vidual. Cuestiones, todas ellas, que el profesor Mercader Uguina tiene presentes como se verá en la parte final del texto en la que las reflexiones se dirigen hacia las viviendas de las ciudades futuras dominadas por las inteligencias artificiales.

2.5. *Un nuevo invitado, el mejor testigo de la situación de la vivienda obrera inglesa en el siglo XIX: Dickens y la vivienda obrera*

Otro actor protagonista en el análisis de la vivienda obrera inglesa del siglo XIX es Charles Dickens. El escritor inglés del siglo XIX fue un agudo observador y crítico de las condiciones de vida de las clases trabajadoras durante la Revolución industrial. A través de sus múltiples novelas y escritos ofreció representaciones detalladas y conmovedoras de la vivienda obrera en la Inglaterra victoriana, destacando sus miserias y los efectos deshumanizantes de la precariedad y de la pobreza. Si bien este autor no se encuentra en el elenco de autores protagonistas de la obra del profesor Mercader Uguina, su vinculación con el objeto de la obra (y mi admiración por ambos, como si estuviéremos ante *Nuestro común amigo*) me ha sugerido, espero que pertinentemente, desviar ligeramente la mirada hacia el escritor inglés.

Como es sabido, Dickens utilizó sus novelas para retratar crudamente las condiciones de vida de la población obrera y criticar la indiferencia de las clases altas hacia los problemas sociales.

En *Oliver Twist* (1837-1839), por ejemplo, Dickens describe los barrios más pobres de Londres, como el gueto donde *Fagin* y sus jóvenes ladrones sobreviven en medio de la suciedad y la criminalidad. Así, Dickens relata: "*Aunque Oliver ya estaba bastante ocupado en no perder de vista a su guía, no podía evitar lanzar miradas apresuradas a ambos lados del camino mientras pasaban. Nunca había visto un sitio más sucio o mísero. La calle era estrecha y fangosa, y el aire estaba impregnado de olores pestilentes. Había una gran cantidad de pequeños comercios, pero parecía que la única mercancía en venta fuese un montón de niños, quienes, incluso a estas horas de la noche, merodeaban entrando y saliendo de los establecimientos, o chillaban desde su interior. Los únicos sitios que parecían prosperar entre la ruina del lugar eran las tabernas, y en ellas los irlandeses de más baja condición (y los irlandeses son normalmente de la más baja condición en todo) reñían y discutían airadamente. Patios y pasajes cubiertos que surgían de la calle principal mostraban pequeños grupos de casas donde hombres y mujeres ebrios se revolcaban literalmente entre la inmundicia, y de varios portales salían con cautela tipos con mala pinta, que parecían encaminarse a destinos no muy bien intencionados o decentes*"[52].

O en *Tiempos difíciles* (1859), donde el autor ofrece una mirada crítica a los pueblos industriales, como *Coketown*, donde las viviendas de los trabajadores son uniformes, monótonas y contaminadas por el humo de las fábricas. Así, Dickens detallaba esta ciudad como "*una ciudad de ladrillo rojo, es decir, de ladrillo que habría sido rojo si el humo y la ceniza se lo hubiesen consentido; como no era así, la ciudad tenía un extraño color rojinegro, parecido al que usan los salvajes para embadurnarse la cara. Era una ciudad de máquinas y de altas chimeneas, por las que salían interminables serpientes de humo que no acababan nunca de desenroscarse, a pesar de salir y salir sin interrupción. Pasaban por la ciudad un negro canal y un río de aguas teñidas de púrpura maloliente; tenía también grandes bloques de edificios llenos de ventanas, y en cuyo interior resonaba todo el día un continuo traqueteo y temblor y en el que el émbolo de la máquina de vapor subía y bajaba con monotonía, lo mismo que la cabeza de un elefante enloquecido de melancolía. Contenía la ciudad varias calles anchas, todas muy parecidas, además de muchas calles estrechas que se parecían entre sí todavía más que las grandes; estaban habitadas por gentes que también se parecían entre sí, que entraban y salían de sus casas a idénticas horas, levantando en el suelo idénticos ruidos de pasos, que se encaminaban hacia idéntica ocupación y para las que cada día era idéntico al de ayer y al de mañana y cada año era una repetición del anterior y del siguiente. Estas características de Coketown eran, en lo fundamental, inseparables de la clase de trabajo en el que hallaba el sustento; como contrapartida, producía ciertas comodidades para la vida que hallaban colocación en todo el mundo y algunos lujos que formaban parte (no quiero preguntar hasta qué punto) de la elegancia de las damas, a las que era insoportable hasta el nombre mismo de la ciudad*"[53].

Es universalmente admitido que Dickens no solo buscaba conmover a sus lectores, sino también generar conciencia sobre la necesidad de reformas sociales. Fue un crítico del liberalismo económico y de la falta de intervención estatal para mejorar las condiciones de vida de la clase obrera. Abogó indirectamente por mejoras en la vivienda, el saneamiento y la educación para las clases trabajadoras. En este sentido, las obras de Dickens contribuyeron a inspirar movimientos de reforma social en la Inglaterra victoriana, incluyendo las reformas urbanísticas y la creación de leyes para mejorar las condiciones de vivienda y trabajo. Todo es activismo nos puede

---

52 DICKENS, Charles, *Oliver Twist*, Penguin Clásicos, Barcelona, 2016, p. 139.

53 DICKENS, Charles, *Tiempos difíciles*, Alianza editorial, Madrid, 2010, p. 44

llevar a pensar que quizá no estemos tan mal en la actualidad si no tenemos un Dickens de nuestro siglo (o, en realidad, todo lo contrario).

En todo caso, su detallada representación de la vivienda obrera sigue siendo una fuente invaluable para comprender las desigualdades de la época y el impacto de la industrialización en la vida obrera.

2.6. La vivienda obrera en las ciudades inteligentes: la neolengua y sus riesgos

La *Smart City*, como es razonable, no estaba aún en la mente de los autores decimonónicos. No obstante, las nuevas tecnologías, los algoritmos y las inteligencias artificiales sí están en la mente del profesor Mercader Uguina, y a tiempo completo, me atrevería a afirmar. Son temas recurrentes que le ocupan y le preocupan.

Por ello, el profesor Mercader Uguina finaliza su texto con una reflexión final acerca de las *ciudades inteligentes y ciudades para los robots.* Consciente el autor de que quizá no todo en esa nueva era sean bondades, el profesor Mercader Uguina se hace esta última reflexión[54]: *"Pero la Smart City ya no es una utopía sino una realidad (aunque incipiente) pero también cuenta con sus distopías, que expresan los miedos de nuestra sociedad sobre la ciudad futura. En ellas, aparecen pesadillas basadas en la tecnología que son las claves subyacentes de las Smart Cities. Esas distopías nos invitan a formularnos preguntas. ¿Reformulará la tecnología el panóptico para anular la libertad y subyugar a los ciudadanos? ¿Será éste el inquietante futuro de la vivienda de los trabajadores?".*

Una parte de la sociología urbana, de la mano de Garnier, no sólo recoge estos miedos, sino que los eleva. El autor francés afirma que las ciudades inteligentes son el culmen de un movimiento que supone que *el hombre-máquina en su máquina de habitar, trasunten una ciudad-máquina; el hombre como conjunto de datos numéricos cuya vida —si se puede aún usar este término para definir su existencia mecanizada— está guiada por un acompañamiento algorítmico*[55].

Hace bien el profesor Mercader Uguina en preguntarse si las ciudades inteligentes no serán una versión absoluta del *Panóptico* de Bentham. O

---

54 Obra de referencia, p. 22 en la que cita a PIÑAR MAÑAS, José Luis, (Dir.), *Smart Cities. Derecho y técnica para una ciudad más habitable,* Reus, Madrid, 2017.

55 GARNIER, Jean-Pierre, "La "smart city" o la "cité radieuse" en la era digital", *Papeles de relaciones ecosociales y cambio global,* núm. 144, pp. 92-93.

un nuevo modelo de sociedad Orwelliano[56]. Es curioso cómo, con cierta facilidad, podemos ver las distopías del futuro reflejadas en el imaginario colectivo del pasado. O, quizá, simplemente, es que se trata de los mismos miedos contra los mismos elementos recurrentemente aforados.

Asociado a ello está de nuevo, como en todo lo moderno, el debate sobre la terminología. Por su parte, en el terreno iuslaboralista dedicado al estudio del trabajo en plataformas destaca la obra de Prassl, que analiza el instituto del *Doublespeak*; probablemente, uno de los puntos más interesantes a nivel reflexivo sobre la modernización de la sociedad[57]. Aunque, como decimos, centrado en el terreno del trabajo en plataformas, Prassl pone de manifiesto rápidamente la problemática terminológica de la *Gig Economy*: el doble discurso. La neolengua. Las varias reflexiones introducidas por el autor permiten comprender y enriquecer el debate actual sobre las ciudades inteligentes.

Nos recuerda Prassl la cara deliberadamente ocultada en los fastuosos discursos sobre plataformas, emprendimiento, algoritmos y aplicaciones: la deslaboralización de las relaciones que unen a empresas y trabajadores. Así, Prassl, llega a afirmar que el "*verdadero mérito del doble discurso ha estado en vender el trabajo realizado en las plataformas como verdadero emprendimiento innovador*".

Dentro de este punto se centra el análisis en *Language Matters*. En él se afirma sin demasiados circunloquios lo que hemos adelantado anteriormente: nuevas palabras (*Gigs, Riders, Tasks*) han venido a sustituir a los términos clásicos del Derecho del trabajo. Es razonable. Prassl reconoce que si estos nuevos modelos tratan de separarse del Derecho del trabajo

---

56 La obra de Orwell, *1984*, recuerda las ideas de Bentham y Foucault. Recordemos que Orwell desarrolló el concepto de *Gran Hermano* como una figura omnipresente que simboliza la vigilancia absoluta. A través de las pantallas, el *Partido* observaba constantemente a los ciudadanos, tanto en sus hogares como en espacios públicos. Este sistema crea una situación panóptica en la que las personas no saben si están siendo vigiladas en un momento dado, pero deben comportarse como si siempre lo estuvieran. Esta vigilancia perpetua genera una suerte de autocontrol, el mismo principio que subyace al diseño del *Panóptico* de Bentham. Los ciudadanos internalizan las normas del *Partido* porque temen ser observados y castigados. Otra idea interesante, que será desarrollada parcialmente a continuación, trata las herramientas como la manipulación del lenguaje a través de una especie de *neolengua*.

57 En su obra, PRASSL, Jeremias, *Humans as a Service: The Promise and Perils of Work in the Gig Economy*, Oxford University Press, Oxford, 2018.

necesitan acompañarse de sus propios términos. Así, recoge el autor, en esta estrategia de disimulo las personas trabajadoras (que ya no se denominarían así) no serán contratadas, sino integradas; no se les proporcionará ropa de trabajo, sino que se les venderá ropa corporativa.

Atrayendo de nuevo el foco hacia las ciudades inteligentes se aprecia la existencia, interesada igualmente, de camuflar bajo términos atractivos realidades que quizá no lo sea tanto, por los riesgos inherentes a la misma. Esta línea de pensamiento se aloja, probablemente, dentro de la corriente *tecnopesimista,* que el propio profesor Mercader Uguina ha venido a identificar en el análisis de la reacción de las personas respecto de las nuevas tecnologías[58].

Garnier concuerda con esta opinión, y afirma que, llevado al terreno de la vivienda obrera "*Antes de exponer las causas de la aparición de la smart city (aparición en los dos sentidos de la palabra: el físico y el religioso) y de su promoción, hay que señalar la dificultad de hablar de esta sin recurrir al vocabulario que sirve para celebrarla, ya sea abiertamente publicitario o pseudo-científico. Sabemos, en efecto, que las palabras del poder —dialécticamente vinculadas con el poder de las palabras— rara vez son inocentes. Y las que acompañan las políticas urbanas actuales no escapan a esta regla. Constituyen toda una novalengua (neologismo forjado por el periodista y escritor George Orwell en su libro 1984 para definir un lenguaje totalitario innovador que prohibía cualquier pensamiento crítico con respecto al poder establecido); una novalengua tecno-metropolitana, para ser más exactos, puesta al servicio del orden urbano, socioeconómico y tecnológico impuesto por las clases dominantes, bien directamente o bien a través de sus apoderados políticos o tecnocráticos. Pobre y repetitivo, este léxico con el que nos bombardean hasta la saciedad no deja de ser un arma de guerra social; una guerra, eso sí, de baja intensidad*"[59].

Nos encontramos, pues, ante una situación sin retorno, como afirma el profesor Mercader Uguina. La *Smart City* ya no es una utopía, sino una realidad. Por tanto, la vivienda obrera, dentro de estas nuevas ciudades, no quedará al margen del cambio. Si en el pasado las características de los barrios obreros eran la precariedad y la miseria, las características de la vivienda obrera futura pasarán, seguramente, por la precariedad y la miseria

---

58 Como último ejemplo en el uso del término podemos ver una entrada en blog de Labos: https://www.elforodelabos.es/2019/10/despido-de-una-administrativa-cuyo-trabajo-ha-sido-sustituido-por-un-robot-es-posible-poner-puertas-al-campo/ [Última consulta el 9 de febrero de 2025].

59 GARNIER, Jean-Pierre, "La "smart city" o la "cité radieuse" en la era digital", *Papeles de relaciones ecosociales y cambio global,* núm. 144, p. 93.

tecnológica. Mismo sufrimiento en un entorno aparentemente diferente y con diferentes elementos[60].

3. CONCLUSIONES

Tras este análisis de la vivienda obrera a lo largo de los siglos, no podemos negar que las afirmaciones y descripciones de los autores, como Dickens, cuando hablaba de la penuria de la vivienda obrera y de los barrios obreros, o de Engels cuando analiza las razones de esta precariedad son de absoluta validez en los tiempos actuales. No en vano, la vivienda es uno de los grandes problemas de la sociedad actual. No solo la vivienda en sí misma, sino el trío vivienda-dignidad-salario. Un Dickens de nuestro tiempo, echando la vista atrás, quizá volviese a escribir aquello de que "*era el mejor de los tiempos y era el peor de los tiempos; la edad de la sabiduría y también de la locura; la época de las creencias y de la incredulidad; la era de la luz y de las tinieblas; la primavera de la esperanza y el invierno de la desesperación. Todo lo poseíamos, pero nada teníamos; íbamos directamente al cielo y nos extraviábamos en el camino opuesto. En una palabra, aquella época era tan parecida a la actual, que nuestras más notables autoridades insisten en que, tanto en lo que se refiere al bien como al mal, sólo es aceptable la comparación en grado superlativo*"[61].

Por su parte, la obra de Engels no solo describe el problema de la vivienda en su tiempo, sino que ofrece una perspectiva crítica que sigue siendo aplicable en el mundo contemporáneo. Su análisis pone de manifiesto que la vivienda no es un problema técnico, sino una cuestión profundamente política, enraizada en las contradicciones del capitalismo. Al señalar que la solución definitiva pasa por la abolición de la propiedad privada y la planificación socialista, Engels proporciona una guía para repensar el derecho a la vivienda en el siglo XXI. Se puede no compartir completamente sus premisas, pero es innegable que su legado inspira a los movimientos sociales que luchan hoy por ciudades más justas y equitativas, donde la vivienda deje de ser una mercancía y se convierta en un derecho universal.

---

60 Y, ahondando en este debate, quizá debamos plantearnos serias cuestiones. Qué quedará del hombre común en un entorno tan inteligente. Es posible que en un entorno tan sofisticado "*el hombre robotizado por la mecanización de la ciudad no merezca el calificativo de ciudadano. Pero el habitante de la smart city, totalmente dependiente de los sistemas informáticos, ya no merecerá ni el calificativo de humano*". Ibidem, p. 103.

61 DICKENS, Charles, *Historia de dos ciudades*, Barnes & Noble Classics, Nueva York, 2003, p. 7.

En aquel momento, recordemos, finales del siglo XIX, Engels describía la situación de la vivienda obrera en términos similares a como lo vemos en la actualidad, reconociendo que el problema no era un problema de su tiempo exclusivamente. Así, el autor prusiano ponía de manifiesto que *"(e) sta penuria de la vivienda no es peculiar del momento presente; ni siquiera es una de las miserias propias del proletariado moderno a diferencia de todas las clases oprimidas del pasado; por el contrario, ha afectado de una manera casi igual a todas las clases oprimidas de todos los tiempos*"[62]. Este mismo parecer tiene también parte de la doctrina actual enfocada en la sociología y geografía humana[63].

Del mismo modo, nos hemos detenido ante la obra de Bentham que relaciona trabajo y control. Automáticamente, hemos advertido las consecuencias de instaurar un modelo influido por el *Panóptico* y hemos reconocido su reflejo en ciertas conductas y herramientas de la actualidad y los peligros de que un sistema tecno avanzado nos sumerja completamente en un entorno de tales características. Así, el profesor Mercader Uguina culmina su obra mirando al futuro, a las ciudades inteligentes, a las *Smart Cities* y las ciudades de los robots. Y es una reflexión que no debemos dejar escapar. En este trabajo se ha llevado a cabo un análisis, casi en su totalidad, centrado en los siglos anteriores, tal vez debido a la incapacidad de saber cómo anticiparse a los venideros, pero lo cierto es que estamos ya inmersos en una revolución sin descanso que tiende a acelerar cualquier idea de futuro. Quizá debemos ya plantearnos la vivienda obrera-robot y anticipar sus riesgos y las desigualdades que seguro traerá aparejadas.

Como sea, el tema de la vivienda obrera, sus condiciones y sus condicionantes, es un asunto que, presumiblemente, estará siempre presente en el debate social; al menos, mientras sigamos siendo humanos.

Bibliografía

BENTHAM, Jeremy, *El Panóptico*, Editions Pierre Relfon, Madrid, 1979.

---

62 ENGELS, Friedrich, *La cuestión de la vivienda*, p. 25. Nos recuerda Engels, también, que lo que se entiende por penuria de la vivienda (siglo XIX, aunque parezca la actualidad), que es el aumento de la precariedad de las condiciones de la habitación obrera como consecuencia de la masificación de las ciudades, el aumento desorbitado de los alquileres y, para ciertos colectivos, la imposibilidad de encontrar, siquiera, una vivienda (p. 26).

63 Véase la obra de HOLM, Andrej, *Lo que Engels no podía saber*, Katakrak, Pamplona, 2024.

DE FUSCO, Renato y TERMINIO, Alberto, *Company town in Europa dal XVI al XX secolo,* Franco Angeli, 2017.

DICKENS, Charles, *Tiempos difíciles,* Alianza editorial, Madrid, 2010.

DICKENS, Charles, *Oliver Twist,* Penguin Clásicos, Barcelona, 2016.

DICKENS, Charles, *Historia de dos ciudades,* Barnes & Noble Classics, Nueva York, 2003.

ENGELS, Friedrich, *La situación de la clase obrera en Inglaterra,* Madrid, Ediciones Akal, 2020.

ENGELS, Friedrich, *Contribución al problema de la vivienda,* Fundación Federico Engels, Madrid, 2015.

FOUCAULT, Michel, *Vigilar y castigar,* Siglo Veintiuno editores, Buenos Aires, 2022.

GARNIER, Jean-Pierre, "El derecho a la ciudad desde Henri Lefebvre hasta David Harvey. Entre teorizaciones y realización", *Ciudades: Revista del Instituto Universitario de Urbanística de la Universidad de Valladolid,* núm. 15, 2012 (Ejemplar dedicado a: Ordenación del territorio: fundamentos y práctica de una disciplina en construcción), pp. 217-225.

GARNIER, Jean-Pierre, "La "smart city" o la "cité radieuse" en la era digital", *Papeles de relaciones ecosociales y cambio global,* núm. 144, 2019, pp. 91-103.

GINER, Salvador, *Historia del pensamiento social,* Ariel, Barcelona, 1978.

GINÈS I FABRELLAS, Anna y PEÑA MONCHO, Juan, "Derecho a la desconexión y prevención de riesgos laborales derivados del uso de la tecnología", *LABOS Revista de Derecho del Trabajo Y Protección Social,* 4(1), 130-150

GONZÁLEZ APARICIO, Enrique, "La habitación obrera inglesa", *El Trimestre económico,* vol. 1, núm 4, 1934, pp. 406-428.

HOLM, Andrej, *Lo que Engels no podía saber,* Katakrak, Pamplona, 2024.

KAUFMANN, Emil, *Tres Arquitectos revolucionarios: Boullée, Ledoux y Lequeu,* Barcelona, Editorial Gustavo Gili, Barcelona, 1980.

LEDOUX, Claude-Nicolas, *La arquitectura considerada bajo sus relaciones con el arte, las costumbres y la legislación,* (1804), Madrid, Escuela Técnica Superior de Arquitectura, 1984.

MERCADER UGUINA, Jesús R., "En busca del ideal de vivienda obrera: realidades y sueños", *Trabajo y Derecho,* núm 42, Madrid, 2018, pp. 1-22.

MUÑOZ RUIZ, Ana Belén, *Biometría y sistemas automatizados de reconocimiento de emociones: Implicaciones jurídico-laborales,* Tirant lo Blanch, Valencia, 2023.

ORWELL, George, *1984,* DeBolsillo, Madrid, 2013.

PALOMEQUE LÓPEZ, Manuel Carlos, *Derecho del trabajo e ideología,* Tecnos, Madrid, 2011.

PRASSL, Jeremias, *Humans as a Service: The Promise and Perils of Work in the Gig Economy,* Oxford University Press, Oxford, 2018.

SAMBRICIO, Carlos, *Arturo Soria y la Ciudad Lineal,* Consejo Superior de los Colegios de Arquitectos, 1982.

ASPECTOS INDIVIDUALES DE LA RELACIÓN LABORAL

Las contratas y subcontratas: a vueltas con los problemas que plantean y las interpretaciones jurisprudenciales

MARÍA DEL SOL HERRAIZ MARTÍN
Profesora Titular (acred. Catedrática) de Derecho del Trabajo y de la Seguridad Social, Universidad Carlos III de Madrid
https://orcid.org/0000-0001-8124-0302

1. INTRODUCCIÓN

Antes de comenzar, debo expresar mi agradecimiento por permitirme participar en esta obra que representa un homenaje académico al profesor Mercader con motivo de sus 25 años como Catedrático de Derecho del Trabajo y de la Seguridad Social.

Desde que conocí al profesor Mercader, allá por el año 2004, admiro su profunda vocación, su infatigable capacidad de estudio y, muy especialmente, su honestidad. En el ambiente universitario ha demostrado ser una persona cercana, resuelta en sus planteamientos, siempre implicada en las tareas docentes y de gestión, y el motor de un sólido grupo de investigación al que tengo el placer de pertenecer.

En su dilatada trayectoria investigadora, Jesús Mercader ha aunado de forma magistral el rigor académico en el estudio de instituciones clásicas del Derecho del Trabajo (como se evidencia en sus obras "Salario y crisis económica" o "Los principios de aplicación del Derecho del Trabajo") y una intuición acerca de los nuevos escenarios de las relaciones laborales y sus emergentes problemas (sirva como ejemplo su estudio sobre "Algoritmos e inteligencia artificial en el derecho digital del trabajo").

En esta obra, que es una respuesta a la tradición académica de homenaje a un profesor universitario de referencia, he decidido estudiar los problemas, nuevos y "no tan nuevos", que siguen ocasionando las contratas y subcontratas. No fue fácil seleccionar la temática debido a la prolija contribución científica del profesor Mercader, pero valoré la inquietud y la respuesta rigurosa y brillante ofrecida a los problemas derivados, tanto de la descentralización productiva como de la compleja concurrencia conflictiva entre convenios colectivos. Por ese motivo, he tomado como obra de referencia en mi estudio: "La determinación del convenio aplicable a contratas y subcontratas: entre las expectativas frustradas y el tenor literal"[1].

Ahora, sí, comenzamos: las organizaciones productivas han sido objeto de una transformación notable durante las últimas décadas. Hemos pasado de un ciclo productivo asumido de forma tradicional por las empresas a una imparable segmentación empresarial, con la ayuda de las nuevas tecnologías[2].

La evolución apuntada se ha permitido, entre otros motivos, porque el empresario, bajo el paraguas de su poder de dirección conforme al art. 38 de la Constitución, ostenta la posibilidad de externalizar la realización de trabajos propios de la actividad de su empresa a través de la encomienda a otra. Con esta herramienta el poder empresarial encuentra beneficios proyectados, por una parte, en una reducción de costes en formación o inversión, y, del mismo modo, en la diversificación del riesgo económico. Por otro lado, la reducción del tamaño permite que la gestión empresarial de los recursos humanos se simplifique, aumentándose la relación directa entre persona trabajadora y empresario, y, consecuentemente, disminuyéndose la acción de la autonomía colectiva. En definitiva, la empresa que provoca la segmentación de su proceso productivo intenta vencer la dificultad de afrontar de forma solitaria un crecimiento y mayor productividad en un mercado que cada vez es más competitivo.

---

1 En *Interpretación, aplicación y desarrollo de la última reforma laboral*. Dir Thibault Aranda, J. y Jurado Segovia, A., La Ley, Madrid, 2023.

2 DE LA PUEBLA PINILLA, A. "Marco laboral de la descentralización productiva. Problemas y propuestas de reforma", *Revista de Trabajo y Seguridad Social*, CEF, 444, p. 125.

La propia jurisprudencia afirma que “el ordenamiento jurídico no contiene ninguna prohibición general que impida al empresario recurrir a la contratación externa para integrar su actividad productiva y así lo reconoce el art. 42.1 del ET cuando se refiere a la contratación o subcontratación para ‘la realización de obras o servicios correspondientes a la propia actividad de la empresa’, lo que supone que, con carácter general, la denominada descentralización productiva es lícita, con independencia de las cautelas legales e interpretativas necesarias para evitar que por esta vía puedan vulnerarse derechos de los trabajadores”[3].

Permitida, por tanto, la organización de la actividad productiva mediante la descentralización, el protagonismo lo adquiere el artículo 42 del Estatuto de los Trabajadores, precepto que recoge el régimen jurídico aplicable a las relaciones laborales derivadas de situaciones en las que un empresario, principal o comitente, encarga a otro, auxiliar, la prestación de una obra o servicio necesario para el desarrollo de su objeto empresarial.

Dicho precepto, esencial para articular las relaciones jurídicas laborales en el supuesto de la descentralización productiva, ha sufrido leves modificaciones a lo largo de su vigencia, pero sus cimientos no han sido alterados y, consecuentemente, los problemas de interpretación de la regulación de la prestación laboral en contratas y subcontratas siguen emergiendo y generando inseguridad jurídica y precariedad a las personas trabajadoras. Así seguirá sucediendo hasta que se logre revisar de forma sustancial el marco normativo.

En las líneas siguientes, sin un propósito ambicioso de estudiar cada una de las cuestiones que generan incertidumbre derivada de la situación compleja que se regula en el art. 42 ET, se identificarán los principales problemas que en la actualidad, y tradicionalmente, se vienen planteando, y se reseñará la más destacada jurisprudencia en cuestiones como la delimitación del concepto de propia actividad o la dificultad existente en la determinación del convenio colectivo en las contratas y subcontratas atendiendo a la última reforma laboral. Finalmente, no puede dejarse de aludir a determinados interrogantes o cuestiones que se suscitan en la transmisión de las contratas.

---

3 Sirvan como ejemplo a lo largo de los años la STS 27 de octubre 1994 (Rº. 3724/1993) o la STS de 10 de mayo 2006 (Rº. 725/2005).

2. EL CONCEPTO DE PROPIA ACTIVIDAD Y LA VACILANTE JURISPRUDENCIA

Uno de los principales problemas que presenta el precepto objeto de estudio se manifiesta en la delimitación de su ámbito de aplicación. El art. 42 ET se construye bajo dos conceptos nucleares, de carácter jurídico indeterminado, como son la "contrata" y, por otra parte, que la misma forme parte de la "propia actividad" de la empresa principal. El hecho de no existir una delimitación de carácter legal de forma expresa de ambos conceptos se traduce en una serie de casuística en la materia que se encuentra sometida a cambios de criterios judiciales y jurisprudenciales que no logran obtener una pacífica comprensión. Hecho que genera una evidente inseguridad jurídica, principalmente, para la empresa principal, porque solo si se califica la contratación como de propia actividad, aparece de forma automática la aplicación del art. 42 ET.

Dejando de lado el análisis de la naturaleza del negocio jurídico que vincula a las empresas[4] y centrándonos en la cuestión que más controversia general, es decir, la delimitación de la "propia actividad", debe advertirse la existencia de diversas teorías que han ocasionado el nacimiento de una serie de criterios en orden a servir como referente ante la ausencia de parámetros legales. En esta dirección, la STS de 18 de enero de 1995[5], señala, en primer lugar, que "para delimitar lo que ha de entenderse por propia actividad de la empresa, la doctrina mayoritaria entiende que son las obras o servicios que pertenecen al ciclo productivo de la misma, esto es, las que forman parte de las actividades principales de la empresa. Más que la inherencia al fin de la empresa es la indispensabilidad para conseguirlo lo que debe definir el concepto de propia actividad. También la doctrina señalada que nos encontraríamos ante una contrata de este tipo cuando de no haberse concertado ésta, las obras y servicios debieran realizarse por el propio empresario comitente so pena de perjudicar sensiblemente su actividad empresarial. En general la doctrina es partidaria de una aplicación "in extenso" del concepto de contratas correspondientes a la propia actividad de la empresa. Sólo quedarían fuera las obras o servicios contratados que estén desconectados de su finalidad productiva y de las actividades normales de la misma. Con este criterio amplio se llega a la conclusión de

---

4 *Vid.* STS de 15 de noviembre de 2015 (ECLI:ES:TS:2015:5855)

5 Rº. 10/1994.

que todo o casi todo de lo que sea objeto de contrata estará normalmente relacionado con el desarrollo de la actividad a que se dedique la empresa".

Tras dicha apreciación, sin embargo, termina concluyendo el Tribunal Supremo que "no obstante, una interpretación absoluta y radicalmente amplia del concepto de "propia actividad" nos llevaría a no comprender la exigencia del supuesto de hecho contenido en el artículo 42 mencionado. Si se exige que las obras y servicios que se contratan o subcontratan deben corresponder a la propia actividad empresarial del comitente, es porque el legislador está pensando en una limitación razonable que excluya una interpretación favorable a cualquier clase de actividad empresarial".

La citada sentencia, tras advertir que las dudas solo pueden despejarse a través de un examen cuidadoso y específico de cada supuesto concreto, apuesta por un concepto de propia actividad en sentido estricto, es decir, en conexión con actividades inherentes al ciclo productivo de la empresa principal.

Más adelante, la STS de 29 de octubre de 1998[6], con la intención de aclarar la cuestión objeto de estudio, argumentó que el concepto jurídico indeterminado "propia actividad" puede explicarse conforme a dos teorías: "la teoría del ciclo productivo, que incluye "las operaciones o labores que son inherentes a la producción de los bienes o servicios específicos que se propone prestar al público o colocar en el mercado y, por otro lado, la teoría de las actividades indispensables, más amplia que aquélla, que abarca "todas las labores, específicas o inespecíficas, que una determinada organización productiva debe desarrollar para desempeñar adecuadamente sus funciones".

En este caso, nuevamente, la doctrina jurisprudencial se inclinó por la primera teoría, excluyendo "las actividades complementarias inespecíficas, como la vigilancia de edificios o centros de trabajo". La razón es que "las actividades del ciclo productivo, a diferencia de las actividades indispensables no inherentes a dicho ciclo, se incorporan al producto o resultado final de la empresa o entidad comitente, tanto si son realizadas directamente como si son encargadas a una empresa contratista, justificando así la responsabilidad patrimonial de la empresa o entidad comitente respecto de los salarios de los trabajadores empleados en la contrata."

Consecuentemente, nos encontraríamos frente a una contrata regulada en el art. 42 ET cuando, si no se hubiera concertado, las obras y servicios

---

6 Rº. 1213/1998

deberían haberse realizado por el propio empresario comitente, salvo perjuicio notable a su actividad empresarial[7]. Es decir, como viene manifestado la jurisprudencia[8], la propia actividad se identifica con un límite de la prestación de obras o servicios inherentes a la actividad empresarial de la entidad comitente, de forma que las actividades realizadas en el ciclo productivo, a diferencia de las indispensables, se incorporan al producto o resultado final de la empresa, tanto si son realizadas directamente como si son encargadas a una empresa contratista[9].

Partiendo de esta premisa, y con el objetivo de precisar el alcance del concepto jurídico "propia actividad" resulta ilustrativo aludir, no de forma minuciosa porque no es el objeto único de estudio, pero sí, a determinados pronunciamientos jurisprudenciales sobre la materia.

Por una parte, se ha declarado la no existencia de propia actividad, conforme a los criterios abordados, en supuestos como a los que acto seguido se hará referencia. Ciertamente, el Tribunal Supremo se ha pronunciado a favor de negar la aplicación del art. 42 del ET, por ejemplo, en la sentencia citada (STS de 29 de octubre de 1998)[10], en la que el Alto Tribunal no entendió aplicable el precepto aludido ante una contratación de los servicios de seguridad y protección por un órgano de gobierno de la Comunidad Autónoma de Castilla y León[11]. En la misma línea, el Tribunal Supremo volvió a pronunciarse ante la contratación de actividades de formación desarrolladas por entidades colaboradoras del INEM[12]. A mayor abunda-

---

7 STS de 24 de noviembre de 1998 (Rº. 517/1998).

8 *Vid.* STS de 9 de mayo de 2018 (Rº. 3535/2016)

9 Así lo subrayó el Tribunal Supremo en su sentencia de 21 julio de 2016 (Rº. 2147/2014), *Vid.* BLASCO PELLICER, A., "El tratamiento de las contratas y subcontratas en la jurisprudencia reciente", en *La regulación legal de las contratas y subcontratas: puntos críticos, Trabajo y empresa* n., 1, Tirant lo Blanch, Valencia, 2023, p. 165.

10 De nuevo, STS de 18 de enero de 1995 (Rº. 10/94). En igual dirección las sentencias del Tribunal Supremo de 10 de julio de 2000 (Rº. 923/1999) y 27 de octubre de 2000 (Rº. 693/1999), niegan que las tareas de vigilancia formen parte de la propia actividad de la empresa principal, que era Endesa.

11 En igual dirección se pronunció el TS en su sentencia de 27 de octubre de 2000 (Rº. 693/1999) en cuanto a la contratación de servicios de seguridad por parte de una empresa eléctrica.

12 El Tribunal Supremo argumenta que la propia actividad del INEM es el fomento de la formación ocupacional mediante la subvención de los cursos, pero no la realización de los mismos, que corre a cargo de empresas y entidades colaboradoras (STS de 29 de octubre de 1998, Rº. 1213/1998).

miento, tampoco tiene cabida en el art. 42 del ET, la formalización de una contrata entre una empresa promotora inmobiliaria y una constructora[13], al igual que ocurre con la contrata dedicada a la explotación comercial de gasolinera y lavado de vehículos en una empresa de aerotransporte[14].

Por el contrario, a continuación, se abordarán las resoluciones más significativas que sí han considerado la existencia de contratas de propia actividad[15]. Sirva como ejemplo advertir, por su relevancia, que "el servicio de comidas forma parte esencial del cometido del Colegio Mayor de forma que, de no dispensarse la prestación alimenticia a los colegiales, quedaría

---

13 En esta ocasión, el Tribunal Supremo distingue entre la actividad empresarial de los promotores y de los constructores, y en ello basa su conclusión: "El promotor desarrolla una serie de acciones de iniciativa, coordinación y financiación de los proyectos de edificación que tienen carácter básicamente administrativo y comercial, mientras que la labor del constructor es fundamentalmente física y productiva. Se trata, por tanto, de actividades empresariales que son en sí mismas diferentes, aunque entre ellas pueda existir una conexión o dependencia funcional y en este sentido la actividad de construcción no es una actividad "inherente" al ciclo productivo de la actividad inmobiliaria.(STS de 20 de junio de 2005, Rº. 2160/2004)). En igual sentido, *vid*, STS de 2 de octubre de 2006 (Rº. 1212/2005).

14 Las SSTS de 14 junio de 2017 (Rº. 1024/2016) y de 15 junio de 2016 (Rº. 972/2016) rechazaron la propia actividad. La primera de las citadas resoluciones argumenta que "constituye una facilidad para el público en general, mas no puede considerarse asumida por la empresa principal por la mera titularidad de las instalaciones de la explotación, pues el proyecto empresarial que en aquellas se desarrollaban está plenamente desvinculado del de AENA, que no tiene entre sus objetivos tal tipo de servicio."

15 El TS ha reconocido el concepto de propia actividad en numerosas sentencias. Se hará una relación de ellas acto seguido, si bien, algunas, por su relevancia serán citadas en el propio texto. *Vid.* las SSTS de 18 de abril de 1992 (Rº. 1178/19919); de 22 de noviembre de 2002 (Rº. 3904/2001; de 11 de mayo de 2005 (Rº. 2291/2004); 24 de noviembre de 1998 (Rº. 517/1998); de 23 de septiembre de 2008 (Rº. 1048/2007); de 23 de enero de 2008 (Rº. 33/2007); de 3 de octubre de 2008 (Rº. 1675/2007); de 24 de junio de 2008 (Rº. 345/2007); 15 de noviembre de 2012 (Rº. 191/2012); y 7 de diciembre de 2012 (Rº. 4272/2011); de 29 de octubre de 2013 (Rº. 2558/2012); de 15 de abril de 2010 (Rº. 2259/2009); de 5 de diciembre de 2011 (Rº. 4197/2010); de 21 julio de 2014 (Rº. 2147/2014); 933/2016, de 8 noviembre de 2015 (Rº. 2258/2015); 366/2017, de 26 abril de 2016 (Rº. 110/2016); 601/2017, de 6 julio (Rº. 322/2016); de 6 julio de 2017 (Rº. 25/2016); de 21 febrero de 2016 (Rº. 251/2016) y de 9 mayo de 2016 (Rº. 3535/2016), de 23 enero de 2017 (Rº 2332/2017); de 14 septiembre de 2018 (Rº. 652/2018); de 27 mayo de 2022 (Rº. 3307/2020); 524/2022, de 7 junio de 2022 (Rº. 675/2021); de 7 junio de 2022 (Rº. 1817/2021); de 8 junio de 2022 (Rº. 674/2021); y de 13 junio de 2022 (Rº. 677/2021) y 6 julio de 2022 (Rº. 2103/2021).

incompleta la labor del Centro que se integra con dos áreas de actividad: una, la docente y otra, la de hostelería de unas específicas características pues ha de contribuir a la formación integral de los colegiales"[16]. Igualmente, se reconoce la propia actividad en la contratación de la instalación del tendido aéreo de líneas telefónicas porque dichas laborales constituyen soporte permanente de la actividad telefonía[17], o la actividad de transporte sanitario subcontratada por un servicio público de salud[18].

En fechas más próximas, en cuanto a los servicios de atención al público en los centros culturales de un patronato de un ayuntamiento, el Tribunal Supremo esgrime que, aunque resulte cuestionable que el servicio de promoción de la cultura y equipamientos culturales se encuentre integrado en el núcleo esencial de la actuación de un Ayuntamiento, "la propia creación y constitución de dicho Patronato supone que las funciones que le son encomendadas han sido asumidas como propias por parte del Ayuntamiento, para llevarlas a cabo y ofrecerlas a la ciudadanía a través de la actividad desarrollada por esa institución [...] el concepto de "propia actividad" no solo comprende la actividad cultural como tal, sino también todas aquellas tareas consideradas como "complementarias" pero "indispensables" que resultan necesarias para la ejecución de los programas culturales encomendados, como los servicios de atención al público: servicios de auxiliares de información, jefatura de sala, servicio de taquillas, acomodadores, servicios de portería y guardarropía, que de no haber sido contratados con un tercero, deberían ser asumidos por el Patronato[19]." En cuanto al servicio de transporte de mercancías contratado por una agencia de transporte, el Alto Tribunal ha entendido que el transporte de mercancías tiene la condición de propia actividad de una empresa dedicada a la agencia de transporte, actividades auxiliares y complementarias[20].

---

16 STS de 24 de noviembre de 1998 (Rº. 517/1998).

17 STS de 22 de noviembre de 2002 (Rº. 3904/2001).

18 STS de 23 de enero de 2008 y STS de 24 de junio de 2008 (Rº. 33/2007 y Rº. 245/2007).

19 SSTS de 7 junio de 2022 (Rº. 675/2021); de 7 junio de 2022 (Rº. 1817/2021); de 8 junio de 2021 (Rº. 674/2021); y de 13 junio de 2021 (Rº. 677/2021).

20 Las razones son las siguientes: "Los operadores de transporte, para llevar a cabo su actividad, requieren una autorización administrativa y tienen que realizar las labores inherentes a dicha actividad, entre las que se encuentra la de recepcionar y distribuir mercancías entre sus clientes, lo que implica la necesidad de realizar las señaladas labores con medios de transporte propios o contratando con otra empresa" (STS de 6 julio de 2022 (Rº. 2103/2021).

En esta misma dirección, en cuanto a los servicios de conserjería de una comunidad de propietarios[21], el Tribunal Supremo arguyó que la comunidad de propietarios es un agente económico que participa en la producción de servicios con medios materiales y humanos. Por lo tanto, "esa prestación de servicios se puede realizar mediante la contratación por la comunidad de propietarios de un trabajador por cuenta ajena o concertando con una empresa la prestación de ese servicio. Esos servicios se enmarcan en los servicios integrados en el ciclo productivo de la comunidad de propietarios aquellos que dicha comunidad pueda establecer para quienes conviven en las fincas que la integran. Se trata de una "actividad (que) se pone a disposición de quienes tienen el uso y disfrute de las viviendas o locales de forma que aquella actividad se incorpora a lo que sería el resultado final respecto de una las competencias que la Comunidad debe atender, que es la de acordar las medidas necesarias o convenientes para el mejor servicio común, lo que se puede llevar a cabo bien directamente asumiendo ella el servicio o encargándoselo a otra empresa, cubriéndose con ello la finalidad del art. 42 cuando establece la responsabilidad de la empresa comitente respecto de los salarios de los empleados de la contrata."

Para finalizar, es preciso recordar que más recientemente el Tribunal Supremo, en su sentencia de 9 de marzo de 2023[22] ha entendido que, a efectos del art. 42.2 ET, constituye propia actividad el servicio de cafetería y comedor de los centros municipales de mayores, por tratarse de servicios complementarios pero inherentes y necesarios para que el ayuntamiento pueda prestar a las personas mayores el servicio público que tiene encomendado[23]. El supuesto nos recuerda al ya aludido, concretamente, al correspondiente a la contrata de servicios de comedor y cafetería de un Colegio Mayor, en la que el Tribunal sostuvo que el "servicio de comidas forma parte esencial del cometido del Colegio Mayor de forma que, de no dispensarse la prestación alimenticia a los colegiales, quedaría incompleta la labor del Centro que se integra con dos áreas de actividad: una, la docente y otra, la de hostelería de unas específicas características pues ha de contribuir a la formación integral de los colegiales". Igual dirección apuntó el Tribunal Supremo en su sentencia de 14 septiembre de 2021[24], en la

---

21 STS de 27 mayo de 2022 (Rº. 3307/2020).

22 Rº. 1518/2020.

23 *Vid.* comentario de esta sentencia en "La propia actividad como ejemplo de concepto jurídico indeterminado", VILA TIERNO, F. A, *Revista de Jurisprudencia Laboral*, n. 4/2023.

24 Rº. 652/2018.

que se advirtió que el "servicio de comedor en los centros docentes no es una actividad complementaria inespecífica de la empresa principal [...] el ente público ISE (Instituto Andaluz de Infraestructuras y Servicios Educativos de la Consejería de Educación de la Junta de Andalucía) tiene atribuida la competencia relativa a la gestión de los servicios complementarios de la enseñanza no universitaria, incluyendo los comedores en los centros docentes. El servicio de comedor constituye un servicio complementario pero inherente y estrictamente necesario para que el ISE pueda prestar el servicio público que tiene encomendado."

Como conclusión, es preciso terminar el apartado de la misma forma que se comenzó, es decir, confirmando la incertidumbre de la "propia actividad". Este concepto jurídico indeterminado continúa ocasionando una casuística que lejos de estar decreciendo, se está consolidando como una guía que mostrará sus cambios conforme avanzan las relaciones laborales. Si bien, siempre teniendo en consideración que el criterio restringido de propia actividad es el protagonista, siendo la vara de medir que sirve como referencia en todo caso.

3. LA DETERMINACIÓN DEL CONVENIO COLECTIVO APLICABLE: NUEVA REGULACIÓN LEGAL NO AUSENTE DE PROBLEMAS INTERPRETATIVOS

Como acertadamente afirmó el profesor Mercader en su obra "La determinación del convenio aplicable a contratas y subcontratas: entre las expectativas frustradas y el tenor legal"[25], "la negociación colectiva constituye el nervio esencial sobre el que se articula el entero sistema de relaciones laborales. Cualquier cambio o transformación en las piezas que integran su delicada arquitectura tiene importantes consecuencias". En efecto, y al hilo del presente estudio, la reforma laboral de 2021 se hizo eco del derecho comparado y,"siguiendo el signo de los tiempos[26]", varió ligeramente la estructura negocial otorgando, con sus consecuencias correspondientes, protagonismo a los convenios de sector, variando y racionalizando el re-

---

25 MERCADER UGUINA, JR, en "La determinación del convenio aplicable a contratas y subcontratas: entre las expectativas frustradas y el tenor literal", en *Interpretación, aplicación y desarrollo de la última reforma laboral.* Dir Thibault Aranda, J y Jurado Segovia, A., La Ley, Madrid, 2023, p. 319.

26 MERCADER UGUINA, JR, "La determinación del convenio aplicable a contratas y subcontratas…"op cit p. 320.

parto de materias entre los diversos niveles, y pronunciándose a su favor, igualmente, como preferente en la aplicación para las empresas contratistas y subcontratistas.

Ciertamente, la reforma operada por el RDL 32/2021, de 28 de diciembre, *de medidas urgentes para la reforma laboral, la garantía de la estabilidad en el empleo y la transformación del mercado de trabajo* (en adelante, RDL 32/2021), a los efectos que interesan en este trabajo, mostró, como se ha advertido, una evidente tendencia a mostrar la relevancia del convenio de sector dentro de la estructura negocial, y a priorizar la aplicación de dicho convenio en el ámbito de las contratas y subcontratas.

Hasta la reforma aludida, el art. 42 del ET mantenía un vacío regulador a efectos de la determinación del convenio colectivo aplicable, debiéndose acudir a las reglas del Título III del ET, con los problemas jurídicos derivados de la insuficiencia como instrumento resolutorio de una cuestión de notable complejidad. En efecto, el Tribunal Supremo se encontró con la necesidad de solucionar diferentes litigios que se plantearon en empresas que no contaban con un convenio colectivo propio o sectorial aplicable, o las que pertenecían a diferente sector de la empresa principal. La situación se complicaba, como se verá acto seguido, de forma especial cuando la actividad a la que se dedicaba la empresa contratista no encontraba ubicación en el convenio sectorial aplicable a la empresa principal que realizaba múltiples actividades.

3.1. Supuestos principales de preocupación por su especial complejidad con anterioridad a la reforma: las empresas multiservicios las empresas

Las diferentes teorías adoptadas por la jurisprudencia con anterioridad a la entrada en vigor del RDL 32/2021 dejaban evidencia de la dificultad que suponía solucionar las cuestiones referentes a la determinación del convenio de aplicación cuando la actividad de la empresa contratista no se encontraba comprendida en el convenio sectorial aplicable a la empresa comitente con variedad de actividades.

Siguiendo un orden cronológico, la STS de 10 de julio de 2000[27] afirmó que en el interior de la empresa, y en relación con sus trabajadores, lo relevante y decisorio es la actividad real que aquélla desempeña, y en la que intervienen los empleados con motivo de la prestación de sus servicios.

---

27 Rº. 4315/1999.

"En definitiva, en este caso concreto, lo determinante —dentro de la múltiple realidad del objeto social escriturado— para determinar el convenio estatal o provincial aplicable, será la actividad real preponderante"[28]. En el supuesto dicha actividad la constituía el Comercio Vario y no la venta y comercialización de carburantes. Sin embargo, en la STS de 8 de febrero de 2000[29] consideró que procedía la aplicación del Convenio Estatal de estaciones de servicio frente a la actividad complementaria de tiendas de conveniencia por el predominio claro de los ingresos obtenidos por la venta de carburantes sobre los relativos a las tiendas[30].

Más adelante, el TS en su sentencia de 31 de enero de 2008[31], siguiendo igual doctrina jurisprudencial consideró oportuno aplicar el convenio colectivo provincial para el comercio del metal de la provincia de Cádiz en una empresa dedicada a la aleación y montaje de bisutería para posteriormente ser vendida a joyerías para su venta al público[32]. En igual dirección, la STS de 17 de marzo de 2015[33]arguye que es el convenio colectivo del sector de limpieza de edificios y locales de la Comunidad de Madrid la normativa aplicable, aunque los trabajadores no se dedicaran a la limpieza sino a la realización de distintas actividades auxiliares. Una vez más el pro-

---

28 Los dos convenios en juego: el Convenio Estatal de Estaciones de Servicio y el Convenio Colectivo de Comercio Vario para la Comunidad de Madrid (Convenio que se aplica en la actividad preponderante).

29 Rº. 1068/2001

30 "El criterio de inclinarse en pro de la actividad real preponderante de dicha empresa, a la vista de los hechos probados, conforme a los cuales aparece con la suficiente claridad que la actividad preponderante de Gespevesa consiste en gestionar la comercialización de carburantes en una red de estaciones de servicio de alta calidad, con «tiendas de conveniencia» que cumplen la función de atender a una demanda específica de los consumidores, ofreciéndoles una gran variedad de artículos en venta, y también determinados servicios, tales como pequeñas cafeterías, lavado automático de vehículos, máquinas de aspirado, teléfono público, fotocopias, fax, Internet, envío de flores, etc., pero predominando claramente la actividad y los ingresos obtenidos por la venta de carburantes sobre los relativos a las tiendas".

31 Rº. 2604/2007.

32 "Siendo indiferente a efectos de la aplicación del Convenio Colectivo el hecho de que la venta al público no sea directa, sino a través de las joyerías; siendo, como dice la sentencia recurrida, lo trascendente la actividad económica que desarrolla la empresa con la utilización de metales, bien como materia prima ó como productos manufacturados para su comercialización posterior..."

33 Rº. 1464/2014.

tagonismo recae sobre la actividad económica principal que desarrolla la empresa.

En similar dirección se pronunció la STS de 12 de marzo de 2020[34], en la que se advierte que "el silencio del legislador en esta materia, con plena conciencia de que las actividades y servicios contratados o subcontratados corresponden a la propia actividad del empresario principal, cuya utilización se apoya en el contenido esencial de la libertad de empresa, permite concluir que las contratas o subcontratas no están obligadas legalmente a la aplicación mecánica del convenio de la empresa principal, aun cuando se trate de obras y servicios propios de la actividad de la empresa principal.- Por el contrario, dicha aplicación dependerá de las circunstancias que concurran en la empresa contratista o subcontratista". Continúa advirtiendo, en cuanto a las empresas multiservicios lo siguiente: "en efecto, la Sala en STS 17 de marzo de 2015, rcud. 1464/2014 ha estudiado qué convenio es aplicable a una empresa multiservicios, cuya actividad dominante era la limpieza, concluyendo, con apoyo en múltiples sentencias de la Sala (STS 10-07-2000, rcud. 4315/99; 29-01-2002, rcud. 1068/01; 31-10-2003, rec. 17/2002 y 31-01-2008, rcud. 2604/2007), que el convenio aplicable a las empresas multiservicios, que no tengan convenio propio, es el que corresponda a la actividad preponderante de la misma.- Cuando la empresa contratista o subcontratista no sea una empresa multiservicios y carezca de convenio propio, la Sala en STS 22 de febrero 2019, rec. 237/2017, en el que se debatía si debía aplicarse al personal de la contrata el Convenio Colectivo del sector de colectividades de Cataluña, en vez del Convenio Colectivo estatal de servicios de atención a personas dependientes, que la empresa venía aplicando desde el año 2012, concluye que deberá aplicarse el convenio del sector de colectividades, puesto que esa era la actividad desplegada efectivamente en la contrata. Termina afirmando que "aun cuando la actividad de la contrata de obras o servicios corresponda a la propia actividad de la empresa principal, deberá atenderse a las circunstancias concurrentes a la hora de aplicar el convenio adecuado, debiendo distinguirse si la adjudicataria es una empresa multiservicios, a quien se aplicará el convenio de empresa cuando lo tenga, o el que corresponda a su actividad dominante, cuando no tenga convenio propio.- Cuando la contratista o subcontratista no sea una empresa multiservicios, se le se aplicará el convenio colectivo de la actividad desempeñada efectivamente, salvo que tenga convenio colectivo propio, en cuyo caso ese será el convenio aplicable".

---

[34] Rº. 2019/2018.

La doctrina que se aleja de la señalada hasta ahora se incorpora en la STS de 11 de junio de 2020[35]. La postura mantenida en este supuesto no es la aplicación del convenio de actividad preponderante, sino de la concreta actividad que realizan los trabajadores a una empresa multiservicios, que carece de un convenio colectivo propio y es adjudicataria de servicios de alimentación, comedor y cafetería en centros geriátricos, con preferencia respecto del Convenio Colectivo Estatal de Servicios de Atención a las Personas Dependientes y Desarrollo Estatal. Es decir, como comenta expresamente el ponente "ante la ausencia de un convenio colectivo propio de la empresa multiservicio demandada, las relaciones laborales quedarán reguladas por el convenio colectivo sectorial cuyo ámbito funcional comprenda la actividad que llevan a cabo los trabajadores en el marco de la contrata…[36]". Es decir, el Tribunal Supremo se pronuncia a favor de la aplicación del convenio de la concreta actividad que realizan los trabajadores a empresa multiservicios en contra de aplicar convenio de actividad preponderante o, si existiera, el de la empresa contratista.

Debe destacarse que esta última teoría es la que se encuentra expresamente regulada en el apartado 6 del art. 42 del ET: "el convenio colectivo de aplicación para las empresas contratistas y subcontratista será el del sector de la actividad desarrollada en la contrata o subcontrata".

3.2. La nueva regulación del art. 42.6 del ET: las excepciones primero, la regla general después. "Mucho ruido y pocas nueces"

El Preámbulo del RDL 32/2021 advierte que el objetivo perseguido con la incorporación del nuevo epígrafe en la regulación de las contratas y subcontratas no es otro que impedir "que se utilice la externalización de servicios, a través de la subcontratación, como mecanismo de reducción de los estándares laborales de las personas que trabajan para las empresas subcontratistas". Sin embargo, las reglas empleadas para conseguirlo no constituyen las herramientas apropiadas para garantizar que las personas trabajadoras en una contrata disfruten de las condiciones laborales recogidas en el sector de la actividad, más lejos quedan aún las que resultarían aplicables si hubieran sido contratadas de forma directa por la empresa comitente

---

35 Rº. 9/2019.

36 BLASCO PELLICER, A., "El tratamiento de las contratas y subcontratas en la jurisprudencia reciente"… *op. cit.*, p. 163.

El art. 42.6 ET comienza advirtiendo que "el convenio colectivo de aplicación para las empresas contratistas y subcontratistas será el del sector de la actividad desarrollada en la contrata o subcontrata, con independencia de su objeto social o forma jurídica, salvo que exista otro convenio sectorial aplicable conforme a lo dispuesto en el título III. Acto seguido precisa que "no obstante, cuando la empresa contratista o subcontratista cuente con un convenio propio, se aplicará este, en los términos que resulten del artículo 84".

Concretamente, en aras de identificar el convenio colectivo aplicable, el orden que sigue el art. 42.6 ET remite, en primer lugar, al correspondiente al sector de la actividad desarrollada en la contrata o subcontrata. Acto seguido, se menciona la posibilidad de que exista otro convenio sectorial aplicable atendiendo a lo dispuesto en el título III. Termina el precepto aludiendo a la aplicación, en último lugar, del convenio de la empresa contratista o subcontratista.

El texto se encuentra construido de tal forma que la excepción aparece al principio y la regla general al final. La dificultad se advierte desde una primera lectura. No resulta fácil delimitar las distintas reglas que la norma contempla. Pero sí puede advertirse desde un primer momento que, de forma tácita, el nuevo art. 42.6 ET resulta aplicable a todo tipo de contratas[37].

De forma que, sin seguir el orden expresado en el art. 42.6 ET, en primer lugar, deberá aplicarse el convenio colectivo de la empresa contratista, pero a falta de dicha norma convencional, entrará en juego el convenio sectorial aplicable conforme a lo dispuesto en el título III. En último lugar, como última opción se aplicará el convenio del sector de la actividad desarrollada en la contrata o subcontrata. Por tanto, este último convenio

---

37 MERCADER UGUINA, J. R., en "La determinación del convenio aplicable a contratas y subcontratas: entre las expectativas frustradas y el tenor literal", en Interpretación, aplicación y desarrollo de la última reforma laboral. Dir Thibault Aranda, J y Jurado Segovia, A., La Ley, Madrid, 2023; DE LA PUEBLA PINILLA, A., "El impacto de la reforma laboral en la prestación de trabajo en contratas y subcontratas", Trabajo y Derecho, n. 88, 2022; CRUZ VILLALÓN, J., «El impacto de la reforma laboral de 2021 sobre la negociación colectiva», en *Labos Revista de Derecho del Trabajo y Protección Social*, n. 7, 2022; NORES TORRES, L. E., "La reforma del art. 42 ET en el RDL 32/2021, de 28 de diciembre", *Labos, Revista de Derecho del Trabajo y de la Seguridad Social,* Monográfico sobre la reforma laboral 2021, 2022.

quedaría desplazado si existiera otro convenio sectorial aplicable conforme al título III del ET.

Las aludidas reglas se abordarán brevemente a lo largo de las siguientes líneas, pero comenzando por el final, siguiendo la técnica del precepto estudiado, debe advertirse que el nuevo régimen jurídico no modifica de forma sustancial la situación en relación con la anterior[38]. Como se comprobará acto seguido, el legislador, con la reforma introducida por el RDL 32/2032 se ha limitado se ha limitado a seguir la senda de la jurisprudencia, y lo ha llevado a cabo a través de unas reglas sumamente confusas. Como bien advierte el profesor Mercader, "el tiempo dirá si las cosas cambian, pero, a día de hoy (finales de febrero de 2023)[39], lecturas y controversias doctrinales al margen, las reglas esenciales para resolver la determinación del convenio aplicable a las empresas contratistas y subcontratistas no ha cambiado. Podríamos decir, por tanto, que, en este punto, la vida sigue igual..."

3.2.1. Regla principal: la aplicación del convenio de la empresa contratista o subcontratista

Esta solución no resulta novedosa porque, como hemos advertido con anterioridad, era la que se adoptaba por la jurisprudencia ante el vacío normativo. En efecto, frente al silencio legal, la determinación del convenio colectivo aplicable se debía realizar siguiendo las reglas generales previstas en el Título III del ET.

Y siguiendo los criterios sobre ámbito de afectación y vigencia era fácil afirmar que la aplicación correcta era la del convenio colectivo de la empresa contratista si se hubiera negociado respetando la prohibición de concurrencia recogida en el art. 84.1 ET. En efecto, atendiendo a los dictados de dicho precepto, si existiera un convenio de sector vigente no podría negociarse uno de empresa. Ahora bien, la excepción contemplada en el art. 84.2 ET, permite que, aun existiendo una concurrencia conflictiva con el convenio sectorial, la empresa puede priorizar el suyo en determinadas materias.

---

[38] *Vid.* GARCÍA-PERROTE ESCARTÍN, I., "Subcontratación y convenio colectivo aplicable. El nuevo artículo 42.6 del Estatuto de los Trabajadores a la luz de tres previas sentencias de la Sala de lo Social del Tribunal Supremo", *Revista de Estudios Jurídico Laborales y de Seguridad Social*, 2022, n. 5, pp. 50-64.

[39] Se hace extensivo hasta el día de hoy, enero de 2025.

Cumplido el requisito legal, la nueva regulación del art. 42.6 ET muestra de forma evidente que "la aplicación del convenio de empresa de la contratista no está sometido a condición alguna. Sea cual sea su regulación de las condiciones laborales de las personas trabajadoras, y aunque resulten inferiores a las del convenio sectorial de referencia, si se ha negociado conforme a lo previsto en el título III ET, resultarán aplicables al personal que presta servicios en régimen de contratas o subcontratas"[40]. Es decir, como bien advierte MERCADER UGUINA, "el art. 42.6.2° ET incorpora una regla de solución de conflictos de concurrencia entre convenios dando prioridad al de empresa siempre en los términos establecidos en el art. 84 ET"[41]

Efectivamente, el propio art. 42.6 concreta, o matiza, que el convenio de empresa "se aplicará en los términos que resulten del art. 84", por tanto, como dicho precepto también fue modificado en la reforma del RDL 32/2021, eliminándose de su listado de materias respecto de las que se otorga preferencia aplicativa "la cuantía del salario base y de los complementos salariales, incluidos los vinculados a la situación y resultados de la empresa", se consigue frenar el objetivo de abono de salarios inferiores a través de la subcontratación. Podría, por tanto, afirmarse que la regla principal contiene una matización relevante, consistente en no obligar a las personas trabajadoras de la empresa contratista a tener inferiores condiciones salariales.

No obstante, como se ha indicado con anterioridad, este blindaje salarial solo procede en el supuesto de concurrencia conflictiva, pero si no existe convenio de sector, o no resulta aplicable, el convenio de empresa será aplicado en su integridad. Así se ha confirmado recientemente en la STS de 29 de enero de 2025[42]. En esta ocasión, considerándose que la regla general de concurrencia no se aplica durante el período de ultraactividad del convenio anterior en el tiempo[43](se considera que desde la finalización del convenio, producida el 31 de diciembre de 2020, y la formalización de un nuevo convenio de sector, el 20 de junio de 2022, "transcurrieron unos lapsos temporales importantes", por tanto, el Tribunal Supremo considera que el período de tiempo ha sido excesivo y "no consta que la negociación

---

40 DE LA PUEBLA PINILLA, A., "El impacto de la reforma laboral en la prestación de trabajo en contratas y subcontratas", *Trabajo y Derecho*, 2022, n. 88.

41 MERCADER UGUINA, J. R. "La determinación del convenio…", *op. cit.*, p. 325

42 R° 202/2024.

43 En contra, STS de 5 de octubre de 2021, R°. 48/2018.

colectiva haya estado viva". Por este motivo, la conflictividad desaparece y, ante la falta de concurrencia, como se ha advertido, el convenio de la empresa DÉLCOM pasa a tener prioridad en el tiempo y, consecuentemente, como falla la sentencia, los salarios fijados en el convenio de la empresa subcontratista son los que deben tenerse en cuenta, en el caso concreto, para calcular el importe de las indemnizaciones por despido colectivo de los trabajadores.

Llegados a este punto, y como se advirtió con anterioridad, el problema se hace mayor en el supuesto de empresas principales que se dediquen a varias actividades. En este supuesto, aunque el art. 84.2 ET haya eliminado la preferencia aplicativa del convenio de empresa en materia de cuantía salarial[44], la carencia de un convenio sectorial de aplicación podría abrir la posibilidad de continuar con la práctica de devaluación salarial. Por tanto, la doctrina recogida en la, ya aludida, STS de 11 de junio de 2020[45], sería la teoría a seguir porque sería deseable la aplicación del convenio de la concreta actividad que realizan los trabajadores, incluso, llegando más allá del fallo de la sentencia, cuando la empresa posea convenio propio[46].

3.2.2. Regla subsidiaria: el convenio sectorial aplicable conforme a lo dispuesto en el título III o, de forma residual, el convenio colectivo del sector de la actividad desarrollada en la contrata o subcontrata

Como se advertido anteriormente, la regla general se contiene, no en el párrafo primero del art. 42.6, sino en el segundo. Y siguiendo con una construcción legislativa confusa, en el primer párrafo, que es en el que se encuentra la regla subsidiaria, se alude a la misma en último lugar, después de haber recogido con carácter previo la excepción.

En efecto, el primer párrafo del art. 42.6 ET finaliza de la siguiente forma: "salvo que exista otro convenio sectorial aplicable conforme a lo dis-

---

44 A estos efectos, *vid.* "El fin de la prevalencia del convenio de empresa en materia salarial: ¿punto de llegada o de partida?", *LABOS Revista De Derecho Del Trabajo y Protección Social*, n. 3, 2022, pp. 111-128. Igualmente, del mismo autor, "La desaparición de la preferencia aplicativa de los convenios de empresa en materia salarial: ausencias y presencias en el artículo 84 ET", *Revista de Derecho Laboral* vLex, n. 6, 2022, pp. 97-103.

45 Rº. 9/2019.

46 DE LA PUEBLA, A., "El impacto de la reforma laboral en la prestación de trabajo..." *op. cit.*, p. 9.

puesto en el Título III". Esta alusión a la posible existencia de otro convenio sectorial aplicable conforme a lo dispuesto en el Título III del ET deja en tercer lugar la regla subsidiaria de aplicación del convenio del sector de la actividad desarrollada en la contrata. Ciertamente, aunque a primera vista pudiera parecer que el supuesto descrito es una excepción a la regla general, no lo es. Por el contrario, es la regla subsidiaria a la aplicación convenio de empresa y preferente a la supuesta regla de la actividad desarrollada.

Con esta compleja redacción, no es una labor fácil identificar a qué supuestos quiere aludir la norma. Si bien, como advierte el profesor MERCADER UGUINA, "dicha excepción no puede suponer alterar las reglas definitorias de los ámbitos funcionales de los convenios colectivos ni, necesariamente,... una inclusión premonitoria de un futuro convenio de sector para las empresas multiservicios"[47].

Eludiendo, como advierte el profesor MERCADER "otras atormentadas interpretaciones"[48], y tal como advierte la doctrina[49], la respuesta más correcta sería entender que la citada expresión alude al convenio sectorial aplicable en la empresa principal, si el mismo contiene una cláusula que garantice, en caso de que recurran a la externalización, la aplicación de las condiciones derivadas de dicho convenio a las personas trabajadoras de las contratas (STS de 12 de marzo de 2020)[50]

Abordando, finalmente, la última regla en juego, que se aplica en el supuesto de que la empresa contratista no posea un convenio propio, en este caso, advierte la ley que las personas trabajadoras a través de contratas o subcontratas se regirán por el convenio colectivo del sector de la actividad desarrollada. Esta afirmación supone, como ya recogía el Tribunal Supremo, que de lado se deja el convenio colectivo de la empresa principal.

Esta regla no genera problemática salvo que la empresa, como hemos visto anteriormente, desarrolle actividades diferentes que se ubiquen en distintos sectores de producción. Como, igualmente, se advirtió, la jurisprudencia apostó por aplicar el convenio colectivo de la actividad prepon-

---

47 MERCADER UGUINA, J. R."La determinación del convenio..."*op. cit.*, p. 332

48 MERCADER UGUINA, J. R."La determinación del convenio..."*op. cit.*, p. 333

49 DE LA PUEBLA, A., "El impacto de la reforma laboral en la prestación de trabajo..." *op. cit.*, p. 10 y MERCADER UGUINA, J. R."La determinación del convenio..."*op. cit.*, p. 332.

50 Rº. 209/2018

derante en la empresa multiservicios, aunque, como se ha aludido en el análisis de la anterior regla, el Tribunal Supremo dio un giro en su sentencia de 11 de junio de 2020 y, si bien no existía convenio colectivo empresarial, consideró que el convenio colectivo aplicable correcto es el que corresponde a la función de la actividad desarrollada por las personas trabajadoras en las contratas o subcontratas. Consecuentemente, de nuevo, el criterio aplicable sería el de la selección de la actividad realmente desarrollada en la contrata o subcontrata. Nuevamente, la solución ofrecida por la nueva regulación del art. 42.6 ET es la misma que los tribunales venían utilizando.

En último lugar, esta residual regla contiene una precisión importante. Concretamente, advierte el art. 42.6 ET que se aplicará el convenio del sector de la actividad desarrollada en la contrata "con independencia de su objeto social o forma jurídica". En este supuesto, descartando que se pueda referir a los Centros Especiales de empleo (que están al margen conforme reza la nueva DA 27 ET), es fácil concluir que dicha matización encuentra su objetivo en las empresas multiservicios para aclarar que la norma también se les aplica[51]

3.2.3. La excepción: la especialidad de los centros especiales de empleo

La Disposición Adicional 27 ET reza de la siguiente forma: "En los casos de contratas y subcontratas suscritas con los centros especiales de empleo regulados en el texto refundido de la Ley General de derechos de las personas con discapacidad y de su inclusión social, aprobado por el Real Decreto Legislativo 1/2013, de 29 de noviembre, no será de aplicación el artículo 42.6 del texto refundido de la Ley del Estatuto de los Trabajadores".

La jurisprudencia advirtió en sucesivas ocasiones la imposibilidad de aplicar los convenios colectivos del sector correspondiente a la actividad a las personas trabajadoras que presten servicios en esta modalidad empresarial en el marco de una contrata o subcontrata.[52] El motivo de esta excepción, como bien advirtió la STS de 23 de septiembre de 2014[53] se

---

51 DE LA PUEBLA PINILLA, A., El impacto de la reforma laboral en la prestación de trabajo…" *op. cit.*, p. 10.

52 *Vid.* DE LA PUEBLA PINILLA, A., "El convenio colectivo estatutario en la jurisprudencia del Tribunal Supremo. Principales líneas interpretativas", *Revista del Ministerio de Trabajo, Migraciones y Seguridad Social*, n. 142, 2019, pp. 380-382.

53 Rº. 50/2013.

encuentra en que "resulta jurídicamente inviable que persistiendo la relación laboral especial entre el centro especial de empleo y su trabajadores discapacitados..., los mismos pasaran a regirse previsiones propias de una relación ordinaria de trabajo, y que en consecuencia dejasen de beneficiare del régimen legalmente previsto para tal relación especial y de las numerosas singularidades-adecuadas a la especificidad del vínculo— que señala su Convenio Colectivo". Esta teoría se reitera en numerosas sentencias más, sirvan como referentes las del TS de 10 de octubre de 2012, de 24 de noviembre de 2015 o 2 de febrero de 2017[54].

1. Un clásico que en la actualidad sigue acompañado de inseguridad jurídica y nuevos problemas: la sucesión de contratas.

Existen una serie de supuestos, como puede ser el de la finalización de una contrata o una concesión administrativa y el comienzo de otra, que no aparecen recogidos expresamente en el art. 42 ET. Pues bien, con la finalidad de evitar el riesgo de pérdida de trabajo que supone el hecho de que las personas trabajadoras cesen en la prestación de actividades al servicio del contratista cedente, se permite que esta concreta situación pueda anidar en el art. 44 ET, precepto que regula la sucesión empresarial. Es decir, en la práctica, y quizá con la idea siempre latente de lograr la tan deseada "estabilidad en el empleo", se entiende que el régimen jurídico del supuesto descrito, el específico de la sucesión de contratas, se encuentra recogido en el precepto dedicado a la transmisión de empresa que, en nuestro ordenamiento interno traspuso la Directiva 2001/23/CE, de 12 de marzo de 2001, del Consejo, sobre la aproximación de las legislaciones de los Estados miembros relativas al mantenimiento de los derechos de los trabajadores en caso de traspaso de empresas, de centros de actividad o de partes de empresas o de centros de actividad.

La vacilante jurisprudencia comunitaria a lo largo de los años ha terminado, finalmente, constituyendo un pilar fundamental, junto con la doctrina del Tribunal Supremo, en la materia descrita. Precisamente, atendiendo a la aludida doctrina se pueden delimitar las situaciones en las que existe, o no, transmisión de empresas en los supuestos de sucesión de contratas. Los supuestos son los siguientes:

En primer lugar, si la empresa contratista se hace cargo de los elementos patrimoniales comprendidos en la actividad que se transmite, estamos ante una transmisión tradicional de empresa siguiendo los ditados del art.

---

[54] Rº. 4016/2011; Rº. 136/2014 y Rº. 2012/2015

44 ET. Estos supuestos, en los que la entidad económica transmitida se traduce en la existencia de elementos patrimoniales, es absolutamente independiente, si los mismos eran propiedad de la empresa principal o de la contratista primera. Igualmente, ninguna relevancia tiene que estemos frente a una reversión de contratas, que es el supuesto en el que la actividad que se ha transmitido pasa a ser, en un momento posterior, realizada por la propia empresa principal o comitente[55]. Consecuentemente, en las denominadas actividades materializadas, es decir, no intensivas solo en mano de obra, si no se transmiten los activos de la empresa no es suficiente la subrogación de la mayoría de los trabajadores (sucesión de plantilla, como se verá acto seguido). Así lo ha advertido la STS 27 de septiembre 2023[56] al resolver que el régimen jurídico del art. 44 ET no es aplicable a la transmisión de un servicio de conservación de una autopista, porque no se cedió maquinaria, equipamiento ni herramientas, aunque sí una subrogación en la mayoría de los trabajadores.

Un segundo escenario se produce cuando la actividad inherente a la contrata que se ha transmitido descansa principalmente sobre la mano de obra debido a que los elementos patrimoniales tienen mínimo valor o son inexistentes. En este supuesto, siguiendo a la doctrina del TJUE[57], en un primer momento, se considera que a pesar de no transmitirse elementos patrimoniales, existe transmisión de empresa a efectos de la Directiva: "si la actividad empresarial descansa fundamentalmente en la mano de obra puede mantenerse la identidad después de la transmisión cuando el nuevo empresario no se limita a continuar la actividad de que se trata, sino que además se hace cargo de una parte esencial, en términos de número y competencia del personal que su antecesor destinaba especialmente a dicha tarea".

En definitiva, la aludida Sentencia TJCE, de 11 de marzo de 1997 vino a sentar la doctrina referente a la sucesión en la plantilla, pues afirma que

---

55 SSTS de 20 de abril de 2018 (Rº. 2764/2016); de 7 de marzo de 2019 (Rº. 1825/2017); de 26 de marzo de 2019 (Rº. 1916/2017; de 12 de marzo de 2020; 10 de junio de 2021 (Rº. 4926/2018) y STS 28 de enero 2022 (Rº 3781/2020).

56 Rº. 485/2021.

57 Sentencia *Süzen,* de 11 de marzo de 1997 (TJCE 1997, 45), que reza de la siguiente forma: "si la actividad empresarial descansa fundamentalmente en la mano de obra puede mantenerse la identidad después de la transmisión cuando el nuevo empresario no se limita a continuar la actividad de que se trata, sino que además se hace cargo de una parte esencial, en términos de número y competencia del personal que su antecesor destinaba especialmente a dicha tarea".

sólo existe auténtico traspaso de empresa cuando la transferencia de la actividad se ve acompañada de la asunción de las relaciones laborales con un núcleo considerable de la plantilla anterior. De este modo, a partir del pronunciamiento citado, pasó a entenderse la "entidad económica" como el conjunto de cesión de actividad y de parte de la plantilla[58].

Ciertamente, si la empresa contratista decide hacerse cargo de la mayoría de las personas trabajadoras que desarrollaban su prestación laboral en la actividad transmitida, hay una auténtica sucesión de empresa regulada en el art. 44 ET. En definitiva, la aludida Sentencia TJUE, de 11 de marzo de 1997 fue sentencia pionera en la doctrina referente a la sucesión en la plantilla, pues afirma que solo existe auténtico traspaso de empresa cuando la transferencia de la actividad se ve acompañada de la asunción de las relaciones laborales con un núcleo considerable[59] de la plantilla anterior. De este modo, a partir del pronunciamiento citado, pasó a entenderse la "entidad económica" como el conjunto de cesión de actividad y de parte significativa de la plantilla[60]. En este sentido, la STS de 15 de diciembre

---

58 Así ocurrió en las posteriores sentencias Hernández Vidal y Sánchez Hidalgo, de 10 de diciembre de 1998 (TJCE 1998, 308 y TJCE 1998, 309). En la primera, el TJCE se pronunció sobre un supuesto de reasunción de los servicios de limpieza por parte de la empresa principal, y, en la segunda sobre una sucesión de contratas municipales de ayuda a domicilio a favor de personas necesitadas y de vigilancia. El Alto Tribunal señaló, en esta ocasión, que "...dicha entidad si bien debe ser suficientemente estructurada y autónoma, no entraña necesariamente elementos significativos de activo material o inmaterial". Ciertamente en específicos sectores económicos, como son los de las Sentencias citadas, es decir, limpieza y vigilancia, "estos elementos (del activo material o inmaterial) se reducen a menudo a su mínima expresión y la actividad descansa fundamentalmente en la mano de obra; así pues, un conjunto organizado de trabajadores que se hallen específicamente destinados de forma duradera a una actividad común puede constituir una entidad económica cuando no están otros factores de producción". Es decir, concluye el Tribunal de Justicia de las Comunidades Europeas que cuando los elementos aludidos se reducen a la mínima expresión, de tal forma que la actividad empresarial descansa básicamente en la mano de obra, un conjunto organizado de trabajadores que se encuentren concretamente destinados de forma duradera a una actividad puede constituir una entidad económica.

59 Medido en función de "cantidad y calidad de la plantilla del anterior", MERCADER UGUINA, J. R.; DE LA PUEBLA PINILLA, A y GÓMEZ ABELLERIA F. J., *Lecciones de Derecho del Trabajo,* Tirant lo Blanch, 17ª edición, Valencia, 2024 p. 635.

60 La determinación del porcentaje de trabajadores que asumirá la empresa entrante, y que forman la plantilla de la empresa cedente es la cuestión conflictiva. El Tribunal Supremo se basaba en un criterio meramente numérico. Pero, desde

de 2021[61]apreció sucesión de empresa en el caso de sucesión de contrata de servicios auxiliares a una comunidad de propietarios habiendo subrogado la empresa entrante al 40% de la plantilla. Más recientemente, a favor de esta teoría también se ha pronunciado el Tribunal Supremo en su sentencia de 12 de enero de 2022[62], en la que afirma no existir sucesión de empresa porque no consta la transmisión de medios materiales, ni la relevancia del personal transmitido (3 de 9 trabajadores). En esta misma dirección se volvió a pronunciar el Alto Tribunal en su sentencia de 23 de marzo de 2022[63], en la que "se evidencia la relevancia del parámetro cuantitativo que subraya la sentencia recurrida: el 75% de la plantilla" (3 de 4 trabajadores).

En tercer, y último lugar, puede ocurrir que la asunción de plantillas aparezca impuesta por el convenio colectivo. En efecto, la negociación colectiva, con el objetivo de proteger a las personas trabajadoras, ha logrado extender la aplicación del art. 44 ET a supuestos en los que no se cumplen los requisitos exigidos legalmente para considerar existente una auténtica sucesión empresarial. Concretamente, los convenios colectivos han mostrado la extensión del régimen jurídico aplicable a la sucesión de empresa en los sectores que podrían denominarse no materializados, o en los que predomina la mano de obra. De forma que, en estos supuestos, el cambio de titularidad en la empresa no conlleva la transmisión de elementos patrimoniales, impidiendo la aplicación de las garantías derivadas de la sucesión de empresas, pero la negociación colectiva se lo impone al nuevo empresario, obligándole a subrogarse en determinados contratos de trabajo pertenecientes a la actividad transmitida[64]. Por tanto, en un

---

la STS 226/2006 (Rº. 3469/2004) el Tribunal Supremo consideró que no es necesario basarse en un criterio "estrictamente numérico y mayoritario", teniendo en cuenta únicamente el número y porcentaje de trabajadores asumidos por la empresa entrante respecto de la plantilla de la empresa saliente. Aunque los trabajadores incorporados por la segunda empresa contratista no sean la mayoría, también se han de valorar otras circunstancias, es decir, que el número de trabajadores debe ser "significativo". En el supuesto concreto, se entendió que concurría dicho adjetivo cuando se transmitían 2 de 6 trabajadores.

61 Rº. 145/2020.

62 Rº. 3876/2019.

63 Rº 108/2020.

64 Sobre los criterios aplicables en la selección de personas trabajadoras afectadas por la subrogación, *vid.* DE LA PUEBLA PINILLA, A. *Subrogación contractual a través de la negociación colectiva,* Informes y Estudios Relaciones Laborales, Ministerio de Trabajo y Economía Social, 2024, pp. 85-86.

principio, aunque con matizaciones de la jurisprudencia, la subrogación convencional operaba con los requisitos y límites que el convenio colectivo estableciera. Consecuentemente, las normas convencionales, en un primer momento, eran las que limitaban los efectos de la subrogación mediante, por ejemplo, la excepción de la regla de la solidaridad contemplada en el Estatuto de los Trabajadores.

Esta teoría alcanzó su máxima expresión en la sentencia Temco, de 24 de enero de 2002 (TJCE 2002, 29)[65], según la cual la Directiva 77/187 "se aplica a una situación en la que un arrendatario de servicios, que había confiado contractualmente la limpieza de sus locales a un primer empresario, el cual hacía ejecutar dicho contrato por un subcontratista, resuelve dicho contrato y celebra, con vistas a la ejecución de los mismos trabajos, un nuevo contrato con un segundo empresario, cuando la operación no va acompañada de ninguna cesión de elementos del activo, materiales o inmateriales, entre el primer empresario o el subcontratista y el nuevo empresario, pero el nuevo empresario se hace cargo, en virtud de un convenio colectivo de trabajo de una parte del personal del subcontratista, siempre que el mantenimiento del personal se refiere a una parte esencial, en términos de número y de competencia, del personal que el subcontratista destinaba a la ejecución del subcontrato".

Más recientemente, debe destacarse la STJUE de 11 de julio de 2018 (Asunto C-60/17, Somoza Hermo) donde se concluyó, desviándose de lo que se entendía con anterioridad, que la sucesión de plantilla vía convencional se puede proyectar en la aplicación del art. 44 ET, aunque el convenio colectivo obligue a la asunción de parte relevante de la plantilla. No obstante, la sentencia realiza una aclaración necesaria advirtiendo que la inaplicabilidad de la norma convencional no es automática, porque en los supuestos de subrogación de una parte limitada de la plantilla o en los supuestos de disminución de la contrata, que no se identifican con una entidad económica porque no se proyecta sobre una parte esencial de la plantilla, no habrá sucesión de plantilla y, por tanto, no se aplicaría el art. 44 ET, pero sí el convenio colectivo[66].

Concretamente, hasta la aludida sentencia la doctrina jurisprudencial entendía que, si la subrogación de las personas trabajadoras encontraba su origen en una obligación convencional, el régimen jurídico que debía

---

[65] En España, las SSTS de 20 y 27 de octubre de 2004 (Rº. 4424/2003 y Rº. 899/2002, respectivamente).

[66] *Vid.* DE LA PUEBA PINILLA, A., "La subrogación convencional..." *op. cit.*, p. 9

aplicarse era el recogido en el convenio colectivo. De esta forma, consecuentemente, la negociación colectiva tenía la potestad de proyectar la subrogación a un determinado porcentaje de personas trabajadoras o de que se realizara la selección de personas trabajadoras subrogadas, por ejemplo, atendiendo a la antigüedad o a determinadas condiciones formativas. Del mismo modo, se permitía limitar la responsabilidad de la empresa entrante solo en relación con las relaciones laborales vigentes o excluir responsabilidades de la empresa entrante por deudas de la saliente[67]. Solo cuando el convenio colectivo no contemplaba previsiones específicas, se permitía la aplicación de forma supletoria del régimen jurídico establecido en el art. 44 ET (STS de 31 de mayo de 2017[68]).

Esta situación descrita sufre, como se ha aludido, un cambio a partir de la STJUE de 11 de julio de 2018, y, concretamente, a estos efectos, se destaca la STS de 27 de septiembre de 2018[69] porque es a partir de ese momento cuando se asume dicha doctrina jurisprudencial europea y se aplica la norma legal a la sucesión de plantilla derivada de subrogación convencional cuando el nuevo empresario asume una parte relevante de la plantilla. Consecuentemente, en actividades en las que la mano de obra constituye el factor esencial, más difícil en sectores donde se requiere una organización productiva relevante para la prestación de la actividad[70], la asunción por la empresa entrante de una parte significativa de la plantilla (en términos cuantitativos o cualitativos)[71] supone la aplicación del régimen jurídico recogido en el art. 44 ET. Con otras palabras, si la subrogación responde a los

---

67 *Vid.* DE LA PUEBLA PINILLA, A., "La subrogación convencional tras la doctrina "Somoza Hermo". Aspectos conflictivos" *Labos,* Vol. 2, No. 3, p. 4

68 Rº. 234/2016.

69 Rº. 2747/2016.

70 En dichos sectores la existencia, o no, de sucesión empresarial pende de forma exclusiva de la efectiva transmisión de los elementos productivos entre la empresa cedente y la cesionaria. Si bien, no obstante, algunos convenios colectivos sectoriales, como los de hostelería, limpieza viaria, transporte de enfermos y accidentados en ambulancia... conforman algunos ejemplos en los que, si bien los elementos patrimoniales son imprescindibles para desarrollar la actividad productiva, la regulación convencional impone la sucesión empresarial, eso sí, siempre que se transmita la organización productiva, porque de no transmitirse, la norma convencional resulta aplicable a efectos de mantenimiento del empleo de las personas trabajadoras que sufren el cambio de empresa eficaces para atender a la finalidad que persiguen de mantenimiento del empleo de los trabajadores

71 BLASCO PELLICER, A.,"El tratamiento de las contratas y subcontratas..." *op. cit.*, p. 174

criterios cuantitativos y cualitativos que permitan calificarla como de parte significativa de la plantilla, no son aplicables las normas convencionales, sean materiales o sean formales, tanto en la configuración de la transmisión como en los efectos, en particular, en lo que refiere a la responsabilidad solidaria entre el cedente y el cesionario[72].

Con esta nueva teoría se ha buscado aumentar de forma notable la protección de las personas trabajadoras que prestan servicios en contratas cuya actividad se caracteriza por la intensiva mano de obra. Pero, no obstante, de forma paralela, se han generado interrogantes acerca de los requisitos que la subrogación convencional debe cumplir para que se justifique la sucesión de plantilla o sobre la prueba de la existencia de una auténtica sucesión empresarial.

Finalmente, en cuanto a la prueba, tratándose de una sucesión convencional de una actividad que no descansa fundamentalmente en mano de obra, el Tribunal Supremo advierte en su sentencia de 20 de septiembre de 2023[73] que el demandante debe acreditar que se ha producido la transmisión de una unidad productiva, porque a la parte actora corresponde acreditar los hechos constitutivos de su pretensión. En igual dirección resuelve la STS de 29 de noviembre de 2023[74].

Como conclusión, ante la inseguridad jurídica que proporciona el vacío legal de la transmisión de empresa no material, es decir, en sectores en los que la actividad descansa fundamentalmente en la mano de obra, que se incrementa con la cobertura convencional, y ante la nueva organización empresarial producto de la digitalización, sería preciso insistir, una vez más, en la necesidad de una regulación legal de la sucesión de plantilla.

Bibliografía

BLASCO PELLICER, A., "El tratamiento de las contratas y subcontratas en la jurisprudencia reciente", en *La regulación legal de las contratas y subcontratas: puntos críticos, Trabajo y empresa* n., 1, Tirant lo Blanch, Valencia, 2023.

CRUZ VILLALÓN, J., «El impacto de la reforma laboral de 2021 sobre la negociación colectiva», en *Labos Revista de Derecho del Trabajo y Protección Social*, n. 7, 2022

---

[72] SÁNCHEZ-URÁN AZAÑA, Y., "Sucesión de contratas y sucesión de empresa", en *La regulación legal de las contratas y subcontratas: puntos críticos, Trabajo y empresa* n., 1, Tirant lo Blanch, Valencia, 2023, p. 160.

[73] Rº. 3196/2020

[74] Rº. 2001/2020.

DE LA PUEBLA PINILLA, A., "El convenio colectivo estatutario en la jurisprudencia del Tribunal Supremo. Principales líneas interpretativas", *Revista del Ministerio de Trabajo, Migraciones y Seguridad Social,* 2019, n. 142,

DE LA PUEBLA PINILLA, A., "Marco laboral de la descentralización productiva. Problemas y propuestas de reforma", *Revista de Trabajo y Seguridad Social,* CEF, 2020.

DE LA PUEBLA PINILLA, A., "La subrogación convencional tras la doctrina "Somoza Hermo". Aspectos conflictivos" *Labos, Revista de Derecho del Trabajo y de la Seguridad Social* Vol. 2, n. 3, 2021.

DE LA PUEBLA PINILLA, A., "El impacto de la reforma laboral en la prestación de trabajo en contratas y subcontratas", *Trabajo y Derecho,* n. 88, 2022.

DE LA PUEBLA PINILLA, A., *Subrogación contractual a través de la negociación colectiva,* Informes y Estudios Relaciones Laborales, Ministerio de Trabajo y Economía Social, 2024

GARCÍA-PERROTE ESCARTÍN, I., "Subcontratación y convenio colectivo aplicable. El nuevo artículo 42.6 del Estatuto de los Trabajadores a la luz de tres previas sentencias de la Sala de lo Social del Tribunal Supremo", *Revista de Estudios Jurídico Laborales y de Seguridad Social,* 2022, n. 5.

MERCADER UGUINA, J. R., "El fin de la prevalencia del convenio de empresa en materia salarial: ¿punto de llegada o de partida?", *LABOS Revista De Derecho Del Trabajo y Protección Social,* n. 3, 2022.

MERCADER UGUINA, J. R., "La desaparición de la preferencia aplicativa de los convenios de empresa en materia salarial: ausencias y presencias en el artículo 84 ET", *Revista de Derecho Laboral vLex,* n. 6, 2022.

MERCADER UGUINA, J. R., "La determinación del convenio aplicable a contratas y subcontratas: entre las expectativas frustradas y el tenor literal", en *Interpretación, aplicación y desarrollo de la última reforma laboral.* Dir Thibault Aranda, J y Jurado Segovia, A., La Ley, Madrid, 2023.

MERCADER UGUINA, J. R.; DE LA PUEBLA PINILLA, A. y GÓMEZ ABELLEIRA F. J., *Lecciones de Derecho del Trabajo,* Tirant lo Blanch, 17ª edición, Valencia, 2024.

NORES TORRES, L. E., "La reforma del art. 42 ET en el RDL 32/2021, de 28 de diciembre", *Labos, Revista de Derecho del Trabajo y de la Seguridad Social,* Monográfico sobre la reforma laboral 2021, 2022.

SÁNCHEZ-URÁN AZAÑA, Y., "Sucesión de contratas y sucesión de empresa", en *La regulación legal de las contratas y subcontratas: puntos críticos, Trabajo y empresa* n., 1, Tirant lo Blanch, Valencia, 2023.

VILA TIERNO, F. A., "La propia actividad como ejemplo de concepto jurídico indeterminado", *Revista de Jurisprudencia Laboral,* n. 4, 2023.

La paradoja cuántica de los grupos de empresas: ¿existen y no existen al mismo tiempo?

GABRIELA RIZZO LORENZO
Profesora de Derecho del Trabajo y la Seguridad Social
Universidad Carlos III de Madrid
https://orcid.org/0000-0002-7737-695X

"La vida parece ser el comportamiento ordenado y reglamentado de la materia, que no está asentado exclusivamente en su tendencia de pasar del orden al desorden, sino basado en parte en un orden existente que es mantenido".
"¿Qué es la vida?", de Erwin Schrödinger

1. INTRODUCCIÓN Y SEMBLANZA

Sería un *"insignificante"* comentario de sentencia sobre el caso Coca Cola Iberian Partners —trabajo académico del máster de investigación de la Carlos III— el que me acercaría al profesor Mercader y lo cambiaría todo. La exposición temblorosa de aquel día comenzaba con una disculpa, pues ya se nos había advertido de la importancia del tiempo, y yo sabía que no iba respetarlo. Exponía la última de mis compañeros y, aparte del trabajo escrito correspondiente, mi presentación se acompañaba por un esmerado y muy elaborado PowerPoint que describía el entramado societario de las empresas demandadas.

Durante la exposición, nada en el semblante del profesor Mercader, sentado en silencio y al fondo del aula, revelaba tan siquiera una pista sobre mi muy ensayada exposición. Sin embargo, cuando el telón había caído y los espectadores estaban saliendo del teatro, una pausada voz me interpeló: "*¿Puede quedarse un momento?*" Y el resto es historia. Aquel comentario de sentencia me valió una dirección del TFM y, después, un paso directo a los estudios de doctorado.

Y aunque el destino no quiso que la propuesta inicial para mi tesis sobre los grupos de empresas fraguase, al comienzo de aquella andadura este tema ocuparía muchas de las primeras reuniones de estudio. Es por ello que, aunque el trabajo del profesor Mercader, en comparación con otros campos de estudio, no sea especialmente extenso en esta materia, los efectos laborales de los grupos de empresas y los entramados societarios no son ajenos a su interés académico.

Hoy, más de un lustro después de todo aquello, tesina y tesis mediante, hago homenaje a mi Director recordando mis inicios en el mundo académico. Fueron muchos los apercibimientos que sobre mi redacción recibiera (*"muy pragmática, muy docente… ¡muy informal!"*), y también fueron erróneas mis incipientes vanidades al respecto. Afortunadamente, decidí asumir con discreción mi renovada posición de alumna, y aquello me sirvió para descubrir un nuevo e inesperado futuro profesional.

Hoy, más de un lustro después de todo aquello, tesina y tesis mediante, con este tema lleno de interés académico y reminiscencias personales, agradezco a mi profesor todas y cada una de sus objeciones y censuras, pues cada rectificación me ayudaría a llegar a donde tanto deseaba. Por eso, toda mi gratitud deviene escasa y no hay retribución que lo compense… pero sirva este capítulo como un pequeño y afable homenaje a quien tanto ha aportado al Derecho del Trabajo, y a una humilde servidora.

Como decía Sócrates: "La educación es el encendido de una llama, no el llenado de un recipiente". Sin duda alguna, Jesús ha prendido el interés de todo aquel que lo ha escuchado, y lo ha mantenido encendido en cada uno de sus discípulos.

2. GRUPOS VIVOS Y GRUPOS MUERTOS

Desde la perplejidad es como el Prof. Mercader Uguina concluía su estudio sobre "El desconcertante mundo de los grupos "laborales" de empresas y sus nuevas formulaciones jurisprudenciales"[1]. Esta perplejidad, o estado de tensión, ya se nos avanzaba desde el mismo título del texto, augurando un futuro incierto para los grupos de sociedades, y concluyendo, en su reflexión final, que la evolución jurisprudencial llevada a cabo con la finalidad, entre otros propósitos, de definir el concepto laboral de grupo de empresas, ha creado y "creará una fuerte inseguridad jurídica *[...]* pues, en una jurisprudencia basada en la articulación sobre indicios, la incertidumbre está garantizada"[2].

Sostiene el Prof. Mercader que la zozobra jurisprudencial en este tema supone un atentado al ontológico "principio de no contradicción", por cuanto resulta "imposible que una cosa sea y no sea al mismo tiempo y bajo el mismo aspecto". Frente a este silogismo puro y partiendo de la afirmación del TS que dice que "el concepto de grupo de empresas ha de ser —y es— el mismo en las distintas ramas del ordenamiento jurídico", cabe entonces preguntarse cómo es posible que un grupo mercantil no pueda iniciar un procedimiento de despido colectivo, pero sí pueda hacerlo un grupo a efectos laborales una vez se haya autodiagnosticado la patología.

Según la teoría cuántica, el gato se encuentra, literalmente, vivo y muerto a la vez. Sólo al abrir la caja, pasará a estar vivo o a estar muerto. Dicho de otro modo: lo que nos dice la física cuántica es que el gato "no existe" hasta que lo observamos. Es en el momento de abrir la caja cuando su existencia, hasta entonces sumida en una especie de limbo entre la vida y muerte, se revela ante nuestros ojos.

En literaria analogía, podríamos decir que el grupo de empresas ha sido, en la jurisdicción social, una caja que había que abrir para saber si *estaba vivo* (grupo mercantil) o si, por el contrario, *estaba muerto* (grupo a efectos laborales).

Sin embargo, y más allá de este simpático y simplista símil retórico, la realidad se muestra mucho más compleja.

---

1 MERCADER UGUINA, Jesús R., El desconcertante mundo de los grupos "laborales" de empresas y sus nuevas formulaciones jurisprudenciales. En: *Estudios sobre el futuro Código Mercantil: libro homenaje al profesor Rafael Illescas Ortiz.* Getafe, Universidad Carlos III de Madrid, 2015, pp. 483-498. ISBN 978-84-89315-79-2. http://hdl.handle.net/10016/21023

2 *Ibíd*, p. 497.

3. LOS VIEJOS Y POLÉMICOS PERFILES DE LOS GRUPOS DE EMPRESAS LABORALES: ¿UN PROBLEMA RESUELTO?

Antes de que el TS sentase su cambio de doctrina respecto de estos conglomerados empresariales en 2013[3], al abrir esa caja figurada lo que nos podíamos encontrar eran, fundamentalmente, dos realidades: o un grupo mercantil, o un grupo a efectos laborales. Y digo *fundamentalmente* porque la construcción del grupo a efectos laborales se erigió, en un principio, sobre la determinación de una serie de *"elementos adicionales"* que el TS consideró preciso que confluyeran para poder extender la responsabilidad a las demás empresas del grupo. Como la ausencia de personalidad jurídica del grupo impediría esa distensión de efectos, había que buscar en la actuación del grupo una utilización abusiva de la personalidad jurídica independiente de cada una de las empresas en perjuicio de los trabajadores.

Esa dualidad servía para diferenciar a los grupos *vivos* (conglomerados societarios legítimos) de los grupos *muertos* (entramados empresariales fraudulentos tras los cuales se escondería un único empleador). Pero, aunque en sede judicial esos *"elementos adicionales"* ayudaban en la investigación sobre la posible interacción artificiosa de las diversas empresas, la realidad tampoco era así de absoluta, pues no siempre la confluencia de esos elementos adicionales implicaba una vinculación empresarial con ánimo fraudulento.

Con el cambio de doctrina se quisieron mitigar esos efectos y matizar esos *"elementos adicionales"*, entendiendo la Sala que no podemos hablar siempre de indicios de una patología, máxime cuando dichos componentes se desprenden o son intrínsecos a la propia naturaleza del grupo de sociedades. Así, la apariencia externa de unidad es una característica esencial de los grupos, y sólo tendrá sentido hablar de patología en tanto la misma represente una mera fachada que esconda tras de sí un uso fraudulento de la personalidad jurídica.

Por tanto, si la pregunta es si esta doctrina resuelve el problema de los grupos de empresas o, al menos, proporciona una interpretación uniforme que dota de seguridad jurídica a las sociedades que lo conforman, la

---

[3] Tal como señalaba el prof. Mercader Uguina, en 2013 se produce un cambio de doctrina en el TS, con una sentencia que resuelve un recurso de casación ordinario que se convierte, sin embargo, en un *leading case* o caso líder, cuyo contenido será aplicado desde entonces. STS (Sala de lo Social), de 27 de mayo de 2013 (rec. 78/2012), ECLI:ES:TS:2013:4017.

respuesta es, definitivamente, que no. De hecho, a los pocos años de esta sentencia líder, la doctrina vuelve a cambiar y, en 2015, el TS la corrige en el caso Tragsa[4], adoptando la noción de *"empresa de grupo"*, en un infructuoso intento de acabar con la persistente doctrina del levantamiento del velo.

Por todo lo anterior, cabe hacer un breve recorrido por la cambiante doctrina de la Sala de lo Social del TS, recordando la problemática de los grupos de empresas en el orden social, desde la construcción de los *"elementos adicionales"* a principios de los años noventa, hasta el cambio introducido por la "doctrina Aserpal" en el año 2013.

3.1. La doctrina de la Sala de lo Social del TS desde 1990 hasta el año 2013: los "elementos adicionales"

La definición original[5] —y única vigente— de los *"grupos de empresas"* la encontramos en nuestro Código de comercio[6] de 1885, y será en torno a dicha redacción sobre la que luego trabajarán los jueces y tribunales de lo social para perfilar los matices de esta construcción mercantilista y adaptarla a la rama del derecho del trabajo.

El TS ha ido construyendo toda una visión sobre los grupos de empresa que se halla ya muy arraigada, sin bien nunca ha dejado de ser controvertida, cuestionada, constantemente matizada y siempre específicamente ajustada al supuesto concreto. Precisamente, la necesidad de descender hasta el caso concreto debido a la variada realidad de los grupos y sus infinitas formas de organizarse en el mercado es lo que hace que sea tan difícil sentar una definición única. Es por ello que, aunque toda su doctrina tendrá un solo hilo conductor, lo que evolucionará será la forma de considerar estos entramados empresariales en el marco de un mercado global.

---

4 STS (Sala de lo Social), de 20 de octubre de 2015 (rec. 172/2014), ECLI:ES:TS:2015:5215.

5 "La proclividad hacia la remisión del Derecho del Trabajo a la legislación mercantil para que ésta determine qué debe entenderse por grupo", p. 29. TERRADILLOS ORMAETXEA, Edurne; Los grupos de empresas ante la jurisprudencia social española. Ed. Tirant lo Blanch (colección laboral 111), 2000; ISBN 84-8442-225.

6 Art. 42 del Real Decreto de 22 de agosto de 1885, por el que se publica el Código de Comercio.

En una pretérita etapa, que abarca desde principio de los sesenta hasta mediados de los ochenta, lo que impera es la *"irrelevancia del grupo"*, pudiendo encontrar sentencias donde se hace referencia a la pertenencia de la empresa demandada a un grupo, pero siempre recayendo la responsabilidad, únicamente, en la persona jurídica. Esto se debía a que, en la realidad económica y social, aunque dichas estructuras existían, no tenían ni la relevancia ni la dinámica organizativa actual y, al no contar con personalidad jurídica propia, ni siquiera eran tenidas en cuenta (salvo en casos flagrantes de fraude de ley, donde una empresa fantasma interponía un falso administrador —el famoso *"testaferro"*, *"hombre de paja"* o *"empresario aparente"*— y la solución no era otra que aplicar la doctrina del levantamiento del velo). La definición laboral de los grupos de empresas en este primer momento la encontramos en algunas sentencias[7] del TS de 1968 y 1969, en las que la personalidad jurídica independiente de cada sociedad era el dato fundamental y determinante en la relación laboral, careciendo de importancia la pertenencia al grupo de sociedades.

Es a mediados de los ochenta[8] y principios de los noventa[9] cuando el TS comienza a construir la doctrina de los *"elementos adicionales"*, la cual perduraría durante más de dos décadas, aunque se iría puntualizando de forma constante. Sobre esta base la doctrina judicial y jurisprudencial sobre los grupos de empresa fue creciendo, y la Sala de lo Social del Tribunal Supremo fue confeccionando y perfeccionando esa lista de elementos que serían necesarios para considerar que un grupo lo era *"a efectos laborales"* y, de este modo, poder extender la responsabilidad al resto de las sociedades del mismo, a pesar de esa personalidad jurídica independiente. Es decir, que la relevancia de la existencia de una patología no era otra que la de poder desplegar los efectos sobre todo el grupo.

---

7 STS de 5 de enero de 1968 (RJ 1968/126) y de 19 de mayo de 1969 (RJ 1969/2773).

8 STS (Sala de lo Civil), núm. 774, de 22 de octubre de 1988 (RJ 1988\7631): "La existencia de un grupo de empresas como realidad fáctica, no se traduce en la creación de una nueva persona jurídica; *[...]* si existiere abuso de personalidad jurídica, o se hubiese acudido a un fraude para eludir una norma, bajo la aparente cobertura de otra, esos antijurídicos procedimientos serán encajables en las instituciones del abuso del derecho, o del fraude de ley".

9 STS (Sala de lo Social), de 3 de mayo de 1990 (RJ 1990\3946), FD QUINTO: "Las consecuencias jurídico-laborales de las agrupaciones de empresas no son siempre las mismas, dependiendo de la configuración del grupo, de las características funcionales de la relación de trabajo, y del aspecto de ésta afectado por el fenómeno de la pluralidad (real o ficticia) de empresarios".

Esos elementos podríamos clasificarlos en cuatro grandes bloques[10]: funcionamiento unitario, prestación de trabajo común, creación de empresas aparentes, y confusión de plantillas y patrimonio.

a) El *"funcionamiento unitario"*[11] se da en aquellos casos en donde es la matriz quien ejerce la dirección común de todas las sociedades del grupo.

b) La *"prestación de trabajo común"*, simultánea o sucesiva, ocurre cuando los trabajadores prestan sus servicios para varias empresas del grupo[12] (por ejemplo, llevando la contabilidad de varias de ellas, a pesar de tener el contrato suscrito solamente con una); o bien cuando los trabajadores van cambiando de empresa, saltando de una a otra sociedad del grupo.

c) La *"creación de empresas aparentes"*[13] consiste en el ya mencionado caso de la empresa fantasma o de las empresas interpuestas, en donde la única finalidad que se persigue es la de eludir el cumplimiento de la norma. En este caso se emplea la forma jurídica fraudulentamente, en beneficio propio, y en perjuicio de los derechos de terceros, especialmente de los trabajadores.

d) Finalmente, la *"confusión de plantillas y de patrimonio"* hace referencia a una *"apariencia externa de unidad"*[14]: reside en la imposibilidad de imputar cada trabajador a una empresa, ya que éstos realizan sus labores de manera indistinta en todas ellas. Lo mismo sucede con el patrimonio, no existiendo cuentas separadas, sino una sola contabilidad (esto es lo que se conoce como el criterio de *"la caja única"*). Todo ello proyecta, hacia exterior, una apariencia de unidad, una

---

10 Clasificación contenida en GOERLICH PESET, José María, Los grupos de sociedades en la jurisprudencia social reciente: puntos críticos. *Revista de Información Laboral*, núm. 5, 2014, Ed. Lex Nova, p. 6.

11 Sobre funcionamiento unitario: SSTS (Sala de lo Social) núm. 800/1981, de 6 de mayo (RJ 1981\2103); y núm. 1833/1987, de 8 de octubre (RJ 1987\6973).

12 Sobre prestación de trabajo común: SSTS (Sala de lo Social), de 4 de marzo de 1985 (RJ 1985\1270); y de 7 de diciembre de 1987 (RJ 1987\8851).

13 Creación de empresas aparentes: SSTS (Sala de lo Social), de 11 de diciembre de 1985 (RJ 1985\6094); de 8 de junio de 1988 (RJ 1988\5256); y de 24 de julio de 1988 (RJ 1989\5908).

14 Confusión de plantillas y de patrimonio, y apariencia externa de unidad: SSTS (Sala de lo Social), 19 de noviembre de 1990 (RJ 1990\8583; y 30 de junio de 1993, rec. 720/1992 (RJ 1993\4939).

imagen única de las sociedades, de manera que el público percibe al grupo como a una sola y verdadera empresa.

Desde los años noventa[15] todos aquellos elementos se fueron rematando y adaptando a los nuevos tiempos y modelos empresariales, a medida que se iba comprendiendo y profundizando en la verdadera naturaleza del grupo societario, pero no será hasta el año 2013 cuando encontremos un salto notorio en la teoría de los grupos.

3.2. La doctrina rectificada de la Sala de lo Social del TS: el caso Aserpal y la teoría del fraude

Como bien apuntaba el profesor Mercader, la doctrina rectificada —conocida como *doctrina Aserpal*— que sienta el TS en su sentencia de 27 de mayo de 2013 (rec. 78/2012) constituye un verdadero caso líder o *leading case*, por cuanto la resolución a este recurso de casación ordinario "sirve para modelar las situaciones que la siguen y se convierte, de alguna forma, en vinculante"[16].

A partir de ahora, los *"elementos adicionales"* consistentes en *"la unidad de dirección"* y *"la apariencia externa de unidad"* no serán suficientes para determinar que el grupo lo es *"a efectos laborales"*[17]; del mismo modo que existirán también circulaciones lícitas de trabajadores dentro del grupo, siempre que cumplan los requisitos de la norma[18]. Tampoco hechos como

---

15 STS (Sala de lo Social), de 30 de enero (RJ 1990\233): el grupo de empresas es lícito, pero nunca puede ser el empleador salvo que haya grupo patológico. Requisitos: prestación laboral indiferenciada, actuación unitaria bajo los mismos criterios, confusión patrimonial y uso abusivo de la personalidad jurídica. Por su parte, la STS (Sala de lo Social), de 3 de mayo (RJ 1990\3946), toma en consideración al grupo para la extensión de la responsabilidad cuando éste es patológico y establece que esto se indaga a través del levantamiento del velo. Asimismo, reitera los criterios de la STS de 30 de enero (RJ 1990\233) e insiste en la idea del fraude.

16 *Op. cit.*, MERCADER UGUINA, J. R., *El desconcertante mundo de los grupos "laborales" de empresas y sus nuevas formulaciones jurisprudenciales...*

17 STS (Sala de lo Social), de 21 de diciembre de 2000 (rec. 4383/1999), ECLI:ES:TS:2000:9505. Ya a principios del siglo XXI se había empezado a sostener que la dirección unitaria no constituía una patología, sino que era algo consustancial a esta figura.

18 STSJ Castilla y León (Sala de lo Social), núm. 119/2013, de 14 de marzo (rec. 98/2013, ECLI:ES:TSJCL:2013:828. Ya algunos TSJ, antes incluso de la doctrina Aserpal, entendían que la suscripción sucesiva de contratos dentro del grupo es

los consistentes en compartir instalaciones implicarán automáticamente una patología, siempre que las actividades estén bien diferenciadas[19]; y, respecto del capital, lo determinante será la contabilidad separada de cada empresa, pues que la matriz ostente una mayoría del capital no puede considerarse *per se* una patología[20].

Con esta doctrina se acentúa ese binomio entre legalidad y antijuridicidad: aquellas patologías dejan de ser tales, mientras que el grupo empieza a ser considerado como una entidad real que, aunque sin personalidad jurídica, cuenta con una organización relevante a tener en cuenta en el proceso. Se establece, así, que los grupos tienen una serie de elementos connaturales que no los hace patológicos, sino que los define como tales, y que son:

a) La independencia de cada una de las empresas que conforman el grupo (con personalidades jurídicas independientes).

b) Y la dirección económica unitaria (que puede venir impuesta por la sociedad matriz o a través una política empresarial común). De este modo, la forma de organización de los grupos no es relevante a la hora de determinar si hay grupo *"a efectos laborales"*, ya que eso únicamente existirá en la medida en que haya ánimo de defraudar.

De esta manera, en la doctrina Aserpal encontramos cuatro novedades respecto de la doctrina tradicional:

– La primera de ellas es que la organización de los grupos puede ser vertical —como dicta el artículo 42 del C. de c.—, pero también puede ser horizontal. La dirección unitaria y la gestión común no exige una matriz y sus filiales, sino que puede existir una simple externali-

---

lícita siempre que se extinga el contrato anterior y se suscriba uno nuevo. En este caso, el TSJ determina que la sucesión es lícita, al no haber indicios de voluntad fraudulenta.

19 SAN (Sala de lo Social), núm. 223/2013, de 10 de diciembre (proced. 333/2013), ECLI:ES:AN:2013:5210. En aplicación de la nueva doctrina del TS, respecto de la confusión de plantilla, dice la AN que la mera prestación de servicios en instalaciones comunes no puede predeterminar que un grupo de empresas lo sea *"a efectos laborales"*.

20 STS (Sala de lo Social) de 20 de enero de 2003 (rec. 1524/2002), ECLI:ES:TS:2003:160. Otro ejemplo de principios de siglo donde el TS ya adelantaba que, el hecho de que las sociedades estén participadas, no quiere decir, automáticamente, que el grupo lo sea *"a efectos laborales"*.

zación de servicios, concretados en las sociedades del grupo que se crean al efecto.

- En segundo lugar, y como ya adelantábamos, la dirección unitaria forma parte de la fisiología de los grupos y no constituye, por sí sola, un elemento definitorio de una patología[21].
- En tercer lugar, nos dice también que la apariencia externa de unidad tampoco es un *"elemento adicional"*, sino que forma parte de la imagen del grupo (como la marca), por lo que no habrá patología si no hay fraude.
- Y, en cuarto y último lugar, el tribunal dicta una máxima muy importante: que en derecho no pueden existir dos conceptos diferentes para una misma realidad, por lo que no cabe que haya un grupo mercantil y otro laboral, en tanto que la definición debe ser única. Cosa distinta será que en cada rama puedan derivarse efectos diversos.

Eso en lo que respecta a aquellos dos componentes (dirección unitaria y apariencia externa de unidad), en tanto se aceptan como algo inherente a los grupos de sociedades y, por lo tanto, su mera presencia solamente revela la existencia del grupo, pero no una patología o una actuación fraudulenta.

Pero en el fallo de 2013 también se introducen otros matices respectos a los demás *"elementos adicionales"*, que sirven para seguir perfilando su anterior doctrina:

- En relación a la prestación indistinta de trabajo o a la confusión de plantillas, la doctrina clásica se mantiene, si bien aclara que no se extenderá la responsabilidad a todas las empresas del grupo, sino solamente a aquellas que hayan sido prestatarias de esos servicios de

21 Así lo recoge, también, la STS (Sala de lo Social), de 19 de diciembre de 2013 (rec. 37/2013) ECLI:ES:TS:2013:6638. Dice el TS que la apariencia externa de unidad empresarial no es criterio determinante para la extensión de responsabilidad al resto de sociedades. Tener una marca o denominación de grupo es normal. La mera publicidad de pertenencia a un grupo no es suficiente, sino que debe haber generado la confianza en el público de que es el grupo o la sociedad dominante quien asume la responsabilidad. Se rechaza "la cualidad de empresario a la empresa matriz, aun para el caso de que la decisión extintiva fuese decidida por aquélla".

relación laboral fraudulenta[22]. Con la llegada de la posterior doctrina, introducida en 2015 con el caso Tragsa, veremos cómo se va a terminar produciendo una especie de separación o bifurcación entre *"el grupo a efectos laborales"* (en donde hay afectación a todas las sociedades), frente a la responsabilidad solidaria de varias de las empresas del grupo, pero no de todas ellas, no pudiendo llegar a considerarse que el grupo lo sea *"a efectos laborales"*.

- Sobre la confusión patrimonial[23], la Sala utiliza el término *"promiscuidad en la gestión económica"*, reiterando lo que ya mencionamos al respecto y recordando que éste no guarda relación directa con la esfera del capital social.
- Señala, también, que el uso fraudulento de la personalidad jurídica no es más que la creación de empresas aparentes que desdibuja la realidad subyacente con un ánimo claramente defraudatorio. Utiliza la expresión *"confusión de esferas"* para identificar cuándo la apariencia externa de unidad se desfigura hacia afuera. Es decir, que esa apariencia externa de unidad lícita no lo será cuando haga creer al usuario que es con la matriz con quien se está contratando.
- Finalmente, el uso abusivo de la dirección unitaria debe crear un claro perjuicio a los trabajadores en beneficio directo de la empresa.

---

[22] Si se presta servicios para varias empresas, habrá que dar de alta al trabajador en todas ellas (esto no se dará siempre, pues la doctrina judicial ha estimado que no habrá confusión de plantillas en algunos casos de acuerdos novatorios, entre otras: STSJ Cataluña (Sala de lo Social), núm. 981/2013, de 8 de febrero (rec. 6551/2012) ECLI:ES:TSJCAT:2013:992; o SSTSJ Valencia (Sala de lo Social), núm. 1904/2012 de 26 junio (rec. 1201/2012), ECLI:ES:TSJCV:2012:3986, y núm. 2128/2012, de 24 julio (rec. 1681/2012), ECLI:ES:TSJCV:2012:5511.

[23] Otras sentencias hablan de este elemento, *p. ej.*, caso MAFECCO, STS (Sala de lo Social), de 25 de septiembre de 2013; (rec. 3/2013), ECLI:ES:TS:2013:6391, donde establece que la titularidad de acciones por la matriz, incluso del 100%, no implica *per se* confusión patrimonial. En este caso, este dato aisladamente no implica la extensión de responsabilidad al grupo. También las SSTS (Sala de lo Social), de 21 de mayo de 2014 (rec. 182/2013), ECLI:ES:TS:2014:3297; y de 2 de junio de 2014; rcud. 546/2013, ECLI:ES:TS:2014:3461. Y la SAN (Sala de lo Social), 229/2013, de 16 de diciembre (proced. 153/2013), ECLI:ES:AN:2013:5392, que dice que las cuentas consolidadas son una herramienta contable, nada más, no un indicio de confusión patrimonial.

Con todo, es importante señalar que estos elementos no configuran un listado cerrado, sino que se deben valorar en el ámbito del caso concreto[24]. La doctrina Aserpal postula, así, que los grupos de sociedades son figuras lícitas en el mercado y en el derecho, no pudiendo utilizarse elementos que son consustanciales a su naturaleza mercantil para determinar una patología en el ámbito laboral, pues la definición del grupo de empresas es la misma en todos los órdenes.

Sin embargo, este postulado tampoco durará mucho ya que, aplicando sus fundamentos, solamente podremos encontrar grupos *vivos* (mercantiles) o *muertos* (patológicos), pero no parece existir la posibilidad de desplegar, en el orden social, efectos derivados de un funcionamiento de grupo que, con consecuencias sobre terceros, no necesariamente implique una conducta fraudulenta. Este vacío viene a intentar completarse en la siguiente etapa.

4. LA NUEVA CONSTRUCCIÓN DE LA SALA DE LO SOCIAL DEL TS: TRAGSA Y LA "EMPRESA DE GRUPO"

La doctrina Aserpal no termina de convencer en ningún ámbito, ni siquiera dentro de la propia Sala, que cambiará nuevamente su doctrina para seguir intentando lograr el equilibrio. Y es que la doctrina Aserpal no supuso un verdadero avance en la nueva realidad de los grupos de empresa, sino que incluso llevó a una cierta involución en el estudio de otras vías alternativas ya esbozadas por la propia Sala en sentencias anteriores. Escoge el TS una solución reduccionista *"a partir de la cual, en esencia, la Sala General se venía a decantar por la "teoría del fraude" como exclusivo basamento de la imputación de la condición de empleador a un grupo empresarial en su conjunto, inaugurando una línea interpretativa novedosamente argumentada y reformulada"*[25].

Por ello, apenas un par de años después, el Pleno de la Sala de lo Social del TS resuelve el recurso de casación ordinario núm. 172/2014, en su

---

24 Ya dijo la AN, en su sentencia núm. 150/2013, de 24 de julio (proced. 144/2012), ECLI:ES:AN:2013:3545, que no se puede identificar un número determinado de requisitos para imputar la responsabilidad al grupo, hay que ir caso por caso. Y, en todo caso, la carga de la prueba corresponderá a quien pretenda beneficiarse de la existencia del grupo.

25 BAZ RODRÍGUEZ, Jesús, La revisión de la construcción jurisprudencial sobre la "empresa de grupo" como unidad de empresa laboral. *Trabajo y Derecho,* ed. Wolters Kluwer, núm. 5, junio de 2017.

sentencia de 20 de octubre de 2015 (doctrina Tragsa)[26], en donde la Sala se separa de aquel binomio absolutista que aquí hemos denominado como grupo *vivo*-grupo *muerto*. Reconoce el tribunal en esta sentencia que, ante *"la variada realidad ofrecida por el mundo económico en materia de grupos de sociedades"*, no cabe tachar de patología todo funcionamiento unitario, pues no son pocos los casos en donde las empresas llegan incluso a reconocer que su actuación se debe a las directrices emanadas de la matriz o a una política común que afecta a los trabajadores. En tales situaciones, no existe un ánimo defraudatorio que deba conducir al caso extremo del levantamiento del velo, pues lo que lleva a la determinación de la responsabilidad solidaria no es la ocultación de una conducta, sino el reconocimiento voluntario de la misma.

Tras esta afirmación, el TS relega el término de *"grupo patológico"* para los supuestos de fraude en la actuación empresarial, e incorpora una nueva locución que considera más adecuada: la de *"empresa de grupo"* o *"empresa-grupo"*, para señalar aquellos casos en donde la responsabilidad empresarial no deriva, necesariamente, de una situación de abuso, fraude u ocultación a terceros. Con esta nueva sentencia, la doctrina Tragsa recupera los *"elementos adicionales"* de la doctrina tradicional y los vuelve a interpretar, para separarlos o matizarlos en relación a la teoría del fraude.

- En cuanto al *"funcionamiento unitario"*: lo determinante de la *"prestación indistinta de trabajo"* se centra en la imposibilidad de enmarcar la prestación del servicio para una empresa u otra en determinados momentos, es decir, el trabajador trabaja para *"el grupo"*, pudiendo ver en el grupo al empresario real (art. 1.2 ET).
- La "*confusión patrimonial y la unidad de caja*": es la utilización incierta del patrimonio (lo cual ya se ha dicho que no afecta al ámbito del capital social), con empleo indistinto e injustificado de los medios o las instalaciones. Aquí se incluye esa ya referida *"promiscuidad en la gestión económica"*. No entran aquí, sin embargo, las prácticas de colaboración[27] entre las empresas del grupo, siempre que se pueda justificar documentalmente dicha contribución y mientras se pueda acreditar que se ha hecho a precio de mercado.

---

26 *Op. cit.*, ECLI:ES:TS:2015:5215.

27 *P. ej.:* SSTS (Sala de lo Social), de 30 de mayo de 2017 (rec. 283/2016), ECLI:ES:TS:2017:2334; y de 10 de noviembre de 2017 (rec. 3049/2015), ECLI:ES:TS:2017:4139.

- Respecto de la "*confusión patrimonial y de plantillas*", debemos entender aquí que estaríamos antes el uso fraudulento de la personalidad jurídica: se vuelve a hacer referencia a la teoría del fraude y a las empresas fantasma o aparentes, en donde sí quedaría justificada la aplicación de la doctrina del levantamiento del velo.
- "*Dirección unitaria y excesiva*": cuando el poder de dirección se emplee en perjuicio de los trabajadores, buscando únicamente la ventaja empresarial de la matriz o del grupo. En estos casos ya no podremos hablar de que la dirección unitaria es un elemento consustancial al grupo, sino que constituirá otro indicio que permita acreditar el fraude.

Estamos, ahora, ante una compleja transición, que nos lleva de lo patológico a lo fisiológico[28]. Sin embargo, a pesar del esfuerzo de este fallo en encontrar un término más inocuo, que separe del grupo de empresas el fraude como única fuente de la responsabilidad solidaria de cada una de las sociedades, lo cierto es que la Sala vuelve, una y otra vez, a manipular aquellos "*elementos adicionales*" que, de forma directa o indirecta, nos devuelven al levantamiento del velo o, en su defecto, a una casuística tan pormenorizada que la seguridad jurídica se mantiene inexistente, por cuanto, aunque no es imposible, resulta especialmente complicado el poder prever el análisis judicial.

Todo ello sin olvidar que esta nueva doctrina sobre la *"empresa-grupo"* permite, la palpable contradicción, que el grupo se autoproclame como "*empresa única*", y así reivindicar la legitimación en los procesos de despido (muchas veces con la declarada oposición de los trabajadores). Por lo que, en la búsqueda de una solución jurisprudencial que no se circunscriba a la patología y el fraude, el TS ha creado una suerte de "*caja de Schrödinger*" en donde un grupo, en principio fisiológico, se pueda autoproclamar patológico, con el fin de actuar como un único sujeto (actuación que estaría vedada para los grupos verdaderamente mercantiles). En este caso, no es sólo que el grupo pueda estar *vivo* o *muerto,* sino que, una vez abierta la caja, la doctrina le permite ostentar, paradójicamente, ambos estados.

---

28 ROLDÁN MARTÍNEZ, Aránzazu, El grupo de empresas laboral: el largo camino de lo patológico a lo fisiológico. *Estudios Latinoamericanos de Relaciones Laborales y Protección Social,* ed. Cinca, núm. 5, 2018, pp. 75-102.

4.1. La necesidad de una noción única de grupo de empresas y el olvidado Anteproyecto de Código Mercantil

En su examen sobre la doctrina Aserpal y aquella tendencia al reconocimiento de la unidad de dirección como elemento ingénito del grupo mercantil, el profesor Mercader no se olvidaba de mencionar al latente Código Mercantil, cuyo Anteproyecto de Ley se aprobó el 30 de mayo de 2014[29], persiguiendo sustituir a un Código de Comercio del año 1885. La Comisión General de Codificación llevaba trabajando en dicho texto desde 2006, y con él se pretendía hacer efectiva la unidad de mercado en el ámbito jurídico-privado mediante una legislación mercantil que acabase con la dispersión existente en la materia.

En dicho Anteproyecto[30], el Libro Segundo, destinado a las Sociedades Mercantiles, incluye un apartado dedicado expresamente a "*las uniones de empresas, materia especialmente necesitada de un tratamiento jurídico acorde con su interés e importancia (...) Dentro de esta categoría se han integrado los grupos de sociedades, las agrupaciones de interés económico y las uniones temporales de empresas, estimando que se trata de los tres supuestos que han adquirido relevancia normativa y práctica en nuestro entorno jurídico*". En su tratamiento, la Ley se decanta, finalmente, por la noción de control "*como elemento nuclear de los grupos por subordinación o de estructura jerarquizada, con sociedad dominante y sociedades dependientes o dominadas*", si bien también se aclara que "*no cabe prescindir de la existencia de grupos por coordinación en los que dos o más sociedades independientes actúan bajo una dirección única*".

Con este nuevo Código Mercantil se contaría, al menos, con un concepto de grupo de sociedades válido para todo nuestro ordenamiento jurídico, en donde ya se nos está ofreciendo una pista sobre el elemento de mayor peso: el control. Sin embargo, no creo que su promulgación incidiera notablemente en la construcción jurisprudencial del grupo de sociedades. El TS lleva más de treinta años componiendo un complejo puzzle a partir de aquellos *"elementos adicionales"* de los que parece ya no puede desprenderse, y sobre los cuales incide, incansablemente, una y otra vez, en la búsqueda, quizás utópica, de una suerte de fórmula matemática extrapolable al mundo real.

---

29 Se puede consultar la noticia en la página web del ministerio de economía, comercio y empresa.

30 file:///C:/Users/Propietario/Downloads/IE2014523_1_0001.pdf

En cualquier caso, el efecto de aquella Ley mercantil única tampoco lo podemos conocer, pues la aprobación del Anteproyecto de Código Mercantil ha quedado en el olvido y, aunque alguna propuesta posterior de la Comisión General de Codificación[31] la ha vuelto a poner sobre la mesa, no hay visos de proximidad para su reexamen.

4.2. Buscando al empresario real: la responsabilidad solidaria más allá de la patología

Con la doctrina Tragsa y su *"empresa-grupo"* se abre un nuevo camino que, sin olvidar esos inamovibles *"elementos adicionales"*, permiten que vuelva a aflorar, ahora con fuerza y bastante respaldo doctrinal, la teoría del empresario real en donde, en vez de aplicar la teoría del levantamiento del velo, en aquellos casos donde exista un *"ámbito funcional unitario de las relaciones laborales (…) podría teóricamente acudirse a la identificación de un único empleador grupal simplemente a través de la aplicación autónoma del artículo 1.2 ET (concepto laboral de empleador)*"[32]. En el resto de casos, esto es, para los demás *"elementos adicionales"*, sí se mantendría la teoría del fraude, si bien ya no resulta necesario la confluencia imperativa de todos ellos[33].

Este llamamiento no es nuevo, pues podemos encontrarlo ya en el Voto Particular que cinco magistrados realizaron sobre la STS de 25 de septiembre de 2013[34], en la que reclamaron salir a la búsqueda del empresario real, obviando otras formalidades que, en ocasiones, desdibujan la verdadera dirección empresarial. Recurrir a la simpleza de aplicar, ni más ni menos, las reglas del art. 1.1 ET (el empresario es toda aquella persona física, jurídica o comunidad de bienes que recibe la prestación de servicios de los trabajadores) y la presunción de laboralidad del art. 8.1 ET.

Con esta aplicación del art. 1 ET se busca la prestación de trabajo indistinta en las sociedades del grupo, pero no necesariamente en todas ellas, ya que *"el empresario real"* podría resultar la matriz, pero no las restantes sociedades. En este sentido, y como ya se adelantó, el propio TS comienza

---

31 Propuestas de la Comisión General de Contratación: https://www.mjusticia.gob.es/va/areas-actuacion/actividad-legislativa/comision-general-codificacion/propuestas

32 *Op. cit.*, BAZ RODRÍGUEZ, J., *La revisión de la construcción jurisprudencial…*

33 STS (Sala de lo Social), de 15 de febrero de 2017 (rec. 168/2016), ECLI:ES:TS:2017:834.

34 *Op. cit.*, caso MAFECCO, ECLI:ES:TS:2013:6391.

a diferenciar entre una prestación indistinta para todo el grupo (o que afecta a un grupo significativo de trabajadores: *"grupo a efectos laborales"*), frente a otras formas de trabajo indiferenciado respecto, solamente, de algunas de las empresas (o que afecten a un número de trabajadores no representativo: *"empresa-grupo"* con responsabilidad solidaria).

Es decir, el "*TS atribuye la condición de empleador al Grupo de Empresas Laboral, cuando se puede predicar de toda o la mayor parte de la plantilla, pero también, de forma excepcional, cabe hablar de empleador cuando estemos ante una Empresa Grupo o Empresa de Grupo, si afecta a uno o varios trabajadores*"[35]. En esta línea por la que ahora se discurre, encontramos la STS de 27 de junio de 2017 (rcud. 1471/2015)[36], que entiende existe un grupo de empresas *"a efectos laborales"* respecto de la administrativa que daba soporte a todas las sociedades del grupo, es decir, que independientemente de los vínculos mercantiles y lícitos de las distintas sociedades, la empleada lo era de todas de manera indisoluble e indiferenciada: el grupo como empresario real. Mientras que en la sentencia de 20 de junio de 2018 (rec. 168/2017)[37], el TS niega que exista confusión de plantilla y, por lo tanto, grupo de empresas *"a efectos laborales"* respecto de tres trabajadores que, en un periodo de diez años, prestaron servicios a varias empresas por cortos periodos de tiempo. "La Sala aplica la llamada doctrina de la "insignificancia", que, aclara, ha tenido consolidada aplicación en la jurisprudencia contencioso-administrativa, y niega la existencia de "confusión de plantilla", "pues la mínima intercomunicación laboral que más arriba se ha indicado, en un período de más de diez años y en una plantilla de unos 20 trabajadores, presenta una entidad mínima cuya trascendencia ha de rechazarse""[38].

Como se puede ver, la jurisprudencia ha seguido avanzando, oyendo las voces de la doctrina y de la propia Sala, para resaltar la importancia de hallar en este entramado societario al *"empresario real"*, a aquel que verdaderamente dirige el grupo y que no necesariamente será el que formalmente ostente la titularidad de la sociedad. Y, lo más llamativo de esta aportación,

---

35 BARCONS CASAS, Jaume, La evolución de la jurisprudencia en la definición de los grupos de empresa. *Revista General de Derecho del Trabajo y de la Seguridad Social,* núm. 55, 2020.

36 STS (Sala de lo Social), de 27 de junio de 2017 (rcud. 1471/2015), ECLI:ES:TS:2017:2710.

37 STS (Sala de lo Social), de 20 de junio de 2018 (rcud. 168/2017), ECLI:ES:TS:2018:2601.

38 *Op cit.*, ROLDÁN MARTÍNEZ, A., *El grupo de empresas laboral: el largo camino de lo patológico a lo fisiológico…*

es que no será necesario que se cumplan los *"elementos adicionales"*, es decir, que no hace falta que exista grupo *"a efectos laborales"* para promover dicha indagación, sino que la responsabilidad recaerá sobre aquél en el que redunden directamente los beneficios de la explotación, haya o no patología.

5. CONCLUSIONES: DE LA PERPLEJIDAD A LA RESIGNACIÓN

Sin embargo, y tal como auguraba el profesor Mercader desde su más justificada perplejidad, la evolución de la doctrina del TS en aras de una normalización del grupo de sociedades (fisiológico) nos conduce a situaciones de inevitable contradicción. Y es que, huyendo de la patología, se ha llegado a permitir, en sede del TS, que *"los efectos laborales"* sean alegados por la propia empresa o grupo de empresas para poder acreditar un único periodo de consultas en un despido colectivo. Así lo permitió la AN, en la sentencia de 28 de septiembre de 2012 (proced. 152/12)[39], posibilidad que luego negó en su posterior fallo de 15 de octubre de 2014 (rec. 488/2013)[40]; como también se negaría dicha posibilidad por el TS, en la sentencia de 20 de abril de 2015 (rec. 354/2014)[41], en el famoso asunto Coca-Cola Iberian Partners. Como apuntaba el profesor Mercader, lo determinante en cada caso era el perjuicio que pudiera provocar en los trabajadores, siendo en el primer caso beneficioso y más garantista para los trabajadores, y todo lo contrario en el segundo supuesto.

Aquella posibilidad, abordada y resuelta por la AN, se erigía sobre el principio *"nemo auditur propriam turpitudinem allegans"*, cuya traducción literal es: *"no se escucha a nadie (en juicio) que alega su propia torpeza"*. Pero, aun en el caso de que el reconocimiento de los efectos laborales lo sea sólo cuando beneficie a los trabajadores, ¿es acaso posible negar al grupo *vivo* el inicio de un despido colectivo, cuando al autodiagnosticado grupo *muerto* sí se le ha permitido?

Con esa pregunta concluía, entonces, el profesor Mercader, su análisis sobre la evolución de la doctrina de la Sala de los Social del TS. Por desgra-

---

39 SAN (Sala de lo Social), de 28 de septiembre de 2012 (proced. 152/12), ECLI:ES:AN:2012:3620.

40 SAN (Sala de lo Social), de 15 de octubre de 2014 (rec. 488/2013), ECLI:ES:AN:2014:3970.

41 STS (Sala de lo Social), de 20 de abril de 2015 (rec. 354/2014), ECLI:ES:TS:2015:1717.

cia, la respuesta que se puede ofrecer a día de hoy no nos aleja de aquella perplejidad, sino que, muy al contrario, nos conduce, irremediablemente, a la resignación. Y esto es así porque, desde los casos Aserpal (2013) y Tragsa (2015), la doctrina del TS se ha ido matizando constantemente, con idas y venidas sobre los mismos conceptos, unas veces incidiendo en el empresario real, otras tantas volviendo a la teoría del fraude, pero siempre conjeturando en relación a una caja que está cerrada. Siempre girando sobre el mismo enigma.

¿Habría que aplicar el pensamiento lateral y salirnos del marco para unir los puntos? En este sentido, algunas voces[42] han apuntado que la oposición patológico-fisiológico se construye sin entender que los efectos de la norma mercantil persiguen fines diferentes a los de la laboral. De este modo, "*a) O se examinan estas causas de manera separada, en cada una de las empresas que conforman el grupo, o, b) Se considera al grupo como una única empresa*"[43]. Se sugiere, así, la necesidad de cambiar el enfoque hacia los grupos de empresa y entender que las realidades laboral y mercantil no son las mismas, pero que ello no implica usar dos definiciones distintas dentro del ordenamiento jurídico. En este sentido, que el art. 42 del Código de Comercio permita la existencia de los grupos de sociedades como forma de funcionar en el mercado, sin necesidad de una personalidad jurídica propia, no implica, *per se*, que en el ámbito laboral el grupo de empresas suprima la responsabilidad individual de sus componentes.

A lo mejor, la solución no está en buscar una definición de grupo de empresas que sirva para ambos órdenes[44], sino en legislar objetivando la

---

42 Entre ellas, TERRADILLOS ORMAETXEA, Edurne, De un concepto jurisprudencial de grupo de empresas a otro legal, circunscrito a los grupos de empresas de subordinación. *Aranzadi Social: Revista Doctrinal*, vol. 1, núm. 11, 2008, pp. 43-52. Y también SEMPERE NAVARRO, Antonio V. y ARETA MARTÍNEZ, María, El Derecho del Trabajo y los Grupos de Empresas. Revista del Ministerio de Trabajo y Asuntos Sociales, núm. 48, 2004, pp. 97-133.

43 *Op. cit*, BARCONS CASAS, J., *La evolución de la jurisprudencia en la definición de los grupos de empresa…*

44 "La necesidad de un concepto de grupo de sociedades va más allá, y la doctrina mercantilista en la STS de 15 de marzo de 2017 en un procedimiento concursal, ya nos dice que la noción de grupo viene marcada no por la existencia de una unidad de decisión, sino por la existencia de una situación de control, directo o indirecto, ostentado por una persona física o jurídica, llegando a la conclusión que si existe control, existe grupo 120, ampliando el concepto de grupo societario a efectos concursales, no obstante ello puede ser extrapolable por analogía a otras ramas del derecho como la laboral, la cual a través de presunciones iuris tantum,

responsabilidad individual de las empresas más allá de la patología. No es extraño, en el derecho del trabajo —más bien al contrario, es habitual— el encontrarse con normas que objetivan la responsabilidad del empresario, detrayendo de la tipificación el elemento del dolo. Del mismo modo podría aquí procederse, indicando que, cuando de las empresas pueda intuirse una dirección unitaria (en el sentido del control efectivo), habrá responsabilidad objetiva[45] de quienes intervengan en esa decisión; mientras que, cuando haya autonomía de las partes, no será relevante la existencia del grupo. Y todo ello sin afectación a la consolidada doctrina del levantamiento del velo, que se aplicaría sin objeción ante la actuación fraudulenta de un grupo ficticio porque, en realidad, en estos casos no estamos ante un grupo de sociedades, sino ante una o varias empresas aparentes.

Bajo esta mecánica, no hay patología y fisiología, conceptos que, a mi parecer, son las dos caras opuestas de una misma moneda: lo lícito contra lo antijurídico. Sino que tan solo habría un grupo de empresas, siempre *vivo*, siempre lícito, que, en función de su manera de actuar y de su estructura orgánica, tendrá que afrontar, en el ámbito laboral, una responsabilidad más o menos extensa, respecto a varias de las empresas del grupo. Así, la incertidumbre se convierte en opción, y la opción en certeza: el grupo elige cómo quiere interactuar dentro del mercado. Para ello, no obstante, el deber previo e imperativo de tener que legislar complicaría la solución, pues parece que resulta mucho más cómodo delegar la tarea en el Tribunal Supremo.

---

se puede llegar a afirmar que el grupo de empresas es un empresa, y tiene cabida en el art. 1.2 TRET". *Op. cit*, BARCONS CASAS, J., *La evolución de la jurisprudencia en la definición de los grupos de empresa…*

45 Defensa similar realiza el abogado SENRA BIEDMA, Rafael, en su artículo: Despido colectivo por causas económicas, grupo de empresas, fraude de ley y doctrina del levantamiento del velo. Comentario a la STS, 4ª, 29.1.2014, *IUSLabor*, núm, 2, 2014. En donde señala: si se "siguieran criterios de responsabilidad objetiva o "quasi objetiva", tal y como se recoge en el ámbito mercantil o en el administrativo y fiscal, en los que, para prevenir el fraude, se establece claramente una presunción "iuris tantum", con el consiguiente traslado del "onus probandi", a favor de la responsabilidad compartida del grupo en el momento en que concurra la unidad de dirección definida por los datos objetivos que, para los grupos de empresa de dominación vertical, exigen las directivas comunitarias y nuestro ordenamiento interno".

En el modelo actual, las doctrinas Aserpal y Tragsa se siguen utilizando como referentes[46] para determinar qué empresas del grupo deben ser responsables o, en su caso, si pueden estar legitimadas en procesos colectivos, como el despido. Las sentencias de TS de 30 mayo (rec. 283/2016)[47] y de 31 mayo (rec. 250/2015)[48], o la más reciente, de 12 de julio de 2023, dictada en unificación de doctrina (rcud 19/2023)[49], reiteran la consustancialidad de la dirección unitaria a los grupos de empresa, y bucean en la búsqueda del empresario real (art. 1 ET) examinando, uno por uno, los *"elementos adicionales"* para valorar la existencia de una patología. En cada caso, el análisis es individual y pormenorizado, por lo que el fallo no se puede prever (si bien es cierto que, desde el caso Tragsa en 2015, el escrutinio es más exhaustivo y restrictivo).

Por todo ello, si aislamos la patología (supuesto de fraude independiente y que se resuelve por la teoría del levantamiento del velo), y se legisla, en el orden social, desde la fisiología del grupo (lo cual puede afectar, no obstante, en el tráfico mercantil, en tanto se desincentive el funcionamiento grupal en el mercado), podremos regular la responsabilidad solidaria sobre elementos objetivos, determinables antes de alcanzar a la vía judicial, la cual, llegado el caso, simplemente aplicaría la norma. Esto, a su vez, aporta un doble beneficio: seguridad jurídica (previsibilidad) y funcionamiento normal de la jurisdicción (juzgar, no legislar). No es, sin embargo, una opción que parece pudiera contemplarse en un futuro cercano.

Frente a tantas perennes incertidumbres, la perplejidad se torna, irremediablemente, en estoica resignación.

Bibliografía

BARCONS CASAS, Jaume, La evolución de la jurisprudencia en la definición de los grupos de empresa. *Revista General de Derecho del Trabajo y de la Seguridad Social,* ed. Iustel, núm. 55, 2020.

---

[46] STS (Sala de lo Social), de 8 de noviembre de 2016 (rec. 259/2015), ECLI:ES:TS:2016:5265.

[47] STS (Sala de lo Social), núm. 450/2017, de 30 mayo (rec. 283/2016), ECLI:ES:TS:2017:2334.

[48] STS (Sala de lo Social), núm. 458/2017, de 31 mayo (rec. 250/2015), ECLI:ES:TS:2017:2348.

[49] STS (Sala de lo Social), núm. 510/2023, de 12 de julio de 2023 (rcud 19/2023), ECLI:ES:TS:2023:3442.

BAZ RODRÍGUEZ, Jesús, La revisión de la construcción jurisprudencial sobre la "empresa de grupo" como unidad de empresa laboral. *Trabajo y Derecho,* ed. Wolters Kluwer, núm. 5, junio de 2017.

GOERLICH PESET, José María, Los grupos de sociedades en la jurisprudencia social reciente: puntos críticos. *Revista de Información Laboral,* ed. Lex Nova, núm. 5, 2014.

MERCADER UGUINA, Jesús R., El desconcertante mundo de los grupos "laborales" de empresas y sus nuevas formulaciones jurisprudenciales. En: *Estudios sobre el futuro Código Mercantil: libro homenaje al profesor Rafael Illescas Ortiz.* Getafe, Universidad Carlos III de Madrid, 2015, pp. 483-498. ISBN 978-84-89315-79-2.

MOLINA NAVARRETE, Cristóbal, "Grupo de empresas" y despidos colectivos: disfunciones prácticas de la distinción entre "usos patológicos" y "fisiológicos". *Actualidad laboral,* núm. 7-8, 2014.

ROLDÁN MARTÍNEZ, Aránzazu, El grupo de empresas laboral: el largo camino de lo patológico a lo fisiológico. *Estudios Latinoamericanos de Relaciones Laborales y Protección Social,* ed. Cinca, núm. 5, 2018, pp. 75-102.

SEMPERE NAVARRO, Antonio V. y ARETA MARTÍNEZ, María, El Derecho del Trabajo y los Grupos de Empresas. *Revista del Ministerio de Trabajo y Asuntos Sociales,* núm. 48, 2004.

SENRA BIEDMA, Rafael, Despido colectivo por causas económicas, grupo de empresas, fraude de ley y doctrina del levantamiento del velo. Comentario a la STS, 4ª, 29.1.2014. *IUSLabor,* núm, 2, 2014.

TERRADILLOS ORMAETXEA, Edurne, De un concepto jurisprudencial de grupo de empresas a otro legal, circunscrito a los grupos de empresas de subordinación. *Aranzadi Social: Revista Doctrinal,* vol. 1, núm. 11, 2008.

TERRADILLOS ORMAETXEA, Edurne; *Los grupos de empresas ante la jurisprudencia social española.* Ed. Tirant lo Blanch (colección laboral 111), 2000; ISBN 84-8442-225.

El impacto de la retribución variable en la gestión y democratización de las empresas

PATRICIA NIETO ROJAS[1]
Profesora Titular Derecho del Trabajo y la Seguridad Social
Universidad Nacional de Educación a Distancia
pnieto@der.uned.es
ORCID ID: 0000-0003-3734-3392

SUMARIO: 1. Introducción. 2. La retribución variable como elemento de competitividad empresarial. 3. El tratamiento normativo a las fórmulas de participación de beneficios en el ordenamiento jurídico español. 4. El futuro: el principio de transparencia como criterio ordenador de la retribución variable. Bibliografía.

1. INTRODUCCIÓN

Son muchas las cualidades que definen al profesor Mercader Uguina, significadamente la búsqueda constante de la excelencia y la capacidad de anticiparse a los temas que serán después centrales en el devenir de la disciplina. Ejemplifica bien la veracidad de la afirmación anterior que en el año 1994 ya iniciase una investigación pionera sobre las modernas tendencias en la ordenación salarial, trabajo que fue merecedor del prestigioso premio otorgado por el Centro de Estudios Financieros[2]. En él se encontraban sugerentes reflexiones sobre el papel que podría jugar el

---

1 El presente trabajo forma parte de los resultados del proyecto de investigación "La dimensión sociolaboral de los riesgos asociados al cambio tecnológico: Conceptualización, prevención y reparación" Proyecto PID2021-124979NB-I00 financiado por MCIN /AEI /10.13039/501100011033 / FEDER, UE, dirigido por el profesor Mercader Uguina, y del proyecto "La eficacia de la respuesta de la negociación colectiva en la reducción de la desigualdad", financiado por la UNED, del que la autora es investigadora principal.

2 MERCADER UGUINA, Jesús R. "Modernas tendencias de la ordenación salarial: cambios productivos y reforma del mercado de trabajo", Revista de Estudios Financieros, 1994, núm. 136, pp. 121 a 180, accesible en https://revistas.cef.udima.es/index.php/rtss/article/view/18337/18063

salario, significadamente la retribución variable y los sistemas de participación de beneficios en los modelos de gestión empresarial. Casi treinta años después, el tema cobra plena actualidad no solo por la evidente consolidación de diferentes partidas salariales de naturaleza variable (bonus, primas, etc.) sino por el recurrente debate sobre la idoneidad de incorporar fórmulas que favorezcan una mayor integración de los trabajadores en las empresas y el impacto que dicha decisión tendrá en la consolidación de una mayor democratización de las relaciones laborales.

Desde la perspectiva académica, el profesor Mercader Uguina es ejemplo de rigor, esfuerzo y excelencia en la búsqueda del conocimiento, siempre con vocación de servicio y entrega a la Educación Pública. Su cátedra de Derecho del Trabajo y la Seguridad Social en la Universidad Carlos III de Madrid ha sido durante más de 20 años alma y núcleo de desarrollo de un grupo heterogéneo de profesores y profesoras que en torno al grupo de investigación "Derecho del Trabajo, Cambios Económicos y Nueva Sociedad— DTCENS" ha permitido la formación de una escuela con impronta "Mercader". En un plano más personal, Jesús ha sido para mí un maestro de maestros, director de mi tesis doctoral y de múltiples investigaciones, además de un referente valiosísimo, pues de él he aprendido el oficio, teniendo una deuda inmensa de gratitud por ello.

2. LA RETRIBUCIÓN VARIABLE COMO ELEMENTO DE COMPETITIVIDAD EMPRESARIAL

La vulnerabilidad actual de las empresas en un escenario dominado por la intensificación de la competencia ha favorecido un renovado interés por las formas de participación de los trabajadores, con el convencimiento de que los empleados no son meras partes interesadas de las empresas, sino partes constitutivas, junto con los accionistas y los administradores, de un modelo pluralista de gobierno corporativo basado en principios democráticos, de equidad y eficiencia[3].

---

[3] Véase el informe sobre la democracia en el trabajo: un marco europeo para los derechos de participación de los trabajadores y revisión de la Directiva sobre el comité de empresa europeo
29.11.2021 - (2021/2005 (INI)). Comisión de Empleo y Asuntos Sociales. Ponente: Gabriele Bischoff, accesible en: https://www.europarl.europa.eu/doceo/document/A-9-2021-0331_ES.html

En una economía cada vez más compleja, la competitividad empresarial no está únicamente determinada por la contención de los costes laborales sino por la capacidad de creación de valor por los empleados, de ahí que las empresas persigan atraer y retener al personal más cualificado como uno de los factores claves en su estrategia corporativa y, en este contexto, la retribución de los trabajadores no es exclusivamente la contraprestación monetaria del trabajo realizado sino un factor de gestión empresarial que incide directamente en su posición global[4].

La era del fijismo ha pasado y es preciso buscar sistemas retributivos que motiven a las personas para conseguir una mayor productividad o, dicho de otro modo, las estructuras retributivas clásicas que no tenían en cuenta la contribución del individuo a la organización han dado paso a sistemas de compensación flexibles[5], siendo objeto de análisis en este capítulo los esquemas que vinculan patrimonialmente al trabajador con la compañía donde presta servicios, bien mediante una participación en los beneficios, bien a través de mecanismos de integración de los trabajadores en el capital social. Es predecible que, cada vez más, los empleados con mayor cualificación sean retribuidos mediante planes de carrera y bonus vinculados a la productividad, rendimiento y marcha de la empresa, abogando por sistemas flexibles, de manera que lo fijado en la negociación colectiva pase a ser más bien un referente mínimo[6], siendo fecundo el espacio de la autonomía individual en la fijación del salario y de su estructura.

Deliberadamente no se han abordado en este trabajo aquellas particularidades dirigidas a la retribución del personal directivo[7] si bien conviene

---

4 BONACHE DELGADO, Jaime. (Coord.). *Dirección estratégica de personas*. Madrid: Pearson, 2002, p. 196 [(...) *La retribución ejerce un efecto significativo sobre el comportamiento de los trabajadores en la empresa* (...)]

5 DELGADO PLANAS, Carlos. *Mucho más que salario. La compensación total flexible*. Madrid: Mc Graw Hill, Pricewaterhouse Coopers, 2003, p. 80 [(...) *Los denominados "planes cafetería" que permiten al empleado elegir entre varios beneficios en función de sus necesidades personales, (...) en lógica con la individualización progresiva de los sistemas de compensación no cabe ofertar a todos los empleados los mismos beneficios accesorios, en tanto, que no todos tienen las mismas necesidades* (...)]

6 GONZÁLEZ BIEDMA, Eduardo. "Algunas reflexiones sobre la regulación de la retribución de los trabajadores", en Sáez Lara, Carmen, Navarro Nieto, Federico, Gómez Caballero, Pedro (eds.) *Los desafíos del Derecho del trabajo ante el cambio social y económico Libro en homenaje a Federico Durán López*, Iustel, Madrid, 2021, p. 346.

7 PUIG GARCÍA, Mario. La pobre evolución del sistema de retribución variable de los administradores mediante Stock Options en las sociedades de responsabilidad

anticipar que el artículo 10 de la Ley 28/2022, de 21 de diciembre, de fomento del ecosistema de las empresas emergentes (conocida como la "Ley de Start-Ups"[8]) flexibiliza la prohibición general del artículo 140 del Texto Refundido de la Ley de Sociedades de Capital, aprobado por el Real Decreto Legislativo 1/2010, de 2 de julio (en lo sucesivo, LSC)[9], estableciendo una quinta excepción a la nulidad de pleno derecho de las adquisiciones derivativas de participaciones propias y acciones/ participaciones de la sociedad dominante en sede de sociedades limitadas (en adelante, "SL"). Dicha excepción se establece para los casos de adquisición derivativa de participaciones propias para su entrega a los administradores, empleados u otros colaboradores de "empresas emergentes", con la exclusiva finalidad de ejecutar un plan de retribución.

El sistema de retribución variable basado en *stock options* se encuentra únicamente permitido en (i) las sociedades anónimas (en adelante, "SA") en virtud de los artículos 217.2.e) y 219 LSC; y (ii) las "empresas emergentes" en virtud de lo antedicho. Se justifica dicha excepción en su virtualidad para atraer talento a las "empresas emergentes" y dotar de una política retributiva adecuada a la situación, realidad y necesidades del actual tejido económico español. La normativa mercantil establece, por tanto, una limitación genérica al importe de la remuneración total de los administradores y en su caso consejeros ejecutivos, de manera que se garantice una proporción razonable con la situación económica de la sociedad en cada momento y los estándares del mercado de empresas, de forma que el sistema de remuneración de los administradores esté orientado a promover la rentabilidad y sostenibilidad a largo plazo de la sociedad, así como al logro del fin social[10].

En la normativa laboral, por su parte, la globalización de la producción y el aumento de la competencia en los mercados de productos son algunos de los elementos que han incidido en la extensión de las fórmulas de retribución variable, ya que con ellas se busca proporcionar incentivos a los empleados para mejorar su rendimiento. Este tipo de sistemas recibie-

---

limitada. Causas y propuesta de futuro, *Món jurídic: revista de l'Il·lustre Col·legi de l'Advocacia de Barcelona*, vol. 349, 2023, p. 21

8 BOE núm. 306, de 22 de diciembre de 2022.

9 BOE núm. 161, de 03 de julio de 2010.

10 MARTÍNEZ ALFONSO, Alfonso. Cuestiones prácticas en relación a la retribución de los administradores en el ámbito del derecho mercantil y tributario. Carta Tributaria, Nº 105, diciembre de 2023, p. 5

ron un impulso notable por parte de las instituciones comunitarias, especialmente por el trabajo tripartito elaborado por el Comité Económico y Social Europeo que abogaba por la adopción de mecanismos de participación financiera, aunque, al tiempo, se ha brindado un amplio margen para la configuración de estos esquemas en cada Estado Miembro. La opción comunitaria por un modelo de *soft law* aunque, a priori, pudiera considerarse un obstáculo para el desarrollo transnacional de este tipo de fórmulas, también supone un margen de concreción a cada empresa si bien cabe advertir de una serie de principios generales que sirvan de referencia para la adopción de iniciativas en esta dirección[11]:

- ✓ Voluntariedad en la adopción, tanto para la empresa como para los trabajadores, de manera que su introducción debe responder a las necesidades de las partes.
- ✓ Extensión a todos los trabajadores. En principio, todos los trabajadores deberían tener acceso a integrarse en algún modelo de esquema de participación financiera.
- ✓ Claridad y transparencia, tanto en la creación como en la gestión de esquemas de participación financiera. De este modo, los trabajadores pudieran poder valorar plenamente los riesgos y ventajas que puede suponer su participación en estas operaciones.
- ✓ Fórmulas predefinidas. Estas iniciativas deben ser calculadas en función de criterios claros y predeterminados para garantizar la transparencia de estos planes.
- ✓ Aplicación regular y constante. Los esquemas de participación financiera deben aplicarse de manera regular y no consistir en un ejercicio aislado, sobre todo si el objetivo es conseguir un compromiso a largo plazo con la empresa.
- ✓ Limitación del riesgo. Dado su carácter complementario y no sustitutivo del salario, debe establecerse una distinción entre salarios e ingresos derivados de esquemas de participación financiera, que, en ningún caso, podrán sustituir a la remuneración. Es decir, no cabría una vinculación total entre el salario de los trabajadores y la obtención (posible) de beneficios en tanto que se rompería una de

---

11 COM (2002) 364 final, *Dictamen del Comité Económico y Social Europeo sobre la "Comunicación de la Comisión al Consejo, al Parlamento Europeo, al Comité Económico y Social y al Comité de las Regiones relativa a un marco para la participación financiera de los trabajadores"*, p. 13.

las notas configuradoras del contrato de trabajo: la ajeneidad en los riesgos.

✓ Compatibilidad con la movilidad de los trabajadores. Su diseño debe evitar barreras para la movilidad geográfica y funcional de los trabajadores, pues, aunque uno de los principales objetivos de estos esquemas sea potenciar el compromiso con la empresa, este fin no debe obstar el derecho de movilidad de los trabajadores implicados.

Las fórmulas referenciadas a la situación real de la empresa y, más concretamente, a los resultados económicos o la trayectoria financiera de la empresa tienen una proyección indudable en la retribución salarial; operaciones muy típicas en este sentido son las que hacen depender de los beneficios de la empresa la obtención por parte de los trabajadores de una determinada partida salarial, las que conllevan la percepción de bonus o suplementos salariales en función de los resultados o, en general, las que derivan de las distintas modalidades de participación financiera —entrega de acciones, stock options[12]—, siendo estas últimas mucho más óptimas para hacer copartícipes a los trabajadores de la marcha de la empresa, significadamente porque estos no obtienen una contraprestación inmediata sino que deben permanecer en la compañía para obtener algún rendimiento, de ahí que estén más interesados en el logro de objetivos a medio plazo, habida cuenta que solo la permanencia y rentabilidad de la empresa garantiza su empleo.

Aunque en una primera aproximación al tema pudiera parecer que estas aplicaciones del salario variable acercan la retribución a las formas de compensación económica típicas de trabajos no asalariados, es decir, a formas de retribución de la actividad profesional que carecen de la naturaleza de salario, como ocurre con las cantidades que, en forma de reparto de beneficios, pueden obtener los socios de trabajo[13], no es así sino que como certeramente recordase el profesor Mercader "el establecimiento de sistemas retributivos que faciliten fórmulas salariales más adaptadas a las necesidades coyunturales vividas por las empresas se identifica, por lo general, con la introducción de instrumentos de retribución variable. La realidad económica ha impuesto progresivos acercamientos de lo salarial a partir de la productividad de las empresas y, paralelamente, un relanza-

---

12 De obligada consulta, ALZAGA RUIZ, Icíar. *Las stock options. Un estudio desde el punto de vista del Derecho del Trabajo y de la Seguridad Social.* Navarra, Aranzadi, 2003.

13 GARCÍA MURCIA, Joaquín. Salario variable y suficiencia de ingresos: unas reflexiones generales. *Documentación Laboral*, vol. 100, 2014, p. 73.

miento del componente variable de la retribución vinculado a una nueva, también, gestión del rendimiento. Este binomio busca dotar de una menor rigidez a las políticas retributivas al permitir una adaptación dinámica a las cambiantes situaciones económicas de las empresas, garantizando, así, una gestión más flexible de los recursos humanos, coherente con las nuevas necesidades productivas, organizativas y económicas"[14].

Desde la óptica empresarial, el riesgo derivado de una posible dilución en el capital social si el esquema de participación implantado conlleva una alta integración de los trabajadores teóricamente debiera ser compensado con incrementos en la productividad. Con este tipo de fórmulas se persigue atraer y retener a los trabajadores más productivos en parte por la postergación de la recompensa, toda vez que sistemas salariales como bonus o *«stock options»*, caracterizados por tener periodos de vencimiento largos motivan a los trabajadores a permanecer en la empresa con objeto de poder cobrar las ganancias derivadas de ellas[15]. En los últimos años, cabe reseñar la emergencia de fórmulas más complejas como las *phantom shares*, que podemos definir como un sistema retributivo que atribuye a sus beneficiarios determinados derechos económicos basados en el valor de las acciones o participaciones sociales ordinarias y que devengarán cuando se produzcan determinados eventos de liquidez, como la venta de la compañía. Como consecuencia de dicha operación, el suscriptor recibirá únicamente un importe económico sin que este adquiera en ningún momento la condición de accionista o socio de la sociedad.

Resulta incuestionable que la principal ventaja de las *phantom shares* reside en la obtención de una alineación de intereses entre la sociedad y el empleado o directivo sin que este adquiera la condición de accionista o socio de la sociedad —como en el caso de *stock options*—, evitando una ulterior dilución del capital social. El titular de las "acciones ocultas" no es, por tanto, propietario ni titular de acciones o participaciones[16], toda vez que su derecho a la retribución vinculada a la evolución de la actividad económica de la entidad no le confiere derechos sociales o administrativos

---

14 MERCADER UGUINA, Jesús R. Flexiseguridad y salario. *Revista del Ministerio de Empleo y Seguridad Social:* vol. extra-135, 2018, p. 200.

15 SALA FRANCO, Tomás; TODOLÍ SÍGNES, Adrián. La participación financiera de los trabajadores en las empresas del IBEX a través de la negociación colectiva, *Trabajo y Derecho*, vol. 72, 2020, p. 5 del ejemplar electrónico.

16 BELLONI ROMÁN, Adriano. "Phantom shares: una aproximación a su concepto", *Revista Lex Mercatoria*, vol. 21, 2022, p. 2.

frente a la sociedad[17]. En lo que hace a la dinámica de este derecho, al igual que ocurre con las *stock options*, su ejercicio exige un periodo de maduración y, en el caso de las *phantom shares*, el acaecimiento de un hecho o circunstancia que permita su consolidación, entre otras "el incremento del ETBIDA[18] y retribuir solo tal incremento, o considerar el valor de la compañía en su conjunto, siempre y cuando su valor haya aumentado un cierto importe"[19].

Efectuadas estas precisiones, el presente capítulo centrará su análisis en el tratamiento negocial a la participación de los trabajadores en los resultados, bien a través de un reparto de los beneficios, bien a través de la entrega de acciones o de opciones sobre acciones[20] y también estudiará la dinámica de funcionamiento de los sistemas salariales que vinculan la retribución del trabajador a la obtención del cumplimiento de unos objetivos grupales que impliquen una mejora en la productividad colectiva (*gain sharing*), pues a pesar de la heterogeneidad de estas fórmulas, las mismas son diseñadas para distribuir una bonificación obtenida como consecuencia de la mejora del desempeño colectivo de un grupo de empleados. El objetivo primordial que persiguen estas fórmulas es el de conseguir que el trabajador se identifique con los fines generales de la organización, posibilitando

---

17 HERNANDO CEBRIÁN. Luis. La retribución variable de los administradores sociales: bonus y malus, acciones ocultas o virtuales (phantom shares) y correas doradas (golden leashes). GARCÍA-CRUCES GONZÁLEZ, Juan Antonio (dir.). *De Iure Mercatus. Libro Homenaje al Prof. Dr. Dr.h.c. Alberto Bercovitz Rodríguez-Cano.* Valencia, Tirant lo Blanch, 2023, p. 2138.

18 ETBIDA es el acrónimo inglés de Earnings Before Interest, Taxes, Depreciations and Amortizations (Beneficios antes de intereses, impuestos, depreciaciones y amortizaciones), que se corresponde con la magnitud contable «Resultado Bruto de Explotación» y que se obtiene sumando las amortizaciones y provisiones al EBIT o resultado de explotación.

19 HERNANDO CEBRIÁN. Luis. La retribución variable de los administradores sociales: bonus y malus, acciones ocultas o virtuales (phantom shares) y correas doradas (golden leashes). GARCÍA-CRUCES GONZÁLEZ, J. A. (dir.). *De Iure Mercatus. Libro Homenaje al Prof. Dr. Dr.h.c. Alberto Bercovitz Rodríguez-Cano.* Valencia, Tirant lo Blanch, 2023, p. 2139.

20 También podríamos hablar en este punto de la participación en ingresos que podemos definir como la determinación del salario, total o una parte, en función de los ingresos obtenidos por la empresa. Esta remuneración no retribuye el esfuerzo individual sino el del conjunto de los trabajadores, aunque posteriormente su asignación es necesariamente individualizada. Vid. más en STSJ Extremadura 9.4.1996 (Recurso de Suplicación núm. 199/1996).

su efectiva integración y un mayor compromiso que redunde en aumentos de productividad.

Estos sistemas no suponen un coste excesivo para la empresa en tanto que quedan autofinanciados por el logro de determinados niveles de beneficios, es decir, solo cuando estos se logren, se distribuirá esta partida entre los empleados. Una nota común de estos sistemas es que el trabajador vincula parte de su salario a la obtención (posible) de unos determinados resultados empresariales, por lo que podría plantearse que esta institución implica que la relación laboral adquiera carácter societario pero comoquiera que, tanto en las fórmulas referenciadas a los beneficios empresariales como en los mecanismos de participación retributiva vinculados al cumplimiento de objetivos grupales, los trabajadores deben tener garantizado un mínimo, dicho ingreso garantizado permite la compatibilidad del contrato de trabajo con este tipo de sistemas en tanto que "el alea que soporta el trabajador afecta sólo a la percepción efectiva y a la extensión de la remuneración"[21].

La nueva realidad digital impone más si cabe un progresivo acercamiento a la productividad de las empresas y, paralelamente, un relanzamiento del componente variable de la retribución vinculado a una nueva, también, gestión del rendimiento. Este binomio busca dotar de una menor rigidez a las políticas retributivas, al permitir una adaptación dinámica de lo salarial a las cambiantes situaciones económicas de las empresas, garantizando, así, una gestión más flexible de los recursos humanos, coherente con las nuevas necesidades productivas, organizativas y económicas. Resulta incuestionable que ligar los incrementos salariales que pueden percibir los trabajadores con los resultados obtenidos por las empresas constituye un factor esencial de las modernas relaciones laborales.

Señala a este respecto el profesor Mercader[22] que "uno de los efectos más acusados de la nueva realidad que estamos viviendo es que se van

---

21 Sobre esta regulación, SERRANO CARVAJAL, José. La participación en los beneficios en el Derecho positivo español. En. AAVV. *Diecisiete lecciones sobre participación de los trabajadores en la empresa.* Madrid: FDCUM, 1967, p. 257. GONZÁLEZ LABRADA, Manuel; VALLEJO D'ACOSTA, Ruth. La participación en los beneficios y resultados de la empresa y la flexibilidad salarial. MONEREO PÉREZ, José Luis (Ed.) *La reforma del mercado de trabajo y de la seguridad y salud laboral.* Madrid: Universidad de Granada, 1996, p. 317.

22 MERCADER UGUINA, Jesús R. Nuevos escenarios para el Estatuto de los Trabajadores del siglo XXI: digitalización y cambio tecnológico. *Trabajo y Derecho,* vol. 63, 2020, p. 13.

diluyendo las diferencias entre propietarios de las empresas y trabajadores. Cobran, por tanto, un impulso renovado las fórmulas de participación financiera de los trabajadores en la empresa. Las empresas necesitan un amplio margen para su adaptación inmediata a los cambios económicos y, en este sentido, la flexibilidad retributiva se configura como un aspecto determinante. La implantación de un sistema de retribución que contemple mecanismos de participación financiera cumple dos funciones básicas en la estrategia empresarial: en primer lugar, vincula el salario de los trabajadores a los resultados obtenidos, de manera que permite una mayor adecuación entre la situación real de la empresa y la retribución de los trabajadores y, en segundo lugar, permite integrar los distintos intereses existentes en la organización para fortalecer su colaboración y aumentar su implicación en la marcha de la empresa". En lo que hace a su grado de utilización, si partimos de los datos de la *European Company Survey* (ECS 2019)[23], podemos observar que un 36% de los establecimientos europeos consultados utilizaban algún tipo de sistema de retribución variable. Un 30% de los establecimientos utilizaban esquemas de pagos por rendimientos individuales, un 22% de los establecimientos utilizaban esquemas de pago por resultados y un 32% utilizaban esquemas de participación en los beneficios, lo que demuestra una tímida acogida de los sucesivos mandatos comunitarios para la inclusión de este tipo de fórmulas[24].

Tabla 1. Porcentaje de empresas europeas con algún tipo de fórmula de participación financiera

Table 6: Involvement of the employee representative in negotiations for various pay types (%)

	% involved
Basic pay	36
Payment by results	31
Individual performance-related pay	30
Group performance-related pay	22
Profit-sharing schemes	32

Source: *ECS 2019 management questionnaire*

---

23 El estudio se localiza en https://www.eurofound.europa.eu/en/publications/2020/european-company-survey-2019-workplace-practices-unlocking-employee-potential (Fecha de consulta: 27/11/2024).

24 Sobre estas llamadas, puede consultarse NIETO ROJAS, Patricia. *La participación financiera de los trabajadores en la empresa*. Valencia: Tirant lo Blanch, 2011, pp. 49 y ss.

3. EL TRATAMIENTO NORMATIVO A LAS FÓRMULAS DE PARTICIPACIÓN DE BENEFICIOS EN EL ORDENAMIENTO JURÍDICO ESPAÑOL

Aunque ya en el art. 26 del Fuero de los Españoles[25] se contemplaba una participación de los trabajadores en los beneficios empresariales al señalar que *"El Estado reconoce en la empresa una comunidad de aportación de la técnica, la mano de obra y el capital en sus diversas formas, y proclama, por consecuencia, el derecho de estos elementos a participar en los beneficios"*, opción legislativa que sería después refrendada en la Ley de Contrato de Trabajo, concretamente en su art. 44 donde se establecía que "*si se hubiera convenido que la remuneración consista total o parcialmente en una participación en beneficios de la empresa, o sólo en algunos determinados de la misma, o dependiera de ellos la cuantía de la remuneración restante, se liquidarán aquéllos y ésta anualmente, en cuanto se hubiere fijado el balance*" y, en un momento posterior, en el Decreto 2380/1973, de 17 de agosto, sobre ordenación del salario[26], cuyo artículo 5 incluía la posibilidad de añadir al salario base complementos de vencimiento periódico superior al mes, tales como las gratificaciones extraordinarias o fórmulas de participación en beneficios empresariales, su repercusión práctica fue ciertamente limitada. En el interés por estas fórmulas subyacía la propia concepción comunitaria de la relación laboral, basada en una comunidad armónica en la empresa entre el aportante del capital y el aportante de trabajo, donde la participación de los trabajadores en los beneficios empresariales implicaba que el salario no fuese exclusivamente fijado atendiendo a la ley de oferta y demanda, sino que tuviese en cuenta la aportación de los trabajadores a la marcha de la empresa[27].

La desconexión entre esta partida y los beneficios obtenidos recondujeron esta supuesta "participación económica" a una tercera paga extraordinaria, generalmente garantizada a todos los trabajadores y desvinculada de los resultados realmente obtenidos. Con el objetivo de eliminar esta desconexión y obtener una mayor flexibilidad salarial se acomete una importante reforma legislativa mediante la Ley 11/1994, por la que se modifican determinados artículos del Estatuto de los Trabajadores, y del texto articulado de la Ley de Procedimiento Laboral y de la Ley sobre Infracciones y

---

25 Fuero de los Españoles de 17 de julio de 1945, Boletín Oficial del Estado núm. 199, de 18 de julio de 1945

26 BOE núm. 238, de 4 de octubre de 1973.

27 GARCÍA ORTEGA, Jesús. El salario en régimen de participación en ingresos o beneficios. En. AAVV. *Estudios sobre el salario.* Madrid: ACARL, 1993, p. 502.

Sanciones en el Orden Social, que perseguía racionalizar la estructura salarial como un mecanismo clave para la pretendida creación de empleo[28].

La reforma del año 1994 remite a la negociación colectiva o, en su defecto, al contrato individual la fijación de la estructura del salario y de los complementos salariales, así como la delimitación de su carácter consolidable (art. 26.3 ET). En lo ateniente a nuestro trabajo, se incorporó expresamente que entre los complementos salariales pudiesen fijarse partidas retributivas vinculadas a la marcha y resultados de la empresa, que si bien, todavía escasos en la práctica negocial española[29], permiten que un porcentaje del salario se vincule a alguna medida financiera (beneficios, resultados).

"Negociación colectiva y salario constituyen un par inescindible. Tomando en consideración los distintos ámbitos negociales, es el nivel empresarial el propio en el que se desarrollan regulaciones específicas en esta materia. Tal línea de tendencia busca dotar de una mayor atención a las condiciones específicas de cada empresa, y de una mayor descentralización y flexibilidad en la determinación de los salarios y las condiciones de trabajo, con el fin de que las empresas puedan afrontar sus necesidades y problemas propios en el terreno de la competencia"[30]. Con dicha decisión

---

28 Ley 11/1994 de 19 de mayo, por la que se modifican determinados artículos del Estatuto de los Trabajadores, y del texto articulado de la Ley de Procedimiento Laboral y de la Ley sobre Infracciones y Sanciones en el Orden Social, BOE núm. 122, de 23 de mayo de 1994. Excede de los objetivos de este trabajo abordar todos los aspectos modificados mediante esta reforma legal, remitimos a MONEREO PÉREZ, José Luis. *El salario y su estructura después de la reforma laboral de 1997. Valencia: Tirant lo Blanch, 1998,* FERNÁNDEZ AVILÉS, José Antonio. La participación retributiva: evolución y tendencias, *RTSS.CEF,* nº 29, 2003, p. 47. RODRÍGUEZ-SAÑUDO, Fermín. Cambio y continuidad en el régimen jurídico del salario, *RMTAS, vol. 58, 2005.*

29 Como ha sido puesto de manifiesto en los estudios convencionales realizados periódicamente por el Observatorio de la Negociación Colectiva dirigido por el profesor ESCUDERO RODRÍGUEZ. Puede verse: AAVV. *Observatorio de la Negociación Colectiva. Madrid: CCOO; 2002, p. 116; MERCADER UGUINA, Jesús R. (Coord.). Salarios. En. AAVV. La negociación colectiva en España: una visión cualitativa. Valencia: CCOO; Tirant lo Blanch, 2004, p. 435 MERCADER UGUINA, Jesús R. (Coord.). Salarios. En. AAVV. La negociación colectiva en España: una mirada crítica Valencia: CCOO; Tirant lo Blanch, 2006, p. 402. Esta tendencia se mantiene como evidencia la vigente Estadística de Convenios Colectivos del año 20022— véase la tabla 2 de este mismo trabajo—.*

30 MERCADER UGUINA, Jesús R. Flexiseguridad y salario. *Revista del Ministerio de Empleo y Seguridad Social,* vol. 135, 2018, p. 202.

se reduce en términos muy notables el grado de intervención de nuestra legislación en materia salarial, principalmente por la necesidad de garantizar el "espacio vital" que reclama la negociación colectiva, aunque también, seguramente, porque hoy en día resulta extraordinariamente complicado para el legislador abordar con carácter general y común un aspecto de las relaciones de trabajo que está condicionado de manera muy profunda por las particularidades de cada sector o ámbito de actividad[31]. Sin embargo, y parafraseando el adagio italiano, "*piano piano non si va lontano*", la incorporación en nuestros convenios colectivos de este tipo de fórmulas se caracteriza por su escasez. Es hoy por hoy, en suma, una más de las múltiples asignaturas pendientes de nuestro sistema de relaciones laborales[32].

La propia remisión legal contenida en el artículo 26.3 ET a la negociación colectiva para la fijación de los complementos salariales no ha supuesto un avance cualitativamente importante en la adopción de complementos de participación económica en la práctica negocial española y ello a pesar de que el V Acuerdo para el Empleo y la Negociación Colectiva[33] insta a los convenios a "promover la racionalización de las estructuras salariales, integrando los principios de transparencia retributiva y de igual retribución por trabajos de igual valor", señalando seguidamente que "los sistemas de retribución variable deberán estar fijados con claridad, contar con criterios objetivos y ser neutros desde una perspectiva de género. Además, deberá establecerse su peso en el conjunto de la retribución".

En suma, el AENC promueve la incorporación de fórmulas variables en la estructura salarial, adecuándolas a la realidad sectorial y empresarial, tanto en su configuración inicial como en la determinación de los criterios aplicables para las sucesivas actualizaciones. Con dicha orientación se pretende, por una parte, la posibilidad de racionalizar las estructuras convencionales mediante la sustitución de conceptos obsoletos e improductivos por otros vinculados a la productividad, cantidad o calidad de la producción y resultados empresariales (que debieran incorporarse de manera preferente al bloque variable de la estructura retributiva) y, por otra parte, contempla las claves que han de inspirar las regulaciones convencionales

---

31 GARCÍA MURCIA, Joaquín. Salario variable y suficiencia de ingresos: unas reflexiones generales. *Documentación Laboral*, vol. 100, 2014, p. 76.

32 Nuevamente, MERCADER UGUINA, Jesús R.; TORRONTEGUI AYO, Nerea. Retribución variable y los indicadores financieros como criterio para su determinación, *Revista Crítica de Relaciones de Trabajo Laborum*, Vol. 1, 2021, p. 95.

33 BOE núm. 129, de 31 de mayo de 2023.

para dispensar una adecuada tutela a los trabajadores, esto es, 1) avanzar en la objetividad y claridad en su definición e implantación; 2) delimitar un porcentaje máximo atribuible a la remuneración variable sobre la remuneración total y 3) reconocer de manera más detallada el alcance de los derechos de información y participación en la empresa a los representantes de los trabajadores. Por su parte, en los criterios sindicales de CCOO para la negociación colectiva se insta a que "los complementos variables sujetos a resultados económicos empresariales deben garantizar el adecuado control sindical"[34] mientras que en los aprobados por la CEOE se anima a "transitar hacia sistemas de retribución variable, fijados con criterios objetivos, transparentes y neutros desde una perspectiva de género, en orden a avanzar en la eliminación de la brecha salarial"[35]. A pesar de estas declaraciones, lo cierto es que las referencias convencionales sobre este tipo de mecanismos son todavía escasas y así, tomando como base, la Estadística de Convenios Colectivos, solo el 17% de los convenios aprobados en el año 2022 contemplaban este tipo de fórmulas.

Tabla 2. Cláusulas salariales vinculadas a la situación y resultados de la empresa.

TIPOS DE CLÁUSULAS	CONVENIOS		TRABAJADORES	
	Valores absolutos	En % (1)	Valores absolutos	En % (1)
TOTAL	**1.326**	**100,00**	**380.772**	**100,00**
RETRIBUCIÓN SALARIAL				
Estructura salarial	1.255	94,65	373.661	98,13
Complementos salariales relacionados con la situación y resultados de la empresa	228	17,19	184.785	48,53

Es más, todavía hoy existen demasiados convenios que incluyen una paga denominada de beneficios como una tercera gratificación extraordinaria. La desconexión de esta partida salarial con los beneficios realmente obtenidos por la empresa reconduce a esta paga al concepto de salario base[36]. En otros convenios, todavía muy numerosos, se han pactado com-

---

34 Esta es la tesis mantenida por la Federación de Industria de CCOO en sus criterios de acción sindical para la negociación colectiva, accesibles en https://industria.ccoo.es/0d511ea3f070edeb79de3dfb64259f97000060.pdf (Fecha de consulta: 13-9-2024).

35 Puede consultarse el texto en https://cepyme.es/comunicado-ceoe-cepyme-sobre-negociacion-colectiva/ (Fecha de consulta: 18-9-2024).

36 Como ejemplo de esta desconexión pueden verse: CC Contratas ferroviarias (BOE núm. 154, de 28 de junio de 2022); CC de limpieza de edificios y locales

plementos de participación en los beneficios empresariales, cuya fijación y cuantía está desconectada de estos, la diferencia respecto a las cláusulas que integran la participación en beneficios como una tercera paga extraordinaria está en que en estos supuestos se pactan unos porcentajes fijos vinculados a la retribución global de los trabajadores[37]. Como paradigmáticos de esta tendencia, el artículo 16 del convenio colectivo de la empresa Repsol butano[38] donde "la participación en beneficios del personal quedará establecida, cualesquiera que sean los resultados de la empresa, de forma invariable, en el 10% sobre sus emolumentos anuales".

En otros convenios, generalmente de sector, se localiza una remisión a los convenios de ámbito inferior para determinar el sistema retributivo aplicable, aunque aquéllos establecen que la denominada participación en beneficios debe ser, como mínimo, una mensualidad[39]. Conscientes de esta desconexión, en algunos sectores productivos, estas falsas pagas de benefi-

---

de la comunidad de Madrid (BOCM. Núm. 228, de 24 de septiembre de 2022); CC para las industrias del turrón y mazapán (BOE núm. 311, de 28 de diciembre de 2022); CC del sector de fabricantes de yesos, cal y escayolas (BOE núm. 52, de 28 de febrero de 2024) en él que se cambia la denominación de esta paga de beneficios por el de paga extraordinaria lo que realmente se adecua más a su naturaleza; CC interprovincial del comercio de flores y plantas (BOE núm. 211, de 3 de septiembre de 2021). Este tipo de gratificaciones también se encuentran en convenios de ámbito empresarial y así CC de la empresa "Radio Popular SA" (BOE núm. 177, de 25 de julio de 2022); CC de la empresa "Pirelli Neumáticos SA" (BOE núm. 267, de 8 de noviembre de 2023) o el CC de Oerlikoen Soldadura que incluye un complemento denominado de participación en beneficios, calculado con independencia de los resultados obtenidos y fijada en una cantidad fija (treinta días de salario base más complemento de permanencia) que se debe hacer efectiva en el mes de septiembre de cada año (BOP Zaragoza, núm. 66, de 22 marzo 2017 BOP Zaragoza).

37 CC de del grupo de marroquinería, cueros repujados y similares de Madrid, Castilla-La Mancha, La Rioja, Cantabria, Burgos, Soria, Segovia, Ávila, Valladolid y Palencia, BOE núm. 76, de 27 de marzo de 2024) cuyo artículo 24 establece que "*la participación en beneficios se fija en un 9% sobre las cantidades que en cada momento constituyan el salario base convenio, gratificaciones extraordinarias y antigüedad*"; CC de "Repsol Petróleo SA", BOE núm. 50, de 28 de febrero de 2023, el artículo 39 de dicho convenio prevé que todos los trabajadores percibirán como compensación de beneficios la cantidad equivalente al 1,4 de su sueldo base mensual.

38 BOE núm. 83, de 7 de abril de 2023.

39 CC de Autotaxis (BOE núm. 117, de 17 de mayo de 2017); CC del comercio en Islas Baleares (BOIP núm. 168 14 de diciembre de 2019).

cios han sido reconducidas a una tercera paga extraordinaria[40] o incluidas dentro del salario base y prorrateadas mensualmente[41]. Sentado lo anterior, en el tratamiento negocial también se localizan algunos convenios que incluyen complementos de participación en los resultados empresariales que realmente están vinculados a la obtención de beneficios[42].

La forma de pago de esta cantidad puede instrumentarse mediante diferentes vías: la más utilizada es la liquidez de esta participación, opción que genera una inmediata monetización de los beneficios obtenidos (*cash-based profit sharing*) aunque también sería posible destinar esta partida económica a un fondo colectivo o distribuir acciones entre los trabajadores como una fórmula de pago de esta participación (*share-based profit sharing*), en este último supuesto se suele incluir un período de carencia para evitar su inmediata monetización.

Respecto a cuál debe ser la cantidad tenida en cuenta para el cálculo de estos complementos, el primer parámetro de fijación será lo acordado por las partes y si este extremo no ha sido contemplado, se habrá de tener en cuenta lo dispuesto en las normas mercantiles y así, si para el reparto de dividendos entre accionistas se parte de considerar que existe beneficio, a la vista del resultado del ejercicio económico (que se obtiene detrayendo de los ingresos los gastos, en los que se incluyen los impuestos y tributos), el reparto de beneficios entre los empleados necesariamente ha de observar este requisito[43]. También hemos incluido en este análisis los complementos retributivos vinculados al cumplimiento de objetivos colectivos (*gain sharing*)[44]; esta fórmula es calculada en función del desempeño del grupo en su conjunto y la cuantía total del incentivo pagado, normalmente, es

---

40 Artículo 31 del CC de la empresa "*Cardbury Schweppes Bebidas de España*" (BOE núm. 310, de 28 de diciembre de 2023).

41 Artículo 30 CC del comercio del metal para Valencia (BOP 12.9.2003).

42 Entre los decanos, el CC de Banca Privada. Esta participación ya estaba incluida en la Reglamentación Nacional de Banca Privada. OM 3.3.1950 (BOE núm. 75, de 16 de marzo de 1950), cuyo artículo 30 establecía de uno a dos sueldos mensuales según los dividendos fueran inferiores al 6% o llegaran a superar el 12%. En el actual convenio publicado en el BOE núm. 76, de 30 de marzo de 2021, su artículo 23 contempla un complejo sistema de cálculo de esta gratificación, al cual nos remitimos.

43 STS 7.5.2020 (Recurso de Casación núm. 121/2018).

44 Sobre los orígenes de estos sistemas puede consultarse, PORRET GELABERT, Miguel. Los diversos sistemas de retribución variable (un análisis sobre sus posibilidades de aplicación). *Relaciones Laborales*, tomo 2, 1999, p. 1276.

dividido de acuerdo con fórmulas o criterios independientes de su desempeño individual, pues solo se otorga cuando el grupo alcanza o supera un objetivo predeterminado. De producirse esta circunstancia, todos los miembros reciben una prima ligada a la cuantía de las metas superadas colectivamente, que estará determinada por los ahorros obtenidos con las mejoras de productividad. La eficacia de estas fórmulas reside en que existe una corresponsabilización del esfuerzo de los trabajadores, cuyo comportamiento será vigilado por el resto del grupo[45]. Este sistema podrá ser calificado como un mecanismo de participación financiera y no como un complemento vinculado al mayor trabajo realizado si para su concesión se toma como parámetro de referencia mejoras colectivas en la productividad[46]. En la práctica, existe un gran número de sistemas de apreciación del desempeño y de dirección por objetivos dependiendo del tipo de empresa, estrategia, estilo de dirección, etc.

De acuerdo con los modernos sistemas retributivos, el salario —o al menos su parte variable— se determina a partir de los datos obtenidos sobre el rendimiento del trabajador y de los beneficios obtenidos por la empresa en su conjunto. Así, en el convenio colectivo de banca privada[47] se contempla una participación de los trabajadores en los beneficios empresariales; también en el convenio de cajas de ahorro[48] se prevé una participación en los beneficios de los resultados administrativos, cuya cuantía será determinada según los resultados administrativos del ejercicio aprobado por los respectivos consejos, y tomando como base la mitad de la suma de los saldos de imponentes y reservas de los balances al 31 de diciembre del ejercicio anterior y del últimamente finalizado. Por su parte, el CC para las sociedades cooperativas de crédito[49] establece una participación en los excedentes empresariales en aplicación de lo establecido en el artículo octavo, número 3, de la ley 13/1989, de 26 de mayo, de cooperativas de

---

45 Persiguen la motivación del grupo hacia esfuerzo colectivo. En esta dirección: AAVV. Salarios. Estudio de la estructura salarial en la negociación colectiva. ESCUDERO RODRÍGUEZ, Ricardo (Coord.). *Observatorio de la Negociación Colectiva.* Madrid: CCOO, 2002, p. 141.

46 En esta dirección, la COM 2002 (364) final relativa a un marco para la participación financiera establece que si estas medidas sobre el rendimiento son "lo suficientemente amplias y se aplican de manera colectiva" pueden cumplir la función de esquema de participación financiera.

47 BOE núm. 76, de 30 de marzo de 2021.

48 BOE núm. 137 de 6 de junio de 2024.

49 BOE núm. 10, de 12 de enero de 2022.

crédito. Paralelamente, se localiza otra tendencia, cada día más acusada, a establecer complementos vinculados de forma efectiva con los resultados obtenidos en la negociación colectiva desplegada a nivel empresarial[50], siendo mucho menos frecuente la presencia de este tipo de complementos en los convenios de ámbito superior[51].

En algunas empresas[52] se ha pactado una prima variable anual (PVA), cuya lógica es hacer partícipes a los trabajadores de los beneficios obtenidos; este complemento no consolidable será fijado anualmente y calculado en función del nivel de resultados de explotación alcanzados por la sociedad, su cuantía será determinada mediante los parámetros que prevé el propio convenio, el cual establece una retribución variable de hasta un máximo del 2% aplicable sobre las tablas de remuneraciones mínimas garantizadas del año en curso. En estos objetivos se podrán incluir algunos de carácter individual o de carácter colectivo, atendiendo al equipo o departamento del que forme parte el trabajador o trabajadora. Generalmente, para tener derecho al cobro de esta gratificación, será requisito necesario el encontrarse de alta en la empresa en la fecha de cobro. Las personas que, cumpliendo este requisito, hubieran sido alta a lo largo del ejercicio económico cobrarán la parte proporcional de dicha gratificación. En aras de dotar de transparencia al proceso se informará a cada trabajador o trabajadora de los objetivos establecidos en el momento de la evaluación. En otras empresas[53] se contempla una gratificación vinculada al objetivo de negocio, el cual será aprobado anualmente por el Consejo de Administración, siendo su indicador el EBITDA operativo (sin los gastos e ingresos no recurrentes) menos las inversiones previstas (CAPEX), estableciéndose que la escala de cumplimiento se activa a partir de la consecución del 80% del objetivo anual presupuestado, generando una retribución equivalente al 0,65% de la masa salarial del personal adscrito al convenio colectivo. En términos generales se trata de medidas que informa sobre la capacidad de

---

50 PÉREZ INFANTE, José Ignacio, La estructura de la negociación colectiva y los salarios en España. *RMTAS*, nº 46, 2003, p, 73 y 74. Los complementos variables no son especialmente significativos en la negociación colectiva española, donde la parte fija del salario sigue representando el 80% de las retribuciones salariales. No obstante, este tipo de complementos están mucho más generalizados en los convenios de empresa que en los de ámbito sectorial.

51 CC Thyssenkrupp Elevadores, SLU, Madrid y Valencia, BOE núm. 158, de 3 de julio de 2021.

52 CC Saint Gobain Vicasa, BOE núm. 68, de 21 de marzo de 2022.

53 CC Unidad Editorial, SA, BOE núm. 74, de 25 de marzo de 2024.

una compañía para generar beneficios considerando únicamente su actividad productiva y constituyen, en esencia, una medida de carácter económico muy utilizada en los últimos años[54].

También se localizan otros convenios[55] que contemplan fórmulas tendentes a elevar la competitividad y rentabilidad de la empresa y poder optimizar su capacidad productiva, para lo cual se establece un sistema de remuneración variable vinculado a los beneficios y a los resultados de facturación. En esta dirección, también se establece un esquema de participación en los resultados en una empresa[56] en la que se ha acordado una gratificación extraordinaria en función de los beneficios del año anterior, calculado en función de la consecución de los incentivos globales, previéndose que el pago será proporcional al tiempo trabajado en cada ejercicio económico y siempre y cuando la persona trabajadora se encontrará de alta el 30 de septiembre de cada ejercicio fiscal respectivamente. En otros convenios[57] se prevé que los trabajadores puedan percibir anualmente in-

---

54 MERCADER UGUINA, Jesús R.; TORRONTEGUI AYO, Nerea. Retribución variable y los indicadores financieros como criterio para su determinación, Op. cit, p. 102.

55 CC Finanzauto núm. 107, de 5 de mayo de 2022.

56 CC Siemens, BOE núm. 128, de 27 de mayo de 2024.

57 CC CEPSA, BOE núm. 52, de 28 de febrero de 2024. El personal empleado podrá percibir anualmente ingresos adicionales por este concepto en función de los resultados obtenidos en cuanto al cumplimiento de Objetivos del Grupo, los Objetivos de Dirección del área de Negocio o función a la que esté adscrita cada persona empleada y, en su caso, los Objetivos de División establecidos anualmente por parte de la Compañía. Cuando no se establezcan Objetivos de División su porcentaje de ponderación se sumará al de Objetivos de Dirección. Cada uno de los objetivos tendrá definida una escala de consecución preferentemente objetivable y referida a un indicador de medida (KPI), con un umbral mínimo (llave) de un 70% y un objetivo de consecución del 100% y un extraordinario que, de obtenerse, podría elevar la evaluación máxima hasta el 150% de consecución. Mediante esta escala se determinará el «valor exacto» de consecución obtenido en cada objetivo durante el ejercicio.
Se define una ponderación o peso para cada nivel o capa de Objetivos según se indica a continuación.
– Objetivos del Grupo: ponderación 40%.
– Objetivos de Dirección: ponderación 30%.
– Objetivos de División: ponderación 30%.
El porcentaje de consecución de cada capa de objetivos se multiplicará por el porcentaje de ponderación o peso asignado a dicha capa. Se sumarán los resultados obtenidos de dicha operación en cada capa, resultando así el «coeficiente de valoración».

gresos adicionales vinculados a los resultados en función de la evolución económica de la empresa y del cumplimiento de objetivos que, en su caso, puedan establecerse en cada uno de los centros. Se establece además el procedimiento de fiscalización que efectuará la representación legal, previendo que la empresa entregará con carácter anual al comité los objetivos definidos de todas las áreas, una vez sean aprobados, así como cuando hayan sido evaluados. Para el abono de este concepto se tendrán en cuenta los resultados del año anterior produciéndose la liquidación, si procediera, en el mes de abril, una vez conocida la valoración definitiva de los objetivos y el mismo solo se percibiría siempre que se esté de alta en la empresa a la fecha de su devengo, el 31 de diciembre de cada año, y proporcionalmente al número de meses trabajados el año anterior. Como excepción a la regla general de devengo a 31 de diciembre de cada año, en el caso de que una persona empleada cause baja con anterioridad a la fecha por jubilación, incapacidad permanente o fallecimiento, se procederá a la liquidación de este concepto, proporcionalmente al número de meses trabajados durante el año en el que cause baja, aplicando para ello el mismo porcentaje de evaluación que el del año inmediatamente anterior si hubiera referencia o, en su defecto, el 70%. Para aquel personal empleado que cause baja antes de la liquidación de este concepto se realizará en el indicado mes. Finalmente, en el I CC del Grupo EROSKI[58] incluye una declaración programática del modelo socio empresarial, destacando como elemento diferenciador la "*participación de sus miembros en tres ámbitos: en el capital, en los resultados y en la gestión*" y aunque, ciertamente, en el CC no se establece cómo se articula esta participación retributiva y sólo se establece una remisión al programa PARET (participación efectiva en el trabajo), lo cierto es que la tradición cooperativista del grupo es el origen de esta integración de los trabajadores en el capital social. Así, desde el año 1998 se ha implantado un sistema de los trabajadores en la estructura societaria, superando el 30% el volumen de la plantilla con participación accionarial.

El porcentaje de Retribución Fija en los conceptos de Salario Base, Complemento de Consolidación y Complemento Cepsa/Cepsa Química anual de cada persona asignada a este concepto variable es del 6,5%.

[58] BOE núm. 101, de 28 de abril de 2022

Tabla 3. Número de trabajadores/socios

* Fuente: Grupo Eroski[59]

En suma, es frecuente localizar partidas salariales vinculadas al cumplimiento de objetivos grupales que supongan un aumento en la productividad global de la empresa. Por ejemplo, en la compañía ENSA[60] se contempla un complemento denominado "*gratificación por objetivos*", cuya cuantía será fijada en función del cumplimiento de objetivos grupales, previéndose también una participación de la plantilla en el Consejo de Administración de la compañía, dado que tendrán derecho a participar aquellas organizaciones sindicales que hubieran obtenido al menos un veinticinco por ciento del número de delegados/as de personal y de miembros del comité de empresa. Como se puede inferir del tratamiento negocial, las nuevas exigencias impuestas por la intensificación de la competencia han favorecido la aprobación de complementos retributivos ligados a la productividad. Y así, en algunas empresas[61] se contempla una "prima de productividad", que incide en la necesidad de mejorar la eficiencia empresarial como el único factor para asegurar la supervivencia en el mercado; en esta misma dirección, el convenio de Paradores de España[62] ha incluido un complemento denominado "*prima de producción*", cuya cuantía está vinculada a los ingresos brutos de explotación obtenidos en cada centro de trabajo y su devengo se efectuará proporcionalmente a los días que permanezca en activo el trabajador.

---

59 Algunos datos sobre la distribución de la plantilla en: https://corporativo.eroski.es/wp-content/uploads/2020/07/principales_indicadores.pdf (Fecha de consulta: 18/9/2024)

60 BOE núm. 188, de 7 de agosto de 2019.

61 CC BSH, BOP Zaragoza núm. 166 de 22 de julio 2023.

62 BOE núm. 111, de 9 de mayo de 2019.

Por su parte, en el CC de la empresa Fremap[63] se incluye una gratificación vinculada al cumplimiento de objetivos garantizada para la generalidad de los empleados que estén de alta el 31 de diciembre y proporcionalmente al número de días trabajados. En el convenio de la empresa Philips[64] se señala que "todos los empleados quedarán adscritos a la política de retribución variable de la empresa, adicionalmente al resto de conceptos salariales" mientras que en el convenio de la empresa Metro de Madrid[65] se incluye un título específico dedicado a la mejora de la productividad, que se concreta en la fijación de un complemento directamente vinculado a esta mejora. Esta prima de eficacia es un complemento salarial, no consolidable y que solo se devenga por día efectivamente trabajado en función de la mejora de productividad obtenida en toda la empresa. De igual modo, y vinculado al cumplimiento de los objetivos empresariales, en el convenio de la empresa Mercadona[66] se ha pactado una prima general por objetivos, a la que podrán optar los trabajadores siempre que cumplan dos requisitos: a) cumplimiento de los objetivos previstos por la empresa y b) superación de la entrevista de valoración personal anual; de acreditarse ambos requisitos, la cuantía de esta prima será de una mensualidad del salario de su grupo profesional. Finalmente, en la empresa Carlson Walgonit[67] se ha pactado un sistema de incentivos grupales vinculados al cumplimiento de objetivos en la zona y en función de los resultados del grupo emisor. La dotación global del fondo se incrementará en un 12% por cada medio millón de euros que se supere la cifra de EBITDA. Para poder fiscalizar todo el proceso, la empresa facilitará al comité intercentros información respecto a los beneficios, así como de la evolución de estos a lo largo del ejercicio y de su resultado real final, estableciéndose que el nivel de consecución se valorará obedeciendo siempre al ámbito funcional de la persona trabajadora, teniendo en cuenta tanto las funciones a desarrollar como las herramientas a su disposición. El abono del incentivo será proporcional al tiempo efectivo de trabajo de los diferentes empleados de un equipo, cliente, unidad o centro de trabajo, a excepción de las situaciones de incapacidad temporal derivadas de accidente de trabajo o las suspensiones del contrato de trabajo por nacimiento y cuidado de menor.

---

63 BOE núm. 68, de 20 de marzo de 2014.

64 BOE núm. 209, de 1 de septiembre de 2021.

65 BOCM núm. 198, de 20 de agosto de 2021.

66 BOE núm. 52, de 28 de febrero de 2024.

67 BOE núm. 50, de 27 de febrero de 2020.

4. EL FUTURO: EL PRINCIPIO DE TRANSPARENCIA COMO CRITERIO ORDENADOR DE LA RETRIBUCIÓN VARIABLE

El Principio 6 —apartado b— del Pilar Social[68] establece que: «todos los salarios deberán fijarse de manera transparente y predecible, con arreglo a las prácticas nacionales y respetando la autonomía de los interlocutores sociales». La materialización del citado principio se proyecta sobre distintas dimensiones o elementos de todo modelo de retribución variable, pues no solo exige que los elementos del devengo sean objetivados, de manera que el trabajador debe conocer cuáles son los parámetros, módulos o criterios específicos para generar el derecho a percibir su retribución y de ahí, correlativamente, sino que supone el reconocimiento de todas las garantías necesarias para controlar el cumplimiento de los criterios establecidos para su devengo y abono.

El diseño de una retribución variable de manera óptima requiere, por lo expuesto, que se cumpla con las exigencias de idoneidad; reciprocidad de intereses; objetividad en la determinación de los criterios de variabilidad; proporcionalidad en el devengo y reparto mancomunado. En este sentido, se encuentran prohibidas aquellas cláusulas contractuales o situaciones de hecho en las que las condiciones de devengo de la retribución variable quedan condicionadas a la exclusiva decisión empresarial. Desde esta perspectiva, el «principio de transparencia» en materia salarial se opone a ideas como la «no comprensión» o «desconocimiento» y, en último extremo, a la «opacidad»[69], debiendo abogar por el establecimiento de criterios de objetividad y claridad en su implantación, advirtiendo, asimismo, de la relevancia de los "derechos de información y participación en la empresa de los representantes de los trabajadores" a la hora de su establecimiento. Es decir, no se trata de un principio que inspire el cumplimiento de una obligación de una determinada forma, sino una obligación material y concreta de obtención de un determinado resultado. En este caso, ese resultado sería la claridad y precisión en los datos con los que se ha realizado el cálculo, datos de los que dispone la empresa, que permitirían

---

68 COM/2017/0250 final. Establecimiento de un pilar europeo de derechos sociales. Sobre el mismo me permito remitir a NIETO ROJAS, Patricia. El Pilar Social como base para la resiliencia y la igualdad de condiciones en materia de derechos mínimos. Revista Ministerio Trabajo y Economía Social, vol. 158, 2024, pp. 41 a 67.

69 MERCADER UGUINA, Jesús R. Flexiseguridad y salario. *Revista del Ministerio de Empleo y Seguridad Social*: *Op. cit.*, p. 202.

a la parte trabajadora constatar de manera simple la correcta liquidación de la retribución adeudada.

Esta exigencia de transparencia es expresamente reforzada en la Directiva (UE) 2019/1152 del Parlamento Europeo y del Consejo, de 20 de junio de 2019, relativa a unas condiciones laborales transparentes y previsibles en la Unión Europea, que se refiere al derecho de información de las condiciones de trabajo "a fin de garantizar a todos los trabajadores en la Unión un grado adecuado de transparencia y previsibilidad con respecto a sus condiciones de trabajo, manteniendo al mismo tiempo una flexibilidad razonable del empleo no convencional y preservando así sus ventajas para los trabajadores y los empleadores" (considerando 6)[70]. En la práctica, la indeterminación de los objetivos establecidos y los problemas que pueden plantearse al evaluar los resultados han dado lugar a frecuentes controversias judiciales derivadas, bien del hecho de que estos no se hubieran fijado claramente en su momento[71], bien a que hayan surgido elementos ajenos a la voluntad del evaluado pero afectantes al mercado que hayan impedido el cumplimento de los objetivos por aquél. Recurrentemente se ha planteado que los sistemas de valoración, diseñados de manera aparentemente neutra, pueden encerrar en su aplicación una discriminación[72], significadamente por el ejercicio de derechos de conciliación, debiendo revisarse para evitar este efecto. Es más, si la tendencia es ir hacia estos esquemas de flexibilidad salarial en los que se asume una parte del riesgo empresarial en tanto que una parte de la remuneración se vincula a la buena marcha de la empresa, se configura como un elemento clave para su gestión que las organizaciones sindicales consigan más control, más información y más

70 SEPÚLVEDA GÓMEZ, María, La necesidad de transparencia del salario. De principio a obligación, *Temas Laborales*, núm. 164/2022, p. 196.

71 En la STS 25 de marzo de 2014 (Rº 140/2013), se establece que el establecimiento de las condiciones retributivas variables no escapa al juicio de idoneidad. De este modo, el citado pronunciamiento establece un primer criterio de control en la construcción del principio de transparencia: la idoneidad del sistema de retribución variable. Tal criterio se materializa en la prohibición de retribuciones variables que incorporen criterios inalcanzables por los trabajadores o que hubiesen sido fijados de modo irrazonable, inidóneo, arbitrario, desproporcionado o con vulneración de la dignidad o de los derechos fundamentales de los afectados.

72 STS 10 de enero de 2017 (Rº 283/2015) que considera el período de suspensión del contrato por maternidad o por riesgo durante el embarazo como tiempo trabajado a efectos de devengar la retribución variable, surgiendo una suerte de "inmunidad retributiva" en el ejercicio de los derechos de conciliación.

democracia, máxime si como ha señalado la profesora Matorras[73], con estas fórmulas se articula una traslación, necesariamente moderada, del riesgo empresarial en sede retributiva, configurándose una *esfera de riesgo compartido.*

Asumido este riesgo, es dable exigir una mayor participación de la representación legal en las decisiones estratégicas de la empresa, entendiendo tales fórmulas como elementos que ayudaran a democratizar la organización interna de las empresas. Para ello, podrían introducirse igualmente elementos de cogestión, habiéndose señalado la idoneidad de que estos esquemas de retribución variables sean la excusa para hacer la organización de las empresas mucho más participativa[74] y también más transparente, de manera que la traslación de un determinado riesgo en la remuneración variable quedaría imperativamente modulada[75] al integrar una mayor democratización en la gestión de las empresas[76].

En un modelo como el que se está proponiendo, la representación legal debe tener un conocimiento preciso y puntual sobre la evolución de la compañía, especialmente de sus cuentas económicas que lógicamente va más allá de la normativa legal actual. Cuando se vincula una parte del salario a los beneficios se hace a los trabajadores copartícipes de la marcha de la compañía y, por lo tanto, se han de establecer los mecanismos que permitan no solo conocer las cuentas pero también poder valorar como su participación ha impactado de alguna manera en la consecución de los objetivos. Para la consecución de este propósito, se aboga por reconocer, de manera más precisa, competencias a la representación legal en este ámbito, tomando como ejemplo la regulación de las comisiones de vigilancia

---

73 MATORRAS DÍAZ-CANEJA, Ana. La retribución variable: su potencial flexibilizador, Op. cit, p. 8 del ejemplar electrónico. MERCADER UGUINA, Jesús R. Retribución variable y principios de Derecho del Trabajo, *Revista Derecho Social y Empresa*, núm. 5, 2016, p. 22.

74 GARCÍA HERNÁNDEZ, Rosa. Remuneración variable, política salarial y negociación colectiva: hacia un nuevo enfoque, *Lan Harremanak*, núm. 35, 2016-II, p. 247.

75 MATORRAS DÍAZ-CANEJA, Ana. La retribución variable: su potencial flexibilizador, *Revista Española de Derecho del Trabajo*, vol. 169, 2014, BIV 2014/2859, p. 10 del ejemplar electrónico.

76 Véanse las interesantes reflexiones de Daniel Innenari.
ty "Democratizar el trabajo" en https://elpais.com/opinion/2025-01-13/democratizar-el-trabajo.html

de este tipo de fórmulas que funcionan, con éxito, desde hace años en otros estados miembros[77].

El «principio de transparencia» retributiva constituye, desde esta perspectiva, un valor fundamental en el establecimiento de los planes, programas o reglamentaciones internas que incorporan sistemas de retribución variable[78], debiendo terminar este capítulo señalando la oportunidad de avanzar en fórmulas salariales redistributivas respecto a los beneficios empresariales. A este respecto, los profesores Sala y Todolí[79] recuerdan que "la participación financiera de los trabajadores no tiene por objetivo únicamente la redistribución de la riqueza, algo que sin duda puede hacerse también mediante la política fiscal, sino que con ella se obtienen también ventajas a nivel macroeconómico: flexibilidad salarial adaptada a los ciclos económicos y a nivel microeconómico: incremento de la productividad, reducción del conflicto social, etc. Precisamente por las ventajas que aportan estos sistemas al bienestar económico general existe un interés público en que se usen estas herramientas salariales y, por ello, se propone que la participación en beneficios venga promocionada o, incluso, en cierto modo obligada por la normativa estatal". Veremos si esta propuesta adquiere carta de naturaleza en los próximos meses porque en el Plan Anual Normativo presentado por el Gobierno se anuncia la futura aprobación de una Ley de Democracia en la Empresa, con el objetivo de impulsar "una participación más eficaz de las trabajadoras y trabajadores en el ámbito de sus respectivas empresas, en consonancia con el artículo 129 de la Constitución"[80]. Esta propuesta se enmarca en un proceso que reclama una mayor voz de los trabajadores en la toma de decisiones dentro de su empresa, con la convicción de que sistema de relaciones laborales maduro como el español no puede asentarse en la vieja creencia de que los trabajadores no tienen nada

---

77 GORRIZ VITALIA, Ramón. Un salario variable a través de la participación en beneficios. *Revista Derecho Social y Empresa*, núm. 5, 2016, p. 4.

78 Extensamente, MERCADER UGUINA, Jesús R. Retribución variable y principios de Derecho del Trabajo, p. 29.

79 SALA FRANCO, Tomás, TODOLÍ SÍGNES, Adrián. La participación financiera de los trabajadores en las empresas del IBEX a través de la negociación colectiva, Trabajo y Derecho, vol. 72, 2020, p. 25.

80 Puede consultarse el Plan Anual Normativo de la Administración General del Estado, que está constituido por las iniciativas legislativas o reglamentarias que los distintos departamentos ministeriales prevean elevar cada año natural al consejo de ministros para su aprobación. Accesible en https://transparencia.gob.es/transparencia/dam/jcr:00e03e20-a2c7-46cb-a482-00f487896469/PAN_2024.pdf (fecha de consulta: 16 de enero de 2025).

que aportar al desarrollo de la actividad empresarial más que el trabajo. Lo que sucede en el trabajo les concierne y les afecta lo mismo que a los propietarios del capital, de ahí que deban tener alguna voz y capacidad de decisión en relación con ello[81].

Bibliografía

ALZAGA RUIZ, Icíar *Las stock options. Un estudio desde el punto de vista del Derecho del Trabajo y de la Seguridad Social.* Navarra, Aranzadi, 2003.

BELLONI ROMÁN, Adriano. "Phantom shares: una aproximación a su concepto", *Revista Lex Mercatoria,* vol. 21, 2022, pp. 1-6.

BISCHOFF, Gabrielle. Informe sobre la democracia en el trabajo: un marco europeo para los derechos de participación de los trabajadores y revisión de la Directiva sobre el comité de empresa europeo, 2021. Accesible en https://www.europarl.europa.eu/doceo/document/A-9-2021-0331_ES.html

BONACHE DELGADO, Jaime. (Coord.). Dirección estratégica de personas. Madrid: Pearson, 2002, pp. 191-230.

DELGADO PLANAS, Carlos. *Mucho más que salario. La compensación total flexible.* Madrid: Mc Graw Hill, Priceawterhouse Coopers, 2003.

EUROFOUND. European Company Survey 2019 - Workplace practices unlocking employee potential, 2020, accessible en https://www.eurofound.europa.eu/en/publications/2020/european-company-survey-2019-workplace-practices-unlocking-employee-potential

FERNÁNDEZ AVILÉS, José Antonio. La participación retributiva: evolución y tendencias, *RTSS.CEF,* nº 29, 2003, pp. 29-84.

GARCÍA HERNÁNDEZ, Rosa. Remuneración variable, política salarial y negociación colectiva: hacia un nuevo enfoque, *Lan Harremanak,* núm. 35, 2016-II, pp. 232-248.

GARCÍA MURCIA, Joaquín. Salario variable y suficiencia de ingresos: unas reflexiones generales. *Documentación Laboral,* vol. 100, 2014, pp. 71-84.

GARCÍA ORTEGA, Jesús. El salario en régimen de participación en ingresos o beneficios. AAVV. *Estudios sobre el salario.* Madrid: ACARL, 1993, pp. 491-512.

GONZÁLEZ BIEDMA, Eduardo, "Algunas reflexiones sobre la regulación de la retribución de los trabajadores", en Sáez Lara, Carmen, Navarro Nieto, Federico, Gómez Caballero, Pedro. (Eds.) Los desafíos del Derecho del trabajo ante el cambio social y económico Libro en homenaje a Federico Durán López, Iustel, Madrid, 2021, pp. 337-349.

GONZÁLEZ LABRADA, Manuel; VALLEJO D'ACOSTA, Ruth. La participación en los beneficios y resultados de la empresa y la flexibilidad salarial. MONEREO PÉREZ, José Luis (Ed.) *La reforma del mercado de trabajo y de la seguridad y salud laboral.* Madrid: Universidad de Granada, 1996, p. 303-322.

81 RODRÍGUEZ FERNÁNDEZ, M.ª Luz. *Negociación colectiva, igualdad y democracia,* Comares, Granada, 2016, p. 251.

GORRIZ VITALIA, Ramón. Un salario variable a través de la participación en beneficios. *Revista Derecho Social y Empresa,* núm. 5, 2016, pp. 1-5.

HERNANDO CEBRIÁN. Luis. La retribución variable de los administradores sociales: bonus y malus, acciones ocultas o virtuales (phantom shares) y correas doradas (golden leashes). GARCÍA-CRUCES GONZÁLEZ, José Antonio (dir.). *De Iure Mercatus. Libro Homenaje al Prof. Dr. Dr.h.c. Alberto Bercovitz Rodríguez-Cano.* Valencia, Tirant lo Blanch, 2023, p. 2217-2253.

MATORRAS DÍAZ-CANEJA, Ana. La retribución variable: su potencial flexibilizador, *Revista Española de Derecho del Trabajo,* vol. 169, 2014, BIV 2014/2859

MERCADER UGUINA, Jesús R. Modernas tendencias de la ordenación salarial: cambios productivos y reforma del mercado de trabajo", *Revista de Estudios Financieros,* vol. 136, 1994, pp. 121-180.

MERCADER UGUINA, Jesús R. *Modernas tendencias en la ordenación salarial. La incidencia sobre el salario de la Reforma Laboral,* Pamplona: Aranzadi, 1996.

MERCADER UGUINA, Jesús R. Retribución variable y cambios productivos. Aparicio Tovar, J. (Dir.)., *Estudios sobre el salario,* Albacete: Bomarzo, 2004, pp. 87-109.

MERCADER UGUINA, Jesús R. Salarios. Escudero Rodríguez, R. (Dir.). *La negociación colectiva en España: una visión cualitativa.* Valencia: CCOO; Tirant lo Blanch, 2006.

MERCADER UGUINA, Jesús R. *Salario y crisis económica,* Valencia: Tirant lo Blanch, 2011, especialmente pp. 39 y ss.

MERCADER UGUINA, Jesús R. Retribución variable y principios de Derecho del Trabajo, *Revista Derecho Social y Empresa,* núm. 5, 2016, pp. 1-22.

MERCADER UGUINA, Jesús R. Flexiseguridad y salario. *Revista del Ministerio de Empleo y Seguridad Social:* vol. Extra 135, 2018, pp. 197-220.

MERCADER UGUINA, Jesús R. Nuevos escenarios para el Estatuto de los Trabajadores del siglo XXI: digitalización y cambio tecnológico. Trabajo y Derecho, vol. 63, 2020, pp. 1-30.

MERCADER UGUINA, Jesús R; TORRONTEGUI AYO, Nerea. Retribución variable y los indicadores financieros como criterio para su determinación, Revista Crítica de Relaciones de Trabajo Laborum, Vol. 1, 2021, pp. 95-107

MONEREO PÉREZ, José Luis. *El salario y su estructura después de la reforma laboral de 1997. Valencia: Tirant lo Blanch, 1998.*

NIETO ROJAS, Patricia. *La participación financiera de los trabajadores en la empresa.* Valencia: Tirant lo Blanch, 2011.

El Pilar Social como base para la resiliencia y la igualdad de condiciones en materia de derechos mínimos. R*evista Ministerio Trabajo y Economía Social,* vol. 158, 2024, pp. 41-67.

PÉREZ INFANTE, José Ignacio., La estructura de la negociación colectiva y los salarios en España, *Revista del Ministerio de Trabajo y Asuntos Sociales*: vol. 46, 2003, pp. 41-97

PORRET GELABERT, Miguel. Los diversos sistemas de retribución variable (un análisis sobre sus posibilidades de aplicación). *Relaciones Laborales,* tomo 2, 1999, pp. 1274-1286.

PUIG GARCÍA, Mario. La pobre evolución del sistema de retribución variable de los administradores mediante Stock Options en las sociedades de responsabilidad limitada. Causas y propuesta de futuro, *Món jurídic: revista de l'Il·lustre Col·legi de l'Advocacia de Barcelona,* vol. 349, 2023, pp. 20-22.

RODRÍGUEZ FERNÁNDEZ, Mª Luz, Negociación colectiva, igualdad y democracia, Comares, Granada, 2016.

SALA FRANCO, Tomás; TODOLÍ SÍGNES, Adrián. La participación financiera de los trabajadores en las empresas del IBEX a través de la negociación colectiva, *Trabajo y Derecho,* vol. 72, 2020.

SEPÚLVEDA GÓMEZ, Maria, La necesidad de transparencia del salario. De principio a obligación, Sentencia del Tribunal Supremo, Sala de lo Social, núm. 31/2019, de 17 de enero ECLI:ES:TS:2019:361, *Temas Laborales,* vol. 164/2022, pp. 187-197.

RODRÍGUEZ-SAÑUDO, Fermín. Cambio y continuidad en el régimen jurídico del salario, *RMTAS, vol. 58, 2005, pp. 41-56.*

SERRANO CARVAJAL, José. La participación en los beneficios en el Derecho positivo español. AAVV. *Diecisiete lecciones sobre participación de los trabajadores en la empresa.* Madrid: FDCUM, 1967, pp. 251-268.

Absorción y compensación salarial: La delimitación de un concepto complejo ante los desafíos que plantea la evolución del SMI

CRISTINA ARAGÓN GÓMEZ
Profesora Titular de Derecho del Trabajo y de la Seguridad Social
Universidad Nacional de Educación a Distancia (UNED)
https://orcid.org/0000-0001-6177-8287

1. INTRODUCCIÓN

En octubre del año 2000, el profesor Mercader Uguina tomó posesión de su plaza como Catedrático de Derecho del Trabajo y de la Seguridad Social en la Facultad de Derecho de la Universidad de Cantabria. Desde entonces han transcurrido veinticinco años y, durante este período, el profesor Mercader se ha convertido en un verdadero referente para todos los que nos dedicamos a esta disciplina.

A lo largo de estos años como catedrático de Derecho del Trabajo, Jesús ha sido guía para quienes hemos tenido la fortuna de crecer a su lado y de aprender de él, tanto en lo académico como en lo personal.

Mi participación en esta obra colectiva, con la redacción de este humilde capítulo, quiere ser muestra de agradecimiento y de reconocimiento al profesor Mercader. En él, he encontrado siempre una fuente constante de inspiración y de apoyo. Para mí, Jesús ha sido, por encima de todo, un maestro en el sentido más profundo de la palabra: alguien que no solo transmite conocimiento, sino que inspira, que alienta, que saca lo mejor de cada uno.

Admiro especialmente su forma de trabajar: rigurosa, exigente, lúcida, siempre atenta a los retos del presente y con la mirada puesta en los desafíos del futuro. Y le agradezco especialmente su enorme generosidad intelectual. Sin duda ha sido un verdadero privilegio haber podido compartir con él una parte de este camino.

2. LA CONCRECIÓN DE LA CUANTÍA DEL SALARIO

En materia de ordenación salarial, la legislación española ha evolucionado desde un modelo de intenso control estatal, hasta un sistema en el que se ha conferido una mayor libertad a las partes en la fijación de la cuantía del salario. Inicialmente, la declaración III.4 del Fuero del Trabajo de 1938[1] dejó sentadas las bases para el desarrollo del intervencionismo del Estado[2]. No obstante, la Ley básica de Reglamentaciones Nacionales de Trabajo de 1942[3] admitió la posibilidad de que las propias reglamentaciones (normas administrativas emanadas de la Dirección General de Trabajo) configuraran determinadas condiciones como mínimas, por lo que eran *"susceptibles de mejora por libre y espontánea determinación de los empresarios"*. Pero muy pronto, el Decreto de 31-3-1944[4] declaró nulos y carentes de todo valor los acuerdos de los empresarios que entrañasen una elevación de los salarios fijados por la reglamentación, siempre que afectaran a la totalidad o a gran parte de las empresas de una rama o actividad, a no ser que obtuviesen la aprobación del Ministerio de Trabajo. Y poco después, el Decreto de 16-1-1948[5] limitó aún más la facultad de las empresas, pues impuso ese mismo requisito cuando se propusiera una elevación de los salarios que afectara a todos los trabajadores de una categoría profesional

1 Fuero del Trabajo formulado por el Consejo Nacional de Falange Española Tradicionalista y de las J.O.N.S (BOE 10-3-1938, núm. 505).

2 Pues advertía: *"El Estado fijará las bases para la regulación del trabajo, con sujeción a las cuales se establecerán las relaciones entre los trabajadores y los empresarios"*.

3 BOE 23-10-1942, núm. 296.

4 Decreto de 31-3-1944, sobre política de salarios (BOE 9-4-1944, núm. 100).

5 Decreto de 16-1-1948 por el que se amplía el de 31 de marzo de 1944 sobre política de salarios (BOE 28-1-1948, núm. 402).

en empresas de más de cincuenta trabajadores, con el fin de evitar que dichos aumentos de retribuciones pudieran dar lugar *"al fomento de operaciones de especulación"*, que dañaran la economía nacional. En la práctica, hubo que esperar hasta el año 1956 para que se liberalizara la política salarial: con el Decreto de 8-6-1956[6] se confirió a las empresas plena libertad para conceder a los empleados condiciones superiores a las mínimas de las reglamentaciones, sin necesidad de obtener autorización administrativa y se reconoció expresamente la posibilidad de absorber el importe de los beneficios otorgados. Y el D. 21-3-1958[7] introdujo una medida para fomentar estas subidas salariales: declarar exentas de cotización las mejoras retributivas que se encontraran por encima de los salarios reglamentariamente dispuestos, si así lo acordaran las partes o lo hiciera público la empresa al concederlas (art. 2). Además, ese mismo año, con la Ley 24-4-1958[8], las reglamentaciones comenzaron su largo camino de erosión.

Fruto de esa evolución, a día de hoy, la determinación de la cuantía del salario es el resultado de la confluencia de normas del Estado, de los convenios colectivos y de la contratación individual. En efecto, en nuestro actual sistema de relaciones laborales, el salario no se fija a través de una única fuente, sino que su determinación puede realizarse a través de una acción heterónoma o bien mediante una vía autónoma, de carácter colectivo o individual. Y esos dos sistemas no se configuran como alternativos, sino que pueden complementarse[9], generando un entramado de fuentes, a veces, complejo.

2.1. La intervención coactiva del Estado en la fijación de la cuantía del salario

2.1.1. Orígenes y fundamento del salario mínimo interprofesional

En primer lugar, la cuantía del salario viene determinada por la norma estatal. Pero a este respecto es importante advertir que la intervención del legislador es bastante exigua, pues queda restringida a la fijación del salario

---

6 Decreto de 8-6-1956, por el que se derogan los de 16 de enero de 1948 y 23 de octubre de 1953, sobre política de salarios (BOE 15-7-1956, núm. 197).

7 Decreto 21-3-1958, sobre retribuciones voluntarias de las empresas a sus trabajadores (BOE 1-4-1958, núm. 78).

8 Ley de convenios colectivos sindicales, de 24 de abril 1958 (BOE 25-4-1958, núm. 99).

9 GONZÁLEZ-POSADA MARTÍNEZ, Elías. "La determinación y estructura del salario", *Revista de Política Social*, 1984, núm. 141, p. 30.

mínimo interprofesional (en adelante, SMI). En las gráficas palabras del profesor Mercader, esta garantía actúa como "suelo de contratación"[10], por lo que es inderogable *in peius*. Su finalidad esencial, por consiguiente, es garantizar "*un suelo irreductible para la retribución de la prestación de servicios por cuenta ajena*"[11], de forma que las restantes fuentes de fijación del salario (jerárquicamente inferiores) no pueden establecer una retribución de cuantía más baja pero sí cabría, como es obvio, que fijaran un salario de cuantía superior[12].

Originariamente, la fijación de salarios mínimos tuvo lugar de forma sectorial a través de las Reglamentaciones de Trabajo. Pero, con el Decreto 55/1963[13], se concretó un salario mínimo de carácter interprofesional para *"cualesquiera actividades"*. Con posterioridad, la figura del salario mínimo recibió expresa recepción en el texto constitucional. En concreto, el art. 35 CE, relativo al principio de suficiencia retributiva, pretende garantizar a todos los empleados la posibilidad de vivir dignamente de un único trabajo[14] y, a tal efecto, reconoce el derecho a una remuneración suficiente para satisfacer sus necesidades y las de su familia.

Un año y medio después de la promulgación de la Constitución, se aprobó el Estatuto de los Trabajadores de 1980, cuyo art. 27 ET imponía al Gobierno la obligación de fijar el importe del SMI con carácter anual, previa consulta con las organizaciones sindicales y asociaciones empresariales más representativas, teniendo en cuenta: a) el índice de precios de consumo; b) la productividad media nacional alcanzada; c) el incremento de la participación del trabajo en la renta nacional; y d) la coyuntura económica general. Además, el precepto establecía una revisión semestral para el caso de que no se cumplieran las previsiones sobre el índice de precios men-

---

10 MERCADER UGUINA, Jesús R. *Modernas tendencias en la ordenación salarial: la incidencia sobre el salario de la reforma laboral.* Cizur Menor: Aranzadi Thomson Reuters, 1996, p. 31.

11 STS de de 13 de abril de 1989, núm. 476.

12 GARCÍA-PERROTE ESCARTÍN, Ignacio. "El salario mínimo interprofesional". En: VILLA GIL, Luis Enrique de la. *Estudios sobre el salario.* Asociación de Cajas de Ahorros para Relaciones Laborales ACARL, 1993, p. 307.

13 Decreto 55/1963, de 17 de enero, sobre establecimiento de salarios mínimos y su conexión con los establecidos por convenios colectivos sindicales o mejoras voluntarias (BOE 19-1-1963, núm. 17).

14 LLOMPART BENNÀSSAR, Magdalena. "Análisis crítico de la última jurisprudencia en materia de compensación y absorción de los incrementos del SMI". *Trabajo y Derecho,* 2022, núm. 93, p. 1 de la edición digital.

cionado[15]. Y dicha redacción se ha mantenido sin modificaciones hasta la actualidad.

En palabras del propio Tribunal Constitucional, un Estado social y democrático de derecho, que propugna entre los valores superiores de su ordenamiento jurídico la justicia y la igualdad (art. 1.1. CE), y en el que se encomienda a todos los poderes públicos el promover las condiciones para que la igualdad del individuo y de los grupos en que se integra sean reales y efectivas (art. 9.2 CE), ha de complementar el sistema de fuentes de fijación del salario mediante el estableciendo de un mínimo que, respondiendo a aquellos valores de justicia e igualdad, den efectividad al también mandato constitucional contenido en el artículo 35.1. Pues bien, "*en este marco de exigencias constitucionales ha de situarse el artículo 27 del Estatuto de los Trabajadores y a ellas ha de someterse la potestad expresa y específica al Gobierno de fijar un salario mínimo interprofesional*". En definitiva, "*la institución del salario mínimo constituye una intervención coactiva en las relaciones de trabajo, que encuentra su justificación en la protección de un interés que se estima digno y necesitado de la atención del Estado, según los principios constitucionales*" (STC 31/1984). O, dicho en otros términos, el salario mínimo es un derecho social de desmercantilización substraído al poder de determinación de la autonomía privada[16].

Al margen de ello, la figura del SMI juega un importante papel con respecto a las garantías del salario, pues determina el límite de los créditos que tienen carácter privilegiado (art. 32 ET), el límite de la responsabilidad del FOGASA (art. 33 ET) y la cuantía que puede ser objeto de embargo (arts. 27 ET y 607 LEC). Durante muchos años, el SMI se utilizó también como indicador de nivel de renta que permitía el acceso a determinados beneficios (percepción de becas, acceso a viviendas de protección oficial, etc.) y como parámetro de referencia para cuantificar determinadas prestaciones sociales. Pero esta multivalencia del SMI concluyó con el RDLey

15 Revisión que sólo se ha producido una vez, con motivo de la reforma llevada a cabo por el RDL 3/2004, de 25 de junio, para la racionalización de la regulación del salario mínimo interprofesional y para el incremento de su cuantía (BOE 26-6-2004, núm. 154).

16 FERNÁNDEZ RAMÍREZ, Marina. "El salario mínimo y su función en el marco de la política de rentas". En: ROMÁN VACA, Eduardo (coord.). *Necesidades empresariales y tutelas laborales. XLI Jornadas Universitarias Andaluzas de Derecho del Trabajo y Relaciones Laborales.* Sevilla: Consejo Andaluz de Relaciones Laborales, 2024, p. 216.

3/2004[17] que optó por recuperar su función estrictamente laboral y por desvincularlo de otras finalidades distintas. Y, a tal efecto, se creó el Indicador Público de Renta a Efectos Múltiples (IPREM) que sustituyó al SMI en estas funciones.

En un plano internacional, el Convenio 131 de la OIT de 1970 impone a los Estados miembros la obligación de establecer un sistema de salarios mínimos que deberá ajustarse "*de tiempo en tiempo*". Y, para determinar su cuantía, los Estados deben tener en cuenta los siguientes elementos: a) las necesidades de los trabajadores y de sus familias, habida cuenta del nivel general de salarios en el país, del costo de vida, de las prestaciones de Seguridad Social y del nivel de vida relativo de otros grupos sociales; y b) los factores económicos, incluidos los requerimientos del desarrollo económico, los niveles de productividad y la conveniencia de alcanzar y mantener un alto nivel de empleo. Además, el establecimiento de estos mecanismos se debe consultar *"exhaustivamente con las organizaciones representativas de empleadores y de trabajadores interesadas"*[18].

Por su parte, en la Unión Europea, el art. 4 de la Carta Social de 18-10-1961 reconoce el derecho de los trabajadores a una remuneración suficiente que les proporcione a ellos y a sus familias un nivel de vida decoroso. Y la Directiva 2022/2041, de 19 de octubre, trata de lograr la adecuación de los salarios mínimos para los trabajadores. No obstante, teniendo en cuenta las limitadas competencias de la Unión Europea en este ámbito, la norma no fija la cuantía de un salario mínimo europeo y tampoco establece ningún mecanismo uniforme para fijarlo. La Directiva no determina niveles salariales concretos, sino que obliga a los Estados a asegurar que dichos niveles salariales sean adecuados, privilegiando además la vía de la negociación colectiva para lograrlo. Y aunque no concreta qué se entiende por adecuado, sí establece algunos criterios orientativos al respecto. Ahora bien, es importante alertar que esta Directiva se encuentra ahora mismo en peligro. El 14-1-2025, el Abogado General emitió su dictamen con respecto al caso C-19/23 y concluyó que la Directiva vulnera el principio de atribución de competencias, en la medida en que la normativa en materia

---

17 Real Decreto-ley 3/2004, de 25 de junio, para la racionalización de la regulación del salario mínimo interprofesional y para el incremento de su cuantía (BOE 26-6-2004, núm. 154).

18 Aunque, según la STS 29-10-2015, Rº. 207/2014, esa consulta completa, plena o exhaustiva no se remite a un plazo, sino a que sean consultados todos los que deban serlo, lo que enlaza con los estándares de representatividad institucional que nuestro ordenamiento ciñe a las organizaciones más representativas.

de salarios está explícitamente excluida de la acción legislativa de la Unión Europea según el art. 153 del TFUE.

2.1.2. La amplia discrecionalidad del Gobierno en la fijación del SMI

Con base en el art. 27 ET, la fijación del SMI queda sujeta a determinados límites: a) un límite competencial, pues el órgano apoderado para su fijación es el Gobierno, lo que concreta el apoderamiento genérico *ex* art. 5.1.k) Ley 50/1997[19]; b) un límite temporal, en la medida en que el SMI se debe fijar para un período anual, estableciéndose, para el caso de que no se cumplan las previsiones sobre el IPC, una revisión semestral; y c) un límite procedimental, dado que el salario mínimo debe fijarse previa consulta con las organizaciones sindicales y asociaciones empresariales más representativas[20]. Y junto a estos límites reglados, el art. 27.1 ET incorpora ciertas pautas para fijar el importe del SMI, que son los criterios expresamente relacionados. Así, a la luz del precepto, la consulta a las organizaciones sindicales y asociaciones empresariales más representativas resulta imprescindible, de forma que su incumplimiento conllevaría la nulidad del acto por el que se fijara el SMI. Lo que ocurre es que su importancia práctica es muy relativa, pues en modo alguno la opinión expresada por los representantes es vinculante, por lo que el Gobierno puede decidir libremente con independencia del resultado de la consulta[21].

Al margen de ello, hemos de tener en cuenta que el control de la actividad del Gobierno es muy relativo. En primer lugar, porque la fijación del SMI tiene un contenido decisorio o resolutorio que no es de naturaleza normativa, por lo que no es necesario exigir el previo dictamen del Consejo de Estado[22]. Y, en segundo lugar, porque el acto de fijación del SMI tiene carácter político[23], por lo que el control jurisdiccional es también limitado, dado que únicamente cabrá enjuiciar aspectos procedimentales

---

19 Ley 50/1997, de 27 de noviembre, del Gobierno (BOE 28 de noviembre de 1997, núm. 285).

20 STS (CA) de 7 de octubre de 2020 (Rº. 67/2019).

21 Como con acierto advierte, PÉREZ DEL PRADO, Daniel. "El Salario Mínimo Interprofesional en el debate jurídico y económico". *Revista de Información Laboral*, 2017, núm. 1, p. 8 de la edición digital.

22 SSTS (CA) de 7 de octubre de 2020 (Rº. 67/2019), 14 de octubre de 2020 (Rº. 64/2019), 14 de octubre de 2020 (Rº. 66/2019), 29 de abril de 2021 (Rº. 165/2020) y 6 de mayo de 2021 (Rº. 138/2020).

23 STS de 24 de julio de 1991 (Rº. 151/1987).

o de competencia, así como la posible afectación de derechos fundamentales[24]. En síntesis, los tribunales no pueden controlar la integración de los criterios legales que relaciona el art. 27.1 ET, por lo que *"su acierto o desacierto, lo que tenga de criticable por exceso o defecto, será valorable política y no jurídicamente"*[25]. A la vista de lo expuesto, *"resulta clara la amplísima discrecionalidad para su fijación"*[26].

2.1.3. Los caracteres del salario mínimo interprofesional

De la regulación actual, podemos identificar los siguientes caracteres del salario mínimo:

Primero.- Estamos ante un derecho de estricta configuración legal, pues la Constitución no define qué es la suficiencia salarial, ni cómo se concreta, ni en qué umbral se fija. No obstante, sí da algunas orientaciones al respecto, exigiendo que la retribución sea adecuada para las necesidades del profesional y de su familia.

Sin embargo, el legislador no ha concebido el SMI como un mínimo vital, sino como un salario equitativo, pues no solo tiene en cuenta el coste real de la vida, sino también el sistema económico en su conjunto[27]. Es más, durante años, la generalización de la opción de indexación del SMI, convirtió al art. 27 ET en una garantía no de suficiencia del salario, sino de mantenimiento del poder adquisitivo[28].

A mayor abundamiento, en la fijación del SMI, resultan irrelevantes las cargas familiares, a pesar de la literalidad del art. 35 CE. No obstante,

---

24 Lo que sí permite el art. 2.a) Ley 29/1998, de 13 de julio, reguladora de la jurisdicción contencioso-administrativa (BOE 14-7-1998, núm. 167).

25 SSTS de 7 de octubre de 2020 (Rº. 67/2019) y 14 de octubre de 2020 (Rº. 64/2019).

26 GIMENO DÍAZ DE ATAURI, Pablo. "Los salarios mínimos en la España y en la Europa que vienen. Algunas reflexiones interdisciplinares". *Labos,* 2022, vol. 3, núm. 2, p. 190.

27 GARCÍA-PERROTE ESCARTÍN, Ignacio. "El salario mínimo interprofesional". En: VILLA GIL, Luis Enrique de la. Estudios sobre el salario. Asociación de Cajas de Ahorros para Relaciones Laborales ACARL, 1993, p. 326.

28 TARABINI-CASTELLANI AZNAR, Margarita. "El salario mínimo interprofesional". En: GOERLICH PESET, José María (coord.). Comentarios al Estatuto de los Trabajadores. Libro homenaje a Tomás Sala Franco. Valencia: Tirant lo Blanch, 2016, p. 468.

este olvido, en mi opinión, es acertado, pues un mayor salario mínimo podría representar un elemento disuasorio a la contratación de candidatos con mayores responsabilidades familiares. La protección de la familia, sin duda, debe instrumentarse a través de otros mecanismos como las prestaciones de la Seguridad Social y el sistema tributario[29].

Segundo.- La cuantificación del SMI compete al Gobierno por lo que nos encontramos ante un supuesto típico de normación en cascada: a) el art. 35 CE consagra el derecho de todos los trabajadores a una remuneración suficiente; b) el legislador marca unos parámetros para proceder a la concreta cuantificación del SMI; y c) el Gobierno, de forma periódica, aprueba la norma reglamentaria que fija el concreto importe de este suelo de contratación[30].

Tercero.- La variación del SMI no es el resultado de un cálculo matemático exacto del que se obtenga una cifra que traduzca numéricamente los criterios del art. 27 ET, a diferencia de lo que ocurre, por ejemplo, con las reglas para determinar el incremento de la base mínima o máxima de cotización *ex* art. 19 LGSS o la revalorización de las pensiones *ex* art. 58.2 LGSS.

Cuarto.- Se trata de un mínimo que se proyecta sobre el conjunto de la población asalariada, con independencia del sector de actividad en el que la persona trabajadora preste servicios y al margen de cuál sea su edad, su sexo o el grupo profesional al que esté adscrita. De otro lado, la fijación del salario mínimo tampoco varía en función del lugar de residencia. El salario mínimo es único para todo el territorio español, al margen de cuál sea el coste de la vida en los diferentes municipios. A día de hoy, en sede parlamentaria, algunos partidos políticos reclaman un salario diferente en función del territorio. Sin embargo, a la luz de la Constitución, esta reivindicación no parece viable. En primer lugar, es evidente que las Comunidades Autónomas no pueden fijar el salario mínimo aplicable en su concreto territorio, pues se trata de una materia reservada al Estado [art. 149.1.7º CE]. ¿Pero podría el propio Estado fijar suelos de contratación distintos para cada provincia o para cada Comunidad Autónoma? En respuesta a esta cuestión, debemos tener en cuenta que una decisión de este calado

---

29 En el mismo sentido, SEMPERE NAVARRO, Antonio V. "Control judicial a la excepcional subida del Salario Mínimo Interprofesional". *Revista de Jurisprudencia Laboral,* 2020, núm. 8, p. 7.

30 SEMPERE NAVARRO, Antonio V. "Control judicial a la excepcional subida del Salario Mínimo Interprofesional". *Revista de Jurisprudencia Laboral,* 2020, núm. 8, p. 6.

podría incidir en la unidad de mercado[31], pues las empresas pueden tender a implantarse en territorios donde el SMI sea más bajo. Igualmente los trabajadores encontrarían un incentivo a buscar trabajo en municipios en los que el suelo de contratación sea más elevado, manteniendo el lugar de residencia.

Por su parte, algunos autores reivindican la fijación de diferentes cuantías de SMI en función de la edad del trabajador, pues entienden que su carácter universal dificulta la incorporación de los jóvenes al mercado laboral[32]. Y es verdad que, hasta el año 1997, vino fijándose un salario mínimo para menores de 18 años que era inferior al general. Y aunque esta previsión se consideró legítima por parte del Tribunal Constitucional (STC 31/1984), comparto la opinión de quien entiende que estas diferencias en función de la edad resultan bastante discutibles[33].

Quinto.- Para mantener su propia eficacia, el SMI debe ajustarse periódicamente. Y de ahí que se imponga al ejecutivo la obligación de revisar su cuantía con carácter anual. Un mandato que viene a cumplirse mediante un Real Decreto aprobado a finales del año precedente o a principios del año en curso. No obstante, si el Gobierno incumpliera su obligación legal de fijar anualmente la cuantía del salario mínimo o se retrasase en hacerlo, seguiría rigiendo el Real Decreto anterior, mientras no se apruebe una nueva cuantía[34]. Lo que no cabe entender, en mi opinión, es que el SMI se contractualice[35], pues respetadas las exigencias constitucionales e internacionales, no hay obligación de que el importe de un año sea superior al del

---

[31] Según la STC 79/2017, el mercado único tiene como rasgos fundamentales: ser un espacio donde se encuentren garantizadas la libre circulación de personas y bienes, y ser un espacio donde las condiciones esenciales de ejercicio de la actividad económica sean iguales.

[32] ARELLANO ESPINAR, F. Alfonso y JANSEN, Marcel. "Salario mínimo interprofesional y empleo juvenil. ¿Necesidad de cambios?". *Información comercial española,* 2014, núm. 881, pp. 121 a 132.

[33] TARABINI-CASTELLANI AZNAR, Margarita. "El salario mínimo interprofesional". En: GOERLICH PESET, José María (coord.). Comentarios al Estatuto de los Trabajadores. Libro homenaje a Tomás Sala Franco. Valencia: Tirant lo Blanch, 2016, p. 466.

[34] CRUZ VILLALÓN, Jesús. "El salario mínimo de 2024 sigue vigente". Blog del autor, 16-1-2025.

[35] Sin embargo, así parece entenderlo la Dirección General de Trabajo en su criterio interpretativo 1/2025, de 23-1-2025.

año precedente, por lo que —teóricamente— cabría congelar el importe del SMI e, incluso, reducirlo.

Sexto.- La cuantía del SMI se determina en referencia a un trabajador a tiempo completo. Los reales decretos que anualmente fijan la cuantía del salario mínimo advierten que este importe se entiende referido a *"la jornada legal de trabajo"*. Pero tal expresión debe entenderse referida a la jornada ordinaria (ya derive de la ley, del convenio colectivo o del contrato de trabajo). En consecuencia, si se realiza una jornada de trabajo inferior, el suelo de contratación se reduce de forma proporcional. Y, en contrapartida, quien realice una jornada de trabajo superior (ya sea por la realización de horas extraordinarias o de horas complementarias) deberá percibir una retribución adicional. Volveremos con posterioridad sobre este extremo.

Séptimo.- En el SMI se computa únicamente la retribución en dinerario y no en especie, a raíz de la reforma laboral llevada a cabo por la DA 23ª Ley 35/2010[36].

Octavo.- El legislador concreta el SMI en un importe de carácter bruto que queda sujeto a cotización y a retención fiscal. En efecto, la subida del SMI lleva aparejado un correlativo aumento de la base mínima de cotización a la Seguridad Social, pues recordemos que su importe se concreta en el salario mínimo incrementado en un sexto, al objeto de incluir la parte proporcional de las pagas extraordinarias (art. 19 LGSS). De otro lado, el salario mínimo también está sujeto a retención por IRPF. Tradicionalmente, el importe del salario mínimo interprofesional ha quedado por debajo del mínimo exento de retención. Con la revisión del año 2024, la cuantía del SMI quedó inicialmente por encima de este umbral. Pero el ejecutivo reaccionó de forma inmediata, elevando las cuantías a partir de las cuales existía la obligación de retener, para evitar que los contribuyentes que percibiesen rendimientos del trabajo por cuantía igual o inferior al SMI soportasen retención o ingreso a cuenta[37]. Sin embargo, este año 2025, el mínimo exento no se ha modificado y, por vez primera, quienes perciban el SMI tendrán obligación de tributar.

---

36 Ley 35/2010, de 17 de septiembre, de medidas urgentes para la reforma del mercado de trabajo (BOE 18-9-2010, núm. 227).

37 Real Decreto 142/2024, de 6 de febrero, por el que se modifica el Reglamento del Impuesto sobre la Renta de las Personas Físicas, aprobado por el Real Decreto 439/2007, de 30 de marzo, en materia de retenciones e ingresos a cuenta (BOE 7-2-2024, núm. 33).

2.2. *El papel de la negociación colectiva en la fijación del salario*

Tras la liberación de la política salarial, la intervención coactiva del Estado no impide el juego de la autonomía colectiva. Así, en la práctica, la cuantía del salario puede venir determinada por convenio o acuerdo colectivo, fijando la retribución correspondiente a cada grupo profesional. Estos salarios profesionales convenidos colectivamente son de obligado cumplimiento en el sector o en la empresa, constituyendo un nuevo mínimo que el empresario debe respetar[38]. Y este segundo peldaño que se apoya sobre el anterior (es decir, sobre el SMI) puede incidir tanto en la cuantía del salario, como en la determinación de la estructura retributiva.

En efecto, en la actual configuración jurídica del salario, la negociación colectiva tiene un papel central, pues a ella se le encomienda de forma primigenia el establecimiento de la estructura retributiva. No obstante, en dicho cometido, los negociadores no tienen plena libertad, pues la norma advierte que dicha estructura deberá comprender, en todo caso, el salario base que se erige, por tanto, en un componente necesario de toda estructura retributiva. Además, la negociación colectiva podrá establecer una serie de complementos, atendiendo a tres factores: a) las condiciones personales del trabajador; b) las particularidades del trabajo realizado; y c) la situación y resultados de la empresa. De esta forma, los complementos salariales se vinculan a una causa específica cuya concurrencia determina su atribución y su devengo.

Pues bien, con respecto al papel de la autonomía colectiva en la fijación de la cuantía del salario, debemos tener en cuenta las siguientes reglas:

Primera regla.- El convenio colectivo deberá respetar, como mínimo indisponible, la cuantía fijada por la norma estatal (art. 85.1 ET).

Segunda regla.- Tras la reforma llevada a cabo por el RD-Ley 32/2021[39], el convenio de empresa ya no tiene prioridad aplicativa respecto de los convenios sectoriales en la regulación de «*la cuantía del salario base y de los complementos salariales, incluidos los vinculados a la situación y resultados de la empresa*». Lo que ocurre es que el resto de las reglas de concurrencia de convenios contenidas en el art. 84 ET se mantienen incólumes. Por lo

---

38 NIETO ROJAS, PATRICIA. "El papel de la autonomía colectiva en los sistemas de absorción y compensación de salarios", *Justicia Laboral*, 2009, núm. 38.

39 Real Decreto-ley 32/2021, de 28 de diciembre, de medidas urgentes para la reforma laboral, la garantía de la estabilidad en el empleo y la transformación del mercado de trabajo (BOE 30-12-2021, núm. 313).

tanto, si el convenio de empresa es previo al convenio sectorial, se aplicará el convenio de empresa íntegramente (también en materia salarial). Pero si el convenio de empresa es posterior al convenio sectorial, aquel solo rige con respecto a las materias expresamente relacionadas en el art. 84.2 ET. De esta forma, en materia salarial, regiría el convenio del sector, salvo que: a) la concurrencia entre convenios no fuese conflictiva (porque el convenio de empresa estableciese mejores salarios); b) se haya producido un descuelgue de las condiciones salariales, de acuerdo al procedimiento establecido en el art. 82.3 ET.

Tercera regla.- En caso de sucesión de convenios colectivos, rige el principio de modernidad, pues según el art. 82.4 ET, el convenio colectivo que sucede a uno anterior puede disponer sobre los derechos reconocidos en aquel. Y, en dicho supuesto se aplicaría íntegramente lo regulado en el nuevo convenio. En consecuencia, no hay derechos adquiridos o condiciones más beneficiosas por convenio colectivo.

Cuarta regla.- Finalmente, la negociación colectiva no puede anular la autonomía individual. De esta forma, el convenio no puede impedir que, por acuerdo individual o por decisión unilateral del empresario, un trabajador goce de condiciones retributivas más beneficiosas. Es evidente que la negociación colectiva prevalece sobre la autonomía individual, pero el convenio no puede convertirse en el único cauce para regular la relación de trabajo, pues ello sería claramente contrario al diseño general de nuestro sistema[40].

2.3. *El papel de la autonomía individual en la fijación del salario*

En tercer y último lugar, la cuantía del salario también puede venir determinada en el propio contrato de trabajo (bien por pacto inicial o por pacto novatorio), que deberá respetar las cuantías fijadas tanto por la norma estatal, como por el convenio colectivo. El contrato de trabajo pertenece al género de los denominados contratos normados, en los que el campo de actuación reservado a la autonomía contractual individual se encuentra predeterminado tanto por las normas de origen estatal, como por la normación colectiva. Mientras en el derecho común de los contratos, la regla general es la libertad de pactos, el ordenamiento laboral impide que puedan establecerse, en perjuicio del trabajador, condiciones menos favo-

---

[40] BEJARANO HERNÁNDEZ, Andrés. *Principio de condición más beneficiosa y reglas de absorción, compensación y supresión de la misma.* Barcelona: Bosch, 2001, p. 25.

rables o contrarias a las disposiciones legales y a los convenios colectivos aplicables. Una intervención legislativa que se justifica por la necesidad de corregir la desigualdad entre las partes de la relación laboral, protegiendo a la más débil.

Pues bien, esta mejora salarial de origen contractual, acordada por encima del mínimo legal y convencional, puede articularse en la práctica a través de dos vías: bien estableciendo unas mayores cuantías para los mismos conceptos retributivos, bien estableciendo conceptos nuevos, no contemplados en el convenio colectivo. En efecto, con carácter general, el acuerdo individual debe adaptarse a la estructura salarial prevista convencionalmente. No obstante, nada impide que, por acuerdo, se adicionen complementos retributivos distintos a los convencionalmente establecidos. Es más, resulta también admisible un pacto de salario global, de acuerdo al cual se simplifica la estructura interna y se establece una cuantía determinada sin especificar qué concretas partidas lo integran. Y aunque la doctrina más solvente cuestiona la licitud de esta posibilidad[41], los tribunales han admitido esta opción siempre y cuando este pacto de salario omnicomprensivo de todos los conceptos: a) haya sido libremente aceptado por el trabajador afectado[42]; y b) respete las condiciones mínimas fijadas en la ley o en el convenio colectivo[43]. De hecho, se ha aceptado el pacto de salario global incluso para la retribución de las horas extraordinarias[44]. Ahora

41 MATORRAS DÍAZ-CANEJA, Ana. "La estructura retributiva en el sector de la construcción: marco general estatal y su concreción en los convenios de ámbito inferior". En: MERCADER UGUINA, Jesús R. (coord.). *Las relaciones laborales en el sector de la construcción.* Valladolid: Lex Nova, 2008, p. 211.

42 STS de 2 de julio de 1997 (R°. 3646/1996).

43 SSTSJ Andalucía de 27 de marzo de 1990 (JUR\1990\8515), Aragón de 13 de abril de 2000 (R°. 116/1999), Comunidad Valenciana de 17 de junio de 2008 (R°. 3485/2007), Madrid de 14 de octubre de 2013 (R°. 453/2013). En palabras del STSJ Cantabria de 18 de febrero de 2019 (R°. 40/2019), *"se trata de una estipulación expresa mediante la cual se establece que, el empresario remunera al trabajador con una cantidad igual o superior a la que correspondería por estricta aplicación de los niveles salariales legales o convenidos colectivamente; por tanto, la intención de las partes es la de que esta cantidad cubra todas las posibles obligaciones retributivas por conceptos distintos al del estricto salario que por la jornada normal de trabajo y en circunstancias también normales corresponde pagar al empresario".*

44 SSTS de 24 de julio de 2006 (R°. 1570/2005) y de 6 de marzo de 2007 (R°. 5293/2005), pues *"el hecho de que la retribución de las horas extras no sea compensable, no impide que sean perfectamente válidos y conformes a derecho los pactos individuales o colectivos concertados por el empresario con el trabajador o con los trabajadores, en los que se fije una retribución global o genérica, de importe igual o similar cada mes, en compensación*

bien, un convenio puede prohibir este tipo de pactos o incluso prohibir que el salario global abarque determinados conceptos[45].

Al margen de ello, es necesario recordar dos cosas: En primer lugar, que los derechos adquiridos, aunque no estén expresamente previstos en el contrato, se entienden igualmente incorporados al elenco de derechos contractuales de la persona trabajadora. Precisamente por ello, algunas resoluciones judiciales distinguen expresamente entre condiciones más beneficiosas «iniciales» (reconocidas en el propio contrato de trabajo) y condiciones más beneficiosas «adquiridas», que se obtienen por los trabajadores a lo largo de la relación laboral, de manera individual, plural e incluso colectiva (mediante pactos que no tienen la naturaleza de convenio colectivo) o mediante actos del empresario que expresan la voluntad unilateral de otorgar un determinado beneficio. De forma y manera que este beneficio, *«sea inicialmente pactado o se incorpore con posterioridad al contrato, sea por pacto expreso o por acto inequívoco de concesión unilateral, goza del mismo efecto»*[46]. Y, en segundo lugar, que las condiciones salariales previstas en el contrato de trabajo resultan aplicables por encima de cualquier modificación normativa o convencional *in peius*, salvo que el legislador configure esa nueva condición como un derecho absolutamente necesario[47].

No obstante, nuestro ordenamiento jurídico no impone la obligación de mantener o de perpetuar estas mejoras de origen contractual, sino que es perfectamente posible que se neutralicen o, incluso, que se supriman.

---

del exceso de jornada que éste se compromete a realizar, siempre, claro está que en tal pacto se respeten adecuadamente los límites que la ley establece tanto en relación con el tiempo de trabajo (art. 34.2 ET), como con el montante de la retribución (art. 35.1 ET)" [STS de 24 de julio de 2006 (Rº. 1570/2005)].

45 Ejemplo de lo expuesto en el art. 46 del VIII Convenio colectivo estatal del sector de fabricantes de yesos, escayolas, cales y sus prefabricados (BOE 28-2-2024, núm. 52) y el art. 44 del VIII Convenio colectivo general del sector de derivados del cemento (BOE 14-7-2023, núm. 167) de acuerdo a los cuales la liquidación y pago del salario se debe ajustar a la normativa vigente, *"debiendo figurar todos los conceptos devengados por la persona trabajadora debidamente especificados, quedando prohibido, por lo tanto, todo pacto retributivo por salario global"*.

46 STS de 25 de enero de 2017 (Rº. 2198/2015).

47 GONZÁLEZ-POSADA MARTÍNEZ, Elías, "La determinación y estructura del salario", *Revista de Política Social*. 1984, núm. 141, p. 52.

Y de ahí que el profesor Mercader defina con acierto estas mejoras como débiles o interinas[48].

3. LA ABSORCIÓN Y COMPENSACIÓN SALARIAL

3.1. Concepto y fundamento de este mecanismo de ajuste salarial

Según lo establecido en el art. 26.5 ET, «*operará la compensación y absorción cuando los salarios realmente abonados, en su conjunto y cómputo anual, sean más favorables para los trabajadores que los fijados en el orden normativo o convencional de referencia*». El legislador prevé, así, un mecanismo de ajuste salarial que otorga al empresario la posibilidad de moderar el principio de condición más beneficiosa, en la medida en que le reconoce el derecho a neutralizar las mejoras salariales que vinieran disfrutando los trabajadores sobre los mínimos legales o convencionales.

El legislador alude a la posibilidad de absorber y de compensar los salarios realmente abonados, pero no define qué debemos entender por tales mecanismos. Y ante esta indefinición legislativa surge la duda de si estamos hablando de lo mismo o de si ambos conceptos hacen referencia a dos técnicas diferenciadas. Según la RAE, absorber supone *"incorporar, subsumir, fagocitar"* y compensar es *"igualar en opuesto sentido el efecto de una cosa con el de otra"*. Siguiendo esta lógica, la STS de 7 de mayo de 1980 (RJ\1980\1842), entiende que un devengo es absorbible "*cuando en todo o en parte es integrado en la cifra del salario mínimo, que aumenta así sólo nominalmente en cuanto al mismo, máxime si es un devengo preceptivo*". Sin embargo, son compensables *"cuantos emolumentos, absorbibles o no, son imputables en cómputo anual a otras retribuciones satisfechas por las expresadas"* de forma que se contrarrestan los efectos de uno y otra, produciendo un mismo resultado. Así, mientras la absorción actúa en plano vertical, la compensación actúa de manera horizontal. En este sentido, los profesores Palomeque López y Álvarez de la Rosa, aclaran que la absorción es la sustitución de la cuantía contractual del salario base o de alguno de sus complementos por la nueva cuantía de la norma o del pacto de referencia. Por su parte, la compensación es el

---

48 MERCADER UGUINA, Jesús R. *Salario y crisis económica*. Valencia: Tirant lo Blanch, 2011, p. 201.

desplazamiento de un sistema retributivo, legal o convencional, por otro de nueva planta[49].

Ejemplo$_1$: Supongamos que un trabajador percibe un salario base de 1.500 € (tal y como indica el convenio colectivo de aplicación) y una mejora voluntaria de 250 € al mes (fruto de un acuerdo individual). Revisadas las tablas salariales del convenio, los agentes sociales acuerdan una subida de un 5%, de forma que el salario base de ese grupo profesional ascendería a 1.575 €. Lo expuesto no significa que este concreto empleado vaya a ver incrementada su retribución final, pues la empresa podría aumentar la cuantía del salario base y, en contrapartida, absorber esos 75 € de diferencia de la mejora voluntaria (que se reduciría hasta los 175 €), de manera que el incremento salarial del convenio se vería neutralizado. En la práctica, el empleado seguiría cobrando lo mismo en cómputo global (1.750 €). Estaríamos, en este caso, ante un claro ejemplo de absorción salarial, pues una parte de la mejora voluntaria quedaría subsumida en el salario base.

Ejemplo$_2$: Ahora imaginemos que el trabajador percibe, según lo acordado individualmente con la empresa, un salario base de 1.200 € por dieciocho pagas al año. De acuerdo al convenio colectivo aplicable, el salario base correspondiente a ese concreto perfil profesional asciende a 1.542,86 € pagaderos en las doce mensualidades del año y en las dos pagas extraordinarias. Ciertamente, el trabajador cobra un salario base inferior al garantizado en el convenio colectivo, pero lo percibido de menos mensualmente (342,86 €) se compensaría con las cuatro pagas adicionales que tiene al año, dado que, en definitiva, el resultado final es el mismo (21.000 anuales).

No obstante, en la práctica, ambos conceptos se usan indistintamente por la doctrina judicial y su delimitación no es ni mucho menos pacífica en la doctrina académica. Según Montalvo Correa, en la absorción, el mecanismo de convalidación juega cara al futuro respecto de las condiciones que puedan establecerse, mientras que en la compensación, el mecanismo juega cara al pasado, mirando a condiciones ya establecidas con anterioridad a la fuente que decide dicha compensación[50]. Por su parte, para Con-

---

49 PALOMEQUE LÓPEZ, Manuel Carlos y ÁLVAREZ DE LA ROSA, Manuel. *Derecho del Trabajo*. 13ª ed. Madrid: Ramón Areces, 2005, p. 651.

50 MONTALVO CORREA, Jaime. "Absorción y compensación de salarios en las normas convencionales". En: AAVV. *Dieciséis lecciones sobre salarios y sus clases*. Madrid:

de Martín de Hijas, es perfectamente posible referir la idea de la absorción a la relación entre los elementos homólogos de la norma nueva y del contrato antecedente y la compensación a la relación entre los elementos diferentes de uno y otro complejo ordenador[51]. Sin embargo, frente a esta definición, Gil Plana advierte con acierto que, *"al requerirse jurisprudencialmente la necesaria homogeneidad de las partidas salariales, tanto si se compensan como si se absorben, este criterio diferenciador pierde cualquier eficacia en su función de delimitación conceptual de ambos términos"*[52].

Otros autores consideran que la absorción es un *prius* matemático, en cuanto que es la manera de proceder a la compensación, que se erige en la consecuencia jurídica del precepto legal. Entienden así que compensación hace referencia al resultado y que la absorción es la operación que permite llegar a ese resultado[53].

Y hay incluso quien sostiene la identidad conceptual entre la absorción y compensación[54]. En cualquier caso, es evidente que el *"paralelismo funcional"*[55] que caracteriza ambas instituciones ahorra al analista profundizar en esta distinción, pues nos hallamos ante un único fenómeno de neutralización de las mejoras establecidas sobre los mínimos generales, cuando estos se ven incrementados[56]. En definitiva, a pesar del loable es-

---

Facultad de Derecho; servicio de publicaciones, 1971, p. 331.

51 CONDE MARTÍN DE HIJAS, Vicente. "La absorción y compensación como instrumento legal de potenciación de la autonomía individual". *Actualidad Laboral*, 1993, vol. II.

52 GIL PLANA, Juan. "Compensación y absorción en la negociación colectiva". En: GOERLICH PESET, José María (dir.). *Evolución de los contenidos económicos de la negociación colectiva.* Madrid: Ministerio de Empleo y Seguridad Social, 2018, p. 300.

53 THIBAULT ARANDA, Javier. *La compensación y absorción de salarios,* Valencia: Tirant lo Blanch, 2002, p. 42. LLOMPART BENNÀSSAR, Magdalena. "La absorción y compensación del incremento del salario profesional". *Actualidad Laboral,* 2006, núm. 19. GIL PLANA, Juan. "Compensación y absorción en la negociación colectiva". En: GOERLICH PESET, José María (dir.). *Evolución de los contenidos económicos de la negociación colectiva.* Madrid: Ministerio de Empleo y Seguridad Social, 2018, p

54 BEJARANO HERNÁNDEZ, Andrés. *Principio de condición más beneficiosa y reglas de absorción, compensación y supresión de la misma.* Barcelona: Bosch, 2001, p. 127.

55 MONTALVO CORREA, Jaime. "Absorción y compensación de salarios en las normas convencionales". En: AAVV. *Dieciséis lecciones sobre salarios y sus clases.* Madrid: Facultad de Derecho; servicio de publicaciones, 1971, p. 331.

56 GONZÁLEZ-POSADA MARTÍNEZ, Elías. *La absorción y compensación de salarios,* Madrid: Instituto de Estudios Laborales y de la Seguridad Social, 1984, p. 148.

fuerzo conceptual empleado por la doctrina, diferenciar con nitidez los propios conceptos jurídicos de compensación y absorción, resulta *"una tarea condenada al fracaso"* (en las acertadas palabras del profesor Mercader Uguina[57]).

3.2. Los caracteres del mecanismo de la absorción y compensación salarial

El mecanismo de la absorción y compensación salarial se caracteriza por la concurrencia de las siguientes notas:

En primer lugar, se trata de un derecho subjetivo que el legislador confiere al empresario, por lo que éste podrá aplicarlo de forma unilateral, sin necesidad de acuerdo individual o colectivo[58]. Estamos, así, ante una facultad legal por lo que el empresario tiene la libertad para decidir si aplica o no este mecanismo de neutralización cuando se produce el presupuesto objetivo: la mejora del régimen legal o convencional de referencia. La absorción y compensación de salarios tiene, por tanto, carácter potestativo y no preceptivo, por lo que es renunciable por el empresario ya sea de forma expresa o tácita[59]. Es más, la empresa igualmente podría decidir si aplica esta medida con respecto a todos los trabajadores o únicamente con respecto a algunos de ellos[60]; si bien, como es evidente, esta aplicación selectiva no podría generar una situación discriminatoria.

---

57 MERCADER UGUINA, Jesús R. "Compensación y absorción como método de ajuste salarial en la negociación colectiva". En: MERCADER UGUINA, Jesús R. (dir.). *El contenido económico de la negociación colectiva.* Madrid: Ministerio de Trabajo y Asuntos Sociales, 2005, p. 171.

58 THIBAULT ARANDA, Javier. *La compensación y absorción de salarios,* Valencia: Tirant lo Blanch, 2002, p. 35. NIETO ROJAS, Patricia. "El papel de la autonomía colectiva en los sistemas de absorción y compensación de salarios", *Justicia Laboral,* 2009, núm. 38, p. 4 de la edición digital.
GIL PLANA, Juan. "Compensación y absorción en la negociación colectiva". En: GOERLICH PESET, José María (dir.). *Evolución de los contenidos económicos de la negociación colectiva.* Madrid: Ministerio de Empleo y Seguridad Social, 2018, p. 301.

59 GONZÁLEZ-POSADA MARTÍNEZ, Elías. *La absorción y compensación de salarios,* Madrid: Instituto de Estudios Laborales y de la Seguridad Social, 1984, p. 67.

60 GIL PLANA, Juan. "Compensación y absorción en la negociación colectiva". En: GOERLICH PESET, José María (dir.). *Evolución de los contenidos económicos de la negociación colectiva en España (2007-2015).* Madrid: Ministerio de Empleo y Seguridad Social, 2018, p. 302.

Ya hemos indicado que nos encontramos ante una facultad de la empresa. Ahora bien, a este respecto es importante aclarar dos cosas: a) la decisión de la empresa no puede demorarse, pues si la absorción no concurre oportunamente, la mejora se consolida y el intento posterior de practicar aquella equivale a una reducción de salarios ilícita[61]; y b) el que la empresa no haya aplicado este mecanismo neutralizador con carácter previo, no implica la renuncia a este derecho hacia el futuro[62]. En las palabras del profesor Mercader Uguina, *"la decisión de no absorber en un momento dado no prejuzga hacia el futuro el nacimiento de nuevas posibilidades para el empleador de efectuar dicha absorción"*[63]. Así, esta facultad nacerá *"con cada nueva norma legal o convencional que establezca mínimos salariales"*[64].

En segundo lugar, se trata de una medida de ajuste salarial de carácter acausal, pues el ordenamiento no impone la concurrencia de presupuesto de orden causal alguno, "*de modo que no juegan las limitaciones objetivas previstas en el art. 41 ET, ni, por tanto, de la intervención de la representación de los trabajadores en el proceso de adopción de la decisión*"[65].

Y, por último, la decisión de absorber y compensar los salarios tampoco exige la observancia de ninguna formalidad o procedimiento especial.

3.3. *Los presupuestos para que pueda operar la absorción y compensación salarial*

Según la interpretación realizada por la doctrina jurisprudencial, para que pueda operar este instrumento de neutralización salarial, han de concurrir los siguientes requisitos:

En primer lugar, para que pueda efectuarse esta operación de comparación, es obvio que deben existir dos fuentes de fijación del salario: la ley

61 BEJARANO HERNÁNDEZ, Andrés. *Principio de condición más beneficiosa y reglas de absorción, compensación y supresión de la misma.* Barcelona: Bosch, 2001, p. 129.

62 STS de 30 de junio de 2011 (Rº. 174/2010).

63 MERCADER UGUINA, Jesús R. *Modernas tendencias de ordenación salarial.* Pamplona: Aranzadi, 1996, p. 69.

64 MERCADER UGUINA, Jesús R. "Compensación y absorción como método de ajuste salarial en la negociación colectiva". En: MERCADER UGUINA, Jesús R. (dir.). *El contenido económico de la negociación colectiva.* Madrid: Ministerio de Trabajo y Asuntos Sociales, 2005, p. 172.

65 MERCADER UGUINA, Jesús R. *Salario y crisis económica,* Valencia: Tirant lo Blanch, 2011, p. 201.

o el convenio colectivo, de un lado, y el contrato de trabajo o la decisión unilateral del empresario, de otro. En definitiva, para poder absorber una determinada mejora salarial, ésta ha de tener su origen en una fuente reguladora distinta, no siendo admisible su aplicación cuando dicha mejora deriva de los propios mandatos del convenio colectivo o del contrato de trabajo[66]. Así, si en un mismo pacto o convenio se ha previsto el abono de dos conceptos salariales conjuntamente, deviene completamente contrario a derecho que la empresa compense un concepto con otro[67].

En segundo lugar, esa dualidad de fuentes debe tener vigencia simultánea y encontrarse jerarquizada[68], pues si estamos ante una sucesión de normas, es evidente que prevalecería la más moderna.

En tercer lugar, de la aplicación del orden normativo o convencional de referencia, se debe derivar una variación al alza del nivel salarial, como consecuencia de la revisión salarial de las tablas del convenio, de un ascenso, del devengo de una mayor antigüedad, etc.

En cuarto lugar, el trabajador debe venir disfrutando de una retribución igual o superior a la fijada en ese orden de referencia. Por lo tanto, si el incremento salarial producido en un escalón inferior sobrepasara el salario efectivamente percibido por el empleado, éste deberá ver incrementada su retribución hasta que quede equiparada con el nuevo mínimo legal o convencionalmente establecido. Pero si el trabajador siguiera cobrando una retribución superior, esa mejora salarial se vería absorbida o compensada y no acrecería el salario del empleado.

En quinto lugar, esta operación de comparación entre la retribución efectivamente percibida y la retribución mínima garantizada debe efectuarse *«en conjunto y cómputo anual»*. Para determinar si resulta aplicable el mecanismo de la absorción y compensación no es admisible que la confrontación se realice por conceptos aislados y en su cuantía mensual, sino que la comparación debe realizarse en conjunto y en cómputo anual. Ahora bien, este criterio de globalización solo es posible entre concep-

---

66 STS de 9 de julio de 2001 (Rº. 4614/2000).

67 STS de 10 de noviembre de 1998 (Rº. 4629/1997).

68 GIL PLANA, Juan. "Compensación y absorción en la negociación colectiva". En: GOERLICH PESET, José María (dir.). *Evolución de los contenidos económicos de la negociación colectiva en España (2007-2015)*. Madrid: Ministerio de Empleo y Seguridad Social, 2018, p. 305.

tos homogéneos[69] o entre conceptos en los que concurran condiciones de equivalencia[70]. Aunque el art. 26.5 ET no contiene esta exigencia de modo explícito y, de su tenor literal, podría desprenderse la necesidad de efectuar una comparación global, la jurisprudencia viene exigiendo que los conceptos salariales absorbente y absorbido sean homogéneos. Esta interpretación restrictiva encuentra su fundamento en que la finalidad de la norma es evitar la superposición de mejoras salariales originadas en diversas fuentes reguladoras; superposición que no se produce cuando los conceptos son heterogéneos.

Pues bien, a este respecto es importante aclarar que la homogeneidad o heterogeneidad entre las diferentes partidas retributivas se ha de establecer en atención a su propia naturaleza y razón de ser, de acuerdo a lo que efectivamente retribuyan. Lo expuesto nos remite, necesariamente, a la propia composición del salario prevista por el legislador, de forma que sólo serán compensables los conceptos que responden a una misma causa o finalidad. En consecuencia, si los conceptos retributivos son debidos a causas diferentes deben respetarse en su integridad[71].

De acuerdo a lo expuesto:

- No podrán compensarse —por heterogéneos— conceptos salariales y extrasalariales[72]. No obstante, nada impediría que dichos concep-

---

69 MERCADER UGUINA, Jesús R. *Modernas tendencias en la ordenación salarial: la incidencia sobre el salario de la reforma laboral.* Cizur Menor: Aranzadi Thomson Reuters, 1996, p. 71.

70 MERCADER UGUINA, Jesús R., *Los principios de aplicación del Derecho del Trabajo. Formación, decadencia y crisis.* Valencia: Tirant lo Blanch, 2014, p. 168.

71 En este sentido, la STS de 6 de julio de 2004 (Rº. 4562/2993), advierte que no es posible compensar partidas salariales por unidad de tiempo (como el salario base o las pagas extras) con las comisiones por ventas, pues este concreto concepto retributivo *"tiene en cuenta tanto un mayor esfuerzo o habilidad del trabajador como el resultado de ese esfuerzo que se traduce en la realización de una operación comercial por parte de la empresa"*. Por su parte, la STS de 25 de junio de 2024 (Rº. 175/2022), advierte que no cabe aplicar la compensación y absorción entre las horas extraordinarias y el plus de emergencias, pues dicho plus no solo retribuye el exceso de jornada que pueda producirse por la realización de un turno de 24 horas consecutivas, sino que también retribuye la mayor penosidad en el trabajo, la disponibilidad en el caso de que se presente una emergencia al final del turno, la nocturnidad e, incluso, las dietas.

72 SSTS de 17 de enero de 2013 (Rº. 1065/2012), de 9 de diciembre de 2020 (Rº. 121/2019) en relación con el plus de transporte y de 24 de septiembre de 2024 (Rº. 226/2022) con respecto a las dietas y los gastos de kilometraje.

tos extrasalariales se compensaran o absorbieran entre sí, siempre y cuando concurriese el requisito de la homogeneidad[73].

- Si la retribución en especie tiene naturaleza salarial y se encuentra cuantificada no habrá obstáculo alguno para que resulte procedente su neutralización.
- Hay que estar a la verdadera naturaleza del concepto retributivo, al margen del *nomen iuris* que le hayan dado las partes[74]. Con base en lo expuesto, la STS 14-5-2020, Rº. 4439/2017, concluyó que el plus por trabajos penosos, tóxicos y peligrosos podía ser absorbido por el incremento del salario base, pues aquel concepto no era, en puridad, un complemento vinculado al trabajo realizado, sino un salario por unidad de tiempo, pues se abonaba a todos los trabajadores de una determinada categoría profesional, con independencia de las concretas circunstancias en que se realizaba el trabajo.
- Y, por último, los conceptos retributivos genéricos (que no vienen determinados por condiciones de trabajo singulares o por obligaciones adicionales del trabajador) son homogeneizables[75]. En consecuencia, la neutralización de condiciones puede operar entre este tipo de conceptos, pues la homogeneidad no puede confundirse con igualdad.

En cualquier caso, el requisito de la homogeneidad se ha relativizado en algún caso. Así, con respecto al plus de antigüedad, el Supremo ha llegado a afirmar que, si bien el complemento de antigüedad reviste carácter personal, se singulariza en su configuración jurídico-retributiva, por cuanto aparece ligado más rigurosamente, a ciertos efectos, al salario base y no se halla condicionado a las características del trabajo realizado o al volumen y calidad de este último, por lo que *"desde esta perspectiva no es desmesurado homogeneizarlo con el salario base, por lo que cabe su absorción y compensación con el mismo"*[76].

---

73 THIBAULT ARANDA, Javier. *La compensación y absorción de salarios*, Valencia: Tirant lo Blanch, 2002, p. 47.

74 STS de 13 de enero de 2021 (Rº. 2460/2018).

75 SSTS de 30 de septiembre de 2010 (Rº. 186/2009), de 20 de julio de 2012 (Rº. 43/2011), de 24 de abril de 2013 (Rº. 16/2012) y de 3 de julio de 2013 (Rº. 279/2011).

76 STS de 18 de julio de 1996 (Rº. 2724/1995). En términos similares, la STS de 24-2-2013 (Rº. 16/2012) concluye que el plus de antigüedad y un complemento personal tienen carácter homogéneo. Y las SSTS de 25-1-2017 (Rº. 2198/2015), de

En sexto lugar, estamos ante una materia de carácter dispositivo, de forma que, aun no mediando homogeneidad entre los conceptos, podría operar la compensación y absorción salarial si así lo hubiesen acordado expresamente las partes, bien a través del convenio colectivo aplicable, bien a través de la autonomía de la voluntad[77]. Así, la exigencia de homogeneidad —que ha sido un principio inspirador de la doctrina del Tribunal Supremo— se ha ido progresivamente atemperando por el necesario respeto a la autonomía colectiva. Para parte de la doctrina académica, no cabe que, en sede colectiva, se elimine la exigencia de homogeneidad entre los conceptos[78]. Sin embargo, para el Tribunal Supremo, este acuerdo convencional no supondría la vulneración del principio de irrenunciabilidad de derechos laborales consagrado en el art. 3.5 ET, pues la prohibición legal a renunciar sólo alcanza a los derechos reconocidos en la ley y en el convenio colectivo, no así a las mejoras establecidas por acuerdo individual o por decisión unilateral del empresario[79].

Y, por último, para que pueda operar la compensación y absorción salarial es necesario que a ello no se oponga: a) la norma legal; b) el convenio colectivo que resulte de aplicación[80]; o c) el contrato de trabajo, pues por acuerdo individual igualmente se puede pactar el carácter no absorbible ni compensable de determinadas partidas salariales[81]. Son las cláusulas que el profesor Mercader denomina de "inabsorbibilidad", mediante las cuales la negociación excluye determinados complementos salariales del ámbito de aplicación de este mecanismo de neutralización. En unos casos, a través

---

11 de mayo de 2022 (Rº. 5133/2018) y de 24 de enero de 2023 (Rº. 2897/2019), igualmente admitieron la compensación del plus de antigüedad con una mejora voluntaria de carácter personal.

77 SSTS de 10 de enero de 2017 (Rº. 503/2016), de 5 de abril de 2017 (Rº. 524/2016), de 6 de marzo de 2019 (Rº. 72/2018), de 27 de marzo de 2019 (Rº. 120/2018) y de 11 de enero de 2024 (Rº. 805/2022).

78 MATORRAS DÍAZ-CANEJA, Ana. "Ajustes salariales en el marco de la sucesión de convenios colectivos". *Aranzadi Social*, 2009, vol. I, núm. 15, pp. 78 a 80.

79 SSTS de 27 de noviembre de 2013 (Rº. 714/2013), de 4 de diciembre de 2013 (Rº. 720/2013), de 13 de marzo de 2014 (Rº. 122/2013), de 8 de mayo de 2015 (Rº. 1347/2014), de 9 de marzo de 2016 (Rº. 138/2015) y de 10 de enero de 2017 (Rº. 3199/2015).

80 STS de 25 de junio de 2013 (Rº. 2567/2012).

81 NIETO ROJAS, Patricia. "El papel de la autonomía colectiva en los sistemas de absorción y compensación de salarios", *Justicia Laboral*, 2009, núm. 38.

de cláusulas genéricas, en otros, identificando concretas partidas retributivas que quedan fuera de dicha posibilidad[82].

En definitiva, estamos ante un derecho renunciable por el empresario, por lo que este tipo de acuerdos son perfectamente válidos. Ahora bien, tal renuncia sería factible en un convenio colectivo de empresa (pues el empresario es soberano para auto-restringir las posibilidades de ajuste salarial que la ley le confiere), pero resulta más cuestionable si se prevé en un convenio sectorial. Aunque nuestros tribunales tienden a admitir este tipo de cláusulas sin problemas[83], la doctrina mayoritaria entiende que no serían posibles[84]. No obstante, hay quienes defienden su licitud, arguyendo, entre otras razones, la posibilidad de la empresa de descolgarse del convenio sectorial, si existe causa[85].

A este respecto, parte de la doctrina considera que esa vulneración del art. 26.5 ET no se produciría en el caso de que el convenio colectivo sectorial únicamente prohibiera la compensación y absorción de un determinado concepto[86]. Sin embargo, comparto la opinión de quien advierte que la licitud de tales cláusulas es igualmente cuestionable, pues también en este supuesto se verifica la renuncia al ejercicio del derecho a compensar

---

82 MERCADER UGUINA, Jesús R. "Compensación y absorción como método de ajuste salarial en la negociación colectiva". En: MERCADER UGUINA, Jesús R. (dir.). *El contenido económico de la negociación colectiva.* Madrid: Ministerio de Trabajo y Asuntos Sociales, 2005, p. 178.

83 STSJ Madrid 17 de mayo de 2005 (Rº. 186/2005), de País Vasco 28 de marzo de 2006 (Rº. 2970/2005) y de Cataluña 28 de junio de 2007 (Rº. 1269/2006).

84 BEJARANO HERNÁNDEZ, Andrés. *Principio de condición más beneficiosa y reglas de absorción, compensación y supresión de la misma.* Barcelona: Bosch, 2001, p. 131. NIETO ROJAS, PATRICIA. «El papel de la autonomía colectiva en los sistemas de absorción y compensación de salarios», *Justicia Laboral,* 2009, núm. 38, p. 122. GIL PLANA, Juan. "Compensación y absorción en la negociación colectiva". En: GOERLICH PESET, José María (dir.). *Evolución de los contenidos económicos de la negociación colectiva.* Madrid: Ministerio de Empleo y Seguridad Social, 2018, p. 333.

85 MATORRAS DÍAZ-CANEJA, Ana. "Ajustes salariales en el marco de la sucesión de convenios colectivos". *Aranzadi Social,* 2009, vol. I, núm. 15, p. 13 de la edición digital.

86 BEJARANO HERNÁNDEZ, Andrés. *Principio de condición más beneficiosa y reglas de absorción, compensación y supresión de la misma.* Barcelona: Bosch, 2001, p. 132. En sentido similar, LLOMPART BENNÀSSAR, Magdalena. "La absorción y compensación del incremento del salario profesional". *Actualidad Laboral,* 2006, núm. 19.

por quien no lo tiene reconocido[87]. En consecuencia, las cláusulas previstas en convenios supraempresariales tanto si limitan parcialmente como si excluyen totalmente la compensación salarial deben considerarse ilícitas.

Pues bien, de todo lo anteriormente expuesto se deduce que, en materia de absorción y compensación salarial, no cabe extraer una doctrina universal con la que puedan resolverse todos los supuestos, sino que ha de estarse al examen de las peculiaridades del caso concreto. En definitiva, la aplicación de la absorción y compensación exige atender a la estructura del salario y de ahí que el tratamiento de esta cuestión resulte esencialmente casuístico.

3.4. Funcionalidad y efectos de este concreto mecanismo de neutralización

La absorción y compensación, como derecho empresarial, permite un control más individualizado del salario en la empresa[88]. La aplicación de esta medida de ajuste salarial puede suponer, en la práctica, o bien la congelación de las retribuciones percibidas con anterioridad (cuando la mejora tenga entidad para cubrir el aumento) o bien la inaplicación parcial de dicha subida (cuando la mejora no cubra el importe total de la revisión)[89]. En cualquiera de los dos casos, la diferencia entre el salario contractual y el salario legal o convencional mengua. Y de ahí que la absorción y compensación juegue un importante papel como mecanismo de igualación de condiciones salariales diversas o como elemento que permite allanar las diferencias[90]. Dicho en otros términos, permite una homogeneización de los niveles retributivos de los empleados, cuando la individualización se

---

87 GIL PLANA, Juan. "Compensación y absorción en la negociación colectiva". En: GOERLICH PESET, José María (dir.). *Evolución de los contenidos económicos de la negociación colectiva.* Madrid: Ministerio de Empleo y Seguridad Social, 2018, p. 334.

88 ALMENDROS GONZÁLEZ, Miguel Ángel. "Salario mínimo interprofesional y salario profesional convencional. Especial referencia a la absorción y compensación frente a las subidas del SMI". En: ROMÁN VACA, Eduardo (coord.). *Necesidades empresariales y tutelas laborales. XLI Jornadas Universitarias Andaluzas de Derecho del Trabajo y Relaciones Laborales.* Sevilla: Consejo Andaluz de Relaciones Laborales, 2024, p. 630.

89 MATORRAS DÍAZ-CANEJA, Ana. "Ajustes salariales en el marco de la sucesión de convenios colectivos". *Aranzadi Social,* 2009, vol. I, núm. 15, p. 8 de la edición digital.

90 THIBAULT ARANDA, Javier. *La compensación y absorción de salarios,* Valencia: Tirant lo Blanch, 2002, p. 13.

convierte en un factor distorsionador de la política salarial de la empresa[91].

Precisamente por ello, el reconocimiento jurídico de este mecanismo de ajuste salarial, elimina el temor empresarial a que cualquier incremento que se efectúe sobre el mínimo establecido legal o convencionalmente acabe consolidándose, pues admite la posibilidad de que el empresario pueda elevar los salarios cuando las condiciones económicas de la empresa y del mercado lo permiten y eliminarlas cuando estas últimas desaparecen[92]. Y, desde esta perspectiva, la previsión legal de la compensación y absorción permite una individualización salarial que redunda en la flexibilización del sistema retributivo.

Por su parte, las cláusulas convencionales que permiten la absorción y compensación de elementos heterogéneos pueden actuar como medio de modificar una determinada estructura salarial, bien la genérica del orden normativo o convencional de referencia por el régimen contractual más beneficioso en su conjunto, bien la de un concreto régimen contractual por la de un orden normativo posterior a él más beneficioso[93].

4. LAS PARTICULARIDADES DEL MECANISMO DE ABSORCIÓN Y COMPENSACIÓN, ANTE UNA REVISIÓN DEL SALARIO MÍNIMO INTERPROFESIONAL

4.1. *Un viejo problema con un protagonismo creciente*

La aplicación del mecanismo de la absorción y compensación, ante un incremento del SMI, reviste algunas singularidades que permiten hablar de un régimen especial y que justifican un análisis particularizado. La incidencia de la subida del SMI en la obligación empresarial de pago del sala-

---

91 GIL PLANA, Juan. "Compensación y absorción en la negociación colectiva". En: GOERLICH PESET, José María (dir.). *Evolución de los contenidos económicos de la negociación colectiva.* Madrid: Ministerio de Empleo y Seguridad Social, 2018, p. 298.

92 MERCADER UGUINA, Jesús R. "Compensación y absorción como método de ajuste salarial en la negociación colectiva". En: MERCADER UGUINA, Jesús R. (dir.). *El contenido económico de la negociación colectiva.* Madrid: Ministerio de Trabajo y Asuntos Sociales, 2005, p. 172.

93 MERCADER UGUINA, Jesús R. *Modernas tendencias en la ordenación salarial: la incidencia sobre el salario de la reforma laboral.* Cizur Menor: Aranzadi Thomson Reuters, 1996, p. 73.

rio no es una temática novedosa, lo que ocurre es que, desde el año 2017, ha cobrado un notable protagonismo[94]. En efecto, durante más de dos décadas (concretamente, de 1983 a 2008), la cuantía del SMI se incrementó en una media de cuatro puntos y medio al año. Sin embargo, durante el período de la crisis económica (de 2009 a 2016), el SMI estuvo prácticamente congelado o experimentó subidas muy leves. Sin embargo, en los últimos nueve años, la subida ha sido de un 7,5% de media. Más concretamente, desde el año 2018 hasta el año 2025, el salario mínimo ha experimentado un crecimiento acumulado del 60,89% (cuando, en ese mismo período de tiempo el incremento acumulado del IPC ha sido del 23%[95]).

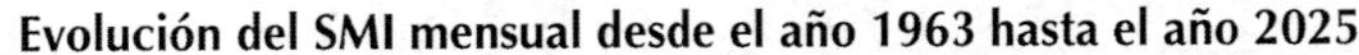

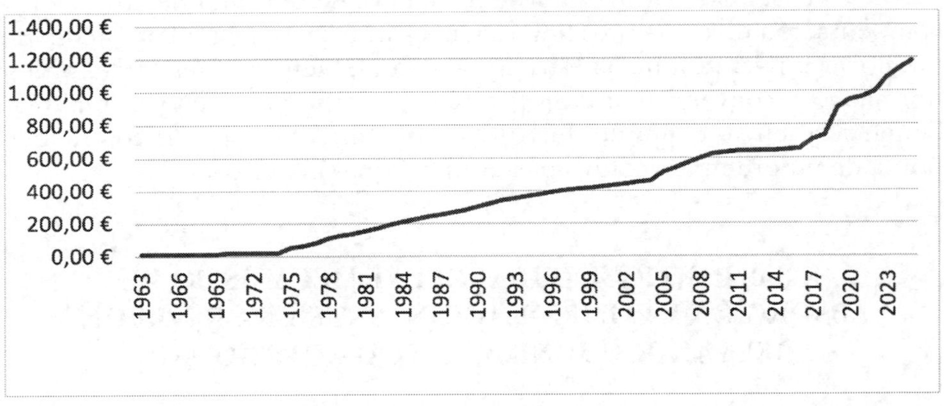

Y es que uno de los compromisos del actual Gobierno de coalición es el de aumentar de forma progresiva la cuantía del SMI, con la idea de situarlo en el 60% del salario medio. Sabemos que, en el art. 4.1 de la Carta Social Europea de 18-10-1961[96], se recoge el compromiso de las partes contratantes de reconocer a los trabajadores el derecho a una remuneración suficiente que les proporcione a ellos y a sus familiares un nivel de vida decoroso. Como se aprecia de lo expuesto, el texto no especifica qué ha de entenderse por remuneración suficiente. No obstante, el Comité Europeo

94 VIVERO SERRANO, Juan Bautista. "El incremento del salario mínimo interprofesional. La incidencia en la negociación colectiva y en la gestión empresarial de la retribución. *Revista de Trabajo y Seguridad Social CEF*, 2021, núm. 464, p. 52.

95 INE.

96 Carta Social Europea de 18-10-1961, revisada el 3-5-1996 y ratificada por España el 29-4-2021 (BOE 11-6-2021, núm. 139).

de Derechos Sociales recomienda que este umbral se sitúe en el 60% del salario neto medio[97].

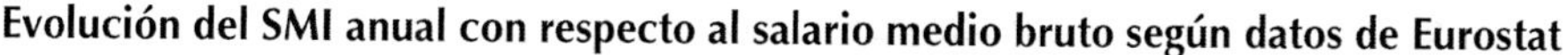

Evolución del SMI anual con respecto al salario medio bruto según datos de Eurostat

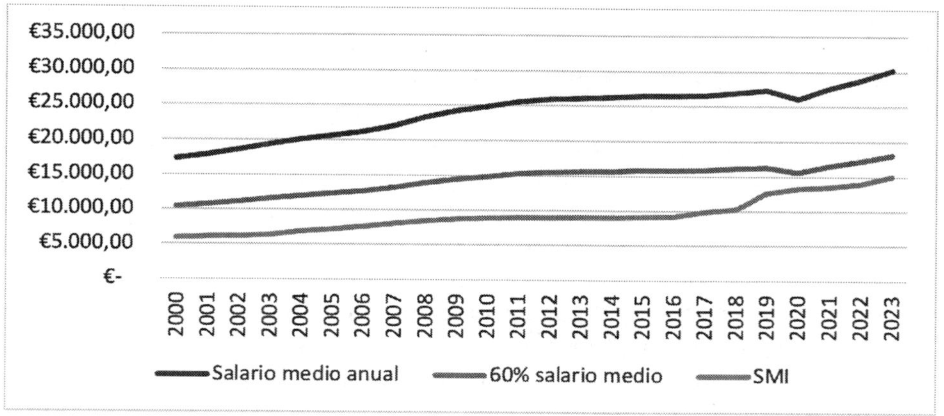

Tradicionalmente, los incrementos del SMI únicamente afectaban a un colectivo muy reducido de trabajadores: aquellos cuyos sectores productivos o cuyas empresas se encontraban fuera de la cobertura de un convenio colectivo, pues la cuantía del salario mínimo se situaba en la práctica por debajo de la retribución establecida en los convenios, incluso para aquellas categorías profesionales ubicadas en las franjas inferiores de las correspondientes tablas salariales[98]. Pero las recientes subidas del salario mínimo han provocado un incremento del número de convenios colectivos con salarios por debajo del SMI, lo que ha desembocado en un buen número de reclamaciones judiciales.

Ya hemos visto que según el art. 26 ET, *"operará la compensación y absorción cuando los salarios realmente abonados, en su conjunto y cómputo anual, sean más favorables para los trabajadores que los fijados en el orden normativo o convencional de referencia"*. Y, por su parte, el art. 27.1 ET advierte que "*La revisión del salario mínimo interprofesional no afectará a la estructura ni a la cuantía de los*

---

97 European Committee of Social Rights, Conclusions XIV-2 - Statement of interpretation - Article 4-1, Strasbourg, 1998.

98 CRUZ VILLALÓN, Jesús. "Caracterización de la regulación del salario mínimo y su conexión con la negociación colectiva". En: CRUZ VILLALÓN, Jesús (coord.). *Política de rentas salariales: salario mínimo y negociación colectiva.* Albacete: Bomarzo, 2022, p. 11.

salarios profesionales cuando estos, en su conjunto y cómputo anual, fueran superiores a aquel". Pues bien, ante las importantes subidas que ha experimentado el SMI en los últimos años, se han suscitado dudas sobre el modo en que deben repercutir dichas subidas en los ingresos percibidos por buena parte de la población activa. En particular, se ha venido discutiendo si las nuevas cantidades debían tomarse como "salario base" y sobre ellas calcular los diversos complementos (antigüedad, penosidad, peligrosidad, etc.). Un debate suscitado fundamentalmente por la propia redacción de los sucesivos reales decretos que anualmente vienen fijando el importe del SMI, pues de ella parecen desprenderse reglas contradictorias: De un lado, la norma indica que al salario mínimo hay que adicionar los complementos salariales a que se refiere el art. 26.3 ET, sirviendo aquél como módulo (art. 2 RD 87/2025)[99]. Si bien, inmediatamente después advierte que la revisión del salario mínimo interprofesional no afectará a la estructura ni a la cuantía de los salarios profesionales que viniesen percibiendo las personas trabajadora,s cuando tales salarios en su conjunto y en cómputo anual fuesen superiores a dicho salario mínimo (art. 3.1 RD 87/2025). Y, para más confusión, añade que, *"a tales efectos, el salario mínimo en cómputo anual que se tomará como término de comparación será el resultado de adicionar al salario mínimo fijado en el artículo 1 de este real decreto los devengos a que se refiere el artículo 2"*. Como se aprecia de lo expuesto, el desarrollo reglamentario incorpora dos mensajes contradictorios *"que asombrosamente se repiten año tras año en los sucesivos decretos"*[100].

De acuerdo a lo anteriormente expuesto, la doctrina académica defiende, de forma mayoritaria, que la comparación debe realizarse entre la totalidad de los devengos que percibe el trabajador en cómputo anual y a jornada completa y el SMI, al que se adicionarán los complementos salariales del art. 26.3 ET a que tuviera derecho el trabajador[101]. Sin embargo, el Tribunal no comparte ese criterio, como ahora veremos.

---

99 Real Decreto 87/2025, de 11 de febrero, por el que se fija el salario mínimo interprofesional para 2025 (BOE 12-2-2025, núm. 37).

100 GÓMEZ ABELLEIRA, Francisco. La especial compensación del salario mínimo interprofesional. *Foro de Labos.* Febrero 2020.

101 GONZÁLEZ-POSADA MARTÍNEZ, Elías. *La absorción y compensación de salarios,* Madrid: Instituto de Estudios Laborales y de la Seguridad Social, 1984, p. 70. En el mismo sentido, GARCÍA-PERROTE ESCARTÍN, Ignacio. "El salario mínimo interprofesional". En: VILLA GIL, Luis Enrique de la. *Estudios sobre el salario.* Asociación de Cajas de Ahorros para Relaciones Laborales ACARL, 1993, p. 340. PÉREZ HERNÁNDEZ, María del Mar. "La subida del salario mínimo interprofesional en

4.2. La doctrina del Tribunal Supremo con respecto a la absorción y compensación del incremento anual del SMI

Según la interpretación del Tribunal Supremo, la aplicación del mecanismo de absorción y compensación, ante un incremento del SMI, se debe regir por las siguientes reglas:

Primera regla.- La intención del legislador es establecer una garantía salarial mínima de los trabajadores por cuenta ajena, quienes tienen derecho a percibir en cómputo anual y por todos los conceptos, la cantidad establecida cada año por el Gobierno. El objetivo, por tanto, no es que la revisión anual del SMI suponga la atribución a los trabajadores de un derecho incondicional a ver incrementadas sus retribuciones en ese mismo porcentaje. Por ello, la afectación del SMI sólo se produce cuando el salario profesional quede por debajo de la nueva cifra establecida por el Gobierno, siendo revisada la cuantía sólo en la medida en que sea necesario para equipararse al nuevo importe, absorbiéndose, en su caso, la diferencia que supere esa cifra[102].

Segunda regla.- EL SMI no es equiparable a salario base[103]. Y precisamente por ello, *«la revisión del salario mínimo interprofesional no afectará a la estructura ni a la cuantía de los salarios profesionales cuando estos, en su conjunto y cómputo anual, fueran superiores a aquel»* (art. 27.1 ET *in fine*). En consecuencia, según el Supremo, la redacción de los reales decretos de SMI se separa abiertamente de lo querido por el art. 27 ET, puesto que viene a pedir que se compare la remuneración realmente percibida por el trabajador no con el nuevo SMI, sino con el resultado de sumar al SMI los diversos complementos existentes. Y de aplicar literalmente esta redacción, se desconocería lo prescrito por el legislador, por lo que habría que concluir que el desarrollo reglamentario incurre en defecto *ultra vires*. La finalidad de la norma es establecer una garantía salarial mínima de los trabajadores por

---

2019 y 2020, contexto y cuestiones jurídico-prácticas". *Revista Española de Derecho del Trabajo,* 2020, núm. 231, p. 5 de la edición digital. LLOMPART BENNÀSSAR, Magdalena. "Análisis crítico de la última jurisprudencia en materia de compensación y absorción de los incrementos del SMI". *Trabajo y Derecho,* 2022, núm. 93, p. 5 de la edición digital. VIVERO SERRANO, Juan Bautista. "El incremento del salario mínimo interprofesional. La incidencia en la negociación colectiva y en la gestión empresarial de la retribución. *Revista de Trabajo y Seguridad Social CEF,* 2021, núm. 464, pp. 62 y 63.

102 STS de 11 de mayo de 2009 (Rº. 52/2008).

103 STS de 13 de abril de 1989 (RJ 1989/2969).

cuenta ajena en cómputo anual por todos los conceptos. Y otra interpretación provocaría un efecto multiplicador sobre todos los convenios cuyos salarios bases fueran inferiores al SMI, lo que vulneraría el papel de la negociación colectiva como espacio natural para la fijación de los salarios y podría dejar sin contenido el art. 27.1 ET[104].

Es más, el art. 27.1 ET incluye todos los conceptos en su conjunto y cómputo anual, *"sin realizar distinción alguna entre ellos sobre la base de la naturaleza homogénea o heterogénea de algunos de sus complementos"*[105]. Por lo tanto, a la hora de aplicar el mecanismo de la absorción y compensación ante los incrementos del SMI, deviene innecesario adentrarse en el análisis de las condiciones, requisitos y circunstancias bajo las que se devenga uno u otro complemento[106]. En aplicación de lo expuesto, la STS 26-1-2022, Rº. 89/2020 advierte que lo cobrado por complemento de antigüedad forma parte del salario que debe compararse con el nuevo SMI[107] y la STS 29-3-2022, Rº. 162/2019 extiende esa regla a todos los complementos salariales (incluso variables)[108].

En definitiva, el art. 27.1 ET es taxativo cuando prescribe que la revisión del SMI no debe repercutir sobre los salarios que viniesen percibiendo quienes, por tal concepto y en cómputo anual, ya obtienen ingresos superiores. Siendo la norma con rango de ley la que prescribe el modo de practicar la absorción y compensación, a ella hay que estar, por elementales exigencias de jerarquía normativa y seguridad jurídica[109].

Con ello, el Supremo viene a corregir la doctrina que había sostenido con carácter previo[110]. Y de ahí que la STS 29-3-2022, Rº. 162/2019 llegue

---

104 SSTS de 26 de enero de 2022 (Rº. 89/2020), de 29 de marzo de 2022 (Rº. 162/2019), de 1 de abril de 2022 (Rº. 60/2020), de 21 de febrero de 2024 (Rº. 4548/2022) y de 7 de marzo de 2024 (Rº. 47/2022).

105 STS de 26 de enero de 2022 (Rº. 89/2020).

106 STS de 7 de marzo de 2024 (Rº. 47/2022).

107 En esta línea, la STS de 21 de febrero de 2024 (Rº. 4548/2022) aplica este mismo criterio con respecto a la antigüedad consolidada.

108 En el mismo sentido, STS de 7 de marzo de 2024 (Rº. 47/2022).

109 STS de 21 de febrero de 2024 (Rº. 3678/2022).

110 Así, por ejemplo, en la STS 11 de junio de 1998, Rº. 3953/1997, el Supremo sostuvo que la expresión salario mínimo se utiliza con diverso alcance en la legislación laboral, ya que con ella se designa tanto el salario mínimo interprofesional en sentido estricto (que define un tope general de este carácter), como los denominados salarios mínimos adicionales, que son los que en cada caso —es decir, de forma variable para cada sector profesional o, incluso, para cada trabajador— sur-

a contraponer la *"doctrina tradicional sobre compensación y absorción respecto del SMI"*[111] con la *"doctrina actual"*. En síntesis, la evolución jurisprudencial se manifiesta en dos extremos: de un lado, en que no puede aplicarse el nuevo SMI como salario base a fin de proyectar sobre el mismo las previsiones convencionales sobre complementos. De otro lado, en que no ha de atenderse a la homogeneidad de los conceptos. Dicho en otros términos, no cabe trasladar miméticamente los criterios aplicados a la hora de interpretar el art. 26.5 ET. El art. 27 ET, *"por su especialidad y diverso tenor, debe ser considerado en sí mismo"*.

Tercera regla.- Ante una revisión del SMI, solo cabe bloquear la absorción y compensación de los conceptos salariales cuando se haya acordado así en el convenio colectivo aplicable. Y dicha previsión —según el Supremo— ha de ser expresa. En efecto, en las SSTS de 7 de noviembre de 2023 (Rº. 4526/2022) y de 21 de febrero de 2024 (Rº. 3678/2022) el convenio colectivo indicaba que el plus de antigüedad consolidada no era absorbible ni compensable. Pues bien, según el Supremo, esta concreta regulación convencional establece una garantía personal en virtud de la cual una determinada partida permanece inmune (no absorbible y no compensable) frente a ulteriores revalorizaciones que pudieran tener lugar por ulteriores convenios colectivos o pactos de empresa. Pero esta garantía no alcanza a la revisión del SMI (salvo que expresamente así se establezca).

4.3. Concretos efectos prácticos

De lo anteriormente expuesto, se desprenden los siguientes efectos prácticos:

Primero.- En principio, no se verán afectados por la subida del SMI los trabajadores que estén cobrando por encima del suelo de contratación fijado por el ejecutivo. Y, a tal efecto, debemos incluir todos los conceptos salariales que perciba el trabajador en su conjunto y cómputo anual, sin realizar distinción alguna entre ellos sobre la base de la naturaleza homogénea o heterogénea de algunos de sus complementos[112]. En consecuen-

---

gen como consecuencia de añadir a aquel mínimo los conceptos que enumeran los Decretos anuales de fijación.

[111] Que puede encontrarse, entre otras, en las SSTS 9 de marzo de 1992 (Rº. 529/1991), 11 de junio de 1998, Rº. 3953/1997, 6 de julio de 2004 (Rº. 4562/2003) y 19 de julio de 2010 (Rº. 4200/2009).

[112] STS de 26 de enero de 2022 (Rº. 89/2020).

cia, si con arreglo al convenio colectivo o al contrato de trabajo, la persona trabajadora cobra una retribución superior al SMI, la revisión de dicho salario mínimo se vería neutralizada en la práctica, pues quedaría absorbida por la retribución superior efectivamente percibida. De esta forma, la subida del SMI en nada afectaría ni a la estructura retributiva ni a la cuantía del salario.

Segundo.- Como es obvio, sí se verá afectado por la revisión del SMI el trabajador que, en conjunto y cómputo anual, cobre por debajo del umbral legalmente establecido. Ahora bien, si el incremento del SMI determina que se supere la retribución efectivamente percibida, debe aplicarse la retribución superior, pero no en la totalidad del incremento establecido, sino incluyendo únicamente la diferencia necesaria para alcanzar el nuevo límite superior, siendo objeto de compensación el resto.

Tercera.- También se verán afectados por la revisión del SMI quienes estén cobrando por encima de este umbral, pero se encuentren en alguna de las siguientes situaciones:

a) Los trabajadores que, en conjunto y cómputo anual, sí estén cobrando por encima del SMI, pero perciban una parte de su retribución en especie y esta atribución conlleve que, en dinerario, no se esté abonando este importe. No podemos olvidar a este respecto que, de conformidad con el art. 26.1 ET[113], el salario en especie no puede dar lugar en ningún caso a la minoración de la cuantía íntegra en dinero del SMI.

b) Los trabajadores que, en conjunto y cómputo anual, sí estén cobrando por encima del umbral, pero perciban una parte de sus emolumentos en conceptos extrasalariales y esta atribución conlleve que, en conceptos salariales, no se esté garantizando el SMI. Deben quedar, de esta forma, fuera del juicio de comparación todas aquellas partidas recibidas por el trabajador cuya causa o fundamento no sea la contraprestación por el trabajo[114].

---

113 Desde la reforma operada por la DA 13ª Ley 35/2010.

114 SSTS de 9 de diciembre de 2020 (Rº. 121/2019), de 25 de mayo de 2021 (Rº. 4329/2018), de 29 de marzo de 2022 (Rº. 162/2019), de 1 de abril de 2022 (Rº. 60/2020), de 20 de marzo de 2024 (Rº. 76/2022) y de 24 de septiembre de 2024 (Rº. 226/2022). Es cierto que las SSTS de 8 de junio de 2021 (Rº. 190/2019) y de 7 de marzo de 2022 (Rº. 16/2020), sí admitieron la absorción y compensación del nuevo SMI con importes que, inicialmente, obedecían a conceptos de naturaleza extrasalarial (como el plus de transporte y el plus vestuario). Pero, en este caso, las partes con capacidad y legitimación para negociar, habían decidido alterar la es-

c) Los trabajadores que, en conjunto y cómputo anual, sí estén cobrando por encima del umbral, pero con base en determinados complementos salariales con respecto a los cuales no podrían resultar aplicables las reglas de absorción y compensación previstas en el art. 27 ET. Es lo que ocurre con respecto al abono de las horas complementarias (art. 12.5 ET) o de las horas extraordinarias (art. 35 ET). Como ya hemos adelantado, la cuantía del SMI viene referida a la jornada ordinaria de trabajo[115] y, precisamente por ello, la realización de una jornada superior debe comportar una retribución adicional que debe quedar al margen del juicio de comparación[116]. Y otro tanto ocurre con la nocturnidad (art. 36.2 ET), pues por imperativo legal el trabajo nocturno exige el abono de una retribución específica que debe determinarse en la negociación colectiva, salvo que el salario se haya establecido atendiendo a que el trabajo sea nocturno por su propia naturaleza o se haya acordado la compensación de este trabajo por descansos. Además, tampoco resultarán aplicables las reglas de absorción y compensación previstas en el art. 27 ET, cuando una norma con rango de ley lo impida o cuando el propio convenio colectivo lo indique de forma expresa.

e) Por último, también se verán afectados por la revisión del SMI los trabajadores que, en conjunto y cómputo anual, sí estén cobrando por encima del suelo de contratación establecido, pero asuman, en la práctica, el coste de determinadas prestaciones accesorias y el saldo resultante —una vez deducidos dichos costes— no respeta este mínimo. Así lo entendió la Audiencia Nacional en su sentencia SAN 31-3-2014, Rº. 486/2013. En esta interesantísima resolución judicial, varios sindicatos habían presentado conflicto colectivo contra una empresa dedicada a la atención domiciliaria de personas en situación de dependencia. La reclamación de los sindicatos

---

tructura salarial del convenio, suprimiendo dichos conceptos extrasalariales e incrementando el importe del salario base de forma proporcional. En definitiva, los propios negociadores decidieron homogeneizar los conceptos retributivos, por lo que resulta perfectamente admisible la aplicación del mecanismo de absorción y compensación salarial. Y la STS de 23 de octubre de 2023, Rº. 287/2021, también permitió la aplicación de la absorción y compensación del plus de distancia o plus de transporte, por cuanto, en este concreto caso, el Supremo concluyó que dicha partida tenía, en puridad, naturaleza salarial.

115 STS de 29 de marzo de 2022 (Rº. 162/2019).

116 CRUZ VILLALÓN, Jesús. "Incidencia del salario mínimo sobre las diferentes partidas salariales". Blog del autor, 7-6-2019. En el mismo sentido, RUZ LÓPEZ, José María. "Incidencia del salario mínimo sobre las partidas salariales". En: CRUZ VILLALÓN, Jesús (coord.). *Política de rentas salariales: salario mínimo y negociación colectiva*. Albacete: Bomarzo, 2022, p. 387.

versaba sobre la obligación de la empresa de compensar a los trabajadores los gastos de desplazamiento efectuados durante la prestación del servicio. Pues bien, en opinión de la Audiencia Nacional, la obligación legal de retribuir el trabajo tiene un mínimo que se concreta en el SMI, como consecuencia del principio constitucional de suficiencia de la remuneración, con el que se pretende satisfacer las necesidades del trabajador y de su familia (art. 35.1 CE). Pero la cuantía del salario mínimo interprofesional está prevista para los supuestos en los que la prestación del trabajador se limita a su trabajo personal. No obstante, nada impide que, en el marco del contrato, el trabajador quede obligado a prestaciones accesorias que impliquen la asunción de gastos por su parte (lo que no desnaturaliza la relación como laboral en tanto en cuanto dichas prestaciones sean accesorias respecto de la principal). Pero al incurrir en tales gastos, el principio constitucional de suficiencia de la remuneración obliga a que el mínimo salarial haya de aplicarse al saldo resultante después de restar estos gastos en los que el trabajador incurre como contenido accesorio de su prestación laboral. En resumidas cuentas, según la Audiencia, es perfectamente posible que sean los trabajadores quienes soporten el coste de determinadas prestaciones accesorias a la que quedan obligados, pero siempre y cuando el saldo resultante respete el mínimo legal constituido por el SMI.

5. REFLEXIÓN FINAL

La subida del SMI en los últimos años ha tenido un impacto positivo en los salarios más bajos y en los sectores peor remunerados. Además, ha favorecido la reducción de la brecha salarial entre mujeres y hombres y ha aproximado el salario mínimo a los estándares recomendados por el Comité Europeo de Derechos Sociales. Ello ha provocado que, tras sesenta años de existencia, los debates sobre el salario mínimo no hayan perdido actualidad. Y, tras el análisis realizado en este estudio, podemos llegar a las siguientes conclusiones:

En primer lugar, es preciso que el legislador garantice la coherencia entre la regulación estatutaria y su correspondiente desarrollo reglamentario, por lo que es preciso modificar o la redacción del art. 27 ET o el contenido de los sucesivos reales decretos sobre salario mínimo (que, sorprendentemente, a pesar de la advertencia del Supremo, siguen manteniendo la misma contradicción).

En segundo lugar, es evidente el importante papel que juega a este respecto la negociación colectiva. De un lado, porque la subida anual del SMI no garantiza la revisión de la retribución realmente percibida por el trabajador. Inicialmente, los incrementos salariales equivalentes al aumento del coste de la vida, en los contratos de trabajo sujetos a convenios colectivos prorrogados, era una obligación impuesta a los empresarios en el art. 16 Ley 18/1973[117], pero este deber quedó suprimido por el art. 27 RDL 17/1977[118]. Por lo tanto, a partir de la vigencia de esta última disposición, los salarios no experimentan otros incrementos que los que se hubieran pactado por las partes, no existiendo precepto alguno que imponga la obligación de revisarlos en relación con el incremento de precios al consumo.

De otro lado, partiendo de la interpretación del Tribunal Supremo, es el convenio el que puede prohibir la absorción y compensación de determinados conceptos retributivos ante el incremento anual del SMI. Y a este respecto es importante recordar la necesidad de que el convenio establezca reglas claras sobre la posibilidad (o no) de absorber y compensar los diferentes conceptos retributivos.

Bibliografía

ALMENDROS GONZÁLEZ, Miguel Ángel. "Salario mínimo interprofesional y salario profesional convencional. Especial referencia a la absorción y compensación frente a las subidas del SMI". En: ROMÁN VACA, Eduardo (coord.). *Necesidades empresariales y tutelas laborales. XLI Jornadas Universitarias Andaluzas de Derecho del Trabajo y Relaciones Laborales.* Sevilla: Consejo Andaluz de Relaciones Laborales, 2024, pp. 625 a 642.

AGUILERA IZQUIERDO, Raquel. "Cuestiones actuales sobre el salario mínimo interprofesional". *Revista Española de Derecho del Trabajo,* 2021, núm. 246, pp. 13 a 22.

ARELLANO ESPINAR, F. Alfonso y JANSEN, Marcel. "Salario mínimo interprofesional y empleo juvenil. ¿Necesidad de cambios?". *Información comercial española,* 2014, núm. 881, pp. 121 a 132.

ARIAS DOMÍNGUEZ, Ángel. "La configuración normativa de la suficiencia constitucional del salario y su proyección en el SMI". Revista General de Derecho del Trabajo y de la Seguridad Social, 2019, núm. 52.

BEJARANO HERNÁNDEZ, Andrés. *Principio de condición más beneficiosa y reglas de absorción, compensación y supresión de la misma.* Barcelona: Bosch, 2001, 208 p.

---

117 Ley 18/1973, de 19 de diciembre, de Convenios Colectivos Sindicales de Trabajo (BOE 3-1-1974, núm. 3), cuyo artículo 16 establecía: *"Los convenios colectivos se entenderán prorrogados de año en año, si no se denuncian por cualquiera de las partes en el plazo previsto en el artículo undécimo. La prórroga del convenio llevará consigo el incremento salarial equivalente al aumento del índice del coste de la vida"*

118 RD-Ley 17/1977, de 4 de marzo, sobre relaciones de trabajo (BOE 9-3-1977, núm. 58).

CONDE MARTÍN DE HIJAS, Vicente. "La absorción y compensación como instrumento legal de potenciación de la autonomía individual". *Actualidad Laboral,* 1993, vol. II, pp. 399 a 423.

CRUZ VILLALÓN, Jesús. "Caracterización de la regulación del salario mínimo y su conexión con la negociación colectiva". En: CRUZ VILLALÓN, Jesús (coord.). *Política de rentas salariales: salario mínimo y negociación colectiva.* Albacete: Bomarzo, 2022, pp. 9 a 36.

FERNÁNDEZ RAMÍREZ, Marina. "El salario mínimo y su función en el marco de la política de rentas". En: ROMÁN VACA, Eduardo (coord.). *Necesidades empresariales y tutelas laborales. XLI Jornadas Universitarias Andaluzas de Derecho del Trabajo y Relaciones Laborales.* Sevilla: Consejo Andaluz de Relaciones Laborales, 2024, pp. 211 a 238.

GALA DURÁN, Carolina, «El principio de condición más beneficiosa a la luz de la última jurisprudencia». *Revista del Ministerio de Trabajo, Migraciones y Seguridad Social,* 2019, núm. 143, p. 168.

GARCÍA-PERROTE ESCARTÍN, Ignacio. "El salario mínimo interprofesional". En: VILLA GIL, Luis Enrique de la. *Estudios sobre el salario.* Asociación de Cajas de Ahorros para Relaciones Laborales ACARL, 1993, pp. 303 a 362.

GONZÁLEZ-POSADA MARTÍNEZ, Elías. "La determinación y estructura del salario", *Revista de Política Social,* 1984, núm. 141, pp. 29 a 75.

GONZÁLEZ-POSADA MARTÍNEZ, Elías. *La compensación y absorción de salarios.* Madrid: Instituto de Estudios Laborales y de Seguridad Social, 1984, 204 p.

GIL PLANA, Juan. "Compensación y absorción en la negociación colectiva". En: GOERLICH PESET, José María (dir.). *Evolución de los contenidos económicos de la negociación colectiva.* Madrid: Ministerio de Empleo y Seguridad Social, 2018, pp. 293 a 340.

GIMENO DÍAZ DE ATAURI, Pablo. "Los salarios mínimos en la España y en la Europa que vienen. Algunas reflexiones interdisciplinares". *Labos,* 2022, vol. 3, núm. 2, pp. 184 a 196.

GÓMEZ ABELLEIRA, Francisco. La especial compensación del salario mínimo interprofesional. *Foro de Labos.* Febrero 2020.

LLOMPART BENNÀSSAR, Magdalena. "La absorción y compensación del incremento del salario profesional". *Actualidad Laboral,* 2006, núm. 19, pp. 2.311 a 2.330.

LLOMPART BENNÀSSAR, Magdalena. "Análisis crítico de la última jurisprudencia en materia de compensación y absorción de los incrementos del SMI". *Trabajo y Derecho,* 2022, núm. 93,

MATORRAS DÍAZ-CANEJA, Ana. "La estructura retributiva en el sector de la construcción: marco general estatal y su concreción en los convenios de ámbito inferior". En: MERCADER UGUINA, Jesús R. (coord.). *Las relaciones laborales en el sector de la construcción.* Valladolid: Lex Nova, 2008, pp. 185 a 233.

MATORRAS DÍAZ-CANEJA, Ana. "Ajustes salariales en el marco de la sucesión de convenios colectivos". *Aranzadi Social,* 2009, vol. I, núm. 15, pp. 63 a 96.

MERCADER UGUINA, Jesús R. *Modernas tendencias en la ordenación salarial: la incidencia sobre el salario de la reforma laboral.* Cizur Menor: Aranzadi Thomson Reuters, 1996, 255 p.

MERCADER UGUINA, Jesús R. "Compensación y absorción como método de ajuste salarial en la negociación colectiva". En: MERCADER UGUINA, Jesús R. (dir.). *El contenido económico de la negociación colectiva.* Madrid: Ministerio de Trabajo y Asuntos Sociales, 2005, pp. 171 a 182.

MERCADER UGUINA, Jesús R. *Salario y crisis económica.* Valencia: Tiran lo Blanch, 2011, 312 p.

MERCADER UGUINA, Jesús R. *Los principios de aplicación del Derecho del Trabajo. Formación, decadencia y crisis.* Valencia: Tirant lo Blach, 2014, 227 p.

MONTALVO CORREA, Jaime. "Absorción y compensación de salarios en las normas convencionales". En: AAVV. *Dieciséis lecciones sobre salarios y sus clases.* Madrid: Facultad de Derecho; servicio de publicaciones, 1971, pp. 327 a 351.

NIETO ROJAS, Patricina. "El papel de la autonomía colectiva en los sistemas de absorción y compensación de salarios", *Justicia Laboral,* 2009, núm. 38, pp. 109 a 133.

PALOMEQUE LÓPEZ, Manuel Carlos y ÁLVAREZ DE LA ROSA, Manuel. *Derecho del Trabajo.* 13ª ed. Madrid: Ramón Areces, 2005.

PÉREZ DEL PRADO, Daniel. "El Salario Mínimo Interprofesional en el debate jurídico y económico". *Revista de Información Laboral,* 2017, núm. 1, p. 5 de la edición digital

PÉREZ HERNÁNDEZ, María del Mar. "La subida del salario mínimo interprofesional en 2019 y 2020, contexto y cuestiones jurídico-prácticas". *Revista Española de Derecho del Trabajo,* 2020, núm. 231.

PÉREZ HERNÁNDEZ, María del Mar. "El salario mínimo interprofesional y la negociación colectiva". *Temas Laborales,* 2022, núm. 163, pp. 245 a 254.

RUZ LÓPEZ, José María. "Incidencia del salario mínimo sobre las partidas salariales". En: CRUZ VILLALÓN, Jesús (coord.). *Política de rentas salariales: salario mínimo y negociación colectiva.* Albacete: Bomarzo, 2022, pp. 371 a 390.

SEMPERE NAVARRO, Antonio V. "Control judicial a la excepcional subida del Salario Mínimo Interprofesional". *Revista de Jurisprudencia Laboral,* 2020, núm. 8.

TARABINI-CASTELLANI AZNAR, Margarita. "El salario mínimo interprofesional". En: GOERLICH PESET, José María (coord.). Comentarios al Estatuto de los Trabajadores. Libro homenaje a Tomás Sala Franco. Valencia: Tirant lo Blanch, 2016, pp. 463 a 473.

THIBAULT ARANDA, Javier. *La compensación y absorción de salarios,* Valencia: Tirant lo Blanch, 2002, 112 p.

VAL TENA, Ángel Luis del. "La modificación y extinción de la condición más beneficiosa". *Documentación Laboral,* 2018, vol. II, núm. 114, pp. 45 a 75.

VIVERO SERRANO, Juan Bautista. "El incremento del salario mínimo interprofesional. La incidencia en la negociación colectiva y en la gestión empresarial de la retribución. *Revista de Trabajo y Seguridad Social CEF,* 2021, núm. 464, pp. 49 a 88.

El concepto de "tiempo de trabajo" en la jurisprudencia del Tribunal de Justicia de la Unión Europea y sus efectos sobre la doctrina de nuestros tribunales: la complejidad y la casuística llaman a la puerta

LOURDES SÁNCHEZ-GALINDO MAS
Profesora de Derecho del Trabajo y de la Seguridad Social
Universidad Carlos III de Madrid
0009-0003-3809-986X

SUMARIO: 1. Breve agradecimiento al homenajeado. 2. Una primera aproximación a la definición de "tiempo de trabajo" en la Directiva 2003/88/CE. 3. La interpretación del artículo 2.1 de la Directiva sobre tiempo de trabajo en el marco de la actividad sanitaria. 3.1. El Asunto Simap y las reflexiones del Profesor Mercader sobre las repercusiones derivadas de la calificación de los turnos de guardia de personal médico español como tiempo de trabajo. 3.2. Otras sentencias del Tribunal de Justicia sobre la calificación como tiempo de trabajo de determinados periodos de guardia médica. 4. Acerca de la naturaleza de los periodos de tiempo dedicados a los desplazamientos entre el domicilio del trabajador y el lugar de prestación del servicio. 4.1. El Asunto Tyco: la calificación de los desplazamientos domicilio-clientes como tiempo de trabajo. 4.2. El traslado de la doctrina Tyco a la jurisprudencia española: un terreno todavía inestable. 5. Qué hay de nuevo tras los estudios del Profesor Mercader: los principales criterios desarrollados por el TJUE en la interpretación del artículo 2.1 de la Directiva sobre tiempo de trabajo y doctrina reciente de nuestros tribunales al respecto. 5.1. Desde Matzak a Dublin City Council: la jurisprudencia comunitaria en torno a la calificación de las guardias de localización. 5.2. La doctrina reciente de nuestros tribunales al hilo de las sentencias del TJUE sobre calificación de periodos de guardia localizada: el análisis de las circunstancias concurrentes como criterio general. Bibliografía.

1. BREVE AGRADECIMIENTO AL HOMENAJEADO

Conocí al Profesor Mercader cuando, de manera desinteresada y entregada, se ofreció a asumir el cargo de dirigir mi tesis. Ya desde ese momento comencé a estarle enormemente agradecida pues, sin contar con referencias previas sobre mí, depositó una fe ciega en el potencial trabajo que podía desarrollar. Desde ese primer encuentro ha seguido demostrando esa confianza, no sólo como director de mi tesis —que, a día de hoy, sigue en proceso de elaboración—, sino al contar conmigo para diversos proyectos y publicaciones que van surgiendo y para los que parece fiarse más que yo de mi propio criterio. Creo que esta forma de acoger y manifestar confianza en los demás no hace sino poner de reflejo su gran calidad como persona.

Pero no es sólo esta valiosa calidad humana lo que quiero alabar y resaltar con estas líneas, sino también —y que es lo que ahora nos atañe— su brillante e inestimable labor profesional a lo largo de tantos años. Celebramos con esta obra colectiva los 25 años como catedrático del Profesor Mercader; 25 años que sólo integran una parte de toda una vida dedicada a la importantísima misión de formar las mentes del mañana. Estoy segura de que somos incontables las personas —para esta obra sólo nos hemos reunido unas pocas— que tenemos mucho que deberle por todo lo que de él hemos aprendido y seguiremos aprendiendo en años venideros.

Pero, como es bien sabido, los grandes maestros no sólo enseñan, también inspiran. Para mí, el Profesor Mercader no sólo está siendo mi principal guía y referente de sabiduría en el sinuoso camino que hoy recorro como estudiante de doctorado; también es mi fundamental fuente de motivación para seguir adelante cuando el trabajo se atasca en un punto del que, en ocasiones, parece imposible salir. Y lo es precisamente por su capacidad para inspirar, para despertar inquietudes y alentar la sed de aprender, de explotar nuestros talentos y ser mejores en lo que hacemos.

El tema que he escogido para desarrollar en estas páginas no es casual; siendo el "tiempo de trabajo" la temática que abordo en mi actual trabajo de tesis, quería dedicar este capítulo a ahondar en el estudio de la definición conceptual del mismo en el marco de la jurisprudencia y doctrina tanto comunitaria como nacional, temática muy actual que por supuesto el Profesor Mercader, en su amplísima carrera académica, ya ha abordado en varias ocasiones. En concreto, quiero hacer partir este análisis de sus valiosas observaciones en "Las dos caras de Jano: la delicada transposición de la Directiva 93/104/CE, de 26 de noviembre, relativa a determinados aspectos de la ordenación del tiempo de trabajo al personal médico del sistema sanitario (nota a la sentencia del TJCE de 3 de octubre de 2000)"[1], en "El concepto de 'tiempo de trabajo efectivo' en la doctrina reciente de

---

1 MERCADER UGUINA, Jesús R., Las dos caras de Jano: la delicada transposición de la Directiva 93/104/CE, de 26 de noviembre, relativa a determinados aspectos de la ordenación del tiempo de trabajo al personal médico del sistema sanitario (nota a la sentencia del TJCE de 3 de octubre de 2000). *Revista Española de Derecho Europeo.* Núm. 1, enero-marzo 2002, pp. 159-174.

los tribunales"[2] y en "Alcance del concepto 'tiempo de trabajo efectivo'"[3]-[4], para continuarlo y completarlo con las diversas resoluciones judiciales que, sobre la cuestión, han pronunciado el Tribunal de Justicia de la Unión Europea y nuestros tribunales hasta el día de hoy.

Muchas felicidades, Profesor Mercader, por este aniversario en un cargo tan bien merecido, y gracias por dedicar el mismo por completo a los demás, poniendo tus talentos a nuestro servicio para ayudarnos a crecer, como un buen líder sabe hacer. Espero poder aprender de ti lo máximo posible durante muchos años.

2. UNA PRIMERA APROXIMACIÓN A LA DEFINICIÓN DE "TIEMPO DE TRABAJO" EN LA DIRECTIVA 2003/88/CE

Tal y como establece el artículo 2.1 de la Directiva 2003/88/CE ("la Directiva sobre tiempo de trabajo"), constituye tiempo de trabajo "todo periodo durante el cual el trabajador permanezca en el trabajo, a disposición del empresario y en ejercicio de su actividad o de sus funciones, de conformidad con las legislaciones y/o prácticas nacionales". De esta definición, según una interpretación rigurosamente literal, podría deducirse que es necesaria la conjunción de los tres elementos indicados a efectos de considerar un específico periodo de tiempo como "de trabajo"; en concreto, el artículo 2 de la Directiva 2003/88 "establece, a priori, un triple requisito: permanencia en el trabajo (elemento locativo), disponibilidad (atención,

---

2 GARCÍA-PERROTE ESCARTÍN, Ignacio y MERCADER UGUINA, Jesús R., El concepto de "tiempo de trabajo efectivo" en la doctrina reciente de los tribunales. *Revista de Información Laboral.* Lex Nova, núm. 12, 2017.

3 MERCADER UGUINA, Jesús R., Alcance del concepto "tiempo de trabajo efectivo". En: GÁRATE CASTRO, Francisco Javier y MANEIRO VÁZQUEZ, Yolanda, *Las respuestas del Tribunal de Justicia a las cuestiones prejudiciales sobre política social planteadas por órganos jurisdiccionales españoles: estudios ofrecidos a María Emilia Casas Baamonde,* Santiago de Compostela, Universidad de Santiago de Compostela, 2020, pp. 635-641.

4 Por cuestión de plazos no ha sido posible abordar el reciente trabajo sobre esta misma temática contenido en GARCÍA-PERROTE ESCARTÍN, Ignacio y MERCADER UGUINA, Jesús R., Tiempos de desplazamiento y tiempo de trabajo efectivo, de las circunstancias específicas de Tyco a TK elevadores. *Revista Española de Derecho del Trabajo,* Aranzadi, núm. 285, 2025, págs. 1-10.

subordinación) y ejercicio de las funciones (trabajo en sentido estricto, rendimiento)"[5].

Una aplicación estricta de esta definición podría suponer el descarte de la consideración como tiempo de trabajo de concretos periodos durante los cuales, aun concurriendo alguna o algunas de las condiciones exigidas por el citado precepto legal, otra u otras de ellas no se dieran o, al menos, no en el sentido literal exacto en que las enuncia la norma. No obstante, no viene siendo ésta la dinámica emprendida por el Tribunal de Justicia de la Unión Europea ("el Tribunal de Justicia" o "el TJUE") en su labor de interpretación de la referida norma; más bien al contrario, su inclinación está siendo, con carácter general, la de interpretar de manera amplia los tres elementos que conforman, a efectos del artículo 2 de la Directiva 2003/88, el tiempo de trabajo (permanencia en el trabajo, disponibilidad y ejercicio de funciones). En este sentido, en algunos supuestos y ante la concurrencia de determinadas circunstancias, el Tribunal de Justicia ha llegado en cierto modo a excusar la ausencia de alguno de tales elementos a efectos de calificar un determinado periodo de tiempo como "de trabajo".

La definición de tiempo de trabajo resulta relevante a fin de garantizar los debidos descansos reconocidos en la Directiva 2003/88. A este respecto, se considera "periodo de descanso", tal y como se define en el mismo artículo 2 de este texto normativo, "todo periodo que no sea tiempo de trabajo". Esta definición de uno en contraposición al otro es la base sobre la que el Tribunal de Justicia defiende que no existen conceptos intermedios entre el tiempo de trabajo y el de descanso a efectos de la norma comunitaria; de ahí la valiosa labor interpretativa de lo que constituye tiempo de trabajo y lo que, no haciéndolo, ha de reputarse como periodo de descanso. Sobre todo, cuando se trata de periodos cuyo encuadramiento en una u otra categoría no resulta tan evidente, dándose la apariencia de encontrarse a medio camino entre ambas.

A lo largo de las siguientes páginas ahondaremos en esa importante labor interpretativa que, hasta hoy, ha venido desplegando el Tribunal de Justicia en torno al concepto de "tiempo de trabajo", así como el modo en que nuestros tribunales nacionales vienen replicando sus criterios. Para ello, nos iremos remitiendo puntualmente a las diversas disertaciones que,

---

[5] REQUENA MONTES, Óscar, Tiempo de presencia como tiempo de trabajo: el cómputo de las horas extraordinarias. *Nueva Revista Española de Derecho de Trabajo*, Aranzadi, núm. 238, 2021, p. 2.

sobre esta cuestión, desarrolló el Profesor Mercader en las obras arriba apuntadas.

3. LA INTERPRETACIÓN DEL ARTÍCULO 2.1 DE LA DIRECTIVA SOBRE TIEMPO DE TRABAJO EN EL MARCO DE LA ACTIVIDAD SANITARIA

3.1. *El Asunto Simap y las reflexiones del Profesor Mercader sobre las repercusiones derivadas de la calificación de los turnos de guardia de personal médico español como tiempo de trabajo*

En su artículo "Las dos caras de Jano: la delicada transposición de la Directiva 93/104/CE, de 26 de noviembre, relativa a determinados aspectos de la ordenación del tiempo de trabajo al personal médico del sistema sanitario", el Profesor Mercader analiza el comúnmente denominado "Asunto Simap", contenido en la STJCE de 3 de octubre de 2000 (asunto C-303/98, Simap).

En el Asunto Simap, el Tribunal Superior de Justicia de la Comunidad Valenciana plantea cuestión prejudicial al Tribunal de Justicia de las Comunidades Europeas ("el Tribunal de Justicia" o "el TJCE) para que se pronuncie —entre otras cuestiones— acerca de la consideración o no como tiempo de trabajo, en el sentido de la Directiva 93/104[6] (predecesora de la Directiva 2003/88[7]), de los servicios de atención continuada prestados por los médicos de Equipos de Atención Primaria, bien en régimen de presencia física en los centros sanitarios, bien en régimen de localización. Al respecto de la cuestión, el TJCE afirma que el tiempo relativo a atención continuada con presencia física en el centro sanitario —los turnos de guardia presencial— debe considerarse tiempo de trabajo, mientras que, respecto de los servicios en régimen de localización, sólo constituye tiempo de trabajo el correspondiente a la prestación efectiva de los mismos.

La Sentencia argumenta que en los períodos de atención continuada en régimen de presencia física concurren los elementos señalados en la norma comunitaria como constitutivos del concepto de tiempo de trabajo:

---

6 Directiva 93/104/CE del Consejo, de 23 de noviembre de 1993, relativa a determinados aspectos de la ordenación del tiempo de trabajo.

7 En adelante hablaremos de "la Directiva sobre tiempo de trabajo" para referirnos indistintamente a la Directiva 93/104 y a la Directiva 2003/88.

por un lado, los dos primeros requisitos —presencia en el trabajo y puesta a disposición del empresario— se dan claramente y, en lo que respecta al ejercicio de la actividad, si bien varía en función de las circunstancias, éste ha de considerarse cumplido en cualquier caso ya que la obligación de los médicos de estar presentes y disponibles en el centro de trabajo "debe considerarse comprendida en el ejercicio de sus funciones". Según entiende el Tribunal, esta interpretación se encuentra alineada con el objetivo perseguido por la Directiva 93/104, que no es otro que "garantizar la salud y la seguridad de los trabajadores, de manera que puedan disfrutar de períodos mínimos de descanso y de períodos de pausa adecuados".

En sentido contrario, los médicos que desarrollan la atención continuada en régimen de localización —sin presencia obligatoria en el centro sanitario—, si bien se encuentran a disposición del empresario —puesto que deben permanecer localizables—, "pueden organizar su tiempo con menos limitaciones y dedicarse a sus asuntos personales". Por esta razón, el TJCE considera que, en estas circunstancias, "sólo debe considerarse tiempo de trabajo en el sentido de la Directiva 93/104 el correspondiente a la prestación efectiva de servicios de atención primaria".

Es de resaltar que el TJCE entienda que el requisito de que el trabajador se encuentre "en ejercicio de su actividad o de sus funciones" ha de considerarse cumplido por el hecho de que el trabajador (en este caso, el médico) se encuentre presente en el lugar de trabajo y disponible ante cualquier requerimiento que pueda darse de sus servicios, independientemente de si se encuentra desarrollando su actividad o no. Constituye éste uno de los ejemplos de interpretación flexible de los elementos que componen la definición de tiempo de trabajo contenida en el artículo 2.1 de las referidas Directivas: no se exige, a fin de calificar un periodo de tiempo como "de trabajo", la concurrencia de las tres condiciones enunciadas en dicha norma de una manera literal y estricta. En este sentido, el Tribunal de Justicia no requiere, a los efectos indicados, que un trabajador se encuentre necesariamente desempeñando la específica actividad para la que ha sido contratado, sino que bastaría con que el mismo cumpliera un mandato que se reputara incluido en el conjunto de sus obligaciones contractuales; en el caso en cuestión, encontrarse presente y disponible en el centro de trabajo.

Los comentarios del Profesor Mercader a esta Sentencia, si bien no se detienen demasiado en los argumentos del Tribunal de Justicia a la hora de calificar como tiempo de trabajo el periodo de guardia sujeto a controversia, sí analizan las consecuencias derivadas de tal pronunciamiento. Así, el órgano jurisdiccional remitente de la cuestión prejudicial planteada en el Asunto Simap resolvió parte de la controversia en el sentido de limitar el tiempo dedicado a atención continuada, sobre la base de que éste, al constituir tiempo de trabajo, quedaría integrado en la jornada del trabajador, la cual se encuentra sujeta a las restricciones de duración fijadas por la Directiva comunitaria.

Lo anterior derivó, como señala el Profesor Mercader, en una serie de críticas contra la referida Sentencia del TJCE, sobre la base de cuestiones tales como el inasumible coste económico que la aplicación de la limitación de jornada implicaría para el Sistema de Salud; el problema que el déficit de personal en el sector sanitario supondría de cara a implementar efectivamente la referida limitación de jornada; los perjuicios que tal acción podrían generar sobre el derecho a la salud de los usuarios; o el fomento indirecto de la sanidad privada que podría producirse ante tal reducción del tiempo invertido en la sanidad pública.

Constituye éste un claro ejemplo de las grandes y variadas repercusiones que pueden derivarse de este ejercicio de calificación de la naturaleza de los tiempos. A este respecto, resulta claro que el reconocimiento de la naturaleza de un periodo de tiempo como de trabajo, por concurrir en el mismo los elementos propios de aquél, redundará en cualquier caso en una mejor tutela de la salud del trabajador, mientras que la falta de reconocimiento del carácter laboral de ciertos periodos que, aun conservando algún elemento de la definición de tiempo de trabajo, no llegan a calificarse como tal, otorgará mayor margen de flexibilidad al empresario en la gestión y distribución de la jornada. Pero las consecuencias que pueden derivarse de la eventual consideración como tiempo de trabajo de un periodo de tiempo que tradicionalmente no ha sido concebido como tal no se agotan en este plano individual, sino que pueden llegar a tener un alcance exponencial en la medida en que tal periodo de tiempo calificado como "de trabajo" concurra en un amplio sector de actividad. Y tales consecuencias pueden incluso llegar a afectar no sólo a las partes implicadas sino también a los receptores del servicio e incluso, en función de la actividad de que se trate, a la propia sociedad en su totalidad.

En definitiva: resulta claro el relevante papel que representa la labor de interpretación, a efectos de la Directiva 2003/88, del concepto de tiempo de trabajo, dadas las muchas y variadas consecuencias que de tal categorización pueden darse; consecuencias que, en ocasiones, alcanzarán meramente al empresario y al trabajador y que, en otras —como en el Asunto

Simap—, podrán llegar a desplegar sus efectos sobre un importante colectivo o incluso repercutir en toda la sociedad.

3.2. Otras sentencias del Tribunal de Justicia sobre la calificación como tiempo de trabajo de determinados periodos de guardia médica

La jurisprudencia del Tribunal de Justicia en torno a la interpretación del concepto de tiempo de trabajo en el ámbito sanitario no se agota en el Asunto Simap. Podemos traer aquí a colación otros ejemplos similares, como los Asuntos Jaeger, Pfeiffer y Dellas, en los que igualmente se dilucidó la naturaleza de determinados periodos de guardia durante los cuales, como en Simap, el desempeño de funciones por parte de los trabajadores no era constante, sucediéndose periodos de actividad con otros de inactividad.

En el Asunto Jaeger —STJCE de 9 de septiembre de 2003 (asunto C-151/2002, Jaeger)— de nuevo se plantea una cuestión prejudicial al TJCE en relación con la consideración como tiempo de trabajo o periodo de descanso, en el sentido de la Directiva 93/104, del tiempo dedicado a un servicio de atención continuada; en este caso, el regulado en el Derecho laboral alemán (Bereitschaftsdienst). Durante este servicio, el trabajador había de permanecer en el lugar de trabajo (el hospital) y dispuesto a prestar el servicio a petición del empresario, pero pudiendo descansar o emplear su tiempo como deseara mientras no fueran requeridos sus servicios.

En el marco de la controversia, el señor Jaeger consideraba que la interpretación del concepto de tiempo de trabajo facilitada por el TJCE en el Asunto Simap era perfectamente aplicable a su caso, al tratarse de dos situaciones sustancialmente idénticas; en concreto, entendía que las exigencias propias del servicio de atención continuada de que trataba el referido caso eran comparables a las exigencias a él impuestas, debiendo por ende considerarse que el servicio de atención continuada prestado por el mismo constituía íntegramente tiempo de trabajo. Por el contrario, la ciudad de Kiel sostenía que los periodos de inactividad durante el servicio de atención continuada —durante los cuales el trabajador podía descansar o emplear su tiempo a su propio criterio— habían de considerarse periodo de descanso.

A efectos de resolver la cuestión planteada, el TJCE recupera el pronunciamiento emitido en Simap, considerando que en el Asunto Jaeger no concurren circunstancias relevantes diferentes de las de aquél. En concreto, sostiene que el hecho de que en Simap no se contemplara expresamente la posibilidad de que los médicos que prestaban el servicio en régimen de presencia física pudieran descansar o incluso dormir en los tiempos en que no se precisaran sus servicios constituye una circunstancia irrelevante a efectos de la calificación de tales periodos. En este sentido, el factor determinante para considerar que los períodos de atención continuada realizados por los médicos en el propio hospital reúnen los elementos propios del concepto de "tiempo de trabajo" es el hecho de que estos profesionales "están obligados a hallarse físicamente presentes en el lugar determinado por el empresario y a permanecer a disposición de éste para poder prestar sus servicios inmediatamente en caso de necesidad".

El TJCE entiende que, en comparación con los servicios que se prestan en régimen de localización, la obligación de mantenerse a disposición del empresario en el lugar determinado por éste "está sujeto a limitaciones considerablemente más gravosas, puesto que debe permanecer alejado de su entorno tanto familiar como social y goza de una menor libertad para administrar el tiempo durante el cual no se requieren sus servicios profesionales". En vista de ello, el Tribunal mantiene que no puede considerarse que un trabajador que permanece disponible en el lugar designado por el empresario, aun cuando no le sea requerido el ejercicio efectivo de su actividad profesional, se encuentre disfrutando de un periodo de descanso.

En el Asunto Pfeiffer —STJCE de 5 de octubre de 2004 (asuntos C-397/01 a C-403/01, Pfeiffer)—, el TJCE sostiene que el fallo contenido en Jaeger, que estimaba la calificación como tiempo de trabajo del dedicado al servicio de atención continuada regulado en el Derecho laboral alemán (Bereitschaftsdienst), es extensible a los períodos de permanencia (Arbeitsbereitschaft), durante los cuales "el trabajador debe mantenerse a disposición del empresario en el lugar de trabajo y, además, está obligado a permanecer constantemente atento con objeto de intervenir inmediatamente en caso de necesidad". Esta tesis se declara igualmente aplicable al caso objeto de debate en la Sentencia en cuestión, referida a un servicio de socorro en el que necesariamente se suceden ciertas fases de inactividad más o menos extensas entre las intervenciones urgentes.

En cuanto al Asunto Dellas —STJCE de 1 de diciembre de 2005 (asunto C-14/04, Dellas)—, en él se analiza la adecuación del Decreto de Derecho francés núm. 2001-1384, de 31 de diciembre de 2001 (Decreto 2001-

1384)[8], a la Directiva 93/104. En este supuesto ya no se discute acerca de la naturaleza de los periodos de inactividad que puedan sucederse en el marco de un servicio de guardia presencial; la norma impugnada (el Decreto 2001-1384) ya asimilaba dichos periodos a tiempo de trabajo, pero aplicaba un sistema de equivalencia por el que el número de horas en que el trabajador se encontraba inactivo durante la guardia presencial se traducía en un número inferior de horas de trabajo efectivo, sobre la base de que, durante dichos periodos de mera presencia o inactividad, el trabajo prestado era de menor intensidad.

Este sistema es considerado contrario a la Directiva sobre tiempo de trabajo, habida cuenta de que entre los elementos característicos del concepto de tiempo de trabajo de acuerdo con esta norma no se indica ni la intensidad del trabajo ni el rendimiento del trabajador. A este respecto, el Tribunal mantiene que los servicios de guardia prestados en régimen de presencia física en el centro de trabajo han de considerarse íntegramente tiempo de trabajo en el sentido de la Directiva 93/104, independientemente de las prestaciones efectivamente realizadas durante dichas guardias y, en concreto, aun cuando tengan lugar ciertos periodos de inactividad durante el servicio.

Las resoluciones reseñadas configuran la postura que, de forma consolidada, viene manteniendo el Tribunal de Justicia en torno a la calificación que han de merecer los periodos de guardia desempeñados de manera presencial. De este criterio ya se comienza a desprender cierta flexibilidad en la interpretación del anteriormente explicado artículo 2.1 de la Directiva 2003/88 (o su predecesora, la Directiva 93/104), en el sentido de que la calificación de un periodo de tiempo como "de trabajo" no requiere la concurrencia de los tres elementos indicados en la norma (permanencia en el trabajo, disponibilidad y ejercicio de funciones) de manera literal, estricta e inexcusable, sino que el Tribunal de Justicia "ha reducido el nivel de exigencia a la concurrencia simultánea de tan solo dos requisitos —presencia y disponibilidad—, prescindiendo —o redefiniendo el concepto— del tercero de ellos"[9].

---

8 *Décret n°2001-1384 du 31 décembre 2001 pris pour l'application de l'article L. 212-4 du code du travail et instituant une durée d'équivalence de la durée légale du travail dans les établissements sociaux et médico-sociaux gérés par des personnes privées à but non lucratif.*

9 REQUENA MONTES, Óscar, Tiempo de presencia… *Op. cit.*, p. 3.

4. ACERCA DE LA NATURALEZA DE LOS PERIODOS DE TIEMPO DEDICADOS A LOS DESPLAZAMIENTOS ENTRE EL DOMICILIO DEL TRABAJADOR Y EL LUGAR DE PRESTACIÓN DEL SERVICIO

4.1. El Asunto Tyco: la calificación de los desplazamientos domicilio-clientes como tiempo de trabajo

Otros periodos de tiempo cuya naturaleza ha sido igualmente objeto de valoración y calificación por parte de la jurisprudencia comunitaria han sido los invertidos por el trabajador en los desplazamientos realizados entre su domicilio y el lugar de ejecución del servicio prestado. Sobre esta cuestión trata el Asunto Tyco —STJUE de 10 de septiembre de 2015 (asunto C-266/14, Tyco)—, al cual se remite el Profesor Mercader en su trabajo "El concepto de 'tiempo de trabajo efectivo' en la doctrina reciente de los tribunales" y desarrolla más ampliamente en el de "Alcance del concepto 'tiempo de trabajo efectivo'".

Este Asunto versa en concreto sobre la consideración o no como tiempo de trabajo, en el sentido del artículo 2.1 de la Directiva 2003/88, del tiempo empleado por los trabajadores de diversas empresas del grupo Tyco en los desplazamientos diarios entre su domicilio y los centros de trabajo del primer y último cliente de la jornada asignados por el empresario.

Tyco se dedica a la instalación y mantenimiento de sistemas de detección de intrusión y sistemas antihurto en comercios. Con anterioridad a la controversia, la Empresa disponía de oficinas provinciales a las que acudían sus trabajadores al inicio de la jornada para retirar el vehículo de empresa —que empleaban en los desplazamientos a las oficinas de los clientes— y a las que regresaban para depositarlo al finalizar el trabajo del día. En ese momento, Tyco computaba la jornada de trabajo desde la entrada de los trabajadores en dichas oficinas hasta su salida tras dejar el vehículo. No obstante, posteriormente la Empresa cerró sus oficinas y comenzó a calcular la jornada diaria de los trabajadores contabilizando el tiempo transcurrido entre la llegada del trabajador al centro del primer cliente de la jornada y la salida desde el centro del último.

Acerca de lo anterior, la Audiencia Nacional de España ("AN"), tribunal remitente de la cuestión, señala que el artículo 34.5 del Estatuto de los Trabajadores no equipara el tiempo de desplazamiento domicilio-clientes a tiempo de trabajo, al considerar el legislador, según entiende dicho tribunal, que el trabajador puede elegir libremente su domicilio. No obstante, la AN indica que esto ha de matizarse en el caso de los trabajadores móviles del sector de transportes terrestres, para quienes se considera que el puesto de trabajo se encuentra en su vehículo —de modo que cualquier tiempo de desplazamiento se considera tiempo de trabajo—, tesis que, según considera la AN, podría eventualmente aplicarse a los trabajadores de Tyco. A efectos de clarificar esta cuestión, la AN plantea cuestión prejudicial ante el TJUE sobre la interpretación del artículo 2.1 de la Directiva 2003/88, en el sentido de si el tiempo que diariamente emplean los trabajadores de Tyco en desplazarse desde su domicilio, al inicio de la jornada, hasta el domicilio del primer cliente y desde el domicilio del último cliente, al finalizar el trabajo, hasta el suyo propio, constituye tiempo de trabajo o de descanso.

El TJUE entra a analizar si en la situación objeto de pronunciamiento concurren o no los elementos característicos del tiempo de trabajo en línea con el artículo 2.1 de la Directiva 2003/88. Así, en lo que respecta al requisito de encontrarse en ejercicio de la actividad o funciones, Tyco considera que el mismo no concurre durante el tiempo de desplazamiento de los trabajadores entre su domicilio y el de los clientes, toda vez que la actividad de estos trabajadores no consiste en la realización de estos desplazamientos sino en desarrollar trabajos de instalación y mantenimiento de sistemas de seguridad. No obstante, el TJUE sostiene que dichos desplazamientos son "el instrumento necesario para ejecutar prestaciones técnicas por parte de los trabajadores en los centros de estos clientes". Por ello, no tenerlos en cuenta podría derivar en que única y exclusivamente se considerara comprendido en el concepto de "tiempo de trabajo" el tiempo invertido en el ejercicio de la actividad de instalación y de mantenimiento, lo cual "tendría como efecto la desnaturalización de este concepto y el menoscabo del objetivo de protección de la seguridad y de la salud de estos trabajadores".

A mayor abundamiento, el Tribunal de Justicia destaca que, con carácter previo al cierre de las oficinas provinciales, se consideraba tiempo de trabajo el tiempo de desplazamiento de los trabajadores entre las mismas y los centros del primer y del último cliente de cada día. Ello demuestra que, anteriormente, la tarea de conducir el vehículo durante estos trayectos sí que formaba parte de las funciones y de la actividad de estos trabajadores.

Con base en lo anterior, el TJUE concluye que "los trabajadores que se encuentran en una situación como la controvertida en el litigio principal están en ejercicio de su actividad o de sus funciones durante el tiempo de desplazamiento domicilio-clientes".

En cuanto a la condición de encontrarse a disposición del empresario, la Sentencia resalta que lo determinante en este caso reside en que el trabajador ha de encontrarse físicamente en el lugar determinado por el empresario y permanecer a su disposición con el fin de poder responder de forma inmediata a cualquier solicitud de servicios cuando le sean requeridos. De este modo, se considerará que un trabajador permanece a disposición de su empresario cuando se halle "en una situación en la que esté obligado jurídicamente a obedecer las instrucciones de su empresario y a ejercer su actividad por cuenta de éste". De forma contraria, no constituirá tiempo de trabajo —por no darse esta puesta a disposición del empresario— aquél durante el que el trabajador esté sometido a menos limitaciones en la gestión de su tiempo y pueda dedicarse a sus asuntos personales.

En el Asunto Tyco, el TJUE considera que, durante la realización de los desplazamientos objeto del debate, los trabajadores no pueden disponer libremente de su tiempo y dedicarse a sus asuntos personales pues han de obedecer las instrucciones del empresario, de forma que ha de considerarse que se encuentran a disposición del mismo durante este tiempo. A este respecto, si bien es cierto que, durante dichos trayectos, los trabajadores sí que tienen cierta libertad de la que no disfrutan durante sus intervenciones en los domicilios de los clientes, también es cierto que esta libertad ya existía con anterioridad a la supresión de las oficinas provinciales —cuando el tiempo de desplazamiento sí se computaba como tiempo de trabajo—.

Con respecto al requisito de la permanencia en el trabajo durante el periodo en cuestión, la Sentencia alega que "si un trabajador que ya no tiene centro de trabajo fijo ejerce sus funciones durante el desplazamiento hacia o desde un cliente, debe considerarse que este trabajador permanece igualmente en el trabajo durante ese trayecto". En este sentido, "los desplazamientos son consustanciales a la condición de trabajador que carece de centro de trabajo fijo o habitual", de modo que su centro de trabajo no puede limitarse a los lugares en los que realizan sus intervenciones en el domicilio de los clientes. Y ello a pesar de que el lugar de inicio y finalización de estos trayectos sea el domicilio de los trabajadores, toda vez que esta circunstancia no fue elegida por ellos sino por el empresario, al cerrar las oficinas provinciales. En este sentido, el Tribunal considera que, con el cierre de estas oficinas, los trabajadores perdieron su derecho a elegir la distancia entre su domicilio y el lugar de ejecución de los servicios, no pudiendo ahora la decisión empresarial revertir en un coste para ellos.

En definitiva, el TJUE considera que "en circunstancias como las controvertidas en el litigio principal, en las que los trabajadores carecen de centro de trabajo fijo o habitual", el tiempo de desplazamiento empleado por los mismos en los trayectos diarios entre su domicilio y los centros del primer y del último cliente del día constituye "tiempo de trabajo" en el sentido del artículo 2 de la Directiva 2003/88. Lo contrario se opondría, a juicio del TJUE, al objetivo de protección de seguridad y salud perseguido por esta norma comunitaria, al implicar una reducción del periodo de descanso de estos trabajadores.

4.2. El traslado de la doctrina Tyco a la jurisprudencia española: un terreno todavía inestable

Como bien indicaba el Profesor Mercader en uno de sus trabajos reseñados, la doctrina elaborada por el Asunto Tyco supuso "una importante convulsión en un terreno tan sensible en nuestros días como lo es el tiempo de trabajo"[10], materia que se encontraba especialmente en el punto de mira en ese momento dada la reciente introducción de la obligación legal general de registro diario de la jornada. Así, siendo la calificación de los tiempos de desplazamiento una cuestión objeto de enorme debate y discusión, la referida Sentencia del TJUE podría haber sido eventualmente acogida por nuestra jurisprudencia como punto de partida para el desarrollo de una interpretación ciertamente amplia del concepto de tiempo de trabajo.

A pesar de lo anterior, como igualmente explicaba nuestro homenajeado, tras lo resuelto en el Asunto Tyco el criterio de nuestro Tribunal Supremo pareció orientarse más a favor de limitar esta decisión del Tribunal de Justicia a las concretas circunstancias del supuesto de hecho sobre el que se pronunció en tal caso, evitando una aplicación generalizada de esta doctrina. Muestra de ello fueron, como señalaba el Profesor Mercader, las STSs de 1 de diciembre de 2015 (Rº. 284/2014, Sala de lo Social) y de 4 de diciembre de 2018 (Rº. 188/2017, Sala de lo Social), que descartaron extender el criterio de Tyco a los respectivos casos enjuiciados sobre la base de la falta de concurrencia, en los supuestos de hecho en cuestión, de determinadas circunstancias sí existentes en el caso resuelto por el TJUE; en concreto, "que los trabajadores deban acudir desde su domicilio al domicilio del usuario (…), ni que la distancia al mismo pueda alcanzar hasta 100 KM, ni que los domicilios a los que han de acudir se encuentren en diferentes provincias, ni que con anterioridad se iniciara el cómputo de la jornada contabilizando desde que se incorporaban al centro de trabajo de la empresa"[11].

---

10 MERCADER UGUINA, Jesús R., Alcance del concepto… *Op. cit.*, p. 639.

11 Fundamento de derecho séptimo, STS 1 diciembre 2015.

Esta postura comedida parece ciertamente la más acorde a la doctrina del TJUE sobre la cuestión, ya que la literalidad de la Sentencia Tyco no viene realmente a proclamar la naturaleza como tiempo de trabajo, con carácter general y sin excepción, de los desplazamientos que los trabajadores realicen entre su domicilio y el de sus clientes —cuando el servicio se presta en las dependencias de éstos— sino que, por un lado, lo que establece su fallo concretamente es que estos desplazamientos merecen tal calificación "en circunstancias como las controvertidas en el litigio principal, en las que los trabajadores carecen de centro de trabajo fijo o habitual"; y, por otro lado, la decisión del Tribunal de Justicia en esta resolución viene reforzada por la importante circunstancia de que, con anterioridad al cierre de las oficinas de la Empresa, ésta sí viniera considerando como tiempo de trabajo el invertido por los trabajadores en los desplazamientos entre aquéllas y los centros de los clientes. Esto, unido al hecho de que el cierre de las oficinas se decidiera unilateralmente por la Empresa (lo cual implicó que los trabajadores perdieran "la posibilidad de determinar libremente la distancia que separa su domicilio del lugar habitual de inicio y fin de su jornada laboral"), viene a dotar de cierta particularidad al supuesto de hecho en cuestión, restringiendo la aplicación generalizada e indiscriminada de la doctrina contenida en esta Sentencia a cualquier otro supuesto que simplemente guarde cierta similitud con aquél.

No obstante lo antedicho, lo cierto es que, desde que el Profesor Mercader realizara su análisis sobre la cuestión, nuestro Alto Tribunal también se ha pronunciado en algunos supuestos en el sentido resuelto en Tyco, aun cuando en éstos no concurrieran circunstancias absolutamente idénticas a las del caso enjuiciado por el TJUE. A este respecto, podemos remitirnos en primer lugar a la STS de 7 de julio de 2020 (Rº. 208/2018, Sala de lo Social), que resuelve que el tiempo empleado por unos trabajadores en el desplazamiento entre su propio domicilio y el de sus clientes constituye tiempo de trabajo, en la medida en que la actividad de la empresa —que consistía en la instalación, mantenimiento y reparación de ascensores— "sólo puede realizarse en el domicilio de sus clientes, de manera que, los desplazamientos, desde el primero hasta el último, son consustanciales con la actividad de la empresa".

En el caso objeto de enjuiciamiento en la Sentencia en cuestión, es de reseñar que, a diferencia del de Tyco, los trabajadores sí disponían de centro de trabajo, si bien, como explica la Sentencia, no aparcaban allí los vehículos de empresa sino que se trasladaban directamente desde su domicilio a la sede de los clientes con todos los materiales y herramientas pertinentes para la prestación del servicio. Es el hecho de que el desplazamiento al domicilio del cliente sea considerado "esencial para el despliegue de la actividad de la empresa" el motivo por el que el TS resuelve que tal desplazamiento ha de computar como tiempo de trabajo; "también, cuando el desplazamiento se realiza desde el domicilio de los trabajadores, quienes se trasladan a sí mismos, junto con los materiales y herramientas necesarios en los vehículos proporcionados por la empresa, conforme a la planificación realizada por ésta".

Sin perjuicio de lo anterior, un aspecto a destacar en el caso resuelto en la resolución explicada —el cual también constituye un importante elemento de peso en la decisión final del TS— es el hecho de que la Empresa ya viniera reconociendo como tiempo de trabajo el invertido por otro colectivo de trabajadores, ajeno al conflicto, en sus desplazamientos entre su domicilio y el de los clientes. El trato diferenciado a este respecto lo justificaba la Empresa sobre la base de que este otro colectivo realizaba desplazamientos más largos, al tener que prestar sus servicios en el ámbito de toda la provincia y no sólo en el de dos municipios, como hacían los del colectivo afectado. No obstante, concluyendo que estos desplazamientos domicilio-clientes constituyen tiempo de trabajo por las razones expresadas, el TS argumenta que "no hay razón que justifique el trato diferenciado al colectivo afectado por el conflicto (...) puesto que, en ambos casos, el desplazamiento forma parte esencial de la actividad empresarial, sin el que no podría desempeñarse, tratándose, por tanto, de tiempo de trabajo".

En la misma línea se pronuncia la STS de 9 de junio de 2021 (Rº. 27/2020, Sala de lo Social), que aplica la doctrina contenida en la resolución anteriormente explicada y, por ende, la desarrollada en Tyco. En el caso en ella enjuiciado la actividad de la Empresa se desarrollaba igualmente en el domicilio de sus clientes, debiendo los trabajadores desplazarse al mismo, lo cual hacían en un vehículo de la empresa. En vista de esta dinámica, el TS reitera que "los desplazamientos son consustanciales a la actividad de la empresa, inherentes a la ejecución de la actividad laboral". Sobre la base de ello, "este desplazamiento, dadas las características en las que se desarrolla la prestación laboral, es tiempo de trabajo".

A efectos de lo anterior, el TS se remite directamente al Asunto Tyco al afirmar que "estos desplazamientos son el instrumento necesario para ejecutar prestaciones técnicas por parte de los trabajadores en los centros o domicilios de estos clientes". Por tal motivo, "No tener en cuenta estos desplazamientos" podría conllevar que sólo computara como tiempo de trabajo el estrictamente empleado en la ejecución del servicio prestado en las instalaciones de los clientes, lo cual "tendría como efecto la desnaturalización de este concepto y el menoscabo del objetivo de protección de la seguridad y de la salud de estos trabajadores".

Tras lo anteriormente expuesto, el TS manifiesta que "las circunstancias concurrentes son en esencia idénticas" a las del Asunto Tyco, y que a ello no obsta el hecho de que la Empresa no hubiese procedido al cierre de sus oficinas, pues el Tribunal apunta que, pese a disponer de éstas, los trabajadores no acudían a las mismas al comenzar y finalizar su jornada diaria, sino que lo hacían directamente al domicilio del primer cliente asignado y, desde el del último, regresaban a su domicilio al finalizar la jornada. No obstante esta disparidad, lo que sí concurría en este caso era la circunstancia de que, previamente al conflicto, los trabajadores sí acudían a su respectiva delegación, en la que recogían el vehículo de empresa y desde donde la Empresa ya comenzaba a computar la jornada diaria hasta que el trabajador regresaba a dicha delegación, al finalizar el trabajo del día. No obstante, desde que la empresa decidiera que los trabajadores debían iniciar su jornada en el domicilio del primer cliente asignado en el día, se comenzó a computar el tiempo de trabajo desde ese momento, no considerándose como tal, por ende, el invertido por el trabajador en el desplazamiento desde su domicilio hasta el del primer cliente de la jornada (en lo que se refiere al desplazamiento de vuelta hasta el domicilio del trabajador, la Empresa ya había comenzado a reconocer su naturaleza de tiempo de trabajo). Esta última circunstancia acerca, en cierto modo, el caso entonces enjuiciado por el TS al supuesto de hecho analizado en Tyco, lo cual favorece un pronunciamiento en la misma línea que el contenido en la STJUE que se dictó en aquella ocasión.

Por medio de estas últimas resoluciones el TS se desmarca brevemente de la que en principio había parecido constituir su postura general frente a la doctrina Tyco, y que consistía en reducir la aplicación de la misma a supuestos rigurosamente idénticos al que fue en ese caso conocido por el TJUE. En este sentido, mientras que las resoluciones del TS antes reseñadas de 2015 y 2018 parecían limitar el alcance de esta doctrina comunitaria "a los estrictos términos en los que se asentaba su supuesto de hecho"[12], por medio de estos últimos pronunciamientos nuestro Alto Tribunal flexibiliza en cierto modo esta exigencia de identidad cuasi-absoluta entre las circunstancias concurrentes en el Asunto Tyco y las del que sea susceptible de resolverse del mismo modo.

---

12 MERCADER UGUINA, Jesús R., Alcance del concepto… *Loc. cit.*, p. 639.

No obstante lo anterior, en otro reciente supuesto sobre esta misma materia, el TS volvió a pronunciarse en el sentido de no entender extensible el fallo de Tyco al caso en cuestión. Se trata de la STS de 26 de junio de 2024 (Rº. 163/2023, Sala de lo Social), que aclara que lo resuelto por el TJUE en el meritado supuesto no puede suponer que siempre haya de considerarse como tiempo de trabajo el invertido en el desplazamiento desde el domicilio del trabajador hasta el del primer cliente de la jornada y desde el del último hasta su domicilio al finalizar el día, "ya que tal solución depende de las circunstancias concurrentes y de la normativa aplicable". En concreto, esta resolución menciona como ejemplo la STS de 4 de diciembre de 2018, indicando que ésta "no aplica aquella conclusión en atención a las circunstancias fácticas allí constatadas", para luego señalar que, "para resolver la controversia que aquí se examina, resulta imprescindible atender en cada caso a lo pactado por las partes en sus distintos acuerdos".

Ciertamente, la relación que el TS parece establecer entre esta sentencia del 2024 y la suya del año 2018 parece bastante forzada; mientras que en esta última la base para rechazar la aplicación de la doctrina Tyco al caso en cuestión residía en la no concurrencia de circunstancias fácticas idénticas entre uno y otro caso, en la sentencia de junio del 2024 el Tribunal basa su decisión en la necesidad de interpretar la naturaleza de estos periodos de tiempo en línea con lo que se hubiera acordado sobre este particular por la negociación colectiva en cada caso, habida cuenta de la existencia en la empresa de diversos pactos que se pronunciaban sobre esta cuestión. A pesar de ello, el hecho de que el TS decidiera recordar el criterio que mantuvo en aquella sentencia en contra de aplicar la doctrina Tyco ante una falta de identidad total entre los supuestos de hecho podría ser indicativo de que todavía no se ha separado de este criterio; y ello, a pesar de la diferente orientación mostrada en sus sentencias de los años 2020 y 2021.

Esa reticencia a aplicar la doctrina Tyco vuelve a ponerse de reflejo en la aún más reciente STS de 27 de noviembre de 2024 (Rº. 88/2023, Sala de lo Social), que trata sobre un nuevo supuesto de calificación de los periodos de desplazamiento entre el domicilio del trabajador y el de los clientes de la empresa. A efectos de resolver la controversia planteada, el TS realiza un recorrido por todas estas resoluciones que, desde que se dictara la famosa Sentencia del TJUE en el año 2015, se han ido pronunciando por nuestro Alto Tribunal en supuestos que versan sobre la misma temática. Finalmente, concluye que no cabe apreciar la naturaleza "de trabajo" de los desplazamientos objeto de controversia toda vez que "no se ha probado que concurran las circunstancias específicas de la sentencia del TJUE del asunto Tyco", como tampoco las de las STSs de 7 de julio de 2020 y 9 de junio de 2021. Al respecto de estas dos últimas, en concreto la Sentencia refiere lo siguiente:

> "tampoco existe un término de comparación respecto de otros trabajadores de la misma empresa que estén percibiendo la retribución correspondiente a estos desplazamientos sin razones objetivas y proporcionadas que justificaran la diferencia de trato; ni ha habido un cambio en la prestación de servicios de la empresa, de forma que anteriormente el empleador considerase tiempo de trabajo el desplazamiento de sus trabajadores desde su respectiva delegación al domicilio del primer cliente, así como el utilizado en desplazarse desde el domicilio del último cliente al domicilio del trabajador".

Dicho lo cual, el TS se remite a su doctrina establecida en las ya explicadas STSs de 1 de diciembre de 2015 y de 4 de diciembre de 2018 y resuelve negar el reconocimiento del tiempo empleado en estos desplazamientos domicilio-clientes como "tiempo de trabajo".

En vista de lo anterior, parece que el TS todavía es restrictivo a la hora de extender la doctrina Tyco a cualquier caso del que conozca por la simple existencia de una identidad en el supuesto de hecho general, debiendo concurrir algún elemento diferencial que fuerce la balanza a favor de la consideración de los desplazamientos domicilio-clientes como "tiempo de trabajo" (como ocurría en los casos analizados en las STSs de 2020 y 2021 reseñadas), o bien una auténtica identidad absoluta con las circunstancias que se daban en el Asunto Tyco (lo cual se presenta ciertamente improbable). En cualquier caso, se trata éste de "un terreno complejo en el que las circunstancias concurrentes son determinantes a la hora de alcanzar soluciones globales"[13], de manera que, a pesar de que la Sentencia Tyco vaya a operar en todo caso como criterio de referencia a la hora de resolver supuestos similares, podemos creer que el análisis de las concretas circunstancias de cada supuesto en cuestión serán las que, en última instancia, determinen la solución que nuestros tribunales nacionales acaben dando a cada específica controversia que llegue a sus manos.

---

13 MERCADER UGUINA, Jesús R., Alcance del concepto… *Ibid.*, p. 641.

5. QUÉ HAY DE NUEVO TRAS LOS ESTUDIOS DEL PROFESOR MERCADER: LOS PRINCIPALES CRITERIOS DESARROLLADOS POR EL TJUE EN LA INTERPRETACIÓN DEL ARTÍCULO 2.1 DE LA DIRECTIVA SOBRE TIEMPO DE TRABAJO Y DOCTRINA RECIENTE DE NUESTROS TRIBUNALES AL RESPECTO

5.1. Desde Matzak a Dublin City Council: la jurisprudencia comunitaria en torno a la calificación de las guardias de localización

En apartados anteriores hemos venido analizando la interpretación realizada por el TJUE del concepto de tiempo de trabajo contenido en el artículo 2.1 de la Directiva 2003/88 en dos casos particulares: tanto en el de guardias médicas desempeñadas en régimen de presencia física —en el propio centro de trabajo— como en el de desplazamientos realizados por los trabajadores entre su domicilio particular y el de los clientes de la empresa, al inicio y al final de la jornada, cuando el servicio se efectúa directamente en aquél. No obstante, existen otros variados supuestos —que han ido apareciendo desde que se publicara el último estudio del Profesor Mercader sobre la materia— en los que el Tribunal de Justicia se ha pronunciado en relación con la calificación de determinados periodos de tiempo que, a primera vista, parecían quedar entre medias del "tiempo de trabajo" y del "periodo de descanso" a los que se refiere la meritada norma. En concreto, a lo largo de las siguientes páginas nos centraremos en la jurisprudencia que viene desarrollando el TJUE en relación con la naturaleza de las conocidas como "guardias de localización" —aquéllas que no se desarrollan en el lugar de trabajo—, al ser ésta la principal cuestión sobre la que se ha pronunciado el Tribunal en los últimos años.

Al respecto de lo anterior, resulta especialmente destacable la Sentencia pronunciada por el TJUE en el Asunto Matzak —STJUE de 21 de febrero de 2018 (asunto C-518/15, Matzak)— dado el enorme impacto que supuso en su momento, pues por medio de la misma el Tribunal de Justicia extendía la calificación de "tiempo de trabajo" a un periodo de guardia que se desarrollaba en el propio domicilio del trabajador; esto es, una guardia —en principio— de localización y no de presencia. A pesar de ello, hay que conocer las circunstancias concretas del caso en particular a efectos de comprender íntegramente el fallo del TJUE a este respecto.

En el asunto en cuestión, el trabajador (que prestaba servicios de protección contra incendios) estaba obligado —de acuerdo con el Reglamento interno del servicio de protección contra incendios del municipio de Nivelles— a residir en un lugar que le permitiese llegar al parque de bomberos en un plazo máximo de ocho minutos y, durante las guardias localizadas, se comprometía a permanecer en su domicilio, de manera que pudiera llegar al parque de bomberos en el mismo plazo máximo. A este respecto, se planteó ante el TJUE si, con motivo de la obligación de responder a las convocatorias del empresario en el mencionado plazo de ocho minutos —el cual restringía de manera importante la libertad del trabajador durante dichas guardias domiciliarias—, tales guardias habían de computar o no como tiempo de trabajo de acuerdo con el artículo 2.1 de la Directiva 2003/88.

En lo que respecta a las guardias realizadas según el sistema de localización, el Tribunal de Justicia ya había tenido ocasión de indicar que, en la medida en que el trabajador pueda administrar su tiempo con menos limitaciones y dedicarse a sus intereses personales por no tener obligación de permanecer en el lugar de trabajo durante la guardia, sólo habría de computar como "tiempo de trabajo" aquél dedicado a la prestación efectiva de servicios. No obstante esta valoración, en el caso Matzak, si bien el trabajador no estaba obligado a encontrarse en su lugar de trabajo durante la guardia localizada, lo cierto es que sí tenía la obligación de estar presente físicamente en el lugar determinado por el empresario durante este periodo —lugar que consistía en su domicilio— a efectos de, en caso de ser contactado, poder atender la convocatoria de servicios en el reducido plazo de ocho minutos.

A juicio del TJUE, la obligación que debía soportar el trabajador durante dichas guardias implicaba una restricción geográfica y temporal que limitaba objetivamente su capacidad para dedicarse a cualesquiera otros intereses personales durante ese tiempo. Esta circunstancia suponía una diferencia relevante de este tipo de guardias respecto de aquéllas durante las cuales el trabajador simplemente ha de permanecer localizable para el caso de ser contactado por su empresario.

Con base en lo anterior, el Tribunal concluye que el periodo de tiempo en que este trabajador debía permanecer en situación de guardia localizada, físicamente en su domicilio, a disposición del empresario y con capacidad para presentarse en el lugar de trabajo en un plazo de ocho minutos, debía considerarse tiempo de trabajo. Y ello, con base en que estas obligaciones que debía soportar el trabajador durante dicho periodo restringían considerablemente la posibilidad del mismo de dedicarse a cualesquiera otras actividades.

Sin perjuicio de este pronunciamiento, resulta claro, dadas las concretas circunstancias que se daban en el Asunto Matzak, que esta doctrina no es automáticamente aplicable a cualquier otro supuesto de guardia de localización; sólo aquellos periodos de guardia que, a pesar de no desarrollarse presencialmente en el propio lugar de trabajo, impliquen unas restricciones tales sobre el trabajador que impidan que pueda dedicarse a sus intereses personales durante dicho tiempo habrán de reputarse como "tiempo de trabajo" en línea con la doctrina desplegada en este asunto.

Otra ocasión en la que el TJUE ha podido pronunciarse en relación con la naturaleza de un periodo de guardia de localización la encontramos en el Asunto Radiotelevizija Slovenija —STJUE de 9 de marzo de 2021 (asunto C-344/19, Radiotelevizija Slovenija)—, en el que el Tribunal aporta nuevos elementos de interpretación del art. 2.1 de la Directiva 2003/88. En su Sentencia, el TJUE resalta —en línea con lo resuelto en Matzak— el importante papel que juega el plazo que se concede al trabajador para responder a una convocatoria de servicios durante un periodo de guardia de localización como factor a considerar a efectos de la calificación de tal periodo, así como la frecuencia media de las intervenciones que sean requeridas al trabajador durante el mismo. De este modo, el Tribunal explica que una guardia durante la cual el trabajador debiera acudir a las llamadas del empresario en "algunos minutos" en principio debería considerarse "tiempo de trabajo" en su totalidad, en la medida en que tal obligación de disponibilidad inmediata disuadiría al trabajador de planificar cualquier otra actividad durante el periodo que durara la guardia. Del mismo modo, una mayor frecuencia de intervención del trabajador en el marco de una guardia, en la medida en que ello le otorgaría un menor margen para gestionar libremente el tiempo que le restase durante los periodos de inactividad, determinaría igualmente que la totalidad de la guardia hubiera de considerarse, en principio, tiempo de trabajo. Sin perjuicio de ello, el Tribunal mantiene que el hecho de que el trabajador no se vea convocado para intervenir más que en ocasiones puntuales no puede implicar que tales periodos de guardia sean considerados como "de descanso" cuando el plazo en el que el trabajador deba iniciar la actividad ante una convocatoria del empresario sea tal "que basta para restringir, objetivamente y de manera considerable, la capacidad del trabajador para administrar libremente, en esos períodos, el tiempo durante el cual no se requieren sus servicios profesionales".

Sin perjuicio de lo anterior, el TJUE también aprovecha para indicar que el impacto que pueda ocasionar la obligación de responder a una convocatoria de servicios en un reducido periodo de tiempo debe evaluarse "tras realizar una apreciación concreta, que tenga en cuenta, en su caso, las demás limitaciones impuestas al trabajador, así como las facilidades que se le conceden durante el período de guardia".

En línea con lo antedicho, en el caso en cuestión, en el que se cuestionaba si el servicio de guardia durante el cual un trabajador debía encontrarse localizable por teléfono y debiendo presentarse en su lugar de trabajo en un plazo de una hora en caso de ser convocado constituía tiempo de trabajo, el TJUE no es ya tan concluyente como lo fuera en el sonado Asunto Matzak; por el contrario, se limita a resolver lo siguiente:

> "(...) un período de guardia en régimen de disponibilidad no presencial durante el cual un trabajador solo debe estar localizable por teléfono y poder presentarse en su lugar de trabajo, en caso de necesidad, en el plazo de una hora, pudiendo residir en un alojamiento de servicio puesto a su disposición por el empresario en dicho lugar de trabajo, pero sin estar obligado a permanecer en él, solo constituye, en su totalidad, tiempo de trabajo en el sentido de esta disposición si de una apreciación global de todas las circunstancias del caso de autos, en particular de las consecuencias de dicho plazo y, en su caso, de la frecuencia media de intervención en el transcurso de ese período[14], se desprende que las limitaciones impuestas a dicho trabajador durante ese período son de tal naturaleza que afectan objetivamente y de manera considerable a su capacidad para administrar libremente, en ese mismo período, el tiempo durante el cual no se requieren sus servicios profesionales y para dedicarlo a sus propios intereses".

En el fallo transcrito, el TJUE resalta los principales criterios que pueden potencialmente determinar que un periodo de guardia de localización en su totalidad pueda merecer la calificación de tiempo de trabajo —como son el plazo de respuesta exigido frente a una convocatoria del empresario y la frecuencia media de intervenciones durante tal periodo—, sin perjuicio de que tal valoración deba extraerse "de una apreciación global de todas las circunstancias del caso de autos"; no obstante, en esta ocasión no se pronuncia expresamente sobre la calificación del concreto periodo de guardia que era objeto de enjuiciamiento en el caso en cuestión.

Al respecto de lo anterior, en esta Sentencia el TJUE, en cierto modo, "pasa el testigo" a los tribunales nacionales en el proceso de calificación de un concreto periodo de tiempo como "de trabajo" o "de descanso", indicando que "en último término corresponde al órgano jurisdiccional remitente examinar si los períodos de guardia en régimen de disponibilidad no presencial controvertidos en el litigio principal deben calificarse de «tiempo de trabajo» a efectos de la aplicación de la Directiva 2003/88",

---

14 El subrayado es nuestro.

mas ello sin perjuicio de que corresponda al TJUE "proporcionarle indicaciones sobre los criterios que deben tomarse en consideración al proceder a dicho examen".

Dicho lo cual, a efectos de valorar la intensidad de las limitaciones sufridas por un trabajador durante un periodo de guardia, el TJUE aclara que sólo podrán tenerse en cuenta aquéllas derivadas de una norma aplicable, convenio colectivo o decisión empresarial; esto es, no podrán tenerse en cuenta aquellas restricciones o dificultades que vengan producidas, por ejemplo, por elementos naturales o por la libre elección del trabajador. A este respecto, el hecho de que el trabajador resida a una distancia considerable del lugar en el que deba prestarse el servicio durante una guardia no es motivo válido para la calificación de dicho periodo como tiempo de trabajo, ya que la localización del domicilio es libremente elegida por el trabajador. Igualmente, las dificultades de acceso del lugar de prestación del servicio y el carácter poco propicio para el ocio en la zona circundante tampoco constituyen razones válidas a efectos de tal calificación.

Por otro lado, cuando coinciden el lugar de trabajo y el domicilio del trabajador, la prohibición de que el trabajador abandone el lugar de trabajo durante la guardia a efectos de poder atender con inmediatez las eventuales convocatorias del empresario no constituye criterio suficiente a fin de computar tal periodo como "de trabajo", habida cuenta de que, en este caso, el trabajador no se vería necesariamente alejado de su entorno familiar y social, y tal prohibición "disminuye en menor medida su capacidad para administrar libremente, en ese período, el tiempo durante el cual no se requieren sus servicios profesionales".

En un nuevo caso sobre calificación de periodos de guardia, el Asunto Offenbach am Main —STJUE de 9 de marzo de 2021 (asunto C-580/19, Stadt Offenbach am Main)—, además de reiterar los principales elementos que habrán de tomar en consideración los órganos jurisdiccionales nacionales a efectos de la calificación o no de un periodo de guardia de localización como "de trabajo" (el plazo concedido al trabajador para atender la convocatoria del empresario y la frecuencia media de intervenciones durante la guardia), el Tribunal de Justicia también recuerda que deberá realizarse una valoración conjunta del resto de limitaciones impuestas al trabajador y de las facilidades que, en su caso, se le concedan durante el periodo de guardia. De forma particular, sostiene que deberá tenerse en cuenta, en su caso, la obligación del trabajador de permanecer en su domicilio a la espera de ser contactado por el empresario; el deber de llevar consigo el equipamiento pertinente para el caso de ser convocado para prestar servicios; la puesta a disposición del trabajador de un vehículo que le permita desplazarse haciendo uso de excepciones a la normativa de tráfico y de derechos de preferencia; o la capacidad de poder responder a las solicitudes de servicios del empresario sin necesidad de desplazarse físicamente.

En el Asunto XR —STJUE de 9 de septiembre de 2021 (asunto C-107/19, XR)— el TJUE recupera la rotundidad con la que se pronunciara en Matzak al calificar directamente como tiempo de trabajo "las pausas concedidas a un trabajador durante su tiempo de trabajo diario, durante las cuales debe estar en condiciones de salir para efectuar una intervención en un lapso de dos minutos en caso de necesidad", y ello por cuanto, a juicio del Tribunal, "las limitaciones impuestas a dicho trabajador en esas pausas son tales que afectan objetivamente y de manera considerable a la capacidad de este para administrar libremente el tiempo durante el cual no se requieren sus servicios profesionales y para dedicar ese tiempo a sus propios intereses".

En el caso en cuestión, a la luz de las circunstancias concurrentes la valoración del periodo de guardia en cuestión se presentaba, a ojos del Tribunal, claramente evidente: durante una pausa intra-jornada, el trabajador debía permanecer preparado para salir a realizar una intervención, en caso de convocatoria, de forma prácticamente inmediata, por cuanto el plazo de preparación para emprender la salida era de tan sólo dos minutos.

La calificación como tiempo de trabajo en su integridad de esta pausa de descanso durante el trabajo no se ve perjudicada por el hecho de que las interrupciones durante la misma fuesen ocasionales. En este sentido, como ya había explicado el TJUE, cuando el plazo de respuesta exigido al trabajador durante las guardias es de tal brevedad que limita por sí sólo, de manera objetiva y considerable, la capacidad de éste para poder gestionar su tiempo cuando no se requieren sus servicios, el hecho de que las intervenciones sólo se efectúen de manera puntual no puede determinar que tales períodos se consideren como "de descanso". Además, el hecho de que las interrupciones fuesen de carácter imprevisible podía además provocar un efecto restrictivo adicional sobre la capacidad del trabajador de gestionar libremente su tiempo, ya que "la incertidumbre resultante puede colocar a dicho trabajador en situación permanente de alerta".

No obstante lo anterior, y en contra de lo que el TJUE había venido manteniendo hasta entonces, en el Asunto Dublin City Council —STJUE de 11 de noviembre de 2021 (asunto C-214/20, Dublin City Council)— se demuestra que las guardias de localización en las que se impone la obligación de acudir a la convocatoria del empresario en "algunos minutos" no siempre han de calificarse, necesariamente y sin excepción, como tiempo de trabajo.

En este último caso, el régimen de guardia de localización objeto de controversia se caracterizaba por que, durante el mismo, el trabajador (bombero de retén) había de presentarse en el lugar de trabajo (el parque de bomberos) en un plazo máximo de diez minutos desde que fuera convocado para ello. Pero es que además, como característica particular, durante los periodos de guardia el trabajador estaba autorizado para ejercer otra actividad profesional (lo cual efectivamente hacía, por cuenta propia) y únicamente estaba obligado a participar en el 75% de las intervenciones de su brigada. Son precisamente estos dos últimos rasgos distintivos del caso los que, a juicio del TJUE, podían determinar que las limitaciones inherentes al periodo de guardia no perjudicaran, de manera objetiva y considerable, la facultad del trabajador para administrar libremente su tiempo cuando no se requiriesen sus servicios.

Volvemos entonces a lo que ya explicaba el Tribunal desde su Sentencia Radiotelevizija Slovenija, y reitera en ésta: si bien el plazo de respuesta frente a una convocatoria del empresario —además de la frecuencia media de intervenciones durante tal periodo— serían los principales criterios a tener en cuenta a efectos de la calificación de un periodo de guardia de localización, tal valoración deberá tener en cuenta también el resto de limitaciones que, en su caso, se impongan al trabajador durante dicho periodo, así como las facilidades que le sean otorgadas durante el mismo.

Así, el hecho de que el trabajador pueda ejercer otra actividad profesional durante las guardias es un indicio contundente de que las limitaciones que pueda sufrir durante las mismas realmente no generan un impacto muy relevante sobre su capacidad para gestionar su tiempo libre. Esta circunstancia, unida al hecho de que el bombero no deba permanecer necesariamente en un lugar determinado durante las guardias, así como que no esté obligado a intervenir en todas las acciones realizadas desde su parque de bomberos, "pueden constituir elementos objetivos que permitan considerar que está en condiciones de llevar a cabo, según sus propios intereses, esa otra actividad profesional durante esos períodos y dedicarle una parte considerable del tiempo de tales períodos". A no ser que, precisa el Tribunal, "la frecuencia media de las llamadas de urgencia y la duración media de las intervenciones impidan el ejercicio efectivo de una actividad profesional que pueda combinarse con el empleo de bombero del retén", cuestión que deberá apreciar el órgano remitente.

En resumidas cuentas: la labor de encuadramiento de los conocidos como "periodos de guardia de localización" es otro claro ejemplo de cómo las circunstancias existentes en cada caso serán el factor determinante de la calificación de tales periodos como tiempo de trabajo o como periodo de descanso. A este respecto, si bien elementos como el plazo en que el trabajador deba acudir al lugar de trabajo ante una llamada del empresario, así como la frecuencia y duración media de las intervenciones durante la guardia, constituyen los principales criterios a efectos de la calificación de un periodo de guardia localizada, los mismos podrán no ser determinantes por sí solos a tal fin en atención al resto de limitaciones impuestas durante la guardia, así como a las facilidades que, en su caso, se concedan al trabajador durante la misma.

5.2. La doctrina reciente de nuestros tribunales al hilo de las sentencias del TJUE sobre calificación de periodos de guardia localizada: el análisis de las circunstancias concurrentes como criterio general

Los criterios elaborados por el TJUE en todas las resoluciones que ha ido pronunciando en interpretación del art. 2 de la Directiva sobre tiempo de trabajo resultan ciertamente útiles —e imprescindibles— para el desarrollo de la jurisprudencia y doctrina judicial de los tribunales españoles en torno al concepto de tiempo de trabajo. A este respecto, como reconocía el propio TS en Sentencia de 20 de junio de 2017 (Rº. 107/2016, Sala de lo Social):

> "si bien las Directivas carecen de eficacia en plano «horizontal» (...) tanto la Directiva como su interpretación comunitaria han de tenerse en cuenta en el recto entendimiento de la normativa nacional, puesto que 'el órgano jurisdiccional que debe interpretarla está obligado a hacer todo lo posible, a la luz de la letra y de la finalidad de la directiva, para, al efectuar dicha interpretación, alcanzar el resultado a que se refiere la Directiva y de esta forma atenerse al párrafo tercero del art. 189 del Tratado' —actual art. 249— [recientes, SSTJUE de 11/09/07, Hendrix; 24/06/08, A. Commune Mesquer; y de 25/07/08, Janecek] (*vid.* SSTS 24/06/09 (RJ 2009, 4286) —rcud 1542/08—; SG 08/06/16 (RJ 2016, 2348) —rco 207/15—; y SG 17/10/16 (RJ 2016, 4654) —rco 36/16—)".

No en vano, el propio Tribunal de Justicia viene recalcando que, tanto el concepto de tiempo de trabajo como el de periodo de descanso, "no deben interpretarse en función de las disposiciones de las diferentes normativas de los Estados miembros, sino que constituyen conceptos de Derecho comunitario que es preciso definir según características objetivas, refiriéndose al sistema y a la finalidad de dicha Directiva". En este sentido, "sólo una interpretación autónoma semejante puede garantizar la plena eficacia de la Directiva, así como una aplicación uniforme de los mencionados conceptos en la totalidad de los Estados miembros"[15].

En consonancia con lo anterior, los principios que el TJUE viene asentando a la hora de resolver sobre la calificación o no, como tiempo de trabajo, de las distintas casuísticas que se le van planteando, se aplican posteriormente por nuestros tribunales a efectos de resolver los casos que ante ellos se plantean. Muestra de esta dinámica se extrae del trabajo "El concepto de 'tiempo de trabajo efectivo' en la doctrina reciente de los tribunales", en el que participó el Profesor Mercader y que explica diversas sentencias dictadas en el ámbito nacional resolviendo acerca de la interpretación del concepto de tiempo de trabajo en consonancia con la jurisprudencia del TJUE que, hasta ese momento, se había desarrollado. Así, el artículo se remite a resoluciones del Tribunal de Justicia como las ya explicadas de los asuntos Simap, Jaeger, Dellas o Tyco.

Mucho ha llovido desde que se publicara el referido trabajo, que data del año 2017, y varias han sido, desde entonces, las sentencias pronunciadas por el TJUE en relación con el artículo 2 de la Directiva 2003/88. La mayor parte de ellas, que hemos venido explicando en el apartado anterior de este capítulo, están centradas en la calificación de periodos de guardia de localización, y han permitido elaborar una serie de criterios a los que se vienen remitiendo nuestros tribunales a efectos de resolver los casos que ante ellos se plantean; tanto relativos igualmente a periodos de guardia de localización como a otros de diferente naturaleza.

En este apartado queremos visitar brevemente algunas de estas resoluciones recientes a efectos de mostrar qué cariz está tomando nuestra doctrina en torno al concepto de tiempo de trabajo. En concreto, al igual que en el apartado anterior, nos centraremos en aquellos pronunciamientos referidos, en particular, a la calificación de las famosas guardias de localización.

Comenzando por las resoluciones de nuestro Alto Tribunal, en la STS de 18 de junio de 2020 (Rº. 242/2018, Sala de lo Social) se discute acerca de la calificación de un periodo de guardia localizada durante el cual el trabajador debe encontrarse disponible para el caso de que la empresa contacte con el mismo a través del móvil u ordenador facilitados por aquélla, si bien no existe ningún plazo concreto en que el trabajador haya de atender

[15] Asunto Jaeger, asunto Dellas.

la incidencia en caso de ser convocados sus servicios, como tampoco se le exige permanecer en ningún lugar determinado.

En el caso en cuestión se plantea la aplicación de la doctrina Matzak al supuesto de hecho, si bien el TS rechaza tal posibilidad al no concurrir los dos elementos clave que determinaban la calificación otorgada en ese supuesto resuelto por el TJUE; en concreto, ni el trabajador se encuentra obligado a permanecer en su domicilio —ni en ningún otro lugar en particular— durante el periodo de guardia ni tampoco debe acudir al lugar de trabajo en un plazo reducido (en el caso Matzak, de ocho minutos) en caso de ser contactado por el empresario.

Este Tribunal de nuevo rechaza la aplicación de la doctrina Matzak en su STS de 2 de diciembre de 2020 (Rº. 28/2019, Sala de lo Social), en la que manifiesta que no ha de considerarse tiempo de trabajo aquél durante el cual el trabajador permanece en una situación de disponibilidad cuyo régimen le obliga a permanecer localizable y trasladarse al lugar al que sea convocado, debidamente equipado, en un plazo de 30 minutos desde que recibe la llamada para ello.

En el caso objeto de enjuiciamiento, el TS considera que, a diferencia de las circunstancias existentes en Matzak, "las circunstancias que concurren en la disponibilidad grado I que es objeto de la demanda no limita al trabajador para atender a sus actividades personales, familiares o sociales que desee"; esto es, tales circunstancias no limitaban el ámbito espacial del trabajador durante este periodo, al no estar obligado a permanecer en un lugar concreto, mientras que el tiempo de respuesta en el que había de acudir al lugar de encuentro desde que era contactado para ello, a juicio del Tribunal, no podía considerarse muy limitado, permitiéndole poder organizar adecuadamente su tiempo de descanso.

A este respecto, el TS explica que, según entendió la sentencia recurrida del caso con base en la doctrina del Asunto Jaeger, "una situación de disponibilidad, por su propia naturaleza, conlleva una restricción para llevar a cabo cualquier tipo de actividad (...), ello no significa que toda situación de localización deba calificarse de tiempo de trabajo". Así, habrían de excluirse de tal calificación las situaciones de disponibilidad en las que el trabajador "puede administrar su tiempo con menos limitaciones y dedicarse a sus intereses personales y de ocio".

En la misma línea se pronuncian otras resoluciones posteriores, como la STS de 6 de abril de 2022 (Rº. 85/2020, Sala de lo Social) o la STS de 18 de abril de 2023 (Rº. 185/2021, Sala de lo Social), en las que nuevamente se rechaza la aplicación de la doctrina Matzak por no concurrir en los casos en cuestión las circunstancias propias de aquel supuesto conocido por el TJUE: ni la obligación de permanencia en un lugar determinado por el empresario ni la de un plazo de respuesta concreto y reducido.

Estos pronunciamientos del TS ponen de reflejo la aplicación restrictiva que nuestro Alto Tribunal viene realizando de la doctrina Matzak en los específicos casos centrados en el análisis de guardias de localización, limitando la misma a los supuestos en los que concurran las mismas estrictas condiciones que fueran exigidas en el caso resuelto por el TJUE.

La misma inclinación se aprecia, con carácter general, en la doctrina judicial reciente, donde la doctrina comunitaria desplegada desde el Asunto Matzak tampoco parece haber generado una tendencia especialmente expansiva del concepto de tiempo de trabajo en el ámbito de las meritadas guardias localizadas. Sin perjuicio de ello, sí es cierto que existe algún caso en el que nuestros tribunales han reconocido la naturaleza "de trabajo" de un periodo de guardia, en principio, no presencial. Así, la STSJ de Aragón de 17 de abril de 2023 (R°. 134/2023, Sala de lo Social) estima la consideración como tiempo de trabajo de todo el periodo de guardia localizada realizado por un trabajador con motivo de una suplencia, durante el cual debía permanecer en una localidad diferente a la de su residencia —y a la de su centro de trabajo—, con una obligación de activación en un plazo de 15 minutos en caso de ser convocados sus servicios. Estas circunstancias son valoradas por el Tribunal como suficientemente limitativas de la capacidad del trabajador "para administrar libremente el tiempo en el cual no se requieren sus servicios profesionales y para dedicar ese tiempo a sus propios intereses". En este sentido, la necesidad de permanecer en localidad distinta a la de su domicilio a la espera de ser contactado limita "de forma transcendente la posibilidad de dedicar dicho tiempo a sus propios intereses, pues no puede permanecer en su domicilio, ni con su familia, ni el ámbito de su residencia habitual para la realización de sus actividades fuera de la prestación de servicios".

Son éstos, no obstante, supuestos anecdóticos en los que la concurrencia de circunstancias similares a las de Matzak —la existencia de una limitación geográfica y una de tipo temporal de cierta envergadura— es la que determina un pronunciamiento en la misma línea que esta doctrina comunitaria. Ciertamente, como bien explicaba la STSJ de Cataluña de 17 de octubre de 2018 (R°. 3681/2018, Sala de lo Social), dictada poco después que la Sentencia Matzak:

> "(...) no puede afirmarse categóricamente que el TJUE haya establecido que el tiempo de guardia localizada o domiciliaria ostente automáticamente la consideración de tiempo de trabajo (...) el factor determinante a la hora de

> considerar la guardia como tiempo de trabajo es el hecho de que la ubicación del trabajador durante este guardia sea un espacio determinado por el empresario —el domicilio habitual del propio trabajador— y la obligación de estar en disposición de prestar servicio en un plazo tan extremadamente breve de tiempo —8 minutos de margen— que imposibilita la realización de la práctica totalidad de actividades propias del tiempo de ocio o de libre disposición. Es verosímil que en ausencia de estos dos factores, la doctrina del TJUE no resulte de aplicación y que, por tanto, queden fuera de la plena equiparación como tiempo de trabajo las guardias en que una eventual puesta a disposición del empresario para prestar servicio no tenga unos requerimientos tan severos en términos de urgencia o las obligaciones por el trabajador se agoten en el mero hecho de estar localizable".

En línea con esta postura doctrinal restrictiva del criterio Matzak, podemos remitirnos a varias sentencias que descartan la aplicación del mismo aun cuando en los casos objeto de enjuiciamiento concurrían también ciertos elementos limitativos de la capacidad del trabajador para gestionar su tiempo libre durante el periodo de guardia localizada. Así, la STSJ de Navarra de 30 de mayo de 2024 (Rº. 67/2024) desestima la aplicación de la doctrina Matzak al caso en cuestión aun cuando, en el mismo, el trabajador sujeto a una guardia localizada debía permanecer a "una distancia no superior a quince kilómetros de su domicilio", si bien el plazo exigido ante una convocatoria de servicios era amplio; en la misma línea, la STSJ de Castilla y León (Valladolid) de 16 de abril de 2021 (Rº. 1904/2020) tampoco considera que un periodo de guardia no presencial compute como "tiempo de trabajo" por cuanto, durante el mismo, el trabajador no se encontraba obligado a permanecer "ni en el centro de trabajo ni en cualquier otro lugar físico designado por el empresario" y, además, "el tiempo de respuesta es muy superior a los 8 minutos", que era el plazo aplicable en Matzak, "puesto que alcanza los 30 minutos desde la llamada hasta la incorporación al centro de trabajo"; igualmente, la STSJ de Aragón de 19 de abril de 2021 (Rº. 421/2019) tampoco computa un periodo de guardia de localización como "tiempo de trabajo" a pesar de que, durante el mismo, el trabajador debía activar el servicio en un plazo máximo de 15 minutos desde que recibiera un aviso, si bien no se encontraba obligado a permanecer en un lugar determinado durante dicha guardia.

En definitiva, como llanamente zanjaba el TSJ de Aragón en sus Sentencias de 19 de abril de 2021 (Rº. 421/2019) y de 17 de julio de 2018 (Rº. 420/2018), no procederá la aplicación de la doctrina Matzak cuando no concurra "un régimen de sujeción temporal y geográfica (...) tan estricto como el del bombero del servicio de emergencias del Ayuntamiento de Nivelles". La cuestión es determinar dónde se encuentra exactamente el límite entre lo que es y lo que no es estricto a estos efectos; si bien el criterio de limitación geográfica y temporal desarrollado en Matzak constituye una importante referencia a estos efectos clasificatorios, lo cierto es que tampoco permite elaborar una regla universal que permita resolver indubitadamente todo supuesto práctico que se presente ante nuestros tribunales. Y a este respecto, como bien concluía el Profesor Mercader, resulta evidente que todavía seguimos "en presencia de un terreno sinuoso y enormemente complejo en la práctica por lo que, con seguridad, se seguirán produciendo pronunciamientos en esta materia en los que las circunstancias concurrentes en cada caso serán determinantes para la consideración o no como 'tiempos de trabajo efectivo'".

Bibliografía

GARCÍA-PERROTE ESCARTÍN, Ignacio y MERCADER UGUINA, Jesús R., El concepto de "tiempo de trabajo efectivo" en la doctrina reciente de los tribunales. *Revista de Información Laboral.* Lex Nova, núm. 12, 2017.

MERCADER UGUINA, Jesús R., Las dos caras de Jano: la delicada transposición de la Directiva 93/104/CE, de 26 de noviembre, relativa a determinados aspectos de la ordenación del tiempo de trabajo al personal médico del sistema sanitario (nota a la sentencia del TJCE de 3 de octubre de 2000). *Revista Española de Derecho Europeo.* Núm. 1, enero-marzo 2002, pp. 159-174.

MERCADER UGUINA, Jesús R., Alcance del concepto "tiempo de trabajo efectivo". En: GÁRATE CASTRO, Francisco Javier y MANEIRO VÁZQUEZ, Yolanda, *Las respuestas del Tribunal de Justicia a las cuestiones prejudiciales sobre política social planteadas por órganos jurisdiccionales españoles: estudios ofrecidos a María Emilia Casas Baamonde,* Santiago de Compostela, Universidad de Santiago de Compostela, 2020, pp. 635-641.

REQUENA MONTES, Óscar, Tiempo de presencia como tiempo de trabajo: el cómputo de las horas extraordinarias. *Nueva Revista Española de Derecho de Trabajo,* Aranzadi, núm. 238, 2021.

Singularidades laborales y preventivas del deportista profesional menor de edad o con discapacidad

MARTA NAVAS-PAREJO ALONSO
Profesora Titular de Universidad interina de Derecho del Trabajo y de la Seguridad Social
Universidad Carlos III de Madrid
ORCID: 0000-0002-6542-474X

1. INTRODUCCIÓN

El profesor Mercader ha representado, sin duda, una parte relevante a lo largo de mi trayectoria en la vida académica. Pues, entre otros largos motivos que no podría llegar a recoger aquí, hizo posible que pudiera defender mi Tesis doctoral en la Universidad Carlos III de Madrid, asumiendo mi codirección junto al Profesor González Ortega, algo por lo que siempre le mostraré mi más profundo agradecimiento.

Este trabajo supone un acercamiento a una de esas materias sobre las que el profesor Mercader ha trabajado con mucho acierto y visión. Se trata de lo relativo al Derecho del Deporte. Se tomará aquí, como punto de partida, dos trabajos. El primero, "La práctica deportiva en las fronteras de la laboralidad", publicado en la Revista de Información Laboral 3/2016. También, "Fronteras de la laboralidad y el concepto de deportista profesional. Capacidad para contratar deportistas menores y extranjeros". En el libro "Régimen jurídico del deportista profesional", de la editorial Lex Nova, en el año 2016.

En concreto, y sobre la base de dichos trabajos, se centrará la atención en el supuesto de dos colectivos particulares dentro de los deportistas profesionales: el caso de los menores así como el de los deportistas con discapacidad. Abordando, en el caso de los menores, la cuestión de la capacidad para contratar y los derechos del menor, en especial lo relativo a la edad para trabajar y la formación. En el caso de la discapacidad, se tratarán cuestiones relativas a su integración en el deporte profesional. Finalizará este estudio con una referencia especial a una cuestión esencial como es la protección de la seguridad y salud en el trabajo de estos colectivos[1].

2. EL DEPORTISTA PROFESIONAL MENOR DE EDAD: CAPACIDAD PARA CONTRATAR Y DERECHOS DEL MENOR

La regulación del deporte profesional plantea múltiples complejidades. Comenzando por su propio régimen jurídico, establecido en ciertos casos como relación laboral especial en una norma ya de bastante antigüedad, el RD 1006/1985, de 26 de junio[2] que, en su art. 1 define a los deportistas profesionales como aquellos que "en virtud de una relación establecida con carácter regular, se dediquen voluntariamente a la práctica del deporte por cuenta y dentro del ámbito de organización y dirección de un club o entidad deportiva a cambio de una retribución", excluyéndose, por ejemplo, a los deportistas a título de *amateur*.

Se trata de una norma que, estableciendo regulaciones particulares, como es la propia de la duración del contrato[3], no ha estado exenta de discusión y polémica. Más aún hoy día por haberse quedado, en cierto modo, desactualizada conforme a la evolución y tendencia de este tipo de

---

1 Un acercamiento a esta materia ya se realizó en NAVAS-PAREJO ALONSO, M. Módulo V Máster de Derecho del Deporte: Aspectos laborales específicos del deportista profesional: género, menores e integración. Tech, Universidad Tecnológica, 2024.

2 Precedida de otras anteriores. Una situación que partía de una exclusión de laboralidad y que comenzó a cambiar, sobre todo, desde la STCT de 24 de junio de 1971, el conocido "Asunto Pipi" y, posteriormente, el "Asunto Mendoza", con la STCT de 3 de noviembre de 1972. (MERCADER UGUINA, J. R. La práctica deportiva en las fronteras de la laboralidad. *Información Laboral*, 3/2016).

3 PÉREZ GUERRERO, M. L. "La duración del contrato de trabajo de los deportistas profesionales y sus consecuencias jurídicas temporalidad, extinción por expiración del tiempo convenido e indemnización". En Sánchez Pino y Pérez Guerrero (dirs.) *Cuestiones conflictivas de Derecho Deportivo*, Tirant lo Blanch, 2020.

actividad y que se ve afectada en algunos aspectos por la aprobación relativamente reciente de la Ley 39/2022, de 30 de diciembre, del Deporte (en adelante, Ley del Deporte) y estando en ciernes la aprobación de un Estatuto del Deportista[4], además de por otras normas conexas[5]. También por el hecho de las dudas que sigue planteando su ámbito de aplicación, siendo múltiples las situaciones que aún requieren cierta aclaración[6], y con la especial complejidad que suponen nuevas formas de puesta en práctica de la actividad, como es el caso de los *e-sports*[7]. Muestra de todo lo anterior son las recientes reformas realizadas, esencialmente, en materia de conciliación[8].

En este apartado, se centrará la atención en el concreto supuesto de los deportistas profesionales menores de edad, examinando cuestiones como la capacidad para contratar, la edad y los derechos de formación.

2.1. La capacidad para contratar de los menores en el deporte: los límites de la patria potestad frente al interés del menor

Los menores de edad son un colectivo que tradicionalmente ha recibido una protección especial, tanto en el ámbito social general como en el del trabajo, y el deporte profesional no es una excepción a ello. En este

---

4 GUILLÉN PAJUELO, A. La principal asignatura pendiente del estatuto del deportista: una necesaria revisión y actualización de la relación laboral de los deportistas (profesionales o no). Brief AEDTSS, 19-12-2024.

5 Como son la Ley 19/2007, de 11 de julio, contra la violencia, el racismo, la xenofobia y la intolerancia en el deporte o la Ley Orgánica 3/2013, de 20 de junio, de Protección de la Salud del Deportista y Lucha contra el Dopaje en la Actividad Deportiva (LANTARÓN BARQUÍN, D. Conferencia "Particolarità del lavoro sportivo nell'ordinamento spagnolo" impartida en el Master in Diritto e Sport. Universidad La Sapienza. Roma. 5 de octubre de 2019. 15.00 a 17.00 horas). La última parcialmente derogada por la Ley Orgánica 11/2021, de 28 de diciembre, de lucha contra el dopaje en el deporte.

6 Como son los supuestos de los entrenadores, seleccionadores, monitores, masajistas deportivos o árbitros. (MERCADER UGUINA, J. R. La práctica deportiva... op. cit).

7 Diferenciándose, según jueguen de manera individual o por equipos (LANTARÓN BARQUÍN, D. Conferencia "Particolarità del lavoro sportivo..., op. cit).

8 A partir de la Ley Orgánica 2/2024, de 1 de agosto, que modifica diversos artículos en esta materia.

caso, siendo una cuestión muy conectada con el Derecho Común[9], se pueden encontrar referencias a su tratamiento particularizado en distintas normas, comenzando por la propia Ley del Deporte[10] que, dentro del conjunto de colectivos vulnerables que recoge en su articulado, se refiere específicamente a los menores de edad, haciendo una remisión a la norma estatutaria que también hace el RD 1006/1085, pero esta de manera general y no específica para los menores. Además de lo anterior, la Ley del Deporte contiene otras referencias a los menores, como es el caso del encargo a las Administraciones Públicas de adoptar las medidas necesarias en el caso del deporte de menores, lo referido a los derechos y deberes de deportistas de alto rendimiento que sean menores de edad o sobre la protección de su salud, protección de datos o de derechos de imagen[11]. De manera que, en general, en el caso de los deportistas profesionales se establecen determinados derechos y medidas de aplicación particular, como se verá más adelante.

De entre las cuestiones laborales más relevantes en torno al deportista profesional menor de edad, se encuentra el de la capacidad del menor, debiendo distinguirse la capacidad para contratar de la edad de trabajar. Aquí se examinará la primera de las cuestiones, analizándose la segunda en el siguiente epígrafe.

El RD 1006/1085 no contiene ninguna previsión relativa a la capacidad para contratar, debiendo entenderse de aplicación supletoria la regulación del ET, no solo en lo establecido por la ya mencionada Ley del Deporte, sino también porque así lo establece la propia norma especial. Así pues, además de la aplicación del art. 6 del ET, debe tenerse en cuenta el art. 7 ET. b) que, como se sabe, señala que tendrán capacidad para contratar los menores de 18 años y mayores de 16 que se encuentren emancipados o tengan autorización de sus padres o tutores, o de la persona o institución que les tenga a su cargo. Precisando también el precepto que, en caso de concederse la autorización, el menor podrá ejercitar "los derechos y cumplir los deberes que se derivan de su contrato y para su cesación".

---

9 MERCADER UGUINA, J. R. "Fronteras de la laboralidad y el concepto de deportista profesional. Capacidad para contratar deportistas menores y extranjeros". En AAVV *Régimen jurídico del deportista profesional,* Lex Nova, 2016, p. 59.

10 GONZÁLEZ GARCÍA, S. *El Estatuto laboral del deportista. Un estudio de derecho comparado: España y China.* BOE, 2024, p. 49.

11 MUÑOZ CATALÁN, E. "Problemática en el reconocimiento jurídico de "colectivos vulnerables" para la práctica deportiva en el Anteproyecto de Ley del Deporte: El LGTBIQ". En AAVV *Cuestiones conflictivas de Derecho Deportivo,* 2020, p. 554.

Lo anterior es requisito esencial para la validez del contrato, pues de lo contrario incurrirá en nulidad, de acuerdo con el art. 1261 CCiv, sin que pueda ser subsanado aunque el menor tenga continuidad en la prestación de servicios hasta cumplir la mayoría de edad[12]. Si bien existen algunas excepciones al consentimiento del menor, establecidas en el art. 1263 CCiv, modificado por la Ley 26/2015, de 28 de julio, de modificación del sistema de protección a la infancia y a la adolescencia[13] y por la Ley 8/2021, de 2 de junio[14]. Pero son excepciones que no parecen aplicables al caso del deportista profesional[15].

Dentro de la cuestión de la capacidad para contratar de los menores deportistas profesionales, quizá la más compleja y, desde luego, esencial, es la relativa a los precontratos, que en ocasiones ha generado cierta conflictividad y que es una práctica habitual en el deporte profesional.

Debe partirse de que el precontrato es definido como "un negocio preparatorio en el que se establecen las bases de una futura relación contractual, que se llevará a cabo de modo cierto en un momento posterior"[16]. En el caso del deporte profesional, es habitual que la carrera deportiva comience cuando el deportista es muy joven, normalmente menor de edad. Los precontratos son un recurso habitual, incluso en el caso de deportistas mayores de edad[17], para asegurar en cierto modo la continuidad en el mismo club, que ha realizado inversiones en la formación del trabajador que no desea que sean aprovechados por otra entidad. En el caso de los menores de edad, lo habitual es la firma, en primer lugar, de acuerdos en calidad de *amateur* cuando el deportista no tiene cumplidos los 16 años, edad legal para trabajar, y un precontrato que asegure que, con el cumplimiento de la edad legal, firmará un contrato de trabajo con la entidad correspondiente[18]. En caso de que no se cumpla con el precontrato, se

---

12 ROQUETA BUJ, R. *Los deportistas profesionales.* Tirant lo Blanch, 2011, p. 111.

13 MORILLAS FERNÁNDEZ, M. "Sobre la contratación de deportistas menores de edad". En Morilla, L. (dir.). *Respuestas jurídicas al fraude en el deporte,* 2017.

14 Dicho artículo señala que "Los menores de edad no emancipados podrán celebrar aquellos contratos que las leyes les permitan realizar por sí mismos o con asistencia de sus representantes y los relativos a bienes y servicios de la vida corriente propios de su edad de conformidad con los usos sociales".

15 MORILLAS FERNÁNDEZ, M. "Sobre la contratación ..., *op. cit.* p. 503.

16 ROQUETA BUJ, R. *Los deportistas profesionales... op. cit.* p. 155.

17 SELIGRAT GONZÁLEZ, V. Contratos deportivos y protección de menores. *Actualidad Civil,* 4, 2014.

18 *Op. cit.*

suelen establecer cláusulas penales cuyo objetivo, aunque no siempre es específicamente establecido así, es compensar esos gastos de formación que ha tenido el club con el deportista y a los que, además, el RD 1006/1985, hace especial referencia.

La cuestión se suscita porque, siendo menor de edad o incluso menor de 16 años, estos precontratos son firmados por sus representantes legales, habitualmente los padres. En este sentido, una de las cuestiones que ha generado más dudas jurídicas[19] es hasta qué punto los padres o tutores pueden determinar el futuro profesional de un menor de edad, si esto en cierto modo conculca el art. 35 CE, esto es, la libre elección de trabajo u oficio, o incluso el art. 162 CCiv; y si, además, en función de las cláusulas penales establecidas, puede llegar a hacerles cautivos de un club en concreto al comprometer el patrimonio del menor, requiriéndose para ello una autorización judicial (art. 166 CCiv).

De manera que la cuestión que se plantea aquí es, esencialmente, cuáles son los límites de la patria potestad frente al interés del menor[20]. En este sentido, debe recordarse que el interés del menor se ha calificado de tipo subjetivo y de concepto jurídico indeterminado, si bien, como ya estableció en su día la STS 13 de febrero de 2015 (rec. 2339/2013), será necesario examinar la cuestión caso por caso pues se trata de un interés concreto e individualizado[21]. Más aún en la actualidad, con las reformas realizadas de la Ley Orgánica 1/1996, de 15 de enero de Protección Jurídica del Menor, que lo define en diversos apartados aportando criterios para determinar qué se considera interés superior del menor[22].

En este sentido, y como caso paradigmático, debe mencionarse el del llamado "Caso Baena"[23]. Un supuesto en el que se planteaba la situación de un futbolista de 13 años de edad cuyos padres firmaron un precontrato con una cláusula penal de 3.489.000 euros[24]. Tras un largo recorrido judicial, el Tribunal Supremo, en la STS 5 de febrero de 2013 (rec. 1440/2010), en

---

19 Además de la cuestión relativa a la jurisdicción competente, que será la civil (LANTARÓN BARQUÍN, D. Conferencia "Particolarità del lavoro sportivo… *op. cit.*).

20 FLORIT FERNÁNDEZ, C. Interés superior del menor y deporte profesional. *Anuario Facultad de Derecho. Universidad de Alcalá* XII, 2019, p. 74.

21 *Op. cit.* p. 81.

22 MORILLAS FERNÁNDEZ, M. "Sobre la contratación… *op. cit.* p. 514.

23 Analizado en profundidad en MERCADER UGUINA, J. R. "Fronteras de la laboralidad… *op. cit.*, p. 62 y ss.

24 Siendo esta la cuantía actualizada en el momento de los hechos.

lugar de declarar nula por abusiva o moderar la cláusula penal, determinó la nulidad del precontrato a partir de distintos argumentos. Entre ellos aludía al art. 162 CCiv.; así como, en aplicación analógica del art. 166 CCiv., a la falta de autorización judicial, o a cuestiones de orden público. Añadiendo, además, que ni siquiera en la relación laboral común la vinculación con la empresa es tan elevada, dado que el pacto de permanencia recogido en el art. 21 ET se encuentra limitado a dos años.

La doctrina ha tenido posiciones encontradas aportando distintos argumentos para valorar la nulidad o no de este precontrato. Algunos considerando que el mencionado precontrato encubría, en realidad, un contrato de trabajo fraudulento[25]. Se señalaba, en el mismo sentido, que la patria potestad no es un derecho de los padres, sino que en realidad es una función para proteger al menor[26] y que, en el caso del deporte, "las decisiones que deben tomar los padres de menores deportistas de alto nivel, [...] a mi entender, exceden en algunos casos y hasta pueden llegar a contradecir la función-deber que hemos acordado conceder al ejercicio de la patria potestad en el ordenamiento jurídico español"[27].

Otra parte de la doctrina señala que la patria potestad y las decisiones sobre el futuro profesional de un menor le pertenecen una vez ha alcanzado la mayoría de edad, sin que las previas decisiones de los padres puedan limitarlo[28]. Por otro lado, se señala que el Tribunal debió únicamente proceder a la anulación de la cláusula penal[29], entre otros motivos, por esconder un derecho de retención, actualmente prohibido[30]. Algo que se ha predicado en los casos en que la cláusula penal no tiene relación con la formación ni es posible asumir dado el nivel salarial del deportista en cuestión. Y uniendo a ello que, en el caso concreto, se posibilitaba la renuncia al contrato sin penalización si el menor lo hacía para dedicarse a actividades ajenas al fútbol. También se ha alegado que, tras la reforma efectuada por la Ley 26/2015, la argumentación del Tribunal Supremo

---

25 SELIGRAT GONZÁLEZ, V. Contratos deportivos... *op. cit.*

26 FLORIT FERNÁNDEZ, C. Interés superior del menor... *op. cit.* p. 72 y ss.

27 SALOMÓN SANCHO, L. El menor de edad deportista de alto nivel. *Revista Aranzadi de Derecho de Deporte y Entretenimiento,* 19, 2007.

28 GIL MEMBRADO, C. Límites a la autonomía de la voluntad en la contratación de menores para la práctica del fútbol profesional a la luz del régimen de protección a la infancia y a la adolescencia. *Actualidad Civil,* 1, 2017.

29 *Op. cit.*

30 SELIGRAT GONZÁLEZ, V. Contratos deportivos... *op. cit.*

probablemente habría sido distinta[31]. Y, finalmente, parte de la doctrina se plantea si la solución en estos casos puede ser, no solo la nulidad del contrato sino, alternativamente, la anulabilidad. En el primer caso, cuando el menor no tiene la "capacidad de entender y querer", y el segundo cuando hay un "defecto de la capacidad de obrar"[32]. Otro caso en que se ha discutido situaciones parecidas es por ejemplo del de la STSJ Murcia de 1 de diciembre de 2008, si bien en este caso no había firma del representante del menor, de 17 años. El contrato se declaró nulo. Al igual que en el caso de la SAP Albacete de 30 de junio de 2015[33].

Lo cierto es que parece razonable que un club que ha realizado una importante inversión en un jugador, pueda verla compensada si el mismo decide finalmente trabajar para otra entidad. Pero debe tenerse en cuenta la importancia de la protección de los intereses jurídicos del menor, de manera que lo que se reclama por la doctrina es una regulación expresa para estas situaciones, que ya el Defensor del Pueblo hizo notar en el año 2014[34]. Señalándose por la doctrina que estas cuestiones dejan abiertos importantes interrogantes como si "¿se deben activar los mecanismos de autorización judicial cuando se suscriben los compromisos? Pero surgen también otras dudas: ¿se debería renovar periódicamente el consentimiento expreso del menor para proseguir su formación? o, en fin, ¿sería recomendable propiciar una regulación convencional entre clubes que clarifique el tema?"[35].

2.2. *La edad para trabajar y la formación como exponente de los derechos de los menores en el deporte*

Como se ha comentado anteriormente, la situación jurídica del menor es considerada merecedora de una mayor protección. Así pues, el art. 7 de la Ley del Deporte establece que, en el caso del deporte de menores de edad, serán de especial protección sus derechos y necesidades. Para que no haya, por ejemplo, situaciones de discriminación, rechazándose el uso de insultos, expresiones degradantes o humillantes, y otorgando a los poderes públicos y entidades deportivas el papel de protectores de los menores

---

31 GIL MEMBRADO, C. Límites a la autonomía de la voluntad... *op. cit.*

32 MORILLAS FERNÁNDEZ, M. "Sobre la contratación... *op. cit.* p. 502.

33 Ver MORILLAS FERNÁNDEZ, M. "Sobre la contratación... *op. cit.*

34 GIL MEMBRADO, C. Límites a la autonomía de la voluntad... *op. cit.*

35 MERCADER UGUINA, J. R. "Fronteras de la laboralidad... *op. cit.*, p. 65-66.

frente a situaciones de "trata de seres humanos y lesiones a la libertad e indemnidad sexuales".

De igual modo, las actividades deportivas deben adaptarse a los menores, pues el art. 7.2 de la Ley señala la necesidad de que su práctica sea "ajustada y proporcional, en cada momento, a su desarrollo personal, a sus capacidades físicas, psíquicas y emocionales". Finalmente, en el caso ya específico del deporte profesional, se señala expresamente la aplicación de las normas de protección del trabajo de los menores.

Como derechos de los deportistas menores de edad, el art. 22 de la Ley del Deporte hace referencia, en general, a la igualdad de trato y oportunidades. El art. 27, en cambio, no hace referencia específica a los menores, de manera que la aplicación de las posibles especialidades, dado el silencio imperante también en el RD 1006/1985, debe ser a partir de la interpretación de las normas generales sobre menores. Con una excepción, que es la del art. 29 de la Ley del Deporte, a la que se hará mención posteriormente. Además de lo anterior, la Ley del Deporte tiene más referencias a cuestiones relativas a los menores o relacionadas con la edad, como es el art. 49.6, relativo a las licencias deportivas.

A partir de lo anterior, entre los derechos a tener especialmente en cuenta en el caso de deportistas profesionales menores de edad, se encuentran el de la edad para trabajar y la formación.

En lo que se refiere a la edad para trabajar, y en virtud de lo estipulado en la Ley del Deporte, es de aplicación el art. 6 ET, referido a la edad mínima para trabajar, situándola en los 16 años. No obstante, es sabido que en ocasiones y para determinadas actividades, se prevé la posibilidad de que menores de 16 años puedan desarrollar prestaciones laborales, como es el caso de los espectáculos públicos, para lo cual es necesaria autorización de la autoridad laboral, afirmándose que "Al tener un carácter aislado o esporádico, su ámbito no será el deportivo, sin perjuicio de la naturaleza laboral común o especial que pueda corresponder a la contratación y de la competencia de la jurisdicción laboral para conocer de los conflictos que surjan en relación con las mismas"[36]. Debiendo tenerse en cuenta que la Directiva 94/33, de 22 de junio de 1994, relativa a la protección de los jóvenes en el trabajo excluye, precisamente, de la prohibición del trabajo de menores las actividades de carácter artístico o deportivo, entre otras, existiendo opiniones encontradas entre los distintos autores acerca de si esto

---

[36] ROQUETA BUJ, R. *Los deportistas profesionales… op. cit.*, p. 125.

puede aplicarse a la cuestión de deportista profesional menor de 16 años, desarrollándose, en todo caso la prestación de estos menores a través del mencionado precontrato de trabajo junto a un contrato de formación[37].

Por lo que se refiere a la formación, se ha dicho que el inicio de la carrera de los deportistas profesionales suele ser a través de acuerdos con convenios de formación de los deportistas. Con el cumplimiento de los 16 años es posible concertar con ellos, de acuerdo con el RD 1006/1985, contratos para la formación, si bien son difíciles de aplicar, en su actual configuración en el art. 11 ET, al deporte profesional. Los arts. 34 y 36 de la Ley del Deporte, hacen referencia a esta cuestión, estableciendo el primero de ellos una serie de requisitos de los currículos formativos de los técnicos deportivos y titulaciones con relación a la salud en el deporte[38].

Además de lo anterior, en cuanto a la formación, se debe tener en cuenta que los menores tienen derecho a compatibilizar la actividad del deporte profesional con sus estudios. Y, del otro lado, en el caso de los deportistas de alto nivel, suelen establecerse medidas que faciliten la compatibilización de la profesión con los estudios[39]. Por ejemplo, se establecerán cupos y reservas de plazas para el acceso a titulaciones de régimen general, especial o de formación profesional, así como másteres y estudios de postgrado, a que se articulen medidas de compatibilización de los estudios o también de la actividad laboral con la preparación o actividad deportiva.

Para finalizar, señalar que es habitual en el caso del deporte establecer cláusulas por las cuales, si a la finalización del contrato (o en el caso en que vaya a comenzar el contrato laboral) el menor decide no continuar en el club, este podrá pedir resarcimiento por los gastos de formación invertidos. Un resarcimiento cuyo abono puede pactarse, mediante convenio colectivo, que corresponda al nuevo club, tal y como señala el art. 14 RD 1006/1985. Si bien el RD se refiere al supuesto de extinción, es común esta cláusula también en el caso de los precontratos. Aunque, como se ha visto anteriormente, deberá valorarse, por ejemplo, la cuantía de la cláusula

---

37 FLORIT FERNÁNDEZ, C. Interés superior del menor... *op. cit.* p. 83.

38 Se señala, así, la necesidad de que los docentes tengan conocimientos de "fisiología, la higiene, la biomecánica, la nutrición, las ciencias sociales y demás áreas que tengan relación con la salud, incluida la aplicación de la actividad física y el deporte en el tratamiento y prevención de enfermedades, con especial referencia a las necesidades específicas de mujeres y hombres, menores de edad, personas mayores y personas con discapacidad".

39 Art. 24 Ley del Deporte.

pactada (en este caso en el precontrato) para evitar efectos como el del mencionado caso "Baena". Pues el pago de derechos de formación muy elevados en deportistas que aún no tienen la edad laboral, se ha llegado a considerar indicio de laboralidad[40].

3. EL TRATAMIENTO LABORAL DE LA DISCAPACIDAD EN EL DEPORTE PROFESIONAL

El concepto de discapacidad ha sido abordado desde distintas instancias[41], debiendo ser distinguido del de enfermedad[42], como se ha puesto de manifiesto en los últimos años a través de variada jurisprudencia y con un intenso debate acerca de su tratamiento a efectos de protección contra la discriminación[43].

---

40 ABELEIRA COLAO, M. El trabajo de los deportistas menores de edad. *Revista Española de Derecho del Trabajo*, 207, 2018.

41 La Clasificación Internacional del Funcionamiento, la Discapacidad y la Salud (CIF) del año 2001, aprobada por la OMS señala que el término capacidad se refiere a las de tipo fisiológico, cognitivo y sensorial que contribuyan al desarrollo de las actividades de la vida diaria como la visión, la movilidad, la audición, entre otros. El concepto tiene también en cuenta las limitaciones o restricciones en la participación, configurándose, así, un concepto global, incluyendo aspectos sociales, que marca un cambio de enfoque acerca de la definición de discapacidad respecto de clasificaciones anteriores, que presentaban un modelo médico de la misma. (ABELLÁN GARCÍA, A.; HIDALGO CHECA, R. M. Definiciones de discapacidad en España. *Informes Portal Mayores*, 109, 2011). Una integración que se concreta jurídicamente en 2006 con la Convención de Derechos Humanos de las Personas con Discapacidad. (HERNÁNDEZ RÍOS, M. I. El concepto de discapacidad… *op. cit.* p. 48 y ss.).

42 Afirmándose que el concepto de discapacidad "se trata de un concepto difícil de aprehender, no homogéneo, si bien en su delimitación no puede, en lo negativo, ser confundido con el de enfermedad y, en lo positivo, se trata de un concepto evolutivo" y recomendándose la homogeneización del concepto (LANTARÓN BARQUÍN, D. "Discapacidad y contratación: una reflexión unitaria". En ARRANZ DE ANDRÉS, C. (Dir.). *Aspectos fiscales de la dependencia y la discapacidad.* Aranzadi, 2017, p. 251 y 291).

43 En este sentido, deben recordarse, como esenciales la STJUE 11 julio 2006 (asunto C-13/05, Chacón-Navas) y, como representativas de un cambio de tendencia, la STJUE de 11 de abril de 2013 (asunto Ring, C-335/11 y C-337/11), que consideró que "el concepto de discapacidad abarca la enfermedad de larga duración (curable o no) que comporta limitaciones en la vida profesional, si esta limitación es de larga duración" (VELASCO PORTERO, M. T. Reconsideración sobre la equipara-

Su tratamiento normativo ha sido enfocado principalmente a través del derecho internacional. Puede mencionarse, por ejemplo, el Convenio 159 de la OIT de 1983 sobre readaptación profesional y empleo, la Convención de Naciones Unidas 61/106, de 13 de diciembre de 2006, sobre los derechos de las personas con discapacidad, el Programa de Acción Mundial para los Impedidos de 1982, las Normas Uniformes Sobre Igualdad de Oportunidades para las personas con discapacidad (1993)[44], o la Estrategia de las Naciones Unidas para la Inclusión de la Discapacidad (2019).

Además de lo anterior, en el ámbito del derecho europeo, debe mencionarse la Directiva 2000/78/CE del Consejo, de 27 de noviembre, relativa al establecimiento de un marco general para la igualdad de trato en el empleo y la ocupación. En el ámbito del derecho nacional, se debe sin duda mencionar el art. 49 CE y, añadida a ello, la Ley Orgánica para la igualdad efectiva de mujeres y hombres[45], que también hace referencia a la discapacidad, esencialmente a las mujeres con discapacidad. Cabe señalar también, aunque no esté prevista únicamente para personas con discapacidad, la Ley de Dependencia[46] y, más recientemente, la Ley General de derechos de las personas con discapacidad y de su inclusión social[47] o la Ley integral para la igualdad de trato y la no discriminación[48], principalmente en sus arts. 2.1 y 6.1.a.2º otorgando una especial protección también en el ámbito laboral a partir de su art. 9[49].

---

ción entre enfermedad y discapacidad. *Temas Laborales*, 131, 2015, p. 237 y ss), o la STJUE de 1 de diciembre de 2016 (Caso Daouidi, C-395/15). De igual modo, debe mencionarse la STJUE de 18 de enero de 2018 (C-270/16), que establece que el hecho de que a nivel nacional se reconozca una discapacidad no implica que ésta lo sea a efectos de la Directiva 2000/78/CEE.

44 HERNÁNDEZ RÍOS, M. I. El concepto de discapacidad: de la enfermedad al enfoque de derechos. *Revista CES Derecho*, 2, 2015, p. 53.

45 Ley Orgánica 3/2007, de 22 de marzo.

46 Ley 39/2006, de 14 de diciembre, de Promoción de la Autonomía Personal y Atención a las personas en situación de dependencia.

47 RD Legislativo 1/2013, de 29 de noviembre.

48 Ley 15/2022, de 12 de julio.

49 Lo que ha llevado a plantearse si a partir de esta norma, el despido del trabajador enfermo o en incapacidad temporal, sigue siendo improcedente. No queda claro que esto sea así como regla general, si bien existen numerosas sentencias que lo consideran nulo, por ejemplo, en el caso del despido en situaciones de incapacidad temporal, cuando el empresario no justifique suficientemente su decisión. (AGUILERA IZQUIERDO, R. "El despido en situación de incapacidad temporal. ¿Indicio suficiente de discriminación por razón de enfermedad?", *Trabajo, Perso-*

A partir de este marco normativo general, la discapacidad en el ámbito del deporte ha tenido poca atención desde el punto de vista internacional[50], pasando de ser un tratamiento rehabilitador a una actividad recreativa y de competición, algo que en España no sucede hasta 1963 con la I Olimpiada de la Esperanza[51]. Sus manifestaciones son distintas. Por supuesto, debe comenzar por diferenciarse el deporte en general del deporte profesional, pues las previsiones y protecciones relativas al primero afectarán al segundo, pero no al revés. Este colectivo presenta unas importantes dificultades de inserción en el marco del deporte como la falta de patrocinio o de financiación, entre otras[52].

La discapacidad en el deporte conlleva la adopción de determinadas medidas para que las personas con discapacidad puedan practicarlo, diferenciándose entre el llamado "deporte adaptado" y el "deporte inclusivo". El segundo caso es el más general de todos, que persigue que las personas con discapacidad puedan realizar un deporte junto con personas que carecen de aquella. En cambio, el deporte adaptado es aquél en que las actividades deportivas se adaptan para que puedan realizarlas personas con discapacidad, derivando en determinadas ocasiones en nuevas modalidades deportivas, al cambiar aspectos como pueden ser, incluso, las reglas del juego[53]. También es deporte adaptado en el caso en que la propia modalidad y estructura del deporte permite que sea realizada por el colectivo de personas con discapacidad[54].

---

na, Derecho, Mercado, 8, 2024). Es el caso, por ejemplo, de la SJS Granada de 15 de febrero de 2023 (rec. 753/2022) o, más reciente, la STSJ Galicia, de 24 de enero de 2024 (nº 410/2024)

50 PÉREZ GONZÁLEZ, C. "El deporte inclusivo y adaptado: un análisis desde el derecho internacional de los derechos humanos". En MILLÁN GARRIDO, A. (Coord.). *Régimen Jurídico del deporte de personas con discapacidad,* Reus, 2019, p. 11.

51 MILLÁN GARRIDO, A. "El deporte de las personas con discapacidad en el Anteproyecto de nueva Ley del Deporte". En MILLÁN GARRIDO, A. (Coord.). *Régimen Jurídico del deporte... op. cit.*, p. 138.

52 PÉREZ-JORGE, D. (et al.) "Deporte de élite y discapacidad, el reto de la conciliación del estudio y el deporte". En DÍEZ GUTIÉRREZ Y RODRÍGUEZ FERNÁNDEZ (Dirs.). *Educación para el bien común. Hacia una práctica crítica, inclusiva y comprometida socialmente.* Octaedro, 2020, p. 300.

53 PÉREZ GONZÁLEZ, C. "El deporte inclusivo y adaptado... *op. cit.* p. 12.

54 RUIZ RUIZ, M. "¿De qué hablamos cuando hacemos referencia al deporte de personas con discapacidad?". En MILLÁN GARRIDO, A. (Coord.). *Régimen Jurídico del deporte... op. cit.*, p. 44.

El deporte adaptado se deriva del llamado deporte paralímpico[55]. Se ha considerado que el origen del término puede derivar de la unión de los vocablos "parapléjico" y "olímpico", pues eran unos juegos que se celebraban después de los Juegos Olímpicos y en su sede. No obstante, lo cierto es que es un término que se ha generalizado mucho para el desarrollo de competiciones que no sean estrictamente olímpicas[56]. Todo lo anterior ha evolucionado hasta el llamado "para-deporte" (para-ciclismo, para-atletismo...)[57].

En el marco del desarrollo del deporte, merece prestar atención a los siguientes aspectos: las previsiones de la Ley del Deporte a la cuestión de la discapacidad; las medidas protectoras de la norma laboral para este colectivo; y el llamado caso de la doble discriminación.

La normativa sobre el Deporte no incorpora previsiones sobre las personas con discapacidad hasta su versión del año 1990. En el año 2007, en el RD 1363/2007 de 24 de octubre, de ordenación general de las enseñanzas deportivas de régimen especial, sí se contempla la formación en deporte adaptado, y en el III Plan de Acción de las Personas con Discapacidad (2008-2012), se contempla dentro de las medidas a adoptar para impulsar el deporte de las personas con discapacidad la promoción y desarrollo de estas prácticas deportivas[58].

La actual Ley del Deporte otorga más importancia aún a esta cuestión. En su Exposición de Motivos, señala como uno de sus ejes de impulso de las políticas "la promoción del deporte inclusivo y practicado por personas con discapacidad". A pesar de su referencia a la modalidad de "deporte inclusivo", lo hace en una acepción más amplia, de manera que el "deporte adaptado" se debe considerar "comprendido en la locución "deporte de

---

55 Ver COMITÉ PARALÍMPICO ESPAÑOL (2018). Historia del deporte paralímpico. (diciembre 2019). http://www.paralimpicos.es/historia-del-deporte-paralimpicoen-espana

56 RUIZ RUIZ, M. "¿De qué hablamos cuando hacemos referencia al deporte... *op. cit.*, p. 41 y ss.

57 *Op. cit.*, p. 44.

58 VICENTE-HERRERO, M. T. (dir. y coord.). *El deportista como trabajador: Riesgos laborales, su prevención y abordaje.* Grupo de Trabajo Asociación Española de Especialistas en Medicina del Trabajo (AEEMT), 2019.

personas con discapacidad", e incluso, en algunos casos, como veremos, dentro del deporte inclusivo"[59].

En todo caso, el objetivo de la norma es la total integración, incluso con la participación en órganos de gestión y gobierno. Se pretende así que las personas con discapacidad se integren bajo una misma federación, de manera que se fomente que "aquellas federaciones que lo deseen puedan instrumentalizar modelos de integración para personas con discapacidad. De modo que a ellas se incorporen todas las personas que practican una misma modalidad deportiva" y también "se establece la obligatoriedad de la integración de las modalidades de personas con discapacidad en la federación deportiva española cuando así se haya hecho en la correspondiente federación internacional". Y es que se afirma que, para conseguir la igualdad en el deporte, no se debe limitar la visión a la variable hombre-mujer, sino también a las situaciones de discapacidad[60].

Con todas las medidas adoptadas por la norma, la idea es que se pueda asegurar que las personas con discapacidad puedan participar en competiciones internacionales asegurando el cumplimiento de la igualdad de trato. De esta forma, entre los fines de las políticas públicas se menciona, en el art. 3.h, el prevenir, controlar y erradicar la violencia, racismo, intolerancia o discriminación, entre otros, por motivos entre los que se encuentra la discapacidad. A partir de aquí, el art. 6 está dedicado en exclusiva a las personas con discapacidad y al deporte inclusivo. En dicho precepto, se hace referencia a la promoción de políticas que garanticen la autonomía, inclusión social e igualdad de oportunidades, de acuerdo a los principios establecidos, entre otros, en el ya mencionado RD Legislativo 1/2013. Se otorga además especial importancia a la inclusión de las personas con discapacidad a través del deporte proporcionándoles los medios que necesiten, y se establecen previsiones en cuanto a la integración que deben hacer las federaciones deportivas. De igual modo, el art. 22 reconoce el derecho a la igualdad de trato y oportunidades, tratando el art. 29 la cuestión relativa a la protección de su salud.

Por lo que se refiere a las medidas de orden laboral, al igual que sucede en el caso del deporte profesional de las mujeres, las principales tienen

---

59 MILLÁN GARRIDO, A. "El deporte de las personas con discapacidad... *op. cit.* p. 147.

60 MUÑOZ CATALÁN, E. "Problemática en el reconocimiento jurídico de "colectivos vulnerables" para la práctica deportiva en el Anteproyecto de Ley del Deporte: El LGTBIQ". En AAVV *Cuestiones conflictivas de Derecho Deportivo,* 2020, p. 543.

relación con la protección frente a la discriminación. De esta forma, debe tenerse en cuenta aquí que funcionan los mismos criterios que en el caso de la cuestión de género en materias como la igualdad de remuneración o protección en cuanto a la salud y a medidas como puede ser la extinción del contrato.

Así pues, en el caso de producirse, por ejemplo una no renovación del contrato temporal del deportista por causas relacionadas con su discapacidad, la sanción del ordenamiento jurídico será la consideración de esta extinción como un despido con calificación de nulidad y las consecuencias examinadas anteriormente. Por otra parte, se establecen medidas relativas al nombramiento de una Comisión de Deporte de personas con discapacidad, que deben prever los estatutos de las federaciones, para gestionar las incidencias en torno a posibles discriminaciones, prevenir y detectar las situaciones y orientar a los deportistas. Y, por supuesto, se establecen principios y medidas orientadas a la accesibilidad. De igual modo, se requieren medidas especiales que faciliten compatibilizar la formación con el desarrollo del deporte, pues en el caso de los deportistas con discapacidad necesitan una serie de actuaciones que les requieren más tiempo, lo cual dificulta su compatibilización con los estudios, sobre todo en el caso de los deportistas de alto nivel[61].

Añadido a lo anterior, es de mencionar la Ley 15/2022, que incorpora aspectos relevantes en cuanto a los supuestos de enfermedad y discapacidad, por ejemplo, estableciendo la prohibición de que el empleador pregunte sobre las condiciones de salud del trabajador, o estableciendo, aunque ya se había tratado por la jurisprudencia, el concepto de discriminación por asociación[62]. Así como su art. 9, en lo relativo al empleo. Además de lo anterior, por supuesto, existen medidas específicas relacionadas con la situación de salud del trabajador, en orden a su protección y que serán examinadas en el siguiente epígrafe.

Para finalizar, se debe hacer mención a lo que se ha denominado como la "doble discriminación". Esto es, "ser mujer y discapacitada implica una doble discriminación y añade barreras que dificultan el ejercicio de los derechos y responsabilidades como persona, la plena participación social

---

61 PÉREZ-JORGE, D. (et al.). "Deporte de élite y discapacidad... *op. cit.*

62 Definida en el art. 6.2 de la Ley como la que se produce "cuando una persona o grupo en que se integra, debido a su relación con otra sobre la que concurra alguna de las causas previstas en el apartado primero del artículo 2 de esta ley, es objeto de un trato discriminatorio".

y la consecución de objetivos de vida considerados como esenciales"[63]. El problema es tan real que la propia Ley del Deporte, cuando en su art. 6.1 hace mención a la promoción de las políticas de garantía de la autonomía, inclusión social e igualdad de oportunidades de las personas con discapacidad, hace especial mención a las necesidades específicas de las mujeres y niñas con discapacidad. Es decir, manteniendo como colectivo vulnerable y especialmente necesitado de protección, dentro de la discapacidad, el de la mujer y el de las menores niñas y dando respuesta a lo que se proponía en el Libro Blanco del deporte de personas con discapacidad en España[64].

En efecto, a las situaciones que afectan también a la mujer deportista profesional, como es el caso de la desigualdad salarial, cuestiones de conciliación, el embarazo, las modalidades contractuales (cuando hay contrato) a tiempo parcial, entre otras, se le suma el hecho de la discapacidad, si bien, por ejemplo, en cuestiones como la de las dificultades de acceso al deporte, pesa más la condición de discapacidad que de mujer[65]. Ante estas situaciones, se establecen medidas en la Ley del Deporte como son las relativas a aumentar la visibilidad del deporte inclusivo (art. 6.7), algo esencial en el caso de que sean mujeres, puesto que uno de los problemas que tienen las deportistas profesionales, en general, es la falta de atención mediática. Por ello se reclama una presencia equilibrada al menos en los medios de titularidad pública[66].

Se trata de situaciones que contempla también la Ley 15/2022, que como se recordará, se refiere también a dos conceptos fundamentales de discriminación como son la discriminación múltiple y la discriminación interseccional[67]. En todo caso, debe tenerse en cuenta que la Ley establece, además, que en estos supuestos los motivos para las diferencias de trato deben "darse en relación con cada uno de los motivos de discriminación".

---

63 CAÑIZARES RIVAS, E. "Mujer deportistas y discapacidad: la doble discriminación". En MILLÁN GARRIDO, A. (Coord.). *Régimen Jurídico del deporte... op. cit.*, p. 56.

64 MILLÁN GARRIDO, A. "El deporte de las personas con discapacidad... *op. cit.* p. 149.

65 CAÑIZARES RIVAs, E. "Mujer deportistas y discapacidad... *op. cit.*, p. 59 y ss.

66 MILLÁN GARRIDO, A. "El deporte de las personas con discapacidad... *op. cit.* p. 155.

67 Siendo la primera la que se produce "cuando una persona es discriminada de manera simultánea o consecutiva por dos o más causas de las previstas en esta ley" y la segunda, "cuando concurren o interactúan diversas causas de las previstas en esta ley, generando una forma específica de discriminación" (art. 6.3 Ley 15/2022).

De manera que, aunque se trate de una mujer discapacitada, por ejemplo, no habrá estos tipos de discriminación si la misma no tiene que ver con ambas cualidades.

4. LA PREVENCIÓN DE RIESGOS LABORALES DE LOS DEPORTISTAS PROFESIONALES MENORES DE EDAD Y CON DISCAPACIDAD

En el caso del deporte profesional, se aplica la normativa preventiva, algo que se deriva tanto del art. 3 LPRL como de la remisión del RD 1006/1985 al ET. Aquí se centrará la atención en los deportistas profesionales menores de edad y aquellos con discapacidad, en su condición de trabajadores especialmente sensibles.

4.1. Los menores como trabajadores especialmente sensibles

El caso de los menores de edad, se tiene en cuenta también a efectos de la prevención. Esta prevención puede analizarse desde dos puntos de vista, la seguridad y salud laboral y el llamado *compliance* laboral.

En el primer caso, la protección de la seguridad y salud de los menores es recogida en el art. 27 LPRL, pues son uno de los colectivos denominados como trabajadores especialmente sensibles, esto es, aquellos sujetos que, por motivos de tipo objetivo o subjetivo, son más vulnerables a los riesgos derivados del trabajo y, por ello, requieren la adopción de estándares de diligencia preventivos superiores a los generales. Su regulación, abarca los arts. 25 y ss LPRL. Dado que el art. 25 es un precepto de ámbito general que, además, califica al trabajador especialmente sensible como aquél que lo es, entre otros motivos, por su "estado biológico conocido".

En el caso de los menores de edad, la especial sensibilidad deriva de una mayor propensión al riesgo debido a factores como es la falta de madurez, lo que hace que valoren el riesgo de una forma diferente y adopten comportamientos más arriesgados. Pudiendo definirse dicha madurez como "un conjunto de aptitudes físicas, psíquicas y sociales que cabe resumir como capacidad de comprensión del alcance de lo que se está realizando y de las consecuencias que de ello se derivan, capacidad de entendimiento y juicio para adoptar decisiones respecto a dichos actos, y como capacidad para comportarse conforme a lo prescrito por el derecho, fundamento esto último de la responsabilidad personal"[68]. Siendo lo que la doctrina denomina capacidad natural[69]. Además, la falta de desarrollo físico también los hace más sensibles a sufrir daños si se les establecen unas condiciones de trabajo iguales a los mayores de edad.

En esta materia se cuenta como normativa fundamental con la Directiva 94/33/CE sobre protección de jóvenes en el trabajo, el mencionado art. 27 LPRL así como el Decreto de 26 de julio de 1957 sobre Industrias y Trabajos prohibidos a mujeres y menores por peligrosos o insalubres.

A partir de lo anterior, se establecen una serie de obligaciones empresariales y medidas a tener en cuenta. Comenzando con la obligación de realizar una evaluación de riesgos específica para el caso de los menores de edad. En el caso del deporte profesional, debe tenerse en cuenta que la realización de un deporte profesional no puede hacerse en las mismas condiciones que en el caso de los mayores de edad. Por ejemplo, en determinados deportes de contacto, el riesgo para un menor de edad es muy elevado si realiza la actividad en conjunto con personas mayores de edad y de mayor fuerza y envergadura. Además, los equipos de protección deben estar adaptados a sus características físicas. De igual modo, la presión psicológica que sufre un deportista puede verse acrecentada en el caso de los menores de edad. De esta forma, es necesario realizar la evaluación de los posibles riesgos, tanto de una manera general, como de manera específica para el concreto caso del deportista, como sucedía en el caso del embarazo y lactancia, teniendo en cuenta las particularidades del sujeto en concreto. A partir de ahí es cuando se podrán adoptar las medidas preventivas adecuadas.

Además de lo anterior, el art. 27 LPRL establece la obligación al club de informar a los padres o tutores de los riesgos que afrontará los menores. Debe recordarse que una característica especial de la relación laboral especial de los deportistas profesionales es el hecho de que suelen firmar cláusulas de exoneración del riesgo, sobre todo para las competiciones, pues es uno de esos casos en que la asunción del riesgo es aceptada, con límites, como causa de exoneración de responsabilidad del empleador (algo que ha sido cuestionado en el caso de los menores)[70]. Pero en el caso del menor, partiendo de que no tenga la capacidad para contratar por sí solo,

---

[68] HOYO SIERRA, I. A. La evaluación psicológica de la "capacidad natural" del menor maduro. En *Los menores ante el derecho.* Madrid, 2005, p. 59.

[69] MORILLAS FERNÁNDEZ, M. "Sobre la contratación... *op. cit.* p. 500.

[70] SALOMÓN SANCHO, L. El menor de edad deportista... *op. cit.*

tampoco puede ser capaz de valorar los riesgos que va asumir, motivo por el cual se deben comunicar a sus representantes legales. Añadido a ello, estos riesgos también deben ser comunicados al menor, de manera que los comportamientos y conductas que adopten sean adecuadas para no actualizar el riesgo. De modo que la información al menor es simplemente lo mismo que el empleador debe hacer con cualquiera de sus trabajadores. La especialidad proviene de la información a los padres o tutores.

Además de lo anterior, la normativa establece una serie de trabajos prohibidos para el menor. En primer lugar, los recogidos en el Decreto de 26 de julio de 1957, por poner en riesgo la salud de los menores debido a las condiciones de trabajo en que se desarrollan. En esta norma no se recogen directamente actividades deportivas, si bien sí hay que tener en cuenta que en el art. 1 hay algunas formas de prestación de servicios que se considera que no deben realizar los menores (por ejemplo, trabajos a más de 4 metros de altura, trabajados inadecuados por implicar excesivo esfuerzo físico, etc,) que implicarán la necesidad de la adaptación de la actividad. Por ello, lo que suele producirse es la adaptación de los deportes, por ejemplo, segregando por edades, a veces por género dentro de la edad, con instrumentos distintos, como es el caso del uso de balones menos pesados, etc.

Asimismo, entre los trabajos prohibidos se recoge también una regla subsidiaria que se refiere a otras actividades que el gobierno declare insalubres, penosos, nocivos o peligrosos[71]. Finalmente, el ET recoge una serie de medidas, normalmente referidas a la jornada laboral. En primer lugar, la jornada diaria no podrá exceder de 8 horas, cosa que sí es posible en el caso del resto de trabajadores. Además, no podrá hacer horas extraordinarias. Esto es una cuestión complicada en el caso del deporte profesional, fundamentalmente en el caso en que se desarrollen competiciones, aunque estas sean en el marco de otro tipo de acuerdos o relaciones extralaborales.

Por otra parte, también se adapta la normativa relativa a los descansos, tanto entre jornadas como semanal, siendo respectivamente de 30 minutos cada 4'5 horas continuadas y de 2 días seguidos a la semana sin posibilidad de acumulación por periodos de 14 días. En el caso del deporte profesional esto implicaría la imposibilidad de realizar entrenamientos o partidos de duración superior a ese tiempo.

---

71 MORENO SOLANA, A. *La prevención de riesgos laborales de los trabajadores especialmente sensibles*. Tirant lo Blanch, 2010.

Finalmente, como medida más fácil de adaptar, está prohibido el trabajo nocturno. Ante lo cual hay que tener en cuenta que la Directiva 94/33/CE de 22 de junio de 1994, relativa a la protección de los jóvenes en el trabajo, establece en su art. 9.2.a) y b) que "En determinados sectores, los Estados miembros podrán autorizar, por vía legislativa o reglamentaria, el trabajo de adolescentes durante el período de prohibición de trabajo nocturno a que se refiere la letra b) del apartado 1. [...] b) En caso de aplicación de la letra a) seguirá prohibido el trabajo entre las doce de la noche y las cuatro de la madrugada. No obstante, los Estados miembros podrán autorizar, por vía legislativa o reglamentaria, el trabajo de adolescentes durante el período de prohibición de trabajo nocturno, en los casos que se mencionan a continuación, cuando razones objetivas así lo justifiquen y siempre que se conceda a los adolescentes un descanso compensatorio adecuado y que no se pongan en entredicho los objetivos a que se refiere el artículo 1: [...]— actividades de carácter cultural, artístico, deportivo o publicitario". Pero no hay previsión al respecto en nuestro país en ese sentido.

En todos estos aspectos relativos a la jornada, sería interesante que el RD 1006/1985 hubiera establecido algo relativo a los menores, pero se detecta un silencio al respecto. Tampoco los convenios colectivos existentes establecen mucho al respecto. En todo caso, debe tenerse en cuenta que, tratándose de condiciones de salud, las adaptaciones a estas restricciones no serían posibles ni aun en el caso del deporte profesional.

Se finaliza este apartado con una mención a la cuestión del *compliance* laboral, como medidas que se adoptan para prevenir posibles sanciones que, a su vez pueden derivar de daños o incumplimientos de normas. En este sentido, debe mencionarse el art. 29 de la Ley del Deporte que, en su apartado 2, obliga al Consejo Superior de Deportes a aprobar una Plan de Apoyo a la Salud que determine los riesgos, que como siempre deben ser comunes y específicos, atendiendo a las especialidades, entre otros, de los menores de edad. De igual modo, el art. 86 establece que los organizadores de las competiciones oficiales deben prevenir situaciones de violencia, racismo, xenofobia, intolerancia, discriminación e incitación al odio por razón de edad, entre otros. Aunque no lo establece en función de la normativa general, sino en los términos de su normativa específica. Disposición que va en consonancia con al DA 1 que reforma la Ley 19/2007, de 11 de julio, contra la violencia, el racismo, la xenofobia y la intolerancia en el deporte, en el ámbito de las actuaciones, competiciones o espectáculos deportivos, entre otros.

4.2. La protección del deportista profesional con discapacidad

Desde un punto de vista de prevención de riesgos laborales, los trabajadores con discapacidad son también contemplados dentro del colectivo denominado "trabajadores especialmente sensibles". El caso de la discapacidad se recoge en el propio art. 25 LPRL, quedando reservados los siguientes a otros colectivos que también son merecedores de la cualidad de trabajadores especialmente sensibles. Se trataría de los relativos a la maternidad o al caso de los menores, pues el caso de los trabajadores temporales es muy discutido si se trata realmente de trabajadores especialmente sensibles[72], debiendo tenerse presente que aquí todos los deportistas profesionales lo son.

La protección de este tipo de trabajadores, en general, se fundamenta en normas como el art. 15 y 40.2 CE, el art. 15 de la Directiva Marco 89/391/CEE, el art. 4.2.d) y 19 ET, así como, en la LPRL, además del art. 25, los arts. 15 y 22 y el 37.3 del Reglamento de los Servicios de Prevención.

A partir de la declaración de especial sensibilidad es cuando se activan las medidas protectoras de estos trabajadores. Este reconocimiento de la discapacidad, debe certificarlo un médico del Sistema Nacional de Salud, pues ya se ha comentado anteriormente, que se ha considerado la mejor opción por operar una presunción de objetividad.

4.2.1. El deportista profesional con discapacidad y sus principales factores de riesgo

En lo relativo a la prevención de riesgos laborales, la discapacidad se divide en tres categorías: discapacidad física, psíquica y sensorial[73].

Se afirma que el aumento de las modalidades de deporte profesional por parte de personas con discapacidad, ha llevado también al aumento de los riesgos en lesiones derivadas de ello, pues hay determinadas discapacidades en que el riesgo de sufrir lesiones es más elevado. De esta forma, en el caso de "atletas con lesión espinal, amputados y personas con discapacidades del desarrollo tienen mayor riesgo de sufrir ciertas lesiones debido

---

72 MORENO SOLANA, A. *La prevención de riesgos laborales… op. cit.*

73 Clasificación de acuerdo con la Guía "El trabajador especialmente sensible en Medicina del Trabajo, del Grupo de Trabajo de Guías y Protocolos de la AEEMT". (VICENTE-HERRERO, M. T. (dir.) (et al.). *El deportista como trabajador… op. cit.* 2019).

a sus condiciones específicas, junto con problemas médicos generales que pueden asociarse a ellos"[74]. De igual modo, en "jóvenes con discapacidad física y cognitiva que participen en deportes organizados y recreativos, se admite el efecto beneficioso para su salud, pero se necesita una evaluación estricta, previa a la participación y una clasificación adecuada de los atletas para garantizar su seguridad. Problemas de termorregulación, control autónomo, vejiga neurogénica e incontinencia intestinal, alergia al látex y complicaciones secundarias asociadas merecen una consideración especial"[75].

Finalmente, en el caso de los deportistas paralímpicos, se ha establecido un sistema de clasificación funcional en las siguientes categorías: silla de ruedas, amputados, parálisis cerebral, discapacidad visual, discapacidad intelectual, otros. Así pues, los riesgos para el caso de los deportistas del primer grupo, en silla de ruedas, son las lesiones en miembros superiores, así como problemas de termorregulación, úlceras por presión, osteoporosis prematura, vejiga neurogénica, entre otras. En el caso de la discapacidad visual, en miembros inferiores y en la parálisis cerebral, las lesiones se suelen producir en las dos extremidades sobre todo en las rodillas y pies. Para los amputados, las lesiones se producen el "muñón, la columna vertebral y las extremidades intactas". Y finalmente, en el caso de discapacidad intelectual, suele haber "defectos oculares y visuales subyacentes, anomalías cardiacas congénitas e inestabilidad atlantoaxial"[76]. El caso del calor es especialmente llamativo, sobre todo en un contexto de cambio climático como el actual, donde si este factor es relevante para el caso del deportista profesional sin discapacidad[77], más aún en el que sí reúne esta condición[78].

---

74 VICENTE-HERRERO, M. T. et al. Lesiones prevalentes en deporte profesional: revisión bibliográfica. *Rev. Asoc. Esp. Espec. Med. Trab.*, 1, 2019, p. 72.

75 VICENTE-HERRERO, M. T. et al. Lesiones prevalentes... *op. cit.*, p. 72.

76 *Op. cit.*, p. 73.

77 GUILLÉN PAJUELO, A. La protección de los deportistas profesionales en su desempeño ante los riesgos climáticos. Comunicación presentada al Congreso Transición Ecológica justa desde la perspectiva jurídica socio-laboral: Balance y propuestas de mejora. Castellón, 12 y 13 de diciembre de 2024.

78 Afirmándose, por ejemplo, que "los deportistas discapacitados son más susceptibles a la acumulación de calor por la menor capacidad de sudoración y de respuesta vasodilatadora. Por lo que se recomienda mejorar la hidratación durante el preejercicio, competición y postejercicio, lo cual puede evitar la deshidratación como principal factor de riesgo de trastornos por calor. Estudios científicos muestran que los deportistas con parálisis cerebral pueden tener también problemas

Además de lo anterior, los factores de riesgo van a variar en función del grado de discapacidad del deportista. Se han clasificado en cinco grados, en función de su severidad, debiendo tenerse en cuenta que el último grupo, y seguramente el cuarto, probablemente no desarrollarán un deporte profesional puesto que son grados en que se ve afectada la capacidad de realizar actividades de autocuidado o de la vida diaria[79].

Por otra parte, en los juegos paralímpicos, existen tres grandes categorías de discapacidad, física, visual e intelectual, que a su vez se subdividen dando lugar a diez grupos totales[80].

A partir de todo lo anterior, los factores de riesgo se deberán tener en cuenta en mayor o menor medida no solo en función del tipo y grado de discapacidad, sino también del tipo de deporte realizado. Como ejemplo, en el caso del deporte paralímpico, se divide entre deportes de invierno y de verano. En el caso del deporte de invierno, se encuentran el biatlón, curling, esquí alpino paralímpico, esquí de fondo y hockey sobre hielo. En los de verano se deben señalar el para atletismo, juego de bochas, para ciclismo, equitación, esgrima, para powerlifting, judo, para natación, remo, tenis en silla de ruedas, para tenis de mesa, para tiro, tiro con arco, vela y deportes de equipo con balón. Así pues, por ejemplo, en el caso del fútbol, los deportistas con discapacidad visual, se determina que, en cuanto a su riesgo de lesión demuestra que "los deportistas con discapacidad visual evaluados presentaban mayor riesgo de lesión específicamente de Ligamento Cruzado Anterior"[81].

Para finalizar con los factores de riesgo, debe hacerse mención a los de tipo psicológico, pues se ha señalado que, por ejemplo en cuanto a las características psicológicas de los deportistas con discapacidad física en cuanto a la "motivación, autohabla negativa, autoconfianza, depresión, concen-

---

de termorregulación ante lo cual algunos autores como el Dr. Oded BarOr, reconocido experto en medicina del deporte, recomiendan períodos de descanso más prolongados a la sombra, así como una hidratación adecuada durante todos los entrenamientos y competiciones. Respecto a la termorregulación también es necesario apuntar como rasgo general que la aclimatación máxima al ejercicio en calor extremo puede lograrse en dos semanas". (SEMG. Las especificidades en deportistas discapacitados. *SEMG*, 128, 2010).

79 Discapacidad nula, leve, moderada, grave y muy grave (VICENTE-HERRERO (dir.). El deportista como trabajador... *op. cit.*, p. 45).

80 *Op. cit.*, p. 45 y ss.

81 RAMÍREZ ROMÁN, L. E. (et al.). Fuerza potencia, flexibilidad y riesgo de lesión, en futbolistas con discapacidad visual y auditiva. *RICCAFD*, 13, 2024, p. 132.

tración, afrontamiento al estrés y ansiedad, afectan en mayor medida el rendimiento deportivo en esta población", si bien no es lo habitual utilizar estrategias distintas en cuanto a este tipo de riesgo[82]. Y muy relacionado con lo anterior, debe tenerse en cuenta las situaciones de violencia o acoso, a los que se refiere en diversas ocasiones la Ley del Deporte.

A partir de lo anterior, será necesario adoptar las medidas de adaptación necesarias para que el deportista con discapacidad pueda realizar la actividad.

4.2.2. Medidas preventivas en el caso del deportista profesional con discapacidad: la adaptación del puesto

El art. 25 LPRL es el principal precepto que se refiere a la adaptación o medidas relativas al puesto de trabajo en personas con discapacidad que sean considerados trabajadores especialmente sensibles. Debe recordarse que ambas condiciones no van intrínsecamente unidas de manera necesaria, de manera que un trabajador especialmente sensible no tiene por qué ser calificado como persona con discapacidad y tampoco éste tiene por qué ser considerado trabajador especialmente sensible, pues esto dependerá solo de si, debido a su discapacidad, los riesgos de su trabajo son superiores a lo normal. En este sentido, fue esencial la STJUE 11 de septiembre de 2019 (C-397/18 Caso Nobel Plastiques).

En el caso del deporte profesional, se va a centrar la atención en la situación en que ambas circunstancias coinciden, dado que, como regla general, una discapacidad sí va a generar más riesgos en el caso del deportista profesional, de manera que habrá que adoptar una serie de medidas adecuadas a su situación. Debe también precisarse que esta discapacidad no está limitada en ningún grado, es decir, puede ser de grado muy leve, por ejemplo, y no es necesario que llegue a un porcentaje determinado como medida legal de referencia para activar las medidas de protección especial de este colectivo en otros ámbitos, como es, por ejemplo, en el de la Seguridad Social, o para especialidades contractuales, entre otras[83].

---

82 HERNÁNDEZ ROLDÁN, R. (et al.). Características Psicológicas en Deportistas con Discapacidad Física. *Retos,* 40, 2021, p. 352.

83 En este sentido, es conveniente tener en cuenta el RD 888/2022, de 18 de octubre, por el que se establece el procedimiento para el reconocimiento, declaración y calificación del grado de discapacidad.

La Ley del Deporte contempla en su art. 29.2 una referencia a la salud de los deportistas profesionales con discapacidad, que representa más una declaración de intenciones y de otorgar importancia a esta cuestión. A partir de aquí, el art. 25 LPRL, es un precepto general que marca las bases de la protección de todos los trabajadores especialmente sensibles, pero se trata de la norma de referencia para el caso de, entre otros, los trabajadores con discapacidad. Pueden observarse dos aspectos esenciales a partir de este precepto. En primer lugar, el empresario tiene una serie de obligaciones que, al igual que sucede con otros trabajadores especialmente sensibles como es el caso de las embarazadas, siguen un orden de prioridad y tienen carácter subsidiario. De manera que, si no es posible adoptar la primera de las medidas, se pasará a la segunda, pero no antes. De esta manera, en primer lugar, la entidad empleadora deberá realizar una evaluación de riesgos, tanto general como específica para el deportista.

En general, realizar una evaluación de riesgos inicial para el caso de la discapacidad en cualquier tipo de relación laboral, no siempre es posible, pues pueden producirse casos de discapacidades poco frecuentes. De manera que lo habitual es prestar atención a situaciones más frecuentes, como es el caso de discapacidades que impliquen la necesidad de la utilización de una silla de ruedas, estableciendo medidas de accesibilidad generales, aunque no se cuente con trabajadores con discapacidad. En el caso en que la discapacidad sea menos habitual, es cuando se procederá a la evaluación general y también específica para el caso particular del concreto trabajador. En el caso del deporte, como ya se parte de la existencia de disciplinas deportivas para trabajadores con discapacidad, la realización previa de una evaluación de riesgos general para el caso de la discapacidad es más habitual, pues ya se cuenta con que los deportistas que realizarán la concreta actividad tendrán un tipo de discapacidad. Por ejemplo, para el caso del tenis en silla de ruedas. Por tanto, la entidad empleadora tiene menos justificación para no haber realizado dicha evaluación previa. No obstante, a pesar de lo anterior, será obligatorio realizar la evaluación de riesgos específica para el deportista en concreto, por si alguna de sus especiales características obliga a alguna medida añadida de adaptación.

Realizada la evaluación de riesgos y detectados los mismos, la siguiente medida a adoptar es la de la adaptación del puesto. Cuando se parte de la existencia de disciplinas deportivas para deportistas con discapacidad, normalmente existe una previa adaptación al puesto. En todos los casos, esa previa adaptación del puesto implica ajustes para el caso de la persona discapacitada, pero no para el específico deportista de que se trate en la ocasión concreta. Y es que las medidas de adaptación para los deportistas con discapacidad suelen ser las de la existencia de un deporte adaptado, como se venía señalando con anterioridad. Así pues, se pueden modificar las reglas del juego, los instrumentos propios, las medidas de protección del deportista, los tiempos, etc. En ocasiones llegando incluso a crearse modalidades de deporte tan diferentes de las iniciales que casi es más un nuevo deporte que un deporte adaptado. Si bien sí se puede añadir algún tipo de adaptación para alguna particularidad del deportista específico. Por tanto, la peculiaridad respecto a lo que suele suceder en el marco de la relación laboral es que, al no ser frecuente la realización del deporte inclusivo sino más bien del deporte adaptado, la frontera entre la adaptación del puesto a la movilidad del mismo, es inferior en el caso del deporte profesional.

La cuestión cambia con el resto de medidas. La siguiente medida en la escala establecida es la de la movilidad del trabajador. Esto, en el caso del deporte profesional, puede producirse por dos motivos: el primero, porque se parta de que el deportista lo era sin discapacidad, por lo que puede transitar a uno paralímpico. En segundo lugar, porque el deportista ya con discapacidad, vea empeorada o modificada su situación de partida hasta el punto que no pueda desarrollar la actividad anterior, sino que deba trasladarse a otra modalidad deportiva. Finalmente, en el caso en que no sea posible la movilidad del puesto, es cuando se procede, siendo una discapacidad que no es transitoria sino permanente, elemento determinante para su definición como tal de acuerdo con el TJUE, a la extinción del contrato, si bien siempre que se demuestre que se han intentado adoptar las medidas de adaptación necesarias y ha sido imposible o no ha sido suficiente. En este sentido, debe tenerse presente la reciente reforma del art. 49 ET en lo que se refiere, precisamente, a este tipo de extinción del contrato.

Además de lo anterior, ninguna de las medidas y acciones sería posible sin la realización de reconocimientos médicos adaptados a las situaciones concretas de estos deportistas. Como se sabe, la regla general en el caso de los reconocimientos médicos es su voluntariedad, pero en el caso de los trabajadores especialmente sensibles, puesto que hay que valorar el nivel de riesgos que supone la realización del trabajo, la realización obligatoria del reconocimiento se encontraría entre las excepciones a la voluntariedad. Es cierto que la vigilancia de la salud siempre se ha dicho que tiene un carácter preventivo relativo dado que generalmente localiza el problema cuando ya se ha producido, pero sin duda es esencial para testar la eficacia de las adaptaciones realizadas. En todo caso, el art. 30 de la Ley del Deporte, señala también la obligatoriedad de los reconocimientos médicos previos a la expedición de la licencia federativa o instrumento que determine la participación en las competiciones, cuando sea necesario para la mejor prevención de riesgos.

Relacionado con ello, se debe tener en cuenta que la Ley Orgánica 11/2021, de 28 de diciembre, de lucha contra el dopaje en el deporte, tiene presente la cuestión de la discapacidad. Debe tenerse en cuenta que la Ley del dopaje tiene varios objetivos, tanto relativos a la competición en situación de igualdad y sin manipulación, como por la salud de los deportistas, pues aumenta el riesgo de problemas cardiovasculares, hepáticos o renales, entre otros[84]. En la norma la situación de discapacidad se tiene en cuenta tanto como agravante en el caso de comisión en situaciones de discriminación, y como factor a tener en cuenta a la hora de valorar la culpabilidad. El deportista con discapacidad en ocasiones debe tomar sustancias que por sí mismas podrían dar positivo en un control antidopaje. Es por este motivo que se tiene en cuenta la situación de los trabajadores y se establece la obligación de que los deportistas que sean preseleccionados para el Equipo Paralímpico Español comuniquen al servicio médico del comité paralímpico cualquier medicamento o sustancia que utilice, para lo cual se les puede conceder una autorización por la Agencia Mundial Antidopaje. Algo que se producirá cuando se cumplen una serie de requisitos como es la inexistencia de alternativa terapéutica o su necesidad, entre otros[85].

Finalmente, se debe hacer mención a un inciso del art. 25 LPRL que hace referencia a la prohibición de contratar trabajadores en puestos en que puedan ponerse en situación de peligro o estén en situaciones transitorias que no responsan a las exigencias psicofísicas de los puestos de trabajo. De modo que si el deportista quiere ser contratado o prorrogado su contrato para la realización de un deporte para el cual no es apto por motivos de seguridad y salud laboral, no podrá realizarse la contratación o prórroga.

Bibliografía

ABELEIRA COLAO, M. El trabajo de los deportistas menores de edad. *Revista Española de Derecho del Trabajo*, 207, 2018.

---

84 VICENTE MARTÍNEZ, R. d. "Deportistas con discapacidad: prevención del dopaje y de la violencia". En MILLÁN GARRIDO, A. (Coord.). *Régimen Jurídico del deporte...op. cit.*, p. 119.

85 *Op. cit.* p. 125.

ABELLÁN GARCÍA, A.; Hidalgo Checa, R. M. Definiciones de discapacidad en España. *Informes Portal Mayores,* 109, 2011.

AGUILERA IZQUIERDO, R. El despido en situación de incapacidad temporal. ¿Indicio suficiente de discriminación por razón de enfermedad? *Trabajo, Persona, Derecho, Mercado,* 8, 2024, p. 51-70.

COMITÉ PARALÍMPICO ESPAÑOL (2018). Historia del deporte paralímpico. (diciembre 2019). http://www.paralimpicos.es/historia-del-deporte-paralimpicoen-espana

FLORIT FERNÁNDEZ, C. Interés superior del menor y deporte profesional. *Anuario Facultad de Derecho. Universidad de Alcalá* XII, 2019, p. 71-93.

GIL MEMBRADO, C. Límites a la autonomía de la voluntad en la contratación de menores para la práctica del fútbol profesional a la luz del régimen de protección a la infancia y a la adolescencia. *Actualidad Civil,* 1, 2017.

GONZÁLEZ GARCÍA, S. *El Estatuto laboral del deportista. Un estudio de derecho comparado: España y China.* BOE, 2024, 135 p.

GUILLÉN PAJUELO, A. La protección de los deportistas profesionales en su desempeño ante los riesgos climáticos. Comunicación presentada al Congreso Transición Ecológica justa desde la perspectiva jurídica socio-laboral: Balance y propuestas de mejora. Castellón, 12 y 13 de diciembre de 2024.

GUILLÉN PAJUELO, A. La principal asignatura pendiente del estatuto del deportista: una necesaria revisión y actualización de la relación laboral de los deportistas (profesionales o no). Brief AEDTSS, 19-12-2024.

HERNÁNDEZ RÍOS, M. I. El concepto de discapacidad: de la enfermedad al enfoque de derechos. *Revista CES Derecho,* 2, 2015, p. 46-59.

HERNÁNDEZ ROLDÁN, R.; ANDERSON QUIÑONEZ, J.; ARENAS, J; URREA-CUÉLLAR, A; BARBOSA-GRANADOS, S; AGUIRRE-LOAIZA, H. Características Psicológicas en Deportistas con Discapacidad Física. *Retos,* 40, 2021, p. 351-358

HOYO SIERRA, I. A. La evaluación psicológica de la "capacidad natural" del menor maduro. En *Los menores ante el derecho.* Madrid, 2005.

LANTARÓN BARQUÍN, D. Conferencia "Particolarità del lavoro sportivo nell'ordinamento spagnolo" impartida en el Master in Diritto e Sport. Universidad La Sapienza. Roma. 5 de octubre de 2019. 15.00 a 17.00 horas.

LANTARÓN BARQUÍN, D. "Discapacidad y contratación: una reflexión unitaria". En Arranz de Andrés, C. (Dir.). *Aspectos fiscales de la dependencia y la discapacidad.* Aranzadi, 2017, p. 247-293.

MERCADER UGUINA, J. R. La práctica deportiva en las fronteras de la laboralidad. *Información Laboral,* 3/2016.

MERCADER UGUINA, J. R. "Fronteras de la laboralidad y el concepto de deportista profesional. Capacidad para contratar deportistas menores y extranjeros". En AAVV *Régimen jurídico del deportista profesional,* Lex Nova, 2016, p. 31-78.

MILLÁN GARRIDO, A. (Coord.). *Régimen Jurídico del deporte de personas con discapacidad,* Reus, 2019.

MORENO SOLANA, A. *La prevención de riesgos laborales de los trabajadores especialmente sensibles.* Tirant lo Blanch, 2010.

MORILLAS FERNÁNDEZ, M. "Sobre la contratación de deportistas menores de edad". En Morilla, L. (dir.). *Respuestas jurídicas al fraude en el deporte,* 2017, 495-518.

MUÑOZ CATALÁN, E. "Problemática en el reconocimiento jurídico de "colectivos vulnerables" para la práctica deportiva en el Anteproyecto de Ley del Deporte: El LGTBIQ". En AAVV *Cuestiones conflictivas de Derecho Deportivo*, 2020.

PÉREZ GUERRERO, M. L. "La duración del contrato de trabajo de los deportistas profesionales y sus consecuencias jurídicas temporalidad, extinción por expiración del tiempo convenido e indemnización". En Sánchez Pino y Pérez Guerrero (dirs.) *Cuestiones conflictivas de Derecho Deportivo*, Tirant lo Blanch, 2020, p. 317-354.

PÉREZ-JORGE, D.; Fariña Hernández, L.; CHINEA GONZÁLEZ, Y.; MÁRQUEZ-DOMÍNGUEZ, Y.; BARRAGÁN-MEDERO, F. "Deporte de élite y discapacidad, el reto de la conciliación del estudio y el deporte". En DÍEZ GUTIÉRREZ y RODRÍGUEZ FERNÁNDEZ (Dirs,). *Educación para el bien común. Hacia una práctica crítica, inclusiva y comprometida socialmente*. Octaedro, 2020.

RAMÍREZ ROMÁN, L. E. (et al.). Fuerza potencia, flexibilidad y riesgo de lesión, en futbolistas con discapacidad visual y auditiva. *RICCAFD*, 13, 2024, p. 123-136.

ROQUETA BUJ, R. *Los deportistas profesionales*. Tirant lo Blanch, 2011.

SELIGRAT GONZÁLEZ, V. Contratos deportivos y protección de menores. *Actualidad Civil*, 4, 2014.

SALOMÓN SANCHO, L. El menor de edad deportista de alto nivel. *Revista Aranzadi de Derecho de Deporte y Entretenimiento*, 19, 2007.

SEMG. Las especificidades en deportistas discapacitados. *SEMG*, 128, 2010.

VELASCO PORTERO, M. T. Reconsideración sobre la equiparación entre enfermedad y discapacidad. *Temas Laborales*, 131, 2015, p. 231-241.

VERGARA PRIETO, N.; CUBERO, J. La vulneración de derechos a la luz de la normativa federativa de protección de los futbolistas menores de edad. *Revista Aranzadi de Derecho de Deporte y Entretenimiento*, 68, 2020.

VICENTE-HERRERO, M. T. (dir. y coord.). *El deportista como trabajador: Riesgos laborales, su prevención y abordaje*. Grupo de Trabajo Asociación Española de Especialistas en Medicina del Trabajo (AEEMT), 2019.

VICENTE-HERRERO, M. T. (et al.). Lesiones prevalentes en deporte profesional: revisión bibliográfica. *Rev. Asoc. Esp. Espec. Med. Trab.* 1, 2019, p. 66-75

ASPECTOS COLECTIVOS DE LA RELACIÓN LABORAL

El sindicato y el nuevo sindicalismo: el sindicalismo ecológico y LGTBI

VÍCTOR MANEIRO HERVELLA
Universidad Carlos III de Madrid
ORCID 0000-0003-3634-0800

SUMARIO: 1. Introducción: Jesús Mercader, el profesor que frecuenta el futuro. 2. Sindicalismo ecológico y negociación colectiva. 2.1. El delegado de medioambiente. 2.2. Los protocolos de prevención de riesgos frente a catástrofes y otros fenómenos meteorológicos adversos. 2.3. El futuro plan de movilidad sostenible al trabajo. 2.4. Sindicalismo verde y huelga climática. 3. Sindicalismo LGTBI: el nuevo 'plan de igualdad' LGTBI. 4. Conclusiones. Bibliografía.

1. INTRODUCCIÓN: JESÚS MERCADER, EL PROFESOR QUE FRECUENTA EL FUTURO

Siempre me ha llamado la atención la estabilidad social. Aunque parece que la realidad social cambia muy rápido y se habla incluso de disrupción digital, cuando se acude a textos clásicos de cualquier disciplina de las ciencias sociales estos revisten una sorprendente actualidad.

Cuando me asomé a una obra del profesor Mercader como *Derecho del trabajo, nuevas tecnologías y sociedad de la información* (editorial Lex Nova, 2002), me esperaba referencias a un Derecho ya histórico. Sin embargo, este texto, que tiene carácter global y reflexiona sobre distintas dimensiones del mundo del trabajo, mantiene un diálogo con los debates de nuestro tiempo que permanecen plenamente vivos décadas después. La historia no se repite pero rima. Cuestiones como la huida del derecho del trabajo, la renta básica, los costes del despido, la reducción de la jornada laboral, el control del trabajador por medios tecnológicos...

En materia sindical, se esbozan las líneas maestras de lo que el profesor Mercader denomina nuevo sindicalismo[1]. Mercader entiende el sindicato,

---

[1] MERCADER UGUINA, J. R., *Derecho del trabajo, nuevas tecnologías y sociedad de la información*, Valladolid, Lex Nova, 2002, pp. 211-224.

esencialmente, como un producto de la historia, que constituye y ha constituido una pieza fundamental del engranaje social, una institución que materializa el principio de pluralismo y participación social sin la cual resultaría incomprensible el sistema laboral. Desde el punto de vista económico, el sindicato está llamado a jugar un papel fundamental en la empresa del futuro, fundamentalmente, a través del ejercicio de la negociación colectiva, ya que la misma no es más que un juego de intercambio de intereses valorables, todos ellos, económicamente[2].

El sindicato debe adaptarse al cambio de la morfología clásica del trabajador porque la precariedad y la inestabilidad desincentivan la afiliación sindical y promocionan un aire antisindical y un déficit de compromiso con la acción sindical. Las elevadas tasas de rotación y la conciencia de desarraigo acentúan posiciones individualistas y dificultan el establecimiento de lazos colectivos que exigen, por propia naturaleza, un cierto grado de comunidad de intereses concretos. Los trabajadores inestables padecen cierta "alergia sindical". La terciarización y el abandono de los procesos industriales de producción en masa reducen la base social de los sindicatos y aceleran la descapitalización sindical. La abundancia de trabajadores autónomos y la sustitución de las grandes empresas por otras más pequeñas y mejor adaptadas al entorno competitivo contribuyen a la lenta y progresiva eliminación de la sensación de unidad entre los trabajadores. Mientras la globalización impone el nacimiento de un nuevo sindicalismo adaptado a las necesidades globales, también se debe hacer frente al fenómeno migratorio: el sindicato debe ocuparse ahora de los trabajadores no nacionales, que no pueden ser desprovistos de la protección de sus derechos. La tutela del interés colectivo trascendiendo planos formales debe ser la idea capital de esta nueva era de movimientos transnacionales[3].

En el nuevo modelo sociolaboral sobre el que reflexiona Mercader, son las ideas de cooperación y colaboración las que ganan terreno a costa del conflicto, del antagonismo, de la confrontación. Plantea que las huelgas han dejado de estar de moda y los mecanismos de solución no traumática de las controversias se encuentran en plena expansión, observando un declive del conflicto, o, por mejor expresarlo, una remisión del conflicto como instrumento normal de la actividad sindical[4].

---

[2] *Ibidem*, p. 212.

[3] *Ibidem*, pp. 216-218.

[4] *Ibidem*, pp. 219-220.

La huelga ha pasado, como consecuencia, de ser un instrumento de presión típico de los trabajadores por cuenta ajena, de los asalariados, a generalizarse a otros ámbitos y sectores sociales. Esta nueva realidad no niega la existencia del conflicto, ni su conveniencia como elemento vivificador de las relaciones sociales. El conflicto seguirá siendo el principio inspirador del progreso en las sociedades libres y el motor de su desarrollo. Pero conflicto y cooperación no son elementos excluyentes; forman parte del mundo de las relaciones laborales, y entre ellos fluye una frontera móvil, que puede desplazarse en función de las circunstancias, y en las actuales circunstancias esa frontera efectivamente se ha desplazado, aumentando el terreno de la cooperación y de la participación y reduciendo el terreno del conflicto o de la reivindicación; en suma, hay una nueva dosificación entre conflicto y participación o colaboración[5].

La negociación colectiva se enfrenta a los retos derivados de los cambios tecnológicos y de la transformación del modelo productivo, mediante una renovación de sus contenidos tradicionales. Mercader considera que las señas de identidad de este nuevo sindicalismo tienen en cuenta que "el trabajador es también consumidor, con una enorme sensibilidad hacia los problemas ecológicos, urbanos y vecinales, y puede pertenecer a una minoría con problemas sociales y laborales específicos. Confluyen distintas posiciones de intereses, complementarias o contradictorias en términos colectivos con incidencia en las relaciones laborales y en la calidad de vida de los ciudadanos. Las raíces de lo que se ha llamado el «sindicalismo ecológico» parten del necesario compromiso de los agentes sociales en la mejora del medio ambiente en lógica coherencia con el firme impulso que en los últimos tiempos reciben las concepciones ciudadanas de la empresa. No obstante, esa realidad no deja de presentar difíciles perfiles y severas contradicciones para la lógica sindical clásica. Las intervenciones tuteladoras del medio ambiente pueden conllevar reducción de puestos de trabajo. «Medio ambiente por empleo» puede ser un difícil problema que deberá resolver el sindicato en los próximos años"[6].

Veintitrés años después de publicarse esta obra, seguramente al lector estas ideas le resulten familiares ante uno de los grandes retos del presente: el clima. La crisis climática se manifiesta con una magnitud, intensidad y rapidez que lleva a muchos expertos a considerarla una verdadera emergencia climática. En este contexto, la necesidad de tomar medidas

---

5 *Idem.*

6 *Ibidem*, pp. 221-222.

urgentes y decididas para abordar el problema se vuelve imperativa. Esto también plantea cuestiones cruciales en el ámbito laboral, donde debemos reflexionar sobre el papel de los sindicatos, de la negociación colectiva y el diálogo social en las medidas que se adopten, y de las acciones colectivas para presionar a empresas e instituciones. Los datos empíricos[7] muestran que los españoles consideran el cambio climático y el calentamiento global el primer problema global dentro de diez años (13,6%), por delante de las guerras (12,9%), la falta de alimentos, escasez o desabastecimiento (12,2%) y la pobreza o las desigualdades sociales (9,3%). Destaca especialmente en la mitad más joven de la población, superando el 16% en las personas entre 18 y 44 años.

En un repaso a la cuestión del nuevo sindicalismo desde la perspectiva de la negociación colectiva, en este capítulo se abordará el sindicalismo ecológico del que hablaba el profesor Mercader. A su vez, se incorpora la recentísima perspectiva LGTBI.

2. SINDICALISMO ECOLÓGICO Y NEGOCIACIÓN COLECTIVA

A continuación, se analiza, desde la perspectiva de la negociación colectiva, el papel del delegado de medio ambiente, los nuevos protocolos de prevención de riesgos frente a catástrofes y otros fenómenos meteorológicos adversos y el futuro plan de movilidad sostenible al trabajo.

2.1. El delegado de medioambiente

La cuestión medioambiental y la transición ecológica forma parte de las reivindicaciones históricas de los sindicatos. CCOO entiende que "la transición ecológica debe empezar a formar parte de nuestras plataformas reivindicativas, aumentando nuestra capacidad de intervención a través de la reivindicación de la figura de la delegada o delegado de medio ambiente"[8]. Por su parte, UGT considera que la "conservación del medio ambiente es necesariamente un objetivo sindical primordial en defensa de los intereses de los trabajadores y las trabajadoras y de la sociedad en general. Es nece-

---

[7] CIS, *Encuesta sobre tendencias sociales (III)*, nº 3424, 2023. Disponible en: https://acortar.link/51Zmth

[8] CCOO, *Ponencia Congresual*, 12º Congreso Confederal de CCOO, 2021, p. 49. Disponible en: https://acortar.link/LqgpMa

sario que las empresas sean sostenibles y ecoeficientes, ya que el ritmo de degradación del planeta se está acercando a límites insoportables para los seres humanos"[9]. Así, proponen utilizar la negociación colectiva para introducir cláusulas específicas de medio ambiente como parte de la gestión integral de las empresas, instaurar la elaboración de planes de evaluación de los riesgos ambientales en los centros de trabajo, o impulsar a través de la negociación colectiva, planes de movilidad sostenible para las empresas, centros de trabajo, o polígonos industriales. También proponen impulsar el delegado y la comisión de medio ambiente en las empresas.

Por otro lado, Langile Abertzaleen Batzordeak (LAB) entiende que vivimos en una era de crisis que se entrecruzan y se alimentan (crisis de cuidado, económica, social, cultural...), destacando la crisis ecológica que pone en riesgo "la propia supervivencia del planeta" en el contexto de una evidente "encrucijada ecológica". Para este sindicato, la transición ecológica ya es una realidad. La cuestión es quién, cómo y hacia dónde se va a hacer la transición, esto es, "la clase trabajadora necesita una hoja de ruta propia". En este sentido, proponen la creación de Comités de Transición Justa que reúnan a todas las partes implicadas, entre ellas la representación de las y los trabajadores. Sus funciones consistirán en la planificación de la transformación económica, la propiedad de sectores estratégicos y el desarrollo de criterios para orientar los procesos de expropiación. En este análisis de los retos globales y, específicamente, vascos, proponen crear unos Comités de Transición: "es imprescindible empezar a establecer cláusulas que tengan en cuenta el ecosistema, el uso de fuentes de energía, el fomento del reciclaje, la prioridad de los productos locales en los comedores o la sustitución de los materiales utilizados por otros más sostenibles ecológicamente"[10].

El V Acuerdo para el Empleo y la Negociación Colectiva[11] incluía en su capítulo XVI, relativo a la "Transición tecnológica, digital y ecológica", lo siguiente: "La transición ecológica, la descarbonización energética y la economía circular, junto con la digitalización, pueden alterar los procesos

---

[9] UGT, *Programa de acción,* 2021, pp. 81-82. Disponible en: https://acortar.link/DkPshb

[10] LAB, *Programa Socioeconómico,* septiembre 2021, pp. 5 y ss. Disponible en: https://acortar.link/chFtxy

[11] Resolución de 19 de mayo de 2023, de la Dirección General de Trabajo, por la que se registra y publica el V Acuerdo para el Empleo y la Negociación Colectiva (BOE 31/05/2023).

productivos afectando a los puestos de trabajo, las tareas y competencias que desempeñan las personas trabajadoras. De hecho, puede suceder que surjan nuevas ocupaciones al tiempo que otras desaparecen o se transforman. Estas transiciones, que están interrelacionadas entre sí y se refuerzan mutuamente, deben ser afrontadas de manera temprana y efectiva desde la negociación colectiva, en el marco de procesos participativos con la representación de las personas trabajadoras, para poder así sensibilizar e identificar soluciones que puedan adaptarse a las especificidades de los diferentes sectores y plantear cuestiones esenciales. En este marco, es imprescindible identificar nuevas necesidades de cualificación y mejora de las competencias, rediseño de los puestos de trabajo, organización de las transiciones entre empleos o mejoras en la organización del trabajo. Para la consecución de dicho objetivo, resulta prioritario impulsar líneas de formación e información a las personas trabajadoras para asegurar su implicación ante la adopción de medidas que reclama el cambio climático. Asimismo, para garantizar la reducción de emisiones y la eficiencia de las medidas que en su caso se apliquen, tanto en beneficio de las empresas como de las personas trabajadoras, se impulsarán planes de movilidad sostenible, fomentando el transporte colectivo por áreas geográficas, polígonos industriales o espacios de gran concentración de personas trabajadoras".

En este contexto, la doctrina científica destaca que "el papel que está llamado a jugar el Derecho del Trabajo y de la Seguridad Social es básico, teniendo en cuenta las conexiones con cuestiones como la prevención de riesgos laborales relacionada con el medio ambiente, la formación y el reciclaje profesional en nuevas competencias medioambientales, el establecimiento de mecanismos e instrumentos para paliar los efectos de las reestructuraciones debidas a motivos climáticos o energéticos y el papel que deben jugar los mecanismos de protección social ante fenómenos migratorios causados por los desastres medioambientales y climáticos"[12].

En tal circunstancia, "la participación de las personas trabajadoras debe ser un elemento crucial en las conversaciones sobre el cambio climático, porque no hay que olvidar que los medios de subsistencia de las personas trabajadoras son los que están en juego en un escenario de incertidumbre marcado por un momento de transiciones, entre la que se encuentra la energética". Por tanto, "las estrategias de actuación sindical de las personas trabajadoras no pueden separarse de los cambios estructurales fundamen-

---

[12] CHACARTEGUI JÁVEGA, C., "Sostenibilidad y trabajo decente: el papel de los agentes sociales", *Documentación Laboral,* nº 128, 2023, p. 65.

tales por los que atraviesa la economía, pues dichos cambios afectan a los salarios, a las condiciones de trabajo, las prestaciones de la seguridad social y las relaciones laborales desde una perspectiva integral del problema de la emergencia climática[13].

La proyección del cambio climático en el ámbito laboral se traduce en respuestas que, formuladas de forma sencilla, son necesariamente de dos tipos: medidas de adaptación, que actúan sobre el efecto ya creado; y medidas de mitigación, que tratan de prevenir y evitar el efecto[14]. En este escenario, la doctrina considera el diálogo social una herramienta de mitigación del cambio climático[15]. Así, la participación de la representación de las personas trabajadoras en la definición de las políticas medioambientales debe concebirse tanto como un derecho de la ciudadanía como un derecho de clase derivado de la configuración de un Estado social[16].

Sin embargo, la participación en el ámbito medioambiental constituye un territorio apenas explorado, ni desde la normativa medioambiental ni desde la laboral. Únicamente cabe mencionar a este respecto la función que el art. 64.7 ET encomienda al comité de empresa de "colaborar con la dirección de la empresa para conseguir el establecimiento de cuantas medidas procuren el mantenimiento y el incremento de la productividad, así como la sostenibilidad ambiental de la empresa". No obstante, esta facultad resulta en la mayor parte de las ocasiones "vacía de contenido y subsidiaria de la acción empresarial"[17].

La reciente Ley 7/2021, de 20 de mayo, de cambio climático y transición energética (LCCTE) fue una oportunidad perdida porque otorga una escasa participación a los trabajadores ya que adolece la falta de creación de instrumentos de participación eficaces de los sujetos afectados. La doctrina critica que "al contrario de lo que ocurre en otros ordenamientos

13 *Idem.*

14 MIÑANO YANINI, M., "La proyección de la emergencia climática y la transición ecológica en el ámbito laboral", *Documentación Laboral,* Nº 128, 2023, p. 72.

15 ÁLVAREZ CUESTA, H., "La lucha contra el cambio climático y en aras de una transición justa: doble objetivo para unas competencias representativas multinivel", *Revista de Trabajo y Seguridad Social. CEF,* nº 469, 2022, p. 93.

16 GARRIGUES GIMÉNEZ, A., "La negociación colectiva en materia medioambiental: amenazas y fortalezas", En RIVAS VALLEJO, M. P. (Dir.): *Aspectos medioambientales de las relaciones laborales. Participación, salud laboral y empleo,* Murcia, Laborum, 2013, p. 156.

17 ÁLVAREZ CUESTA, H., "La lucha contra el cambio climático...", *op. cit.,* pp-94-95.

jurídicos, nuestra LCCTE no ha habilitado ningún mecanismo para posibilitar la participación real de los implicados en los procesos de transición. Por el contrario, las únicas apelaciones a sujetos ajenos a los titulares de las empresas, de nuevo únicos protagonistas del tránsito, se realizan siempre configurándolos como sujetos externos a los procesos potenciados. Por ello, solo son creados mecanismos de consulta previos y de carácter no vinculante. En lo que se refiere a nuestro objeto de estudio, los representantes de los trabajadores son asimilados a otros colectivos de interesados, entre ellos, las organizaciones ecologistas"[18]. Así, la Ley 7/2021 "no lleva a cabo una decidida trasposición de la tutela del medio ambiente como cláusula limitativa de la acción de las empresas en un mercado libre en el que el ambiente y la extracción económica de los recursos naturales sigue siendo una condición de la obtención del beneficio"[19].

Ante el silencio de la ley, la doctrina considera el convenio colectivo, dentro de su heterogéneo contenido, el "mecanismo idóneo para incorporar como contenido propio el medioambiental"[20]. En este escenario emerge la figura del delegado de medio ambiente, un instrumento de participación de los trabajadores de creación convencional. De esta forma, España se alinea con países como Francia e Italia en el diseño de órganos de representación de personal específicos con competencias de contenido medioambiental[21].

La doctrina explica la regulación convencional de los delegados de medio ambiente por "la alta sensibilidad de las organizaciones sindicales hacia las cuestiones medioambientales"[22], que son el verdadero motor del compromiso de las empresas y administraciones. Por ello, muchos de los

---

18 ESCRIBANO GUTIÉRREZ, J., "Diálogo social y nuevo pacto verde: la libertad de empresa como límite", *Revista de Derecho Social*, nº 98, 2022, p. 202.

19 BAYLOS GRAU, A., "Salud laboral y medio ambiente: transiciones y continuidades. Sobre la modificación de la constitución italiana y limites a la iniciativa económica privada", *Blog Según Antonio Baylos,* 28 de abril de 2022. Disponible en: https://acortar.link/qcvfNv

20 ÁLVAREZ CUESTA, H., "La lucha contra el cambio climático…", *op. cit.*, p. 97.

21 CHACARTEGUI JÁVEGA, C., "Sostenibilidad y trabajo decente", *op. cit.*, p. 65.

22 CANALDA CRIADO, S., "La representación de los intereses de los trabajadores en materia medioambiental: la creación convencional de los 'delegados medioambientales'", en VV.AA.: *Estatuto de trabajadores, 40 años después: XXX Congreso Anual de la Asociación Española de Derecho del Trabajo y de la Seguridad Social. Comunicaciones. Granada, 26 y 27 de noviembre de 2020,* Madrid, Ministerio de Trabajo y Economía Social, 2020, p. 1436.

contenidos medioambientales se incluyen dentro de las cláusulas obligacionales poseyendo, por tanto, "unos niveles de exigibilidad mucho más reducidos"[23].

A partir de un estudio de convenios colectivos de ámbito estatal, podemos observar la presencia de la figura del delegado de medio ambiente en dos decenas de convenios colectivos, tanto de empresa[24] como de sector[25]. En algunos de estos convenios se prevé que el delegado de medio ambiente se elija de entre los delegados de prevención[26] o de entre los miembros de la representación legal de las personas trabajadoras[27]. Por su parte, algunos convenios incluyen un crédito horario adicional para el delegado de medio ambiente[28] mientras otros prevén expresamente que

---

23 ESCRIBANO GUTIÉRREZ, J., "Derechos de los trabajadores ante las órdenes empresariales medioambientalmente injustas", *Revista de Derecho Social*, nº 78, 2017, p. 68.

24 Por ejemplo, los convenios colectivos de las empresas Fertiberia, SA. (BOE 23/01/2023), Pirelli Neumáticos, SAU. (BOE 08/11/2023), Repsol, SA. (BOE 31/03/2023), Repsol Química, SA. (BOE 16/02/2023), Repsol Petróleo, SA, (Refino) (BOE 28/02/2023), Repsol Butano, SA. (BOE 07/04/2023), Saint-Gobain Isover Ibérica, SL. (BOE 12/11/2024), Michelín España Portugal, SA. (BOE 30/10/2023).

25 Por ejemplo, los convenios colectivos de la industria química (BOE 10/07/2021); de industrias cárnicas (BOE 16/07/2022); de perfumería y afines (BOE 26/01/2023); de marroquinería, cueros repujados y similares (BOE 27/03/2024); de harinas panificables y sémolas (BOE 03/05/2024); de industrias de curtido, correas y cueros industriales y curtición de pieles para peletería (BOE 22/03/2023); del corcho (BOE 07/09/2023); de industrias de ferralla (BOE 16/02/2024); de tejas, ladrillos y piezas especiales de arcilla cocida (BOE 07/12/2023); de contratas ferroviarias (BOE 22/06/2022).

26 X Acuerdo Marco del Grupo Repsol (BOE 22/02/2023), Convenio colectivo general de la industria química, Convenio colectivo de la empresa Pirelli Neumáticos, SAU., Convenio colectivo de contratas ferroviarias.

27 Convenios colectivos de industrias cárnicas; de perfumería y afines; marroquinería, cueros repujados y similares; harinas panificables y sémolas; industrias de curtido, correas y cueros industriales y curtición de pieles para peletería. También el IV Acuerdo para la transición hacia la neutralidad climática, el uso sostenible de los recursos, la protección del medio ambiente, la salud de las personas y la mejora de la competitividad del sector cementero (BOE 26/08/2022).

28 Convenio colectivo de la empresa Michelín España Portugal, SA. o del sector de harinas panificables y sémolas. También el IV Acuerdo para la transición hacia la neutralidad climática, el uso sostenible de los recursos, la protección del medio ambiente, la salud de las personas y la mejora de la competitividad del sector cementero.

no tendrá crédito horario adicional al previsto por su condición de RLT[29]. El grupo Repsol incluye una formación específica de 20 horas en materia medioambiental para el delegado de medio ambiente[30]. En cambio, varios convenios de sector no crean una figura específica de delegado de medio ambiente sino que regulan que los delegados de prevención tendrán las facultades añadidas de medio ambiente[31]. Además, algunos convenios colectivos crean órganos paritarios o mixtos como una Comisión paritaria de medio ambiente[32] o una Comisión Mixta de Prevención de Riesgos Laborales y Medio Ambiente[33].

En estos convenios colectivos[34] se regulan las funciones y competencias del delegado de medio ambiente. A continuación, se recogen ordenadas en función del número de veces que se repite cada elemento, de mayor a menor. Las seis primeras están presentes en varios convenios colectivos mientras la séptima sólo en el convenio de Michelín y las cuatro últimas sólo en el de Saint-Gobain Isover Ibérica, SL. Las funciones y competencias previstas para el delegado de medio ambiente en la negociación colectiva son:

1. Colaborar con la dirección de la empresa en la mejora de la acción medioambiental.
2. Promover y fomentar la cooperación de las personas trabajadoras en el cumplimiento de la normativa medioambiental.
3. Ejercer una labor de seguimiento sobre el cumplimiento de la normativa de medioambiente, así como de las políticas y objetivos medioambientales que la empresa establezca.

---

29 Convenios colectivos de industrias cárnicas; de perfumería y afines; de marroquinería, cueros repujados y similares.

30 X Acuerdo Marco del Grupo Repsol.

31 Convenio colectivo del corcho; de industrias de ferralla; de las tejas, ladrillos y piezas especiales de arcilla cocida.

32 Convenio colectivo de la empresa Saint-Gobain Isover Ibérica, SL. y convenio colectivo del sector de la madera.

33 Convenio colectivo de ámbito estatal para las industrias extractivas, industrias del vidrio, industrias cerámicas y para las del comercio exclusivista de los mismos materiales; convenio colectivo de contratas ferroviarias.

34 Nota metodológica: se estudian las competencias y facultades de información atribuidas al delegado de medio ambiente en los 22 convenios colectivos referenciados en las anteriores notas al pie.

4. Proponer a la empresa la adopción de medidas tendentes a reducir los riesgos medioambientales y de mejora de la gestión medioambiental.
5. Proponer iniciativas, jornadas de sensibilización local o proyectos.
6. Colaborar en el diseño y desarrollo de las acciones formativas en materias relacionadas con las obligaciones medioambientales de la empresa y que permitan un mejor conocimiento de los problemas de esta naturaleza.
7. Acompañar a los diversos cuerpos de inspección ambiental que pudieran visitar la empresa, pudiendo formular ante ellos las observaciones que estime oportunas.
8. Fomentar actividades formativas, programas de mejoras medioambientales y canalizar aportaciones y participaciones de la plantilla.
9. Controlar los factores medioambientales significativos de futuros productos, procesos y actividades.
10. Fomentar la reducción, la reutilización y el reciclaje de residuos.
11. Establecer objetivos, metas y programas que controlen y mejoren las emisiones atmosféricas, los vertidos, la gestión de residuos y el uso de materias primas y recursos naturales.

A su vez, algunos convenios colectivos reconocen al delegado de medio ambiente ciertas facultades de información, que se ordenan a continuación en función del número de veces que se repite cada elemento, de mayor a menor. Las cinco primeras están presentes en varios convenios mientras la sexta sólo aparece en el convenio de Michelín y de la industria química, la séptima en el de Michelín, y la octava y la novena en el sector del cemento. Así, la empresa pondrá a disposición del delegado de medio ambiente información:

1. De las situaciones anómalas que se produzcan relacionadas con el medio ambiente, incluyendo los datos ambientales periódicos que se precisen para el análisis de dichas anomalías.
2. De las medidas que se adopten para resolver dichas anomalías.
3. De los acuerdos o decisiones que las autoridades competentes adopten respecto al Centro de trabajo, relacionados con estos aspectos, así como los efectos y medidas a concretar en cada momento.
4. Del desarrollo legislativo autonómico, nacional y comunitario sobre medio ambiente.

5. Sobre la puesta en marcha de nuevas tecnologías de las que se pudieran derivar riesgos medioambientales, así como sobre el desarrollo de sistemas de gestión medioambiental (Michelín prevé un derecho de consulta en esta materia).
6. Sobre la documentación que la empresa venga obligada a facilitar a la administración pública en relación con emisiones, vertidos, generación de residuos, uso de agua y la energía y medidas de prevención de accidentes mayores.
7. Sobre las iniciativas y solicitud de autorizaciones o licencias que la empresa pudiera solicitar en materia medioambiental.
8. Sobre los incidentes medioambientales ocurridos en fábrica.
9. Sobre el comportamiento medioambiental de cada fábrica: los datos de emisión, los informes periódicos de emisiones realizados por OCAs y los controles realizados dentro de la Autorización Ambiental Integrada.
10. Cualquier otro tipo de información medioambiental de interés.

Respecto a las competencias del delegado de medio ambiente, la doctrina critica "la tendencia de formular éstas reproduciendo las competencias previstas en los arts. 33 y 36 LPRL para el Delegado de Prevención". Esto actúa como una limitación que encorseta la capacidad de los negociadores para ampliar las competencias del delegado de medioambiente. En este sentido, aunque sea frecuente que quien actúe como delegado de medioambiente ostente también la condición del Delegado de Prevención, el art. 35.4 LPRL prevé la posibilidad de ampliar sus competencias, por lo que "la influencia de la LPRL no debería ser un impedimento para desplegar esas nuevas competencias a través de la figura DMA". Como se ha visto, "la reproducción de las previsiones de la LPRL tiene como consecuencia que la regulación convencional mayoritaria se formule de manera genérica"[35].

En definitiva, de este trabajo se concluye que la presencia de la figura del delegado de medio ambiente se limita a empresas y sectores de naturaleza industrial. Sin embargo, al igual que las figuras que se analizan en los apartados siguientes, sería interesante extenderlo a todos los trabajadores por cuenta ajena, incorporándolos al Estatuto de los Trabajadores, con un

---

35 CANALDA CRIADO, S., "La representación de los intereses...", *op. cit.*, pp. 1.443-1.444.

régimen jurídico similar al actual delegado de prevención. Esto garantizaría a todos los trabajadores el derecho a participar en la empresa en las cuestiones relacionadas con la emergencia climática y la transición ecológica, a través de una figura especializada, con competencias y facultades definidas en la ley, sin perjuicio de las mejoras que se puedan prever en la negociación colectiva.

2.2. *Los protocolos de prevención de riesgos frente a catástrofes y otros fenómenos meteorológicos adversos*

El día 29 de octubre de 2024 se produjo la peor DANA registrada en España en el presente siglo, con especial incidencia en la Comunitat Valenciana, y con consecuencias trágicas. En este contexto, la disposición final segunda del Real Decreto-ley 8/2024, de 28 de noviembre[36], introdujo diferentes novedades en el ordenamiento jurídico laboral. A la vista de las catastróficas consecuencias y de la previsible recurrencia de este tipo de fenómenos atmosféricos y otras catástrofes en el futuro, el Gobierno consideró necesario establecer, con carácter permanente y estable en la ordenación de las relaciones de trabajo, soluciones que permitan que las empresas y las personas trabajadoras puedan llevar a cabo sus actividades en condiciones de seguridad jurídica y de protección de la seguridad y salud. Pese a la vinculación de estas medidas a la concreta situación generada por esta DANA, su examen sugiere "cierta vocación de permanencia, tanto por el fondo como por la forma, que no conciliaba con el carácter coyuntural de la norma"[37].

La exposición de motivos del RDL 8/2024 justifica la extraordinaria y urgente necesidad de esta norma en que "el impacto del cambio climático es especialmente relevante en el ámbito laboral y la necesidad de afrontarlo normativamente se hace impostergable para garantizar la seguridad de las personas trabajadoras y las empresas. El ordenamiento laboral debe completar su tránsito verde de la mano de un nuevo modelo productivo,

---

36 Real Decreto-ley 8/2024, de 28 de noviembre, por el que se adoptan medidas urgentes complementarias en el marco del Plan de respuesta inmediata, reconstrucción y relanzamiento frente a los daños causados por la Depresión Aislada en Niveles Altos (DANA) en diferentes municipios entre el 28 de octubre y el 4 de noviembre de 2024 (BOE 29/11/2024).

37 MIÑARRO YANINI, M., "El nuevo permiso por riesgo catastrófico o fenómenos climáticos adversos", *Briefs AEDTSS*, 5 de diciembre de 2024. Disponible en: https://acortar.link/ZstzdP

pero mientras esa transición se culmina es imprescindible instaurar medidas que utilicen los mecanismos tradicionales del derecho del trabajo para que, ante catástrofes o fenómenos meteorológicos adversos, nadie ponga en riesgo su integridad".

Defiende con lucidez y determinación que "no actuar, una vez que se constata la cada vez más frecuente afectación de la crisis medioambiental a las relaciones de trabajo, constituiría una suerte de negacionismo climático peligroso para quienes trabajan". Se trata de la primera vez que el Estado se hace cargo, a través de su boletín oficial[38], del grave riesgo que supone el negacionismo climático, y lo hace con medidas dirigidas, específicamente, a las personas trabajadoras.

Por esta razón, el Gobierno considera "preciso dotar a empresas y personas trabajadoras de un permiso con reglas claras, que cubra situaciones en las que resulte imposible acceder al centro de trabajo o transitar por las vías de circulación necesarias para acudir al mismo, como consecuencia de las recomendaciones, limitaciones o prohibiciones al desplazamiento establecidas por las autoridades competentes, así como cuando concurra una situación de riesgo grave e inminente. Complementariamente, cuando estas situaciones se alarguen debe preverse su consideración como causa de fuerza mayor a efectos de suspensión de contratos y reducciones de jornada. Conectado con estos fenómenos, también se considera imprescindible incrementar el nivel de información sobre los mismos de la representación legal de las personas trabajadoras, así como exigir que la negociación colectiva aborde directamente protocolos de actuación frente a estas situaciones".

Se modifica así el Estatuto de los Trabajadores, incorporando tres importantes novedades que, según la propia norma, dotarán "al ordenamiento laboral español de unos instrumentos únicos e inéditos frente a las consecuencias de la crisis climática" (exposición de motivos RDL 8/2024). Estas medidas entraron en vigor el 30 de noviembre de 2024.

En primer lugar, se añade un nuevo permiso retribuido, que en prensa se ha denominado "permiso climático"[39], al apartado tercero del artículo

---

38 Hasta el 29 de noviembre de 2024 no constaba en el Boletín Oficial del Estado ninguna referencia al "negacionismo climático".

39 DÍEZ, M., "El Gobierno aprueba 'permisos climáticos' en el trabajo para evitar desplazamientos durante catástrofes", *Newtral*, 28 de noviembre de 2024. Disponible en: https://acortar.link/xuhJeE

37 ET, de forma que la persona trabajadora, previo aviso y justificación, podrá ausentarse del trabajo, con derecho a remuneración, por alguno de los motivos y por el tiempo siguiente, "g) Hasta cuatro días por imposibilidad de acceder al centro de trabajo o transitar por las vías de circulación necesarias para acudir al mismo, como consecuencia de las recomendaciones, limitaciones o prohibiciones al desplazamiento establecidas por las autoridades competentes, así como cuando concurra una situación de riesgo grave e inminente, incluidas las derivadas de una catástrofe o fenómeno meteorológico adverso. Transcurridos los cuatro días, el permiso se prolongará hasta que desaparezcan las circunstancias que lo justificaron, sin perjuicio de la posibilidad de la empresa de aplicar una suspensión del contrato de trabajo o una reducción de jornada derivada de fuerza mayor en los términos previstos en el artículo 47.6. Cuando la naturaleza de la prestación laboral sea compatible con el trabajo a distancia y el estado de las redes de comunicación permita su desarrollo, la empresa podrá establecerlo, observando el resto de las obligaciones formales y materiales recogidas en la Ley 10/2021, de 9 de julio, de trabajo a distancia, y, en particular, el suministro de medios, equipos y herramientas adecuados" (art. 37.3.g ET).

En segundo lugar, se reconoce un nuevo derecho de información para la representación legal de las personas trabajadoras. Así, el comité de empresa, con la periodicidad que proceda en cada caso, tendrá derecho a "ser informado por la empresa de las medidas de actuación previstas con motivo de la activación de alertas por catástrofes y otros fenómenos meteorológicos adversos, sin perjuicio de los derechos de información, consulta y participación previstos en la Ley de Prevención de Riesgos Laborales. Todo ello a los efectos de la adopción de las respectivas medidas y decisiones, incluidas, entre otras, las previstas en el artículo 21 de la Ley 31/1995, de 8 de noviembre" (art. 64.4.e ET).

En tercer lugar, se introduce el deber de que la negociación colectiva incluya protocolos de actuación que recojan medidas de prevención de riesgos específicamente referidas a la actuación frente a catástrofes y otros fenómenos meteorológicos adversos. De esta manera, se añade un nuevo párrafo tercero al art. 85.1 ET: "Igualmente, a través de la negociación colectiva se negociarán protocolos de actuación que recojan medidas de prevención de riesgos específicamente referidas a la actuación frente a catástrofes y otros fenómenos meteorológicos adversos" (art. 85.1, párrafo 3º ET).

En último término, la disposición final quinta recoge la protección de las personas trabajadoras frente a los riesgos derivados del cambio climático y las catástrofes naturales y regula que, en el plazo de doce meses, el Gobierno aprobará, a propuesta de la persona titular del Ministerio de Trabajo y Economía Social, un reglamento sobre la protección de las personas trabajadoras frente a los efectos del cambio climático en el ámbito laboral.

En lo que interesa a este trabajo, se trata del primer abordaje propiamente laboral de la emergencia climática a través de una norma con rango de Ley. Por una parte, se hace recaer en las empresas, como no puede ser de otra manera, la responsabilidad y el coste de proteger la seguridad y salud de las personas trabajadoras, a través de permisos retribuidos y del deber de informar de las medidas previstas ante alertas y catástrofes. Por otra parte, y en la línea con la estrategia habitual de este gobierno, se dota de protagonismo a los agentes sociales, obligando a negociar protocolos de actuación desde la negociación colectiva. A su vez, se habilita el desarrollo normativo de la protección de las personas trabajadoras frente a los efectos del cambio climático en el ámbito laboral a través de un futuro reglamento. Sin perjuicio de que son iniciativas muy interesantes, aunque generará conflictividad su puesta en práctica, es una lástima que deban suceder este tipo de catástrofes para que se tomen medidas para paliar los efectos de la emergencia climática.

De esta forma, la medida más garantista son los nuevos permisos retribuidos porque permiten completar el régimen jurídico de la paralización de la actividad ante un riesgo grave e inminente del art. 21 LPRL. Se discutía en la doctrina sobre si procedían o no descuentos salariales o si se podía imponer a los trabajadores recuperar las horas perdidas más adelante[40].

En este escenario, puede generar problemas interpretativos determinar qué es exactamente una "situación de riesgo grave e inminente", una "catástrofe" o un "fenómeno meteorológico adverso". Puede ser útil la modificación operada por el RDL 4/2023, que modificaba el Real Decreto 486/1997, de 14 de abril, por el que se establecen las disposiciones mínimas de seguridad y salud en los lugares de trabajo, estableciendo la obligación concreta de prever medidas adecuadas frente a riesgos relacionados con fenómenos meteorológicos adversos, incluida la prohibición de desarrollar determinadas tareas durante las horas del día en las que estos

---

40 VILA TIERNO, F., "¿Pueden las empresas sancionar o descontar salarios por las ausencias durante la DANA?", *Briefs AEDTSS*, 20 de noviembre de 2024. Disponible en: https://acortar.link/VfpSfn

concurran, resultando obligatoria la adaptación de las condiciones de trabajo, incluida la reducción o modificación de las horas de desarrollo de la jornada prevista cuando la Agencia Estatal de Meteorología o, en su caso, el órgano autonómico correspondiente en el caso de las comunidades autónomas que cuenten con dicho servicio, emita aviso de fenómenos de nivel naranja o rojo y las medidas preventivas anteriores no garanticen la protección de las personas trabajadoras. De esta forma, que la AEMET (o la agencia autonómica) emita un aviso naranja o rojo puede ser causa suficiente para activar las medidas ya comentadas. Algún autor ha defendido que "es un elemento suficientemente relevante que justificaría la ausencia del trabajador"[41]. Adicionalmente, el futuro reglamento sobre efectos del cambio climático en el ámbito laboral es una oportunidad para aportar claridad a esta cuestión.

Además, la doctrina apunta que, aunque "es posible que las situaciones motivadoras queden delimitadas de manera objetiva, lo que sucederá cuando la autoridad competente haya declarado algún nivel de alerta meteorológica", "cabe también que no sea así, sino que la aplicación de la medida derive de la existencia de una situación de riesgo grave e inminente en cuya valoración cobra protagonismo la persona trabajadora afectada". Debemos tomar como referencia para este permiso "no sólo la viabilidad del tránsito por los accesos próximos al centro de trabajo, sino todo el trayecto que haya de recorrer la persona trabajadora hasta llegar a éste desde su domicilio. Ello supone que las condiciones de valoración y aplicación de este permiso deben particularizarse, lo que sin duda le sumará complejidad"[42].

En tanto los riesgos medioambientales afectan al trabajo, pero no son propios de la empresa, se proponen "soluciones socializadas respecto del coste de estos permisos, bien a través de la cobertura parcial de la Seguridad Social, o bien mediante la constitución de un Fondo Empresarial a tal efecto". Se considera que "estas propuestas serían más coherentes con el respaldo a la actividad de las empresas, además en un momento de especial necesidad, puesto que también resultarán afectadas negativamente por tales efectos climáticos. Ello contribuiría, asimismo, a evitar un posible efecto 'fuga' de la actividad empresarial a zonas con climas más estables, o al menos sin fenómenos tormentosos extremos que son bien conocidos a orillas del Mediterráneo"[43].

---

41 *Idem.*

42 MIÑARRO YANINI, M., "El nuevo permiso por riesgo catastrófico…", *op. cit.*

43 *Idem.*

2.3. El futuro plan de movilidad sostenible al trabajo

El Proyecto de Ley de Movilidad Sostenible (en adelante LMS)[44], que se encuentra actualmente en tramitación en el Congreso de los Diputados, incorpora distintos planes de movilidad sostenible. El futuro plan de movilidad sostenible al trabajo se regula en el artículo 27 y se debe negociar su contenido con la representación legal de las personas trabajadoras. A su vez, se modifica el Estatuto de los Trabajadores para incluir en la negociación de los convenios colectivos las medidas para promover la implantación de planes de movilidad sostenible al trabajo con el alcance y contenido previstos en el proyecto de ley (disposición final tercera).

El alcance subjetivo de la obligación de adoptar planes de movilidad sostenible al trabajo afecta a centros de trabajo con más de 500 personas trabajadoras o 250 por turno. De esta forma, se prevé que "en el plazo de 24 meses desde la entrada en vigor de esta ley, las empresas y las entidades pertenecientes al sector público de acuerdo con lo establecido en el artículo 2 de la Ley 40/2015, de 1 de octubre, de Régimen Jurídico del Sector Público, deberán disponer de planes de movilidad sostenible al trabajo para aquellos centros de trabajo con más de 500 personas trabajadoras o 250 por turno" (art. 27.1 LMS).

En materia de negociación colectiva, "los planes de movilidad sostenible al trabajo serán objeto de negociación con la representación legal de las personas trabajadoras. A estos efectos, para la consideración de centro de trabajo será de aplicación la definición contenida en el artículo 1.5 del texto refundido de la Ley del Estatuto de los Trabajadores, aprobado por el Real Decreto Legislativo 2/2015, de 23 de octubre. En las empresas donde no exista representación legal, se creará una comisión negociadora constituida, de un lado, por la representación de la empresa y, de otro lado, por una representación de las personas trabajadoras, integrada por los sindicatos más representativos y por los sindicatos representativos del sector al que pertenezca la empresa y con legitimación para formar parte de la comisión negociadora del convenio colectivo de aplicación. La representación sindical se conformará en proporción a la representatividad en el sector y garantizando la participación de todos los sindicatos legitimados (art. 27.2 LMS). El procedimiento es, por tanto, idéntico a la negociación

---

[44] Proyecto de Ley de Movilidad Sostenible. BOCG. Congreso de los Diputados, serie A, núm. 9-1, de 23 de febrero de 2024, pp. 1-108. Disponible en: https://acortar.link/ugWKG5

de los planes de igualdad previstos en los artículos 45 y 46 de la Ley Orgánica 3/2007, de 22 de marzo, y Real Decreto 901/2020, de 13 de octubre.

Se añade un tercer párrafo al apartado primero del art. 85 ET, a continuación de la referencia al deber de negociar medidas dirigidas a promover la igualdad de trato y de oportunidades entre mujeres y hombres en el ámbito laboral o, en su caso, planes de igualdad: "Asimismo, existirá el deber de negociar medidas para promover la elaboración de planes de movilidad sostenible al trabajo con el alcance y contenido previstos en el artículo 27 de la Ley de Movilidad Sostenible, orientados a buscar soluciones de movilidad que contemplen el impulso del transporte colectivo, la movilidad de cero emisiones, la movilidad activa y la movilidad compartida o colaborativa, de cara a conseguir los objetivos de calidad del aire y reducción de emisiones, así como a evitar la congestión y prevenir los accidentes en los desplazamientos al trabajo".

Esta negociación de las medidas para promover la elaboración de planes de movilidad sostenible al trabajo prevista en el nuevo párrafo tercero del artículo 85.1 del Estatuto de los Trabajadores será de aplicación en la negociación de los convenios colectivos cuya comisión negociadora se constituya a partir de la fecha de entrada en vigor de la presente ley (disposición transitoria primera).

Respecto al contenido, "los planes de movilidad sostenible al trabajo incluirán soluciones de movilidad sostenible que contemplen, por ejemplo, el impulso de la movilidad activa, el transporte colectivo, la movilidad de cero emisiones, soluciones de movilidad tanto compartida como colaborativa, el teletrabajo en los casos en los que sea posible, entre otros, de acuerdo con el principio de jerarquía al que se refiere el artículo 29. Asimismo, se incluirán medidas relativas a la seguridad y la prevención de accidentes en los desplazamientos al centro de trabajo. Se tendrá en cuenta, no solamente a las personas trabajadoras del centro sino también a los visitantes, proveedores y a cualquier otra persona que requiera acceder al centro de trabajo. Para su elaboración, deberán tener en cuenta el plan de movilidad sostenible de la entidad local en cuyo ámbito territorial se ubique el centro. Los planes podrán contemplar la compensación de la huella de carbono para aquella movilidad emisora de gases de efecto invernadero sobre la que no se haya podido actuar" (art. 27.3 LMS).

Además, en relación con los centros de trabajo de más de 1.000 personas trabajadoras situados en municipios o áreas metropolitanas de más de 500.000 habitantes, las entidades públicas y privadas deberán incluir medidas que permitan reducir la movilidad de las personas trabajadoras en las horas punta y promover el uso de medios de transporte de bajas o cero emisiones (art. 27.4 LMS).

Estos planes de movilidad sostenible al trabajo "deberán ser objeto de un seguimiento que permita evaluar el nivel de implantación de las actuaciones y medidas recogidas en el plan. En todo caso y sin perjuicio de otras actuaciones, en el plazo de dos años desde su aprobación, las entidades públicas y empresas, deberán elaborar un informe de seguimiento sobre el nivel de implantación de las actuaciones y medidas del plan, que se repetirá cada dos años de vigencia del plan" (art. 27.2 LMS).

Finalmente, se incluye en la norma un régimen sancionador en el art. 105.2 LMS, que prevé que son infracciones leves en materia de los planes de movilidad sostenible: "a) El incumplimiento de la obligación de disponer de los planes de movilidad sostenible al trabajo en el plazo al que hace referencia el artículo 27, cuando con ello se produzca un perjuicio para el sistema de movilidad, y b) El incumplimiento de la obligación de elaborar un informe de seguimiento sobre el nivel de implantación de las actuaciones y las medidas del plan en los plazos a los que se hace referencia en el artículo 27, cuando con ello se produzca un perjuicio para sistema de movilidad." De acuerdo con el art. 106.2 LMS, las infracciones leves serán sancionadas con multas de 101 a 2000 euros.

2.4. Sindicalismo verde y huelga climática

Una de las preguntas de mi tesis doctoral fue si la cuestión climática y sus implicaciones sociales eventualmente desencadenarán conflictos laborales y huelgas como medio para exigir mejoras laborales, por ejemplo, en la prevención de riesgos laborales, especialmente en condiciones climáticas extremas como las ya habituales olas de calor[45]. Hasta ahora, han surgido manifestaciones, huelgas estudiantiles y campañas mediáticas en redes sociales como formas de movilización en torno a esta cuestión. Incluso la primera huelga climática de la historia.

Algún autor se preguntaba si la protección del medio ambiente o la defensa de la biosfera forma parte del interés de clase de los trabajadores y si lo que llama "huelga medioambiental" se puede considerar una huelga

---

45 V. MANEIRO HERVELLA, V., *Los conflictos colectivos del trabajo frente al cambio tecnológico y social*, Tesis doctoral, Universidad Carlos III de Madrid, 2024, pp. 124-127. Disponible en: https://hdl.handle.net/10016/45163

política. Escribano Gutiérrez considera que la huelga es el instrumento ideal para luchar por un medio ambiente sano porque permite que los trabajadores, como clase social, reivindiquen un modelo productivo que supere el trabajo y el medio ambiente como simples mercancías, "frente al empresario, cuya libertad de empresa no puede seguir convirtiéndose en una excusa para políticas empresariales que no avancen hacia una gestión sostenible en la que se dé cabida a la intervención de los trabajadores"[46].

En este contexto, el 25 de septiembre de 2020, la Confederación General del Trabajo de Andalucía (CGT) convocó una huelga general de 24 horas en Andalucía "para la defensa de los intereses ambientales, climáticos, por la conservación y desarrollo de las especies tanto animales como vegetales, laborales, sociales y económicos de todos los trabajadores y trabajadoras". Esta huelga apenas tuvo un seguimiento de 117 personas y supuso 107 jornadas no trabajadas en Andalucía, de acuerdo con los datos de la estadística de huelgas y cierres patronales del Ministerio de Trabajo y Economía Social. Mientras los colectivos ecologistas consideraron la movilización en su conjunto un éxito[47], donde destacaron manifestaciones masivas el 27 de septiembre de 2020 por todo el mundo, la modalidad laboral de la huelga climática fue un fracaso.

No obstante, lo interesante es que se trata de la primera huelga por motivos relacionados con la emergencia climática, convocada legalmente y de la que disponemos de datos oficiales. El fracaso de la convocatoria se debe a la nula implicación de los sindicatos mayoritarios, que apoyaron las movilizaciones y acudieron a las manifestaciones, pero no promovieron una huelga en los centros de trabajo. Ni siquiera la CGT, el sindicato convocante, movilizó a sus cuadros sindicales. Simplemente buscaba dotar de cobertura jurídica a una movilización que partía del movimiento ecologista.

En conclusión, la emergencia climática como motivación y los colectivos ecologistas como motor organizativo son ingredientes suficientes para promover una huelga. No es una mera hipótesis, ya se convocó la primera huelga climática genuinamente laboral, aunque fracasó. De momento, la acción política del ecologismo se limita al campo de la protesta, incluyendo manifestaciones u otras acciones mediáticas que generan gran controversia

---

46 ESCRIBANO GUTIÉRREZ, J., "Conflicto laboral y conflicto medioambiental: posibles confluencias", *Documentación Laboral*, nº 128, 2023, p. 47.

47 El Salto, "Cientos de miles de personas convierten la Huelga por el Clima en un éxito", *El Salto Diario*, 27 de septiembre de 2020. Disponible en: https://acortar.link/MHnWkU

(activistas que se pegan a cuadros famosos o tiran pintura a instituciones o monumentos). Sin embargo, no se puede descartar que, al igual que el feminismo, el ecologismo consiga movilizar una huelga masiva. Si esto ocurre, será por la acentuación de la crisis climática y algún evento extraordinario que sirva como 'chispa' desencadenante del conflicto sindical. Igual que el movimiento feminista creció a raíz del mediático caso de *la manada*, situaciones como la muerte de trabajadores debido a una ola de calor[48] podrían activar los marcos de injusticia, frustración, resentimiento y cólera de los que hablaban Gamson y otros autores[49]. Para ello, el papel de los medios de comunicación y las redes sociales será clave.

3. SINDICALISMO LGTBI: EL NUEVO 'PLAN DE IGUALDAD' LGTBI

Las personas lesbianas, gais, trans, bisexuales e intersexuales (LGTBI) conforman un espacio político heterogéneo. El colectivo se caracteriza por su subordinación bajo dos ejes de opresión: la orientación sexual y la identidad o expresión de género. Es interesante analizar el impacto del movimiento LGTBI en la legislación y en las políticas públicas del país en un contexto donde su logro más reciente fue la aprobación de la Ley 4/2023, de 28 de febrero, para la igualdad real y efectiva de las personas trans y para la garantía de los derechos de las personas LGTBI (en adelante Ley LGTBI).

Además de una demanda histórica de los colectivos LGTBI, los sindicatos CCOO y UGT hacían suya la reivindicación de esta norma. CCOO considera clave "desarrollar estrategias, campañas, protocolos, planes y programas sindicales específicos sobre diversidad e igualdad LGTBI+, así como llevar a cabo formación sindical en LGTBI+ para delegadas y delegados, cuadros sindicales y miembros de las comisiones negociadoras, y considerar la LGTBIfobia como riesgo psicosocial y actuar sindicalmente

---

48 VIEJO, M., "El barrendero fallecido por un golpe de calor en Madrid tenía un contrato de un mes y le había cambiado el turno a un compañero", *El País*, 18 de julio de 2022. Disponible en: https://acortar.link/kFd9pe

49 GAMSON, W. A., *Talking Politics*, Cambridge, Cambridge University Press, 1992; FERNÁNDEZ, C., ROMAY, J., RODRÍGUEZ, M., SABUCEDO, J. M., "Redes sociales y marcos de acción colectiva", *Sociológica*, nº 4, 2001, pp. 37-58; TARROW, S., *El poder en movimiento. Los movimientos sociales, la acción colectiva y la política*, Madrid, Alianza, 1997.

contra ella"[50]. UGT, que quiere convertirse en el sindicato referente en defensa de los derechos de las personas LGTBI, busca garantizar la igualdad y no discriminación de las personas LGTBI en el ámbito laboral, defendiendo sus derechos en el acceso al empleo, las condiciones de trabajo y la promoción profesional, además de erradicar la LGTBIfobia mediante la creación de espacios laborales libres de odio y violencia. Para ello, visibiliza la realidad LGTBI interna y externamente, fomenta la creación de áreas específicas en la organización, y promueve la formación y sensibilización a través de materiales y estudios que analicen su situación laboral. Asimismo, impulsa la inclusión de cláusulas en la negociación colectiva para garantizar igualdad y diversidad familiar, promueve normativas y planes contra la LGTBIfobia, y refuerza su área jurídica para brindar asesoramiento especializado en casos de discriminación[51].

A pesar de que su conceptualización corresponde más a las ciencias sociales que al Derecho, la jurisprudencia y la reciente y profusa legislación en materia de igualdad nos permite definir jurídicamente al colectivo LGTBI. El Tribunal Constitucional distingue entre "la orientación sexual y la identidad de género, refiriéndose la primera a la preferencia por establecer relaciones afectivas con personas de uno u otro sexo, y la segunda a la identificación de una persona con caracteres definitorios del género que pueden coincidir o no hacerlo con el sexo que se le atribuye, en virtud de los caracteres biológicos predominantes que presenta desde su nacimiento"[52].

Las primeras normativas en la materia, de carácter autonómico, definen la "identidad sexual y/o de género" como "la vivencia interna e individual del género tal y como cada persona la siente y auto determina, sin que deba ser definida por terceros, pudiendo corresponder o no con el sexo asignado al momento del nacimiento, y pudiendo involucrar la modificación de la apariencia o la función corporal a través de medios farmacológicos, quirúrgicos o de otra índole, siempre que ello sea libremente escogido" (art. 1.1)[53]. También entienden la "identidad sexual o de género" como "el

---

50 CCOO, *Ponencia Congresual*, 12º Congreso Confederal de CCOO, 2021, p. 36. Disponible en: https://acortar.link/LqgpMa

51 UGT, *Programa de acción*, 2021, pp. 134-135. Disponible en: https://acortar.link/DkPshb

52 STC 67/2022, de 2 de junio.

53 Ley 2/2016, de 29 de marzo, de Identidad y Expresión de Género e Igualdad Social y no Discriminación de la Comunidad de Madrid.

sexo autopercibido por cada persona, sin que deba ser acreditado ni determinado mediante informe psicológico o médico, pudiendo corresponder o no con el sexo asignado en el momento del nacimiento, y pudiendo o no involucrar la modificación de la apariencia o la función corporal a través de medios farmacológicos, quirúrgicos o de otra índole, atendiendo a la voluntad de la persona" (art. 3.p)[54].

Respecto a la orientación sexual, que es la "atracción física, sexual o afectiva hacia una persona", precisan que "puede ser heterosexual, cuando se siente atracción física, sexual o afectiva únicamente hacia personas de distinto sexo; homosexual, cuando se siente atracción física, sexual o afectiva únicamente hacia personas del mismo sexo; o bisexual, cuando se siente atracción física, sexual o afectiva hacia personas de diferentes sexos, no necesariamente al mismo tiempo, de la misma manera, en el mismo grado ni con la misma intensidad. Las personas homosexuales pueden ser gais, si son hombres, o lesbianas, si son mujeres" (art. 3.h Ley LGTBI).

La Ley 4/2023, de 28 de febrero, para la igualdad real y efectiva de las personas trans y para la garantía de los derechos de las personas LGTBI es una ley integral que se considera un triunfo porque garantiza definitivamente la despatologización de las personas trans y la libre autodeterminación de género. También incluye interesantes medidas en el ámbito laboral para promover la igualdad real y efectiva de las personas trans dirigidas a las administraciones públicas (arts. 54-55).

En el ámbito público, esta norma permitirá ampliar al ámbito estatal la perspectiva LGTBI que alguna legislación autonómica ya ha incorporado a las políticas de empleo. Un ejemplo son los incentivos a la contratación indefinida de personas desempleadas de especial atención de la Comunidad de Madrid, que prevén incrementar las subvenciones ordinarias en "500 € adicionales cuando la persona contratada sea una mujer o pertenezca al colectivo de personas trans"[55].

---

54 Ley 3/2016, de 22 de julio, de Protección Integral contra LGTBIfobia y la Discriminación por Razón de Orientación e Identidad Sexual en la Comunidad de Madrid.

55 Artículo 5 del Acuerdo de 28 de diciembre de 2022, del Consejo de Gobierno, por el que se aprueban las normas reguladoras y se establece el procedimiento de concesión directa de subvenciones del programa para el fomento de la contratación en el ámbito de la Comunidad de Madrid (BOCM nº 312, de 31 de diciembre de 2022).

En el ámbito privado, se crea un nuevo 'plan de igualdad LGTBI' para garantizar la igualdad de trato y de oportunidades de las personas LGTBI en las empresas. Se regula que las empresas de más de cincuenta personas trabajadoras deberán contar con un conjunto planificado de medidas y recursos para alcanzar la igualdad real y efectiva de las personas LGTBI, que incluya un protocolo de actuación para la atención del acoso o la violencia contra las personas LGTBI (art. 15). La ley exige que estas medidas sean pactadas a través de la negociación colectiva y acordadas con la representación legal de las personas trabajadoras.

Aunque fuera del plazo de doce meses que establecía la ley, que concluyó el 2 de marzo de 2024, finalmente el contenido y alcance de ese 'plan de igualdad LGTBI' se ha aprobado en el Real Decreto 1026/2024, de 8 de octubre, por el que se desarrolla el conjunto planificado de las medidas para la igualdad y no discriminación de las personas LGTBI en las empresas. Esta norma asume, con muy pocas variaciones, el acuerdo que el Gobierno alcanzó con los agentes sociales para desarrollar reglamentariamente un conjunto planificado de medidas para la igualdad y no discriminación de las personas LGTBI+ en las empresas que incluya una batería de medidas para la consecución de este propósito y también un protocolo de actuación para la atención del acoso o la violencia contra las mismas[56].

A su vez, el acuerdo tripartito en el que se sustenta el Reglamento confirma el interés de patronales y sindicatos por el abordaje de la diversidad a través de la negociación colectiva. En este contexto, el V Acuerdo para el Empleo y la Negociación Colectiva[57] incluía en su capítulo XIV, relativo a la "Diversidad LGTBI" que "las organizaciones empresariales y sindicales compartimos la necesidad de fomentar la diversidad de las plantillas, aprovechando el potencial humano, social y económico que supone esta diversidad". Para conseguir este objetivo, acuerdan que los convenios colectivos deben: promover plantillas heterogéneas; crear espacios de trabajo inclusivos y seguros; favorecer la integración y la no discriminación al colectivo LGTBI en los centros de trabajo a través de medidas específicas, de conformidad con lo previsto en el artículo 15.1 de la Ley 4/2023, de 28 de febrero, para la igualdad real y efectiva de las personas trans y para

---

56 Ministerio de Trabajo y Economía Social, "Yolanda Díaz y agentes sociales firman el acuerdo para la igualdad y no discriminación de las personas LGTBI en el ámbito laboral", 26 de junio de 2024. Disponible en: https://acortar.link/tUevLm

57 Resolución de 19 de mayo de 2023, de la Dirección General de Trabajo, por la que se registra y publica el V Acuerdo para el Empleo y la Negociación Colectiva.

la garantía de los derechos de las personas LGTBI; y asegurar que los protocolos de acoso y violencia en el trabajo contemplen la protección de las personas LGTBI en el ámbito laboral".

El Real Decreto 1026/2024 regula el procedimiento de negociación de las medidas planificadas (arts. 4-6), su contenido (arts. 7-9) e incorpora dos anexos que recogen las medidas planificadas que como mínimo deben contemplarse y la estructura y contenido del protocolo ante situaciones de acoso por orientación e identidad sexual y expresión de género. Uno de los elementos clave de este nuevo reglamento es que impone un plazo de tres meses desde el inicio del procedimiento de negociación (que se puede demorar tres o seis meses, en función de si la empresa tiene convenio colectivo y representación legal de los trabajadores) para llevar a cabo la negociación o determinación de las medidas planificadas. Transcurrido ese plazo, las empresas aplicarán el conjunto de medidas establecidas en el real decreto (art. 5 RD 1026/2024).

Esta norma requiere un doble cumplimiento: de un lado, exige lo que denomina "medidas planificadas", que describe como un "conjunto planificado de medidas y recursos para alcanzar la igualdad real y efectiva de las personas LGTBI", remitiendo a la negociación colectiva con la salvaguarda de un listado mínimo; de otro, un protocolo de actuación frente al acoso y la violencia contra las personas LGTBI[58]. La doctrina destaca que se trata de dos obligaciones de notable calado[59].

Respecto a las posibles medidas que se incorporen para la consecución de la igualdad real y efectiva del colectivo, las mismas "tendrán que ser obligatoriamente de tipo programático, de manera que no se apele a personas concretas y habrán de abogar por el fomento de la diversidad en la compañía, por una cultura inclusiva, por la utilización de terminología que no agreda a las personas del colectivo LGTBI, por la formación y sensibilización de la plantilla respecto a las posibles situaciones de acoso por razón de orientación sexual e identidad de género o, en su caso, por permitir que las personas en proceso de reasignación sexual puedan tener derecho a los permisos para la asistencia a la consulta médica"[60].

---

[58] FABREGAT MONFORT, G., "Igualdad y no discriminación LGTBI en las empresas (II)", *Briefs AEDTSS*, nº 84, 2023. Disponible en: https://acortar.link/y68cIC

[59] NIETO ROJAS, P., "El desarrollo de las medidas LGTBI en el RD 1026/2024 ¿Un nuevo contenido negocial?", *El foro de Labos*, 10 de octubre de 2024. Disponible en: https://acortar.link/HZWrwX

[60] *Idem.*

Se plantean como principios informadores: "garantizar la propia identidad o expresión de género en el ámbito laboral; perseguir y sancionar efectivamente las situaciones discriminatorias y de acoso laboral que vulneren los derechos de las personas trans e intersexuales; fomentar la inclusión de cláusulas antidiscriminatorias que protejan la libre autodeterminación de la identidad y expresión de género; considerar la transfobia como riesgo psicosocial y establecer medidas de prevención del acoso laboral por esta causa"[61].

El RD 1026/2024 contempla, "a modo de colchón de seguridad", una serie de acciones concretas si el convenio no atiende este mandato, estructuradas en el Anexo I a través de diversas medidas planificadas: cláusulas de igualdad de trato y no discriminación, acceso al empleo, clasificación y promoción profesional, formación, sensibilización y lenguaje, entornos laborales diversos, seguros e inclusivos, permisos y beneficios sociales, y régimen disciplinario. La doctrina se pregunta en qué medida la negociación colectiva será innovadora en lo que hace a este nuevo contenido paccionado y espera "que no reiteren únicamente los contenidos que, a modo de suelo mínimo, establece el desarrollo reglamentario"[62].

Por su parte, el Anexo II recoge la estructura y contenido del protocolo ante situaciones de acoso por orientación e identidad sexual y expresión de género que, como mínimo, se ajustará a los siguientes apartados: declaración de principios en la que se manifieste el compromiso explícito y firme de no tolerar en el seno de la empresa ningún tipo de práctica discriminatoria; ámbito de aplicación; principios rectores y garantías del procedimiento; procedimiento de actuación; y resolución.

Respecto al procedimiento de negociación de las medidas planificadas, el deber de negociar medidas planificadas se articulará a través de la negociación colectiva de la siguiente forma: a) En los convenios colectivos de ámbito empresarial, las medidas planificadas se negociarán en el marco de aquellos; b) En los convenios colectivos de ámbito superior a la empresa, las medidas planificadas serán negociadas en el marco de dichos convenios, los cuales podrán establecer los términos y condiciones en los que tales medidas se adaptarán en el seno de las empresas; c) Respecto de los convenios colectivos que se encuentren firmados con anterioridad a la entrada en vigor de este real decreto, la comisión negociadora se reunirá

---

61 *Idem.*

62 *Idem.*

para abordar exclusivamente la negociación de las medidas planificadas previstas en el anexo I, en los plazos establecidos en el artículo 5; d) En ausencia de convenio colectivo de aplicación, las empresas que cuenten con representación legal de las personas trabajadoras negociarán las medidas planificadas mediante acuerdos de empresa; e) En las empresas que no cuenten con un convenio colectivo de aplicación y carezcan de la representación legal de las personas trabajadoras, la negociación de estas medidas planificadas se hará de acuerdo con el artículo 6.4 (art. 4 RD 1026/2024).

De esta forma, la legitimación para negociar en convenio colectivo las medidas planificadas será la prevista en el art. 87 ET, con las siguientes precisiones. En las empresas con varios centros de trabajo, negociará el comité intercentros, si existe y tiene establecidas competencias para la negociación. En las empresas que carezcan de convenio colectivo de aplicación y no cuenten con representación legal de las personas trabajadoras, la negociación de las medidas planificadas se llevará a cabo a través de las comisiones negociadoras *ad hoc*. Esta comisión negociadora estará constituida, de un lado, por la representación de la empresa y, de otro lado, por una representación de las personas trabajadoras integrada por los sindicatos más representativos y los sindicatos representativos en el sector al que pertenezca la empresa. La comisión negociadora contará con un máximo de seis miembros por cada una de las partes y la representación sindical se conformará en proporción a la representatividad de cada organización en el sector. Sin perjuicio de lo anterior, la parte social de esta comisión negociadora estará válidamente integrada por aquella organización u organizaciones sindicales que respondan a la convocatoria de la empresa en el plazo de diez días hábiles, ampliables en otros diez días hábiles si ninguna respondiera en el primer periodo. En caso de que no se obtuviera respuesta en ese nuevo plazo, la empresa podrá proceder unilateralmente a la determinación de las medidas planificadas de acuerdo con los contenidos recogidos en el real decreto. Si existen centros de trabajo con representación legal de personas trabajadoras y centros de trabajo sin ella, la parte social de la comisión negociadora estará integrada, por un lado, por los representantes legales de las personas trabajadoras de los centros que cuenten con ella y, por otro, por personas integrantes de la parte social, constituida conforme a los párrafos anteriores de este apartado, en representación de las personas trabajadoras de los centros que no cuenten con ella. En este caso, la comisión negociadora se compondrá de un máximo de trece miembros por cada una de las partes, social y empresarial (art. 6, ap. 1-4, RD 1026/2024).

En todos los supuestos anteriores, las comisiones negociadoras podrán contar con apoyo y asesoramiento externo de personas especializadas en materia de igualdad de las personas LGTBI en el ámbito laboral, quienes intervendrán con voz pero sin voto. Las personas que integran la comisión negociadora así como, en su caso, las personas expertas que la asistan deberán observar en todo momento el deber de sigilo y confidencialidad con respecto a aquella información que les haya sido expresamente comunicada con carácter reservado. En todo caso, ningún tipo de documento entregado por la empresa a la comisión podrá ser utilizado fuera del estricto ámbito de aquella, ni para fines distintos de los que motivaron su entrega. En la negociación de las medidas planificadas deberá garantizarse el respeto a la intimidad de las personas trabajadoras (art. 6, ap. 5-6, RD 1026/2024).

A la doctrina le "llama la atención"[63] que la Ley 4/2023 no modificase el art. 85 ET para incorporar como contenido mínimo de todo convenio estatutario una expresa mención a la obligación de negociar medidas y recursos para alcanzar la igualdad real y efectiva de las personas LGTBI, que incluya un protocolo de actuación para la atención del acoso o la violencia contra las personas LGTBI, de la misma forma que los planes de movilidad sostenible.

En último término y respecto a las consecuencias de su incumplimiento, el RD 1026/2024 no resuelve qué ocurre si no se incorpora en el articulado de los convenios ningún tipo de medidas dirigidas al colectivo LGTBI ya que la LISOS no ha previsto esta situación. Por tanto, la doctrina advierte que "todo lo relativo al cumplimiento del deber se deja en manos de la negociación colectiva y bien es sabido que los sujetos colectivos no quedan incluidos en el ámbito subjetivo de posibles sujetos infractores —art. 2 LISOS—, con lo que, de manera indirecta, al no ser exigible —por no ser sancionable el incumplimiento de la adopción de medidas de igualdad para el colectivo LGTBI en estas pequeñas empresas—, no podría considerarse tal deber como un contenido preceptivo, sino que esta exigencia solo alcanza a las empresas que tengan más de 50 trabajadores, en las cuales, si el convenio colectivo no ha establecido ninguna regulación, deberán implementar las medidas que, a modo de salvaguarda, contemplan los anexos I y II del texto reglamentario"[64].

---

63 *Idem.*

64 *Idem.*

En conclusión, efectivamente no nos encontramos ante un auténtico plan de igualdad en sentido estricto. La doctrina destaca que se trata de un mandato legal "de forma parecida a lo que hace la Ley Orgánica 3/2007, de 22 de marzo", pero "con una redacción legal que no resulta ser demasiado afortunada". Argumentan que "no creen que establezca la obligación de implantar un plan de igualdad para el colectivo LGTBI. Al menos lo que jurídicamente se conoce como un Plan de Igualdad". De esta forma, "un Plan de Igualdad en los términos del art. 45 y 46 LOI exigiría realizar un diagnóstico de la realidad negociado en los términos del art. 46 LOI, lo que es constitucionalmente imposible respecto el colectivo LGTBI. Téngase en cuenta que las referidas ni son cuestiones objetivamente apreciables, como ocurre con el sexo biológico; ni son cuestiones respecto las que las personas trabajadoras puedan ser preguntadas o interrogadas, ni siquiera desde la voluntariedad en la respuesta, por cuanto que forman parte de esas condiciones constitucionalmente protegidas por el derecho a la intimidad, al no ser determinantes para el ejercicio de la prestación laboral"[65].

Por tanto, "si la pertenencia o no al colectivo LGTBI de una persona trabajadora es una cuestión difícilmente apreciable objetivamente y no susceptible de ser preguntada subjetivamente por la protección que le confiere el derecho a la intimidad, la empresa no podrá hacer un diagnóstico. Donde el diagnóstico ha demostrado que hay discriminación, debe adoptarse una medida para erradicarla. En este caso, si no puede haber diagnóstico, no puede haber Plan de Igualdad *stricto sensu* para con el colectivo LGTBI. Ni obviamente, por supuesto, utilizar el que exista en la empresa para garantizar la igualdad de mujeres y hombres y añadirle algunas medidas aisladas y complementarias para con el colectivo LGTBI"[66].

Por su parte, UGT coincide en que los planes LGTBI no precisan de un diagnóstico previo para su realización, ni en los términos en los que se realizan los diagnósticos en materia de igualdad en las empresas ni en otros similares o distintos porque "se incurriría en una vulneración flagrante del derecho a la intimidad y privacidad de las personas", ya que un diagnóstico, "usado de marea errónea, en lugar de promover la inclusión, podría generar desconfianza y señalamiento de personas que no tienen por qué ser identificadas por su orientación sexual o identidad de género". El término *diagnóstico*, además, al aplicarse a cuestiones LGTBI, "puede conlle-

---

65 FABREGAT MONFORT, G., "Igualdad y no discriminación LGTBI en las empresas", *Briefs AEDTSS*, nº 41, 2023. Disponible en: https://acortar.link/GWK6hT

66 *Idem.*

var una connotación negativa, como si estas realidades fueran problemas a resolver. Esto va en contra del propio espíritu de la normativa, que busca precisamente desestigmatizar y normalizar la diversidad LGTBI"[67].

En su lugar, UGT propone implementar una dinámica de evaluación del contexto empresarial. Para que una organización pueda implantar correctamente las medidas que se hayan pactado en su convenio de aplicación, es fundamental que antes evalúe desde donde parte, es decir, en qué medida está ya integrada la diversidad en sus políticas y cultura empresarial. En una guía especializada proponen diversos métodos reconocidos para valorar si la empresa es un entorno donde la diversidad está integrada completamente, como Corporate Equality Index (CEI) o Stonewall Workplace Equality Index. El método Igualia parte de una evaluación previa que se estructura en tres fases interrelacionadas: la evaluación de la heteronormatividad en la empresa, la evaluación del riesgo de discriminación potencial y el cálculo del índice de integración. Así, resulta imprescindible analizar la incidencia de la LGTBIfobia en el sector específico donde opera la empresa. Esta evaluación permite identificar la problemática y las necesidades particulares de las personas LGTBI en dicho sector, orientando así la elaboración de medidas y acciones específicas dentro del Plan de Acción LGTBI[68]. A su vez, la empresa puede establecer sistemas de gestión como la ISO 30415:2021 (diversidad e inclusión) o el más específico Sello SGI DS-20 (Sistemas de Gestión Igualdad y Diversidad de SGI STANDARDS). De forma adicional a lo previsto en el RD 1026/2024, UGT propone implementar protocolos de acompañamiento a personas trans en el trabajo[69].

Por lo pronto, de un análisis de la presencia del colectivo LGTBI en la negociación colectiva se concluye la progresiva incorporación convencional del hecho diferencial LGTBI en las causas de discriminación, aunque sea a través de la cláusula genérica antidiscriminatoria, que la diversidad está calando más en los recursos humanos que en la negociación colectiva, y que ya se regulan, aunque con una intensidad dispar, algunas condiciones laborales con un enfoque LGTBI en la negociación colectiva (acceso al empleo, ascensos y promoción profesional, clasificación profesional, retri-

---

67 ABAD GARCÍA, A. J. (Coord.), *Planes LGTBI en las empresas. Guía de recomendaciones para la negociación,* Madrid, UGT, 2025, p. 79. Disponible en: https://acortar.link/oTeVUj

68 *Ibidem,* pp. 80-86.

69 *Ibidem,* p. 123 y ss.

bución, formación, seguridad y salud laboral, licencias y permisos, régimen disciplinario y acoso)[70].

En último término, es importante destacar la visibilidad como elemento edificador de un lugar protector. Fomentar que las personas LGTBI se expresen libre y públicamente es, en sí mismo, una forma de crear un ambiente de trabajo seguro. No reconocer la diversidad dentro de la empresa por identidad u orientación sexual puede llevar a generar situaciones que faciliten la generación y pervivencia de riesgos profesionales, fundamentalmente de carácter psicológico[71]. Ignorar esta realidad en la evaluación y valoración de los riesgos laborales puede dar lugar a conductas discriminatorias en la medida en la que se olvidan factores de riesgo psicosocial que son constitutivos de su propia existencia como son, entre otros, las relaciones personales en el trabajo, la interacción vida personal-trabajo y la cultura de organización[72].

4. CONCLUSIONES

Comenzábamos este capítulo recordando las señas de identidad del nuevo sindicalismo en el que pensaba el profesor Mercader hace dos décadas: "el trabajador es también consumidor, con una enorme sensibilidad hacia los problemas ecológicos, urbanos y vecinales, y puede pertenecer a una minoría con problemas sociales y laborales específicos". Las iniciativas de representación y negociación colectiva analizadas en este trabajo así lo confirman.

Salvo el delegado de medio ambiente que tiene más recorrido, estas propuestas son muy recientes y se encuentran en fase de implementación o todavía no están definitivamente aprobadas, como la ley de movilidad sostenible. Por tanto, habrá que darles tiempo para asentarse y poder estudiar cómo se establecen finalmente, qué logros obtienen y qué necesidades de

---

70 MORALES ORTEGA, J. M., "La presencia del colectivo LGTBI en la negociación colectiva", en MORALES ORTEGA, J. M. (Coord.): *Realidad social y discriminación: Estudios sobre diversidad e inclusión laboral*, Murcia, Laborum, 2022, pp. 91-130.

71 AGUILAR DEL CASTILLO, M. C., "La invisibilidad de la diversidad del colectivo LGTBI como factor de riesgo laboral", en MORALES ORTEGA, J. M. (Coord.): *Realidad social y discriminación: Estudios sobre diversidad e inclusión laboral*, Murcia, Laborum, 2022, p. 166.

72 *Ibidem*, p. 168.

mejora surgen progresivamente. Los interrogantes nos sitúan en un escenario donde la futura jurisprudencia podrá aportar claridad.

En último lugar, es importante destacar el papel que tendrán en el futuro los actores sociales de carácter sectorial, los movimientos sociales, tanto el ecologismo como el movimiento LGTBI. Las novedades analizadas en este capítulo son, precisamente, el fruto de sus reivindicaciones. Ya apuntaba el profesor Mercader que "la convergencia estratégica del sindicalismo de clase con los nuevos movimientos sociales y el asociacionismo activo de carácter no gubernamental abren nuevos caminos para la defensa de espacios desmercantilizados. Esta situación exige, en la medida en que por una y otras organizaciones se comparten metas comunes, tender a constituir unas relaciones de cooperación entre ellas que no estén basadas en la rivalidad sino en la complementariedad. En otras palabras, la época del monopolio de la exclusividad de los sujetos, políticos y sindicales, que deben protagonizar las reformas sociales ha ido dando paso a otra distinta motivada por la mayor complejidad de la sociedad y la globalización de los procesos sociales y económicos"[73].

En definitiva, está claro que el nuevo sindicalismo se ha teñido de verde y de arcoiris.

Bibliografía

ABAD GARCÍA, A. J. (Coord.), *Planes LGTBI en las empresas. Guía de recomendaciones para la negociación*, Madrid, UGT, 2025. Disponible en: https://acortar.link/oTeVUj

AGUILAR DEL CASTILLO, M. C., "La invisibilidad de la diversidad del colectivo LGTBI como factor de riesgo laboral", en MORALES ORTEGA, J. M. (Coord.): *Realidad social y discriminación: Estudios sobre diversidad e inclusión laboral*, Murcia, Laborum, 2022, pp. 159-184.

ÁLVAREZ CUESTA, H., "La lucha contra el cambio climático y en aras de una transición justa: doble objetivo para unas competencias representativas multinivel", *Revista de Trabajo y Seguridad Social. CEF*, nº 469, 2022, pp. 89-120.

BAYLOS GRAU, A., "Salud laboral y medio ambiente: transiciones y continuidades. Sobre la modificación de la constitución italiana y limites a la iniciativa económica privada", *Blog Según Antonio Baylos*, 28 de abril de 2022. Disponible en: https://acortar.link/qcvfNv

CANALDA CRIADO, S., "La representación de los intereses de los trabajadores en materia medioambiental: la creación convencional de los 'delegados medioambientales'", en VV.AA.: *Estatuto de trabajadores, 40 años después: XXX Congreso Anual*

---

[73] MERCADER UGUINA, J. R., *Derecho del trabajo, nuevas tecnologías…, op. cit.*, pp. 222-223.

de la Asociación Española de Derecho del Trabajo y de la Seguridad Social. Comunicaciones. Granada, 26 y 27 de noviembre de 2020, Madrid, Ministerio de Trabajo y Economía Social, 2020, pp. 1.430-1.447.

CHACARTEGUI JÁVEGA, C., "Sostenibilidad y trabajo decente: el papel de los agentes sociales", *Documentación Laboral,* nº 128, 2023, pp. 51-68.

ESCRIBANO GUTIÉRREZ, J., "Derechos de los trabajadores ante las órdenes empresariales medioambientalmente injustas", *Revista de Derecho Social,* nº 78, 2017, pp. 43-72.

ESCRIBANO GUTIÉRREZ, J., "Diálogo social y nuevo pacto verde: la libertad de empresa como límite", *Revista de Derecho Social,* nº 98, 2022, pp. 195-222.

ESCRIBANO GUTIÉRREZ, J., "Conflicto laboral y conflicto medioambiental: posibles confluencias", *Documentación Laboral,* nº 128, 2023, pp. 35-49.

FABREGAT MONFORT, G., "Igualdad y no discriminación LGTBI en las empresas", *Briefs AEDTSS,* nº 41, 2023. Disponible en: https://acortar.link/GWK6hT

FABREGAT MONFORT, G., "Igualdad y no discriminación LGTBI en las empresas (II)", *Briefs AEDTSS,* nº 84, 2023. Disponible en: https://acortar.link/y68cIC

FERNÁNDEZ, C., ROMAY, J., RODRÍGUEZ, M., SABUCEDO, J. M., "Redes sociales y marcos de acción colectiva", *Sociológica,* nº 4, 2001, pp. 37-58.

GAMSON, W. A., *Talking Politics,* Cambridge, Cambridge University Press, 1992.

GARRIGUES GIMÉNEZ, A., "La negociación colectiva en materia medioambiental: amenazas y fortalezas", En RIVAS VALLEJO, M. P. (Dir.): *Aspectos medioambientales de las relaciones laborales. Participación, salud laboral y empleo,* Murcia, Laborum, 2013, pp. 155-177.

MANEIRO HERVELLA, V., *Los conflictos colectivos del trabajo frente al cambio tecnológico y social,* tesis doctoral, Universidad Carlos III de Madrid, 2024. Disponible en: https://hdl.handle.net/10016/45163

MERCADER UGUINA, J. R., *Derecho del trabajo, nuevas tecnologías y sociedad de la información,* Valladolid, Lex Nova, 2002.

MIÑANO YANINI, M., "La proyección de la emergencia climática y la transición ecológica en el ámbito laboral", *Documentación Laboral,* nº 128, 2023, pp. 69-81.

MIÑARRO YANINI, M., "El nuevo permiso por riesgo catastrófico o fenómenos climáticos adversos", *Briefs AEDTSS,* 5 de diciembre de 2024. Disponible en: https://acortar.link/ZstzdP

MORALES ORTEGA, J. M., "La presencia del colectivo LGTBI en la negociación colectiva", en MORALES ORTEGA, J. M. (Coord.): *Realidad social y discriminación: Estudios sobre diversidad e inclusión laboral,* Murcia, Laborum, 2022, pp. 91-130.

NIETO ROJAS, P., "El desarrollo de las medidas LGTBI en el RD 1026/2024 ¿Un nuevo contenido negocial?", *El foro de Labos,* 10 de octubre de 2024. Disponible en: https://acortar.link/HZWrwX

NIETO ROJAS, P., *Obligaciones empresariales respecto al colectivo LGTBI,* Las Rozas, Aranzadi, 2025.

TARROW, S., *El poder en movimiento. Los movimientos sociales, la acción colectiva y la política,* Madrid, Alianza, 1997.

VILA TIERNO, F., "¿Pueden las empresas sancionar o descontar salarios por las ausencias durante la DANA?", *Briefs AEDTSS,* 20 de noviembre de 2024. Disponible en: https://acortar.link/VfpSfn

La contribución del Derecho del Trabajo a una gobernanza democrática de la "nueva" economía

MARAVILLAS ESPÍN SÁEZ
Prof. Contratada Doctora Universidad Autónoma de Madrid
https://orcid.org/0000-0001-7140-8482

"Los problemas de la democracia se resuelven con más democracia" Willy Brandt
"Quien mejora las relaciones laborales está regenerando la política porque mejora las condiciones sobre las que se apoya y construye la sociedad democrática" Daniel Innerarity

1. NUEVOS ESCENARIOS: MÁS DEMOCRACIA

Conocí al Profesor Mercader cuando yo cursaba mi penúltimo año de licenciatura. Tuve la suerte de que dirigiera mi trabajo de investigación del Curso Especial de Derecho del Trabajo y de la Seguridad Social a cargo de nuestro maestro Luis Enrique de la Villa Gil.

Los mecanismos de solución extrajudicial de conflictos se convirtieron en mi primer objeto de investigación y Jesús en mi primer guía para asentar los presupuestos de esta tarea: rigor y honestidad. Recuerdo que disfruté de nuestras conversaciones; que aprendí escuchando y explicando; redibujando el trabajo para hacerlo mejor. Con el tiempo he comprobado cómo los mecanismos de solución extrajudicial, basados en el diálogo, en la cooperación y en la negociación, resultan ser instrumentos civilizatorios y democratizadores de las relaciones laborales.

Aquella primera vez me despierta el recuerdo de otras conversaciones, con la confianza y el mayor de los respetos hacia una persona extremadamente inteligente y generosa. Desde entonces, siempre ha estado presente: en los viajes a Cantabria para acompañar o para acompañarle; en los encuentros en Comillas; en las reuniones de proyecto con los compañeros y compañeras de la Carlos III y de otras universidades españolas; presente en las mejores fotos de mi vida profesional; al cabo del teléfono cada vez que, prudentemente, he decidido robarle un tiempo que sé que ordena al máximo.

Siempre ha sido parte de mis lecturas, con ese don para visitar otras disciplinas y hacerlas propias; una aventura de la que a mí también me gusta disfrutar para salir de los caminos trazados y buscar alternativas. De él admiro su rigor, su extenso y profundo conocimiento jurídico y más allá; su templanza y cómo valora la amistad.

En un momento en el que el ruido hace tambalear la imagen de la democracia, es importante centrarnos en el acervo democrático construido y en su potencial para adaptarse a los cambios. El Derecho del Trabajo ha participado y contribuido a la consecución de ese patrimonio, por ese motivo escojo ahora una de las aportaciones recientes del Profesor Mercader a esta materia: "Hacia una democracia digital en la empresa"[1], como punto de partida del presente capítulo.

En su trabajo el Profesor Mercader señala cómo el nuevo modelo tecnológico que se está instalando en el tejido productivo, con sus rasgos de marcada celeridad y exigencia de adaptación constante, puede dar lugar a una "crisis de las fórmulas clásicas de acción colectiva, asentadas en modelos empresariales fundados en bases económicas y productivas bien distintas"[2]. Ello le lleva a proponer una gobernanza de la nueva economía digital basada en la participación real y efectiva de los trabajadores y la de sus representantes en la transformación. De ahí que aporte una revisión crítica sobre las funciones y disfunciones del modelo de representación para afrontar la transición, así como la obsolescencia del centro de trabajo

---

1 *MERCADER UGUINA*, J. R. «Hacia una democracia digital en la empresa». *LABOS Revista de Derecho Del Trabajo y Protección Social*, Volumen 4, nº 2 (2023), pp. 4-21. https://doi.org/10.20318/labos.2023.7938.

2 *MERCADER UGUINA*, J. R. «Hacia una democracia… *op. cit.* p. 5

como eje de actuación representativa en la era del trabajo virtual. Igualmente, examina otros elementos adicionales para afrontar esta imprescindible reflexión en torno a la democracia en la nueva economía, tales como el espacio del voto electrónico en las elecciones sindicales o los derechos de información y consulta y el robustecimiento del principio de transparencia informativa.

Sin duda, el Profesor Mercader pone el foco en elementos clave en la evolución de la democracia en la empresa. Una acción imprescindible para recorrer un momento histórico en el que el escepticismo se levanta como la niebla en torno a las instituciones democráticas, más necesarias que en décadas.

El sistema laboral español ha madurado como modelo democrático sobre la base del pluralismo que se expresa a través de organizaciones necesariamente democráticas como los partidos políticos, los sindicatos de trabajadores y las asociaciones empresariales, de acuerdo con los artículos 6 y 7 de nuestra Constitución.

En este sentido, y echando la mirada atrás sobre aquél primer trabajo de investigación en torno a los nuevos medios de solución extrajudicial de conflictos colectivos y a la vista de su trayectoria, esta madurez se muestra claramente en el texto del VI Acuerdo sobre Solución Autónoma de Conflictos Laborales (VI ASAC) firmado el 26 de noviembre de 2020, al posicionar el diálogo social como "elemento nuclear en el proceso de consolidación y desarrollo de nuestro Estado Social y Democrático de Derecho y de construcción de nuestro sistema de relaciones laborales, en el que la negociación colectiva ocupa un lugar preeminente".

En palabras de los propios interlocutores sociales, protagonistas de este acuerdo, al hacer un balance de los últimos veinticinco años se pone en evidencia "la mejora de los contenidos de los convenios colectivos y, por ende, de los derechos de las personas trabajadoras, y en la competitividad y productividad de las empresas. También ha contribuido a mejorar la comunicación y el encuentro entre las partes, abordando la resolución de las discrepancias mediante la negociación y el acuerdo, reduciendo el nivel de conflictividad, como alternativa a la judicialización de nuestro sistema de relaciones laborales"[3].

---

[3] Así se recoge en el preámbulo del Acuerdo, registrado y publicado por la Resolución de 10 de diciembre de 2020, de la Dirección General de Trabajo. https://www.boe.es/buscar/doc.php?id=BOE-A-2020-16881

Considero muy relevante que esta evolución y fortalecimiento del modelo democrático de relaciones laborales en nuestro país no pase desapercibida. Es una evolución enraizada en el diálogo y fuente de las reformas más recientes, que sin duda fortalecen la salud del propio sistema. Estamos ante una de las principales vacunas frente a los "nuevos" autoritarismos o los perniciosos fenómenos de *corporativización* de los gobiernos democráticos. Se trata de una expresión significativa del valor de la gobernanza participativa de nuestra realidad social y económica, pues tal y como señala el propio Profesor Mercader "el concepto de lo democrático es un ideal poderoso que posee una elevada carga simbólica. Hablar de democracia digital sugiere un universo de ideas y realidades que deben ser afrontadas para hacer efectivo el ideal igualitario subyacente a la idea de gobierno participativo"[4].

A lo largo de las próximas páginas reflexionaré sobre algunas de estas cuestiones dentro de ese "universo de ideas y realidades" que ya están apareciendo de manera más o menos velada en normas e informes, así como en el debate doctrinal. Hay motivos para ello.

2. LAS TRANSICIONES ECOLÓGICA Y DIGITAL COMO RETO Y MOTOR DE LA DEMOCRACIA EN LA EMPRESA

Instrumentos estratégicos de progreso como la Agenda 2030 y los Objetivos de Desarrollo Sostenible; el Pilar Europeo de Derechos Sociales o el Pacto Verde Europeo, entre otros, han balizado la ruta para incorporar el término "transición" acompañando a las expresiones "digital" y "ecológica". Ello supone que estamos avanzando desde el estado de perplejidad y parálisis que han generado la revolución tecnológica, la intensificación del cambio climático y las crisis sanitarias como la del COVID-19, hacia la acción. El objetivo es transitar de un modo de ser o estar a otro distinto, con todas sus imprecisiones e incertidumbres. En este contexto, el cambio acelerado se ha convertido en un factor crónico con el que contar en todo análisis económico, político y social.

Como señalaba, una buena muestra de todo ello es el *Plan de Acción del Pilar Europeo de Derechos Sociales*[5]; la contribución de la Comisión Europea

---

4 MERCADER UGUINA, J. R. «Hacia una democracia... *op. cit.* p. 5.

5 https://op.europa.eu/webpub/empl/european-pillar-of-social-rights/es/ (consulta 17.01.2025)

para convertir los principios en acciones concretas en beneficio de la ciudadanía. Esta aportación se define como compromiso compartido de las instituciones de la UE, las autoridades nacionales, regionales y locales, los interlocutores sociales y la sociedad civil. Se apunta al fortalecimiento del diálogo social, a su vertebración territorial desde lo local hacia el ámbito europeo y al diálogo entre diálogos —social y de la sociedad civil— para avanzar.

Este Plan de Acción se ve acompañado por el apoyo del marco financiero plurianual (MFP) 2021-2027 y Next Generation EU, herramientas dirigidas a alimentar económicamente la puesta en marcha de todos estos objetivos. Su implementación se está llevando a cabo en el marco del Mecanismo de Recuperación y Resiliencia (MRR)[6], a través de las acciones estratégicas y reformas ejecutadas por los Estados miembros, en su papel de "Estado Emprendedor"[7], aterrizando en todas sus regiones y permeando en sus ámbitos locales.

En el caso español, esta acción estratégica se está poniendo en marcha desde su aprobación en abril de 2021 a través del Plan de Recuperación, Transformación y Resiliencia[8].

---

6 https://commission.europa.eu/strategy-and-policy/recovery-plan-europe_es (consulta 17.01.2025)

7 La autora MAZZUCATO, M., en su obra *El estado emprendedor: mitos del sector público frente al privado.* RBA. Taurus. Barcelona, 2019, aporta una nueva e importante visión del Estado con un papel inversor e impulsor del cambio. Se trata de un modelo latente en el diseño del marco financiero plurianual que se está implementando en la actualidad, incluidos los fondos Next Generation EU.

8 https://planderecuperacion.gob.es/plan-espanol-de-recuperacion-transformacion-y-resiliencia (consulta 17.01.2025). Los cuatro ejes transversales del Plan — transición ecológica, transformación digital, cohesión territorial y social e igualdad de género— focalizan las 10 políticas palanca y los 31 componentes que articulan los proyectos y reformas dirigidos al cambio. Especial impacto sobre nuestra disciplina la VIII Política Palanca —Nueva economía de los cuidados y políticas de empleo— en el que se insertan los Componentes 22 —Plan de choque para la economía de los cuidados y refuerzo de las políticas de inclusión— y 23 —Nuevas políticas públicas para un mercado de trabajo dinámico, resiliente e inclusivo- (https://planderecuperacion.gob.es/politicas-y-componentes). Es en el marco del Componente 23 en el que encontramos las reformas comprometidas y ejecutadas para mejorar las condiciones de trabajo de nuestro mercado (trabajo a distancia, brecha de género, trabajo de los repartidores a domicilio en plataformas digitales; simplificación de contratos y generalización del contrato indefinido, modernización de políticas activas de empleo, etc. https://planderecuperacion.gob.es/politicas_y_componentes/componente-23-nuevas-politicas-publicas-para-

El Plan proyecta sobre la realidad y necesidades de nuestro país los objetivos del MRR, fijando cuatro ejes transversales que han de estar presentes en todas y cada una de las acciones, reformas y políticas públicas financiadas con cargo al mismo: la transición ecológica, la transformación digital, la cohesión territorial y social y la igualdad de género. Se observa, por tanto, cómo la canalización de estos fondos sigue una dirección: la adaptación a los cambios de forma coherente con unos principios comunes de paz social e igualdad, que han marcado el relato de la normativa internacional y europea de las últimas décadas.

Elementos centrales de este relato son el diálogo social y la participación de las personas trabajadoras como garantía de que estas transformaciones, estas transiciones, sean también justas e inclusivas[9]. En consecuencia, el fortalecimiento de la democracia en la empresa está en la base de unas transiciones ecológica y digital fundadas en la equidad. Así lo recoge con contundencia la Resolución de la OIT sobre el desarrollo sostenible, el trabajo decente y los empleos verdes, adoptada por la Conferencia General en su 102ª reunión e 19 de junio de 2013 al señalar que «el desarrollo sostenible sólo es posible con la participación activa del mundo del trabajo»[10].

---

un-mercado-de-trabajo-dinamico-resiliente-e-inclusivo) Todos estos instrumentos engarzan con los objetivos marcados por el citado *Plan de Acción del Pilar Europeo de Derechos Sociales.*

9 *El Pilar Europeo de Derechos sociales* (Resolución del Parlamento Europeo, de 19 de enero de 2017, sobre un pilar europeo de derechos sociales [2016/2095 (INI)] recoge 20 principios que marcan el objetivo de dibujar la identidad de una Europa "social fuerte, justa, inclusiva y llena de oportunidades". El principio 8 —Diálogo social y participación de los trabajadores-forma parte del Capítulo II, Condiciones de —trabajo justas. En este aspecto destacan las aportaciones de IONITA, L. «El Pilar Europeo de Derechos Sociales: brújula para transiciones justas hacia una Europa Social más fuerte». *Trabajo y Derecho,* 2021 (https://laleydigital.laleynext.es/Content/Documento.aspx?params=H4sIAAAAAAAEAMtMSbF1CTEAAmMjC0tjI7Wy1KLizPw827DM9NS8klQAX-hEyCAAAAA=WKE#tDT0000328932_NOTA5. (consulta 19.01.2025); MONEREO PÉREZ, J. L. «Pilar Europeo de Derechos Sociales y sistemas de Seguridad Social». *LEX SOCIAL: Revista jurídica de los derechos sociales,* 2018, p. 280; o ROJO TORRECILLA, E. «La construcción del Pilar Europeo de Derechos Sociales. De la Propuesta Juncker (9.9.2015) a la Recomendación de la Comisión Europea (26.4.2017) ¿Más Europa social o reordenación del marco normativo vigente?» *Revista Galega de Dereito Social,* 2017, p. 25.

10 https://www.ilo.org/es/resource/record-proceedings/ilc/102/resolucion-sobre-el-desarrollo-sostenible-el-trabajo-decente-y-los-empleos (consulta: 17.01.2025). *Vid.* Organización Internacional del Trabajo. *Directrices de política para una transición justa hacia economías y sociedades ambientalmente sostenibles para todos.* Suiza, 2015.

Cierto es que originariamente, la transición justa se ha predicado respecto de la transición ecológica[11]. No obstante, considero importante ampliar su aplicación a la transición digital, al perseguir el mismo efecto de justicia sobre toda la ciudadanía.

Por tanto, el término "transición" nos sitúa en la acción. Esta acción está dirigida a afrontar el reto que suponen las transformaciones, en especial la digital y tecnológica, así como el reto que imponen los efectos no neutralizados del cambio climático. Ambas transiciones, la digital y la ecológica o verde, se cualifican en el contexto político internacional, europeo y español, con el adjetivo "justas", en cuya sustanciación opera un rol protagonista el diálogo social y la participación de las personas trabajadoras en la actividad económica. Es ésta una realidad multinivel que exige fortalecer e innovar las expresiones de la democracia en la empresa.

3. EL VÍNCULO ENTRE LA SOSTENIBILIDAD SOCIAL Y LA EFICIENCIA ECONÓMICA

La economía actual, global e interconectada, se mueve sobre un sustrato democrático asimétrico. Es aquí donde encontramos una de las mayores dificultades para una gestión justa y democrática del cambio. Sin embargo, tenemos la certidumbre de que no partimos de cero en el reconocimiento de derechos civiles, políticos, jurídicos, sociales y económicos, ni en la identificación de los grandes agentes e instrumentos de concertación y participación para afrontar estas transiciones desde la empresa[12].

En este sentido, el siglo XX fue testigo de un avance relevante de la democracia industrial en Europa[13]. Así, en varios países europeos existen

---

11 Sobre esta cuestión son referentes las obras de ÁLVAREZ CUESTA, H. «La lucha contra el cambio climático y en aras de una transición justa: doble objetivo para unas competencias representativas multinivel.» *Revista de Trabajo y Seguridad Social, CEF*, nº 469, 2022, p. 92 y de MIÑARRO YANINI, M, ed. *Cambio climático y derecho social: claves para una transición ecológica justa e inclusiva.* Primera edición. Jaén (España): Editorial Universidad de Jaén, 2021, p. 43.

12 Como ya he señalado, el número 8 de los Objetivos de Desarrollo Sostenible, junto al octavo pilar europeo de derechos sociales, o los arts. 12, 27 y 28 de la Carta de los Derechos Fundamentales de la Unión Europea, lo recogen de manera expresa.

13 BOUFFARTIGUE, P. « Alexis Cukier, Le Travail démocratique, Paris, PUF, coll. "Actuel Marx Confrontation", 2017, 241» *La Nouvelle Revue du Travail*, nº 13 (2 de

instancias de representación del trabajo en la toma de decisiones dentro de las empresas, siempre a partir de determinado tamaño[14], con participación principal de las representaciones sindicales. En este marco se encuentra el sistema de codecisión alemán (*Mit-Bestimmung*) o el modelo escandinavo establecido por la Ley de Codeterminación sueca de 1976, pero también los Comités de Empresa o los Comités de Vigilancia, además del deber de información y consulta de parte de la dirección de la empresa[15].

El primer cuarto del siglo XXI transita hacia los conceptos de democracia en el trabajo y democracia en la empresa.

En particular, *la resolución del Parlamento Europeo, de 16 de diciembre de 2021, sobre la democracia en el trabajo: un marco europeo para los derechos de participación de los trabajadores y revisión de la Directiva sobre el comité de empresa europeo* (2021/2005 (INI))[16] supuso un impulso importante, propiciado en buena medida por las consecuencias de la pandemia de COVID-19. La resolución sitúa la democracia en general y la democracia en el trabajo en particular como valores superiores de la Unión Europea. Asimismo, considera la cooperación social y la negociación colectiva entre la representación de los trabajadores y de los empresarios a nivel nacional y el diálogo social a nivel de la Unión como señas de identidad del modelo social europeo. También se reconocen como parte de esta identidad la representación de los empleados en los consejos de administración, la representación en materia de salud y seguridad, así como el tripartismo. Igualmente, se parte de una concepción del trabajo como una actividad fundamental y vertebradora de la sociedad, que proporciona tanto el medio de vida como de desarrollo individual y de socialización. Del mismo modo, la resolución reconoce la asimetría de poderes entre empresario y trabajador y residencia en la capacidad de negociación y en el fortalecimiento de la democracia en el trabajo la garantía para equilibrar esa desigualdad.

---

julio de 2018). https://doi.org/10.4000/nrt.4327.

14 Medida que genera incertidumbres ante el desarrollo de microempresas que dan lugar a nuevas dinámicas en el mercado con impacto en las relaciones laborales y en el papel a desempeñar por la representación de las personas trabajadoras.

15 Sobre estos modelos *vid.* OJEDA AVILÉS, A. «La representación unitaria: el "faux ami"». *Revista del Ministerio de Trabajo y Asuntos Sociales. Revista del Ministerio de* Trabajo *e Inmigración,* 2005, p. 347. También BAYLOS GRAU, A, y J. L. LÓPEZ BULLA. «Sobre el actual modelo de representación», *Revista de Derecho Social,* 2003., p. 231.

16 https://www.europarl.europa.eu/doceo/document/TA-9-2021-0508_ES.pdf (consulta: 19.01.2025)

Junto a estos presupuestos, la resolución sitúa la participación de la representación de las personas trabajadoras y la representación sindical en los procesos de diligencia debida de las empresas, como expresión de la democracia en el trabajo; un instrumento que irradia de manera expansiva más democracia en el trabajo. De este modo, la debida diligencia y la mayor transparencia se manifiestan como promotores de este rasgo del modelo social europeo, como parte de una "gobernanza sostenible"[17]. La debida diligencia se convierte en un vehículo de participación de las personas trabajadoras y de su representación, que puede trascender las fronteras europeas para expandir este modelo en regiones con democracias menos desarrolladas, también en el trabajo.

De otra parte, durante la Presidencia española del Consejo de la Unión Europea se propició un avance contundente en este proceso de construcción e identificación del modelo social europeo. La aprobación por el Consejo de las ministras y ministros de trabajo europeos del documento de *Conclusiones del Consejo sobre una mayor democracia en el trabajo y una negociación colectiva verde para un trabajo digno y un crecimiento sostenible e integrador*, en diciembre de 2023[18]. En esta histórica declaración se consolida la democracia en el trabajo como rasgo que distingue al modelo social europeo; una democracia que ya está presente en la Unión y sus Estados miembros a través de diferentes expresiones, desde la progresiva defensa de los derechos de información y consulta de los trabajadores, a la negociación colectiva, el diálogo social o la participación de las personas trabajadoras en los órganos de administración, de dirección y de control de las empresas. Esta perspectiva no sólo pone el acento en la caracterización social del modelo europeo sino en el estrecho vínculo que une a este rasgo social con la eficiencia económica que define la Unión como una economía social de mercado, competitiva e integradora.

El impulso de este pronunciamiento colectivo por el Gobierno español durante la Presidencia del Consejo[19] encuentra un sólido fundamento en

---

17 *Vid. Dictamen del Comité Económico y Social Europeo sobre la «Democracia en el trabajo»* (2023/C 228/06. https://eur-lex.europa.eu/legal-content/ES/TXT/PDF/?uri=CELEX:52022AE5648 (consulta: 24.03.2025)

18 https://data.consilium.europa.eu/doc/document/ST-15162-2023-INIT/es/pdf (consulta: 19.01.2025)

19 Como destaca RODRÍGUEZ ALBA, C. "Las prioridades del Consejo EPSCO de la Presidencia Española del Consejo en el ámbito del empleo". *Revista Actualidad Internacional sociolaboral*, julio de 2023, p. 6. "La democracia en el trabajo significa derechos reales y efectivos en el trabajo y para las personas trabajadoras; de parti-

el valor que se reconoce al art. 129.2 de nuestra CE; un precepto cargado de potencial al encomendar a los poderes públicos que promuevan «eficazmente las diversas formas de participación en la empresa y fomentarán mediante una legislación adecuada, las sociedades cooperativas. También establecerán los medios que faciliten el acceso de los trabajadores a la propiedad de los medios de producción».

Así, desde el Gobierno de España se apuesta por dar cumplimiento al menos a dos de los tres mandatos. El primero, promover eficazmente diversas formas de participación en la empresa. Así se recoge en el *Acuerdo de Coalición Sumar-PSOE* (2023), en su segundo punto «Más y mejores empleos, con más derechos y mejores salarios». En él se subraya el marco del diálogo social tripartito como sede de la elaboración de las medidas laborales contenidas en el propio acuerdo[20].

Del mismo modo, se está dando cumplimiento al segundo mandato: fomentar una legislación adecuada para las cooperativas, a través de las medidas de modernización, adecuación y remoción de obstáculos contenida en el *Proyecto de Ley Integral de Economía Social*, actualmente en tramitación en el Congreso de los Diputados[21].

Quedaría pendiente, al menos de manera parcial, dar cumplimiento al tercer mandato contenido en el art. 129.2 CE: facilitar el acceso de los trabajadores a la propiedad de los medios de producción. Se trata de otra fórmula de participación que puede expresarse a través de la adquisición de acciones o participaciones de la empresa por parte de las personas trabajadoras que conforman sus plantillas; adquisición que incluye los derechos políticos de participación en la toma de decisiones por los órganos de

---

cipación e información transparente; de dialogo e integración en la organización, recursos y gestión de la empresa; y por último, la acción colectiva y capacidad representativa real y efectiva, e incluso el recurso legítimo a los medios de conflicto".

20 Texto completo disponible en https://www.eldiario.es/politica/documento-lee-integro-acuerdo-psoe-sumar-reeditar-coalicion_1_10624537.html (consulta: 20.01.2025). De manera expresa se recoge que «En línea con el artículo 129 de la Constitución y en el marco del diálogo social, impulsaremos una participación más eficaz de las trabajadoras y trabajadores en el ámbito de sus respectivas empresas».

21 https://www.congreso.es/es/busqueda-de-iniciativas?p_p_id=iniciativas&p_p_lifecycle=0&p_p_state=normal&p_p_mode=view&_iniciativas_mode=mostrarDetalle&_iniciativas_legislatura=XV&_iniciativas_id=121/000036

gobierno de las empresas mercantiles de corte capitalista[22]. Hasta el momento, no es posible identificar políticas públicas de carácter estatal que fomenten este tipo de adquisiciones por las personas trabajadoras como vía de impulso de su participación en la empresa[23].

Otra senda abierta para el cumplimiento de este mandato es la promoción de mecanismos de transición de empresas de capital a empresas de economía social como cooperativas o sociedades laborales a través de la compra de los medios de producción. Son instrumentos de regeneración del tejido productivo y de mantenimiento del empleo que colocan a las personas trabajadoras en la posición de socio, con derechos y deberes de participación en la gestión y en la adopción de decisiones de estas empresas (socios trabajadores, socios y trabajadores). En este último aspecto sí es posible afirmar la existencia de políticas de apoyo a estas transiciones desde los años 70 del siglo XX, con especial intensidad en periodos de cri-

---

22 *Vid.* CORDERO GORDILLO, V., "El estatuto jurídico del socio trabajador desde la perspectiva del Derecho del Trabajo", *en* FAJARDO GARCÍA, I. G., ed. *Participación de los trabajadores en la empresa y sociedades laborales.* Homenajes & congresos. Valencia: Tirant lo Blanch, 2018, p. 1085; DESDENTADO BONETE, A. y DESDENTADO DAROCA, E., *Administradores sociales, altos directivos y socios trabajadores: calificación y concurrencia de relaciones profesionales, responsabilidad laboral y encuadramiento en la seguridad social.* 1a. ed. Valladolid [Spain]: Editorial Lex Nova, 2000 y ESPÍN SÁEZ, M. *El socio trabajador: criterios para sistematizar la realidad del autoempleo colectivo.* Estudios / Consejo Económico y Social 221. Madrid: Consejo Económico y Social, 2009, p. 338.

23 La participación económica de las personas trabajadoras en el capital de las sociedades en las que prestan servicios se ha identificado más con su vertiente retributiva, vinculada especialmente a colectivos de trabajadores de alta dirección (*Vid.* ALZAGA RUIZ, I. *Las stock options: un estudio desde el punto de vista del derecho del trabajo y de la seguridad social.* 1. ed. Madrid: Civitas, 2003; DESDENTADO BONETE, A. y DESDENTADO DAROCA, E., *Administradores sociales... op. cit.*; MATORRAS DÍAZ-CANEJA, A. «Las "stock options"». *Revista General de legislación y jurisprudencia,* 2001). Esta dimensión, con un especial protagonismo en la última década del s. XX, ha experimentado una revisión a propósito de la Ley 28/2022, 21 de diciembre, de fomento del ecosistema de las empresas emergentes (https://www.boe.es/buscar/act.php?id=BOE-A-2022-21739) en particular, su art. 10 sobre la «Autocartera en las empresas emergentes que sean sociedades limitadas con la finalidad de ejecutar un plan de retribuciones». No obstante, su impacto retributivo no conlleva, salvo en casos muy residuales, una consecuencia en la participación política de estas personas trabajadoras en la toma de decisiones de la empresa y, por ende, tampoco es significativo desde el punto de vista de la democracia en la empresa, salvo giro de política legislativa y estrategia pública que preste atención a este factor.

sis económicas[24]. En la actualidad, se apuesta por su promoción a través de la «Línea de Actuación A.1. Transformaciones Empresariales a modelos de Economía Social para salvar Empresas y Empleos», dentro del PERTE de Economía Social y de los Cuidados, en el marco del MRR al que hacía alusión con anterioridad[25].

De acuerdo con las cuestiones abordadas en este epígrafe, la democracia en la empresa, en su más amplio significado, es el fundamento del vínculo entre la "cuestión de justicia" y la "cuestión de eficiencia". Viene a unir lo social con lo económico y a sustentar un rasgo que modela el proceso de construcción de la identidad europea[26]. Este vínculo característico es uno de los instrumentos más adecuados y fiables para conducir el proceso de transición de manera sostenible.

4. LAS COSTURAS DE LA DEMOCRACIA VIGENTE EN LA EMPRESA

Como ya he señalado, es importante recordar que en el acometimiento de las transiciones ecológica y digital no partimos de cero. En nuestro modelo de relaciones laborales contamos con una infraestructura democrática para llevar a cabo este proceso de manera equitativa y afrontar los grandes retos de nuestro tiempo. No obstante, es necesario revisar algunos elementos clave de esta infraestructura a la luz de las tensiones a las que se ven sometidas por las incertidumbres y transformaciones crónicas que vivimos. Así lo señala el Profesor Mercader en el epígrafe II del trabajo que sirve de inspiración a esta aportación y que lleva por título "Repen-

---

24 ESPÍN SÁEZ, M. *El socio trabajador… op. cit.* p. 338

25 Este ejemplo destaca por su carácter estratégico como mecanismo de ejecución de los *Fondos Next Generation EU* el *Proyecto Estratégico para la recuperación y transformación económica (PERTE) de economía social y de los cuidados* (https://planderecuperacion.gob.es/como-acceder-a-los-fondos/pertes/perte-de-economia-social-y-de-los-cuidados), que contiene 5 programas de inversión, el primero Transforma_ES dirigido a financiar proyectos de empresas que necesiten relevo generacional ayuda en la gestión para brindar una oportunidad para que las personas trabajadoras decidan sobre su empresa. https://www.mites.gob.es/es/perte/index.htm.

26 Este vínculo entre justicia y eficiencia es destacado por FERRERAS, I. *Democratizar la empresa capitalista. Piedra angular de una prosperidad compartida y sostenible.* 1ª ed. Ariadna Ediciones, 2024, p. 23. https://doi.org/10.26448/ae9789566276227.98. También, BAYLOS GRAU, A. P. «La reforma de la gobernanza económica europea y su (deseada) "dimensión social"». *Revista de Derecho Social*, 2023, pp. 239-250, se aproxima a este rasgo en permanente construcción.

sando los modelos de representación de los trabajadores en la empresa postmaterial"[27].

Efectivamente, una de las consecuencias más evidentes de la revolución digital es la inmaterialidad de las empresas, la indeterminación de sus confines. Ello lleva a plantear la figura de la "empleadora líquida" y sus efectos sobre las relaciones laborales y su gobernanza[28]. Este aspecto ha contribuido a alimentar el debate sobre la definición de las plataformas digitales y su impacto en la delimitación de la figura de la persona trabajadora por cuenta ajena[29].

En este mismo sentido, la transformación digital de la economía globalizada facilita la deslocalización de los ciclos productivos y de las personas, la "dispersión geográfica de las operaciones y la volatilización de la idea patrimonial de empresa"[30]. De forma simultánea, la atomización de la empresa y la indefinición de las relaciones mercantiles a nivel mundial impacta de lleno en la delimitación del lugar de trabajo y, con ello, en la propia vigencia del concepto jurídico de centro de trabajo como unidad de imputación representativa de las personas trabajadoras[31].

---

27 MERCADER UGUINA, J. R. «Hacia una democracia... *op. cit.* p. 5. En esta dirección apunta la reflexión de BAYLOS GRAU, A. P. «Gobernanza laboral, crisis y cambio tecnológico en la acción colectiva». *Documentación Laboral*, 2019, pp. 93-106.

28 MORENO Y GENÉ, J. «El impacto de las nuevas tecnologías en la difuminación de los contornos de empresario y trabajador. El trabajo en plataformas digitales como ejemplo paradigmático». En *Nuevas tecnologías, cambios organizativos y trabajo*, 177-286. España: Tirant lo Blanch, 2021.

29 RODRÍGUEZ-PIÑERO ROYO, M. «La figura del trabajador de plataforma: las relaciones entre las plataformas digitales y los trabajadores que prestan sus servicios». En *El trabajo en plataformas digitales: análisis sobre su situación jurídica y regulación futura*, 17-36. España: Wolters Kluwer España, 2018; SÁNCHEZ-URÁN AZAÑA, Y. «Economía de plataformas digitales y concepto de trabajador en el Derecho de la Unión Europea». En *Derecho del Trabajo y protección social de la Unión Europea*, 87-100. España: Dykinson, 2019; TODOLÍ SIGNES, A. «Plataformas digitales y concepto de trabajador: una propuesta de interpretación finalista». *Lan harremanak: Revista de relaciones laborales*, 2019.

30 MERCADER UGUINA, J. R. «Hacia una democracia... *op. cit.* p. 5.

31 Sobre esta cuestión *vid.* LAHERA FORTEZA, J. «Las transformaciones del lugar de trabajo.» *Documentación Laboral*, 2019, pp. 13-25, junto a la obra de SERRANO OLIVARES, R. *Lugar de trabajo, domicilio y movilidad geográfica*, Madrid, Consejo Económico y Social de España, 2000. El debate sobre el "lugar de trabajo" como unidad de referencia para ordenar las vías de participación de las personas trabajadoras en la empresa ha de tener en cuenta los nuevos rasgos de la organización

La convivencia de todos estos fenómenos contribuye a subrayar la perentoriedad de la evaluación y adaptación de las fórmulas de acción colectiva existentes, así como la evolución hacia nuevos mecanismos que acompañen con garantías a las personas trabajadoras en su interacción con este nuevo escenario económico y empresarial.

El desarrollo de la fuerza vinculante de los acuerdos de diálogo social al nivel más global o el fortalecimiento de las redes sindicales internacionales constituyen experiencias con recorrido y solidez para conformar un tejido democrático con el que enfrentar los viejos y nuevos "poderes salvajes"[32]. Mantener y alimentar la conexión entre las necesidades transformadas de las personas trabajadoras y su representación es imprescindible.

Al contexto descrito hay que sumar la agilidad y velocidad del nuevo modelo tecnológico, que exigen a cualquier organización empresarial una adaptación permanente. Exactamente la misma exigencia se plantea a las

---

empresarial líquida. Condicionantes como el tamaño de la empresa —pymes y microempresas—, el fenómeno de las empresas emergentes, así como las peculiaridades que imprime en la organización la dinámica del sector en el que se implanta o el nivel de internacionalización y de arraigo en los territorios; su carácter público o privado son fundamentales. En este sentido, *vid.* Igualmente, CESE, *Dictamen "Democracia en el trabajo"*, SOC/74, https://www.eesc.europa.eu/es/our-work/opinions-information-reports/opinions?populate=DEMOCRACY&related_policies_target_id=12963&related_sections=All&opinion_status=All&opinion_type=All&rapporteur=&plenary_session=0&opinion_reference=&field_year_value=&related_events=All&related_observatories=All&body_references_file_name=All&field_body_references_file_nr_value= (Consulta 10.2.25) Con la participación de los interlocutores sociales, el Derecho derivado europeo ha incorporado casi cuarenta Directivas, que establecen un amplio marco jurídico para la información, la consulta y la participación de los trabajadores, así se destaca en el Informe del Parlamento Europeo A9-0331/2021; Resolución del Parlamento Europeo P9_TA(2023)0028. En la Resolución se afirma que «se reconoce la contribución de la economía social y solidaria al trabajo digno y a unas economías inclusivas y sostenibles, a la a promoción de las normas internacionales del trabajo, incluidos los derechos fundamentales en el trabajo, la mejora del nivel de vida para todos y la innovación social, también en el ámbito del reciclaje y el perfeccionamiento profesionales». DO C 229 de 31.7.2012, p. 77. DO C 10 de 11.1.2021, p. 14. También en la propuesta de Recomendación del Consejo sobre el refuerzo del diálogo social en la Unión Europea, COM(2023) 38 final, p. 14

32 FERRAJOLI, L. *Poderes salvajes: la crisis de la democracia constitucional.* 1a. ed. electrónica. Mínima Trotta. Madrid: Editorial Trotta, 2013. Gordo González, Luis. *La representación de los trabajadores en las empresas transnacionales.* Valencia: Tirant lo Blanch, 2019.

personas trabajadoras individualmente consideradas, así como a su representación colectiva. Todos estos agentes ajustan sus tiempos de cambio a unas circunstancias, estructuras y ritmos dispares. La falta de sincronización de todos ellos acentúa la confusión, la ausencia de soluciones eficaces y el incremento de las vulnerabilidades en las transiciones[33]. Sin embargo, existe conciencia de esta situación y estrategias para abordarla. En los próximos subepígrafes examinaré al estado actual de la cuestión y subrayaré aquellos hitos que marcan la dirección del cambio.

4.1. La necesaria adaptación del doble canal de representación a un espacio en el que conviven el modelo "tradicional" de empresa y el modelo de "empresa líquida"

La inspiración en el trabajo del Profesor Mercader obliga a repensar "los modelos de representación de los trabajadores en la empresa postmaterial". Este proceso de revisión nos sitúa en una posición en la que es fundamental mirar hacia lo más próximo, hacia el doble canal de representación de las personas trabajadoras en la empresa que caracteriza el modelo español[34] y hacia su capacidad de reacción ante las transformaciones descritas en epígrafes anteriores. Igualmente, se hace necesaria una mirada hacia lo europeo y lo internacional con el fin de conectar ambos espacios de representación[35]. Dedicaré este epígrafe a abordar el primer aspecto, dejando el segundo para el siguiente.

En mi opinión, el doble canal de representación propio del modelo español ha de ser revisado teniendo en cuenta el impacto de la transformación de la figura del empleador y la indefinición de los nuevos espacios de trabajo. Factores adicionales que fundamentan este reenfoque y necesidad de adaptación son, entre otros, la dimensión global de los retos digital y medioambiental, así como el papel desempeñado por el "diálogo social en

---

[33] MERCADER UGUINA, J. R. «El Reglamento de Inteligencia Artificial: frecuentemos el futuro». En *Los Briefs de la Asociación Española de Derecho del Trabajo y de la Seguridad Social. Las Claves de 2024*, p. 186. CINCA, 2025. //efaidnbmnnnibpcajpcglclefindmkaj/https://www.aedtss.com/wp-content/uploads/2025/01/LIBRO-BRIEFS-2024.pdf. (consulta: 24.03.2025)

[34] MERCADER UGUINA, J. R. «Hacia una democracia... *op. cit.* p. 6.

[35] MERCADER UGUINA, J. R. *op. últ. cit.* p. 6.

la cumbre"[36]. La finalidad inmanente de esta evaluación es garantizar la función de reequilibrio de poderes que estas fórmulas ejercen en las relaciones laborales, así como la de protección efectiva de los derechos de las personas trabajadoras.

Ahora bien, no hay que perder de vista que estamos ante un escenario evolutivo de convivencia de estructuras empresariales tradicionales, en absoluto ajenas a las transiciones digital y medioambiental y en las que el doble canal de representación desarrolla sus funciones con eficacia, con expresiones empresariales en las que ese doble canal no encaja de manera tan eficaz.

A estos efectos, resultan relevantes los datos ofrecidos por las Estadísticas estructurales de empresas: sector industrial, que indican el incremento de negocio en un 26,5% en 2022; un sector en el que el 83,1% de las empresas tienen menos de 10 personas ocupadas y el 13,5% entre 10 y 49, el 0,6% son empresas con 250 o más ocupados[37]. De acuerdo con ellos, el modelo del doble canal puede dar lugar a un vacío de representación y, con ello, de garantías, en una parte muy importante de nuestro tejido económico.

En consecuencia, los nuevos contenidos del derecho de información atribuidos por el poder legislativo español al comité de empresa en materia de gestión algorítmica y respecto a la activación de alertas por catástrofes y otros fenómenos meteorológicos adversos pueden caer en dicha laguna representativa si no se acomete la tarea de coordinación y atribución de

---

36 BAYLOS GRAU, A, y J. L. LÓPEZ BULLA. «Sobre el actual modelo ..., *op. cit.*, p. 231; ESCUDERO RODRÍGUEZ, R., "El doble canal de representación en la empresa y sus crecientes derivaciones" en ESCUDERO RODRÍGUEZ, R. y MERCADER UGUINA J. R. (Coord.), *Manual jurídico de los representantes de los trabajadores*, Madrid, La Ley, 2004, p. 4; NIETO ROJAS, P. *Las representaciones de los trabajadores en la empresa.* 1a. edición. Cizur Menor, Navarra: Lex Nova, 2015; OJEDA AVILÉS, A. «La representación unitaria: el "faux ami"». *Revista del Ministerio de Trabajo y Asuntos Sociales. Revista del Ministerio de Trabajo e Inmigración*, 2005, nº 58, p. 343.

37 Datos ofrecidos por el INE el 15 de marzo de 2024, en https://ine.es/dyngs/Prensa/EEESI2022.htm (últ. Consulta 17.2.25). Llama la atención que, a pesar de la distribución por tamaños de empresa y plantillas mayoritariamente pequeñas y medianas, son las grandes empresas las que facturaron el 59,7% de la cifra de negocios del sector.

competencias entre los protagonistas del doble canal en defecto de representación de las personas trabajadoras en el lugar de trabajo[38].

No considero necesario ni oportuno sustituir el modelo vigente, pero sí me parece que una llamada a la representación sindical allá donde no existan estructuras de representación en la empresa puede resultar una alternativa plausible y efectiva desde el punto de vista de la garantía de los derechos de las personas trabajadoras y de su participación democrática en la empresa. Todo ello, siendo muy consciente de que esta respuesta requiere un importante fortalecimiento y especialización de las estructuras sindicales[39].

Así, si en el año 2005, el Profesor OJEDA AVILÉS señalaba que partiendo de un "reparto clásico entre lo que siempre se ha llamado representación externa (sindical) e interna (comités), que la evolución del último decenio ha radicalizado hasta el punto de poner en peligro el hecho sindical, al menos en nuestro país", hoy en día me permito afirmar que la representación externa (sindical) ha recuperado su papel clave y democratizador en las empresas, en buena medida gracias a su participación en la producción normativa a través del diálogo social.

En efecto, el esfuerzo de lucha y organización ante los nuevos contextos ha subrayado su papel estratégico como interlocutores sociales a nivel europeo y transnacional. También en el marco nacional, la aprobación de sucesivas normas, fruto del diálogo social, como los RDD 901/2020, de 13 de octubre por el que se regulan los planes de igualdad y su registro, o el 902/2020, de 13 de octubre, de igualdad retributiva entre mujeres y hom-

---

38 LAHERA FORTEZA, J. «Las transformaciones... *op. cit*. pp. 13-25, hace una revisión del centro de trabajo como origen de la imputación de la representación de las personas trabajadoras en la empresa y la relevancia del concepto de "lugar de trabajo". Igualmente, ÁLVAREZ CUESTA, H. «La lucha contra el ...*op. cit.* p. 92. La autora reflexiona en torno a los agentes sociales y destaca "el rol en ambas situaciones presenta matices diferentes, en la primera ejercen una función social, compatible con la representatividad que ostentan y la legitimación democrática reconocida en la Constitución española; mientras, en la segunda, la labor asumida es aquella tradicional de defensa de las personas trabajadoras"

39 Sirva de ejemplo de esta nueva exigencia el analizado por NIETO ROJAS, P. «Algunos problemas en la implementación de los planes de igualdad en las empresas. La falta de interlocución sindical y el trámite registral». *Trabajo y derecho: nueva revista de actualidad y relaciones laborales*, núm. 117, 2024.

bres[40], constituyen una buena muestra del papel desempeñado por la representación sindical en los procesos de aprobación y de puesta en marcha de sus contenidos, dando lugar a resoluciones judiciales de referencia en este proceso de cambio y adaptación del doble canal de representación de los trabajadores en las empresas[41].

De manera más reciente, la Ley 4/2023, de 28 de febrero, para la igualdad real y efectiva de las personas trans y para la garantía de los derechos de las personas LGTBI[42] y más concretamente el RD 1026/2024, de 8 de octubre por el que se desarrolla el conjunto planificado de las medidas para la igualdad y no discriminación de las personas LGTBI en las empresas[43], que recoge el procedimiento de negociación de las medidas planificadas en este punto, precisa, en su art. 6.4 que «En las empresas donde no existan las representaciones referidas en los apartados anteriores y que carezcan de convenio colectivo de aplicación, se creará una comisión negociadora constituida, de un lado, por la representación de la empresa y, de otro lado, por una representación de las personas trabajadoras integrada por los sindicatos más representativos en el sector al que pertenezca la empresa (…)».

De nuevo estamos ante una norma que es el resultado del diálogo social tripartito —Ministerio de Trabajo y Economía Social y las organizaciones sindicales CCOO y UGT, junto a CEOE Y CEPYME—. Esta participación democrática en el diseño e implementación de normas de impacto social es garantía de una adecuación mayor del ordenamiento a la realidad que regula. El citado precepto constituye una muestra clara de esta evolución hacia la convivencia de canales para cubrir lagunas generadas por las trans-

---

40 https://www.boe.es/eli/es/rd/2020/10/13/901/con; https://www.boe.es/eli/es/rd/2020/10/13/902/con.

41 Ex art. 5 del citado RD 901/2020, se establece que «como regla general, participarán en la comisión negociadora, por parte de las personas trabajadoras, el comité de empresa, las delegadas y delegados de personal, en su caso, o las secciones sindicales si las hubiere que, en su conjunto sumen la mayoría de los miembros del comité». De este modo, quedan excluidas las comisiones *ad hoc,* y las derivadas e incertidumbres de su funcionamiento en la práctica. Para un análisis riguroso y detallado sobre esta materia *vid.* Nieto Rojas, P. «Algunos problemas en la implementación de los planes de igualdad en las empresas. La falta de interlocución sindical y el trámite registral». Trabajo y derecho: nueva revista de actualidad y relaciones laborales, 2024.

42 https://www.boe.es/eli/es/l/2023/02/28/4/con

43 https://www.boe.es/eli/es/rd/2024/10/08/1026/con

formaciones empresariales y prevenir incertidumbres y situaciones de indefensión de los trabajadores[44].

En todo caso, ambos canales se retroalimentan y permiten reequilibrar contrapesos dentro y fuera de las empresas a través de mecanismos participativos y democráticos[45]. Allá donde el tamaño de las empresas garantice la creación y existencia de representaciones unitarias éstas serán fundamentales para un control interno y cercano a la empresa y su realidad. Ahora bien, la presencia sindical será estratégica en aquellas empresas "líquidas", que pueden manifestarse a través de estructuras atomizadas y dúctiles, sin centro de trabajo y con múltiples lugares de trabajo, entre otras muchas posibilidades.

A mi juicio, es fundamental ordenar conforme a un criterio común las funciones de la representación externa y de la representación interna, así como su actividad efectiva, con modificaciones legislativas que adopten una perspectiva integral con base en el diálogo social. Asimismo, es necesario insistir en la importancia de la adopción de estrategias de formación y especialización de las personas que participan en cada uno de estos canales; estrategias que ya se están poniendo en marcha por las organizaciones sindicales más representativas. Como ya he señalado, los ritmos internos de estos procesos son distintos, pero no me cabe duda de que llegarán a acompasarse: empresas, personas trabajadoras y, en fin, la propia democracia, en beneficio mutuo[46].

4.2. *El principio de transparencia y el fortalecimiento de los derechos de información y consulta*

Es universal la frase que señala que "la información (el conocimiento en palabras de Francis Bacon) es poder". En el contexto de las relaciones

---

44 Esta cuestión es abordada con detenimiento por NIETO ROJAS, P., «Las obligaciones empresariales respecto al colectivo LGTBI. El alcance de las medidas planificadas». *Trabajo y derecho: nueva revista de actualidad y relaciones laborales,* núm. 122, 2025.

45 ÁLVAREZ CUESTA, H. «La lucha contra el cambio… *op. cit.*, p. 92.

46 Esta es la tendencia expresada en el V Acuerdo para el Empleo y la Negociación Colectiva, inscrito en el registro de convenios colectivos por Resolución de 19 de mayo de 2023, de la Dirección General de Trabajo, por la que se registra y publica (https://doi.org/10.20318/labos.2023.7938), concretamente en su Capítulo II. De la negociación colectiva.

laborales y de la democracia en la empresa el acceso a la información implica participar con mayor o menor capacidad de influencia en la toma de decisiones.

El reconocimiento de los derechos de información y consulta, primero de manera general y, progresivamente, con contenidos específicos relativos a la dinámica de la organización de las empresas en el mercado económico, ha supuesto el primer paso para garantizar ese acceso a contenidos importantes por su impacto en las condiciones de empleo de las personas trabajadoras. La necesidad de proteger tales derechos en un mercado laboral cada vez más complejo, dinámico y transnacional ha dado lugar al desarrollo del principio de transparencia, primero en el contexto europeo y, ulteriormente, en los derechos internos de los Estados miembros como efecto de la transposición de las distintas Directivas que lo han desarrollado.

El objetivo de este principio es garantizar que las personas trabajadoras tengan conocimiento, de forma clara y comprensible, de las condiciones esenciales de empleo, así como la generación de un marco jurídico más estable y seguro. Más allá, una mayor claridad y previsibilidad de las condiciones de trabajo contribuye a reducir la conflictividad laboral al reducir aquella parte más fortuita y confusa, derivada en muchas ocasiones de errores de comunicación entre las partes. El interés en generar organizaciones más saludables es un punto de encuentro desde el punto de vista social y desde la perspectiva de la eficiencia económica.

Es la Directiva 91/533/CEE, de 14 de octubre, relativa a la obligación del empresario de informar al trabajador acerca de las condiciones aplicables al contrato de trabajo o a la relación laboral[47], predecesora de la Directiva 2019/1152, 20 de junio, relativa a unas condiciones laborales transparentes y previsibles en la Unión Europea[48], la que recoge entre sus considerandos que, ante el desarrollo de nuevas formas de trabajo, determinados Estados miembros han establecido exigencias formales para garantizar el reconocimiento de los derechos a los trabajadores, así como «una mayor transparencia del mercado de trabajo». En esta línea, establece, entre otras, la obligación del empresario de poner en conocimiento del trabajador los elementos esenciales del contrato de trabajo (la identidad

---

[47] https://www.boe.es/doue/1991/288/L00032-00035.pdf

[48] https://www.boe.es/doue/2019/186/L00105-00121.pdf

de las partes, el lugar del trabajo, la categoría de trabajo a desempeñar, sus funciones, la duración del contrato, la remuneración, el horario, etc.).

Bajo mi punto de vista, resulta fundamental en la conformación de este principio de transparencia la necesidad de asegurar la transmisión clara de la información, por tanto, su accesibilidad, tanto en contenidos como en formatos de entrega, por parte de las personas trabajadoras. El cumplimiento de esta obligación de información asegura que los trabajadores tengan una comprensión clara de sus derechos y obligaciones desde el inicio de la relación laboral.

En este recorrido de la conformación del principio de transparencia, la Directiva 2019/1152, de 20 de junio, viene a reforzarlo, completándolo con el concepto de previsibilidad en las relaciones laborales al establecer medidas que garanticen el acceso de los trabajadores a la información completa sobre sus condiciones de trabajo al inicio y durante el desarrollo de su actividad laboral.

Más recientemente, la Directiva 2024/2831, de 23 de octubre, relativa a la mejora de las condiciones laborales en el trabajo en plataformas[49], acoge de nuevo el principio de transparencia referida a la información que se ha de facilitar bien a la representación de los trabajadores y, de no haberlos, de manera directa a las personas trabajadoras[50], concretando el carácter sistemático y transparente de dicha información. En particular, su art. 9 regula la «transparencia en relación con los sistemas automatizados de seguimiento y con los sistemas automatizados de toma de decisiones»[51]. Asimismo, su art. 14 especifica que «La información se proporcionará en forma de documento escrito que podrá estar en formato electrónico. Se presentará de forma transparente, comprensible y fácilmente accesible, sirviéndose de un lenguaje claro y sencillo», vinculando la transparencia con la accesibilidad y claridad de la información.

---

49 https://www.boe.es/doue/2024/2831/L00001-00026.pdf

50 Se elude aquí abordar la coordinación y distribución de funciones entre las distintas representaciones de los trabajadores, quedando sin garantía el efectivo ejercicio del derecho de información por parte de cada persona trabajadora individualmente considerada.

51 Al respecto, GINÉS I FABRELLAS, A. «La Directiva de trabajo en plataformas». En *Los Briefs de la Asociación Española de Derecho del Trabajo y de la Seguridad Social. Las Claves de 2024*, 421-23. CINCA, 2025. https://www.aedtss.com/wp-content/uploads/2025/01/LIBRO-BRIEFS-2024.pdf.

Por su parte, el ordenamiento español ya recogía algunas de estas obligaciones en el art. 8.5 ET, que obliga al empleador a informar por escrito al trabajador, en determinados plazos y con contenidos también determinados, sobre los elementos esenciales del contrato y las principales condiciones de ejecución de la prestación laboral. La reforma operada por el RD-Ley 32/2021, 28 de diciembre, introdujo mayor transparencia y previsibilidad en materia de contratación y la Ley 10/2021, de 9 de julio, de trabajo a distancia, también vino a reforzar el derecho a la transparencia sobre los medios, el tiempo y los costes del trabajo remoto.

Todavía queda recorrido para la consolidación y el desarrollo del principio de transparencia en nuestro ordenamiento, en la medida en que quedan pendientes de transposición contenidos importantes de la Directiva europea, que ya están comprometidos por el Gobierno. Sin duda, se trata de un principio dinámico que ha de adaptarse a las nuevas realidades del mercado y contextos empresariales, pero que se hace necesario para reforzar y desarrollar una gobernanza democrática de las empresas.

Con todo, el principio de transparencia choca con la complejidad de los datos ofrecidos por las empresas, de los formatos de entrega y los tiempos de disposición y análisis, dificultando su abordaje por la representación de los trabajadores. Conviene la remoción de estos obstáculos, a través de la negociación colectiva o del diálogo social y por el legislador de manera más general.

En todo caso, lo que queda claro es que el principio de transparencia, unido al de previsibilidad, contribuye a reforzar la participación de las personas trabajadoras a través del ejercicio de los derechos de información y consulta y, con ello, la democracia en la empresa. En este sentido, la propia Carta de Derechos Fundamentales de la Unión Europea, en su art. 27 establece que «Se deberá garantizar a los trabajadores o a sus representantes, en los niveles adecuados, la información y consulta con suficiente antelación en los casos y condiciones previstos en el Derecho comunitario y en las legislaciones y prácticas nacionales» y en el art. 153 TFUE que precisa que «Para la consecución de los objetivos del artículo 151, la Unión apoyará y completará la acción de los Estados miembros en los siguientes ámbitos: la mejora, en concreto, la información y la consulta a los trabajadores; la representación y la defensa colectiva de los intereses de los trabajadores y de los empresarios, incluida la cogestión (…) ». Se trata pues, de valores propios de la empresa europea, definidos por los parámetros de la adecuación de los contenidos objeto de información y consulta, los tiempos en los que se pone a disposición, y el carácter accesible para la representación de los trabajadores (en fin, por la transparencia).

Así queda patente en la Directiva 2002/14/CE, de 11 de marzo, por la que se establece un marco general relativo a la información y a la consulta de los trabajadores en la Comunidad Europea[52], que tiene por objetivo reforzar el diálogo social, promover y reforzar la información y consulta. Esta disposición ha sido incorporada a nuestro derecho interno a través de la Ley 38/2007, de 16 de noviembre, que modifica el ET en materia de información y consulta de los trabajadores y en materia de protección de los trabajadores asalariados en caso de insolvencia del empresario. Se trata de un contenido general de los derechos de información y consulta, enraizado en el espíritu de cooperación, teniendo en cuenta tanto los intereses de la empresa como los de las personas trabajadoras[53].

Como ya he señalado, este contenido general se ha ido nutriendo y concretando con el reconocimiento específico de su ejercicio y alcance en contextos complejos como los de reestructuración de empresas a través de la trasposición de la Directiva 98/59/CE, de 20 de julio, relativa a la aproximación de las legislaciones de los Estados miembros que se refieren a los despidos colectivos, en cuyos considerandos 17 y 18 se refiere a la «utilización de mecanismos adecuados...y tiempo hábil». Cierto es que se echa en falta entre sus previsiones una conexión expresa con el principio de transparencia y previsibilidad, para avanzar en la noción de accesibilidad al contenido de la información[54]. Esta carencia se proyecta igualmente en el art. 51 ET.

---

52 https://www.boe.es/doue/2002/080/L00029-00034.pdf

53 El art. 64.1 ET recoge una definición de ambos conceptos. La información se concibe, de manera genérica como la transmisión de datos por el empleador al comité de empresa, para que éste tenga conocimiento de una cuestión determinada y que pueda proceder a su examen. Por otro lado, la consulta se traduce en el intercambio de opiniones y el establecimiento de un diálogo entre el empresario y el comité de empresa sobre una determinada cuestión. El derecho de consulta incluye la posibilidad de emisión por parte del comité de un informe previo sobre la cuestión planteada.

54 Respecto a la accesibilidad por parte de la representación de los trabajadores a los contenidos de informes técnicos, financieros y contables y el formato en que han de ser entregados, resulta paradigmática la SAN (Sala de lo Social), de 12 de julio de 2014, ID CENDOJ 28079240012014100105, que declaró la nulidad del despido colectivo de grupo de empresas, entre otros fundamentos por el referido al incumplimiento de la obligación de informar "cuando en el informe técnico no

De otra parte, la directiva 2001/23/CE, de 12 de marzo de 2001, sobre la aproximación de las legislaciones de los Estados miembros relativas al mantenimiento de los derechos de los trabajadores en caso de traspasos de empresas, de centros de actividad o de partes de empresas o de centros de actividad, reitera la referencia general a la información y consulta en tiempo oportuno y suficiente, sin concretar un contenido mínimo ni criterio de transparencia y accesibilidad alguno, lo que impone a la representación de los trabajadores en contextos de difícil delimitación de su interlocutor, la capacitación, especialización y asesoramiento adecuados para garantizar la comprensión y el uso adecuado de la información dispensada. Estos contenidos aparecen recogidos en nuestro ordenamiento a través del art. 44 ET, en especial en sus apartados 6 y 8, mostrando la misma falta de conexión con el principio de transparencia.

A pesar de estas insuficiencias, los derechos de información y consulta de la representación de los trabajadores en las empresas españolas continúan siendo precisos para prevenir conflictos, establecer garantías y asentar un funcionamiento democrático de las mismas. Así se pone de manifiesto con la progresiva adaptación del art. 64.4 ET. De un lado, su letra d recoge el derecho del comité de empresa a ser informado por la empresa de «los parámetros, reglas e instrucciones en los que se basan los algoritmos o sistemas de inteligencia artificial que afectan a la toma de decisiones que pueden incidir en las condiciones de trabajo, el acceso y mantenimiento del empleo, incluida la elaboración de perfiles»[55]. De manera reciente, se incorpora a través de una nueva letra e el derecho del comité a «ser informado por la empresa de las medidas de actuación previstas con motivo de la activación de alertas y otros fenómenos meteorológicos adversos…»[56].

---

se proporcionan los datos precisos para identificar la causa organizativa alegada y valorar su entidad real".

55 Previsión que, a mi juicio, habrá de ser revisada a la luz de la Directiva 2024/2831, dando oportunidad a la incorporación del principio de transparencia.

56 Esta nueva letra e, es incorporada por la por la Disposición Final Segunda —Modificación del texto refundido de la Ley del Estatuto de los Trabajadores, aprobado por el Real Decreto Legislativo 2/2015, de 23 de octubre, del RD-Ley 8/2024, de 28 de noviembre, por el que se adoptan medidas urgentes complementarias n el marco del Plan de respuesta inmediata, reconstrucción y relanzamiento frente a los daños causados por la Depresión Aislada en Niveles Altos (DANA) en diferentes municipios entre el 28 de octubre y el 4 de noviembre de 2024. https://www.boe.es/buscar/act.php?id=BOE-A-2024-24840#da

Resulta de enorme interés la reflexión de LABBAS-EL GUENNOUNI, M. (2024), Avances en la protección de las personas trabajadoras frente a los efectos del

Ahora bien, este proceso de avance encuentra un contrapeso (¿hasta la neutralización de dicho progreso?) en la indefinición, bien del titular de la obligación de informar, bien del titular o titulares del derecho a recibirla, bien de ambos, en escenarios protagonizados por grandes empresas y expresiones de empresas líquidas como las plataformas digitales, las *start ups* o empresas emergentes, entre otras[57]. Como ya he indicado, las más recientes directivas hacen referencia a la representación de los trabajadores y en su defecto, a la información directa a las personas trabajadoras, pero esta remisión no hace más que dejar expuestas las posibles lagunas de representación y, con ello, de protección y garantía efectivas de los derechos de las personas trabajadoras.

Por nuestra parte, la regulación interna atribuye al comité de empresa el rol de receptor de la información, lo que nuevamente deja sin respuesta adecuada los supuestos en los que dicho órgano de representación no exista. Se trata de un campo que ha de ser objeto de atención para evitar la neutralización de los avances en materia de información y consulta y sus efectos sobre la calidad de los derechos de las personas trabajadoras.

En todo caso, estos nuevos elementos presentes en el tráfico jurídico y económico exigen la revisión de la normativa comunitaria que regula el derecho de participación en la toma de decisiones empresariales, tales como la referida a la constitución de comités de empresa europeos (Directiva 2009/38/CE del Parlamento Europeo y del Consejo, de 6 de mayo de 2009, sobre la constitución de un comité de empresa europeo o de un procedimiento de información y consulta a los trabajadores en las empresas y grupos de empresas de dimensión comunitaria)[58], al Estatuto de la

---

cambio climático a raíz del Real Decreto-Ley 8/2024, de 28 de noviembre. *Briefs AEDTSS,* 109, https://www.aedtss.com/avances-en-la-proteccion-de-las-personas-trabajadoras-frente-a-los-efectos-del-cambio-climatico-a-raiz-del-real-decreto-ley-8-2024-de-28-de-noviembre/ (Consulta: 20.01.2025)

57 Reguladas por la Ley 28/2022, de 21 de diciembre, de fomento del ecosistema de las empresas emergentes, https://www.boe.es/eli/es/l/2022/12/21/28

58 https://www.boe.es/buscar/doc.php?id=DOUE-L-2009-80852. La Resolución del Parlamento Europeo de 16 de diciembre de 2021, sobre la democracia en el trabajo y el maraco europeo para los derechos de participación de los trabajadores, hace un llamamiento para impedir el abuso de las normas de confidencialidad y ajustar el acceso a la información a la que se refiere la Directiva. Además, el 30 de noviembre de 2022, la Comisión de Empleo y Asuntos Sociales del Parlamento aprobó el Informe con recomendaciones destinadas a la Comisión sobre la revisión de la Directiva sobre los comités de empresa europeos. El 2 de febrero de 2023 el Parlamento Europeo aprueba la Resolución que recoge recomendaciones

Sociedad Anónima Europea en lo que respecta a la implicación de los trabajadores (Reglamento CE núm. 2157/2001 del Consejo, de 8 de octubre de 2001)[59], el Estatuto de la sociedad Cooperativa Europea (Reglamento CE núm. 1435/2003 y Directiva 2003/72/CE, por la que se complementa su estatuto en lo que respecta a la implicación de los trabajadores)[60] o la Directiva 2019/2121, del Parlamento y del Consejo, 27 de noviembre, sobre las transformaciones, fusiones y escisiones transfronterizas[61], también en lo que se refiere a la participación de los trabajadores. Y ello porque estamos ante respuesta normativa fragmentada a las exigencias de participación de las personas trabajadoras que debe ser superada por una perspectiva integral que aborde de manera más certera esta realidad compleja[62].

5. EMPRESAS CON BASE DEMOCRÁTICA: LA ECONOMÍA SOCIAL

Abordar la democracia en la empresa, desde el enfoque del enraizamiento y progreso de la democracia política, hace imprescindible hacer una reflexión sobre las entidades que componen la economía social, como

---

destinadas a la Comisión sobre la revisión de la Directiva sobre los comités de empresa europeos (2019/2183 (INL)) https://eur-lex.europa.eu/legal-content/ES/TXT/PDF/?uri=CELEX:52023IP0028. En ella señala expresamente que "lamenta profundamente que la dirección central no siempre facilite los recursos financieros, materiales y jurídicos necesarios para que los comités de empresa europeos puedan desempeñar sus funciones de manera adecuada…". Si los comités de empresa europeos no acceden a los medios necesarios para afrontar los retos actuales, tampoco podrán contribuir a la democracia en el trabajo. A mi juicio es fundamental dar mayor seguridad jurídica y más recursos para volver a equilibrar los poderes en conflicto.

59 https://eur-lex.europa.eu/legal-content/ES/TXT/?uri=CELEX:32001R2157

60 https://eur-lex.europa.eu/ES/legal-content/summary/european-cooperative-society.html

61 https://eur-lex.europa.eu/eli/dir/2019/2121/oj/eng

62 En este sentido, MERCADER UGUINA, J. R. «Hacia una democracia…*op. cit.* p. 7, señala la necesidad de que estos órganos de participación experimenten mejoras, pues se observan déficits estructurales. Así, critica la forma rudimentaria de funcionamiento de los Comités de empresa europeos, la escasez de reuniones que celebran, las barreras idiomáticas y culturales que condicionan su eficacia, así como la desproporción en la representación de las personas trabajadoras de los distintos países en virtud del peso específico del centro de trabajo en cada uno de ellos.

expresión del art. 129.2 CE, si bien el recorrido histórico de algunas de ellas, como las cooperativas, se extiende desde finales del s. XIX.

Como es sabido, España ha sido pionera en la creación de una Ley de Economía Social (Ley 5/2011, de 29 de marzo, en adelante LES)[63]. Se trata de la norma que unifica e integra en torno a unos principios y valores, a unos intereses y líneas de acción comunes, a formas societarias activas en el tejido productivo como las cooperativas, las sociedades laborales, las empresas de inserción, mutualidades, fundaciones o los centros especiales de empleo de iniciativa social, entre otras. En este sentido, la economía social es un concepto organizado, al servicio de la realidad empresarial sobre la que se proyecta.

El art. 2 LES define la economía social como el «conjunto de las actividades económicas y empresariales, que en el ámbito privado llevan a cabo aquellas entidades que, de conformidad con los principios recogidos en el art. 4, persiguen bien el interés colectivo de sus integrantes, bien el interés general económico o social, o ambos». Es destacable en esta definición el peso de la dimensión económica y empresarial de la economía social, que la equipara a otras fórmulas societarias de corte capitalista, junto al valor del interés colectivo que supera al individual de sus integrantes, sin excluirlo[64].

El eje vertebrador del concepto unificador de economía social se sitúa en los cuatro principios orientadores de esta actividad económica y empresarial, recogidos en el art. 4 LES. En particular, su letra a se refiere a «La primacía de las personas y del fin social sobre el capital, que se concreta en gestión autónoma y transparente, democrática y participativa, que lleva a priorizar la toma de decisiones más en función de las personas y sus aportaciones de trabajo y servicios prestados a la entidad o en función del fin social, que en relación con sus aportaciones al capital social». Se observa cómo, la adopción de decisiones se basa en la participación democrática de las personas socias e incluye la transparencia como presupuesto que condiciona su efectividad; elementos que ya han sido abordados respecto a otras formas de participación de las personas trabajadoras en la empresa.

---

63 https://www.boe.es/eli/es/l/2011/03/29/5/con

64 Para un análisis más profundo *vid.* ESPÍN SÁEZ, M. «Una mirada hacia la Economía Social: compromiso social y eficacia económica». *Revista General de Derecho del Trabajo y de la Seguridad Social*, núm. 68 (julio de 2024).

La máxima expresión de este principio de participación democrática se encuentra en la Ley 27/1999, de 16 de julio, de Cooperativas[65], que en su art. 1.1 recoge los principios fijados por la Declaración sobre la Identidad Cooperativa de la Alianza Cooperativa Internacional en 1995[66] y destaca su funcionamiento y estructura democráticos. Tal funcionamiento y estructura democráticos se expresa tradicionalmente bajo la fórmula "un socio-un voto".

Esta base democrática de las empresas que componen la economía social, unida a su integración en un movimiento europeo e internacional de enorme peso específico, ha significado su inclusión en políticas públicas que la definen como instrumento "tractor" o "política palanca" para impulsar la economía de manera sostenible, con impacto positivo en la cohesión social y territorial y para avanzar de manera justa en las transiciones digital y medioambiental. Así se produce por primera vez en 2007 con el Plan español para la implementación de la Agenda 2030, bajo el título "Hacia una Estrategia Española de Desarrollo Sostenible"[67], donde se identifica a la economía social como sector con capacidad para «acelerar la implementación de los ODS, para impulsar un desarrollo sostenible coherente y alcanzar un más rápido y sostenido impacto sobre aspectos clave para el progreso en el conjunto de la Agenda 2030».

Destaca el reconocimiento de este papel transformador de la economía social en la Estrategia industrial europea, actualizada en 2021, como uno de los catorce ecosistemas motor que van a permitir transitar hacia una economía «más sostenible, digital, resiliente y competitiva a nivel mundial»[68]. De nuevo se señala el valor de la democracia dentro de la identidad de las empresas europeas.

Esta función de arrastre e impulso de la economía social está en los fundamentos de la Recomendación de la OCDE *sobre la economía social y solidaria y la innovación social*, de 10 de julio de 2022[69]; también en la base de la Resolución OIT *sobre el trabajo decente y la economía social y solidaria*,

---

65 https://www.boe.es/eli/es/l/1999/07/16/27/con

66 https://ica.coop/es/cooperativas/identidad-alianza-cooperativa-internacional

67 https://www.miteco.gob.es/content/dam/miteco/es/ministerio/planes-estrategias/estrategia-espanola-desarrollo-sostenible/EEDSnov07_editdic_tcm30-88638.pdf

68 https://www.consilium.europa.eu/es/policies/eu-industrial-policy/#strategy

69 https://www.socialeconomynews.eu/es/recomendacion-de-la-ocde-sobre-la-economia-social-y-solidaria-y-la-innovacion-social/

igualmente, de 10 de julio de 2022[70] o de la Resolución ONU, de 18 de abril de 2023 (A/RES/77/281, "Promover la Economía Social y Solidaria para el Desarrollo sostenible"[71]. Todas ellas, parten del funcionamiento y estructura democrática de las empresas de economía social y su función democratizadora y empoderadora de la ciudadanía.

Así, la economía social aparece vinculada a procesos de autogestión que están presentes en sectores como la energía, la alimentación, la gestión del agua o de la vivienda. Se trata de un dato más que permite afirmar que la economía social constituye un motor democratizador de la economía, como expresión clara del pluralismo económico[72].

6. ALGUNAS REFLEXIONES FINALES

Como es habitual, la lectura de los trabajos del Profesor Mercader despierta la necesidad de profundizar y reflexionar sobre la vigencia de las instituciones del ordenamiento laboral y la necesidad de su revisión a la luz de los cambios permanentes del entorno en el que vivimos.

En particular, el examen de un tema vertiginoso como es la contribución del Derecho del Trabajo a la gobernanza democrática de la nueva economía ha conducido a este estudio hasta los límites de los avances y de las lagunas de los instrumentos y canales de representación y participación de las personas trabajadoras en la empresa, así como arriesgar una propuesta de coordinación y reforzamiento de los mecanismos existentes para prevenir situaciones de indefensión y vulnerabilidad.

De otro lado, ha quedado claro que la integración del diálogo social y la participación de las personas trabajadoras en la empresa en el relato normativo internacional, europeo y estatal, permite afrontar con posición firme las transiciones en las que nos encontramos inmersos. Esas transiciones nos sitúan en la acción, una acción que pone la mirada en unos efectos justos para la ciudadanía cuando se afronta la transformación digital y tec-

---

70 https://www.socialeconomynews.eu/es/la-oit-adopta-una-resolucion-historica-sobre-el-trabajo-decente-y-la-economia-social-y-solidaria-en-la-110a-conferencia-internacional-del-trabajo/

71 https://unsse.org/2023/04/19/historic-moment-for-the-sse-at-its-66th-plenary-meeting-the-un-general-assembly-adopts-the-resolution-promoting-the-social-and-solidarity-economy-for-sustainable-development/?lang=es

72 *Vid.* ESPÍN SÁEZ, M. «Una mirada hacia la Economía Social... *op. cit.*

nológica o el cambio y la sostenibilidad climáticas. Desde una perspectiva jurídico laboral, se trata de una realidad multinivel que exige fortalecer, innovar y desarrollar las expresiones de la democracia en la diversidad empresarial.

Junto a ello, los sucesivos informes y resoluciones del Parlamento europeo, del Consejo y de la Comisión señalan el diálogo social, la representación de las personas trabajadoras y las garantías de su participación en las empresas como rasgo del modelo social y económico europeo. Destaca la resolución del Parlamento Europeo, de 16 de diciembre de 2021, sobre la democracia en el trabajo: un marco europeo para los derechos de participación de los trabajadores y revisión de la Directiva sobre el comité de empresa europeo (2021/2005 (INI)). En particular, quisiera llamar la atención sobre el reconocimiento de la función de los procesos de debida diligencia participados por la representación de las personas trabajadoras como expresión de la democracia en el trabajo. Sin duda se trata de un instrumento con enorme potencial en la irradiación de un modelo de "gobernanza sostenible".

Los avances en el contexto europeo trascienden al ámbito español con un especial compromiso en la legislatura iniciada en 2023 con el contenido del art. 129.2 y la promoción eficaz de las diversas formas de participación en la empresa y señalando el diálogo social tripartito como sede de la elaboración de las medidas laborales que se adopten. Del mismo modo, se da cumplimiento al mandato constitucional a los poderes públicos respecto a la promoción de una legislación adecuada para las cooperativas a través del Proyecto de Ley Integral de Economía Social. Por todo ello, es importante destacar que en nuestro contexto la democracia en la empresa no es un mero significante normativo, sino que se trata de un significado pleno que vincula la eficiencia económica con la social.

Igualmente, se ha podido observar cómo los avances tecnológicos, la inmaterialidad de las empresas, su volatilidad geográfica, han tenido un impacto importante en la delimitación del sujeto empleador. En este trabajo he abordado la figura de la "empleadora líquida" y las tensiones que genera su mutabilidad en la gobernanza de las relaciones laborales, así como sus consecuencias en la delimitación del lugar de trabajo y en la necesidad de evaluar la vigencia del concepto jurídico de centro de trabajo como unidad de imputación representativa de las personas trabajadoras que puede obstaculizar el efectivo desempeño de sus competencias.

Sin duda, se trata de factores que exigen una evaluación y adaptación de las fórmulas de acción colectiva existentes, con competencias cada vez más concretas y especializadas, siempre necesarias para el acompañamiento con garantías de las personas trabajadoras en su interacción en este escenario económico y empresarial.

En su artículo "Hacia una democracia digital en la empresa", el Profesor Mercader plantea repensar los modelos de representación de los trabajadores en la "empresa postmaterial", lo que ha llevado a reflexionar en estas páginas sobre el doble canal de representación de las personas trabajadoras en la empresa. La permanencia de un modelo "tradicional" de empresa, de confines claros y ubicación accesible, mandata la vigencia del doble canal, planteando los ajustes necesarios para alcanzar las expresiones más atomizadas de estas empresas. Pero, junto a este modelo "tradicional", se identifican ya nuevos tipos de "empresas líquidas", de confines más imprecisos, que exigen nuevos planteamientos que se sumen a los existentes, siempre con la finalidad de reequilibrar las relaciones laborales y garantizar condiciones de trabajo ciertas y previsibles para las personas trabajadoras. Este proceso de adaptación e innovación se requiere para cubrir las lagunas representativas y de derechos entre unas y otras realidades empresariales para, en fin, asegurar la paz social y la democracia en la empresa. Una respuesta posible hacia la que ya se apunta en normas que impulsan la igualdad efectiva en las empresas está en reforzar la presencia de la representación sindical allá donde no llega la representación unitaria. Se trata de una solución de enorme exigencia estructural, organizativa y de especialización para las organizaciones sindicales más representativas, sin duda presentes ya en sus estrategias.

Un mecanismo que apuntala el peso democratizador de los derechos de información y consulta es el principio de transparencia. A mi juicio, este principio incluye los elementos de claridad de los datos e información facilitada, de accesibilidad —también en cuanto a los formatos en que se transmite dicha información— y de previsibilidad, para poder aprehender todos los contenidos. Sin duda, son estos los elementos que pueden condicionar la efectividad de los derechos de información y consulta y entiendo que todavía han de estar presentes con mayor precisión en las normativas europeas e internas que regulan estos derechos esenciales.

Junto a estas cuestiones, he querido incorporar al estudio una revisión de la economía social y de las entidades que amparan su actividad bajo su paraguas, como otra palanca o motor de la democratización de las relaciones laborales y, con ello, de la propia democracia. La vinculación de su funcionamiento democrático con su potencial para afrontar las transiciones en las que nos hallamos inmersos sirve también a la reflexión sobre su aportación a una gobernanza democrática de la nueva economía.

Bibliografía

ÁLVAREZ CUESTA, H. "La lucha contra el cambio climático y en aras de una transición justa: doble objetivo para unas competencias representativas multinivel", *Revista de Trabajo y Seguridad Social,* CEF, núm. 469, 2022, pp. 89-120.

ALZAGA RUIZ, I. *Las stock options: un estudio desde el punto de vista del derecho del trabajo y de la seguridad social.* 1. ed. Madrid, Civitas, 2003.

ESCUDERO RODRÍGUEZ, R. y MERCADER UGUINA, J., *Manual jurídico de los representantes de los trabajadores.* La Ley. Madrid, 2004.

BAYLOS GRAU, A., "Cambio digital y poder en la empresa: fortalecer los derechos colectivos." *Revista de Derecho Social,* marzo de 2024.

BAYLOS GRAU, A., "La reforma de la gobernanza económica europea y su (deseada) "dimensión social"". *Revista de Derecho Social,* 2023, pp. 19-36.

BAYLOS GRAU, A., "Gobernanza laboral, crisis y cambio tecnológico en la acción colectiva". *Documentación Laboral,* 2019, pp. 93-106.

BAYLOS GRAU, A, y J. L. LÓPEZ BULLA. "Sobre el actual modelo de representación", Revista de Derecho Social, 2003.

CRUCES AGUILERA, J., MARTÍNEZ POZA, A., y DE LA FUENTE SANZ, L. "Haciendo realidad la transición justa: el empuje desde el sindicalismo europeo". *Revista de Derecho Social,* abril de 2024, 243-254.

CRUZ VILLALÓN, J. "La construcción de la Europa social. Derechos laborales, diálogo social y negociación colectiva". *Gaceta Sindical,* 2019, pp. 52-70.

DESDENTADO BONETE, A. y DESDENTADO DAROCA, E. *Administradores sociales, altos directivos y socios trabajadores: calificación y concurrencia de relaciones profesionales, responsabilidad laboral y encuadramiento en la seguridad social.* 1a. ed. Valladolid, Editorial Lex Nova, 2000.

FERRAJOLI, L., *Poderes salvajes: la crisis de la democracia constitucional.* 1a. ed. electrónica. Mínima Trotta. Madrid, 2013.

FERRERAS, I., *Democratizar la empresa capitalista. Piedra angular de una prosperidad compartida y sostenible.* 1ª ed. Ariadna Ediciones, 2024. https://doi.org/10.26448/ae9789566276227.98.

GINÈS I FABRELLAS, A., "Analítica de personas y discriminación algorítmica en procesos de selección y contratación". *LABOS Revista de Derecho del Trabajo y Protección Social,* 5 (29 de octubre de 2024), pp. 99-130. https://doi.org/10.20318/labos.2024.9034.

GINÈS I FABRELLAS, A., "La Directiva de trabajo en plataformas". En *Los Briefs de la Asociación Española de Derecho del Trabajo y de la Seguridad Social. Las Claves de 2024,* 421-23. CINCA, 2025. https://www.aedtss.com/wp-content/uploads/2025/01/LIBRO-BRIEFS-2024.pdf.

GORDO GONZÁLEZ, L., *La representación de los trabajadores en las empresas transnacionales.* Valencia, Tirant lo Blanch, 2019.

IONITA, L. "El Pilar Europeo de Derechos Sociales: brújula para transiciones justas hacia una Europa Social más fuerte". *Trabajo y Derecho,* núm. 79-80, 2021.

LAHERA FORTEZA, J. "Las transformaciones del lugar de trabajo." Documentación Laboral, V. III, núm. 118, 2019, pp. 13-25

MATORRAS DÍAZ-CANEJA, A. "Las "stock options"". *Revista General de legislación y jurisprudencia,* núm. 3, 2001, pp. 567-600.

MAZZUCATO, MARIANA. *El estado emprendedor: mitos del sector público frente al privado.* RBA. Taurus. Barcelona, 2019.

MERCADER UGUINA, J. R. "El Reglamento de Inteligencia Artificial: frecuentemos el futuro". En *Los Briefs de la Asociación Española de Derecho del Trabajo y de la Seguridad Social. Las Claves de 2024,* pp. 186-90. CINCA, 2025.

MERCADER UGUINA, J. R. "Hacia una democracia digital en la empresa". LABOS Revista de Derecho Del Trabajo y Protección Social, 4, nº 2 (s. f.): 4-21. https://doi.org/10.20318/labos.2023.7938.

MIÑARRO YANINI, M., *Cambio climático y derecho social: claves para una transición ecológica justa e inclusiva.* Primera edición. Jaén (España): Editorial Universidad de Jaén, 2021.

NIETO ROJAS, P. *Las representaciones de los trabajadores en la empresa.* 1a. edición. Cizur Menor, Navarra: Lex Nova, 2015.

NIETO ROJAS, P. "Algunos problemas en la implementación de los planes de igualdad en las empresas. La falta de interlocución sindical y el trámite registral". *Trabajo y derecho: nueva revista de actualidad y relaciones laborales,* núm. 117, 2024.

OJEDA AVILÉS, A., "La representación uitaria: el "faux ami"". *Revista del Ministerio de Trabajo e Inmigración,* núm. 58, 2005, pp. 343-364.

RODRÍGUEZ-PIÑERO ROYO, M. "La figura del trabajador de plataforma: las relaciones entre las plataformas digitales y los trabajadores que prestan sus servicios". En *El trabajo en plataformas digitales: análisis sobre su situación jurídica y regulación futura,* España, Wolters Kluwer, 2018, 17-36.

ROJO TORRECILLA, EDUARDO. "La construcción del Pilar Europeo de Derechos Sociales. De la Propuesta Juncker (9.9.2015) a la Recomendación de la Comisión Europea (26.4.2017) ¿Más Europa social o reordenación del marco normativo vigente?" *Revista Galega de Dereito Social,* 2017, pp. 9-74.

RUIZ SAURA, J. E., "Representación Unitaria y digitalización del trabajo: diagnóstico y propuestas de mejora". *Revista de Derecho Social,* núm. 106, abril de 2024, pp. 81-108.

SÁNCHEZ-URÁN AZAÑA, Y. "Economía de plataformas digitales y concepto de trabajador en el Derecho de la Unión Europea". En *Derecho del Trabajo y protección social de la Unión Europea,* España, Dykinson, 2019, pp. 87-100.

SERRANO OLIVARES, R. *Lugar de trabajo, domicilio y movilidad geográfica.* Consejo Económico y Social de España, Madrid, 2000.

TODOLÍ SIGNES, A. ""Democracia en el trabajo y codeterminación ante el uso de la IA en la empresa: algo más que negociar el algoritmo"" *Revista Crítica de Relaciones de Trabajo,* núm. Extraordinario 2 (2024), pp. 229-250.

TODOLÍ SIGNES, A. "El principio de transparencia algorítmica en su dimensión individual y colectiva". *Trabajo y Derecho,* núm. Extra. 19, 2024.

TODOLÍ SIGNES, A. "La Directiva para la mejora de las condiciones laborales en plataformas digitales de trabajo. Contenido y propuestas para la trasposición". En *Los Briefs de la Asociación Española de Derecho del Trabajo y de la Seguridad Social. Las Claves de 2024.* CINCA, 2025.

TODOLÍ SIGNES, A. "Plataformas digitales y concepto de trabajador: una propuesta de interpretación finalista". *Lan harremanak: Revista de relaciones laborales,* núm. 41, 2019, p. 1.

ASPECTOS PROCESALES

Eficiencia digital y Recurso de Amparo

MAGDALENA NOGUEIRA GUASTAVINO
Catedrática de Derecho del Trabajo y de la Seguridad Social (UAM)

1. DE LA MANO DEL RECURSO DE AMPARO

Andaba el año 2000, pronosticado como el del fin del mundo, cuando un nuevo horizonte surgía en mi vida, pero también en la de Jesús Mercader Uguina, cuando entramos juntos como Letrados en una institución que a ambos nos ha marcado la vida: el Tribunal Constitucional. Yo llevaba en la vida de mi "hermano" mucho tiempo. En concreto, desde el curso especial de 1986, en el que me enseñó que el trabajo de investigación no era opinar sin más, solo porque yo pensara que algo preconcebido era muy interesante y agudo, sino que consistía en un arduo proceso en el que primero corresponde leer mucho, contrastar posiciones y, entonces sí, dar mi opinión, pero de modo ampliamente fundado y argumentado jurídicamente. Desde entonces, con independencia del mayor o menor contacto personal, nuestras almas siempre han seguido vinculadas y cuando la ajetreada vida nos permite un respiro conjunto, se mantiene la agradable y cómplice sensación de que nos vimos ayer.

Elegir cualquier aspecto relativo al recurso de amparo resultaba una consecuencia natural cuando amablemente se me ofreció participar en un libro homenaje a mi referente y amigo. Las vivencias en el Tribunal Constitucional y nuestro aprendizaje conjunto sobre la realidad práctica de este excepcional instrumento constitucional nos llevaron en el año 2005 a escribir en coautoría el libro publicado en Tirant lo Blanch sobre *El recurso de amparo: un enfoque laboral.* Posteriormente, de forma regular, comenzamos a colaborar con la editorial Francis Lefebvre en su Memento de Procedimiento Laboral, tratando específicamente el recurso de amparo, así como en la puesta al día de las sentencias de interés laboral que, en esta materia, o en otros procesos constitucionales, fuera dictando el Alto Tribunal. Más de veinte años ya desde que comenzó esta última colaboración, durante los cuales las nieves del tiempo platearon nuestra sien, haciéndonos sentir que, aunque es un soplo la vida, veinte años no es nada y nuestra mirada, aun errante en las sombras, se seguirá buscando en cualquier amanecer.

De estos 25 años juntos vinculados de uno u otro modo con el recurso de amparo y con los derechos procesales que le son inherentes, Jesús siempre se ha inclinado por estudiar aspectos de teoría general de modo individual o acompañado de reconocidos juristas. Así, es de sobra conocido su artículo con el tristemente fallecido Aurelio Desdentado Bonete en relación con la "motivación y congruencia de las sentencias en la doctrina del Tribunal Constitucional", publicado en la Revista *Derecho Privado y Constitución* en 1994; su estudio sobre la "tutela judicial efectiva, control de razonabilidad de las decisiones judiciales y canon reforzado de motivación en la doctrina del Tribunal Constitucional", publicado en 2008 en la Revista del *Ministerio de Trabajo y Asuntos Sociales*; o su más reciente planteamiento sobre "el principio de proporcionalidad como límite al control laboral basado en la inteligencia artificial" en la revista *Trabajo y Derecho,* en el número extraordinario publicado en este año 2024. La tutela judicial efectiva ha sido, igualmente, tema de su preocupación intelectual, como lo demuestran sus estudios sobre "la tutela judicial como derecho fundamental sustantivo: la garantía de indemnidad en la jurisprudencia constitucional" de 2009 en el libro sobre el despido disciplinario realizado en el *Homenaje al Profesor Juan Antonio Sagardoy Bengoechea* o sobre "tutela judicial efectiva y jurisdicción de trabajo" en el libro colectivo sobre la *Constitución Laboral* dirigido por Joaquín García Murcia en 2020. De modo más general, también ha procurado realizar un repaso general de "la jurisprudencia constitucional en materia social, veinticinco años después" en el año 2008 junto a Ignacio García Perrote en el libro colectivo sobre *la tutela jurisdiccional de los derechos fundamentales por los tribunales ordinarios,* coordinado por Pablo Lucas Murillo y Encarnación Carmona.

Los temas tratados por Jesús en relación con este recurso constitucional han quedado enormemente clarificados con sus interesantes y acertados estudios jurídico, pero dado el perfil tecnológico del homenajeado, me ha parecido oportuno examinar una nueva vertiente del recurso de amparo, la de su digitalización, preguntándome si es aplicable la denominada legislación de eficiencia digital y procesal al recurso de amparo o, dicho de otro modo, si se puede, y en qué medida, extrapolar al recurso de amparo el RDL 6/2023 como modo de conexión entre las dos facetas que nos unen.

2. LA REFORMA PROCESAL DE 2023 Y LAS PRETENSIONES DE EFICIENCIA DIGITAL, PROCESAL Y ORGANIZATIVA

El Real Decreto-ley 6/2023, de 19 de diciembre, aprueba medidas urgentes para la ejecución del Plan de Recuperación, Transformación y Resiliencia en materia de servicio público de justicia, función pública, régimen local y mecenazgo. Se trata de una norma ómnibus que abarca dispares cuestiones y materias. De entre todas ellas, nos interesa aludir, exclusivamente, a las contenidas en el Libro I del RDL que es donde se concentran las medidas de eficiencia digital o destinadas a la *digitalización,* con seguridad y eficiencia, de la Administración de Justicia.

La reforma profundiza en la digitalización iniciada con la Ley 18/2011-que ahora se deroga— y desarrolla nuevas medidas tecnológicas, como la celebración de vistas y actos procesales de forma telemática, que demostraron su eficacia durante la crisis del COVID-19. El Libro I del RDL 6/2023 contempla una completa regulación de medidas transversales para modernizar la Justicia, estabilizando y mejorando algunas de las medidas de emergencia previa, respetando los derechos fundamentales y adaptando el sistema judicial español a las demandas tecnológicas actuales. Entre sus objetivos destacan la promoción de la relación digital entre ciudadanía y Justicia, la transparencia, la eficiencia y la rendición de cuentas. Las herramientas digitales son consideradas mecanismos complementarios para agilizar procedimientos, pero sin reemplazar la esencia de la potestad jurisdiccional prevista en el artículo 117.3 de la CE, evitando así modelos de justicia predictiva o robótica.

Hasta ahora, la digitalización había avanzado progresivamente en diversas áreas de la Administración, pero quedaba pendiente su plena integración en la Administración de Justicia, que requería interoperabilidad entre plataformas y sistemas para garantizar un servicio público digital de calidad. Para ello se busca asegurar, de manera uniforme en todo el territorio nacional, servicios que incluyan, al menos, la itinerancia de expedientes electrónicos, la transmisión de documentos electrónicos entre órganos judiciales y fiscales, la interoperabilidad de datos entre ellos, el acceso de la ciudadanía a servicios, procedimientos e información judicial relevante, así como la adecuada identificación y participación de los intervinientes en actuaciones y servicios no presenciales.

Sin ser éste el lugar para profundizar en el Libro I que es donde se concentra la digitalización[1], parece pertinente destacar, al menos, su estructura y algunas de sus novedades más significativas[2].

De este modo, el Título Preliminar establece las disposiciones que regulan la utilización de las tecnologías de la información por parte de los ciudadanos y de los profesionales en sus relaciones con la Administración de Justicia, así como las relaciones entre ésta u otras administraciones públicas, organismos y entidades de derecho público vinculadas. En definitiva, promueve una Administración de Justicia digital integrada, accesible y segura, con servicios homogéneos que faciliten la interacción de ciudadanos y profesionales, mejorando la eficiencia y la cooperación internacional. Se prioriza el uso de tecnologías que garanticen la seguridad jurídica digital mediante autenticidad, confidencialidad, integridad, disponibilidad, trazabilidad e interoperabilidad de datos y servicios. Asimismo, busca resolver la fragmentación digital entre Comunidades Autónomas ofreciendo servicios equivalentes en todo el territorio, facilitando la transferencia de expedientes electrónicos, la interoperabilidad de datos y un registro único para escritos y comunicaciones. Se contempla igualmente un portal personalizado con información y servicios judiciales relacionados con sus procedimientos (Punto de acceso general), un registro de contacto electrónico interoperable para facilitar la comunicación con los usuarios, así como una serie de herramientas digitales avanzadas como el Tablón edictal único y el registro electrónico de apoderamientos judiciales.

El Título I regula los derechos digitales de la ciudadanía y profesionales en su relación con la Administración de Justicia, garantizando el uso de medios electrónicos para consultar el estado de los procedimientos, acceder al expediente judicial electrónico y obtener copia de documentos, así como para el uso de sistemas de identificación y firma electrónica.

---

1 Sobre estas cuestiones generales, en apretada síntesis, puede verse: MAGRO SERVENT V., "Análisis del Real Decreto Ley 6/2023, de 19 de diciembre. Aspectos procesales y de funcionalidad tecnológica en la justicia", *Diario LeA LEY*, n. 10412, de 21 de diciembre de 2023, sección Doctrina. Disponible en https://diariolaley.laleynext.es/dll/2023/12/22/analisis-del-real-decreto-ley-6-2023-de-19-de-diciembre-aspectos-procesales-y-de-funcionalidad-tecnologica-en-la-justicia, consulta 16 diciembre 2024.

2 Su exposición general sigue las líneas ya expuestas en NOGUEIRA GUASTAVINO M., "Eficiencia digital y procesal en la justicia (RDL 6/2023) y su impacto en la Ley Reguladora de la Jurisdicción Social", *Revista General de Derecho del Trabajo y de la Seguridad Social*, n. 67/2024, pp. 351-384.

Asimismo, establece el deber de la Administración de Justicia de proporcionar medios tecnológicos seguros e interoperables para la tramitación electrónica y dotar al personal de sistemas que aseguren la protección de datos personales. Se introduce el derecho a la desconexión digital para los profesionales, promoviendo la conciliación laboral, personal y familiar, en conformidad con la legislación procesal.

El Título II se dedica al "acceso digital a la Administración de Justicia" abordando la creación y funcionamiento de la sede judicial electrónica, la Carpeta Justicia y los sistemas de identificación y firma electrónica necesarios para garantizar dicho acceso. En síntesis, se define la sede judicial electrónica como una plataforma digital gestionada por las administraciones competentes, diseñada para ofrecer acceso a servicios judiciales como consulta de expedientes, notificaciones, el Tablón Edictal Judicial Único, y servicios de asesoramiento. Está sujeta a principios como publicidad, seguridad, accesibilidad e interoperabilidad, asegurando la confidencialidad e integridad de la información. Se regula el denominado "Punto de Acceso General" como portal que centraliza el acceso a servicios digitales de la justicia, como la Carpeta Justicia, directorios de sedes electrónicas y otros servicios públicos relacionados. La mencionada Carpeta constituye un sistema único y personalizado que permite a cada usuario gestionar sus expedientes, citas, actos de comunicación, quejas y más, requiriendo identificación previa. Igualmente se detallan sistemas necesarios para asegurar la autenticación en servicios digitales, incluyendo videoconferencias seguras y mecanismos para personas sin certificado electrónico, mediante apoyo de funcionarios habilitados.

El Título III establece las bases para la digitalización integral de los procedimientos judiciales, organizando sus disposiciones en ocho capítulos que incluyen: disposiciones generales, inicio del procedimiento, tramitación orientada al dato, documentos judiciales electrónicos, expediente judicial electrónico, comunicaciones electrónicas, y actuaciones automatizadas, proactivas y asistidas. La tramitación orientada al dato resulta de enorme interés. Se prioriza el uso de metadatos y modelos interoperables para gestionar información judicial, así como facilitando con ello las búsquedas, los análisis de datos, la automatización de tareas y el uso de inteligencia artificial. Destaca la previsión de actuaciones asistidas que permiten generar un borrador total o parcial de texto, que pueda servir de apoyo a la tarea del juez o jueza, magistrado o magistrada, fiscal y letrado o letrada de la Administración de Justicia, pero bajo supervisión humana, quedando el pleno control en manos de los mencionados operadores jurídicos. Se precisan aspectos del expediente judicial electrónico y se prioriza la documentación judicial electrónica segura y trazable. Se generalizan las comunicaciones electrónicas (excepto en casos donde las personas físicas no representadas por procurador opten por medios no electrónicos) y la presentación telemática de documentos. Finalmente, como otro dato a destacar, se busca la generalización de la celebración de vistas y actos procesales por vía telemática, permitiendo la no presencialidad y facilitando la interacción digital, previa identificación segura y fiable.

El Título IV regula los actos y servicios no presenciales, promoviendo el uso de videoconferencias y otros sistemas telemáticos para reducir costes[3] y facilitar la atención ciudadana y profesional. Se permite la atención telemática, es decir, por videoconferencia desde puntos de acceso seguros, garantizando la encriptación, integridad y confidencialidad de las comunicaciones. Se exige la identificación electrónica y la firma de los actos electrónicamente. La videoconferencia debe realizarse desde los denominados "puntos seguros", es decir, mediante dispositivos que garantizan la identificación, la interoperabilidad y la protección de la información y desde "lugares seguros" donde se incluyen las oficinas judiciales y sedes de servicios jurídicos de entidades públicas (Abogacía del Estado, Seguridad Social, y Comunidades Autónomas). Se prevén las salas de vista virtuales para actuaciones telemáticas y videoconferencias, aplicables tanto en funciones jurisdiccionales como no jurisdiccionales.

El Título V del mismo Libro (arts. 69-80) contempla una completa regulación de los registros de la Administración de Justicia (registro de datos personales para el contacto electrónico —voluntario para ciudadanía y obligatorio para profesionales—, el registro judicial electrónico con su cómputo de plazos, el registro electrónico común de la Administración de Justicia, el registro de apoderamientos judiciales y el registro de personal al servicio de la Administración de Justicia) así como de los archivos elec-

---

[3] No obstante, durante la pandemia, la videoconferencia a través de una legislación de urgencia generaba problemas y se aconsejaba sólo para supuestos sencillos no muy problemáticos o con una actividad probatoria no muy compleja, sin que, además, estuviera muy clara la economía procesal como consecuencia de la ausencia de sistemas técnicos fiables, equipos adecuados o ausencia de wifi en las salas de vistas, o por la existencia de unas normas procesales no adaptadas completamente a las nuevas tecnologías y con graves carencias en lo tocante a la digitalización de los expedientes. Al respecto *vid.* SANCRISTOBAL VILLANUEVA J. M., "La tramitación del proceso social por medios telemáticos y sus problemas", *Trabajo y derecho: nueva revista de actualidad y relaciones laborales*, n. extraordinario 12/2020, pp. 2-31.

trónicos, previéndose la creación de un sistema para conservar y acceder a expedientes y documentos electrónicos, que será interoperable con los sistemas de gestión procesal, y el resto de los sistemas de archivo de conformidad con la normativa técnica aprobada en el Comité técnico estatal de la Administración judicial electrónica.

El Título VI lleva por rúbrica "Datos abiertos" y regula el Portal de Datos de la Administración de Justicia, para facilitar información procesada y precisa sobre la actividad, carga de trabajo y otros datos relevantes de todos los órganos, servicios y oficinas judiciales y fiscales de España. El título VII mantiene la estructura de la Ley 18/2011, en cuanto a la cooperación entre las administraciones con competencias en materia de Justicia, el Esquema Judicial de Interoperabilidad (con registros dela propiedad, bienes muebles, mercantiles, notarías) y Seguridad y las demás normas sobre seguridad, en especial, la protección de datos en el uso de medios tecnológicos e informáticos y la protección de datos en los documentos electrónicos. Por último, cierra el Libro I el Título VIII sobre "medidas de eficiencia procesal servicio público de justicia" donde, ya de modo específico y no transversal, se procede a la modificación concreta de varias leyes procesales y, en concreto, de la Ley 29/1998, de 13 de julio, reguladora de la Jurisdicción Contencioso-administrativa, la Ley 1/2000, de 7 de enero, de Enjuiciamiento Civil, la Ley 36/2011, de 10 de octubre, reguladora de la Jurisdicción Social y la Ley 15/2015, de 2 de julio, de la Jurisdicción Voluntaria.

3. EFICIENCIA DIGITAL Y RECURSO DE AMPARO

3.1. El limitado alcance de la reforma en la jurisdicción constitucional

La importante reforma que ha supuesto en aras de la digitalización de la Administración de Justicia el RDL 6/2023, obliga a cuestionarse hasta qué punto, y con qué alcance, son extrapolables las modificaciones contenidas en dicha norma en el marco del funcionamiento del proceso constitucional que supone el recurso de amparo.

La idea principal de la que hay que partir es la de que el RDL 6/2023 proyecta todas sus novedades y la eficiencia digital en el ámbito de la "Administración de Justicia". Pero el Tribunal Constitucional no forma parte de ella. La Constitución Española (en adelante CE) contempla al Poder Judicial (regulado en el Título VI) y al Tribunal Constitucional (regulado en el Título IX) como dos órganos constitucionales diferentes, de ahí que su tratamiento particular se realice en Título separados.

Por lo que se refiere al poder judicial, la CE nos recuerda que el ejercicio de la potestad jurisdiccional corresponde exclusivamente a los Juzgados y Tribunales determinados por las leyes, según las normas de competencia y procedimiento que las regule (art. 117.3 CE). Y la norma que regula la constitución, funcionamiento y gobierno de dichos Juzgados y Tribunales es la Ley Orgánica del Poder Judicial (art. 122 CE).

Precisamente, el art. 3 de la Ley Orgánica del Poder Judicial (LOPJ) nos recuerda que "la jurisdicción es única" y se su ejercicio corresponde a los Juzgados y Tribunales previstos en dicha Ley "sin perjuicio de las potestades jurisdiccionales reconocidas por la Constitución a otros órganos". En el Estado español, los órganos judiciales que ejercen dicha potestad jurisdiccional son los Juzgados de Paz, Juzgados de Primera Instancia e Instrucción, de lo Mercantil, de Violencia sobre la Mujer, de lo Penal, de lo Contencioso-Administrativo, de lo Social, de Menores y de Vigilancia Penitenciaria; las Audiencias Provinciales, los Tribunales Superiores de Justicia. A nivel nacional, esa potestad es ejercida por la Audiencia Nacional y el Tribunal Supremo (EM LOPJ, art. 26 LOPJ actualizado tras LO 1/2004). El Tribunal Supremo, con jurisdicción en todo el territorio nacional, se erige como el órgano jurisdiccional superior en todos los órdenes, "salvo lo dispuesto en materia de garantías constitucionales" (art. 123.1 CE, art. 53 LOPJ).

La Constitución Española establece en su Título IX una regulación diferenciada para el Tribunal Constitucional, separado del poder judicial. Como ocurre con la ordinaria, la jurisdicción constitucional es también única y, a semejanza del Tribunal Supremo, la jurisdicción del Tribunal Constitucional también se extiende a todo el territorio nacional (art. 161.1 CE). Pero a diferencia de la ordinaria, la constitucional es una jurisdicción concentrada pues está integrada por un único órgano constitucional: el Tribunal Constitucional. Este órgano constitucional goza de autonomía presupuestaria y organizativa para poder desempeñar las funciones que la Constitución le asigna (art. 165 CE). Como con claridad declara el art. 1 de la Ley Orgánica del Tribunal Constitucional (LOTC), el TC se configura como el "intérprete supremo de la Constitución, es independiente de los demás órganos constitucionales y está sometido sólo a la Constitución y a la presente Ley Orgánica". Además, señala que el Tribunal es único en su orden y extiende su jurisdicción a todo el territorio nacional, reafirmando su singularidad y relevancia dentro del sistema institucional español.

Pero el hecho incontrovertido de que el TC no forme parte del poder judicial no es suficiente para excluir la aplicación de algunas de las novedades introducidas por el RDL 6/2023. Al igual que otros órganos de la jurisdicción ordinaria, el TC requiere de los instrumentos procesales adecuados para la tramitación de los procedimientos que le confiere la Constitución (ATC 184/1987). Las resoluciones del TC poseen naturaleza judicial (STC 175/2021) y, en su función jurisdiccional, aunque singular, están respaldadas por el artículo 3 de la LOPJ, que reconoce potestades jurisdiccionales a otros órganos constitucionales, como el TC o el Tribunal de Cuentas. Esto impide, sin un análisis más profundo, descartar completamente la aplicación de las normas de eficiencia digital en el ámbito del recurso de amparo.

3.2. La digitalización autónoma, pero interdependiente, del Tribunal Constitucional

La Ley 18/2011, de 5 de julio reguladora del uso de las tecnologías de la información y la comunicación en la Administración de Justicia establecía la obligatoriedad por parte de todos sus integrantes del uso de los sistemas informáticos por los órganos y oficinas judiciales y fiscalías, en la gestión de todos los procedimientos y en la actuación judicial, así como la utilización de las tecnologías de la información por parte de los ciudadanos y profesionales en sus relaciones con la Administración de Justicia. La Ley 42/2015, de 5 de octubre, de reforma de la LEC, impuso desde el día 1 de enero de 2016, la obligatoriedad de todos los profesionales de la justicia, órganos y oficinas judiciales y fiscales, de utilizar los sistemas telemáticos existentes en la Administración de Justicia para la presentación de escritos y documentos, así como para la realización de los actos de comunicación procesal (DF 12.2). Con el RD 1065/2015, de 27 de noviembre, sobre comunicaciones electrónicas en la Administración de Justicia en el ámbito territorial del Ministerio de Justicia, se regulaba el conocido como sistema *LexNET* cuya puesta en marcha quedaba fijado para el 1 de enero de 2016. La norma recogía los usuarios integrados obligatoriamente en dicho sistema, pero, además, permitía la incorporación voluntaria de otros que pudieran incluirse mediante la celebración del correspondiente convenio (ap. 16 Anexo II). El RDL 6/2023 busca ahora impulsar la eficiencia digital en el ámbito de la Administración de Justicia, modernizando sus procesos y facilitando el acceso a los ciudadanos mediante la implementación de tecnologías avanzadas y la digitalización de trámites.

Aunque ninguna de estas normas resulta directamente aplicable al TC, el alto Tribunal decide desde un inicio alinearse con la transformación digital, si bien de modo independiente, dictando normativa específica. Esta adaptación va a encontrar su principal fundamento jurídico en la reforma introducida por la Ley Orgánica 6/2007, de 24 de mayo, en el artículo 85.2 de la Ley Orgánica del Tribunal Constitucional (LOTC). Este precepto, tras establecer que los escritos de iniciación del proceso deben presentarse en la sede del Tribunal Constitucional dentro del plazo legalmente previsto, y permitir que los escritos de iniciación de un recurso de amparo (no así los correspondientes a otros procesos) puedan presentarse conforme a lo dispuesto en el artículo 135.1 de la Ley de Enjuiciamiento Civil (LEC), reconoce expresamente que "el Tribunal determinará reglamentariamente las condiciones de empleo, a los efectos anteriores, de cualesquiera medios técnicos, electrónicos, informáticos o telemáticos". Al delegar en el TC la regulación específica de los medios técnicos, el precepto dota al Tribunal de flexibilidad para actualizar y ajustar sus procedimientos a los avances tecnológicos.

En el proceso de digitalización del TC y, por ende, del recurso de amparo, de alta relevancia es el Acuerdo de 15 de septiembre de 2016, del Pleno del Tribunal Constitucional, por el que se regula el Registro General y se crea el Registro Electrónico del Tribunal[4] (en adelante ARGERE) en tanto constituye la normativa marco del resto de regulaciones específicas que legitima. En dicho acuerdo, además de crear el Registro Electrónico, se lleva a cabo una refundición normativa que incluye la derogación de acuerdos previos, entre otros, el que establecía el modo de practicar las notificaciones, la recepción de escritos por correo postal, o los horarios del Registro General. El nuevo Registro Electrónico del Tribunal Constitucional tiene como cometido principal la recepción y remisión, por vía electrónica, de escritos y documentos, tanto de índole jurisdiccional como gubernativa, vinculados al ámbito competencial del Tribunal (art. 8). El acceso a este registro se efectúa través de la sede electrónica del Tribunal, en la dirección electrónica «www.tribunalconstitucional.es» (art. 9). Aunque el Acuerdo prevé que la presentación de escritos y documentos a través del Registro Electrónico será voluntaria, también prevé la posibilidad de imponer su uso obligatorio para ciertos colectivos. En concreto, se dispone que "podrá establecerse la obligación de presentar determinados escritos y documentos a través del Registro Electrónico cuando los interesados o sus representantes sean personas jurídicas o colectivos de personas físicas que, por razón de su capacidad económica o técnica, dedicación profesional u

---

4 BOE núm. 284, de 24 de noviembre

otros motivos, tengan la disponibilidad de los medios tecnológicos precisos" (art. 10).

El funcionamiento general del Registro Electrónico se regula en el art. 12 del Acuerdo, donde se señala que: (i) se pueden presentar escritos y documentos todos los días del año, durante las veinticuatro horas del día, sin perjuicio de las interrupciones necesarias para el mantenimiento técnico u operativo, de las que se informará con la mayor antelación posible en la sede electrónica del Tribunal, (ii) para el cómputo de plazos, el Tribunal Constitucional se rige por el calendario de días inhábiles y la hora oficial aplicables en Madrid; la presentación de documentos en un día inhábil se considerará realizada a las cero horas y un segundo del primer día hábil siguiente, conforme al calendario de días inhábiles y la hora oficial de la localidad sede (iii); la presentación de documentos genera la asignación automática de un número de registro, el cual estará vinculado al Registro General, lo que permite organizar de manera automática la numeración correlativa de los asientos, en función del orden temporal de recepción o salida; (iv) asimismo la presentación de escritos dará lugar a la práctica de un asiento en el que se contenga la fecha y hora en que se produzca, la identificación de las personas físicas o jurídicas concernidas en la presentación, el contenido esencial del documento registrado, el procedimiento y trámite al que se refiere, así como cualquier otra información que se estime necesaria; (v) se generará un recibo consistente en una copia autenticada del documento de que se trate, incluyendo la fecha y hora de presentación y el número de registro de entrada, así como un recibo acreditativo de los documentos que la acompañen; (vi) el registro se reserva el derecho de rechazar documentos electrónicos que presenten códigos maliciosos o dispositivos que puedan comprometer la integridad o seguridad del sistema y puede rechazar cualquier documento que no cumpla con los campos obligatorios de los formularios estandarizados o que contenga incongruencias que impidan su procesamiento; (vii) la aplicación informática del Registro Electrónico deberá permitir la obtención de los datos necesarios para la elaboración de la estadística del Tribunal.

Este Acuerdo declara responsable de la seguridad del Registro Electrónico a la Secretaría General, a través del Servicio de Informática (art. 13), y habilita al Secretario General para dictar resoluciones de desarrollo del acuerdo para establecer, progresivamente, los trámites y actuaciones susceptibles de efectuarse a través del Registro Electrónico, las personas jurídicas y colectivos de personas físicas que resultan obligados a la presentación de documentación a través del Registro Electrónico, los sistemas de autenticación y firma electrónica admitidos para la presentación de los documentos, así como los formularios y modelos normalizados de escritos susceptibles de utilizarse a través del Registro Electrónico (art. 14). En ejercicio de esta habilitación se dicta la Resolución de la Secretaría General del Tribunal Constitucional, de 25 de noviembre de 2016, fijando inicialmente el ámbito de aplicación del Registro Electrónico del Tribunal Constitucional en la presentación de demandas de amparo, si bien con carácter voluntario. Resolución publicada en la sede electrónica del Tribunal Constitucional incorporada en la nueva página web institucional del TC (www.tribunalconstitucional.es) y que fue presentada en un acto público el 23 de noviembre de ese mismo año y donde se incorpora el registro electrónico[5]. El Registro Electrónico para los recursos de amparo voluntarios comenzó a operar el 2 de enero de 2017.

El 23 de diciembre de 2016 el Tribunal firma un Convenio de colaboración con el Ministerio de Justicia para facilitar el acceso y uso del servicio LexNet (BOE núm. 10, de 12 de enero de 2017). El objetivo de esta integración era permitir la interacción telemática y el envío de documentos electrónicos entre el Tribunal Constitucional y los profesionales jurídicos que intervengan en procesos constitucionales. Por ello, mediante un Acuerdo del Pleno del TC, de 21 de abril de 2016[6], se autorizó la utilización de la plataforma LexNet para las comunicaciones procesales del Tribunal Constitucional, siempre que se garantizara la constancia de la fecha y hora de transmisión y recepción del contenido íntegro de las comunicaciones, así como la identidad del remitente y del destinatario (apartado 1º). Las buenas intenciones detrás de este proyecto se frustraron y no se pudo implementar el sistema LexNet en el TC hasta mucho después, en el año 2021, por los enormes problemas técnicos encontrados.

En el mismo año en que se implementa el Registro Electrónico para recursos de amparo, se decide ampliar su ámbito de aplicación y modificar su carácter voluntario. Mediante Resolución de 24 de febrero de 2017, emitida por la Secretaría General del Tribunal Constitucional, se extiende el uso del registro, permitiendo no solo la presentación de demandas de

---

[5] Como se detalla en la *Memoria del Tribunal Constitucional* de 2016, p. 117. Disponible en https://www.tribunalconstitucional.es/es/memorias/Documents/Memoria-2016.pdf

[6] La referencia se encuentra en el séptimo expositivo del Convenio establecido entre el Tribunal Constitucional y el Ministerio de Justicia, según la Resolución de 30 de diciembre de 2016 emitida por la Secretaría de Estado de Justicia, que publica el Convenio de colaboración para el acceso y uso del servicio LexNET del Ministerio de Justicia (BOE de 12 de enero de 2017).

amparo, sino también de cualquier otro tipo de escritos que deban producir efectos en los procesos de amparo. A tal fin, la posterior resolución de la Secretaría General de 23 de noviembre de 2017, amplia los sistemas de autenticación y los métodos electrónicos aceptados para la presentación de documentos[7]. Pero en esta misma Resolución se preceptúa igualmente que a partir del 1 de enero de 2018, el uso del registro electrónico pasa de ser voluntario a obligatorio para la presentación de demandas, escritos y documentos que deban tener efectos en procesos de amparo a través de un Procurador. Con esta última precisión se mantenía (y se mantiene) la posibilidad de presentar demandas de amparo de manera no electrónica, principalmente en casos de escritos enviados por solicitantes de justicia gratuita o por personas recluidas en establecimientos penitenciarios.

Por Acuerdo de 19 de julio de 2018, del Pleno del Tribunal Constitucional, se establecen directrices para las comunicaciones procesales al Ministerio Fiscal[8]. Este acuerdo unifica criterios y determina que las Secretarías de Justicia del Tribunal, tras la presentación de la demanda de amparo y su documentación anexa, deben notificar al Fiscal y al Procurador del recurrente, mediante diligencia de ordenación, la recepción de dicha demanda y su documentación, especificando el número y la sección correspondiente. Este mismo acuerdo dispuso postergar hasta el 1 de enero de 2020 la eliminación de los traslados en papel de las demandas de amparo y su documentación asociada, en cumplimiento de lo dispuesto en la Ley 12/2017, de 28 de diciembre[9].

En 2019 se extiende la habilitación de la sede electrónica del Tribunal a la presentación de escritos y documentos que deban surtir efectos en todo

---

7 En consecuencia, además de los sistemas de autenticación y firma electrónica previamente aceptados para la presentación de documentos, que incluían el DNI electrónico y los certificados emitidos por la Fábrica Nacional de La Moneda y Timbre (FNMT) para personas físicas de clase 2 y empleados públicos de clase AP, se incorpora la posibilidad de utilizar los certificados emitidos por la Autoridad de Certificación de la Abogacía (ACA). Esta actualización se detalla en la *Memoria del Tribunal Constitucional,* 2017, pp. 38-39.

8 Su texto en la *Memoria del Tribunal Constitucional,* 2018, p. 139.

9 Ley 12/2017, de 28 de diciembre, de modificación de la Ley 42/2015, de 5 de octubre, de reforma de la Ley 1/2000, de 7 de enero, de Enjuiciamiento Civil, para garantizar la efectividad de los actos de comunicación del Ministerio Fiscal (BOE de 29 de diciembre de 2017).

tipo de procesos constitucionales (Resolución de 16 de diciembre de 2019 de la Secretaría General sobre el registro electrónico[10])

Más allá de la implementación del registro electrónico, el Tribunal Constitucional ha avanzado significativamente en su digitalización, adaptándose a las normativas de transparencia, protección de datos y modernización tecnológica. Este proceso cobró especial relevancia durante la pandemia de 2020, cuando se aprobó el proyecto denominado «Pleno telemático» con objeto de desplegar un conjunto de medidas enfocadas en la seguridad de las redes corporativas, incluyendo la clasificación y segmentación de información, la implementación de sistemas de videoconferencia y el trabajo remoto. Se trataba de habilitar la celebración de reuniones de Pleno, Salas y Secciones por parte de los magistrados, además de garantizar el trabajo eficaz de letrados y personal administrativo a fin de superar las barreras principales de la falta de movilidad. En el marco de este proceso, se reforzó la seguridad interna de la red mediante la implementación de sistemas de control lógico de acceso a la red (NAC) y un avanzado sistema antimalware (XDR), basado en plataformas de detección y respuesta con aprendizaje automático. Asimismo, por medio del Acuerdo de 18 de febrero de 2021 (BOE núm. 48, de 25 de febrero de 2021), el Pleno del Tribunal Constitucional declaró que el tratamiento de datos personales en su ámbito se realiza de acuerdo con lo dispuesto en el Reglamento (UE) 2016/679 del Parlamento Europeo y del Consejo, de 27 de abril (Reglamento General de Protección de Datos), así como en la Ley Orgánica 3/2018, de 5 de diciembre, de Protección de Datos Personales y Garantía de los Derechos Digitales, en lo que resulten aplicables. Este mismo año el TC introduce la firma electrónica en documentos jurisdiccionales, integrándose completamente con el sistema de tramitación de las Secretarías de Justicia del Tribunal Constitucional. A pesar de que el convenio firmado en 2016 con el Ministerio de Justicia expiró en 2017 sin lograr la culminación del sistema LexNet en el Tribunal Constitucional, a partir del 1 de julio de 2021, se inicia por fin la notificación electrónica como medio oficial de comunicación del Tribunal utilizando dicha plataforma[11]. Este desarrollo marca un hito

---

[10] Disponible en la sede del TC en la pestaña sobre normativa: https://www.tribunalconstitucional.es/es/tribunal/normativa/Normativa/Resoluci%C3%B3n%20SG%20sobre%20registro%20electr%C3%B3nico.pdf

[11] En concreto, la Resolución de la Secretaría General del Tribunal Constitucional del 4 de junio de 2021, se establece que, desde esa fecha, el Tribunal llevará a cabo sus actos de comunicación procesal a través del sistema informático "LexNET" para los usuarios jurídicos que estén integrados en dicha plataforma y, en cuanto

en la modernización y digitalización de las comunicaciones procesales del Tribunal Constitucional, alineándolas con los estándares tecnológicos y de interoperabilidad exigidos.

En 2023, el Tribunal Constitucional centra sus esfuerzos en la agilización del recurso de amparo, aprovechando los avances en digitalización ya consolidados. En el Pleno gubernativo celebrado el 15 de febrero de 2023, se aprueba regular la presentación simplificada de los recursos de amparo a través de la sede electrónica. Por Acuerdo de 15 de marzo de 2023, del Pleno del Tribunal Constitucional (BOE núm. 70, 23/03/2023), se regula la presentación de los recursos de amparo a través de su sede electrónica, estableciendo normas precisas sobre el procedimiento para presentar recursos de amparo en la sede electrónica. Este acuerdo incluye disposiciones específicas sobre el formato de las demandas, fijando límites máximos a su extensión, e incluye la obligación de incorporar un formulario[12] previamente cumplimentado disponible en la sede electrónica, cuyo contenido detallado se encuentra en la página web del Tribunal[13]. En esta misma fecha, 15 de marzo de 2023, el Pleno del Tribunal Constitucional aprobó también un plan de acciones para agilizar el procedimiento interno de admisibilidad de los recursos de amparo autorizando a la Secretaría General para dictar una instrucción en ejecución de las medidas aprobadas. El denominado "plan de choque" fue formalizado mediante la Instrucción de régimen interior de la Secretaría General del Tribunal Constitucional,

---

a la presentación de escritos, tanto los iniciadores como los de trámite, estipula que deben realizarse a través del Registro Electrónico del Tribunal Constitucional, accesible desde la página web institucional del Tribunal. https://www.icpb.es/imgnewsletter/Annex_avis_91-21_TC.pdf consultada el 6-12-2024

12 El formulario tiene como objetivo facilitar a los recurrentes una exposición clara de las lesiones de derechos fundamentales, la especial trascendencia constitucional del recurso y el agotamiento de la vía judicial previa. Aunque no reemplaza la demanda, busca evitar errores en su estructuración y ayudar al Tribunal a identificar los aspectos clave del caso. Esta medida ha reducido las inadmisiones por insuficiente justificación de la trascendencia constitucional del 52,86% al 28,46% según precisa la *Memoria del Tribunal Constitucional de* 2023.

13 El acuerdo establece cuatro reglas: 1) Los recursos de amparo se presentarán a través de la sede electrónica del Tribunal Constitucional; 2) La presentación exigirá la cumplimentación de un formulario previo; 3) Al formulario se adjuntará el escrito de demanda y, en su caso, otra documentación adicional; 4) La demanda de amparo debe atenerse a unas reglas de redacción, que incluyen: una extensión máxima del escrito de demanda de 50.000 caracteres; el tipo y tamaño de fuente, así como el interlineado; y pautas para los archivos electrónicos que acompañen a la demanda.

de 24 de marzo de 2023[14], la cual establece la aplicación de medidas para agilizar el trámite de admisibilidad de los recursos de amparo. Las medidas afectan tanto al trabajo de las Secretarías de Justicia como al de los letrados/as.

Pero será la firma del Convenio de transferencia tecnológica entre el Tribunal Constitucional (TC) y el Ministerio de Justicia el 28 de junio de 2023[15] el que marque un hito en el proceso de digitalización del Tribunal. Este acuerdo, con una vigencia inicial de cuatro años prorrogables por otros cuatro mediante acuerdo expreso, formaliza compromisos mutuos relacionados con la transferencia tecnológica y el uso del sistema de entrega electrónica certificada en el ámbito de la Administración de Justicia (LexNET), que se había comenzado a utilizar gradualmente desde 2021.

En este importante Convenio, el Ministerio de Justicia concede al TC el derecho de acceso y uso de varios sistemas tecnológicos, sin incluir el tratamiento de datos. Entre estos sistemas destacan LexNET, el archivo electrónico de apoderamientos judiciales, la consulta de datos profesionales para facilitar la interacción con operadores jurídicos, el acceso al expediente judicial electrónico (EJE) para la gestión de asuntos jurisdiccionales, el Visor HORUS para el análisis de contenidos de expedientes electrónicos, la gestión del archivo electrónico para el intercambio de información archivística y el uso de proyectos de robotización e inteligencia artificial, cesiones que permitirán el intercambio de conocimientos y el desarrollo de iniciativas conjuntas. Además, el Ministerio se compromete a proporcionar servicios adicionales como asesoramiento, formación, soporte tecnológico, suministro de tarjetas criptográficas y actualización de sistemas, subrayando la colaboración técnica entre ambas instituciones. Por su parte, el TC asume obligaciones recíprocas, principalmente cediendo al Ministerio de Justicia el derecho de acceso y uso, sin tratamiento de datos, de varios de sus sistemas para la Fiscalía ante el Tribunal Constitucional. Estos incluyen la agenda digital del TC, la sede electrónica y el registro telemático (REGTEL), el visor de expedientes accesible a través del portal web del TC y otros recursos como ATRIO, una herramienta para el trabajo remoto.

La digitalización integral del recurso de amparo llevó al Pleno del Tribunal Constitucional a aprobar un Acuerdo el 6 de julio de 2023 (BOE

---

14 Puede encontrarse en la *Memoria del Tribunal Constitucional de* 2023, pp. 151-154.

15 Disponible en: https://www.tribunalconstitucional.es/es/transparencia/informacion-economica/convenios/Lists/Convenios/Attachments/57/Documento%20de%20firma%20del%20convenio.pdf

núm. 164, 11/07/2023) en el que se regula el régimen de días inhábiles en los procesos constitucionales, derogando los acuerdos anteriores que establecían las reglas sobre esta materia y las vacaciones. Este nuevo acuerdo busca adaptarse al funcionamiento continuo del registro electrónico operativo las 24 horas del día durante los 7 días de la semana, así como a las reformas procesales para la conciliación de la vida personal y familiar de los profesionales de la Administración de Justicia[16] que el TC considera trasladables a la jurisdicción constitucional ex art. 80 LOTC. Entre las principales modificaciones, se amplían los días inhábiles, extendiéndolos a todo el período comprendido entre el 24 de diciembre y el 6 de enero, El acuerdo establece, no obstante, algunas excepciones. Así, en el cómputo de plazos de los recursos de amparo electorales, los días se seguirán considerando naturales de acuerdo con el art. 119 de la Ley Orgánica 5/1985, de Régimen Electoral General. Asimismo, cuando se aprecie causa urgente que lo exija y, en todo caso, en los incidentes de medidas cautelares, el Tribunal podrá actuar en días inhábiles, ya sea de oficio o a instancia de parte. Finalmente, el acuerdo mantiene la norma que dispone que, durante los períodos vacacionales, el Tribunal Constitucional estará representado por una Sección compuesta por tres magistrados, garantizando así la continuidad en la gestión de asuntos urgentes.

En la actualidad, se puede afirmar que el proceso de transformación digital en el ámbito jurisdiccional constitucional se encuentra muy consolidado. Este proceso, que prioriza el registro electrónico para la presentación de demandas y documentos en los procesos de amparo constitucional, junto con la utilización de sistemas integrados con la Administración de Justicia para la comunicación de actos del Tribunal Constitucional, permite hoy la gestión digital integral de todos los documentos relacionados con la tramitación jurisdiccional y el tratamiento electrónico de los expedientes en las Secretarías de Justicia del Tribunal Constitucional, mediante el uso de la firma electrónica en las resoluciones judiciales y las notificaciones electrónicas a través de la plataforma LexNet.

---

16 Ley Orgánica 14/2022, de 22 de diciembre (BOE de 23 de diciembre de 2022) de transposición de directivas europeas y otras disposiciones para la adaptación de la legislación penal al ordenamiento de la Unión Europea, en la que se aprovecha para modificar los artículos 182 y 183 de la Ley Orgánica 6/1985, del Poder Judicial,

3.3. El paralelismo digital en la jurisdicción ordinaria y constitucional

Una comparación entre el RDL 6/2023 y el proceso de digitalización del TC pone de relieve el paralelismo digital entre la jurisdicción ordinaria y constitucional. En ambos casos se reconoce la importancia de la digitalización como herramienta clave para agilizar y hacer más eficientes los procesos, además de mejorar el acceso a la justicia. Ambos sistemas han incorporado herramientas digitales, como la sede electrónica, el registro electrónico, o la firma electrónica. Pero en la jurisdicción constitucional se ha hecho de modo independiente y no por imperativo ni aplicación supletoria del RDL 6/2023.

Las sedes judiciales electrónicas, la carpeta de justicia, la consulta de procesos, las reglas de identificación y la firma electrónica, como herramientas clave del Título II del RDL 6/2023 no son estrictamente aplicables al TC, quien ha optado por desarrollar acuerdos y convenios que permiten reproducir los elementos generales del RDL, pero en el marco de una sede electrónica única e independiente como es la del Tribunal Constitucional. En este contexto, la Carpeta de Justicia, regulada en el capítulo II del Título II, no parece aplicable al TC. Esta herramienta, diseñada como un punto de acceso digital que permite a los ciudadanos consultar expedientes, recibir notificaciones y realizar trámites electrónicos relacionados con procedimientos judiciales, no se integra en el sistema del TC. En su lugar, el Tribunal Constitucional cuenta con su propia sede y registro electrónico, que permite la consulta de expedientes constitucionales, aunque con acceso limitado exclusivamente a los representantes procesales de las partes personadas en el proceso, así como a la Abogacía del Estado y a la Fiscalía ante el TC[17]. En la práctica, el acceso podría ser más amplio, dado

---

17 https://registro.tribunalconstitucional.es/Escrito/GetFichaRecurso. La falta de acceso de los abogados se ha cuestionado en el asunto Mazón de 2023 que ha dado lugar al ATC 8/2024. La recurrente interpone recurso de reposición contra la diligencia de 10 de julio de 2023 por cuanto entiende que vulnera el derecho de acceso a la identificación del ponente del recurso de amparo deducido del art. 203.1 LOPJ, en la medida en que remite a la sede electrónica, donde no figura la identificación del ponente del amparo y donde no puede acceder el abogado, sino exclusivamente el procurador. Considera esa parte que el diseño de la sede electrónica tiene fallos que comprometen el principio de racionalidad de la propia institución y solicita la reposición de la diligencia de ordenación y la identificación del magistrado ponente del amparo. El ATC desestima el recurso por ser la inadmisión una cuestión colegiada, pero sin entrar en la restricción de información aducida.

que lo único que se requiere es contar con el número de registro general y el código de identificación, los cuales se encuentran en el "acuse de recibo" obtenido, o el número de proceso asignado posteriormente, que debe ingresarse en la pestaña de consulta de proceso de la sede electrónica.

El Título III del Real Decreto-Ley 6/2023 aborda la tramitación electrónica de los procedimientos judiciales, la digitalización de documentos, el traslado y acceso telemático de escritos y documentos, así como la tramitación orientada al dato. También se enfoca en la firma digital, el tratamiento orientado al dato y el expediente judicial electrónico. Además, se considera la existencia de ciertas actuaciones procesales automatizadas, aspectos que también han sido asumidos por el Tribunal Constitucional en el contexto de una regulación específica y propia coadyuvada por el Convenio celebrado con el Ministerio de Justicia que permite el acceso al expediente judicial electrónico para asuntos que deba conocer el Tribunal y avala por fin cierta interoperabilidad

El Título IV del Real Decreto-Ley 6/2023, se centra en los "actos y servicios no presenciales" y permite actuaciones judiciales por videoconferencia u otros sistemas similares. Aunque en los recursos de amparo no se prevé generalmente la celebración de vistas, el Tribunal Constitucional (TC) ha optado por realizarlas en casos excepcionales en virtud del art. 52 LOTC[18]. Hasta la fecha, las vistas orales se han realizado de manera presencial, aunque no hay restricciones específicas que prohíban el uso de la videoconferencia cuando las circunstancias lo justifiquen, como en casos que involucran cuestiones urgentes o partes situadas fuera de España. Durante la pandemia, el uso de la videoconferencia fue habitual en el Tribunal Constitucional para mantener la normalidad en su actividad interna, con casi 600 reuniones telemáticas, según la Memoria del Tribunal Constitucional de 2021. También se emplearon medios telemáticos en seminarios y eventos internacionales, aunque su uso en el ámbito jurisdiccional ha sido limitado. En todo caso, el Convenio de transferencia tecnológica de 2023 entre el Ministerio de Justicia y el TC busca garantizar la compatibilidad de sistemas y aplicaciones, lo que podría permitir la adopción de videocon-

---

[18] El art. 52 LOTC prevé las vistas como algo facultativo y son pocos los casos en que se han realizado, entre otros, el asunto conocido sobre el ruido y la contaminación acústica de vivienda (119/2001) o el caso GAL (STC 155/2022). Una lista de todos los supuestos en GUTIERREZ GIL A., "Comentario al artículo 52 LOTC", en AAVV (Dir. González Rivas) *Comentarios a la Ley Orgánica del Tribunal Constitucional,* Madrid (BOE, Fundación Wolters Kluwer, Tribunal Constitucional y Centro de Estudios Políticos y Constitucionales), 2020, p. 605.

ferencias comunes para actos procesales y mejorar la gestión de procesos constitucionales a través de puntos seguros o acuerdos específicos. La atención a la ciudadanía y a los profesionales en general, que se promueve en el ámbito de la Administración de Justicia, está contemplada en este mismo Título. En la jurisdicción constitucional se encuentra cubierta, si bien con un ámbito de actuación más específico, centrado en los procesos constitucionales, limitándose solo a actuaciones que impliquen la interacción con ciudadanos y profesionales en el contexto de estos procesos[19].

El Título V del RDL 6/2023 sobre los "Registros de la Administración de Justicia y archivos electrónicos" establece un marco normativo para la gestión electrónica de la información y la documentación, incluyendo la creación de un "registro judicial electrónico" y un "registro electrónico común de la Administración de Justicia". Si bien este último resulta poco aplicable en términos prácticos, el Tribunal Constitucional (TC) ha seguido un enfoque paralelo al desarrollar su propio "Registro Electrónico". Este registro, aunque independiente, presenta un funcionamiento similar en cuanto a la recepción, remisión y gestión de escritos y documentos. En este mismo Título se prevé la creación de un "archivo electrónico" dentro de la Administración de Justicia. En el caso del TC, su archivo general se encarga de gestionar toda la documentación, independientemente de su formato. Desde 2016, el TC ha trabajado en la implementación de su archivo electrónico, avanzando tanto en la digitalización de expedientes en papel como en la gestión de documentos electrónicos presentados a través de su registro electrónico. Estos documentos, junto con los acuses de recibo, se almacenan directamente en un repositorio digital. Paralelamente, se han desarrollado y puesto en marcha el índice electrónico de los expedientes y los sistemas de permisos de acceso. Por otra parte, el Convenio de 2023 permite al TC acceder al expediente judicial electrónico de la Administración de Justicia para consultar los expedientes de los asuntos jurisdiccionales que deba conocer el Tribunal Constitucional. Por último, en este mismo Título se regula igualmente el registro electrónico de apoderamientos judiciales, cuyo acceso, como ya mencionamos, ha sido cedido al TC mediante dicho convenio, permitiendo su utilización en los procedimientos de amparo.

En fin, las previsiones de los Títulos VI y VII, que abordan los datos abiertos para la elaboración de información pública y la cooperación entre

---

19 En especial, la pestaña "Transparencia" de la Web del tribunal Constitucional cubriría la faceta de comunicación ciudadana.

administraciones, así como el esquema de interoperabilidad y seguridad, aunque no aplicables al Tribunal Constitucional (TC), encuentran un claro reflejo en el proceso de digitalización de esta institución. La publicación de las memorias anuales con información estadística detallada sobre la actividad del TC promueve la transparencia exigida dado que el art. 2 de la Ley 19/2013, de Transparencia, incluye expresamente al TC en sus actuaciones sujetas a Derecho administrativo, aunque no en su función jurisdiccional donde la publicidad se exige constitucionalmente). Tras algunos años de dificultad en términos de interoperabilidad, finalmente los sistemas del TC se integran con algunos proporcionados por el Ministerio de Justicia, destacando su conexión con la plataforma LexNET para notificaciones electrónicas. Por último, el art. 56 del último Título subraya destaca la necesidad de garantizar la seguridad en el uso de medios tecnológicos e informáticos, incluyendo la protección de datos, y enfatiza la cooperación entre administraciones, reiterando conceptos ya establecidos en los artículos 4, 5 y 7 del primer Título, que se centra en los derechos y deberes de los ciudadanos en relación con la Administración de Justicia. Confidencialidad y seguridad perseguida por el TC de modo decidido desde 2021[20] como evidencia la Resolución de 21 de octubre de 2022 de la Presidencia del Tribunal Constitucional, que aprueba la Política de Seguridad de la Información para alinear la política del Tribunal[21] con el Real Decreto 311/2022, de 3 de mayo por el que se regula el Esquema Nacional de Seguridad en el ámbito de la Administración Electrónica[22].

4. LA APLICACIÓN SUPLETORIA DE NORMAS PROCESALES: SUPUESTOS Y ALCANCE

Aunque las medidas de eficiencia digital previstas en el RDL 6/2023, como hemos dicho, no se aplican directamente al TC, lo cierto es que las acciones directas y específicas seguidas por el Tribunal Constitucional para

---

20 Como indica la *Memoria del Tribunal Constitucional de 2021*, pp. 100-101.

21 Disponible en la sede del TC dentro de la pestaña Normativa del TC: https://www.tribunalconstitucional.es/es/tribunal/normativa/Normativa/Resolucion%2021102022%20PSITC.pdf

22 Consta en las *Memorias de 2022 y 2023* la participación del TC con el equipo de trabajo del Subcomité de Seguridad del Comité Técnico Estatal de la Administración Judicial Electrónica (CTEAJE), que colabora con el Centro Criptológico Nacional (CCN).

impulsar su propio proceso de digitalización jurisdiccional, han permitido en gran medida la convergencia. Resta, no obstante, por indagar si las medidas contenidas en el mentado RDL pueden impregnar la jurisdicción constitucional de modo indirecto y a través de la vía supletoria que viabiliza el art. 80 LOTC. De acuerdo con este precepto, se acepta la aplicación supletoria al TC de normas procesales en relación con determinadas materias. A decir del art. 80 LOTC (en su redacción por la LO 15/2015 que introdujo su párrafo segundo):

> "Se aplicarán, con carácter supletorio de la presente Ley, los preceptos de la Ley Orgánica del Poder Judicial y de la Ley de Enjuiciamiento Civil, en materia de comparecencia en juicio, recusación y abstención, publicidad y forma de los actos, comunicaciones y actos de auxilio jurisdiccional, día y horas hábiles, cómputo de plazos, deliberación y votación, caducidad, renuncia y desistimiento, lengua oficial y policía de estrados. En materia de ejecución de resoluciones se aplicará, con carácter supletorio de la presente Ley, los preceptos de la Ley de la Jurisdicción Contencioso-administrativa".

Como ha señalado la doctrina[23], el Tribunal Constitucional, en tanto que órgano jurisdiccional, necesita de instrumentos procesales adecuados para la tramitación de los procesos constitucionales. Pero ni la CE ni la LOTC contienen una regulación detallada en este ámbito. Para evitar redundancias, la LOTC se limita a aceptar las disposiciones establecidas por normas procesales específicas, a las que se remite, enfocándose en la regulación de las particularidades propias de la jurisdicción constitucional. A través del principio de supletoriedad se podría argumentar que el RDL 6/2023 es aplicable en aquellos aspectos no regulados por el TC en su camino hacia la digitalización segura. Sin embargo, la doctrina constitucional establece de modo reiterado que la supletoriedad se ciñe exclusivamente a normas procesales, y solo las mencionadas (LOPJ y LEC) —aunque a partir de la reforma de 2015 deberá añadirse la LJCA (LO 15/2025)—. Esta limitación implica que no se extiende a otras normas procesales o sustantivas no mencionadas, y que la supletoriedad se circunscribe únicamente a la regulación de las materias específicas determinadas por dicho

---

[23] Un extenso análisis de la supletoriedad en CORTE HEREDERO N., MORENO FERNÁNDEZ J. I., "Comentario al artículo 80 LOTC", en AAVV (Dir. González Rivas) *Comentarios a la Ley Orgánica del Tribunal Constitucional*, Madrid (BOE, Fundación Wolters Kluwer, Tribunal Constitucional y Centro de Estudios Políticos y Constitucionales), 2020, p. 858 ss.

precepto[24] y siempre y cuando, además, no contravengan los principios o regulaciones específicas establecidas en la LOTC (STC 230/2006, ATC Pleno 192/2007, ATC 208/2014). Por tanto, la aplicación del RDL 6/2023, debe quedar descartada dado que no puede considerarse ni calificarse de "norma procesal".

Sin embargo, el Título VIII del RDL 6/2023 introduce medidas de eficiencia "procesal" reformando varias leyes procesales, entre ellas, la Ley de Enjuiciamiento Civil (LEC) mencionada expresamente en el artículo 80 de la LOTC[25]. Muchos de los preceptos reformados de esta norma lo han sido con el objetivo de adaptarse a las reformas digitales efectuadas. Por esta vía indirecta de la supletoriedad podría haberse "infiltrado" la reforma en el ámbito del proceso de amparo constitucional. Para verificar si ello ha sido así, se deben examinar cada una de las materias aludidas expresamente por el art. 80 LOTC.

Un primer grupo de materias mencionadas en el artículo 80 de la Ley Orgánica del Tribunal Constitucional (LOTC) no ha experimentado modificaciones, o cuando han sido modificadas, la reforma introducida por el Real Decreto-Ley 6/2023 no está relacionada con el proceso de digitalización de la Administración de Justicia. Por lo tanto, se excluyen de este análisis. Entre ellas tendríamos la recusación y abstención[26], la regulación

---

24 Debe tenerse en cuenta, además, que también el TC ha aceptado una posible aplicación supletoria en casos de materias afines y otras necesarias, que aun no estando relacionadas directamente con las sí contempladas, es necesario integrar en los procesos constitucionales en aplicación analógica en interés de las partes en el proceso. Sobre este tipo de supuestos puede verse CORTE HEREDERO N., MORENO FERNÁNDEZ J. I., "Comentario al artículo 80 LOTC", *cit.*

25 El RD 6/2023 no modifica la LOPJ

26 De modo indirecto podría verse el reciente ATC 8/2024 donde el abogado Mazón alegaba que el diseño de la sede electrónica incurre en fallos que comprometen el principio de racionalidad de la propia institución y solicita la identificación del magistrado ponente del amparo art. 53.1 b) de la Ley 39/2015, de 1 de octubre, de procedimiento administrativo común de las administraciones públicas, que establece la obligación de «identificar a las autoridades y al personal al servicio de las administraciones públicas bajo cuya responsabilidad se tramiten los procedimientos», por cuanto, «el Tribunal Constitucional también es "administración del Estado. El TC recuerda que la supletoriedad lo es solo a normas procesales y, sobre todo, que hay regla específica en la LOTC que establece la inadmisión colegiada.

de la deliberación y votación[27], la caducidad, renuncia y desistimiento[28], la lengua oficial o la policía de estrados[29]. En este último aspecto, es relevante mencionar el Acuerdo de 19 de septiembre de 2024 de la Sala Primera del Tribunal Constitucional, que sancionó a un abogado catalán por presentar una demanda de amparo que contenía citas falsas de hasta 19 sentencias del propio Tribunal, al tiempo que se daba traslado de su decisión al Colegio de Abogados de Barcelona para las acciones disciplinarias pertinentes[30]; asunto que se menciona por cuanto la "conexión digital" radicaría en el la elaboración de la demanda utilizando inteligencia artificial no validada.

Un segundo grupo requiere una diferenciación entre los supuestos expresamente contemplados en el artículo 80 de la LOTC, los cuales procederemos a analizar.

4.1. Comparecencia en juicio

La supletoriedad en las reglas de comparecencia en juicio abarca la representación ante el TC y la defensa de intereses. En el recurso de amparo, las normas específicas de los arts. 46 y 47 LOTC excluyen la aplicación de la

---

[27] Donde sigue rigiendo con carácter principal el art. 90 LOTC en cuanto a la adopción de decisiones, los desempates o el voto particular, sin novedades en los preceptos supletorios de la LEC (arts. 249-267) que no contradigan dicho precepto o los principios de la LOTC.

[28] La caducidad se entiende referida a las actuaciones judiciales porque para la caducidad de la acción destinada a abrir el proceso existen normas específicas en la LOTC que impiden acudir a otras normas procesales. Y para el cómputo de los plazos, en recurso de amparo contenidos en el art. 43 y 44 LOTC, el propio TC ha establecido herramientas digitales propias para el cómputo de los plazos que se contienen en su propia página web https://www.tribunalconstitucional.es/es/sede-electronica/Paginas/Calculadora-de-plazos.aspx. Por su parte renuncia y desistimiento, aunque modificados los arts. 237-240 LEC, la reforma ni es sustancial en sus requisitos y consecuencias, y tan solo podría apreciarse a través de una vía indirecta en tanto la digitalización de los procesos para presentar escritos agilizan en general su tramitación.

[29] El art. 95 LOTC contiene una regulación específica para los recurrentes y las personas requeridas de colaboración con el TC (sanciones y multas) actuando como supletorios los art. 552-557 LOP y 247 LEC

[30] Se puede consultar en una nota de prensa emitida por el TC disponible en: https://www.tribunalconstitucional.es/NotasDePrensaDocumentos/NP_2024_090/NOTA%20INFORMATIVA%20N%C2%BA%2090-2024.pdf

LEC o la LOPJ (ATC 205/1983). Sin embargo, para ostentar legitimación se requiere capacidad procesal, lo que hace supletorias las normas sobre representación legal o defensor judicial en menores o incapaces. Aunque no es una cuestión intrínsecamente digital, adquiere relevancia en la prevención de la brecha digital, especialmente para personas sin representación inicial. Las disposiciones del RDL 6/2023 (arts. 7 bis y 183.3 bis LEC) podrían aplicarse al recurso de amparo, garantizando adaptaciones para personas mayores de 80 años, como la tramitación preferente o vistas en horarios adaptados, aspectos relevantes pese a ser excepcionales en la celebración de este procedimiento (STC 190/2021).

En cualquier caso, la supletoriedad en la comparecencia en juicio se proyecta, sobre todo, en la postulación procesal, es decir, la representación procesal y la defensa técnica. Aunque ambas se regulan de modo específico para el proceso de amparo en los arts. 81 y 82 LOTC, exigiendo la representación por Procurador y la actuación bajo la dirección de Letrado (salvo para las personas tituladas o graduadas en Derecho) el otorgamiento de dicha representación requiere normativa supletoria (STC 216/2013; STC 16/2022), permitiendo otorgar apoderamiento apud acta ante el órgano jurisdiccional o mediante poder notarial, con posibilidad de subsanar defectos de personación (art. 11 LOPJ). Este apoderamiento puede realizarse digitalmente gracias al sistema general de apoderamientos electrónicos judiciales (art. 23.2 LEC), aunque esta funcionalidad no está habilitada en la sede electrónica del TC, sino en el sistema electrónico proporcionado por el Ministerio[31].

4.2. Publicidad y forma de los actos

El artículo 80 LOTC establece la supletoriedad en la "publicidad y forma de los actos", aunque el artículo 86 LOTC regula estas cuestiones específicamente para los procesos constitucionales. En concreto, preceptúa que la decisión del proceso constitucional se producirá en forma de sentencia que debe ser publicada en el BOE y permite la publicación de otras resoluciones según su contenido y motivación, incluso a través de "otros medios" si el TC lo considera oportuno. En el proceso de amparo, los arts. 52 y 53 LOTC regulan de forma específica su terminación.

---

[31] Convenio de Transferencia tecnológica entre el TC y el Ministerio de Justicia de 28 de junio de 2023 (clausula Tercera).

En un sentido amplio, la publicidad supletoria abarca no solo las resoluciones judiciales, sino también las actuaciones orales (art. 138 LEC), las sentencias (art. 212 LEC) y las actuaciones judiciales en general (art. 232 LOPJ). Es, precisamente, en relación con la primera faceta de la publicidad donde pudiera tener especial fuerza atractiva la supletoriedad digital de la LEC reformada. El art. 85.3 LOTC permite al Pleno o las Salas acordar vistas orales[32], y el art. 52 LOTC contempla esta posibilidad específicamente para recursos de amparo, aunque actualmente solo podrían convocarse tras presentarse las alegaciones[33]. Esto limita la supletoriedad a aclaraciones puntuales, ya que en los amparos no pueden modificarse hechos probados (art. 44.1.b LOTC), por lo que no parece viable una declaración de testigos o peritos.

Por lo que se refiere a la publicación y archivo de las sentencias, la única novedad digital es la del art. 212.4 LEC, que obliga a incorporar sentencias firmadas electrónicamente en los expedientes digitales cuando los tribunales cuenten con ellos, aunque la LOTC y la CE ya regulan estas cuestiones de forma específica. El principio de publicidad de las sentencias del TC está consagrado en el art. 164.1 CE y art. 86.3 LOTC, permite su difusión en el portal web del TC y mediante una app (TC-e)[34.] Sin embargo, la publicidad debe respetar el art. 18.4 CE[35], excluyendo datos personales según el Acuerdo del Pleno de 23 de julio de 2015. Por otro lado, enten-

32 De hecho, se han celebrado varias vistas en recursos de amparo. La más conocida la llevada a cabo en el importante asunto de Lasa y Zabala: STC 155/2002

33 Dicho precepto, en su versión anterior, contemplaba la posibilidad de que, de oficio o a instancia de parte, la Sala del TC pudiera acordar la "sustitución" del trámite de alegaciones por la celebración de "una vista oral". En la actualidad, la posibilidad de que la Sala señale día para una vista solo se prevé una vez que ya están "presentadas las alegaciones o transcurrido el plazo otorgado para efectuarlas" (actual art. 52.2 LOTC tras la reforma llevada a cabo por la LO 6/2007).

34 Como exponen con detalle CORTE HEREDERO N., MORENO FERNÁNDEZ J. I., "Comentario al artículo 86 LOTC", en AAVV (Dir. González Rivas) *Comentarios a la Ley Orgánica del Tribunal Constitucional,* Madrid (BOE, Fundación Wolters Kluwer, Tribunal Constitucional y Centro de Estudios Políticos y Constitucionales), 2020, pp. 992-993.

35 Al respecto, *vid.* Acuerdo de 23 de julio de 2015, del Pleno del Tribunal Constitucional, por el que se regula la exclusión de los datos de identidad personal en la publicación de las resoluciones jurisdiccionales (BOE núm. 178, de 27 de julio) y Acuerdo de 21 de diciembre de 2006, del Pleno del Tribunal Constitucional, por el que se regulan los ficheros automatizados de datos de carácter personal existentes en el Tribunal (BOE núm. 1, de 1 de enero de 2007), modificado por los

dida la publicidad como acceso de los interesados a la información sobre el estado de las actuaciones judiciales, está regulada en los arts. 140-141 LEC y 88.1 LOTC que garantiza a las partes el acceso al expediente tras la admisión del recurso. La implantación del registro electrónico facilita este acceso, aunque limitado a representantes procesales, la Abogacía del Estado y la Fiscalía.

En cuanto a la "forma de los actos", el art. 86.1 LOTC regula esta materia específicamente, mientras que la aplicación supletoria de la LOPJ (arts. 244-248) y la LEC (arts. 206-215) sigue vigente para aspectos generales como estructura, composición del tribunal, lugar y fecha de las resoluciones. El RDL 6/2023 no modifica estas disposiciones, salvo en lo referente a la certificación literal, ahora electrónica, de las sentencias y la llevanza de los libros electrónicos de resoluciones.

Con la reforma, cuando el tribunal cuente con expediente judicial electrónico, el LAJ debe velar por la incorporación de sentencias firmadas electrónicamente (art. 212.4 LEC) y generar "libros electrónicos" de sentencias y decretos, asegurando el uso adecuado de los sistemas informativos (art. 213 y 213 bis). Estas obligaciones digitales no requieren supletoriedad en el TC, que ya dispone de una sede electrónica para la presentación de recursos de amparo y documentación relacionada.

Toda la documentación generada o conservada por el TC, incluyendo las actuaciones jurisdiccionales, forma parte de su archivo general y constituye su patrimonio documental. Integrado en dicho archivo general se encuentra el de la documentación relativa a actuaciones jurisdiccionales, realizado de conformidad con las instrucciones de los/las Secretarios/as de Justicia (art. 31 Reglamento de Organización y Personal del Tribunal Constitucional).

La reforma de la LEC por el RDL 6/2023 intensifica el uso de la presencia telemática en los actos procesales. Esta regulación podría aplicarse supletoriamente en lo relativo a la "forma" de los actos procesales en el TC, pero no en aquellos aspectos regulados expresamente, como la presentación electrónica de recursos de amparo, acompañamiento de escritos y documentos, o notificaciones electrónicas a través de Lexnet. Además, podría interpretarse que la "forma" telemática, como el uso de videoconferencia para vistas orales (art. 137 bis LEC, añadido por el RDL

Acuerdos de 26 de marzo de 2009 (BOE núm. 86, de 8 de abril) y de 28 de abril de 2010 (BOE núm. 105, de 30 de abril).

6/2023), sería aplicable en el ámbito del TC si este optara por dicha modalidad[36]. Esto sería viable siempre que se respeten las garantías establecidas en el precepto, como la documentación, publicidad y la intervención desde oficinas judiciales.

4.3. Comunicaciones y actos de auxilio judicial

En el proceso de amparo, existen distintos supuestos en los que el TC debe comunicarse con los legitimados[37]. En todos estos actos de comunicación actúa como supletoria la LOPJ, que exige el uso de medios electrónicos en las notificaciones (arts. 230, 270-272 LOPJ) y, sobre todo, la LEC, que dedica el Capítulo V (arts. 149-169) a regular los actos de comunicación judicial (incluyendo notificaciones, citaciones, emplazamientos y requerimientos), destacando por una clara preferencia por el uso de medios electrónicos tras las reformas impulsadas por el RDL 6/2023. Esta preferencia ha sido acogida en el proceso de amparo. Aunque en la "fase de entrada" o de "inicio del proceso" de amparo se encuentra completamente

---

36 Algunos autores consideran que se aplica la supletoriedad de la LEC, pero por la vía de la analogía, no porque juegue la supletoriedad del art. 80 LOTC. Podría incluirse también la supletoriedad dentro de la comparecencia telemática al juicio.

37 Si la demanda incumple algún requisito subsanable, las Secretarías de Justicia del TC deben informar al interesado, otorgándole un plazo de 10 días para corregirlo, bajo apercibimiento de inadmisión (art. 49.4 LOTC). El art. 84 LOTC permite al TC comunicar en cualquier momento previo a la decisión sobre admisión o fondo, la existencia de motivos adicionales a los alegados que puedan influir en la resolución. La inadmisión de la demanda debe notificarse al demandante y al Ministerio Fiscal (art. 50.3 LOTC). La admisión a trámite (art. 50.1 LOTC) debe ser igualmente notificada, tras lo cual la Sala requerirá al órgano o autoridad correspondiente para remitir actuaciones en un plazo de 10 días, acusar recibo y emplazar a las partes para comparecer en igual término (arts. 51.1-51.2 LOTC). Recibidas las actuaciones y cumplido el emplazamiento, se concede un plazo común de hasta 20 días para alegaciones a los comparecidos, al Abogado del Estado (si procede), y al Ministerio Fiscal (art. 52 LOTC). Si se señala vista, debe notificarse a los comparecientes, o en su caso, proceder a deliberación y votación (art. 52.2 LOTC). La resolución final debe ser notificada a las partes (arts. 52.3 y 55 LOTC). En caso de solicitud de medidas cautelares o suspensión de efectos, el TC debe escuchar previamente a las partes, lo que implica su citación (art. 56 LOTC). Para profundizar en estas comunicaciones *vid.* GUTIERREZ GIL A., "Comentario al artículo 51 LOTC", en AAVV (Dir. González Rivas) *Comentarios a la Ley Orgánica del Tribunal Constitucional,* Madrid (BOE, Fundación Wolters Kluwer, Tribunal Constitucional y Centro de Estudios Políticos y Constitucionales), 2020, p. 597 ss.

digitalizado, "no se cursan a su través los actos de comunicación procesal que emanen del Tribunal" (art. 5 ARGRE), es decir, en la fase de "salida" el sistema LexNet a partir de 2021[38] es el usado también por el TC, como ya se expuso al analizar el Convenio de transferencia tecnológica firmado con el Ministerio de Justicia el 28 de junio de 2023 —tras el fracaso técnico que supuso el primer intento llevado a cabo en 2016[39]—, que cede al TC el uso y acceso de diversas herramientas digitales, entre otras, el sistema LexNet para proceder a las notificaciones telemáticas con los profesionales de la justicia.

Finalmente, hay que destacar que las modificaciones introducidas por el RDL 6/2023 en la normativa supletoria de la LEC (arts. 149-168) refuerzan el uso de medios tecnológicos en los actos de comunicación procesal no solo respecto a las personas ya obligadas legalmente, sino también con quienes, aun no estando obligados, opten voluntariamente por el uso de estos mecanismos tecnológicos. Aunque las comunicaciones procesales generales entre el Tribunal Constitucional (TC) y los Procuradores ya se realizan electrónicamente, las modificaciones introducidas impactan al TC de manera indirecta, ya que los emplazamientos iniciales se gestionan por los órganos de la jurisdicción ordinaria (art. 51 LOTC). En todo caso, la obligación del uso de medios electrónicos a quienes voluntariamente prefieran este medio (art. 152 LEC), exige cautelas en función de que se trate de un primer emplazamiento o no[40]. El art. 155 LEC (nueva redacción) incorpora salvaguardas para las notificaciones realizadas a partes no personadas o sin representación legal. En particular, diferencia entre el primer emplazamiento y los actos posteriores, asegurando eficacia procesal desde la primera fecha en que se cumpla la comunicación (arts. 152.6 y 155.4

---

38 La Resolución emitida por la Secretaría General del Tribunal Constitucional el 4 de junio de 2021 establece que, a partir del 1 de junio de 2021, el Tribunal Constitucional llevará a cabo actos de comunicación procesal mediante el sistema LExNET, dirigido a los usuarios jurídicos que estén integrados en dicho sistema.

39 Resolución de 30 de diciembre de 2016, de la Secretaría de Estado de Justicia, por la que se publica el Convenio de colaboración con el Tribunal Constitucional para el acceso y uso del servicio LexNET del Ministerio de Justicia (BOE 12 de enero 2017). https://www.boe.es/boe/dias/2017/01/12/pdfs/BOE-A-2017-353.pdf

40 Los obligados a comunicarse con la Administración por medios electrónicos deberán recibir en todo caso las comunicaciones por medios electrónicos y, en caso de no descargarla en tres días, se procederá a su publicación en el Tablón Edictal Único. Respecto de los no obligados, se establece la posibilidad de remisión electrónica, pero deberá realizarse también en el domicilio.

LEC), lo que parece extrapolable al proceso de amparo cuando se trate de partes aun no personadas o no representadas por Procurador/a.

4.4. Actos de auxilio jurisdiccional

El Tribunal Constitucional se rige por su propia normativa, principalmente los artículos 87 y 88 de la LOTC. Estos preceptos otorgan al TC facultades para requerir a los poderes públicos, incluyendo Juzgados y Tribunales, la remisión de expedientes, documentos e informes necesarios para los procesos constitucionales. Además, los Juzgados y Tribunales están obligados a prestar auxilio jurisdiccional de manera preferente y urgente, lo que implica un régimen especial de colaboración con el TC, diferenciado del auxilio judicial ordinario regulado en la LEC. La LEC regula el auxilio judicial en sus artículos 169-177, incluyendo disposiciones como el uso preferente de la videoconferencia y la eliminación del uso del exhorto cuando la información puede ser transmitida electrónicamente. Estas normas están orientadas a garantizar la cooperación entre órganos judiciales en el ámbito de la jurisdicción ordinaria.

Aunque el TC utiliza instrumentos como los exhortos para solicitar actuaciones, escritos o sentencias a los órganos de la jurisdicción ordinaria, esto no implica que la regulación del auxilio judicial en la LEC sea aplicable de manera directa. Por el contrario, el TC ha desarrollado procedimientos específicos y cuenta con herramientas propias, como su registro electrónico, que le permiten gestionar estas solicitudes de manera más eficiente. Además, el Convenio de 2023 con el Ministerio de Justicia le otorga acceso directo a los expedientes judiciales, minimizando la necesidad de depender de mecanismos tradicionales como los exhortos. La importancia de la videoconferencia como alternativa al auxilio judicial en la reforma llevada a cabo por el RDL 6/2023, excepcionalmente podría jugar como norma supletoria en aquellos raros casos en los que, por ejemplo, se celebrara una vista oral. Para terminar, tan solo reseñar que el art. 87.2 LOTC otorga la condición de títulos ejecutivos a las resoluciones del TC imponiendo a los Juzgados y Tribunales la obligación de prestar auxilio jurisdiccional al TC de modo urgente y preferente (art. 92.2 LOTC). Asimismo, el art. 80 LOTC remite como norma supletoria en "materia de ejecución de resoluciones" a los arts. 103-113 de la Ley de la Jurisdicción Contencioso-administrativa que, aun retocados por el RDL 6/2023, no incluyen cambios relativos a la eficiencia digital.

4.5. Días y horas hábiles y cómputo de plazos

El recurso de amparo goza de una regulación específica en la LOTC, incluyendo plazos rígidos de caducidad. La instauración del registro electrónico ha modificado la presentación de la demanda de amparo, pero no ha alterado esos plazos (art. 12.2 ARGRE). El registro electrónico del TC, como ya sabemos, es la vía obligatoria para la presentación por medio de procurador de demandas, escritos y documentos que deban surtir efectos en procesos de amparo, salvo supuestos excepcionales de falta de representación (solicitando abogado y procurador) para los que se mantiene el registro físico. La actual posibilidad de disponer de un registro operativo las 24 horas todos los días del año (art. 12.2 ARGRE), permite la presentación incluso en días inhábiles, pero los días y horas hábiles que computan siguen siendo imperativos y no se acepta supletoriedad. El Acuerdo del Pleno de 6 de julio de 2023 armonizó el régimen de días inhábiles del TC con la legislación procesal ordinaria, remitiendo expresamente al régimen establecido en la legislación procesal ordinaria (LOPJ y LEC) (art. 1) extendiendo esta condición a los días entre el 24 de diciembre y el 6 de enero, salvo en amparos electorales, donde los días son siempre naturales (art. 2). Además, este Acuerdo (art. 3) permite al TC actuar en días inhábiles en casos urgentes, como medidas cautelares. La supletoriedad es total, pero por remisión expresa y no por la supletoriedad general del art. 80 LOTC, ni por el RDL 6/2023, que no ha modificado este aspecto.

En relación con el cómputo del plazo de caducidad sigue siendo referente el calendario laboral de Madrid, sede del TC. Para estos plazos se toma como referencia la fecha y hora de la presentación en el Registro Electrónico del TC. La posibilidad de presentar demandas de amparo hasta las 15:00 horas del día siguiente al vencimiento del plazo (art. 135.5 LEC) no se aplica de manera supletoria, ya que ahora está expresamente regulada en el art. 85.2 LOTC (según la STC 90/2012, que corrigió el criterio anterior de la STC 230/2006). En caso de interrupciones tecnológicas en el Registro Electrónico, el art. 135.2 LEC modificado permite presentar escritos el siguiente día hábil, siempre que se aporte un justificante. Aunque el TC aborda estas incidencias en el Manual de Usuario de su sede electrónica, exigiendo que se motiven, no dispone de una normativa específica que regule su impacto en los plazos de caducidad, más allá de admitir la presentación el primer día hábil posterior con el correspondiente justificante. En estos casos, parece aplicable la supletoriedad de la LEC. De igual forma, dicha supletoriedad también resultaría pertinente respecto a otros aspectos digitales no reformados por el RDL 6/2023, como los previstos en los apartados 3 y 4 del art. 135 LEC, relativos a escritos o documentos que no puedan ser soportados o convertidos en formato electrónico.

5. CONCLUSIONES

Es una realidad que tanto la Administración de Justicia como el TC para la jurisdicción constitucional han llevado a cabo un proceso constante de digitalización y de sustitución del papel por medios electrónicos con el objetivo de prestar un servicio más eficiente, reducir cargas administrativas y costes económicos, mejorar procesos organizativos y lograr un acceso a la Justicia (ordinaria o constitucional) más sencillo para los ciudadanos y los operadores jurídicos. Este esfuerzo ha sido promovido por el legislador ordinario y aplicado de forma independiente por el TC, aunque en paralelo con la jurisdicción ordinaria. Obviamente la magnitud de este tipo de reformas en la justicia ordinaria se enfrenta a mayores desafíos debido al volumen de actividad y la necesidad de infraestructuras y capacitación técnica. La menor carga operativa y la especificidad de las funciones del Tribunal Constitucional le han permitido desarrollar un modelo autónomo de digitalización adaptado a su peculiar naturaleza jurídica. Esto le ha permitido una ejecución más ágil de las herramientas digitales, con la excepción de LexNet que, aunque aprobado su uso por el TC en 2016, no pudo ponerse en marcha hasta 2021. Así, en ambas jurisdicciones el uso de sistemas telemáticos es obligatorio para la presentación de escritos, actos de comunicación procesal y gestión del expediente judicial electrónico. Además, se ha regulado se ha regulado el expediente judicial electrónico como conjunto de datos estructurados que contiene la información de un procedimiento judicial y se ha puesto en marcha el archivo digital, es decir, en la creación de un sistema para conservar y acceder a expedientes y documentos electrónicos. Herramientas como la sede electrónica y la firma digital también son ampliamente utilizadas en los dos casos. Sin embargo, la generalización de vistas telemáticas, promovida en la justicia ordinaria, tiene un alcance limitado en el ámbito constitucional, caracterizado por procesos mayoritariamente escritos y de interpretación jurídica. A pesar de ello, el TC ha utilizado vistas telemáticas durante la pandemia, demostrando que la tecnología está implementada y podría ampliarse si fuera necesario.

Por todo ello puede afirmarse que, en la actualidad, el proceso de transformación digital del Tribunal Constitucional está bastante consolidado, con la gestión electrónica de la mayoría de los documentos procesales y expedientes en las Secretarías de Justicia, incluyendo la firma digital en resoluciones y notificaciones electrónicas vía LexNet. En 2023, se firmaron 66.628 documentos y se realizaron 17.536 notificaciones telemáticas. El 80% de los documentos firmados correspondieron a las Secretarías de Justicia (40.115) y asistencia letrada (13.330), y el 20% restante al ámbito gubernativo. La sede electrónica y el registro telemático reflejan un alto uso: en el ámbito gubernativo, el 77,54% de los escritos se presentó telemáticamente. En el jurisdiccional, de 8.060 escritos de iniciación, el 92,30% fueron telemáticos, mientras los recursos de amparo se presentaron en un 92,16% por medios electrónicos. En escritos de trámite (13.523), el 62,11% fue telemático, el 33,65% por correo ordinario y el 3,87% presencial. El acuerdo de 15 de marzo de 2023, con un nuevo formulario para recursos de amparo, redujo las inadmisiones por insuficiente justificación de trascendencia constitucional del 52,86% al 28,46%.

La aplicación supletoria del RDL 6/2023 al Tribunal Constitucional (TC) no es posible a través del artículo 80 de la LOTC, ya que no se trata de una norma procesal. No obstante, podría extrapolarse indirectamente en aspectos derivados de las reformas procesales introducidas por el RDL en leyes como la LEC. Tras analizar las disposiciones digitales más relevantes del RDL 6/2023, puede concluirse que su impacto en el TC es limitado, dado que este cuenta con regulación propia en las materias afectadas. El procedimiento de amparo, mayoritariamente escrito y gestionado por procuradores reduce la necesidad de herramientas como videoconferencias o auxilio judicial, centrales en el RDL. Además, el TC dispone de vías específicas de colaboración con los poderes públicos y acceso a documentos (arts. 87 y 88 LOTC). Aunque la reforma impulsa la digitalización —como el uso de medios electrónicos y la eliminación de exhortos—, estas medidas ya están en línea con los avances tecnológicos implementados por el TC, especialmente tras la regulación del registro electrónico y el convenio con el Ministerio de Justicia en 2023. En resumen, el RDL 6/2023 podría aplicarse supletoriamente en cuestiones puntuales relacionadas con la gestión documental electrónica o la participación telemática, pero la autonomía funcional y la naturaleza especial del TC limitan significativamente su alcance.

En todo caso, si bien la digitalización del proceso constitucional puede constituir una oportunidad para optimizar tiempos, recursos y transparencia, también comporta riesgos jurídicos estructurales que no deben subestimarse. Una implementación acelerada, sin evaluación previa de impacto y sin garantías técnicas ni jurídicas suficientes, podría profundizar brechas ya existentes entre quienes tienen y no tienen acceso digital, entre operadores jurídicos con diferente grado de alfabetización tecnológica. El derecho a la tutela judicial efectiva, en su dimensión de acceso real y no meramente formal a la justicia constitucional, puede peligrar si no se acompaña la digitalización de mecanismos claros de corrección y supervisión. Ello es especialmente necesario cuando se introducen elementos de opacidad al incorporar herramientas algorítmicas sin debida transparencia, auditabilidad o control humano significativo. Por tanto, el recurso de amparo digital debe evolucionar sobre una arquitectura de garantías reforzadas, donde cada avance tecnológico sea acompañado por una reflexión constitucional sobre sus efectos distributivos y su compatibilidad con el principio de igualdad en el acceso a la justicia.

Bibliografía

CORTE HEREDERO N., MORENO FERNÁNDEZ J. I., "Comentario al artículo 80 LOTC", en AAVV (Dir. González Rivas) *Comentarios a la Ley Orgánica del Tribunal Constitucional,* Madrid (BOE, Fundación Wolters Kluwer, Tribunal Constitucional y Centro de Estudios Políticos y Constitucionales), 2020, p. 858 ss.

CORTE HEREDERO N., MORENO FERNÁNDEZ J. I., "Comentario al artículo 86 LOTC", en AAVV (Dir. González Rivas) *Comentarios a la Ley Orgánica del Tribunal Constitucional,* Madrid (BOE, Fundación Wolters Kluwer, Tribunal Constitucional y Centro de Estudios Políticos y Constitucionales), 2020, pp. 992-993.

GUTIERREZ GIL A., "Comentario al artículo 51 LOTC", en AAVV (Dir. González Rivas) *Comentarios a la Ley Orgánica del Tribunal Constitucional,* Madrid (BOE, Fundación Wolters Kluwer, Tribunal Constitucional y Centro de Estudios Políticos y Constitucionales), 2020, p. 597 ss.

GUTIERREZ GIL A., "Comentario al artículo 52 LOTC", en AAVV (Dir. González Rivas) *Comentarios a la Ley Orgánica del Tribunal Constitucional,* Madrid (BOE, Fundación Wolters Kluwer, Tribunal Constitucional y Centro de Estudios Políticos y Constitucionales), 2020, p. 605.

MAGRO SERVENT V., "Análisis del Real Decreto Ley 6/2023, de 19 de diciembre. Aspectos procesales y de funcionalidad tecnológica en la justicia", *Diario LeA LEY,* n. 10412, de 21 de diciembre de 2023, sección Doctrina. Disponible en https://diariolaley.laleynext.es/dll/2023/12/22/analisis-del-real-decreto-ley-6-2023-de-19-de-diciembre-aspectos-procesales-y-de-funcionalidad-tecnologica-en-la-justicia, consulta 16 diciembre 2024.

NOGUEIRA GUASTAVINO M., "Eficiencia digital y procesal en la justicia (RDL 6/2023) y su impacto en la Ley Reguladora de la Jurisdicción Social", *Revista General de Derecho del Trabajo y de la Seguridad Social,* n. 67/2024, pp. 351-384

SANCRISTOBAL VILLANUEVA J. M., "La tramitación del proceso social por medios telemáticos y sus problemas", *Trabajo y derecho: nueva revista de actualidad y relaciones laborales,* n. extraordinario 12/2020

Tribunal Constitucional, *Memorias del Tribunal Constitucional,* años 2016 a 2023 (BOE)

El recurso de casación para la unificación de doctrina. El viaje, y las incertidumbres, continúan

ANA DE LA PUEBLA PINILLA
Catedrática de Derecho del Trabajo y de la Seguridad Social, Universidad Autónoma de Madrid
ORCID 0000-0003-4850-928X

Lo pasado no es un sueño
T. Kallifatides

SUMARIO: 1. Introducción. 2. "Las travesías por la incertidumbre del recurso de casación para la unificación de doctrina". El viaje, y las incertidumbres, continúan. 3. Las sumisiones de la Sala IV del Tribunal Supremo a la doctrina de otros órganos jurisdiccionales. 3.1. Impacto de la doctrina social del Tribunal Constitucional sobre la Sala IV. Dos casos: el despido de la trabajadora embarazada y la prestación por cuidado de hijo en familias monoparentales. 3.2. Activismo judicial y sujeción de la Sala IV a la doctrina social de Tribunal de Justicia de la Unión Europea. 4. La Sala IV toma la iniciativa: la interpelación a otros órganos judiciales, en especial al Tribunal de Justicia de la Unión Europea. 4.1. Incapacidad temporal durante las vacaciones. Precisiones del Tribunal europeo sobre la regulación del Estatuto de los Trabajadores. 4.2. La saga de Diego Porras: desatinos del Tribunal de Justicia de la Unión Europea e intervención del Tribunal Supremo para reconducir la cuestión. 4.3. A vueltas con la adecuación al marco europeo de la categoría de trabajadores indefinidos no fijos. 5. La aplicación en el tiempo de la doctrina unificada por la Sala IV del Tribunal Supremo. 6. Principios, cánones y perspectivas en la aplicación e interpretación del derecho por la Sala IV del Tribunal Supremo. 7. El interés casacional objetivo y la reconducción del recurso a su función de unificación y creación de doctrina. Un nuevo horizonte, ¿y nuevas incertidumbres? para la unificación de doctrina. Bibliografía.

1. INTRODUCCIÓN

El transcurso de 25 años desde la obtención de su cátedra en Derecho del Trabajo y de la Seguridad Social en la Universidad de Cantabria ha sido el motivo o disculpa al que nos aferramos los que, aun con diversos motivos e intensidades, compartíamos la voluntad, casi necesidad, de dejar constancia por escrito de nuestro reconocimiento y agradecimiento a Jesús Mercader. Cada una de las personas que participamos en este homenaje tiene, sin duda, sus propias e íntimas razones. Pero todos coincidimos en reconocerle que, en algún momento y de alguna manera, ha resultado decisivo en nuestro proceso formativo, en nuestra concepción de la disciplina jurídico laboral e incluso en la adopción de decisiones personales. Por lo que a mí se refiere, podría decir, como en la canción, que me sobran los motivos. Jesús Mercader ha sido referente, ejemplo y apoyo a lo largo de toda mi trayectoria profesional. Su cercanía me ha permitido conocer el valor del esfuerzo, de la constancia y del trabajo bien hecho. Su generosidad me ha abierto puertas y me ha brindado en numerosas ocasiones, más de las que yo he podido o sabido aprovechar, la oportunidad de colaborar en obras ideadas y diseñadas por él que después han sido referentes en la disciplina. El mejor ejemplo de ello es, sin duda, su Manual de Derecho del Trabajo, que va ya por la 18ª edición en la editorial Tirant lo Blanch, en el que mi participación, como la del Prof. Gómez Abelleira, es, además de un regalo de valor inestimable, una prueba de la concepción generosa y honesta que tiene el Prof. Mercader sobre la colaboración académica.

Si de lo particular pasamos a lo general, de lo personal a lo profesional, cabría decir que la trayectoria de Jesús Mercader impresiona. Menos de ocho años separan la fecha de defensa de su tesis doctoral y la de su acceso a la cátedra en la Universidad de Cantabria. Incluso en el tiempo acelerado que vivimos, donde lo que ocurrió apenas hace un año es ya historia y el futuro se consume antes de vivirlo, impresiona la velocidad con la que Jesús consolidó su carrera profesional. Impresiona pero no sorprende, porque su extensísimo *curriculum vitae* es prueba más que suficiente de que nada en su éxito es fruto del azar. El tiempo, la dedicación y el esfuerzo, combinados con una buena dosis de inteligencia y audacia, explican el resultado. Jesús Mercader ha tenido, además, la habilidad de anticiparse a las cuestiones que acabarían siendo de actualidad, ser pionero en el tratamiento de temas novedosos y originales que al poco tiempo resultarían centrales en la práctica de las relaciones laborales y la disciplina social. Todo ello, unido a su capacidad para despertar vocaciones, inspirar proyectos y armar equipos, cualidades que me permiten reconocerle como maestro, explica sobradamente este homenaje.

La elección del tema con el que participar me ha resultado, sin embargo, un poco más complicada. Cuando surgió la idea de este homenaje, se planteó como un diálogo de cada uno de los participantes con la obra de Jesús Mercader. Esto me ofrecía, dado su vasto *curriculum*, multitud de opciones. ¿Qué tema no ha tocado Jesús Mercader? Había tanto donde elegir que seleccionar un solo tema se convirtió para mí, por seguir con la inspiración musical, en un "serio problema". Mi primera inclinación fue, cómo no, su monografía sobre "Estructura de la negociación colectiva y relación entre convenios" (Civitas, Madrid, 1994). En parte porque esta obra, fruto de su tesis doctoral, es el principio de todo. También porque desde el primer momento pasó a constituir una obra de referencia en la disciplina. Pero también porque en ella se reconoce al gran jurista que ya entonces era Jesús Mercader. Mi opción final ha sido, sin embargo, su trabajo "Las travesías por la incertidumbre del recurso de casación para la unificación de doctrina". Puestos a dialogar, las páginas que siguen no son sino un episodio más de esa conversación permanente que mantengo con Jesús desde hace ya muchos años, y en la que la doctrina de la Sala IV del Tribunal Supremo es compañera habitual, como lo era, hasta hace apenas unos años, nuestro querido Aurelio Desdentado. Esas razones resultaron más que suficientes para decidirme a continuar una reflexión que Jesús Mercader planteó hace ya veinte años y que sigue, a fecha de hoy, plenamente vigente. Solo espero, querido Jesús, que nuestra conversación continúe por mucho tiempo.

2. "LAS TRAVESÍAS POR LA INCERTIDUMBRE DEL RECURSO DE CASACIÓN PARA LA UNIFICACIÓN DE DOCTRINA". EL VIAJE, Y LAS INCERTIDUMBRES, CONTINÚAN

Desde que en 2005 Jesús Mercader publicara este artículo en la revista Relaciones Laborales[1], que entonces era una de las más relevantes y punteras del panorama editorial, han pasado 20 años. En ese tiempo muchos cambios y reformas han afectado al recurso de casación para la unificación de doctrina. Para empezar, la aprobación en 2011 de una nueva Ley Reguladora de la Jurisdicción Social (Ley 36/2011, de 10 de octubre; en adelante LRJS) que, por lo que al recurso de casación para la unificación de doctrina se refiere, si bien mantuvo las líneas generales de su diseño inicial —procedente del Texto articulado de la Ley de Procedimiento Laboral, aprobado por RdLegislativo 521/1990, que incorporó esta modalidad de recurso para asegurar la unificación de jurisprudencia que el respeto a los principios de unidad jurisdiccional y de igualdad en la aplicación de la ley exigían— introdujo algunas novedades importantes. Por una parte, amplió las posibilidades de señalamiento de sentencias referenciales, permitiendo la aportación como sentencias contradictorias las de Tribunal Consti-

---

1 MERCADER UGUINA, Jesús R., "Las travesías por la incertidumbre del recurso de casación para la unificación de doctrina", *Relaciones Laborales*, 2005, nº 18, pp. 33 a 56.

tucional (en adelante, TC) y del Tribunal Europeo de Derechos Humanos (en adelante, TEDH) y simplificó la tramitación del recurso. Por otra, incorporó una nueva modalidad de recurso de casación para la unificación de doctrina cuya interposición corresponde exclusivamente al Ministerio Fiscal con la finalidad de promover la acción de la justicia en defensa de la legalidad en supuestos trascendentes sin necesidad de que concurra el requisito de la contradicción.

Posteriormente, aunque han sido muchas las normas que han alterado distintos pasajes de la Ley reguladora de la Jurisdicción Social, pocas han afectado al recurso de casación para la unificación de doctrina. Entre estas últimas, el RDL 5/2023, de 28 de junio[2], modificó el art. 225 LRJS y añadió un nuevo art. 225 bis LRJS. La finalidad de las novedades incorporadas por esta norma, según explicaba su Exposición de motivos, era la de "dotar de mayor agilidad la tramitación de los recursos de casación para la unificación de doctrina". Con ese objetivo se eliminó el recurso contra el auto de inadmisión por falta de subsanación de defectos cuando la parte ya ha sido advertida y requerida para subsanación, dejando pasar el plazo. Además, se eliminó el trámite de audiencia previa al recurrente respecto de ciertas causas de inadmisión sobre las cuales necesariamente habría de haber efectuado alegaciones en dos momentos diferentes —escrito de preparación y escrito de interposición de recurso—, de manera que su supresión en nada perturbaba el derecho a la tutela judicial efectiva y sí evitaba un trámite que dilataba innecesariamente la tramitación del recurso. Se mantenía, no obstante, la audiencia a la parte cuando la causa de inadmisión escapa del contenido de aquellos escritos como sucede con la falta de contenido casacional de la pretensión y el haberse desestimado en el fondo otros recursos en supuestos sustancialmente iguales.

La reforma de mayor calado se ha producido, sin embargo, muy recientemente y sin tiempo aun para valorar su impacto práctico en la doctrina judicial. La LO 1/2025, de 2 de enero, de medidas en materia de eficiencia

---

2 Cuya denominación completa es Real Decreto-ley 5/2023, de 28 de junio, por el que se adoptan y prorrogan determinadas medidas de respuesta a las consecuencias económicas y sociales de la Guerra de Ucrania, de apoyo a la reconstrucción de la isla de La Palma y a otras situaciones de vulnerabilidad; de transposición de Directivas de la Unión Europea en materia de modificaciones estructurales de sociedades mercantiles y conciliación de la vida familiar y la vida profesional de los progenitores y los cuidadores; y de ejecución y cumplimiento del Derecho de la Unión Europea.

del Servicio Público de Justicia[3], ha incidido de forma sustancial sobre la unificación de doctrina incorporando novedades de gran relevancia como son la exigencia de interés casacional objetivo como requisito para la tramitación del recurso de casación para la unificación de doctrina (art. 219.1 LRJS), que conlleva las modificaciones consiguientes para adecuar distintas fases de la tramitación del recurso (contenido del escrito de interposición, ampliación de las causas de inadmisión...). También se modifica la modalidad de recurso de casación para la unificación de doctrina planteado por el Ministerio Fiscal para incluir la posibilidad de que se interponga el recurso cuando la cuestión debatida presente interés casacional objetivo (art. 291.3.e LRJS).

Aunque la entrada en vigor de estas novedades se produjo a partir del 3 de abril de 2025 (DF 34.1 LO 1/2025), su Disposición Transitoria 9ª.8 dispone que "La nueva regulación de los recursos de casación social será de aplicación a los recursos que se formulen contra las resoluciones dictadas a partir de su entrada en vigor. En todo caso, la inadmisión de los recursos de casación para la unificación de doctrina interpuestos contra las resoluciones dictadas con anterioridad a la entrada en vigor de esta norma se acordará, previa audiencia de las partes, por providencia sucintamente motivada que será irrecurrible". Queda pues tiempo para que la Sala IV pueda aplicar las nuevas reglas y exigencias fijadas al recurso de casación para la unificación de doctrina y más aún para hacer un análisis del impacto y consecuencias prácticas de esas novedades. Parece evidente, en cualquier caso, que esta exigencia de interés casacional objetivo va a permitir a la Sala IV seleccionar con mayor precisión los conflictos sobre los que exista necesidad o interés de unificar o fijar doctrina, flexibilizando cuando sea oportuno el requisito de contradicción.

Junto a estos cambios en el recurso de casación para la unificación de doctrina derivados de la intervención del legislador, la unificación de doctrina ofrece durante estas dos últimas décadas características significativas, algunas motivadas por la propia actuación de la Sala IV, otras por su interacción con agentes externos, ya sean otros órganos judiciales o decisiones normativas. En la páginas que siguen, tomando como referencia y punto

---

3 Vid. un análisis de las novedades incorporadas en el procedimiento laboral, en CASAS BAAMONDE, María Emilia, "La Ley Orgánica 1/2025, de 2 de enero, de medidas en materia de eficiencia del Servicio Público de Justicia, y sus efectos en la jurisdicción social", *Labos, Revista de Derecho del Trabajo y Protección Social,* Vol. 6, nº 1, 2025, pp. 26-38.

de partida el estudio ya citado de Jesús Mercader, he seleccionado algunas actuaciones y decisiones de la Sala IV para, sobre ellas, actualizar o poner al día el análisis que ya hizo el Prof. Mercader. A ello se añade una reflexión sobre algunos aspectos que han incorporado o suscitado diversos pronunciamientos judiciales de los últimos años, tales como la aplicación en el tiempo de la doctrina unificada por la Sala IV del Tribunal Supremo o la incorporación de nuevos criterios interpretativos y su peso en la resolución de los conflictos.

3. LAS SUMISIONES DE LA SALA IV DEL TRIBUNAL SUPREMO A LA DOCTRINA DE OTROS ÓRGANOS JURISDICCIONALES

Apuntaba en su estudio Jesús Mercader que uno de los factores que se observa en la doctrina de unificación es lo que él denominó "inestabilidad doctrinal externa". Una inestabilidad expresada en forma de cambios normativos o interpretativos que obligan al Tribunal Supremo a someter su doctrina a los nuevos criterios fijados por legislador o por la doctrina de otros órganos judiciales. La sumisión del Tribunal Supremo a estos cambios también encuentra numerosas expresiones durante las últimas dos décadas. Es significativa, en este sentido, la progresiva incorporación de la doctrina de tribunales internacionales[4], en particular la procedente del Tribunal Europeo de Derechos Humanos, en la fundamentación jurídica de las sentencias de la Sala IV. En ello ha influido posiblemente el expreso reconocimiento de la posibilidad de alegar como doctrina contradictoria "la establecida en las sentencias dictadas por el Tribunal Constitucional y los órganos jurisdiccionales instituidos en los Tratados y Acuerdos internacionales en materia de derechos humanos y libertades fundamentales ratificados por España" (art. 219.2 LRJS)[5], lo que ha permitido que la

4 Entre la que no se incluye, al menos hasta el momento, la procedente de Comité Europeo de Derechos Sociales porque, como ha señalado el Tribunal Supremo, "en el ámbito del Consejo de Europa, únicamente el Tribunal Europeo de Derechos Humanos es un órgano jurisdiccional de estas características, rango que no ostenta el Comité Europeo de Derechos Sociales" (ATS 11 de octubre de 2017, Rº 1559/2017).

5 La alegación de doctrina de Tribunales supranacionales ha requerido una flexibilización del requisito de contradicción por parte de la Sala IV, especialmente en lo referido a los aspectos fácticos. Vid. al respecto RODRÍGUEZ CARDO, Iván A., "Jurisprudencia social del Tribunal Supremo y Tribunal Europeo de Derechos Humanos", en AA.VV. (Dir. García Murcia, Joaquín), *La jurisprudencia social del*

doctrina judicial de estos órganos se inserte con mayor naturalidad en el proceso social. Pero, quizás todavía con mayor impacto, ha influido también la habitual y cada vez más frecuente invocación por los interesados de la doctrina del Tribunal de Estrasburgo como fundamento de sus pretensiones.

Con todo, merecen sin duda consideración especial las "sumisiones" de la doctrina de la Sala IV a los criterios fijados en pronunciamientos del Tribunal Constitucional y, todavía de forma más significativa, en los del Tribunal de Justicia de la Unión Europea.

3.1. *Impacto de la doctrina social del Tribunal Constitucional sobre la Sala IV. Dos casos: el despido de la trabajadora embarazada y la prestación por cuidado de hijo en familias monoparentales*

Podría decirse que la relación entre el Tribunal Supremo y el Tribunal Constitucional no ha sido especialmente conflictiva, especialmente después de haberse superado hace ya tiempo algunas diferencias interpretativas en relación con la posición de ambos tribunales sobre los requisitos de admisibilidad de los recursos —conflicto que también alcanzó a la Sala IV—, que se resolvió con la aceptación por el Tribunal Constitucional de que es al Tribunal Supremo a quien compete controlar el cumplimiento de los requisitos legalmente establecidos para acceder o interponer el recurso de casación, salvo en los casos de inadmisión arbitraria, inmotivada o infundada del recurso (STC 53/1996, de 26 de marzo)[6]. Fuera de estos supuestos, el Tribunal Supremo y en particular la Sala IV no ha sido en general reacia a incorporar los criterios y la doctrina fijada por el Tribunal Constitucional sobre cuestiones sustantivas laborales, asumiendo e incorporando las soluciones del intérprete constitucional sin mayores cuestionamientos o reticencias[7].

Tribunal Supremo, En memoria de Félix Salvador Pérez, Aranzadi, Navarra, 2023, pp. 585-590.

6 Vid. al respecto, DESDENTADO BONETE, Aurelio, "Sobre las difíciles relaciones entre el recurso de casación para la unificación de doctrina y el recurso de amparo y sobre los problemas de prejudicialidad administrativa en el proceso social. Una reflexión crítica y una propuesta", *Revista Española de Derecho del Trabajo,* nº 78, 1996.

7 En este sentido, BORRAJO DACRUZ, Efrén, "Derecho vivo del trabajo y jurisprudencia unificada (1). El caso del despido de la trabajadora embarazada", *Actualidad Laboral,* nº 17, 2009.

En las últimas dos décadas encontramos algunos ejemplos de esta sumisión de la Sala IV a las soluciones adoptadas por el Tribunal Constitucional. Es el caso, entre otros posibles[8], de la solución alcanzada por el Tribunal Constitucional respecto del despido de la trabajadora embarazada y el referido a la prestación por nacimiento y cuidado de hijos en familias monoparentales.

Por lo que se refiere al primer asunto[9], el Tribunal Supremo había sostenido que la declaración de nulidad del despido de una trabajadora embarazada requería acreditar que el empresario conocía el embarazo[10]. Un criterio inicialmente compartido por el Tribunal Constitucional[11] pero que se modificó tras la reforma de art. 55.5.a) ET con el argumento de que en su nueva versión ese precepto no contemplaba requisito alguno ni exigía comunicación previa del embarazo al empresario. Con base en este argumento, la STC 92/2008, de 21 de julio, aplicando el canon de motivación reforzado —por estar en juego el derecho a la no discriminación—, interpretó que la nulidad del despido de las trabajadoras embarazadas previsto en el art. 55.2 ET es una nulidad automática y objetiva no condicionada a la aportación de indicios de discriminación ni a la demostración de que la empresa conocía el estado de la trabajadora. Afirma el Tribunal Constitucional que, "tanto el sentido propio de las palabras, al enunciar un nuevo supuesto de nulidad adicional al previsto en el párrafo primero, al no contemplar otra excepción o condición a la declaración de nulidad que la procedencia del despido (ni siquiera la acreditación de una causa real, suficiente y seria, no discriminatoria, aún improcedente) y al delimitar el ámbito temporal de la garantía por referencia a «la fecha de inicio del embarazo» (ni siquiera a la fecha en que el embarazo sea conocido por la propia trabajadora, menos aún por el empresario), como la interpretación contextual del precepto en su relación con el párrafo primero —inmodificado— del mismo y la referida a la necesaria finalidad de innovación del ordenamiento jurídico que debe perseguir toda reforma legal, conducen a

---

8 Vid. un estudio completo al respecto, en SERRANO GARCÍA, María José, "Jurisprudencia social del Tribunal Supremo y jurisprudencia constitucional", en AA.VV. (Dir. García Murcia, Joaquín), *La jurisprudencia social del Tribunal Supremo, En memoria de Félix Salvador Pérez, cit.*, pp. 523-545.

9 Vid. GIL PLANA, Juan, "La nulidad del despido de la trabajadora embarazada", *Revista Española de Derecho del Trabajo,* nº 154, 2012.

10 SSTS 19 de julio de 2006, (Rº 387/05 y 1452/05), cuya doctrina se reiteró en la STS 24 de julio de 2007 (Rº 2520/06).

11 SSTC 41/2002, de 25 de febrero y 17/2003, de 23 de enero.

una interpretación del precepto como configurador de una nulidad objetiva, distinta de la nulidad por causa de discriminación contemplada en el párrafo primero y que actúa en toda situación de embarazo, al margen de que existan o no indicios de tratamiento discriminatorio o, incluso, de que concurra o no un móvil de discriminación".

No transcurrió mucho tiempo para que el Tribunal Supremo, en la primera ocasión que se le planteó, acomodara su doctrina a estos parámetros constitucionales, asumiendo la nulidad objetiva y automática del despido de la trabajadora embarazada[12], en una interpretación que se ha mantenido hasta la actualidad.

En esta misma línea de rectificación por el Tribunal Constitucional de la doctrina del Tribunal Supremo puede citarse la referida a la eventual ampliación del permiso por cuidado de hijo al único progenitor de una familia monoparental. La Sala IV del Tribunal de casación había resuelto en su STS de 2 de marzo de 2023[13], seguida de muchas otras en idéntico sentido, negando la posibilidad de ampliarlo. Pero el Tribunal Constitucional abordó esta cuestión en su STC 140/2024, de 6 de noviembre, resolviendo una cuestión de inconstitucionalidad planteada por el Tribunal Superior de Justicia de Cataluña. Y, en su sentencia, el Tribunal Constitucional declara que la omisión del legislador, que no reconoce expresamente este derecho, determina "una diferencia de trato por razón del nacimiento entre niños y niñas nacidos en familias monoparentales y biparentales que no supera el canon más estricto de razonabilidad y proporcionalidad aplicable en estos casos, al obviar por completo las consecuencias negativas que produce tal medida en los niños y niñas nacidos en familias monoparentales". Lo más llamativo es, no obstante, que el Tribunal Constitucional tras reconocer que "ha declarado en numerosas ocasiones que no es su tarea la de definir positivamente cuáles sean los posibles modos de ajuste de una ley al texto constitucional", resuelve que, mientras no se pronuncie al respecto el legislador, en las familias monoparentales el permiso por nacimiento de hijo de dieciséis semanas para la madre biológica debe ampliarse en diez semanas, aunque reputando situaciones no revisables las que a la fecha de la sentencia del Tribunal Constitucional hubieran sido ya decididas

---

12 Vid. SSTS 17 de octubre de 2008 (Rº 1957/2007) y 16 de enero de 2009 (Rº 1758/2008). Aunque no sin ciertas resistencias como acredita el voto particular que acompaña a esta última sentencia.

13 Rº 3972/2020.

mediante sentencia o resolución administrativa firmes, o si no se hubiera presentado la correspondiente solicitud.

Con posterioridad a estas sentencias, el Tribunal Supremo ha advertido que "Una vez declarada la inconstitucionalidad de tales preceptos legales estamos obligados a sentar una nueva doctrina en la materia, y resolver el presente asunto con base a lo establecido por el Tribunal Constitucional" y ha reconocido, en línea con lo señalado por el Tribunal Constitucional[14], que "el único progenitor de la familia monoparental tiene derecho a la adición de diez semanas del permiso que correspondería al otro progenitor"[15].

3.2. Activismo judicial y sujeción de la Sala IV a la doctrina social de Tribunal de Justicia de la Unión Europea

Apuntaba también Jesús Mercader en su estudio algún ejemplo de cómo el Tribunal Supremo había acogido los criterios interpretativos fijados por el Tribunal de Justicia de la Unión Europea, en muchos casos corrigiendo o alterando su propio criterio. Esa particular sumisión de la Sala IV a la doctrina del tribunal europeo encuentra muy numerosos y relevantes ejemplos en los últimos veinte años.

La integración de España en la Unión Europea genera, en un plano estrictamente jurídico, una tensión entre la organización judicial interna, articulada en forma piramidal, y el principio de primacía del derecho europeo sobre los ordenamientos nacionales que se proyecta en la función del Tribunal de Justicia de interpretar el derecho de la Unión Europea. El control de la adecuación del derecho nacional al derecho europeo reside en los tribunales nacionales, en la medida en que cualquier tribunal o juez puede plantear una cuestión prejudicial. Y ello puede generar un efecto potencial de socavar la jerarquía jurisdiccional nacional cuando una sentencia del Tribunal europeo contradice la jurisprudencia del Tribunal Supremo.

Son, en efecto, numerosos los supuestos en los que el Tribunal de Justicia de la Unión Europea ha fijado una doctrina correctora de la sostenida por nuestro Tribunal Supremo. Y en buen número de casos lo ha hecho resolviendo cuestiones prejudiciales planteadas por tribunales españoles

---

[14] En la citada STC 140/2024 y las posteriores SSTC 147/2024, 149/2024, 150/2024, y 151/ 2024, todas ellas de 2 de septiembre, y 155/2024, de 16 de diciembre.

[15] STS 19 de febrero de 2025 (Rº 878/2022).

que, en desacuerdo con la interpretación de la Sala IV del Tribunal Supremo, han recurrido de forma frecuente, hasta el punto de que podría apreciarse un cierto activismo judicial, al tribunal europeo en busca de una solución o interpretación del derecho nacional distinta ajustada a las normas comunitarias. Dejando al margen el escabroso asunto de los indefinidos no fijos, que se aborda en otro apartado de este estudio, son muy diversos los temas en los que se ha producido esa corrección y la consiguiente adaptación de la doctrina del Tribunal Supremo a las indicaciones del Tribunal de Justicia[16].

Esto ha ocurrido significativamente en materia de despido colectivo, donde son numerosos los pronunciamientos del Tribunal de Justicia que han obligado al Tribunal Supremo a modificar sus criterios interpretativos. Así ha pasado, por ejemplo, con la determinación del ámbito de referencia para medir las extinciones computables. La doctrina de Tribunal Supremo venía afirmando que "el marco de referencia debería ser la totalidad de la empresa, porque el artículo 51.1 del Estatuto de los Trabajadores se refiere de forma inequívoca a la empresa como unidad para el cómputo de los trabajadores afectados, a los efectos de determinar la dimensión colectiva del despido"[17]. Se apuntaba además la perfecta adecuación de esta regulación con la Directiva 98/59/CE del Consejo, de 20 de julio de 1998, relativa a la aproximación de las legislaciones de los Estados miembros que se refieren a los despidos colectivos, en la medida en que "se trata de una regulación procedimental más favorable para los trabajadores", no sin dejar de advertir de "la posibilidad de que la aplicación de la Directiva en algún hipotético supuesto, pudiera determinar un efecto no menos favorable que la norma nacional, circunstancia que, en cualquier caso, no enerva lo ya señalado con respecto a que la función de garantía y protección de los trabajadores en caso de despidos colectivos —a la que se refiere la propia norma comunitaria— la cumple mejor nuestra norma de derecho interno".

Sin embargo, como es conocido, esta interpretación hubo de modificarse a partir de la STJUE de 13 de mayo de 2015 (Asunto C 392/13, Rabal

---

16 Vid. al respecto IGARTUA MIRÓ, María Teresa, "Jurisprudencia social del Tribunal Supremo y Tribunal de Justicia de la Unión Europea", en AA.VV. (Dir. y Coord. García Murcia, Joaquín) *La jurisprudencia social del Tribunal Supremo. En memoria de Félix Salvador Pérez, cit.*, pp. 547-581.

17 STS 18 de marzo de 2009 (Rº 1878/2008).

Cañas)[18] que declaró contraria al derecho europeo una norma, como el art. 51 ET, que introduce como única unidad de referencia la empresa y no el centro de trabajo. En posteriores sentencias[19], el Tribunal Supremo asumió el cambio de interpretación recordando, no obstante, que ya en sus anteriores pronunciamientos había anticipado que "la adopción como unidad de referencia del centro de trabajo, que no la empresa en su conjunto, pudiere resultar en algunas ocasiones más acorde a la finalidad de la Directiva y favorable a los trabajadores, para garantizar el efectivo cumplimiento del objetivo perseguido por la Directiva en la protección de sus derechos". En puridad, no es este un caso de modificación de la interpretación del Tribunal Supremo sino de relectura del art. 51 ET a la luz de la doctrina del Tribunal de Justicia de la Unión Europea de modo que, como afirma la citada sentencia, "la aplicación del principio de interpretación conforme, permite interpretar el precepto en el sentido de que procede su aplicación no solo cuando se superen los umbrales fijados en el mismo a nivel de la totalidad de la empresa, sino también cuando se excedan en referencia a cualquiera de sus centros de trabajo aisladamente considerados en el que presten servicio más de veinte trabajadores".

Lo mismo podría decirse de la fórmula de cómputo de trabajadores afectados por el despido a los efectos de valorar si se superan o no los umbrales. El Tribunal Supremo venía interpretando que los despidos y extinciones computables eran los que se habían producido con anterioridad al despido del trabajador cuya extinción se enjuiciaba, admitiendo el cómputo de los producidos después solo en casos excepcionales. Pero a raíz de la STJUE de 11 de noviembre de 2020 (Asunto C-300/19, Marclean Technologies) la Sala IV debió ajustar su interpretación de modo que el periodo de referencia para determinar la existencia de un despido colectivo debe calcularse computando todo período de 90 días consecutivos en el que haya tenido lugar ese despido individual y durante el cual se haya producido el mayor número de despidos[20].

Tampoco pueden olvidarse las sentencias de Tribunal europeo que han colaborado en la determinación de las extinciones que deben tomarse en cuenta a efectos de determinar si se superan o no los umbrales, tales como la STJUE de 9 de julio de 2015 (Asunto C-229/14, Balkaya) que advierte

---

18 Aplicando un criterio que ya se había sostenido en la anterior STJUE 30 de abril 2015 (Asunto C-80/14, USDAW y Wilson).

19 STS 17 de octubre de 2016 (Rº 36/2016).

20 STS 9 de diciembre de 2020 (Rº 55/2020).

que deben computarse, al margen de si tienen o no un contrato laboral, las personas que trabajan en régimen de dependencia y subordinación (en el caso, un directivo/administrador contratado por la junta de socios y una trabajadora cuya remuneración era abonada por el servicio público de empleo en el marco de una acción de reciclaje profesional) o la STJUE de 11 de noviembre de 2015 (Asunto C-422/14, Pujante Rivera) que considera computables las extinciones de contrato motivadas por una modificación sustancial de las condiciones de trabajo. Precisiones que también han sido oportunamente acogidas por la Sala IV del Tribunal Supremo[21].

Recientes sentencias del Tribunal europeo han aportado nuevas precisiones sobre la aplicación del procedimiento de despido colectivo que, a buen seguro, serán incorporadas por el Tribunal Supremo. Es el caso de la STJUE de 11 de julio de 2024 (Asunto C-196/2023) en la que se declara que, conforme a la Directiva 98/59/CE, debe calificarse como despido colectivo, y por tanto someterse a periodo de consultas con los representantes de los trabajadores, la extinción de los contratos de trabajo de un número de personas trabajadoras superior al previsto en dicha Directiva por jubilación del empresario. O de la STJUE de 22 de febrero de 2024 (Asunto C —589/22, Resorts Mallorca Hotels) que fija la doctrina conforme a la cual la obligación de abrir el periodo de consultas previo al despido colectivo surge desde el momento en el que el empresario, en el marco de un plan de reestructuración, se plantea o proyecta una disminución de puestos de trabajo cuyo número puede superar los umbrales establecidos en la Directiva.

Por supuesto, también en materia de sucesión de empresas el Tribunal de Justicia de la Unión Europea ha seguido marcando el terreno al Tribunal Supremo. Si ya en 2004 la Sala IV había acatado la noción de empresa actividad acuñada por el Tribunal europeo para aceptar la sucesión de empresas por la mera continuidad de la mayoría de las personas trabajadoras, —siempre en empresas intensivas en mano de obra—, en las últimas dos décadas el Tribunal Supremo ha tenido que aceptar que la subrogación convencional puede ser fuente de una sucesión legal con todos los efectos y consecuencias previstas en el art. 44 ET. Al respecto, la doctrina de la Sala IV era muy clara: el convenio colectivo puede mejorar la regulación del art. 44 ET, nunca preterirla o empeorarla. Partiendo de esta premisa, se aceptaba que a la subrogación de plantilla prevista en convenio, cuando no implicara la transmisión de una unidad productiva autónoma y por

---

21 SSTS 18 de mayo de 2016 (Rº 2919/2014) y 9 de diciembre de 2020 (Rº 55/2020).

tanto se refiera a supuestos no contemplados legalmente, no le resultaba aplicable el régimen jurídico del art. 44 ET. De este modo, los convenios podían excluir garantías tales como el mantenimiento de la antigüedad de los trabajadores o la responsabilidad solidaria por deudas anteriores a la subrogación. La STJUE de 11 de julio de 2018 (Asunto C-60/17, Somoza Hermo) declaró, sin embargo, que el régimen jurídico de la sucesión de empresa —el previsto en la Directiva 23/2001 y, en nuestro caso, en el art. 44 ET— es aplicable si concurren las condiciones exigidas aunque la subrogación en la plantilla se produzca por imperativo del convenio colectivo aplicable. Este pronunciamiento provocó la expresa rectificación de su doctrina por el Tribunal Supremo que se alinea con el Tribunal de Justicia y señala que "En contra de lo que hemos venido entendiendo, el hecho de que la subrogación de plantilla (la asunción de una parte cuantitativa o cualitativamente relevante) sea consecuencia de lo previsto en el convenio colectivo no afecta al modo en que deba resolverse el problema. Que la empresa entrante se subrogue en los contratos de trabajo de una parte significativa del personal adscrito por mandato del convenio no afecta al hecho de que la transmisión pueda referirse a una entidad económica"[22].

Delimitación de la noción de despido colectivo y sucesión de empresas son tan solo algunos de los ámbitos donde la existencia de Directivas europeas ha permitido al Tribunal de Justicia de la Unión Europea fijar criterios o reglas de aplicación que la Sala IV del Tribunal Supremo ha tenido que asumir, en muchos casos rectificando su propia doctrina. Pero la lista de materias es larga. Baste recordar los efectos que generó la STJUE de 10 de septiembre de 2015 (Asunto C-266/14, Tyco), sobre la consideración de los desplazamientos desde el domicilio del trabajador hasta el del primer cliente como tiempo de trabajo[23]. O el impacto que las diversas sentencias del Tribunal europeo en materia de igualdad y no discriminación han generado en la doctrina del Tribunal Supremo, en especial la STJUE de 1 de diciembre de 2016 (Asunto C-395/15), sobre la asimilación de enfermedad y discapacidad, o la STJUE de 19 de octubre de 2017 (Asunto

22 STS 27 de septiembre de 2018 (Rº 2747/2016).

23 Una sentencia que abordaba una situación realmente excepcional de modo que su doctrina no resultaba generalizable, a pesar de lo cual el Tribunal Supremo ha tenido que reiterar la permanencia de su doctrina clásica en sucesivos pronunciamientos (STS 26 junio 2024, Rº 163/2023, y STS 27 de noviembre de 2024 (Rº 88/2023).

C-531/15, Otero Ramos) sobre la inversión de la carga de la prueba en la evaluación de riesgos para trabajadoras embarazadas[24].

4. LA SALA IV TOMA LA INICIATIVA: LA INTERPELACIÓN A OTROS ÓRGANOS JUDICIALES, EN ESPECIAL AL TRIBUNAL DE JUSTICIA DE LA UNIÓN EUROPEA

No siempre la actitud de la Sala IV ha sido de sumisión a las indicaciones o correcciones de otros órganos producidas, en muchos casos —aunque siempre dentro de las competencias de esos otros órganos judiciales—, como consecuencia de la actuación de terceros. En algunos casos, ha sido la propia Sala la que ha provocado la intervención de esos órganos judiciales buscando la confirmación de su doctrina o la clarificación de cuestiones conflictivas cuya interpretación, por afectar a materia constitucional o competencia europea, corresponde a otros órganos jurisdiccionales. En este sentido, son destacables las cuestiones de inconstitucionalidad planteadas por la Sala de lo Social ante el Tribunal Constitucional[25].

Por lo que se refiere al Tribunal de Justicia de la Unión Europea, la Sala IV del Tribunal Supremo también ha sido moderada, tanto si se le compara con la actividad de otras salas del Tribunal Supremo ante el mismo Tribunal de Justicia europeo, como si la comparación se hace respecto al número de cuestiones prejudiciales planteadas por las salas de lo social de los tribunales superiores de justicia. Respecto de estos últimos ya se ha apuntado su activismo en el planteamiento de cuestiones prejudiciales, que viene avalado por los datos recogidos en las memorias anuales del Consejo General del Poder Judicial. De ese activismo no participa, sin embargo, el Tribunal Supremo, que solo en contadas ocasiones ha recurrido al planteamiento de cuestiones prejudiciales. Si computamos todas las planteadas por órganos judiciales españoles hasta 2022, solo un 18% proceden del Tribunal Supremo, lo que en números absolutos supone un total de 126. De todas ellas, solo 3 han sido planteadas por la Sala IV. Y cuando la Sala de lo social ha recurrido a la cuestión prejudicial, lo ha hecho con

---

24 Que fue acogida íntegramente por la STS 26 de junio de 2018 (Rº 1398/2016), rectificando la doctrina anterior.

25 Gran parte de ellas en materia de Seguridad Social. Así ATS 14 de diciembre de 2011 (Rº 2563/2010), sobre el párrafo quinto del art. 174.3 LGSS (referido al acceso a la pensión de viudedad de las parejas de hecho) o ATS 26 de abril de 2012 (Rº 1480/2011) sobre el apartado b) de la regla 3ª del número 1 DA 7ª LGSS.

una finalidad clarificadora y preventiva; esto es, con la finalidad de que la cuestión prejudicial surta el efecto colateral de instrumento preventivo de eventuales correcciones de su jurisprudencia[26]. Algunos ejemplos confirman esta finalidad.

4.1. *Incapacidad temporal durante las vacaciones. Precisiones del Tribunal europeo sobre la regulación del Estatuto de los Trabajadores*

La primera cuestión prejudicial que la Sala IV de Tribunal Supremo planteó ante el TJUE fue la recogida en el ATS de 26 de enero de 2011 (Rº 249/2009) en torno a si era o no conforme con la Directiva 2003/88, relativa a determinados aspectos del tiempo de trabajo, la interpretación que se venía sosteniendo por el propio Tribunal Supremo conforme a la cual si, iniciado el periodo de vacaciones, sobrevenía una situación de incapacidad temporal, el periodo vacacional no quedaba suspendido hasta la recuperación del trabajador. Para entonces ya nuestra doctrina judicial interpretaba que, si la incapacidad temporal se iniciaba con anterioridad al inicio de las vacaciones, el trabajador tenía derecho a disfrutar de su descanso en otro momento, una vez superada la incapacidad temporal[27]. Y el legislador había incorporado al art. 38 ET[28], también por imperativo de las normas europeas, el derecho a disfrutar las vacaciones en un momento no coincidente con la suspensión del contrato por circunstancias vinculadas con el nacimiento, cuidado y lactancia de hijos. En su Auto, el Tribunal Supremo advierte que el Tribunal de Justicia de la Unión Europea no había tenido ocasión de manifestarse sobre la situación planteada y reclama la interpretación de esta cuestión a la luz del art. 7.1 de la Directiva.

La respuesta del Tribunal europeo se produce en la STJUE de 21 de junio de 2012 (Asunto C-78/11) en la que se afirma que la incapacidad temporal sobrevenida durante el disfrute de las vacaciones anuales retribuidas permite su disfrute en un período distinto y por el tiempo coincidente. Se cierra así el círculo referido a las distintas posibilidades que pueden generarse en torno a las situaciones de incapacidad temporal y las vacaciones

---

26 TAPIA HERMIDA, Alberto J., "Efectos de las cuestiones prejudiciales ante el Tribunal del Justicia sobre la jurisprudencia de los Estados miembros de la UE: el caso español", *La Ley Unión Europea*, nº 111, 2023.

27 STS 24 de junio de 2009 (Rº 1542/2008).

28 A través de la reforma del citado precepto dispuesta por la LO 3/2007, de 22 de marzo, para la igualdad efectiva de mujeres y hombres.

anuales retribuidas. Hay que plantear que antes de esa fecha el legislador español ya había anticipado una solución a través de un nuevo párrafo incorporado en el art. 38.3 ET (ex RDL 3/2012, de 10 de febrero) en el que, por cierto, se incorporaba un límite a la posibilidad de que el trabajador disfrute de sus vacaciones en un momento posterior no contemplado por el TJUE, sin que, hasta el momento, se haya cuestionado esa restricción. El citado precepto —vigente todavía en sus mismos términos— señala que "en el supuesto de que el período de vacaciones coincida con una incapacidad temporal por contingencias distintas a las señaladas en el párrafo anterior que imposibilite al trabajador disfrutarlas, total o parcialmente, durante el año natural a que corresponden, el trabajador podrá hacerlo una vez finalice su incapacidad y siempre que no hayan transcurrido más de dieciocho meses a partir del final del año en que se hayan originado".

4.2. La saga de Diego Porras: desatinos del Tribunal de Justicia de la Unión Europea e intervención del Tribunal Supremo para reconducir la cuestión

La segunda cuestión prejudicial de la Sala IV de Tribunal Supremo se planteó seis años después en un caso en el que era imprescindible dar al Tribunal de Justicia la oportunidad de pronunciarse por segunda vez sobre un asunto en el que una primera resolución del Tribunal europeo había generado una auténtica conmoción en nuestra interpretación judicial sobre el régimen de extinción de los contratos de duración determinada[29]. Brevemente pueden recordarse los hechos: En su Sentencia de 14 de septiembre de 2016 (Asunto C-596/14, De Diego Porras I) el Tribunal de Justicia de la Unión Europea, respondiendo a una cuestión prejudicial planteada por el Tribunal Superior de Justicia de Madrid, declaró que la norma española que deniega cualquier indemnización por finalización de contrato a un trabajador con contrato de interinidad es contraria a la cláusula 4 del Acuerdo Marco sobre trabajo de duración determinada, que figura en el anexo de la Directiva 1999/70/CE del Consejo, de 28 de junio de 1999. Y ello sobre la base de que la situación de los trabajadores interinos es comparable a la de los indefinidos y por no apreciar razones objetivas que justifiquen la diferencia de trato. Esta sentencia generó una reacción inmediata que revelaba el impacto de dicho pronunciamiento sobre el sistema normativo de la contratación temporal. En instancia y suplicación

---

29 Como agudamente advirtió PALOMEQUE LÓPEZ, M. Carlos, "Tres sentencias que estremecieron al mundo", *Trabajo y Derecho,* nº 23, 2016.

los tribunales se aprestaron a aplicar esta interpretación extendiendo el derecho a indemnización a otras modalidades de contratos temporales, reconociendo que la extinción de un contrato temporal por vencimiento del término o cumplimiento de la causa habilitante generaba en favor de la persona trabajadora la indemnización prevista en el art. 53 ET para las extinciones por causas objetivas.

Conocida la interpretación del Tribunal europeo, el Tribunal Superior de Justicia de Madrid que había planteado la cuestión prejudicial también resolvió reconociendo al trabajador demandante la indemnización correspondiente al despido objetivo. Ese pronunciamiento, recurrido en casación para unificación de doctrina por el Ministerio de Defensa, dio ocasión a la Sala IV para dirigirse al Tribunal de Justicia de la Unión Europea pidiendo, aun sin hacerlo expresamente, una reconsideración de su doctrina. En el Auto de 25 de octubre de 2017 (Rº 3970/2016) el Tribunal Supremo incide en la falta de término de comparación si se trata de determinar el importe de la indemnización por extinción del contrato cuando esa extinción se produce por el cumplimiento de la finalidad del contrato temporal. Tal causa de extinción, obviamente, nunca se va a producir en el caso de los trabajadores fijos. Con este sencillo argumento, el Tribunal Supremo puso en bandeja, si se permite la expresión coloquial, una salida honrosa para el Tribunal de Justicia de la Unión Europea que, efectivamente, en su sentencia de 21 de noviembre de 2018 (Asunto C-619/17, De Diego Porras II) rectificó, aun sin reconocer expresamente el cambio de doctrina, la compatibilidad con las normas europeas de una previsión normativa que no contempla indemnización alguna para la extinción de los contratos de trabajo de interinidad (hoy sustitución) producida por vencimiento del término para el que esos contratos se celebraron[30]. Con la STS 207/2019, de 15 de abril, en la que el Tribunal Supremo deniega el derecho a la indemnización del trabajador interino por terminación de su contrato, se pone fin a la saga De Diego Porras.

---

[30] Una solución que ya se había anticipado en las SSTJUE de 5 de junio de 2018 (Asuntos C-574/16, Grupo Norte Facility, y C-677/16, Montero Mateos, respectivamente).

4.3. A vueltas con la adecuación al marco europeo de la categoría de trabajadores indefinidos no fijos

La tercera cuestión prejudicial que la Sala IV ha planteado ante el Tribunal de Justicia de la Unión Europea se recoge en el Auto de 30 de mayo de 2024 (Rec. 5544/2023). Un asunto que, en el momento de cerrar este análisis, está aún pendiente de respuesta por parte del Tribunal europeo. Es, sin duda, una cuestión prejudicial oportuna y necesaria[31]. Y podría ser la ocasión para cerrar definitivamente un tema sobre el que se han generado debates y controversias doctrinales, contradicciones en la interpretación de los distintos órganos de la jurisdicción y soluciones políticas y legislativas no siempre tan eficaces como deberían haber sido. La figura del indefinido no fijo fue un hallazgo de la Sala IV de Tribunal Supremo[32] que permitió tutelar al trabajador víctima del uso abusivo o fraudulento de la contratación temporal por las administraciones públicas sin tensionar los principios constitucionales que rigen el acceso al empleo público. Una figura que, en principio, estaba llamada a jugar un papel puramente residual pero que, a falta de otras medidas eficaces para evitar los abusos en la contratación temporal en el sector público, se ha generalizado y convertido en un problema estructural en el empleo público[33].

El cuestionamiento de esta figura y su posible falta de adecuación con las normas europeas sobre responsabilidad por abusos en la contratación temporal ha llegado al Tribunal de Justicia de la Unión Europea mediante diversas cuestiones prejudiciales planteadas por tribunales españoles. Y los

---

31 Vid. un análisis detenido de la cuestión prejudicial en GÓMEZ ABELLEIRA, Francisco Javier, "El indefinido no fijo y la Directiva 1999/70: Nueva oportunidad de clarificación para el TJUE servida por el Tribunal Supremo", *Anuario Coruñés de Derecho Comparado del Trabajo,* Vol. XV, 2023, pp. 89-103.

32 Vid. DESDENTADO BONETE, Aurelio, "Los indefinidos no fijos: ¿una historia interminable o una historia terminada?", *Revista de Información Laboral,* núm. 10/2018.

33 Como expresa GÓMEZ ABELLEIRA, Francisco Javier, al señalar que "hace décadas que padecemos un "déficit de ley", concretado en una dejación de funciones por parte del legislativo, con el consecuente incremento de las del poder judicial, abocado a "regular jurisprudencialmente", si tal cosa es posible, asuntos importantes y de gran complejidad ", en "El equilibrio entre ley y jurisprudencia en el derecho laboral: ¿un déficit de ley?", en AA.VV (Mercader, J. R., y De la Puebla, A., Dirs.), *Cambio tecnológico y transformación de las fuentes laborales: Ley y convenio colectivo ante la disrupción digital,* Tirant lo Blanch, Valencia, 2023, pp. 69-87.

sucesivos pronunciamientos del Tribunal europeo, lejos de pacificar los debates, han profundizado en las diferencias ofreciendo nuevos argumentos para reforzar tanto las posiciones que abogan por su eliminación como aquellas que, en sentido contrario, siguen encontrando en esa figura contractual una solución, sino la mejor al menos sí asumible, para sancionar el uso irregular de la contratación temporal. Prueba de ello es el efecto que ha generado la última sentencia sobre esta cuestión[34]. En ella, el Tribunal de Justicia se pronuncia sobre diferentes cuestiones prejudiciales planteadas por parte de la Sala Social del Tribunal Superior de Justicia de Madrid, referidas a si la normativa legal española, en la forma en que es interpretada por la jurisprudencia, es acorde con la cláusula 5 del Acuerdo Marco sobre trabajo de duración determinada, y contempla la adopción efectiva y vinculante de al menos una de las medidas que enumera el apartado 1 de la misma, o medidas legales equivalentes, a efectos de prevenir los abusos derivados de la utilización sucesiva de contratos o relaciones laborales de duración determinada.

Si en su anterior la STJUE de 3 de junio de 2021, C-726/19 el Tribunal europeo pareció aceptar que la conversión de la relación laboral en indefinida no fija podía ser una medida apta para sancionar la utilización abusiva de los contratos de duración determinada cuando el empleador es un organismo público; en la sentencia de febrero de 2024 se renueva la incertidumbre cuando se afirma que las normas europeas se oponen a una normativa nacional que contempla el pago de una indemnización tasada, igual a veinte días de salario por cada año trabajado, con el límite de una anualidad, a todo trabajador cuyo empleador haya recurrido a una utilización abusiva de contratos indefinidos no fijos prorrogados sucesivamente "cuando el abono de dicha indemnización por extinción de contrato es independiente de cualquier consideración relativa al carácter legítimo o abusivo de la utilización de dichos contratos". Una respuesta lo suficientemente ambigua como para generar múltiples y dispares interpretaciones, lo que ha motivado el planteamiento por el Tribunal Supremo de la cuestión prejudicial en la que se pide expresamente "una respuesta del Tribunal de Justicia, para aclarar si es conforme a la cláusula 5ª del Acuerdo Marco la doctrina de este Tribunal Supremo que limita el reconocimiento de la condición de trabajo fijo en el sector público a quien accede al empleo público tras haber superado un proceso selectivo

---

34 STJUE de 22 de febrero de 2024 (Asuntos acumulados C-59/22; C-110/22 y C-159/22).

conforme a los principios de igualdad, mérito y capacidad, calificando por el contrario como indefinida no fija la relación laboral del trabajador temporal contratado por un empleador público de manera ilegítima o en abuso de contratos de duración determinada". La perspectiva que ofrece el Auto, en la que se apela no solo a los principios constitucionales de acceso al empleo público sino también el principio fundacional de la libre circulación de trabajadores, quizás ofrezcan un asidero para que el Tribunal de Justicia resuelva la cuestión desde la perspectiva europea. Cuestión distinta es que, aun así, quede pendiente la adopción de medidas internas, más contundentes y eficaces, para erradicar los abusos en la contratación en el sector público.

5. LA APLICACIÓN EN EL TIEMPO DE LA DOCTRINA UNIFICADA POR LA SALA IV DEL TRIBUNAL SUPREMO

La posibilidad de que se produzcan cambios de criterio jurisprudencial no plantea problemas dogmáticos en nuestro sistema jurídico ya que no rige la teoría del precedente a la hora de aplicar las normas jurídicas. El Tribunal Constitucional (STC 145/1997, de 15 de septiembre), señaló expresamente que el cambio de criterio por parte de la jurisprudencia es constitucionalmente posible y respeta el principio de igualdad cuando se realiza "de modo consciente, reflexivo y con criterios generalizables".

Pero el cambio de criterio en la interpretación judicial plantea el problema de su eficacia, lo que equivale a plantearse si el nuevo criterio interpretativo tiene efectos retroactivos, afectando por tanto a situaciones nacidas o producidas antes de la resolución judicial que cambia de criterio, o solamente prospectivos, esto es, hacia situaciones futuras. En el caso de las normas jurídicas, es el propio legislador quien puede prever su eficacia temporal a través del derecho transitorio y de la previsión del grado de retroactividad de la nueva norma, con respeto a los límites constitucionales y a la regla supletoria de art. 2.3 Cc conforme a la cual las leyes no tienen efecto retroactivo si no dispusiesen lo contrario. Pero el órgano judicial no tiene la misma potestad que el legislativo para determinar el alcance temporal de sus pronunciamientos.

En la praxis de la Sala IV ha operado siempre de manera uniforme el criterio conforme al cual "las sentencias que la crean se limitan a poner de manifiesto la voluntad legislativa, que ha de ser la aplicada en los casos que se enjuicien con posterioridad aunque los hechos que los determinan hubieran tenido lugar en fecha anterior a la de la doctrina judicial"[35], con apoyo en la STC 95/1993, de 22 de marzo. Esto supone que los cambios de criterio se aplican tanto al caso en el que se adoptan como en los recursos relativos a situaciones jurídicas nacidas con anterioridad pero todavía no resueltas por sentencia firme. Y así se ha venido aplicando pacíficamente. Cuando la STS de 26 de febrero de 1986 declaró la naturaleza laboral de la relación entre transportista con vehículo propio y la persona para la que realizaba el transporte, tal interpretación se aplicó a las relaciones de transporte constituidas con anterioridad a dicha resolución y que habían sido pactadas como contrato mercantil de transporte. El límite a esta doctrina se encuentra, no obstante, en la *res iudicata,* lo que significa que el cambio de criterio no afecta a las situaciones jurídicas que gozan de la protección de cosa juzgada.

Cuando se trata, en particular, de un cambio de doctrina en una sentencia que resuelve un recurso de casación para unificación de doctrina, juega además el artículo 228.1 LRJS, que dispone que el pronunciamiento de la Sala de lo Social del Tribunal Supremo no puede alcanzar en ningún caso a las situaciones jurídicas creadas por las resoluciones precedentes a la impugnada. Se confirma, así, la aplicación del principio de cosa juzgada respecto a las sentencias anteriores a la recurrida —entre ellas las designadas para contraste, que por imposición legal han de ser firmes (art. 221.3 LRJS)— cuya doctrina haya podido considerarse errónea a partir del juicio de comparación realizado en la unificación de doctrina. Pero ello no supone una excepción a esa regla general antes apuntada. La eficacia de la sentencia dictada en unificación de doctrina en los términos señalados se refiere a las cuestiones resueltas en sentencias firmes. Pero no impide que la doctrina unificada se aplique a situaciones jurídicas anteriores que no hayan sido enjuiciadas. "Por tanto, el carácter y eficacia de la sentencia dictada en unificación es la propia de la jurisprudencia, es decir, la unificación de criterios en la aplicación e interpretación de la norma jurídica, pero no la exclusión de su aplicación a supuestos anteriores que no hayan sido objeto de debate judicial"[36].

---

[35] Como recordaba la STS 29 de abril de 2002 (Rº 1468/2001).

[36] FERNÁNDEZ AVILÉS, José Antonio y RODRÍGUEZ-RICO ROLDÁN, Victoria, "Contenido y alcance de la sentencia dictada en recurso de casación para unificación de doctrina", en AA.VV. (Dir. J. García Murcia) *El recurso de casación para unificación de doctrina en el Orden Social de la Jurisdicción, cit.*, p. 499.

Pero, a veces, las sentencias, de forma directa o indirecta, buscando subterfugios que lo justifiquen, modulan sus efectos temporales y los limitan proyectándolos solo para situaciones que se produzcan después de publicada la sentencia en la que se recoge el cambio de doctrina. Es lo que ha ocurrido en la reciente STS de 18 de noviembre de 2024 (Rº 4735/2023), en la que el Tribunal Supremo cambia su doctrina respecto de la exigencia de audiencia previa al despido disciplinario. Hasta ese pronunciamiento, era doctrina pacífica[37] que nuestra regulación del despido disciplinario no requería la audiencia previa a la persona trabajadora sancionada y, asimismo, que dicha omisión no vulneraba el art. 7 del Convenio 158 OIT en la medida en que la finalidad de este precepto es garantizar la posibilidad real de defensa al trabajador despedido y dicha garantía ya queda cubierta en nuestro ordenamiento con el sistema formal que establece el art. 55.1 ET, en tanto que exige que el empleador, al decidir el despido, exprese en la comunicación escrita que debe entregar al trabajador los hechos en que funda tal decisión y la fecha de sus efectos, con lo cual se facilita a aquél la preparación de su defensa, correspondiendo además al empleador la carga de la prueba.

En su reciente pronunciamiento, el Tribunal reconoce expresamente el cambio en su doctrina y afirma que la sentencia recurrida —que había declarado la improcedencia del despido por falta de audiencia previa— "es la que contiene la doctrina correcta y no la de contraste". Sin embargo, de modo excepcional, el cambio de jurisprudencia no se aplica ni es efectivo sobre el supuesto controvertido[38]. No solo eso, el Tribunal afirma que tampoco es exigible la audiencia previa en los despidos acaecidos antes de que se publique la sentencia. Se trata, sin duda, de una fórmula peculiar de fijar la irretroactividad de los efectos de la sentencia, algo que, como el propio Tribunal Supremo reconoce, es un canon propio de las leyes.

---

37 STS 15 de septiembre de 1988.

38 ALFONSO MELLADO, Carlos L., "Audiencia previa en materia de despido disciplinario. Una necesaria, aunque incompleta, rectificación de la jurisprudencia precedente. Comentario a la STS 1250/2024, de 18 de noviembre", *Revista de Trabajo y Seguridad Social, CEF*, 484, enero-febrero 2025, pp. 275-284, "Es un criterio que pretende ampararse en razones de seguridad jurídica, pero que resulta poco convincente, e incluso contrario a la propia seguridad jurídica, porque conduce al resultado sorprendente de que se estima el recurso de quien ha actuado en contra de la norma aplicable y se revoca una sentencia que había aplicado acertadamente el marco normativo vigente en la materia".

No se trata, sin embargo, de que la Sala IV haya optado por alterar la regla clásica sobre los efectos de las sentencias que cambian doctrina[39]. La justificación de esta solución —que limita exclusivamente hacia el futuro los efectos de la nueva interpretación judicial— remite a la propia norma convencional que prevé una excepción a esa exigencia de audiencia previa. Señala al respecto el Tribunal que "en el caso que nos ocupa, así como en todos los casos en los que el despido se produjo con anterioridad a nuestro cambio de doctrina, es aplicable dicha excepción ya que no podía razonablemente pedirse al empleador que tuviera que conceder tal audiencia al trabajador en tanto que en el momento en que activó el despido no se le podía exigir ese requisito, cuando expresamente nuestra propia jurisprudencia —con independencia de lo que pudiera decir la doctrina judicial—, venía manteniendo lo contrario de lo que aquí concluimos desde los años ochenta, y que pacíficamente se ha venido manteniendo hasta la actualidad, generando un principio de seguridad jurídica en la materia que amparaba su modo de proceder, al no tomar en consideración lo que expresamente no se estaba exigiendo entonces y los beneficiados por ello ni tan siquiera venían demandando en vía judicial, permaneciendo dicho criterio pacífico en el tiempo hasta la actualidad que ha vuelto a resurgir"[40].

De esta forma se consigue seguridad jurídica de carácter prospectivo, desde la fecha de publicación de la sentencia en adelante, dejando claro que, desde ese momento, el despido disciplinario debe ir precedido del trámite de audiencia previa. Pero también se logra seguridad jurídica retrospectiva aclarando el criterio a seguir por jueces y tribunales respecto de procesos judiciales en torno a despidos producidos antes de la publicación de la sentencia[41].

En realidad, como se ha señalado[42], "la Sala IV ha optado por una «voladura temporalmente controlada» de la doctrina errada en aras de la seguridad jurídica, pues solo regirá a partir del cambio, no antes. De ahí que

---

39 Una cuestión sobre la que se detiene BLASCO GASCÓ, Francisco de P., *La norma jurisprudencial (Nacimiento, eficacia y cambio de criterio)*, Tirant lo Blanch, Valencia, 2000, pp. 115 y ss.

40 Un criterio que se reitera en las posteriores STS 5 de marzo de 2025 (Rº 2076/2024) y STS 11 de marzo de 2025 (Rº 939/2024).

41 Vid. VIVERO SERRANO, Juan, "La audiencia del trabajador antes del despido según el Supremo. Un apabullante leading case", *Diario La Ley*, nº 10618, 28 de noviembre de 2024.

42 MOLINA NAVARRETE, Cristóbal, "Un juicio de convencionalidad debido, justicia salomónica de ocasión: audiencia previa al despido sí, pero «ex nunc»", en

revoque la sentencia impugnada. Con tanta audacia en el plano de política jurisdiccional del derecho como perplejidad en el plano de la técnica jurídica, la Sala IV se guardaba un «as» bajo la manga. Apela a la excepción del art. 7 del Convenio 158 OIT, en virtud de la cual, el derecho de audiencia cede cuando «no pueda pedirse razonablemente al empleador que le conceda esa posibilidad». Es obvio que esa excepción no nace en defensa de la seguridad jurídica de la empresa, sino como una garantía de justo equilibrio en el funcionamiento de tal garantía de defensa ex ante, de modo que no se vea obligada la empresa a esa audiencia en casos de tal entidad para sus intereses que convierta la audiencia en mero trámite (dilatorio, inútil, inexigible, gravoso). Estos casos, formulados como un concepto jurídico indeterminado, a concretar según las circunstancias concurrentes, pero no propiamente como una cláusula tan abierta que neutralice el derecho general de defensa previa, se identifican con la naturaleza de las conductas de indisciplina (ej. especial intensidad ofensiva) o la gravedad de la falta de rendimiento (ej. daño desproporcionado)".

6. PRINCIPIOS, CÁNONES Y PERSPECTIVAS EN LA APLICACIÓN E INTERPRETACIÓN DEL DERECHO POR LA SALA IV DEL TRIBUNAL SUPREMO

Cualquier estudio sobre la operatividad actual de los principios de aplicación del derecho del trabajo alcanza la unánime conclusión de su decadencia. El propio Jesús Mercader, en un estudio que ya ha devenido clásico, advierte sobre esta situación y apunta la posible existencia de un "nuevo tiempo de los principios" en el que los principios clásicos son sustituidos por otros[43]. En realidad, como advertía Aurelio Desdentado en el prólogo a esa obra, hay una especie de saturación de principios: junto a los principios generales del ordenamiento que se obtienen por la abstracción de normas particulares, se encuentran también los valores superiores que inspiran el orden jurídico-constitucional y que se conciben como mandatos de optimización dirigidos a los operadores jurídicos para que hagan efectivos los derechos y valores constitucionales en todos los ámbitos de creación y aplicación de las normas.

AA.VV. *Los Briefs de la Asociación Española de Derecho del Trabajo y de la Seguridad Social. Las claves de 2024,* Editorial Cinca, 2024, 101, pp. 432-434.

43 MERCADER UGUINA, Jesús R., *Los principios de aplicación del Derecho del Trabajo: Formación, decadencia y crisis,* Valencia, Tirant lo Blanch, 2014.

El ordenamiento jurídico constituye un auténtico sistema integrado por un conjunto de normas pero en el que además están los principios, constitucionales o no, y los criterios hermenéuticos mediante los que se materializa la interpretación normativa, a través de la vinculación y ensamblaje que proporciona la necesaria coherencia y racionalidad a esa estructura[44]. A esta concepción responden probablemente los nuevos cánones o criterios hermenéuticos que el propio legislador delimita e impone a los tribunales en cuanto aplicadores e intérpretes de las normas. Y que, en algunas ocasiones, alcanzan una expansión particularmente significativa.

Es lo que ha ocurrido con la perspectiva de género que ha resultado ser en los últimos tiempos uno de esos criterios a los que se acude de forma frecuente para confirmar o reforzar una determinada solución judicial. Su formulación inicial se realiza en la Convención para la eliminación de todas las formas de discriminación contra la mujer (CEDAW), Nueva York 1979, para incorporarse después en la Conferencia de Beijing, celebrada en China en 1995, donde esta perspectiva se configura como una herramienta inclusiva de los intereses de las mujeres en la idea de desarrollo y para contrarrestar las políticas «neutrales» que venían a consolidar las desigualdades de género existentes. A partir de esa declaración, la perspectiva de género se incorpora a textos normativos internacionales y europeos y llega, finalmente, a nuestras normas nacionales. Con las previsiones expresas recogidas en LO 3/2007 (arts. 4 y 15), y en la Ley 15/2022 (art. 4) queda patente que la igualdad de trato debe actuar como un mandato vinculante para todos los poderes públicos, de modo que, tanto en la elaboración de normas, como en el diseño de políticas o en la interpretación y aplicación de las normas, debe atenderse a este principio hermenéutico, habiendo recibido tal criterio el aval del Tribunal Constitucional que vincula directamente la perspectiva de género con la igualdad como valor superior del ordenamiento jurídico (art. 1.1 CE) y en la obligación de los poderes públicos de promover las condiciones para que la libertad y la igualdad del individuo sean reales y efectivas, removiendo los obstáculos que impidan o dificulten su plenitud (art. 9.2 CE) (STC 34/2023, de 18 de abril). Con esta afirmación, el Tribunal Constitucional vincula directamente el canon hermenéutico de la perspectiva de género con los valores constitucionales de igualdad y justicia y determina, por ello mismo, que la citada perspectiva opere como pauta de actuación y orientación para todos los poderes públicos, tal y como el art. 4 Ley 15/2022 explicita.

---

[44] STS 3ª 15 octubre de 2024 (Rº 5372/2022).

Un somero análisis de cualquiera de las bases de datos de jurisprudencia al uso permite advertir que es la Sala de lo Social del Tribunal Supremo la que con mayor frecuencia acude a la perspectiva de género como criterio para confirmar o reforzar sus decisiones[45]. La Sala IV del Tribunal Supremo ha reiterado en numerosas ocasiones la obligación de jueces y tribunales de incorporar la perspectiva de género en lo que constituye su actuación como poder del Estado, esto es, en la interpretación y aplicación de las normas[46], señalando que el mandato del art. 4 Ley 15/2022 significa, por un lado, que la igualdad entre mujeres y hombres constituye un valor supremo del ordenamiento jurídico; y, por otro, que, consecuentemente, la aplicación de tal principio debe considerarse criterio hermenéutico imprescindible para la interpretación de las normas jurídicas.

Ese canon interpretativo ha guiado la respuesta del Tribunal Supremo en conflictos y reclamaciones de muy diversa naturaleza. La perspectiva de género tiene, sin embargo, sus límites, puesto que como se ha señalado "tampoco la interpretación con perspectiva de género, tantas veces aplicada ya por esta Sala, resulte determinante para la resolución del caso, puesto que como venimos reseñando, lo que se nos pide va más allá de lo que significa "interpretar y aplicar el derecho" y se sitúa en el ámbito de su creación. Interpretar con perspectiva de género implica añadir un canon hermenéutico para la comprensión del derecho que consiste en rechazar cualquier inteligencia de la norma que conduzca a una discriminación de la mujer, utilizando, en cambio, las que conduzcan a erradicar cualquier situación de discriminación. No es necesario ahondar en las situaciones y supuestos en los que la Sala ha aplicado ese canon de interpretación que no cabe aplicar cuando el legislador, como es el caso, es consciente de la situación que regula y de las consecuencias de la misma y establece una normativa que tiende corresponsabilizar al varón en la educación y crianza de los hijos, como la fórmula elegida para corregir y evitar una discriminación ancestral de la mujer en este terreno que resultaba urgente remediar. No estamos en un supuesto en que quepa aplicar aquella visión porque no

---

45 La búsqueda de la expresión "perspectiva de género" en las bases de datos de doctrina judicial, acotada al año 2024, arroja un resultado de ciento treinta y nueve pronunciamientos en la Sala IV. Frente a ello, en tan solo cinco sentencias de la Sala Tercera aparece una referencia a este criterio; dos en la Sala de lo Penal y ninguna en la Sala de lo Civil.

46 SSTS 26 de septiembre de 2018 (Rº 1352/2017), 13 de noviembre de 2019 (Rº 75/2018) y 23 de junio de 2022 (Rº 646/2021).

hay discriminación, sino ante un eventual déficit de protección concreto querido y consentido por el legislador"[47].

No es, sin embargo, la perspectiva de género, el único criterio que la Sala de lo Social ha incorporado como técnica de interpretación de las normas laborales que garantice el cumplimiento de los valores y principios protegidos constitucionalmente. El interés general del menor, vinculado con la protección de la familia y con la prohibición de discriminación por razón de filiación o nacimiento, aparece también como criterio orientador de la aplicación de las normas. Un criterio que el art. 24 de la Carta de los Derechos Fundamentales de la Unión Europea recoge expresamente al señalar que el interés superior del niño constituirá una consideración primordial en todos los actos relativos a los niños llevados a cabo por autoridades públicas o instituciones privadas. Y que nuestra legislación incorpora en el art. 2 de la Ley Orgánica 1/1996, de 15 de enero, de Protección Jurídica del Menor, de modificación parcial del Código Civil y de la Ley de Enjuiciamiento Civil.

También en este caso estamos ante una cláusula que, como ha recordado la Sala Primera del Tribunal Supremo, "no permite al juez alcanzar cualquier resultado en la aplicación de la misma, sino que su aplicación ha de hacerse para interpretar y aplicar la ley y colmar sus lagunas, pero no para contrariar lo expresamente previsto en la misma"[48].

Aunque no ha tenido el mismo impacto que la perspectiva de género, el interés superior del menor también aparece cada vez de forma más recurrente en la argumentación de la Sala IV. La interpretación de los derechos de conciliación reconocidos a las personas trabajadoras se hace con frecuencia no solo atendiendo a su principal finalidad —la de favorecer la conciliación de la vida familiar y laboral— sino también al interés de menor en recibir la mejor atención posible[49]. En ocasiones ha resultado el criterio dirimente para resolver determinados asuntos. Se ha empleado, por ejemplo, para fundamentar el reconocimiento de la prestación por maternidad al padre biológico o a la madre que han tenido un hijo

---

47 STS 169/2023, de 2 de marzo.

48 STS 6 de febrero de 2014 (Rº 245/2012).

49 De manera que las normas referidas a los derechos de conciliación deben interpretarse teniendo en cuenta que forman parte del mandato constitucional (art. 39 CE) que establece la protección a la familia y a la infancia (STS 25 de abril de 2018, Rº 2152/2016).

mediante contrato de gestación por sustitución[50] apelando a que el no reconocimiento de la prestación produciría una discriminación en el trato dispensado al hijo por razón de su filiación.

El interés del menor no prevaleció, sin embargo, como criterio para reconocer a la única progenitora en una familia monoparental la prestación por nacimiento y cuidado que le hubiera correspondido al otro progenitor de haber existido. En su STS de 2 de marzo de 2024, que ya se ha comentado anteriormente a otros efectos, la Sala IV del Tribunal Supremo recuerda que la solución del problema no puede sostenerse en la necesidad de tener en cuenta el interés del menor. Y no solo, como señala el Tribunal, porque este no es el único interés en juego, "sino porque no existe una supuesta vulneración de un teórico derecho del menor de las familias monoparentales a ser cuidado en condiciones de igualdad con respecto a las biparentales. En éstas, la prestación que corresponde al otro progenitor precisa como condición inexcusable su encuadramiento y alta en la Seguridad Social y cubrir un periodo mínimo de carencia; y, en caso contrario, no se le concede, de modo que el interés del menor, cuya importancia no se desconoce y se considera de especial relevancia por la Sala, no puede ser el único factor decisivo y determinante en esta cuestión que debemos resolver".

Ya se conoce, se ha citado algunas páginas más arriba, que el Tribunal Constitucional rectificó esta interpretación en su STC 140/2024, de 6 de noviembre y en las siguientes que le siguieron, que estiman la cuestión de inconstitucionalidad planteada por considerar que las normas legales que no permiten a las madres biológicas de familias monoparentales ampliar su permiso por nacimiento generan "ex silentio" una discriminación por razón de nacimiento en la medida en que estos hijos ven reducido sustancialmente el tiempo de cuidado que reciben de sus progenitores[51]. Un argumento que, por cierto, llevado a sus últimas consecuencias exigiría reconocer el mismo derecho a la prestación en situaciones distintas a las analizadas en la sentencia del Tribunal Constitucional pero asimilables en cuanto que, por distintas circunstancias, uno de los progenitores no pueda atender el cuidado del menor, como ocurre, entre otros supuestos posi-

---

50 STS 25 de octubre de 2016 (Rº 3818/2015) y STS 16 de noviembre de 2016 (Rº 3146/2014), respectivamente.

51 Una decisión que ha obligado al Tribunal Supremo a rectificar su doctrina a partir de la STS 21 de febrero (Rº 1562/2023).

bles, cuando el otro progenitor está privado de libertad[52] o por, cualquier otro motivo, no puede hacerse cargo del menor.

7. EL INTERÉS CASACIONAL OBJETIVO Y LA RECONDUCCIÓN DEL RECURSO A SU FUNCIÓN DE UNIFICACIÓN Y CREACIÓN DE DOCTRINA. UN NUEVO HORIZONTE, ¿Y NUEVAS INCERTIDUMBRES? PARA LA UNIFICACIÓN DE DOCTRINA

Una de las novedades recientemente incorporadas en la regulación del recurso de casación para la unificación de doctrina es la exigencia de un interés casacional objetivo como requisito para el acceso a la unificación de doctrina. La LO 1/2025 modifica, con efectos de 4 de abril de 2025, las condiciones de acceso al recurso de casación para la unificación de doctrina de modo que a la tradicional exigencia de contradicción se añade ahora la necesaria concurrencia de un interés casacional objetivo, haciendo de este modo más rigurosa y exigente la admisión del recurso[53].

La finalidad a la que atiende la incorporación de este requisito queda expresada de forma clara en la Exposición de motivos de la LO 1/2025 cuando advierte que "en la misma línea de consolidación de los derechos y garantías de la ciudadanía en el acceso a la justicia a fin de que el funcionamiento de ésta como servicio público se produzca en condiciones de eficiencia operativa, deviene necesario ahondar en el orden social en la reforma del recurso de casación para la unificación de doctrina. Al igual que sucede en el orden civil, tampoco este recurso de casación constituye una tercera instancia con plenitud de cognición, de manera que le resulta de aplicación la misma jurisprudencia del Tribunal Constitucional —residenciando en el Tribunal Supremo la configuración de esa admisibilidad, con las excepciones del artículo 123 CE— y del Tribunal Europeo de Derechos Humanos y de la propia Sala Primera insistiendo en el especial rigor de los requisitos de admisión del recurso de casación".

---

52 Como ocurre en el supuesto analizado en la STS 26 de enero de 2024 (Rº 1003/2023), pretensión que el Tribunal Supremo rechaza con los mismos argumentos que los empleados en la STS de 2 de marzo de 2023. Quizás la solución habría sido otra si en ese momento el Tribunal Constitucional ya se hubiera pronunciado.

53 Téngase en cuenta, no obstante, que, como ya se dijo, la DT 9ª.8 LO 1/2025 precisa el momento de entrada en vigor de la nueva regulación de los recursos de casación social.

Se pretende dar respuesta, con esta nueva exigencia, a los problemas prácticos que viene planteando el recurso de casación unificadora en el orden social y que derivan, en cierta medida, de su propia configuración legal como un recurso en interés de parte[54]. Esa característica ha generado que, en muchos casos, los particulares recurran masivamente a esta vía procesal, como si fuese una tercera instancia, en busca de una solución favorable a sus intereses[55]. Y a la vez ha determinado que queden fuera de alcance de la unificación conflictos sobre los que objetivamente puede haber una necesidad o interés general de fijar doctrina unificada.

En la práctica puede apreciarse cómo en la doctrina del Tribunal Supremo sobre admisión del recurso de casación para unificación de doctrina se han venido superponiendo dos tendencias de signo contrario, al menos aparentemente. Y es que, si bien por una parte, la Sala IV ha aplicado progresivamente un mayor rigor en la apreciación de las condiciones de acceso al recurso, lo que ha generado una restricción de los asuntos que llegan a la casación unificadora; por otra ha flexibilizado, en buen número de casos, esa misma exigencia permitiendo la fijación de doctrina unificada en supuestos en los que no existe contradicción o ésta solo puede apreciarse con una buena dosis de flexibilidad en la apreciación de los requisitos legales.

Esa primera tendencia se aprecia con claridad en las exigencias formales que la Ley reguladora de la Jurisdicción Social incorporó en el trámite de interposición del recurso, que, con carácter general, resultaban más rigurosas que las precedentes tanto en relación con el contenido del escrito de preparación como en el propio recurso o en lo referente a las condiciones que deben cumplir las sentencias citadas como contradictorias. Pero también en la exigencia de "interés casacional", requisito que encontraba encaje legal, hasta la reforma incorporada por la LO 1/2025, en el art. 225.4 LRJS que consideraba como causa de inadmisión del recurso, entre otros,

---

54 Vid. sobre todas estas cuestiones GARCÍA MURCIA, Joaquín, "Ley y jurisprudencia en la configuración jurídica de recurso de casación para unificación de doctrina en el orden social de la jurisdicción", en AA.VV. (Dir. J. García Murcia) El recurso de casación para unificación de doctrina en el Orden Social de la Jurisdicción, BOE, Madrid, 2020, pp. 17-60.

55 Como apunta FERNÁNDEZ MÁRQUEZ, Oscar L., "Requisitos sustanciales de la unificación de doctrina: contradicción, infracción legal y contenido casacional", en AA.VV. (Dir. J. García Murcia) *El recurso de casación para unificación de doctrina en el Orden Social de la Jurisdicción, cit.*, p. 68.

"la falta de contenido casacional de la pretensión"[56]. El contenido casacional remite a la funcionalidad del recurso para conformar jurisprudencia y, por ello mismo, permite al Tribunal Supremo inadmitir aquellos asuntos en las que solo están en juego los intereses de las partes. La falta de interés casacional ha sido un argumento habitual en la jurisprudencia de la Sala IV para excluir del acceso a la unificación recursos referidos a materias en las que "el enjuiciamiento afecta más a la fijación y valoración de hechos singulares que a la determinación del sentido de la norma en una línea interpretativa de carácter general"[57]. De esta forma, "el interés casacional del recurso se relaciona directamente con su función uniformadora, de forma que la finalidad de defensa de la legalidad será siempre una consecuencia de esa función que, a su vez, se instrumenta y se garantiza a través del presupuesto de la contradicción"[58]. En puridad, el interés casacional es un plus respecto de la contradicción pero permite al Tribunal Supremo inadmitir el recurso cuando, aun existiendo esta, no se dan las condiciones que exigen la unificación de doctrina. De esta forma, el interés casacional se configura como una exigencia que ha permitido contener la avalancha de recursos de unificación.

La segunda tendencia, que flexibiliza o excluye la exigencia de contradicción cuando resulta necesario en defensa de la legalidad, encuentra su máxima expresión en la previsión legal que permite al Ministerio Fiscal plantear el recurso aun en ausencia de contradicción cuando se da alguna de las condiciones previstas en el art. 219.3 LRJS. Aunque la legitimación del Ministerio público para interponer el recurso de casación para unificación se reconocía desde antes, fue la LRJS la que incorporó esta nueva modalidad de unificación no condicionada a la acreditación de contradicción cuya interposición corresponde en exclusiva al Ministerio público. Una modalidad que cuenta con una tramitación específica respecto del recurso de casación para la unificación de doctrina ordinario y con un diferente objeto y con una sentencia también con diferentes efectos. Un específico recurso cuya finalidad, en fin, es la de abrir la posibilidad de que la Sala IV fije la doctrina jurisprudencial que debe ser aplicada en el futuro por el resto de los órganos judiciales y crear el precedente judicial al que habrán

---

[56] Vid. al respecto SAN CRISTÓBAL VILLANUEVA, Juan Manuel, "El interés casacional como criterio de admisión de los recursos de casación: algunas reflexiones para el caso de su futura aplicación en la jurisdicción laboral", *Trabajo y Derecho,* nº 97, 2023.

[57] SSTS 23 de junio de 2005 (Rº 1711/2004 y 3304/2004).

[58] STS 18 de diciembre de 2007 (Rº 4301/2006).

de someterse los Jueces y Magistrados. Con ello se ensanchaba considerablemente el ámbito de conocimiento del Tribunal Supremo, en la medida en que permitía llegar a casación unificadora buen número de supuestos que anteriormente tenían vedado su acceso por falta de contradicción[59].

Pero la ampliación del recurso de casación para unificación se ha producido también a través de la interpretación flexibilizadora que la propia Sala IV ha hecho de la exigencia de contradicción cuando lo ha considerado necesario para unificar doctrina en cuestiones de especial relevancia o cuando los contenidos jurídicos afectados así lo requerían[60]. Es lo que ha ocurrido, por ejemplo, con el juicio de contradicción a propósito de infracciones procesales en las que, aunque se sigue manteniendo la exigencia de contradicción y la pertinente denuncia de la infracción legal o jurisprudencial para la viabilidad del recurso, se ha acabado aceptando que la identidad —parte integrante del juicio de contradicción— solamente se requiere respecto de la controversia procesal, no sobre las situaciones sustantivas de cada una de las sentencias en comparación[61]. También en los casos en que el recurso afecta a cuestiones de orden público procesal o aquellos en los que Tribunal aprecia la existencia de contradicción *a fortiori*, definida por el propio Tribunal Supremo como aquellos en los "aun no existiendo igualdad propiamente dicha en los hechos, sin embargo, el resultado de las dos sentencias es tan patente que se hubiera producido aun en el caso de que los hechos fueran los mismos"[62]. En estos casos, cabe la posibilidad de que se admita el recurso aun faltando la identidad sustancial en los hechos

---

59 Un estudio sobre esta modalidad de recurso en TOROLLO GONZÁLEZ, Francisco Javier, "La legitimación de Ministerio Fiscal en la interposición del recurso de casación para unificación de doctrina en defensa de la legalidad", en AA.VV. (Dir. García Murcia, Joaquín) *El recurso de casación para unificación de doctrina en el Orden Social de la Jurisdicción, cit.*, pp. 455-488.

60 Vid. al respecto SAN CRISTÓBAL VILLANUEVA, Juán Manuel, "Cuestiones de actualidad sobre el recurso de casación para unificación de doctrina", *Trabajo y Derecho*, nº 79/80, 2021.

61 Vid. al respecto, GONZÁLEZ DEL REY RODRÍGUEZ, Ignacio, "El recurso de casación para la unificación de doctrina por motivos procesales", en AA.VV. (Dir. García Murcia, Joaquín) *El recurso de casación para unificación de doctrina en el Orden Social de la Jurisdicción, cit.*, que analiza esta particular aplicación de la contradicción de sentencias en el recurso de casación para unificación de doctrina por motivos procesales en las pp. 389-398.

62 STS 26 de noviembre de 2019 (Rº 2820/2018).

probados, como confirman los numerosos recursos admitidos por la Sala IV aceptando la mencionada contradicción *a fortiori*[63].

Si bien se mira, y aunque parecieran contradictorias, ambas tendencias responden a una misma finalidad, que no es otra que permitir al Tribunal Supremo regular o administrar los umbrales de receptividad ante unas pretensiones casacionales que siendo privadas (interpuestas por particulares en atención a sus exclusivos intereses) deben en todo caso acreditar para ser tramitadas cierta utilidad o rentabilidad —pública— de unificación jurisprudencial[64].

Con ese objetivo se incluye ahora la exigencia de interés casacional objetivo como condición de admisibilidad del recurso. La propia norma señala ese específico interés casacional concurrirá cuando se de alguna de las circunstancias expresamente previstas en el art. 219.1 LRJS, esto es, 1°) si concurren circunstancias que aconsejen un nuevo pronunciamiento de la Sala; 2°) si la cuestión posee una trascendencia o proyección significativa, o, en fin, 3°) si el debate suscitado presenta relevancia para la formación de la jurisprudencia. Una exigencia que se extiende también al recurso de casación para la unificación de doctrina presentado por el Ministerio Fiscal y que se proyecta sobre los distintos momentos de tramitación del recurso: desde su preparación e interposición a la decisión de su inadmisión.

A buen seguro el interés casacional objetivo será una herramienta de gran utilidad para que la Sala IV de Tribunal Supremo reconduzca el recurso de casación para la unificación de doctrina a su cauce natural, permitiendo que cumpla más eficazmente su función. Pero la delimitación legal del interés casacional objetivo a efectos del recurso de casación para unificación de doctrina lo configura como una noción con un contenido específico y diferenciado del que se exige en los recursos de casación de otros órdenes jurisdiccionales. La alegación de interés casacional objetivo centrará los esfuerzos de los recurrentes y, a la vez, abrirá nuevos caminos en la interpretación de la Sala IV.

---

63 Vid. al respecto, CANO GALÁN, Yolanda, "La contradicción ordinaria, *a fortiori* y *a posteriori* como cauce para la unificación de doctrina, en AA.VV. (Dir. García Murcia, Joaquín) *El recurso de casación para unificación de doctrina en el Orden Social de la Jurisdicción, cit.*, pp. 192-214.

64 Como gráficamente apunta FERNÁNDEZ MÁRQUEZ, Oscar L., "Requisitos sustanciales de la unificación de doctrina: contradicción, infracción legal y contenido casacional", en AA.VV. (Dir. García Murcia, Joaquín) *El recurso de casación para unificación de doctrina en el Orden Social de la Jurisdicción, cit.*, p. 72.

Bibliografía

ALFONSO MELLADO, Carlos L., "Audiencia previa en materia de despido disciplinario. Una necesaria, aunque incompleta, rectificación de la jurisprudencia precedente. Comentario a la STS 1250/2024, de 18 de noviembre", *Revista de Trabajo y Seguridad Social, Centro de Estudios Financieros,* 484, enero febrero 2025.

BLASCO GASCÓ, Francisco de P., *La norma jurisprudencial (Nacimiento, eficacia y cambio de criterio),* Tirant lo Blanch, Valencia, 2000.

BORRAJO DACRUZ, Efrén, "Derecho vivo del trabajo y jurisprudencia unificada (1). El caso del despido de la trabajadora embarazada", *Actualidad Laboral,* nº 17, 2009.

CANO GALÁN, Yolanda, "La contradicción ordinaria, *a fortiori* y *a posteriori* como cauce para la unificación de doctrina, en AA.VV. (Dir. García Murcia, Joaquín) *El recurso de casación para unificación de doctrina en el Orden Social de la Jurisdicción,* BOE, Madrid, 2020, pp. 183-234.

CASAS BAAMONDE, María Emilia, "La Ley Orgánica 1/2025, de 2 de enero, de medidas en materia de eficiencia del Servicio Público de Justicia, y sus efectos en la jurisdicción social", *Labos, Revista de Derecho del Trabajo y Protección Social,* Vol. 6, nº 1, 2025, pp. 26-38.

DESDENTADO BONETE, Aurelio, "Sobre las difíciles relaciones entre el recurso de casación para la unificación de doctrina y el recurso de amparo y sobre los problemas de prejudicialidad administrativa en el proceso social. Una reflexión crítica y una propuesta", *Revista Española de Derecho del Trabajo,* nº 78, 1996.

DESDENTADO BONETE, Aurelio, "Los indefinidos no fijos: ¿una historia interminable o una historia terminada?", *Revista de Información Laboral,* núm. 10, 2018.

FERNÁNDEZ AVILÉS, José Antonio y RODRÍGUEZ-RICO ROLDÁN, Victoria, "Contenido y alcance de la sentencia dictada en recurso de casación para unificación de doctrina", en AA.VV. (Dir. J. García Murcia) *El recurso de casación para unificación de doctrina en el Orden Social de la Jurisdicción,* BOE, Madrid, 2020, pp. 489-512.

FERNÁNDEZ MÁRQUEZ, Oscar L., "Requisitos sustanciales de la unificación de doctrina: contradicción, infracción legal y contenido casacional", en AA.VV. (Dir. J. García Murcia) *El recurso de casación para unificación de doctrina en el Orden Social de la Jurisdicción,* BOE, Madrid, 2020, pp. 61-89.

GARCÍA MURCIA, Joaquín, "Ley y jurisprudencia en la configuración jurídica de recurso de casación para unificación de doctrina en el orden social de la jurisdicción", en AA.VV. (Dir. J. García Murcia) El recurso de casación para unificación de doctrina en el Orden Social de la Jurisdicción, BOE, 2020, pp. 17-60

GIL PLANA, Juan, "La nulidad del despido de la trabajadora embarazada", *Revista Española de Derecho del Trabajo,* nº 154, 2012.

GÓMEZ ABELLEIRA, Francisco Javier, "El equilibrio entre ley y jurisprudencia en el derecho laboral: ¿un déficit de ley?", en AA.VV. (Mercader, J. R., y De la Puebla, A., Dirs.), *Cambio tecnológico y transformación de las fuentes laborales: Ley y convenio colectivo ante la disrupción digital,* Tirant lo Blanch, Valencia, 2023, pp. 69-87.

GÓMEZ ABELLEIRA, Francisco Javier, "El indefinido no fijo y la Directiva 1999/70: Nueva oportunidad de clarificación para el TJUE servida por el Tribunal Supremo", *Anuario Coruñés de Derecho Comparado del Trabajo,* Vol. XV, 2023.

GONZÁLEZ DEL REY RODRÍGUEZ, Ignacio, "El recurso de casación para la unificación de doctrina por motivos procesales", en AA.VV. (Dir. García Murcia, Joaquín)

El recurso de casación para unificación de doctrina en el Orden Social de la Jurisdicción, BOE, Madrid, 2020, pp. 383-407.

IGARTUA MIRÓ, María Teresa, "Jurisprudencia social del Tribunal Supremo y Tribunal de Justicia de la Unión Europea", en AA.VV. (Dir. y Coord. García Murcia, Joaquín) *La jurisprudencial social del Tribunal Supremo. En memoria de Félix Salvador Pérez*, Aranzadi, Navarra, 2023, pp. 547-579.

MERCADER UGUINA, Jesús R., "Las travesías por la incertidumbre del recurso de casación para la unificación de doctrina", *Relaciones Laborales*, 2005, nº 18, pp. 33 a 56.

MERCADER UGUINA, Jesús R., *Los principios de aplicación del Derecho del Trabajo: Formación, decadencia y crisis*, Valencia, Tirant lo Blanch, 2014.

MOLINA NAVARRETE, Cristóbal, "Un juicio de convencionalidad debido, justicia salomónica de ocasión: audiencia previa al despido sí, pero «ex nunc»", en AA.VV. *Los Briefs de la Asociación Española de Derecho del Trabajo y de la Seguridad Social. Las claves de 2024*, Editorial Cinca, 2024.

PALOMEQUE LÓPEZ, M. Carlos, "Tres sentencias que estremecieron al mundo", *Trabajo y Derecho*, nº 23, 2016.

RODRÍGUEZ CARDO, Iván A., "Jurisprudencia social del Tribunal Supremo y Tribunal Europeo de Derechos Humanos", en AA.VV. (Dir. García Murcia, Joaquín), *La jurisprudencia social del Tribunal Supremo, En memoria de Félix Salvador Pérez*, Aranzadi, Navarra, 2023, pp. 583-616.

SAN CRISTÓBAL VILLANUEVA, Juan Manuel, "Cuestiones de actualidad sobre el recurso de casación para unificación de doctrina", *Trabajo y Derecho*, nº 79/80, 2021.

SAN CRISTÓBAL VILLANUEVA, Juan Manuel, "El interés casacional como criterio de admisión de los recursos de casación: algunas reflexiones para el caso de su futura aplicación en la jurisdicción laboral", *Trabajo y Derecho*, nº 97, 2023.

SERRANO GARCÍA, María José, "Jurisprudencia social del Tribunal Supremo y jurisprudencia constitucional", en AA.VV. (Dir. GARCIA MURCIA, Joaquín), *La jurisprudencia social del Tribunal Supremo, En memoria de Félix Salvador Pérez*, Aranzadi, Navarra, 2023, pp. 523-545.

TAPIA HERMIDA, Alberto J., "Efectos de las cuestiones prejudiciales ante el Tribunal del Justicia sobre la jurisprudencia de los Estados miembros de la UE: el caso español", *La Ley Unión Europea*, nº 111, 2023.

TOROLLO GONZÁLEZ, Francisco Javier, "La legitimación de Ministerio Fiscal en la interposición del recurso de casación para unificación de doctrina en defensa de la legalidad", en (Dir. García Murcia, Joaquín) *El recurso de casación para unificación de doctrina en el Orden Social de la Jurisdicción*, BOE, Madrid, 2020, pp. 455-488.

VIVERO SERRANO, Juan, "La audiencia del trabajador antes del despido según el Supremo. Un apabullante leading case", *Diario La Ley*, nº 10618, 28 de noviembre de 2024.

La compleja delimitación de competencias entre la jurisdicción social y la contencioso-administrativa en materia de empleo público

ALFONSO ESTEBAN MIGUEL
Profesor Ayudante Doctor de la Universidad Autónoma de Madrid
ORCID 0000-0001-6897-802X

1. INTRODUCCIÓN: LA DUALIDAD COMO NOTA CARACTERÍSTICA DEL EMPLEO PÚBLICO

Todos los que hemos tenido el privilegio de conocer al profesor Mercader Uguina no hemos quedado indiferentes. Su capacidad para analizar y relacionar cuestiones complejas, junto con su generosidad, son dos de los rasgos que mejor lo definen. En cuanto al primero, basta con adentrarse en su prolífica obra para apreciar su talento para conectar ideas, identificar retos y proponer soluciones en el ámbito del Derecho del Trabajo. Pero su visión no se limita a esta disciplina; siempre apuesta por un enfoque integral, enriqueciendo sus análisis con la interacción de otras ramas del Derecho y disciplinas como la estadística. Entiende la importancia de medir y evaluar la aplicación del Derecho para alcanzar interpretaciones más precisas y respuestas más adecuadas. Personalmente, no puedo olvidar su intervención en la comisión que evaluó mi tesis doctoral, donde su interés en la interacción entre distintas áreas del Derecho permitió un análisis más profundo del complejo fenómeno de las empresas públicas.

Por otro lado, su generosidad con los que inician su carrera es una constante en su trayectoria. No solo la demostró en aquel acto de defensa de mi tesis, sino que, con el tiempo, se ha manifestado en múltiples ocasiones. Desde el inicio de mi carrera como investigador, el profesor Mercader ha sido un apoyo incondicional, alentándome a profundizar en el estudio de las relaciones laborales en el sector público y en las fronteras entre el Derecho público y el Derecho privado. Su apoyo fue determinante para mi estancia de investigación en la Universidad Carlos III. Este respaldo a mi trabajo me ha permitido acercarme a profundizar en una de sus obras y actualizarla. *La delimitación de competencias entre el orden social de la jurisdicción y el orden contencioso-administrativo tras la nueva LJCA*[1], en su apartado sobre empleo público.

Veinticinco años después de aquella publicación, la cuestión sigue sin resolverse y continúa generando controversias. Estas controversias tienen su origen en la dualidad que caracteriza al sistema de empleo público. No solo en la coexistencia de dos regímenes jurídicos —funcionarial y laboral—, que en ciertos aspectos convergen, sino también en la fragmentación competencial entre dos órdenes jurisdiccionales distintos, llamados a resolver los conflictos derivados de la actuación de la Administración como empleadora. Esta situación da lugar a numerosos litigios y, en ocasiones, a una preocupante inseguridad jurídica. En las siguientes páginas, se abordan los principales problemas derivados del conflicto de competencias entre el orden social y el contencioso-administrativo en el ámbito del empleo público, analizando su evolución, sus implicaciones y las posibles soluciones para lograr un sistema más coherente y eficaz.

---

1 MERCADER UGUINA, Jesús R., "La delimitación de competencias entre el orden social de la jurisdicción y el orden contencioso-administrativo tras la nueva LJCA", *Cuadernos de derecho judicial, ejemplar dedicado a: competencias del orden social tras la Ley reguladora de la jurisdicción contencioso-administrativa*, DESDENTADO BONETE, Aurelio (dir.), núm. 6, 1999.

2. LA LOPJ COMO PUNTO DE PARTIDA DEL CONFLICTO DE COMPETENCIAS ENTRE ORDEN SOCIAL Y CONTENCIOSO ADMINISTRATIVO

La garantía del derecho fundamental a la tutela judicial efectiva, reconocida en el artículo 24 de la Constitución Española, requiere la determinación por ley del órgano jurisdiccional competente para conocer de cada controversia. En este sentido, la Ley Orgánica 6/1985, de 1 de julio, del Poder Judicial (en adelante, LOPJ)[2] establece la delimitación entre los diferentes órdenes jurisdiccionales, en cumplimiento del mandato del artículo 122.1 de la Constitución. Por ello, la Ley Orgánica del Poder Judicial se considera una norma integrante del denominado "bloque de constitucionalidad"[3].

No obstante, la redacción de la Ley Orgánica del Poder Judicial no ha sido suficientemente precisa en la delimitación de cada orden jurisdiccional, generando confusión en materias específicas, como el empleo público. Esta ambigüedad ha provocado una alta litigiosidad y pronunciamientos judiciales contradictorios, especialmente, en el reparto entre la jurisdicción social y la contencioso-administrativa. En palabras del profesor Mercader "han convertido a dicha cuestión en una auténtica «zona sísmica» del debate judicial y doctrinal"[4].

El punto de partida se encuentra en el artículo 9 de la LOPJ, que en sus apartados 4 y 5 establece los criterios para delimitar las competencias de los órdenes contencioso-administrativo y social. La Ley Orgánica del Poder Judicial atribuye al orden contencioso-administrativo el conocimiento de las pretensiones derivadas de la actuación de las administraciones públicas sujeta al Derecho Administrativo, aplicando un criterio subjetivo basado en la identidad del actor. En contraste, el orden social es competente en virtud de un criterio material, con independencia de los sujetos intervinientes, para conocer de asuntos relativos a la rama social del Derecho,

---

2 BOE núm. 157, de 2 de julio de 1985.

3 CUADRADO SALINAS, Carmen, "De nuevo sobre la distribución competencial y los problemas de delimitación entre el orden social y el contencioso administrativo", *Revista General de Derecho Procesal*, núm. 50, 2020, p. 4.

4 MERCADER UGUINA, Jesús R., "La delimitación de competencias entre el orden social de la jurisdicción y el orden contencioso-administrativo tras la nueva LJCA", *Cuadernos de derecho judicial, ejemplar dedicado a: competencias del orden social tras la Ley reguladora de la jurisdicción contencioso-administrativa*, DESDENTADO BONETE, Aurelio (dir.), núm. 6, 1999, p. 340.

incluidos los conflictos individuales y colectivos, así como reclamaciones en materia de Seguridad Social[5].

Esta coexistencia de criterios genera dificultades interpretativas cuando la Administración actúa como empleadora. A pesar de que la Administración sea parte en el litigio, si la controversia versa sobre materia laboral, la competencia correspondería al orden social. Esta situación ha obligado a realizar importantes esfuerzos interpretativos para resolver los conflictos jurisdiccionales.

El Tribunal Constitucional, en su sentencia 121/2011, de 7 de julio[6], ha reconocido esta problemática al afirmar que "[t]al forma de realizar la delimitación de competencias entre los dos órdenes jurisdiccionales, mediante criterios concurrentes y no excluyentes, genera irremediablemente lo que se ha dado en llamar «espacios de intersección» o «zonas grises». La razón se encuentra en la combinación de esos criterios de atribución y el carácter complejo del Derecho del trabajo, que incide tanto en las relaciones jurídico-privadas articuladas en torno al contrato de trabajo como en las jurídico-públicas derivadas de la intensa intervención de la Administración en cuanto rodea a la materia laboral: también en la utilización por parte de las Administraciones públicas de la contratación laboral para la incorporación de personal a su servicio". Esto implica que "[d]ecir que la jurisdicción contencioso-administrativa conocerá sobre las impugnaciones de los actos de las Administraciones Públicas sujetos al Derecho Administrativo y que la jurisdicción social conocerá sobre las controversias encuadrables en la rama social del Derecho conduce a que un importante número de conflictos puedan atribuirse tanto al orden social como al contencioso".

El legislador ordinario tampoco ha resuelto de manera definitiva esta problemática[7]. Tanto la Ley 29/1998, de 13 de julio, reguladora de la

---

5 MOREU CARBONELL, Elisa, "El ámbito de la jurisdicción contencioso-administrativa", en AA.VV., EZQUERRA HUERVA, Antonio, y OLIVÁN DEL CACHO, Javier (dirs.), Estudio de la Ley de la Jurisdicción Contencioso-Administrativa, Tirant lo Blanch, 2014, pp. 90 y 91; y QUINTANA LÓPEZ, Tomás, y RODRÍGUEZ ESCANCIANO, Susana, "Límites jurisdiccionales entre los órdenes contencioso-administrativo y social", Revista Jurídica de Castilla y León, núm. 26, 2012, p. 82.

6 ECLI:ES:TC:2011:121

7 MOREU CARBONELL, Elisa, "El ámbito de la jurisdicción contencioso-administrativa", en AA.VV., EZQUERRA HUERVA, Antonio, y OLIVÁN DEL CACHO, Javier (dirs.), Estudio de la Ley de la Jurisdicción Contencioso-Administrativa, Tirant lo Blanch, 2014, p. 91.

Jurisdicción Contencioso-Administrativa (en adelante, LJCA)[8], como la Ley 36/2011, de 10 de octubre, reguladora de la jurisdicción social (en adelante LRJS)[9], han seguido el mismo esquema establecido por la Ley Orgánica del Poder Judicial, sin ofrecer criterios más precisos que clarifiquen la delimitación entre ambas jurisdicciones en materia de empleo público. De esta forma, la delimitación de la competencia entre la jurisdicción contencioso-administrativa y la social en materia de empleo público sigue siendo un problema recurrente en nuestro ordenamiento jurídico. Generando, en muchas ocasiones, inseguridad jurídica derivada de las interpretaciones jurisprudenciales divergentes y los cambios normativos.

3. LAS FRONTERAS ENTRE DERECHO PÚBLICO Y DERECHO PRIVADO: SU PROYECCIÓN EN EL PERSONAL LABORAL DEL SECTOR PÚBLICO

3.1. Los límites entre el Derecho público y el Derecho privado: la teoría de los actos separables

La delimitación entre los distintos órdenes jurisdiccionales ha sido un problema recurrente en el Derecho, particularmente cuando la Administración debe aplicar normas de Derecho privado o se vincula con particulares. Esta problemática no es exclusiva de nuestro ordenamiento jurídico y ha dado lugar a diversas doctrinas para resolver conflictos de competencia. En este contexto surge la teoría de los actos separables como una solución que permite diferenciar la competencia entre el orden contencioso-administrativo y los órdenes civil y social.

El origen de la teoría de los actos separables se encuentra en Francia, donde se desarrolló para deslindar las competencias entre las jurisdicciones civil y administrativa. Según esta doctrina, cuando la Administración celebra contratos privados, la jurisdicción contencioso-administrativa tiene competencia sobre los actos propios de la organización administrativa, mientras que aquellos que excedan este ámbito corresponden a la jurisdicción civil. En este sentido, la doctrina ha definido los actos separables como "aquellos actos de la Administración, anteriores o posteriores a un

---

8 BOE núm. 167, de 14 de julio de 1998.

9 BOE núm. 245, de 11 de octubre de 2011.

contrato celebrado por ella, que pueden ser objeto de recurso contencioso-administrativo"[10].

En España, la teoría de los actos separables fue acogida por la jurisprudencia contencioso-administrativa[11] y posteriormente incorporada en la Ley de Contratos del Estado de 1965[12]. Dicha norma reservó la preparación y adjudicación de los contratos administrativos al Derecho público, mientras que los efectos y la extinción quedaban regulados por el Derecho privado.

Desde su aplicación en los tribunales, la doctrina ha señalado la complejidad derivada de la coexistencia de distintas jurisdicciones en asuntos relacionados con la Administración. Especialmente en el ámbito del contrato administrativo[13], donde "[e]sta dualidad jurisdiccional sobre aspectos relacionados con un mismo contrato engendra infinidad de dificultades no fáciles de resolver"[14].

---

10 CLAVERO ARÉVALO, Manuel Francisco, "El estado actual de la doctrina de los actos separables", Revista de estudios de la vida local, núm. 164, 1969, p. 546.

11 CASTILLO BLANCO, Federico, "Un camino de ida y vuelta: a propósito de los actos separables en la selección del personal laboral al servicio de la Administración Pública", *blog acal (acalsl.com)* (última consulta el 10 de enero de 2025), que recoge el asunto del hotel Andalucía Palace de Sevilla, Auto del Tribunal Supremo de 17 de octubre de 1961 y la Sentencia del Tribunal Supremo de 4 de febrero de 1965. Por otro lado, el Dictamen del Consejo de Estado 202/1994, de 15 de junio de 1994, (Asunto: Expediente del Ayuntamiento de Palomares del Río (Sevilla) sobre declaración nulidad determinados contratos de trabajo), recoge que ya a finales del siglo XIX el Tribunal Supremo había recogido esta doctrina, aunque bajo la categoría del "recurso paralelo".

12 Decreto 932/1965, de 8 de abril, por el que se aprueba el texto articulado de la Ley de Contratos del Estado (BOE núm. 97, de 23 de abril de 1965).

13 CLAVERO ARÉVALO, Manuel Francisco, "El estado actual de la doctrina de los actos separables", Revista de estudios de la vida local, núm. 164, 1969. El autor manifiesta que "[n]inguna institución como la del contrato pone de relieve las dificultades que para la vida jurídico-administrativa plantea la existencia de varias jurisdicciones que pueden conocer sobre cuestiones relacionadas con la Administración. No es ya el siempre angustioso problema de decidir si un contrato de la Administración tiene por finalidad obras o servicios públicos de toda especie, sino el de saber con respecto a un mismo y único contrato qué aspectos litigiosos han de plantearse ante una jurisdicción y cuáles ante otra y qué consecuencias pueden tener las sentencias de una jurisdicción sobre los aspectos del mismo contrato no residenciables ante ella" pp. 546 y 547.

14 *Ídem.*

En la actualidad, la teoría de los actos separables sigue vigente en la contratación administrativa. La Ley de Contratos del Sector Público (en adelante, LCSP)[15] en su artículo 27.1 establece un reparto competencial entre la jurisdicción contencioso-administrativa y la civil. La primera es competente para conocer sobre la preparación y adjudicación de los contratos privados de la Administración, mientras que la segunda resuelve las controversias relativas a los efectos y extinción de dichos contratos[16].

No obstante, la teoría de los actos separables aplicable a los contratos administrativos no rige las relaciones laborales entre la Administración y su personal. El artículo 4 c) de la LCSP excluye expresamente "las relaciones de servicio de los funcionarios públicos y los contratos regulados en la legislación laboral" de la normativa de contratación pública. En consecuencia, surge la cuestión de si esta teoría podría aplicarse a los contratos de trabajo celebrados entre la Administración y su personal laboral.

3.1.1. La dualidad normativa en la contratación laboral pública: el impacto de la teoría de los actos separables

Como se ha expuesto, la teoría de los actos separables nació en el ámbito de la contratación administrativa y no incluye la contratación de personal laboral. Sin embargo, la jurisprudencia, los órganos consultivos y la doctrina han reconocido pacíficamente su aplicación en este ámbito[17]. La razón radica en que, al igual que en la contratación pública, en el empleo público también se presentan conflictos entre el Derecho Administrativo y el Derecho del Trabajo, así como entre los órdenes jurisdiccionales contencioso-administrativo y social.

---

15 Ley 9/2017, de 8 de noviembre, de Contratos del Sector Público, por la que se transponen al ordenamiento jurídico español las Directivas del Parlamento Europeo y del Consejo 2014/23/UE y 2014/24/UE, de 26 de febrero de 2014 (BOE núm. 272, de 9 de noviembre de 2017).

16 Sobre la impugnación de los contratos privados de la Administración *vid.* DÍEZ SASTRE, Silvia, "El sistema de revisión de las decisiones en materia contractual", en AA. VV. DÍEZ SASTRE, Silvia, La nueva Ley de Contratos del Sector Público, ed. Iurisutilitas, 2 ed., 2018, pp. 242 y ss.

17 MURILLO MARTÍN DE LOS SANTOS, Marcelino, "Criterios jurisprudenciales divergentes, en los órdenes jurisdiccionales contencioso-administrativo y social, en materia laboral", *Actualidad Laboral*, núm. 1, 1994,

El Consejo de Estado ha sostenido que en las relaciones laborales cabe distinguir una fase de preparación separada del resto de la relación laboral. En su Dictamen 202/1994[18], aplicó la teoría de los actos separables a los actos previos de una relación laboral en un ayuntamiento, fundamentando su decisión en la "doble legalidad" que rige la Administración pública. Según este criterio, los actos administrativos que anteceden a la relación laboral (como la selección del personal) están regidos por el Derecho Administrativo, mientras que la posterior relación contractual laboral se regula por el Derecho del Trabajo.

De igual forma, la jurisprudencia ha aplicado esta doctrina en el empleo público para diferenciar la fase de selección de personal, que corresponde al orden contencioso-administrativo, de la relación laboral propiamente dicha, cuya competencia es del orden social[19]. La Sala Cuarta del Tribunal Supremo ha confirmado este criterio, indicando que "[a]unque estemos ante una contratación laboral —los puestos de trabajo que se convocan tienen este carácter— siempre que se trate de contratación «externa o de nuevo ingreso», y no de una promoción interna en donde la administración actúa claramente como empresario dentro del marco de un contrato de trabajo existente y aplicando normas de indiscutible carácter laboral, precisamente respecto a una persona que ya tiene la condición de trabajador [...]; en tales supuestos, está actuando una potestad administrativa en orden a la selección de personal conforme a parámetro de normas administrativas. [...] La actuación de la administración es previa al vínculo laboral y predomina en ella el carácter de poder público [...] por lo que la regulación por el Derecho Administrativo es prevalente en atención a la cualificada presencia de un interés general al que se conecta el ejercicio de una potestad administrativa"[20].

---

[18] Dictamen del Consejo de Estado 202/1994, de 15 de junio de 1994 (Asunto: Expediente del Ayuntamiento de Palomares del Río (Sevilla) sobre declaración nulidad determinados contratos de trabajo).

[19] Entre otras, las SSTS de 4 de octubre de 2000 (Rº. 3647/1998, Sala de lo Social, ECLI:ES:TS:2000:7073) y (Rº. 5003/1998, Sala de lo Social, ECLI:ES:TS:2000:7070); de 7 de febrero de 2003 (Rº. 1585/2002, Sala de lo Social, ECLI:ES:TS:2003:763); de 30 de mayo de 2006 (Rº. 642/2005, Sala de lo Social, ECLI:ES:TS:2006:3488); y de 25 de julio de 2006 (Rº. 2969/2005, Sala de lo Social, ECLI:ES:TS:2006:5228).

[20] STS de 16 de abril de 2009 (Rº. 1355/2008, Sala de lo Social, ECLI:ES:TS:2009:3255). También se ha admitido la doctrina de los actos separables por la Sala de lo Contencioso-Administrativo, por ejemplo, entre otras, en la STS de 25 de octubre de 1994 (Rº. 3740/1992, Sala de lo Contencioso-Administrativo, ECLI:ES:TS:1994:6848).

En este contexto, la teoría de los actos separables ha sido un instrumento clave para delimitar la competencia jurisdiccional en materia de empleo público. Sin embargo, los cambios legislativos y las interpretaciones judiciales han ido modificando y restringiendo progresivamente el alcance de esta doctrina.

3.1.2. Cambio en la doctrina de los actos separables tras la Ley Reguladora de la Jurisdicción Social

La aprobación de la Ley reguladora de la jurisdicción social en 2011 supuso un punto de inflexión en la delimitación de los órdenes jurisdiccionales, al establecer una clara voluntad de atracción hacia el orden social de todas aquellas materias que, de forma directa o conexa, pudieran calificarse como laborales[21], incluso cuando estuviera implicada la Administración pública[22].

La Exposición de Motivos de la norma subraya la necesidad de racionalizar la distribución competencial entre los órdenes jurisdiccionales en el ámbito de las relaciones laborales. En este sentido, la Ley reguladora de la jurisdicción social afronta una modernización del sistema procesal mediante la concentración de la materia laboral, tanto individual como colectiva, y de Seguridad Social en el orden social, buscando así una mayor agilidad en la tramitación procesal. Con ello, se pretenden superar los problemas derivados de la disparidad de criterios jurisprudenciales, la dilación en la resolución de asuntos y la fragmentación de la protección jurídica, factores incompatibles con los principios constitucionales de seguridad jurídica y tutela judicial efectiva, así como con la eficiencia del sistema socioeconómico.

---

21 *Vid.* CASAS BAAMONDE, María Emilia, "La nueva jurisdicción social. ¿Una jurisdicción auténticamente «social»?, *Relaciones Laborales,* núm. 8, 2012, pp. 1-28.

22 STS (Sala de lo Social) de 14 de octubre de 2014 (Rº. 265/2013, Sala de lo Social, ECLI:ES:TS:2014:4538). La doctrina ya advirtió que el objetivo de lograr la unidad jurisdiccional a favor del orden social no se alcanzaría plenamente, dado que la ley exceptuaba ciertas materias de contenido social en su art. 3. MOREU CARBONELL, Elisa, "El ámbito de la jurisdicción contencioso-administrativa", en AA.VV., EZQUERRA HUERVA, Antonio, y OLIVÁN DEL CACHO, Javier (dirs.), *Estudio de la Ley de la Jurisdicción Contencioso-Administrativa,* Tirant lo Blanch, 2014, p. 93.

El objetivo de la Ley reguladora de la jurisdicción social de lograr la unidad jurisdiccional en favor del orden social representó un cambio sustancial en la doctrina de los actos separables, lo que fue confirmado por el la Sala de lo Social del Tribunal Supremo. En este contexto, cobra especial relevancia la sentencia de 11 de junio de 2019[23], que supuso un giro respecto a la doctrina tradicional y determinó la competencia del orden social en los procesos selectivos de la Administración pública. Dicha sentencia estableció que la selección, en cuanto fase preparatoria, es un elemento determinante de la relación de trabajo entre las partes, lo que la configura como una materia innegablemente laboral. En consecuencia, estas cuestiones quedaron plenamente integradas en el ámbito del orden social.

La nueva doctrina del Tribunal Supremo sobre la inaplicación de los actos separables en el empleo público se consolidó rápidamente[24]. En este sentido, el Auto del Tribunal Supremo de 12 de febrero de 2020[25] disipó cualquier duda al respecto, confirmando la competencia exclusiva del orden social en esta materia. En particular, el Tribunal afirmó que "[a]l amparo de la normativa anterior a la LRJS, podía pensarse en cierta discordancia doctrinal entre la Sala Cuarta del Tribunal Supremo (aceptando la competencia del orden social para las discusiones sobre procedimientos de selección de personal en empresas del sector público) y esta Sala o la Tercera (considerando que todo debate sobre acceso al empleo laboral en el sector público correspondía al orden contencioso-administrativo). Sin embargo, tras la entrada en vigor de la LRJS, debe desaparecer cualquier discordancia, porque sus claros mandatos, en concordancia con los de la LRJCA, abocan a que los litigios como el presente deban ventilarse ante los Juzgados y Tribunales del Orden Social".

Además, el Tribunal sostuvo que "[l]a materia sobre la que se debate es la referida a actos preparatorios o proceso selectivo de personal y encuen-

---

23 (Rº. 132/2018, Sala de los Social, ECLI:ES:TS:2019:2153).

24 SSTS de 10 de diciembre de 2019 (Rº. 853/2019, Sala de lo Social, ECLI:ES:TS:2019:4269), de 3 de febrero de 2021 (Rº. 2861/2018, Sala de lo Social, ECLI:ES:TS:2021:504) y de 26 de marzo de 2021 (Rº. 3118/2018, Sala de lo Social, ECLI:ES:TS:2021:1465). No obstante, respecto de formación o convocatoria de bolsas de trabajo la Sala Cuarta ya se había atribuido la competencia. Entre otras, SSTS de 28 de abril de 2015 (Rº. 90/2014, Sala de lo Social, ECLI:ES:TS:2015:3272), de 5 de octubre de 2016 (Rº. 280/2015, Sala de lo Social, ECLI:ES:TS:2016:4913) y de 10 de diciembre de 2019 (Rº. 3006/2017, Sala de lo Social, ECLI:ES:TS:2019:4269).

25 (Rº. 13/2019, Sala Especial, ECLI:ES:TS:2020:1355A).

tra acomodo natural entre los litigios que discurren entre empresarios y trabajadores como consecuencia del contrato de trabajo (art. 2.c LRJS). Dados los términos en que está formulada la LRJS, es del todo indiferente que la naturaleza del empleador sea la de una Administración pública (supuesto de la STS-SOC 438/2019) o la de una entidad del sector público. En consecuencia, procede atribuir la competencia para conocer de esta controversia a los tribunales del orden social".

Este cambio jurisprudencial consolidó la preeminencia del orden social en los litigios relativos a los procesos selectivos de personal laboral en la Administración pública, eliminando la aplicación de la doctrina de los actos separables en este ámbito[26].

3.1.3. La recuperación de la doctrina de los actos separables por parte del legislador

Tras los últimos pronunciamientos del Tribunal Supremo que consolidaron la atracción al orden social de todas las cuestiones relativas al acceso al empleo público del personal laboral de la Administración, el legislador, con la intención de recuperar la doctrina de los actos separables en el empleo público y mantener la dualidad jurisdiccional, introdujo una excepción en el artículo 3 de la LRJS mediante la Disposición Final 20ª de la Ley 22/2021, de 28 de diciembre, de Presupuestos Generales del Estado para el año 2022[27]. Así, se incluyó una nueva letra f), que excluía del conocimiento de los órganos jurisdiccionales del orden social "[l]os actos administrativos dictados en las fases preparatorias, previas a la contratación de personal laboral para el ingreso por acceso libre, que deberán ser impugnados ante el orden jurisdiccional contencioso-administrativo".

La inclusión de esta excepción de forma específica en el artículo 3 de la LRJS era la única vía posible para recuperar la teoría de los actos separables en materia de empleo público. No cabía duda tras el contundente

---

26 Es clarificadora la STS de 7 de septiembre de 2022 (Rº. 3718/2019, Sala de lo Social, ECLI:ES:TS:2022:3347) que dispuso "La LRJS ahora establece como regla general que la impugnación de los actos de las administraciones públicas sujetos al derecho administrativo en materia laboral, sindical y de seguridad social es competencia del orden social, según se deduce del art. 2 n) y s), en relación el 3 a) LRJS, lo que supone la atracción de competencias de estas cuestiones hacia el orden social".

27 BOE núm. 312, de 29 de diciembre de 2021.

Auto del Tribunal Supremo[28], que estableció concretamente que "[l]a conjunta integración de los apartados n), o) y s) del artículo 2 LRJS nos permite afirmar que con ellos se pretende una atribución competencial plena a la jurisdicción social de todas las actuaciones administrativas en materia laboral y de seguridad social, a salvo de las que puedan estar exceptuadas de manera específica".

Como era de esperar, esta excepción normativa no dejaba margen para interpretaciones divergentes y entró en vigor el 1 de enero de 2022. No obstante, al no haberse previsto en la norma ninguna disposición transitoria, su aplicación generó controversias entre ambos órdenes jurisdiccionales, especialmente en aquellos casos en los que la presentación de las demandas tuvo lugar antes de la entrada en vigor de la reforma[29].

El restablecimiento de la doctrina de los actos separables en el empleo público fue objeto de críticas por parte de la doctrina, que consideraba que esta medida no resuelve el problema derivado de la dualidad del empleo público. En efecto, persisten dos tipos de personal sometidos a regímenes jurídicos distintos y a órdenes jurisdiccionales diferentes, lo que conlleva interpretaciones dispares de preceptos aplicables a ambos colectivos y una falta de uniformidad en su aplicación. Por tanto, sería interesante apostar por la unificación del régimen jurídico de todas las personas que presten servicios en el ámbito de la Administración[30].

3.1.4. La inconstitucionalidad de la reforma de la LRJS: impacto en la doctrina de los actos separables en el empleo público

La doctrina de los actos separables en el empleo público ha sufrido en los últimos años muchos vaivenes. En una nueva etapa de este recorrido, que probablemente no sea la última, la Sentencia del Tribunal Constitucional 145/2022, de 15 de noviembre[31], declaró la inconstitucionalidad y nulidad de la exclusión introducida en el artículo 3 de LRJS, que devolvía al

---

28 (Rº. 16/2020, Sala Especial, ECLI:ES:TS:2021:2160A).

29 *Vid.* LÓPEZ HORMEÑO, Carmen, "Jurisdicción competente para conocer sobre la impugnación de los procesos selectivos y bolsas de empleo del personal laboral: un eterno camino de ida y vuelta", *Diario La Ley*, núm. 1164/2023.

30 CASTILLO BLANCO, Federico, "Un camino de ida y vuelta: a propósito de los actos separables en la selección del personal laboral al servicio de la Administración Pública", *blog acal (acalsl.com)* (última consulta el 10 de enero de 2025).

31 ECLI:ES:TC:2022:145.

orden contencioso-administrativo las cuestiones relativas a las fases preparatorias previas a la contratación del personal laboral de la Administración.

La declaración de inconstitucionalidad no obedeció a una cuestión de fondo, sino de forma, ya que el Tribunal Constitucional consideró que la Ley de Presupuestos Generales del Estado no era el instrumento normativo adecuado para introducir una modificación de tal calibre en la Ley reguladora de la jurisdicción social. En este sentido, el Tribunal argumentó que "una ley de presupuestos generales no puede contener cualquier clase de normas, o lo que es lo mismo, su contenido no puede ser libremente fijado, por cuanto está sujeto a unos límites materiales, de modo que su regulación de las materias fuera de ese ámbito está constitucionalmente vetada". Asimismo, añadió que "es indudable que la norma cuestionada no forma parte del contenido propio o «núcleo esencial» de las leyes presupuestarias, integrando la previsión de ingresos y la habilitación de gastos para un ejercicio económico [...]. El atribuir a un concreto orden jurisdiccional —el contencioso-administrativo en lugar del social— el conocimiento de los recursos deducidos contra los actos administrativos dictados en las fases preparatorias de los procesos selectivos para la contratación de personal laboral no guarda conexión directa e inmediata con el objeto del presupuesto —ejecución de la oferta de empleo público para el año 2022—".

Esta decisión del Tribunal Constitucional no resultó sorprendente, ya que el propio Tribunal había aplicado esta doctrina en otras ocasiones. Por ejemplo, declaró inconstitucional parte de la Disposición Adicional 26ª de la Ley 3/2017, de 27 de junio, de Presupuestos Generales del Estado para el año 2017[32], relativa a las limitaciones a la incorporación de personal laboral al sector público, por considerar que dicha regulación excedía el contenido propio de una ley de presupuestos[33].

Lo cierto es que este fallo del Tribunal Constitucional ha restablecido la situación previa a la reforma, devolviendo la competencia al orden social sobre los actos preparatorios y de selección del personal laboral de la Administración, en consonancia con los últimos pronunciamientos del

---

32 BOE núm. 153, de 28 de junio de 2017.

33 *Vid.* DE SANDE PÉREZ-BEDMAR, María, y ESTEBAN MIGUEL, Alfonso, "Empleo público" *Anuario de Derecho Municipal 2018,* núm. 12, Marcial Pons, Madrid, 2019, p. 515.

Tribunal Supremo en la materia tras la aprobación de la Ley reguladora de la jurisdicción social[34].

No es posible determinar con certeza si el legislador de 2011, al aprobar la Ley reguladora de la jurisdicción social, pretendía eliminar definitivamente esta doctrina en el ámbito del empleo público o si, por el contrario, su objetivo era simplemente reforzar la competencia del orden social en otras cuestiones laborales más conflictivas. Lo que sí resulta evidente es que, más de una década después, el legislador intentó recuperar esta doctrina, aunque sin utilizar el cauce normativo adecuado. Por tanto, no sería descartable que intentara nuevamente introducirla si considera que se trata de un sistema de reparto de competencias más coherente. No obstante, de haber sido así, habría desaprovechado una oportunidad significativa con la aprobación de la Ley Orgánica 1/2025, de 2 de enero, de medidas en materia de eficiencia del Servicio Público de Justicia[35], que habría sido el instrumento jurídico idóneo para implementar este cambio.

En este contexto, algunos autores han abogado por una reforma que devuelva de manera definitiva la competencia sobre los procesos de selección del personal laboral de la Administración al orden contencioso-administrativo. Se argumenta que la situación actual puede generar ciertas incoherencias y problemas de inseguridad jurídica en la interpretación de los preceptos aplicables[36].

No sería la primera vez que se presentan posturas contradictorias entre los órdenes contencioso-administrativo y social en la interpretación de una misma cuestión. Un ejemplo paradigmático es la controversia sobre la posibilidad de que la Administración impusiera cláusulas subrogatorias en

---

34 Esta situación ha generado inseguridad jurídica en aquellos procedimientos impugnando actos preparatorios de selección de personal ante la jurisdicción contencioso-administrativa previos a la sentencia del Tribunal Constitucional. La cuestión sobre la incompetencia sobrevenida de estos procedimientos ha sido resuelta por la STS de 13 de mayo de 2024 (Rº. 1240/2022, Sala de lo Contencioso-Administrativo, ECLI:ES:TS:2024:2445). El Alto Tribunal ha rechazado la falta de jurisdicción, argumentando que en el momento en que interpusieron los recursos y se dictaron las sentencias de instancia y apelación, no existía una norma legal que atribuyera expresamente la competencia al orden social.

35 BOE núm. 3, de 3 de enero de 2025.

36 LÓPEZ HORMEÑO, Carmen, "Jurisdicción competente para conocer sobre la impugnación de los procesos selectivos y bolsas de empleo del personal laboral: un eterno camino de ida y vuelta", *Diario La Ley*, núm. 1164/2023.

los pliegos de los contratos públicos[37]. Mientras que la jurisprudencia del orden social admitió la validez de estas cláusulas[38], el orden contencioso-administrativo sostuvo que el órgano de contratación carecía de competencia para imponer la subrogación empresarial[39]. Finalmente, tras años de divergencias, la Sala de lo Social del Tribunal Supremo terminó acogiendo los criterios defendidos por la Sala de lo Contencioso-Administrativo, unificándose la doctrina[40].

Otro ejemplo de estos conflictos interpretativos entre ambas jurisdicciones se encuentra en la inaplicación del concepto de grupo de empresas a efectos laborales por parte de la Sala de lo Contencioso-Administrativo del Tribunal Supremo, al entender que "no resulta apropiada la denominación «grupo de empresas» entre un ente público y una sociedad controlada por aquel"[41]. Por último, otro punto de discrepancia entre ambos órdenes es la reacción frente al abuso en la temporalidad, en particular, en lo relativo a la declaración de fijeza y la indemnización por los perjuicios ocasionados, todo ello en el marco de la aplicación del Acuerdo Marco[42] y las resoluciones del Tribunal de Justicia de la Unión Europea[43].

---

[37] *Vid.* DE LA PUEBLA PINILLA, Ana, "¿Pueden los pliegos de contratación pública imponer *ex novo* la subrogación de trabajadores?, *Derecho y Trabajo,* núm. 29, 2017, pp. 129 y ss.

[38] SSTS de 20 de octubre de 2004 (Rº. 4424/2003, Sala de lo Social, ECLI:ES:TS:2004:6622) y de 4 de junio de 2013 (Rº. 58/2012, Sala de lo Social, ECLI:ES:TS:2013:3407).

[39] SSTS de 16 de marzo de 2015 (Rº. 1009/2014, Sala de lo Contencioso-Administrativo, ECLI:ES:TS:2015:1475) y de 8 de junio de 2016 (Rº. 1602/2015, Sala de lo Contencioso-Administrativo, ECLI:ES:TS:2016:2675).

[40] STS de 12 de diciembre de 2017 (Rº. 668/2016, Sala de lo Social, ECLI:ES:TS:2017:4773).

[41] STS de 13 de junio de 2019 (Rº. 6701/2017, Sala de lo Contencioso-Administrativo, ECLI:ES:TS:2019:2002).

[42] Directiva 1999/70/CE del Consejo, de 28 de junio de 1999, relativa al Acuerdo marco de la CES, UNICE y el CEEP sobre el trabajo de duración determinada (DOCE, núm. 175, de 10 de julio de 1999).

[43] La jurisdicción contencioso-administrativa es contraria a aplicar la fijeza en las relaciones abusivas de funcionarios interinos (entre otras, SSTS de 25 de febrero de 2025 (Rº. 7099/2022, Sala de lo Contencioso-Administrativo, ECLI:ES:TS:2025:688; y Rº. 4436/2024, Sala de lo Contencioso-Administrativo, ECLI:ES:TS:2025:687)) mientras que algunas Salas de lo Social de Tribunales Superiores de Justicia se están abriendo a esta posibilidad (SSTSJ de País Vasco de 12 de noviembre de 2024 (Rº. 1199/2024, Sala de lo Social, ECLI:ES:TSJPV:2024:3562), de 10 de diciembre de 2024 (Rº. 1741/2024, Sala de lo Social, ECLI:ES:TSJPV:2024:3658)

De esta forma, el riesgo de inseguridad jurídica se plantea nuevamente en el ámbito de la selección del personal en la Administración, con especial intensidad en los procesos de estabilización destinados a la consolidación de personal laboral y funcionario[44]. Por ello, resultaría conveniente recuperar la doctrina de los actos separables y atribuir al orden contencioso-administrativo la competencia sobre estos procedimientos, dado que su regulación se fundamenta esencialmente en normas de Derecho Administrativo, en aplicación del principio de especialización. Esta medida también contribuiría a reforzar la seguridad jurídica, al unificar criterios interpretativos y garantizar una mayor previsibilidad en la actuación de los órganos judiciales. A su vez, el orden social debería mantener su competencia sobre los conflictos surgidos tras la formalización del contrato de trabajo, en atención a su especialización en materia laboral, aun cuando la relación laboral en el empleo público presente ciertas particularidades derivadas del Derecho Administrativo[45].

3.2. Las singularidades del personal de los entes privados del sector público institucional

A pesar de su vinculación con el sector público, los trabajadores de las entidades del sector público institucional no mantienen una relación

---

y de Madrid de 31 de octubre de 2024 (Rº. 573/2024, Sala de lo Social, ECLI:ES:TSJM:2024:12476)). Al mismo tiempo, la jurisdicción contencioso-administrativa ha manifestado que no cabe reconocer una indemnización directa por el abuso (SSTS de 11 de febrero de 2025 (Rº. 7368/2021, Sala de lo Contencioso-Administrativo, ECLI:ES:TS:2025:641) y de 25 de febrero de 2025, (Rº. 4436/2024, Sala de lo Contencioso-Administrativo, ECLI:ES:TS:2025:687)), mientras que la jurisdicción social ha reconocido dicha indemnización a quienes hayan sufrido un perjuicio por el abuso de la temporalidad (SSTS de 2 de julio de 2024 (Rº. 3516/2023, Sala de lo Social, ECLI:ES:TS:2024:3696) y de 15 de enero de 2025 (Rº. 5579/2023, Sala de lo Social, ECLI:ES:TS:2025:225)).

44 Ley 20/2021, de 28 de diciembre, de medidas urgentes para la reducción de la temporalidad en el empleo público (BOE núm. 312, de 29 de diciembre de 2021).

45 No comparte esta idea LÓPEZ HORMEÑO, Carmen, "Jurisdicción competente para conocer sobre la impugnación de los procesos selectivos y bolsas de empleo del personal laboral: un eterno camino de ida y vuelta", *Diario La Ley*, núm. 1164/2023, que manifiesta que "la solución ideal sería que la jurisdicción contenciosa conozca de todas las cuestiones relativas a la contratación del personal laboral de los trabajadores al servicio de las Administraciones Públicas, tanto en fase previa como en la posterior".

funcionarial o estatutaria, sino exclusivamente laboral. No obstante, su régimen jurídico presenta particularidades derivadas de la necesidad de aplicar los principios de igualdad, mérito y capacidad en los procesos de selección y contratación, lo que ha generado debates sobre la jurisdicción competente para conocer de sus controversias.

Los entes privados del sector público institucional comprenden aquellas entidades que, aun teniendo personalidad jurídica propia, forman parte del sector público por su vinculación con una Administración pública o por su financiación mayoritariamente pública. Este grupo incluye sociedades mercantiles, fundaciones públicas y otras entidades de derecho público sujetas a ordenamiento jurídico privado. A diferencia de los funcionarios y el personal estatutario, los trabajadores de estas entidades se rigen por la legislación laboral común, lo que en principio determina la competencia de la jurisdicción social para resolver sus controversias.

El Tribunal Supremo ha consolidado esta interpretación en reiteradas resoluciones, estableciendo que la competencia para conocer de las reclamaciones relativas a la provisión de puestos de trabajo en sociedades estatales, sean sociedades mercantiles con participación mayoritaria de capital público o entidades de derecho público sujetas al derecho privado, corresponde al orden jurisdiccional social. En este sentido, el Alto Tribunal ha señalado que la aplicación de los principios de igualdad, mérito y capacidad en los procesos selectivos no implica la transformación de estas relaciones en un régimen funcionarial, sino que deben entenderse como requisitos adicionales dentro del régimen laboral común[46].

El acceso al empleo en los entes privados del sector público institucional se encuentra condicionado por las exigencias derivadas del artículo 103 de la Constitución Española y de la normativa específica que impone la observancia de los principios de igualdad, mérito y capacidad. Sin embargo, la naturaleza jurídica de la relación laboral sigue siendo la misma que en cualquier empresa privada. En este sentido, el Tribunal Supremo ha declarado que las reclamaciones sobre convocatorias y provisión de puestos de trabajo en estas entidades deben ser resueltas por la jurisdicción social, dado que la contratación se realiza

---

46 VIVERO SERRANO, Juan Bautista., *El acceso al empleo público en régimen laboral,* Tirant lo Blanch, Valencia, 2009, pp. 83 y 172.

bajo el régimen laboral ordinario, sin que medie un acto administrativo propiamente dicho.

El Tribunal Supremo ha sido categórico al excluir la competencia de la jurisdicción contencioso-administrativa en los litigios relativos al acceso y desarrollo de la relación laboral en entes privados del sector público institucional[47]. La razón fundamental de esta exclusión radica en que la actuación de estas entidades, cuando se ciñe a la contratación de personal, no se encuadra dentro del ejercicio de potestades administrativas, sino que se desenvuelve en el ámbito de la autonomía de la voluntad y del derecho laboral común.

Sin embargo, se han planteado situaciones en las que la intervención de la jurisdicción contencioso-administrativa ha sido admitida de manera excepcional. Por ejemplo, en los casos en que las controversias versan sobre actos administrativos dictados por las administraciones públicas en el ejercicio de sus competencias de tutela sobre estos entes, o cuando se impugnan normas reguladoras de los procesos selectivos que tienen un alcance general y no individual.

Por tanto, la jurisprudencia ha consolidado el criterio de que la jurisdicción social es la competente para conocer de los litigios que surjan en el marco de la relación laboral del personal de los entes privados del sector público institucional. Aunque estos trabajadores están sujetos a principios propios del sector público en su acceso al empleo, ello no desvirtúa la naturaleza de su vínculo, que sigue siendo de carácter laboral y, por ende, sujeto a la normativa y jurisdicción social.

---

47 STS de 12 de julio de 2007 (Rº. 150/2006, Sala de lo Social, ECLI:ES:TS:2007:6101). A mayor abundamiento: SSTS de 11 de julio de 2012 (Rº. 3128/2011, Sala de lo Social, ECLI:ES:TS:2012:5667), de 11 de abril de 2006 (Rº. 130/2002, Sala de lo Social, ECLI:ES:TS:2006:2623), de 18 de diciembre de 2007 (Rº. 43/2007, Sala de lo Social, ECLI:ES:TS:2007:8989) y de 17 de julio de 1996 (Rº. 3287/1995, Sala de lo Social, ECLI:ES:TS:1996:4454). También ha sido recogida esta doctrina por los Tribunales Superiores de Justicia como, por ejemplo, en las SSTSJ de Madrid de 20 de junio de 2014 (Rº. 389/2014, Sala de lo Social, ECLI:ES:TSJM:2014:5824) y de la Comunidad Valenciana de 15 de mayo de 2008 (Rº. 3208/2007, Sala de lo Social, ECLI:ES:TSJCV:2008:2954).

4. LA COMPETENCIA DE LA JURISDICCIÓN CONTENCIOSO-ADMINISTRATIVA PARA CONOCER DE LAS CONTROVERSIAS DE LA RELACIÓN DE LOS FUNCIONARIOS: PUNTOS CRÍTICOS

4.1. La competencia de la jurisdicción contencioso-administrativa en la tutela de la libertad sindical de los funcionarios

La determinación de la jurisdicción competente para conocer de las reclamaciones relativas a la libertad sindical y al derecho de huelga de los funcionarios públicos ha sido objeto de un desarrollo normativo y jurisprudencial significativo en España. Mientras que la jurisdicción social ha ampliado su ámbito en la protección de derechos sociales, en el caso de los funcionarios públicos, la competencia recae predominantemente en el orden contencioso-administrativo.

La Constitución, en su artículo 28.1, reconoce el derecho a la libertad sindical, incluyendo a los funcionarios públicos. Sin embargo, el artículo 103.3 CE establece que la ley regulará el estatuto de los funcionarios públicos, indicando una remisión a la normativa ordinaria para su desarrollo específico. En este contexto, la Ley reguladora de la jurisdicción social delimita las competencias jurisdiccionales en materia de derechos sindicales. Específicamente, el artículo 3.c) de la LRJS establece que corresponde al orden contencioso-administrativo conocer de las reclamaciones relacionadas con la libertad sindical y el derecho de huelga de los funcionarios públicos, el personal estatutario de los servicios de salud y el personal comprendido en el artículo 3.1 a) del Estatuto de los Trabajadores.

En un primer momento el Tribunal Supremo sostuvo que la competencia del orden contencioso-administrativo se circunscribía a situaciones donde el sindicato reclamante estuviera integrado exclusivamente por funcionarios y el conflicto fuera estrictamente "intramuros de la función pública"[48]. Sin embargo, después de la aprobación de la LRJS y en concreto de su mencionado artículo 3 c), en caso de concurrencia de personal laboral y funcionario, los procedimientos de tutela de la libertad sindical, en su vertiente de negociación colectiva, serán conocidos por el orden contencioso-administrativo[49].

---

48 SSTS de 22 de octubre de 1993 (Rº. 2273/1992, Sala de lo Social, ECLI:ES:TS:1993:7078) y de 8 de febrero de 1994 (Rº. 11682/1991, Sala de lo Contencioso-Administrativo ECLI:ES:TS:1994:12638).

49 STS de 11 de mayo de 2022 (Rº. 270/2021, Sala de lo Social, ECLI:ES:TS:2022:1875).

En conclusión, la tutela de la libertad sindical y del derecho de huelga de los funcionarios públicos corresponde, en términos generales, a la jurisdicción contencioso-administrativa. No obstante, la jurisprudencia ha establecido excepciones en favor de la jurisdicción social en determinados supuestos. Sin embargo, cuando las reclamaciones se enmarcan en el proceso de negociación colectiva de la función pública, la competencia exclusiva recae en el orden contencioso-administrativo. Esta delimitación competencial busca garantizar una protección adecuada de los derechos fundamentales de los funcionarios públicos, respetando las particularidades de su régimen jurídico.

4.2. Competencia jurisdiccional para conocer de los pactos y acuerdos en el ámbito de la función pública

El orden jurisdiccional contencioso-administrativo es el competente para conocer de los pactos y acuerdos suscritos entre las Administraciones públicas y los representantes de los empleados públicos, conforme a lo dispuesto en el Estatuto Básico del Empleado Público (en adelante, EBEP)[50]. Esta competencia se extiende tanto a los acuerdos que afectan exclusivamente a funcionarios y personal estatutario como a aquellos que involucran a trabajadores sujetos al régimen laboral. En este sentido, la jurisprudencia del Tribunal Supremo ha ratificado que el control de legalidad de estos instrumentos normativos y su impugnación corresponden a la jurisdicción contencioso-administrativa[51]. Además, de acuerdo con el artículo 3.e) LRJS, la composición de las Mesas de negociación que establecen condiciones de trabajo comunes al personal administrativo y laboral también recae bajo su conocimiento. Esta delimitación competencial obliga a la necesidad de un análisis riguroso de la naturaleza jurídica de los acuerdos para determinar el foro adecuado para su impugnación.

La atribución al orden contencioso-administrativo se justifica en la naturaleza jurídico-pública de los pactos y acuerdos, los cuales, aunque pue-

---

50 Real Decreto Legislativo 5/2015, de 30 de octubre, por el que se aprueba el texto refundido de la Ley del Estatuto Básico del Empleado Público (BOE núm. 261, de 31 de octubre de 2015).

51 SSTS de 14 de octubre de 2014 (Rº. 265/2013, Sala de lo Social, ECLI:ES:TS:2014:4538), de 20 de septiembre de 2022 (Rº. 39/2021, Sala de lo Social, ECLI:ES:TS:2022:3374) y de 11 de mayo de 2022 (Rº. 270/2021, Sala de lo Social, ECLI:ES:TS:2022:1875).

dan contener disposiciones que afecten a personal laboral, derivan de la potestad organizativa de la Administración y están sujetos al principio de legalidad.

4.3. Competencia jurisdiccional en la Prevención de Riesgos Laborales de los funcionarios públicos

La determinación de la jurisdicción competente en materia de prevención de riesgos laborales para funcionarios públicos ha sido objeto de análisis tanto doctrinal como jurisprudencial. La Ley reguladora de la jurisdicción social establece en su artículo 2.e) que corresponde a la jurisdicción social conocer de las cuestiones litigiosas destinadas a garantizar el cumplimiento de las obligaciones legales y convencionales en prevención de riesgos laborales. Esta competencia incluye la impugnación de las actuaciones de las administraciones públicas respecto de todos sus empleados, sean funcionarios, personal estatutario o laboral, permitiendo que estos ejerzan sus acciones en igualdad de condiciones con los trabajadores por cuenta ajena, incluso en reclamaciones de responsabilidad por daños derivados de incumplimientos en materia preventiva. La Sala de lo Social del Tribunal Supremo ha respaldado esta atribución competencial en diversas sentencias[52].

Sin embargo, la competencia puede variar según la naturaleza de la acción ejercitada. Cuando se trata de la tutela de derechos fundamentales, como en casos de acoso laboral, la jurisdicción contencioso-administrativa es la competente. Esto se debe a que dichas reclamaciones se centran en la protección de derechos constitucionales en el marco de la relación funcionarial, más allá del incumplimiento de normas específicas de prevención de riesgos laborales. El Tribunal Supremo distingue entre las acciones por incumplimiento de obligaciones preventivas, competencia del orden social, y aquellas dirigidas a proteger derechos fundamentales, asignadas al

---

52 En la STS de 11 de octubre de 2018 (Rº 2605/2016, Sala de lo Social, ECLI:ES:TS:2018:3841), se reconoció la competencia plena de la jurisdicción social en asuntos de PRL, incluso cuando el demandante es un funcionario público. Asimismo, la STS de 17 de febrero de 2021 (Rº. 129/2020, Sala de lo Social, ECLI:ES:TS:2021:449) reafirmó que corresponde a este orden jurisdiccional controlar el cumplimiento de la normativa preventiva y reparar los daños causados por su incumplimiento.

orden contencioso-administrativo[53]. En concreto la Sala Cuarta ha establecido que "si la demanda reclama el cese de la conducta de acoso laboral que está sufriendo la demandante por incumplimiento por la empleadora de las normas en materia de prevención de riesgos laborales frente al acoso, es indudable que la materia entra dentro de las competencias que este orden social de la jurisdicción tiene atribuidas, tal y como resulta del art. 2 e de la LRJS, en tanto que se está combatiendo la falta de adopción de medidas en materia de seguridad y salud en el trabajo frente al acoso, al margen de que sea o pudiera ser un tercero del ámbito laboral el acosador ya que, lo que se está demandando son otras obligaciones, las específicas en materia de prevención de riesgos, propias y de la exclusiva responsabilidad del empleador, que es lo que enmarca la reclamación dentro de la competencia de nuestro orden jurisdiccional"[54].

Por tanto, la competencia jurisdiccional en materia de prevención de riesgos laborales para funcionarios públicos se distribuye entre la jurisdicción social y la contencioso-administrativa, dependiendo de la naturaleza de la reclamación. La jurisdicción social es la encargada de conocer las acciones dirigidas a garantizar el cumplimiento de las normas de prevención de riesgos laborales, así como las reclamaciones de responsabilidad derivadas de su incumplimiento. Esta competencia permite a los funcionarios públicos ejercer sus derechos en igualdad de condiciones con los trabajadores del sector privado, facilitando la tutela efectiva de su seguridad y salud en el trabajo.

Por otro lado, la jurisdicción contencioso-administrativa es competente cuando la reclamación se centra en la protección de derechos fundamentales, como en los casos de acoso laboral. En estos supuestos, la acción no se fundamenta en el incumplimiento de normas específicas de prevención de riesgos laborales, sino en la vulneración de principios constitucionales dentro del marco de la relación funcionarial.

Esta diferenciación en la competencia busca asegurar una protección eficaz de los derechos de los empleados públicos, asignando a cada orden jurisdiccional el conocimiento de las materias que le son propias. La correcta delimitación de estos ámbitos es esencial para garantizar la seguri-

---

53 Entre otras, las SSTS de 17 de mayo de 2018 (Rº. 3598/2016, Sala de lo Social, ECLI:ES:TS:2018:2132) y de 18 de mayo de 2022 (Rº. 624/2019, Sala de lo Social, ECLI:ES:TS:2022:2209).

54 STS de 19 de julio de 2021 (Rº. 2282/2020, Sala de lo Social, ECLI:ES:TS:2021:3203).

dad jurídica y una tutela efectiva de los derechos de los funcionarios en el ámbito de la prevención de riesgos laborales.

5. EL PERSONAL ESTATUTARIO: COMPLEJIDAD A LA HORA DE DETERMINAR LA JURISDICCIÓN COMPETENTE

Una de las características distintivas del personal estatutario es la elevada litigiosidad que presentan sus relaciones con la Administración como empleadora[55]. Esta complejidad deriva de la confluencia de diversas perspectivas. Por un lado, se trata de una prestación de servicios marcada por la primacía del interés general y la continuidad en la prestación del servicio público, lo que en muchas ocasiones genera tensiones con los derechos individuales de estos trabajadores. Por otro lado, la regulación aplicable al personal estatutario es fragmentaria y, en ciertos aspectos, se aleja significativamente del régimen jurídico de los funcionarios y del personal laboral de la Administración. Aspectos como la regulación de la jornada, los permisos o la temporalidad en el empleo evidencian la falta de coherencia normativa y contribuyen a una sensación de incertidumbre jurídica entre estos profesionales.

La determinación de la jurisdicción competente para resolver los conflictos relacionados con el personal estatutario de los servicios de salud ha sido objeto de una significativa evolución tanto en el ámbito normativo como en el jurisprudencial. Inicialmente, estos litigios eran competencia del orden social, pero con el tiempo, y tras diversas reformas legislativas y pronunciamientos judiciales, dicha competencia ha sido trasladada al orden contencioso-administrativo.

Históricamente, los conflictos derivados de la relación laboral del personal estatutario de los servicios de salud se encuadraban en la jurisdicción social. El artículo 45 del Decreto 2065/1974 por el que se aprueba el texto refundido de la Ley General de la Seguridad Social establecía que, aunque

---

55 Se ha podido constatar esta circunstancia en el análisis empírico que se ha hecho durante muchos años por el Centro de Investigación sobre la Justicia Administrativa en el Informe sobre la Justicia Administrativa. En el apartado de "Análisis de la litigiosidad contencioso-administrativa en materia de personal de la administración", el personal estatutario de los Servicios de Salud se constituía como el colectivo con mayor litigiosidad, estando en torno al 30% de todo el personal de la Administración. *Vid.* El último informe "Informe sobre la Justicia Administrativa 2022" p. 245.

la relación del personal con las entidades gestoras tenía carácter estatutario, las controversias serían conocidas por la Jurisdicción de Trabajo. Esta disposición reflejaba la naturaleza especial de la relación laboral de este colectivo, situándola bajo el ámbito del derecho laboral y, por ende, de la jurisdicción social.

Sin embargo, la aprobación de la Ley 55/2003, del Estatuto Marco del personal estatutario de los servicios de salud[56], supuso un punto de inflexión en la determinación de la jurisdicción competente. Esta ley reconoció expresamente la naturaleza funcionarial de la relación del personal estatutario, asimilándola a un régimen funcionarial especial. Como consecuencia, las controversias surgidas en este ámbito comenzaron a ser atribuidas al orden contencioso-administrativo. Este cambio fue respaldado por diversas resoluciones judiciales[57], pero criticado por parte de la doctrina que entendía que el Estatuto Marco debería haber atribuido la competencia al orden social para conocer de los conflictos de este grupo de personal[58].

La Ley 36/2011, Reguladora de la Jurisdicción Social, consolidó esta transición al delimitar la competencia de la jurisdicción social a los litigios surgidos entre empresarios y trabajadores bajo un contrato de trabajo, excluyendo expresamente las controversias derivadas del régimen funcionarial, incluyendo al personal estatutario. El artículo 3.e) de dicha ley atribuye al orden contencioso-administrativo el conocimiento de los pactos y acuerdos celebrados entre las Administraciones públicas en el marco del Estatuto Básico del Empleado Público, cuando afectan al personal funcionario o estatutario de los servicios de salud.

A pesar de la consolidación de la competencia del orden contencioso-administrativo, existen ámbitos específicos donde la jurisdicción social mantiene competencias, especialmente en materia de prevención de ries-

---

56 BOE núm. 301, de 17 de diciembre de 2003.

57 STS de 16 de diciembre de 2005 (Rº. 39/2004, Sala de lo Social, ECLI:ES:TS:2005:7501) y las SSTJ de la Rioja de 14 de octubre de 2004 (Rº. 239/2004, Sala de lo Social, ECLI:ES:TSJLR:2004:576) y de Castilla la Mancha de 9 de noviembre de 2004 (Rº. 1315/2004, Sala de lo Social, ECLI:ES:TSJCLM:2004:2770).

58 QUINTANA LÓPEZ, Tomás, y RODRÍGUEZ ESCANCIANO, Susana, "Límites jurisdiccionales entre los órdenes contencioso-administrativo y social", Revista Jurídica de Castilla y León, núm. 26, 2012, p. 99.

gos laborales[59]. Como se ha visto, el artículo 2.e) de la Ley 36/2011 establece que la jurisdicción social es competente para conocer de la impugnación de actuaciones administrativas en materia de seguridad y salud en el trabajo respecto de todos los empleados públicos, incluyendo al personal estatutario. Esto garantiza que, en cuestiones relacionadas con la seguridad y salud laboral, los empleados públicos puedan acudir al orden social para la tutela de sus derechos.

Por tanto, la evolución normativa y jurisprudencial ha trasladado la competencia para conocer de las controversias relativas a la relación del personal estatutario de los servicios de salud desde el orden social al contencioso-administrativo, reflejando el reconocimiento de la naturaleza funcionarial de dicha relación. No obstante, en áreas específicas como la prevención de riesgos laborales, la jurisdicción social mantiene su competencia, asegurando la protección de los derechos de los empleados públicos en este ámbito.

6. A MODO DE CIERRE. MÁS ALLÁ DE LA DELIMITACIÓN DEL ORDEN SOCIAL Y EL CONTENCIOSO-ADMINISTRATIVO: EL RETO DE LA REFORMA DEL EMPLEO PÚBLICO

Veinticinco años después de la publicación del profesor Mercader que ha dado origen a este capítulo, puede concluirse, con sus mismas palabras, que "una de las cuestiones insatisfactoriamente resueltas por nuestro ordenamiento, tal y como estamos teniendo oportunidad de analizar, es el reparto competencial entre los órdenes de lo contencioso y de lo social"[60]. Esta afirmación, lejos de haber perdido vigencia, sigue reflejando las dificultades que persisten en la delimitación de competencias dentro de la jurisdicción del empleo público.

Si bien se han logrado avances en la clarificación del sistema competencial, los problemas estructurales derivados de la dualidad del empleo

---

59 *Vid.* TOLOSA TRIBIÑO, César., "La prevención de riesgos laborales en el sector sanitario: consideraciones generales y cuestiones controvertidas", ElDerecho.com Noticias Jurídicas y actualidad, 2020, (última consulta el 15 de enero de 2025).

60 MERCADER UGUINA, Jesús R., "La delimitación de competencias entre el orden social de la jurisdicción y el orden contencioso-administrativo tras la nueva LJCA", *Cuadernos de derecho judicial, ejemplar dedicado a: competencias del orden social tras la Ley reguladora de la jurisdicción contencioso-administrativa,* DESDENTADO BONETE, Aurelio (dir.), núm. 6, 1999, p. 395.

público continúan generando un panorama de incertidumbre jurídica. No se trata únicamente de una cuestión de distribución entre órdenes jurisdiccionales, sino de la necesidad de una reforma más profunda que otorgue coherencia al régimen jurídico aplicable. Los constantes vaivenes en la doctrina de los actos separables en la contratación laboral, las dificultades para delimitar la competencia entre el orden social y el contencioso-administrativo en materia de prevención de riesgos laborales, o la tutela de la libertad sindical de los funcionarios, evidencian la urgencia de repensar el sistema de empleo público y abordar una reforma integral que aporte mayor seguridad jurídica y coherencia normativa.

La ambigüedad en la delimitación de competencias entre la jurisdicción social y la contencioso-administrativa ha generado inseguridad jurídica y alta litigiosidad. Es fundamental que el legislador establezca criterios claros y precisos para evitar interpretaciones divergentes y garantizar una tutela judicial efectiva. La dualidad del empleo público, con personal sometido a regímenes jurídicos distintos y órdenes jurisdiccionales diferentes, requiere una reforma profunda que unifique el régimen jurídico aplicable.

La aplicación de la teoría de los actos separables en el empleo público ha sido objeto de vaivenes legislativos y jurisprudenciales. Es necesario revisar esta doctrina y considerar su eliminación definitiva o su implementación coherente en el marco de una reforma integral. Por otro lado, La jurisdicción social debe mantener su competencia en la prevención de riesgos laborales para todos los empleados públicos, garantizando la tutela efectiva de sus derechos en igualdad de condiciones con los trabajadores del sector privado.

Finalmente, también es necesario clarificar la competencia de la jurisdicción contencioso-administrativa para conocer de las reclamaciones relativas a la libertad sindical y el derecho de huelga de los funcionarios públicos, asegurando una protección adecuada de sus derechos fundamentales.

Bibliografía

CASAS BAAMONDE, María Emilia, "La nueva jurisdicción social. ¿Una jurisdicción auténticamente «social»?, *Relaciones Laborales,* núm. 8, 2012, pp. 1-28.

CASTILLO BLANCO, Federico, "Un camino de ida y vuelta: a propósito de los actos separables en la selección del personal laboral al servicio de la Administración Pública", *blog acal (acalsl.com)* (última consulta el 10 de enero de 2025).

CLAVERO ARÉVALO, Manuel Francisco, "El estado actual de la doctrina de los actos separables", *Revista de estudios de la vida local,* núm. 164, 1969, pp. 545-568.

CUADRADO SALINAS, Carmen, "De nuevo sobre la distribución competencial y los problemas de delimitación entre el orden social y el contencioso administrativo", *Revista General de Derecho Procesal,* núm. 50, 2020.

DE LA PUEBLA PINILLA, Ana, "¿Pueden los pliegos de contratación pública imponer *ex novo* la subrogación de trabajadores?, *Derecho y Trabajo,* núm. 29, 2017, pp. 129-134.

DE SANDE PÉREZ-BEDMAR, María, y ESTEBAN MIGUEL, Alfonso, "Empleo público" *Anuario de Derecho Municipal 2018,* núm. 12, Marcial Pons, Madrid, 2019, pp. 503-516.

DÍEZ SASTRE, Silvia, "El sistema de revisión de las decisiones en materia contractual", en AA. VV. DÍEZ SASTRE, Silvia, *La nueva Ley de Contratos del Sector Público,* ed. Iurisutilitas, 2 ed., 2018, pp. 219-257.

LÓPEZ HORMEÑO, Carmen, "Jurisdicción competente para conocer sobre la impugnación de los procesos selectivos y bolsas de empleo del personal laboral: un eterno camino de ida y vuelta", *Diario La Ley,* núm. 1164/2023.

MERCADER UGUINA, Jesús R., "La delimitación de competencias entre el orden social de la jurisdicción y el orden contencioso-administrativo tras la nueva LJCA", *Cuadernos de derecho judicial, ejemplar dedicado a: competencias del orden social tras la Ley reguladora de la jurisdicción contencioso-administrativa,* DESDENTADO BONETE, Aurelio (dir.), núm. 6, 1999, pp. 335-416.

MOREU CARBONELL, Elisa, "El ámbito de la jurisdicción contencioso-administrativa", en AA.VV., EZQUERRA HUERVA, Antonio, y OLIVÁN DEL CACHO, Javier (dirs.), *Estudio de la Ley de la Jurisdicción Contencioso-Administrativa,* Tirant lo Blanch, 2014, pp. 39-108.

MURILLO MARTÍN DE LOS SANTOS, Marcelino, "Criterios jurisprudenciales divergentes, en los órdenes jurisdiccionales contencioso-administrativo y social, en materia laboral", *Actualidad Laboral,* núm. 1, 1994.

QUINTANA LÓPEZ, Tomás, y RODRÍGUEZ ESCANCIANO, Susana, "Límites jurisdiccionales entre los órdenes contencioso-administrativo y social", Revista Jurídica de Castilla y León, núm. 26, 2012, pp. 77-138.

TOLOSA TRIBIÑO, César., "La prevención de riesgos laborales en el sector sanitario: consideraciones generales y cuestiones controvertidas", ElDerecho.com Noticias Jurídicas y actualidad, 2020, (última consulta el 15 de enero de 2025).

VIVERO SERRANO, Juan Bautista, *El acceso al empleo público en régimen laboral, Tirant lo Blanch,* Valencia, 2009.

SEGURIDAD SOCIAL

La Incapacidad Temporal: de la sospecha al Derecho Fundamental

PABLO GIMENO DÍAZ DE ATAURI
Profesor Permanente Laboral, Universidad Complutense de Madrid
https://orcid.org/0000-0002-3484-3968

1. INTRODUCCIÓN

El trabajo que sirve como inspiración principal y punto de partida de la investigación que sigue a estas líneas se publicó[1] en el primer número del año 2004 de la Relaciones laborales: Revista crítica de teoría y práctica. Al mismo tiempo, en el curso académico 2003-2004 —es de suponer, por tanto, que mientras se terminaba la redacción del artículo académico y se publicaba— el profesor Mercader se incorporaba a la Universidad Carlos III de Madrid, en la que, azares del destino, le correspondió impartir docencia en las dos asignaturas troncales de su área de conocimiento (con los *prebolónicos* nombres Derecho del Trabajo y de la Seguridad Social I y

---

[1] Me refiero, como ya habrá intuido el lector que conozca la obra del profesor a MERCADER UGUINA, Jesús R., El control de la incapacidad temporal (historia de una sospecha). *Relaciones laborales: Revista crítica de teoría y práctica* 2004. no. 1, pp. 403-430, p. 406. Este trabajo tiene como complemento ineludible, y por tanto interviene necesariamente en el diálogo que planteo el publicado un lustro después: MERCADER UGUINA, Jesús R., La fábula del paciente simulador y el terapeuta crédulo o los mitos de la incapacidad temporal. *El Cronista del Estado Social y Democrático de Derecho* 2009. no. 8, pp. 14-23.

II) precisamente en el grupo en el que yo estaba matriculado. El profesor Mercader quiso ver en aquel momento en aquel estudiante de pelo largo e intervenciones en el aula posiblemente más extensas y frecuentes de lo deseable a un posible académico del iuslaboralismo, y así me lo hizo saber una vez finalizado el curso académico. Vicisitudes personales al margen, y devolviendo el foco a quien ahora rendimos merecido homenaje por un cuarto de siglo como Catedrático, sirva de punto de partida el hecho de que el trabajo analizado y mi relación con el profesor Mercader —y en consecuencia con el Derecho del Trabajo y de la Seguridad Social— acumulan aproximadamente la misma cantidad de años.

Un elemento que no sorprenderá a quien lea estas páginas es que en una materia tan sujeta a evolución como la incapacidad temporal, los puntos de vista, el análisis y construcción jurídica del profesor Mercader hayan sobrevivido con tan buena salud. En una obra con tan amplia visión objetiva, con trabajos de referencia en todas las vertientes del derecho social (y no sólo) son muchos los que han alcanzado la categoría de clásico, en la tercera acepción que recoge el diccionario académico, es decir, *que se tiene por modelo digno de imitación en cualquier arte o ciencia*. En este caso, las construcciones que realizó, si bien se refieren a un contexto jurídico diferente, siguen sirviendo para entender correctamente la realidad jurídica actual. La tensión entre la sospecha de fraude y la necesidad de protección de la salud de las personas trabajadoras son aún hoy el eje a través del que mejor se explica la evolución legislativa y jurisprudencial del régimen jurídico de la incapacidad temporal. Espero con estas páginas estar a la altura de aquel joven que apuntaba maneras y estar ya cerca de acertar con ellas, en un tema que no dejará de estar de actualidad.

2. LA HISTORIA DE UNA SOSPECHA

En el año 2003, señalaba el profesor Mercader, se venía observando un fuerte incremento del gasto en la Incapacidad Temporal, al que generalmente se prestaba una atención menor por su aparente pequeño tamaño en comparación con el gasto con otras prestaciones del sistema. Así, se indicaba que entre el año 1988 y el año 2000 prácticamente se duplicó el importe total que el sistema de la Seguridad Social hubo de destinar a la cobertura de estas prestaciones[2].

---

2 MERCADER UGUINA, Jesús R., El control de la incapacidad temporal (historia de una sospecha). *Relaciones laborales: Revista crítica de teoría y práctica* 2004. no. 1, pp. 403-430, p. 406

Si atendemos a la evolución del gasto desde entonces, se repiten ciertos patrones. Así, desde el año 2004 al año 2023, atendiendo a las obligaciones reconocidas por prestaciones contributivas de Incapacidad Temporal, este ha pasado de los 5.830,16 millones de euros a los 14.094,55 millones de euros, lo que supone un incremento bruto del 141%, o lo que es lo mismo, un crecimiento promedio del 4,8%. Este crecimiento no se explica sólo por el aumento de afiliados (que son en 2023 un 20% más que en 2004), ni tampoco por el impacto de la inflación (un 48,4% en términos acumulados). Si nos fijamos en el coste por afiliado en términos reales (es decir, descontando el impacto del aumento general de los precios) este se ha incrementado en un 35,2%, lo que está muy por encima del incremento de las cotizaciones efectivamente generadas por afiliado, que en el mismo periodo y también descontada la inflación, sólo han aumentado en un 5,8%.

Pero es que una mirada temporal arroja algunos elementos que nos permiten aproximar a la idea de que existe "algo sospechoso" en esta prestación. El Gráfico 1 muestra una caída significativa del gasto que, en términos relativos a las cotizaciones, supuso esta prestación para el conjunto del Sistema de la Seguridad Social. Puede apreciarse una fuerte caída a partir del año 2009 —momento en que la crisis financiera comienza a tener mayor efecto sobre el empleo— y un nuevo incremento a partir del año 2014, coincidiendo con la caída del desempleo.

Gráfico 1: Porcentaje de las cotizaciones que absorben los derechos reconocidos por IT

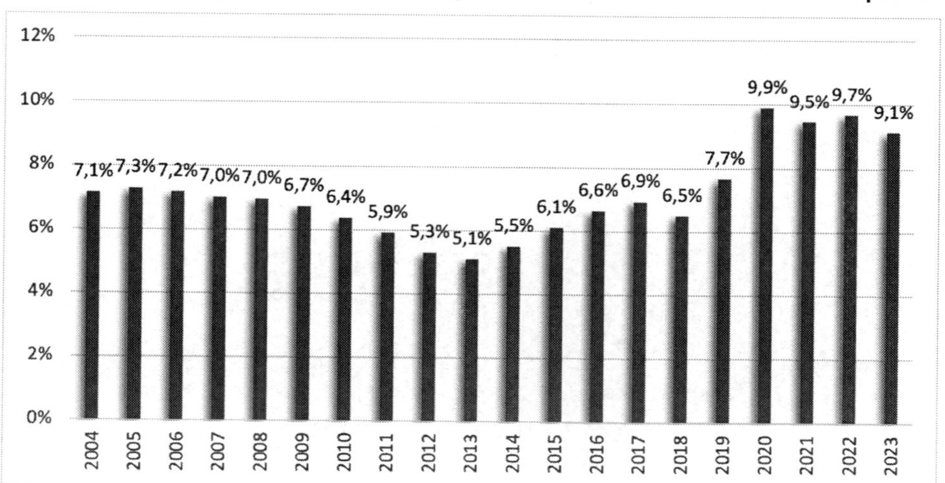

De forma visual puede apreciarse en el Gráfico 2 como cuando existen variaciones fuertes en la tasa de paro, estas se trasladan de forma rápida al gasto en prestaciones por incapacidad temporal. Es cierto que pueden observarse tres periodos diferenciados: en un primer periodo, entre 2004 y 2007, el desempleo se redujo con un incremento sostenido del gasto; Cuando en el año 2008 comienza a subir el porcentaje de personas desempleadas, cae drásticamente el gasto (por una reducción paralela del número de procesos), y cuando comienza a recuperarse la actividad económica, a partir del año 2013, el gasto vuelve a subir a niveles casi idénticos que los que se habían producido con los mismos niveles de paro en años anteriores. La correlación entre ambas variables en ese periodo es clara: por cada punto porcentual en que se incrementa el desempleo el gasto en prestaciones reconocidas cayó en aproximadamente 333 millones de euros, recorriendo el camino contrario cuando dicha tasa volvió a reducirse a entre 2013 y 2017. Es cierto, sin embargo, que esta correlación parece romperse a partir de ese año; hasta el año 2020 y con una tasa de desempleo relativamente estable, el gasto en prestaciones por incapacidad temporal se eleva de forma notable; la mejoría del mercado de trabajo a que comienza en el año 2021 y se acentúa en los años siguientes, por el contrario, no parece haber supuesto un crecimiento relevante de las obligaciones reconocidas por la prestación que aquí se analiza.

Gráfico 2: Relación entre la tasa de desempleo y el gasto en obligaciones reconocidas por IT (euros constantes de 2021). Elaboración propia con datos de la Seguridad Social (Ministerio de Inclusión, Seguridad Social y Migraciones) y el INE.

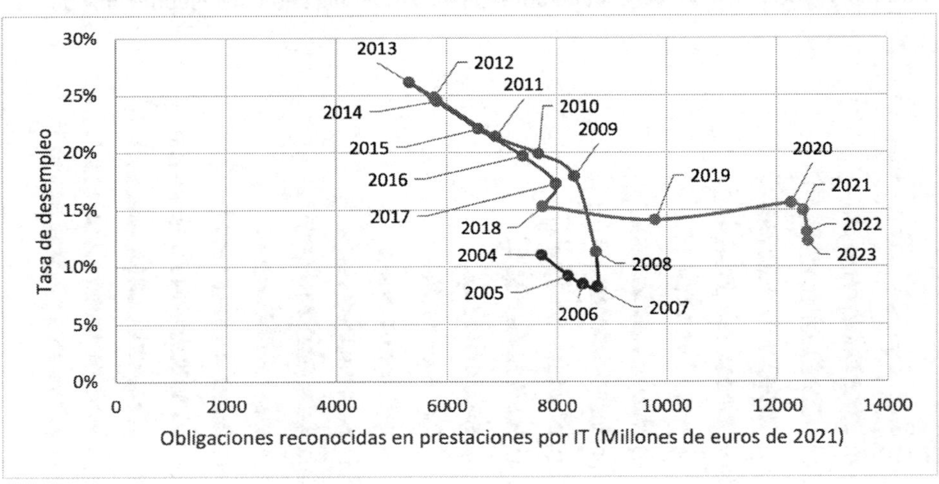

Como ya señalaba el profesor Mercader, las ausencias por incapacidad temporal no son una realidad homogénea; no es este el lugar de determinar cómo influyen los diversos elementos de la realidad económica, empresarial y organizativa en la incapacidad temporal, pero hay algunos datos que son interesantes. Conforme a la información elaborada por la Asociación de Mutuas de Accidentes Trabajo (que mantiene su denominación pese a la legal actual de Mutuas Colaboradoras con la Seguridad Social)[3], cruzada con la disponible a través de la Encuesta Anual de Coste Laboral que ofrece el INE, el impacto sobre la actividad productiva es muy diverso. Si en sectores (CNAE2009 a dos dígitos) como "Servicios a edificios y actividades de jardinería" o "Asistencia en establecimientos residenciales" el coste total de la Incapacidad temporal por Contingencias Comunes[4] se eleva hasta el 10% del coste salarial total del sector, en otras no alcanza el 2% del total, destacando por su tamaño en este grupo actividades como las Actividades jurídicas y de contabilidad o las de Programación, consultoría y otras actividades relacionadas con la informática.

Este coste viene determinado esencialmente por diversos elementos. Los principales factores (además de, obviamente, la base reguladora de la prestación) se relacionan con la incidencia de la incapacidad temporal (medida habitualmente como número de personas en IT entre la población protegida) y la duración en número de días de los procesos iniciados. Así, mientras sectores como el Transporte aéreo o las Actividades relacionadas con el empleo presentaron en el año 2023 (al que se refieren los datos disponibles) una incidencia superior al sesenta por mil (o lo que es lo mismo, en promedio, más del 6% de la población ocupada estuvo en situación de incapacidad temporal), en otros como los relacionados con Actividades jurídicas y de contabilidad o Actividades de creación, artísticas y espectáculos apenas ronda el quince por mil (o 1,5%); igualmente encontramos, por sectores, diferencias muy notables en la duración media de los periodos, entre los 20 y los 60 días, sin que existan correlaciones claras entre ambas variables.

De cualquier modo, los cambios en el mercado de trabajo —fuertemente vinculadas a modificaciones jurídicas— permiten avanzar cambios en el análisis respecto del que realizaba el profesor Mercader en el año 2004: si entonces se vinculaba a la temporalidad, la fuerte reducción de esta tras la reforma de 2021 (especialmente en el empleo privado) tras la desaparición del contrato de obra y otras limitaciones reducen el impacto de esta variable.

---

3 AMAT, El absentismo laboral derivado de la Incapacidad Temporal por contingencias comunes (ITCC). *[en línea]* 2024., p. 68 Anexo II.II Indicadores de la Incapacidad Temporal por Contingencias Comunes

4 Tomando en consideración tanto el coste directo para las empresas —incluyendo las mejoras voluntarias— como el que asumen las Mutuas.

De cualquier modo, lo cierto es que la incidencia de la Incapacidad Temporal por contingencias comunes, definida como el número de procesos iniciados por cada mil personas trabajadoras protegidas parece estar tomando una senda creciente, sostenida desde el año 2012 hasta los más recientes datos de 2024, momento en el que parece moderarse el aumento, una vez recuperada la atípica situación del año 2020 y la pandemia, que alteró claramente ciertos patrones (y la propia calificación de las contingencias, al considerarse asimiladas al AT y contabilizadas como profesionales las derivadas de la COVID19, desde el Real Decreto-ley 6/2020, de 10 de marzo, por el que se adoptan determinadas medidas urgentes en el ámbito económico y para la protección de la salud pública). De hecho, aunque sigue creciendo la incidencia, en el año 2024 este incremento fue del 2,65%, muy inferior al de años anteriores (en la época prepandémica crecía entre un 5% y un 11% anual, y desde 2020 entre el 19 y 8%)

Gráfico 3: Incidencia de la IT por Contingencias Comunes (procesos iniciados por cada 1000 personas trabajadoras protegidas). Fuente: Seguridad Social (Ministerio de Inclusión, Seguridad Social y Migraciones)

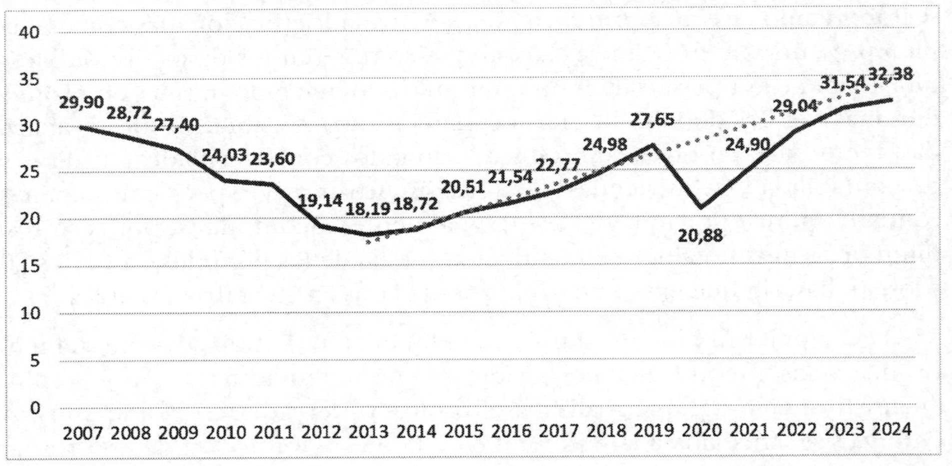

3. CARACTERIZACIÓN DE LA SOSPECHA

3.1. Los fallos de mercado en la protección frente a la incapacidad

Comenzaba el profesor Mercader su audaz construcción con una referencia de corte económico y que resulta clave para entender la intencionalidad en las bajas que se atribuye a las personas trabajadoras: la noción de riesgo moral. Con carácter general, los sistemas de aseguramiento se enfrentan a dos problemas: que aquellas personas que tienen mayor probabilidad de sufrir un riesgo sean quienes se aseguren (selección adversa) y que las personas aseguradas sean menos diligentes en la autoprotección (riesgo moral). En un sistema de aseguramiento universal como es la protección frente a la IT (sin perjuicio de los requisitos de carencia que puedan limitar la cobertura del riesgo frente a la enfermedad común) el primero de los problemas queda automáticamente anulado; al no haber posibilidad de no "contratar" la cobertura frente a ese riesgo las personas con mejor salud no podrán tomar la decisión de autoasegurarse o hacer frente por sí mismas al riesgo de pérdida de rentas del trabajo si se ven obligadas a suspender el contrato por enfermedad. Por el contrario, el riesgo moral sí que existirá[5]: las personas trabajadoras pueden tener interés en no trabajar o al menos en no evitar situaciones incapacitantes —mayor cuanto más se aproxime la prestación a la renta del trabajo sustituida— como consecuencia de este aseguramiento o protección. Así, pueden darse varios supuestos:

- Menor cuidado en la evitación de riesgos, como puede ser la no adopción de las medidas de prevención de la salud tales como evitar el contacto con personas que tengan síntomas de enfermedades contagiosas, el no seguimiento estricto de tratamientos para paliar determinados síntomas no incapacitantes, etc.
- Menor interés en la rápida recuperación, al no suponer la incapacidad una pérdida (total, al menos) de rentas. Ello supondrá periodos más largos de baja, con el consiguiente mayor coste para el sistema.
- Menor tolerancia a determinados síntomas; la afectación de la salud a la capacidad de trabajo no es binaria: desde el leve malestar a la absoluta inmovilidad que impida, por ejemplo, salir de la cama, existe un amplio recorrido. La determinación de en qué punto la incomodidad pasa a ser incapacitante incluye un componente subjetivo, que se valorará de diferente forma con cobertura económica que sin ella. En un extremo de "mercantilización", en términos de ESPING-ANDERSEN[6], el trabajador depende enteramente para su supervivencia

---

5 En este sentido, también, MOLINS GARCÍA-ATANCE, Juan, La problemática de la prestación de incapacidad temporal. *Revista del Ministerio de Empleo y Seguridad Social: Revista del Ministerio de Trabajo, Migraciones y Seguridad Social* Ministerio de Empleo y Seguridad Social. 2018. no. 134, pp. 41-70, p. 41

6 ESPING-ANDERSEN, Gøsta, *Los tres mundos del estado del bienestar* València: Edicions Alfons El Magnànim. 1993., p. 41-43

de la venta de su fuerza de trabajo; la protección del sistema de Seguridad Social genera un efecto desmercantilizador, en el sentido de que quien sufra una enfermedad podrá permitirse no trabajar sin poner en riesgo su propia subsistencia. Por ello, la protección económica frente a la incapacidad temporal supondrá que el nivel de afectación a la salud necesario para que una persona decida acudir a la protección del sistema y no trabajar sea menor. Así, la disposición a trabajar con cierto grado de enfermedad se reducirá, lo que afecta no sólo a la incidencia (más casos de IT), sino también a su duración (al recuperarse la salud también de forma progresiva). Debe hacerse notar aquí que pese a la terminología de "riesgo moral", realmente no tiene por qué haber un desvalor ético en estas conductas; por el contrario, puede estimarse justo que la persona trabajadora no necesite ir a trabajar mientras sufre una enfermedad por el sólo hecho de no poder permitírselo por la necesidad de obtener las rentas del trabajo para sostenerse a sí y a su familia.

El riesgo moral, así entendido, supone un problema de sostenibilidad a cualquier sistema de seguro, pues el equilibrio entre ingresos y gastos realizado ex ante (es decir, la estimación de cuánta gente enfermará y cuál será el coste prestacional) se realizará sobre la observación de la incidencia en ausencia de protección, pero la introducción de esta generará, de forma directa e inmediata un incremento del coste total.

3.2. El fraude de prestaciones

3.2.1. Marco general

Cuestión adicional —y técnicamente diferente del riesgo moral[7]— es el hecho de que se concedan prestaciones a personas o en condiciones diferentes a las previstas por la norma. En la línea del art. 6.4 C.Civ, se trataría de "actos realizados al amparo del texto de una norma que persigan un resultado prohibido por el ordenamiento jurídico, o contrario a él", o usando las definiciones académicas, no puede descartarse la existencia

---

[7] Una oposición expresa entre ambos conceptos puede encontrarse en OKURA, Mahito, The relationship between moral hazard and insurance fraud. *The Journal of Risk Finance* 2013. vol. 14, no. 2, pp. 120-128, p. 121. Para un análisis histórico, detallado e interdisciplinar del término "riesgo moral", véase ROWELL, David y CONNELLY, Luke B., A History of the Term "Moral Hazard". *Journal of Risk and Insurance* 2012. vol. 79, no. 4, pp. 1051-1075

de alguna "acción contraria a la verdad y a la rectitud, que perjudica a la persona contra quien se comete" o de algún "acto tendente a eludir una disposición legal en perjuicio del Estado o de terceros". Como puede fácilmente deducirse, estas conceptualizaciones se refieren al fraude en el acceso o disfrute de prestaciones.

Con carácter general, el fraude puede considerarse una consecuencia lógica en contextos donde existen incentivos económicos y asimetrías de información. Como ha mostrado la teoría económica desde los años setenta del siglo pasado, en toda situación en la que una de las partes dispone de información relevante no observable por la otra —o en la que acceder a dicha información tiene un coste significativo— se generan incentivos racionales para falsear o manipular dicha información con el fin de obtener una ventaja económica. Esta lógica se aplica con claridad al ámbito del aseguramiento y las prestaciones, donde los potenciales beneficiarios poseen información sobre su verdadero estado que las instituciones no pueden verificar directamente o sólo pueden hacerlo con costes significativos[8].

En estos escenarios, el fraude no sólo es posible, sino que puede resultar una estrategia individual racional cuando el beneficio esperado supera el riesgo de detección y sanción. La aportación de Coase también resulta ilustrativa en este sentido: cuando las transacciones no son gratuitas y los agentes no disponen de información completa, la eficiencia del mercado no puede garantizarse por sí sola[9], pero es que además la intervención pública puede verse comprometida por la desviación de recursos hacia quienes realizan el fraude. De hecho, en sectores como el sanitario, donde la incertidumbre y la opacidad de la información son estructurales, los mercados tienden a fallar si no se implementan mecanismos de corrección[10].

Por supuesto, la decisión individual de defraudar no puede explicarse exclusivamente en términos de racionalidad económica. Factores como la ética personal, la presión social o la percepción del riesgo penal pueden influir significativamente en la conducta, llevando a muchas personas a no defraudar aunque tengan incentivos para hacerlo. No obstante, el riesgo

---

8 AKERLOF, George A., The Market for «Lemons»: Quality Uncertainty and the Market Mechanism. *The Quarterly Journal of Economics* 1970. vol. 84, no. 3, pp. 488, p. 493

9 COASE, Ronald Harry, The Problem of Social Cost. *Journal of Law and Economics* 1960. vol. 3, pp. 1, p. 15-16

10 ARROW, Kenneth J., Uncertainty and the Welfare Economics of Medical Care. [sin fecha]., p. 946-947

de detección y sanción actúa como mecanismo corrector, al reducir el beneficio esperado del comportamiento fraudulento mediante la incorporación de costes potenciales (multas, reintegros, pérdida de derechos, penas privativas de libertad)[11].

Caracteriza en este punto el profesor Mercader una cuádruple vía de fraude que alimenta la condición de sospechosa de la persona beneficiaria de la prestación[12], lo que años después le llevaría a atribuirle el papel del "paciente simulador" en la fábula que contrapone el egoísmo de este a la bondad del "terapeuta crédulo"[13]:

3.2.2. La simulación de la incapacidad frente al empresario y el sistema

La más evidente forma de engaño, claro es, es la pura simulación de enfermedad aparentando una afectación de la salud inexistente, ya sea en el momento inicial o en el que debiera ser final: dicho de otro modo, simula la existencia de una patología o padecimiento inexistentes para acceder a una prestación o extender en el tiempo su percepción, en paralelo a la suspensión del contrato de trabajo que ello acarrea. Es esta forma de fraude posiblemente la más frecuente —aunque la cuantificación sea complicada— y por ello la de más impacto económico.

Según las estimaciones de la Asociación de Mutuas de Accidentes de Trabajo (AMAT), el coste total asociado al absentismo por incapacidad temporal derivada de contingencias comunes (ITCC) puede oscilar entre los 75.000 y los 135.000 millones de euros anuales, en función de si las empresas optan o no por contratar personal sustituto para los trabajadores en baja[14]. Este rango recoge no sólo los pagos directos por subsidios, sino también el coste de oportunidad vinculado a la pérdida de producción de bienes y servicios. Sin perjuicio de los matices que puedan introducirse a

---

11 BECKER, Gary S., Crime and Punishment: An Economic Approach. [sin fecha]., p. 176-180

12 MERCADER UGUINA, Jesús R., El control de la incapacidad temporal (historia de una sospecha). *Relaciones laborales: Revista crítica de teoría y práctica* 2004. no. 1, pp. 403-430, p. 410

13 MERCADER UGUINA, Jesús R., La fábula del paciente simulador y el terapeuta crédulo o los mitos de la incapacidad temporal. *El Cronista del Estado Social y Democrático de Derecho* 2009. no. 8, pp. 14-23

14 AMAT, El absentismo laboral derivado de la Incapacidad Temporal por contingencias comunes (ITCC). *[en línea]* 2024., p. 9

estos cálculos, que no puede olvidarse que proceden de una asociación de asociaciones de empresas[15] y como tales tenderán a sobreestimar los costes, resulta claro que el impacto es significativo.

No obstante, debe señalarse que la doctrina viene destacando desde hace años que estos datos no se explican única y exclusivamente por el fraude del trabajador o trabajadora que se aprovechan del sistema para vivir de él sin trabajar. Al margen de que, lógicamente, la enfermedad existe y los accidentes ocurren y que por tanto "una cierta cantidad de ausencias es inevitable en la fisiología de la organización empresarial"[16], los supuestos de uso desviados, según ha puesto de manifiesto la doctrina, responden a múltiples causas[17].

Así, la decisión individual de simular un proceso de IT no siempre responde a un ánimo puramente defraudador, sino que puede obedecer a una multiplicidad de causas personales y estructurales, que abarcan desde la desafección organizativa hasta la imposibilidad de conciliar, pasando por la necesidad subjetiva de descanso o distanciamiento del entorno laboral. En este contexto, no todos los supuestos de simulación pueden reducirse a una conducta con reproche moral claro, especialmente si se considera el carácter generalizado de algunas de estas estrategias de afrontamiento en contextos de precariedad.

El absentismo (y por tanto una parte de las bajas de IT) que responde a causas distintas a la enfermedad, pero también al ánimo de defraudar tiene diversos orígenes. Así, se ha señalado que características demográficas como edad, género y situación familiar (entre otras variables demográfi-

---

15 Las define el art. 80 LGSS como "asociaciones privadas de empresarios constituidas mediante autorización del Ministerio de Empleo y Seguridad Social e inscripción en el registro especial dependiente de este, que tienen por finalidad colaborar en la gestión de la Seguridad Social, bajo la dirección y tutela del mismo, sin ánimo de lucro y asumiendo sus asociados responsabilidad mancomunada en los supuestos y con el alcance establecidos en esta ley"

16 GOERLICH PESET, José María, El tratamiento retributivo del absentismo. *XLI Jornadas universitarias andaluzas de derecho del trabajo y relaciones laborales: Necesidades empresariales y tutelas laborales, 2024, ISBN 978-84-09-66349-1, pp. 239-262 [en línea]* Junta de Andalucía. 2024. pp. 239-262, p. 241

17 GERVÁS, Juan, RUIZ TÉLLEZ, Ángel y PÉREZ FERNÁNDEZ, Mercedes, *La incapacidad laboral en su contexto médico: problemas clínicos y de gestión* Fundación Alternativas. 2006., p. 23

cas) inciden en los niveles de absentismo de las empresas[18], lo que podría denotar carencias en las necesidades de conciliación de la vida personal y familiar.

Los aspectos organizacionales de la empresa también juegan un papel relevante, en función de que atiendan o no las necesidades de la plantilla[19]; En otros términos: el entorno laboral puede ser generador o facilitador de bajas que se declaran como incapacidad, pero que responden a malestares no estrictamente médicos. Así, aunque pueden influir elementos de la personalidad de la persona trabajadora, la satisfacción general con el trabajo, las características del puesto y el entorno, las variables organizacionales y las variables psicosociales como la incidencia del estrés y el burnout tienen un impacto relevante[20].

En esta línea se ha afirmado que la IT es a veces una "vía de escape" frente a situaciones estructuralmente problemáticas que no encuentran otro cauce legal, como sucede en casos de acoso laboral, violencia en el trabajo o exigencias familiares no cubiertas por permisos efectivos de conciliación, que conllevan que el número de horas pactado no se ajuste al deseado, temporal o estructuralmente[21]. La simulación, en estos casos, no expresa tanto una voluntad fraudulenta como la insuficiencia del sistema legal de protección frente a ciertos malestares reales. De esta forma, desde análisis médicos también se ha señalado que la utilización de la incapacidad temporal con finalidades de autoprotección o reequilibrio personal no resulta infrecuente. Por ello se afirma que la IT se ha convertido, en muchos casos, en una herramienta para afrontar "problemas personales, sociales o laborales (cuidado

---

18 BOADA I GRAU, Joan, FICAPAL CUSÍ, Pilar y SOLER CALLEJA, Cristina, Absentismo laboral: visión psicosocial. *En: Ana María ROMERO BURILLO y Josep MORENO GENÉ, La gestión del absentismo laboral: impacto económico, aspectos sociales y psicológicos y régimen jurídico-laboral [en línea]* Tirant lo Blanch. 2013. pp. 49-88, p. 55

19 GOERLICH PESET, José María, El tratamiento retributivo del absentismo. *XLI Jornadas universitarias andaluzas de derecho del trabajo y relaciones laborales: Necesidades empresariales y tutelas laborales, 2024, ISBN 978-84-09-66349-1, pp. 239-262 [en línea]* Junta de Andalucía. 2024. pp. 239-262, p. 241

20 Extensamente, BOADA I GRAU, Joan, FICAPAL CUSÍ, Pilar y SOLER CALLEJA, Cristina, Absentismo laboral: visión psicosocial. *En: Ana María ROMERO BURILLO y Josep MORENO GENÉ, La gestión del absentismo laboral: impacto económico, aspectos sociales y psicológicos y régimen jurídico-laboral [en línea]* Tirant lo Blanch. 2013. pp. 49-88, p. 56-72

21 CRESPÍ FERRIOL, Maria del Mar, Incapacidad temporal y absentismo laboral: prevención, control y retorno al trabajo. *En: Accepted: 2022-07-05T07:47:18Z [en línea]* Universitat de les Illes Balears. 2022a., p. 28

de enfermos, ancianos, acoso laboral, desempleo…)" añadiendo que no hay una percepción social de fraude asociada a estas prácticas[22].

La percepción extendida de que estas conductas no son especialmente graves puede influir decisivamente en su proliferación. Aunque no son muchos los estudios que la concretan, resulta interesante el trabajo llevado a cabo en 2009 por la AEVAL, en el que se señala que un 37% de los encuestados declaraban conocer a alguien que había disfrutado indebidamente de una baja por incapacidad temporal, aunque un 90% rechaza —o al menos dice rechazar— moralmente estas conductas y estar conformes con la imposición de sanciones[23].

Incluso sin llegar a una conducta simuladora estricta, la afectación subjetiva de la salud y el concepto de enfermedad laboralizable incluyen un margen de decisión individual. El trabajador puede no "sentirse" en condiciones para acudir al trabajo, aun sin cumplir objetivamente criterios clínicos, y optar por acudir a su médico de atención primaria en busca de una baja que cubra esa disfunción entre malestar y exigencia productiva. Como con acierto se ha señalado, la noción de absentismo no puede entenderse como una categoría binaria entre ausencia justificada e injustificada, pues las razones del trabajador para ausentarse incluyen "posibilidades de explicación que van desde la relevancia del interés del trabajador en la ausencia […] hasta la posibilidad de imputársela a la empresa"[24].

Por tanto, la simulación de una enfermedad no siempre debe identificarse con el fraude consciente, sino que puede constituir una respuesta a necesidades reales desatendidas por el sistema laboral, por ejemplo, en contextos de jornadas rígidas, falta de permisos, o presión emocional acumulada. Esta complejidad será clave para comprender, en el apartado siguiente, por qué el legislador ha optado progresivamente por eliminar herramientas legales de castigo al absentismo y reforzar la posición de la persona trabajadora frente a la sospecha sistemática.

---

22 GONZÁLEZ HIERRO, Miguel, *La gestión de la incapacidad temporal, veinte años de reformas normativas [en línea]* Universidad de Salamanca. 2016., p. 36

23 AEVAL, Evaluación de las medidas de racionalización y mejora de la gestión de la Incapacidad Temporal. Ministerio de la Presidencia. Agencia Estatal de Evaluación de las Políticas Públicas y la Calidad de los Servicios. 2009., p. 164

24 GOERLICH PESET, José María, El tratamiento retributivo del absentismo. *XLI Jornadas universitarias andaluzas de derecho del trabajo y relaciones laborales: Necesidades empresariales y tutelas laborales, 2024, ISBN 978-84-09-66349-1, pp. 239-262 [en línea]* Junta de Andalucía. 2024. pp. 239-262, p. 243

3.2.3. La simulación para mejorar en tiempo y dinero la prestación

En segundo lugar, la enfermedad fingida o simulada puede tener como función la obtención de una prestación pública de mayor intensidad o duración que la que correspondería; debe tenerse en cuenta en este punto que la prestación por desempleo tiene una cuantía máxima de entre el 175% y el 225% del IPREM de conformidad con el art. 270.3 LGSS; por su parte, la prestación por incapacidad temporal se calcula —a partir del día vigésimo primer día de prestación, en caso de la IT por enfermedad[25]— como el 75% de la base reguladora. Si atendemos al salario medio de una persona que trabaja por cuenta ajena a tiempo completo, puede observarse como el progresivo crecimiento de los salarios ha ido alejando ambas prestaciones, que en todo caso, salvo situaciones excepcionales, siempre fueron más generosas durante la incapacidad temporal.

Gráfico 4: Cuantías orientativas de las prestaciones por desempleo (175-225% del IPREM) y de la prestación por Incapacidad Temporal (60/75% de la base reguladora) calculada sobre el salario medio del trabajo a tiempo completo. Fuente: Elaboración propia.

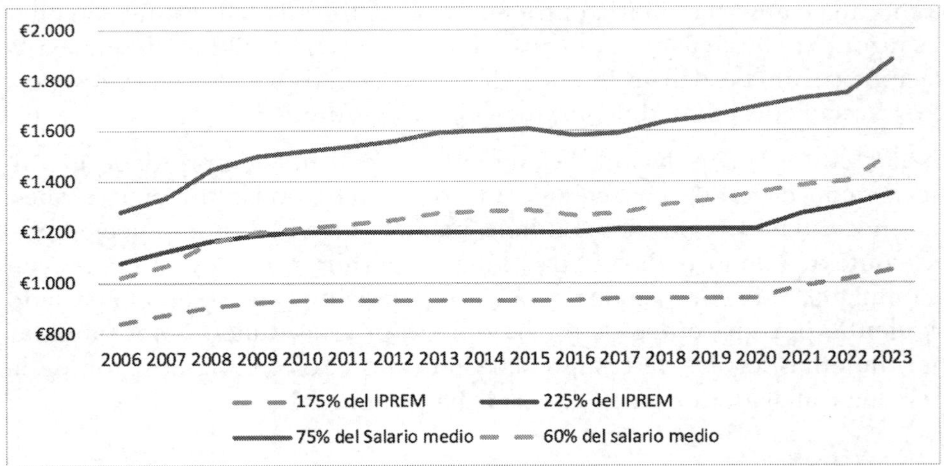

---

25 El artículo único del Real Decreto 53/1980, de 11 de enero, por el que se modifica el artículo segundo del Reglamento General que determina la cuantía de las prestaciones económicas del Régimen General de la Seguridad Social, respecto a la prestación de incapacidad laboral transitoria minoró la cuantía hasta el 60% de la base reguladora "durante el periodo comprendido entre el cuarto día a partir del de la baja en el trabajo ocasionada por la enfermedad o el accidente y hasta el veinteavo día"

El hecho es que, aunque en principio atienden a situaciones de necesidad claramente diferenciadas, ambas pueden coincidir en el tiempo. En este sentido, resulta interesante observar la evolución del régimen jurídico, pues ilustra bien la historia de la evolución de la desconfianza. En el Texto Refundido de la LGSS publicado en 1994[26] la extinción de la relación de trabajo durante una situación de lo que entonces se calificaba como incapacidad laboral transitoria suponía seguir percibiendo esta prestación, lo que implicaba en ese momento el abono de la cuantía correspondiente —típicamente superior a la que habría correspondido por desempleo— y además, el inicio del cómputo de la duración de esta última prestación sólo desde el momento en que finalizara la situación incapacitante; si la situación era la opuesta (inicio de la incapacidad laboral transitoria durante la percepción de la prestación por desempleo), la cuantía de la prestación se calculaba como la superior de las dos posibles, si bien en este caso no se ampliaría la prestación por desempleo. Sin embargo, en 2002 esta situación cambia[27]; en caso de extinguirse la relación laboral durante una situación de incapacidad, se percibirá la cuantía de la prestación por desempleo desde el momento en que dicha terminación se hubiera producido, contabilizándose además el periodo de incapacidad temporal dentro del periodo de cobertura de la prestación por desempleo. Si la incapacidad se produjera durante el periodo de desempleo, tampoco tras la reforma de diciembre de 2001 va a extenderse la prestación por desempleo, pero es que además se minora la cuantía, fijándose en un 75% del Salario Mínimo interprofesional, salvo que se trate de una recaída de un proceso iniciado durante la vigencia de un contrato, en cuyo caso se mantiene la cuantía (en el nivel de la prestación por desempleo); en el año 2004[28], con la creación del IPREM para evitar efectos indirectos del incremento del Salario Mínimo, se modifica esta última referencia al 80% del IPREM. Posteriormente, ahondando en el carácter "sospechoso" de la incapacidad temporal por contingencias comunes, se diferenció el supuesto de prestaciones por contingencias profesionales, en el que se recuperó la lógica de mantenimiento de la cuantía de la prestación por estas últimas aun después de la extinción del contrato.

---

26 Real Decreto Legislativo 1/1994, de 20 de junio, por el que se aprueba el texto refundido de la Ley General de la Seguridad Social.

27 La Ley 24/2001, de 27 de diciembre, de Medidas Fiscales, Administrativas y del Orden Social entra en vigor precisamente el 1 de enero de 2002.

28 Real Decreto-ley 3/2004, de 25 de junio, para la racionalización de la regulación del salario mínimo interprofesional y para el incremento de su cuantía.

Al margen de otras modificaciones, el texto refundido de 2015 va a mantener esta misma lógica en el art. 283 LGSS, que precisamente lleva por título "Prestación por desempleo e incapacidad temporal". Con ello, en cierto modo, pretende desactivarse el incentivo a este tipo de conducta fraudulenta: el fingimiento de una situación incapacitante justo antes de la extinción no va a tener ya efecto alguno sobre la duración o cuantía de la prestación por desempleo, y el eventual fraude por simulación durante la percepción de esta prestación no va a prolongar tampoco la ayuda pública. Únicamente en el caso de recaídas en proceso iniciados vigente la relación de trabajo se percibirá la prestación, si bien en la cuantía reducida antes indicada del 80% del IPREM.

Con todo ello, esta segunda causa o vía de fraude queda relativamente desactivada, pues —a costa de desproteger situaciones en las que legítimamente la persona trabajadora no podrá buscar un puesto de trabajo con el que mantener su nivel de rentas— se han hecho desaparecer los incentivos a fingir la situación incapacitante.

3.2.4. La simulación para la indebida compatibilización de prestación y trabajo

El tercer caso, que resulta al mismo tiempo el más claro, es el supuesto de personas que realizan actividades incompatibles con la situación de incapacidad temporal. La compatibilización de la situación de incapacidad temporal con el trabajo, que puede responder a dos situaciones distintas, que responden a lógicas también diferentes. Por un lado, puede ser que el trabajo se realice en la misma empresa en la que la relación laboral está formal o aparentemente interrumpida. En este caso, el objetivo no es realmente financiar una interrupción de la prestación de servicios con cargo al sistema de protección social, sino realizar un ajuste empresarial de la cantidad de trabajo por una vía fraudulenta. Así, en momentos de baja producción, la empresa en lugar de acudir a los mecanismos legalmente previstos en el art. 47 o 47 bis ET para reducir temporalmente la jornada o suspender el contrato de trabajo, insta a los trabajadores —que necesariamente necesitarán de la participación del facultativo, ya sea por engaño o connivencia— a que entren en esta situación. De esta forma, la empresa evita el correspondiente procedimiento y hace uso de un trabajo que no retribuye —o más usualmente, lo hace en menor medida y fuera del cauce legal. La persona trabajadora, por su parte, puede tener distintos incentivos para participar de este fraude. En primer lugar, puede ser simplemente una situación en la que se vea amenazada —explícita o tácitamente— con un despido ante la mala situación económica de la empresa, sin obtener realmente ninguna ventaja directa: sigue realizando la misma prestación por la misma cantidad de dinero o incluso menor, si la empresa no complementa la reducción de ingresos que supone la prestación. En otros casos, puede existir un beneficio para ambas partes, si la empresa complementa la prestación hasta la totalidad del salario (es decir, se hace cargo de la diferencia entre la remuneración total y el 60-75% de la base reguladora): si no se realiza la jornada completa (ante la menor necesidad de mano de obra de la que se ha partido como hipótesis del fraude) mientras que la empleadora obtiene un trabajo mayor que el que retribuye, la persona asalariada percibe más de lo que trabaja. Si este pago no se articula como mejora de la prestación, sino que se abona de manera no declarada, además se produce un ahorro fiscal, pues la diferencia hasta el importe del salario total no se integrará en la base de rendimientos del trabajo de IRPF ni será sometido a retención. Debe hacerse notar que en este caso el fraude al Estado, y con el a la sociedad, es doble, tanto por vía de la percepción indebida de recursos como por la de menor aportación de la debida.

Distinto es el caso, sin salir del tercer supuesto de compatibilización ilícita de trabajo y prestación por incapacidad temporal, en el quien estando legalmente en esta situación presta servicios para otra empresa o por cuenta propia. En este caso, el fraude será triple, y en su lógica guarda relación con el primer supuesto. Y esto es así porque con la simulación la persona trabajadora busca interrumpir la obligación principal del contrato (la realización del servicio acordado) por motivos ajenos a la legalidad, puesto que sí conserva la capacidad para el trabajo, con lo que deben traerse aquí las consideraciones hechas en el primero de los supuestos. En este caso, al margen de la posible desmotivación o situación de rechazo de la persona trabajadora hacia su empresa principal que pueda llevarle a esa conducta ilícita, hay de nuevo un doble o incluso triple fraude hacia lo público. No se trata sólo de la indebida percepción de la prestación, sino que al realizarse la segunda actividad incompatible con la situación de incapacidad de forma no declarada se producirá otra defraudación, al no procederse al alta y cotización en esta ni declararse fiscalmente los ingresos de la segunda actividad. Los incentivos al "crimen", pues, se multiplican.

3.2.5. El papel del terapeuta crédulo… y sobrepasado

"La emisión del parte médico de baja es el acto que origina la iniciación de las actuaciones conducentes al reconocimiento del derecho al subsidio por incapacidad temporal"[29]. En consecuencia, no hay iniciación del proceso de incapacidad temporal, ni por tanto fraude posible sin la intervención del facultativo de atención primaria. Dicho de otro modo, la sospecha que recae sobre quien se beneficia de la prestación por incapacidad temporal quedaría inmediatamente disipada si la desconfianza en él o ella fuera proporcional a la confianza en la pericia y rectitud de los médicos que los atienden.

Sin embargo, y a falta de datos más recientes, la población desconfía de que el control médico sea suficiente. Según la antes mencionada encuesta promovida por la Agencia Estatal de Evaluación de las Políticas Públicas (AEVAL) en 2009, el 50% de los ciudadanos consideraba que es fácil obtener una baja médica sin estar realmente enfermo[30]; aunque matiza que los datos pueden "presentar un cierto riesgo de sesgo en las respuestas, en el sentido de que en ocasiones los encuestados no manifiestan sus opiniones personales, sino aquellas socialmente consideradas como más correctas o deseables"[31].

La percepción crítica sobre la facilidad con que se accede a una baja médica se apoya, en buena medida, en la figura del médico de atención primaria, convertido —en la retórica de la sospecha— en el agente que habilita sin verdadero control el acceso al sistema. Esta sospecha se expresa con fuerza en la construcción del profesor Mercader, de "la fábula del paciente simulador y el terapeuta crédulo"[32]: en la que el médico se presenta como un profesional ingenuo o excesivamente complaciente, que acepta sin más las manifestaciones del paciente. En esa fábula el facultativo se ve convertido en figura sospechosa por omisión: por no indagar más, por no verificar lo que se le dice, por no detectar el fraude[33].

---

[29] Art. 2 del Real Decreto 625/2014, de 18 de julio, por el que se regulan determinados aspectos de la gestión y control de los procesos por incapacidad temporal en los primeros trescientos sesenta y cinco días de su duración.

[30] AEVAL, Evaluación de las medidas de racionalización y mejora de la gestión de la Incapacidad Temporal. Ministerio de la Presidencia. Agencia Estatal de Evaluación de las Políticas Públicas y la Calidad de los Servicios. 2009., p. 163

[31] AEVAL, Evaluación de las medidas de racionalización y mejora de la gestión de la Incapacidad Temporal. Ministerio de la Presidencia. Agencia Estatal de Evaluación de las Políticas Públicas y la Calidad de los Servicios. 2009., p. 162

[32] Expresión tomada, a su vez de RENDUELES OLMEDO, G. El paciente simulador y el terapeuta crédulo: una pareja en apuros en C. Castilla del Pino, La sospecha Alianza Editorial 1998.

[33] MERCADER UGUINA, Jesús R., La fábula del paciente simulador y el terapeuta crédulo o los mitos de la incapacidad temporal. *El Cronista del Estado Social y Demo-*

Esta concepción, por otra parte, supone colocar al médico en un papel que va más allá de la función primordial que tiene en la sociedad, el cuidado de la salud; debe actuar no sólo con fines asistenciales sino también bajo el mandato implícito de contener el gasto público y filtrar el acceso a la prestación. Debe tenerse en cuenta que la relación entre médico y paciente debe basarse en un vínculo de plena confianza, en que el segundo cuente con plena libertad los síntomas que padece y el primero los valore conforme a la *lex artis*. La actitud de escucha y de confianza es una exigencia ética y clínica, pero entra en contradicción con el mandato institucional de vigilancia que se le impone[34].

En el momento en que se abandone el rol del *terapeuta crédulo* el paciente que sufre realmente una dolencia puede verse gravemente comprometida la propia atención. El sistema quiere atender y proteger a la persona trabajadora que está sufriendo alguna dolencia, pero al mismo tiempo detectar y denegar la prestación a quien la simula. El problema, clásico en estadística, es que no es posible eliminar ambos tipos de error al mismo tiempo: un sistema más crédulo (o garantista) será más eficaz protegiendo a quien lo merece a costa de un mayor número de perceptores fraudulentos; si por el contrario se pone el acento en el control, la revisión, la puesta en duda de la palabra del paciente, se detectarán los fraudes en mayor medida, pero también se desprotegerá (o al menos se retrasará la protección) de quienes legítimamente hubieran acudido al sistema sanitario en busca de la protección que requieren. Es este en realidad un problema clásico de la toma de decisiones con incertidumbre, formalizando la también clásica máxima de "es mejor que escapen 10 personas culpables a que una inocente sufra" de Sir William Blackstone[35]; las más modernas teorías de contraste de hipótesis reconocen ese dilema: la estadística o la economía no nos pueden indicar si debe preferirse que el culpable salga libre —que el simulador perciba prestación— o el inocente condenado —el enfermo la vea desestimada—, pero sí pueden ayudar a determinar la magnitud de ambos errores (tipo I o falso positivo, tipo II o falso negativo) y buscar la forma de minimizarlos, siempre desde la asunción de que será imposible

---

crático de Derecho 2009. no. 8, pp. 14-23, p. 15 y ss

34 CRESPÍ FERRIOL, Maria del Mar, Incapacidad temporal y absentismo laboral: prevención, control y retorno al trabajo. *En: Accepted: 2022-07-05T07:47:18Z [en línea]* Universitat de les Illes Balears. 2022b., p. 30

35 BLACKSTONE, William, *Commentaries on the Laws of England, Book 4* Lonang Institute. 1769., p. 208

eliminar totalmente ambos al mismo tiempo[36]. La decisión será pues, en gran medida, política, respondiendo a qué se prima: la función asistencial del facultativo de atención primaria o la función burocrática de gestión y sostenibilidad del sistema.

Además, en la práctica, el facultativo debe tomar decisiones con información limitada, especialmente en los primeros días del proceso; en muchas ocasiones "la única información con la que cuentan [los médicos] a la hora de evaluar [...] el estado de salud del trabajador [...] se deriva de sus propias manifestaciones verbales, su exploración y las limitadas pruebas diagnósticas que puedan realizarse en una consulta de atención primaria". Esto se agrava en procesos relacionados con el dolor, la fatiga o la salud mental, en los que el síntoma no es verificable con criterios objetivables. El resultado es una exposición profesional constante al juicio público: si el médico da la baja, puede ser acusado de complicidad; si no la da, de desatención.

A esta tensión se añade la sobrecarga burocrática derivada del propio diseño legal del sistema. Siendo esta una de las quejas de los Médicos de Atención Primaria, no puede dejar de sorprender que la más reciente reforma[37] haya facilitado la gestión a trabajadores y empresas, mediante la eliminación del parte de baja como documento entregado por los primeros a las segundas a costa de una mayor carga documental para el personal del Servicio Nacional de Salud. A la necesidad de tramitación informática a cargo del facultativo se añade que el nuevo modelo[38] determina un mayor nivel de detalle, un mayor grado de información, con la consiguiente carga de trabajo añadido; deben consignarse datos como las funciones laborales

---

36 NEYMAN, J., On the Problem of the Most Efficient Tests of Statistical Hypotheses. *hilosophical Transactions of the Royal Society of London. Series A, Containing Papers of a Mathematical or Physical Character* 1933. vol. 231, pp. 289-337, p. 296

37 Real Decreto 1060/2022, de 27 de diciembre, por el que se modifica el Real Decreto 625/2014, de 18 de julio, por el que se regulan determinados aspectos de la gestión y control de los procesos por incapacidad temporal en los primeros trescientos sesenta y cinco días de su duración.

38 Aprobado por la Orden ISM/2/2023, de 11 de enero, por la que se modifica la Orden ESS/1187/2015, de 15 de junio, por la que se desarrolla el Real Decreto 625/2014, de 18 de julio, por el que se regulan determinados aspectos de la gestión y control de los procesos por incapacidad temporal en los primeros trescientos sesenta y cinco días de su duración.

del paciente) que desconoce y que sólo puede obtener por declaración del propio trabajador, con el consiguiente riesgo de error[39].

Esta exigencia administrativa transmite, por vía normativa, una desconfianza sistémica hacia el criterio clínico, que debe ser justificado y controlable. En cierto modo, se legisla como si los médicos estuvieran al servicio de la estrategia del fraude, y no del bienestar del paciente; como señalara el profesor Mercader, la concepción del facultativo como «coautores» o «cómplices» del paciente simulado supone ignorar el papel que juegan elementos como la falta de medios materiales, que deriva en excesivas listas de espera, ausencia de pruebas diagnósticas adecuadas e incluso de tiempos adecuados de consulta[40]. El resultado es una figura profesional doblemente expuesta: al cuestionamiento público si el fraude no se detecta, y a la sanción profesional si no se documenta cada paso con precisión suficiente.

Estas percepciones se ven reforzadas por las observaciones institucionales más actuales. En su informe de 2024, la Asociación de Mutuas de Accidentes de Trabajo (AMAT) señala diversas incidencias estructurales que dificultan un control efectivo del uso de la IT por los Servicios Públicos de Salud. Entre ellas, destaca la frecuencia con la que los reconocimientos médicos se realizan de forma telemática, sin exploración presencial, lo que ha llevado en muchos casos a la emisión de partes sin valoración médica directa. También se denuncian retrasos en la atención primaria, rechazo sistemático de las propuestas de alta emitidas por las mutuas y falta de motivación clínica en las resoluciones de continuidad de la baja[41]. Además, os alargamientos en cuanto a la duración de los episodios de IT vienen motivados no sólo por el comportamiento del paciente, sino también por las demoras en la atención en el seno de los SPS (tiempos de espera, realización de pruebas diagnósticas, interconsultas, etc.)[42]

---

39 Sobre esta cuestión, con un análisis detallado de la carga burocrática que se impone, *vid.* CANO GALÁN, Yolanda, "Desburocratización" de la gestión de los procesos de incapacidad temporal durante los primeros 365 días de duración: ¿mito o realidad? *Revista Aranzadi Doctrinal* Thomson Reuters Aranzadi. 2023. no. 3, pp. 3

40 MERCADER UGUINA, Jesús R., La fábula del paciente simulador y el terapeuta crédulo o los mitos de la incapacidad temporal. *El Cronista del Estado Social y Democrático de Derecho* 2009. no. 8, pp. 14-23, p. 23

41 AMAT, El absentismo laboral derivado de la Incapacidad Temporal por contingencias comunes (ITCC). *[en línea]* 2024., p. 47

42 AEVAL, Evaluación de las medidas de racionalización y mejora de la gestión de la Incapacidad Temporal. Ministerio de la Presidencia. Agencia Estatal de Evalua-

Estas deficiencias —estructurales y de procedimiento— alimentan la percepción de que es posible sostener una situación de baja médica sin que existan garantías suficientes de su verificación objetiva. Los datos más elementales, como el número de pacientes por médico de atención primaria —especialmente si se tiene en cuenta que España es un país notablemente envejecido— refuerzan esta idea; como muestra el Gráfico 5, pese a la leve mejora de la ratio en España aun sigue estando por debajo de muchos de los países de nuestro entorno.

Gráfico 5: Médicos de Atención Primaria por cada 100.000 habitantes. Fuente: Eurostat.

2013

Grecia	31,86
Polonia	33,77
Eslovenia	58,45
Suecia	64,43
Bulgaria	65,28
Letonia	67,42
Chequia	70,1
España	75,11
Croacia	78,39
Dinamarca	79,41
Rumanía	79,68
Estonia	79,82
Malta	79,82
Luxemburgo	85,95
Italia	88,86
Lituania	91,59
Alemania	97,47
Bélgica	111,86
Finlandia	123,31
Francia	141,96
Países Bajos	145,78
Austria	164,2
Portugal	217,49
Irlanda	233,16

2022

Grecia	45,79
Bulgaria	59,8
Eslovenia	68,79
Hungría	68,92
Letonia	76,35
Chequia	78,97
Rumanía	79,48
Italia	80,07
Malta	82,59
Croacia	82,72
Estonia	87,63
España	95,19
Polonia	100,28
Lituania	104,22
Alemania	105,36
Bélgica	120,21
Francia	137,47
Chipre	137,72
Austria	146,14
Irlanda	174,07
Países Bajos	183,44
Portugal	304,26

4. LA RECONSIDERACIÓN DE LA INCAPACIDAD TEMPORAL: DE LA CULPA A LOS DERECHOS

4.1. El absentismo en la negociación colectiva

El III Acuerdo para el Empleo y la Negociación Colectiva[43] incluyó, por primera vez en este tipo de acuerdos de ámbito estatal y multisectorial, la referencia al absentismo como "una pérdida de productividad e incide de manera negativa en los costes laborales, perjudicando con ello la com-

ción de las Políticas Públicas y la Calidad de los Servicios. 2009., p. 139

43 Resolución de 15 de junio de 2015, de la Dirección General de Empleo, por la que se registra y publica el III Acuerdo para el Empleo y la Negociación Colectiva 2015, 2016 y 2017.

petitividad de las empresas y la posibilidad de mejorar los niveles de empleo y renta de los trabajadores", estableciendo además que "los convenios colectivos deberían

- Impulsar medidas para mejorar la gestión y control de la situación por ITCC, así como incluir criterios dirigidos a reducir los índices de absentismo en la empresa.
- Racionalizar el establecimiento de complementos de la prestación pública por ITCC, vinculándolo al fin anteriormente citado"

Tres años después, el siguiente acuerdo ignoró la referencia al control de la enfermedad, centrándose en el absentismo como fenómeno, sin perjuicio de atribuir al "no justificado" efectos en los incrementos retributivos, siempre en la lógica obligacional de estos textos. Así, el IV Acuerdo para el Empleo y la Negociación Colectiva[44]. Así, en este periodo se hace referencia a "la creación de un observatorio que en el plazo de seis meses emita un informe a partir del cual se puedan realizar pruebas piloto que puedan mejorar todas las situaciones de absentismo no deseado."

Por último, en el vigente V Acuerdo para el Empleo y la Negociación Colectiva[45] desaparece toda mención al absentismo y, se recuperan las referencias a la Incapacidad Temporal, pero sin ningún atisbo de reproche a las personas trabajadoras, centrando las propuestas —e implícitamente las críticas— en el sistema de salud. Así en el capítulo VII se "exhorta" a la negociación colectiva a buscar mecanismos para el análisis de las causas y fijar líneas de actuación para reducir el número de procesos y su duración.

Adicionalmente, se propone un alejamiento del sistema público de salud, al que implícitamente se califica como saturado:

"Igualmente, las Organizaciones firmantes de este Acuerdo consideramos que el aprovechamiento de los recursos de las Mutuas colaboradoras de la Seguridad Social contribuye al objetivo de mejorar los tiempos de espera, la atención sanitaria de las personas trabajadoras y la recuperación de su salud, así como a reducir la lista de espera en el Sistema público.

Al objeto de cumplir esta finalidad, las Organizaciones signatarias instamos a las administraciones con competencias en la materia a desarrollar convenios con

---

44 Resolución de 17 de julio de 2018, de la Dirección General de Trabajo, por la que se registra y publica el IV Acuerdo para el Empleo y la Negociación Colectiva.

45 Resolución de 19 de mayo de 2023, de la Dirección General de Trabajo, por la que se registra y publica el V Acuerdo para el Empleo y la Negociación Colectiva.

dichas Mutuas, encaminados a realizar pruebas diagnósticas y tratamientos terapéuticos y rehabilitadores en procesos de IT por contingencias comunes de origen traumatológico. Todo ello se llevará a cabo con respeto de las garantías de intimidad, sigilo, confidencialidad, consentimiento informado y coordinación con el profesional sanitario del Sistema público de salud."

La mención a los tiempos de espera es, claramente, una crítica —posiblemente fundada— al papel del Estado en la gestión de la Incapacidad Temporal. El considerado grave problema de absentismo no se atribuye, ni siquiera se apunta más allá de que implícitamente pueda entenderse que la reducción de los procesos tiene un componente de combate contra el fraude, al *paciente simulado*. De hecho, el Capítulo se cierra con un objetivo que se plantea desde la lógica clara de poner la salud en el centro, al instar que se activen ámbitos tripartitos nacionales y autonómicos para "*Establecer líneas de actuación dirigidas a proteger la salud de las personas trabajadoras y así reducir el número de procesos y su duración, incluido el seguimiento y evaluación de dichas actuaciones.*"

Si atendemos a los convenios colectivos registrados, la tendencia es igualmente clara. Como se ha señalado, la ley establece una prestación por incapacidad temporal por contingencias comunes en caso de enfermedad que comienza el cuarto día de suspensión del contrato en un 60% de la base reguladora, elevándose hasta el 75% a partir del vigésimo primero. Con ello se trata de desincentivar la solicitud de bajas, pues especialmente en el caso de las de corta duración —sobre las que recae mayor sospecha, dado que en duraciones mayores el control diagnóstico podrá llevarse a cabo de forma más detallada— se hace soportar a la propia persona trabajadora el coste de la suspensión del contrato.

La negociación colectiva, como se señalaba, más allá de los acuerdos generales, cuando establece el régimen jurídico aplicable a las relaciones laborales para sectores o empresas determinados, en cierto modo desactiva esta prevención del legislador. Los datos son inequívocos: si en el año 2001 apenas la mitad de los convenios incluían complementos para mejorar la prestación de incapacidad temporal por contingencias comunes, veinte años después este porcentaje roza el 90% del total, en con un crecimiento sostenido en los últimos años, sin perjuicio de pequeñas variaciones. Este crecimiento se ha producido tanto en los convenios de empresa (pasando del 56% de convenios con esta clase de cobertura a más de un 80% en 2022) como en los sectoriales (en los que el crecimiento es del 40% al 79,7%)

Gráfico 6: Porcentaje de los convenios colectivos registrados en el año que incluyen cláusulas que complementen la prestación por enfermedad común

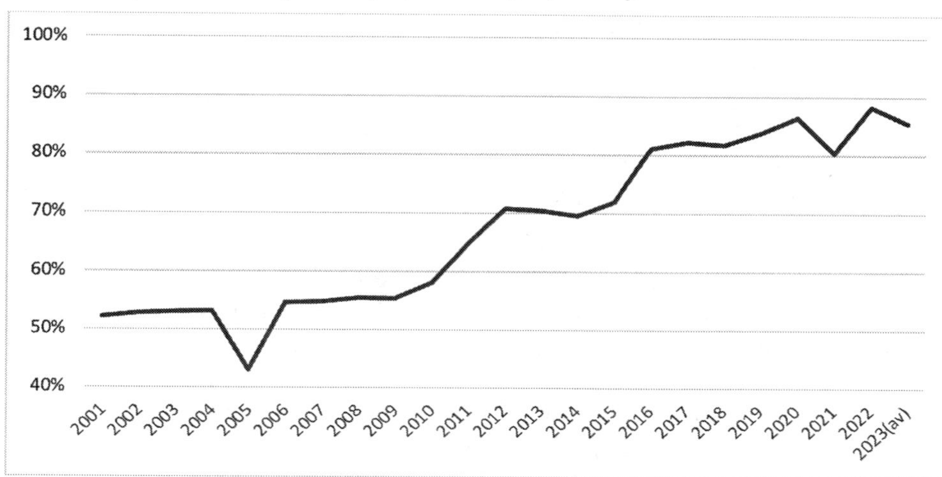

El análisis de esta realidad negocial, tanto en el nivel superior y de mayor dimensión política como son los sucesivos AENC como en los más pegados a la realidad productiva apuntan a un clima de progresiva mayor confianza: la regulación que se propone, los cambios que se plantean desvían el foco del hipotético paciente simulado.

4.2. La protección de la situación de enfermedad

4.2.1. Incapacidad y discapacidad

En la construcción jurídica del binomio control-protección sobre la incapacidad temporal, el tránsito desde una lógica de sospecha hacia una lógica de protección se ha producido de forma lenta, ambigua y no exenta de resistencias. Tradicionalmente, la persona enferma ha sido concebida como una figura ambivalente: sujeto merecedor de cuidado en abstracto, pero potencial fuente de fraude o disfunción en el marco productivo. La enfermedad, en tanto que categoría médica contingente, no se ha concebido tradicionalmente como mecedora de la protección antidiscriminatoria; Debe recordarse en este punto la tradicional doctrina de nuestro Tribunal Constitucional: la protección frente a la discriminación no se acaba en la lista enumerada en el art. 14 CE, sino que "*representa una explícita interdicción de determinadas diferencias históricamente muy arraigadas y que han situado, tanto por la acción de los poderes públicos como por la práctica social, a sectores de la población en posiciones no sólo desventajosas, sino contrarias a la dignidad de la persona que reconoce el art. 10.1 CE*"[46]. La mera enfermedad, con carácter general, no puede englobarse en esa definición; sin embargo, ciertas patologías sí que pueden tener un cierto elemento estigmatizante, asimilable a las circunstancias expresamente incluidas en el art. 14 CE. No obstante, la mera aseveración objetiva de la menor productividad como consecuencia de una determinada patología, que responda a la realidad objetiva y no al prejuicio asociado social o históricamente a la enfermedad concreta, no puede considerarse discriminatoria.

Frente a ello, la discapacidad sí ha contado tradicionalmente con una estructura normativa de protección más robusta, sobre todo a partir de la Directiva de igualdad de trato en el empleo y la ocupación[47]. En ella, el principio de igualdad de trato se define como la ausencia de toda discriminación directa o indirecta por motivos, entre otros, de discapacidad (art. 2.1), y se prevé la obligación empresarial de realizar ajustes razonables para garantizar el acceso y permanencia en el empleo de las personas con discapacidad (art. 5). No obstante, la Directiva no contiene una definición cerrada de qué debe entenderse por discapacidad, dejando a la jurisprudencia la tarea de delimitar su alcance.

En un primer momento, el Tribunal de Justicia de la Unión Europea (TJUE) adoptó una interpretación restrictiva. En el asunto Chacón Navas[48], el Tribunal afirmó que "el concepto de discapacidad refiere a una limitación derivada de dolencias físicas, mentales o psíquicas y que suponga un obstáculo para que la persona de que se trate participe en la vida profesional", añadiendo inmediatamente que "una persona que ha sido despedida por su empresario exclusivamente a causa de una enfermedad no está incluida en el marco general establecido por la Directiva".

Esta distinción no es meramente terminológica, sino que implica concepciones jurídicas distintas. La discapacidad aparece como una categoría objetivable, jurídicamente estructurada y asociada a un reconocimiento más estable y formalizado. Por el contrario, la enfermedad —incluso cuando es persistente— mantiene un carácter más líquido y contingente. El

---

[46] STC 62/2008, de 26 de mayo, con abundante cita de resoluciones previas en idéntico sentido.

[47] Directiva 2000/78/CE del Consejo, de 27 de noviembre de 2000, relativa al establecimiento de un marco general para la igualdad de trato en el empleo y la ocupación.

[48] STJUE de 11 de julio de 2006, asunto C-13/05.

uso del término "discapacidad" en la Directiva es deliberado y excluye una protección general frente a cualquier estado patológico[49].

Sin embargo, esta lectura evolucionó notablemente en los años siguientes. En la sentencia Daouidi[50] (TJUE, 01.12.2016, C-395/15), el Tribunal flexibilizó su posición al sostener que una incapacidad temporal podría constituir una discapacidad a efectos de la Directiva si la limitación resultante es duradera. Así, indicó que "el carácter duradero de una limitación debe determinarse en función de todos los elementos objetivos disponibles". Esta apertura interpretativa permitió que determinadas enfermedades, en función de su gravedad y persistencia, fuesen comprendidas dentro del ámbito de protección previsto para las personas con discapacidad.

Este cambio jurisprudencial refleja, en el fondo, una transformación en la forma en que se percibe al trabajador enfermo: de ser contemplado como fuente de absentismo potencialmente sospechoso, pasa a ser considerado, en cierto modo, como sujeto vulnerable cuya exclusión puede constituir una discriminación indirecta. Se trata de una inversión significativa del marco desde el cual se construye la respuesta jurídica a la enfermedad en el trabajo: del control a la tutela. La "mala salud" ya no sitúa a la persona trabajadora tanto en la posición de "recurso poco productivo" sino en el de "ser humano necesitado de protección.

La culminación de esta evolución puede encontrarse en la sentencia J.M.A.R. v. Ca Na Negreta[51] (TJUE, 18.01.2024, C-631/22), donde el Tribunal, por primera vez, cuestiona la validez de una extinción automática del contrato por incapacidad permanente sin valorar previamente la posibilidad de realizar ajustes razonables. Introduciendo de forma explícita una lógica de conservación del empleo allí donde antes primaba una lógica de desvinculación inmediata.

En el plano nacional, esta transición en la concepción del trabajador enfermo ha sido más irregular. El Tribunal Supremo español ha oscilado entre posiciones abiertas a considerar la enfermedad como factor de discriminación (cuando se acredita el móvil o el impacto desproporcionado del

---

49 ASQUERINO LAMPARERO, María José, La enfermedad como causa de discriminación tras la ley integral para la igualdad de trato y la no discriminación. *Temas laborales: Revista andaluza de trabajo y bienestar social* Consejo Andaluz de Relaciones Laborales. 2022. no. 165, pp. 151-182, p. 162

50 SJUE, 01 de diciembre de 2016, asunto C-395/15.

51 STJUE, 18 de enero de 2024, asunto C-631/22.

despido) y otras más conservadoras. Así, en la STS de 29 de enero de 2001 (ECLI:ES:TS:2001:502), expresamente se utiliza la lógica de protección de colectivos como fundamento de la protección[52] y en la línea antes señalada declara que "enfermedad, en el sentido genérico que aquí se tiene en cuenta desde una perspectiva estrictamente funcional de incapacidad para el trabajo, que hace que el mantenimiento del contrato de trabajo del actor no se considere rentable por la empresa, no es un factor discriminatorio en el sentido estricto"; así, posteriormente el alto tribunal ha sostenido que la enfermedad "se trata, por una parte, de una contingencia inherente a la condición humana y no específica de un grupo o colectivo de personas o de trabajadores" y que aun cuando se extienda en el tiempo, si no concurre el elemento de largo plazo no existe discriminación, ni siquiera cuando se acredite que la reducción productividad está íntimamente unida a la enfermedad.

En suma, la equiparación entre enfermedad prolongada y discapacidad, lejos de operar como una ficción legal, podría haber respondido a una transformación sustantiva del paradigma jurídico: de la sospecha preventiva hacia la tutela activa. Aunque esta equiparación está sujeta a condiciones estrictas —duración, impacto funcional y negativa a ajustar—, pudiera haber sido un paso para revertir una inercia histórica que ha tratado a la persona enferma como problema y no como sujeto de derechos. Como se verá, el cambio ha venido más de la mano del legislador que del intérprete: la tutela frente despidos y otras situaciones desfavorables vinculadas a la (mala) salud no se ha extendido más que en supuestos muy excepcionales por vía jurisprudencial a partir de la interpretación flexible del concepto de discapacidad.

---

52 Señala que "Lo que caracteriza la prohibición de discriminación, justificando la especial intensidad de este mandato y su penetración en el ámbito de las relaciones privadas, es, como dice la sentencia de 17 de mayo de 2000, el que en ella se utiliza un factor de diferenciación que merece especial rechazo por el ordenamiento y provoca una reacción más amplia, porque para establecer la diferencia de trato se toman en consideración condiciones que históricamente han estado ligadas a formas de opresión o de segregación de determinados grupos de personas o que se excluyen como elementos de diferenciación para asegurar la plena eficacia de los valores constitucionales en que se funda la convivencia en una sociedad democrática y pluralista"

4.2.2. Absentismo, incapacidad y despido en el desarrollo legislativo

Durante décadas, el ordenamiento jurídico laboral ha mantenido vigente la posibilidad de extinguir el contrato de trabajo por el hecho de incurrir en ausencias intermitentes, incluso justificadas, derivadas de situaciones de enfermedad de corta duración. Esta previsión se recogía en el art. 52.d) del Estatuto de los Trabajadores y respondía a una lógica de sospecha más que de reparación. Se dijo en su momento de dicha norma "convierte, en proporción inversa a la duración de la ausencia, en sospechoso de absentismo y presunto delincuente social a todo trabajador ausente de su trabajo"[53]. La construcción jurídica de este precepto no se dirigía a valorar el impacto concreto de las ausencias sobre la organización empresarial, sino a objetivar una causa extintiva con base en la acumulación de bajas, sin necesidad de juicio de proporcionalidad ni de afectación real del servicio[54]. La redacción del precepto admite dos lecturas: la primera, mercantilizadora, rechaza al factor de producción que no es suficientemente competitivo; como el vehículo que empieza a tener muchas averías y debe ser sustituido, la persona cuya salud (de forma real) se deteriora debe ser reemplazada por mano de obra más sana (y tal vez más joven, aun que no sea ese el objeto de análisis, quede aquí apuntada la alta correlación entre edad y salud a efectos del análisis de potenciales discriminaciones indirectas por razón de edad). La segunda entronca directamente con la idea de la sospecha sobre el enfermo simulador: el precepto se configuraba como un incentivo a "no enfermar", idea en la que subyace la presunción de que al menos parte de las situaciones de baja son una opción de la persona trabajadora.

De cualquier modo, lo cierto es que la constitucionalidad de esta previsión fue refrendada por el Tribunal Constitucional en su STC 118/2019, de 16 de octubre que declaró que el art. 52.d) LET no vulneraba ni el derecho a la integridad física (art. 15 CE), ni el derecho al trabajo (art. 35.1 CE), ni el derecho a la salud (art. 43.1 CE), ya que el despido no respondía al hecho de estar enfermo, sino a la reiteración de ausencias justificadas pero intermitentes (FJ 6). En este razonamiento se mantenía intacta la ló-

---

[53] GONZÁLEZ ORTEGA, Santiago, *Absentismo y despido del trabajador* Pamplona: Aranzadi. 1983., p. 23-24

[54] Sobre esta cuestión, me remito más extensamente al análisis que realice en GIMENO DÍAZ DE ATAURI, Pablo, El despido por faltas intermitentes, aun justificadas: fundamentos y criterios de aplicación práctica. *Trabajo y derecho: nueva revista de actualidad y relaciones laborales* La Ley. 2020. no. 61, pp. 113-130

gica clásica del equilibrio productivo, con independencia de si el perjuicio empresarial era real o simplemente presunto.

A pesar de ello, el legislador optó por suprimir este precepto en 2020[55], reconociendo en su Exposición de Motivos que el régimen anterior permitía el despido de personas enfermas por circunstancias de las que no eran responsables, generando una situación de vulnerabilidad profesional, personal y social. Se añadía que, tras la supresión del umbral colectivo de absentismo con la reforma de 2012 —que acotaba el uso de esta forma de extinción a empresas con un problema objetivado de absentismo en su plantilla—, la norma había perdido incluso la apariencia de proporcionalidad, al permitir el despido sin necesidad de valorar si las ausencias suponían una carga efectiva para la empresa. Se eliminaba así un mecanismo que, en la práctica, disuadía del ejercicio legítimo del derecho a la salud, revirtiendo una inercia normativa que, como se ha subrayado acertadamente, colocaba a quien padecía la enfermedad en una posición de sospecha estructural[56].

Un lustro después, este cambio legislativo ha sido complementado con una modificación aún más relevante: la eliminación de la automaticidad de la extinción contractual por reconocimiento de la incapacidad permanente en cualquiera de sus grados[57]. El nuevo régimen exige valorar previamente si existen posibilidades de adaptación del puesto o de recolocación en otro compatible con la nueva situación funcional. Como recoge su preámbulo, esta modificación responde al mandato de la Convención de Naciones Unidas sobre los derechos de las personas con discapacidad, que impone a los Estados la obligación de garantizar ajustes razonables incluso

---

55 Ley 1/2020, de 15 de julio, por la que se deroga el despido objetivo por faltas de asistencia al trabajo establecido en el artículo 52.d) del texto refundido de la Ley del Estatuto de los Trabajadores, aprobado por el Real Decreto Legislativo 2/2015, de 23 de octubre.

56 MONEREO PÉREZ, José Luis y GUINDO MORALES, Sara, Sobre la constitucionalidad del despido objetivo fundamentado en la causa d) del artículo 52 del Estatuto de los Trabajadores. *Revista de Jurisprudencia Laboral [en línea]* 2019., p. 9

57 Operada por la Ley 2/2025, de 29 de abril, por la que se modifican el texto refundido de la Ley del Estatuto de los Trabajadores, aprobado por el Real Decreto Legislativo 2/2015, de 23 de octubre, en materia de extinción del contrato de trabajo por incapacidad permanente de las personas trabajadoras, y el texto refundido de la Ley General de la Seguridad Social, aprobado por el Real Decreto Legislativo 8/2015, de 30 de octubre, en materia de incapacidad permanente.

para quienes acceden a la discapacidad con posterioridad al inicio de su vida laboral (art. 27.1).

Esta nueva orientación normativa implica una ruptura con la concepción tradicional de la capacidad laboral como un atributo vinculado de forma absoluta a un puesto concreto. Si el legislador prevé ahora la obligación de valorar alternativas de continuidad laboral antes de extinguir el contrato por incapacidad, ello presupone que la pérdida de salud ya no equivale necesariamente a la inhabilidad definitiva para el empleo, sino a una situación que exige una respuesta adaptativa del sistema productivo. En este contexto, la lógica jurídica que ha venido justificando que no existe discriminación cuando el despido obedece a una caída de productividad —y no a la enfermedad en sí— debe ser matizada.

Así si el empleador no adopta las medidas de adaptación razonables, y opta directamente por la extinción del contrato, puede interpretarse que la verdadera causa no es la falta de adecuación entre capacidad y puesto[58], sino la propia condición de salud de la persona trabajadora. Y en ese caso, la decisión empresarial podría vulnerar no sólo el principio de igualdad, sino también el derecho a la dignidad (art. 10.1 CE), que impide fundamentar decisiones laborales en elementos personales o sociales que deberían ser objeto de tutela.

La jurisprudencia europea antes mencionada, en particular a partir de la sentencia Daouidi, y más recientemente la sentencia Ca Na Negreta, ha exigido un análisis caso por caso de la razonabilidad de los ajustes y ha subrayado que la omisión de este deber puede convertir la extinción en un acto discriminatorio. Si se reconoce, por tanto, que el ajuste razonable es condición de legalidad para el despido, su ausencia no puede entenderse como simple negligencia formal: es, en muchos casos, lo que permite desvelar el verdadero móvil de la decisión.

En definitiva, la progresiva eliminación de mecanismos automáticos de extinción contractual por causas de salud (primero, el art. 52.d ET; ahora, el art. 49.1 ET) responde a un desplazamiento del centro de gravedad del sistema: desde la productividad como principio rector, hacia la igualdad y la inclusión como límites normativos de las decisiones empresariales. En ese tránsito, la enfermedad deja de ser un factor de sospecha o un indicio

---

[58] MELLA MÉNDEZ, Lourdes, Discapacidad, enfermedad e incapacidad y su relación con la extinción del contrato de trabajo: puntos críticos. *Revista española de derecho del trabajo* Aranzadi La Ley. 2024. no. 279, pp. 8, p. 10

de ineficiencia, para situarse como un elemento protegido frente a decisiones que, en apariencia neutras, ocultan prácticas excluyentes.

4.2.3. La enfermedad como causa de discriminación autónoma

El último paso (no cronológicamente, pues como se ha señalado, contamos con la muy reciente modificación de la incapacidad permanente como causa extintiva) del legislador en el camino hacia la protección de la salud de las personas trabajadoras como una garantía, y la superación —al menos normativa— de la concepción de la sospecha es la a inclusión expresa de la enfermedad como causa autónoma de discriminación en la Ley 15/2022. Esta inclusión, como se ha visto, es constitutiva y no meramente declarativa, a diferencia de otros de los factores que se recogen en dicha norma: como se ha visto, expresamente la jurisprudencia constitucional y la ordinaria rechazan que sea parte del contenido del art. 14 CE[59].

Como se viene insistiendo en este trabajo, tradicionalmente, la enfermedad que sirve de causa para la suspensión del contrato y acceso a prestaciones ha sido observada con una lógica de sospecha, como un potencial abuso o fraude en el uso de prestaciones y derechos laborales, tal como había sido descrito por el profesor Mercader, donde la sospecha de simulación o de abuso justificaba un sistema de control riguroso e incluso restrictivo.

La perspectiva cambia de forma sustantiva con la consideración de la enfermedad como una condición protegida en sí misma: la Ley 15/2022 reconoce por primera vez la enfermedad como motivo de discriminación prohibido, incluso al margen de su duración o de su asimilación a la discapacidad. Esta mutación legal permite desplazar el foco del control sobre la veracidad de la dolencia hacia la garantía de que la condición de salud no sirva como excusa para tomar decisiones perjudiciales en el ámbito laboral a quien enferma. No sólo el palo (el despido) sino también la zanahoria (bonus de absentismo) se ponen en cuestión, si bien en este último caso el

---

59 En el mismo sentido, GORDO GONZÁLEZ, Luis, Enfermedad y discriminación tras la Ley 15/2022, integral para la igualdad de trato y la no discriminación. Especial mención al despido del trabajador enfermo. *Labos: Revista de Derecho del Trabajo y Protección Social* Universidad Carlos III de Madrid. 2023. no. Extra 1, pp. 103-121, p. 108

Tribunal Supremo parece aceptar la permanencia de mecanismos retributivos que premien la ausencia de bajas por enfermedad[60].

Este giro normativo no puede entenderse sino como parte de una lógica de protección que complementa y profundiza los cambios anteriores, como la derogación del art. 52.d) ET, que permitía el despido objetivo por faltas justificadas de asistencia. Como afirma Goerlich Peset (2024: 240-242), la utilización de la enfermedad como criterio extintivo estaba en trance de desaparición, y el nuevo marco legal refuerza esta tendencia, al tiempo que obliga a reconsiderar las prácticas empresariales que, bajo lógicas productivistas, penalizan la presencia de dolencias intermitentes o de baja intensidad.

El reconocimiento de la enfermedad como motivo de discriminación tiene implicaciones directas en la aplicación de la regulación del despido y en la organización del trabajo. En particular, impide que las decisiones empresariales desfavorables se funden en la salud del trabajador, incluso cuando ésta implique una cierta disminución en la productividad. Con acierto, se ha señalado que la mención a la salud es posiblemente el aspecto de mayor incidencia en el ámbito de las relaciones laborales[61]. Ello implica una obligación empresarial de valorar la situación sin prejuicios, evitando decisiones automáticas de exclusión o de extinción contractual por causas asociadas a la salud.

---

60 Sobre esta cuestión, la Audiencia Nacional (SSAN de 19 de junio de 2023, ECLI:ES:AN:2023:3257, 22 de enero de 2024 ECLI:ES:AN:2024:377, y 13 de febrero de 2024, ECLI:ES:AN:2024:496) rechazaron que la mera falta de asistencia por enfermedad pudiera justificar una menor retribución adicional, pero este criterio fue rectificado por el Tribunal Supremo en la STS de 20 de enero de 2025, ECLI:ES:TS:2025:174). Para el análisis de las primeras me remito a mi entrada GIMENO DÍAZ DE ATAURI, Pablo, La enfermedad como factor de discriminación ¿el fin de los complementos de absentismo? *El Foro de Labos [en línea]* 2024. Para la segunda, vease GOERLICH PESET, José Mª Goerlich, Tratamiento retributivo del absentismo: ¿la última entrada? A propósito de la STS 40/2025, 20 enero. *El Foro de Labos [en línea]* 2025. En general, la visión global puede tenerse con el excelente trabajo GOERLICH PESET, José María, El tratamiento retributivo del absentismo. *XLI Jornadas universitarias andaluzas de derecho del trabajo y relaciones laborales: Necesidades empresariales y tutelas laborales, 2024, ISBN 978-84-09-66349-1, pp. 239-262 [en línea]* Junta de Andalucía. 2024. pp. 239-262

61 AGUILERA IZQUIERDO, Raquel, *La discriminación por motivos de salud ante la contratación laboral y el despido: estado de la cuestión tras la Ley 15/2022* Madrid: Boletín Oficial del Estado. 2023., p. 10

5. ALGUNAS REFLEXIONES FINALES A MODO DE CONCLUSIÓN

El recorrido realizado permite constatar hasta qué punto la lógica de la sospecha ha condicionado tradicionalmente el tratamiento jurídico de la incapacidad temporal, situando bajo un halo de desconfianza no solo a quienes acceden a la prestación, sino al propio funcionamiento del sistema de aseguramiento. Frente a esa concepción que toma como punto de partida la posible desviación o el fraude, el análisis que aquí se ha propuesto —tomando como punto de partida el que hace veinte años propusiera el profesor Mercader— permite vislumbrar una transformación profunda en la forma de entender el fenómeno. En lugar de considerar la enfermedad como una excusa o un fraude potencial, se propone entenderla como una manifestación legítima de necesidad, que activa mecanismos de protección no desde la desconfianza sino desde el reconocimiento de derechos.

En este contexto, el valor del análisis estructural se hace evidente: no puede entenderse el fenómeno de la incapacidad —ni el fraude, ni el absentismo— sin considerar las condiciones laborales, organizativas y sociales que determinan cuándo y cómo las personas deciden solicitar la protección del sistema. La enfermedad, en estos casos, puede actuar como un canal de expresión de malestares que el sistema jurídico no ha sabido encauzar por otras vías. No quiere con ello negarse la existencia de fraude: en cualquier sistema de protección habrá quien intente aprovecharse de él, pero sí negar que ese hecho deba constituir el eje de las regulaciones: afortunadamente, tanto los agentes sociales a través de la negociación colectiva como el legislador con las últimas reformas parecen entenderlo así.

El desplazamiento hacia una lógica de derechos se hace especialmente visible cuando la enfermedad se reconoce como causa autónoma de discriminación. Este cambio no solo refuerza la protección del trabajador en contextos de vulnerabilidad, sino que obliga a repensar las obligaciones empresariales de adaptación del puesto y conservación del empleo. Si se abandona la premisa de que enfermar es sospechoso, y se asume que la salud forma parte del continuo de la experiencia laboral, entonces también las respuestas jurídicas deben moverse hacia fórmulas de integración, ajustes razonables y continuidad del vínculo laboral, incluso en situaciones que impliquen pérdida de capacidad o rendimiento. En esta clave, la enfermedad deja de ser una razón para excluir, y se convierte en un elemento que activa el deber de proteger.

Por último, este trabajo quiere ser también un reconocimiento a la profundidad y vigencia del pensamiento del profesor Mercader. En un ámbito sujeto a intensos cambios normativos y con frecuentes oscilaciones jurisprudenciales, su capacidad para formular enfoques que trascienden lo coyuntural y que conservan su utilidad años después constituye un ejemplo de lo que significa pensar jurídicamente desde las estructuras, más allá de las modas o de los momentos. La historia de la sospecha no está cerrada, pero precisamente por ello, su lectura exige una mirada larga, rigurosa y crítica.

Bibliografía

AEVAL, 2009. Evaluación de las medidas de racionalización y mejora de la gestión de la Incapacidad Temporal. Ministerio de la Presidencia. Agencia Estatal de Evaluación de las Políticas Públicas y la Calidad de los Servicios.

AGUILERA IZQUIERDO, Raquel, 2023. *La discriminación por motivos de salud ante la contratación laboral y el despido: estado de la cuestión tras la Ley 15/2022.* Madrid: Boletín Oficial del Estado. ISBN 978-84-340-2917-0.

AKERLOF, George A., 1970. The Market for «Lemons»: Quality Uncertainty and the Market Mechanism. *The Quarterly Journal of Economics,* vol. 84, no. 3, pp. 488. ISSN 00335533. DOI 10.2307/1879431.

AMAT, 2024. El absentismo laboral derivado de la Incapacidad Temporal por contingencias comunes (ITCC). [en línea], Disponible en: https://www.amat.es/wp-content/uploads/2024/05/2024-05-09-Informe-de-Absentismo-Laboral-derivado-de-la-ITCC-2023.pdf.

ARROW, Kenneth J., [sin fecha]. Uncertainty and the Welfare Economics of Medical Care.,

ASQUERINO LAMPARERO, María José, 2022. La enfermedad como causa de discriminación tras la ley integral para la igualdad de trato y la no discriminación. *Temas laborales: Revista andaluza de trabajo y bienestar social,* no. 165, pp. 151-182. ISSN 0213-0750.

BECKER, Gary S., [sin fecha]. Crime and Punishment: An Economic Approach.,

BLACKSTONE, William, 1769. *Commentaries on the Laws of England, Book 4.* 2003. Lonang Institute.

BOADA I GRAU, Joan, FICAPAL CUSÍ, Pilar y SOLER CALLEJA, Cristina, 2013. Absentismo laboral: visión psicosocial. En: Ana María ROMERO BURILLO y Josep MORENO GENÉ, *La gestión del absentismo laboral: impacto económico, aspectos sociales y psicológicos y régimen jurídico-laboral* [en línea]. Tirant lo Blanch, pp. 49-88. [Consulta: 11 mayo 2025]. ISBN 978-84-9033-072-2. Disponible en: https://dialnet.unirioja.es/servlet/articulo?codigo=5260014.

CANO GALÁN, Yolanda, 2023. "Desburocratización" de la gestión de los procesos de incapacidad temporal durante los primeros 365 días de duración: ¿mito o realidad? *Revista Aranzadi Doctrinal,* no. 3, pp. 3. ISSN 1889-4380.

COASE, Ronald Harry, 1960. The Problem of Social Cost. *Journal of Law and Economics,* vol. 3, pp. 1.

CRESPÍ FERRIOL, Maria del Mar, 2022a. Incapacidad temporal y absentismo laboral: prevención, control y retorno al trabajo. En: Accepted: 2022-07-05T07:47:18Z [en línea], [Consulta: 12 diciembre 2022]. Disponible en: http://dspace.uib.es/xmlui/handle/11201/159321.

CRESPÍ FERRIOL, Maria del Mar, 2022b. Incapacidad temporal y absentismo laboral: prevención, control y retorno al trabajo. En: Accepted: 2022-07-05T07:47:18Z [en línea], [Consulta: 12 febrero 2025]. Disponible en: http://dspace.uib.es/xmlui/handle/11201/159321.

ESPING-ANDERSEN, Gøsta, 1993. *Los tres mundos del estado del bienestar*. València: Edicions Alfons El Magnànim. ISBN 978-84-7822-097-7.

GERVÁS, Juan, RUIZ TÉLLEZ, Ángel y PÉREZ FERNÁNDEZ, Mercedes, 2006. *La incapacidad laboral en su contexto médico: problemas clínicos y de gestión*. Fundación Alternativas. Documentos de Trabajo, 85/2006. 0000

GIMENO DÍAZ DE ATAURI, Pablo, 2020. El despido por faltas intermitentes, aun justificadas: fundamentos y criterios de aplicación práctica. *Trabajo y derecho: nueva revista de actualidad y relaciones laborales*, no. 61, pp. 113-130. ISSN 2386-8090, 2386-8112.

GIMENO DÍAZ DE ATAURI, Pablo, 2024. La enfermedad como factor de discriminación ¿el fin de los complementos de absentismo? *El Foro de Labos* [en línea]. [Consulta: 13 mayo 2025]. Disponible en: https://www.elforodelabos.es/2024/04/la-enfermedad-como-factor-de-discriminacion-el-fin-de-los-complementos-de-absentismo/.

GOERLICH PESET, José Mª Goerlich, 2025. Tratamiento retributivo del absentismo: ¿la última entrada? A propósito de la STS 40/2025, 20 enero. *El Foro de Labos* [en línea]. [Consulta: 13 mayo 2025]. Disponible en: https://www.elforodelabos.es/2025/02/tratamiento-retributivo-del-absentismo-la-ultima-entrada-a-proposito-de-la-sts-40-2025-20-enero/.

GOERLICH PESET, José María, 2024. El tratamiento retributivo del absentismo. *XLI Jornadas universitarias andaluzas de derecho del trabajo y relaciones laborales: Necesidades empresariales y tutelas laborales, 2024, ISBN 978-84-09-66349-1, pp. 239-262* [en línea]. Junta de Andalucía, pp. 239-262. [Consulta: 11 mayo 2025]. ISBN 978-84-09-66349-1. Disponible en: https://dialnet.unirioja.es/servlet/articulo?codigo=9912476.

GONZÁLEZ HIERRO, Miguel, 2016. *La gestión de la incapacidad temporal, veinte años de reformas normativas* [en línea]. Universidad de Salamanca. [Consulta: 12 febrero 2025]. Disponible en: http://hdl.handle.net/10366/128322.

GONZÁLEZ ORTEGA, Santiago, 1983. *Absentismo y despido del trabajador*. Pamplona: Aranzadi. ISBN 84-7016-246-2. D 349.227 GON

GORDO GONZÁLEZ, Luis, 2023. Enfermedad y discriminación tras la Ley 15/2022, integral para la igualdad de trato y la no discriminación. Especial mención al despido del trabajador enfermo. *Labos: Revista de Derecho del Trabajo y Protección Social*, no. Extra 1, pp. 103-121. ISSN 2660-7360.

MELLA MÉNDEZ, Lourdes, 2024. Discapacidad, enfermedad e incapacidad y su relación con la extinción del contrato de trabajo: puntos críticos. *Revista española de derecho del trabajo*, no. 279, pp. 8. ISSN 2444-3476, 2695-7337.

MERCADER UGUINA, Jesús R., 2004. El control de la incapacidad temporal (historia de una sospecha). *Relaciones laborales: Revista crítica de teoría y práctica*, no. 1, pp. 403-430.

MERCADER UGUINA, Jesús R., 2009. La fábula del paciente simulador y el terapeuta crédulo o los mitos de la incapacidad temporal. *El Cronista del Estado Social y Democrático de Derecho*, no. 8, pp. 14-23.

MOLINS GARCÍA-ATANCE, Juan, 2018. La problemática de la prestación de incapacidad temporal. *Revista del Ministerio de Empleo y Seguridad Social: Revista del Ministerio de Trabajo, Migraciones y Seguridad Social*, no. 134, pp. 41-70. ISSN 2254-3295.

MONEREO PÉREZ, José Luis y GUINDO MORALES, Sara, 2019. Sobre la constitucionalidad del despido objetivo fundamentado en la causa d) del artículo 52 del Estatuto de los Trabajadores. *Revista de Jurisprudencia Laboral* [en línea], [Consulta: 13 mayo 2025]. ISSN 2659-787X. DOI 10.55104/RJL_00077. Disponible en: https://www.boe.es/biblioteca_juridica/anuarios_derecho/articulo.php?id=ANU-L-2019-00000000646.

NEYMAN, J., 1933. On the Problem of the Most Efficient Tests of Statistical Hypotheses. *hilosophical Transactions of the Royal Society of London. Series A, Containing Papers of a Mathematical or Physical Character*, vol. 231, pp. 289-337.

OKURA, Mahito, 2013. The relationship between moral hazard and insurance fraud. *The Journal of Risk Finance*, vol. 14, no. 2, pp. 120-128. ISSN 1526-5943. DOI 10.1108/15265941311301161.

ROWELL, David y CONNELLY, Luke B., 2012. A History of the Term "Moral Hazard". *Journal of Risk and Insurance*, vol. 79, no. 4, pp. 1051-1075. ISSN 0022-4367, 1539-6975. DOI 10.1111/j.1539-6975.2011.01448.x.

Las prestaciones de Seguridad Social en los casos de maternidad subrogada transfronteriza[1]

ICÍAR ALZAGA RUIZ
Catedrática de Universidad. UNED
ORCID: 0000-0002-8643-1092

1. CUESTIONES PREVIAS

Los orígenes de la maternidad subrogada son antiguos. En Mesopotamia, se ha documentado que las mujeres estériles ofrecían a sus maridos una sierva y reconocían como propios a los hijos nacidos de dicha unión, por temor a ser marginadas socialmente[2].

En el mundo romano, ser madre tenía gran relevancia social. Era de interés público. Poseía un componente religioso y cumplía una función político-social. La filiación, reconocer o no al nacido, el que pudiera ser considerado hijo legítimo o ilegítimo implicaba importantes consecuencias. La maternidad era considerada un pilar de la sociedad romana y, en consecuencia, para un matrimonio de ciudadanos romanos resultaba imprescindible socialmente tener hijos. No tenerlos implicaba problemas de

1 Este trabajo forma parte del Proyecto de Investigación del Ministerio de Ciencia, Investigación y Universidades PID2021-124979NB-I00.

2 CORREDOR AGULLÓ, Ángel: "Matizaciones y controversias respecto a la maternidad subrogada: una mirada crítica a las cuestiones terminológicas, técnicas y jurídicas", en AA. VV.: *Maternidad subrogada: la nueva esclavitud del siglo XXI: un análisis ético y jurídico,* Dir. Pilar María Estellés Peralta, Valencia, Tirant lo Blanch, 2023, p. 214.

variada índole, por lo que era habitual que se buscaran soluciones para los casos de infertilidad[3].

Aunque el problema en origen es el mismo, la dificultad o imposibilidad de tener hijos, se resuelve de diferente manera si nos referimos a las sociedades antiguas y a las modernas. En la actualidad y como explica el Prof. MERCADER UGUINA en su estudio titulado: "La creación por el Tribunal Supremo de la prestación por maternidad subrogada: a propósito de las SSTS de 25 de octubre de 2016 y de 16 de noviembre de 2016"[4], los avances en medicina y biotecnología han transformado la concepción tradicional de maternidad, paternidad, filiación y familia hasta llegar a lo que se ha denominado una familia postfamiliar nueva. El turismo reproductivo ha pasado de ser una práctica residual a convertirse en frecuente para parejas infértiles, que se desplazan al extranjero para lograr un embarazo con técnicas de reproducción asistida[5]. Es un tema de permanente actualidad, complejo, delicado y lleno de matices[6].

---

3 GIL GARCÍA, María Olga: "La permanencia del principio "*Mater semper certa est*" después de las técnicas de reproducción asistida", *Revista Internacional de Derecho Romano*, nº 33, 2024, pp. 183 y ss.

4 MERCADER UGUINA, Jesús Rafael: "La creación por el Tribunal Supremo de la prestación por maternidad subrogada: a propósito de las SSTS de 25 de octubre de 2016 y 16 de noviembre de 2016, *Cuadernos de Derecho Transaccional*, vol. 9, nº 1, 2017.

5 La maternidad subrogada puede definirse como un negocio jurídico en virtud del cual una mujer se compromete a llevar a cabo la gestación de un embrión mediante técnicas de reproducción asistida, a cambio o no de un precio y asumiendo la obligación de entregar el nacido a otra u otras personas, llamadas comitentes. Es definido también como "aquella situación en la que una mujer lleva a cabo una gestación mediante técnicas asistidas (pudiendo o no aportar sus óvulos), asumiendo la obligación de entregar de forma onerosa o lucrativa, al nacido a otro u otros contratantes, que pueden ser personas individuales, parejas de hecho o matrimonios homosexuales o heterosexuales, quienes a su vez pueden haber proporcionado o no sus gametos", RODRÍGUEZ ESCANCIANO, Susana y MARTÍNEZ BARROSO, María de los Reyes: "El Tribunal Supremo ante la "gestación por sustitución": reconocimiento de prestaciones por maternidad derivadas de un negocio jurídico nulo y la necesaria tutela del interés del menor", *Derecho de las Relaciones Laborales*, nº 2, 2017, p. 154; o, también como "un fenómeno que consiste en acudir a una tercera mujer para que geste un hijo, normalmente a través de un contrato denominado contrato de gestación", GORELLI HERNÁNDEZ, Juan: "El derecho a las prestaciones por maternidad en los supuestos de maternidad subrogada o gestación por sustitución", en AA.VV.: *Estudios sobre Seguridad Social. Libro Homenaje al Prof. José Ignacio García Ninet*, Barcelona, Atelier, 2017, p. 657; o, así mismo, como "madres que en virtud de un convenio de gestión por sustitución

Esta realidad social es afrontada de distinta manera por cada Estado en base a variables jurídicas, morales y éticas. Encontramos regulaciones muy diversas sobre la maternidad subrogada, desde regímenes legales prohibitivos a otros permisivos, con multitud de enfoques, como por ejemplo que medie o no precio.

Nuestro ordenamiento jurídico prohíbe la gestación subrogada. El art. 10 de la Ley 14/2006, de 26 de mayo, de técnicas de reproducción humana asistida, considera "nulo de pleno derecho el contrato por el que se convenga la gestación, con o sin precio, a cargo de una mujer que renuncia a la filiación materna a favor del contratante o de un tercero". Dispone así mismo que "la filiación de los hijos nacidos por gestación de sustitución será determinada por el parto", quedando a salvo la posible acción de reclamación de la paternidad respecto del padre biológico. La Ley Orgánica 1/2023, de 28 de febrero, por la que se modifica la Ley Orgánica 2/2010, de 3 de marzo, de salud sexual y reproductiva y de la interrupción voluntaria del embarazo, calificó los contratos de gestación subrogada de graves vulneraciones de los derechos reproductivos, que constituyen manifestaciones de violencia contra las mujeres. En su art. 32 reitera la nulidad de los contratos de maternidad por sustitución y en su art. 33 prohíbe su publicidad. Por su parte, el art. 220 CP tipifica como delito sancionable con penas de prisión de seis meses a dos años, las siguientes conductas dolosas: *a)* La suposición de un parto; y, *b)* La entrega de un menor de dieciocho años a un tercero para alterar o modificar su filiación y el art. 221 CP establece para estos supuestos una sanción de pena de prisión de uno a cinco años y la inhabilitación para el ejercicio del derecho de la patria potestad, tutela, curatela o guarda por un período de cuatro a diez años.

En fin, la Unión Europea, el 30 de noviembre de 2015, con motivo de la presentación del "Informe Anual sobre los Derechos Humanos y la Democracia en el mundo 2014", condenó la gestación por sustitución por ser contraria a la dignidad de la mujer. El 23 de enero de 2024, el Consejo y el Parlamento Europeo llegaron a un acuerdo provisional para incluir la

---

alumbran a un hijo o hijos para ser entregados a otra persona o familia que asuma la condición materna/paterna", en LÓPEZ INSÚA, Belén del Mar: "Maternidad subrogada y protección del menor desde una perspectiva integradora: El derecho laboral de nuevo a examen", *Derecho de las Relaciones Laborales*, nº 2, 2017, p. 168.

[6] ESTELLÉS PERALTA, María Pilar: "Maternidad subrogada: de los derechos de libertad a los derechos de esclavitud", en AA. VV.: *Maternidad subrogada: la nueva esclavitud del siglo XXI: un análisis ético y jurídico*, Tirant lo Blanch, Valencia, 2023, p. 185.

maternidad subrogada como una figura delictiva y considerarla trata de seres humanos. Como consecuencia de ello, el 13 de junio de 2024 vio la luz la Directiva (UE) 2024/1712, del Parlamento Europeo y del Consejo, por la que se modifica la Directiva 2011/36/UE relativa a la prevención y lucha contra la trata de seres humanos y a la protección de las víctimas. En concreto, la Directiva tiene en su punto de mira a quienes coaccionen o engañen a mujeres para que actúen como madres subrogadas.

Las prohibiciones descritas han provocado que las parejas infértiles se desplacen a países en los que está permitida la maternidad subrogada y en los que la filiación se atribuye a los padres comitentes. El nacimiento de un hijo por esta técnica reproductiva despliega efectos en el ámbito alimenticio, sucesorio y también de la Seguridad Social, al pretender el reconocimiento de prestaciones por nacimiento o cuidado de un menor[7].

2. LA PROBLEMÁTICA DE LA FILIACIÓN DE LOS MENORES NACIDOS POR MATERNIDAD SUBROGADA

2.1. La respuesta del Tribunal Europeo de Derechos Humanos

La problemática de la filiación de los menores nacidos a través de la gestación subrogada ha dado lugar a varios pronunciamientos del Tribunal Europeo de Derechos Humanos. Ante la negativa de un Estado miembro al reconocimiento de efectos a un contrato de gestación subrogada celebrado en otro Estado, los demandantes alegan vulneración de los derechos reconocidos por el CEDH. Las respuestas de los Estados de origen a los contratos transfronterizos de maternidad subrogada que se han sometido al escrutinio del TEDH han sido, en esencia, los siguientes[8]: *a)* Las que impiden el reconocimiento de la filiación resultante a favor del progenitor o progenitores de intención; *b)* Las que restringen la circulación de las personas nacidas por gestación subrogada; y, *c)* Las consistentes en su alejamiento del progenitor o progenitores de intención.

7 MORENO PUEYO, Manuel José: "Maternidad subrogada y prestación de maternidad", *Revista del Ministerio de Empleo y Seguridad Social*, nº 116, 2015, pp. 114 y ss.

8 FARNÓS AMORÓS, Esther: "El Tribunal Europeo de Derechos Humanos y la relevancia del vínculo genético: una revisión de la jurisprudencia sobre gestación por sustitución transfronteriza", *Revista Bioética y Derecho*, nº 56, 2022, pp. 29 y ss.

En los Asuntos *Mennesson* c. Francia[9] y *Labasse* c. Francia[10], de 26 de junio de 2014, se plantea idéntica cuestión: un matrimonio francés recurre a la maternidad por sustitución en Estados Unidos, con un embrión proveniente de un ovocito de madre anónima y unos gametos de padre francés. Las autoridades francesas deniegan la inscripción de los menores nacidos al entenderla contraria al ordenamiento público francés. Los padres intencionales invocan vulneración del art. 8 CEDH. Entiende el TEDH que los Estados disponen de un amplio margen para prohibir o no la gestación subrogada, pero que debe justificarse especialmente cuando estamos ante cuestiones de filiación[11]. Distingue así el caso de los padres intencionales, del de los menores afectados, donde sí se produce violación del derecho al respeto de la vida familiar, en la medida en que el respeto a la vida privada implica el que cada individuo pueda establecer una identidad como ser humano. La negativa de las autoridades francesas situaría al menor en una situación de incertidumbre jurídica respecto de la filiación y de la posibilidad de obtener la nacionalidad francesa[12]. En consecuencia, debe valorarse el interés superior del menor, al estar en juego no sólo intereses de los padres comitentes, sino también del menor[13].

Otro Asunto de interés es D. y otros c. Bélgica, de 8 de julio de 2014[14]. Este asunto se refiere a la negativa inicial de las autoridades belgas a autorizar la llegada a su territorio de un menor nacido en Ucrania por gestación subrogada. Los demandantes —dos nacionales belgas— alegaban que su separación efectiva del menor, debido a la negativa de las autoridades belgas a expedir un documento de viaje, había roto la relación entre un bebé

---

9 C-65192/11.

10 C-65941/11.

11 HIERRO HIERRO, Francisco Javier: "Maternidad subrogada y prestaciones de Seguridad Social", *Revista Española de Derecho del Trabajo*, nº 190, 2016, pp. 202 y ss.

12 Comentan estas sentencias, entre otros, FLORES RODRÍGUEZ, Jesús: "Vientres de alquiler: Más cerca de su reconocimiento legal en Europa. Comentario a la STEDH de 26 de junio de 2014, recurso núm. 65192/11", *La Ley*, nº 8363, 2014, pp. 1 y ss. y VELA SÁNCHEZ, Antonio José: "Los hijos nacidos de convenio de gestación por sustitución pueden ser inscritos en el registro civil español. A propósito de las sentencias del Tribunal Europeo de Derechos Humanos de 26 de junio de 2014", *La Ley*, nº 8415, 2014, pp. 1 y ss.

13 En extenso, cfr. CALVO CARAVACA, Alfonso Luis y CARRASCOSA GONZÁLEZ, Javier: "Gestación por sustitución y Derecho Internacional privado. Más allá del Tribunal Supremo y del Tribunal Europeo de Derechos Humanos", *Cuadernos de Derecho Transnacional*, nº 2, 2015, pp. 45 y ss.

14 C-29176/2013.

y sus padres, lo que era contrario al interés superior del menor y vulneraba su derecho al respeto de la vida familiar. También consideraban que esta separación había sometido a los tres, padres y menor, a un trato contrario al artículo 3 de la Convención. A pesar de que los demandantes habían estado separados del menor durante un cierto período, no se discutió que habían querido ocuparse del mismo, como sus padres, desde su nacimiento, y que tomaron medidas para desplegar una vida familiar efectiva. El Tribunal consideró que la situación denunciada entraba en el ámbito de aplicación del artículo 8 del Convenio. Sin embargo, declaró inadmisibles, por manifiestamente infundadas, las quejas de los demandantes relativas a su separación temporal del menor, al considerar que las autoridades belgas no habían infringido el Convenio por realizar controles antes de permitir la entrada del menor en Bélgica.

El Tribunal Europeo de Derechos Humanos vuelve a pronunciarse sobre esta cuestión en el Asunto *Paradiso y Campanelli* c. Italia, de 27 de enero de 2015[15]. El supuesto de hecho se refiere a la puesta en acogida en los servicios sociales de un menor de nueve meses, nacido en Rusia por un contrato de maternidad subrogada celebrado con una mujer rusa por una pareja italiana. Posteriormente se comprobó que éstos no tenían relación biológica con el menor. Los demandantes se quejaban de que se les quitó el menor y de que se les negó el reconocimiento de la relación paternofilial establecida en el extranjero a través del registro en Italia el certificado de nacimiento del menor. La Gran Sala del TEDH consideró, por once votos a seis, que no había habido violación del artículo 8 CEDH. Según el TEDH, no existió una vida familiar entre los demandantes y el menor teniendo en cuenta la ausencia de todo vínculo biológico entre el menor y ellos, la corta duración de su relación con el menor y la incertidumbre de los vínculos desde un punto de vista jurídico. Entiende el Tribunal que las medidas adoptadas por las autoridades italianas eran necesarias ante la ilegalidad de la conducta de los padres comitentes y la conveniencia de adoptar medidas urgentes respecto del menor en situación de abandono de acuerdo con lo establecido en la legislación italiana sobre adopción y acogimiento. En consecuencia al valorar los intereses en juego, han de entenderse suficientes y proporcionadas las medidas adoptadas por las autoridades italianas. Debe darse un peso mayor al interés general que al de los demandantes,

---

15 C-25358/12.

sin olvidar que una solución en sentido contrario implicaría legalizar una situación creada, que vulnera el ordenamiento jurídico italiano[16].

Por su parte, los Asuntos *Foulon y Bouvet* c. Francia, de 21 de julio de 2016[17], resuelven sobre la negativa de las autoridades francesas a inscribir el certificado de nacimiento expedido en India, tras la suscripción de contratos de gestación subrogada. Alegan los padres comitentes vulneración de lo dispuesto en el art. 8 CEDH. El Tribunal estima el recurso y considera que se ha producido la vulneración alegada.

El Asunto *Laborie* c. Francia, de 19 de enero de 2017[18], aborda la negativa de las autoridades francesas a inscribir el nacimiento de un menor nacido en Ucrania. El Tribunal recuerda la doctrina sentada en los Asuntos citados y concluye que: "no ha existido vulneración del derecho al respeto de la vida privada de los demandantes pero sí del derecho al respeto de la vida privada de los menores".

El Asunto *Valdís Fjölnisdottir* y otros c. Islandia, de 18 de mayo de 2021[19], se refiere el siguiente supuesto de hecho: Dos mujeres islandesas, casadas entre sí, contrataron los servicios de una agencia de gestación subrogada con sede en los EEUU. Viajaron a California, donde en febrero de 2013 nació un hijo a través de una madre subrogada. El niño fue concebido mediante fecundación *in vitro* con gametos donantes y no estaba biológicamente relacionado con ninguna de las dos mujeres islandesas. Tras el nacimiento del niño, las dos ciudadanas islandesas se registraron en California como sus madres legales y a tal efecto se emitió un certificado de nacimiento, junto con un pasaporte estadounidense para el niño. La mujer que dio a luz renunció a cualquier reclamación de maternidad legal. Aunque la maternidad subrogada es ilegal en Islandia, durante toda la vida del menor éste había vivido con las dos mujeres islandesas en régimen de acogimiento legal. El Estado islandés no interrumpió dicha vida familiar. Posteriormente, las dos mujeres se divorciaron en Islandia. El TEDH indica que el Estado islandés respetó la vida familiar de las dos mujeres islandesas y del menor. El menor fue acogido legalmente por ambas mujeres y vivía con ellas todos los días. El TEDH subraya que el Estado islandés posibilitó la adopción del menor por las dos mujeres islandesas en Islandia y todo

---

16 CORDERO GORDILLO, Vanessa: "Gestación por sustitución y prestación por maternidad", *Revista Española de Derecho del Trabajo*, nº 196, 2017, p. 240.

17 Núms. 9063/14 y 10410/14.

18 Núm. 44024/13.

19 Núm. 71552/17.

ello, a pesar de su posterior divorcio. Por tanto, el TEDH concluye que no es necesario "el reconocimiento de un vínculo parental formal", esto es, la transcripción en el Registro Civil islandés de la filiación establecida en el Registro Civil de California: los miembros de la familia siguen llevando una vida familiar en Islandia y las mujeres islandesas pueden adoptar al menor en Islandia.

En fin, el Asunto A. M. c. Noruega, de 24 de marzo de 2022, tiene su origen en un acuerdo de gestación subrogada celebrado en Estados Unidos, fruto del cual nació un niño en 2014, justo después de que los progenitores de intención, dos convivientes de distinto sexo, pusieran fin a su relación. En el certificado de nacimiento y en la sentencia judicial estadounidense que homologaba el acuerdo, el menor constaba como hijo de ambos, pero en Noruega sólo constaba su filiación respecto del padre de intención, que era el único con el que tenía vínculo biológico. En esta sentencia, el TEDH avala que Noruega no reconozca la relación de filiación con la madre de intención no biológica, ni tan siquiera mediante la adopción, si no se cumplen los requisitos legales establecidos para la adopción en el Derecho noruego. Este pronunciamiento contiene un voto particular que considera que la madre de intención sin vínculo biológico ha sido discriminada, al no poder procrear por medios naturales, e impedírsele reconocer todo vínculo con el menor.

En estas sentencias, el TEDH ha reconocido que los Estados disponen de un amplio margen para admitir o no la maternidad subrogada. Ahora bien, si la admiten deben respetar los derechos fundamentales inherentes a la dignidad de la persona y proteger el interés superior del menor nacido por esta técnica de reproducción asistida.

2.2. La posición del Tribunal Supremo

Ha sido en el ámbito civil donde se dieron los primeros pasos para el reconocimiento de efectos jurídicos a la maternidad subrogada. La Resolución de la Dirección General de Registros y del Notariado (en adelante, DGRN), de 18 de febrero, de 2009, permitió la inscripción registral en nuestro país de dos niños nacidos en San Diego (California) mediante esta técnica reproductiva[20]. El encargado del Registro Consular de los Ángeles había denegado la inscripción, cuando los padres comitentes, dos varones

---

20 CALVO CARAVACA, Alfonso Luis y CARRASCOSA GONZÁLEZ, Javier: "Gestación por sustitución y Derecho Internacional Privado: consideraciones en torno

unidos en matrimonio, la solicitaron. La denegación se basó en lo dispuesto en el art. 10 de la Ley 14/2006, que prohíbe expresamente la gestación por sustitución. Los padres comitentes interpusieron recurso ante la DGRN, que por medio de esta resolución estima el mismo y ordena practicar la inscripción de la filiación a favor de los solicitantes, al considerar que no es contraria al orden público. Entiende que permitir la filiación en los supuestos de adopción y filiación natural a favor de dos mujeres, pero no hacerlo a favor de dos varones, constituiría un supuesto de discriminación por razón de sexo. En fin, se invoca el interés del menor, para justificar su inscripción en cumplimiento de lo dispuesto en el art. 3 de la Convención sobre los Derechos del Niño, de 20 de noviembre de 1989[21].

La demanda fue estimada por sentencia del Juzgado de Primera Instancia núm. 15 de Valencia, de 15 de septiembre de 2010, dejando sin efecto la inscripción practicada. La DGRN se vio obligada a dictar una nueva instrucción y así lo hizo con fecha de 5 de octubre de 2010, sobre régimen registral de la filiación de los nacidos mediante gestación por sustitución. Exigió, a partir de ese momento, una resolución judicial como elemento necesario para el acceso al Registro de la inscripción registral extranjera.

Los padres comitentes interpusieron recurso de apelación. La Audiencia Provincial de Valencia confirmó la sentencia de instancia, recordó la prohibición legal en nuestro país de la gestación subrogada y que el interés superior del menor no puede lograrse vulnerando la ley y más aún en un supuesto en el que la legislación nacional ofrece vías alternativas para la inscripción de la filiación de los menores a favor de padres internacionales, como son la adopción o la determinación de la filiación a favor del padre biológico.

Interpuesto recurso ante el Tribunal Supremo, el alto Tribunal, en sentencia de la Sala Primera, de 6 de febrero de 2014[22], confirma la sentencia de la Audiencia Provincial y recuerda que el hecho inscrito debe ajustarse a la legalidad española y que el interés del menor no puede justi-

---

a la Resolución de la Dirección General de los Registros y del Notariado de 18 de febrero de 2009", *cit.*, pp. 294 y ss.

21 Posteriormente, la DGRN dictó varias Instrucciones sobre gestación subrogada. Destaca la Instrucción de 18 de febrero de 2019, de la Dirección General de los Registros y del Notariado, sobre actualización del régimen registral de la filiación de los nacidos mediante gestación por sustitución, a la que se refiere el Auto del Tribunal Supremo, Sala Primera, de 25 de octubre de 2023 (Ar. 396336).

22 Rº. 245/2012, Sala de lo Civil.

ficar la vulneración o inaplicación de normas legales[23]. En concreto, los argumentos del Tribunal Supremo son los siguientes: *a)* El control en que consiste el reconocimiento del título extranjero se extiende a que dicha certificación sea regular y auténtica, de manera que el asiento que certifica tenga garantías análogas a las exigidas para la inscripción por la Ley española; *b)* La posibilidad de elegir respuestas jurídicas en diferentes Estados tiene límites: el respeto al orden público, entendido como el sistema de derechos y libertades individuales garantizados en la Constitución y en los convenios internacionales de derechos humanos ratificados por España, así como los valores y principios que encarnan[24]; *c)* Las normas que regulan los aspectos fundamentales de la familia, como el derecho al libre desarrollo de la personalidad, el derecho a contraer matrimonio, el derecho a la intimidad familiar y la protección de la familia —de los hijos y de las madres, cualquiera que sea su estado civil— integran el orden público, que actúa como límite al reconocimiento de decisiones de autoridades extranjeras y, en consecuencia, a la posibilidad de que los ciudadanos opten por las respuestas jurídicas diferentes según uno u otro ordenamiento jurídico; *d)* Además del hecho biológico existen otros vínculos, como la adopción o el consentimiento a la fecundación con contribución de donante, que el ordenamiento jurídico toma en consideración como determinantes de la filiación. La filiación puede quedar también legalmente determinada respecto de dos personas del mismo sexo. Pero junto a ello, en la mayoría de los países con ordenamientos basados en similares principios y valores al nuestro, no se acepta que la generalización de la adopción, incluso internacional, y los avances en las técnicas de reproducción humana asistida vulneren la dignidad de la mujer gestante y del niño y mercantilicen la gestación y la filiación, "cosificando" a la mujer gestante y al niño, al permitir a intermediarios realizar negocio con ellos; *e)* Las normas aplicables a la gestación por sustitución y, en concreto, la prohibición contenida en el art. 10 de la Ley 14/2006, integran el orden público internacional español;

---

23 Comenta esta sentencia, entre otros, MENÉNDEZ SEBASTIÁN, Paz y DE CASTRO MEJUTO, Saúl Javier: "*¿Mater semper certa est?* La maternidad subrogada como situación generadora de los derechos laborales. Pautas de urgencia para la solución de un intrincado litigio", *RGDTySS*, nº 40, 2015.

24 Sobre el particular, GALERA VICTORIA, Adoración: "La gestación subrogada a examen en el debate jurídico constitucional y la jurisprudencia ordinaria", en AA. VV.: *Estudios sobre Derecho Constitucional español, comparado y europeo. Liber Amicorum a Yolanda Gómez Sánchez*, Dir. Francisco Balaguer Callejón, Carlos Vidal Prado, Cristina Elías Méndez, Centro de Estudios Políticos y Constitucionales, Madrid, 2025, pp. 765 y ss.

f) La cláusula general de la consideración primordial del interés superior del menor no permite al juez alcanzar cualquier resultado en la aplicación de la misma. La aplicación del principio de la consideración primordial del interés superior del menor ha de hacerse para interpretar y aplicar la ley y colmar sus lagunas, pero no para contrariar lo expresamente previsto en ella. Pueden concurrir otros bienes jurídicos con los que es preciso realizar una ponderación, tales como el respeto a la dignidad e integridad moral de la mujer gestante o evitar la mercantilización de la gestación y de la filiación; *g)* En fin, denegar la inscripción de la filiación a favor de dos varones no resulta discriminatorio, en la medida en que el art. 7.3 de la Ley 14/2006, la permite respecto de dos mujeres. El motivo de la denegación se basa, en el presente supuesto, en que la filiación deriva de un contrato considerado nulo por nuestra legislación. La solución hubiese sido la misma si se hubiese tratado de una pareja heterosexual, de una pareja formada por dos mujeres o de una persona sola.

La sentencia del Tribunal Supremo, Sala Primera (Pleno), de 31 de marzo de 2022[25], versa sobre el siguiente supuesto de hecho: una mujer sola viaja al Estado de Tabasco, en México, para tener un bebé mediante gestación por sustitución, sin tener ella vínculo genético alguno. El padre de la mujer española ejerce la acción de filiación ante los tribunales españoles en favor de su hija, madre no biológica. Los argumentos giraron en torno al hecho de que venía ejerciendo de madre de modo real y efectivo desde el nacimiento del menor, así como que para la legislación mejicana, tenía la consideración de madre legal. El Alto Tribunal rechaza la solicitud y estima el recurso presentado por el Ministerio Fiscal, apoyando fundamentalmente su decisión en el hecho de que la gestación por sustitución supone una grave vulneración de los derechos fundamentales reconocidos en la legislación nacional e internacional sobre derechos humanos. La sentencia confirma que la gestación por subrogación contraviene el ordenamiento jurídico español y que estos contratos son nulos de pleno derecho. Es por ello que el reconocimiento de la filiación determinada por una autoridad extranjera como consecuencia de un contrato de gestación por sustitución, sería contrario al orden público español[26].

---

25 Rº. 907/2021, Sala de lo Civil. En parecidos términos, sentencia del Tribuna Supremo, Sala Primera, de 25 de marzo de 2025 (Rº 5545/2024).

26 En extenso, MARTÍN CASTÁN, María Luisa: "La dignidad de la mujer como argumento jurídico relevante en la Sentencia del Tribunal Supremo español 277/2022, de 31 de marzo de 2022", *Revista de Bioética y Derecho*, nº 57, 2023, pp. 309 y ss. y SÁNCHEZ MARTÍN, Álvaro: "La adopción como respuesta a los desafíos de la

En esta línea se inscribe la STS, Sala Primera (Pleno), de 4 de diciembre de 2024[27], cuyos hechos fueron en esencia los siguientes: dos hombres españoles celebraron un contrato de gestación subrogada en Texas. En 2020, la madre gestante dio a luz a dos niños que se inscribieron en el Registro Civil de Texas como hijos de los dos ciudadanos españoles y el juzgado competente de dicha ciudad dictó sentencia en la que se falló que los dos españoles eran los progenitores de los menores. Ambos presentaron en España una demanda de exequatur en la que solicitaban el reconocimiento de efectos de la sentencia de Estados Unidos. En Primera Instancia se desestimó la demanda. El Auto denegatorio fue recurrido ante la Audiencia Provincial que desestimó el recurso de apelación, formulando posteriormente recurso de casación. El Tribunal Supremo deniega la eficacia civil de la sentencia texana por el mismo motivo que adujera tanto el juez de primera instancia como la Audiencia Provincial: era contraria al orden público español.

En su sentencia 1141/2024, de 17 de septiembre, el Tribunal Supremo admite que los padres de un nacido por gestación subrogada cambien en el Registro el lugar de nacimiento en el extranjero por el domicilio familiar. El Tribunal entiende que cabe la aplicación analógica de los preceptos de la Ley 20/2011, del Registro Civil que, en caso de adopción internacional, permiten modificar la mención del lugar de nacimiento, sustituyéndola por la del lugar del domicilio de los padres. La razón jurídica para no hacer público que el nacimiento del menor tuvo lugar en un país remoto es la misma en el caso de la adopción internacional que en el caso de la adopción nacional de un niño nacido en el extranjero, en el que se ha determinado la filiación biológica del padre y posteriormente su cónyuge lo ha adoptado: impedir que sean públicos el carácter adoptivo de la filiación

---

gestación subrogada transfronteriza: Observaciones críticas a la STS 277/2022, de 31 de marzo", *Revista De Derecho y Salud*, nº 8, 2023, pp. 281 y ss.

27 Rº. 7904/2023, Sala de lo Civil. Comenta esta sentencia CARRILLO LERMA, Celia: "Filiación de los menores nacidos en virtud de un contrato de gestación subrogada. Comentario a la STS de España núm. 1626/2024, de 4 de diciembre", *Revista Bol. De Derecho*, nº 39, 2025, pp. 720 y ss. y VELILLA ANTOLÍN, Natalia: "Gestación subrogada: la sentencia del Tribunal Supremo de 4 de diciembre de 2024", *El Notario del siglo XXI: Revista del Colegio Notarial de Madrid*, nº 119, 2025, pp. 48 y ss.

y las circunstancias relativas al origen del menor con el fin de proteger su intimidad[28].

En definitiva, el Tribunal Supremo entiende en estos pronunciamientos que el encargado del Registro Civil debe comprobar que la certificación registral extranjera respeta el orden público español. Y, en la medida en que nuestro ordenamiento prohíbe que los avances de las técnicas de reproducción asistida vulneren la dignidad e integridad de mujeres y niños y mercantilicen la gestación o exploten a las mujeres jóvenes en situación de vulnerabilidad, la decisión de la autoridad registral extranjera, al infringir lo dispuesto en el art. 10 de la Ley 14/2006, resulta contraria a dicho orden público.

3. LA PRESTACIÓN POR NACIMIENTO Y CUIDADO DE MENOR EN LOS CASOS DE GESTACIÓN POR SUSTITUCIÓN

En la medida en que el art. 10 de la Ley 14/2006 declara nulo de pleno derecho el contrato de gestación subrogada, por subyacer un contrato lucrativo contrario al orden público español, no se generan derechos laborales ni de Seguridad Social. Un ciudadano español no puede adquirir la condición de progenitor de un menor nacido por gestación subrogada, salvo que se trate de un progenitor biológico[29].

Los arts. 48 ET y 177 LGSS —declarados inconstitucionales, aunque sin llevar aparejada la nulidad, por STC 140/2024, de 6 de noviembre— están pensados para los supuestos de maternidad biológica. La maternidad por sustitución no es un supuesto de nacimiento, ni de adopción, ni de guarda con fines de adopción, ni de acogimiento. Por esta razón las empresas han denegado permisos y excedencias en estos casos.

En esta línea, el Instituto Nacional de la Seguridad Social (en adelante, INSS) ha optado también por denegar las solicitudes presentadas en base a

---

28 Rº. 8567/2023, Sala de lo Civil. Comentan esta sentencia, JIMÉNEZ BLANCO, Pilar: "Gestación subrogada, adopción y mención registral del lugar de nacimiento", *Revista de Jurisprudencia de Derecho Internacional Privado,* nº 1, 2024 y ARROYO MORENO, Ana María: "Gestación subrogada y Registro civil. Impacto de la Sentencia del Tribunal Supremo 1141/2024, de 17 de septiembre, sobre la modificación del lugar de nacimiento", *Actualidad Civil,* nº 2, 2025.

29 RODRÍGUEZ CARDO, Iván Antonio: *La Seguridad jurídica en el Derecho del Trabajo y de la Seguridad Social. ¿Un principio en decadencia?,* BOE, Madrid, 2024, p. 231.

la ilegalidad de la maternidad subrogada en nuestro ordenamiento jurídico. No la considera comprendida en ninguno de los supuestos protegidos previstos en la Ley General de la Seguridad Social, al tiempo que entiende que no estamos ante una situación de vacío legal, al tratarse de una técnica reproductiva prohibida por nuestro ordenamiento jurídico.

Interpuestos recursos ante nuestros Tribunales, estos han mantenido una posición oscilante. Los argumentos a favor de la concesión de la prestación por maternidad —postura mayoritaria— son, en esencia, los siguientes: *a)* Cabe entender que la finalidad de la prestación por maternidad —hoy prestación por nacimiento— no es sólo la recuperación y descanso de la madre, sino también la atención y el cuidado del menor. Este es un elemento esencial y así se deduce del hecho de que se reconozca la prestación también en los supuestos en que no haya parto, así como que pueda ser beneficiario el padre, para que los Tribunales consideren que estamos ante una situación equiparable o análoga a la adopción y al acogimiento[30]. En los supuestos de maternidad biológica dos son los bienes jurídicos protegidos: la recuperación de la madre que ha dado a luz y la protección del recién nacido. En los supuestos de adopción y acogimiento sólo está presente el segundo de los bienes jurídicos apuntados[31]. Los tribunales reconducen la argumentación a las situaciones en las que sólo la protección del recién nacido está en juego y aplican así el criterio de la interpretación analógica de la adopción y acogimiento a la maternidad subrogada[32]. Algunos tribunales entienden que no haber regulado la gestación por sustitución supone una verdadera laguna legal[33]; otros recono-

---

30 Entre otras, SSTSJ de Madrid de 18 de octubre de 2012 (Rº. 1875/2012), 23 de diciembre de 2014 (Rº. 497/2014), 17 de julio de 2015 (Rº. 183/2015) y 31 de marzo de 2016 (Rº. 577/2015), STSJ de Asturias de 20 de septiembre de 2012 (Rº. 1604/2012) y STSJ de Cataluña de 15 de septiembre de 2015 (Rº. 2299/2015), pronunciamiento en el que se explica que: "la analogía con la situación del padre adoptivo es posible, al menos en términos similares a la analogía que ha empleado la sentencia de instancia pues en ambos casos desaparece la coparticipación en la titularidad del derecho, bien porque el adoptante es único bien porque la madre ha fallecido".

31 CERVILLA GARZÓN, María José: "El avance hacia el reconocimiento del derecho a la prestación por maternidad y otros derechos sociales en los supuestos de gestación por sustitución", *REDT*, nº 188, 2016, pp. 179 y ss.

32 STSJ de Asturias de 20 de septiembre de 2012 ((Rº. 1604/2012). En parecidos términos, STSJ de Madrid de 13 de marzo de 2013 (Rº. 4375/2012).

33 Entre otras, cfr. STSJ de Cataluña de 1 de julio de 2015 (Rº. 1826/2014) y STSJ de Madrid de 13 de marzo de 2013 (Rº. 4375/2012). Para un extenso comenta-

cen que se trata pese a todo de una interpretación generosa[34]; *b)* Algunas sentencias acuden al anterior art. 133 bis de la LGSS (versión de 1994)[35] y a la interpretación que del mismo habían hecho nuestros Tribunales al considerar maternidad (por nacimiento) toda relación jurídica entre una madre y un hijo, definición que incluiría los supuestos de gestación por sustitución[36]; *c)* La consideración del interés del menor como orden público, que debe ser tomado en cuenta a la hora de adoptar una decisión al respecto[37]. La mayoría de los pronunciamientos que otorgan la prestación por maternidad —hoy, prestación por nacimiento—, se basan en este argumento, recordando además que, según lo dispuesto en el art. 3 de la Convención de los Derechos del Niño[38], el interés del menor ha de concebirse como un interés superior, "de forma, modo y manera que dicho interés se impone sobre cualquier otra consideración en juego, tal y como podría ser la represión de movimientos presuntamente fraudulentos [...]. Y el interés del menor exige también la continuidad espacial de la filiación y la coherencia internacional de la misma, así como un respeto ineludible del derecho a la identidad única de los menores, que prevalece, en todo caso, sobre otras consideraciones"[39]; *d)* La suspensión del contrato de trabajo y el disfrute de la prestación por maternidad (por nacimiento) se establecen para hacer efectiva la igualdad entre hombres y mujeres[40]; *e)* La prohibición de discriminación por razón de orientación sexual podría verse vulnerada si se rechazase la prestación por maternidad (por nacimiento) en los supuestos de gestación subrogada en la medida en que la mayoría de las personas que acuden a esta técnica de reproducción asistida son personas

---

rio sobre esta sentencia, GÓMEZ MUÑOZ, José Manuel: "Reconocimiento de la prestación de maternidad a padre biológico de menores nacidos por gestación de sustitución en Estados Unidos", *REDT*, nº 185, 2016, pp. 313 y ss. En este sentido también, STSJ de Castilla-La Mancha de 27 de mayo de 2015 (Rº. 1465/2014), comentada por REQUENA MONTES, O.: "El derecho a la prestación de maternidad en los supuestos de maternidad subrogada", *REDT*, nº 181, 2015, pp. 339 y ss.

34 STSJ de Asturias de 20 de septiembre de 2012 ((Rº. 1604/2012).

35 Actual art. 177 LGSS, versión de 2015, declarado inconstitucional, aunque sin llevar aparejada la nulidad, por STC 140/2024, de 6 de noviembre.

36 STSJ de Cataluña de 23 de noviembre de 2012 (Rº. 6240/2011).

37 STSJ de Madrid de 23 de diciembre de 2014 (Rº. 6240/2011).

38 De 20 de noviembre de 1989.

39 STSJ de Asturias de 20 de septiembre de 2012 (Rº. 1604/2012). En parecidos términos, STSJ de Canarias/Las Palmas de 27 de marzo de 2015 (Rº. 1179/2013).

40 STSJ de Murcia de 3 de noviembre de 2014 (Rº. 330/2014).

o parejas homosexuales[41]; *f)* La prohibición de discriminación por nacimiento permitiría aceptar diversas formas de filiación, como la gestación por sustitución[42]; *g)* No puede invocarse la prohibición contenida en la Ley 14/2006, de 26 de mayo, al no ser una norma reguladora de la prestación, ni tener por objeto condicionar la atención a los menores, cuestión ajena a la petición de prestación económica de la Seguridad Social[43]; *h)* Los solicitantes figuran como tales en el Registro Civil, hecho que permite equiparar a los solicitantes de la prestación por maternidad (por nacimiento) al resto de los sujetos que ostentan dicha condición[44]; y, *i)* Los problemas sobre constancia registral del progenitor biológico no deben privar al menor de la atención, bienestar y cuidado que su persona merece y que constituye un elemento prioritario de la prestación por maternidad (por nacimiento) en nuestra legislación[45].

Otros Tribunales mantienen que debe denegarse la prestación por maternidad (por nacimiento) en los casos de gestación subrogada en la medida en que: *a)* El Tribunal de Justicia de la Unión Europea en sus sentencias de 18 de marzo de 2014[46] ha denegado la concesión del permiso retribuido por maternidad (por nacimiento) a la madre intencional, al entender que la protección "de la condición biológica de la mujer durante el embarazo y después de éste y la protección de la relación especial entre una mujer y su hijo durante el período, que sigue al embarazo y al parto", sólo resultan aplicables a las trabajadoras que han estado embarazadas y han dado a luz. Se excluye, en consecuencia, a la madre intencional[47]; y, *b)* La denegación de la prestación por maternidad (por nacimiento) no constituye una discriminación por razón de sexo a la luz de lo dispuesto en la Directiva 2006/54/CE, del Parlamento Europeo y del Consejo, de 5 de julio de 2006, relativa a la aplicación del principio de igualdad de oportunidades e

---

41 En su mayoría varones. SSTSJ de Madrid de 9 de marzo de 2015 (Rº. 781/2014) y 15 de septiembre de 2015 (Rº. 2299/2015).

42 STSJ de Cataluña de 11 de febrero de 2016 (Rº. 6519/2015).

43 STSJ de Asturias de 20 de septiembre de 2012 (Rº. 1604/2012).

44 STSJ de Madrid de 18 de octubre de 2012 (Rº. 1875/2012).

45 STS de 25 de octubre de 2016 (Rº. 3818/2015), Sala de lo Social.

46 Asuntos C-167/12 y C-363/12.

47 SSTSJ de Madrid de 7 de julio de 2014 (Rº. 2056/2013) y 5 de octubre de 2015 (Rº. 473/2015) y STSJ del País Vasco de 13 de mayo de 2014 (Rº. 749/2014). Comenta esta sentencia, MORENO PUEYO, Manuel José: "La prestación de maternidad en los casos de maternidad subrogada. Estado de la cuestión tras los pronunciamientos del TJUE de 18/03/14", *REDT*, nº 172, 2015, pp. 287 y ss.

igualdad de trato entre hombres y mujeres en asuntos de empleo y ocupación, en la medida en que un hombre, que hubiera tenido descendencia mediante esta técnica de reproducción, tampoco hubiera tenido acceso a la prestación. No se trataría, en fin, de un supuesto de discriminación indirecta al no quedar acreditado que la negativa a otorgar la prestación perjudique en mayor medida a las mujeres que a los hombres[48].

En esta polémica terminó terciando el Tribunal Supremo, que reconoció la prestación por maternidad en los supuestos de gestación subrogada en dos sentencias de 25 de octubre[49] y 16 de noviembre de 2016[50], acompañadas de varios votos particulares, lo que da idea de la dificultad de dar una respuesta de consenso[51]. En la primera, el Tribunal Supremo desestima el recurso de casación para la unificación de doctrina interpuesto por el INSS contra la sentencia del Tribunal Superior de Justicia de Cataluña de 15 de septiembre de 2015[52], que reconoció la prestación por maternidad a un hombre que había suscrito un contrato de gestación por sustitución en la India. Los hechos eran los siguientes: Las dos hijas nacieron en Nueva Delhi mediante la técnica de reproducción asistida, en la que el demandante fue el padre genético y los óvulos fueron de una donante, que gestó por subrogación a favor del demandante. Los padres biológicos pactan que el varón asuma, en exclusiva, "todas las funciones y obligaciones que se derivan de la patria potestad", pudiendo instalarse con las menores donde considere oportuno. El demandante reclama al INSS prestación por nacimiento de sus dos hijas y descanso por maternidad con fecha de inicio

---

48 SSTSJ del País Vasco de 13 de mayo de 2014 (Rº. 749/2014) y 3 de mayo de 2016 (Rº. 749/2014).

49 Rº. 3818/2015, Sala de lo Social, Ponente Excmo. Sr. D. Antonio Vicente Sempere Navarro.

50 Rº. 3146/2014, Sala de lo Social, Ponente Excma. Sra. Dª Mª Luisa Segoviana Astaburuaga.

51 A estas sentencias, han seguido otras como la STS de 30 de noviembre de 2016 (Rº. 1307/2015, Ponente Excmo.: Sr. D. Ángel Blasco Pellicer), en la que se establece que "por elementales razones de seguridad jurídica e igualdad en la aplicación de las normas, a la doctrina sentada en las mismas hay que estar para resolver el recurso presente", en relación a un supuesto de concesión de la prestación de maternidad a un trabajador que aparece como progenitor registral de dos niños nacidos de una madre biológica, que renunció a la filiación materna en un supuesto en el que su marido figura como el otro progenitor registral y, que obtuvo la prestación de paternidad y en el que ambos cónyuges recurrieron a las técnicas de reproducción asistida de gestación por sustitución.

52 Rº. 2299/2015.

idéntica a la del nacimiento. El INSS rechaza la petición del interesado, argumentando que no concurre ninguna de las situaciones protegidas por el art. 133 bis LGSS[53].

Comienza el Tribunal aclarando que la pretensión de acceder a las prestaciones de maternidad (hoy por nacimiento) cuando ha mediado filiación por contrato no puede ampararse en el Derecho de la Unión Europea, sea de modo directo, sea buscando su interpretación a la luz de alguna Convención de Naciones Unidas. Pero, si bien es cierto que el Derecho de la Unión Europea no brinda una respuesta positiva al problema en cuestión, tampoco la excluye, de forma que "una cosa es que el ordenamiento emanado de la UE carezca de previsiones a partir de las cuales deba accederse a la petición del [demandante] y otra que obligue a desestimarla".

A continuación, el Tribunal Supremo expone los argumentos en virtud de los cuales confirma la sentencia recurrida. Parte de la premisa de que no le corresponde pronunciarse sobre la cuestión de la filiación de los menores y de que no consta elemento alguno que induzca a pensar en la existencia de conductas fraudulentas o delictivas por parte del padre intencional, más allá de la ilicitud que comporta la maternidad por encargo en nuestro ordenamiento jurídico. Los argumentos, que conducen a considerar acertada la doctrina albergada en la sentencia recurrida, son en esencia los siguientes: *a)* El interés superior del menor no puede erigirse en principio a partir del cual los órganos jurisdiccionales alteren el contenido de las normas y eludan la sujeción al ordenamiento jurídico. Pero sí constituye un canon interpretativo de relevancia a la hora de aplicar las normas[54]; *b)* El listado de situaciones protegidas a efectos de la prestación por maternidad ha variado y, en la actualidad, es más amplio. Ello permite cierta flexibilidad interpretativa, pudiendo defenderse que la posición de los progenitores en los casos de maternidad subrogada es similar a la que

---

[53] Hoy art. 177 LGSS.

[54] La protección que la Seguridad Social dispensa a la maternidad va más allá del descanso asociado al postparto. Así lo declarado el Tribunal Supremo en ocasiones precedentes, como, entre otras, cfr. STS 9 diciembre 2002 (Rº. 2299/2015, Sala de lo Social) para determinar el día inicial de la suspensión del contrato por adopción internacional de menor; STS 5 mayo 2003 (Rº. 2497/2002, Sala de lo Social) para determinar la duración de las prestaciones en caso de acogimiento múltiple; o, STS 15 septiembre 2010 (Rº. 2289/2009, Sala de lo Social) para decidir si se tiene derecho a las prestaciones como consecuencia de adopción de menor cuya madre biológica ya había disfrutado de la maternidad, el Tribunal examina la situación de necesidad familiar.

ocupan aquellos que se hallan en supuestos de adopción o acogimiento; e, incluso, la interpretación analógica se convierte en un mero recurso adicional en aquellos casos en los que quien demande la prestación es además padre biológico del recién nacido; *c)* Cuando el padre es el único de los progenitores que materialmente está al cuidado de las menores, la única forma de atender la situación de necesidad consiste en permitirle al acceso a las prestaciones; *d)* El ordenamiento laboral no es ajeno al reconocimiento de efectos en casos de negocios jurídicos afectados de nulidad. Por ejemplo, cuando se reconoce el derecho al salario por el tiempo ya trabajado al amparo de un contrato de trabajo nulo[55] o la pensión de viudedad en determinados casos de nulidad matrimonial[56]; se acotan los efectos de la ausencia de permiso de trabajo[57] o, se reconocen determinados efectos a los matrimonios poligámicos. Nos encontramos con un contrato de maternidad por subrogación que es nulo, pero que ha desplegado sus efectos y producido la inserción de las menores nacidas en el núcleo familiar de quien solicita la prestación por maternidad; *e)* En fin, incluso si la conclusión del Tribunal Supremo hubiese sido la misma no existiendo vínculo biológico entre el padre intencional y el menor, cuando quien reclama las prestaciones es el padre biológico de las neonatas aumentan las razones para acceder a ello[58].

---

55 Art. 9.2 ET.

56 Art. 220.3 LGSS.

57 Art. 36.5 LOEx. En relación al incremento temporal de la prestación de nacimiento y cuidado de menor en los supuestos de familias monoparentales, también aplicables en los supuestos de maternidad subrogada, cfr. sentencia del Tribunal Supremo, Sala Cuarta, de 9 de mayo de 2025 (Rº 1678/2023).

58 Esta sentencia cuenta con tres votos particulares formulados por los Excmos. Sres. Dª María Lourdes Arastey Sahún (quien aprecia falta de contradicción con la sentencia de contraste), Excmo. Sr. D. Luis Fernando de Castro Fernández, al que se adhiere D. José Luis Gilolmo López (quienes defienden que "lo que está en juego en las presentes actuaciones no es tanto el "interés del menor", cuanto el "status" de "padres" a los subrogantes en la gestación subrogada tradicional [otra cosa habría de afirmarse sobre la subrogación "gestacional"]. El actor —en el caso de autos— podría obtener el reconocimiento de su derecho y la protección del "interés del menor", invocando el reconocimiento de su paternidad biológica, que la tiene; pero no lo hace, porque lo que pretende con el planteamiento del debate —a lo que se ve— no es prioritariamente defender el interés de las menores que se puede satisfacer por vía alternativa, sino que más bien se reclama —y este es el debate— que a los comitentes de la subrogación se les reconozca, pese a estar prohibida la figura en el derecho español, la cualidad y los derechos de padres biológicos [...]. Ante la tentación de hacer una interpretación extensiva, hay que

Por su parte, la STS de 16 de noviembre de 2016[59] resuelve el supuesto de concesión de un recién nacido inscrito en el Registro Civil de San Diego y posteriormente en el Consulado General de España en Los Ángeles. La

recordar que con carácter general la misma se ha excluido en materia de Seguridad Social, pues el principio de legalidad no permite otra interpretación que la literal, sin perjuicio de situaciones excepcionales". No cabe acudir a la interpretación analógica en la medida en que "no existe laguna que llenar, porque se trata de un supuesto ilegal". Cuando "el padre biológico ni tan siquiera puede reconocer a su hijo biológico o adoptarlo, bien se comprende que el TEDH proscriba el desamparo del menor. Pero éste no es el caso de España, pues el comitente —padre biológico— puede reconocer como hijo al fruto del contrato de subrogación; y la comitente —no aportante genética— puede adoptarlo; de manera que el desamparo del menor únicamente se produce porque los comitentes no quieren acudir al expediente que el legislador les pone a su alcance para proteger al niño, sino que lo que pretenden es que se les reconozca su estatus de padres por el exclusivo hecho de una "gestación por subrogación" que está prohibida en nuestro país" [...]. En fin, añade que le "resulta por completo ajeno a la armonía del Derecho que una situación que el legislador —y la sociedad— consideran benéfica y digna de protección [maternidad; adopción; acogimiento], sea interpretada de manera forzada para dar cabida en ella a otra situación que para el legislador —e incluso para gran parte de la sociedad— merece reproche jurídico y/o moral. Con ello, entiendo —con el mayor respeto a la opinión contraria— que no se interpreta armónicamente el Derecho, sino que en la práctica viene a defraudarse. Realmente— lo que aquí se pretende por el reclamante, repito, no es proteger aquel interés, sino dar oficial carta de naturaleza y efectos jurídicos plenos a la gestación por subrogación. [...]Tratándose del padre biológico se pone claramente de manifiesto que los términos de su reclamación se formulan con el claro ánimo de defraudar la ley, pues teniendo en su mano el título habilitante para las prestaciones [su cualidad de padre biológico y reconocimiento de la filiación], opta por intentar basarse en un título prohibido por el legislador, la "gestación subrogada", para así burlar de facto la proscripción legal". El tercer voto particular es formulado por el Excmo. Sr. D. José Manuel López García de la Serrana y a él se adhieren Dª. María Milagros Calvo Ibarlucea y Excmo. Sr. D. Jesús Souto Prieto. Consideran que "El recurso debió ser desestimado por no ser válidos los actos en contra de lo dispuesto en la ley, ni los concluidos en perjuicio de tercero en país que si autoriza esos actos contrarios al orden público nacional para así burlar la normativa española, lo que constituye un acto fraudulento que no puede producir los efectos aquí pretendidos (art. 6.4 del Código Civil), por cuanto la omisión de la maternidad subrogada en el artículo 133-bis de la LGSS no es un olvido del legislador que modificó ese precepto por la Ley Orgánica 3/2007, sino que obedece al respeto de lo dispuesto en el art. 10 de la Ley 14/2006, a la coherencia del ordenamiento jurídico que prohíbe igualmente la renuncia de la madre a la filiación con arreglo a este artículo y al 6, números 2 y 3 del Código Civil".

59 Rº. 3146/2014, Sala de lo Social.

actora solicita prestación por maternidad, que es denegada por el INSS por no ser considerada la gestación de un menor por útero subrogado como situación protegida a los efectos de la prestación de maternidad. Interpuesta reclamación previa, la Dirección Provincial del INSS dicta resolución desestimatoria. En vía judicial, tanto en instancia, como en suplicación, la sentencia fue desestimatoria.

Entiende el Tribunal Supremo que la nulidad del contrato de gestación por sustitución[60] no supone que al menor, que nace en esas circunstancias, se le prive de sus derechos, puesto que "hay que distinguir dos planos perfectamente diferenciados, a saber, el atinente al contrato de gestación por sustitución y su nulidad legalmente establecida y la situación del menor, al que no puede perjudicar la nulidad del contrato". Recuerda que, como el propio Tribunal ha establecido, si bien, "la cláusula general del interés superior del menor, contenida en la legislación, no permite al juez alcanzar cualquier resultado en la aplicación de la misma, sino que su aplicación ha de hacerse para interpretar y aplicar la ley y colmar sus lagunas, pero no para contrariar lo expresamente previsto en la misma"[61], dicho principio ha de servir para la interpretación de las normas sobre protección de la maternidad. A continuación, el Tribunal Supremo reproduce la doctrina del TEDH y del TJUE, en la que en esencia se defiende que si el núcleo familiar existe y si los menores tienen relaciones familiares de facto con los padres comitentes, la solución que se busque ha de permitir el desarrollo y la protección de estos vínculos, siendo uno de los medios idóneos para ello la concesión de la prestación por maternidad[62]. De no otorgarse ésta, se produciría —en opinión del Tribunal— una discriminación en el trato dispensado a éste, por razón de su filiación. En base a lo anterior, estima el recurso de casación para la unificación de doctrina y declara el derecho de la demandante a percibir la prestación por maternidad[63]. La Subdirección

---

60 Por contravenir lo dispuesto en establecida en el art. 10 de la Ley 14/2006, de 26 de mayo.

61 STS, Sala 1ª, de 6 de febrero de 2014 (Rº. 245/2012), Sala de lo Civil.

62 MERCADER UGUINA, Jesús Rafael: "La creación por el Tribunal Supremo de la prestación por maternidad subrogada: a propósito de las SSTS de 25 de octubre de 2016 y 16 de noviembre de 2016, *cit.*, pp. 465 y ss.

63 Formula voto particular a esta sentencia el Excmo. Sr. D. Luis Fernando de Castro Fernández, al que se adhieren Excma. Sra. Dª. María Milagros Calvo Ibarlucea y el Excmo. Sr. D. Jesús Souto Prieto. Entienden que es precisamente la existencia de tal posibilidad en la legislación española de acudir al reconocimiento de filiación biológica, a la adopción o al acogimiento, lo que impide que se utilice como

General de Ordenación Académica y Asistencia Jurídica del INSS, acatando la doctrina sentada por el Tribunal Supremo en estas sentencias, ha dictado los criterios, que permiten interpretar y aplicar las vigentes previsiones normativas a los supuestos de gestación por sustitución. En este sentido, en su consulta número 29/2016, de 29 de diciembre de 2016, el INSS estableció lo siguiente: El beneficiario del subsidio el progenitor (independientemente de su sexo), que haya disfrutado del descanso o permiso, siempre que reúna los requisitos que para el reconocimiento del derecho a este subsidio establece el Real Decreto 295/2009, de 6 de marzo. Si hay dos progenitores comitentes y el período de descanso se hubiera distribuido a opción de ambos, tendrán ambos la condición de beneficiarios, siempre que reúnan de forma independiente los requisitos exigidos. La prestación se entenderá causada en la fecha del nacimiento del hijo. Se acoge de esta manera el hecho causante fijado para los supuestos de maternidad biológica. Se establece así mismo que "la edad prevista en los apartados 1 y 2 del artículo 5 del Real Decreto 295/2009, de 6 de marzo, a efectos de determinar el período mínimo de cotización exigido, será la que tenga cumplida el beneficiario en la fecha de nacimiento del hijo. No será de aplicación lo previsto en los apartados 3 (supuesto de parto) y 4 (supuesto de adopción internacional) del mencionado artículo". En relación a la posibilidad de adelantar hasta cuatro semanas el inicio del descanso en los supuestos de adopción internacional, cuando los adoptantes hayan de trasladarse al país de origen del menor, el criterio administrativo declara que es inaplicable esta previsión para los casos de gestación subrogada; por lo que no cabe adelantar el descanso hasta cuatro semanas antes del nacimiento del hijo. En relación a la prestación económica, se dispone que "en caso de hijos nacidos por gestación por sustitución en supuesto de parto múltiple, se concederá un subsidio especial por cada hijo a partir del segundo, igual al que corresponda percibir por el primero durante el período de seis semanas inmediatamente posteriores al parto. Dicha circunstancia habrá de acreditarse a través del correspondiente documento del centro hospitalario en que se haya producido el nacimiento, del que el interesado debe presentar traducción oficial". Es de aplicación la ampliación del período de descanso cuando se produzca internamiento hospitalario del recién na-

---

argumento el interés del menor. Y añaden: "lo que está en juego en las presentes actuaciones no es tanto el interés del menor, cuanto el status de padres a los comitentes en la gestación subrogada tradicional". Se reproducen los demás argumentos apuntados en el voto particular formulado a la STS de 25 de octubre de 2016 (Rº. 3818/2015), Sala de lo Social.

cido. "A la solicitud del subsidio debe acompañarse preceptivamente documento expedido por el centro hospitalario acreditativo de dicha hospitalización, en el que se especifiquen circunstancias que, afectando al recién nacido, determinan dicho nacimiento, así como las fechas de su inicio y de su finalización. El interesado debe presentar traducción oficial del citado documento". El criterio interpretativo rechaza aplicar a los supuestos de gestación subrogada las previsiones relativas a la protección de la madre por el hecho mismo de haber dado a luz. En fin, se determina que se tendrá derecho al subsidio por maternidad a partir del mismo día en que dé comienzo el período de descanso correspondiente, de acuerdo con las normas aplicables a cada caso concreto. El subsidio por maternidad tendrá efectos económicos a partir del día de inicio del período de descanso o permiso correspondiente, que coincidirá con la fecha del nacimiento del hijo nacido por gestación por sustitución[64].

Posteriormente, en su consulta número 4/2017, de 20 de febrero de 2017, el INSS amplió el criterio de gestión 29/2016 con las instrucciones siguientes: *a)* "En casos de gestación por sustitución en los que sólo está determinada la filiación de uno de los progenitores, y en los que, aunque figure como progenitora la madre biológica, la misma ha renunciado válidamente al ejercicio de la patria potestad, el progenitor comitente, que disfrute del permiso/subsidio por maternidad, no podrá disfrutar además del permiso y correspondiente prestación por paternidad. Ello en la medida en que en el caso de la maternidad subrogada la renuncia de la gestante a la filiación o a la patria potestad es un requisito *sine qua non* que condiciona el proceso. El progenitor comitente accede al derecho a la prestación por maternidad sólo si la madre biológica renuncia a la filiación o a la patria potestad, y además esa condición de progenitor monoparental es la querida por el interesado[65]"; *b)* "En los supuestos de gestación por sustitución

---

[64] En extenso, PRESA GARCÍA-LÓPEZ, R.: "Gestación por sustitución y prestaciones por maternidad (análisis de los nuevos criterios administrativos de las SSTS de 25 de octubre y de 16 de noviembre de 2016)", *Revista Información Laboral*, nº 2, 2017, pp. 15 y ss.

[65] Al respecto, STSJ de Cataluña de 25 de enero de 2019 (Rº. 5336/2018), en la que se considera que "no existe compatibilidad en la percepción del subsidio por paternidad y la prestación por maternidad en un supuesto de maternidad subrogada en el que la madre biológica ha renunciado expresamente al ejercicio de la patria potestad de las dos hijas menores a favor del padre. No se puede aplicar por analogía la norma relativa al fallecimiento de la madre, dada la ausencia de voluntariedad en este segundo caso, por lo que se considera que esa renuncia comporta la desaparición meramente jurídica de la madre biológica, desaparición o

en los que la filiación se determine a favor de dos progenitores comitentes será de aplicación la previsión del art. 23.3 del RDMA conforme a la cual, en caso de disfrute compartido de los períodos de descanso o permiso por maternidad, la condición de beneficiario del subsidio por paternidad es compatible con la percepción del subsidio por maternidad, siempre que el beneficiario cumpla todos los requisitos exigidos"; *c)* "El derecho a la prestación por maternidad únicamente corresponderá, de reunir los requisitos, al progenitor respecto del que inicialmente se determinó la filiación. El otro miembro de la pareja que posteriormente adopte al menor en ningún caso podrá beneficiarse de la prestación por maternidad —salvo que aún no hubieran transcurrido los plazos marcados para el disfrute compartido—, si bien podrá disfrutar de la prestación por paternidad"; y, *d)* "Las pautas de aplicación recogidas en el criterio de gestión 29/2016 han de ser tenidas en cuenta para resolver los expedientes que en la fecha de emisión de la primera de las sentencias se encontrasen en trámite en vía administrativa [...]".

Especial interés tiene la STS (Pleno) 685/2020 de 21 julio[66], que aclara si se tiene derecho o no a la prestación de maternidad (pretensión principal) o a la de paternidad (pretensión subsidiaria), en ambos casos en la regulación anterior a la vigente, en el supuesto de adopción de la hija biológica del padre de la menor, nacida en gestación subrogada. Entiende el Tribunal que "en ningún caso un mismo menor puede dar derecho a varios períodos de suspensión". El art. 48 ET dificulta que puedan darse dos periodos de suspensión por maternidad y dos prestaciones por maternidad, en la medida en que, una vez creada la suspensión y la prestación por paternidad, un progenitor tendrá derecho a la prestación de maternidad y el otro a la de paternidad, pero no a una segunda de maternidad[67].

---

inexistencia jurídica que presenta mayor identidad con el supuesto de ausencia de determinación de uno de los progenitores, en la medida que en tales casos la monoparentalidad es consecuencia de una decisión voluntaria". En este sentido, cfr. también SSTSJ de Canarias/Las Palmas de Gran Canarias de 5 de abril de 2024 (Rº. 2394/2022) y de 16 de junio de 2024 (Rº. 360/2023). Ver las recientes SSTSJ de Cataluña de 17 de enero de 2025 (Rº. 240/2023), 23 de enero de 2025 (Rº. 6715/2023), 24 de enero de 2025 (Rº. 6809/2023), 30 de enero de 2025 (Rº. 666/2023), y también la STSJ de Murcia de 9 de enero de 2025 (Rº. 288/2023) y la STSJ de Madrid de 17 de febrero de 2025 (Rº. 590/2024) en las que se mantiene otra postura.

66 Rº. 4015/2017.

67 La STS 1004/2021, de 13 octubre (Rº. 3904/2018) afronta el problema de si en un supuesto de maternidad subrogada en el que los padres del embrión son los

Por su parte, la STS 997/2022, de 21 de diciembre[68], resuelve sobre el derecho a prestación por maternidad de la mujer que adopta al hijo biológico de su cónyuge en un supuesto en que: *a)* El nacimiento se produce a través de la conocida como "gestación subrogada" y la madre renunció a su patria potestad; *b)* El padre biológico ha disfrutado de la prestación de maternidad; *c)* Desde su nacimiento, los esposos han convivido con el menor; y, *d)* El nacimiento es posterior a la Ley Orgánica para la Igualdad Efectiva de Mujeres y Hombres de 2007, pero anterior a las modificaciones introducidas en 2019 en el Estatuto de los Trabajadores y en la Ley General de Seguridad Social. El Tribunal Supremo considera que "la realidad puede mostrar supuestos en que carezca de sentido la propia regla de que el mismo menor no puede causar dos prestaciones de la misma naturaleza, cual sucedería si los primeros adoptantes fallecen y otros pasan a asumir esa función. Lo que sucede es que en tales casos la norma excluye esa posibilidad cuando respecto de la adopción o acogimiento indica que "sin que en ningún caso un mismo menor pueda dar derecho a varios periodos de suspensión". Pero aquí no estamos ante dos prestaciones derivadas de la adopción, puesto que la del padre biológico se ha vinculado al nacimiento". Añade que "debe prevalecer la protección del menor, la interpretación estricta, pero no restrictiva, de las exigencias legales y la concesión de la prestación (y derecho a la paralela suspensión contractual) a toda persona que cumpla los requisitos coetáneamente exigidos por nuestro ordenamiento. Sin una regla prohibitiva no debe impedirse el despliegue de los efectos legalmente previstos para cada acontecimiento (aquí la adopción)". En base a lo anterior, casa y anula la sentencia recurrida y declara que tiene derecho a la prestación de maternidad la adoptante del hijo bio-

---

propios cónyuges, uno de ellos tiene derecho a la prestación por maternidad, cuando el otro ya ha disfrutado íntegramente de dicha prestación. Considera el Tribunal Supremo que la normativa dificulta que puedan darse dos periodos de suspensión por maternidad y dos prestaciones por maternidad, pues una vez creada la suspensión y la prestación por paternidad un progenitor tendrá derecho a la prestación de maternidad y el otro a la de paternidad, pero no a una segunda de maternidad. No aprecia la existencia de contradicción.

68 Rº. 3763/2019. Comenta esta sentencia GALLEGO MOYA, Fermín: "Derecho a una "nueva" prestación de maternidad por adopción del hijo biológico del cónyuge con quien ya se convivía. Comentario a la STS 997/2022, de 21 de diciembre (RCUD 3763/2019)", *Revista de Derecho Laboral*, nº 8, 2023, pp. 116 y ss.

lógico de su cónyuge, aunque el padre haya disfrutado ya de la prestación de maternidad y exista convivencia familiar desde el nacimiento[69].

Los Tribunales Superiores de Justicia han empezado a aplicar la doctrina expuesta y, con cita expresa en muchos supuestos de las SSTS de 25 de octubre[70] y 16 de noviembre de 2016[71], han fallado a favor de la concesión de la prestación por nacimiento para: un matrimonio homosexual, padres por gestación por sustitución de dos menores nacidos en California[72]; el padre de una niña que nació en Tailandia mediante gestación por subrogación[73]; el padre de un recién nacido, de madre subrogante y nacido en Illinois[74]; el padre de dos hijos por gestación subrogada llevada a cabo en Maryville (Estados Unidos)[75]; la madre de un menor, nacido por maternidad subrogada en el Estado de Texas[76]; el padre de un menor, nacido por gestación subrogada en Tailandia[77]; un matrimonio heterosexual que acude al procedimiento de gestación por sustitución en Chicago, del que nacen dos niños[78]; el padre por gestación subrogada, de un hija nacida en la ciudad de Tabasco y que consta inscrito en el Registro Civil Consular de Méjico[79]; el padre de dos menores nacidos por gestación por sustitución en Idaho[80]; el padre de dos recién nacidos en California[81]; el padre de un

---

69 En extenso, LOUSADA AROCHENA, José Fernando: "Prestación por adopción del hijo/a del cónyuge o pareja: comentario a una sentencia dictada según la normativa anterior al RDL 6/2019 cuyas enseñanzas sirven para después", *Revista de Jurisprudencia Laboral*, nº 2, 2023.

70 Rº. 3818/2015, Sala de lo Social.

71 Rº. 3146/2014, Sala de lo Social.

72 STSJ de Madrid de 18 de enero de 2017 (Rº. 914/2016). En relación al supuesto de un matrimonio homosexual padres de una niña nacida en California, cfr. STSJ de Cataluña de 23 de diciembre de 2016 (Rº. 6074/2016).

73 STSJ de la Comunidad Valenciana de 24 de enero de 2017 (Rº. 635/2016).

74 STSJ de las Islas Baleares de 30 de enero de 2017 (Rº. 398/2016).

75 STSJ de Cataluña de 15 de febrero de 2017 (Rº. 7544/2016).

76 STSJ de Cataluña de 17 de marzo de 2017 (Rº. 97/2017).

77 STSJ de Castilla y León/Valladolid de 22 de marzo de 2017 (Rº. 27/2017).

78 STSJ de las Islas Canarias/Santa Cruz de Tenerife de 24 de marzo de 2017 (Rº. 559/2016).

79 STSJ del País Vasco de 10 de enero de 2017 (Ar. 66816). Contempla el mismo supuesto, en el caso del nacimiento de un niño la STSJ del País Vasco de 16 de mayo de 2017 (Rº. 1962/2016).

80 STSJ de Madrid de 27 de marzo de 2017 (Rº. 84/2017).

81 STSJ de Madrid de 20 de julio de 2017 (Rº. 489/2017).

menor nacido en Ucrania[82]; el padre de una menor en un supuesto de separación matrimonial[83] y, en fin, un supuesto de gestación subrogada llevada a cabo en Canadá[84]. El *dies a quo* para el cómputo del plazo de efectos económicos de la prestación es desde la constancia de la firmeza de la sentencia sobre filiación[85].

4. CONCLUSIONES

Prohibir la gestación por sustitución, a nivel nacional o internacional, no evitará su práctica. Por el contrario, regular adecuadamente la maternidad subrogada podría garantizar el no atentar contra derechos fundamentales de las partes implicadas, ni el orden público[86]. La actual situación conlleva cierta hipocresía, pues al tiempo que se prohíbe la gestación por sustitución, se reconocen las resoluciones judiciales de nacimiento de menores en el extranjero por esta técnica de reproducción asistida. Y así, mientras que se prohíbe en España la maternidad subrogada, se permite al menor permanecer con los padres de intención con vistas a convertirse en padres adoptivos, legalizando una situación por ellos creada y que viola la legislación vigente.

Según datos suministrados del Ministerio de Asuntos Exteriores, Unión Europea y Cooperación, entre 2010 y 2023, nuestro país recibió 3.546 solicitudes de menores nacidos por gestación subrogada. Efectuado el registro civil en interés del menor, se derivan derechos para los padres comitentes y derechos de filiación para aquél. Esto provoca que indirectamente se legiti-

---

82 STSJ de Madrid de 25 de junio de 2018 (Rº. 215/2018), STSJ de Aragón de 12 de noviembre de 2024 (Rº. 827/2024) y STSJ de Madrid de 17 de enero de 2025 (Rº. 689/2024).

83 STSJ de Cataluña de 10 de febrero de 2025 (Rº. 3252/2024).

84 STSJ de Castilla y León/Valladolid de 7 de febrero de 2018 (Rº. 1827/2017).

85 STSJ de Castilla y León (Burgos) de 9 de febrero de 2023 (Rº. 698/2022).

86 Aboga también por una regulación razonable VELA SÁNCHEZ, Antonio José: "Por una regulación razonable de la gestación por sustitución en España (I Y II)", *Diario La Ley, 2025*, nº 10662 y 10667, para quien: "Frente a las alegaciones de que la gestación por sustitución plantea graves problemas éticos o morales, es contraria a la dignidad de la mujer gestante y del así nacido, e infringe nuestro orden público interno, podría mantenerse que una regulación razonable, basada en los criterios fijados por la antigua DGRN, no vulneraría derechos fundamentales y resolvería un problema candente necesitado de resolución en nuestra actual sociedad".

men conductas prohibidas por nuestro ordenamiento jurídico al derivarse efectos jurídicos de ellas. Prohibir esta práctica, pero reconocer derechos derivados de la misma es dar cobertura a una conducta que precisamente se pretende evitar[87].

Conviene preguntarse si con el aumento de los casos de gestación subrogada transfronteriza, será factible el mantenimiento de legislaciones nacionales tan distintas en todos los Estados Parte del Convenio Europeo de Derechos Humanos, o si habría que apostar por normas unificadas de derechos humanos en relación con la gestación subrogada internacional. Mientras se discute sobre la viabilidad de un convenio internacional, que regule esta materia, los tribunales tienen que enfrentarse a la cuestión de si deben reconocer un acuerdo, que tiene lugar en otra jurisdicción, y que es contrario a sus propias leyes internas[88].

Hace tiempo que la sociedad demanda una regulación de la gestación subrogada, que garantice los derechos de todas las personas que intervienen en el proceso. Apostar por la regulación de la gestación por sustitución, como en su momento se hizo con la adopción o con la fecundación *in vitro*, reducirá los casos de explotación de mujeres en terceros países. El modelo habría de basarse en la maternidad subrogada altruista, como sucede en otros ordenamientos jurídicos de nuestro entorno[89]. El carácter no comercial de esta práctica reproductiva es esencial.

La gestación subrogada debería regularse como un acuerdo reproductivo altruista donde la gestante no aporte su material genético y al menos uno de los comitentes esté vinculado biológicamente al menor. Éstos deberían sufragar los gastos en los que incurra la gestante, establecidos

---

87 ALCÁZAR ESCRIBANO, María Angustias: "Gestación subrogada. Consecuencias jurídicas y legislativas de la Directiva Europea 2024/1712 del Parlamento Europeo y del Consejo", *Revista de Estudios Jurídicos y Criminológicos*, nº 10, 2024, p. 335.

88 GARAYOVA, Lilla: "La evolución de la maternidad subrogada transfronteriza en la jurisprudencia del Tribunal Europeo de Derechos Humanos", *Revista de Derecho Civil*, vol. X, nº 5, 2023, p. 259.

89 Como, entre otros, Portugal. En concreto, la Ley 25/2016, de 22 de agosto, regula esta técnica reproductiva. En su art. 8 "se prohíbe cualquier tipo de pago o la donación de cualquier bien o cuantía de los beneficiarios a la gestante excepto el valor correspondiente a los gastos derivados del acompañamiento de salud, incluidos los transportes, siempre que esté debidamente justificado". Tiene, en consecuencia, carácter excepcional y gratuito y cada caso deberá autorizarse por el Consejo Nacional de Procreación Médicamente Asistida, encargado de la supervisión de todo el proceso.

legalmente y que incluyan los gastos derivados del embarazo, parto y posparto. Para garantizar el carácter altruista del acuerdo, sería conveniente que entre las partes existiera una relación familiar, de amistad o de buena vecindad previa. En fin, cabría también reflexionar sobre si es conveniente potenciar y regular de una manera más flexible la adopción, tanto nacional como internacional.

Bibliografía

ALCÁZAR ESCRIBANO, María Angustias: "Gestación subrogada. Consecuencias jurídicas y legislativas de la Directiva Europea 2024/1712 del Parlamento Europeo y del Consejo", *Revista de Estudios Jurídicos y Criminológicos*, nº 10, 2024.

CALVO CARAVACA, Alfonso Luis y CARRASCOSA GONZÁLEZ, Javier: "Gestación por sustitución y Derecho Internacional privado. Más allá del Tribunal Supremo y del Tribunal Europeo de Derechos Humanos", *Cuadernos de Derecho Transnacional*, nº 2, 2015.

CARRILLO LERMA, Celia: "Filiación de los menores nacidos en virtud de un contrato de gestación subrogada. Comentario a la STS de España núm. 1626/2024, de 4 de diciembre", *Revista Bol. De Derecho*, nº 39, 2025.

CERVILLA GARZÓN, María José: "El avance hacia el reconocimiento del derecho a la prestación por maternidad y otros derechos sociales en los supuestos de gestación por sustitución", *Revista Española de Derecho del Trabajo*, nº 188, 2016.

CORDERO GORDILLO, Vanessa: "Gestación por sustitución y prestación por maternidad", *Revista Española de Derecho del Trabajo*, nº 196, 2017.

CORREDOR AGULLO, Ángel: "Matizaciones y controversias respecto a la maternidad subrogada: una mirada crítica a las cuestiones terminológicas, técnicas y jurídicas", en AA. VV.: *Maternidad subrogada: la nueva esclavitud del siglo XXI: un análisis ético y jurídico*, Dir. Pilar María Estellés Peralta, Tirant lo Blanch, Valencia, 2023.

ESTELLÉS PERALTA, María Pilar: "Maternidad subrogada: de los derechos de libertad a los derechos de esclavitud", en AA. VV.: *Maternidad subrogada: la nueva esclavitud del siglo XXI: un análisis ético y jurídico*, Tirant lo Blanch, Valencia, 2023.

FARNÓS AMORÓS, Esther: "El Tribunal Europeo de Derechos Humanos y la relevancia del vínculo genético: una revisión de la jurisprudencia sobre gestación por sustitución transfronteriza", *Revista Bioética y Derecho*, nº 56, 2022.

FLORES RODRÍGUEZ, Jesús: "Vientres de alquiler: Más cerca de su reconocimiento legal en Europa. Comentario a la STEDH de 26 de junio de 2014, recurso núm. 65192/11", *La Ley*, nº 8363, 2014.

GALERA VICTORIA, Adoración: "La gestación subrogada a examen en el debate jurídico constitucional y la jurisprudencia ordinaria", en AA. VV.: *Estudios sobre Derecho Constitucional español, comparado y europeo. Liber Amicorum a Yolanda Gómez Sánchez*, Dir. Francisco Balaguer Callejón, Carlos Vidal Prado, Cristina Elías Méndez, Centro de Estudios Políticos y Constitucionales, Madrid, 2025.

GALLEGO MOYA, Fermín: "Derecho a una "nueva" prestación de maternidad por adopción del hijo biológico del cónyuge con quien ya se convivía. Comentario a la

STS 997/2022, de 21 de diciembre (RCUD 3763/2019)", *Revista de Derecho Laboral,* nº 8, 2023.

GARAYOVA, Lilla: "La evolución de la maternidad subrogada transfronteriza en la jurisprudencia del Tribunal Europeo de Derechos Humanos", *Revista de Derecho Civil,* vol. X, nº 5, 2023.

GIL GARCÍA, María Olga: "La permanencia del principio "*Mater semper certa est*" después de las técnicas de reproducción asistida", *Revista Internacional de Derecho Romano,* nº 33, 2024.

GÓMEZ MUÑOZ, José Manuel: "Reconocimiento de la prestación de maternidad a padre biológico de menores nacidos por gestación de sustitución en Estados Unidos", *REDT,* nº 185, 2016.

GORELLI HERNÁNDEZ, Juan: "El derecho a las prestaciones por maternidad en los supuestos de maternidad subrogada o gestación por sustitución", en AA. VV.: *Estudios sobre Seguridad Social. Libro Homenaje al Prof. José Ignacio García Ninet,* Atelier, Barcelona, 2017.

HIERRO HIERRO, Francisco Javier: "Maternidad subrogada y prestaciones de Seguridad Social", *Revista Española de Derecho del Trabajo,* nº 190, 2016.

JIMÉNEZ BLANCO, Pilar: "Gestación subrogada, adopción y mención registral del lugar de nacimiento", *Revista de Jurisprudencia de Derecho Internacional Privado,* nº 1, 2024.

LÓPEZ INSÚA, Belén del Mar: "Maternidad subrogada y protección del menor desde una perspectiva integradora: El derecho laboral de nuevo a examen", *Derecho de las Relaciones Laborales,* nº 2, 2017.

LOUSADA AROCHENA, José Fernando: "Prestación por adopción del hijo/a del cónyuge o pareja: comentario a una sentencia dictada según la normativa anterior al RDL 6/2019 cuyas enseñanzas sirven para después", *Revista de Jurisprudencia Laboral,* nº 2, 2023.

MARTÍN CASTÁN, María Luisa: "La dignidad de la mujer como argumento jurídico relevante en la Sentencia del Tribunal Supremo español 2772022, de 31 de marzo de 2022", *Revista De Bioética y Derecho,* nº 57, 2023.

MENÉNDEZ SEBASTIÁN, Paz y DE CASTRO MEJUTO, Saúl Javier: "*¿Mater semper certa est?* La maternidad subrogada como situación generadora de los derechos laborales. Pautas de urgencia para la solución de un intrincado litigio", *RGDTySS,* nº 40, 2015.

MERCADER UGUINA, Jesús Rafael: "La creación por el Tribunal Supremo de la prestación por maternidad subrogada: a propósito de las SSTS de 25 de octubre de 2016 y 16 de noviembre de 2016, *Cuadernos de Derecho Transaccional,* vol. 9, nº 1, 2017.

RODRÍGUEZ CARDO, Iván Antonio: *La Seguridad jurídica en el Derecho del Trabajo y de la Seguridad Social. ¿Un principio en decadencia?,* Madrid, BOE, 2024.

RODRÍGUEZ ESCANCIANO, Susana y MARTÍNEZ BARROSO, María de los Reyes: "El Tribunal Supremo ante la "gestación por sustitución": reconocimiento de prestaciones por maternidad derivadas de un negocio jurídico nulo y la necesaria tutela del interés del menor", *Derecho de las Relaciones Laborales,* nº 2, 2017.

SÁNCHEZ MARTÍN, Álvaro: "La adopción como respuesta a los desafíos de la gestación subrogada transfronteriza: Observaciones críticas a la STS 277/2022, de 31 de marzo", *Revista De Derecho y Salud,* nº 8, 2023.

VELA SÁNCHEZ, Antonio José: "Los hijos nacidos de convenio de gestación por sustitución pueden ser inscritos en el registro civil español. A propósito de las sentencias del Tribunal Europeo de Derechos Humanos de 26 de junio de 2014", *La Ley*, nº 8415, 2014.

VELA SÁNCHEZ, Antonio José: "Por una regulación razonable de la gestación por sustitución en España (I y II)", *Diario La Ley*, 2025, nº 10662 y 10667.

VELILLA ANTOLÍN, Natalia: "Gestación subrogada: la sentencia del Tribunal Supremo de 4 de diciembre de 2024", *El Notario del siglo XXI: Revista del Colegio Notarial de Madrid*, nº 119, 2025.

La elasticidad del concepto de accidente de trabajo

ANA ISABEL GARCÍA SALAS
Profesora Titular de Universidad Derecho del Trabajo y Seguridad Social
Universidad Carlos III de Madrid
ORCID ID: 0000-0001-7160-5005

1. PREÁMBULO

La obra de referencia del profesor Mercader, que inspira este trabajo, es un breve artículo publicado en el número 26 del año 2006 de la revista Justicia Laboral, titulado "Un paso en la metamorfosis del concepto de accidente de trabajo: el caso del asesino de la baraja". La corta extensión de la publicación no es óbice para que simbolice algunos de los aspectos, más de uno, de la prolífica y brillante carrera de Jesús Mercader: su versatilidad, su prolijidad, su diversidad, su modernidad; todo ello desde el rigor y la erudición más exquisitos. Asimismo, con la elección de este artículo, quiero hacer un homenaje a todos los editoriales conjuntos de García-Perrote Escartín y Mercader Uguina (en Justicia Laboral y posteriormente también en la Revista Información Laboral y en la Revista Española de Derecho del Trabajo), que tanto nos han inspirado y que han marcado la trayectoria de Jesús como maestro de vanguardia para las distintas generaciones de iuslaboralistas.

El editorial en cuestión analiza el proceso de objetivación del accidente de trabajo (en adelante, AT), cada vez más desvinculado de las condiciones de trabajo relacionadas con la siniestralidad, para ir más allá, en lo que se ha calificado como "desbordamiento de la doctrina del riesgo". Efectivamente, si la Ley de Accidentes de Trabajo de 1900[1] (en adelante, LAT) superó la doctrina de la culpa empresarial con la doctrina del riesgo, la práctica judicial, con base en la Ley General de Seguridad Social[2] (en adelante LGSS), ha impuesto lo que entiendo como una doctrina del *proteccionismo social*. En el artículo citado, se examina el paradigmático caso de la STS de 20 de febrero de 2006[3], la cual apreció AT *in itinere* en el asesinato de un trabajador fallecido de un tiro en la cabeza en el trayecto a su domicilio, después de finalizada la jornada laboral y concurriendo los requisitos jurisprudencialmente establecidos como determinantes de la calificación, sin que por el contrario concurriesen causas excluyentes —pues no lo es la culpabilidad criminal de un tercero *ex* art. 156.5 b) LGSS actual, *salvo que no guarde relación alguna con el trabajo*—.

Esta respuesta judicial, de nuevo, optaba por la elasticidad del concepto tradicional de AT. Y se apostillaba por los autores: "De seguir esta lenta pero imparable metamorfosis, cualquier día el concepto de accidente de trabajo terminará por despertarse como el kafkiano Gregor Samsa"[4]. Al margen de la connotación peyorativa que subyace tras la conversión de un humano en insecto, es muy cierto que la metamorfosis que viene experimentando el concepto de AT es digna de reflexión, como la propia obra de Kafka. Aunque, también, el actual concepto no persigue más que ser fiel a su esencia, que no es otra que la búsqueda de una finalidad más protectora por razones morales[5], sin perjuicio de que a veces pueda parecernos

---

1 Gaceta de Madrid, n. 31, de 31 de enero de 1900.

2 Texto refundido de la Ley General de la Seguridad Social, aprobado por el Real Decreto Legislativo 8/2015, de 30 de octubre.

3 Rec. 4145/2004, Sala de lo Social.

4 GARCÍA-PERROTE ESCARTÍN, I. y MERCADER UGUINA, J. R., "Un paso en la metamorfosis del concepto de accidente de trabajo: el caso del asesino de la baraja", Justicia Laboral, n. 26, 2006, p. 9.

5 Como afirmaba BILBAO, A., *El accidente de trabajo: entre lo negativo y lo irreformable*, Madrid, Siglo Veintiuno Editores, 1997, p. 56: "El carácter compensador, parcial, de la legislación social nace de la conciencia de las consecuencias sociales de las leyes del mercado". También opina FERNÁNDEZ AVILÉS, J. A., *El accidente de trabajo en el Sistema de Seguridad Social (Su contradictorio proceso de institucionalización jurídica)*, Barcelona, Ed. Atelier, 2007, p. 68, que el tratamiento privilegiado de las prestaciones por AT "nada tiene que ver con la responsabilidad por el accidente, sino con la conciencia ética de que el accidente de trabajo merece mayor protección jurídica por la utilidad social del evento en el curso del cual acontece".

cuestionable tal maleabilidad. Lo complicado siempre es precisar el límite cuando se quiere ir más allá. Pero ¿llegará a ser un concepto irreconocible? ¿lo es ya? ¿se ha empezado a contener su expansión? Tomemos el testigo de los profesores García-Perrote y Mercader y deambulemos por el escenario que nos ofrece la actualidad.

2. UN CONCEPTO ELÁSTICO

El concepto de AT ha ido evolucionando a lo largo del tiempo para, básicamente, reforzar la protección social al trabajador. Sin embargo, ha llegado a cubrir situaciones tan poco intuitivas (como un infarto fuera del horario de trabajo) que ha creado cierto desasosiego acerca de las situaciones en las que podemos estar ante una contingencia profesional. La casuística manejada por los tribunales no deja de sorprender, aunque el vigente art. 156 LGSS parta de ser notablemente dilatado.

La elasticidad del concepto encuentra su pecado original en la propia LAT, inspirada en el modelo francés, que ya recogía una definición amplia (aunque sin presunciones), lo que ha propiciado su continua expansión, que comenzó por mor de la antigua desprotección de los accidentes no vinculados al trabajo[6]. Germinaba así una ficción legal que atendía a todas las posibles causas de accidente de un trabajador. La propugnación, en definitiva, de la teoría del riesgo (donde se atiende a quien creó la situación que genera el riesgo y a quien beneficia) frente a la teoría de la culpa, y la consiguiente objetivación del concepto de AT —aunque no del todo, pues caben excepciones— iniciaron un camino sin retorno.

Sin apenas alterar la definición del art. 1 LAT, el art. 156.1 LGSS define el AT basándose en un criterio de ocasionalidad o causalidad: *Se entiende por accidente de trabajo toda lesión corporal que el trabajador sufra con ocasión o por consecuencia del trabajo que ejecute por cuenta ajena.* No se constituye la necesidad de que exista un nexo causal, al menos no de manera estricta, pues la correlación ("con ocasión") no implica causalidad; "propiamente se describe una condición [aquello sin lo que —*sine qua non*— se produce el accidente]"[7]. A la "ocasionalidad pura" (excluida del concepto), que atribuiríamos a una casual coincidencia con el tiempo y el espacio de producción, se opondría la "ocasionalidad relevante", esto es, que el trabajo

---

6 Como apunta FERNÁNDEZ AVILÉS, J. A., *El accidente de trabajo…*, *cit.*, p. 87.

7 STS de 24 de febrero de 2014 (Rec. 145/2013, Sala de lo Social).

sea la condición sin la cual no se habría producido el evento; fundamento de numerosas resoluciones judiciales[8], propiciando la *vis* expansiva del concepto de AT. Con todo, la idea procede de la centenaria definición de AT, y está en el trasfondo del propio AT *in itinere* o de otros producidos fuera del lugar de trabajo ligados a razones profesionales o con origen en razones profesionales. En la actualidad, señala CUADROS GARRIDO que "la ocasionalidad relevante solo operaría en el supuesto de que no lo hagan otras disposiciones más específicas que permitan calificar el accidente de trabajo como contingencia profesional"[9], como lo sería la presunción de tiempo y lugar de trabajo o las inclusiones tipificadas en el art. 156 LGSS.

No obstante, la noción de causalidad mediata o indirecta podría ser aplicable asimismo a la expresión "por consecuencia" en el sentido de que ha permitido que el concepto de AT no sólo comprenda las lesiones producidas por la acción súbita y violenta de un agente exterior durante la ejecución del trabajo (causalidad directa), sino también, y en buena lógica, las enfermedades o alteraciones de los procesos vitales que pueden surgir del trabajo, causadas por agentes patológicos internos o externos[10], en la medida en que no se encuentren en el catálogo de enfermedades profesionales; esto es, las enfermedades del trabajo o, también llamadas, accidente de trabajo impropio[11], que quedarían, en caso contrario, incomprensiblemente fuera de la protección por contingencia profesional.

La LGSS incorpora una serie de aclaraciones o matizaciones al concepto de AT, consideradas por lo general inclusiones *declarativas*[12], habida cuenta de la amplitud del concepto ("con ocasión o como consecuencia"); si bien es cierto que algunas de esas inclusiones llegan a alejarse tan medularmente de la idea de AT que en lógica pudiera pensarse que llegan a ser inclusiones *constitutivas*, pues "de no existir la cláusula en cuestión tendrían un tratamiento diferente"[13] —abriendo camino así a la virtual inclusión de más supuestos aún—. Así, a las enfermedades no profesiona-

---

8 Sobre todo, a partir de la STS de 23 de junio de 2015 (Rec. 944/2014, Sala de lo Social).

9 CUADROS GARRIDO, M. E., *Ocasionalidad y presunción en el accidente de trabajo*, Navarra, Ed. Aranzadi, 2022, p. 19.

10 Desde la STS de 27 de octubre de 1992 (Rec. 1901/1991, Sala de lo Social), de manera reiterada.

11 Pionera en su inclusión fue la STS de 17 de junio de 1903.

12 FERNÁNDEZ AVILÉS, J. A., *El accidente de trabajo…*, *cit.*, p. 101.

13 MARTÍN VALVERDE, A., "El accidente de trabajo: formación y desarrollo de un concepto legal", en *Cien años de Seguridad Social*, Madrid, Fraternidad-Muprespa,

les contraídas con motivo de la realización del trabajo (art. 156.2 e) LGSS), han de añadirse, por ejemplo, las enfermedades intercurrentes, esto es, las que constituyen complicaciones derivadas del proceso patológico determinado por el mismo accidente (art. 156.2, g), incluidas las que tienen su origen en afecciones en el nuevo medio en que se haya situado al paciente para su curación. Incluso el art. 217.2 LGSS recoge una presunción *iuris et de iure,* de manera que *se reputarán de derecho muertos a consecuencia de accidente de trabajo o de enfermedad profesional quienes tengan reconocida por tales contingencias una incapacidad permanente absoluta o la condición de gran inválido.* Ello se traduce también al reconocimiento del recargo de prestaciones de seguridad social por omisión de medidas de seguridad impuesto a la prestación precedente, que se trasladaría a las posteriores prestaciones por muerte y supervivencia, con independencia de cuál haya sido la causa de la muerte del causante[14].

Si bien el art. 2 LAT (*El patrono es responsable de los accidentes ocurridos a sus operarios con motivo y en el ejercicio de la profesión o trabajo que realicen*) ha sido catalogado de exégesis restrictiva del concepto de AT en tiempos pasados[15], ahora puede afirmarse que, tras décadas de una jurisprudencia demiúrgica —sin que la norma le diera exactamente pie a ello—, la LGSS terminó acogiendo esa interpretación extensiva, con la condición de que la lesión guarde alguna relación con el trabajo, cualquiera que sea su causa, o causas. De todos modos, la LAT ya incluía como AT los causados por fuerza mayor no extraña al trabajo (siendo más bien la extrañeza al trabajo la causa de la exclusión); pero la propia LGSS, en su art. 156.4 a), ejemplifica algunos de estos casos, como la insolación —cuando el trabajo se realiza al aire libre—, o el rayo —que caiga justo en el centro de trabajo—, haciendo desaparecer prácticamente la exoneración empresarial por fuerza mayor[16]. En la idea de no atribuir todo AT a la culpabilidad empresarial, se incluyen así acontecimientos inevitables, fuera de los factores de posibilidad necesarios habitualmente para la imputación de responsabilidades. Hablamos

---

2000, p. 222; el cual reconoce "su ampliación más allá de las lesiones producidas de la manera que en el lenguaje ordinario se consideran accidentes" (p. 228).

14 STS de 11 octubre de 2023 (Rec. 1719/2021, Sala de lo Social).

15 MARTÍN VALVERDE, A., "El accidente de trabajo...", *cit.*, p. 243; que añade: "toda la legislación de accidentes laborales de la primera época está impregnada comprensiblemente de la preocupación por los factores de riesgo específicos de la primera revolución industrial" (p. 245).

16 En el mismo sentido, FERNÁNDEZ AVILÉS, J. A., *El accidente de trabajo..., cit.*, p. 112.

del factor natural —la naturaleza como irreductible—, pero también del factor tecnológico —el fallo imprevisto de las máquinas a pesar de la diligencia empresarial desplegada— y, por supuesto, del factor humano —el fallo del individuo—. Como diría MARTÍN VALVERDE, "en estos casos el factor o agente lesivo está presente en el trabajo, pero no es inherente al trabajo"[17].

Ampliar el ámbito subjetivo de la protección por AT ha sido también un objetivo de la jurisprudencia y normativas de Seguridad Social. No hay más que observar el reconocimiento de prestaciones por contingencias profesionales a trabajadores sin alta formal (alta presunta). No nos vamos a detener, sin embargo, en la reiteración de casos sobradamente conocidos, como el de los inmigrantes irregulares, los miembros de mesas electorales o los consejeros administradores de sociedades mercantiles capitalistas que no posean control efectivo y socios trabajadores; aunque sí puede resultar más novedoso explorar la consideración del AT en la fase precontractual, a propósito de su reconocimiento en pruebas de promoción[18].

Y qué decir del AT sin empresario[19], el de los trabajadores autónomos (art. 26.1 LETA y 316.2 LGSS) en su régimen especial, como consecuencia directa e inmediata del trabajo que realiza por su propia cuenta, sin que se admita el producido "con ocasión" de aquel. Se trata de un nexo causal más escrupuloso, descartando la causalidad indirecta o mediata, así como la presunción de tiempo y lugar; aunque sí se entenderá como AT el sufrido al ir o al volver del lugar de la prestación de la actividad económica o profesional (establecimiento en donde el trabajador autónomo ejerza habitualmente su actividad, siempre que no coincida con su domicilio y se corresponda con el local, nave u oficina declarado como afecto a la actividad económica a efectos fiscales). Tales restricciones pueden obedecer, como advierte la doctrina, a la inexistencia de "empleador al que imputar el

---

17 MARTÍN VALVERDE, A., "El accidente de trabajo…", *cit.*, p. 243.

18 La STSJ de Cantabria, de 5 de junio de 2023 (Rec. 269/2023) ha confirmado que la caída sufrida por un interino durante las pruebas para obtener la plaza de funcionario debe ser considerada AT, pues "presentarse a las pruebas para ser titular, no es algo optativo o ajeno al trabajo", sino más bien "con ocasión de mejorar en su trabajo".

19 FERNÁNDEZ AVILÉS, J. A., *El accidente de trabajo…*, *cit.*, p. 90

riesgo"[20] y a "una cuestionable presunción del fraude del autónomo motivada por la mayor libertad con la que se desarrollan sus actividades"[21].

El art. 156.2 a) LGSS comienza, de hecho, con una ampliación calificable perfectamente de artificial o artificiosa, como es el AT *in itinere*, o aquel que sufre el trabajador al ir o volver del lugar de trabajo. La figura corresponde, "al decir de la doctrina, a la idea básica de que el accidente no se hubiera producido de no haber ido a trabajar"[22]. Aun apreciando cierta conexión, estamos ante el auténtico paradigma de la objetivación del concepto de AT, en una suerte de sobreprotección del trabajador[23] o "protección especial y privilegiada del trabajo"[24], que desvincula el accidente de la idea de responsabilidad empresarial o incluso de la peligrosidad de la actividad.

Siendo este el modelo, no puede dejar de afirmarse que el balance ha sido y es positivo. Las ventajas que un concepto laxo o amplio de AT tiene para los trabajadores supera con mucho las cargas empresariales, que ya no comprenden la original indemnización objetivada, sustituida ahora por prestaciones de Seguridad Social que esquivan la insolvencia empresarial y las reticencias de las compañías aseguradoras; por lo que se entiende que la tendencia haya sido y siga siendo expansiva[25]. Además, en caso de tener que abonar indemnización, esta puede estar asegurada, del mismo modo que la protección social; ambas calculadas de antemano y sujetas a primas o cotizaciones fijas según la "actividad, industria o tarea"[26]. Pero ¿pase lo

---

20 MARTÍN VALVERDE, A., "El accidente de trabajo...", *cit.*, p. 244.

21 BALLESTER PASTOR, M. A., *Significado actual del accidente de trabajo in itinere: paradojas y perspectivas*, Albacete, Ed. Bomarzo, 2007, p. 72.

22 STS de 20 de febrero de 2006, *cit.*

23 BILBAO, A., *El accidente de trabajo...*, *cit.*, p. 96.

24 MARTÍN VALVERDE, A., "El accidente de trabajo...", *cit.*, pp. 243 y 255.

25 Lo pudimos comprobar en la pandemia de COVID-19. La idea inicial era tratar el contagio como enfermedad común, y siempre que hubiera síntomas, pero se quiso tutelar a los trabajadores que se vieron expuestos al virus, a veces sin medidas de protección, e incluso de manera forzosa. El Real Decreto-Ley 6/2020, de 10 de marzo, lo reconoció como situación asimilada a AT, aunque exclusivamente a efectos de la prestación económica de IT; salvo que se probara el contagio con causa exclusiva en la realización del trabajo, en cuyo caso sería calificada a todos los efectos como AT.

26 Advierte FERNÁNDEZ AVILÉS, J. A., *El accidente de trabajo...*, *cit.*, p. 130, acerca de la sobrecarga financiera del seguro de accidentes en favor del seguro por enfermedad.

que pase? Como advirtió FERNÁNDEZ AVILÉS, la socialización del riesgo desvirtuaría toda eficacia preventiva[27].

En prevención de riesgos laborales (en adelante, PRL), el riesgo cero no existe, sino un riesgo minimizado y tolerable, y por ende controlable. Lo admitimos como condición para el progreso de toda la sociedad y no solo porque suponga la obtención de un beneficio para el empresario. Pero se trata de un riesgo que no debería desembocar en un resultado dañoso. El AT no es tolerable, salvo en contadas excepciones en las que se asumen actividades peligrosas (que no excluyen la prevención y la protección), cuya finalidad es proteger intereses de la colectividad, preponderantes sobre la propia vida e integridad del trabajador expuesto a un riesgo más severo[28]. Pero, aunque hayamos reducido el círculo, se siguen reconociendo ciertos accidentes como inevitables, consecuencias de la organización de la sociedad industrial. Más que a una relación causa-efecto por una deficiente organización del proceso de trabajo, aceptamos que trabajar es peligroso y solo aspiramos a reducir la probabilidad de la contingencia (mayor o menor, según el tipo de trabajo)[29]. A esta normalización contribuye también que respondamos al AT desde una perspectiva asistencial y no meramente liberal, así como la regularización de la indemnización. La objetivación de las relaciones sociales es, por tanto, coherente con la evolución de la propia delimitación del concepto.

La doctrina judicial preconiza una interpretación dinámica de acuerdo con la cambiante realidad social[30]. Ciertamente, aun cuando la norma fuese clara, hay determinados contextos que exigen alguna interpretación. Y lo que se aprecia es una realidad social que busca la protección-reparación, pero ¿y la protección-prevención que se termina por desincentivar? Por ello, en los casos (no todos) en que concurran responsabilidades PRL, la indemnización a pagar (por la empresa o su aseguradora) puede variar si la actuación empresarial ha sido lícita o ilícita[31], con dolo o culpa (arts. 1.101 y ss. Código Civil); las sanciones por infracciones administrativas son

---

27 FERNÁNDEZ AVILÉS, J. A., *El accidente de trabajo…, cit.*, p. 60.

28 ATJCE de 14 de julio de 2005 (Asunto 2005\249, Personalrat der Feuerwehr Hamburg contra Leiter der Feuerwehr Hamburg).

29 BILBAO, A., *El accidente de trabajo…, cit.*, p. 84.

30 Entre otros ejemplos, SSTS de 14 de febrero de 2017 (Rec. 838/2015, Sala de lo Social) y de 22 de febrero de 2018 (Rec. 1647/2016, Sala de lo Social).

31 GUTIERREZ-SOLAR CALVO, B., *Culpa y riesgo en la responsabilidad civil por accidentes de trabajo,* Madrid, Ed. Civitas, 2004, p. 300.

específicas, por más severas (art. 39.2 LISOS); y, sobre todo, ha de atenderse al recargo de prestaciones —que no llega a desaparecer, ni es asegurable, ni probablemente deba serlo—. La amenaza del recargo, gran quebranto financiero para la empresa, es garantía de un mayor grado de diligencia e inversión en prevención, donde las consecuencias no puedan ser asumidas como costes de producción.

Ahora bien, como ya avanzamos, lo que se busca no es apuntalar la responsabilidad empresarial, aún objetiva no culpable, sino que estamos inmersos desde hace tiempo en lo que hemos denominado la doctrina del *proteccionismo social*, a la que solo importa el resarcimiento íntegro del daño al trabajador "inocente", aunque tal daño se haya producido fuera de la esfera del control empresarial o incluso fuera de la esfera de la idea misma de trabajo. Se amplía la responsabilidad para buscar la reparación, creando una responsabilidad social o laboral distinta de la responsabilidad civilista[32]. Con un régimen de respuesta basado principalmente en la acción protectora de la Seguridad Social, su referente al fin y al cabo es la existencia de situaciones de necesidad; pero, eso sí, con los privilegios que brinda el sistema de contingencias profesionales, por haber acaecido el accidente en el desempeño de una actividad útil a la sociedad. La justificación a la construcción extensiva del concepto de accidente de trabajo se ha encontrado también en que el Estado Social no puede aceptar como un hecho asumido y tolerable la muerte en el trabajo[33]. Hablaríamos, en todo caso, de una "culpa social"[34], que se imputa objetivamente al empresario por tratarse de un riesgo típico de la empresa[35].

3. EL PRINCIPAL ELEMENTO DE EXTENSIÓN DEL CONCEPTO DE ACCIDENTE DE TRABAJO: LA PRESUNCIÓN DE TIEMPO Y LUGAR DE TRABAJO

La dificultad probatoria del elemento de causalidad para acreditar el carácter laboral de un accidente fue soslayada gracias a una aportación ju-

---

32 Como señaló RODRÍGUEZ PIÑERO Y BRAVO-FERRER, M., "Conducta temeraria del trabajador y accidente de trabajo", en *Cien años…, cit.*, p. 362.

33 SÁNCHEZ-RODAS NAVARRO, C., *El accidente "in itinere"*, Granada, Comares, 1998, p. 15.

34 CAVANILLAS MÚGICA, S., *La transformación de la responsabilidad civil en la jurisprudencia,* Navarra, Ed. Aranzadi, 1987, p. 64.

35 GUTIERREZ-SOLAR CALVO, B., *Culpa y riesgo…*", *cit.*, p. 258.

risprudencial clave, como es la presunción contenida en el actual art. 156.3 LGSS[36], según el cual: *Se presumirá, salvo prueba en contrario, que son constitutivas de accidente de trabajo las lesiones que sufra el trabajador durante el tiempo y en el lugar del trabajo.* Ello será sin perjuicio de que pueda demostrarse el nexo causal cuando el trabajador se encuentre fuera del tiempo y lugar de trabajo (incluyendo permisos y suspensión de la relación laboral); o que, *a sensu contrario*, pueda demostrarse también, de manera cierta y convincente[37], que el accidente sufrido en tiempo y lugar de trabajo obedece a una causa distinta e independiente, sin conexión con el trabajo, siendo no laboral[38]. Los evidentes obstáculos a la prueba en contrario por las empresas conducen asimismo a que, en muchos casos, estas se allanen a la presunción y reconozcan el AT, no sin consecuencias[39].

El fundamento de la presunción puede encontrarse en un principio interpretativo que podría denominarse *in dubio pro accidentado*[40]: "en caso de duda razonable sobre si ha existido o no ruptura del nexo causal, la misma debiera resolverse en todo caso en favor del trabajador"[41]. Hay supuestos en que, de hecho, se ignora absolutamente cómo sucedió el accidente. Y la solución a tal disyuntiva es fallar a favor del accidentado. Los elementos de la presunción adquieren un valor epistémico, que absorben cualquier conjetura.

---

36 La presunción no figuraba en la LAT de 1900, aunque era apuntada cuando invertía la carga de la prueba sobre el empresario en reconocimiento de la debilidad del trabajador dentro de la relación subordinada.

37 CUADROS GARRIDO, M. E., *Ocasionalidad…*, *cit.*, p. 21, apuesta por la exégesis restrictiva: "La prueba en contra ha de ser contundente, clara, es decir, que no se tenga que realizar una interpretación para entender existente la prueba. No estamos ante la posibilidad de destruir la presunción en base a una duda razonable".

38 Por ejemplo, cuando el trabajador se encontraba reparando su vehículo particular dentro de la nave donde trabajaba (STSJ de Extremadura, de 12 de junio de 2023, Rec. 849/2022).

39 La empresa está legitimada para impugnar, a través del proceso especial de Seguridad Social y tras reclamación previa, la resolución administrativa que reconozca una prestación por contingencia profesional (17.1 LRJS), por cuanto, no impugnando, ello podría afectar a otras responsabilidades. Lo confirma recientemente la STS de 20 de febrero de 2024 (Rec. 1830/2021, Sala de lo Social).

40 Como recogen, ALONSO OLEA, M. y TORTUERO PLAZA, *Instituciones de Seguridad Social*, Madrid, Civitas, 2002, p. 65. La idea resulta de sentencias de los primeros años 80, que apelaban al *in dubio pro operario*.

41 SÁNCHEZ-RODAS NAVARRO, C., *El accidente "in itinere"*, *cit.*, p. 122.

Sin embargo, la solución encontrada a aquella primera dificultad probatoria entrañaba un nuevo escollo: qué se entiende por tiempo de trabajo y qué se entiende por lugar de trabajo a estos efectos. El reconocimiento de un AT ha estado permanentemente ligado, pues, al alcance que en cada caso se otorgara a las nociones de tiempo y lugar de trabajo.

3.1. La presunción de tiempo de trabajo

La Directiva 2003/88/CE del Parlamento Europeo y del Consejo, de 4 de noviembre de 2003, relativa a determinados aspectos de la ordenación del tiempo de trabajo, define el tiempo de trabajo como "todo período durante el cual el trabajador permanezca en el trabajo, a disposición del empresario y en ejercicio de su actividad o de sus funciones, de conformidad con las legislaciones y/o prácticas nacionales"; lo que no sea tiempo de trabajo será tiempo de descanso. Permanecer en el trabajo no significa necesariamente estar presente físicamente en el centro de trabajo, ni siquiera en el lugar habitual de trabajo, sino en el lugar que determine el empresario[42]. Ello incluye los trayectos entre trabajos o a cualquier lugar que determine la empresa durante la jornada laboral, pero no los trayectos habituales para ir o volver del trabajo al inicio y final de la jornada[43]. Asimismo, debe estar disponible para poder prestar de manera inmediata los servicios correspondientes en caso de necesidad, sin perjuicio de que pueda realizar pausas[44].

3.1.1. Tiempos de descanso y tiempos adyacentes al inicio o fin de la jornada laboral

Más allá de los estrictos límites de la jornada de trabajo, la casuística nos ha mostrado a lo largo de los años supuestos que se encontraban en la linde de lo que podría considerarse jornada de trabajo, cuya reiteración ha

---

42 STJUE de 10 de septiembre de 2015 (Asunto C-266/14, Federación de Servicios Privados del sindicato Comisiones Obreras (CC.OO.) contra Tyco Integrated Security SL y otros); en similar sentido, la STJUE de 28 de octubre de 2021 (Asunto C-909/19, BX contra Unitatea Administrativ Teritorială D).

43 STJUE de 10 de septiembre de 2015, *cit.*

44 Al respecto, consultar la Comunicación interpretativa sobre la Directiva 2003/88/CE del Parlamento Europeo y del Consejo, relativa a determinados aspectos de la ordenación del tiempo de trabajo.

terminado creando un acervo jurisprudencial nada desdeñable. Los tiempos de descanso, así como los momentos inmediatamente anteriores o posteriores al comienzo y fin de la jornada, son ejemplos de lo que decimos. La opción podría haber sido dar una respuesta estricta; pero, en la medida de lo posible, se ha buscado la conexión con la idea y los requisitos del AT para incluir un aceptable número de situaciones bajo el paraguas de su protección.

Uno de los dilemas (aún candentes) se refiere a si el tiempo de descanso puede ser considerado tiempo de trabajo a efectos de los accidentes que se produzcan durante los mismos. Es claro que, durante el tiempo de descanso (o pausa), el trabajador no está obligado a realizar ninguna actividad, ni a permanecer en el puesto de trabajo, ni a estar a disposición del empresario. Pero, si acaece un accidente en ese periodo, es premisa general que el descanso haya sido considerado en ese caso (por convenio colectivo o acuerdo regulador) tiempo de trabajo a los meros efectos de reconocer el AT, pues podría no serlo[45]. Ciertamente la jurisprudencia sigue señalando que el descanso es tiempo de trabajo si así se ha acordado[46], pero también se ha encontrado en el descanso conexión con los requisitos legales del AT con independencia de que hubiera sido o no reconocido como tiempo efectivo de trabajo[47].

En lo que se refiere al descanso intrajornada, podemos traer a colación casos como el accidente mortal de un trabajador de la construcción mientras almorzaba en la propia obra[48], en el que el TS apreció que el accidente sobrevino durante la jornada de trabajo, principalmente porque "no se practicó prueba alguna conducente a desvirtuar la presunción legal, prueba que podría haberse dirigido a demostrar el punto geográfico en el que se encontraba situada la obra, bien dentro o fuera de una población, o si los trabajadores podrían cubrir su necesidad de alimentarse en el escaso tiempo de que disponían entre la jornada de la mañana y la de la tarde, bien acudiendo a sus domicilios, si es que la distancia y el tiempo de que disponían lo hacían factible, o si en las proximidades de la obra y a distancia asequible existía algún establecimiento donde pudieran servir alimentos". Pero el TS añade una consideración más que nos ilustra perfectamente sobre lo que ha sido la mecánica en la interpretación de estos ca-

---

45 STSJ del País Vasco, de 27 de septiembre de 2016 (Proc. 1613/2016).

46 STS de 5 de marzo de 2024 (Rec. 143/2021, Sala de lo Social).

47 STS de 25 de enero de 2006 (Rec. 611/2004, Sala de lo Social).

48 STS de 9 de mayo de 2006 (Rec. 2932/2004, Sala de lo Social).

sos; y es que, en la medida en que la amplitud del concepto de AT incluye casos tan forzados como el AT *in itinere* "también en tiempo intermedio de inactividad laboral para alimentarse", la exclusión de otros accidentes más asociados con el propio hecho de trabajar terminaría resultando ilógica ("un contrasentido"), e incluso arbitraria.

Hay más sucesos acontecidos en tiempo de descanso, en los que, dada la inconsistencia del planteamiento y su genérica exclusión de lo que se entiende por tiempo de trabajo, se aprecia cómo los tribunales recurren a diversos argumentos de conexión, coherencia o justificación para proporcionar la calificación de laboral al accidente. Sin ánimo de exhaustividad, en el caso del coordinador de campamentos de verano de personas con especiales necesidades de cuidado —el cual, durante la pausa de la comida, acudió a la piscina sin estar programada esa actividad, sufriendo un ahogamiento al intentar socorrer a un usuario—, se consideró AT, pues durante ese tiempo los monitores efectuaban algunas labores de cuidado, como el cambio de pañales, sin que cesara su responsabilidad sobre los usuarios[49]; por no hablar de las continuas menciones a la consideración de AT de caídas en las inmediaciones del centro de trabajo, cuando el trabajador estaba saliendo, justo en la puerta y coincidiendo con el tiempo de descanso[50], así como la caída al salir a tomar café en el descanso[51] o cuando se dirigía a su vehículo situado en el aparcamiento de la empresa[52]. Son casos en los que, sin entrar en la consideración del descanso como tiempo de trabajo (lo presupone, entendiendo la pausa como necesaria), el TS se centra más bien en combatir la falta de presunción por no hallarse en el lugar de trabajo, a través de la teoría de la ocasionalidad relevante: con ocasión del trabajo, sin el cual no se habría producido el evento.

Tras la Ley 28/2005, de 26 de diciembre, de medidas sanitarias frente al tabaquismo y reguladora de la venta, el suministro, el consumo y la publicidad de los productos del tabaco, y su prohibición de fumar en los centros de trabajo que no sean espacios al aire libre (art. 7.a), nos situamos ante

---

[49] El TSJ de Cantabria, en Sentencia de 4 de julio de 2011 (Rec. 400/2011), condenó a la empresa a indemnizar por daños y perjuicios.

[50] SSTSJ del País Vasco, de 24 de noviembre de 2015 (Rec. 1961/2015) y de 27 de septiembre de 2016, *cit.*

[51] Como ha señalado el TS de forma reiterada. Ver STS de 13 de diciembre de 2018 (Rec. 398/2017, Sala de lo Social), y la última, la STS de 9 de febrero de 2023 (Rec. 2617/2019, Sala de lo Social).

[52] STS de 13 de octubre de 2020 (Rec. 2648/2018, Sala de lo Social).

una incongruencia aún mayor, como es la de los trabajadores que salen a fumar. La STSJ de Cataluña. de 5 de junio de 2017[53], recoge el caso de una prohibición empresarial de abandonar el centro de trabajo durante el descanso (que el Tribunal recuerda que no es tiempo efectivo de trabajo), insistiendo la empresa en razones de seguridad por estar ubicado en un polígono industrial con mucho tráfico; lo que no fue considerado una justificación de peso, pues los trabajadores también podían accidentarse al ir o volver del trabajo. En consecuencia, si se determinara en la empresa que las pausas para fumar hay que recuperarlas, por no considerarlas tiempo de trabajo, un accidente al salir a fumar no sería tampoco AT. Tal es la complicación que esto genera a nivel conceptual que muy atinado resultaría que los convenios colectivos se pronunciaran sobre la existencia o no de AT en estos casos.

Finalmente, habría que atender a la presunción de laboralidad de los accidentes acaecidos fuera de la jornada ordinaria de trabajo, pero durante las llamadas horas de presencia; como el del camionero que sufrió un derrame cerebral mientras realizaba un descanso técnico o el que tomaba un café en un área de descanso. Según se señala, "la presunción viene dada por el hecho de que la patología se ha presentado durante las horas de presencia, sin que haya sido destruida por el supuesto carácter común de la misma, pues no puede descartarse que el trabajo realizado y las condiciones del mismo desencadenasen el proceso morboso, provocado por una subida de la tensión arterial"[54]; pudiendo aportarse justificaciones adicionales, como que "obedecía a razones operativas, descansar el periodo preceptuado por las normas de tráfico, bien a la necesidad de tomar alimento"[55]. En esta línea, todos los accidentes sufridos por trabajadores del mar durante el tiempo de descanso en el barco se presumen laborales, dada la permanente disponibilidad a la que están sujetos dependiendo de

53 Rec. 1929/2007.

54 STS de 19 de julio de 2010 (Rec. 2698/2009, Sala de lo Social). Cuestión distinta son los efectos retributivos, y que un convenio diferencie legítimamente entre tiempo de trabajo efectivo y tiempo de presencia, sin contravenir, por ello, la normativa comunitaria, que no regula cómo debe remunerarse cada tipo de tiempo. Así lo reconoce la STS de 22 de abril de 2025 (Rec. 77/2023, Sala de lo Social), en referencia a trabajadores de restauración y atención a bordo de trenes, cuyo tiempo de viaje en pasivo, aunque no descanso, no tiene por qué considerarse tiempo de trabajo efectivo a efectos retributivos, reafirmando los criterios del convenio amparados por el Real Decreto 1561/1995 sobre jornadas de trabajo especiales.

55 STS de 24 de febrero de 2014, *cit.*

las contingencias que pueden surgir en un buque; que además debe diferenciarse del accidente en misión, del que luego se hablará, "pues todas las dependencias del buque constituyen su centro de trabajo y al propio tiempo su domicilio"[56].

No podría decirse lo mismo de las guardias no presenciales, excluidas tradicionalmente por el TS[57] para la consideración de AT si el trabajador está en su domicilio, o si fuera libre para elegir su paradero; aunque atendiendo a la jurisprudencia comunitaria[58] debería valorarse si las condiciones de la guardia afectan objetivamente y de manera considerable la capacidad del trabajador para administrar su tiempo, a la hora de apreciar tiempo de trabajo —como tener que incorporarse en un breve lapso de tiempo si se le llama, o que se le llame con mucha frecuencia—. Si las realiza en régimen de presencia física en el centro o lugar que determine el empleador, debe considerarse tiempo de trabajo en cualquier caso, independientemente de las prestaciones realmente efectuadas durante esas guardias[59].

Para los períodos de descanso entre jornadas, es decir una vez finalizada la jornada diaria de trabajo, e incluso una vez abandonado el lugar de trabajo (lo cual duplica el esfuerzo interpretativo) se ha elaborado una extensa doctrina, sólidamente argumentada. Así, es claramente AT cuando los síntomas de alguna enfermedad debutan durante el trabajo, lo cual activa la presunción del art. 156.3 LGSS, aunque se confirme tras finalizar la jornada[60]. En todos los casos, es indiferente que el trabajador tenga patologías previas, antecedentes familiares o factores de riesgo cardiovascular como tabaquismo u obesidad moderada[61]. Fundamentalmente en el terreno de las lesiones cardíacas, en las que no puede afirmarse un origen estrictamente laboral, jamás cabe descartar que determinadas crisis puedan des-

---

56 STS de 16 de julio de 2014 (Rec. 2352/2013, Sala de lo Social).

57 Entre otras muchas, SSTS de 29 de noviembre de 1994 (Rec. 752/1994, Sala de lo Social), de 7 de febrero de 2001 (Rec. 132/2000, Sala de lo Social) y de 14 de marzo de 2007 (Rec. 4617/2005, Sala de lo Social).

58 STJUE de 9 de marzo de 2021 (Asunto C-344/19, D. J. y Radiotelevizija Slovenija).

59 STJCE de 1 de diciembre de 2005 (Asunto C-14/04, Andelkader Dellas).

60 STS de 23 de enero de 2020 (Rec. 4322/2017, Sala de lo Social). Aunque fundamentalmente la presunción ha operado en el ámbito de las lesiones cardíacas, no cabe excluir la causa laboral como desencadenante de otros padecimientos, como el edema pulmonar o la embolia (ver STS de 14 de marzo de 2012, Rec. 4360/2010, Sala de lo Social).

61 STSJ de la Comunidad Valenciana, de 8 de julio de 2008 (Rec. 3557/2007).

encadenarse como consecuencia de esfuerzos o tensiones —entendemos que de entidad suficiente como para agravar una enfermedad previa— que tienen lugar en la ejecución del trabajo[62]; o como, por ejemplo, la noticia de que va a ser despedido o un periodo de fuerte estrés laboral. Sería necesaria alguna prueba que permitiera efectuar un descarte, lo cual, desde la perspectiva médica, es complicado, porque casi nunca puede despreciarse cualquier causa posible; "bastando con que el nexo causal, indispensable siempre en algún grado, se dé sin necesidad de precisar su significación, mayor o menor, próxima o remota, concausal o coadyuvante"[63], y debiendo quedar acreditada la ruptura de la relación de causalidad entre actividad profesional y el hecho dañoso, por haber ocurrido hechos de tal relieve que sea evidente a todas luces la absoluta carencia de aquella relación[64]. Así fue en el caso del fallecimiento de un trabajador en el gimnasio de la empresa por lesión cardiovascular, cuyos síntomas debutaron antes, en tiempo y lugar de trabajo[65]. Finalmente, la muerte surgió como consecuencia del esfuerzo realizado en el gimnasio, que fue lo que con seguridad agudizó la patología, y no otra causa de índole más estrictamente laboral. Quizás por ello, el TS no renunció a reforzar su razonamiento con argumentos como que: "las circunstancias en que el trabajador fallece no aparecen del todo desprendidas de laboralidad: no acude a un lugar cualquiera de esparcimiento (sino al gimnasio del Club Financiero, que la empleadora subvenciona a sus directivos). Tampoco parece que la motivación de su práctica sea fundamentalmente deportiva o lúdica, sino más bien terapéutica".

Más polémico es, no obstante, el tiempo durante el cual el trabajador se encuentra preparándose para el trabajo. Según recuerda una sentencia reciente del TS[66], que reitera doctrina, no es accidente laboral el infarto en los vestuarios de la empresa antes de fichar y de comenzar el turno de trabajo; aunque sí lo sería si, aun no habiendo fichado, la jornada laboral realmente ya se hubiera iniciado[67]. Con anterioridad, solo se había reconocido en el caso en que precisamente "el trabajador ya había fichado cuando se produjo el ataque cardíaco (…) sin que pueda dudarse de la impor-

---

62 STS de 14 de marzo de 2012, *cit.*

63 SSTS de 9 de mayo de 2006, *cit.*, y de 6 de julio de 2015 (Rec. 2990/13, Sala de lo Social).

64 STS de 20 de marzo de 2018 (Rec. 2942/2016, Sala de lo Social).

65 STS de 20 de marzo de 2018, *cit.*

66 STS de 22 de mayo de 2024 (Rec. 3911/2021, Sala de lo Social).

67 Como recoge más recientemente aún la STS de 7 de mayo de 2025 (Rec. 1714/2022, Sala de lo Social).

tancia que tiene la ficha horaria del trabajador a efectos de comprobación del cumplimiento de su jornada de trabajo"[68], pues no se encontraba en los vestuarios simplemente para cambiarse de ropa, sino que además estaba obligado a proveerse del equipo de protección individual antes de incorporarse a su puesto. Pero el TS ha venido considerando jornada de trabajo solo la "equivalente a la del artículo 34.5 ET referida a la necesidad de que el operario se encuentre en su puesto de trabajo, en la que se presume que se ha comenzado a realizar algún tipo de actividad o esfuerzo —físico o intelectual— que determina una más fácil vinculación del acaecimiento con el trabajo y por ello opera la presunción analizada"[69]. Los tribunales, de todos modos, siempre gustan de incluir "algunos datos complementarios" que fortalezcan su postura y que, como este caso, "alejen el suceso del concepto de accidente de trabajo, al no vincularse el episodio con esfuerzo o actividad o alteración de clase alguna, en persona que padecía una miocardiopatía". Sí se declaró, sin embargo, AT cuando, finalizada la jornada de trabajo, el trabajador se encontraba cambiándose de ropa en el vestuario[70]. Antes no y después sí: quizás porque así puede vincularse el episodio con un esfuerzo físico o alguna otra alteración relacionados con el trabajo ya realizado.

3.1.2. Los casos de enfermedades psicológicas y su aparición retardada

Ciertamente, el trabajo es capaz de generar una serie de factores de riesgo (como el acoso, el tecnoestrés, la sobrepresión y carga de trabajo, etc.) y derivar en riesgos psicosociales, que no se materializan necesariamente en tiempo y lugar de trabajo, pues generalmente desembocan en enfermedades (por naturaleza, no súbitas), que se forjan de manera larvada y dificultan su ensamblaje con la laboralidad. Siguiendo con el art. 156.2 e) LGSS, en tanto en cuanto no se encuentran en los listados de enfermedades profesionales, pueden ser incluidas en el concepto de AT las enfermedades psicológicas, tales como la ansiedad o la depresión —las más comunes—, así como las de carácter psicosomático y físico u orgánico derivadas de aquellas, pudiendo llegar incluso al suicidio. Y tiene todo el sentido: se demuestra que estas enfermedades están aumentando entre la población

---

68 STS de 4 de octubre de 2012 (Rec. 3402/2011, Sala de lo Social).

69 STS de 20 de diciembre de 2005 (Rec. 1945/2004, Sala de lo Social), de 14 de julio de 2006 (Rec. 787/2005, Sala de lo Social), de 20 de noviembre de 2006 (Rec. 3387/2005, Sala de los Social), y de 14 de marzo de 2007, *cit.*

70 STSJ de Cataluña, de 19 de septiembre de 2002 (Rec. 8705/2001).

trabajadora atendiendo al número de bajas por ellas causadas[71]; debido con toda seguridad al crecimiento de los sectores terciario y cuaternario que las propician, frente a los AT clásicos de tipo traumático de la industria y el sector primario. Las nuevas formas de organización del trabajo (trabajo flexible, problemas de desconexión digital...), además de las distintas formas de acoso (antes ignoradas, hoy detectadas)[72], son detonadores de una accidentalidad de nuevos perfiles.

Es AT, por ejemplo, el estrés postraumático padecido por una empleada de una gasolinera como consecuencia de un atraco, aun con antecedentes de ansiedad y depresión —en línea con lo anteriormente ya comentado—. No impiden tampoco la calificación de AT predisposiciones psicológicas o de personalidad (nerviosismo, neurosis), que favorezcan la aparición de estas patologías —como tampoco sería relevante la existencia de debilidades físicas previas, como una artrosis o una osteoporosis, a la hora de calificar de AT un trastorno músculo esquelético o una fractura, por ejemplo—. La causa responsable del estrés postraumático sufrido por la trabajadora del caso en cuestión se relacionó directamente con el momento del atraco, pues se entiende nuevamente que tal acontecimiento agudizó la patología[73]. Por el contrario, en una resolución más antigua, que hoy resultaría ciertamente controvertida, no se consideró AT un aneurisma aórtico sufrido por un trabajador en su domicilio una hora después de finalizar su jornada, el cual podría haberse producido por el estrés de realizar una gran cantidad de horas extraordinarias; se argumentó su carácter voluntario y la duda, por tanto, de que realmente estuviera en una situación laboral estresante[74].

El mantenimiento de la relación de causalidad es clave aquí. Según venimos afirmando, lo habitual es que sea suficiente con que otras posibles circunstancias que rodean al trabajador no rompan el nexo causal. La teoría general de la equivalencia de las condiciones, aplicable para determinar la causalidad[75], impediría que pudiera descartarse ninguna, tampoco

---

71 UNIÓN GENERAL DE TRABAJADORAS Y TRABAJADORES. *Salud mental y trabajo*, 2024, p. 7; haciendo una comparativa desde 2016.

72 La STSJ de Cantabria, de 12 de mayo de 2023 (Rec. 208/2023) calificó asimismo de AT la baja por ansiedad de una trabajadora, única mujer y oficial de cuadrilla en una empresa muy masculinizada, provocada por comentarios de sus compañeros y por uno que hizo ademán de atropellarla.

73 STSJ de Madrid, de 19 diciembre de 2022 (Rec. 591/2022).

74 STSJ de la Comunidad Valenciana, de 9 de mayo de 2006 (Rec. 75/2006).

75 CUADROS GARRIDO, M. E., *Ocasionalidad...*, *cit.*, p. 33.

la laboral, para la consecución del resultado concreto. Legalmente solo es AT la enfermedad que contraiga el trabajador con motivo de la realización de su trabajo y siempre que se pruebe que la enfermedad tuvo por causa exclusiva la ejecución del mismo (el art. 156.2, e) LGSS)[76], pero, a pesar de la literalidad del precepto, lo cierto es que la prueba de la exclusividad se presenta como especialmente complicada, y de la interpretación de un nutrido número de resoluciones judiciales podemos concluir que se trata de una exclusividad en términos de ocasionalidad relevante, de manera que, si la causa laboral apareciese en concurrencia con otras (concausas), lo que se exige es que el trabajo se acredite como causa indubitada del accidente —actuando, más que como causa exclusiva, como condición *sine que non*—[77]. En cualquier caso, el juego de presunciones exige que, de negarse la etiología laboral, se acredite sobradamente la ruptura del nexo causal, bien porque se trate de una enfermedad que por su propia naturaleza descarta o excluye la acción del trabajo como factor determinante o desencadenante, bien porque se aduzcan hechos que desvirtúen dicho nexo causal[78]; todo lo cual se hace difícil en los casos de lesiones cardiacas, como hemos visto, que no son extrañas a causas de carácter laboral (el esfuerzo, el estrés, la tensión emocional, etc.), aunque concurrieran tras.

Cuestión similar viene sucediendo con el suicidio. En principio, se consideró un caso de dolo por la voluntariedad en la decisión de quitarse la vida[79]; y "de ahí la necesidad de demostrar que no existe una voluntad

---

76 En el caso del trastorno de ansiedad sufrido por una empleada de una residencia de mayores tras su negativa a vacunarse contra el Covid, para el TSJ del País Vasco, en Sentencia de 27 de junio de 2023 (Rec. 226/2023), la consideración de AT "excluye aquellos supuestos en que ha podido interactuar con otros agentes en su aparición", no encontrándose tampoco, obsérvese, "un nexo causal entre el trabajo y el trastorno de ansiedad padecido por la recurrente que determine de forma indubitada que la baja objeto del conflicto sobreviene por accidente de trabajo".

77 Como explica FERNÁNDEZ AVILÉS, J. A., *El accidente de trabajo…, cit.*, pp. 133 y 134: "En los casos de padecimiento de enfermedades de etiología predominantemente o exclusivamente común, la ocasión del trabajo no parece que deba bastar para fundamentar la calificación de accidente, ni bastará para la calificación el que el trabajo haya sido un factor influyente, cuando no ha sido relevante".

78 Véase el caso del conductor de autobús que sufrió un desprendimiento de retina durante su servicio, sin que ello se debiera a ningún traumatismo ni movimiento brusco, sino a una operación de miopía láser que se había realizado (STS de 21 de septiembre de 2005, Rec. 2019/2004, Sala de lo Social).

79 STSJ de Cataluña, de 10 de septiembre de 1993 (AS\1993\3818).

consciente por parte del trabajador"[80] de infligirse ese daño. Por ello, más allá de que hablamos de una lesión o daño súbito autoinfligido, el resultado de muerte suele tratarse como el corolario de una enfermedad mental, a la que se le aplican criterios similares a los antes comentados para las enfermedades del trabajo. Así, el suicidio de un trabajador fuera de la empresa y fuera de su jornada —que son la mayoría de los casos—, se calificó de AT al vincularse con el trabajo, pues existía una denuncia de acoso laboral, sin que su situación personal de problemas conyugales o enfermedad del padre tuvieran la entidad necesaria para una ruptura en el referido nexo causal con el empresario[81]. Siendo este un caso reciente, ha de decirse que la consideración como AT del suicidio viene ya de atrás[82], reiterándose la necesidad de acreditar el nexo causal entre la decisión de quitarse la vida y unas circunstancias laborales concretas[83]; encontrándose incluidas también todas las enfermedades psíquicas, trastornos o estrés relacionados con el trabajo de los que finalmente el suicidio trajera causa ("quien es causa de la causa, es causa del mal causado"[84]) o que no estuvieren relacionados con el trabajo en un primer momento pero que este agravara hasta el fatal desenlace[85]. No sería AT, sin embargo, el suicidio producido en el centro de trabajo sin que se acrediten motivos profesionales[86]; aunque también se ha optado por aplicar automáticamente la presunción[87], aun sin diagnóstico de enfermedad —quizás por la naturaleza híbrida que sugiere el daño súbito—, salvo prueba en contrario de que el previsible trastorno mental previo no guarda relación con el trabajo o que este último lo hubiera agravado. Resulta bastante claro finalmente que la magnitud alcanzada por la prevención de los riesgos psicosociales en el trabajo y su inclusión en la Estrategia Española de Seguridad y Salud en el Trabajo (2023-2027) impulsan la calificación de AT en estos casos, contribuyendo a prevenir o corregir dichas situaciones con medidas *ad hoc*[88].

---

80 POQUET CATALÁ, R., "El suicidio como accidente de trabajo: Análisis de una zona gris", Revista de Derecho de la Seguridad Social, n. 22, 2020, p. 132.

81 STSJ de Cantabria, de 27 de febrero de 2023 (Rec. 798/2022).

82 STSJ de Cataluña, de 30 de mayo de 2001 (Rec. 7542/2000).

83 STS de 25 de septiembre de 2007 (Rec. 5452/2005, Sala de lo Social).

84 CUADROS GARRIDO, M. E., *Ocasionalidad…*, *cit.*, p. 32.

85 CUADROS GARRIDO, M. E., *Ocasionalidad…*, *cit.*, p. 146.

86 STSJ de Cataluña, 20 de diciembre de 2013 (Rec. 4931/2013).

87 STS de 25 de septiembre de 2007, *cit.*

88 En similar sentido, FERNÁNDEZ AVILÉS, J. A., *El accidente de trabajo…*, *cit.*, p. 143.

3.2. El accidente del teletrabajador: un reto para la prueba de presunciones

Hay situaciones en las que ambas presunciones de tiempo y lugar de trabajo se someten al mismo estado de confusión y análisis, como es el caso de salir del centro de trabajo a tomar un café en el bar de enfrente durante una pausa. Pues bien, la naturaleza flexible de las nuevas formas de trabajo obliga también a un examen conjunto de ambos elementos, así como a interpretaciones más ajustadas a esas realidades: el teletrabajo (en domicilio, coworking, etc.), además del trabajo itinerante y del trabajo en misión, de los que luego se hablará. La premisa es que todo lo que se aplique al trabajo presencial debe extenderse al teletrabajo; particularmente la presunción *iuris tantum* de tiempo y lugar de trabajo.

Recordemos el supuesto enjuiciado por la STSJ del País Vasco de 15 de septiembre de 2020[89], en el que un trabajador encargado de atender la cartera de clientes de la zona norte, donde la empresa no contaba con ninguna oficina física, realizaba los trabajos administrativos desde su domicilio. En la práctica, gozaba de flexibilidad horaria, aunque sufrió un infarto agudo de miocardio coincidiendo con el horario general de la empresa. En opinión del Tribunal, no había duda del carácter profesional de la contingencia; teniendo en cuenta además que no se probó ningún hecho que permitiera destruir la presunción legal. *A sensu contrario,* para la STSJ de Madrid, de 3 de febrero de 2023[90], no fue AT el fallecimiento (por infarto) en el baño de su domicilio de un teletrabajador, porque esa mañana no constaba el registro de conexión a la empresa y por tanto el fichaje, en una interpretación estricta de tiempo de trabajo, "en la que el fichaje de la jornada opera como criterio objetivo y límite a efectos de dotar de mayor seguridad jurídica la calificación de accidente de trabajo en la modalidad de teletrabajo"[91].

Como puede advertirse, el principal escollo que tiene el teletrabajo a estos efectos es acreditar la presunción de tiempo y lugar. Así sucedió llamativamente en la STSJ de Galicia, de 25 de febrero de 2022[92], donde la pretensión de la teletrabajadora no prosperó porque no pudo demostrar

---

89 Rec. 809/2020.

90 Rec. 812/2022.

91 MONTESDEOCA SUÁREZ, A., "La presunción "tiempo de trabajo" a efectos de la calificación de accidente de trabajo: El infarto de miocardio sufrido por la persona teletrabajadora", Revista de Estudios Jurídico Laborales y de Seguridad Social, mayo-octubre 2023, n. 7, p. 221.

92 Rec. 2399/2021.

que la lesión que sufrió al coger una pantalla de ordenador aconteciera en tiempo y lugar trabajo; aun cuando ella aseguraba que sucedió justo tras enviar un mail a su jefe y que a continuación acudió a la Mutua. Para el Tribunal, no quedó acreditado que el problema en el hombro ocurriera o se desencadenara en su domicilio, pues los correos se pueden mandar desde cualquier lugar, y aunque ocurriera en su domicilio, no se acredita que fuera en el lugar donde desarrolla su trabajo, y además tampoco quedó acreditado que realmente el accidente se produjera moviendo el ordenador y no haciendo otra cosa ajena a su trabajo. Ante la dificultad de control, se exige "algo más" en materia de prueba.

Asumiendo esta problemática, lo que sí queda claro es que a los teletrabajadores han de aplicársele las mismas condiciones que a los presenciales. En su descanso para un café o ir al baño puede haber AT si lo hay para un empleado en idéntica circunstancia que trabajase en una oficina o taller; con independencia de que los riesgos se encuentren fuera de la órbita de control y responsabilidad del empleador. Y como consecuencia de lo anterior, no podríamos calificar de AT los que puedan producirse al efectuar tareas que de ningún modo haría en un centro de trabajo (como hacer la colada), interrumpiéndose el nexo causal[93].

4. LA CONCURRENCIA DE DOLO O IMPRUDENCIA TEMERARIA DEL TRABAJADOR ACCIDENTADO Y LAS LESIONES SUFRIDAS POR ATRACO O PELEAS

Tanto el dolo como la imprudencia temeraria se identifican con conductas imprevisibles, por estar fuera de toda lógica profesional. La conducta en la que incurre el trabajador supone una imprudencia temeraria cuando asume riesgos manifiestos, innecesarios y especialmente graves ajenos al usual comportamiento de las personas, con desprecio del riesgo y la omisión de la diligencia más elemental[94]. Por su imprevisibilidad, no solo exoneran a la empresa de responsabilidad PRL cuando tal conducta haya sido la causante directa y única del accidente, sino que ni siquiera se considera AT (a modo de sanción para el trabajador, creemos), en virtud

---

93 GARCÍA SALAS, A.I., 2022. "Si un teletrabajador se cae saliendo del baño de su casa ¿es accidente de trabajo?". En: Blog El Foro de Labos. Disponible en: https://www.elforodelabos.es/2022/11/si-un-teletrabajador-se-cae-saliendo-del-bano-de-su-casa-es-accidente-de-trabajo/

94 STS de 22 de enero de 2008 (Rec. 4756/2006, Sala de lo Social).

del art. 156.4 b) LGSS. No se trata de ninguna correlación, puesto que los accidentes fortuitos, de los que no son responsables las empresas, sí constituyen, por el contrario, AT.

Algunos de los casos de accidente no laboral por imprudencia temeraria del trabajador se dan en accidentes *in itinere*, como el atropello de un trabajador que cruzó por lugar no habilitado, de noche y sin prenda reflectante[95], u otros accidentes de tráfico por imprudencias temerarias en la conducción —como luego se comentará—. Ahora bien, si se trata de circular a mayor velocidad de la permitida, por ejemplo, ello no revela por sí mismo la existencia de una imprudencia temeraria, en su significado jurídico-doctrinal de falta de la más elemental cautela o prudencia, sino que podría ser debido a la falta de un cuidado o descuido puntual en el trabajador que no previó, con la debida anticipación, frenar o reducir la velocidad en un determinado tramo[96]; debiéndose tener en cuenta también, como criterio, qué entiende el Código Penal por sobre-velocidad a efectos de infracción.

En otro orden de cosas, la STSJ de Murcia, de 22 de enero de 2020[97], recogía un caso singular, a propósito de un trabajador víctima de un atraco en una nave de la empresa, a pesar de las medidas de seguridad adoptadas por esta. Sufrió lesiones de diversa consideración, pues se resistió a darle a los atracadores lo que pedían, pensando que portaban armas de fogueo; hecho que, a la postre, impidió la calificación de AT, al considerarse temeraria la resistencia efectuada[98]. Casi al mismo tiempo, por STSJ de Galicia de 15 de septiembre de 2020[99], un caso probablemente más claro de exclusión, como la imprudencia de la lesionada que se colocó bajo el coche de su compañero, y a la vez marido, para que no se marchara tras una discusión, sí fue calificado de AT; pues, si bien asumió un riesgo, innecesario y grave, lo hacía en la confianza de que él se percatara de ello, reflexionara y no arrancara, y por no quedarse abandonada en medio del monte. Estos ejemplos ponen de manifiesto la inseguridad jurídica de esta

---

95 STS de 4 de julio de 2023 (Rec. 3749/2020, Sala de lo Social).

96 STS de 13 de marzo de 2008 (Rec. 4592/2006, Sala de lo Social).

97 Rec. 520/2019.

98 Para el tribunal, el actor no actuó aplicando las reglas del sentido común, poniendo en peligro no solo su propia integridad física, sino también la del menor que estaba siendo utilizado como rehén, y la cuantía de los objetos sustraídos no justificaba su resistencia.

99 Rec. 5979/2019.

casuística (¿endemoniada?) y lo subjetivo de algunas apreciaciones según el tribunal enjuiciador.

Si se trata de riñas o peleas, al tratarse de agresiones mutuas, las lesiones serán AT solo si se deben a motivos laborales, y no a "motivos personales absolutamente ajenos al trabajo"[100]; si bien, en los hechos acaecidos en tiempo y lugar de trabajo, operará la presunción, salvo prueba en contrario. No concurriría tal prueba si, por ejemplo, la muerte del trabajador se produjera por un caso fortuito, como una acción terrorista, mientras realizaba su labor[101]. Porque un atentado terrorista ya se identificaría con la actuación criminal de un tercero ajeno a la empresa (art. 156.5 b) LGSS). Del mismo modo, cuando las lesiones son ocasionadas exclusivamente por un comportamiento agresivo de un compañero, se trata desde luego de AT[102].

Recientemente, la concurrencia de imprudencia temeraria del trabajador, como elemento disruptor de la relación de causalidad entre actividad profesional y hecho dañoso, ha vuelto a ser protagonista en la STS de 3 de febrero de 2025[103]. El comportamiento de un trabajador, albañil de profesión, no acudiendo al hospital el domingo anterior por molestias centro-torácicas, a pesar de la indicación médica recibida en el centro de salud, impidió, a juicio del Tribunal, que el acaecimiento del infarto al inicio de la jornada laboral del día siguiente, sin haber hecho un esfuerzo excepcional (se dice, aunque esfuerzo seguramente) se considerara AT. Se consigue así desvirtuar incluso la presunción de laboralidad del art. 156.3 LGSS. Parece que las interpretaciones restrictivas antes apuntadas, como que la causa exógena al trabajo sea independiente y claramente desconectada del mismo, no enervaron, sin embargo, la posibilidad de identificar como tal una imprudencia del trabajador como la que se describe. Habrá que sopesar entonces otros supuestos en los que los trabajadores ponen, consciente y voluntariamente, su salud en riesgo desobedeciendo importantes recomendaciones médicas, como la de dejar de fumar -lo que, hasta ahora, ha resultado ser indiferente a estos efectos-. Todo ello nos ha llevado a preguntarnos si, aun descartándose un cambio de doctrina, no estaremos ante una nueva tendencia judicial, menos amplia o permisiva, pero

---

[100] GARCÍA-PERROTE ESCARTÍN, I. y MERCADER UGUINA, J. R., "Un paso en la metamorfosis…", *cit.*, p. 8.

[101] Ibidem, p. 8.

[102] STSJ de Madrid, de 4 de abril de 2022 (Rec. 861/2021).

[103] Rec. 2707/2022, Sala de lo Social.

en relación más bien con los elementos subjetivos concurrentes y no tanto con los objetivos.

Pues bien, con independencia de toda la controversia existente acerca de la conexión laboral o no de estas conductas, lo cierto es que la exclusión del dolo y de la imprudencia temeraria del concepto de AT es en sí misma una causa controvertible más, que invitaría al menos, en mi opinión, al mantenimiento de la protección social por contingencia profesional. Se entiende la excepción en cuanto a la imputación de responsabilidades empresariales, pero menos en cuanto a la protección del trabajador. Nos encontramos en un sistema proteccionista que hace de esta exclusión un elemento discordante, cuando la tendencia es expansiva. Por la herencia civilista, la culpa exclusiva de la víctima exonera a la empresa de responsabilidad; pero también lo hace el caso fortuito que, sin embargo, no excluye actualmente el AT. En un marco de responsabilidad empresarial objetiva por AT, y siendo que hay supuestos que poco o nada tienen que ver con el trabajo, se intuye la presencia, insólita en el contexto actual, de la idea liberal de responsabilidad autónoma del trabajador cuando asume ese tipo de riesgos. Podríamos hablar de un perfil de trabajador propenso a la accidentabilidad, impulsivo o subversivo, autodestructivo o ambicioso, inconsciente o sibarita. Pero no dejan de ser rasgos humanos que se manifiestan con ocasión del trabajo —en el acto temerario también concurre ocasionalidad, aunque no sea consecuencia directa del trabajo, lo cual no es necesario en el AT—; y alguna vez con conocimiento sin repulsa por parte de la empresa. Todo ello les imprime un claro componente de laboralidad. Y, teniendo en cuenta la fina línea que a veces separa la imprudencia temeraria de la no temeraria —no hay más que ver el conjunto de resoluciones judiciales que las refieren—, puede advertirse también un ensanchamiento de la horma que acoge la imprudencia profesional o no temeraria, atendiendo a qué pudiera entenderse por una conducta propia de un trabajador[104]. Finalmente, no menos sugestivo será recordar que el art. 156.2 d) LGSS reconoce también como AT los acaecidos en acto de salvamento y en otros de naturaleza análoga que tengan conexión con el trabajo; conexión que se considera existente también si el trabajador actúa en cumplimiento de las órdenes del empresario o espontáneamente en interés del buen

---

104 RODRÍGUEZ PIÑERO Y BRAVO-FERRER, M., "Conducta temeraria…", *cit.*, p. 381: "Lo que nadie que no fuera trabajador haría y lo que ningún trabajador normalmente haría es lo que puede llegar a ser justificado como imprudencia profesional".

funcionamiento de la empresa (art. 156.2.c) LGSS); no apreciándose, por ello, necesariamente temeridad alguna.

Sea como fuere, en el caso particular de la imprudencia temeraria, y siendo coherentes, podría exigirse, al menos, "un grado muy notable de gravedad que explique su equiparación al dolo"[105]; más grave que la que llega a romper el nexo causal en la responsabilidad empresarial por culpa. Coincidimos con RODRÍGUEZ-PIÑERO en que, "como excepción que es, habrá de probarse frente a la presunción legal de accidente de trabajo e interpretarse de forma restrictiva"[106].

5. UN CLÁSICO EN CONTINUA REVISIÓN: EL ACCIDENTE DE TRABAJO *IN ITINERE*, DIFERENCIADO DE LOS VIAJES DE TRABAJO

Podría afirmarse que el AT *in itinere* es el paradigma de la elasticidad del concepto. Entendiendo el desplazamiento como algo necesario para efectuar la prestación de servicios, sin la cual no hubiese habido tal desplazamiento, ni accidente en su caso, se realiza su inclusión, primero jurisprudencial y después legal, en el sistema de contingencias profesionales. Pero bajo esa premisa, podríamos plantearnos también todas aquellas acciones que realiza el trabajador como actos necesarios para efectuar la prestación: comprar fuera de las horas de trabajo atuendos adecuados para trabajar o dispositivos electrónicos para estar conectados o informarse, ir a la peluquería para tener una buena imagen, ir a un spa para desconectar, etc. Sin embargo, la ampliación se ciñe a los momentos inmediatos a la entrada o salida del trabajo y con la finalidad de ir a trabajar o volver al domicilio; lo que no deja de tener su componente arbitrario. Es patente que el accidente *in itinere* ha sido posteriormente interpretado, por la ingente doctrina jurisprudencial que ha debido referirse a esta figura tan compleja, de manera restrictiva[107], sin presunciones[108], como enseguida se señalará; lo cual no se ha comprendido totalmente, pues, una vez que se incluye

105 Ibidem, p. 377.

106 Ibidem, p. 378.

107 Como ya puso de manifiesto BALLESTER PASTOR, M. A., *Significado actual...*, *cit.*, p. 8.

108 Como advierte también FERNÁNDEZ AVILÉS, J. A., *El accidente de trabajo...*, *cit.*, p. 121.

en el concepto de AT, debiera poder participar de los mismos rasgos que caracterizan al mismo, incluyendo las presunciones[109]. Aunque hay quien, por el contrario, lo ha percibido como "una figura plenamente autónoma dotada de perfiles propios"[110], lo que explicaría tal disparidad de criterios entre la calificación de AT *in itinere* y AT ordinario. También es cierto que su naturaleza paralaboral justifica perfectamente una mayor reserva en su apreciación.

Lo mismo no ocurre con los accidentes en misión, "figura de loable creación jurisprudencial"[111]; los cuales, aun careciendo de previsión normativa expresa, sí disfrutan de la presunción de laboralidad[112]. Con el objetivo de proteger al trabajador que sale del centro de trabajo para realizar tareas encomendadas por el empresario, y con el claro amparo del art. 156.2 c) LGSS (*los ocurridos con ocasión o por consecuencia de las tareas que, aun siendo distintas a las de su grupo profesional, ejecute el trabajador en cumplimiento de las órdenes del empresario*), se reconoce la prestación de servicios en tiempo de trabajo y, esté donde esté, en lugar de trabajo[113]. Por el contrario, si algo hace especial el AT *in itinere* es que en modo alguno podría afirmarse que se produce en tiempo y lugar de trabajo.

---

109 BALLESTER PASTOR, M. A., *Significado actual...*, *cit.*, p. 31.

110 SÁNCHEZ-RODAS NAVARRO, C., *El accidente "in itinere"*, *cit.*, p. 48.

111 STS de 16 de septiembre de 2013 (Rec. 2965/2012, Sala de lo Social).

112 El efecto retardado que es propio de las enfermedades y de la manifestación de sus síntomas permitió asimismo que la muerte por legionelosis de un trabajador días después de volver de una misión en Tailandia, cuyas condiciones climatológicas favorecen la difusión de la citada bacteria, fuera calificada como accidente laboral, aunque se desconocieran el momento y lugar concretos del contagio, siendo que éste se produce con ocasión de su desplazamiento laboral (STS de 23 de junio de 2015, *cit.*).

113 STSJ de Castilla y León, de 26 de enero de 2017 (Rec. 708/2016): "Se realiza así una interpretación extensiva del concepto de centro de trabajo, de forma que será considerado como tal el lugar en que el trabajador va a realizar las tareas que le encomienda el empresario". Se incluirían los trabajos off-shore, actividades laborales caracterizadas por un alejamiento entre el lugar de trabajo y el de residencia del trabajador (plataformas marinas, campamentos para instalación de tendido eléctrico), en los que habría que diferenciar también el tiempo y lugar de trabajo de sus periodos de descanso, en tanto en cuanto no estén permanentemente disponibles. También se consideran AT los accidentes en actividades marginales, como cursos de perfeccionamiento profesional o asistencia a congresos.

5.1. El accidente al ir o volver del lugar de trabajo

El caso más habitual es el de los accidentes de tráfico que se producen yendo o volviendo del trabajo. Tanto es así que se desestimó la calificación de AT, por falta de acreditación de la relación de causalidad, en el caso de un desvanecimiento sufrido por un trabajador una vez finalizada su jornada laboral y fuera del lugar de prestación de servicios, argumentándose que la presunción juega solo con relación a los accidentes acaecidos en tiempo y lugar del trabajo, por lo que la calificación de accidente *in itinere* como laboral procede únicamente respecto a los accidentes en sentido estricto[114] —esto es, las lesiones súbitamente producidas por agentes externos—. Se excluyen, por tanto, las enfermedades y dolencias, aunque se manifiesten en dicho trayecto, salvo que se acredite suficientemente por parte del trabajador la relación de causalidad con el propio trabajo[115]. En realidad, estando fuera del tiempo y lugar de trabajo, esta demostración opera del mismo modo independientemente de que tales enfermedades se manifiesten de camino a casa o ya en el propio domicilio; lo cual ha sido duramente criticado por la doctrina más especializada, pues "las condiciones en que se produce el desplazamiento pueden implicar factores de estrés incluso más elevados que los que se dan en el mismo lugar de trabajo"[116]. A ello puede añadirse la paradoja de que determinadas dolencias durante el trayecto provoquen un accidente de tráfico que a su vez sea la causa directa de una lesión de entidad independiente, que sí sería AT.

Sin embargo, al AT *in itinere* sí se le aplica el criterio excluyente consistente en que la agresión física causada por tercero se deba a motivos o rencillas personales y demostrando una causa ajena en total desvinculación con el trabajo[117] —antes mencionado—; nada que ver con los casos de terrorismo o el del "asesino de la baraja", en la medida en que puedan ser atribuibles a un caso fortuito (hecho imprevisible, y, por ende, inevitable), que no excluye la consideración de AT. El art. 156.5 b) LGSS solo impide tal consideración ante la concurrencia de culpabilidad civil o criminal de un tercero cuando no guarde relación alguna con el trabajo; esto es, resultaría precisa la constancia de tal desconexión con el trabajo, en la forma, en este caso, de motivaciones de carácter personal acreditadas y manifiestas. Como señalaba la STS de 20 de febrero de 2006, "cuando la agresión

---

114 STSJ de Asturias, de 9 de enero de 2020 (Rec. 2175/2019).

115 En este sentido, FERNÁNDEZ AVILÉS, J. A., *El accidente de trabajo…, cit.*, p. 103.

116 BALLESTER PASTOR, M. A., *Significado actual…, cit.*, p. 49.

117 STS de 20 de junio de 2002 (Rec. 2297/2001, Sala de lo Social).

que sufre el trabajador por parte de un tercero —sea en el lugar de trabajo o *in itinere*— obedece a razones personales entre agresor y agredido, cobra fuerza la excepción legal y el resultado lesivo de la agresión no puede calificarse de accidente de trabajo", aun cuando la excepción se interpreta restrictivamente[118], y más aún en relación con el AT *in itinere*. Pues, como advierte BALLESTER, "los factores extralaborales en el accidente *in itinere* adquieren una normalidad y habitualidad que no tienen cuando se trata de accidente de trabajo ordinario"[119].

El amplio espectro al que pueden referirse los accidentes *in itinere* ha terminado provocando en la jurisprudencia —puede que por este motivo— la necesidad de que el accidente reúna una serie de exigencias. Pero el hecho de que se trate de requisitos no insinuados siquiera por la ley ha hecho dudar de su legalidad: "donde la ley no distingue no deberíamos distinguir"[120]. Ampliaciones en un sentido y restricciones en otro nos terminan mostrando un funambulismo judicial que difícilmente consigue escapar a las críticas. La doctrina apuesta por valorar positivamente "que el agente lesivo guarde y mantenga una conexión socialmente razonable con el trabajo a prestar"[121].

La primera exigencia sería que la finalidad principal y directa del viaje venga determinada por el trabajo (elemento teleológico), aunque pueda interrumpirse por una gestión razonable, conforme a patrones usuales[122] —por lo que no rompería el nexo causal que el trabajador aprovechara para comprar el pan por el camino, por ejemplo[123]—. Parafraseando a SÁNCHEZ-RODAS, "tan relevante o más que el punto de destino del trayecto emprendido resulta ser el motivo y finalidad que lo impulsó"[124]. De hecho, en trayectos realizados dentro de la propia jornada laboral, pero con una finalidad personal, como hacer gestiones particulares o acudir a una cita médica, aún con autorización empresarial, son desestimados

---

118 FERNÁNDEZ AVILÉS, J. A., *El accidente de trabajo…*, *cit.*, p. 117.

119 Ibidem, pp. 87 y 88.

120 SÁNCHEZ-RODAS NAVARRO, C., *El accidente "in itinere"*, *cit.*, p. 49.

121 CUADROS GARRIDO, M. E., *Ocasionalidad…*, *cit.*, p. 49.

122 STS de 17 de abril de 2018 (Rec. 1777/2016, Sala de lo Social).

123 Aunque con anterioridad se fallara en contrario en un caso similar, como es el detenerse a comprar tabaco (STSJ de Andalucía, de 10 de enero de 2007, Rec. 2237/2006), que por analogía hoy debería entenderse revocado.

124 SÁNCHEZ-RODAS NAVARRO, C., *El accidente "in itinere"*, *cit.*, p. 50.

como AT *in itinere*[125]. La segunda exigencia ayuda a definir esta primera, pues se refiere a que el accidente acontezca próximo al comienzo o finalización del trabajo (elemento cronológico o temporal)[126]; de manera "que el recorrido no se vea alterado por desviaciones o alteraciones temporales que no sean normales"[127]. Ha de destacarse particularmente, como una verdadera adaptación a la conciencia social imperante, no apreciar ruptura del nexo causal cuando las desviaciones o paradas están relacionadas con la rutina de la vida familiar y personal (como el típico ejemplo de recoger a los hijos del colegio[128] o hacer una compra al finalizar la jornada[129]), aplicando a la interpretación del AT *in itinere* el "principio pro-conciliación"[130]. De hecho, para mayor seguridad jurídica, han existido propuestas de *lege ferenda* para que se incluya un nuevo supuesto que recoja el accidente *in itinere* por motivos de conciliación de la vida personal y familiar[131], como

---

[125] No se considera *in itinere* el accidente de tráfico sufrido por un trabajador cuando iba a realizar la declaración de la renta (STS de 29 de marzo de 2007, Rec. 210/2006, Sala de lo Social), ni acudir a una consulta médica durante la jornada laboral (SSTS de 10 de diciembre de 2009, Rec. 3816/2008, Sala de lo Social, y de 15 de abril de 2013, Rec. 1847/2012, Sala de lo Social). Con voto particular, la STSJ del País Vasco, de 6 de febrero de 2024 (Rec. 2224/2023) sí apreció, por el contrario, nexo causal en el accidente sufrido por la trabajadora cuando acudía a una cita médica dentro del horario de trabajo, para lo cual salió con antelación; se justifica por una conexión entre la atención médica y la salud de la trabajadora (que no puede considerarse una actividad privada, pues tiene trascendencia laboral), de manera que ni siquiera el hecho de haber pasado por su domicilio antes de acudir al hospital rompería el nexo causal.

[126] Pero sí sería accidente in itinere el sufrido por el trabajador tras dejar a dos compañeros en sus domicilios, pese al exceso de tiempo invertido (de 14 de febrero de 2017, cit.). También el accidente de la trabajadora cuando se dirigía a su puesto de trabajo, dentro del tiempo necesario para el trayecto, aunque, "por motivos acreditados, justificados y de solidaridad humana", había acompañado un poco antes a su abuela para ingresarla por urgencias, y con su coche, vehículo que utilizaba siempre para acudir a su trabajo (STSJ de Madrid, de 29 de septiembre de 2017, Rec. 596/2017).

[127] STS de 17 de abril de 2018, cit., como viene recogiendo toda la jurisprudencia anterior.

[128] STSJ de Canarias, de 24 de julio de 2018 (Rec. 271/2018).

[129] STSJ de Galicia, de 26 de enero de 2018 (Rec. 3630/2017).

[130] CUADROS GARRIDO, M. E., *Ocasionalidad…*, *cit.*, p. 41.

[131] SÁNCHEZ PÉREZ, J., "La reformulación del accidente de trabajo in itinere a tenor de la doctrina incluida en la sentencia del Tribunal Supremo de 26 de diciembre de 2013", Revista de Información Laboral, n. 3, 2014, p. 7.

ocurre en Francia[132] y que abarque incluso a los teletrabajadores[133]. El concepto se sigue expandiendo.

Finalmente, incluimos en una sola la idoneidad en el trayecto y en el medio de transporte empleado[134]. Destacamos la inexistencia de accidente *in itinere* por el carácter no inidóneo, sino inhabitual del medio de transporte empleado, así como del lugar de origen del desplazamiento, en un caso en que el trabajador se desplazó al centro de trabajo desde el domicilio de su novia y en vehículo propio (distinto del que venía utilizando), durante el cual se produjo la colisión en la que perdió la vida. Para el TS, desconocer los elementos geográfico y de transporte del accidente *in itinere* desorbitaría el riesgo profesional asumido por la entidad gestora respecto de los accidentes sobrevenidos con ocasión del trabajo[135]; aunque no más, en nuestra opinión, que los provocados por caso fortuito, también *in itinere*, y particularmente casos como el del asesino de la baraja. Sorprende que se traiga a colación la noción de riesgo profesional cuando es patente que el AT *in itinere* y otras situaciones incluidas ahora en el concepto no obedecen a la idea de riesgo profesional, ni, por ende, están circunscritos a las obligaciones PRL imputables al empleador —circunstancias estas que llevaron a ALONSO OLEA a sostener la conveniencia de su exclusión de la contingencia profesional[136]—. Por todo ello, es ciertamente poco comprensible y hasta cierto punto incongruente que, si el trabajador pernocta en casa de su novia o de sus padres y se dirige directamente a su trabajo, ello suponga una exclusión del AT *in itinere*. Es artificio dentro del propio artificio que supone el AT *in itinere*. No hay más que reparar en la extensión antes comentada de la consideración de AT respecto de aquel ocurrido en la pausa para la comida cuando el trabajador no se dirigía a su domicilio,

---

132 MARTÍNEZ GIRÓN, J. y ARUFE VARELA, A., *Fundamentos de Derecho comparado del Trabajo y de la Seguridad Social*, Barcelona, Ed. Atelier, 3ª Edición, 2023, p. 253.

133 Ibidem, p. 254.

134 El Juzgado de lo Social nº 3 de Santander, en Sentencia de 18 de septiembre de 2024 (Rec. 125/2024) ha considerado AT *in itinere* el siniestro que sufrió el trabajador cuando se desplazaba en bicicleta desde su puesto de trabajo hasta su domicilio, a 44 kilómetros de distancia, lo que puede obedecer a un "ecologismo no desdeñable"; y no tiene que implicar más riesgo que el propio vehículo: "Completamente diferente sería la situación si el desplazamiento hubiera tenido lugar en plena noche, por caminos malamente transitables o con hielo, lluvia incesante, viento o circunstancias similares. No es el caso".

135 STS de 20 de septiembre de 2005 (Rec. 4031/2004, Sala de lo Social).

136 ALONSO OLEA, M. y TORTUERO PLAZA, J. L., *Instituciones de Seguridad Social*, *cit.*, p. 74.

sino a otro lugar, como un restaurante, con la misma finalidad y con un desplazamiento similar[137]. O piénsese también en un trabajador que compatibiliza dos trabajos, y el trayecto se produce del lugar de uno al del otro[138]. En todos estos casos, como diría la STS de 24 febrero de 2014, *cit.*, "se aprecia el elemento teleológico, porque la finalidad principal del viaje sigue estando determinada por el trabajo". Pero lo más que se ha permitido hasta el momento es reconocer, además del domicilio del trabajador en sentido estricto, el también domicilio habitual en fines de semana y en época de vacaciones escolares[139], amén de la residencia habitual distinta que tuviera por motivos de trabajo —por traslado o desplazamiento—[140]. Según afirma BALLESTER PASTOR, todo empezó cuando el TS se pronunció sobre la necesidad de que la referencia del domicilio cumpliera con el criterio de normalidad[141] —criterio que, como puede observase, impregna los tres requisitos del *in itinere*—; lo que ha dado pie a "una interpretación radical del concepto de domicilio que comprende exclusivamente el habitual"[142], en lo que se percibe nuevamente como la incorporación de un requisito que el precepto no contiene[143]. La pacífica continuidad del AT *in itinere* exigiría una mayor concreción legislativa de los elementos jurisprudencialmente empleados sin base normativa; lo que también podría implementarse recogiendo cada caso posible, como hace la Ley portuguesa[144].

Y en todas estas situaciones influye, por supuesto, cuál sea la conducta del trabajador, en tanto la propia imprudencia en la conducción. Una imprudencia temeraria excluye la noción de AT *in itinere*[145], como sería la conducción bajo los efectos del alcohol en dosis elevadas[146], o saltarse

137 STSJ de Galicia, de 23 de octubre de 2020 (Rec. 642/2020).

138 Como apuntan MARTÍNEZ GIRÓN, J. y ARUFE VARELA, A., *Fundamentos de Derecho comparado...", cit.*, p. 256.

139 STSJ de Castilla-la Mancha de 14 de noviembre de 2001 (Rec. 1355/2000) o STSJ de la Comunidad Valenciana, de 21 de enero de 2003 (Rec. 3495/2002).

140 STS de 26 de diciembre de 2013 (Rec. 2315/2012, Sala de lo Social).

141 BALLESTER PASTOR, M. A., *Significado actual..., cit.*, p. 40.

142 Ibidem, p. 41.

143 Ibidem, p. 42.

144 Ley 98/2009, de 4 de septiembre, sobre Régimen de reparación de accidentes de trabajo y enfermedades profesionales.

145 STSJ de Andalucía, de 24 de junio de 2021 (Rec. 564/2020).

146 STS de 31 de marzo de 1999 (Rec. 2997/1998, Sala de lo Social); si bien, dadas las tasas de alcoholemia permitida, ha de observarse que la tendencia se encamina a la prohibición absoluta de consumo de alcohol al volante.

un semáforo en rojo[147]. Pero debería tratarse de casos palmarios[148], siguiendo el criterio más restrictivo que aquí también hemos defendido, a través de la exigencia de una prueba de desconexión. Sin embargo, la STSJ Galicia de 30 de abril de 2018[149] desestimó la indemnización de daños y perjuicios por la imprudencia del trabajador en un adelantamiento sin que se hubiera acreditado estrés laboral o cansancio tras la jornada. Aun así, estos factores de conexión con el trabajo tampoco serían los únicos; piénsese que lo podría ser también cualquier imprudencia derivada del abuso de confianza en un trayecto realizado a diario y sobradamente conocido.

5.2. Las circunstancias del trabajo en misión

En la actualidad, constituye una importante particularidad del trabajo en misión que, durante el tiempo de ocio o descanso personal, como una caída en la ducha del hotel, el TS haya considerado que no hay AT "al no concurrir datos adicionales que permitan aplicar la doctrina sobre «ocasionalidad relevante»"[150]. A pesar de tratarse de un lugar no habitual de descanso, el accidente no queda comprendido en la presunción, por lo que habría de demostrarse su conexión con el trabajo[151].

Y es que la presunción de tiempo y lugar de trabajo aquí coexiste con enormes dificultades de delimitación. Hace ya tiempo que quedó abandonada la tesis conforme a la cual todo el desarrollo de la misión estaba cubierto por la presunción de laboralidad (art. 156.3 LGSS)[152], en cuanto se ampliaba "a todo el tiempo en que el trabajador desplazado, en consideración a la prestación de sus servicios, aparecía sometido a las decisiones de

---

147 STS de 18 de septiembre de 2007 (Rec. 3750/2006, Sala de lo Social).

148 ARIAS DOMÍNGUEZ, A. y SEMPERE NAVARRO, A. V., *Accidentes laborales de tráfico,* Navarra, Ed. Aranzadi 2015, p. 14.

149 Rec. 4988/2017.

150 STS de 18 de abril de 2023 (Rec. 3119/2020, Sala de lo Social).

151 Se estimó AT el de un trabajador en misión que sufrió un ictus cerebral durante tiempo de descanso pernoctando en hotel, lo que fue conectado con una situación de estrés laboral (STSJ de Cataluña, de 4 de mayo de 2012, Rec. 1032/2011).

152 A través de la STS de 6 de marzo de 2007 (Rec. 3415/2005, Sala de lo Social), respecto del fallecimiento por enfermedad cardiovascular de un transportista durante el descanso en un hotel, rectificando la doctrina anterior. De manera similar, la STS de 7 de febrero de 2017 (Rec. 536/2015, Sala de lo Social).

la empresa (incluso sobre su alojamiento, medios de transporte, etc.)"[153]. Hoy en día, la misión integra solo dos elementos[154]: 1°) el desplazamiento para cumplir la misión[155], coincidiendo su protección con la del AT *in itinere,* y 2°) la realización del trabajo en que consiste la misión, que a veces coincide con el propio desplazamiento, como en el caso del trabajo itinerante o de transporte[156]. Por tanto, no todo lo que sucede durante la misión tiene una conexión necesaria con el trabajo. Al menos ha de estarse a disposición para responder a posibles instrucciones de la empresa, en el sentido de la Directiva 2002/15 CE, relativa a la ordenación del tiempo de trabajo de las personas que realizan actividades móviles de transporte por carretera. Si bien, no ha dejado de ser cierto, aunque eso ahora ya no sea relevante, que el trabajador no se encuentra en dichos lugares por su propia voluntad, sino por decisión de la empresa y, en la mayoría de los casos, bajo las condiciones establecidas por aquella.

6. NO SIEMPRE QUE HAY ACCIDENTE DE TRABAJO ES DEBIDO A UN INCUMPLIMIENTO DE MEDIDAS DE SEGURIDAD Y SALUD LABORAL

La objetivación del accidente de trabajo ha acentuado su desvinculación con las condiciones de trabajo generadoras de siniestralidad, como ya

153 Como recordaba la STS de 16 de septiembre de 2013 (Rec. 2965/2012, Sala de lo Social).

154 STS de 6 de marzo de 2007, *cit.*

155 Sí se incluiría como accidente en misión el infarto agudo de miocardio sufrido por una tripulante de cabina, cuando se encontraba esperando en el parking del aeropuerto de la base operativa a la que había sido desplazada temporalmente, para dirigirse al hotel donde se hospedaba (STS de 1 de diciembre de 2017, Rec. 3892/2015, Sala de lo Social).

156 Aquí podría incluirse el caso de viajantes y transportistas que inician el desplazamiento en misión, no solo desde el centro de trabajo, sino desde su propio domicilio sin pasar por aquel. Recuérdese el caso del visitador médico, que sufrió un infarto al salir de su domicilio para buscar su vehículo y dirigirse a su primer destino. Señalaba la STSJ de Cataluña, de 26 de julio de 2001 (Rec. 7001/2000), que "el supuesto descrito no tiene encaje como alega la recurrente en la figura del accidente «in itinere», sino en los denominados por la doctrina como accidentes «en misión», que son los ocurridos con motivo de desplazamientos de un lugar a otro por razón de la actividad profesional del trabajador".

señalara MERCADER[157]. Ha de recordarse que no todo AT en potencia, en los términos del art. 156 LGSS, proviene de un riesgo laboral que deba prevenir el empresario; ni le genera, por tanto, responsabilidades PRL[158]. Es el caso de los accidentes por caso fortuito, fuerza mayor no extraña al trabajo, o culpa exclusiva de un tercero[159] (aun cuando fuera otro empleado, si obró con imprudencia temeraria o contra una prohibición expresa dada por el empleador y con desobediencia cierta a la misma)[160], si la empresa consigue demostrarlo[161]. Son situaciones en que el AT sobreviene por un conjunto de elementos ajenos al control empresarial; sin que, por otro lado, concurran circunstancias excluyentes de laboralidad *ex* art. 156 LGSS.

Un ejemplo lo tenemos en el caso del atraco que, como regla general, no es riesgo laboral (salvo algunas profesiones más expuestas, como de-

---

157 GARCÍA-PERROTE ESCARTÍN, I. y MERCADER UGUINA, J. R., "Un paso en la metamorfosis...", *cit.*, p. 5.

158 Debe distinguirse la responsabilidad civil por falta de medidas de seguridad y salud de la responsabilidad civil por AT, con indemnizaciones compatibles (STS de 9 de abril de 2019, Rec. 750/2017, Sala de lo Social); siendo que un buen número de convenios colectivos establecen la obligatoriedad para la empresa de contratar un seguro que complemente la prestación de Seguridad Social en caso de accidente incapacitante, independientemente de si ha habido algún tipo de culpa o negligencia de la empresa.

159 Como se deduce del art. 1.105 del Código Civil; así como del art. 5.4 de la Directiva Marco de Seguridad, de 12 de junio de 1989, relativa a la aplicación de medidas para promover la mejora de la seguridad y de la salud de los trabajadores en el trabajo, que "no obstaculizará la facultad de los Estados miembros para establecer la exclusión o la disminución de la responsabilidad de los empresarios por hechos derivados de circunstancias que les sean ajenas, anormales e imprevisibles o de acontecimientos excepcionales, cuyas consecuencias no hubieren podido ser evitadas a pesar de toda la diligencia desplegada".

160 Numerosas sentencias han venido excluyendo la responsabilidad empresarial indirecta, como la STS de 26 de febrero de 1996 (Rec. 2589/1992, Sala de lo Civil).

161 La responsabilidad civil, concebida legalmente como cuasiobjetiva, implica una inversión de la carga de la prueba, según la cual es el empresario el que deberá demostrar que el daño se produjo por uno de estos motivos. En caso contrario, terminará respondiendo él; quedando asegurado así el resarcimiento de la víctima. Pero la jurisprudencia se niega a admitir una absoluta objetivización de la responsabilidad civil del empresario (STS de 30 de junio de 2010, Rec. 4123/2008, Sala de lo Social), recordando que el riesgo no puede erigirse en fundamento único de la obligación de resarcir, pues la teoría del riesgo no exime, por ejemplo, de acreditar el nexo causal (STS de 31 de marzo de 2003, Rec. 2476/1997, Sala de lo Civil).

pendientes de gasolineras o joyerías, o vigilantes de seguridad), por lo que se suele calificar de caso fortuito[162]. Ello no quiere decir que no sea AT a los efectos de Seguridad Social, pues guarda relación con el trabajo que se ejecutaba al ocurrir el accidente (art. 156.4 LGSS), aunque sea cometido por un agente externo. Lo mismo ocurre con los AT *in itinere*, pues el empresario no está obligado a prevenirlos; salvo que se estuviera prestando trabajo o se use un vehículo de la empresa que sea la causa del AT. Es obvio que su prevención está fuera del control empresarial; aunque ello impide algo que debiera ser inherente al AT, como es la lucha por que se reduzcan, a salvo la actuación de la Dirección General de Tráfico. Y otro ejemplo puede ser el del accidente del teletrabajador fuera de la zona de trabajo, anteriormente mencionado. En el teletrabajo, siendo que el AT se extiende a cualquier lesión producida en tiempo y lugar (el que sea) de trabajo, el deber empresarial se limita a la zona de trabajo[163], no siendo responsable la empresa de la seguridad de otras estancias, como el baño, comedor o cocina (de las que sí sería responsable si hablásemos de un centro de trabajo tradicional gestionado por la propia empresa). Tendrá la consideración de AT, pero el suceso obedece a su exclusiva responsabilidad —si se encuentra en su domicilio particular—, o la de un tercero —si se encontrara en otro lugar gestionado por un tercero—[164].

7. QUÉ NOS PUEDE DEPARAR EL FUTURO

Podríamos preguntarnos hasta cuándo podrá durar esta situación de expansión del concepto de AT, que genera indudable incertidumbre e inseguridad jurídica. De hecho, siguen apareciendo nuevos elementos que podrían ampliarlo. Por un lado, los riesgos emergentes sobre las condiciones de trabajo derivados del uso de las nuevas tecnologías, la robótica y la inteligencia artificial no harán más que ahondar en la necesidad de objetivación de la responsabilidad por accidente y en la búsqueda de nuevas fórmulas de aseguramiento[165]. También debería atenderse más dete-

---

162 STS de 20 de noviembre de 2014 (Rec. 2399/2013, Sala de lo Social).

163 Art. 16 de la Ley 10/2021, de 9 de julio, de Trabajo a Distancia.

164 Ver GARCÍA SALAS, A. I., 2022. “Si un teletrabajador se cae saliendo del baño de su casa…”, *cit.*

165 Ver GARCÍA SALAS, A. I., “Responsabilidades de Prevención de Riesgos Laborales ante la incidencia de la tecnología y la robótica”, en *Cambio tecnológico y transformación de las fuentes laborales. Ley y convenio colectivo ante la disrupción digital,* (Dir.

nidamente al AT desde la perspectiva de género, siguiendo la estela de la PRL y de la realidad social, como, por ejemplo, los abortos sufridos como consecuencia o con ocasión del trabajo[166]. Por otro lado, se ha planteado, con acierto, la necesidad de reforma de la Ley de Trabajo a Distancia (insatisfactoria en tantos aspectos), que especifique mejor los supuestos. En definitiva, *ubi societas, ibi ius.* Ciertamente, la ley podría eliminar márgenes innecesarios, esquivando el papel tan marcadamente demiúrgico que asumen nuestros tribunales en este tema. Una cosa es que la interpretación resulte siempre necesaria, y otra cosa es que "la norma sea un invento o una libre creación del intérprete"[167]. Una depurada y exquisita técnica legislativa ahorraría mucho tiempo y dinero en pleitos.

Pero, por otra parte, la tendencia hacia un sistema más asistencial, basado en una casi absoluta objetivación de las situaciones de necesidad, contribuirá sin duda a la igualación de la acción protectora para contingencias profesionales y comunes, como un mecanismo más para combatir la desigualdad social, cuando los privilegios (del sistema contributivo y, en un momento dado, dentro de él, del de contingencias profesionales) se presentan como elementos de esa desigualdad. Y si a nivel de protección de Seguridad Social se eliminaran totalmente las diferencias (ahí terminaremos llegando[168]) entre accidente laboral y no laboral, y buena parte de las enfermedades del trabajador pudieran incardinarse bien en el

---

J. R. Mercader Uguina y A. de la Puebla Pinilla), Valencia, Tirant lo Blanch, 2023, p. 245.

166 Entre otras, la STSJ de Andalucía, de 4 de marzo de 2003 (Rec. 2303/2002) en un caso de amenaza de aborto por sobreesfuerzo. Véase también, por el contrario, la STSJ de Cantabria, de 19 de mayo de 2005 (Rec. 262/2005), en la que no se consideró AT el aborto sufrido por la trabajadora en vacaciones tras ser despedida, o el caso de la enfermera de quirófano que sufrió un aborto diferido "que se debió a causas ovulares y genéticas ajenas al trabajo realizado" (STSJ de Andalucía, de 31 de mayo de 2012, Rec. 138/2012); en sentido similar, la STSJ de Andalucía, de 18 de enero de 2018 (Rec. 280/2017).

167 PRIETO SANCHÍS, L., *Apuntes de teoría del Derecho,* Madrid, Ed Trotta, 10ª edición, 2016, p. 227.

168 Del principio de conjunta consideración de las contingencias ya avisaron GARCÍA-PERROTE ESCARTÍN, I. y MERCADER UGUINA, J. R., en "La reconstrucción judicial del principio de conjunta consideración de las contingencias: nuevos episodios en el desbordamiento del concepto de accidente de trabajo", Revista de Información Laboral, n. 4, 2017, p. 2; porque "cuando las «cargas» siguen creciendo, los elementos de la estructura no son capaces de resistir más y, entonces, «plastifican» deformándose ya, prácticamente, sin necesidad de aumento de carga llegándose a la situación denominada de «colapso plástico».

concepto de AT bien en el listado abierto de enfermedades profesionales, la frontera entre ambos tipos de contingencias sería casi imperceptible y todas aquellas situaciones incluidas en el concepto elástico de AT que no provienen de incumplimientos PRL (caso fortuito, *in itinere*, etc.) perderían su razón de ser[169]. Ello nos libraría de disquisiciones interpretativas y casuísticas y de "los numerosos litigios ante los tribunales acerca de la línea demarcatoria"[170].

Y aunque la tendencia igualadora suele propiciar una igualación a la baja, lo cierto es que no es eso lo que se pretende en este caso. El paradigma de protección sería el de las contingencias profesionales, cuyo régimen privilegiado es el que precisamente ha atraído hacia el concepto de AT supuestos que estaban abocados a ser contingencia común, propiciando justamente su elasticidad. Hablamos no sólo de acceder a prestaciones de mayor cuantía por su diferente cálculo, con una mayor intensidad en su protección, o de la exceptuación del periodo de carencia, sino también del encuadramiento automático en los casos de alta presunta, el principio de automaticidad de las prestaciones, indemnizaciones por lesiones permanentes no invalidantes, atención sanitaria (cirugía plástica, rehabilitación, prótesis ortopédicas...) y farmacéutica, etc. Además, el interés por que continúe la intermediación privada en la gestión de las contingencias profesionales realizada por las MATEPS, en colaboración con los organismos públicos de Seguridad Social, es un elemento más de presión, al que se suman los propios trabajadores usuarios, que prefieren la gestión privada (más organizada y especializada). Lo que ocurre es que la realidad es tozuda y los números también, y con una Seguridad Social en quiebra el régimen de protección de contingencias profesionales tendría que reinventarse, quizás con intervención privada, para poder sobrevivir.

Otro factor a considerar es el papel de la PRL en la supervivencia de este diseño. En los casos en que los accidentes sí se deban a la falta de medidas de seguridad, un sistema robusto de PRL evitará muchas situaciones de necesidad susceptibles de protección. Por ello, sería fundamental que el ahorro repercutiera sobre las empresas y entidades colaboradoras que

---

169 Como señala SÁNCHEZ-RODAS NAVARRO, C., *El accidente "in itinere", cit.*, p. 17, "si el nivel de protección fuera idéntico tanto en los supuestos de accidentes laborales como no laborales, ni la jurisprudencia ni el legislador se hubieran visto obligados a sostener la ficción de reputar como laborales siniestros cuya conexión con el trabajo es remota o, cuando menos, cuestionable".

170 FERNÁNDEZ AVILÉS, J. A., *El accidente de trabajo..., cit.*, p. 88.

previenen accidentes, se someten a auditorías y toman medidas; a lo que no contribuye desde luego la suspensión prolongada en el tiempo del RD 231/2017, de 10 de marzo, por el que se regula el establecimiento de un sistema de reducción de las cotizaciones por contingencias profesionales a las empresas que hayan disminuido de manera considerable la siniestralidad laboral. Las primas de seguros, los incentivos fiscales, etc., deberían ir en consonancia con la diligencia empresarial empleada, en la medida en que buena parte de los AT están relacionados con la insuficiencia en la gestión de la prevención. A ello se pueden sumar otras ideas innovadoras, como el fomento del empleo estable y la reducción de la temporalidad[171], relacionada directamente con un mayor índice de siniestralidad. Y, aunque se igualara el sistema de cotizaciones, correspondiendo en su totalidad al empresario, tampoco podría hablarse francamente de un menor incentivo para la prevención, pues las responsabilidades aquí son de tal calibre, y no siempre ligadas a un resultado lesivo, que las empresas no podrán abandonar el nivel de actitud que exige la LPRL.

Verdaderamente, todo esto no encaja con la objetivación del concepto de AT, pues ya estaríamos en el plano de la indiferenciación, con una protección generalizada; sin desatender la responsabilidad culpabilística de las empresas[172] cuando la evitación o minimización de los daños estuvieran dentro de su control. Volveríamos quizás al estadio original; y ello a través de la miscibilidad de aquellas situaciones que, hasta el momento, nos esforzamos por desempatar hasta la extenuación. Ahora bien, cualquier propuesta doctrinal precisa de la complicidad judicial para alcanzar relevancia y efectividad. Es más, sería necesario el auxilio legal, aunque no en el sentido de ampliar la casuística normativa comprendida en el AT, lo que no dejaría de complicar la ya complicada estructura del concepto[173].

Bibliografía

AA.VV. *Cien años de Seguridad Social,* Madrid, Fraternidad-Muprespa, 2000.

---

171 FERNÁNDEZ AVILÉS, J. A., *El accidente de trabajo…, cit.*, p. 193.

172 FERNÁNDEZ AVILÉS, J. A., *El accidente de trabajo…, cit.*, p. 240: "Es decir, retomar la idea de una culpabilidad que responda verdaderamente a unos estándares de cumplimiento razonables (relativos al comportamiento empresarial y la tecnología disponible) y que caigan en la esfera de control empresarial".

173 Ver FERNANDEZ LÓPEZ, M. F., "Accidente de trabajo y relación de causalidad", en *Cien años…, cit.*, p. 335.

ALONSO OLEA, M. y TORTUERO PLAZA, *Instituciones de Seguridad Social,* Madrid, Civitas, 2002.

ARIAS DOMÍNGUEZ, A. y SEMPERE NAVARRO, A.V., *Accidentes laborales de tráfico,* Navarra, Ed. Aranzadi 2015.

BALLESTER PASTOR, M. A., *Significado actual del accidente de trabajo in itinere: paradojas y perspectivas,* Albacete, Ed. Bomarzo, 2007.

BILBAO, A., *El accidente de trabajo: entre lo negativo y lo irreformable,* Madrid, Siglo veintiuno editores, 1997.

CAVANILLAS MÚGICA, S., *La transformación de la responsabilidad civil en la jurisprudencia,* Navarra, Ed. Aranzadi, 1987.

CUADROS GARRIDO, M. E., *Ocasionalidad y presunción en el accidente de trabajo,* Navarra, Ed. Aranzadi, 2022.

FERNÁNDEZ AVILÉS, J. A., *El accidente de trabajo en el Sistema de Seguridad Social (Su contradictorio proceso de institucionalización jurídica),* Barcelona, Ed. Atelier, 2007.

GARCÍA SALAS, A. I., "Responsabilidades de Prevención de Riesgos Laborales ante la incidencia de la tecnología y la robótica", en *Cambio tecnológico y transformación de las fuentes laborales. Ley y convenio colectivo ante la disrupción digital,* (Dir. J. R. Mercader Uguina y A. de la Puebla Pinilla), Valencia, Tirant lo Blanch, 2023.

GARCÍA-PERROTE ESCARTÍN, I. y MERCADER UGUINA, J. R., "Un paso en la metamorfosis del concepto de accidente de trabajo: el caso del asesino de la baraja", Justicia Laboral, n. 26, 2006.

GARCÍA-PERROTE ESCARTÍN, I. y MERCADER UGUINA, J. R., en "La reconstrucción judicial del principio de conjunta consideración de las contingencias: nuevos episodios en el desbordamiento del concepto de accidente de trabajo", Revista de Información Laboral, n. 4, 2017.

GUTIÉRREZ-SOLAR CALVO, B., *Culpa y riesgo en la responsabilidad civil por accidentes de trabajo,* Madrid, Ed. Civitas, 2004.

MARTÍNEZ GIRÓN, J. y ARUFE VARELA, A., *Fundamentos de Derecho comparado del Trabajo y de la Seguridad Social,* Barcelona, Ed. Atelier, 3ª Edición, 2023.

MENÉNDEZ SEBASTIÁN, P., "Desbordamiento del concepto de accidente de trabajo mediante la aplicación jurisprudencial de las presunciones legales", en *Liber Amicorum en homenaje a Aurelio Desdentado Bonete,* 2022.

MONTESDEOCA SUÁREZ, A., "La presunción "tiempo de trabajo" a efectos de la calificación de accidente de trabajo: El infarto de miocardio sufrido por la persona teletrabajadora", Revista de Estudios Jurídico Laborales y de Seguridad Social, mayo-octubre 2023, n. 7.

POQUET CATALÁ, R., "El suicidio como accidente de trabajo: Análisis de una zona gris", Revista de Derecho de la Seguridad Social, n. 22, 2020.

PRIETO SANCHÍS, L., *Apuntes de teoría del Derecho,* Madrid, Ed Trotta, 10ª edición, 2016.

SÁNCHEZ PÉREZ, J., "La reformulación del accidente de trabajo in itinere a tenor de la doctrina incluida en la sentencia del Tribunal Supremo de 26 de diciembre de 2013", Revista de Información Laboral, n. 3, 2014.

SÁNCHEZ-RODAS NAVARRO, C., *El accidente "in itinere",* Granada, Comares, 1998.

Reflexiones sobre las disfunciones del recargo de prestaciones. En especial, los problemas que plantea su liquidación y recaudación

ELENA DESDENTADO DAROCA
Catedrática de Derecho del Trabajo y de la Seguridad Social (UNED)
ORCID 0000-0001-8414-8181

1. EL DESIERTO DE LOS TÁRTAROS Y LA OBRA DEL PROFESOR MERCADER

Cuando me invitaron, amablemente, a colaborar en este homenaje acepté con gran alegría. Son ya muchos años de admiración y afecto los que me unen al profesor Mercader; años en los que he tenido el privilegio de compartir con él aficiones, inquietudes, proyectos académicos y, lo que es más importante, una profunda amistad. Este libro, en el que celebramos sus 25 años de catedrático, constituye también una gran oportunidad para expresarle mi agradecimiento por su magisterio, su ejemplo y su cariño.

Aceptada con ilusión la encomienda, ha sido, sin embargo, difícil elegir un trabajo, de entre la inmensa obra del profesor Mercader, para inspirar mi aportación al libro. Finalmente, me he decidido por una materia que ambos hemos transitado, pues los dos formamos parte de ese grupo extraño de apasionados por el Derecho administrativo. Me refiero, en concreto, a los procedimientos administrativos a través de los cuales opera la Seguridad Social. Es un tema que el profesor Mercader ha abordado en diversos trabajos, aunque aquí me centraré en su libro *Los procedimientos administrativos en materia de Seguridad Social*, publicado en Aranzadi en el año 2017.

Se trata de un libro brillante y especialmente necesario, porque la Seguridad Social, clave de nuestro Estado de Bienestar, no puede entenderse sin conocer bien su actividad procedimental. Como indica el profesor Parejo en su magnífico prólogo al libro, "se olvida normalmente que la Administración es, ya desde la Constitución, simultánea e inescindiblemente organización y actuación y que la organización es, desde el punto de vista de la idoneidad, presupuesto del servicio eficaz y legal —en el curso de la acción— del interés general"[1]. Esta afirmación es especialmente acertada en el caso de la Seguridad Social. El sistema de Seguridad Social reposa sobre una fuerte organización administrativa y es esencial que esa organización se articule de manera eficiente, a través de procedimientos rápidos, ágiles y flexibles, que permitan dar satisfacción a los fines del sistema, pero sin olvidar las garantías debidas a los ciudadanos.

El procedimiento administrativo, como institución jurídica, responde a la exigencia de esa doble garantía. Por una parte, el procedimiento es un instrumento técnico, que, al regular la formación de voluntad de los órganos administrativos, trata de lograr un mayor acierto en las decisiones de éstos y de asegurar su vinculación al servicio del público. El procedimiento, jurídicamente regulado, proporciona un cauce adecuado para decidir y contribuye a racionalizar el ejercicio de la función administrativa, dentro del esquema típico de la racionalidad weberiana. Desde esta perspectiva, el procedimiento es garantía para la realización del interés público. Pero, por otra parte, el procedimiento administrativo también constituye una garantía para el administrado, en la medida en que incorpora principios del proceso —audiencia y defensa— que hacen posible que aquél pueda defender eficazmente sus derechos frente a la posición de la Administración.

Estas garantías juegan plenamente cuando el procedimiento se aplica a la actividad de los organismos gestores de la Seguridad Social, aunque existen importantes deficiencias. Como el propio profesor Mercader advierte, "la regulación del procedimiento administrativo en materia de Seguridad Social constituye un territorio especialmente pantanoso"[2]. En efecto, una visión general del procedimiento administrativo en materia de Segu-

---

1 L. PAREJO ALFONSO, Prólogo al libro de J. R. MERCADER UGUINA, *Los procedimientos administrativos en materia de Seguridad Social*, Pamplona, Aranzadi, 2017, p. 27.

2 J. R. MERCADER UGUINA, *Los procedimientos administrativos…*, *cit.*, p. 66.

ridad Social, que es la que precisamente nos ofrece su libro, muestra aspectos positivos destacables —la celeridad en la resolución y un buen nivel en el tratamiento de la información—, junto a desviaciones inquietantes, como la falta de transparencia y una tendencia muy acusada a la oficialidad, que se manifiesta en una posición subordinada de los interesados y en unas formas de actuación administrativa poco respetuosas con los principios de audiencia y contradicción, propias de una concepción autoritaria del procedimiento.

Estas desviaciones tienen varias causas. La primera, sin duda, es que la propia regulación del procedimiento administrativo de la Seguridad Social deja bastante que desear. La disposición adicional 1ª, apartado 2, de la LPAC[3] dispone que "las actuaciones y procedimientos de gestión, inspección, liquidación, recaudación, impugnación y revisión en materia de Seguridad Social y Desempleo" se regirán "por su normativa específica y supletoriamente por lo dispuesto en esta Ley". Pero esta normativa específica es pobre, insuficiente y técnicamente imperfecta en el campo de la acción protectora, aunque hay que señalar que la regulación resulta más completa en materia de recaudación y en lo que respecta al procedimiento administrativo sancionador.

La segunda causa de las deficiencias en el procedimiento administrativo se relaciona con lo que podríamos calificar como un déficit en la cultura administrativa de los operadores jurídicos de la Seguridad Social. Tanto los jueces, como los funcionarios de la Administración de la Seguridad Social y los abogados laboralistas tienen una formación especializada en la rama social del Derecho, pero su vinculación con el Derecho administrativo es menor y la propia doctrina científica ha prestado poca atención a los problemas estrictamente administrativos de la gestión de la Seguridad Social. De ahí, insisto, la importancia del libro del profesor Mercader.

El libro analiza en detalle los distintos procedimientos administrativos en materia de Seguridad Social a la luz del procedimiento administrativo común. Se ofrece así al lector un examen integral de una materia especialmente necesitada de ello. Ese "desierto de los tártaros" o "territorio de frontera abandonada"[4] ya no es tal, gracias a este estudio monográfico.

---

3 Ley 39/2015, de 1 de octubre, del Procedimiento Administrativo Común de las Administraciones Públicas.

4 La referencia metafórica al libro de Dino Buzzati la hace el propio Mercader en *Los procedimientos administrativos…*, *cit.* p. 52.

Al hilo, pues, de este espléndido libro paso a presentar mi aportación. Es una aportación modesta, centrada en una parte minúscula de la materia: los procedimientos administrativos relacionados con el recargo de prestaciones. En concreto, me voy a referir a dos cuestiones que considero especialmente problemáticas. En primer lugar, reflexionaré sobre la existencia misma de un procedimiento administrativo para el reconocimiento del derecho al recargo. En segundo lugar, analizaré los problemas que, en la práctica, plantea la liquidación y recaudación del recargo. Todo ello precedido de unas breves consideraciones generales sobre la polémica naturaleza jurídica del recargo.

2. REFLEXIONES PREVIAS. SOBRE LA JUSTICIA ROMÁNTICA DEL RECARGO DE PRESTACIONES

En otro libro homenaje, destinado a Aurelio Desdentado, el profesor Mercader recordaba la parábola que aquél dedicó al recargo. Decía Aurelio Desdentado que "el recargo tiene un enorme atractivo emocional", debido a lo que podría llamarse "el espejismo de Robin Hood", pues, en efecto, "despojar de sus plusvalías a quienes se enriquecen poniendo en riesgo la integridad de sus trabajadores y entregar lo que se obtiene de ello a las víctimas tiene, sin duda, la aureola de una justicia romántica en las fragosidades del bosque de Sherwood"[5].

En un evocador juego de ficciones, el profesor Mercader responde a esta parábola con otra igualmente acertada: el recargo, para cumplir esa "justicia romántica", se termina convirtiendo en una quimera; un monstruo de tres cabezas, por ser al propio tiempo sanción, indemnización y prestación social. Pero, el profesor Mercader advierte que quienes "adquieren caracteres de varias especies sufren la condena impuesta a todos los seres híbridos: vagar en las tinieblas de lo inclasificable"[6].

Este maravilloso diálogo entre los dos maestros es especialmente esclarecedor. En efecto, es difícil determinar qué es realmente el recargo, pues en su régimen jurídico encontramos elementos que lo aproximan tanto a

---

5 A. DESDENTADO BONETE, "El recargo de prestaciones y el complejo de Robin Hood", *Diario La Ley,* nº 6857 (9 de enero de 2008).

6 J. R. MERCADER UGUINA, "El derecho como metáfora: reflexiones sobre el método de construcción jurídica", en AAVV, *Liber amicorum en homenaje a Aurelio Desdentado Bonete,* Valencia, Tirant lo Blanch, 2022, p. 382.

la prestación como a la sanción y a la indemnización. El recargo se aproxima a la prestación, porque, al actuar incrementándola, se adapta, en cierto sentido, a ella. El recargo, a su vez, tiene características propias de la sanción: se aplica cuando existe una infracción de una obligación de prevención de riesgos laborales, la determinación de su cuantía no tiene una relación directa con el daño (pues el porcentaje depende de la gravedad de la infracción y no de la gravedad del daño) y se prohíbe su aseguramiento. Pero el recargo también tiene una faceta resarcitoria: en sus orígenes, el recargo constituía una indemnización complementaria, que se añadía a la indemnizaciones legales en caso de existir culpa del empresario en la producción del accidente; además, el recargo se abona a la víctima y está conectado, aunque sea indirectamente, con el daño, pues opera sobre una prestación de la Seguridad Social que cubre una situación de necesidad causada por el accidente, de forma que si no hay prestación no hay recargo (algo impensable en el ámbito sancionador).

Ante las dificultades que plantea la determinación de la naturaleza jurídica del recargo, la Sala IV del Tribunal Supremo ha adoptado una posición ecléctica. Para la Sala IV, el recargo tiene una naturaleza híbrida o mixta: es en parte sanción (aunque impropia) y en parte indemnización; además, en algunos aspectos, se debe asimilar a la prestación[7]. Este criterio le ha permitido actuar de forma selectiva a la hora de aplicar el régimen jurídico del recargo. Así, la Sala IV ha optado por la naturaleza sancionadora del recargo para negar que su importe se deduzca a la hora de calcular la cuantía de la indemnización adicional. Para calcular esta cuantía se deducen del total del daño las prestaciones, pero no el recargo. La razón que se aduce a favor de este criterio es que, de otra forma, desaparecería la principal función del recargo, que es preventiva[8]. En otras cuestiones, sin embargo, la Sala IV ha dado preeminencia a la faceta resarcitoria del recargo para afirmar que el procedimiento penal no suspende el procedimiento de recargo[9], que el transcurso del plazo para resolver no provoca la caducidad del procedimiento[10] y que a la hora de imponerlo no se aplica la presunción de inocencia a favor de la empresa[11]. Por otra parte, la Sala IV también ha

---

[7] Vid, entre otras, SSTS4ª 2.10.2000 (r. 2393/1999), 4.3.2015 (r. 1307/2014), 28.2.2019 (r. 508/2017).

[8] SSTS4ª 2.10.2000, r. 2393/1999.

[9] SSTS4ª 17.5.2004 (r. 3259/2003), 12.3.2007 (r. 4099/2005) y 13.2.2008 (r. 163/2007).

[10] SSTS4ª 27.6.2007 (r. 3581/2006) y 15.9.2009 (r. 171/2009).

[11] SSTS4ª 12.6.2013 (r. 793/2012) y 15.10.2014 (r. 3164/2013).

defendido para determinados aspectos la aplicación al recargo de algunas normas relativas a las prestaciones (prescripción del derecho[12], modalidad procesal[13], transmisión por sucesión de empresa[14]...).

Esta solución jurisprudencial puede, en principio, resultar útil para seleccionar las normas que, en cada caso, ofrezcan una mejor solución al problema planteado, pero se trata de un recurso problemático, porque la institución jurídica pierde, en su conjunto, coherencia interna, aparte de generar inseguridad jurídica[15]. La quimera con cabeza de león, vientre de cabra y cola de dragón vaga, en efecto, en las tinieblas de lo inclasificable.

Pero, como señalaba Aurelio Desdentado, lo que necesita la protección de los accidentes de trabajo no es precisamente romanticismo, ni criaturas fantásticas. Lo que hace falta es un régimen jurídico efectivo y claro. De *lege data,* mientras exista el recargo, hay que dejar clara su naturaleza jurídica y el régimen aplicable. Es cierto que en las tinieblas de la legislación actual es difícil dar una respuesta coherente a esta cuestión. No lo ha hecho, sin duda, la jurisprudencia[16], pero tampoco la doctrina científica se pone de acuerdo, aunque en los últimos años parece que ha tomado fuerza la tesis que defiende su consideración como indemnización punitiva. Se alega en este sentido que la indemnización punitiva, propia de los países anglosajones, ya está aceptada en nuestro ordenamiento laboral por el art. 183.2 de la LRJS[17].

---

12 SSTS4ª 12.11.2013 (r. 3117/2012) y 8.12.2015 (r. 2720/2014).

13 STS4ª 3.12.2008 (r. 2909/2007).

14 SSTS4ª 23.3.2015 (r. 2057/2014), 8.6.2016 (r. 1103/2015), 1.6.2017 (r. 2820/2015), entre otras.

15 Justifican, sin embargo, esta aplicación selectiva del régimen jurídico del recargo, por su naturaleza de "indemnización punitiva" P. MENÉNDEZ SEBASTIÁN y L. F. DE CASTRO FERNÁNDEZ, *Accidente de trabajo: procedimientos administrativos y soluciones procesales,* Francis Lefebvre. Claves Prácticas, Madrid, 2018, pp. 116 y 117. Para estos autores, "el Tribunal Supremo no está ofreciendo planteamientos contradictorios generadores de inseguridad jurídica, como tantas veces se ha afirmado, sino que proporciona las variadas respuestas que en puridad corresponden" a la indemnización punitiva, aunque "no lo mencione expresamente".

16 El Tribunal Constitucional tampoco ha aclarado la cuestión. Aunque en un principio afirmó que el recargo tenía naturaleza sancionadora (STC 158/1985, de 26 de noviembre), en un pronunciamiento posterior señala que la naturaleza jurídica del recargo es "polémica" (STC 81/1995, de 5 de junio).

17 P. MENÉNDEZ SEBASTIÁN y L. F. DE CASTRO FERNÁNDEZ, *op. cit.,* pp. 115 a 117.

Esta tesis, sin embargo, es discutible. Las indemnizaciones punitivas tienen difícil encaje en un sistema como el de los riesgos laborales, donde ya opera un sistema sancionador específico, administrativo o penal. A favor de la calificación del recargo como indemnización punitiva, se ha dicho que ya existen normas en nuestro ordenamiento jurídico que establecen un plus de responsabilidad en función de la mayor reprochabilidad de la conducta o del beneficio objetivo por el autor del daño. Se citan, en este sentido, el art. 9.3 de la Ley de Protección Civil del Honor, el art. 140 de la Ley de Propiedad Intelectual, el art. 74 de la Ley de Patentes, el art. 43 de la Ley de Marcas y el art. 55 de la Ley de Protección Jurídica del Diseño Industrial. Sin embargo, la doctrina civil ha rechazado que en estos supuestos el legislador esté realmente admitiendo la figura de la indemnización punitiva[18]. En todos estos casos, se trata de partidas del daño difíciles de cuantificar con las reglas objetivas de estimación (daño moral, lucro cesante, principalmente); de ahí que el legislador acuda a otros criterios de cuantificación, como el beneficio del infractor. De la misma forma, creo, hay que interpretar el art. 183.2 LRJS. Es muy cuestionable que este precepto admita las indemnizaciones punitivas en un contexto en el que ya existen sanciones administrativas y penales que cumplen con esa finalidad preventiva. Lo que el precepto dice es que, en los supuestos en los que el daño sea difícil de determinar, el juez fijará la cuantía de la indemnización de forma prudencial, teniendo en cuenta la función que, en nuestro ordenamiento jurídico, tiene la responsabilidad por daños: la reparación íntegra del daño, y, en esa justa medida, la contribución también a la prevención de conductas semejantes. Esto no equivale, a mi juicio, a admitir una indemnización por encima del daño, que es ajena a nuestro Derecho.

El recargo de prestaciones no es una prestación de la Seguridad Social, ni una sanción, ni una indemnización punitiva. Se trata de una indemnización complementaria a las prestaciones de Seguridad Social, cuya finalidad es reparar el daño causado por el accidente. Es cierto que en ocasiones puede operar como una verdadera indemnización punitiva. Esto sucederá siempre que el recargo aumente la reparación por encima del daño. DESDENTADO BONETE y DE LA PUEBLA PINILLA ponen un ejemplo de esta hipótesis: piénsese en un accidente de trabajo del que deriva una prestación de incapacidad permanente absoluta cuya cuantía asciende al 100% del salario real y sobre la cual se aplica un recargo del 50%. En este su-

---

18 R. DE ÁNGEL YAGÜEZ, "Constitución y Derecho de Daños", *Estudios de Deusto,* 2007, vol. 55, nº 1, pp. 30 y ss.

puesto, el recargo iría más allá de la reparación íntegra del daño actuando, por tanto, como una indemnización punitiva[19]. Este efecto no se puede evitar, tal y como está regulado actualmente el recargo. Y ya veremos que puede intensificarse, debido a la forma en que se recauda el capital-coste del recargo en los supuestos de prestaciones sucesivas, lo que crea graves disfunciones en la práctica.

Pero que el recargo opere, en algunos supuestos, como una indemnización punitiva, no significa que lo sea y, desde luego, no significa que lo deba ser. En nuestro ordenamiento jurídico, las infracciones en materia de prevención de riesgos laborales están tipificadas en la legislación administrativa y penal. Estos son los únicos mecanismos punitivos que deben aplicarse. El *principio non bis in idem* prohíbe que a la sanción administrativa o penal se pueda sumar otra en forma de recargo sobre las prestaciones causadas. Además, el Derecho sancionador está sometido a una serie de exigencias y garantías que el recargo no cumple: el recargo no está tipificado como sanción, no se impone por una autoridad con competencia sancionadora y no se determina a través de un procedimiento sancionador; tampoco se aplican al recargo principios propios del Derecho sancionador como son el principio de proporcionalidad, el principio de culpabilidad y el principio de presunción de inocencia. El recargo no debería, pues, operar como una medida punitiva, sino tan solo como una indemnización.

3. EL PROCEDIMIENTO ADMINISTRATIVO DE RECONOCIMIENTO DEL RECARGO COMO SUPUESTO TÍPICO DE ACTIVIDAD ARBITRAL DE LA ADMINISTRACIÓN

En el epígrafe anterior hemos concluido que el recargo es una indemnización que el empresario debe pagar al trabajador, aunque esta indemnización opera de una manera peculiar, incrementando las prestaciones económicas de la Seguridad Social. Esta particularidad justifica que sea la TGSS quien liquide y, en caso de quedar afectada una pensión, sea también la TGSS la que recaude el capital coste del recargo, comunicándolo des-

---

19 A. DESDENTADO BONETE y A. DE LA PUEBLA PINILLA, "Las medidas complementarias de protección del accidente de trabajo a través de la responsabilidad civil del empresario y del recargo de prestaciones", en AA.VV., *Cien años de Seguridad Social. A propósito del centenario de la Ley de Accidentes de 30 de enero de 1900* (Gonzalo González, B. y Nogueira Guastavino, M. dir. y coor.), Madrid, Fraternidad-Muprespa y UNED, 2000, p. 656.

pués a la entidad gestora para que proceda al pago mensual de la pensión con el incremento que supone el recargo. Ahora bien, lo que no parece tan razonable es que el reconocimiento del derecho al recargo corresponda a la Administración. Analicemos esta cuestión con mayor atención.

La competencia para imponer el recargo está atribuida al INSS, de forma que, antes de reclamar ante el orden social de la jurisdicción, tiene que producirse un acto administrativo de reconocimiento o denegación, ya sea de oficio o a instancia del beneficiario. Así lo dispone el art. 1.1.e) del RD 1300/1995, de 21 de julio y, con más detalle, el art. 16 de la Orden de 18 de enero de 1996.

El origen histórico de esta competencia se encuentra en la Ley Articulada de la Seguridad Social de 21 de abril de 1966, cuyo art. 147.4 atribuía a las Comisiones Técnicas Calificadoras la competencia para declarar la responsabilidad en el recargo[20]. El precepto, sin embargo, era *ultra vires*, porque la Ley de Bases de la Seguridad Social de 1963[21] no hacía ninguna referencia al recargo. Posteriormente, el Texto Refundido de la Ley General de la Seguridad Social de 1974 regula el recargo en el art. 93, atribuyendo, de nuevo, en el párrafo 4°, la competencia para su reconocimiento a las Comisiones. El reconocimiento del recargo en este texto legal tiene apoyo en el art. 15 de la Ley 24/1972, pero la atribución de la competencia a las Comisiones vuelve a ser *ultra vires*, pues esta ley no alude en ningún momento a dicha cuestión. Pocos años después, el RDLGI[22] suprimió las Comisiones, afirmando que las competencias que tuvieran atribuidas "legalmente" pasarían a ser asumidas por el INSS (disposición final 1ª y transitoria 1ª). Además, la disposición final 2ª del RDLGI autorizó al Gobierno a derogar o modificar "las disposiciones con rango de Ley que regulan las estructuras, organizaciones y competencias de los órganos, instituciones,

---

20 El recargo, en ese momento, sólo afectaba a las prestaciones de invalidez permanente por contingencias profesionales, de ahí que el Decreto 2186/1968, en su art. 11.f), afirmara la competencia de las Comisiones para reconocer el recargo únicamente en relación a las prestaciones de invalidez permanente y lesiones permanentes no invalidantes, al igual que disponía el art. 9.1.f) de la Orden de 8 de mayo de 1969. Posteriormente, la Ley 24/1972, en su art. 15, extendió el recargo al resto de prestaciones por contingencias profesionales. No obstante, la competencia general para el reconocimiento del recargo por las Comisiones se mantuvo, disponiéndolo así expresamente el art. 93.4 de la LGSS de 1974.

21 Ley 193/1963.

22 RDL 36/1978, de 16 de noviembre Sobre Gestión Institucional de la Seguridad Social, la Salud y el Empleo.

servicios o establecimientos de las Entidades a que se refiere el presente Real Decreto-Ley". En virtud de esta autorización, el RD 2609/1982, de 24 de septiembre, sobre evaluación y declaración de las situaciones de invalidez en la Seguridad Social, derogó expresamente el art. 93.4 LGSS (disposición final 1ª), al tiempo que atribuyó al INSS, con carácter general para todas las prestaciones, la facultad de "declarar la responsabilidad empresarial que proceda por falta de medidas de seguridad e higiene, de acuerdo con lo previsto en el art. 93 de la LGSS y determinar el porcentaje en que hayan de incrementarse las prestaciones económicas" (art. 2.1.f). El reconocimiento de la competencia al INSS seguía sin tener cobertura legal, pues el RDLGI se limitó a traspasar a esta entidad gestora las competencias "legalmente atribuidas" a las Comisiones Técnicas Calificadoras, atribución legal que, en el caso del recargo, nunca se produjo. La situación se mantuvo en la regulación del art. 123 TRLGSS/1994 y, posteriormente, en el art. 164 del texto refundido de 2015; ninguno de los dos preceptos se refiere a la competencia del INSS para el reconocimiento del recargo, por lo que tal competencia no tiene, tampoco hoy, apoyo en una norma con rango de ley. Es cierto que el art. 22.8 de la Ley Ordenadora del Sistema de Inspección de Trabajo y Seguridad Social[23] dispone que los inspectores de trabajo y Seguridad Social pueden instar del órgano administrativo competente la declaración del recargo de las prestaciones. El precepto reconoce, así, la competencia de la Administración de la Seguridad Social para resolver sobre el derecho al recargo de las prestaciones, pero no se trata de una atribución de competencias, sino más bien de la referencia a una atribución previa que no está hecha por la ley.

Si el recargo fuera una prestación, sería evidente la competencia de la entidad gestora para su reconocimiento; pero ya hemos visto que el recargo no es una prestación de la Seguridad Social, sino un incremento a cargo del empresario, que no se incluye en la acción protectora de la Seguridad Social, aunque tome como módulo de cálculo el importe de la prestación.

Descartada esta hipótesis, la competencia de la Administración podría derivar de la calificación del recargo como una sanción. En este caso, la competencia de la Administración para imponerlo estaría justificada. Pero sabemos que el recargo tampoco es una sanción; al menos, como dice el Tribunal Supremo, no lo es en un sentido formal, aunque pueda tener una finalidad preventiva. Recordemos: no es una sanción porque no está tipifi-

---

23 Ley 23/2015, de 21 de julio, Ordenadora del Sistema de Inspección de Trabajo y Seguridad Social.

cada como tal y porque, además, de serlo vulneraría el principio *non bis in idem*, pues la misma conducta ya está sancionada por la vía administrativa o penal. Por otra parte, de aceptarse esta tesis, el procedimiento administrativo para el reconocimiento del recargo sería un procedimiento sancionador, con todas sus consecuencias, incluso en materia de competencia, que ya no correspondería al INSS sino a la Administración laboral.

Si contemplamos el recargo en el marco de la relación entre el empresario responsable y el perjudicado, como parece lo correcto, la competencia de la Administración de la Seguridad Social para su reconocimiento no está justificada. El recargo es una indemnización que el empresario debe pagar al trabajador o a sus causahabientes por un daño que ha causado con una acción ilícita y culpable. La relación es, pues, una relación *inter privatos* y la competencia para resolver los conflictos entre particulares corresponde, de acuerdo con el art. 117.3 CE, exclusivamente a los tribunales. La aplicación de la autotutela administrativa al campo de las relaciones privadas constituye, como señalan GARCÍA DE ENTERRÍA y FERNÁNDEZ RODRÍGUEZ, un "privilegio odioso" en el que "la Administración suplanta el papel de los jueces (...) que la Constitución define como exclusivo"[24]. Este tipo de actividad, que PARADA califica como "arbitral"[25], no tiene cobertura constitucional, al contrario de lo que ocurre con la potestad sancionadora, que sí la tiene (art. 25 CE).

La normativa reglamentaria que atribuye la competencia al INSS para el reconocimiento del recargo no sólo carece, por tanto, de base legal, sino que, además, resulta contraria a los arts. 117.3 y 24 de la Constitución. El pago del recargo sólo interesa al empresario y al trabajador; por consiguiente, son los tribunales los que, directamente y sin vía administrativa previa, deberían conocer de esta cuestión.

Se podría alegar en contra de esta conclusión que el recargo tiene conexiones importantes con la Administración de la Seguridad Social. Esas conexiones existen, en efecto. En primer lugar, el recargo está conectado causalmente con el derecho a las prestaciones de la Seguridad Social y con la existencia de una infracción administrativa por incumplimiento de las normas de prevención de riesgos laborales que se constata y sanciona por la propia Administración. En segundo lugar, el pago del incremento de

---

24 E. GARCÍA DE ENTERRÍA y T. R. FERNÁNDEZ, *Curso de Derecho Administrativo*, t. I, Madrid, Civitas, 2004, p. 528.

25 R. PARADA VÁZQUEZ, *Derecho Administrativo. Parte General*, t. I, Madrid, Marcial Pons, 2000, pp. 551 y ss.

la prestación en que consiste el recargo es asumido por la TGSS, aunque, como después veremos con más detalle, el pago se realiza por cuenta del empresario. Estas conexiones, sin duda, son importantes, pero no justifican la injerencia de la Administración en una competencia propia de los tribunales.

La relación causal con las prestaciones y con la infracción administrativa puede superarse con el sistema de la prejudicialidad no devolutiva. El pago por la TGSS es, por su parte, perfectamente compatible con la competencia de los tribunales en el reconocimiento del derecho al recargo. Lo esencial no son estas conexiones, sino la evidencia de que en el recargo la relación es puramente privada entre empresario y trabajador, aquél como posible deudor, éste como acreedor. Es, pues, natural que sean los tribunales quienes, directamente, conozcan de la cuestión, sin obligar al trabajador o a sus causahabientes a acudir primero a un procedimiento administrativo. La competencia de la Administración en el reconocimiento del derecho al recargo tiene una explicación histórica, pero no debería actualmente admitirse.

4. ALGUNOS PROBLEMAS QUE SE PLANTEAN EN LA LIQUIDACIÓN Y EN LA RECAUDACIÓN DEL RECARGO

4.1. El cálculo del capital coste y los intereses de capitalización

Ya sabemos que el art. 164 LGSS configura el recargo de prestaciones como un incremento sobre las prestaciones de la Seguridad Social. Pero el recargo no concede al trabajador un derecho a que se le abone directamente una cantidad alzada o una suma "capitalizada"[26]. El derecho que asiste al trabajador es otro: cobrar la prestación causada incrementada con

---

[26] La Instrucción conjunta por la Subdirección General de Gestión de Prestaciones y la Subdirección General de Gestión de Incapacidad Temporal y otras prestaciones a corto plazo del INSS, de fecha de 7 de julio de 2017, dirigida a todas las direcciones provinciales, establece que "(...) no cabe que el inicio del procedimiento recaudatorio sea a instancia de parte, ni el pago voluntario por parte de las empresas, siendo la Tesorería la que, en todo caso, tiene que iniciar el procedimiento recaudatorio para su posterior pago por el INSS". Se había detectado que algunas direcciones provinciales admitían que el empresario pagara voluntariamente y de forma directa al particular, lo que, claramente, no es correcto: el recargo incrementa la prestación que paga la entidad gestora, por lo que es esta la que, finalmente, procede a su abono, aun cuando lo haga a cargo del capital coste

el recargo. El recargo se cobra a través de la Administración de la Seguridad Social, junto con la prestación, pero esta no responde del pago de este incremento ni directa ni subsidiariamente: el único responsable es el empresario infractor[27].

Para hacer efectivo este pago a través de la prestación se arbitra un sistema especial compuesto por varias fases: primero, el INSS, una vez reconocido el derecho al recargo, se lo comunica a la TGSS; después, la TGSS calcula el importe que debe pagar el empresario responsable en concepto de recargo; a continuación, la TGSS recauda esta cantidad del empresario y se lo comunica, a su vez, a la entidad gestora; por último, la entidad gestora procede a abonar al beneficiario los atrasos de recargo que resulten, así como a incrementar el pago mensual con el importe del recargo (en el caso de las pensiones) o a pagar el recargo (en el resto de prestaciones).

Se distingue así entre las pensiones y el resto de las prestaciones. Si el recargo opera sobre prestaciones de cuantía fija o periódica pero no vitalicia, la TGSS se limita a efectuar las operaciones aritméticas de liquidación necesarias para la recaudación de su importe total conforme a lo dispuesto en el art. 69 del Reglamento General de Recaudación de la Seguridad Social[28] (RGRSS). Aquí no se aplican los criterios técnico-actuariales de los capitales coste, pues las cantidades son perfectamente cuantificables por no ser vitalicias. El importe que debe recaudar la TGSS será el indicado en la correspondiente resolución que reconoce el derecho al recargo.

Pero si los recargos operan sobre pensiones, el art. 75.2 RGRSS establece que la TGSS deberá determinar el importe de su capital coste. Este precepto tiene su fundamento en el art. 110.3 LGSS: en materia de pensiones causadas por incapacidad permanente o muerte derivadas de accidente de trabajo o enfermedad profesional cuya responsabilidad corresponda asumir a las mutuas o, en su caso, a las empresas declaradas responsables, se procederá a la capitalización del importe de dichas pensiones, debiendo las entidades señaladas constituir en la TGSS, hasta el límite de su respectiva responsabilidad, los capitales coste correspondientes. El art. 75.2 RGRSS

---

ingresado por el sujeto responsable; además, el art. 164 LGSS prohíbe los pactos, acuerdos y transacciones en relación con el recargo.

27 Así lo dispone el art. 16.3 de la Orden de 18 de enero de 1996 y el art. 75 del Reglamento General de Recaudación.

28 Real Decreto 1415/2004, de 11 de junio, por el que se aprueba el Reglamento General de Recaudación de la Seguridad Social.

aplica este mismo sistema al recargo, cuando este opera sobre las pensiones a las que se refiere el art. 110.3 LGSS.

En su apartado 4, el art. 110 LGSS define el capital coste de las pensiones. Por capital coste, dice, "se entenderá el valor actual de dichas prestaciones, que se determinará en función de las características de cada pensión y aplicando los criterios técnicos-actuariales más apropiados, de forma que los importes que se obtengan garanticen la cobertura de las prestaciones con el grado de aproximación más adecuado". Para ello, el ministerio competente "aprobará las tablas de mortalidad y la tasa de interés aplicables". Como ha señalado MADRID YAGÜE, "la idea que transmite este precepto es la de calcular una cantidad que permita, con el mayor grado de aproximación posible, garantizar el pago de la pensión de que se trate al beneficiario, tomando como referencia para el cálculo de aquélla una fórmula semejante a la del seguro privado"[29].

El art. 78 del Reglamento General sobre Cotización y Liquidación de otros Derechos de la Seguridad Social[30] (RGCL) establece los criterios para la liquidación del capital coste de las pensiones. Estos criterios son también de aplicación al recargo sobre esas pensiones y están desarrollados en la Orden TAS/4054/2005, de 27 de diciembre. El cálculo de la cuantía del recargo, de acuerdo con estos criterios, corresponde en todo caso a la TGSS (art. 78 RGCL y art. 2 RGRSS). La competencia en esta materia es siempre de la TGSS, aun cuando la responsabilidad en el pago del recargo se haya declarado por una sentencia del orden social y se ejecute el fallo por los trámites judiciales correspondientes. Volveremos después sobre ello.

Finalmente, hay que señalar que, de acuerdo con el art. 75.2 RGRSS, la TGSS recaudará el importe del capital coste del recargo "junto a los intereses de capitalización que procedan hasta la fecha de su ingreso". Sobre los intereses de capitalización asociados al recargo, la jurisprudencia del orden social, así como la doctrina judicial del orden contencioso-administrativo, entienden que dichos intereses no se generan por mora o retraso en el pago, sino por mandato legal y, precisamente por mandato legal,

---

29 P. MADRID YAGÜE, "Nuevos criterios técnicos para la liquidación de los capitales coste de pensiones y prestaciones periódicas de la Seguridad Social. Problemas e interpretaciones", *Revista General de Derecho del Trabajo y de la Seguridad Social,* nº 17, 2008, p. 9.

30 Real Decreto 2064/1995, de 22 de diciembre.

deben producirse desde la fecha de efectos de la pensión hasta la fecha de cálculo del capital coste correspondiente al recargo[31].

4.2. La recaudación del recargo y sus distintas vías

A la hora de proceder a la recaudación del recargo, el art. 75 RGRSS distingue dos situaciones posibles: que el derecho al recargo se haya reconocido por el INSS (números 1 a 3) y que el derecho al recargo se haya declarado judicialmente mediante sentencia que "condena a su pago" (número 4).

4.2.1. La recaudación del recargo impuesto por el INSS

Si el derecho al recargo se ha reconocido por el INSS, una vez firme en vía administrativa la resolución del INSS, este dará traslado de dicha resolución a la TGSS. La TGSS calculará la cuantía del recargo y procederá a su recaudación. Si el recargo se aplica a una pensión, la TGSS determinará el importe de su capital-coste y llevará a cabo su recaudación junto a los intereses de capitalización que procedan hasta la fecha de su ingreso. Si el recargo opera sobre otras prestaciones, la TGSS recaudará directamente su importe.

El plazo reglamentario de ingreso del recargo se inicia al día siguiente de la notificación por la TGSS de la reclamación de deuda del capital-coste, incluidos los intereses de capitalización que procedan, o del importe correspondiente a esas otras prestaciones, y finaliza el último día hábil del mes siguiente al de su notificación. Los intereses de capitalización que se devenguen desde el día en que se expida la correspondiente reclamación del importe de la deuda hasta el de su pago deben ser liquidados y adicionados por el sujeto responsable del recargo.

4.2.2. La recaudación del recargo impuesto en vía judicial

La sentencia que condene al pago del recargo se ejecutará a través de los trámites establecidos en la Ley Reguladora de la Jurisdicción Social (LRJS).

---

31 SSTS4ª 21.7.2006 (r. 2031/2006) y 11.7.2007 (r. 2967/2006); STSJ Cataluña, Sala de lo Contencioso-Administrativo, 3.10.2019, r. 169/2018 y STSJ Andalucía, Granada, Sala de lo Contencioso-Administrativo, 6.2.2018, r. 457/2013.

En caso de pago periódico, hay que acudir a las reglas previstas en el art. 288 LRJS. Este precepto establece que, en los procesos seguidos por prestaciones de pago periódico de la Seguridad Social, una vez sea firme la sentencia condenatoria a la constitución de un capital-coste de pensión o al pago de una prestación no capitalizable, se remitirá por el Letrado de la Administración de Justicia copia certificada a la TGSS. Esta, en el plazo máximo de diez días, deberá comunicar a la oficina judicial el importe del capital-coste de la pensión o el importe de la prestación a ingresar, lo que se notificará a las partes, requiriendo el Letrado a la condenada para que lo ingrese en el plazo de diez días. El pago no se hace, por supuesto, directamente al trabajador, sino a la TGSS.

Es interesante, en relación con esta cuestión, la sentencia del Tribunal de Conflictos de Jurisdicción de 29 de abril de 2019[32]. El supuesto planteado muestra los problemas que, en la práctica, surgen a la hora de hacer efectivo el recargo. En diciembre de 2010, el INSS había reconocido el derecho de un trabajador al recargo del 30% sobre una prestación de incapacidad permanente. Esta decisión fue confirmada por sentencia del Juzgado de lo Social en 2011, lo que dio lugar a que la TGSS estableciera la suma del capital coste (80.373,40 euros) e iniciara el correspondiente procedimiento de recaudación en agosto de 2011. Ante la falta de pago por el empresario en período voluntario, se dictó providencia de apremio y, ante la insolvencia declarada del obligado al pago, se procedió ejecutivamente a practicar retención y embargo de bienes y derechos, recaudándose, hasta julio de 2018, la cantidad de 35.554 euros. Mientras tanto, el trabajador, que no había recibido cantidad alguna en concepto de recargo, presenta, en septiembre de 2014, demanda ante el Juzgado de lo Social reclamando del empresario el abono del recargo. En este proceso, la TGSS opone la falta de jurisdicción. Pese a ello, el Juzgado de lo Social estima la demanda y condena al empresario al pago de la suma a la que asciende el capital coste, en una decisión confirmada en suplicación por entender la Sala de lo Social de Burgos que no nos hallamos ante "gestión recaudatoria" de la Seguridad Social, sino ante la ejecución del derecho a una prestación de la Seguridad Social reconocido en sentencia, criterio que gana firmeza al no admitirse el recurso de casación para la unificación de doctrina. El Tribunal de Conflictos de Jurisdicción advierte que en este caso el derecho al recargo fue reconocido por el INSS, por lo que resultan de aplicación los números 1 a 3 del art. 75 RGRSS. De acuerdo con este precepto, la TGSS

[32] Procedimiento nº 1/2019.

recibió la comunicación del INSS y procedió correctamente a calcular el capital-coste y a recaudar su importe.

La sentencia resuelve, por ello, el conflicto a favor de la TGSS, "que puede —y debe— continuar con su procedimiento de recaudación". Pero llama la atención sobre un hecho que considera preocupante. La situación del trabajador afectado, dice el Tribunal de Conflictos, resulta, cuando menos, chocante: ha obtenido en el año 2010 una resolución que le reconoce el derecho al recargo de un 30% en su prestación periódica de incapacidad permanente; tal resolución, además, ha sido declarada conforme a Derecho por el órgano judicial competente —que ha desestimado la impugnación del empresario— y ha dado lugar a un procedimiento de recaudación, iniciado en el año 2011, en el que la TGSS ha recaudado casi la mitad de la suma a la que asciende el capital coste fijado para poder abonar aquel recargo periódico. Sin embargo, a fecha actual —casi nueve años después de aquel reconocimiento— no ha percibido suma alguna de dicho recargo, a pesar de que, como se ha dicho, se ha recaudado ya una parte de la cantidad necesaria para hacerlo efectivo, al menos en relación con algunas mensualidades de las prestaciones periódicas que le han sido ya abonadas. Es una situación lamentable, pero el Tribunal de Conflictos señala que solo puede corregirse en el procedimiento de recaudación que está tramitando la TGSS. En este sentido, apunta la posibilidad de que el interesado solicite en dicho procedimiento el pago de las prestaciones periódicas con cargo a la suma ya obtenida por la TGSS, sin esperar a la recaudación del total del capital coste.

4.3. El régimen de las devoluciones y su desproporción

Uno de los aspectos más polémicos de la recaudación del recargo es el régimen jurídico de las devoluciones. En él tenemos que distinguir varios supuestos.

4.3.1. La devolución en caso de revisión judicial posterior

Ya hemos visto que el recargo se aplica sobre las prestaciones económicas de la Seguridad Social y que, si estas prestaciones son pensiones (de incapacidad permanente o de muerte y supervivencia), la TGSS calcula el capital coste que el empresario debe ingresar en la propia TGSS para que, a partir de dicho ingreso, la entidad gestora pague al beneficiario la pensión con el incremento que el recargo supone.

Si el INSS es el que impone el recargo, su resolución, una vez firme en vía administrativa, es ejecutiva (art. 6.4 del Real Decreto 1300/1995). La TGSS calculará el importe del recargo y recaudará la deuda. A pesar de ello, por supuesto, siempre se podrá impugnar la imposición del recargo en vía judicial[33].

Si el derecho al recargo se reconoce en sentencia, pero el empresario recurre, la sentencia se ejecuta provisionalmente: el empresario, antes de presentar el recurso, debe ingresar en la TGSS el capital coste para que el recargo se pueda ir abonando al beneficiario junto con la prestación.

Pero, ¿qué ocurre si se dicta sentencia firme reduciendo la cuantía del recargo o anulando su imposición inicial? Este supuesto está previsto en el art. 71.1 RGRSS. El empresario tendrá derecho a que se le devuelva la totalidad o la parte alícuota, respectivamente, del capital ingresado más el recargo, el interés de demora, en su caso, y el interés legal que proceda[34]. Ahora bien, al beneficiario no se le hará devolver la parte del recargo que ya recibió. Los beneficiarios quedan exentos de efectuar restitución alguna. El art. 71 RGRSS dispone que en estos supuestos los reintegros o devoluciones se imputarán con cargo al presupuesto de la Tesorería General de la Seguridad Social. Se socializa, así, el coste del recargo en la parte que ya se ha pagado al beneficiario.

4.3.2. Fallecimiento ante tempus del beneficiario y prestaciones sucesivas

Una vez ingresado por el empresario el capital coste en la TGSS, se plantea la duda de si, en determinadas circunstancias, la TGSS debería proceder a su devolución (total o parcial) o, al menos, a su compensación con otros recargos que, eventualmente, pudieran devengarse a cargo del

---

[33] La STS4ª 1.2.2002 (r. 7806/1996) señala que "la resolución administrativa en que se establece el recargo, aun impugnada en el orden social, goza de fuerza ejecutiva en tanto no se acuerde su suspensión por el orden jurisdiccional social". La demanda ante el Juzgado de lo Social contra la resolución de la entidad gestora que decida sobre la reclamación previa —dice la sentencia— no impide a la TGSS continuar el procedimiento recaudatorio incluso en vía ejecutiva hasta la notificación de la sentencia recaída, salvo que en el Juzgado de lo Social acordase, a instancias del actor, la suspensión del procedimiento administrativo".

[34] Un supuesto de reducción del recargo por sentencia del orden social y posterior devolución puede verse en la STSJ Madrid, Sala de lo Contencioso-administrativo, 20.12.2017, r. 815/2016.

empresario derivados del mismo accidente de trabajo o enfermedad profesional. Imaginemos algunos supuestos:

- Se impone un recargo sobre una pensión de viudedad, pero, poco después del ingreso, el beneficiario fallece. ¿Es posible la devolución del recargo sobrante?
- Como consecuencia de un accidente de trabajo, se impone un recargo sobre una prestación de incapacidad temporal y luego sobre una pensión de incapacidad permanente absoluta. Poco después, conforme al art. 217.2 LGSS[35], se impone un tercer recargo sobre una pensión de viudedad. ¿Es posible compensar esa nueva deuda con la parte del recargo de la incapacidad permanente absoluta que no se ha consumido?

El régimen de devoluciones se encuentra regulado en el art. 71. 2 y 3 RGRSS. La regla general es que, salvo supuestos excepcionales expresamente previstos, "los capitales coste, cualquiera que sea el periodo de supervivencia de los beneficiarios, no serán objeto de reversión o rescate, total o parcial, y no procederá la realización de reintegro a la empresa por esta causa" (art. 71.3 RGRSS). La devolución solo se admite cuando se revisa por mejoría el estado invalidante profesional y cuando se extinguen las prestaciones por muerte y supervivencia por causas distintas al fallecimiento del beneficiario o al cumplimiento del período o edad límite para su percepción. En estos supuestos procede reintegrar al empresario, total o parcialmente, la parte no consumida del capital coste. El pago que se hubiera realizado a los beneficiarios no se considerará indebido y los re-

---

35 A efectos de causar derecho a las prestaciones de muerte y supervivencia, el art. 217.2 LGSS señala que "se reputarán de derecho muertos a consecuencia de accidente de trabajo o de enfermedad profesional quienes tengan reconocida por tales contingencias una incapacidad permanente absoluta o la condición de gran inválido". La Sala IV del Tribunal Supremo ha entendido que este precepto es aplicable al recargo de prestaciones (SSTS4ª 9.6.2015 —r. 36/2014— y 11.10.2023 —r. 1719/2021—). Esta doctrina resulta, sin embargo, discutible. No se puede equipar de forma automática el régimen de las prestaciones al recargo. Las prestaciones cubren la responsabilidad objetiva del empresario en el accidente de trabajo o en la enfermedad profesional, mientras que el recargo solo opera si ese accidente o enfermedad se ha producido por culpa del empresario. El fundamento de las prestaciones de Seguridad Social y del recargo sobre esas prestaciones es distinto. El fundamento de este último es la culpa empresarial y no resulta razonable imputar *iuris et de iure* esa culpa a otros daños.

integros se imputarán, asimismo, con cargo al presupuesto de la Tesorería General de la Seguridad Social.

De acuerdo con esta regulación, en los dos casos antes planteados, la respuesta a la pregunta formulada debería ser, en principio, negativa:

- Si se impone un recargo sobre una pensión de viudedad, pero, poco después del ingreso, el beneficiario fallece, no procederá la devolución de lo que reste.
- Si de un accidente deriva primero una pensión de incapacidad permanente absoluta y después una pensión de viudedad, surgirán dos recargos independientes, uno sobre la pensión de incapacidad permanente y otro sobre la pensión de viudedad, sin que sea posible retraer la parte no consumida del recargo de la primera pensión para compensar al menos parcialmente la deuda con respecto al recargo sobre la segunda.

El primer supuesto (fallecimiento *ante temus*) no plantea dudas y, además, la solución legal resulta razonable. La TGSS calcula el capital coste de acuerdo con unos criterios técnicos actuariales, entre los cuales está la esperanza de vida del beneficiario de acuerdo con su edad. Si, finalmente, esa persona vive más años de los previstos, la Seguridad Social asumirá el coste adicional, pues seguirá pagando la pensión con el recargo. Si, por el contrario, vive menos años, la Seguridad Social se quedará con el remanente, lo que le permitirá afrontar los desajustes que se puedan producir en otros casos. No es una solución desproporcionada, ni irracional; al contrario, responde a la lógica del seguro.

Un supuesto de estas características se planteó en la STSJ de Cantabria, Sala de lo Social, de 30 de julio de 2020[36], en un caso realmente límite. El INSS impuso a la empresa un recargo del 40% sobre la pensión de incapacidad permanente total del trabajador. Pero, antes de que llegara a recaudarse el recargo, incluso con anterioridad a que la TGSS realizara el cálculo del capital coste, el trabajador falleció por enfermedad común (adviértase que aquí no opera la presunción *iuris et de iure* del art. 217.2 LGSS, pues la incapacidad permanente es total y no absoluta). La sentencia entiende que la normativa aplicable no considera la muerte como una causa que justifique la devolución del recargo no consumido. Y considera que el resultado no supone un enriquecimiento injusto de la Administración de la Seguridad Social: "la extinción de la pensión sin haber consumido todo

---

36 R. 381/2020.

el capital coste del recargo no puede implicar devolución del sobrante, como tampoco se exige complementos del recargo en caso de superarse el promedio de vida calculado para el beneficiario"[37]. Dada la aleatoriedad que supone el fallecimiento, "unas veces la Administración resultará beneficiada y otras, por el contrario, saldrá perjudicada"[38]. El razonamiento es, creo, intachable.

Mucho más dudoso es el caso de las pensiones sucesivas. Sobre esta cuestión, especialmente compleja, vale la pena comentar el supuesto suscitado en la STS4ª de 11 de octubre de 2023[39]. Por resolución del INSS de 26 de diciembre de 2003, se impuso a la empresa un recargo del 40% sobre una pensión de incapacidad permanente absoluta derivada de accidente de trabajo. Años después, el 5 de abril de 2018, el beneficiario falleció por enfermedad común. Su viuda solicitó, entonces, la pensión de viudedad y el recargo sobre dicha pensión. El INSS denegó el recargo, alegando que la muerte del causante no había derivado del accidente de trabajo. Más adelante, el Juzgado de lo Social estimó la pretensión de la viuda, sentencia que fue confirmada en suplicación. Contra esta sentencia, la empresa interpone recurso de casación en unificación de doctrina. Solicita, en primer lugar, que se declare que no es responsable de pagar un nuevo recargo. Subsidiariamente, pide que el recargo quede limitado al sobrante del importe ya capitalizado.

La Sala IV desestima el recurso. Primero, entiende que la presunción *iuris et de iure* del art. 217.2 LGSS resulta aplicable, por lo que procede el recargo sobre las prestaciones por muerte y supervivencia[40]. Respecto a la segunda petición de la empresa, la Sala IV considera que el recurso no cumple en este extremo con lo requerido por el artículo 224.1 b) y 2 LRJS, que obligan a fundamentar la infracción legal y a hacer mención "precisa" de las normas infringidas. En relación con esta cuestión, dice el Tribunal Supremo, "el recurso se limita a hacer una vaga e imprecisa mención del principio *non bis in idem*". En todo caso, la Sala IV señala que, de conformidad con el 71.3 del RGRSS, salvo supuestos que aquí no concurren, "los capitales coste de pensiones, cualquiera que sea el periodo de supervivencia

---

37 En el mismo sentido se pronuncia la STSJ del País Vasco, Sala de lo Contencioso-administrativo, 24.1.2023, r. 778/2020, la STSJ Madrid, Sala de lo Contencioso-administrativo, 20.12.2017, r. 815/2016, y la STS3ª 14.2.2000 (r. 7798/1998).

38 STSJ Madrid, Sala de lo Contencioso-administrativo, 20.12.2017, r. 815/2016.

39 R. 1719/2021.

40 Sobre la discutible aplicación del art. 217.2 LGSS al recargo, vid. nota 35.

de los beneficiarios, no serán objeto de reversión o rescate, total o parcial, y no procederá la realización de reintegro alguno a la mutua o a la empresa por esta causa". De esta forma, aunque sea *obiter dicta,* el Tribunal Supremo expone su opinión al respecto: en estos casos, de acuerdo con la regulación vigente, no procede la compensación.

La cuestión, sin embargo, no es tan evidente. A mi juicio, la regulación reglamentaria, en este punto, podría considerarse inconstitucional. El recargo actúa en estos casos como una sanción, aunque sea impropia: el capital coste sobrante no repara el daño, pues se lo queda la Administración, que, sin embargo, vuelve a exigir al empresario infractor un nuevo capital coste para reparar un nuevo daño que ni siquiera deriva del accidente de trabajo. Creo que, en estas circunstancias, se infringe el principio *non bis in idem.* La sanción es doble y, además, desproporcionada.

El criterio de la Sala IV del Tribunal Supremo en esta materia es, sin embargo, el que también se aplica de forma mayoritaria en la doctrina de suplicación[41]. Tiene especial interés, en esta línea, la STSJ de Cantabria, Sala de lo Social, de 10 de marzo de 2020[42]. En ella, lo que se debate es la posible aplicación del importe del capital coste no consumido, correspondiente al recargo de la incapacidad permanente absoluta, a la capitalización de la pensión de viudedad. El TSJ de Cantabria rechaza esta posibilidad: de acuerdo con el 71 RGRSS procede un nuevo recargo, sin compensación ninguna con el ya pagado. El art. 164 LGSS impone, dice la sentencia, el recargo en "todas las prestaciones" y "aunque se trate de dos prestaciones diferentes, con distinto titular y fecha, derivan de la misma contingencia, por lo que es conforme a derecho la reclamación de cada uno de los capitales costes". El TSJ rechaza que este régimen vulnere el principio *non bis in ídem* y da dos razones para justificar esta conclusión: en primer lugar, afirma que el recargo "no solo tiene naturaleza sancionatoria, sino también resarcitoria"; en segundo lugar, señala que el principio *non bis in idem* "solo puede invocarse frente al intento de sancionar de nuevo, desde la misma perspectiva de defensa social, unos hechos ya sancionados" y "es indudable que recargo de prestaciones y sanción administrativa no contemplan el hecho desde la misma perspectiva de defensa social, pues mientras el recargo crea una relación indemnizatoria empresario-perjudicado, la sanción

---

41 SSTSJ de Cantabria, Sala de lo Social, 10.3.2020, r. 999/2019 y Sevilla, Sala de lo Social, 14.12.2017, r. 3820/2016.

42 R. 999/2019.

administrativa se incardina en la potestad estatal de imponer la protección a los trabajadores".

El razonamiento es discutible. Primero, porque el recargo, tal y como se interpreta por la jurisprudencia, opera, en realidad, como una sanción impropia o, al menos, como una indemnización punitiva. Y, segundo, porque aquí no se plantea el problema de la concurrencia entre sanción y recargo, sino entre varios recargos, todos ellos con la misma finalidad resarcitoria —pero, a la vez, punitiva—, que derivan del mismo incumplimiento empresarial.

4.4. Los conflictos de competencia entre el orden social y el orden contencioso-administrativo

Hemos visto que el INSS es el competente para imponer el recargo. La resolución del INSS, una vez firme en vía administrativa, puede impugnarse en vía judicial. El orden jurisdiccional competente para conocer de esta impugnación es el orden social [art. 2 s) LRJS].

También se ha visto que la TGSS es el órgano competente para calcular, aplicando los criterios técnicos actuariales, la cuantía exacta del recargo, conforme a la resolución que reconoce el derecho al recargo (administrativa o judicial), y que también es la TGSS el organismo competente para la recaudación del recargo. De las impugnaciones relativas a las resoluciones de la TGSS en esta materia es competente el orden contencioso-administrativo [art. 3.f) LRJS y art. 2 LJCA].

La delimitación de competencias que asumen, en esta materia, el orden social y el orden contencioso-administrativo parece en principio clara. Pero, lo cierto es que en la práctica puede resultar confusa y así, en ocasiones, el afectado impugna ante el orden contencioso-administrativo la cuantía determinada por la TGSS en concepto de recargo en casos en los que esta cuantía es únicamente el resultado de aplicar el porcentaje o los efectos económicos retroactivos que previamente ya fijó el INSS.

Para aclarar esta cuestión es necesario tener en cuenta que el INSS es el que fija el porcentaje del recargo y el que determina la fecha de sus efectos económicos. La TGSS se limita a determinar el capital coste de recargo, aplicando los criterios técnicos actuariales de acuerdo con la prestación reconocida. La función de la TGSS es, en este sentido, meramente recaudatoria y se basa en la resolución previa del INSS.

La STS3ª de 1 de enero de 2002[43] precisa que la actividad de recaudación de la TGSS es en esta materia "instrumental y accesoria, siendo únicamente impugnable ante el orden contencioso administrativo su regularidad formal en relación con las normas que regulan su procedimiento y la corrección en el cálculo del capital coste". La obligación de pagar el capital coste —dice la sentencia— "trae directamente su causa del acto de reconocimiento del recargo y del correlativo acto de imputación, procedimientos que se regulan por el Derecho Social, y cuyos actos son recurribles ante la Jurisdicción Social". Ahora bien, ocurre que, como efecto de lo anterior, "la Tesorería General de la Seguridad Social dicta un acto administrativo de liquidación o determinación del capital coste, sobre la base de la prestación decidida, aplicando el correspondiente cálculo actuarial". Afirmado lo anterior, "debe precisarse que el acto administrativo de liquidación del capital coste sólo puede ser discutido o impugnado, en vía administrativa y luego jurisdiccional contenciosa, en cuanto a su puro y estricto contenido, o sea aunque parezca tautología, sólo respecto, a la cuantificación del capital coste, aceptando rigurosamente los pronunciamientos sobre el recargo y sobre la prestación de la que trae causa, dictados por el Instituto Nacional de la Seguridad Social, sin que se pueda en la fase procedimental económico-administrativa plantear cuestión alguna relativa a la legalidad y validez de esos pronunciamientos".

La complejidad surge porque, como consecuencia del accidente de trabajo o enfermedad profesional, se producen varios procedimientos administrativos con objetos diversos: el procedimiento administrativo de reconocimiento de la prestación, el procedimiento administrativo de reconocimiento del recargo y los procedimientos de liquidación y recaudación. Los dos primeros son previos y su revisión judicial se somete al orden social; los procedimientos de liquidación y recaudación son conexos a los anteriores y su revisión judicial se somete al orden contencioso-administrativo. Como dice la Sala III en la sentencia citada, cada procedimiento "desemboca en actos definitivos *in suo ordine*, debiendo resaltar, y esto es muy importante, que, en el procedimiento recaudatorio no pueden plantearse cuestiones propias del procedimiento de reconocimiento del recargo".

También ha aclarado la doctrina judicial que la derivación de responsabilidad solidaria no es una cuestión propia del procedimiento recaudatorio, por lo que no compete a la TGSS, sino al INSS y, en su caso, al orden

---

43 R. 7806/1996. En el mismo sentido se pronuncia la STS3ª 22.3.2002, r. 9037/1996 y la STSJ Cataluña, Sala de lo Contencioso-administrativo, 3.10.2019, r. 169/2018.

social de la jurisdicción. Sobre este tema tiene especial interés el supuesto planteado en la STSJ de Castilla y León (Burgos), de la Sala de lo Contencioso-administrativo, de 25 mayo de 2018[44], especialmente porque muestra la telaraña de procedimientos administrativos y procesos judiciales en los que puede verse envuelto el trabajador víctima de un accidente de trabajo. En el caso planteado, al trabajador se le había reconocido en el año 2011 una pensión de incapacidad permanente total con un recargo del 30%. En la resolución del INSS aparecía como responsable del pago del recargo el empleador formal del trabajador. Desde 2013 a 2016, el trabajador inicia un auténtico "ir y venir" de la TGSS al INSS solicitando la derivación de la deuda a otra empresa. El INSS, de forma errónea, le contesta que a él "solo le corresponde el reconocimiento del incremento y la determinación de la empresa responsable" y que "la labor recaudatoria le compete a la TGSS". La TGSS, con acierto, le responde que ella no puede "iniciar una acción de recaudación frente a personas o empresas a las que no se les ha declarado responsable de dicho recargo", siendo el INSS el competente para realizar dicha declaración de responsabilidad. Esta discrepancia de criterios se reitera en el ámbito jurisdiccional: el Juzgado de lo Social se declara incompetente por considerar que "al tener el trabajador reconocido un recargo a su favor, la cuestión que se está planteando afecta a materia recaudatoria", mientras que la Sala de lo Contencioso-Administrativo de Burgos, ya en 2018, rechaza su competencia. Finalmente, el INSS aceptó su competencia y tramitó el expediente, pero tras varios años de pleitos. Hay en este caso una actuación irregular del INSS, que podría haber dado lugar a la responsabilidad patrimonial de la Administración.

Un caso relevante, en el que, precisamente, se reconoció la responsabilidad de la Administración por excesivo retraso en la tramitación del procedimiento de recargo, fue el examinado en la Sentencia de la Sala de lo Contencioso-Administrativo, de la Audiencia Nacional, de 9 de diciembre de 2021[45]. El accidente de trabajo se produjo el 5 de marzo de 2003 y dio lugar a una pensión de gran invalidez. Iniciado el procedimiento de recargo, el INSS lo paraliza como consecuencia de la incoación de diligencias penales, circunstancia, que, como sabemos, de acuerdo con la jurisprudencia no es causa válida de suspensión. El procedimiento se reactiva ocho años después, dictando el INSS resolución el 9 de junio de 2011, en la que impone a las empresas responsables un recargo del 30% sobre la pensión

---

44 R. 54/2017.

45 R. 289/2017.

de gran invalidez. Pero el retraso no acaba ahí. El INSS debería haber comunicado inmediatamente esta resolución a la TGSS, para que procediera a la recaudación. Sin embargo, el INSS no comunica la resolución a la TGSS hasta dos años después, el 11 de octubre de 2013, momento en que este organismo, ya sin retrasos, abre el procedimiento administrativo de recaudación. Han pasado diez años desde el accidente, el trabajador tiene reconocida una pensión de gran invalidez con un recargo del 30%, pero ese recargo sigue sin cobrarse. Y no se cobrará, porque, durante la tramitación del procedimiento de recaudación, las empresas responsables fueron declaradas en concurso de acreedores. La TGSS estima la deuda "incobrable".

La sentencia considera que el largo tiempo transcurrido desde que se incoa el procedimiento de recargo hasta que se comunica la resolución del INSS a la TGSS ha empeorado las posibilidades de cobro de dicho recargo. La Administración, que ha actuado de forma irregular, debe ahora reparar el daño que ha producido. La Administración le había reconocido al trabajador una indemnización de 10.000 euros. La sentencia considera esta cuantía muy reducida. Entiende que para calcular el daño hay que utilizar como elemento de valoración el importe del capital coste del recargo que, de acuerdo con los cálculos de la TGSS, asciende a 120.801,05 euros (74.539,03 euros en concepto de principal y 46.262,02 euros por intereses de demora). La sentencia señala que la indemnización no puede consistir en la concesión de una mensualidad o cantidad capitalizada en sustitución del recargo, como pide el trabajador, porque el recargo, de acuerdo con el art. 164 LGSS, solo puede ser satisfecho por las empresas responsables. Pero, las sentencia afirma que, "a tenor de la relevancia de la negligencia administrativa en la producción del daño, la indemnización debe fijarse en el 50% del capital coste del recargo, lo que supone un importe de 60.400 euros".

La sentencia es de 9 de diciembre de 2021; el accidente se produjo en marzo de 2003. El trabajador, gran inválido, ha tenido que pasar por varios procedimientos administrativos y jurisdiccionales durante 18 años, para, finalmente, no cobrar el recargo sino una indemnización por mal funcionamiento de la Administración.

Esto nos lleva, ya para terminar, a unas breves reflexiones críticas sobre el presente y el futuro del recargo de prestaciones.

5. REFLEXIONES FINALES. ¿HAY QUE ABANDONAR EL BOSQUE DE SHERWOOD?

La quimera, a la que el profesor Mercader aludía al hablar del recargo, es, como otros seres teratológicos, un símbolo de la perversión compleja. Y la alusión es certera, pues, en Derecho, un régimen complejo suele tender a ser perverso. Es el caso, sin duda, del recargo de prestaciones.

El recargo es, en efecto, una contradicción en sí misma; una figura híbrida, que pretende cumplir dos funciones distintas: una resarcitoria y una punitiva. Ahora bien, nuestro ordenamiento jurídico ya tiene mecanismos que cumplen estas dos funciones: el Derecho de Daños y el Derecho Sancionador. El recargo se solapa con estos mecanismos, generando graves disfunciones.

Destruir la lógica interna del ordenamiento jurídico tiene siempre un coste en la coherencia del sistema. Si el Derecho Sancionador no funciona hay que mejorarlo. Lo mismo sucede con el Derecho de Daños. El primero se puede mejorar reforzando las acciones de inspección e intensificando, en su caso, las sanciones; el segundo, claramente resultaría más eficaz si se articulara un baremo específico para los accidentes de trabajo con valoraciones del daño realistas y con actualizaciones regulares. Los problemas del Derecho Sancionador y del Derecho de Daños tienen que resolverse con reformas legislativas adecuadas que actúen en cada una de estas ramas del ordenamiento jurídico. No hay que pensar que estos problemas los va a resolver el recargo. Muy al contrario, el recargo actúa como un problema añadido. Esto es así porque el recargo no es eficiente ni como mecanismo preventivo, ni como mecanismo resarcitorio.

El recargo no es adecuado como mecanismo preventivo, porque actúa de forma aleatoria y desproporcionada. Hay que tener en cuenta que, si no hay prestación, no hay recargo, aunque la infracción empresarial haya sido muy grave. Si hay prestación, opera el recargo, pero su importe dependerá de la cuantía de la prestación, que a su vez dependerá del salario de la víctima; la misma infracción con un daño similar tendrá recargos distintos en función del mayor o menor salario del trabajador accidentado. Claramente, este no es un régimen equitativo ni eficiente en el plano preventivo.

Pero en el ámbito resarcitorio, tampoco el recargo actúa con eficacia. Y esto es debido fundamentalmente a la cantidad de procedimientos administrativos y judiciales que debe seguir el afectado para poder cobrar el recargo; si es que, finalmente, lo cobra, porque, al estar prohibido su aseguramiento, las probabilidades de que la TGSS declare la deuda incobrable son altas, más aun teniendo en cuenta el elevado importe de los capitales coste.

La víctima, o sus causahabientes, pueden tener que pasar por varios procedimientos administrativos: el procedimiento de reconocimiento de la prestación de Seguridad Social, el procedimiento sancionador (en el que tiene la condición de interesado), el procedimiento de reconocimiento del recargo y los procedimientos de liquidación y recaudación del recargo. Cada uno de estos procedimientos puede dar lugar a una impugnación judicial, generando hasta cuatro procesos distintos. Los tres primeros son competencia del orden social, pero la posibilidad de resoluciones contradictorias existe desde el momento en que no se admite la acumulación de acciones ni la acumulación de procesos. Además, de la impugnación que derive de los procedimientos de liquidación y recaudación conoce otro orden distinto: el orden contencioso-administrativo. En paralelo, también es posible que se abra un proceso penal. Y, finalmente, habrá también que presentar demanda en el orden social para reclamar la indemnización adicional. Esto sin contar la posibilidad de tener que impugnar la calificación de la contingencia.

La víctima del accidente o sus causahabientes tiene importantes dificultades para cobrar el recargo, que se agravan, además, como consecuencia de la prohibición de aseguramiento. Tampoco desde la perspectiva empresarial los resultados son satisfactorios, pues, como se ha visto, el recargo puede llegar a ser desproporcionado y actuar de forma extemporánea.

¿Es este un sistema de reparación adecuado? Claramente no. Es cierto que, como decía Aurelio Desdentado, el recargo tiene un atractivo emocional, que responde a un ideal de justicia romántico. En principio, una figura de este tipo, que azota al empresario incumplidor, parece justa y uno siente que eliminarla supone debilitar tanto el sistema de reparación como el de prevención. Pero un análisis de su régimen jurídico nos lleva a concluir que, en la práctica, el recargo no funciona; al contrario, puede ser perjudicial.

Creo que la solución más razonable es eliminarlo y volver nuestra atención sobre el Derecho de Daños y el Derecho Sancionador. Mejoremos estos mecanismos, para prevenir de modo eficiente los accidentes de trabajo y las enfermedades profesionales y para reparar a la víctima como merece, de forma íntegra y rápida. No le confundamos con una telaraña de procedimientos administrativos y judiciales. Ofrezcámosle una solución sencilla, que le permita solicitar la reparación del daño directamente, en un único proceso. Y demos al empresario también la claridad y seguridad necesaria para que conozca el alcance de su responsabilidad, lo que facilitará, sin duda, su aseguramiento. Esto, a su vez, ofrecerá una garantía de cobro a la víctima. Todo esto, dejando aparte las prestaciones de Seguridad Social, que tienen una lógica y un fundamento distintos. Creo que así el sistema mejoraría en coherencia, en claridad, en eficacia y, lo que es más importante, en equidad.

Salgamos, pues, del bosque de Sherwood y abandonemos la quimera.

Bibliografía

DE ÁNGEL YAGÜEZ, R., "Constitución y Derecho de Daños", *Estudios de Deusto,* vol. 55, nº 1, 2007.

DE CASTRO FERNÁNDEZ, L. F. y MENÉNDEZ SEBASTIÁN, P., *Accidente de trabajo: procedimientos administrativos y soluciones procesales,* Madrid, Francis Lefebvre, 2018.

DE LA PUEBLA PINILLA, A. Y DESDENTADO BONETE, A., "La responsabilidad del empresario por los accidentes de trabajo y el recargo de prestaciones por infracción de normas de seguridad: Algunas reflexiones sobre las últimas aportaciones de la jurisprudencia", *Tribuna Social,* nº 125, 2001, pp. 13-27.

DESDENTADO BONETE, A. y DE LA PUEBLA PINILLA, A., "Las medidas complementarias de protección del accidente de trabajo a través de la responsabilidad civil del empresario y del recargo de prestaciones", en AA.VV., *Cien años de Seguridad Social. A propósito del centenario de la Ley de Accidentes de 30 de enero de 1900* (Gonzalo González, B. y Nogueira Guastavino, M. dir. y coor.), Madrid, Fraternidad-Muprespa y UNED, 2000.

DESDENTADO BONETE, A., "El recargo de prestaciones y el complejo de Robin Hood", *La Ley,* nº 6857, 9 de enero de 2008, pp. 15 y 16.

DESDENTADO DAROCA, E., "Procedimiento administrativo y protección social. Algunas perturbaciones recíprocas: recargo de prestaciones y declaración de la incapacidad permanente, caducidad y prescripción", *Revista de Derecho Social,* nº 40, 2007, pp. 31-62.

DÍEZ-PICAZO, L., *Derecho de Daños,* Madrid, Civitas, 1999.

GARCÍA DE ENTERRÍA E. y FERNÁNDEZ T. R., *Curso de Derecho Administrativo I,* Madrid, Civitas, 2002.

GARCÍA-PERROTE ESCARTÍN, I Y MERCADER UGUINA, J. R., "Revisitando (una vez más) el recargo de prestaciones", *Revista Española de Derecho del Trabajo,* nº. 241, 2021, pp. 13-20.

MADRID YAGÜE, P., "Nuevos criterios técnicos para la liquidación de los capitales coste de pensiones y prestaciones periódicas de la Seguridad Social. Problemas e interpretaciones", *Revista General de Derecho del Trabajo y de la Seguridad Social,* nº 17, 2008.

MENÉNDEZ SEBASTIÁN, P., "El recargo de prestaciones y su compleja convivencia procesal con las responsabilidades penales y administrativas derivadas de accidente de trabajo", *Revista del Ministerio de Empleo y Seguridad Social,* nº 138, 2018 pp. 483-516.

MERCADER UGUINA, J. R. Y DE LA PUEBLA PINILLA, A., "El recargo de prestaciones y recurso de casación para la unificación de doctrina: cuando la valoración de los hechos es el problema. Comentario a la STS de 25 de octubre de 2016 (Rº 2943/2014)", *Revista de derecho de la seguridad social. Laborum*, nº. 10, 2017, pp. 165-174.

MERCADER UGUINA, J. R., *Los procedimientos administrativos en materia de Seguridad Social*, Pamplona, Aranzadi, 2017.

MERCADER UGUINA, J. R., *Indemnizaciones derivadas del accidente de trabajo: Seguridad Social y Derecho de Daños*, Madrid, La Ley, 2001.

MERCADER UGUINA, J. R., "El derecho como metáfora: reflexiones sobre el método de construcción jurídica", en AAVV, *Liber amicorum en homenaje a Aurelio Desdentado Bonete*, Valencia, Tirant lo Blanch, 2022.

MONEREO PÉREZ, J. L., "El recargo de prestaciones, entre tradición y renovación", *El Derecho de la Seguridad Social a través de la jurisprudencia: Seminario Permanente de Estudio y Actualización*, AAVV, G. L. Barrios Baudor y G. Rodríguez Iniesta (dirs.), 2018, pp. 239-287.

MONEREO PÉREZ, J. L., "La responsabilidad empresarial del recargo de prestaciones como supuesto especial de responsabilidad", AAVV, *Derecho administrativo sancionador socio-laboral: Teoría y práctica*, Murcia, Laborum, 2023, pp. 559-580.

PARADA VÁZQUEZ, R., *Derecho Administrativo.* Parte General, t. I, Madrid, Marcial Pons, 2000.

RODRÍGUEZ PASTOR, G. E., "El recargo de prestaciones: Puntos críticos sobre el procedimiento de reconocimiento", *Revista General de Derecho del Trabajo y de la Seguridad Social*, nº. 40, 2015.

ROMERO RÓDENAS, M. J., *El recargo de prestaciones en la doctrina judicial*, Albacete, Bomarzo, 2010.

Sentido y sonido

JOSÉ DELGADO RUIZ
Universidad Carlos III de Madrid
ORCID ID: 0000-0003-1518-1716

Desvarío laborioso y emprobrecedor
el de componer vastos libros;
el de expresar en quinientas páginas
una idea cuya perfecta exposición oral
cabe en pocos minutos.
(Jorge Luis Borges. *Ficciones*)

1. PRESENTACIÓN

El título de esta aportación no contiene sólo dos palabras. Representan los pilares sobre los que se forja mi evocación del profesor Mercader. En verdad, conforman una idea en sustantivo, que de seguro le son cercanas porque con intencionado aroma poético eran del gusto del maestro Luis Enrique de la Villa, que con frecuencia acudía a tan expresiva locución para poner dirección y armonía a cualquier clase de texto o argumento por muy farragoso que se mostrase. Esos dos términos pueden completarse con los adjetivos *integral y exhaustivo*, que sí los he oído en boca del homenajeado con alguna frecuencia, justo para incidir (y también abundar) en igual pensamiento. Porque puestos en valor vienen a potenciar la sustancia del mensaje, en línea con la cita del escritor universal, autor de *Ficciones*, que a modo de faro alumbra este trabajo. En efecto, una panorámica abierta y comprensiva sólo se alcanza cuando la integración de *los distintos elementos del todo* se integran *agotando y apurando por completo* el objeto de la tarea.

La enseñanza que refiero orienta el presente estudio, centrado en renovar las reflexiones que a lo largo de los últimos veinte años he venido tratando al amparo de su magisterio sobre aspectos de nuestra disciplina que, siempre vivos, merecen reposo y atención continuada. Así, revisaré aspectos de la prestación de la dependencia, para poner atención en el recargo de prestaciones de la Seguridad Social, institución camaleónica y confusa, que sigue encerrada en un laberinto del que es difícil escapar. Y ello sin renunciar a otros temas complementarios e ineludibles, conexos y derivados de los anteriores, que espero puedan aportar perspectiva y sentido a un discurso de evocación, gratitud y recuerdo, hecho desde el afecto y la admiración por el maestro[1] y que, seguro, no necesita quinientas páginas para ser expresado.

2. DEPENDENCIA Y PERSONAS MAYORES

Este apartado tiene un significado especial porque supone la puerta de entrada a una provechosa etapa docente. Se debatía por entonces la futura ley de dependencia y la asistencia a un curso sobre la materia, organizado en el campus de la Universidad Carlos III de Madrid, determinó el interés por este objeto de estudio que después tuvo continuidad en otros trabajos, aunque el origen se sitúa en un trabajo de investigación titulado *Sobre la dependencia,* correspondiente al curso de doctorado realizado poco antes en el Área del Derecho del Trabajo y de la Seguridad Social, de la Facultad de Derecho de la Universidad Autónoma de Madrid. Aparte de las conclusiones provisionales sobre la materia, venía a establecer sus ejes en el compromiso público y el salto cualitativo que representaba pasar de una situación de mera tutela al derecho subjetivo, priorizando la intervención y asistencia públicas en nuevos campos de actuación como la vivienda, el medio ambiente o la cultura, entre otros[2].

---

1 *No quiero que estas palabras que seguidamente voy a dirgirte nazcan muertas. Me gustaría que, por un momento, mis palabras más que sonaran, latieran como si las mismas brotasen directamente del corazón en su más profundo sentido, evocando, de este modo, la representación y el significado que tú, mi maestro, el profesor De la Villa, tienes para mí* [MERCADER UGUINA, J. R., Intervención oral del Profesor Doctor Don Jesús R. Mercader Uguina, en LÓPEZ CUMBRE, L. (Coord.), *Tratado de jubilación. Homenaje al Profesor Luis Enrique de la Villa con motivo de su jubilación.* Madrid, Editorial Iustel, 2007, p. 2269].

2 J. DELGADO RUZ, Reflexiones en torno al establecimiento del nuevo seguro sobre dependencia. *Revista General del Derecho del Trabajo y de la Seguridad Social.* Madrid. Editorial Iustel, número 7, 2004, p. 7.

2.1. Los primeros apuntes

Nada nuevo aportamos si decimos que la palabra *jubilación* participa etimológicamente de *júbilo* y que su significado como *viva alegría* (así la define el Diccionario) dista mucho de lo que inspira el termino *vejez*. Pues bien, es esta dicotomía la que conduce al debate original sobre la dependencia porque su dinámica responde a una tensión entre lo vulnerable y la mejora que se propone. Y así ha sido desde nuestras primeras leyes de protección social que arrancan en el retiro obrero de 1919 y llega hasta nuestros días.

La dependencia es concepto amplio que está presente en numerosas manifestaciones jurídicas; posee gran fuerza semántica[3] y su vigor se despliega en diversas instituciones del Derecho. En el contrato de trabajo es la nota más relevante y su aroma está presente en todas las prestaciones de Seguridad Social. Por eso nuestro sistema de protección pública no podía renunciar al establecimiento de una nueva con esa misma denominación, que atendiera el factor biológico de la edad y la caracterizase en su tratamiento como instituto jurídico. Y esa dimensión singular se traducía en potenciar el factor asistencial mediante una mirada amplia de la protección que fuera más allá de la mera pensión económica, comprometiendo otros factores como las políticas preventivas de salud, la intervención en la vivienda de los beneficiarios, con ampliación también de las propuestas culturales y fomento de las medidas favorecedoras del ocio y del llamando *envejecimiento activo*.

Resulta por tanto manifiesto que junto al factor propiamente de la edad, ligado a la prestación de jubilación[4], la dependencia encuentra sentido en su otro gran componente, la noción de discapacidad; pero no en el sentido clásico de limitación física sino como expresión de un desvalimiento donde confluyen otros aspectos de naturaleza inmaterial como la

---

[3] En la emergencia del nuevo concepto distingue el profesor entre los posibles significados de la *idea* de dependencia y las *concepciones* o formas de concebirla *como necesidad privada, riesgo social y como derecho universal* [J. R. MERCADER UGUINA, *Concepto y concepciones de la dependencia*, en VV.AA (GONZÁLEZ ORTEGA, S. y QUINTERO LIMA, M. G., Coord.) *Protección social de las personas dependientes*. Las Rozas de Madrid, Editorial La Ley 2004, p. 67].

[4] *No es únicamente, pues, la pérdida o limitación de la capacidad de trabajo lo que impone la tutela de la vejez sino la debilidad que en el hombre produce* [J. R. MERCADER UGUINA, Jubilación y dependencia: el nacimiento de la "cuarta edad", en VV.AA. (LÓPEZ CUMBRE, L., Coord.), *Tratado de jubilación. Homenaje al Profesor Luis Enrique de la Villa con motivo de su jubilación*. Madrid, Editorial Iustel, 2007, p. 911].

falta de afecto, las carencias de relaciones personales, los aspectos relacionados con el entorno ambiental y, de manera determinante, el conjunto de cuantas restricciones pueda haber en la autonomía del beneficiario. El Tribunal Supremo, en el tratamiento del grado de gran invalidez, viene de forma sostenida manteniendo que junto al déficit puramente físico deben contemplarse las circunstancias concretas que puedan concurrir y otros factores de carácter personal, entre los que destaca la asistencia por tercera persona, sobre todo cuando su justificación es manifiesta como en los supuestos de nula agudeza visual del beneficiario[5].

Como decimos, una nueva perspectiva se alza tomando en cuenta esta última consideración. Porque la autonomía personal está conectada a razones que trascienden el elemento físico y van más allá de la voluntad del sujeto. Tanto es así que en el enfoque de la nueva prestación resulta clave partir de la realidad de conjunto en que las personas se encuentran para fijar la consecuencia asistencial. Y es claro que en este análisis no pueden obviarse datos conectados entre sí que reclaman un cambio sustancial en el modelo de familia tradicional, con alteración de roles y comportamientos generadores de vulnerabilidad y riesgo. Ello hace que la respuesta social a este problema transcienda el plano de la mera tutela para incidir en terrenos todavía por explorar en toda su extensión e intensidad, asociados a los derechos fundamentales de la integridad física y la salud, pero sobre todo de la dignidad personal.

2.2. Fragilidad y dependencia

Poner sentido y sonido al concepto *dependencia* obliga a visitar antes su vocablo nominal, sabiendo que en el ámbito social posee, conforme nos enseña el buen criterio del profesor Mercader, una vasta diversidad de significados y campos de aplicación. Porque partimos de un dato común y general fijado tenazmente por una vieja realidad como es el hecho de envejecer, pero enriquecida por una serie de situaciones y encrucijadas que nunca antes se habían planteado. Ello no significa que restemos importancia a los aspectos que pueda ir suscitando, en paralelo, la propia prestación de jubilación, que día a día se renueva con interpretaciones y modalidades que nunca terminan de moldearla en su versión definitiva. Por esta razón, el factor clave de la edad aparece muy matizado cuando se habla de colectivos en sectores sensibles que tienen la posibilidad de anticipar su hecho

---

5 STS de 25 de abril de 2024 (Rº. 4357/2021. Sala de lo Social).

causante y que plantean problemas de aplicación cuando comprometen la sostenibilidad económica del sistema. Así sucede en la reciente sentencia del Tribunal Supremo que, dando preeminencia al principio de jerarquía normativa, otorga finalmente la prestación anticipada de jubilación al bombero que no se encontraba de alta al tiempo de la solicitud, requisito éste introducido por un decreto al margen de lo dispuesto en el texto refundido de Seguridad Social[6].

Ciertamente, la protección de las personas mayores implica una objetivo prioritario y su integración en la sociedad es fundamental mediante la realización de tareas que no respondan a un planteamiento de caridad *sino desde la responsabilidad de involucrar un segmento frágil de la población en el ejercicio de actividades por razón terapéutica, sí, pero atendiendo a un propósito que conduce directamente a un espacio donde la autonomía y la dignidad humana constituyen su eje central*[7]. Como nuevo riesgo social implica una delimitación de imprecisos contornos que toma prestados aspectos de viejas prestaciones pero que se proyecta con fuerza al calor de su propio sistema nuclear, centrado en el concepto amplio de la carencia de medios por razón de vulnerabilidad. Este reconocimiento en abstracto dinamiza todo un crisol de relaciones complejas y obliga a un tratamiento coordinado de los sectores implicados.

Sin duda, el referido efecto representa todo un desafío para los recursos del sistema que pone a prueba su propia estabilidad, no tanto por razón del gravamen económico que comporta sino del reparto competencial por los intereses enfrentados entre Administraciones. Y no sólo eso; la pugna institucional hace que el justiciable se vea obligado a emprender un tortuoso peregrinaje judicial que le lleva al desánimo y al abandono de toda acción en pro de sus derechos. Tal consecuencia se manifiesta en la descoordinación de los trámites para la obtención de la prestación de dependencia y resulta muy evidente al desglosar causas y responsabilidades en los supuestos de contingencias profesionales con resultado de gran invalidez, como destacaremos en el apartado siguiente. Porque son muchas y distintas las instancias implicadas en la determinación de las causas del accidente de trabajo, la concurrencia o no de negligencia en la conducta del trabajador, el quebrando —por mínimo que sea— de las normas de seguridad por parte del empresario, el alcance del acta de la

---

[6] STS de 17 de diciembre de 2024 (Rº. 5336/2022. Sala de lo Social).

[7] J. DELGADO RUIZ, Personas mayores, fragilidad y autonomía. *Revista de Derecho de la Seguridad Social.* Murcia, Laborum, nº 38, 2024, p. 145.

Inspección de Trabajo y de la resolución administrativa. Tramos de un interminable proceso que se inicia con la situación de incapacidad temporal, primero, y su conversión en permanente, después. Y todo ello con sus tiempos, recursos y demás provisionalidades e incertidumbres, que hacen de los derechos del beneficiario una quimera al margen de todo propósito racional, máxime cuando se ventilan aspectos económicos de cuantía indeterminada. Así sucede en el caso de la fijación de perjuicios morales para los familiares del accidentado, que finalmente pueden rechazarse por no concurrir en el trabajador la condición de gran inválido y venir excluidos aquéllos de la indemnización complementaria *que compense el daño moral propio del familiar derivado de su mayor sacrificio y disminución de su calidad de vida*[8].

3. RECARGO DE PRESTACIONES

Sin ninguna duda éste es el contenido de mayor peso académico que me vincula al profesor Mercader. De unos apuntes vagos sobre el principio de solidaridad nació esta propuesta de estudio sobre la figura, que abordé con curiosidad y cierto recelo al estar concentrada su regulación en un solo artículo del texto refundido de Seguridad Social. Pero me dio confianza saber que su tesis doctoral[9] estaba basada en unos escasos párrafos del Estatuto de los trabajadores y que la brevedad del fundamento favorecía emprender un camino *integral y exhaustivo* sobre la materia. Y así fue como se abrió paso mi interés por este tema en un camino empedrado, trazado a base de *pico y pala*, en expresión del gusto del homenajeado que comporta todo un testimonio de intención y ejemplo.

---

8 STS de 5 de junio de 2024 (Rº. 2566/2022. Sala de lo Social).

9 Ese dato lo reafirma desde el mismo prólogo su maestro y director de tesis, Luis Enrique de la Villa, cuando destaca en el alumno la valiente decisión de abordar el sugerente y *maldito* tema del convenio colectivo, como *conjunción de dos aberraciones* que comprometen la coherencia de sus componentes público y privado, descifrando las relaciones de colisión contenidas en algunos apartados del entonces vigente artículo 84 del Estatuto de los trabajadores [J. R. MERCADER UGUINA, *Estructura de la negociación colectiva y relaciones entre convenios*. Madrid, Editorial Civitas, 1994, p. 5].

3.1. Presupuestos y controversias

La complejidad que atribuimos a la nueva prestación de dependencia es predicable también a la escurridiza figura del recargo. Quizá se deba a su polémica naturaleza, compuesta de un indudable origen punitivo pero que repara el daño causado por el accidente de trabajo[10] y/o la enfermedad profesional al tiempo que ejerce un influjo preventivo en la causación del mismo. Sin duda, en su arranque está la infracción del empresario, siendo que el incremento de la prestación a su cargo se instala primero en el ámbito de la responsabilidad civil y después, con el transcurso del tiempo, se termina por incorporar a la acción protectora de la Seguridad Social, que la ordena pero sin asumir completamente los efectos de la reparación del daño. Desde el inicio ya advertimos en la figura su robusto caparazón de tortuga y lento caminar para reconocerle el mérito de su longevidad. Pero se hace preciso añadir que esas fortalezas esconden también *un abanico de defectos que ni el legislador quiere resolver ni los tribunales han podido zanjar definitivamente, quizá por un fracaso de modelo y panorámica, por la vasta casuística asociada al riesgo profesional, en los que encuentra su origen, o porque no lo aconsejen el cruce de caminos entre los distintos órdenes jurisdiccionales, el juego de responsabilidades e intereses entre los agentes intervinientes o alguna razón oculta e inconfesable hasta ahora*[11].

En fin, confluyen en su dinámica aspectos polémicos que no terminan de ajustarse en la práctica. El primero viene delimitado por la noción amplia de lo que haya de entenderse *por deber de seguridad* del empresario. Al tratarse de un concepto amplio, condiciona el alcance de la infracción que pueda cometerse y en consecuencia la sanción a imponer[12]. Es aquí don-

---

10 En este campo resulta inexcusable considerar la obra de referencia del profesor Mercader porque, ya desde el umbral de los agradecimientos, contiene dos aspectos relevantes: uno metafórico y compartido, al comentar que *nadie es autor por entero de sus libros;* y otro cargado de simbolismo y memoria, al coincidir su elaboración con los veinticinco años de acceso a la plaza de Catedrático de Universidad que ahora celebramos [J. R. MERCADER UGUINA, *Indemnizaciones derivadas del accidente de trabajo.* Las Rozas de Madrid, Editorial La ley 2001, p. 5].

11 J. DELGADO RUIZ, El recargo de prestaciones hoy. *Revista Trabajo y Derecho.* Valladolid, Editorial Lex Nova, número 19-20, 2016, p. 110.

12 A tal punto estamos ante un concepto jurídico amplio que necesariamente debemos conectarlo con la concurrencia de responsabilidades en que pueden incurrir compartidamente empresa y trabajador. Conforme a este principio de corresponsabilidad, también éste viene obligado a velar por su propia seguridad y la de otras personas que su tarea pueda afectar. Este alcance se condiciona a su formación

de encuentra sentido la dicotomía entre la tesis de la culpabilidad subjetiva y el principio de responsabilidad objetiva, que bien podría complementarse con la atribución hecha a la Administración en su papel de garantía. Es precisamente la prevención el factor que puede alzarse como remedio eficaz a la polémica incesante que suscita el recargo como resulta de la casuística y riqueza de situaciones que llegan a los tribunales sin terminar de embridar la figura. *Evidentemente, el principio de tutela judicial efectiva se compromete tanto si las resoluciones desvían el sentido del enjuiciamiento como si se dictan transcurrido un largo tiempo, convirtiendo el ideal de reparación en un objeto de escaparate*[13].

Como decimos, en el análisis de la controvertida figura destacan su compleja naturaleza y el elástico concepto del deber general de seguridad del empresario[14]. Pero también cabe hablar del nexo causal entre infracción y accidente para posicionar adecuadamente la responsabilidad resultante. Y aquí juega un papel importante la discrecionalidad del juez en su

---

y a las instrucciones recibidas del empresario, con riesgo de sufrir la oportuna sanción por incumplimiento en caso de contravención, a tenor de lo dispuesto en el artículo 29 de la LPRL. Y todo ello sin perjuicio de las sanciones que con carácter principal corresponde imponer al empresario, además de otras *accesorias* y complementarias de las establecidas con carácter general en el artículo 40 de la LISOS para el supuesto de las infracciones cometidas en los amplios sectores que relaciona [J. R MERCADER UGUINA, *Comentarios a la Ley de Infracciones y Sanciones en el Orden Social.* Madrid, Thomson Aranzadi, 2003, p. 463].

13 J. DELGADO RUIZ, Defensa y polémica del recargo de prestaciones de la Seguridad Social. *Revista de Información Laboral.* Valladolid, Editorial Aranzadi, número 8, 2017, p. 53.

14 No hay mejor descripción de la figura que la atribuida al magistrado Aurelio Desdentado cuando nos decía que *tiene al menos un mérito: ha logrado confundirnos a todos; a la doctrina científica, a la jurisprudencia y a quienes tienen que padecerlo o conseguirlo siguiendo los sinuosos procesos que hay que transitar para su logro o evitación, a través de pleitos enmarañados.* Tal es su complejidad que seguía colmándola de calificativos y epítetos como *delicia, pasmo, angustia* y *castigo,* que magistralmente repartía entre *la gente del foro, doctrinos, justiciables y legislador* para acabar cerrando su diserción con la metáfora relativa a la tinta de algunos cefalópodos, que tiene el efecto de oscurecer más que iluminar la institución. Con toda razón, la doctrina en su mayor parte entiende que a esa complejidad de su naturaleza haya que corresponder con una respuesta igual de resbaladiza e imprevisible, reconociendo su carácter cambiante, según los casos, también en el debate judicial [MERCADER UGUINA, J. R. y GARCÍA PERROTE ESCARTÍN, I., Revisitando (una vez más) el recargo de prestaciones. *Revista Española de Derecho del Trabajo.* Editorial Aranzadi. Número 241 (abril), 2021].

determinación porque no siempre el nexo causal se muestra bien definido, máxime cuando está en juego la valoración del *atrevimiento o audacia en la conducta del trabajador que puede llegar a rebasar los términos del principio de conservación de la integridad física del que participamos en general los seres humanos*[15]. Y sobre todo, porque la cadena de *causalidad* se puede convertir en otra bien distinta que podríamos llamar de *casualidad*, donde el azar y la ventura despiertan la sorpresa de un resultado imprevisto si, como a menudo acontece, la eventual imputación al deudor de seguridad se torna contra la víctima alegando desobediencia a las órdenes impartidas o simple temeridad en su conducta. Afortunadamente, hay tendencias que se han consolidado con el paso del tiempo. Y así el Tribunal Supremo ha tenido oportunidad de manifestarse con abundancia y reiteración en los supuestos en que se ha quebrantado el deber de seguridad del empresario por abestosis, causada por inhalación de partículas de amianto en suspensión; es el caso de un estibador portuario donde el fracaso del deber preventivo determinó que contrajera la grave enfermedad y posteriormente su muerte. Y un aspecto de importancia: ese deber también debe hacerse extensivo a la empresa sucesora en virtud del principio de responsabilidad civil correlativa por vía de subrogación[16].

3.2. Su defensa y propuestas

Pese a la inseguridad jurídica que suscita en su propio laberinto, es el recargo una institución que merece defensa. Y no sólo porque su efecto reparador así lo aconseja sino porque su mejor cualidad está conectada a la prevención del accidente y la enfermedad profesional. Y en este campo resulta decisiva la intervención pública que necesariamente debe preveer dichas contingencias y, sobre todo, asistir y tutelar al empresario infractor en todo el proceso; de vigilancia primero y de restitución después. Ya sabemos que ese complejo aroma del que participa encuentra un ingrediente importante en el elástico concepto del deber de seguridad del empresario y que en buena medida la solución para *deshacer el enredo de la figura* podría consistir en separar su origen infractor del verdadero rostro que presenta

---

15 J. DELGADO RUIZ, Accidente de trabajo y nexo causal. *Revista de Información Laboral.* Valladolid, Editorial Aranzadi, número 6, 2016.

16 STS de 14 de mayo de 2024 (Rº. 5011/2022 Sala de lo Social).

como *prestación singular* destinada no solo a prevenir sino también a indemnizar el accidente de trabajo y la enfermedad profesional[17].

La postura de la Administración es clave para dar un golpe de timón al *sentido* del recargo y por supuesto al *sonido* que debe comportar[18]. Es la teoría del hecho ajeno, inspirada en la doctrina civilista y unida a la acepción social del amplio concepto de la dependencia, base suficiente para reforzar el papel de vigilancia y garantía en la seguridad y salud laborales que le corresponde. Y la responsabilidad *directa* del empresario, que literalmente refiere el texto legal, no puede ser obstáculo para ello si consideramos que tal calificativo dista mucho de trastocarse por *exclusiva,* lo que permite su distribución entre los distintos agentes del entorno y producción del daño[19]. Tal resultado extensivo ya se produce en supuestos de contratas,

---

17 J. DELGADO RUIZ, El recargo de prestaciones y su laberinto, *Revista Labos,* Universidad Carlos III de Madrid, Volumen 5, 2024, número 2, p. 133.

18 Pese al innegable reconocimiento *obiter dicta* del componente sancionador del recargo por la STC 158/1985, de 26 de noviembre, expresando que constituye una responsabilidad a cargo del empresario extraordinaria y puramente sancionadora, los demás pronunciamientos se han mantenido al margen de toda polémica doctrinal aunque hayan llevado a efecto su consecuencia más directa, esto es, la de hacer *intransferible* esta clase de responsabilidad sobre cualquier otra persona que no sea el empresario. Pero la responsabilidad *directa* de la que habla la ley no puede confundirse con responsabilidad *exclusiva* que sí puede darse en términos de ser compartida con otros agentes que intervienen en la producción del daño. Y ello sin perjuicio de la que pueda atribuirse a la propia Administración por medio de la responsabilidad patrimonial que recoge el artículo 106.2 del texto constitucional, cuya instauración tiene un valor especial por alzarse como *pieza fundamental del Estado de Derecho y una garantía para los ciudadanos* [J. R MERCADER UGUINA y C. TOLOSA TRIBIÑO, *Derecho Administrativo Laboral.* Valencia, Editorial Tirant lo Blanch, 2004, p. 631].

19 Esa distinción conceptual tiene influjo en el derecho constitucional del trabajador a una protección eficaz en materia de seguridad y salud laborales, hecho que impone el correlativo deber de seguridad por parte del empresario. Pero no olvidemos que el alcance de esa responsabilidad es diverso y puede revestir aspectos que cambien en función de la intensidad y del escenario en que el daño se produce. De ahí que pueda producirse un cuadro de responsabilidades generales y especiales, no sólo con cargo a las personas físicas intervinientes sino también a los administradores sociales que deban prevenir los riesgos laborales en toda su extensión. Esto es así porque la existencia de vinculo jurídico determina el surgimiento de responsabilidad patrimonial tanto por vía contractual como por la vía del artículo 1904.3 del Código Civil, que impone la responsabilidad objetiva al margen de toda culpa [J. R. MERCADER UGUINA y B. SUÁREZ CORUJO, La responsabilidad de los administradores sociales en el ámbito laboral, en VV.AA.

grupos de empresas y confusión por fraude de ley, entre otros casos afectados por la *teoría del levantamiento del velo,* sucesión irregular, cesión ilegal de trabajadores o prestamismo laboral. Y de igual modo, la corresponsabilidad en la causa misma del accidente también puede atribuirse a la acción no temeraria del trabajador, hecho que puede modificar el porcentaje de incremento. La doctrina de nuestros tribunales en este punto es contundente porque la concurrencia de culpas puede darse en situaciones de tiempo y espacio que no cursan siempre con nitidez, siendo que la directriz general viene constituida por la gravedad de la falta. Por ello, corresponde a los tribunales su alteración aun cuando los hechos permanezcan invariables en todas las instancias. Tal sucede en el caso del accidente producido con una carretilla conducida con exceso de velocidad y que en un giro brusco cae sobre un terreno irregular y resbaladizo que lo hacía peligroso debido a unas obras que se estaban realizando en las instalaciones del centro de trabajo, que ni estaban delimitadas ni contaban con señalización alguna sobre itinerarios o límites de velocidad a cumplir[20].

Es precisamente la ordenación de los elementos de la figura el factor que hace posible su conservación y supervivencia. A nadie se escapa que su partida de nacimiento se sitúa en la infracción y que tal marca determina inexorablemente la existencia de sanción. Antes hemos tenido oportunidad de corregir el siniestro mediante una adecuada política de prevención del riesgo en la que, como decimos, tiene un papel destacado la Administración Pública[21]. Pero lo que resulta definitivo para coronar su trayecto

---

(A. ROJO y E. BELTRÁN, dirs.) *La responsabilidad de los administradores.* Valencia, Tirant lo Blanch 2005, p. 405].

20 STS de 4 de diciembre de 2024 (Rº. 3939/2021. Sala de lo Social).

21 No es pacífico que la exigencia de culpabilidad se constituya en elemento indiscutido del ilícito administrativo, también en materia de prevención de riesgos laborales. Tal exigencia, en palabras que Mercader pone en boca del gran administrativista Alejandro Nieto, la Constitución en ningún lado lo proclama y *una vez más se trata de un elemento que se ha añadido posteriormente sin explicación alguna.* Por tanto, la admisión del principio de culpabilidad *se trata de una cuestión de fe, que es leer lo que no leemos con nuestros propios ojos.* Tal premisa determina un escenario *delicado y tormentoso* en nuestra legislación, máxime cuando se trata de fijar responsabilidades en materia de coordinación de actividades entre empresarios, que admite multitud de modelos y presupuestos [J. R. MERCADER UGUINA, El principio de culpabilidad. Especial referencia a los supuestos de concurrencia de empresarios, en CHAMORRO GONZÁLEZ, J. M. (Dir.) *La potestad sancionadora de la Administración en el ámbito de los riesgos laborales.* Madrid, Consejo General del Poder Judicial 2007, p. 150].

vital y justificativo es su objetivo reparador, a través de su recuperada alma prestacional. Y a este puerto se llega a través del valor y principio de solidaridad en la identificación tanto del infractor como del responsable; pero también, y destacadamente, invocando el concepto de dependencia para dar entrada en el escenario a otros agentes. Y así como en la homónima prestación de Seguridad Social es determinante la tercera persona asistencial, en el ámbito que ahora tratamos ese papel decisivo debe quedar asignado a los agentes públicos que, más allá el marco de la responsabilidad objetiva, presten amparo integral al trabajador accidentado, cumpliendo de este modo con su deber de protección social[22].

4. CONTRATO DE TRABAJO

Como queda indicado, esa época inicial estuvo centrada en el tratamiento de temas preferentemente relacionados con la Seguridad Social, pero el hecho de desarrollar monográficamente la nueva prestación de dependencia, cuyo núcleo conceptual invade el vasto estudio sobre el recargo de prestaciones, abrió la posibilidad de abordar distintas facetas de otros campos del Derecho, como las obligaciones solidarias o la responsabilidad civil, sin descartar otras materias conexas o relacionadas con hechos singu-

---

[22] Sin duda los nuevos tiempos dificultan la siempre difícil tarea de establecer un sistema de responsabilidad empresarial en cuanto al accidente de trabajo. De ahí que debamos partir del llamado *sistema dual* que parte de una infracción concreta para sancionar y al mismo tiempo reparar el daño causado. Es ésta un aspiración que hunde sus raíces en la primera ley de 30 de enero de 1900 que ya determinaba para el accidente de trabajo la responsabilidad empresarial como *objetiva y automática,* locución que debe relativizarse por cuestionar la esencia misma de la idea de *reparación integra,* y que debemos descartar, a juicio del homenajeado, porque *el nivel y condiciones de las prestaciones deben partir del siempre doloroso principio de realidad.* Esta revelación no resta valor a las previsiones que debemos hacer para enfrentar un futuro sujeto a los nuevos rumbos que marcan los cambios tecnológicos; el impreciso e indefinido *principio de precaución* abre la puerta al llamado *imperativo de responsabilidad,* todo un enigma que obliga a la adopción de medidas indeterminadas ante amenazas inciertas: todo un plan de futuro que navega entre la inquietud y la esperanza, abriendo *profundos interrogantes* por suscitar buen número de problemas, en especial *cuando se proyectan sobre los denominados riesgos del desarrollo* [J. R. MERCADER UGUINA, El sistema de responsabilidad empresarial por el accidente de trabajo: un modelo en transición, en AA.VV. *Accidentes de trabajo y enfermedades profesionales. Experiencias y desafíos de una protección social centenaria.* Murcia. Editorial Laborum 2020, p. 592].

lares y anclaje en aspectos básicos de nuestra disciplina[23], como el contrato de grupo, el acceso a un puesto de trabajo o su mantenimiento por razones objetivas o disciplinarias, como a continuación se expone.

4.1. Acceso y derecho al trabajo

No puede negarse que la flexibilidad se muestra como valor en multitud de ámbitos; también en el laboral. El contrato de trabajo es ejemplo de versatilidad al disponer de un elenco de posibilidades en su formulación y dinámica. La fijeza, el carácter indefinido, la temporalidad, lo formativo, la parcialidad, entre otros revestimientos, factores y naturalezas[24], tienen por objetivo dotar al pacto de una base firme en términos de seguridad jurídica. Pero hay una alternativa en nuestra ley que destaca el factor colectivo sobre el individual y pasa desapercibida, quizá por su complejidad práctica.

El contrato de grupo constituye manifestación plurisubjetiva de acceso al trabajo donde la dependencia, como nota esencial de la relación laboral,

---

23 Decía Mercader en el libro que acogió su tesis doctoral, y así lo hemos indicado antes, que nadie es autor exclusivo de su obra; ese componente colectivo se visualiza nítidamente en sus *Lecciones de Derecho del Trabajo,* que en 2024 ha alcanzado su 17ª edición con autoría compartida de los profesores Ana de la Puebla y Paco Gómez Abelleira. En su periplo temporal, desde que su primera edición viera la luz en 2008, ha mantenido su inicial vocación docente en favor de la comunidad universitaria, pero sobre todo ha reforzado su papel como instrumento imprescindible del conocimiento jurídico-laboral. La lectura consecutiva de los dos prólogos, con la elocuencia de sus silencios y sobreentendidos en el intervalo temporal de dieciséis años, muestra bien claro el merecido elogio de personas y obra [MERCADER UGUINA, J. R., Lecciones de Derecho del Trabajo, 17ª ed. Valencia, Editorial Tirant lo Blanch 2024, pp. 23 a 26].

24 Entre los factores que inciden tanto en el nacimiento como en el mantenimiento del empleo está sin duda la consideración a la edad como factor de diferencia y, por ende, como factor de discriminación. La construcción de un juicio sobre esta *categoría específica* lleva al maestro a cimentarla sobre tres pilares que describe con acierto: la objetividad de la medida, la proporcionalidad entre ésta y la finalidad pretendida y, por último, lo que entiende como el *juicio débil de la razonabilidad de la diferencia de trato.* Para ello parte de una base sociológica inevitable que hace de la edad un factor de referencia social pero que al mismo tiempo también *puede ser utilizada en ocasiones como un factor de rechazo y exclusión social* [J. R. MERCADER UGUINA, Bases para la construcción del juicio de no discriminación por razón de edad, en MERCADER UGUINA, J. R. (Dir.) *Trabajadores maduros. Un análisis multidisciplinar de la repercusión de la edad en el ámbito social.* Valladolid, Editorial Lex Nova 2009, p. 24].

se presenta de forma matizada. La contratación de trabajadores, entendida como ente único y totalidad, hace que no exista una suma de contratos individuales (como sucede en la modalidad de trabajo en común), sino un solo vínculo que condiciona a su vez la existencia de un representante. Se van incorporando de este modo aspectos que deben gestionarse adecuadamente para evitar que se descomponga y decaiga su virtualidad, que es doble al simplificar el proceso de contratación y unificar condiciones de trabajo, en un propósito no siempre fácil de lograr. Porque junto a los rasgos identificativos se hace precisa la crítica de algunas carencias; así, el carácter personalísimo del contrato de trabajo aparece en principio como un verdadero obstáculo al estar realizado *con un grupo de trabajadores considerado en su totalidad;* pero esta excepción a la regla general no debe suponer la búsqueda de *un prudente equilibrio entre el principio de ficta iuris aplicado al grupo y el trato como verdadero trabajador a cada uno de sus miembros*[25].

El reparto de trabajo sí se logra, en cambio, a través de la modalidad del *auxiliar asociado.* Esta figura es muy poco usada por el recelo que plantea y podría ser un modelo eficaz para desatascar el fenómeno de la sobrecarga de trabajo, ya sea puntual o no. Se presenta como alternativa a la interinidad por sustitución o en situaciones de complementariedad en sectores de trabajos ocasionales o estacionales, pero requiere doble vínculo y su compleja casuística genera problemas de interpretación jurídica no siempre resueltos de forma uniforme por los tribunales.

Como queda expresado, muchos son los factores que intervienen en el acceso al trabajo. Más allá de los requisitos formales que puedan darse y de las exigencias del puesto concreto, hay claves difíciles de descifrar que condicionan todo el proceso de contratación. Es cierto que el *derecho al trabajo* para muchos no pasa de manifestarse como pura ilusión al participar de naturaleza programática y quedar al margen de toda compensación indemnizatoria desde el punto de vista subjetivo. Pero tal obstáculo no impide que en el horizonte se presente como objetivo realizable por los poderes públicos que venga a superar los innumerables casos de marginación y precariedad en las relaciones laborales[26].

---

25 J. DELGADO RUIZ, Contrato de grupo, trabajo pendiente. *Revista de Información Laboral.* Valladolid, Editorial Aranzadi, número 3, 2018, p. 48.

26 J. DELGADO RUIZ, J., *El derecho (debilitado) al trabajo.* Comunicación presentada al XXX Congreso Anual de la Asociación de Derecho del Trabajo y de la Seguridad Social. *El Estatuto de los Trabajadores. 40 años después.* Granada 2020.

4.2. Salud y manipulación

Pero no es sólo acceder al trabajo; se trata de desarrollarlo decentemente. Y esta posibilidad llega cuando no hay mermas que lo degraden o condicionen, incluso al tiempo de terminarlo en condiciones de seguridad y certeza. Porque hay alteraciones que pueden producirse también con resultado favorable, como cabe derivar del incremento en la indemnización por despido distinta de la establecida en el artículo 56 del Estatuto de los trabajadores y con fundamento en el Convenio 158 de la OIT. Este debate ha llegado recientemente a nuestros tribunales, tras rechazarse en la instancia la calificación de nulidad de la extinción del contrato por causas objetivas. Partir de su improcedencia implica asumir una cuantía tasada que en determinados supuestos puede significar una clara y evidente ilegalidad, además de un manifiesto fraude de ley que vicia de nulidad la decisión empresarial. Se trata entonces de hacer patente y real una indemnización adecuada que impida esa clase de disfunción o abuso en la persona del perjudicado, evitando un gravamen añadido por razón de justicia y reparación apropiada. Pero este objetivo todavía tendrá que esperar, porque así lo ha resuelto la Sala de lo Social del Tribunal Supremo que de momento no ve ajustada a derecho su concesión[27].

En este contexto, el deber de seguridad del empresario, del que antes hablamos al tratar el recargo de prestaciones, obliga a mantener el puesto de trabajo libre de todo riesgo que comprometa el quebranto de la salud y seguridad de los trabajadores. Afortunadamente en la preservación de este derecho hay mecanismos suficientes de control tanto sindicales como administrativos, pero es el factor humano lo que en la práctica termina por decidir su estabilidad en condiciones saludables. Un instrumento eficaz lo constituye el procedimiento de conflicto colectivo, que en muchas ocasiones viene a dar soluciones ante imprevistos que se presentan más allá de lo acordado en convenio, aportando profundidad y sentido a su aplicación.

La reciente pandemia ha estimulado la sensibilidad social en lo que respecta a las condiciones y hábitos saludables en la empresa. De esta forma se ha llegado a plantear nuevos derechos, o redimensionamientos de los ya existentes, para justamente otorgar rigor a lo que se entiende como el canon interpretativo de la realidad social a que alude el artículo 3.1 del Código Civil, cuando expresa que además del sentido propio de sus palabras las normas deben interpretarse en relación con el contexto, los

---

[27] STS de 19 de diciembre de 2024 (Rº. 2961/2023. Sala de lo Social).

antecedentes históricos y legislativos y la realidad social del tiempo en que han de ser aplicadas, considerando en especial su espíritu y finalidad. Pues bien, en base a este fundamental criterio teleológico, se ha podido determinar que los trabajadores expuestos a un potencial riesgo biológico (en el caso estudiado son auxiliares de enfermería) pueden ausentarse del puesto de trabajo para su aseo personal *siempre que sea preciso por razón de vómitos, sangre u otros fluidos,* reconocimiento que impide embridar este derecho a un tiempo limitado a lo largo de la jornada laboral por carecer, a juicio del Tribunal, de todo sentido y razonabilidad el deterioro de una medida higiénica ya existente y de contenido marcadamente más ventajoso[28].

Como vemos, en la vida del contrato de trabajo la edad se constituye en factor de riesgo no sólo por el componente discriminatorio que puede comportar sino por otros relacionados con el coste económico de salarios y cotizaciones, además de los derivados de su eventual expulsión del mercado de trabajo[29]. La fatalidad y el siniestro acontecen pese a la existencia de medidas de prevención y porque estamos instalados en una sociedad de incertidumbre que demanda tanto mecanismos de cautela y control como espacios de seguridad y confianza para lograr el decoro y la dignidad del trabajo decente[30].

A menudo la simulación y el fraude se escenifican en el ámbito laboral, porque se dan situaciones de apariencia que se imponen o convienen en un medio de contrastes e intereses opuestos. Así sucede cuando el carácter disciplinario de un despido encubre irregularidades y situaciones de abuso de derecho y se tapa con el barniz del despido objetivo por algunas de sus

---

28 STS de 20 de marzo de 2024 (Rº. 301/2021. Sala de lo Social).

29 J. DELGADO RUIZ, Principio de igualdad, trabajadores maduros y condiciones de trabajo: Previsión social, en MERCADER UGUINA, J. R. (Dir.) *Trabajadores maduros. Un análisis multidisciplinar de la repercusión de la edad en el ámbito social.* Valladolid, Editorial Lex Nova 2009, p. 332.

30 Con igual propósito académico de sentar las bases de nuestra disciplina se elaboran los *Esquemas* que en su primera edición se publican en 2008 por la Editorial Tirant lo Blanch, coincidiendo con la aparición de las *Lecciones.* Y quienes tuvimos el honor de contribuir en su contenido bajo la dirección del Profesor Mercader nos esforzamos en destacar y reforzar el, siempre difícil, objetivo de *lograr el decoro y la dignidad del trabajo decente* no solo como actitud personal sino como presupuesto fundamental de la relación laboral. Ese empeño fluye a lo largo del trabajo colectivo con voluntad todavía de extenderse y acompañar a todos sus integrantes [J. R MERCADER UGUINA, C. ARAGÓN GÓMEZ, J. DELGADO RUIZ, P. GIMENO DÍAZ DE ATAURI y P. NIETO ROJAS, *Esquemas de Derecho del Trabajo I (Relación individual de trabajo).* Tomo XII. Valencia, Tirant lo Blanch 2008].

causas. *Por ello resulta obligado hacer preguntas, simples o complejas, con respuesta o silencios, a sabiendas de que lo evidente también puede manipularse. Como las piezas de arte cuando se desprecian y se sustituyen por otras falsas. O sencillamente se ignoran*[31].

5. PRINCIPIOS Y VALORES

Este apartado se muestra transversal y ha estado presente a lo largo de nuestra concurrente etapa académica. Es materia que recorre la extensa obra del profesor Mercader e inspira de forma constante la de sus discípulos. Las aportaciones y reflexiones que ahora se incorporan vienen a condensar ese aroma que todo lo impregna, de esfuerzo y reconocimiento al trabajo hecho con el tesón en los principios y la perseverancia en los valores que nos unen.

5.1. Los principios

El acceso al trabajo y su dinámica están sujetos a sorpresas y expuestos a toda suerte de vicisitudes; por ello uno de sus objetivos más importantes consiste en conservarlo en términos de decencia. No olvidemos que toda relación laboral se cubre de un esquema contractual que se mantiene en el tiempo y que viene marcado por la concurrencia de requisitos o elementos esenciales del negocio jurídico. El tenor literal del artículo 1261 del Código Civil muestra que, además del consentimiento de los contratantes, debe concurrir para su perfección tanto el *objeto cierto que sea materia de contrato* como la *causa de la obligación que se establezca*. Aunque no siempre basta este concurso de requisitos para garantizar una relación estable; se precisa de criterios firmes que otorguen confianza a las partes y seguridad al medio en que se desarrolla, toda vez en caso contrario nos encontraríamos en un escenario de disfraz y burla a la ley[32].

---

31 J. DELGADO RUZ, *Cesión y despido, manipulación y montaje*. Revista General del Derecho del Trabajo y de la Seguridad Social. Madrid. Editorial Iustel, número 68, 2024, p. 364.

32 J. DELGADO RUIZ, Principios de perseverancia, en VV.AA. *Actualidad del pensamiento jurídico laboral de Américo Plá RODRÍGUEZ, Estudios en celebración del centenario de su nacimiento*. Fundación de Cultura Universitaria. Montevideo (Uruguay) 2020, p. 32.

Por ello y al hilo de este razonamiento, es difícil mantener de forma constante un juicio equilibrado que venga a impedir el criterio de razonabilidad tanto en la norma como en su aplicación por los tribunales. Los principios jurídicos son el aroma en que se mueve el juego de relaciones humanas y las normas que las regulan. Su contaminación supone por tanto una regresión intolerable en el avance de la sociedad hacia un ideal elemental de convivencia. No olvidemos que el Derecho del Trabajo no surge de manera espontánea sino como respuesta a una cuestión social fraguada a lo largo del tiempo y que se alza como respuesta al desequilibrio entre poderosos y vulnerables. Tal origen ha venido generando principios propios en el sector y reforzando los de carácter general. Un ejemplo es el referido al principio de igualdad en su vertiente de discriminación salarial que en nuestro campo adquiere perfiles propios, acentuados si el agente infractor es la propia Administración Pública. No es ajustado a derecho contratar trabajadores al amparo de programas de fomento del empleo que no son retribuidos conforme fija el convenio colectivo aplicable; tal hecho no sólo infringe la prohibición general de discriminación sino el principio de igualdad ante la ley y el de interdicción de la arbitrariedad conforme al artículo 9.3 de la Constitución Española. Y ello es así porque *cuando la empleadora es la Administración Pública, ésta no se rige en sus relaciones jurídicas por el principio de la autonomía de la voluntad sino que debe actuar con sometimiento pleno a la Ley y al Derecho*[33].

Así, la protección que otorga el principio *in dubio pro operario* no es más que la invocación de un sentimiento general de justicia que rompe la igualdad formal entre dos partes manifiestamente desiguales tanto en la configuración del contrato de trabajo como en su dinámica. Evidentemente, su aplicación al caso concreto no aporta solución automática a los problemas que ese desequilibrio puede generar, pero sí inciden en la resolución final de las controversias y por ello deben entenderse como mandatos de optimización en un *nuevo tiempo* para los principios laborales[34]. Con todo y

---

33 STS de 26 de febrero de 2024 (Rº. 2575/2001. Sala de lo Social).

34 Interesante la contextualización que hace nuestro autor sobre el proceso de degradación de los principios cuando alude a planteamientos decadentes en línea con una *tradición de pesimismo intelectual que diagnostica y vaticina la declinación —y en algunos casos— la muerte de la civilización occidental.* Pero lejos de adoptar una postura negativa sobre su eficacia, debemos preguntarnos sobre la presencia, aunque sea escondida, que se adivina en multitud de manifestaciones. Solo así podrá iniciarse una etapa de búsqueda que, con cita del profesor Martín Valverde, permita abrir y resignificar *nuevas líneas de pensamiento* en el ámbito laboral, dejando bien

pese a su positivo influjo, en absoluto cabe confiarse por entero a su fortaleza y autoridad; en la actualidad soplan vientos dispares y se abren desconocidos escenarios de flexibilidad que responden a intereses económicos, que no puramente sociales, y vienen a modificar la perspectiva. Estos nuevos principios están basados en una realidad cambiante y precipitada que altera conceptos clásicos, incorporando dimensiones hasta ahora desconocidas. Así ha venido sucediendo en campos como la movilidad profesional y destacadamente en el ámbito de la conciliación del trabajo con la vida familiar, no sólo en su tratamiento puramente normativo sino en la aplicación de nuevos matices incorporados desde resoluciones judiciales comprometidas y sensatas. También se ha dado con la calificación de nulidad del despido en aplicación de la doctrina, conforme a la cual cualquier circunstancia contemplada en el artículo 55.5 del Estatuto de los trabajadores genera por sí misma esa especial protección por razón de conciliación de la vida familiar y laboral más allá de la mera improcedencia, con el resultado de la readmisión y abono de los salarios de tramitación[35]. A esa situación se llega con voluntad de enriquecer y dotar de sentido práctico al mencionado principio, uno de cuyos instrumentos más relevantes lo constituyen los planes de igualdad[36]. Pero una necesaria reelaboración de los mismos conduce a mantenerlos en un modelo normativo seguro, asumiendo que sus contenidos cambian por razón de vivir en un mundo de economía global y sobre todo por la irrupción de las nuevas tecnologías en todos los campos del quehacer humano.

5.2. Los valores

Al invocar el principio de realidad y la superación de la apariencia pensamos en el criterio del profesor Mercader sobre la necesidad de contemplar los principios clásicos con perspectiva actual para transitar desde el

---

claro que su importancia no radica tanto en la utilidad para resolver un caso concreto sino en el peso que puedan tener en el contexto de un delicado equilibrio de intereses donde la metáfora clásica de la balanza es bien representativa [J. R. MERCADER UGUINA, *Los principios de aplicación del Derecho del Trabajo. Formación, decadencia y crisis*, Valencia, Editorial Tirant lo Blanch 2014, pp. 213 y ss.].

35 STS de 3 de diciembre de 2024 (Rº. 818/2023. Sala de lo Social).

36 J. DELGADO RUIZ, Régimen sancionador de la ley de igualdad, en MERCADER UGUINA, J. R. (Coord.) *Comentarios laborales a la Ley de Igualdad entre Mujeres y Hombres*. Valencia, Editorial Tirant lo Blanch 2007, p. 681.

simple conjunto de pautas a otro *ordenado y dotado de sentido*[37], mediante el adecuado uso de las palabras, su significado y alcance. Eso mismo sucede con el principio de igualdad en el supuesto de la mujer trabajadora que debe anticipar su jubilación forzada por un currículo profesional lastrado por las cargas familiares y las diferencias por razón de género que conducen soterradamente a un desigual tratamiento prestacional[38]. Ciertamente, partimos desde premisas constitucionales para consolidar derechos que eviten perjuicios a personas de carne y hueso en situaciones tan diversas como el disfrute de excedencia por razones familiares o sometidos por igual motivo a periodos de reducción de jornada o incapacidad temporal. Y cualquier tipo de interpretación debe hacerse desde la perspectiva que imponen *los valores de no discriminación e igualdad, de superación de los papeles tradicionalmente asignados a la mujer o de protección a la familia*[39].

Con esta base, podemos afirmar que estamos en un mundo global donde la llamada *posverdad* parece que se ha instalado como una constante distorsión de la realidad que manipula y cambia su captación. Esa *alteración de percepciones y conductas*, conforme a la definición que el Diccionario hace del neologismo, puede realizarse a través de una serie de ficciones jurídicas que tienen relevancia no sólo como factor de corrección de las discriminaciones sino como expresión de justicia y equidad. Es este un terrero muy resbaladizo que nos conduce a la paradoja de presentar un objetivo loable pero a través de un camino de atajos, éticamente reprobable que viene a comprometer valores firmemente asentados en la sociedad.

Desde esta última premisa, la seguridad jurídica se alza como concepto equívoco y elástico. Procesalmente queda excepcionada primero y reforzada después, mediante el recurso de revisión que parte de conformar una nueva realidad material a resultas de lo que antes estaba oculto. También aquí el refranero juega su papel informador: esa *sabia rectificación* hace que el color y el sentido de una resolución pueda cambiar diametralmente. He-

---

37 Esa tarea de entender el Derecho permite descartar la aplicación de los principios como un simple conjunto de pautas para ganar como cualidad la de *predecir soluciones a distintos problemas jurídicos fijados en disposiciones específicas* [MERCADER UGUINA *Los principios de aplicación del Derecho del Trabajo. Formación, decadencia y crisis*, Valencia, Editorial Tirant lo Blanch 2014, p. 214].

38 J. DELGADO RUIZ, J., *Aplicación del principio compensatorio en la jubilación anticipada involuntaria de la mujer.* Comunicación presentada al XXIX Congreso Anual de la Asociación de Derecho del Trabajo y de la Seguridad Social. *El futuro del trabajo: cien años de la OIT.* Salamanca 2019.

39 STS de 10 de septiembre de 2024 (Rº. 87/2022. Sala de lo Social).

mos tenido oportunidad de hablar antes de la alteración que lo imprevisto y lo nuevo produce en los hábitos y en la norma; la pandemia pasada ha sido un buen ejemplo de ello. Enfrentarse y resolver cuestiones fronterizas ha sido tarea difícil para las personas que las sufren y para el intérprete que se enfrenta a su resolución. Las actitudes a propósito del uso de la mascarilla han proporcionado puntualmente un nuevo material y contenido al deber de obediencia, traducido en sanciones disciplinarias, que ponen al descubierto el amplio margen de actuación que existe en el marco de las relaciones laborales; y también de discrecionalidad, en el de las resoluciones judiciales. Cuando una inspectora solicita del conductor de autobuses que se coloque adecuadamente la mascarilla y éste se niega por razón de salud, *indicando que tiene dificultad respiratoria que se agravaría si se tapara la nariz,* nos situamos en la cuna misma del conflicto[40]. En definitiva, se trata de conseguir el valor justicia a través de contrariar el principio de autoridad de la cosa juzgada. Por eso debe partirse de una visión restrictiva, tasada en grado superlativo y por supuesto siempre con la perspectiva constitucional que proporciona el artículo 24 de su texto básico, tomando como norte el derecho a la tutela judicial efectiva en su doble vertiente, la formal que obliga a respetar el cauce procesal adecuado; y la material que se proyecta a dar razón jurídica con suficiencia y justificación. Pero a menudo sucede que instamos procedimientos sabiendo que infringen forma y fondo, contenido y continente, sólo con la esperanza de agotar las vías hacia un objetivo de reparación, como valor de justicia, que responde más a un sentimiento personal que a otro colectivo o general, nunca objetivado y siempre expuesto al cambio.

Según queda planteado, cabría entonces un tránsito desde los principios a los valores, siendo aquéllos el fundamento y éstos la atmósfera que generan. O puede entenderse que ambos conceptos son radicalmente diferentes y trazar una línea de separación infranqueable entre ellos. No creo que sea esta última la posibilidad más razonable. La palabra *decencia* ilustra adecuadamente esta idea; en ella encontramos una etimología clara que significa mostrar, enseñar. Parece toda una ironía, pero el término docente procede de ahí y comparte un mismo origen. Docencia decente podría equivaler a practicar una enseñanza clara y limpia, dicho sea sin desmesura. Al proclamar *es indecente no tener trabajo* estamos seguros de sentar un principio; es decir, un aspecto básico y nuclear que se convierte en valor al ponerlo en práctica y representar un objetivo a lograr. No olvidemos que

---

40 STS de 20 de diciembre de 2024 (Rº. 97/2024. Sala de lo Social).

la raíz latina de la palabra decente proviene del verbo *decet, decuit,* parecer o estar bien, ser conveniente o decoroso, con etimología en el griego *deijo,* mostrar. Y lo mismo sucede con los derechos a la seguridad y a la salud. Constituyen fundamentos, que en esa fase son iniciales de una corriente que se proyecta hacia territorios muchas veces inciertos, desconocidos y hasta imaginarios, que pueden bien aproximar mundos, antagónicos o complementarios, jugando con contradicciones ostentosas o conjugando elementos afines o manifiestamente distintos; pasando de lo propio a lo asalariado, de lo público a lo privado. Y de la mujer al hombre y viceversa. Para terminar diciendo que hay herramientas para toda suerte de proyectos de convivencia, pero lo que fracasa no son los instrumentos sino la voluntad de llevarlos a cabo.

Ejemplo claro de este rasgo innovador lo constituyen acciones de naturaleza grupal que llevan a cabo colectivos, sensibilizados con los valores de la salud y el bienestar laboral. En el conflicto interpuesto por determinada asociación profesional de fiscales para la obtención de planes propios de prevención de riesgos, el debate jurídico se centró en una serie de argumentos de fondo y se formularon diversas excepciones procesales, que finalmente terminaron por imponerse en resolución desestimatoria de la pretensión por parte del Tribunal Supremo[41]. Con todo, un valor destacado como la dignidad en el trabajo —y todo empeño de progreso en derechos— no se consigue mediante su declaración formal sino poniendo los medios necesarios en su garantía y tutela. Porque está claro que *el trabajo decente no es una rareza de laboratorio ni mucho menos un fármaco experimental contenido en un tubo de ensayo*[42].

6. BALANCE Y FUTURO

Sin duda de que estamos ante un nuevo panorama donde no está claro qué papel juegan las personas y sus derechos. Por eso se impone el predominio de la máquina y su poder seductivo. En estos tiempos resulta obligado hablar de los robots, pero teniendo bien presente que la tecnología puede fallar en cualquier momento y ser conscientes de que mientras hacemos algo tan sencillo como es escribir por ordenador, el sistema informático puede bloquearse. Y esta posibilidad real puede llevar a la idea

---

41 STS de 18 de septiembre de 2024 (Rº. 121/2022. Sala de lo Social).

42 J. DELGADO RUIZ, *Mujer y trabajo al margen, Revista Femeris,* Universidad Carlos III de Madrid, Volumen 5, 2020, número 2, p. 164.

básica de que trabajar en equipo acarrea ventajas, lo que a su vez permite afianzar tanto el principio como el valor de la solidaridad.

La legislación debe afrontar el reto de la robótica con naturalidad a sabiendas de que esta sociedad es de humanos y las máquinas deben estar a su servicio. Sin dependencias emocionales y poniendo a la persona en primer término, controlando la confidencialidad de los datos y evitando la intromisión en la intimidad. En este campo existen una serie de coordenadas cuya observancia resulta ineludible. Pueden ser notas a destacar, la primera que queda mucho por andar, porque pese a su frenético desarrollo debemos reconocer que sólo se están dando los primeros pasos en un campo sin límites. Después, una consecuencia directa es admitir que la tecnología crea riqueza en prácticamente todos los campos de la actividad humana, aunque sobradamente sepamos que otra cosa bien distinta es el modo de repartirla. Pese a todo, no hay motivo para la alarma social ni caben titulares apresurados o fáciles: los humanos no tenemos, en general, peores cualidades que las máquinas, lo que nos obliga a estar preparados y en constante alerta.

Desde la anterior premisa es fácil llegar a la realidad del gran problema que plantea la ordenación normativa de este complejo sector. Las empresas tecnológicas tienen sus propios códigos de comportamiento, que se manifiestan tanto en la terminología como en su específica regulación. Pero esta situación no se puede mantener por mucho tiempo y debemos hacerlo de otra manera adaptándonos a la nueva realidad. Hay que aprovechar los espacios en blanco y reflexionar porque el Derecho Romano está muy bien como antecedente e inspiración, pero hay que adaptarse y evolucionar. Quizá sólo sea pura ilusión pero al menos hay que intentarlo aunque al final nos quedemos en el mero empeño.

En este balance final que evocamos, el tratamiento y la gestión de lo que se entiende como *políticas de Igualdad*[43] se nos antoja tema de alto interés.

---

[43] Nadie pone en duda que la Ley Orgánica 3/2007, de 22 de marzo para la igualdad efectiva de mujeres y hombres, es una ley transversal porque irradia los principios de igualdad real y no discriminación sobre todos los ámbitos de la vida política, jurídica y social. Pero esa cualidad, material y formal, tiene sus beneficios y riesgos, porque afecta al contenido de distintas leyes sectoriales y tal hecho compromete el principio de coherencia. La duplicidad normativa se produce porque esta ley se inserta en el grupo de la llamada *legislación de principios*, que tiene lugar cuando se aspira a dar un tratamiento jurídico global a un fenómeno social complejo. Pero su incorporación a las reglas legales puede producir negativos efectos en la propia sustancia y función de la ley, desencadenando la paradoja fatal de entender que *el*

Sin duda, su enlace con las cuestiones de género, la protección de datos y las nuevas tecnologías resulta inevitable por su relación directa con temas especialmente sensibles como la desconexión digital, el acceso al empleo y la maternidad. Esa interconcexión termina por alcanzar otros espacios y segmentos relacionados como la salud laboral y el *tecnoestrés*, entendido en su extensión de riesgo emergente. El acarreo de documentos y fuentes para tratar la cuestión, pues, supone acceder a los materiales básicos que por relevancia y actualidad se encuentran en la Ley Orgánica 3/2018, de Protección de Datos Personales y garantía de los derechos digitales. El Preámbulo nos sitúa en una primera órbita. La protección de datos es derecho fundamental siendo la razón última de la ley el principio de seguridad jurídica. Por ello la tarea se centra en elevar a rango constitucional una nueva generación de derechos digitales. Pero también puede plantearse si no estaremos poniendo puertas al campo, o mejor, si estamos librando una lucha formal, más cerca de lo decorativo, a sabiendas de que la protección es mínima y simbólica, siendo su eficacia una mera ilusión como sucede en otros campos de difícil o imposible control en el tratamiento de datos.

En el mismo escenario, otro aspecto que llama la atención es el referido al lenguaje que se emplea: sin duda, se aprecia que en esta clase de regulaciones, apuradas y sectoriales, existe una mecánica transposición del Derecho europeo y que en ocasiones resulta inevitable el uso de determinada palabra o la transcripción literal de una expresión, que no siempre es fácil de recepcionar en la lengua de destino. Y sobre todo, se observan con frecuencia los laberintos y aporías que el texto legal encierra, sus giros vacíos y repetitivos para al final decir muy poco o casi nada. En suma, en este sector, una vez más estamos frente a la metáfora de poner puertas al campo, con un final imprevisible y complicado. Dicen que el saber no ocupa lugar, pero estamos embarcados en una corriente de ironía que pasa primero por admitir lo mucho que sabemos para después incurrir en la paradoja de reconocer que también —y al mismo tiempo— debemos protegernos de tanta sabiduría.

Produce verdadero asombroso observar nuestro planeta, ese maravillo punto azul atrapado en un universo sin fin. A veces la distancia produce

---

ámbito de lo jurídicamente posible viene determinado por otros principios y reglas de contenido contrario [J. R. MERCADER UGUINA, Técnica legislativa y legislación transversal: reflexiones al hilo de la ley orgánica de igualdad entre mujeres y hombres, en MERCADER UGUINA, J. R. (Coord.) *Comentarios laborales a la Ley de Igualdad entre Mujeres y Hombres*. Valencia, Editorial Tirant lo Blanch 2007, p. 27].

ese efecto tan confortable para los sentidos. Y no solo para la vista; también para el conocimiento propio y ajeno. Porque el mero acopio de información es fácil e inevitable para fijar los mimbres de un argumento, pero muy poco o nada tiene que ver con la ciencia, que es saber; ni tampoco con la cultura, que es cultivar. Cabe deducir entonces que el valor de los datos es débil en sí mismo y quienes realmente merecen protección son las personas que permanecen tras ellos, sobre todo cuando son objeto de abuso y manipulación en un panorama de incertidumbre que no cambia el argumento, sólo el paisaje.

Una conclusión brilla sobre las demás: toda reflexión sobre el futuro entraña riesgos[44]. Se ha dicho que el pasado es la única realidad humana porque todo lo que es, es pasado. Pero, como enseña el maestro, estamos condenados a pensar en el futuro porque de lo contrario jamás lo alcanzaremos, pese al riesgo de convertir la evolución tecnológica en un conjunto de *inquietantes fabulaciones y extrañas distopías,* que sólo podremos superar con **sentido** común y **sonido** propio. Por eso hemos querido hacer nuestras y compartir estas palabras.

Bibliografía

MERCADER UGUINA, J. R., *Estructura de la negociación colectiva y relaciones entre convenios.* Madrid, Editorial Civitas, 1994.

MERCADER UGUINA, J. R., *Indemnizaciones derivadas del accidente de trabajo.* Las Rozas de Madrid, Editorial La ley, 2001.

MERCADER UGUINA, J. R, TOLOSA TRIBIÑO, C., MARTÍN JIMÉNEZ, R. y SEMPERE NAVARRO, A. V. (Coord.), *Comentarios a la Ley de Infracciones y Sanciones en el Orden Social.* Madrid, Editorial Thomson Aranzadi, 2003.

MERCADER UGUINA, J. *R.,* Concepto y concepciones de la dependencia, en VV.AA (GONZÁLEZ ORTEGA, S. y QUINTERO LIMA, M. G., Coords.) *Protección social de las personas dependientes.* Las Rozas de Madrid, Editorial La Ley, 2004, pp. 63 a 91.

---

44 Con esta cita se inicia el primer capítulo del libro que al día de hoy es referencia obligada en la materia y que, con el fascinante título de *Frecuentar el futuro,* nos introduce en un mundo lleno de sugerencias y vías de exploración. Esa acción de volver atrás, que representa la palabra *reflexión,* cobra vigor cuando somos capaces de darle un impulso hacia adelante, reconociendo que en el pasado están los mimbres con los que construir el futuro. Y a estas alturas ya podemos no sólo imaginar sino constatar por dónde empezará a vislumbrarse un incierto juego de relaciones laborales marcado por la técnica y las nuevas tecnologías. Indudablemente con sus ventajas pero también con el inevitable peligro que comportan [J.R. MERCADER UGUINA, *El futuro del trabajo en la era de la digitalización y la robótica.* Valencia, Editorial Tirant lo Blanch 2017, p. 19].

MERCADER UGUINA, J. R. y TOLOSA TRIBIÑO, C., *Derecho Administrativo Laboral.* Valencia, Editorial Tirant lo Blanch, 2004.

MERCADER UGUINA, J. R. y SUÁREZ CORUJO, B., La responsabilidad de los administradores sociales en el ámbito laboral, en VV.AA. (A. ROJO y E. BELTRÁN, dirs) *La responsabilidad de los administradores.* Tirant lo Blanch, Valencia 2005, pp. 399 a 426.

MERCADER UGUINA, J. R., Jubilación y dependencia: el nacimiento de la "cuarta edad", en LÓPEZ CUMBRE, L. (Coord.), *Tratado de jubilación. Homenaje al Profesor Luis Enrique de la Villa con motivo de su jubilación.* Editorial Iustel, Madrid 2007, pp 911 a 936.

MERCADER UGUINA, J. R., Intervención oral del Profesor Doctor Don Jesús R. Mercader Uguina, en LÓPEZ CUMBRE, L. (Coord.), *Tratado de jubilación. Homenaje al Profesor Luis Enrique de la Villa con motivo de su jubilación.* Editorial Iustel, Madrid 2007, pp 2269 a 2270.

MERCADER UGUINA, J. R., Técnica legislativa y legislación transversal: reflexiones al hilo de la ley orgánica de igualdad entre mujeres y hombres, en MERCADER UGUINA, J. R., (Coord.) *Comentarios laborales a la Ley de Igualdad entre Mujeres y Hombres.* Valencia, Editorial Tirant lo Blanch 2007, pp. 15 a 50.

MERCADER UGUINA, J. R., El principio de culpabilidad. Especial referencia a los supuestos de concurrencia de empresarios, en CHAMORRO GONZÁLEZ, J. M. (Dir.) *La potestad sancionadora de la Administración en el ámbito de los riesgos laborales.* Madrid, Consejo General del Poder Judicial 2007, pp. 145 a 198.

MERCADER UGUINA, J. R., ARAGÓN GÓMEZ, C., DELGADO RUIZ, J., GIMENO DÍAZ DE ATAURI, P. y NIETO ROJAS, P., *Esquemas de Derecho del Trabajo I (Relación individual de trabajo). Tomo XII.* Valencia, Tirant lo Blanch 2008.

MERCADER UGUINA, J. R., Bases para la construcción del juicio de no discriminación por razón de edad, en MERCADER UGUINA, J. R. (Dir.) *Trabajadores maduros. Un análisis multidisciplinar de la repercusión de la edad en el ámbito social.* Valladolid, Editorial Lex Nova 2009, pp. 23 a 39.

MERCADER UGUINA, J. R., *Los principios de aplicación del Derecho del Trabajo. Formación, decadencia y crisis,* Editorial Tirant lo Blanch, Valencia 2014.

MERCADER UGUINA, J. R., *El futuro del trabajo en la era de la digitalización y la robótica.* Editorial Tirant lo Blanch, Valencia 2017.

MERCADER UGUINA, J. R., El sistema de responsabilidad empresarial por el accidente de trabajo: un modelo en transición, *en AA.VV. Accidentes de trabajo y enfermedades profesionales. Experiencias y desafíos de una protección social centenaria.* Murcia. Editorial Laborum 2020, pp. 571 a 593.

MERCADER UGUINA, J. R. y GARCÍA PERROTE ESCARTÍN, I., Revisitando (una vez más) el recargo de prestaciones. *Revista Española de Derecho del Trabajo.* Editorial Aranzadi. Número 241 (abril), 2021.

MERCADER UGUINA, J. R., *Lecciones de Derecho del Trabajo,* 17ª ed. Valencia, Editorial Tirant lo Blanch, 2024.

El complejo entramado normativo del Sistema de Dependencia en España

AMANDA MORENO SOLANA
Profesora de Derecho del Trabajo y Seguridad Social
Universidad Nacional de Educación a Distancia (UNED)
https://orcid.org/0000-0003-2734-6135

1. INTRODUCCIÓN

Es de sobra conocido por todos y todas las lectoras y compañeros y compañeras de profesión que el Profesor Mercader es un amante de los problemas laborales del futuro. "El futuro del trabajo en la era de la digitalización y la robótica" es solo un ejemplo del interés que profesa sobre las incógnitas que las nuevas (y no tan nuevas) tecnologías están suscitando, y van a provocar, en el ámbito de las relaciones laborales. Es por ello, que mi primera reacción a la elección del tema para este libro homenaje fue la de abordar algún aspecto trabajado por el Profesor Mercader en el que tenemos ciertos intereses comunes como es el caso de la prevención de riesgos y la inteligencia artificial y la robotización.

Sin embargo, un pensamiento más sereno me llevó a buscar un tema que verdaderamente me identificara y que nos uniera al profesor Mercader y a mí. Algo que tuviera relación con las dificultades sociales de los ciudadanos más vulnerables y la respuesta ofrecida por el ordenamiento jurídico. Así pues, como su "discípula más social", como a él le gusta decir muy cariñosamente, recordé algunos trabajos de Jesús, que utilicé hace algunos años, sobre la protección social de las personas dependientes y el sistema de dependencia, y dos de ellos de forma muy especial: "La acción social a los discapacitados y a las personas en situación de dependencia", capítulo que escribió en el año 2012 en un libro titulado *El marco jurídico de los servicios sociales en España: realidad actual y perspectivas de futuro,* así como el capítulo que elaboró, precisamente para el libro homenaje al Profesor Luis Enrique de la Villa Gil, *Tratado de Jubilación,* titulado "Jubilación y Dependencia: el Nacimiento de la Cuarta Edad". Y es que, como bien recoge en estos trabajos, "la autonomía es un componente esencial de propio actuar humano, por lo que la falta de autonomía es un indicio significativo de dependencia y la garantía de autonomía, la respuesta necesaria, convirtiéndose, por tanto, esta garantía en un derecho básico de la persona". Este derecho básico, exige una intervención tuteladora de las administraciones públicas, siendo la Ley 39/2006, de 14 de diciembre de Promoción de la Autonomía Personal y Atención a personas en situación de dependencia y el Sistema de Atención a la Dependencia, un instrumento para alcanzar esa protección de los más vulnerables en nuestra sociedad. Con base en las reflexiones del Profesor Mercader en sus trabajos sobre la materia, se articula este estudio que pretende poner de manifiesto el complicado elenco de normas que regulan el sistema y algunos de los problemas que ha venido presentando en sus casi veinte años de trayectoria.

Muchas son las cosas que tengo que agradecer al Profesor Jesús R. Mercader Uguina. La primera y más importante, su determinación y ayuda en mi carrera profesional. Aprender de él y con él desde el primer instante, cuando empecé a trabajar en la Universidad Carlos III de Madrid, allá por el año 2005, ha sido una gran suerte. Mis primeras investigaciones que culminaron con mi apreciado trabajo de tesina, la tesis doctoral, impartir clase con él siendo "su" profesora de prácticas durante muchos cursos académicos y en variadas asignaturas, y acompañarle día tras día en la compleja gestión del Área de Derecho del Trabajo y de la Seguridad Social de la Uc3m desde el año 2009 hasta el año 2022, ha sido un auténtico aprendizaje de vida. Y, la segunda, también importante, enseñarme a no perder el sentido común, la lógica de las cosas, y la trascendencia de los equilibrios. Su alto nivel de exigencia me ha convertido en la persona que soy, profesionalmente, pero también, y en parte, personalmente, porque sus decisiones han guiado y han sido determinantes de las mías. Por todo ello, mi agradecimiento más sincero y mi enhorabuena por estos fructíferos 25 años de Cátedra.

2. CONTEXTO ACTUAL DEL SISTEMA DE DEPENDENCIA EN ESPAÑA

La situación demográfica en Europa y, particularmente en España se caracteriza por una esperanza de vida creciente y una escasa tasa de nacimientos, lo que necesariamente lleva a una sociedad en proceso de envejecimiento. Las personas viven más tiempo y con una buena y razonable salud, aunque el número de enfermedades crónicas (factor potencial de la dependencia) aumentan. Por otro lado, las nuevas estructuras familiares (familias reducidas y familias monoparentales) también están evolucionado y alejándose de la familia tradicional[1]. Aunque la dependencia puede afectar a todas las edades, a nadie se le escapa que el proceso de envejecimiento de la población está incrementando la incidencia de las situaciones de dependencia.

El modelo de atención a la dependencia por el que optó nuestro legislador era un modelo esencialmente universalista, con una lógica eminentemente no contributiva, aunque con matices, que utiliza como base para su articulación y gestión el art. 149.1.1 CE. La Ley 39/2006, de 14 de diciembre de Promoción de la autonomía personal y Atención a personas en situación de dependencia (en adelante, Ley de Dependencia) ha establecido un derecho subjetivo perfecto, es decir, un derecho social de la ciudadanía que se encuentra conectado de manera funcional y dinámica con el conjunto de derechos fundamentales de nuestra CE. El objetivo primero y último de la protección de la dependencia es garantizar el derecho a la autonomía de la persona, derecho que es absolutamente necesario para ejercer las libertades y derechos fundamentales.

Ahora bien, el Sistema de Dependencia adolece de importantes defectos que ya se pronosticaban y que se han ido manifestando a lo largo de

1 Recomendación N°. (98) 9 del Comité de Ministros a los Estados Miembros relativa a la dependencia. Adoptada por el Comité de Ministros el 18 de septiembre de 1998.

sus veinte años de vida[2]. Por un lado, el Sistema se asentó sobre la configuración de servicios sociales que ya tenían las comunidades autónomas. Estos servicios sociales han evolucionado de manera muy diferente en las distintas autonomías, lo que está generando importantes diferencias en la protección de la dependencia de los ciudadanos y ciudadanas del mismo país[3].

Por otro, la Ley y todos sus desarrollos, tanto a nivel estatal como autonómico, buscaban cubrir el que había sido hasta el momento un modelo de solidaridad familiar en el que se asentaba la protección de las personas dependientes. El declive del potencial de cuidadores familiares a causa de la reducción del número de mujeres cuidadoras y el aumento del número de personas ancianas, unido a los cambios en la posición social de la mujer como consecuencia de su incorporación masiva al mercado de trabajo[4], tenían que verse reflejadas en un cambio en la forma de proteger a las personas dependientes. Sin embargo, el objetivo no sólo no se ha cumplido por la falta de servicios, siendo la prestación económica de cuidados en el entorno familiar una de las que más se concede[5], sino que en la actualidad los procesos de desistitucionalización se han ido imponiendo ante el fracaso de ese modelo basado en servicios profesionales insuficientes, que sacan a las personas dependientes de sus entornos, y que no terminaban de ser adecuados y completos a las necesidades planteadas. El Componente

---

2 Sobre los problemas del sistema de dependencia es de obligada consulta Informe de Evaluación del Sistema de Promoción y Atención a las personas en situación de dependencia elaborado por varios autores y coordinado por Gregorio Rodríguez Cabrero y Vicente Marbán Gallego, en septiembre de 2022: https://www.dsca.gob.es/sites/default/files/derechos-sociales/inclusion/docs/estudio_evaluacion_saad_completo.pdf

3 MONEREO PÉREZ, JOSE LUIS, RODRÍGUEZ ESCANCIANO, Susana, y RODRÍGUEZ INIESTA, G., Los nuevos retos de la protección de las personas dependientes tras las sucesivas reformas: dependencia como derecho social, economía de cuidados de larga duración y Sistema de Autonomía y atención a la Dependencia, *Revista Crítica de Relaciones de trabajo, Laborum*, núm. 6, 2023, pp. 13.

4 RODRÍGUEZ CABRERO, Gregorio, La protección social de las personas dependientes como desarrollo del estado de bienestar en España, *Revista Panorama Social,* núm. 2, 2005, pp. 21-33.

5 641.190 prestaciones económicas por cuidados en el entorno familiar concedidas a 31 de enero de 2025. Concretamente un 30,05%, del total de prestaciones y servicios concedidos.

22 del Plan de Choque[6] para la economía de los cuidados y refuerzo de las políticas de inclusión, pretende fortalecer las políticas de atención a la dependencia impulsando el cambio en el modelo de cuidados de larga duración hacia una atención más centrada en la persona, e impulsando la desinstitucionalización[7].

Otro de los grandes problemas o defectos que ha manifestado el Sistema de Dependencia, son las dificultades procedimentales para el acceso a los servicios y prestaciones, fundamentalmente porque el proceso se gestiona en dos fases secuencialmente diferenciadas lo que ha llevado a largas listas de espera y prolongados tiempos de tramitación de las solicitudes. Ante esta situación, el Plan de Choque estableció entre sus objetivos prioritarios reducir de forma sustancial esas listas y esos tiempos de tramitación de las solicitudes del procedimiento para el reconocimiento de la dependencia y del derecho a las prestaciones del sistema. En este sentido, el 30 de abril de 2021, el Consejo Territorial de Servicios Social y del SAAD aprobó el Plan de reducción de la lista de espera en el SAAD[8]. En este Plan se establecen los objetivos, consensuados con las CCAA, que las han llevado a establecer y regular medidas y actuaciones para lograr ese objetivo. Entre estas medidas destaca la integración de procedimientos administrativos, tanto de la evaluación del grado, como del reconocimiento del derecho, en un mismo momento procedimental, cuyo objetivo sería el más rápido acceso al servicio o prestación correspondiente.

---

6 PLAN DE CHOQUE PARA LA ECONOMÍA DE LOS CUIDADOS Y REFUERZO DE LAS POLÍTICAS DE INCLUSIÓN, https://planderecuperacion.gob.es/politicas-y-componentes/componente-22-plan-de-choque-para-economia-de-cuidados-y-refuerzo-de-politicas-de-inclusion

7 El marco jurídico internacional establece el derecho de las personas con discapacidad a vivir en comunidad. La Convención de las Naciones Unidas sobre los Derechos de la Personas con Discapacidad de 2006 reconoce este derecho en su art. 19. La Convención obliga a los Estados a desarrollar servicios comunitarios que sustituyan a la asistencia institucional por servicios a pequeña escala que permitan a la persona vivir y relacionarse con su entorno. MANSELL, Jim. y BEADLE-BROWN, Julie., Desinstitucionalización y vida en la comunidad. Declaración del Grupo de investigación sobre Política y practicas comparativas, de la Asociación Internacional para el Estudio científico de las Discapacidades Intelectuales, *Zerbitzuan: Revista de servicios sociales*, núm. 49, 2011, pp. 137-146.

8 Plan de reducción de las listas de espera en el Sistema de Dependencia: https://imserso.es/el-imserso/documentacion/estadisticas/sistema-autonomia-atencion-dependencia-saad/plan-de-reduccion-lista-espera-saad

Varios han sido los proyectos de reforma de la Ley de Dependencia y su normativa. Por un lado, el Anteproyecto en su versión de 26 de agosto de 2022, que finalmente quedó en una modificación no de la Ley de Dependencia, sino del RD 1051/2013 de 27 de diciembre, y el reciente Anteproyecto en su versión de 11 de febrero de 2025 que pretende modificar varios de los preceptos de la Ley para mejorar la protección de las personas dependentes. En ellos se pone el acento, siguiendo las directrices del Consejo de Europa, en centrar la atención en la persona, en sus necesidades reales, con la intención de lograr, o mejorar, su autonomía debiendo ser la propia persona con dependencia la que pueda tomar muchas de las decisiones sobre cuáles son los servicios o prestaciones que mejor se adecuan a sus necesidades. Las próximas páginas pretenden ser un acercamiento general a nuestro sistema de dependencia para detectar algunos de los problemas que presenta e identificar las cuestiones más interesantes de las posibles reformas normativas que se encuentran en las mesas de negociación de los agentes políticos y sociales.

3. RASGOS GENERALES DE LAS PRESTACIONES Y SERVICIOS DEL SISTEMA DE DEPENDENCIA

La Ley de Dependencia establece en su art. 14 dos grandes categorías de prestaciones para la atención a las situaciones de dependencia. Por un lado, los servicios, que se enumeran posteriormente en el art. 15. Y por otro, las prestaciones económicas, contempladas en el propio art. 14, y desarrolladas en los arts. 17 a 20. Por su parte, el RD 1051/2013, de 27 de diciembre, por el que se regulan las prestaciones del sistema de dependencia, se encarga de fijar la intensidad de los servicios, las cuantías de las prestaciones, y unificar una buena parte de las normas relativas a prestaciones y servicios que habían sido dictadas en desarrollo de la Ley de Dependencia.

La dependencia es definida en la propia Ley, en su art. 2.2 como *"el estado de carácter permanente en que se encuentran las personas que, por razones derivadas de la edad, la enfermedad o la discapacidad, y ligadas a la falta o a la pérdida de autonomía física, mental, intelectual o sensorial, precisan de otra u otras personas o ayudas importantes para realizar actividades básicas de la vida diaria o en el caso de personas con discapacidad intelectual o enfermedad mental, de otros apoyos para su autonomía personal"*. Se trata de una definición sustentada en dos elementos, el causal —deficiencia de origen físico, psíquico o mental— y el finalista —necesidad de ayuda de una tercera persona para el desarrollo de las actividades básicas de la vida diaria—[9]. Dice el profesor Mercader en sus trabajos que el fundamento último de la tutela de la dependencia se sitúa en el deseo de facilitar la supervivencia física y la autonomía personal como condiciones previas de toda acción individual. La autonomía es pues, un componente esencial del propio actuar humano digno. En consecuencia, la falta de autonomía se convierte en un indicio significativo de la existencia de una situación de dependencia y la garantía de autonomía, la respuesta necesaria frente a la misma. La satisfacción de tal necesidad constituye, en suma, un derecho básico de toda persona[10].

Hay que tener presente que en este intento de cambio de modelo del sistema de dependencia, se quieren introducir dos nuevos conceptos en el art. 2 de la Ley de Dependencia[11], a saber, "vida independiente" y "proyecto de vida", que estarán íntimamente relacionados con el tradicional concepto de dependencia, ya que el elemento finalista de esta dependencia no será simplemente la necesidad de ayuda de una tercera persona para el desarrollo de las actividades básicas de la vida diaria, sino que siendo así, el objetivo es que la persona mantenga y pueda ejercer el poder sobre las decisiones que afectan a su propia vida, teniendo en cuenta sus propósitos, sus objetivos y actividades que dan sentido a la vida de cada persona. Es decir que no se debe tratar solo de la necesidad de una tercera persona, sino del mantenimiento de la autonomía de la persona, aunque necesite de la tercera persona para todas o algunas actividades básicas de la vida diaria.

3.1. Actividades Básicas de la Vida Diaria y Grado de Dependencia

Antes de analizar cada uno de los servicios y prestaciones del sistema, hay que tener en cuenta unas reglas básicas sobre la articulación y funcionamiento del cuadro de prestaciones y servicios. En primer lugar, una

---

9 MERCADER UGUINA, Jesús. R., Concepto y Concepciones de la dependencia, en GONZÁLEZ ORTEGA, Santiago., QUINTERO LIMA, María Gema, *Protección Social de las personas dependientes*, Madrid, La Ley, 2004, pp. 63-91.

10 MERCADER UGUINA, Jesús. R., Titularidad, valoración y reconocimiento de las situaciones de dependencia, *Temas Laborales*, núm. 89, 2007, pp. 149-180. MERCADER UGUINA, Jesús R., Jubilación y Dependencia: el nacimiento de la "cuarta edad", en LOPEZ CUMBRE, Lourdes., *Tratado de jubilación. Homenaje al Profesor Luis Enrique de la Villa Gil con motivo de su jubilación*, IUSTEL, 2007, pp. 911-936.

11 Anteproyecto de fecha 11 de febrero de 2025, de modificación de la Ley por la que se modifican el texto del RD Legislativo 1/2013 general de personas con discapacidad y la Ley 39/2006 de dependencia.

persona que sea declarada dependiente no podrá ser beneficiaria de todas las prestaciones y servicios previstos, sino que hay dos reglas generales que concretan progresivamente la cobertura que se puede recibir. Primero, habrá que estar al grado de dependencia reconocido que delimita de modo genérico la cobertura que potencialmente puede obtener una persona dependiente (art. 28.3 Ley de dependencia). Y a continuación, habrá que estar a lo indicado en el llamado Programa Individual de Atención (en adelante, PIA), que es una fase del procedimiento de baremación en la cual los servicios sociales determinarán las modalidades de intervención más adecuadas las necesidades del beneficiario. Para concretar los servicios y prestaciones por grado de dependencia habrá que estar al art. 2 del RD 1051/2013, que diferencia, por un lado, los grados II y III, y por otro, el grado I. En este precepto se prevé la posibilidad de acceder a cualquier servicio o prestación para los grados II y III de dependencia, pero se elimina esta posibilidad para el servicio de atención residencial en el caso del grado I de dependencia.

Ahora bien, para determinar los grados de dependencia es imprescindible partir de uno de los elementos fundamentales de la definición de dependencia que es la limitación de las actividades y la necesidad de ayuda o asistencia para la realización de esas actividades[12]. La dependencia puede entenderse como el resultado de un déficit en el funcionamiento corporal que supone una limitación de actividad. Cuando esta limitación no se puede superar con la adaptación del entorno, supone una restricción de la persona en la participación y que da lugar a la necesaria ayuda de otras personas para realizar actividades de la vida cotidiana[13]. Sin embargo, parece que no todas las actividades de la vida diaria son las que habrán de tenerse en cuenta a los efectos de la determinación de la dependencia, sino solo aquellas que son consideradas Actividades Básicas de la Vida Diaria, según lo establecido en el art. 2.3 Ley de Dependencia, y que serían las tareas más elementales de la persona, que le permiten desenvolverse con un mínimo de autonomía y dependencia, tales como: el cuidado personal, las actividades domésticas básicas, la movilidad esencial, reconocer perso-

---

12 SANCHEZ-URÁN AZAÑA., Yolanda, La nueva protección de la dependencia: naturaleza, en ROQUETA BUJ, Remedios. (coord.), *La situación de dependencia, régimen jurídico aplicable tras el desarrollo estatal y autonómico de la Ley de Dependencia*, Valencia, Tirant lo Blanch, 2009, pp. 29-57.

13 COBO GÁLVEZ, Pablo., El Libro Blanco. Conceptualización de la dependencia y su impacto sobre la población a proteger, *Revista Claridad UGT*, núm. 5, 2006, p. 5.

nas y objetos, orientarse, entender y ejecutar órdenes o tareas sencillas[14]. Este es el criterio utilizado como referencial en la mayor parte de los países que tienen un sistema consolidado de protección a la dependencia, como el caso de Alemania, Francia o Luxemburgo[15].

3.2. Priorización de los servicios frente a las prestaciones económicas

En segundo lugar, el legislador ha establecido una clara preferencia de los servicios frente a las prestaciones económicas. Así, el art. 14.2 de la Ley de Dependencia indica que los servicios del catálogo recogidos en el art. 15 tendrán carácter prioritario. El RD 1051/2013, remarca el carácter excepcional de la prestación económica de cuidados en el entorno familiar, entendiendo que solo se concederá cuando no sea posible el reconocimiento de un servicio debido a la inexistencia de recursos públicos o privados acreditados. Así pues, frente a la libertad de elección del beneficiario, se ha optado por un modelo jerarquizado de prestaciones en las que se reconoce prioridad a las prestaciones de servicios, frente a las prestaciones de carácter económico, que sólo podrán ser secundarias o sustitutivas. Es más, también se puede observar una priorización entre las propias prestaciones económicas, de forma que, en primer lugar se prevé que solo cuando no sea posible la atención mediante alguno de los servicios se incorporará la prestación económica vinculada al servicios, destinada a la cobertura de los gastos del servicio que se haya previsto en el PIA y que deberá ser prestado por una entidad o centro acreditado para la atención a la dependencia; y en segundo lugar, y para cuando no se pueda acceder a estas prestaciones prioritarias la Ley de Dependencia establece, de modo excepcional, el derecho de las personas en situación de dependencia a una prestación económica para ser atendido por cuidadores no profesionales.

---

14 La definición de las Actividades Básicas de la Vida Diaria (ABVD) está entre las cuestiones a modificar, y que el Anteproyecto ha recogido. Lo primero, se quiere eliminar la referencia a Actividades Básicas, quedando solo como Actividades de la Vida Diaria (AVD). En este sentido, se establece en la propuesta que serán: "las tareas de la persona que le permitan desenvolverse con autonomía e independencia, tales como: reconocer personas y objetos; orientarse; entender y ejecutar órdenes o tareas sencillas; el cuidado personal; las actividades domésticas; la movilidad dentro y fuera del hogar; la comunicación; las interacciones y las relaciones personales; la gestión y el cuidado de la salud, o la gestión de la economía doméstica".

15 MERCADER UGUINA, Jesús. R., Titularidad, valoración y reconocimiento de las situaciones de dependencia, *Temas Laborales*, núm. 89, 2007, p. 158.

La opción normativa por esta jerarquización de los servicios y prestaciones busca que sea el sistema público el que asuma la obligación de prestación directa de la atención requerida por las personas dependientes, con lo que el peso fundamental de la protección habrá de reposar sobre un conjunto de equipamientos y servicios profesionalizados de carácter público o, en su caso, concertados, que cubran sus necesidades, en contraposición al modelo familiar que se apoya en los cuidados facilitados en la familia, y que resulta ser más gravoso fundamentalmente para las mujeres que desempeñan el papel de cuidadoras. Sin embargo, los datos muestran una realidad muy distinta, y conviene recordar, que a fecha de 31 de diciembre de 2024 se habían suscrito 86.507 convenios especiales de Seguridad Social de personas cuidadoras no profesionales, de los cuales, el 87,7% eran convenios suscritos por mujeres[16].

El modelo de socialización de los cuidados frente al modelo de cuidados familiares informales fue por el que apostaron los interlocutores sociales en el proceso de diálogo social previo a la aprobación de la Ley de dependencia. Se trata de una opción de política legislativa con ventajas y con inconvenientes. En cuanto a las ventajas, esta opción promovería el incremento y mejora de la oferta de servicios públicos y concertados óptimos; el sistema generaría un retorno económico muy importante en forma de empleo, ya que la nueva red de servicios supondría un importante yacimiento de empleo; y tendría un impacto determinante en materia de género, intentando apartar a la mujer del rol tradicional de cuidadora, permitiendo su incorporación al mercado de trabajo, aunque del dato indicado anteriormente no se deduce que esto se haya producido, o al menos no con la intensidad que hubiera sido deseable. Por lo que se refiere a los inconvenientes, el primero y más importante, es el mayor coste que supondría el despliegue de los servicios respecto de las prestaciones económicas; en segundo lugar, se perpetúan los desequilibrios territoriales que ya existían con los servicios sociales, pero que el sistema de dependencia no ha sido capaz de solucionar, a lo que se añade el fuerte proceso de externalización que vienen desarrollando las comunidades autónomas, con una clara descompensación hacia la acción concertada y privada, lo que ha repercutido en el control de calidad de los servicios prestados y en los precios de los mismos. Pero, además, este modelo pretende una tajante ruptura con la cultura tradicional de los cuidados, y aunque se puede tratar de un objetivo loable, también sería deseable un mayor grado de flexibilidad

[16] Datos obtenidos del IMSERSO: https://imserso.es/-/2024-2

mediante la atenuación del grado de excepcionalidad de la prestación de cuidados familiares, y la potenciación de los servicios de proximidad para cumplir el objetivo real que es conservar en lo posible el entorno y la vida en la comunidad de la persona dependiente[17].

Por tanto, la apuesta por un modelo de dependencia basado en la atención por parte de los servicios y no tanto en la provisión de rentas para que los ciudadanos puedan buscar la ayuda y solución a su situación, necesita de algunas correcciones dados los problemas de aplicación práctica: primero porque se producen muchas dificultades para la suficiencia en la oferta pública de servicios, y segundo, porque esta priorización olvida, el equilibrio necesario entre la dimensión técnico-profesional de la atención y la elección propia del beneficiario, ya que la Ley de Dependencia no garantiza el derecho a la libre elección de la persona dependiente acerca de los cuidados a recibir en el marco del procedimiento de determinación de las prestaciones a implementar.

3.3. Participación del beneficiario en la elección del servicio o prestación

Precisamente en lo que tiene que ver con la participación del beneficiario en la elección del tipo de cobertura, el art. 4.2 e) de la Ley de Dependencia declara el derecho de las personas en situación de dependencia a participar en la formulación y aplicación de las políticas que afecten a su bienestar, ya sea a título individual, o mediante asociación. Ahora bien, esta declaración no se ha concretado en una participación real, sino en una mera consulta, lo que, sin duda, puede ir en contra de los intereses propios de la persona y de su entorno familiar y social. En la Resolución de 4 de febrero de 2010 de la Secretaría General de Política Social y Consumo, por la que se publica el Acuerdo del Consejo Territorial del Sistema para la Autonomía y Atención a la Dependencia, para la mejora de la calidad de la prestación económica para cuidados en el entorno familiar del Sistema para la Autonomía y Atención a la Dependencia, se establece que: *"En la resolución por la que se reconoce la prestación se tomará en consideración las preferencias manifestadas durante el trámite de consulta por la persona beneficiaria y, en su caso, su familia o entidades tutelares que la representen, siempre que para su determinación concurran los requisitos legalmente establecidos y siempre que dichas preferencias se incardinen en la modalidad o en una de las modalidades de interven-*

[17] Cuestión que está en proceso de desarrollo en el nuevo Anteproyecto de reforma de la Ley de personas con discapacidad y de la Ley de Dependencia.

ción más adecuadas a las necesidades de la persona en situación de dependencia". Pero teniendo en cuenta las dificultades reales de puesta en marcha del sistema de Dependencia, en poco o en nada se han podido tomar en consideración tales preferencias de la persona en situación de dependencia.

El Libro Blanco de Atención a las personas en situación de Dependencia[18] ya ponía de manifiesto la necesidad de tener en cuenta, en determinados casos, y en la medida de lo posible, la libertad de elección de las personas dependientes, que muchas veces prefieren ser cuidados por su entorno directo. En este sentido el art. 29 de la Ley de Dependencia prevé que en el PIA donde se determinarán las modalidades de intervención más adecuada a las necesidades, se hará con la participación, y previa consulta, y en su caso, elección entre las alternativas propuestas, por parte del beneficiario y su familia.

Este rasgo general de configuración del sistema de dependencia se ha querido retomar en la actualidad. Tanto es así que, tanto en el Anteproyecto de Ley por la que se modifica la Ley 39/2006, de dependencia, como en el Anteproyecto de Ley por la que se modifica el Texto refundido de la Ley General de Derechos de las personas con discapacidad y de su inclusión social, aprobado por RD-Legislativo 1/2013, de 29 de noviembre, se vuelve a reconocer la importancia de la participación de la persona beneficiaria en la elección de las prestaciones o servicios a recibir por parte del sistema de dependencia. En relación con el Anteproyecto de reforma de la Ley de Dependencia, en su versión de 26 de agosto de 2022, se establece que el objetivo de la reforma es, precisamente, introducir medidas para que las prestaciones del sistema sean acordes a las circunstancias, preferencias, y voluntad de cada persona en situación de dependencia en el diseño, planificación y seguimiento de sus intervenciones, de forma que se preste una atención centrada en la persona. En relación con el más actual Anteproyecto de reforma de la Ley de Discapacidad y de la Ley de Dependencia, en su versión de 11 de febrero de 2025, la propia exposición de motivos establece que es necesario afrontar el reto de superar la cultura asistencialista y orienta el sistema para la autonomía y atención a la Dependencia hacia un modelo basado en el enfoque de derechos y en la vida independiente con una atención personalizada, que mantenga conectada a las personas en si-

---

[18] Se puede encontrar la referencia y el Libro en el link del IMSERSO: https://imserso.es/el-imserso/documentacion/publicaciones/documentos-interes/libro-blanco-atencion-personas-situacion-dependencia (consultado el día 22 de febrero de 2023).

tuación de dependencia con su entorno comunitario, respeto su voluntad y les permita, en su caso, con los apoyos necesarios tener el control sobre las decisiones que afectan a su propia vida con el máximo grado de libre determinación. Todo ello conforme al mandato constitucional del art. 49 de la CE según el cual los poderes públicos deben impulsar políticas que garanticen la autonomía e inclusión social de las personas con discapacidad.

4. BREVE REFERENCIA A LA CARTERA DE SERVICIOS Y A LAS PRESTACIONES ECONÓMICAS DEL SISTEMA DE DEPENDENCIA Y A SUS INTENSIDADES

El art. 15 de la Ley de Dependencia establece un listado de servicios que integran el Sistema de Dependencia a nivel estatal en nuestro país. A efectos de determinar si estamos ante un listado abierto o cerrado, la norma poco dice de manera expresa, sin embargo, las CCAA se han encargado de establecer una mayor diversidad de servicios, que no se limitan solo a situaciones de dependencia, pero que le son aplicables. No obstante, el catálogo establecido en este precepto debe cumplir con la función de establecer un marco homogéneo respecto a los servicios y prestaciones que deben permitir la atención a la dependencia en el primer nivel de protección previsto en la Ley de Dependencia, que es el nivel mínimo establecido y financiado por la Administración General del Estado. Para el segundo nivel, el acordado entre el Estado y las CCAA, habrá que estar a los acuerdos bilaterales que se lleven a cabo entre las administraciones, aunque sería deseable que se procurara una homogeneización de los servicios y prestaciones para compensar las desigualdades existentes entre autonomías. Sin embargo, en el tercer nivel, el adicional, que puede establecer cada CCAA, y que se financia a través de las propias CCAA, será posible que se puedan ofrecer otros servicios y prestaciones en base a sus propios programas de protección y con cargo a sus presupuestos, por lo que se podrán ampliar los servicios más allá de los establecidos en el art. 15 de la Ley de Dependencia, o mejorar o incrementar las intensidades de estos servicios previstos, o de las cuantías de las prestaciones.

Los diferentes catálogos de servicios y prestaciones establecidas por las CCAA, han venido recogiendo cada uno de los servicios y prestaciones del sistema de dependencia de la Ley de Dependencia, con diferentes alcances e intensidades, pero, además, algunas de ellas, ha venido a regular algunos servicios o prestaciones complementarias que han ido conformando una mayor protección de las personas beneficiarias del sistema[19]. Pese a la gran heterogeneidad de servicios prestados este trabajo se centra en el objeto, finalidad e intensidad de cada uno de los servicios del Catálogo que se establecen en la Ley de Dependencia.

Al igual que ocurre con la cartera de servicios, la norma prevé una serie de prestaciones económicas. En este sentido, se han previsto de forma general dos tipos de prestaciones: las de servicios y las puramente económicas. Las primeras son las prestaciones vinculadas al servicio (art. 17) y las prestaciones de asistencia personal (art. 19); y la prestación puramente económica es la prestación para cuidados en el entorno familiar y apoyo a cuidadores no profesionales (art. 18).

---

19 En este sentido, podemos destacar Castilla y León, donde en algunos centros residenciales y centros de día ofrecen servicios complementarios para el apoyo y permanencia de las personas en su entorno habitual. Se trata de servicios que se ofrecen en el centro, pero que también pueden realizarse en el domicilio del beneficiario, como es el caso del servicio de comedor y catering, servicio de lavandería, o peluquería. En Castilla la Mancha, tienen un programa especial para el servicio de promoción de la autonomía personal dirigido al grado I de dependencia, con actividades de fisioterapia, logopedia, psicomotricidad y promoción de estilos de vida saludables. En la Rioja, tienen ayudas a personas con discapacidad para tratamientos, ayudas técnicas, para cuestiones de accesibilidad y alojamientos especializados. En Aragón, las plazas de centro de día se complementarán, si fuera necesario, con el servicio de transporte adaptado. En Canarias también se establece un servicio a la asistencia para la accesibilidad universal a través del transporte adaptado. En Galicia también se encuentras algunos de estos servicios diferenciadores y complementarios como el de la comida a domicilio o el del transporte adaptado. Pero destaca el programa de formación no formal y apoyo a personas cuidadores no profesionales, (que tienen más CCAA, como Aragón o Valencia), así como un servicio de apoyo continuo telefónico y un programa de respiro familiar. Por último, otra de las CCAA que tenemos que destacar es País Vasco, cuya gestión de todos los servicios se hace de forma diferenciada en cada una de las regiones: Vizcaya, Guipúzcoa y Álava. En Vizcaya tenemos que destacar el desarrollo de un estatuto de las personas cuidadoras y de la prestación de cuidados en el entorno, a través del Decreto Foral 192/2018, de 26 de diciembre. En Guipúzcoa se establece un servicio de acogimiento familiar que proporciona a las personas en situación de dependencia un modo de alojamiento similar al de una familia en un entorno normalizado, donde reciben los cuidados personales que necesitan. En Álava se ofrece un servicio de tutela para personas adultas en situación de incapacidad; un servicio residencial sociosanitario como recurso temporal para aquellas personas que necesitan cuidados sociales y sanitarios; y un programa de apoyo a las personas cuidadoras con servicios de respiro, y con formación para adquirir conocimientos y habilidades de cuidado.

Una de las cuestiones destacables sobre la regulación de las prestaciones económicas es la relación de jerarquía prevista por el legislador. Existe una clara prioridad de los servicios y de las prestaciones vinculadas al servicio sobre la prestación de cuidado en el entorno familiar, ya que, su concesión se supedita a la imposibilidad de atención del dependiente mediante otros servicios de la cartera, o mediante la incorporación de estos servicios a través de la prestación del art. 17. Y sólo excepcionalmente se podrá recibir la prestación económica para ser atendido por cuidadores no profesional.

El problema es que esta priorización intencionada del legislador no se ha visto reflejada en la realidad de las prestaciones y servicios concedidos, ya que, según las cifras observadas a fecha de 31 de enero de 2025, la prestación de cuidados familiares es con mucho, la prestación estrella, alcanzando un total de 641.190 a nivel estatal. Estos números superan los números de las prestaciones de servicios concedidas, pero también, superan los números de las otras prestaciones económicas, que ha supuesto, en el caso de las prestaciones vinculadas al servicio, un total de 218.451 y en el caso de las prestaciones de asistencia personal, un total de 11.123[20].

Veamos a continuación, brevemente, el objeto, finalidad de cada uno de los servicios y prestaciones regulados. Pero también haremos alusión a la intensidad de cada una de ellas. La intensidad de las prestaciones y servicios del sistema de dependencia permite medir el alcance efectivo en términos de suficiencia del contenido del derecho de atención a las personas en situación de dependencia. La intensidad permite determinar los servicios concretos que corresponderán a cada grado de dependencia, por un lado, y por otro, a determinar el contenido prestacional, en función del grado de dependencia, de cada uno de los servicios asistenciales, así como la extensión, duración del mismo, y cuantía en el caso de las prestaciones económicas. El RD 1051/2013 determina las intensidades de protección de los servicios y prestaciones sin perjuicio de que las CCAA establezcan otras normas de desarrollo. A estos efectos resulta conveniente matizar que el RD 1051/2013 se refiere solamente al contenido prestacional que se puede enmarcar en los niveles de financiación mínimo (exclusivamente a cargo del Estado), y acordado (convenio entre el Estado y las CCAA),

---

20 Datos obtenidos del estudio periódico que publica el Ministerio de Derecho Sociales, Consumo y Agenda 2030, sobre INFORMACIÓN ESTADÍSTICA DEL SISTEMA PARA LA AUTONOMÍA Y ATENCIÓN A LA DEPENDENCIA, IMSERSO, en línea: https://imserso.es/el-imserso/documentacion/estadisticas/sistema-autonomia-atencion-dependencia-saad

puesto que el tercer nivel, el adicional, corresponde solo a las CCAA que quieran establecerlo.

4.1. Cartera de Servicios del Sistema de Dependencia

4.1.1. Servicios de Prevención de las Situaciones de Dependencia y Servicios de Promoción de la Autonomía Personal

En relación con los servicios de prevención, tienen por objetivo que las personas en situación de dependencia puedan permanecer en sus domicilios con el mayor grado de independencia posible. Para los supuestos de dependencia de grado I, la prevención se configura como la medida prioritaria, al objeto de evitar el agravamiento de la situación. En este ámbito, han sido las normas autonómicas las que han puesto especial atención a las actuaciones preventivas a través de fórmulas como reconocimientos médicos periódicos de carácter integral para personas mayores (Decreto 48/2006 de 1 de marzo de Andalucía); programas de vacunaciones; programa de formación y educación para la salud física y mental, con especial incidencia en buenos hábitos en la jubilación, como nutrición, alimentación, abandono del consumo de sustancias nocivas para la salud, programas de detección precoz de determinadas enfermedades como el alzhéimer. Así la Ley 5/2003 de 3 de abril de atención a las personas mayores de Castilla y León recoge programas de educación y formación para la salud física y mental que favorezcan un envejecimiento saludable; o la divulgación de los servicios para la prevención de la salud y la disminución de las situaciones de riesgo sanitario entre las personas de cierta edad (Ley 2/1994, de 28 de abril de asistencia social geriátrica de Extremadura).

Dentro de este grupo de actuaciones también hay que destacar los programas de detección precoz atención temprana al tratamiento preventivo de niños con trastornos o disfunciones de desarrollo o con riesgo de padecerlos, con el fin de realizar una adecuada rehabilitación., Estos programas han sido incluidos en las regulaciones de Servicios Sociales de las CCAA. Por poner algunos ejemplos, en Andalucía se recoge en la Ley 91/2016; o en Cantabria en la Ley 2/2007 de 27 de marzo.

Por su parte, los servicios de promoción de la Autonomía se centran en el mantenimiento y desarrollo de la autonomía. Por su finalidad, estos servicios deben ser reconocidos a todos los grados de dependencia. En este caso, las fórmulas usadas se centran en formación en tecnologías, orientación, asistencia y adaptaciones que contribuyan a facilitar la realización de las actividades de la vida diaria, terapia ocupacional, estimulación cognitiva, atención temprana, etc. Ahora bien, desde el ámbito de la Ley de Dependencia y su normativa de desarrollo, nada se ha regulado al respecto de este servicio. Tendremos que esperar a la reforma de la Ley de Dependencia que podría incluir un nuevo precepto que expresamente lleva por título "Promoción de la autonomía personal" donde se define como aquellos que tienen por finalidad desarrollar y mantener la capacidad de controlar mantener y afrontar decisiones acerca de cómo vivir de acuerdo con su voluntad preferencias y estilo de vida propio, facilitando la ejecución de las actividades de la vida diaria. En este precepto se insta al Consejo Territorial a establecer a establecer la definición de los servicios mínimos comunes y los criterios de acceso.

Lo más destacable de estos servicios son las cifras que podemos obtener del número prestaciones dadas en comparación con el resto de los servicios. A fecha de 30 de enero de 2023 se han concedido a nivel nacional un total de 65.911 servicios de este tipo. Un numero sustancialmente inferior al resto de servicios que se han concedido a personas dependientes. Además, si observamos los números, no se han concedido de forma especial a las personas con Grado I o con Grado II, que pareciera que deben ser el foco de este tipo de servicios, ya que el numero indicado se reparte de forma prácticamente igual en cada uno de los grados de dependencia (21.221 prestaciones para el Grado III, 22.258 para el Grado II y, 22.432, para el Grado I).

Por lo que se refiere a la intensidad de los servicios de prevención, la norma es poco clara. Sí que establece que para las personas con un Grado I de dependencia este servicio debe configurarse como el prioritario y la Resolución de 23 de abril de 2013 por la que se publica el Acuerdo del Consejo Territorial sobre criterios, recomendación y condición mínimas para la elaboración de planes de prevención de situaciones de dependencia, bajo la determinación de unos principios básicos a los que se debe atender, llama a las CCAA a que desarrollen estos Planes Autonómicos de prevención de las situaciones de dependencia y de promoción de la autonomía[21].

---

[21] Las CCAA han desarrollado estos Planes a través de servicios de prevención propios, normalmente vinculados a los servicios sociales que ya tuvieran implantados. Se puede ver en Castilla y León: http://serviciossociales.jcyl.es/web/jcyl/ServiciosSociales/es/Plantilla100Detalle/1246991411473/_/1284654052819/Informe o en Valencia: https://inclusio.gva.es/es/web/dependencia/servicio-de-promocion-de-la-autonomia-personal

En relación con la promoción de la autonomía personal hay que destacar el art. 6 del RD 1051/3013 y la Resolución de 3 de agosto de 2011 sobre determinación del contenido de los servicios de promoción de la autonomía para las personas con grado I de dependencia. En este Acuerdo se regulan un conjunto de servicios que tienen por objeto la promoción de la autonomía personal. Se trata de servicios de rehabilitación y terapia ocupacional; servicios de atención temprana; servicios de estimulación cognitiva; de promoción, mantenimiento y recuperación de la autonomía funcional; el servicio de habilitación psicosocial para personas con enfermedades mentales o disparidad intelectual; y el servicio de apoyos personales y cuidados en alojamientos especial (viviendas tuteladas). Este acuerdo, aunque solo referido a los servicios de promoción de la autonomía, permite realizar una operación de asimilación al ámbito de los servicios de prevención, que se trata de prestaciones que bien pudieran tener ese doble perfil preventivo y de promoción.

La intensidad de estos servicios debiera adecuarse a las necesidades personales, a la infraestructura de los recursos existentes y a las normas propias de las CCAA. Ahora bien, el RD 1051/2013 ha reconocido las prestaciones para todos los dependientes con independencia de su grado, aunque ha establecido diferencias en la intensidad de la protección de acuerdo con las necesidades de dependencia de cada sujeto. Para los servicios de promoción de autonomía personal, se ha establecido una duración en función de los grados: a) Grados I y II: mínimo 12 horas mensuales de atención o su equivalente en sesiones; y b) Grado III: mínimo 8 horas mensuales de atención o su equivalente en sesiones. Para los servicios de atención temprana: Igual para todos los grados: mínimo 6 horas mensuales de atención o su equivalente en sesiones. Para el servicio de promoción, mantenimiento y recuperación de la autonomía funcional, se ha establecido una duración diferente en función del grado: a) Grado I: mínimo 15 horas mensuales de atención o su equivalente en sesiones. b) Grado II: mínimo 12 horas mensuales de atención o su equivalente en sesiones. c) Grado III: mínimo 8 horas mensuales de atención o su equivalente en sesiones.

4.1.2. Servicio de Teleasistencia

El servicio de teleasistencia tiene por objetivo la atención de las personas mediante el uso de las tecnologías de la comunicación. Se trata de un servicio especialmente indicado para personas que vivan solas, o que puedan pasar tiempo solas. Aunque se trata del servicio más utilizado por las personas en situación de dependencia (a 31 de enero de 2025 hay concedidas 527.566 prestaciones de teleasistencia), es necesario potenciarlo aún más, ya que se trata de un servicio que permite mantener la autonomía y la vida en el entorno habitual de la persona.

La Resolución de 15 de enero de 2018, por la que se publica el Acuerdo del Consejo Territorial de Servicios sociales y Dependencia sobre la determinación del contenido del servicio de teleasistencia, diferencia entre la teleasistencia básica y la avanzada. El propio Acuerdo determina la diferencia entre ambos tipos. La básica consiste en facilitar asistencia a personas de forma ininterrumpida mediante el uso de las tecnologías de la información y comunicación para la respuesta inmediata de situaciones de emergencia, inseguridad, soledad y aislamiento. La avanzada es aquella que incluye apoyos tecnológicos complementarios dentro o fuera del domicilio. Mediante las líneas de teléfono o cualquier sistema de comunicación a distancia, de forma que la persona puede estar en contacto permanente con el equipo de apoyo especializado para dar respuesta a su necesidad, que puede ir desde una emergencia sanitaria, caída, hasta una avería, periodos de toma de medicamentos o recordatorios de algunas gestiones. Se trata de un servicio que puede reconocerse a todos los grados de dependencia. Las normas autonómicas al concretar la gestión de este servicio, exigen que la persona que lo va a recibir esté capacitada para su adecuada utilización. En algunas CCAA se establece que pueda ser la persona que ejerce las labores de cuidado la que use el servicio. En todo caso, será necesario que se disponga de una línea telefónica y que el usuario garantice el acceso a la vivienda en caso de emergencia, bien sea facilitando las llaves a la entidad que presta el servicio, o facilitando el contacto de personas que tengas esas llaves. El servicio de teleasistencia implica que el usuario tenga un dispositivo de control remoto, un terminal telefónico, y, que haya una central telefónica y personal especializada que pueda atender a la persona en situación de dependencia.

La intensidad del servicio de teleasistencia se recoge en el art. 7 del RD 1051/2013, que, aunque no se establece ningún contenido específico al respecto, sí que en su apartado tercero ya prevé que se trata de un servicio complementario al resto de prestaciones contenidas en el Programa Individual de Atención, en cualquiera de los grados de dependencia, salvo en el caso del servicio de atención residencial. Aunque sobre la intensidad de este servicio, actualmente el Acuerdo de 15 de enero de 2018 debiéramos entenderlo derogado por la modificación operada en el RD 1051/2013 con el RD 675/2023, de 18 de julio, quizá se pueda entender conforme a las directrices operadas por esta norma que las CCAA puedan seguir estableciendo reglas sobre contenidos y condiciones más ventajosas de este servicio. Para las personas que tengan reconocido un grado de dependencia II o III, la teleasistencia ha de ser un servicio complementario al resto de servicios o prestaciones y no podrá asignarse como prestación única en esos grados. El Acuerdo distingue una teleasistencia básica y una teleasistencia avanzada, y hace una descripción detallada de los servicios correspondientes a cada una de ellas y a la tecnología necesaria para su correcto desarrollo. También podemos encontrar alguna CCAA como es el caso de Castilla y León que han regulado específicamente las intensidades y contenidos técnicos de la prestación de teleasistencia a través de la Resolución de 6 de marzo de 2020[22].

En el Anteproyecto de reforma de la Ley de Dependencia, persigue el reconocimiento del servicio de teleasistencia como derecho subjetivo para todas las personas en situación de dependencia que residan en su domicilio. Su reconceptualización para orientarlo a una atención y apoyo continuo, personalizado y adaptado a las circunstancias y preferencias de la persona en situación de dependencia, en coherencia con el contenido del Acuerdo, de 28 de junio de 2022, del Consejo Territorial sobre criterios comunes de acreditación y calidad de los centros y servicios.

4.1.3. Servicio de Ayuda a Domiciliaria

Este servicio, regulado en el art. 23 de la Ley de Dependencia, supone un conjunto de actuaciones llevadas a cabo en el domicilio de la persona que tienen por fin principal atender a las necesidades de la vida diaria y permitir una mejor calidad de vida y autonomía personal en su comunidad. Este servicio debe ser llevado a cabo por entidad o empresas acreditadas a este fin. Se trata de un servicio que comprende normalmente dos modalidades, la atención a los cuidados del hogar (limpieza, cocina, costura, etc.) y la atención personal en la realización de actividades de la vida diaria (aseo, higiene, paseos, visita al médico, realización de gestiones, etc.). A fecha de 31 de enero de 2025, hay 362.572 prestaciones de servicio de ayuda domiciliaria. Aunque aquí lo relevante no es tanto el número de personas que se benefician de este servicio, que también, sino la intensidad con la que se ofrece este servicio, como veremos a continuación. Los cuidados personales constituyen la verdadera esencia de este servicio, tanto

22 Resolución de 6 de marzo de 2020 por la que se determinan las intensidades y contenidos técnicos mínimos de la prestación pública de teleasistencia en Castilla y León.

así, que el RD-Ley 20/2012, modificó el art. 23 de la Ley de Dependencia en el sentido de priorizar los servicios de atención personal, estableciendo expresamente que las tareas domésticas solo pueden prestarse conjuntamente con los servicios relativos a atención personal.

Sin embargo, las propuestas de reformas parece que van en la línea de volver a la regulación inicial en la que no se diferenciaba entre ambos tipos de tareas, pero se amplía estas actuaciones no solo a las llevadas a cabo en el domicilio, sino también a las desarrolladas en el entorno comunitario próximo a la persona en situación de dependencia. Quizá esta nueva redefinición pueda tener cierta lógica, teniendo en cuenta que la reforma quiere incluir un nuevo servicio de asistencia personal que tiene como finalidad la promoción de la vida independiente y la inclusión en la comunidad de las personas en situación de dependencia en cualquiera de sus grados y con cualquier edad. Consistirá en la prestación de apoyos a través de profesionales conforme a un plan personal en el que se concreten las actividades de la vida diaria que permita a la persona desarrollar su proyecto de vida de acuerdo con sus necesidades o preferencias.

La introducción de este nuevo servicio, que se podrá ofrecer directamente por las administraciones o través de la prestación económica para el servicio de asistencia personal (que actualmente ya existe en la norma), habrá de concretarse y diferenciarse del servicio de ayuda a domicilio.

Hasta que la reforma llegue, el servicio de ayuda a domicilio, tal y como está regulado en la actualidad, podrá ser reconocido a la persona dependiente en cualquiera de los grados de dependencia. Aunque se prioriza a las personas con grado de dependencia mayor, y, a igual grado de dependencia, a las personas dependientes con menor capacidad económica. Las normas de las CCAA han regulado criterios a tener en cuenta para la concesión de este servicio, y para la determinación, dentro del grado de dependencia, del alcance de este servicio en cada caso, en función de las dificultades personales, la situación de discapacidad de la persona, la situación de la unidad de convivencia, las características de la vivienda habitual, etc.

Este servicio de ayuda a domicilio presenta algunas dificultades. La primera de ellas, es la gran heterogeneidad en su aplicación territorial, lo que genera ciertas desigualdades, pero, sobre todo, una escasa dotación de recursos humanos y materiales, carencias importantes en la formación del personal que presta el servicio, remuneración insuficiente, alta tasa de temporalidad y elevados ritmos de trabajo. A todo ello, debemos añadir la intervención cada vez más generalizada del sector privado que se ha producido como consecuencia de los procesos de descentralización que se han llevado a cabo por las CCAA en la gestión de los servicios sociales[23].

La intensidad en este servicio se determinará en número de horas mensuales de servicios asistenciales en función del grado de dependencia de acuerdo con el art. 8 y el Anexo II del RD 1051/2013. El programa individual de atención debe diferenciar las horas relativas a las necesidades domésticas o del hogar, y las horas de dedicación a la atención personal para las actividades de la vida diaria. Es importante recordar aquí que los servicios relacionados con la atención a las necesidades domésticas o del hogar solo podrán prestarse conjuntamente con los servicios relativos a la atención personal, y sólo excepcionalmente se permite la prestación separada cuando así lo indique el programa individual, decisión que deberá estar motivada.

Con la modificación introducida por el RD Real Decreto 675/2023, de 18 de julio, para el grado I de dependencia moderada, se establece un mínimo de 20 y un máximo de 30 horas mensuales; para le grado II de dependencia severa, se establece una horquilla de entre 38 y 64 horas mensuales; y para el grado III de gran dependencia, la horquilla oscila entre 65 y 94 horas mensuales. En este punto consideramos de interés la modificación de la intensidad del servicio de ayuda a domicilio ya que las intensidades establecidas en la norma con anterioridad a la reforma de 2023, en muchos casos, no ofrecían una respuesta suficiente para las personas en situación de dependencia. Así, se observaba de los datos sobre la intensidad del servicio de ayuda a domicilio a fecha de 31 de enero de 2023, donde la media de horas mensuales dedicadas a personas con grado I de dependencia era de 15; para el grado II, de 37 horas; y para el grado III, de 57 horas. Obviamente se trataba de una intensidad que estaba muy por debajo de las pudieran resultar necesarias. Además, había CCAA que aún se quedan muy por debajo de las intensidades establecidas en la norma[24]. Pese a la mejora generalizada, observando los datos a 31 de enero de 2025, y aunque hay CCAA que verdaderamente se están aproximando a las franjas de horas de la regulación actual, la media estatal sigue estando por debajo de los

---

23 Todo esto se pone de manifiesto en el Informe 3/2020 "El sistema de promoción de la autonomía personal y atención a las personas en situación de dependencia, elaborado por el Consejo Económico y social, pp. 109-121.

24 INFORMACIÓN ESTADÍSITCA DEL SAAD A 31 DE ENERO DE 2023. Intensidad del servicio de ayuda a domicilio: https://imserso.es/el-imserso/documentacion/estadisticas/sistema-autonomia-atencion-dependencia-saad/estadisticas-mensual

que sería deseable. Para el grado I la media es de 18,4 horas, para el grado II, es de 40,5, y para el grado III, de 61,7 horas[25].

4.1.4. Servicio de Centro de Día y de Noche

Los centros de día y noche se encuentran regulados en el art. 24 de la Ley de Dependencia, con una diversidad de tipología. Centros de día para menores de 65 años, centros de días para mayores de esa edad, centro de día con atención especializada por la especificidad de los cuidados que ofrecen y centro de noche. En este caso, se trata de un servicio que tiene tres objetivos claros. En primer lugar, facilitar a las personas dependientes el mantenimiento del mejor nivel de autonomía posible, con la permanencia en su medio familiar y su vida en comunidad. Por otro lado, estos centros normalmente cumplen con una función rehabilitadora, como centros terapéuticos. Y, por último, cumplen con la función de aliviar las cargas familiares o para los cuidadores, proporcionando un cierto tiempo "libre".

La intensidad del servicio de centro de día y noche se articulará en función de los servicios que precise la persona de acuerdo con su programa individual de atención. No obstante, la intensidad del centro de día para las personas beneficiarias con grado I de dependencia deberá cubrir un mínimo de 15 horas semanales conforme a lo establecido en el Anexo III del RD 1051/2013. En este caso será necesario estar a la regulación del horario de atención en el centro de día o noche de cada CCAA.

4.1.5. Servicio de Atención Residencial

Cuando la persona en situación de dependencia no pueda permanecer en su domicilio y dentro de su entorno familiar, el servicio de atención residencial se configura como la opción más apropiada ya que ofrece servicios de carácter continuado tanto de carácter personal como sanitario. Se trata del último servicio contemplado actualmente en la Ley de Dependencia en el art. 25, y su finalidad es ofrecer una atención continuada e integral a través de centro públicos y privados concertados acreditados, teniendo

[25] INFORMACIÓN ESTADÍSTICA DEL SAAD A 31 DE ENERO DE 2025. Intensidad del servicio de ayuda a domicilio: https://imserso.es/el-imserso/documentacion/estadisticas/sistema-autonomia-atencion-dependencia-saad/estadisticas-mensual

en cuenta el grado de dependencia, la naturaleza de la misma y la intensidad de cuidados que requiera la persona. El servicio puede tener carácter permanente o temporal, en este último caso, al objeto de cubrir periodos vacacionales de los cuidadores, o para establecer determinados "tiempos de respiro".

El servicio de atención residencial reviste particular importancia por la mayor intensidad horaria y de recursos que la caracterizan, así como por la complejidad de una parte importante de la casuística atendida, debido a la avanzada edad de las personas residentes y la elevada frecuencia de pluripatologías. Dada la vulnerabilidad en términos de salud de la población que reside en estos centros, una estrecha coordinación sociosanitaria resulta ineludible y, no en vano, la Ley de dependencia ha definido la prestación como un conjunto de servicios continuados de carácter personal y sanitario desde un enfoque biopsicosocial (art. 25).

Es importante recordar en este punto que el Libro Blanco de la Dependencia ha señalado las características que debe reunir este servicio. En primer lugar, se debe tratar de un centro abierto, diferente al concepto de "institución", de manera que se debe configurar como parte de los servicios del entorno con permanente interrelación con la comunidad. Se debe trata de un centro abierto que permita la salida de las personas residentes el mayor número de ocasiones posible y que permita, al mismo tiempo, la incorporación a la vida del propio centro a los familiares y personas vinculadas con los residentes. En segundo lugar, este servicio debe permitir la atención sociosanitaria, de forma que no sólo se atiendan los cuidados asistenciales sino también los cuidados sanitarios. El propio art. 25 de la Ley de Dependencia establece, como ya hemos dicho, este enfoque biopsicosocial del servicio de atención residencial. En tercer lugar, el servicio se debe ofrecer con carácter temporal o permanente. De hecho, la tendencia deber ser a la configuración de estos alojamientos para pasar periodos temporales que permitan el descanso de los cuidadores de la persona dependiente, y que también estén dirigidos a ciertas revisiones terapéuticas y periodos de rehabilitación.

El servicio se presta en los centros residenciales habilitados al efecto, conforme a los requerimientos mínimos establecidos por la normativa autonómica que regula las exigencias arquitectónicas, de equipamiento, personal y servicios. En este sentido, resulta imprescindible hacer alusión a la Resolución de 28 de julio de 2022, por la que se publica el Acuerdo del Consejo Territorial sobre criterios comunes de acreditación y calidad de centros y servicios del Sistema de dependencia. Ante las diferencias existentes en este servicio en función de la autonomía en la que se encuentre, esta norma tiene por finalidad garantizar el derecho de las personas en situación de dependencia a recibir unos servicios de calidad independientemente del lugar del territorio español donde residan.

El servicio de atención residencial ajustará su intensidad en función de los servicios que ofrezca el centro y lo que precisa la persona con dependencia de acuerdo con su programa individual de atención. Las CCAA podrá determinar los servicios y programas de los centros para cada grado y nivel de dependencia. Se caracteriza por su carácter eminentemente integral, y por tanto, la intensidad del servicio debe abarcar un conjunto de servicios entre los que se incluyan el alojamiento, la manutención, el servicio de habitaciones, la asistencia sanitaria, y la atención psicológica y social. Además, el servicio de atención residencial puede prestarse para estancias temporales. En estos casos algunas normas autonómicas han establecido tiempos máximos de estancias temporales.

4.2. Prestaciones Económicas del Sistema de Dependencia

4.2.1. Prestación Vinculada al Servicio

Se trata de una prestación económica de carácter periódico que se concederá únicamente cuando no es posible el acceso a un servicio público o concertado de atención y cuidado, en función del grado de dependencia y de la capacidad económica del beneficiario. Lo relevante de esta prestación es que está siempre vinculada a la adquisición de un servicio. Tal como se admite en el texto de la Ley, el objetivo de la prestación es contribuir a la financiación del coste de servicios como la atención en Centro Residencial, el Centro de Día o el Servicio de Ayuda a domicilio, según lo dispuesto en el PIA. Su provisión corre a cargo de entidades privadas, debidamente acreditadas. Es significativo el hecho de que la propia norma aluda a una contribución a la financiación del coste, en lugar de referirse a una financiación completa, ya que, en la práctica, de acuerdo con las estimaciones del sector, las cuantías abonadas son muy insuficientes, obligando a los usuarios a asumir una parte muy importante del coste total de los servicios contratados. De hecho, si se tiene en cuenta que estas prestaciones están sujetas a copago en función de la renta y el patrimonio, el hecho de que los beneficiarios deban abonar una parte sustancial del servicio atribuido en el programa individual de atención constituye en la práctica un segundo copago[26].

4.2.2. Prestación para cuidados en el entorno familiar y apoyo a cuidadores no profesionales

La prestación económica para el cuidado en el entorno familiar es una ayuda económica destinada a personas en situación de dependencia (que son los verdaderos beneficiarios de la prestación) que son atendidas por cuidadores no profesionales, familiares o personas del entorno cercano[27].

La prestación para cuidados en el entorno familiar está llamada a concederse solo en caso de que no sea viable cualquiera de los otros servicios o prestaciones y siempre que se den las condiciones de convivencia y habitabilidad de la vivienda y así se establezca en el PIA. Se trata, por tanto, de una alternativa secundaria, no preferida ni prevalente. La regulación general de esta prestación se encuentra en el art. 18 de la Ley de Dependencia, en la Resolución de 4 de febrero de 2010 por la que se publica el Acuerdo del Consejo Territorial del Sistema de Autonomía y atención a la Dependencia para la mejora de la calidad de la prestación económica para cuidados en el entorno familiar, y en el RD 615/2007, de 11 de mayo, por el que se regula la Seguridad Social de los cuidadores de las personas en situación de dependencia. Tal y como se ha podido constatar, se trata de una prestación de absoluta importancia dentro del sistema de atención a la dependencia, no solo por el número de prestaciones reconocidas, sino porque, además es una de las principalmente elegidas por parte de las

---

26 CES, Informe: El sistema de promoción de la autonomía personal y atención a las personas en situación de dependencia, 2020.

27 Redacción modificada por el Real Decreto 675/2023, de 18 de julio, ya que, en la versión inicial, solo podían ser familiares hasta tercer grado y siempre que convivieran en el mismo domicilio, y solo excepcionalmente alguna persona del entorno. Sobre esta cuestión ver GONZALEZ ORTEGA, Santiago, El cuidador no profesional de las personas en situación de dependencia en la Ley 39/2006, *Temas Laborales,* núm. 89, 2007, 304-315. De mismo autor, la ponencia: Concepto de cuidador no profesional: perspectiva jurídica, en el Seminario: Visualización de los cuidadores no profesionales a personas dependientes, Fundación Centro de Estudios Andaluces, en línea: https://www.centrodeestudiosandaluces.es/datos/factoriaideas/PN02_10.pdf El Anteproyecto por el que se modifica la ley de Dependencia de 11 de febrero de 2025 viene a regular, muy acertadamente, y por fin, un listado de derechos de las personas cuidadoras no profesionales, aunque no resulta demasiado ambicioso, es un primer paso.

personas en situación de dependencia, especialmente por aquellas que ya están siendo atendidas en sus domicilios de esta forma. En este sentido, la Resolución de 2010 dedica su apartado tercero a la participación de la persona beneficiaria. Partiendo del Programa de Atención individualizada (PIA) que establecerá los servicios y prestaciones más adecuadas a las necesidades de la persona, reconoce la necesidad de tener en cuenta las preferencias manifestadas en este trámite por las personas beneficiarias, y en su caso, su familia, siempre que concurran los requisitos legalmente establecidos para su concesión y siempre que la preferencia se incardine en la modalidad más adecuada. Pero no se admitirá que una persona que ya estuviera recibiendo un servicio diferente, pueda tener acceso a la prestación económica para cuidados en el entorno familiar, salvo que existan razones fundadas que justifiquen la inadecuación del servicio.

4.2.3. Prestación de Asistencia Personal

Se regula en el art. 19 de la Ley de Dependencia y su objetivo es la contratación de un asistente persona durante un número de horas que permita al beneficiario el acceso a la educación, al trabajo, así como a una vida más autónoma en el ejercicio de las actividades básicas de la vida diaria. Como ya vimos, esta prestación solo ha sido reconocida a 9.071 beneficiarios a fecha de 31 de enero de 2023, lo que supone, en comparación con el resto de servicios y prestaciones, la menos utilizada. En este sentido, las reformas previstas van en la línea de potenciar esta prestación al incluir el servicio de asistencia personal. Esto permitirá la existencia de apoyos a través de profesionales, que faciliten el desarrollo de las actividades de la vida diaria de las personas para desarrollar sus vidas de acuerdo a sus necesidades y preferencias. En este sentido, la prestación económica tendrá por finalidad contribuir a la contratación del servicio de asistencia personal, ya sea directamente, o a través de una empresa o entidad debidamente acreditada. Hay que recordar que así es como se recoge por el momento en el Anteproyecto de Ley por el que se modifica la Ley General de derecho de las personas con discapacidad y su inclusión social.

La figura del profesional de la asistencia personal se encuentra aún, como se ha dicho, escasamente desarrollada, si bien parece existir cierto consenso en torno a sus funciones. En este sentido, se trataría de una persona que realiza o ayuda a realizar las tareas de la vida diaria a otra persona que por su situación de dependencia no puede encargarse por sí misma o tiene grandes dificultades, haciendo posible la vida independiente del beneficiario. El asistente personal, al contrario de lo que ocurre con otros profesionales de la atención a personas dependientes, no tendría la función de tomar decisiones concretas, siendo el beneficiario quien decide las acciones de apoyo a realizar. Y las tareas encomendadas estarán definidas por las dificultades funcionales así como por las preferencias del usuario, ya sean de atención personal, ayuda a domicilio, acompañamiento y soporte a actividades dentro y fuera del hogar, u otras actividades definidas por las necesidades vitales del beneficiario. Por otro lado, las Administraciones autonómicas disponen de margen para completar el perfil de esta figura, encontrándose ciertas variaciones en el catálogo de condiciones exigibles a los asistentes personales a lo largo del territorio nacional. Así, mientras unas se limitan a recoger el perfil básico definido en la ley de dependencia, otras, por ejemplo, imponen restricciones en torno a las relaciones de parentesco, como en el País Vasco, donde se prohíbe expresamente el ejercicio de la asistencia personal a los cónyuges o parejas de hecho, así como a los familiares hasta el tercer grado, incluidos el tutor y la persona acogedora del dependiente. Pese a ello, es precisamente en esta CCAA donde más se ha desarrollado e implantado esta prestación[28].

4.2.4. Otras ayudas económicas para facilitar la autonomía personal

La Disposición Adicional Tercera de la Ley de Dependencia establece unas ayudas económicas destinadas a la realización de adaptaciones ergonómicas que faciliten el desenvolvimiento de la vida ordinaria y contribuyan a mejorar la capacidad de desplazamiento dentro de la vivienda. Estas ayudas técnicas y de adaptación de viviendas tienen como fin principal facilitar y promover la permanencia de la persona en su domicilio. Ahora bien, el legislador ha optado por excluirlas del capítulo II de la Ley relegándolas a un papel secundario del sistema. Y la consecuencia de ello no es de poca importancia, ya que, se trata de prestaciones que quedan vinculadas a las disponibilidades presupuestarias, y a su carácter facultativo, haciéndolas depender de los acuerdos entre el Estado y las CCAA. Se descarta de esta manera el reconocimiento de un derecho subjetivo, de forma que, a diferencia del resto de servicios y prestaciones del sistema, que forman parte del contenido esencial de un derecho de las personas dependientes a la protección legalmente garantizada, se presentan como una asignación cuya efectividad se hace depender de esas disponibilidades (acuerdo y pre-

---

[28] CES, Informe: El sistema de promoción de la autonomía personal y atención a las personas en situación de dependencia, 2020

supuesto). En este caso se les atribuye el carácter de subvención, por lo que quedan sometidas a las prescripciones de la Ley 38/2003, de 17 de noviembre, General de Subvenciones.

4.2.5. Intensidades de las Prestaciones Económicas

En el caso de las prestaciones económicas del sistema, cuando hablamos de intensidad tenemos que analizar necesariamente las cuantías de las prestaciones. En este sentido, las cuantías máximas de las prestaciones se modificaron primero en el RD-Ley 20/2012, quedando fijadas de la siguiente forma hasta el año 2023:

Grado	Prestación económica vinculada al servicio	Prestación económica de asistencia personal	Prestación económica por cuidados en el entorno familiar
Grado III	715,07 €	715,07 €	387,64€
Grado II	426,12 €	426,12 €	268,79 €
Grado I	300,00 €	300,00 €	153,00 €

Y posteriormente con el RD 675/2023, de 18 de julio, las cuantías de las prestaciones se actualizaron y se articuló una fórmula de máximos y mínimos que habría que respetar en todo caso.

Cuantías máximas de las prestaciones económicas

Grado	Prestación económica vinculada al servicio	Prestación económica de asistencia personal	Prestación económica por cuidados en el entorno familiar
Grado III.	747,25	747,25	455,40
Grado II.	445,30	747,25	315,90
Grado I.	313,50	313,50	180,00

Cuantías mínimas de las prestaciones económicas

Grado	Prestación económica vinculada al servicio	Prestación económica de asistencia personal	Prestación económica por cuidados en el entorno familiar
Grado III.	200	200	200
Grado II.	150	150	150
Grado I.	100	100	100

Sobre esta intensidad, algunas CCAA determinan las cuantías económicas estableciendo criterios concretos para su cálculo. Andalucía, Aragón o Canarias tienen en cuenta la dedicación horaria de los cuidados de modo que en la dedicación completa se percibe la prestación íntegra, y en la parcial, se proporcionará en función del número de horas de cuidados. Castilla la Mancha tiene en cuenta la dedicación horaria para lo que se parte de la información recogida en el expediente, de forma que se atiende a la disponibilidad de la persona cuidadora y a los servicios de apoyos complementarios. En Valencia, se recogen unos coeficientes reductores para ponderar la intensidad de la prestación del servicio que varían, también, en función del grado de dedicación a la persona con dependencia[29].

Muchas CCAA ya garantizaban importes mínimos de las prestaciones, tomando como referencia la cuantía de la prestación no contributiva vigente. Así se establecía un porcentaje sobre esa cuantía en función del grado. Por ejemplo, en Andalucía, para el grado III se contempla el 100% de la cuantía de la pensión no contributiva, para el grado II, el 75% de la cuantía de la pensión no contributiva, y para el grado I, el 50% de la cuantía de la pensión no contributiva[30]. En Aragón se establece que el importe de las prestaciones no podrá ser inferior al 10% de las cuantías máximas establecidas para cada grado[31]. En Castilla y León, la Orden FAM/6/2018, de 11 de enero, modificada por la Orden FAM/13/2023 de 11 de enero, regula en el art. 33 unas fórmulas concretas de cálculo de la cuantía de las prestaciones diferenciando, por un lado, entre la prestación económica vinculada al servicio y la prestación económica de asistencia personal, y por otro, la prestación económica de cuidados en el entorno familiar, así como un art. 33 donde se regulan las deducciones por prestaciones de análoga naturaleza y finalidad. Por su parte, el Anexo III regula unas cuantías máximas de las prestaciones económicas superiores a las establecidas en la normativa estatal.

---

29 Decreto 62/2017, de 19 de mayo por el que se establece el procedimiento para reconocer el grado de dependencia a las personas y el acceso al sistema público de servicios y prestaciones económicas en Valencia.

30 Orden de 3 de agosto de 2007, por la que se establecen la intensidad de protección de los servicios, el régimen de compatibilidad de las Prestaciones y la Gestión de las Prestaciones Económicas del Sistema de Autonomía y Atención a la Dependencia en Andalucía.

31 Orden de 24 de julio de 2013, del Departamento de Sanidad, Bienestar Social y Familia, por la que se regulan las prestaciones del Sistema para la Autonomía y Atención a la Dependencia, la capacidad económica de los beneficiarios y su participación en el coste de los servicios, en la Comunidad Autónoma de Aragón. Y la Orden de 24 de febrero de 2014 por la que se regulan las prestaciones del Sistema para la Autonomía y Atención a la Dependencia, la capacidad económica de los beneficiarios y su participación en el coste de los servicios, en la Comunidad Autónoma de Aragón que modifica la de 2013

5. CRITERIOS DE ACCESO A LOS SERVICIOS Y PRESTACIONES Y SUS LÍMITES

5.1. Los Grados de Dependencia y el Procedimiento para su determinación y para el reconocimiento del derecho a un servicio o prestación

La protección que otorga la Ley de Dependencia no es tanto al "dependiente" sino a la "situación de dependencia". Esta situación se produce cuando hay una falta o pérdida de autonomía (física, mental, intelectual o sensorial), motivada por cualquier razón (edad, enfermedad, discapacidad, etc.). Ahora bien, no toda falta de autonomía va a ser considerada necesariamente situación de dependencia, sino que lo determinante será que se necesite bien de la atención de otra persona u otras personas para realizar las actividades básicas de la vida diaria; bien, ciertos apoyos para la autonomía personal, en el caso de personas con discapacidad intelectual o con enfermedades mentales. A estos efectos, bien procede recordar que Ley 3/2023 de Empleo introduce una importante novedad a los efectos del reconocimiento del grado de discapacidad igual o superior al 33% para las personas pensionistas de la seguridad social que tengan reconocida una pensión de incapacidad permanente en el grato de total, absoluta o gran invalidez. Sin embargo, esta automaticidad no se ha regulado en relación con las situaciones de dependencia. Es por ello, que el Anteproyecto de modificación de la Ley de Discapacidad y de la Ley de Dependencia de 11 de febrero de 2025 precisa la necesidad de abordar la asimilación de cualquier grado de dependencia a una discapacidad del 33%. En este sentido, a una persona a la que se la haya reconocido un grado de discapacidad, de forma automática no será definida como persona en situación de dependencia, sin embargo, al contrario, una persona que se encuentre en situación de dependencia será necesariamente una persona con discapacidad, y ello sin perjuicio de que esa persona acuda al procedimiento de valoración de la discapacidad para que se le reconozca el grado adecuado. Por otro lado, la gran invalidez y la dependencia suelen tener puntos de conexión, ya que una persona que tiene reconocida el complemento por gran invalidez no es capaz de realizar por sí mismo actividades básicas de la vida. Sin embargo, el reconocimiento del grado de dependencia severa no permite por sí mismo equipararlo a la situación de gran invalidez del artículo 194.6 de la Ley general de la Seguridad Social (LGSS). Esta cuestión fue analizada por la STS de 9 de julio de 2020 (Rº. 805/2018), donde el Tribunal entendió que, aunque ambos conceptos están relacionados con la necesidad de asistencia de una tercera persona, tienen finalidades distintas. La gran invalidez se refiere a una incapacidad permanente que requiere la asistencia de otra persona para realizar los actos más esenciales de la vida, mientras que el grado III de dependencia se centra en la necesidad de apoyo para actividades diarias, pero no implica necesariamente una incapacidad laboral. Esta distinción es importante porque afecta a las prestaciones y derechos que pueden recibir las personas en estas situaciones. El Tribunal dejó claro que no se puede asumir automáticamente que una persona con grado III de dependencia tenga derecho a las prestaciones por gran invalidez.

La persona que se encuentra en el Grado I de dependencia, o dependencia moderada comienza a necesitar ayuda para ejecutar las actividades cotidianas del día a día. En este grado, la ayuda requerida no es constante, pero sí es necesaria al menos una vez al día o necesita apoyo intermitente para ejercitar su autonomía personal. Cuando la dependencia es severa, o de Grado II, la persona necesita más ayuda en sus actividades básicas del día a día, y al menos dos o tres veces al día. Suele ser habitual que la persona se muestra reacia a recibir apoyo externo permanente o apoyos algo más habituales, aunque es el momento en el que los servicios deben ir encaminados a fomentar su autonomía personal. Para el caso de gran dependencia o dependencia de Grado III, la persona ya necesita un apoyo constante e indispensable para la realización de sus actividades diarias, puesto que sufre una pérdida total de su autonomía, ya sea esta física, mental, intelectual o sensorial. También se consideran personas con gran dependencia a aquellas que necesitan un apoyo generalizado, casi constante, para realizar las actividades cotidianas varias veces al día.

Como se puede observar, el elemento que define la situación es la necesidad de apoyos, por lo que la cuantificación de esos apoyos es lo que, en definitiva, permite declarar la existencia de dependencia y el grado de esta. La situación de dependencia se caracteriza por tres notas: i) la necesidad de apoyo; ii) que esa necesidad sea frecuente; y iii) que se requiera para las actividades básicas de la vida diaria o para la autonomía personal

La valoración del grado de dependencia se realiza mediante la técnica de la baremación de las diferentes circunstancias concurrentes. A estos efectos, el art. 27 de la Ley de Dependencia establece y encomienda al gobierno la aprobación de un RD que establezca un único baremo para todo el estado español. En este sentido, el baremo estatal actual se recoge en el RD 174/2011, de 11 de febrero, en vigor desde el 18 de febrero de 2012, y respecto del que hay que tener en cuenta algunas modificaciones realizadas por el RD-Ley 20/2012 que vino a eliminar los niveles de dependencia en los que se subdividían los grados y también a reformar el art. 27 para imposibilitar que las CCAA pudieran determinar el grado de dependencia mediante procedimientos distintos al establecido por el propio art. 27 en relación su con desarrollo a través del mandato al Consejo Territorial.

En relación con el procedimiento para el reconocimiento de la situación de dependencia, se trata de un único procedimiento con dos fases: una, la de valoración de la situación de la dependencia, y la otra, el reconocimiento del derecho a la prestación o servicio que se determine. Así pues, aunque se trata de un único procedimiento en realidad su bifurcación en dos fases hace que estemos realmente ante dos procedimientos separados, lo que, sin duda, alarga una gestión que debiera haberse configurado como un trámite sencillo. A ello se añade que las CCAA podrán perfilar el procedimiento a seguir en numerosos aspectos, danto lugar a un desarrollo normativo desigual con procedimientos diferentes tanto en la tramitación de los expedientes como en la resolución de los mismos. De hecho, en algunas CCAA se ha conseguido sustanciar el procedimiento en una única fase, lo que evita dilaciones innecesarias. Prueba de ello son los datos sobre el número de días que pasan desde la solicitud por la persona con dependencia hasta la resolución de la prestación, que van desde 597 o 556 días en Murcia, Andalucía o Canarias, hasta Castilla y León que son 119 días o País Vasco, 126 días. Se observa que el tiempo medio, a nivel nacional, es de 334 días, lo que claramente demuestra la ineficacia del procedimiento, que se configura también como un obstáculo en el acceso y disfrute de las prestaciones y servicios de dependencia[32]. En este sentido, alguna CCAA como es el caso de Andalucía ha aprobado el Decreto 9/2021, de 18 de mayo que tiene por objeto regular medidas para agilizar la tramitación del procedimiento de valoración y reconocimiento del derecho a una prestación.

El procedimiento se inicia a instancia de la persona que pueda ser declarada en situación de dependencia o de quienes ostenten su representación. En el RD 1053/2013 se recogen los datos que debe incluir la solicitud, así como los documentos a acompañar (arts. 2 y 3). Tras la solicitud daría comienzo la primera fase del procedimiento que consiste en el reconocimiento de la situación de dependencia a través de la baremación. Para proceder a la misma será necesaria la visita de la administración competente al domicilio o lugar de residencia de la persona. Concluida la valoración

---

32 IMSERSO., Información estadística del SAAD a 31 de enero de 2025, Tiempo medio de Resolución por Comunidades Autónomas en línea: https://imserso.es/el-imserso/documentacion/estadisticas/sistema-autonomia-atencion-dependencia-saad/estadisticas-mensual

esta deberá ser remitida al órgano autonómico encargado de resolver el grado de dependencia con indicación de los servicios y prestaciones que la persona pueda requerir. Se trata de la Resolución de la primera fase. En un segundo momento, se lleva a cabo la fase de reconocimiento del derecho a servicios o prestaciones. Aquí los órganos encargados de las CCAA elaborarán el PIA en el que determinarán las modalidades de intervención más adecuadas a las necesidades según la resolución del grado. En relación con las prestaciones económicas, en la primera versión de la Ley de dependencia, los efectos económicos se retrotraían al momento de la solicitud. Con el RD-Ley 8/2010, se eliminó esa retroactividad, fijando el reconocimiento del derecho en la fecha de resolución a los 6 meses de la solicitud, si no había resolución expresa. Pero el RD-Ley 20/2012 estableció una regla restrictiva para la prestación económica de cuidados en el entorno. En este sentido la prestación dejó de devengar efectos retroactivos para quienes a fecha de 15 de julio de 2012 no la hubieran empezado a cobrar. En este sentido, parece absolutamente necesario recuperar la redacción dada en 2010, según la cual el derecho a las prestaciones se generará desde la fecha de resolución del reconocimiento de las prestaciones o, en su caso, desde el transcurso de plazo de 6 meses desde la presentación de la solicitud sin haberse dictado y notificado resolución expresa de reconocimiento de la prestación.

5.2. Capacidad económica del solicitante y determinación de la participación económica del beneficiario en el coste del servicio o prestación

El acceso al catálogo de servicios y prestaciones del sistema de dependencia no solo requiere de la existencia y resolución de un grado de dependencia, sino de la aplicación del principio general de prioridad de acceso a los servicios que implica que a igual grado de dependencia la prioridad vendrá determinada por la capacidad económica del solicitante. A estos efectos la capacidad económica se determinó inicialmente en la Resolución de 2 de diciembre de 2008, y posteriormente por la Resolución de 13 de julio de 2012 por la que se publica el Acuerdo de 10 de julio de 2012 del Consejo Territorial para la mejora del sistema de autonomía y atención a la dependencia, que viene a establecer unos criterios mínimos comunes para la determinación de la capacidad económica de los beneficiarios y criterios para su participación económica en la prestaciones. En este sentido, se vuelve a dejar un margen a las CCAA para establecer una mayor participación del beneficiario en el coste. Las normas referidas distinguen entre la determinación de la capacidad económica, y por otro, los criterios de participación económica del beneficiario en el coste de los servicios y prestaciones, es decir, la formula del copago.

Por lo que se refiere a la capacidad económica, la normas recogen dos criterios para su medición: la renta y el patrimonio. En relación con la renta, esta se considerará en función de los ingresos de la persona beneficiaria derivados tanto del trabajo como del capital, o de cualquier otro sustitutivo de estos, que se perciba, atendiendo a las normas fiscales. Por su parte, el patrimonio se configura como el conjunto de bienes y derechos de contenido económico de que sea titular la persona beneficiaria con deducción de las cargas y gravámenes que disminuyan su valor, así como las deudas y obligaciones personales de las que deba responder, de conformidad, también, con las normas fiscales. A estos efectos la vivienda habitual no computa salvo para los supuestos en los que el beneficiario reciba el servicio de atención residencial, o la prestación económica vinculada a tal servicio y no tenga personas a su cargo que continúen viviendo en dicha residencia. En la consideración del patrimonio se tendrá en cuenta la edad de la persona beneficiaria y el tipo de servicio que se presta. Además, la capacidad económica del beneficiario será la correspondiente a su renta incrementada en un 5% de su patrimonio neto a partir de los 65 años, en un 3% de los 35 a los 65, y en un 1% a los menores de 35 años.

La mayor parte de las CCAA fijan la capacidad económica en términos sustancialmente parecidos a los fijados por la Resolución de 2012[33]. No obstante, hay algunas que tienen en cuenta no sólo la renta y el patrimonio, sino que consideran a estos efectos, el núcleo familiar. Así sucede en Extremadura que prevé que cuando la persona beneficiaria tenga una seria de familiares a su cargo y convivan y dependan económicamente de ella, la capacidad económica se obtendrá dividiendo renta y patrimonio por el número de miembros de la familia[34]. Similar previsión se establece en Castilla y León y Asturias[35].

---

33 COLAS NEILA, Eusebi, La financiación del sistema de autonomía y atención a la dependencia, en GONZALEZ ORTEGA, Santiago, *La aplicación de la Ley de Dependencia en España*, CES, 2013, pp. 99-166.

34 Orden de 7 de febrero de 2013, por la que se hacen públicos los criterios para la determinación, en la Comunidad Autónoma de Extremadura, de la prestación económica a los beneficiarios que tengan reconocida la condición de persona en situación de dependencia

35 Orden FAM/6/2018, de 11 de enero por la que se regulan las prestaciones del sistema para la autonomía y atención a la dependencia en Castilla y León, el cálculo de la capacidad económica y las medidas de apoyo a las personas cuidadoras no

Sobre los criterios de participación económica en el coste de los servicios y prestaciones, el comúnmente denominado copago, habrá que tener en cuenta el tipo de servicio y/o prestación, y el coste de estos servicios. Esta capacidad también se tendrá en cuenta para el cálculo de la prestación económica. El art. 33 de la Ley de Dependencia establece que ningún ciudadano quedará fuera de la cobertura del sistema por no disponer de recursos económicos. Por tanto, aunque el modelo se base en la contribución económica de las personas beneficiarias, ello se hará, o debiera hacerse, atendiendo de forma equitativa a todos los ciudadanos en situación de dependencia, en tanto que su participación será progresiva en función de su capacidad económica.

En este sentido se establece una capacidad económica mínima de la persona para considerar la participación en el coste de los servicios cuya referencia es la cuantía del IPREM. Ahora bien, las CCAA podrán usar un indicador diferente para calcular el mínimo exento, y en caso de resultar más ventajoso, se deberá financiar la diferencia económica con el nivel adicional exclusivo de las CCAA. En algunas CCAA la exención del copago en personas cuya capacidad económica estuviera por debajo del IPREM se mejora ampliando ese límite. Es el caso de Valencia que lo sitúa en el 1,5% veces el IPREM para la prestación económica de cuidados en el entorno; y de 3 veces el IPREM para las otras prestaciones económicas; Navarra, con referencia en el IPREM fija un porcentaje de reducción para cada grado de dependencia empezando por el 1.35 veces el IPREM. Cataluña por su parte aplica un índice propio, que es el IRSC[36]; y Guipúzcoa usa el Salario Mínimo Interprofesional para fijar el porcentaje de reducción sobre la cuantía máxima[37]. Castilla y León utiliza la cuantía anual de la pensión no contributiva vigente en cada momento.

---

profesionales y Resolución de 30 de junio de 2015, de la Consejería de Bienestar Social y Vivienda, por la que se regulan los servicios y las prestaciones económicas del Sistema para la Autonomía y Atención a la Dependencia (SAAD) en el Principado de Asturias

36 Orden BSF/130/2014, de 22 de abril por la que se establecen los criterios para determinar la capacidad económica de las personas beneficiarias de las prestaciones de servicio no gratuitas y de las prestaciones económicas destinadas a la atención a la situación dependencia que establece la Cartera de servicios sociales, y la participación en la financiación de las prestaciones de servicio no gratuitas.

37 Decreto Foral 24/2017 de 12 de diciembre, por el que se regulan las prestaciones económicas de la Ley 39/2006, de 14 de diciembre, de Promoción de la Autonomía Personal y Atención a las personas en situación de dependencia.

Junto al régimen de garantía de mínimos, también se ha establecido un límite máximo a la aportación que haga el beneficiario y que puede alcanzar, de forma progresiva hasta el 90% del coste del servicio. Por último, si la persona recibe alguna prestación de análoga naturaleza y finalidad, dicha prestación se sumará a la cuantía calculada con arreglo a los criterios de participación del servicio hasta el 100% del coste de referencia.

Siguiendo el clásico esquema de las normas de dependencia, en relación con el copago, también se hacen distinciones entre los servicios y las prestaciones. En lo que hace a los servicios, el Acuerdo diferencia entre el Servicio de Atención Residencial y el resto de los servicios. Para la participación del beneficiario en el pago del servicio de atención residencial, hay que distinguir entre servicios asistenciales y servicios de manutención y hoteleros. El copago está destinado a financiar primordialmente los gastos de manutención y hoteleros. Por otra parte, la norma establece un coste de referencia que se actualizará anualmente de conformidad con el IPREM. Para el cálculo del copago, a la capacidad económica del beneficiario se le restará una cantidad mínima para gastos personales (cantidad que si fija con un% sobre el IPREM). Las CCAA podrá establecer cuantías inferiores. El resto de los servicios del catálogo tendrán en cuenta la cuantía mensual del IPREM a efectos de la determinación de la capacidad económica mínima para la participación. El Servicio de Ayuda a domicilio y el servicio de centro de día y noche tendrá en cuenta, además, los costes de referencia.

Por lo que respecta a la participación del beneficiario en la determinación de las cuantías de las prestaciones, la vinculada al servicio y la de asistente personal se establece en función del coste del servicio y la capacidad económica del beneficiario. La de cuidados en el entorno se establece en función de la capacidad económica y en función del grado de dependencia. Ante la misma capacidad económica, la cuantía de la prestación no podrá superar a la que correspondiera por prestación vinculada al servicio. Además, hay que tener en cuenta que la cuantía establecida en el contrato que suscriba la persona beneficiaria en concepto de contraprestación por la asistencia persona o por el servicio a cuyo pago irá destinada el 100% de la prestación económica, no podrá ser inferior a la cuantía máxima establecida reglamentariamente para la correspondiente prestación.

5.3. Reglas de incompatibilidad

Dos son los regímenes que tenemos que distinguir en materia de incompatibilidad. Por un lado, la compatibilidad e incompatibilidad entre los servicios del catálogo, y, por otro lado, la compatibilidad e incompatibilidad entre los servicios y las prestaciones.

Antes de entrar en cada uno de ellos, tenemos que hacer una alusión necesaria e indispensable al régimen de compatibilidad con prestaciones ajenas al sistema de dependencia. En este sentido, la propia Ley de Dependencia establece la obligación de deducir de las prestaciones del sistema el importe que se perciba por prestaciones de análoga naturaleza que el beneficiario ya percibiera. El art. 31 establece un listado (que tiene carácter colectivo) de prestaciones cuyo importe será deducido: el complemento de gran invalidez; el complemento de asignación económica por hijo a cargo mayor de 18 años con un grado de discapacidad igual o superior al 75%; el complemento de necesidad de tercera persona en la pensión de invalidez no contributiva; y el subsidio de ayuda a tercera persona de la Ley General de Derechos de personas con discapacidad, suprimido, pero vigente para aquellos que lo estuvieran percibiendo (Disposición transitoria única).

Por otra parte, hay que tener en cuenta que las cuantías resultantes de la pensión de invalidez no contributiva son compatibles con las rentas e ingresos que disponga el beneficiario siempre que los mismo no excedan del 35% de importe de la pensión no contributiva. En otro caso, se deducirá del importe de dicha pensión la cuantía de las rentas o ingresos que excedan de tal porcentaje salvo lo dispuesto en el art. 366 LGSS que regula la compatibilidad de las pensiones no contributivas con el ejercicio de actividades compatibles con su estado (art. 364 LGSS).

Centrándonos ya en el régimen de compatibilidad del sistema de dependencia, en la primera versión de la Ley no se recogió determinación alguna sobre esta cuestión. Fue posteriormente, con el RD-Ley 20/2012 cuando se introdujo el actual art. 25 bis) de la Ley de Dependencia que fue recogido posteriormente por el art. 16 del RD 1051/2013. De estos preceptos puede colegirse, en primer lugar, que las prestaciones económicas serán incompatibles entre sí; en segundo lugar, que las prestaciones económicas serán incompatibles con todos los servicios del catálogo, salvo con los servicios de prevención de situaciones de dependencia, con las de promoción de la autonomía persona, y con el servicio de teleasistencia; y, por último, que los servicios serán incompatibles entre sí con la excepción del servicio de teleasistencia, que será compatible con el resto de servicios, excepto el de atención residencial.

Como se puede observar, esta regulación viene a establecer un régimen especialmente restrictivo de compatibilidad. No obstante, es necesario hacer algunas matizaciones que permitirían introducir alguna flexibilización al régimen. Primero, la Ley de Dependencia permite que las administraciones competentes puedan regular la compatibilidad entre prestaciones para el apoyo, cuidados y atención que faciliten la permanencia en el domicilio de la persona, de tal forma que la suma de estas prestaciones no sea superior a las intensidades máximas reconocidas a su grado de dependencia. Además, a los efectos de la asignación del nivel mínimo de protección garantizado para cada beneficiario, cuya financiación corre a cargo del Estado, todas estas prestaciones, tendrían la consideración de una única prestación. Esto implica que algunas CCAA hayan hecho un uso limitado de la compatibilidad ajustándose a las necesidades de los usuarios pero sin superar la intensidad máxima correspondiente al grado de dependencia reconocido, al menos hasta que las CCAA puedan disponer de recursos para asumir en exclusiva (nivel adicional) el coste de un incremento de la acción protectora[38].

El art. 16.3 RD 1051/2013 ofrece la posibilidad de que las administraciones públicas permitan la compatibilidad entre los servicios de ayuda a domicilio, centro de día y noche, prestación de cuidados en el entorno, y prestación de asistencia personal. E incluso permite que las CCAA puedan establecer un régimen propio de compatibilidades con cargo al nivel adicional de protección. Algunas CCAA han hecho uso de esta posibilidad y han flexibilizado las rígidas reglas de incompatibilidad del sistema de dependencia[39].

---

38 Algo que no sabemos si tendrá materialización algún día, teniendo en cuenta que hasta el año 2019, disminuyó y se paralizó la aportación estatal, haciéndose cargo las CCAA de la mayor parte del sistema. Tras el 2019, con el regreso de la financiación por parte del Estado, ahora son las CCAA las que han decidido reducir sus aportaciones. Así se manifestó en la jornada de expertos celebrada el día 23 de febrero en el Consejo Económico y Social sobre "los retos de la protección social a las personas dependientes" que se puede ver en el siguiente enlace: https://www.youtube.com/watch?v=kS9hzfkUi90

39 En Andalucía, por ejemplo, el servicio de ayuda a domicilio será incompatible con todos los servicios y prestaciones excepto con teleasistencia y prestaciones económicas para cuidados en el entono y de asistencia personal. La prestación de teleasistencia es compatible con todas las prestaciones salvo con el servicio de atención residencial y con la prestación económica vinculada a un servicio cuando se trate de un servicio de la misma naturaleza. El servicio de centro de día es incompatible con todos los servicios salvo teleasistencia y atención residencial cuando el centro de día actúe como centro de terapia. También será compatible con la prestación para cuidados en el entorno familiar durante los periodos vacacionales de la persona cuidadora. En Extremadura, se establece la compatibilidad entre la prestación económica para cuidado en el entorno familiar con el servicio

Una última cuestión que cabe señalar es la previsión del Anteproyecto de reforma de la Ley de Dependencia (versión de 26 de agosto de 2022) y el Anteproyecto de reforma de la Ley general de derechos de personas con discapacidad (versión de 2 de diciembre de 2022), en las que se prevé la eliminación del art. 25 bis de la Ley de Dependencia y, por tanto, la eliminación del régimen general de incompatibilidad entre prestaciones y servicios del sistema, así como el Anteproyecto de reforma de la Ley de Dependencia en su versión de 11 de febrero de 2015, donde se prevé también la supresión del régimen de incompatibilidades de las prestaciones del sistema. Cuestión distinta será lo que continúen haciendo las CCAA teniendo en cuenta el alcance que finalmente se fije a estos efectos en la versión de Ley de Dependencia, y es que el propio anteproyecto establece que tal supresión no modificará el régimen de incompatibilidades que establecieran las CCAA y que se mantendría vigente. No hay que olvidar que las CCAA ya fijaban reglas de compatibilidad antes de la existencia misma del art. 25 bis de la Ley de dependencia.

---

residencial; entre el servicio de prevención y promoción de la autonomía personal y el resto de prestaciones y servicios a excepción del servicio residencial y centro de día; el servicio de ayuda a domicilio es compatible con el resto de servicios del catálogo excepto el residencial; el servicio de centro de día es compatible con la teleasistencia, ayuda a domicilio y el servicio de prevención y promoción; y se permite igualmente la compatibilidad entre el servicio residencial y el servicio de prevención y promoción de la autonomía personal. Castilla y León por su parte, establece un régimen de compatibilidad amplio de la prestación económica para el cuidado en el entorno con otros servicios. Será compatible con otras prestaciones destinadas a personas en situación de dependencia como el Servicio de teleasistencia, el Servicio de prevención de la situación de dependencia; el Servicio de promoción de la autonomía personal en intensidad inferior a la prevista para el grado I; el Servicio de atención residencial temporal durante 30 días al año en un centro público o concertado. La ayuda para descanso del cuidador durante 15 días al año en un centro privado acreditado; será compatible en régimen de dedicación parcial con la asistencia a centros educativos en régimen de internado; en grados II y III, será compatible con el servicio de atención temprana; también será compatible con el servicio de promoción de la autonomía personal adquirido mediante prestación vinculada, en las condiciones previstas en la normativa vigente. Para personas mayores de 18 años, compatible con el servicio público de centro de día en intensidad inferior a la mínima prevista para el grado I, con el servicio de ayuda a domicilio en intensidad variable según el grado de dependencia, o con la prestación vinculada a los servicios de ayuda a domicilio, centro de día o de noche, en las condiciones previstas en la normativa vigente.

Por otro lado, como decíamos, debemos hacer alusión a las particularidades del régimen de compatibilidad en los servicios y prestaciones diferenciando cada una de ellas.

En relación con la teleasistencia, la norma establece que se trata de un servicio que se prestara a personas que no reciban atención residencial[40]. En la Resolución de 15 de enero de 2018, por la que se publica el Acuerdo del Consejo sobre determinación del contenido de teleasistencia recoge expresamente que se trata de un servicio que ha de prestarse como complementario al resto de prestaciones por lo que lo declara compatible con todas, salvo con el servicio de atención residencial y la prestación económica vinculada a este servicio. Actualmente, con la modificación operada en el 2023, solo establece una incompatibilidad con el servicio de atención residencial. Se trata de una limitación que debiera haber sido matizada porque una persona puede tener reconocido un servicio de atención residencial de carácter temporal, o para un periodo vacacional de la persona cuidadora, de forma que la limitación de la norma solo debiera referirse a los periodos en los que efectivamente la persona se encuentra recibiendo la atención residencial. Con el resto de las prestaciones la teleasistencia es perfectamente compatible. De hecho, en la previsible reforma mencionada, la teleasistencia parece que se va configurar como una prestación complementaria al resto de prestaciones, puesto que se configura como un derecho subjetivo universal, aunque sigue condicionado a residir en el domicilio.

Sobre la incompatibilidad del servicio a domicilio, solo se establece su compatibilidad con los servicios de prevención de la dependencia, con los de promoción de la autonomía personal, y con la teleasistencia.

Por lo que se refiere al servicio de centro de día y de noche, el art. 16 RD 1051/2013 regula la incompatibilidad con cualquier otro servicio salvo con el servicio de teleasistencia. Las normas autonómicas suelen establecer cierta compatibilidad de los servicios con los centros de día y noche, con excepción de la prestación económica vinculada al servicio. Suele ser compatible con la prestación económica de cuidados en el entorno y con la de asistencia personal, durante el tiempo de vacaciones o los tiempos de respiro de la persona cuidadora. En relación con el servicio de ayuda a domicilio solo se declara compatible en algunas CCAA y con alumnas limi-

[40] art. 7.3 del RD 1051/2013: *"El servicio de teleasistencia se prestará como servicio complementario al resto de prestaciones contenidas en el programa individual de atención en cualquiera de los grados de dependencia, salvo en el caso del servicio de atención residencial"*.

taciones. Por ejemplo, en Cantabria o en Castilla la Mancha y Extremadura. En Madrid, el servicio de ayuda a domicilio no intensivo es compatible con el servicio de atención diurna para las personas de Grado II y II. En Navarra también se establece la compatibilidad entre la atención diurna y la atención a domicilio.

El Servicio de atención residencial tiene como característica principal la atención integral (personal, social y sanitaria) y continuada de la persona. Esta razón es la que ha llevado a establecer, con carácter general, su incompatibilidad con otras prestaciones o servicios. Algunas CCAA han permitido la compatibilidad con el centro de día cuando se trata de terapia ocupacional, y con los servicios de prevención de la dependencia y los de autonomía personal, cuando no estén cubiertos por el centro residencial y sean requeridos por el programa de atención individualizada. Tal es el caso de Aragón donde el centro de día es excepcionalmente compatible con la asistencia hostelera residencia. En Canarias, los alojamientos especiales para situaciones de dependencia por razón de discapacidad son compatibles con el servicio de centro de día, con los de autonomía personal y con las prestaciones económicas vinculadas a otros servicios.

Por último, y por lo que hace a las prestaciones económicas, recordemos las dos reglas generales según las cuales las prestaciones son incompatibles entre sí, y son incompatibles con todos los servicios de catálogo, salvo con teleasistencia, servicios de prevención de la dependencia, y los de promoción de la autonomía personal. Pero aquí también hemos de estar a las regulaciones autonómicas. Destacaremos en este caso Asturias, donde amplia la compatibilidad de las prestaciones económicas con el servicio residencia temporal, por descanso de la persona cuidadora o del centro prestador del servicio principal, por un periodo máximo de 30 días al año en centro público o privado-concertado. En Baleares y en Castilla la Mancha, la prestación económica vinculada al servicio seguirá el mismo régimen de compatibilidad que el servicio vinculado de que se trate. El caso de Castilla y León es llamativo porque la prestación económica de cuidados en el entorno es compatible con bastantes servicios destinados a personas situaciones de dependencia, tal y como vimos anteriormente. En el caso de Murcia, la prestación económica de asistente personal que tuvieran las personas con dependencia de grado III que acrediten estar trabajando o realizando estudios oficiales, podrá ser compatible con el 50% de la prestación económica de cuidados en el entorno. En Valencia, la prestación económica de cuidados en el entorno es compatible con el servicio de atención diurna, y con la prestación económica vinculada al servicio de atención diurna.

6. VALORACIÓN GENERAL DEL SISTEMA Y DE LOS PROBLEMAS DETECTADOS Y ÚLTIMOS AVANCES

Son muchas las dificultades que ha presentado nuestro Sistema Nacional de Autonomía Personal y Atención a las personas en Situación de Dependencia a lo largo de muchos años y que se han ido poniendo de manifiesto por las distintas asociaciones y agrupaciones sociales que defienden los intereses de las personas con discapacidad y de las personas dependientes, por el gobierno actual, los interlocutores sociales y las comunidades autónomas[41]. Esta aproximación que hemos realizado nos permite extraer algunos de esos defectos, y algunos intentos de mejora.

En primer lugar, uno de los problemas principales del modelo, es que, aunque estamos ante un derecho subjetivo, en la práctica, es un derecho que, en muchas ocasiones, no ha podido ser ejercitado. El legislador nacional se limitó a dictar la Ley 39/2006, de 14 de diciembre, de promoción de la autonomía personal y atención a las personas en situación de dependencia, y muchos años después, alguna norma de desarrollo, como el RD 1051/2013, de 27 de diciembre por el que se regulan las prestaciones del Sistema para la autonomía y atención a la Dependencia, que vinieron a establecer algunas reglas para la puesta en marcha del sistema. Sin embargo, el sistema ha adolecido de mecanismos o herramientas suficientes para garantizar su efectiva aplicación, por un lado, y por otro, la intensidad de las prestaciones y servicios ofrecidos no ha sido suficiente, no tanto, en cuanto a la identificación de los servicios concretos que corresponden a cada grado de dependencia, sino en cuanto al alcance del contenido prestacional, su extensión, la duración, y la cuantía[42].

En segundo lugar, otro de los problemas con los que cuenta el Sistema de la Dependencia es el propio sistema de financiación utilizado, que lo

---

41 En este sentido resulta relevante el Plan de choque de Dependencia 2021 elaborado por el Ministerio de Derecho Sociales y Agenda 2030: https://balancesociosanitario.com/wp-content/uploads/2021/01/Plan-de-Choque-en-Dependencia.pdf y el XXIV Dictamen del Observatorio Estatal de la Dependencia publicado en 2024, que ponen de manifiesto los defectos del sistema, y que tienen como objetivo la recuperación del mismo: https://directoressociales.com/wp-content/uploads/2024/03/20240311_INFO-GLOBAL-XXIV-DICTAMEN_compressed-1.pdf

42 ZALAKAIN, J., Suficiencia, adecuación y gestión de la calidad en el marco del sistema español de atención a la dependencia, Zerbitzuan: Gizarte zerbitzuetarako aldizkaria, *Revista de Servicios Sociales*, núm. 78, 2022, pp. 21-49.

hace depender de las aportaciones del Estado y de las Comunidades Autónomas, vinculadas en muchas ocasiones a las situaciones de crisis del país, y a las opciones políticas de cada momento, lo que ha paralizado su aplicación y su evolución hacia la realidad social actual[43]. A ello, debemos añadir las dificultades derivadas de la coordinación entre las normas estatales y las autonómicas, y lo que resulta aún más complicado, la existencia de diferencias en la regulación y aplicación del sistema de dependencia en cada una de esas comunidades autónomas, lo que está generando desigualdades entre los ciudadanos en función del lugar donde residan. Parece, por tanto, necesaria una legislación básica estatal más completa que, sin expropiar las competencias de las CCAA, garantice unos mínimos obligatorios a cumplir por todas ellas, y unos mecanismos adecuados para garantizar la igualdad real en todo el territorio nacional.

En tercer lugar, el modelo de socialización de los cuidados frente al modelo de cuidados familiares informales fue por el que apostaron los interlocutores sociales en el proceso de diálogo social previo a la aprobación de la Ley de Dependencia. Sin embargo, se trata de un modelo que presenta algunas desventajas: el mayor coste que supone el despliegue de los servicios respecto de las prestaciones económicas; se perpetúan los desequilibrios territoriales que ya existían con los servicios sociales; el fuerte proceso de externalización que vienen desarrollando las comunidades autónomas, con una clara descompensación hacia la acción concertada y privada, lo que ha repercutido en el control de calidad de los servicios prestados y en los precios de los mismos.

En cuarto lugar, y como consecuencia de lo anterior, el modelo impuesto por la Ley de Dependencia ha pretendido ser una tajante ruptura con la

---

43 Todo ello, también como consecuencia de los problemas de reparto de competencias derivados de la aplicación constitucional decidida por el legislador: ALARCÓN CARACUEL, Manuel Ramón, Cuestiones competenciales en la Ley de Dependencia, *Temas Laborales*, núm. 89, 2007, pp. 125-148. PÉREZ YAÑEZ, Rosa, Mª., El proceso de implantación e implementación del sistema de atención a la dependencia, *Temas Laborales*, núm. 112, 2011, pp. 299-335; MONEREO PÉREZ, José L., RODRÍGUEZ ESCANCIANO, Susana, y RODRÍGUEZ INIESTA, Guillermo, Los nuevos retos de la protección de las personas dependientes tras las sucesivas reformas: dependencia como derecho social, economía de cuidados de larga duración y Sistema para la Autonomía y atención a la Dependencia, *Revista Crítica de relaciones de Trabajo, Laborum*, núm. 6, 2023, pp. 38-48. ESCUDERO RODRÍGUEZ, Ricardo., El complejo equilibrio de competencias entre el Estado y las Comunidades Autónomas en materia de atención a la dependencia, *Temas laborales*, núm. 100, 2009.

cultura tradicional de los cuidados, y aunque se trata de un objetivo loable, también sería deseable un mayor grado de flexibilidad mediante la atenuación del grado de excepcionalidad de la prestación de cuidados familiares, y la potenciación de los servicios de proximidad para cumplir el objetivo real que es conservar en lo posible el entorno y la vida en la comunidad de la persona dependiente. Para ello, una de las cuestiones principales a tener en cuenta, es que sea la propia persona con dependencia, en la medida de lo posible, la que pueda tomar decisiones sobre cuáles son los servicios o prestaciones que mejor se adecuan a sus necesidades, y no una mera consulta al beneficiario para tomar en consideración sus preferencias.

Además de todo ello, el procedimiento administrativo para la concesión de una prestación o un servicio de dependencia se ha configurado, en prácticamente todas las Comunidades Autónomas, como un procedimiento complejo y largo, que se gestiona en dos fases secuencialmente diferenciadas, primero valorando la situación de necesidad y el grado de dependencia, y después evaluando la prestación o servicio que más se adecue a la persona, teniendo que obtener dos resoluciones administrativas distintas, lo que ha alargado la obtención de ese servicio o prestación, en la mayor parte de los casos, más de un año desde la fecha de la solicitud. Y ello, pese a la regulación de la disposición final primera en su apartado tercero que establece el plazo máximo de seis meses para resolver una solicitud de prestación: "*El derecho de acceso a las prestaciones derivadas del reconocimiento de la situación de dependencia se generará desde la fecha de la resolución de reconocimiento de las prestaciones o, en su caso, desde el transcurso del plazo de seis meses desde la presentación de la solicitud sin haberse dictado y notificado resolución expresa de reconocimiento de la prestación*".

Por si todo esto fuera poco, hasta fechas muy recientes, no era posible acudir al orden social para hacer valer el derecho, sino que, las personas dependientes tenían que reclamar sus derechos ante la jurisdicción contencioso-administrativa, más lenta, rígida y costosa, para personas que se encuentran en una situación que ya es lo suficientemente complicada. En este sentido, hay que recordar que la Ley 36/2011, de 10 de octubre, reguladora de la Jurisdicción Social (LRJS) pretendió clarificar la jurisdicción competente sobre las esenciales materias relativas a la asistencia y protección social pública, asignando al orden jurisdiccional social, las relativas a la valoración, reconocimiento y calificación del grado de discapacidad y las prestaciones incluidas en la Ley 39/2006, de 14 de diciembre, de promoción de la autonomía personal y atención a las personas en situación de dependencia, continuando las restantes como objeto de conocimiento del orden contencioso-administrativo. Con ello se adaptaba la normativa procesal laboral a la doctrina constitucional en su interpretación de la protección social, conforme al artículo 41 de la Constitución Española y, de esta manera, la jurisdicción social quedaba configurada como el juez natural de todas las esenciales políticas públicas relativas a la protección social. En este sentido, el art. 2 o) de la LRJS vino a incluir dentro de su ámbito las cuestiones litigiosas relativas a la valoración, reconocimiento y calificación del grado de discapacidad, así como sobre las prestaciones derivadas de la Ley 39/2006, de 14 de diciembre, de Promoción de la Autonomía Personal y Atención a las personas en situación de dependencia, teniendo a todos los efectos de esta Ley, la misma consideración que las relativas a las prestaciones y los beneficiarios de la Seguridad Social.

Sin embargo, en el apartado segundo de la Disposición Final Séptima de la LRJS sobre la entrada en vigor de esta norma, se exceptuaba del plazo previsto de dos meses para la entrada en vigor de la Ley: "la atribución competencial contenida en las letras o) y s) del artículo 2 en materia de prestaciones derivadas de la Ley 39/2006, de 14 de diciembre, de Promoción de la Autonomía Personal y Atención a las personas en situación de dependencia, cuya fecha de entrada en vigor se fijará en una ulterior Ley, cuyo Proyecto deberá remitir el Gobierno a las Cortes Generales en el plazo de tres años, teniendo en cuenta la incidencia de las distintas fases de aplicación de la Ley de Dependencia, así como la determinación de las medidas y medios adecuados para lograr una ágil respuesta judicial en estas materias". Algo que no nunca se llevó a cabo, y para lo que hemos tenido que esperar al año 2023. Mientras tanto, el Tribunal Supremo tuvo que recordar en varias ocasiones que, con base en esta Disposición, no era el juez competente para conocer de la materia (STS de 14 de enero de 2014 (Rº. 1115/2013).

Vistos hasta aquí algunos de los problemas o defectos presentados por nuestro Sistema de Dependencia, es necesario traer a colación algunos tímidos avances que van mejorándolo muy lentamente.

La primera referencia imprescindible que debemos hacer es la modificación del RD 1051/2013, de 27 de diciembre por el que se regulan las prestaciones del Sistema para la Autonomía y Atención a la Dependencia, llevada a cabo por el RD 675/2023, de 18 de julio. Se trata de una norma a la que hemos hecho referencia a lo largo del trabajo, y que, en cumplimento del Plan de Choque, y de las históricas reivindicaciones de los interlocutores sociales, ha pretendido favorecer la flexibilidad en el acceso a las prestaciones, el incremento de las cuantías del nivel mínimo de protección, mejoras en las prestaciones y en los servicios, no solo en cuantía, sino en relación con las intensidades, y aumento de la posibilidad de combinar prestaciones del Sistema de Dependencia. Con estos objetivos, se han incrementado las cuantías máximas de las prestaciones económicas y se establece una cuantía mínima para las mismas; ha aumentado la intensidad de las horas en el servicio de ayuda a domicilio; en relación con la prestación económica para cuidados en el entorno familiar se modifican los periodos previos exigibles de prestación de cuidados y se amplía la condición de persona cuidadora no profesional a cualquier persona del entorno relacional de la persona con dependencia, siempre a propuesta de esta y que esté en condiciones de prestar el apoyo y cuidado necesario; se pasa a considerar como prestación de servicios aquellas prestaciones económicas para cuidados en el entorno familiar en las se haya formalizado, por la persona en situación de dependencia, un contrato laboral con un tercero, al objeto de colaborar con la persona cuidadora no profesional en las tareas del hogar de la persona en situación de dependencia (Disposición Final Primera del RD 675/2023).

La segunda reforma que debemos considerar es la llevada a cabo por el RDL 6/2023, de 19 de diciembre, por el que se aprueban medidas urgentes para la ejecución del Plan de Recuperación, Transformación y Resiliencia en materia de servicio público de justicia, función pública, régimen local y mecenazgo, en relación con la modificación de la LRJS. En este sentido, en primer lugar, se da nueva redacción al art. 2 o), quedando claro el alcance material de la competencia del orden social en relación con el sistema de dependencia, esto es, sobre la determinación y reconocimiento de la situación de dependencia, como sobre las prestaciones y servicios del sistema: *"(…) Igualmente, las cuestiones litigiosas relativas a la valoración, reconocimiento y calificación del grado de discapacidad, así como sobre el reconocimiento de la situación de dependencia y prestaciones económicas y servicios derivados de la Ley 39/2006, de 14 de diciembre, de Promoción de la Autonomía Personal y Atención a las personas en situación de dependencia, teniendo a todos los efectos de esta Ley la misma consideración que las relativas a las prestaciones y los beneficiarios de la Seguridad Social".*

En segundo lugar, se elimina, por fin, el apartado segundo de la Disposición Final Séptima de la LRJS, sobre la entrada en vigor de la norma, de tal suerte, que, en este momento, los litigios judiciales en torno a la Ley de Dependencia han pasado a ser tramitados por la jurisdicción social y no la contencioso-administrativa, como ocurría hasta ahora.

En tercer lugar, hay que destacar, aunque por el momento solo sea una buena intención, alguna Comunidad Autónoma ha modificado su normativa sobre el procedimiento de tramitación de las prestaciones y servicios de dependencia eliminando las dos fases que existían (declaración de la situación de dependencia y PIA), y pasando al establecimiento de una única visita al domicilio con una sola resolución administrativa de reconocimiento de la situación de dependencia y del derecho a las prestaciones. Podemos destacar en este sentido el Decreto-ley 3/2024, de 6 de febrero, por el que se adoptan medidas de simplificación y racionalización administrativa para la mejora de las relaciones de los ciudadanos con la Administración de la Junta de Andalucía y el impulso de la actividad económica en Andalucía. En la Comunidad de Madrid, hay un proyecto de modificación de la normativa vigente, con estos mismos objetivos, que habrá que ver en qué queda finalmente[44].

Pero los avances no sólo se han producido en el ámbito normativo, sino que también debemos destacar una reciente Sentencia del Tribunal Supremo del orden contencioso administrativo, que ha entrado a conocer y resolver un asunto de absoluto interés para la administración y los distintos operadores que actúan en defensa del Sistema de Dependencia y que ha dado la razón a la hija de una persona dependiente fallecida, a la que, reconociéndose una situación de dependencia, no había recibido antes del fallecimiento ninguna prestación. Se trata de la STS de 4 de abril de 2024 (Rº. 303/2022, Sala de lo Contencioso Administrativo), que el Tribunal ha entendido como de interés casacional. El caso comienza en el ámbito procesal en el Juzgado núm. 12 de Sevilla de lo contencioso administrativo, que mediante sentencia de fecha 21 de septiembre de 2020, estima parcialmente la demanda anulando la resolución por la que se declara finalizado el procedimiento por el fallecimiento de la persona dependiente, declarando la existencia de inactividad de la administración por no impulsar el procedimiento legalmente establecido, y no aprobar en plazo la resolución que hubiera contenido las prestaciones a la que la beneficiaria tendría derecho. No se estima la cantidad que solicita la demandante (hija de la persona dependiente) y que es la cantidad que había gastado la familia en la residencia en la que se encontraba su madre, sino que se condena a la administración para que dicte resolución expresa aprobando el PIA propuesto y reconociendo el derecho a la prestación económica que le hubiese correspondido.

---

44 https://www.comunidad.madrid/transparencia/proyecto-decreto-regulador-del-procedimiento-reconocimiento-situacion-dependencia-y-acceso-al

La sentencia fue recurrida en apelación por la Junta de Andalucía, considerando que se estaba Infringiendo el artículo 84.2 de la Ley 39/2015, el artículo 15.3 del Decreto 168/2007, y la Disposición Final Primera de la Ley 39/2006, de Promoción de la Autonomía Personal y Atención a las personas en situación de dependencia, al ser el PIA el instrumento previsto por la ley para hacer efectivo el ejercicio del derecho de acceso a los servicios y prestaciones del Sistema, siendo el acto en el que se concreta el contenido prestacional del derecho a la promoción de la autonomía personal y atención de la dependencia, en unos servicios y prestaciones determinados, en función de la situación personal de la persona beneficiaria, y por ello, el Decreto 168/2007, de 12 de junio, determina en su artículo 15.3 que «la eficacia de la resolución de reconocimiento de la situación de dependencia quedará demorada hasta la aprobación del correspondiente Programa Individual de Atención», y en los mismos términos, se pronuncia la Disposición Final 1ª de la Ley 39/2006 de modo no es hasta la aprobación del PIA cuando el derecho se integra en el patrimonio de la solicitante y, por tanto, hasta dicho momento no se puede hablar más que de expectativa de derecho. Por tanto, el fallecimiento de la titular de la expectativa de derecho es una causa sobrevenida que imposibilita la continuación del procedimiento. La STSJ de Andalucía, de 11 de noviembre de 2021 (Rº. 1881/2020) desestimó el recurso con base en resoluciones anteriores sobre la inactividad administrativa y el perjuicio que eso ocasiona a los administrados, obstaculizando el acceso a las prestaciones del sistema, perjudicando los intereses legítimos de los sucesores cuyo acerbo hereditario se ve injustificadamente minorado.

Para la Junta de Andalucía, la persona solicitante interesada tenía reconocida la situación de dependencia, pero las prestaciones concretas que le correspondían habían de determinarse en el citado PIA, que no llegó a aprobarse porque falleció antes. Tenía, pues, una expectativa de derecho de carácter personalísimo y lo que hace la sentencia recurrida es convertir dicha expectativa de derecho en un derecho transmisible a los herederos de la persona dependiente fallecida sin haberse aprobado el PIA correspondiente.

El TS considera, al entrar a conocer del asunto, que el caso reviste interés casacional para la formación de jurisprudencia, cuyo objeto será determinar si el derecho que ostenta la persona afectada por una situación dependencia antes de la aprobación del PIA es transmisible a sus herederos en el momento de su fallecimiento como consecuencia de la dilación de la administración al tramitar el expediente, especialmente a la vista de pronunciamientos distintos de los tribunales superiores de justicia, ya que la cuestión litigiosa ha sido objeto de sentencias contradictoras entre los Juzgados de Sevilla y el TSJ de Andalucía y otros TSJ como los de Madrid y Valencia (STSJ de Madrid de 15 de octubre de 2012 (Rº. 837/2011, sala de lo contencioso administrativo); STSJ de Valencia, de 25 de marzo de 2015 (Rº. 841/2011, sala de lo contencioso-administrativo).

Aunque se aúnan muchas cuestiones en el caso: silencio administrativo, inactividad material de la administración, reclamación por responsabilidad patrimonial de la administración, perdida de objeto del procedimiento y sucesión de la condición de interesado, el interés casacional se centra en la titularidad del derecho y la indebida aplicación del art. 84.2 de la Ley 39/2015, sobre terminación del procedimiento por causas sobrevenidas. Para ello el TS parte de la base que la resolución que reconoce la situación de dependencia hace que la persona así declarada sea beneficiaria del sistema, y, por tanto, titular del derecho a las prestaciones. En esa misma resolución del grado de dependencia se determina si la prestación será alguna del catálogo de servicios o consistiría en prestaciones económicas, por lo que su concreción queda demorada al PIA que es un instrumento personalizado del derecho, sin efecto constitutivo (dice el TS). Por tanto, el derecho nace con la resolución que declara a la persona en situación de dependencia.

Por otra parte, el TS indica que el fallecimiento del promotor de un procedimiento administrativo, en este caso de dependencia, no tiene por qué suponer la finalización del procedimiento, sino que la Ley 30/2015, tiene por interesados en un procedimiento a aquellos amparados en una relación jurídica transmisible. Conjugando todas las normativas, si estando pendiente de aprobación el PIA, fallece quien ya es titular del derecho, cabe aceptar que nazca en favor de sus herederos un derecho de crédito, si es que han venido sosteniendo con sus medios lo que habría sido la prestación declarada como derecho, aun no concretada. Por tanto, los herederos tienen derecho a que el procedimiento se concluya, para concretar la prestación a la que habría accedido el beneficiario de no haber fallecido. Y ¿desde cuándo? A esta pregunta debemos responder con la Disposición Final Primera de la Ley 39/2006, en su apartado tercero: "El derecho de acceso a las prestaciones derivadas del reconocimiento de la situación de dependencia se generará desde la fecha de la resolución de reconocimiento de las prestaciones o, en su caso, desde el transcurso del plazo de seis meses desde la presentación de la solicitud sin haberse dictado y notificado resolución expresa de reconocimiento de la prestación".

De la lectura de algunas sentencias de los Juzgados y de los TSJ, que mencionaremos a continuación, así como de la Sentencia comentada del TS podemos extraer algunas conclusiones. Las prestaciones o los servicios que se determinan con el reconocimiento del grado de dependencia no son una expectativa de derecho, sino un derecho adquirido, y ello por dos razones. Por un lado, porque ya se establece en el reconocimiento de la situación de dependencia el derecho al servicio o prestación (Sentencia del Juzgado de Sevilla de lo contencioso administrativo, núm. 10, de 23 de noviembre de 2011); de ahí que de igual si el proceso se divide en dos partes o se tramita en una única fase (Sentencia del Juzgado de Barcelona de lo contencioso administrativo núm. 17, de 22 de mayo de 2015); y por otro, porque el silencio administrativo, pasados 6 meses desde la solicitud, es positivo (STSJ de Valencia de 14 de mayo de 2018 (Rº. 124/2016, sala de lo contencioso-administrativo). En este sentido recordar la Disposición Final Primera, apartado segundo de la Ley 39/2006: "En el marco de lo establecido en la —Ley 39/2015— el plazo máximo, entre la fecha de entrada de la solicitud y la de resolución de reconocimiento de la prestación de dependencia será de seis meses, independientemente de que la Administración Competente haya establecido un procedimiento diferenciado para el reconocimiento de la situación de dependencia y el de prestaciones"[45]. A ello, debemos añadir que, aunque se trata de un derecho personalísimo, ante determinadas circunstancias, puede transmitirse.

Pese a todas estas idas y venidas, y más allá de las consideraciones e interpretaciones hechas en el orden contencioso administrativo, ahora es el turno de la jurisdicción social, que se encargará de entrar a valorar estas situaciones tan frecuentes, y darles, esperemos, la solución más justa y adecuada. No olvidemos que los datos sobre nuestro Sistema de Dependencia

---

45 Sobre el procedimiento y su duración MALDONADO MOLINA, Juan Antonio, La simplificación del procedimiento para el reconocimiento del grado y prestaciones por dependencia, *Revista Internacional de Doctrina y Jurisprudencia,* Vol. 28, 2022, pp. 43-44. GONZALEZ ORTEGA, Santiago, La crisis del sistema y las medidas económicas y legales adoptadas para abordarla, en GONZALEZ ORTEGA, Santiago (dir.), *La aplicación de la Ley de Dependencia en España,* CES, Madrid, 2012, p. 16. En el anteproyecto de modificación de la Ley de Dependencia, el derecho de acceso a las prestaciones se generará desde la fecha de la resolución de reconocimiento de las prestaciones o en su caso, desde el transcurso del plazo de 6 meses desde la presentación de la solicitud sin haberse dictado y notificado resolución expresa de reconocimiento de la prestación. Pero sigue sin quedar claro si se trata de un silencio positivo o si es necesario en todo caso una resolución estimatoria, aunque los efectos de la misma se tengan que retrotraer.

son alarmantes. Según el XXIV Dictamen del Observatorio Estatal de la Dependencia, que mencionábamos al principio, y en relación con el caso planteado en esta entrada, hay que saber que 40.447 personas fallecieron en 2023 esperando ser valoradas o atendidas, 18.454 pendientes de resolución de Grado y 21.993 esperando ser atendidas, y que se ha tardado de media en 2023, 324 días en la tramitación de un expediente de dependencia[46].

Por último, y para cerrar, hay que valorar una de las cuestiones clave en la evolución de nuestro sistema de dependencia. Se trata de poner en la balanza el modelo de socialización de los cuidados frente al modelo de cuidados familiares informales o viceversa. Aunque el modelo por el que optó inicialmente nuestra Ley de Dependencia estaba basado en la socialización de los cuidados, y en torno a esta idea giraban muchas de las decisiones tomadas, como esa preferencia por los servicios, frente a las prestaciones económicas, y dentro de estas, la preferencia de las prestaciones económicas de servicios o de asistencia personal frente a la de cuidadores informales, la realidad es que en los últimos años se ha observado una tendencia contraria que ha irrumpido con fuerza en las decisiones de modificación de muchas de las normas del sistema de dependencia. En este contexto surge la Estrategia de Desinstitucionalización como una iniciativa participativa liderada por el Ministerio de Derechos Sociales y Agenda 2030, que propondrá medidas para mejorar los sistemas de apoyo y cuidado a las personas que viven situaciones de vulnerabilidad y exclusión, a través del cambio del modelo de cuidados basado en la atención asistencial de personas en instituciones, a un modelo de atención comunitaria y personalizada, donde las personas pueden elegir donde vivir, y hacerlo integradas en su comunidad[47]. Paralelamente, Europa se hace eco del envejecimiento de la población y de las necesidades de cuidados de los menores y las personas

---

[46] https://directoressociales.com/wp-content/uploads/2024/03/20240311_INFO-GLOBAL-XXIV-DICTAMEN_compressed-1.pdf

[47] MARCO ESTRATÉGICO DE DESINSTITUCIONALIZACIÓN PARA UNA BUENA VIDA EN LA COMUNIDAD: https://estrategiadesinstitucionalizacion.gob.es/wp-content/uploads/2023/07/Marco-Estrategico-de-la-desinstitucionalizacion-final-ok.pdf EL GOBIERNO APRUEBA UN NUEVO MODELO DE CUIDADOS PARA LA COMUNIDAD: https://planderecuperacion.gob.es/noticias/gobierno-aprueba-nuevo-modelo-cuidados-comunidad-prtr MANSELL, Jim. y BEADLE-BROWN, Julie, Desinstitucionalización y vida en la comunidad. Declaración del Grupo de investigación sobre Política y practicas comparativas, de la Asociación Internacional para el Estudio científico de las Discapacidades Intelectuales, *Zerbitzuan: Revista de servicios sociales*, núm. 49, 2011, pp. 137-146.

con discapacidad, por lo que elabora la Estrategia Europea de Cuidados que busca de garantizar servicios asistenciales de calidad, asequibles y accesibles en toda la UE, mejorando la situación tanto de los cuidadores como de los receptores de cuidados. Entre los principales objetivos se encuentra el asegurar que los cuidados de larga duración sean accesibles y asequibles para todos: el establecimiento de criterios y normas que permitan a los prestadores de cuidados hacerlo en condiciones de calidad, y además mejorar las condiciones de trabajo y la conciliación de la vida familiar y profesional de los cuidadores[48].

Con un sistema de dependencia que se fundamente en los cuidados en el entorno de la persona dependiente, que mantiene el cuidado en un ámbito más afectivo, como es el familiar o el comunitario, tiene necesariamente que analizarse por las consecuencias que ello va a tener en la figura del cuidador. La persona cuidadora tiene varias caras. Por un lado, hay un sector profesionalizado de los cuidados. Las personas que trabajan en el sector social en la provisión de cuidados y servicios desempeñan un papel crucial y son de vital importancia ya que son quienes brindan el apoyo y el cuidado directo a personas que lo requieren. Su labor contribuye a mejorar la calidad de vida y el bienestar de estas personas, satisfaciendo sus necesidades, respondiendo a sus preferencias e intereses y promoviendo su autonomía y autodeterminación. Según el Informe de Empleo en el Sector de Servicios Sociales elaborado trimestralmente por el IMSERSO el número de personas afiliadas a la Seguridad Social de los Servicios Sociales asciende a 687.601 personas en el segundo trimestre de 2023. Según el Informe de Empleo en el Sector de Servicios Sociales elaborado trimestralmente por el IMSERSO el número de personas afiliadas a la Seguridad Social de los Servicios Sociales asciende a 687.601 personas en el segundo trimestre de 2023[49].

---

[48] UNA ESTRATEGIA EUROPEA DE CUIDADOS PARA CUIDADORES Y RECEPTORES DE LOS CUIDADOS: https://ec.europa.eu/commission/presscorner/api/files/document/print/es/ip_22_5169/IP_22_5169_ES.pdf

[49] MARCO ESTRATEGICO DE DESINSTITUCIONALIZACIÓN PARA UNA BUENA VIDA EN LA COMUNIDAD: https://estrategiadesinstitucionalizacion.gob.es/wp-content/uploads/2023/07/Marco-Estrategico-de-la-desinstitucionalizacion-final-ok.pdf; IMPLEMENTACIÓN DE LA ESTRATEGIA EUROPEA DE LOS CUIDADOS. Respuesta de España a la recomendación del Consejo de la Unión Europea de 8 de diciembre de 2022 sobre el acceso a cuidados de larga duración, de alta calidad y asequibles: https://imserso.es/documents/20123/84567/estrategia_eu_cuidados_v_esp.pdf/16c4e3a3-7666-789c-9df2-0ff73fb7d92b

En la actualidad hay una segunda "cara" de las personas cuidadoras, debido a la transformación social y económica de las familias y ante la insuficiencia de los servicios públicos de atención, las familias han recurrido a la contratación de servicios de empleo del hogar tanto para satisfacer necesidades cotidianas (cocina, limpieza, etc.) como para proveer cuidados a sus familiares (atención a niños y niñas, personas en situación de dependencia, personas con discapacidad, etc.). Según los datos de la Tesorería General de la Seguridad Social, a mayo de 2023 arrojan que existen un total de 378.851 personas afiliadas al Sistema Especial para Empleados de Hogar de la Seguridad Social de las cuales 361.687 (95,4%) son mujeres y 17.130 (4,6%) eran hombres. De ese total, 164.798 personas son de origen extranjero, lo que representa el 43,99% del sector; de esta cifra, el 94,03% son mujeres frente al 5,97% de hombres. Estos datos "sacan a la luz" que el 67,88% de estas mujeres trabajan en el hogar bajo economía sumergida, sin contratos laborales, y sin cotizar ante la Seguridad Social. Se puede afirmar que las mujeres son quienes cuidan la mayor parte del tiempo. Los cuidados y apoyos tanto profesionales como no profesionales son afrontados por mujeres contratadas, en el mejor de los casos, tanto en el sector público como en empresas privadas, con y sin ánimo de lucro, y por una gran parte de mujeres que prestan los servicios a través del fenómeno de externalización de los cuidados, en su mayoría migrantes con pocas oportunidades en otros sectores de empleo y en muchos casos con situaciones irregulares en cuanto a la afiliación a la seguridad social[50].

Y además hay una tercera cara de las personas cuidadoras que también tienen rostro de mujer, y que son las mujeres de la familia, que en muchas ocasiones arrastran la doble jornada laboral, siendo la segunda jornada la que deriva de los cuidados informales de las personas dependientes a su cargo, y en otras muchas ocasiones dejan sus trabajos remunerados para dedicarse a la labor de los cuidados, poco (en el mejor de los casos) o nada remunerados. En España, la mayoría de las personas que dejan sus trabajos para dedicarse al cuidado de personas dependientes son mujeres. El 90% de las personas que dejan sus trabajos para cuidar a mayores o niños son mujeres; 4 de cada 10 personas que no buscan empleo debido a responsabilidades de cuidado tienen más de 50 años, y tan solo el 4.2% de los

50 Libro Blanco sobre la situación de las mujeres inmigrantes en el sector del trabajo del hogar y de los cuidados en España: https://www.inmujeres.gob.es/publicacioneselectronicas/documentacion/Documentos/DE1924.pdf

hombres solicitan excedencias para cuidados de hijos o familiares, frente al 47.5% de las mujeres[51].

Bibliografía

ALARCÓN CARACUEL, Manuel Ramón, Cuestiones competenciales en la Ley de Dependencia, *Temas Laborales*, núm. 89, 2007.

COBO GÁLVEZ, Pablo., El Libro Blanco. Conceptualización de la dependencia y su impacto sobre la población a proteger, *Revista Claridad UGT*, núm. 5, 2006.

COLAS NEILA, Eusebi, La financiación del sistema de autonomía y atención a la dependencia, en GONZALEZ ORTEGA, Santiago, *La aplicación de la Ley de Dependencia en España*, CES, 2013.

ESCUDERO RODRÍGUEZ, Ricardo., El complejo equilibrio de competencias entre el Estado y las Comunidades Autónomas en materia de atención a la dependencia, *Temas laborales*, núm. 100, 2009.

GONZÁLEZ ORTEGA, Santiago., *La aplicación de la Ley de Dependencia en España*, Colección Estudios, CES, 2013.

GONZALEZ ORTEGA, Santiago, El cuidador no profesional de las personas en situación de dependencia en la Ley 39/2006, *Temas Laborales*, núm. 89, 2007, 304-315.

GONZALEZ ORTEGA, Santiago, La crisis del sistema y las medidas económicas y legales adoptadas para abordarla, en GONZALEZ ORTEGA, Santiago (dir.), *La aplicación de la Ley de Dependencia en España*, CES, Madrid, 2012.

GONZÁLEZ ORTEGA, Santiago., QUINTERO LIMA, María Gema, *Protección Social de las personas dependientes*, Madrid, La Ley, 2004

MALDONADO MOLINA, Juan Antonio, La simplificación del procedimiento para el reconocimiento del grado y prestaciones por dependencia, *Revista Internacional de Doctrina y Jurisprudencia*, Vol. 28, 2022.

MANSELL, Jim y BEADLE-BROWN, Julie, Desinstitucionalización y vida en la comunidad. Declaración del Grupo de investigación sobre Política y practicas comparativas, de la Asociación Internacional para el Estudio científico de las Discapacidades Intelectuales, *Zerbitzuan: Revista de servicios sociales*, núm. 49, 2011.

MERCADER UGUINA, Jesús R., Jubilación y Dependencia: el nacimiento de la "cuarta edad", en LOPEZ CUMBRE, Lourdes., *TRATADO DE JUBILACIÓN. Homenaje al Profesor Luis Enrique de la Villa Gil con motivo de su jubilación*, IUSTEL, 2007.

MERCADER UGUINA, Jesús R., Concepto y Concepciones de la dependencia, en GONZÁLEZ ORTEGA, Santiago., QUINTERO LIMA, María Gema, *Protección Social de las personas dependientes*, Madrid, La Ley, 2004.

MERCADER UGUINA, Jesús R., Titularidad, valoración y reconocimiento de las situaciones de dependencia, *Temas Laborales*, núm. 89, 2007.

---

51 SANJUAN QUILES, A, ALCAÑIZ-GARRÁN M. M, MONTEJANO-LOZOYA R, RAMOS-PICHARDO J. D, GARCÍA-SANJUÁN S., La perspectiva de las personas cuidadoras desde un análisis de género. Revista Española de Salud Pública, vol. 97, núm. 2023: https://www.sanidad.gob.es/biblioPublic/publicaciones/recursos_propios/resp/revista_cdrom/VOL97/O_BREVES/RS97C_202307062.pdf

MERCADER UGUINA, J. R., La acción social a los discapacitados y a las personas en situación de dependencia, en AA.VV., *El marco jurídico de los servicios sociales en España. Realidad actual y perspectivas de futuro,* Atelier, 2012, pp. 289-326.

MONEREO PÉREZ, José Luis., *Manual de derecho de la dependencia,* Tecnos, 2014.

MONEREO PÉREZ, José Luis, RODRÍGUEZ ESCANCIANO, Susana, y RODRÍGUEZ INIESTA, Guillermo, Los nuevos retos de la protección de las personas dependientes tras las sucesivas reformas: dependencia como derecho social, economía de cuidados de larga duración y Sistema de Autonomía y atención a la Dependencia, *Revista Crítica de Relaciones de trabajo, Laborum,* núm. 6, 2023.

PÉREZ YAÑEZ, Rosa Mª., El proceso de implantación e implementación del sistema de atención a la dependencia, *Temas Laborales,* núm. 112, 2011.

RODRÍGUEZ CABRERO, Gregorio. La protección social de las personas dependientes como desarrollo del estado de bienestar en España, *Revista Panorama Social,* núm. 2, 2005.

SANCHEZ-URÁN AZAÑA., Yolanda, La nueva protección de la dependencia: naturaleza, en ROQUETA BUJ, Remedios (coord.), *La situación de dependencia, régimen jurídico aplicable tras el desarrollo estatal y autonómico de la Ley de Dependencia,* Valencia, Tirant lo Blanch, 2009, pp. 29-57.

SANJUAN QUILES, A, ALCAÑIZ-GARRÁN M. M, MONTEJANO-LOZOYA R, RAMOS-PICHARDO J. D, GARCÍA-SANJUÁN S., La perspectiva de las personas cuidadoras desde un análisis de género. *Revista Española de Salud Pública,* vol. 97, núm. 2023.

SEMPERE NAVARRO, Antonio Vicente y CHARRO BAENA, Pilar. *Comentario sistemático a la Ley de Dependencia,* Aranzadi, 2008.

ZALAKAIN, J., Suficiencia, adecuación y gestión de la calidad en el marco del sistema español de atención a la dependencia, Zerbitzuan: Gizarte zerbitzuetarako aldizkaria, *Revista de servicios sociales,* núm. 78, 2022.

SEGURIDAD Y SALUD LABORAL

Apuntes sobre el tratamiento de los datos personales de salud de las personas trabajadoras

EVA MARÍA BLÁZQUEZ AGUDO[1]

Catedrática de Derecho del Trabajo y Seguridad Social, Universidad Carlos III de Madrid

ORCID 0000-0002-8214-1960

1. INTRODUCCIÓN

Conociendo hace ya mucho tiempo al profesor Mercader, desde allá por el año 2004, cuando inició su carrera en la Universidad Carlos III de Madrid y formó parte del tribunal de mi tesis doctoral, es un honor participar en este libro homenaje a sus 25 años como catedrático, de los cuales he compartido más de 20. Han sido momentos buenos y otros no tan dulces, pero, sin lugar a dudas, han sido años de construcción de lo que hoy es el área de Derecho del Trabajo de la Universidad Carlos III de Madrid, con importantes ramificaciones que se extienden hasta la UNED y la Universidad Complutense. Años que han dejado impronta en mi vida profesional y

---

[1] El presente trabajo forma parte de los resultados del proyecto de investigación "La dimensión sociolaboral de los riesgos asociados al cambio tecnológico: Conceptualización, prevención y reparación" Proyecto PID2021-124979NB-I00 financiado por MCIN /AEI /10.13039/501100011033 / FEDER, UE, dirigido por el profesor Mercader Uguina.

personal, por lo que creo que mi participación en este libro queda sobradamente justificada y con este sentimiento abordo este análisis.

Es la tesitura de elegir una materia, de las tratadas por el profesor Mercader, una difícil opción. Muchas son las que ha investigado a lo largo de su vida académica. No obstante, desde mi punto de vista, una de las monografías que encauza una de sus más importantes líneas de investigación es *Protección de datos en las relaciones laborales* en 2018, en la editorial Lefebvre-El Derecho; precedida de *Claves prácticas protección de datos en las relaciones laborales*, un año antes, en la misma editorial, ambas a partir de la publicación del Reglamento (UE) 2016/679 del Parlamento Europeo y del Consejo de 27 de abril de 2016, relativo a la protección de las personas físicas en lo que respecta al tratamiento de datos personales y a la libre circulación de estos datos (en adelante, RGPD). Asimismo, se encuentra la monografía posterior *Protección de datos y garantía de los derechos digitales en las relaciones laborales* en 2019. Todas estas obras son pioneras en la investigación centrada en la protección de los datos personales el ámbito laboral e inauguran una línea que el profesor Mercader no ha abandonado en los siguientes años, aportando soluciones a los distintos matices que han ido surgiendo a lo largo del tiempo alrededor de dicho tema[2]. En definitiva, queda probado holgadamente que la obra del profesor Mercader en esta materia es un pilar fundamental y sirve de base a quienes nos hemos adentrado en esta línea de investigación.

---

2 En esta dirección, se pueden mencionar diversos artículos como Protección de datos y relaciones colectivas (coautoría con la profesora de la Puebla Pinilla), *Revista de Trabajo y Seguridad Social. CEF*, 423, 2018; Protección de datos y relaciones laborales: apuntes prácticos sobre la entrada en vigor del Reglamento (UE) 2016/679, *Trabajo y derecho: nueva revista de actualidad y relaciones laborales*, 41, 2018; Aspectos laborales de la Ley Orgánica 3/2018, de 5 de diciembre: una aproximación desde la protección de datos, *Trabajo y derecho: nueva revista de actualidad y relaciones laborales*, 52, 2019; Tutela de la protección de datos personales y COVID-19: control de temperatura e información sobre anticuerpos en los procesos de selección de trabajadores (coautoría con el profesor García-Perrote Escartín), *Revista española de derecho del trabajo*, 234, 2020; El Big Data laboral: nuevos retos para la protección de datos en la era del cambio digital y el coronavirus, *El Cronista del Estado Social y Democrático de Derecho*, 88-89, 2020; Información colectiva a través de tablones virtuales y protección de datos personales, equilibrios necesario (coautoría con el profesor García-Perrote Escartín), *Revista española de derecho del trabajo*, 245, 2021; Nuevas señales y paradojas de la protección de datos en la reciente doctrina de los Tribunales y de la Agencia Española de Protección de Datos, *Trabajo y derecho*, 85, 2021.

Y, como de entre todos los aspectos de la investigación sobre la protección de datos personales en las relaciones laborales, es necesario, por las limitaciones de espacio, elegir una de ellos, la autora ha buscado un ámbito, donde ella, asidua a la materia, no ha entrado antes de forma monográfica. En concreto, se pretende aquí hacer un pequeño apunte sobre el tratamiento de los datos de salud de las personas trabajadoras en el ámbito laboral.

En general, el artículo 9 del RGPD califica a los datos de salud como datos de categorías especiales. Este precepto señala que se prohíbe el tratamiento de datos que revelen el origen étnico o racial, las opiniones políticas, las convicciones religiosas o filosóficas, la afiliación sindical, así como el tratamiento de datos genéticos, datos biométricos dirigidos a identificar de manera unívoca a una persona física, datos relativos a la salud o datos relativos a la vida sexual o la orientación sexual de una persona física. Por otra parte, el artículo 10 del mismo cuerpo normativo extiende el concepto de datos de categorías especiales a otros como los relativos a condenas e infracciones penales o medidas de seguridad conexas, los cuales sólo pueden tratarse bajo la supervisión de las autoridades públicas o cuando lo autorice el Derecho de la Unión o de los Estados miembros que establezca garantías adecuadas para los derechos y libertades de las personas interesadas.

El RGPD define, como datos relativos a la salud, a aquellos datos de salud física o mental de una persona física, incluida la prestación de servicios de atención sanitaria, que revelen información sobre su estado de salud; mientras que se definen como genéticos a aquellos relativos a las características genéticas heredadas o adquiridas de una persona física que proporcionen una información única sobre la fisiología o la salud de esa persona, obtenidos del análisis de una muestra biológica de tal persona. Muy relacionados con los datos de salud están los genéticos, que también se califican como datos de categoría especial. El RGPD los define como aquellos datos personales relativos a las características genéticas heredadas o adquiridas de una persona física que proporcionen una información única sobre la fisiología o la salud de esa persona, obtenidos en particular del análisis de una muestra biológica de tal persona.

Determinados estos conceptos, se entra al análisis de la materia objeto de este capítulo. Muchos son los temas relacionados con el tratamiento de datos de salud en el ámbito laboral, aquí se ha optado por una selección de los que a la autora le han parecido más interesantes y actuales. Por otro lado, tampoco de los asuntos tratados es posible en este trabajo agotar todas las aristas que cada uno de ellos tiene. Así, la intención de este capítulo es evidenciar las principales cuestiones e interrogantes a resolver alrededor de cada uno de estos temas tratados.

En concreto, en primer lugar, se va a exponer un elemento transversal a todo el estudio como es el desenvolvimiento del consentimiento en el tratamiento de los datos salud. Posteriormente, se han elegido algunos otros temas que se han considerado de interés. Se comienza con el estudio del tratamiento de los datos personales de salud de las personas trabajadoras en el ámbito de la prevención de riesgos; para luego pasar al examen de su articulación en el contexto de las bajas por Incapacidad Temporal en la gestión de las Mutuas Colaboradoras de Accidentes de Trabajo y Enfermedades Profesionales; una breve aproximación a los límites de la utilización de los datos de salud en el control del absentismo; y para terminar con el examen del tratamiento de los datos de salud de los familiares de las personas trabajadoras a los efectos de causar ciertos permisos.

2. MÁS ALLÁ DEL CONSENTIMIENTO EN EL TRATAMIENTO DE DATOS PERSONALES DE SALUD

El RGPD, en relación a los datos de categorías especiales, en primer lugar, invita a los Estados miembros de la Unión Europea a limitar su tratamiento, incluso cuando exista consentimiento de la persona interesada.

Pero, por otra parte, reconoce formas excepcionales de justificar el tratamiento de estos datos, más allá del propio consentimiento de las personas afectadas, cuando el tratamiento sea necesario, entre otras posibilidades (se indica aquí las que pueden ser útiles para este estudio), excepciones que se recogen en el artículo 9 del RGPD: a) para proteger intereses vitales de la persona interesada o de otra persona física; b) para el cumplimiento de obligaciones y el ejercicio de derechos específicos de la persona responsable del tratamiento o de la interesada en el ámbito del Derecho laboral y de la seguridad y protección social, siempre con respecto a los derechos fundamentales de las personas interesadas; c) para fines de medicina preventiva o laboral, evaluación de la capacidad laboral de la persona trabajadora, diagnóstico médico, prestación de asistencia o tratamiento de tipo sanitario o social, o gestión de los sistemas y servicios de asistencia sanitaria y social, sobre la base del Derecho de la Unión o de los Estados miembros o en virtud de un contrato con un profesional sanitario; d) cuando la persona interesada no esté capacitada, física o jurídicamente, para dar su consentimiento; e) para fines de archivo en interés público, fines de investigación científica o histórica o fines estadísticos; f) para la formulación, el ejercicio o la defensa de reclamaciones o cuando los tribunales actúen en ejercicio de su función judicial; cuando el tratamiento se refiera a datos personales que el interesado ha hecho manifiestamente públicos; y, g) por razones de interés público o salud pública.

Ya en la Ley Orgánica 15/1999, de 13 de diciembre, de Protección de Datos de Carácter Personal (en adelante, LOPD de 1999) se incluían a los datos de salud dentro de los datos especialmente protegidos. Ahora la Ley Orgánica 3/2018, de 5 de diciembre, de Protección de Datos Personales y garantía de los derechos digitales (en adelante, LOPD), adaptándose al RGPD, señala que cuando los tratamientos de los datos de salud tengan por finalidad la medicina preventiva o laboral, evaluación de la capacidad laboral de la persona trabajadora, diagnóstico médico, prestación de asistencia o tratamiento de tipo sanitario o social, o gestión de los sistemas y servicios de asistencia sanitaria y social, no será preciso el consentimiento de la persona interesada, cuando sea preciso para el desarrollo de la gestión de los sistemas y servicios de asistencia sanitaria y social, pública y privada, o la ejecución de un contrato de seguro del que la persona afectada sea parte.

Más concretamente, en el ámbito de este estudio, el RGPD remite a la normativa de cada Estado la posibilidad de incluir nuevas condiciones a los efectos de tratar dichos datos genéticos, biométricos o relativos a la salud, pero, además, en su artículo 88 determina que la legislación nacional o los convenios colectivos podrán incluir ciertas especificaciones en materia de seguridad en el lugar de trabajo, así como sobre la salud y seguridad en el trabajo en el ámbito laboral. Y, de nuevo, el límite es el mismo: los derechos y libertades de los trabajadores y la dignidad humana de las personas interesadas. Pero, además, se podrá justificar el tratamiento de estos datos personales cuando tenga una finalidad de medicina preventiva o laboral, evaluación de la capacidad laboral de la persona trabajadora, diagnóstico médico, prestación de asistencia o tratamiento de tipo sanitario o social, o gestión de los sistemas y servicios de asistencia sanitaria y social. En este caso, como ya se ha señalado, el RGPD permite cautelas de las legislaciones de los Estados miembros y en la nueva ley de protección de datos de 2018 se señala que su utilización deberá, en su caso, venir amparada por una ley que podrá establecer requisitos adicionales relativos a su seguridad y confidencialidad, sobre todo en el ámbito de la salud o la ejecución de un contrato de seguro del que el afectado sea parte.

Ahora habrá que descender a la aplicación de estos preceptos. De forma general, hay que recordar que en el ámbito laboral no se exige el consentimiento de la persona trabajadora a los efectos de tratar sus datos personales en el ámbito de las relaciones laborales. No obstante, la licitud del tratamiento de sus datos de salud, en principio, no entra a formar parte de la esfera de la propia relación contractual y, además, son tratados como datos de categorías especiales.

Por ello, para tratar los datos personales de salud de las personas trabajadoras es preciso su consentimiento expreso. En todo caso, como se comentará en varias ocasiones de este capítulo, el consentimiento de las personas trabajadoras en general, y más aún respecto al tratamiento de datos de categorías especiales, como los datos de salud, no es claro, dado que las personas trabajadoras nunca están en condiciones de dar, denegar o revocar el consentimiento de forma libre, debido a la dependencia que existe con la empresa[3]. Por lo que siempre hay un halo de "*desconfianza*" sobre este consentimiento respecto al tratamiento de sus datos de salud.

Además, tal y como indica el Informe Jurídico número 0017/2020 de la AEPD, más allá incluso del consentimiento de las personas interesadas, es necesario para el tratamiento de datos de salud una circunstancia que levante la prohibición de tratamiento de dicha categoría especial de datos de acuerdo con las causas que ya se han indicado que se recogen en el artículo 9 del RGPD. Así, que al consentimiento habrá que añadir una de estas circunstancias para levantar la limitación que en este propio precepto se determina cuando se señala que "*quedan prohibidos el tratamiento de datos personales (...) datos relativos a la salud*".

No obstante, incluso al margen del consentimiento de la persona afectada para el tratamiento de los datos de salud, puede aceptarse el tratamiento de los datos de salud. Son determinadas situaciones tasadas. En esta línea, por ejemplo, el artículo 7.6 de la LOPD señala que los datos de salud pueden ser objeto de tratamiento, sin consentimiento, cuando resulte necesario para la prevención o para el diagnóstico médico, la prestación de asistencia sanitaria o tratamientos médicos o la gestión de servicios sanitarios, siempre que dicho tratamiento de datos se realice por un profesional sanitario sujeto al secreto profesional. También podrán ser objeto de tratamiento cuando sea necesario para salvaguardar el interés vital de la persona afectada o de otra, en el supuesto de que la persona afectada esté física

---

[3] Resolución AEPD 0041/2019. En la misma línea, el Grupo de Trabajo declaró que "*el recurso al consentimiento deberá limitarse a los casos en los que el trabajador pueda expresarse de forma totalmente libre y tenga la posibilidad de rectificar posteriormente sin verse perjudicado*".

o jurídicamente incapacitada para dar su consentimiento. En este último caso, puede ser preciso que la empresa utilice los datos de salud, previamente suministrados, en situaciones de emergencia, por ejemplo, cuando deba suministrar datos de salud para atender a la persona trabajadora de urgencia, si ha tenido un accidente y no se encuentra consciente.

Las personas interesadas tienen reconocidos determinados derechos cuando sus datos personales, también los de salud, son tratados. Es destacable que el Considerando 63 del RGPD reconoce expresamente que tendrán derecho a acceder a los datos personales recogidos que le conciernan y a ejercer dicho derecho con facilidad y a intervalos razonables, con el fin de conocer y verificar la licitud del tratamiento; incluyendo su derecho a acceder a datos relativos a la salud, por ejemplo los datos de sus historias clínicas que contengan información como diagnósticos, resultados de exámenes, evaluaciones de facultativos y cualesquiera tratamientos o intervenciones practicadas.

3. LA PROTECCIÓN DE LOS DATOS DE SALUD EN EL MARCO DE LA PREVENCIÓN DE RIESGOS LABORALES

En el ámbito de las relaciones laborales, como ya se ha mencionado, se permite el tratamiento de los datos personales de salud de la persona trabajadora cuando el tratamiento sea necesario para el cumplimiento de una obligación legal aplicable a la persona responsable del tratamiento. En este ámbito, se encuentran las obligaciones impuestas por la Ley 31/1995, de 8 de noviembre, de Prevención de Riesgos Laborales (en adelante, LPRL), y su normativa de desarrollo.

En este ámbito quedan incluidos todos los datos personales de las personas trabajadoras que sean precisos para desarrollar la actividad preventiva de la empresa, donde no es preciso el consentimiento para el tratamiento para fines de medicina preventiva o laboral, evaluación de la capacidad laboral del trabajador y diagnóstico médico, tanto en la actividad preventiva de vigilancia de la salud.

En el ámbito de la prevención de riesgos, el responsable del tratamiento varía según se encargue de ella un servicio propio o un servicio ajeno, contratado por la empresa[4]. En el primer caso, el responsable sigue siendo

---

4 Con el objeto de cumplir las obligaciones de prevención de riesgos, se exige a la empresa la constitución de un servicio que se responsabilice de las actividades de

la empresa, mientras que en el segundo es el propio servicio ajeno, quien la asume, delegando a la empresa al puesto de encargada del tratamiento[5].

A este tema de la prevención de riesgos laborales se va a dedicar este epígrafe. En concreto, se examinará el cumplimiento de la obligación empresarial de vigilancia de la salud y su relación con el tratamiento de los datos de salud, con un especial análisis de los reconocimientos médicos durante la actividad laboral, pero también en la selección de personal. Se complementa estos temas, con el estudio de la protección de los datos incluidos en las historias médicas de las personas trabajadoras, la conservación de esos datos y la cesión de ellos a las personas delegadas de salud.

3.1. La vigilancia periódica del estado de la salud y las revisiones médicas

El artículo 22 de la LPRL reconoce como obligación empresarial la vigilancia de la salud de las personas trabajadoras de acuerdo con los riesgos inherentes a su puesto. En este ámbito, los reconocimientos médicos son un instrumento fundamental para conocer el nivel de su salud. Sin que puedan incluirse en este contexto otros objetivos como el control empresarial, ni la verificación de la capacidad profesional o aptitud física de la persona con objeto de la selección de personal o su promoción de acuerdo con lo indicado en la STC 196/2004, de 15 de noviembre de 2004.

Aunque esta normativa de prevención de riesgos no reconoce directamente la necesidad de respetar la normativa de protección de datos personales, sin embargo, sí se proclama que habrá que respetar el derecho a la intimidad y a la dignidad de las personas, así como a la confidencialidad sobre los datos de salud, lo que indirectamente lleva a la aplicación de la normativa analizada.

Este desarrollo de la vigilancia de la salud por parte de la empresa, a tenor del artículo 22 de la LPRL, exige el consentimiento de las personas trabajadoras. En este sentido, La STC 196/2004, de 15 de diciembre de 2004, declaró que "*la vigilancia de la salud de los trabajadores en la Ley de prevención de riesgos laborales descansa en un principio vertebral: la voluntariedad del reconocimiento médico como regla general*".

---

prevención y protección de riesgos laborales, lo cual puede hacerse a través de uno propio o de uno contratando ajeno, que se encuentre debidamente acreditado.

5 Informes Jurídicos de la AEPD, núms. 0189/2008 y 0240/2009.

El consentimiento será claro, expreso, libre y limitado en el tiempo. En el ámbito del examen médico, el consentimiento será válido solo para una sola revisión, y no para todos los que se quieran realizar desde la empresa[6]. Así, por tanto, cada revisión necesitará su propio consentimiento. Así, en principio, para cualquier reconocimiento médico en la empresa se demanda el consentimiento expreso de la persona trabajadora, con independencia de que, como ya se ha puesto de manifiesto, es difícil garantizar que este sea absolutamente libre[7].

Otro limites que determina el artículo 22 de la LPRL se refiere a que el acceso a la información médica de carácter personal se limitará solamente al personal médico y a las autoridades sanitarias que lleven a cabo dicha vigilancia, sin que pueda facilitarse ninguna información al empresario o a otras personas sin consentimiento expreso de la persona trabajadora, incluyendo el tratamiento de datos psicológicos obtenido a través de test, que deben ser siempre desarrollados por profesionales especializados. No obstante, de acuerdo con la AEPD, será suficiente con la aceptación de forma general de su sometimiento al reconocimiento médico, sin que sea preciso que preste un consentimiento adicional para el tratamiento de los datos que resulten de la realización de los exámenes por el personal médico, dado que este viene avalado por la propia norma[8].

Después de lo indicado, hay que introducir otra variable: aunque la regla general es la necesidad de consentimiento de la persona trabajadoras, no obstante, existen importantes excepciones. Así, la LPRL reconoce, previo informe de la representación de las personas trabajadoras, esta situación cuando los reconocimientos sean imprescindibles para valorar los efectos del desarrollo de la prestación de servicios en el estado de salud de la persona trabajadora, siempre y cuando sea un peligro para sí mismo o para otros, o así se recoja en alguna normativa específica, tal y como ya se ha adelantado en el ámbito de los procesos selectivos.

---

6 LÓPEZ FERNÁNDEZ, Rubén, La vigilancia de la salud laboral y el derecho a la confidencialidad de los datos personales del trabajador, *Lan Harremanak*, número 48, 2022, p. 100.

7 En todo caso, tampoco se le puede solicitar a la persona trabajadora información sobre su estado de salud, cuando no pueda accederse a estos datos de salud de forma obligatoria por los servicios de salud [STSJ de Valladolid de 21 de marzo de 2005 (Rº 372/2005, Sala de lo Social)].

8 Informe Jurídico de la AEPD, núm. 0206/2010.

A continuación, se va a analizar esta cuestión de las excepcionalidades, primero, en los procesos selectivos anteriores a la contratación y, posteriormente, en el propio desarrollo de la prestación de servicios.

3.1.1. Los reconocimientos en los actos previos a la contratación

En los procesos de selección, en ocasiones, las empresas solicitan a las personas candidatas, que ya han seleccionado para el puesto, que se sometan a una revisión médica antes de la firma del contrato. Según lo ya indicado, en general, estos controles solamente pueden ser desarrollados cuando existe consentimiento expreso de las personas afectadas, dado que se trata del tratamiento de datos de categoría especial y todavía ni siquiera existe una relación contractual con la empresa que va a desarrollar el tratamiento de los datos de salud.

De nuevo, lo primero que habrá que plantearse es si el consentimiento será libre, sin vicio, dado que se podría entender que aún es más difícil la libertad de opción, por estar la persona candidata a un puesto de trabajo, en cierto modo, presionada por la expectativa de acceder a este, lo cual se agrava considerablemente en tiempos donde la tasa de desempleo es alta y la posibilidad de encontrar un trabajo disminuye. Así, será preciso demostrar sin ninguna duda que el consentimiento ha sido dado libremente y sin ninguna coacción. Además, siempre en el marco de las causas que se alegan en el RGPD y la LOPD para tratar los datos de salud, con independencia de la prohibición de hacerlo de forma generalizada.

Respecto a las posibles justificaciones de tratamiento de los datos de salud en este ámbito, se encuentra el artículo 246 del Real Decreto Legislativo 8/2015, de 30 de octubre, por el que se aprueba el texto refundido de la Ley General de la Seguridad Social (en adelante, LGSS), que señala que las empresas que deban de cubrir puestos de trabajo con riesgo de enfermedades profesionales están obligadas a practicar un reconocimiento médico previo a la admisión de los trabajadores que hayan de ocupar aquellos y a realizar los reconocimientos periódicos que para cada tipo de enfermedad se establezcan en las normas. Esta obligación empresarial también impone un deber a la persona trabajadora, siempre con compensación de gastos de desplazamiento y salario que haya podido dejar de percibir. Si las personas trabajadoras no fueran calificadas como aptas, señala la LGSS, entonces no podrán ser contratadas.

En la línea de lo indicado anteriormente, por ejemplo, no sería preciso tal consentimiento previo, cuando dicha revisión médica sea indispensable en la línea que señala la LPRL y la LGSS en relación con ciertos puestos de trabajo. Así, por ejemplo, de acuerdo con la *Guía Técnica para la prevención del Riesgo por exposición a la Sílice Cristalina Respirable en el ámbito laboral* en base a *la Orden TED/723/2021 de 1 de julio, por la que se aprueba la Instrucción Complementaria 02.0.02 "Protección de los trabajadores contra el riesgo por inhalación de polvo y sílice cristalina" del Reglamento General de Normas Básicas de Seguridad Minera*, que impone la obligación de que las empresas comprueben previamente si las características personales y biológicas son compatibles con los puestos de trabajo a ocupar, lo que lleva a realizar una previa revisión de aptitud para los puestos de trabajo con riesgo de silicosis. En estos casos, el reconocimiento previo es preceptivo, sin necesidad de ningún otro requisito, para conseguir que el tratamiento de los datos de salud sea lícito.

En otras ocasiones, son los convenios colectivos quienes han recogido la obligatoriedad de los reconocimientos médicos antes de comenzar la actividad laboral, como un requisito previo e indispensable para iniciar el trabajo. Por ejemplo, se indica que quienes se vayan a incorporar a la empresa deberán someterse a una revisión médica con carácter previo a ser contratadas y a comenzar a prestar sus servicios en la misma[9]. Este tipo de cláusulas generales no son lícitas por sí mismas, sino que precisan de una base legal. En este sentido, el convenio que se ha elegido como ejemplo, posteriormente ha añadido que quienes "*se les vaya a asignar trabajos específicos que requieran condiciones de salud especiales, físicas y/o psíquicas, serán examinados por un médico antes de comenzar a realizar dichos trabajos para determinar si su estado de salud permite que desempeñen la nueva ocupación*". Y, además, luego se señala expresamente que "*siempre que lo requiera la Ley o la normativa interna, todos los empleados expuestos a peligros identificados específicos, físicos, químicos o biológicos en el lugar de trabajo, deberán someterse a las revisiones médicas periódicas que permitan detectar cualquier efecto nocivo para la salud del empleado*". Son en este tipo de situaciones en las que sí puede ser preceptiva la revisión previa. Por lo que solamente en este tipo de casos es en los que la negociación colectiva debería hacer este tipo de indicaciones, es decir, cuando sea preciso para dar mayor fuerza a las obligaciones que marca la legislación.

Con independencia de el consentimiento y los supuestos justificados del tratamiento, otra cuestión que se suscita en este ámbito es el contenido

---

9 Convenio Colectivo relativo a la empresa INDORAMA VENTURES QUÍMICA SAN ROQUE S. L. (BOP de Cádiz núm. 120, de 24 de junio de 2024).

de la información que debería recibir la empresa sobre esta persona, aún candidata a un puesto de trabajo. Parece que solo debería ser informado sobre la mera aptitud o no para el puesto de trabajo. Lo cual puede ser lógico en los supuestos justificados. Si dicha persona no cumple las condiciones de salud para desarrollar ese trabajo, por ejemplo, especialmente peligroso, la empresa solamente precisará saber sobre dicha condición. No sería admisible acceder a otros datos accesorios como, por ejemplo, cuáles son las adaptaciones al puesto de trabajo que precisaría, dado que este tipo de información puede llevar a la decisión de la no contratación, cuando la persona candidata sí cumpla las condiciones físicas que se exigen. En general, cualquier información más allá de la mera aptitud para el puesto, puede llevar a lo que se denomina discriminación por anticipación[10].

No hay que olvidar, en este contexto, que los datos psicológicos también son datos de salud y, por tanto, sometidos a las mismas cautelas ya mencionadas. En ese sentido, la STJUE de 6 de noviembre de 2003 (C-101/01, Caso Lindqvist) consideró que se incluían dentro del concepto de datos relativos a la salud, la información relativa tanto a los aspectos físicos como psíquicos. Los exámenes psicológicos únicamente serán admisibles en los procesos de selección, cuando vengan legitimados por el tipo de actividad profesional que las personas candidatas vayan a desarrollar. Las personas afectadas deberán ser informadas previamente de su uso y del tratamiento de los datos obtenidos[11].

Por último, una somera mención a los datos genéticos. Los test genéticos pueden ser una forma muy adecuada para la empresa para conocer datos sobre la salud futura de las personas que se incluyen en sus procesos de selección, sobre todo a los efectos de evitar su posible absentismo en el futuro. No se permite este tipo de pruebas genéticas[12], dado que no son necesarias para decidir sobre la capacidad de la persona a los efectos de desarrollar un puesto de trabajo que puede ser peligroso para sí misma o para

---

10 ALAMEDA CASTILLO, María Teresa, *Estadios previos al contrato de trabajo y discriminación,* Thomson Reuters, 2013, pp. 291-299.

11 COMMITTEE OF MINISTERS, *Recommendation CM/Rec (2015)5 of the Committee of Ministers to member States on the processing of personal data in the context of employment,* 2015, p. 9.

12 PARLAMENTO EUROPEO, *Resolución sobre los problemas éticos y jurídicos de la manipulación genética,* 1989. Además, sobre la eliminación de este tipo de prácticas por las empresas, *Vid.* BARRET, A., IBM's smart stance of genetic testing, *Busines Week,* 2005, citado en ALAMEDA CASTILLO, María Teresa, *Estadios previos al contrato de trabajo y discriminación,* op. cit, p. 300.

otras personas, por lo que no se encuentra justificación para el tratamiento de estos datos de categoría especial.

Y esta prohibición aún es más necesaria, dado que la opción contraria podría provocar, por otra parte, lo que algunos han descrito como discriminación eugenésica en el empleo[13]. Así, si se permitiese este tipo de prácticas indiscriminadas, llevaría a la no contratación de aquellas personas cuya predisposición genética sugiriese que va a sufrir enfermedades en el futuro, eliminando costes futuros que pudiesen causar debido a su estado de salud[14].

3.1.2. Los datos de salud durante el desarrollo de la prestación de servicios

Volviendo de nuevo a la idea de que el tratamiento de los datos de salud de la persona trabajadora se avala mediante su consentimiento, aunque existen excepciones, ya se ha mencionado que la LPRL reconoce, previo informe de la representación de las personas trabajadoras, esta situación cuando los reconocimientos sean imprescindibles para valorar los efectos del desarrollo de la prestación de servicios en el estado de salud de la persona trabajadora, siempre y cuando sea un peligro para sí mismo o para otros, o así se recoja en alguna normativa específica, tal y como ya se ha adelantado en el ámbito de los procesos selectivos.

Como se ha señalado anteriormente, el artículo 243 de la LGSS establece la obligación tanto para la empresa como para la persona trabajadora de practicar reconocimiento médico antes de contratar para puestos de trabajo con riesgo de enfermedad profesional. El mismo precepto extiende dicho deber cuando se presta ya en servicio, de forma que cuando la persona trabajadora no mantiene la calificación como apta en los sucesivos reconocimientos, no podrá mantenerse en el puesto.

Cuando no haya norma expresa que regule esta excepción, habrá que valorar diversas cuestiones para concluir sobre la obligatoriedad del control médico. Así, hay que tener en cuenta si se trata de un riesgo cierto, qué tipo de situaciones de peligro se pueden causar en el desarrollo de

---

13 MARTÍNEZ FONS, Daniel, *La vigilancia de la salud de los trabajadores en la Ley de Prevención de Riesgos Laborales,* Tirant lo Blanch, Valencia, 2002, p. 58.

14 MUÑOZ RUIZ, Ana Belén, La respuesta federal americana contra la discriminación genética en el lugar de trabajo: The Genetic Information Nondiscrimination Act, *Relaciones Laborales,* número 3, 2010.

la prestación de servicios, cómo se pueden evitar y si los efectos son suficientemente graves como para imponer el tratamiento. En este sentido, el Tribunal Constitucional, en la ya mencionada STC 196/2004, de 15 de diciembre de 2004, señaló que eran admisibles cuando se relaciona con el riesgo para la salud de las personas trabajadoras o terceros, o cuando se trata de sectores donde existen riesgos específicos o actividades de especial peligrosidad; sin aceptar esta obligatoriedad cuando solo está en riesgo la salud de la propia persona trabajadora, sin que dicho el riesgo al que se somete pueda ser objetivado, dado que "*es libre para disponer de la vigilancia de su salud sometiéndose o no a los reconocimientos en atención a las circunstancias y valoraciones que estime pertinentes para la decisión*".

Incluso si la empresa no desarrolla esta tarea de control médico de las personas trabajadoras, que por motivo legal sea obligatorio, puede ser sancionada. En este sentido, el artículo 12 de la Ley de Infracciones y Sanciones del Orden Social (en adelante, LISOS) incluye como infracción grave "*no realizar los reconocimientos médicos y pruebas de vigilancia periódica del estado de salud de las personas trabajadoras que procedan conforme a la normativa sobre prevención de riesgos laborales, o no comunicar su resultado a los trabajado res afectados*". En el mismo sentido, en el artículo 244 de la LGSS se declara la responsabilidad empresarial, cuando no se desarrollan los reconocimientos previos en actividades donde tienen especial incidencia las enfermedades profesionales. Será responsable directa de todas las prestaciones que puedan derivarse, en tales casos, de enfermedad profesional. El recargo de prestaciones se impone porque se entiende que no hubiera ocurrido el accidente o la enfermedad profesional si la empresa hubiese cumplido sus obligaciones de vigilancia[15]. A lo que se puede sumar posibles responsabilidades penales, y se podría inclusive a plantear la extinción contractual vía artículo 50 del Estatuto de los Trabajadores. Es decir, que, debido al incumplimiento grave de la empresa, la persona trabajadora podría solicitar la extinción del contrato de trabajo. No obstante, esto último parece que solamente sería aplicable a los supuestos en los que los reconocimientos médicos son obligatorios[16].

La jurisprudencia ha reconocido estar ante estas situaciones excepcionales cuando se produce un riesgo para el resto de las personas trabaja-

---

15 LÓPEZ FERNÁNDEZ, Rubén, La vigilancia de la salud laboral y el derecho a la confidencialidad de los datos personales del trabajador, *op. cit.*, p. 103.

16 LOUSADA AROCHENA, José Francisco/NÚÑEZ-CORTÉS CONTRERAS, Pilar, *La vigilancia de la salud laboral,* Madrid, Tecnos, 2016, p. 47.

doras o terceros en trabajos de prevención o extinción de incendios [STS de 10 de junio de 2015 (Rº 178/2014, Sala de lo Social)]; de trabajos en altura [STSJ de la Comunidad de Madrid, de 12 de septiembre de 2016 (Rº. 535/2016)]; de conductores de transporte de pasajeros [STS de 21 de enero de 2019 (Rº 4009/2016, Sala de lo Social)]; de barredoras en vías públicas [STSJ de Cataluña de 31 de marzo de 2016 (Rº. 1915/2016)]; y de vigilantes de seguridad y escoltas [STS 7 de marzo de 2018 (Rº 43/2017, Sala de lo Social y 11 de mayo de 2022 (Rº 112/2020, Sala de lo Social].

Al contrario, no se entiende lícito, cuando se justifican por las circunstancias del desarrollo del trabajo de taller de vehículos, y la "*posible exposición a ruido y/o vibraciones y productos químicos cancerígenos*", dado que se trata de riesgos genéricos [STSJ de la Comunidad de Madrid de 12 de septiembre de 2016 (Rº. 535/2016)].

Además de la legislación, en ocasiones, los convenios colectivos recogen directamente esta obligación de sometimiento a ciertas pruebas médicas con el fin señalado[17]. Como ya se ha mantenido respecto a los procesos de selección, los controles preceptivos no son admisibles de forma general, sino solo cuando quede justificado de acuerdo con las normas de prevención[18]. Esto es, funcionan como meros recordatorios de las obligaciones legales de la LPRL. Aunque en alguna ocasión, se ha mantenido que este tipo de cláusulas como han sido negociadas por la representación de las personas trabajadoras deberían ser admitidas, siempre y cuando respeten los derechos fundamentales y el examen se base en la valoración de los riesgos inherentes de la actividad[19]. Con independencia de esta última declaración, a tenor de la norma de prevención se entiende que solamente cuando el reconocimiento quede justificado por los riesgos que pueda causar a la propia persona trabajadora o a terceros se podrá entender valida, incluso sin consentimiento de las personas sometidas a ellos. Si no existe tal motivación, la cláusula deberá tenerse como nula.

---

17 Incluso regulan como falta leve la negativa a pasar la revisión médica obligatoria en IV Convenio Colectivo de Intervención Social de Gipuzkoa para los años 2023 2025 (Boletín Oficial de Guipúzcoa, núm. 72, de 15 de abril de 2024).

18 STS de 10 de junio de 2015 (Rº. 178/2014, Sala de lo Social). Por ejemplo, en este sentido, se regula que todas las empresas quedan obligadas a respetar las normas que sobre seguridad e higiene están recogidas en la Legislación vigente y Reglamentación de Panadería, estableciéndose una revisión médica obligatoria una vez al año. *Vid.* Convenio Colectivo de traballo para actividades de industrias do pan (panaderías) da provincia de Lugo.

19 STS de 28 de diciembre de 2006 (Rº. 140/2005, Sala de lo Social).

En este caso, con independencia del consentimiento de la persona trabajadora y la justificación de la medida, cuando se desarrolle siempre se mantendrá el deber de informar a la persona interesada sobre el tratamiento de sus datos de salud, como ocurre con el resto de los datos personales de las personas trabajadoras. El documento de información tendrá que recoger referencia expresa y clara sobre qué tipo de centros realiza la asistencia sanitaria, recogiendo si se trata de servicios sanitarios subcontratados, así como preferiblemente se identificará el centro concreto donde se desarrolla el control médico.

Por otra parte, la vigilancia deberá cumplir de la forma más garantista la finalidad perseguida y respetar los principios generales de los tratamientos de datos, incluyendo solo el principio de minimización, esto es, que el tratamiento se haga utilizando el menor número de datos posibles[20].

Tanto en el supuesto de reconocimientos consentidos como en el de los obligatorios, la única información a la que debe acceder la empresa después de la revisión es de nuevo solo a si la persona trabajadora es apta o no apta para el desarrollo del puesto de trabajo que tiene asignado[21]. Si, en alguna ocasión, es preciso que obtenga información acerca algún otro detalle más allá de la aptitud, asimismo estará limitado a los datos estrictamente necesarios para dicha finalidad complementaria. Por ejemplo, si se necesita poner una pantalla especial a una persona trabajadora por limitaciones de visión, deberá saber que limitaciones visuales tiene con el fin de adaptar las herramientas que emplea, pero, sin precisar otros detalles no necesarios para cumplir con la adaptación[22].

Antes de terminar este epígrafe, se va a señalar alguna cuestión sobre los datos genéticos. Su tratamiento solamente es posible con consentimiento de las personas interesadas, sin que de ninguna forma parezca posible que la empresa pueda justificar su uso en el propio desarrollo de la prestación de servicios, y siempre que venga justificado legalmente.

---

20 AEPD, *Guía de la protección de datos en las relaciones laborales*, pp. 20 y 21.

21 SSTC 196/2004, de 15 de noviembre de 2024, 0070/2009, de 23 de marzo de 2009 y o 159/2009, de 29 de junio de 2009. En la misma línea, Informe Jurídico de la AEPD, núm. 0240/2009. No se entiende, por ejemplo, que se puedan comunicar a la empresa un listado de personas trabajadoras que han sido vacunados contra una determinada enfermedad, dado que no aporta ninguna información para el desarrollo de la actividad laboral. *Vid.* Informe Jurídico de la AEPD, núm. 0260/2009.

22 AEPD, *Guía de la protección de datos en las relaciones laborales*, pp. 22 y 23.

Obviamente el tratamiento de este tipo de datos debe ser excepcional, debido a que el conocimiento del resultado de cualquier análisis genético puede vulnerar el derecho a la intimidad de los trabajadores, incluso cuando medie consentimiento, puesto que este puede estar viciado por la propia inercia de la prestación laboral. Es decir, de la propia necesidad de mantener el puesto de trabajo. De esta forma, solamente se admitirá su tratamiento, incluso aunque se obtenga el consentimiento de la persona trabajadora, cuando quede acreditado como preceptivo en el ámbito de la prevención de riesgos[23].

En este ámbito, sí es posible utilizar el test genético como instrumento para valorar la existencia de personas trabajadoras sensibles debido a sus características genéticas con el objeto de prevenir efectos perversos en su salud[24]. No obstante, cuando se decida emplear estos test, es preciso que la empresa lo haga siempre en este contexto de prevención, así como que demuestre la existencia de esta necesidad. Es decir, deberá quedar acreditado que existe un peligro real de que las personas trabajadoras o terceros sufran consecuencias si no se toman precauciones relativas a la salud del empleado y que la información necesaria para evitar estas circunstancias descritas únicamente puede obtenerse a través de las pruebas genéticas[25].

3.2. La protección de los datos incluidos en la historia clínica-laboral de la persona trabajadora

El Real Decreto 39/1997, de 17 de enero, Reglamento de los Servicios de Prevención de Riesgos, en su artículo 37.3, recoge cuál es el contenido de la historia clínica-laboral individual de cada persona trabajadora. Su contenido incluye la identificación de la persona trabajadora, su puesto de trabajo, las exposiciones laborales y las conclusiones de los reconocimientos efectuados.

Estos documentos deben ser confeccionados y utilizados solamente por personal sanitario, que deberá ponerlos a disposición de la autoridad sani-

---

23 ARIAS DOMÍNGUEZ, Ángel/RUBIO SÁNCHEZ, Francisco, *El derecho de los trabajadores a la intimidad*, Aranzadi, 2006, p. 118.

24 MUÑOZ RUIZ, Ana Belén, La respuesta federal americana contra la discriminación genética en el lugar de trabajo: The Genetic Information Nondiscrimination Act, *op. cit.*

25 ALAMEDA CASTILLO, María Teresa, *Estadios previos al contrato de trabajo y discriminación*, Thomson Reuters, 2013, p. 302.

taria, en su caso. La empresa encargará al personal sanitario del servicio de prevención, ya sea propio o ajeno, el tratamiento de estos datos de salud, sin que le pueda facilitar a ella información alguna, sin consentimiento de la persona trabajadora. Por lo tanto, la comunicación de los datos incluidos en la denominada historia clínico-laboral sólo podrían ser entregados al personal sanitario o centro médico encargado de los servicios de prevención y directamente entre los servicios médicos de las empresas de prevención[26]. Estos sanitarios, que traten los datos de salud, tienen un deber de confidencialidad sobre su contenido[27].

No será preciso el consentimiento de la persona trabajadora para ceder dichos datos de salud entre personal sanitario, siempre que se encuentre en el marco de la relación laboral; ni tampoco entre servicios de prevención, cuando la empresa cambie de servicio o cuando el propio servicio subcontrata a otro. Incluso, en caso de cambiar de servicio de prevención ajeno o de uno propio a uno ajeno, se podrá ejercer el derecho de portabilidad de los datos personales, dado que la cesión de los datos relativos a la vigilancia de la salud de los trabajadores de una entidad a otra es un supuesto habilitado, legalmente por la norma de prevención, sin exigir el consentimiento de las personas trabajadoras[28].

Aunque sí existen ciertas limitaciones sobre los datos que pueden ser portados de acuerdo con el GRUPO DE TRABAJO SOBRE PROTECCIÓN DE DATOS DEL ARTÍCULO 29, en sus Directrices sobre el derecho a la portabilidad de los datos. Se limita dicha portabilidad respecto a los datos creados por el responsable del tratamiento. Por ejemplo, no se podrían portar los resultados de la gestión de la salud de la persona trabajadora en cumplimiento de las normas de prevención de riesgos, referidos a apto o no apto para el puesto, o la información para la adaptación del puesto de trabajo. Resultado diferente merece el supuesto en el que la Mutua colaboradora de Accidente de Trabajo y Enfermedad Profesional, que gestiona las contingencias profesionales de la empresa, se encarga de los chequeos médicos a través de su concertación con centros sanitarios privados, donde

---

26 Informe Jurídico de la AEPD, núm. 0391/2006.

27 A lo que hay que añadir las cautelas recogidas en la Ley 41/2002, de 14 de noviembre, Básica Reguladora de la Autonomía del Paciente y de Derechos y Obligaciones en Materia de Información y Documentación Clínica.

28 No obstante, como siempre ocurre en los tratamientos de datos personales, con independencia del consentimiento, las personas interesadas, en este caso, las personas trabajadoras, sí mantendrán el derecho a la información sobre su historial clínico laboral.

dicho centro sanitario no tiene la condición de encargado del tratamiento, sino de responsable de este, por lo que no se le aplican las limitaciones del derecho de portabilidad[29].

Dentro de las medidas de seguridad, la empresa debe implementar entre su personal criterios de actuación respecto a los documentos de carácter privado que contuvieran datos de salud de las personas trabajadoras, a tenor del artículo 32 del RGPD, que recoge como obligación del responsable del tratamiento la adopción de medidas que garanticen que quien tenga acceso a dichos datos siga sus instrucciones[30].

Continuado en esta línea, en el ámbito de conservación de los datos personales en este ámbito, el RD 843/2011, de 17 de junio, por el que se Establecen los Criterios Básicos sobre la Organización de Recursos para Desarrollar la Actividad Sanitaria de los Servicios de Prevención, recoge la obligación empresarial de disponer de equipos y material de archivo con los sistemas de custodia que garanticen la confidencialidad y seguridad en el tratamiento de los datos de acuerdo con la Ley Orgánica 15/1999, de 13 de diciembre, de Protección de Datos de Carácter Personal, ahora se entenderá referida a la norma de 2018. Se impone el establecimiento de medios de seguridad a través de equipos y material de archivo.

En todo caso, esta declaración es anterior a la implementación del principio de la responsabilidad proactiva sobre los datos personales en el tratamiento, que ha impuesto el RGPD, donde el responsable del tratamiento deberá adaptar las medidas de seguridad aplicables a los datos personales a las necesidades de cada momento y situación. De modo que habrá que estar a los avances tecnológicos y a la aparición de nuevos riesgos para determinar las medidas de seguridad concreta. Lo que sí se entiende que será conveniente para evitar la consulta de los datos por terceras personas será la utilización de contraseñas, políticas de copias de seguridad o el cifrado de los archivos[31].

---

29 Informe Jurídico de la AEPD, núm. 0360/2013.

30 La AEPD, en el procedimiento sancionador 00247/2019, ha impuesto sanción por infracción del artículo 32 RGPD, cuando una persona trabajadora ha accedido a los datos de salud de otra. *VID.* MERCADER UGUINA, Jesús, Estudios de práctica Jurídica. Nuevas señales de la protección de datos en la reciente doctrina de los Tribunales y de la Agencia Española de Protección de Datos, *Trabajo y Derecho,* número 85, 2021.

31 IRSST, Protección de datos y gestión de prevención de riesgos laborales, Comunidad de Madrid, 2020, p. 34.

En relación al plazo de conservación de los datos personales de salud de las personas trabajadoras, la LPRL no determina cuál es el plazo de su conservación general. En principio, habrá que estar al principio de conservación sobre por el tiempo indispensable.

En este ámbito deber aplicarse el artículo 17 de la Ley 41/2002, de 14 de noviembre, Básica Reguladora de la Autonomía del Paciente y de Derechos y Obligaciones en materia de Información y Documentación Clínica, aplicable de acuerdo con el artículo 4 del RD 843/2011, de 17 de junio, por la que se establecen los Criterios Básicos sobre la Organización de Recursos para Desarrollar la Actividad Sanitaria de los Servicios de Prevención, que dispone que al personal que desarrolle su actividad en el servicio sanitario del servicio de prevención se le aplica la normativa de los centros sanitarios. Este precepto señala que, con el fin de dispensar la debida asistencia al paciente durante el tiempo adecuado, la conservación de los datos de salud será de un mínimo 5 años a contar desde el momento de la fecha del alta de cada proceso, en este caso, se entenderá que es el de la extinción de la relación laboral de la persona trabajadora[32].

En la misma línea, el en párrafo tercero del artículo 4 de la LISOS se señala que, en materia de prevención de riesgos laborales, las infracciones prescribirán: al año las leves, a los 3 años las graves y a los 5 años las muy graves, contados desde la fecha de la infracción. De este modo, lleva a conservar documentación hasta 5 años sobre documentación sobre información y formación a los trabajadores; evaluación de los riesgos; relación de accidentes de trabajo, así como expedientes de accidentes laborales o enfermedades profesionales.

Junto a este plazo de 5 años, hay otros concretos de conservación de acuerdo con el artículo 22 de la LPRL, que dependen de la gravedad y tiempo de latencia entre la exposición a ciertos riesgos y la aparición de los síntomas, que incluso lleva a su mantenimiento mucho tiempo después de haber finalizado la relación laboral.

Pero, qué ocurre cuando no es la persona trabajadora la que extingue la relación, sino la empresa es la que finaliza su actividad. En este caso, la documentación con contenido relativo a la salud individual de las personas

---

32 Aunque en algunas Comunidades Autónomas se han determinado plazos de conservación más extensos, como en Cataluña (15 años, solo de la documentación más relevante) o en el País Vasco donde debe custodiarse sin plazo de finalización.

trabajadoras será remitida por la autoridad laboral a la sanitaria, sin que la autoridad laboral pueda conservar copia de los resultados. No obstante, seguramente sería más garantista la remisión de los historiales médicos directamente a la autoridad sanitaria por las organizaciones empresariales, obviamente previo acuerdo con la autoridad laboral[33].

3.3. La cesión de datos a las personas delegadas de prevención

Otra cuestión conexa es el derecho concreto de los delegados de prevención a tener conocimiento de los datos relativos a los accidentes de trabajo con el objeto de cumplir sus funciones de vigilancia y control de las normas de prevención de riesgos a tenor del artículo 36 de la LPRL. Y, para el ejercicio de estas competencias, sin lugar a dudas, deben tener acceso a la información y documentación relativa a las condiciones de trabajo.

Asimismo, deben ser informados por la empresa sobre los daños producidos en la salud de las personas trabajadoras, pudiendo presentarse, aún fuera de su jornada laboral, en el lugar de los hechos para conocer las circunstancias de los mismos. Se determina la licitud del acceso a los datos de salud de las personas trabajadoras en cuanto a que tratan de cumplir una función que les asigna la legislación para cuyo cumplimiento precisan dicha cesión.

En la línea de reconocer su derecho a una información completa a los efectos de ejercer sus funciones, la STSJ de Cantabria de 1 de junio de 2005 (R°. 216/2005) señala que "*el derecho de los delegados de prevención va más allá de la mera consulta... el acceso a la información ha de entenderse en el sentido más amplio, es decir, de la manera que se facilite o haga más cómoda la función y atribuciones de los delegados. Carece de sentido pensar que, dada la variedad de información que se puede recibir (riesgos para la salud y seguridad de los trabajadores, medidas de protección y de prevención, medidas de emergencia) y amplio alcance de la documentación elaborada (evaluación de riesgos, medidas de prevención y protección, resultado de los controles periódicos, práctica de los controles del estado de salud y relación de accidentes de trabajo) la obtención y transmisión de tales singulares y trascendentes datos deba confiarse a la mera consulta*".

Por otra parte, la STS de 24 de febrero de 2016 (R°. 79/2015, Sala de lo Social) reconoce a los delegados de prevención el acceso a la misma

---

[33] IRSST, Protección de datos y gestión de prevención de riesgos laborales, *op. cit.* p. 43.

información que a la autoridad laboral en el ejercicio de sus funciones en relación con el proceso global de evaluación de riesgos laborales. Así, pueden acceder a los informes y documentos resultantes de la investigación por la empresa de los daños para la salud de los trabajadores, puesto que dichos informes forman parte del proceso global de evaluación de los riesgos laborales.

En este contexto, se debe interpretar que sí se puede facilitar a los delegados los datos de salud que aparezca en los partes de baja por accidentes de trabajo de las personas trabajadoras, cuando se ausenten de su puesto de trabajo más de un día, pero, siempre de forma disociada, y sin referencia a la persona afectada, y siempre para el cumplimiento estricto de sus funciones[34].

4. EL TRATAMIENTO DE LOS DATOS DE SALUD EN LA GESTIÓN DE LA INCAPACIDAD TEMPORAL POR LAS MUTUAS COLABORADORAS

La LGSS reconoce a las Mutuas Colaboradoras de Accidentes de Trabajo o Enfermedades Profesionales como gestoras de las bajas de Incapacidad Temporal junto al Instituto Nacional de la Seguridad Social a través del sistema público de salud o, en algunos casos concretos, la propia empresa mediante la colaboración voluntaria. Como se conoce, se trata de entidades jurídico-privadas, cuya creación y continuación depende de la voluntad de los empresarios asociados, pero que, sin embargo, están sometidas a un control estricto por parte de la Administración pública.

Dentro del concepto de datos relativos a la salud también se incluye el hecho de que la persona trabajadora se encuentre en situación de baja por Incapacidad Temporal[35]. En este ámbito, la cesión de ciertos datos personales es necesaria, y no precisa de consentimiento de las personas afectadas, cuando la licitud del tratamiento se basa en las obligaciones legales en materia de protección social, es decir, de prestarle la asistencia durante la Incapacidad Temporal a la persona trabajadora.

En la gestión de las bajas por Incapacidad Temporal se tratan muchos datos de salud de las personas trabajadoras, actuando la Mutuas Colabora-

---

34 Informe Jurídico de la AEPD, núm. 0355/2010.

35 STJUE de 6 de noviembre de 2003 (C-101/01, caso Lindqvist).

doras como responsables del tratamiento de dichos datos, cuando son las que gestionan la protección[36]. Actúan como responsables del tratamiento respecto de aquellos datos que empleen en el ejercicio de sus funciones, cuando las empresas y las personas trabajadoras por cuenta propia contratan con ellas las contingencias profesionales, la prestación económica por Incapacidad Temporal derivada de contingencias comunes y la protección por cese de actividad. En estos casos, el acceso a los datos no constituye un tratamiento realizado por cuenta de las empresas que con ellas contratan, sino que viene asignado directamente por la propia LGSS[37]

En su gestión, las Mutuas Colaboradoras precisan que la empresa les proporcione información sobre las personas trabajadoras para ejercer sus funciones. No obstante, tienen limitado el acceso al historial clínico de la persona trabajadora, que gestiona el propio personal sanitario, dado que el conocimiento de esta información queda legitimado por la finalidad de su actuación de estos últimos[38].

En todo caso, los datos de salud obtenidos en la asistencia sanitaria prestada por la Mutua Colaboradora únicamente podrán ser tratados con la finalidad del restablecimiento de la persona trabajadora y la protección y recuperación de su salud, sin que puedan ser comunicados a la empresa, sin el consentimiento de la persona trabajadora implicada. La empresa solo podrá acceder a la información sobre la situación de alta o baja, dado que esta información no evidencia datos de salud[39].

Sí pueden cederse datos personales de salud por la Mutua Colaboradora al servicio de prevención propio o ajeno, sin necesidad de consentimiento de las personas afectadas, justificada por una obligación legal[40], que no es otra que el servicio pueda colaborar en la investigación de los accidentes y daños producidos en la salud de las personas trabajadoras que se evidencien en su proceso sanitario asistencial (historia clínica) con fines de prevención a los efectos de eliminar la causa que lo produjo y de base para completar la evaluación de riesgos de acuerdo con las indicaciones de la LPRL. En todo caso, la cesión de datos se limita a los necesarios para la finalidad señalada: la investigación.

---

36 Informes Jurídicos de la AEPD, núms. 0189/2008, 0299/2009 y 0350/2009.

37 Informe Jurídico de la AEPD, núm. 0100/2018.

38 Informe Jurídico de la AEPD, núm. 0271/2009.

39 Informe Jurídico de la AEPD, núm. 0009/2010.

40 Informe Jurídico de la AEPD, núm. 0230/2009.

5. BREVE ACERCAMIENTO AL TRATAMIENTO DE LOS DATOS DE SALUD EN EL ÁMBITO DE LA LUCHA CONTRA EL ABSENTISMO

El absentismo se percibe como una cuestión preocupante por las empresas en España[41]. Se entiende por tal la ausencia de una persona de su puesto de trabajo, en horas que corresponden a días laborables dentro de la jornada laboral de trabajo, de modo que es usual que se establezcan políticas de lucha contra este fenómeno con el fin de reducir las horas no trabajadas en los centros de trabajo. En especial, uno de los elementos que más influye en el aumento de la tasa de absentismo es el cómputo de las faltas al trabajo provocadas por situaciones de baja por Incapacidad Temporal.

El artículo 20, párrafo cuarto, del Estatuto de los Trabajadores recoge como prerrogativa empresarial la posibilidad de verificar el estado de salud de las personas trabajadoras que sea alegado por esta con el objeto de justificar sus faltas de asistencia al trabajo, mediante reconocimiento a cargo de personal médico. Incluso, se entiende que la negativa a dichos reconocimientos podrá determinar la suspensión de los derechos económicos que pudieran existir a cargo del empresario. Por ejemplo, complementos económicos a la incapacidad temporal que hayan sido reconocidos en el entorno de la negociación colectiva.

En el contexto de la lucha contra el absentismo, quedan implicados los datos de salud de la persona trabajadoras que, como ya se ha señalado, solo pueden ser tratados a través de su consentimiento expreso, con algunas excepciones, cuando queda justificado legalmente. En este supuesto, difícilmente puede aplicarse las excepciones[42]; por lo que siempre será preciso el consentimiento de las personas afectadas para el tratamiento de sus datos con este objetivo.

La jurisprudencia ha sido clara respecto a la posibilidad de tratar los datos de salud de las personas trabajadoras con el fin de controlar el absentismo. Se ha calificado como una finalidad desproporcionada e innecesaria, es decir, que no pasa el filtro del juicio de ponderación, ya que no se derivan más beneficios o ventajas para el interés general o para el interés empresarial que perjuicios sobre el invocado derecho a la intimidad. (STC 202/1999, de 8 de noviembre de 1999). En definitiva, la propia relación

---

41 7,5% en el último trimestre de 2024. *Vid. V Informe Trimestral de Absentismo y Siniestralidad Laboral, ADECCO INSTITUTE,* enero 2025.

42 AEPD, *Guía de la protección de datos en las relaciones laborales,* p. 29.

laboral no convierte en lícito el tratamiento de los datos de salud, por lo que, en su caso, habrá que recabar el consentimiento de la persona trabajadora[43].

Sin embargo, la STS de 15 de junio de 2021 (Rº. 57/2020, Sala de lo Social) resuelve de forma contraria sobre si es posible que las personas trabajadoras cedan sus datos de forma voluntaria a una empresa de control de absentismo de acuerdo con lo determinado en el artículo 20 del Estatuto de los Trabajadores.

Se trata de un servicio médico, contratado por la empresa, que se entrevista con la persona trabajadora para aclarar los motivos de la baja por Incapacidad Temporal. Se le solicita, asimismo, que aporte de forma voluntaria los informes médicos y pruebas diagnósticas sobre el proceso. Se declara que dicha aportación se entiende como beneficiosa para ambas partes, dado que consigue evitar la repetición de pruebas diagnósticas y acelera el proceso médico. Se incluye igualmente una cláusula de información sobre protección de datos, donde expresamente se indica que la persona trabajadora cede de forma voluntaria a la entidad con el fin de verificar su estado de salud, donde se le informan de todos los derechos y cuestiones que legalmente se establecen. La sentencia declara conforme a derecho la actuación del servicio.

No se valora este resultado adecuado dentro del contexto del tratamiento de los datos de salud de las personas trabajadoras. Con independencia del consentimiento es preciso que el tratamiento de datos de salud se base en una circunstancia que a tenor del artículo 9 del RGPD levante la prohibición de tratamiento de dicha categoría especial de datos. Y en este caso no queda claro. Y, por otro lado, hay que contraponer a esta solución las cuestiones sobre las dudas ya señaladas sobre la libertad en el consentimiento de las personas trabajadoras, es decir, la falta de libertad de negarse a prestar consentimiento en una relación no igual[44].

---

[43] La AEPD sí admite que un chequeo médico una doble finalidad: por una parte, verificar el estado de salud de la persona trabajadora y, por otra, controlar el absentismo, con independencia de que se mantenga el requisito del consentimiento de la persona afectada. *Vid.* AEPD, *Guía de la protección de datos en las relaciones laborales*, p. 31.

[44] MERCADER UGUINA, Jesús, Estudios de práctica Jurídica. Nuevas señales de la protección de datos en la reciente doctrina de los Tribunales y de la Agencia Española de Protección de Datos, *op. cit*.

En definitiva, no se entiende en el contexto examinado que el Tribunal Supremo haya valorado adecuadamente la licitud del tratamiento de los datos de salud a los efectos de controlar el absentismo. No parece que haya justificación para el tratamiento de los datos de salud cuando la finalidad es el control del absentismo.

6. EL TRATAMIENTO DE LOS DATOS DE SALUD DE LOS FAMILIARES DE LAS PERSONAS TRABAJADORAS

Un caso un poco al margen de estas cuestiones, pero, relacionada con la protección de los datos de salud, es la necesidad de certificar la situación de los parientes antes la empresa con el fin de poder disfrutar de los permisos que se regulan en el artículo 37 del Estatuto de los Trabajadores. A modo de recordatorio, por ejemplo, se recoge en este precepto el derecho de las personas trabajadoras a permisos retribuidos por el nacimiento de hijo y por el fallecimiento, accidente o enfermedad graves, hospitalización o intervención quirúrgica sin hospitalización que precise reposo domiciliario, de parientes hasta el segundo grado de consanguinidad o afinidad.

Asimismo, en el Estatuto de los Trabajadores se reconoce el derecho a permisos o reducciones de jornada por nacimiento de hijos prematuros o que, por cualquier causa, deban permanecer hospitalizados a continuación del parto. En este último supuesto, alguno de los progenitores puede disfrutar de reducciones de jornada diaria por cuidado directo de una persona con discapacidad que no desempeñe una actividad retribuida o familiar, hasta el segundo grado de consanguinidad o afinidad, que por razones de edad, accidente o enfermedad no pueda valerse por sí mismo, y que no desempeñe actividad retribuida.

Por último, el progenitor, adoptante, guardador con fines de adopción o acogedor permanente tendrá derecho a una reducción de la jornada de trabajo, con la disminución proporcional del salario de, al menos, la mitad de la duración de aquella, para el cuidado, durante la hospitalización y tratamiento continuado, del menor a su cargo afectado por cáncer (tumores malignos, melanomas y carcinomas), o por cualquier otra enfermedad grave, que implique un ingreso hospitalario de larga duración y requiera la necesidad de su cuidado directo, continuo y permanente, acreditado por el informe del servicio público de salud u órgano administrativo sanitario de la comunidad autónoma correspondiente.

En todos estos casos, es precisa la acreditación de la situación de la salud del familiar a los efectos de acceder a los permisos o reducciones mencionados. Es decir, hay que demostrar a la empresa la situación a través de información sobre datos de categorías especiales de los parientes. Es preciso el consentimiento expreso por parte del familiar para la trasmisión de la información, puesto que obviamente cuando no hay autorización del pariente, el disfrute del derecho se convertirá en imposible.

Cuando se trate de menores de 16 años, dado que el artículo 8 del RGPD indica que en este caso el tratamiento se considerará lícito si lo dio o autorizó el titular de la patria potestad o tutela, es decir, la propia persona trabajadora puede consentir en este caso respecto a los permisos y reducciones que se basan en sus relaciones filiales.

En cuanto al contenido del certificado emitido por el facultativo solo podrá poner de manifiesto el carácter grave de la enfermedad padecida, la hospitalización o la intervención quirúrgica, sin añadir ninguna otra información. En ningún caso, se puede incluir referencia a la concreta enfermedad padecida o la causa de la intervención y, por supuesto, la empresa no podrá solicitar más información al respecto a los efectos de conceder el permiso[45].

Si bien lo dicho anteriormente es aplicable para los supuestos de hospitalización, no lo es tan claramente para intervención quirúrgica sin hospitalización que precise reposo domiciliario. Para poder conceder el permiso será preciso que se clarifique si existe necesidad de reposo y durante cuántos días. Lo que lleva a que deba incluirse cierta información sobre la salud de las personas que va más allá de la simple declaración del estado de salud. Se requiere un paso más: la valoración de la situación médica del familiar, de la que debe ser informada la empresa. En la misma situación se estaría si después de la hospitalización, no se da la alta médica, y aún dentro de los 5 días, se precisa reposo domiciliario. Asimismo, en este caso, habrá que incluir una mayor información a los efectos de valorar la continuación del permiso.

No es bastante, por tanto, con la mera información administrativa de la necesidad de reposo, puesto que precisa de una valoración sobre dicha situación. Y será necesaria y esto no será contrario al derecho a la protección de los datos de salud, dado que, en caso contrario, devengaría imposible el disfrute de este derecho. Obviamente la información será solamente la

---

45 Informe Jurídico de la AEPD, núm. 0002/2012.

precisa sobre los elementos básicos que se requieren para concluir sobre el acceso o prolongación del permiso.

Por último, hay que hacer referencia al derecho causado por persona que conviva con la persona trabajadora en el mismo domicilio y que requiera el cuidado efectivo de aquella. El primer elemento puede demostrarse a través del padrón. Más complicado será la prueba de la necesidad de cuidado, que indirectamente llevará consigo la declaración sobre datos de salud de la persona cuidada. En este caso concreto, igualmente los datos aportados deben ser exclusivamente referidos al concreto hecho de la "*necesidad de cuidado*", sin entrar en ninguna cuestión más, en la dirección ya indicada.

En todo caso, si la función de la acreditación de la situación es disfrutar el permiso o la reducción, una vez comprobada la situación de hecho que causa el derecho, se recomienda destruir la certificación con el fin de garantizar la protección de estos datos especialmente sensibles que no son ni siquiera de las personas trabajadoras, sino de sus familiares. No hay ninguna razón fundamentada para mantener el tratamiento de los datos más allá de la propia acreditación de la causa del permiso o reducción de jornada, de forma que los documentos no deberían ser conservados por la empresa.

Bibliografía

ALAMEDA CASTILLO, María Teresa, *Estadios previos al contrato de trabajo y discriminación*, Thomson Reuters, 2013.

ARIAS DOMÍNGUEZ, Ángel/RUBIO SÁNCHEZ, Francisco, *El derecho de los trabajadores a la intimidad*, Aranzadi, 2006.

LÓPEZ FERNÁNDEZ, Rubén, La vigilancia de la salud laboral y el derecho a la confidencialidad de los datos personales del trabajador, *Lan Harremanak*, número 48, 2022.

LOUSADA AROCHENA, José Francisco/NÚÑEZ-CORTÉS CONTRERAS, Pilar, *La vigilancia de la salud laboral*, Madrid, Tecnos, 2016.

MARTÍNEZ FONS, Daniel, *La vigilancia de la salud de los trabajadores en la Ley de Prevención de Riesgos Laborales*, Tirant lo Blanch, Valencia, 2002.

MERCADER UGUINA, Jesús, Estudios de práctica Jurídica. Nuevas señales de la protección de datos en la reciente doctrina de los Tribunales y de la Agencia Española de Protección de Datos, *Trabajo y Derecho*, número 85, 2021.

MUÑOZ RUIZ, Ana Belén, La respuesta federal americana contra la discriminación genética en el lugar de trabajo: The Genetic Information Nondiscrimination Act, *Relaciones Laborales*, número 3, 2010.

Componentes de la atmósfera preventiva de la transición digital

DAVID LANTARÓN BARQUÍN
Catedrático de Universidad de Derecho del Trabajo y de la Seguridad Social[1]
Universidad de Cantabria
ORCID: https://orcid.org/0000-0002-7851-4066

SUMARIO: 1. Breve referencia al autor y características de la obra relacionada con la reflexión. 2. Exposición a agentes biológicos y cancerígenos. 2.1. Agentes biológicos. 2.2. Agentes cancerígenos. 3. Trabajo a distancia. 4. Riesgos psicosociales y salud mental. 5. De los exoesqueletos. 6. Recapitulación y conclusiones. Bibliografía.

1. BREVE REFERENCIA AL AUTOR Y CARACTERÍSTICAS DE LA OBRA RELACIONADA CON LA REFLEXIÓN

Esta reflexión, relacionada con la reciente publicación "La prevención de riesgos ante la evolución científica y técnica: últimas tendencias normativas", en coautoría del homenajeado con Marta Domínguez Royo, ha sido elegida por constituir una mezcla de atributos investigadores y principales materias de investigación que quien suscribe entrevé en la obra de Jesús Mercader, conocida su incuestionable brillantez jurídica y la extraordinaria amplitud de materias objeto de su incisiva mirada, como este homenaje sin duda alguna acredita, si fuere menester. Materias y cualidad que, además, estuvieron ya particularmente presentes en su desempeño en la Universidad de Cantabria en la que sucediera a mi maestro, Ignacio García-Perrote. Muy probablemente, el autor con el que más páginas ha compartido y, en consecuencia, contribuido al avance de nuestra doctrina.

Entre los atributos, destacar su apertura a la colaboración con el mundo de la, llamémosla, práctica jurídico-laboral. Recuerdo en su "etapa cántabra" las habituales, en el campo del Derecho Administrativo del Trabajo,

---

1 Director de la Cátedra Prevención Cantabria UC-ICASST (Instituto Cántabro de Seguridad y Salud en el Trabajo). Miembro del grupo de investigación "Enfermería" del IDIVAL (Instituto de Investigación Valdecilla).

con profesionales de excelso prestigio como César Tolosa, actualmente magistrado de nuestro Tribunal Constitucional, o Amalio Sánchez, otrora Director del Instituto Cántabro de Seguridad y Salud en el Trabajo, incuestionable referente en dicho ámbito.

En lo segundo, su profundización en el estudio de la prevención de riesgos laborales, ideando en Cantabria un máster en la materia que alcanzó un gran prestigio y en cuyo cuerpo docente tuve el honor de integrarme. Y también en el estudio de la digitalización. Siendo sobresaliente su obra en ambos campos, quiero subrayar ahora la que para mí es una de las aportaciones más importantes del iuslaboralismo europeo de estos últimos años, *El futuro del trabajo en la era de la digitalización y de la robótica,* publicado en el año 2017.

El análisis situado en el origen de esta reflexión es más bien descriptivo, si bien salpicado de lúcidas reflexiones. Entre otras, contraponer el carácter unidimensional de la norma técnica, que "no se presta a la forma de interpretación inherente al pensamiento jurídico", pues "sólo tiene valor con respecto a una función práctica determinada...en la medida en que pertenece al mundo de los hechos", al bidimensional de la regla jurídica, por tratar de "conformar el mundo de los hechos al mundo ideal, es decir, hacer del mundo real el mundo tal como debería ser («deber ser»)" y cuya "validez —*al contrario de lo que acaece con aquella*— no depende de su eficacia"[2].

Se subraya, además, que "en el caso de las normas que se asientan en la técnica, estamos en presencia de verdaderas leyes causales que representan el tipo clásico de ley científica, en la medida en que se pueden formalizar y presentar en forma cuantitativa. El resultado es que la norma se convierte en calculable", entendiendo como "inevitable consecuencia" de ello que "las reformas normativas se encuentran condicionadas a la evolución del progreso técnico", es más, "la cláusula de adaptación al progreso técnico constituye un elemento presente en la mayor parte de las normas de prevención"[3]. Aproximación matizable en este último extremo, a nuestro modesto entender, pues la interpretación de la norma atendiendo al contexto en que ha de ser aplicada, del que le evolución científica y tecno-

---

2 MERCADER UGUINA, J. R. y DOMÍNGUEZ ROYO, M., "La prevención de riesgos ante la evolución científica y técnica: últimas tendencias normativas", *Trabajo y Derecho,* núm. 93, septiembre de 2022, edición digital, p. 2.

3 Ibídem, p. 2.

lógica forma parte, condiciona en general toda norma, pero en todo caso perspicaz y clara en su formulación. Diáfana impronta de sus autores.

Y se trata, en todo caso, de un análisis que requiere, además, como condición previa un conocimiento profundo de las dos materias, prevención de riesgos laborales y digitalización, que cruzan sus caminos en el mismo. Un conocimiento sin el cual es impensable alcanzar la claridad del texto referido.

Un estudio que, en primer lugar, parte de la trascendencia internacional de la tutela de la seguridad y salud en el trabajo, subrayando el conocido hito que constituye la 110ª Conferencia Internacional de Trabajo y la inclusión en la *Declaración de la OIT de los Principios y Derechos Fundamentales en el Trabajo* de 1998 de esta materia, y consecuente consideración de los *Convenios núm. 155, sobre seguridad y salud de los trabajadores*, de 1981, *y núm. 187, sobre el marco promocional para la seguridad y salud de los trabajadores*, de 2006, como Convenios fundamentales de la OIT.

Repara, en segundo lugar, en la perspectiva europea, en el principio 10 del *Pilar Europeo de Derechos Sociales* y, algo más habitual en la literatura científica, en el *Marco Estratégico de la UE sobre Seguridad y Salud en el Trabajo 2021-2027*, que recoge entre sus objetivos transversales el de «anticipar y gestionar el cambio en el nuevo mundo del trabajo que han traído consigo las transiciones ecológica, digital y demográfica». Una digitalización que, se precisa, "presenta oportunidades desde la óptica de la prevención de riesgos laborales (monitorización, formación online, apps para identificación y evaluación de riesgos, etc.), pero también puede dar lugar a riesgos nuevos o emergentes derivados del uso de la propia tecnología (robotización, inteligencia artificial, plataformas colaborativas, etc.), de la organización del trabajo (teletrabajo, trabajo a distancia, virtualización, etc.) o de las nuevas formas de empleo, con una mayor prevalencia de riesgos ergonómicos y psicosociales"[4].

Pretenden los autores repasar las reformas normativas recientes de mayor significado, hundiendo así mismo las raíces de su investigación en nuestra realidad estatal, en las novedades incorporadas a través de, entre otras referencias, las Notas Técnicas de Prevención del Instituto Nacional de Seguridad y Salud en el Trabajo propias de esta digitalización, sistematizando el tratamiento diferenciando una serie de aspectos: las medidas

---

4 MERCADER UGUINA, J. R. y DOMÍNGUEZ ROYO, M., "La prevención de…", p. 1.

relacionadas con agentes biológicos y cancerígenos; el trabajo a distancia "regular"; la concepción de los exoesqueletos como robots o equipos de protección individual; dos ejemplos relacionados con los riesgos psicosociales; y un modesto avance relacionado con la, entonces, inminente Estrategia Española de Seguridad y Salud en el Trabajo, se apunta, 2022-2027. La Estrategia se demoró más allá de lo previsto, comprendiendo, finalmente, el periodo 2023-2027. Sin embargo, las referencias hechas a la misma se mantuvieron, como veremos, prácticamente incólumes.

Materias objeto de tratamiento actualizado en la presente reflexión, restructurando su sistemática[5].

2. EXPOSICIÓN A AGENTES BIOLÓGICOS Y CANCERÍGENOS

2.1. *Agentes biológicos*

Un primer ámbito de estudio viene constituido por la identificación de referentes normativos en el ámbito de riesgos que, no obstante su profunda dinámica de cambio, son objeto de atención normativa —creciente— desde hace ya algún tiempo. Una dinámica acreditada, si preciso, con la recentísima adopción, en el marco de la 113ª Conferencia de la OIT, del Convenio nº 192, sobre la prevención y la protección frente a los peligros biológicos en el entorno de trabajo, y de la complementaria Recomendación nº 209, de idéntica denominación. Nos referimos a los riesgos derivados de la exposición a agentes biológicos o cancerígenos, que no son compartimentos estancos puesto que aquellos puedan causar éste, pueden ser agentes cancerígenos[6]. Puesto que, en definitiva, ambas categorías no responden a un mismo criterio. Riesgos en cuya identificación y afrontamiento el acelerado tempo de la digitalización, el cúmulo de avances científicos y tecnológicos, incide especialmente.

---

5 Señalar que, entre otras fuentes, desde el año 2023 los Observatorios normativo y jurisdiccional de la Cátedra Prevención Cantabria UC-ICASST hacen cumplido seguimiento de las novedades legislativas y jurisdiccionales en el ámbito de la seguridad y salud en el trabajo. Consultables en https://catedraprevencioncantabria.unican.es/actividades/

6 Agentes biológicos que pueden causar infecciones, alergias, toxicidad pero también cáncer. DUTKIEWICZ et al., "Occupational biohazards: a review", *American Journal of Industrial Medicine*, 1988; 14(5), 605-23.

En el ámbito de los riesgos biológicos, el punto de partida —entonces— comunitario vino constituido por la específica Directiva 90/679/CEE, del Consejo, de 26 de noviembre, sobre la protección de los trabajadores contra los riesgos relacionados con la exposición a agentes biológicos durante el trabajo (DOUEL, 31-XII-1990). Esta Directiva fue objeto de múltiples modificaciones técnicas hasta su derogación y "codificación" mediante la Directiva 2000/54/CE, del Parlamento Europeo y del Consejo, de 18 de septiembre de 2000, sobre la protección de los trabajadores contra los riesgos relacionados con la exposición a agentes biológicos durante el trabajo (Séptima Directiva específica con arreglo al apartado 1 del artículo 16 de la Directiva 89/391/CEE, DOUEL 17-X-2000)[7].

Subraya la doctrina objeto de comentario la adaptación fruto de la Directiva (UE) 2019/1833 de la Comisión, de 24 de octubre de 2019, por la que se modifican los anexos I, III, V y VI de la Directiva 2000/54/CE del Parlamento Europeo y del Consejo (DOUEL, 31-X-2019), con adaptaciones de carácter estrictamente técnico a efectos de la actualización de la lista de agentes biológicos que son patógenos humanos conocidos, clasificados con arreglo al nivel de riesgo de infección que presentan.

La transposición a nuestro ordenamiento de esta normativa europea se produce mediante el Real Decreto 664/1997, de 12 de mayo, sobre la protección de los trabajadores contra los riesgos relacionados con la exposición a agentes biológicos durante el trabajo (BOE, 24-V). Norma que ha sido objeto de distintas adaptaciones y desarrollos, siendo de destacar aquellos que conllevan su adaptación en función del progreso técnico. Nos referimos a las Órdenes Ministeriales TES/1287/2021, de 22 de noviembre, modificando el Anexo I del Real Decreto; TES/1180/2020, de 4 de diciembre, que traspuso la Directiva (UE) 2020/739 de la Comisión, de 3 de junio, por la que se modifica el anexo III de la Directiva 2000/54/CE del Parlamento Europeo y del Consejo en lo que respecta a la inclusión del SARS-CoV-2 en la lista de agentes biológicos que son patógenos humanos conocidos; y a la OM Trabajo y Asuntos Sociales, de 25 de marzo de 1998.

---

7 La parte A del Anexo VIII de esta Directiva identifica aquellas que vinieron a modificar el inicial texto del año 1990 incluyendo las siguientes: Directiva 93/88/CEE del Consejo (DO L 268 de 29. 10. 1993, p. 71); Directiva 95/30/CE de la Comisión (DO L 155 de 6. 7. 1995, p. 41); Directiva 97/59/CE de la Comisión (DO L 282 de 15. 10. 1997, p. 33); Directiva 97/65/CE de la Comisión (DO L 335 de 6. 12. 1997, p. 17).

Modificaciones de los años 2020 y 2021 que precisan expresamente, además, la naturaleza no exhaustiva de la lista[8].

Y ello sin desconocer otras normas relacionadas con la materia, estatales, como la OM ESS/1451/2013, de 29 de julio, por la que se establecen disposiciones para la prevención de lesiones causadas por instrumentos cortantes y punzantes en el sector sanitario y hospitalario (BOE, 31-VII), o autonómicas, como la Orden Foral 7/2010, de 20 de enero, de la Consejera de Salud de la Comunidad Foral de Navarra por la que se establecen e implantan dispositivos de seguridad frente al accidente con riesgo biológico en el Servicio Navarro de Salud-Osasunbidea (BON, 15-II), modificada en el año 2017.

Sumar a estas referencias una serie de Notas Técnicas de Prevención, entre las que cabe mencionar la NTP 833 sobre agentes biológicos de 2009 que, conviene destacar, evidencia la aún presente falta de valores límite de exposición laboral en algunos casos, que continúa presente en la actualidad como evidencia la doctrina científica[9]; o la más reciente NTP 1202 "Exposición a agentes biológicos. Equipos de seguridad: Cabinas de seguridad biológica", del año 2024.

En fin, nuestra doctrina iuslaboralista ha tratado escasamente —y, diría, no con excesiva profundidad en general— este tipo de riesgos. Meritorias son algunas aproximaciones como, a título de ejemplo, la temprana de Purcallá Bonilla[10] que incide en la importancia de los umbrales o valores-límite, "también conocidos como concentraciones-promedio máximas permitidas o como Treshold Limit Values (TLV)", "criterios técnicos de valoración originarios de la *American Conference of Governamental Industrial Hygienists* y empleados, con las oportunas adaptaciones y junto a otros pa-

---

8 MERCADER UGUINA, J. R. y DOMÍNGUEZ ROYO, M., "La prevención de…", pp. 2 y 3.

9 Entre otros, véase CORRAO, MAZZOTTA, LA TORRE y DE GIUSTI, "Biological risk and occupational health", *Industrial Health,* 2012, 50, pp. 326 a 337.

10 PURCALLÁ BONILLA, M. A., "Vigilancia de la salud de los trabajadores: claves interpretativas de su régimen jurídico", Aranzadi social, ISSN 1131-5369, núm. 5, 1997, pp. 675-706. U otras más incidentales como el comentario a la STSJ de Asturias (Social) núm. 1483/2012, de 11 de mayo, relacionada con los bomberos de dicha Comunidad Autónoma, de DÍAZ BERNARDO, L., "Extensión del deber de protección del empresario frente a riesgos biológicos en actuaciones excluidas del ámbito de aplicación de la Ley 31/1995, de 8 de noviembre de Prevención de Riesgos Laborales", Revista Doctrinal Aranzadi Social, núm. 7, Sección Presentación, 2012, 10 páginas.

rámetros importantes, como las Guías Técnicas o las normas UNE, por el Instituto Nacional de Seguridad e Higiene en el Trabajo"; en la evacuación de pruebas biológicas fruto de la evaluación de riesgos, "amplio sensu consideradas como una modalidad de reconocimientos médicos", singulares por prevenir enfermedades profesionales "a partir de indicadores biológicos resultantes de la asimilación por el organismo del trabajador expuesto a dichos agentes"; o en el carácter por lo general voluntario del sometimiento a las mismas apreciable en el art. 8 del mentado RD. 664/1997[11]. Más extenso es el tratamiento, salpicado de referencias a estos riesgos de alguna obra monográfica[12].

Más allá de todo lo anterior, conviene tener presente que, desde otro prisma, la protección de la seguridad y salud del trabajador debe tener en cuenta, entre otros factores, su estado biológico, atendiendo al art. 25.1 LPRL, transposición del art. 15 de la Directiva 89/391/CEE.

2.2. *Agentes cancerígenos*

En relación con los agentes cancerígenos, se subrayan por la doctrina de referencia los datos consignados en el Marco estratégico de la UE en

---

11 Precisa el número 1 de este artículo que "dicha vigilancia deberá ofrecerse a los trabajadores en las siguientes ocasiones: a) Antes de la exposición. b) A intervalos regulares en lo sucesivo, con la periodicidad que los conocimientos médicos aconsejen, considerando el agente biológico, el tipo de exposición y la existencia de pruebas eficaces de detección precoz. c) Cuando sea necesario por haberse detectado en algún trabajador, con exposición similar, una infección o enfermedad que pueda deberse a la exposición a agentes biológicos". Y el art. 8.2 que los trabajadores "podrán solicitar la revisión de los resultados de la vigilancia de su salud".

12 AA.VV., *Seguridad y Salud en el Trabajo. Practicum social 2017*, Cizur Menor (Aranzadi), 2017. ISBN 978-84-9099-110-7, 211 páginas. Descargado el 7 de enero de 2024 de la base de datos de la propia editorial. Obra que repara en numerosísimos extremos, como, a título ejemplificativo: la posibilidad de recabar por la Administración información sobre utilización de agentes biológicos o de la liberación de este tipo de agentes que puedan causar enfermedades o puesta a disposición por el empleador en caso de manipulación de estos agentes (arts. 10 y 11.3 RD 664/1997); la exclusión de las trabajadoras embarazas de la realización de trabajos con exposición a agentes biológicos si no estuvieran suficientemente protegidas; o la exclusión del art. 14. 1 b) RSP de la asunción empresarial cuando se trate de actividades empresariales con exposición a agentes biológicos de los grupos 3 y 4.

materia de seguridad y salud en el trabajo para el período 2021-27, que sitúa el cáncer como causante del 52% de las muertes relacionadas con el trabajo en Europa. La reciente encuesta sobre exposición de los trabajadores a factores de riesgo cancerígeno en Europa, realizada en base a entrevistas efectuadas en Finlandia, Francia, Alemania, Hungría, Irlanda y España, y coordinada por EU-OSHA, apunta que esta exposición acaece frente a algunos de los más extendidos factores de estos riesgos: la radiación solar ultravioleta, emisiones de escape de motores diésel, formaldehído, benceno y sílice cristalina respirable[13]. Un documento que ofrece, entre otros, el negro dato de que, por franjas de edad, entre un 44,3% y el 53,9% de los trabajadores encuestados se exponen a algún tipo de agente cancerígeno[14].

Nuestra EESST 2023-2027, sobre la que volveremos más adelante, apunta claramente a la infradeclaración existente en nuestro país. Refiere así la "escasa representatividad de las enfermedades producidas por cancerígenos" frente a aquél Marco europeo. Y contrapone los datos del informe "Carga de cáncer atribuible al trabajo y su coste sanitario en España en 2015", publicado por el Ministerio de Sanidad, estimando que anualmente fallecen 8.700 hombres y 850 mujeres por cánceres debidos a exposiciones laborales, frente a las notificaciones acaecidas entre los años 2018 y 2020, comprensivas de tan solo 165 enfermedades profesionales por estos agentes en nuestro país, siendo el 65% de estas las derivadas de la exposición al amianto, 6, casos de cáncer asociado a la exposición a polvo de madera, y 13 derivados de la exposición a polvo de sílice. Los tres agentes centran, precisamente, la atención de la Estrategia.

Dejando atrás los datos, la normativa aplicable al efecto es inabarcable, comprendiendo referencias tanto de la Unión Europea como estatales. Y tanto específicas, relacionadas con algunos agentes, en particular con el amianto pero también otros como, a título de ejemplo, la sílice cristali-

---

13 CAVET, M, IRASTORZA, X, SCHENEIDER, E. y VIAHUR, N., "Workers' exposure survey on cancer risk factors in Europe. First findings", *Occupational Medicine*, Volume 74, Issue Supplement 1, July 2024.

14 Según expone la propia EU-OSHA mediante la intervención de una de sus autoras Nadia Vlahur en el III Simposio de Higiene Industrial celebrado en Santander los días 28 y 29 de octubre de 2024 y organizado por el Instituto Cántabro de Seguridad y Salud en el Trabajo, el INSST y la Asociación Española de Higiene Industrial con la colaboración de la Cátedra Prevención Cantabria UC-ICASST.

na[15], como generales. En estas últimas nos centraremos. Y ello, además, soslayando la normativa propia de otros sectores, como las normas técnicas sobre edificación, relevantes en este campo.

El frontispicio de todo este bloque normativo venía constituido por la *Directiva 90/394/CEE del Consejo, de 28 de junio de 1990, relativa a la protección de los trabajadores contra los riesgos relacionados con la exposición a agentes carcinógenos durante el trabajo*, transpuesta en nuestro ordenamiento por el *Real Decreto 665/1997, de 12 de mayo, sobre la protección de los trabajadores contra los riesgos relacionados con la exposición a agentes cancerígenos, mutágenos o reprotóxicos durante el trabajo* (BOE, 24-V)[16].

Directiva modificada en distintas ocasiones[17] lo que llevó finalmente a su derogación mediante la codificación operada por la *Directiva 2004/37/*

---

15 Como meros botones de muestra, apuntar la Directiva (UE) 2023/2668 del Parlamento Europeo y del Consejo, de 22 de noviembre de 2023, por la que se modifica la Directiva 2009/148/CE sobre la protección de los trabajadores contra los riesgos relacionados con la exposición al amianto durante el trabajo (DOUEL, 30 de noviembre); el Real Decreto 108/1991, de 1 de febrero, sobre la prevención y reducción de la contaminación del medio ambiente producida por el amianto (BOE, 6 de febrero); o la Orden TED/723/2021, de 1 de julio, por la que se aprueba la Instrucción Técnica Complementaria 02.0.02 "Protección de los trabajadores contra el riesgo por inhalación de polvo y sílice cristalina respirables", del Reglamento General de Normas Básicas de Seguridad Minera (BOE, 9 de julio).

16 Este RD 665/1997 define en su art. 2, números 1 y 2 el agente cancerígeno como una sustancia o mezcla que cumpla los criterios para su clasificación como cancerígeno, mutágeno en células germinales o tóxico para la reproducción de categoría 1A o 1B establecidos en el anexo I del Reglamento (CE) nº 1272/2008 del Parlamento Europeo y del Consejo, de 16 de diciembre de 2008, sobre clasificación, etiquetado y envasado de sustancias y mezclas. Y también una sustancia, mezcla o procedimiento de los mencionados en el anexo I, así como una sustancia o mezcla que se produzca durante uno de los procedimientos mencionados en dicho anexo. Aborda también esta norma reglamentaria las obligaciones y deberes del empresario en la materia (así, por ejemplo, los de identificación y evaluación de riesgos, los de sustitución de agentes cancerígenos o mutágenos, los de adopción de medidas de higiene y de protección o las obligaciones de documentación e información a la autoridad laboral, entre otros), incluyendo tres anexos comprensivos de la lista de sustancias, mezclas y procedimientos que tienen la consideración de agentes cancerígenos o de sustancias de cuya aplicación resulte un agente de este tipo; de unas recomendaciones para la vigilancia sanitaria de los trabajadores; y de los valores límite de exposición profesional aplicables respecto de ciertos agentes cancerígenos.

17 Así, mediante la Directiva 97/42 CE, del Consejo, de 27 de junio, por la que se modifica por primera vez la Directiva 90/394 CEE relativa a la protección de los

CE del Parlamento Europeo y del Consejo, de 29 de abril de 2004, relativa a la protección de los trabajadores contra los riesgos relacionados con la exposición a agentes carcinógenos, mutágenos o reprotóxicos (DOUEL, 30 de abril). Directiva del año 2004, actualmente vigente, a su vez modificada en distintas ocasiones[18].

---

trabajadores contra riesgos relacionados con la exposición a agentes carcinógenos durante el trabajo (DOCE núm. 179, de 8 de julio). Y también por Directiva 1999/38/CE del Consejo de 29 de abril por la que se modifica por segunda vez la Directiva 90/394/CEE relativa a la protección de los trabajadores contra los riesgos relacionados con la exposición a agentes carcinógenos durante el trabajo y por la que se amplía su ámbito de aplicación a los mutágenos (DOUEL, de 1 de junio).

[18] Incidiendo también en la misma el Reglamento 2019/1243/UE, de 20 de junio, adapta a los artículos 290 y 291 del Tratado de Funcionamiento de la Unión Europea una serie de actos jurídicos que prevén el recurso al procedimiento de reglamentación con control (DOUEL, 25 de julio). Entre estas modificaciones, citar las siguientes directivas. La Directiva 2014/27/UE, de 26 de febrero, del Parlamento Europeo y del Consejo, modifica, entre otras, esta Directiva 2004/37/CE, a fin de adaptarla al Reglamento (CE) nº 1272/2008 sobre clasificación, etiquetado y envasado de sustancias y mezclas (DOUEL, 5 de marzo). La Directiva 2017/2398/UE, del Parlamento Europeo y del Consejo, de 12 de diciembre, modifica la Directiva 2004/37/CE (DOUEL, 16 de enero de 2018), fundamentalmente sustituyendo el anexo III "Valores límite y otras disposiciones directamente relacionadas (artículo 16)" por uno nuevo. La Directiva 2019/130/UE, de 16 enero, del Parlamento Europeo y del Consejo de la Unión Europea, modifica la Directiva 2004/37/CE (DOUEL, de 31 de enero de 2019). Directiva cuyos objetivos son actualizar tanto el anexo I para añadir los trabajos que supongan exposición cutánea a aceites minerales previamente utilizados en motores de combustión interna para lubrificar y refrigerar los elementos móviles del motor y los trabajos que supongan exposición a emisiones de motores diésel, como el anexo III, para incluir una serie de agentes, algunos con sus valores límite. La Directiva 2019/983/UE, del Parlamento Europeo y del Consejo, de 5 de junio, modifica el art. 18 bis de la Directiva 2004/37/CE añadiendo dos párrafos fijándose fechas para incluir disposiciones relacionadas con el cadmio y sus compuestos inorgánicos y fármacos peligrosos, incluyendo los citotóxicos, y también modifica nuevamente su anexo III (DOUEL, de 20 de junio). La Directiva 2022/431/UE, del Parlamento Europeo y del Consejo, de 9 de marzo, modifica la Directiva 2004/37/CE (DOUEL, 16 de marzo), asignándola una nueva denominación, prestando especial atención a los agentes reprotóxicos, modificando nuevamente el anexo III y añadiendo un anexo III bis "Valores límite biológicos vinculantes y medidas de vigilancia de la salud (artículo 16, apartado 4)", entre otras importantes modificaciones. Y, por último, por el momento, la Directiva 2024/869/UE, de 13 de marzo modifica la Directiva 2004/37/CE (DOUEL, 19 de marzo) presta especial atención a los agentes mutágenos y procede a la modificación de sus anexos I, II, III y III bis.

En consonancia con esta evolución, el Real Decreto 665/1997 ha sido también objeto de numerosas modificaciones de transposición del acervo normativo de la actual UE[19], siempre por detrás, como es natural, en lo que a esta transposición se refiere, de aquella normativa de la UE, siendo preciso en estos intervalos temporales estar más atento a los cambios normativos de la UE que aún no han conllevado la modificación necesaria de la normativa interna.

Y no podemos olvidar, en relación con nuestro ámbito de estudio, la trascendencia del Real Decreto 1299/2006, de 10 de noviembre, por el que se aprueba el cuadro de enfermedades profesionales en el sistema de la Seguridad Social y se establecen criterios para su notificación y registro

---

19 Entre otras, las siguientes. En primer lugar, el RD 1124/2000, de 16 de junio, por el que se modifica el RD 665/1997, de 12 de mayo, de protección de los trabajadores contra los riesgos relacionados con la exposición a agentes cancerígeno durante el trabajo (BOE, 17 de junio), que procede a la transposición de la Directiva 97/42/CE. En segundo lugar; el RD 349/2003, de 21 de marzo, de modificación del RD 665/1997, de 12 de mayo sobre protección de los trabajadores contra los riesgos relacionados con la exposición a agentes cancerígenos durante el trabajo, y por el que se amplia su ámbito de aplicación a los agentes mutágenos (BOE, 5 de abril), que procede a la transposición de la Directiva 1999/38/CE, fundamentalmente incorporando en su ámbito de aplicación los agentes mutágenos. En tercer lugar, el RD 598/2015, de 3 de julio (BOE, 4 de julio), que modifica, entre otras normas, el RD 665/1997 para proceder a la transposición de la Directiva 2014/27/UE. El RD 1154/2020, de 22 de diciembre (BOE, 23-XII), que transpone la Directiva (UE) 2017/2398. El RD 427/2021, de 15 de junio (BOE, 16 de junio), a efectos de transposición de la Directiva (UE) 2019/130. En relación con esta modificación identifica la doctrina de referencia como una de las novedades más significativas la incorporación en el anexo III, en el caso de las emisiones de motores diésel, de un límite de nueva creación de 0.05 mg/m3 en contenido de fracción respirable de carbono elemental, que entró en vigor el 21 de febrero de 2023. Límites de exposición que lo son principalmente por inhalación, matiza esta doctrina recordando que, como expresa la Guía técnica para la evaluación y prevención de los riesgos relacionados con los agentes químicos presentes en los lugares de trabajo (2013) estos límites "no constituyen una barrera definida de separación entre situaciones seguras y peligrosas", aunque si bien "mantener la exposición por debajo de un valor máximo determinado no permitirá evitar completamente el riesgo (…) sí podrá limitarlo». Sobre esta base se tienen presentes los artículo 16.2.b) LPRL y 5.5 RD 665/1997 para que el empresario adopte "todas las medidas *necesarias" para eliminar o reducir y controlar tales riesgos.* Retomando el listado de modificaciones del RD 665/1997, en penúltimo lugar el RD 395/2022, de 24 de mayo (BOE, 25 de mayo), a efectos de la transposición de la Directiva (UE) 2019/983. Y, por último, el RD 612/2024, de 2 de julio (BOE, 3 de julio), para adaptar el contenido a la Directiva 2022/431/UE.

(BOE, 19 de diciembre) que, entre otras referencias, incluye en su anexo I o cuadro de enfermedades profesionales, un grupo 6 de enfermedades profesionales causadas por agentes carcinogénicos. Grupo igualmente presente, con idéntica enumeración y naturalmente distinto contenido, en su anexo II o lista complementaria de enfermedades cuyo origen profesional se sospecha y cuya inclusión en el cuadro de enfermedades profesionales podría contemplarse en el futuro.

Y también deben tenerse presentes las innumerables Notas Técnicas de Prevención referidas a estos agentes, tales como las 119, 269, 353, 465, 514, 1030 y un largo etcétera (algunas de las cuales vienen a sustituir a las precedentes)[20].

Retomando la importante EESST 2023-2027, ésta se propone "actualizar el listado de agentes cancerígenos, incorporando o revisando, según proceda, los correspondientes valores límite de exposición a nuestro ordenamiento jurídico", incidir en la eliminación o reducción de la exposición a sustancias cancerígenas, abrir líneas de acción dirigidas al diagnóstico precoz e intervención temprana y al conocimiento científico y epidemiológico para reducir la incidencia del cáncer de origen profesional[21]. EESST que, como veremos, no solo se ocupa del cáncer de origen profesional sino también, en menor medida, de las medidas empresariales ante cualquier cáncer, con independencia de su origen, profesional o común.

Entre otras, la línea de actuación 2, "Prevención de enfermedades relacionadas con el trabajo, con especial énfasis en el cáncer de origen profesional", del Objetivo 1 "Mejorar la prevención de los accidentes de trabajo y las enfermedades profesionales", se centra en nuestro objeto de estudio, desarrollando ampliamente las anteriores ideas, incluyendo la creación de una plataforma digital interconsulta entre el INSST, el ITSS y los órganos técnicos de las CC AA. E incide en la necesidad de mejora de su notificación, con especial alusión a la sospecha de enfermedades profesionales y a la mejora del sistema de comunicación y registro de enfermedades profesionales (CEPROSS).

Destaca, además, la involucración de AA.PP. competentes e interlocutores sociales en el desarrollo de una *Agenda Nacional para la Prevención del Cáncer de origen Profesional*. Agenda que se desarrolla extensamente en el Anexo I. Y que lógicamente contempla todas las previsiones relativas al

---

20 Consultables en https://www.insst.es/ntp-notas-tecnicas-de-prevencion Página visitada por última vez en enero de 2025.

21 P. 19.

cáncer de la Estrategia, con inclusión, entre otras medidas vistas, de las adaptaciones normativas necesarias.

Además de esta aproximación general, se aprecian dentro de este objetivo 1 otras específicas. Así, en primer lugar, la línea de actuación 3, "desarrollo de actuaciones para impulsar la prevención de la exposición de las personas trabajadoras a sustancias y agentes peligrosos, incluidos los cancerígenos: polvo respirable de sílice cristalina, gas radón, sustancias reprotóxicas y medicamentos peligrosos", se centra en estos concretos agentes. En segundo lugar, la línea de actuación 4 se centra en la protección de las personas trabajadoras frente a la exposición al amianto, llamando a la revisión del RD 396/2006.

Además, el objetivo 2, "gestionar los cambios derivados de las nuevas formas de organización del trabajo, la evolución demográfica y el cambio climático desde la óptica preventiva", recoge en su línea 5 la promoción de la difusión y asesoramiento para la aplicación del *Código Europeo contra el Cáncer en la empresa.*

Su objetivo 4, "reforzar la protección de las personas trabajadoras en situación de mayor riesgo o vulnerabilidad", atiende en su línea de actuación 5 el retorno al trabajo de personas que hayan pasado por un periodo prolongado de baja, entre otras razones, por padecer cáncer (que no necesariamente ha de tener, añadimos, origen laboral).

Finalmente, en el objetivo 5, "introducir la perspectiva de género en el ámbito de la seguridad y salud en el trabajo", la línea 5, sobre actuaciones de vigilancia y control, incluye la planificación de campañas de inspección en sectores y actividades especialmente feminizadas, prestando especial atención a aquellas en las que se presentan con mayor intensidad, entre otros riesgos, los cancerígenos.

3. TRABAJO A DISTANCIA

Según hemos apuntado ya en alguna otra ocasión, la digitalización afecta de una forma esencial a la seguridad y salud en el trabajo, difuminando las fronteras entre riesgos de origen profesional y común, así como las fronteras entre los tipos de riesgos[22]. En su significación y presencia es in-

---

22 LANTARÓN BARQUÍN, D., Prevención de riesgos laborales y negociación colectiva: anclajes legales internacionales y desarrollos sectoriales estatales en España, *TRIPALIUM Justicia Social y Trabajo Decente e-revista,* núm. 2, 2023, p. 61.

abordable, nos centramos, pues, en el limitado pero relevante aspecto del teletrabajo y en los riesgos psicosociales tan presentes en nuestros días.

La COVID-19 conllevo un nítido y necesario revulsivo del recurso al trabajo a distancia. Concretamente, del teletrabajo con base en el domicilio. La "necesidad hace al hombre", cabría decir[23]. Fruto de esta convulsa etapa nace la L. 10/2021, de 9 de julio, de trabajo a distancia (BOE, 10-VII), a la que meramente se remite el art. 13 ET. La Disposición Transitoria primera de la L. 10/2021, se refiere a las situaciones de trabajo a distancia existentes a su entrada en vigor[24].

Ley centrada en la modalidad tildada como "regular" de este trabajo cuando lo es por cuenta ajena. Esto es en el trabajo a distancia desarrollado "en un período de referencia de tres meses, un mínimo del treinta por ciento de la jornada", o "el porcentaje proporcional equivalente en función de la duración del contrato de trabajo" (art. 1).

Se destacan, además, otras previsiones legales. Así, la inclusión de un mandato expreso a garantizar la seguridad y salud de los teletrabajadores por parte de los empleadores incluido en el Capítulo III Sección 4ª, subrayando el conocido riesgo de "aislamiento, junto con la fatiga visual, los trastornos musculoesqueléticos, o los trastornos psicosociales derivados del aislamiento, el estrés, o la falta de desconexión digital y de separación del ámbito familiar y laboral en el caso de aquellos que trabajen desde su domicilio"[25]. Riesgos por evidentes razones paralelos a los apuntados en

---

23 Entre las medidas encaminadas a adaptar los sistemas de relaciones laborales para afrontar esta severa crisis la doctrina diferencia tres líneas o ejes de actuación profundamente interconectados: el que se mueve entre la presencialidad y el trabajo remoto, el que se relaciona más directamente con las obligaciones principales del contrato de trabajo y el anclado en el principio de estabilidad del empleo y tendente a evitar las extinciones contractuales. LANTARÓN BARQUÍN, D., «De cómo escapar del "día de la Marmota" aprendiendo del cuento del lobo: una visión universal del derecho del trabajo y sus respuestas a la crisis del COVID-19», *TRIPALIUM Justicia Social y Trabajo Decente e-revista*, VOL. III, núm. 1, 2021, p. 20. Disponible en www.tripaliumsite.wordpress.com

24 Destacar, en relación con esta disposición transitoria, la SAN (Social), 18/2022, de 10 de febrero, Rec. 351/2021.

25 MERCADER UGUINA, J. R. y DOMÍNGUEZ ROYO, M., "La prevención de…", p. 5.

infinidad de referencias y sistematizados por la doctrina en relación con los excesos de la conexión digital[26].

Subrayan en particular los autores de referencia que deberán tenerse muy en cuenta la distribución de la jornada, los tiempos de disponibilidad y los descansos y desconexiones durante la jornada, así como la necesidad de preservar la intimidad de las personas trabajadoras e inviolabilidad del domicilio limitando la evaluación de riesgos a únicamente la zona habilitada para la prestación de servicios. Se exige el permiso de la persona trabajadora, y un informe escrito que justifique la necesidad de revisar el domicilio, que se entregará a la persona trabajadora y a los delegados de prevención. Y, "en el caso de que el teletrabajador no concediese permiso expreso para la entrada en su lugar de trabajo *—añadimos, cuando es de su titularidad, fundamentalmente en su domicilio—*, el desarrollo de la actividad preventiva por parte de la empresa podrá efectuarse con base en la información recabada de la persona trabajadora según las instrucciones del servicio de prevención"[27]. Y se plantea en unidad de acto hasta qué punto ello conlleva el cumplimiento de las obligaciones empresariales en materia de prevención de riesgos laborales y lo es meramente formal si no se produce una evaluación experta.

Máxime ello es así si consideramos que tanto la L. 10/2021 (art. 16.2) como la NTP 1165 *Teletrabajo y criterios para su integración en la gestión de la seguridad y salud en el trabajo* establecen que "la empresa deberá obtener toda la información acerca de los riesgos a los que está expuesta la persona que trabaja a distancia mediante una metodología que ofrezca confianza respecto de sus resultados, y prever las medidas de protección que resulten más adecuadas en cada caso".

Esta NTP 1165 ofrece, en fin, una serie de pautas relevantes a este respecto. Entre otras, la consideración del teletrabajo en el plan de prevención, el cual se recomienda que contenga una descripción detallada de los teletrabajadores, sus condiciones de trabajo a distancia y el modelo de acuerdo de teletrabajo implantado en la organización; la realización de la evaluación de riesgos laborales, flexible, y la planificación preventiva

---

26 LANTARÓN BARQUÍN, D., "Encrucijadas y direcciones del derecho a la desconexión digital del trabajador: especial atención al ámbito preventivo", *REDT (Thomson Reuters)*, núm. 250, versión digital 45 páginas, 2022, sección "Estudios", pp. 11 y 12.

27 MERCADER UGUINA, J. R. y DOMÍNGUEZ ROYO, M., "La prevención de…", p. 6.

mediante medios múltiples y metodologías que proporcionen confianza al evaluador respecto a sus resultados y permita recabar una información suficiente para poder tomar decisiones sobre las medidas preventivas que puedan ser necesarias, prestando especial atención a factores psicosociales y ergonómicos. Destaca, además, la NTP que "las actuaciones de esta persona trabajadora en ningún caso pueden sustituir las tareas que, por ley, le corresponden al servicio de prevención de la empresa".

La doctrina juzga se supera con ello la autoevaluación mediante la cumplimentación de un cuestionario anteriormente establecida por la normativa excepcional correspondiente a la etapa inicial de la pandemia, lo que "es acorde a la excepcionalidad de la situación, si bien podría resultar insuficiente para garantizar la implementación efectiva de los principios básicos de la acción preventiva recogidos en el artículo 15 LPRL"[28].

En relación con esta trascendente cuestión, nuestra negociación colectiva sectorial estatal se encuentra dividida, asumiendo en todo caso la limitación de la evaluación al concreto espacio de trabajo donde la persona trabajadora desempeña su prestación de servicios, tal y como pauta la NTP 1165[29]. Una primera opción, realizar la evaluación prevalentemente a distancia, se encuentra reflejada en algunos convenios colectivos que parten de una autoevaluación, si acaso relativamente asistida, por la propia persona trabajadora[30]. Un segundo, y diría, grupo menor de convenios, per-

---

28 Ibídem, pp. 5 y 6.

29 Como se aprecia en el art. 66.5 *Convenio colectivo de la industria metalgráfica y de fabricación de envases metálicos para el período 2021-2023,* suscrito el 25 de enero de 2022 (BOE, 19 de julio), *que* precisa para el trabajo a distancia y teletrabajo que la evaluación de riesgos se realizará únicamente en la zona donde se realice el trabajo a distancia, no aplicándose al resto de la vivienda o lugar elegido para realizar el teletrabajo. Esta misma solución se aprecia en el art. 71 *XXII Convenio colectivo de ámbito estatal para las industrias extractivas, industrias del vidrio, industrias cerámicas y para las del comercio exclusivista de los mismos materiales 2021-2024* al señalar que la evaluación de riesgos únicamente debe alcanzar a la zona habilitada para la prestación de servicios, no extendiéndose al resto de zonas de la vivienda o del lugar elegido para el desarrollo del trabajo a distancia.

30 A título de ejemplo, en el art. 32.9 *Convenio colectivo estatal de elaboradores de productos cocinados para su venta a domicilio, suscrito el 7 de junio de 2022 (BOE, 29 de julio),* que establece que la metodología para la recogida de información a la que se refiere el artículo 16.2 de la Ley 10/2021, de 9 de julio, será prevalentemente a distancia. En idéntico sentido, el artículo 33 *Convenio colectivo para los establecimientos financieros de crédito,* suscrito el 21 de noviembre de 2022 (BOE, 28 de diciembre), regula esta materia destinando su número 7 a la seguridad y salud

mite la conjugación de esta actuación a distancia con una visita presencial y justificada a efectos de proceder a la evaluación de riesgos que puede no ser autorizada por el trabajador (entendemos de desarrollarse la prestación en su domicilio, que es en lo que se piensa)[31].

Reflexionando sobre nuestra negociación colectiva no cabe orillar, por otro lado, el capítulo X de nuestro V AENC, destinado específicamente al teletrabajo, sin perjuicio de adicionales referencias en su capítulo IV que resalta su valor como punto de encuentro entre flexibilización y seguridad y muchos de los elementos importantes de su régimen jurídico, recordando el Acuerdo Marco Europeo sobre Teletrabajo del año 2002, lacónico y superado en la actualidad.

Este capítulo se dedica a confeccionar una lista detallada de "todos los elementos que el acuerdo sobre nueva normativa de trabajo a distancia —o teletrabajo—, alcanzado en el diálogo social tripartito en el año 2020, remite a dicha negociación". Y hace un esfuerzo por resumir estas llamadas, de

---

laboral. Precisa este artículo que la evaluación de riesgos del personal en trabajo a distancia y teletrabajo se realizará también preferentemente a distancia. Para ello ordena se elabore e informe a la representación legal de los trabajadores en la materia "una *metodología basada en la cumplimentación de un formulario por parte de las personas teletrabajadoras, a partir del cual se valorará si el mismo es favorable o si se requieren adecuaciones en materia de PRL a valorar con el servicio de prevención*". Aconseja además a estos trabajadores mantener un vínculo presencial con su unidad de trabajo y con la Empresa, "con el fin de evitar situaciones de aislamiento". Para ello se recomienda que los acuerdos de trabajo a distancia y teletrabajo "incluyan mecanismos que faciliten una cierta presencia de la persona trabajadora en el centro de trabajo".

31 El art. 71 XXII Convenio colectivo de ámbito estatal para las industrias extractivas, industrias del vidrio, industrias cerámicas y para las del comercio exclusivista de los mismos materiales 2021-2024, suscrito con fecha 7 de abril de 2022 (BOE, 24 de junio), añade así un requisito consistente en que "cuando la obtención de toda la información acerca de los riesgos a los que está expuesta la persona que trabaja a distancia, exigiera la visita por parte de quien tuviera competencias en materia preventiva al lugar en el que se desarrolla el trabajo a distancia, deberá emitirse informe escrito que justifique dicho extremo que se entregará a la persona trabajadora y a las delegadas y delegados de prevención. La referida visita requerirá, en cualquier caso, el permiso de la persona trabajadora, de tratarse de su domicilio o del de una tercera persona física. De no concederse dicho permiso, el desarrollo de la actividad preventiva por parte de la empresa podrá efectuarse en base a la determinación de los riesgos que se derive de la información recabada de la persona trabajadora según las instrucciones del servicio de prevención".

modo "didáctico" y para "asegurar la correcta y completa implantación de esta forma de prestación del trabajo" se ha dicho[32].

En todo caso, y como acertadamente se apunta tiene "especial importancia la formación del personal que teletrabaja pues es preciso que participe, incluso con mayor intensidad que bajo otras circunstancias, en el proceso de la identificación y evaluación de riesgos, y disponga de herramientas para corregir *in situ* aquellas condiciones de trabajo que deban variarse según las instrucciones del servicio de prevención"[33]. Y así se aprecia, paulatinamente, en la negociación colectiva[34].

Por último, recalan los autores en la necesidad, subrayada por la EESST, de realizar «campañas de la ITSS dirigidas a empresas donde se utilice la modalidad de prestación laboral a distancia, especialmente del teletrabajo[35], prestándose atención al cumplimiento de la Ley 10/2021, de 9 de

---

32 DE LA PUEBLA PINILLA, A., "Por fin el V Acuerdo sobre Empleo y Negociación Colectiva", *Foro de Labos,* mayo de 2023. Disponible en https://www.elforodelabos.es/ Consultado, por última vez, el 10 de enero de 2025

33 MERCADER UGUINA, J. R. y DOMÍNGUEZ ROYO, M., "La prevención de…", p. 6.

34 A título de ejemplo, el anexo V *Convenio colectivo del grupo de empresas Redexis Gas,* suscrito con fecha 20 de junio de 2022 (BOE, 7 de septiembre), incluye un muy extenso "Reglamento de trabajo a distancia", incluyendo un artículo 8 "Centro de trabajo, lugar de trabajo y prevención de riesgos laborales" que se remite a la L. 10/2021, llama al cumplimiento de todos los requisitos establecidos con respecto a prevención de riesgos laborales establecidos por la Empresa y la LPRL y establece, en consecuencia, la obligatoria formación e información necesarias, obligándose a la persona trabajadora a colaborar con la Compañía para asegurar el cumplimiento de las exigencias legales relativas a la protección de su salud y seguridad en el trabajo. También establece que la evaluación de riesgos se realizará para el puesto de trabajo designado corno habitual por la persona trabajadora y se realizará a través del Servicio de Prevención mediante la autocomprobación *on-line.* Una vez realizada la evaluación de riesgos el Servicio de Prevención Ajeno emitirá el correspondiente informe que será entregado a la persona trabajadora y a las delegadas y delegados de prevención y a la Empresa. Importante es señalar que el art. 8.2 establece que "de no poderse hacer responsable de los anteriores requisitos la persona trabajadora, deberá abandonar de forma inmediata la modalidad de trabajo a distancia".

35 El Departamento de Estadística de la OIT diferencia los conceptos de trabajo a distancia (remote work), teletrabajo (telework, subcategoría de aquél caracterizada por el uso de las TIC y líneas de tierra), trabajo en el domicilio (work at home) y trabajo con base en el domicilio (home-based work, subcateogría del precedente caracterizada por ser éste el lugar usual de trabajo). Conceptos que pueden com-

julio y, en particular, a las disposiciones específicas sobre seguridad y salud relacionadas con los riesgos psicosociales» contemplada en el texto preliminar entonces barajado e incluida tal cual en el apartado 3 (p. 36) del Objetivo 2 "Gestionar los cambios derivados de las nuevas formas de organización del trabajo, la evolución demográfica y el cambio climático desde la óptica preventiva" de la Estrategia definitiva.

Riesgos psicosociales que, junto a los trastornos muscoloesqueléticos también son objeto de atención en relación con las campañas de la ITSS, en colaboración con el INSST y los órganos técnicos de las CC.AA. en el apartado 1.2 (p. 21) del Objetivo 1, "Mejorar la prevención de los accidentes de trabajo y las enfermedades profesionales".

Todas estas reflexiones no dejan sino de corroborar, en fin, la complejidad subrayada por autorizada doctrina advirtiendo que nuestro "actual sistema general de prevención de riesgos laborales se encuentra diseñado para atender a un modelo de trabajo presencial y su trasposición a la modalidad del trabajo a distancia presenta numerosas dificultades", apuntando la necesidad de mayor colaboración *específicamente* de la persona teletrabajadora, cuestiones prácticas como la entrega de los equipos y medios materiales necesarios y adecuados, el apoyo técnico, la necesidad de disponer de un espacio de trabajo adecuado, lo que podría implicar adaptaciones que la empresa debería asumir, al igual que otros costes, etc.[36] La presumible revisión de esta normativa encuentra, pues, en este ámbito, un espacio de necesaria atención.

4. RIESGOS PSICOSOCIALES Y SALUD MENTAL

La introducción y el uso intensivo de nuevas tecnologías en el lugar de trabajo entraña riesgos en la seguridad y salud de las personas trabajadoras. Problemas relacionados con patologías de carácter higiénico, ergonómico o psicosocial. Y, centrados en este aspecto vinculado a la organización y

---

binarse, siendo usual el teletrabajo en el domicilio o, al menos, con base en el domicilio. Y que en los distintos regímenes jurídicos estatales no necesariamente se ajustan a estas definiciones de manera exacta. ILO, COVID-19: Guidance for labour statistics data collection. Defining and measuring remote work, telework, work at home and home-based work. 5 / June / 2020.

36 FERNÁNDEZ-COSTALES MUÑIZ, J., "La prevención de riesgos laborales y sus nuevas exigencias y retos frente al avance de la digitalización y las nuevas tecnologías", *Revista de Trabajo y Seguridad Social.* CEF, 452 (noviembre 2020), p. 99.

gestión del trabajo, motivando la aparición o fortalecimiento de riesgos psicosociales como el tecnoestrés laboral, el burnout y el acoso cibernético[37]. Acoso, genérico, en relación con el cual es referencia obligada el *Convenio núm. 190 OIT sobre la violencia y el acoso en el trabajo*, de 2019. Amén de la habitual atención prestada en los protocolos incluidos en un número cada vez mayor de convenios colectivos.

Riesgos psicosociales que presentan un indiscutible protagonismo en la actualidad, siendo innumerables las referencias a los mismos, normativas y no. No obstante, la vía muerta de la, por algunos, tan deseada Directiva específica en la materia.

De todo los referentes existentes, innumerables, se han destacado[38] el primer *Plan de Acción de la Estrategia Española de Seguridad y Salud en el Trabajo 2015-2020*, que recogía el compromiso de elaboración de unas directrices para la gestión de riesgos psicosociales asumido en el año 2022 por el INSST con *las Directrices básicas para la gestión de los riesgos psicosociales* de acuerdo a las orientaciones emanadas de la Unión Europea, escuetamente analizada destacando dificultad de gestión en las PYMEs, los problemas de salud que pueden generarse o su estructura en ocho apartados, apuntando los principales factores psicosociales.

El análisis destaca en particular el *síndrome de burnout*, trayendo a colación la definición de la NTP 704 *Síndrome de esta quemado por el trabajo*, como *«respuesta al estrés laboral crónico integrada por actitudes y sentimientos negativos hacia las personas con las que se trabaja y hacia el propio rol profesional, así como por la vivencia de encontrarse emocionalmente agotado»*.

También apunta las características de este síndrome del trabajador quemado; categoriza su causalidad, diferenciando causas organizacionales (p.e., exceso de burocracia, falta de coordinación, falta de recompensas o desarrollo profesional, relaciones conflictivas o estructuras muy rígidas y jerarquizadas); relacionales (p.e., usuarios difíciles o problemáticos, competitividad interna, falta de colaboración, o ausencia de apoyo social); y relativas al diseño del puesto de trabajo (p.e., sobrecarga, falta de control sobre los resultados, excesiva carga emocional, poca autonomía o insatis-

---

37 GONZÁLEZ COBALEDA, E., "Digitalización, factores y riesgos laborales: estado de situación y propuestas de mejora", *Revista de Trabajo y Seguridad Social.* CEF, número extraordinario 2019, pp. 101 y 109.

38 MERCADER UGUINA, J. R. y DOMÍNGUEZ ROYO, M., "La prevención de…", p. 8.

facción); e incide en su carácter progresivo desarrollado en torno a cinco etapas, "que pueden ser cíclicas": de entusiasmo ante el nuevo puesto; estancamiento ante el incumplimiento de las expectativas profesionales; de frustración o desmoralización; la fase de apatía; y finalmente la fase de quemado, "en la que tiene lugar un colapso emocional y cognitivo que genera una frustración absoluta en la persona trabajadora"[39].

Se apunta también la entrada en vigor el 1 de enero de 2022 de la última revisión del manual Clasificación Estadística Internacional de Enfermedades y Problemas de Salud Conexos (CIE-11) de la Organización Mundial de la Salud, destacando la inclusión formal y detallada del síndrome del desgaste profesional como un problema directamente relacionado con el trabajo.

Sin embargo, como decimos, los referentes, normativos y no, son innumerables y originados en todos los ámbitos territoriales. Referencias tales como, sin ánimo de su agotamiento, la Norma ISO 45003 "Gestión de la seguridad y salud en el trabajo. Seguridad y salud psicológicas en el trabajo. Directrices para la gestión de los riesgos psicosociales"; la intervención mediante el diálogo social europeo, fundamentalmente con específicos Acuerdos marco sobre estrés laboral (2004), violencia y acoso (2007) y las directrices sobre violencia de terceros (2010) o las referencias del actual Marco estratégico de la UE en materia de salud y seguridad en el trabajo 2021-2027; la atención de la Directiva 2003/88 sobre Ordenación del Tiempo de Trabajo, a uno de los factores psicosociales más reconocidos o la incidencia de otras Directivas; la *Guía para evaluar la calidad de las evaluaciones de los riesgos y las medidas de gestión del riesgo con respecto a la prevención de los riesgos psicosociales* del Comité Europeo de Altos Responsables de la Inspección de Trabajo (SLIC), publicada en el 2018; o las mínimas referencias del Real Decreto 39/1997, de 17 de enero, por el que se aprueba el Reglamento de los Servicios de Prevención (BOE, 31-I); y, por último, *Directrices básicas para la gestión de los riesgos psicosociales* del INSST del año 2022 o el Criterio Técnico 104/2021, sobre actuaciones de la ITSS Social en riesgos psicosociales.

Materia que, en fin, ha conocido ya en nuestro país pronunciamientos tan relevantes —y condenatorios del incumplimiento de su debida evaluación— como los de la STS (Social), de 16 de febrero (Rec. 250/2014) y de la STS (Social) 581/2023, de 22 de septiembre (Rec. 128/2022).

---

[39] Ibídem, p. 9.

Centrados en la salud mental, definida por la OMS[40], su deterioro es en gran medida resultante, en nuestro ámbito laboral, de la materialización de aquellos riesgos, habiendo sido denunciada en innumerables ocasiones su tardía e insuficiente atención.

La *Resolución del Parlamento Europeo, de 5 de julio de 2022, sobre la salud mental digital* (2021/2098 (INI)), atiende esta realidad, destacando la doctrina entre sus ejes los siguientes[41]: la advertencia sobre los pros, flexibilidad y autonomía, y contras, excesiva conexión y mayor intensidad de trabajo, del teletrabajo; los retos para los trabajadores a distancia de la pandemia; el creciente número de empleadores (que) utilizan herramientas digitales como aplicaciones, *software* e inteligencia artificial (IA) para gestionar a sus trabajadores; los nuevos desafíos desafíos que plantea la gestión algorítmica para el futuro del trabajo y su potencial para entrañar importantes riesgos para la salud y la seguridad de los trabajadores, en particular a su salud mental, su derecho a la intimidad y su dignidad como personas; o la necesidad de regular mejor el entorno laboral digital para proteger la salud mental, en cooperación con los representantes de los empresarios y los trabajadores.

El *Marco estratégico de la UE en materia de salud y seguridad en el trabajo 2021-2027* apunta algunos datos, tales como que los problemas de salud mental afectaban a unos 84 millones de personas en la UE ya antes de la pandemia, o que la mitad de los trabajadores de la Unión consideran que el estrés es habitual en su lugar de trabajo, afectando a casi el 80% de los directivos. Señala, además, que estos riesgos, entre otros, se ven acrecentados por el impulso del teletrabajo. E identifica los proyectos de la Comisión existentes en aras a favorecer la salud mental, establece la necesidad de elaborar una base analítica, herramientas electrónicas y guías para las evaluaciones de riesgos relacionadas con los empleos y procesos verdes y digitales, incluyendo, en particular, los riesgos psicosociales y ergonómicos.

Cuando se analiza el texto entonces disponible de lo que finalmente sería la EESST 2023-2027, se afirma la necesidad de desarrollar acciones especiales en materia de salud mental a través del desarrollo de «acciones dirigidas a conocer las causas de origen laboral en pacientes en edad labo-

---

40 Estado de bienestar en el que la persona realiza sus capacidades y es capaz de hacer frente al estrés normal de la vida, de trabajar de forma productiva y de contribuir a su comunidad.

41 MERCADER UGUINA, J. R. y DOMÍNGUEZ ROYO, M., “La prevención de…”, pp. 9 y 10.

ral con diagnóstico de depresión-ansiedad que causan incapacidad laboral tanto temporal como permanente y diseñar una intervención preventiva en función de los factores laborales identificados». Necesidad prácticamente recogida en su literalidad en el apartado 6 (p. 39) del Objetivo 2 "Gestionar los cambios derivados de las nuevas formas de organización del trabajo, la evolución demográfica y el cambio climático desde la óptica preventiva" de la Estrategia definitiva, matizando únicamente, cuando apunta a las causas, su carácter de "posibles" causas.

Concluir, en este esbozo del panorama de referentes en la materia, recordando la trascendencia de la CIE-11 y añadiendo la propia del DSM-5, Manual de la Sociedad Americana de Psiquiatría cuya última versión, salvo error, es del año 2022[42].

5. DE LOS EXOESQUELETOS

Los exoesqueletos se definen en nuestro ámbito como un sistema de asistencia personal que afecta al cuerpo de forma mecánica[43], como dispositivos portátiles que pueden sostener el sistema musculoesquelético mediante diversos principios mecánicos[44]. "*Dispositivos externos portátiles* (en inglés "wearable", ya que se colocan sobre el cuerpo del usuario) utilizados con el objetivo de incrementar las capacidades"[45].

Como se encarga de precisar la propia NTP 1162, a la que más adelante nos referiremos, "la propia definición no es demasiado precisa debido a la diferente tipología de estos equipos, sus distintas formas y principios de funcionamiento y también a sus diferentes campos de aplicación. Es un ámbito, además, en constante y rápida evolución, lo que hace que cada día se diseñen y utilicen nuevos modelos con capacidades mejoradas y amplia-

---

42 AMERICAN PSYCHIATRIC ASSOCIATION, "*Diagnostic and Statistical Manual of Mental Disorders, Fifth Edition, Text Revision (DSM-5-TR®),* 2022, 1120 pages. ISBN 978-0-89042-576-3.

43 LIEDTKE, M. AND GLITSCH, U., Exoskelette. Verordnung für persönliche Schutzausrüstung. Sicher ist sicher, 2018, 3, 110-113.

44 EU-OSHA, "The impact of using exoskeletons on occupational safety and health". Discussión Paper. 27 de agosto de 2019, p. 1.

45 En consonancia con ello, Álvarez Cuesta, por ejemplo, identifica así a los exoesqueletos como robots portátiles. ÁLVAREZ CUESTA, H., *El futuro del trabajo vs. el trabajo del futuro. Implicaciones laborales de la Industria 4.0.* Madrid, Colex, 2017, p. 28.

das". Una tipología en la que la Agencia Europea de Seguridad y Salud en el Trabajo diferencia de modo básico exoesqueletos de la parte inferior del cuerpo, de la parte superior y de cuerpo entero[46].

La doctrina ha sintetizado las características técnicas distintivas de los robots[47] y ha contribuido a su categorización desde distintos criterios. Atendiendo a su aplicación, se habla de *robots industriales*[48] y de *servicios*, siendo estos a su vez de *servicio personal o profesional*; atendiendo a la intervención humana, se distingue entre *robots dependientes (no autónomos) y robots independientes (autónomos)*, también llamados *robots inteligentes*; se habla también atendiendo a su interacción con los humanos de *robots colaborativos o cobots* y, entre ellos, de los *robots inclusivos*, evolucionando "hacia los que pueden desempeñan algunas funciones humanas (los que se denominan robots *workers*) o incrementan las facultades de los humanos", entre los que se citan estos exoesqueletos[49].

Se ha dicho que el nuevo mundo tecnológico, digital, es un "Jekill y Hyde preventivo"[50]. Una doble cara cuya frontera no siempre resulta nítida. En concreto, la robótica conlleva ventajas para la seguridad y salud de la persona trabajadora dada su sustitución en entornos peligrosos y/o

---

46 EU-OSHA, "The impact of…", p. 3.

47 Destacando su capacidad de recoger datos mediante sensores; procesar los datos en bruto; planificar y cumplir acciones mediante conocimientos e informaciones adquiridas, generalmente, en función de objetivos prefijados (*sense-think-act*). Y, eventualmente, la capacidad de comunicación con un operador, con otros robots o con una red externa; y la de aprendizaje. SÁNCHEZ-URÁN AZAÑA, Y. Y GRAU RUIZ, Mª. A., "El impacto de la robótica, en especial la robótica inclusiva, en el trabajo: aspectos jurídico-laborales y fiscales", *Revista Aranzadi de Derecho y Nuevas Tecnologías*, núm. 50, Sección "Estudios Jurídicos", segundo cuatrimestre de 2019, pp. 5 y 6. Y bibliografía que en las mismas se cita.

48 La ISO 8373 incluye entre sus definiciones la de robot industrial como manipulador polivalente reprogramable y de control automático, programable en tres o más ejes, que pueden estar fijos o móviles para uso en aplicaciones de automatización en un entorno industrial.

49 SÁNCHEZ-URÁN AZAÑA, Y. Y GRAU RUIZ, Mª. A., "El impacto de…", pp. 6 y 7.

50 LANTARÓN BARQUÍN, D., "Encrucijadas y direcciones del derecho a la desconexión digital del trabajador: especial atención al ámbito preventivo", *REDT (Thomson Reuters)*, núm. 250, versión digital 45 páginas, 2022, sección "Estudios", p. 10.

insalubres o en trabajos penosos, pero también entraña riesgos cuando ambos coinciden en el lugar de trabajo, caso de los robots colaborativos[51].

Y así sucede en el caso de los exoesqueletos. Pueden, por ejemplo, beneficiosamente, prevenir trastornos musculoesqueléticos, reduciendo la tensión muscular en zonas afectadas con frecuencia, como la zona lumbar o los hombros o apoyar a los trabajadores con discapacidades físicas. Caso en el que, si un exoesqueleto está certificado como EPI, según la Directiva 89/686/CEE, podría utilizarse con fines de prevención para evitar lesiones relacionadas con el trabajo o el uso excesivo[52]. Directiva derogada con efectos a partir del 21 de abril de 2018 por el Reglamento (UE) 2016/425 del Parlamento Europeo y del Consejo, de 9 de marzo de 2016, relativo a los equipos de protección individual y por el que se deroga la Directiva 89/686/CEE del Consejo (art. 46), manteniéndose la validez del anterior aserto

Saldo positivo que parece probable[53]. Manifestación de una visión *tecnopositiva* sobre este mundo frente a otras en que, en particular, la sustitución del ser humano por los robots se percibe negativamente, en particular

---

51 Lo que, atendiendo a cualificada doctrina, implica que "así como las normas establecen reglas o medidas de control y prevención atendiendo a colectivos específicos de personas (edad, discapacidad, maternidad), habrá que establecer también medidas preventivas orientadas a definir el riesgo y los derechos y obligaciones cuando aparezca un robot de mayor autonomía. No solo por tanto medidas de seguridad, tal y como se establecen en la industria, sino orientando la prevención hacia nuevos riesgos psicosociales para los trabajadores humanos que interactúan con robots de esas características". Lo que enlaza con la "readaptación y recapacitación de los trabajadores". SÁNCHEZ-URÁN AZAÑA, Y. Y GRAU RUIZ, Mª. A., "El impacto de…", p. 18.

52 EU-OSHA, "The impact of…", pp. 2 y 4.

53 En una revisión de literatura científica publicada entre 2008 y 2023, se analizaron 75 estudios de un total de 344 concluyendo que "el futuro de la contribución de los exoesqueletos a la salud y la seguridad en el trabajo dependerá de la continua colaboración entre los investigadores, los diseñadores, los profesionales sanitarios y la industria. Con el desarrollo continuo de las tecnologías y un conocimiento cada vez mayor de cómo interactúan estos dispositivos con el cuerpo humano, es probable que los exoesqueletos sigan siendo valiosos para mejorar las condiciones de trabajo y la seguridad en diversos entornos laborales". FLOR-UNDA, O., CASA, B., FUENTES, M., SOLORZANO, S., NARVAEZ-ESPINOZA, F., ACOSTA-VARGAS, P., "Exoskeletons: Contribution to Occupational Health and Safety", *Bioengineering*, 2023, 10, 1039. 24 páginas.

en relación con el empleo, en una visión *tecnonegativa* que incluye el denominado *botsourcing*[54].

Por otro lado, podrían surgir nuevos riesgos potenciales para la salud debido a la redistribución de la tensión a otras regiones del cuerpo, afectar al control motor, la estabilidad articular y la alteración de la cinemática (INRS, 2018). Cabe, en fin, pensar en posibles aumentos de riesgos de lesiones fruto de las restricciones de movimiento de la persona trabajadora, colisiones del exoesqueleto con otros elementos, dificultades en las evacuaciones de emergencia, posibles aumentos de las exigencias cardiovasculares, redistribución del estrés muscular o ciertos riesgos psicosociales[55].

Exoesqueletos que merecen una creciente atención en nuestro ámbito debido al envejecimiento de la fuerza laboral, al importante número de trabajadores con manipulación de cargas (más del 30% de las tareas laborales en la UE y, concretamente, el 37% en España)[56]. Y también desde otros ámbitos, como el militar o sanitaria, caso de la denominada *Healthtech* —Saludtech—, en particular por su relación con la prestación ortoprotésica del Sistema Nacional de Salud, si bien diferenciable[57].

La doctrina ofrece una completa radiografía de las reglas en la materia. La visión preventiva de la robótica no encuentra, según la doctrina de referencia, atención en las directivas comunitarias, apuntando a la normalización como el ámbito que aporta más reglas a la robótica. Existen algunas previsiones indirectas como las existentes en la *Directiva 2006/42/CE, del Parlamento Europeo y del Consejo, de 17 de mayo de 2006, relativa a las máquinas y por la que se modifica la Directiva 95/16/CE* (DO L 157 de 9.6.2006)[58], derogada por el *Reglamento (UE) 2023/1230, del Parlamento Europeo y del Consejo, de 14 de junio de 2023, relativo a las máquinas, y por el que se derogan la Directiva 2006/42/CE del Parlamento Europeo y del Consejo y la Directiva 73/361/CEE*

---

54 Terminología apreciable en SÁNCHEZ-URÁN AZAÑA, Y. Y GRAU RUIZ, Mª. A., "El impacto de…", p. 15.

55 EU-OSHA, "The impact of…", p. 1.

56 Ibídem, pp. 3 y 4.

57 Se pueden diferenciar de los exoesqueletos de uso laboral porque las órtesis sirven para dar apoyo a las personas con morbilidad musculoesquelética. EU-OSHA, "The impact of…", p. 3.

58 Que conoce una última, por el momento, modificación mediante la Directiva (UE) 2024/2749 del Parlamento Europeo y del Consejo, de 9 de octubre de 2024 (DOUL, de 8 de noviembre).

del Consejo (DOUE-L, 29 de junio)[59]; de las normas ISO ISO 8373-2021 y 10218-2011[60], de la especificación técnica ISO/TS 15066:2016 y de las NTP 1162 y 1163.

La Directiva 2006/42/CE, relativa a las máquinas, recogía medidas preventivas que, en principio, serían extrapolables al campo de la robótica. En concreto, "requisitos esenciales de salud y seguridad de alcance general que, luego, son completados con medidas de seguridad más concretas para determinados tipos de máquinas"[61]. Requisitos esenciales apreciables en el Anexo III del actual Reglamento UE 2023/1230 citado, siendo destacables otras previsiones como la contemplada en su artículo 1.3.7 referida a la prevención de los riesgos de contacto que puedan provocar situaciones de peligro y del estrés psicológico que pueda derivarse de la interacción con la máquina.

Aquella Directiva del año 2006 se transpuso a nuestro ordenamiento mediante el Real Decreto 1644/2008 de 10 de octubre, por el que se establecen las normas para la comercialización y puesta en servicio de las máquinas (BOE, 11-X). Real Decreto que, como poco, ha de ser objeto de actualización dada la prevalencia de aquel Reglamento UE 2023/1230.

En cuanto a la normalización, destacan las ISO 8373 y 10218-1 —la primera orientada hacia la seguridad en el diseño y la construcción del robot y la segunda focalizada en las directrices para la seguridad del personal durante la integración del robot, su instalación, ensayos, programación,

---

59 Reglamento cuyo Considerando 12 manifiesta que el "*Informe de la Comisión sobre las repercusiones en materia de seguridad y responsabilidad civil de la inteligencia artificial, el internet de las cosas y la robótica, de 19 de febrero de 2020,* establece que la aparición de nuevas tecnologías digitales, como la inteligencia artificial, el internet de las cosas y la robótica, entraña nuevos retos para la seguridad de los productos. El informe concluye que la legislación vigente en materia de seguridad de los productos, incluida la Directiva 2006/42/CE, presenta una serie de resquicios jurídicos a este respecto que deben corregirse". De recordar es también, en este ámbito, la *Resolución del Parlamento Europeo, de 16 de febrero de 2017, con recomendaciones destinadas a la Comisión sobre normas de Derecho Civil sobre robótica* (2015/2103 INL).

60 Cuya actualización está en desarrollo, aunque existen otras normas ISO aplicables al mundo de la robótica, como la ISO 11593:2022 sobre robots para entornos industriales y sistemas de intercambio automático de efectos terminales. Un elenco de las mismas puede ser identificado mediante su búsqueda en https://www.iso.org/

61 MERCADER UGUINA, J. R. y DOMÍNGUEZ ROYO, M., "La prevención de…", p. 7.

funcionamiento, mantenimiento y reparación—, que definen el robot industrial[62] y fijan sus requisitos de seguridad. Como complemento y apoyo de las normas ISO anteriores, la especificación técnica ISO/TS 15066:2016 dedicada, en particular, a las aplicaciones con robots colaborativos, define estos —aquellos diseñados para interaccionar directamente con un humano dentro de un espacio de trabajo colaborativo-y sus correspondientes medidas de seguridad.

Destaca también la doctrina de referencia las NTP 1162 (*Exoesqueletos I: Definición y clasificación*) y 1163 (*Exoesqueletos II: Criterios para la selección e integración en la empresa*), ambas del año 2021 y referidas a los exoesqueletos, vía de intervención ergonómica y de mejora de las condiciones de trabajo, especialmente en lo que a la carga física se refiere.

La NTP 1162 clasifica estos dispositivos entre *exoesqueletos activos*, con partes móviles accionadas por motores eléctricos o neumáticos, para ayudar en los movimientos que lleva a cabo el usuario, aumentando con ello su capacidad física o disminuyendo la fatiga, y *exoesqueletos pasivos*, que "no cuentan con un aporte externo de energía que mueva partes del equipo sino que, por el contrario, utilizan la energía generada por el movimiento del propio usuario que, almacenada y repartida, servirá para reajustar la carga física soportada por diferentes segmentos corporales".

Esta NTP 1162 concluye señalando que "los exoesqueletos pueden ser una ayuda en la prevención de riesgos laborales, aunque es necesario mejorar su diseño y funcionalidades. Para ello, resulta esencial que haya avances en el terreno de la normalización, así como que la decisión de integrarlos en un puesto de trabajo sea fruto de una evaluación y una reflexión previas que garanticen que es la mejor solución posible, y que se cuente con la opinión de las personas usuarias y de sus representantes".

En sus conclusiones la NTP 1163 añade a lo anterior que "el uso de exoesqueletos en el ámbito laboral puede ser una opción muy interesante en aquellos casos en los que no se haya podido emplear otro tipo de medidas preventivas para eliminar o controlar un determinado riesgo. Ciertamente los trastornos musculoesqueléticos de origen laboral continúan siendo una de las principales causas de baja laboral y los exoesqueletos po-

---

62 Como un manipulador programable en tres o más ejes multipropósito, controlado automáticamente, reprogramable y multifuncional, programable en tres o más ejes, que puede ser fijo o móvil y que se utiliza en aplicaciones industriales automatizadas.

drían contribuir a su disminución. El éxito en la implantación está sujeto a una adecuada selección del equipo y va a depender de cómo se gestione y se introduzca en la empresa y en especial en el puesto de trabajo".

En todo caso, y para concluir, su inclusión en la evaluación de riesgos es fundamental. A estos efectos, CCOO, AMETIC y UGT han elaborado una serie de recomendaciones laborales para facilitar la transformación digital como herramienta transversal que afecta a todos los sectores de actividad, enumerando entre las tecnologías analizadas (que incluyen Big Data, Data Analytics, Ciberseguridad, Inteligencia artificial, etc.) los exoesqueletos[63]. Y que tienen carácter abierto dada la apostilla de cierre afectante a "otras tecnologías que pudieran introducirse en los centros productivos de trabajo".

Entre otras ideas de estas Recomendaciones, destacan su orientación al mantenimiento o creación de empleo de calidad; la constitución de un Comité de Seguimiento de las tecnologías implantadas en el Centro Productivo de Trabajo, formado por dos representantes de Ametic y uno de CCOO y UGT; la formación de los trabajadores; la necesidad de una implantación mediante experiencias piloto que habrán de ser objeto de valoración, incluyendo, en lo que nos interesa, una evaluación de los riesgos físicos y/o psicológicos según marque la normativa de prevención de riesgos laborales aplicable en cada caso, evaluando medidas de desconexión tecnológica si fuesen precisas según la tipología del Piloto propuesto.

Recordar también por último, en idéntica línea, que el *Acuerdo de los interlocutores sociales europeos sobre Digitalización* llama a sustentar el uso de la robótica "respetando y cumpliendo los controles de seguridad"[64]. Y, mucho más relevante, el *Reglamento (UE) 2024/1689, del Parlamento Europeo y del Consejo, de 13 de junio de 2024, de Inteligencia Artificial* manifiesta en idéntico sentido que "los robots cada vez más autónomos que se utilizan en las fábricas o con fines de asistencia y atención personal deben poder funcionar y

---

63 CC.OO., AMETIC y UGT, *Recomendaciones sobre el Impacto de la Tecnología en los Centros Productivos de Trabajo*. 6 páginas. Disponible en https://industria.ccoo.es/1feccefb64b1d94313a6c4718b82365a000060.pdf Última visita en enero de 2025.

64 BUSINESSEUROPE, CEEP, SMEUNITED, ETUC, *Acuerdo de los interlocutores sociales europeos sobre digitalización, diciembre de 2020, editor BUSINESSEUROPE,* 16 páginas.

desempeñar sus funciones de manera segura en entornos complejos (Considerando 47)[65].

6. RECAPITULACIÓN Y CONCLUSIONES

La presente reflexión ha procedido al análisis de una serie de aristas relacionadas con la seguridad y salud en el trabajo. Aristas que, bien se ven profundamente afectadas por la digitalización, caso del análisis de la exposición a agentes biológicos y cancerígenos o de los riesgos psicosociales y la salud mental, bien conforman a su vez la digitalización misma, caso del trabajo a distancia y de los exoesqueletos. Y lo hace, como la obra de referencia, centrados en la exposición de los referentes, fundamentalmente normativos, en la evolución de estos y en algunas ideas adicionales fundamentales.

En el caso de los agentes biológicos y cancerígenos, que no constituyen compartimentos estancos, y que además comparten el carácter crucial de los valores límite de exposición laboral, destacan, en relación con los agentes biológicos —amén, desde otro plano, de la NTP 833—, la Directiva 2000/54/CE y el desarrollo —que lo fue de la normativa comunitaria previa— mediante el remozado Real Decreto 664/1997, ambos objeto de constantes modificaciones legales.

En relación con los agentes cancerígenos, partiendo de unos datos de exposición laboral abrumadores y de la infradeclaración apuntada en la EESST 2023-2027, la normativa es inabarcable, comprendiendo referencias tanto de la Unión Europea como estatales. Y tanto específicas, relacionadas con algunos agentes, en particular con el amianto, como generales. Frontispicio de todo este bloque normativo son, en nuestro prisma y sin olvidarnos del RD 1299/2006, la Directiva 2004/37/CE y el Real Decreto 665/1997. Ambos igualmente objeto de continuas modificaciones legales. Materia sobre la que se han proyectado innumerables Notas Técnicas de Prevención. Aquella EESST aborda además con gran extensión, incluso proyecta una completa Agenda, esta cuestión. Y no solo se ocupa del cán-

---

65 Reglamento (UE) 2024/1689, del Parlamento Europeo y del Consejo, de 13 de junio de 2024, por el que se establecen normas armonizadas en materia de inteligencia artificial y por el que se modifican los Reglamentos (CE) nº 300/2008, (UE) nº 167/2013, (UE) nº 168/2013, (UE) 2018/858, (UE) 2018/1139 y (UE) 2019/2144 y las Directivas 2014/90/UE, (UE) 2016/797 y (UE) 2020/1828 (DOUEL, de 17 de julio).

cer de origen profesional sino también, en menor medida, de las medidas empresariales ante cualquier cáncer, con independencia de su origen, profesional o común.

Por lo que respecta al trabajo a distancia, con el acicate que para el teletrabajo supuso la COVID-19, sin orillar la NTP 1165, el referente es la L. 10/2021, apreciándose innumerables riesgos en particular en el teletrabajo. Riesgos tales como fatiga visual, trastornos musculoesqueléticos o trastornos psicosociales y la trascendencia —y complejidad— de una evaluación de riesgos sustantiva en el ámbito del domicilio de la persona trabajadora (también fuera de la empresa mutatis mutandi). Sustantividad que difícilmente se compadece con la autoevaluación a distancia, siquiera asistida, acogida mayoritariamente en la negociación colectiva, con la limitación legal a sus confines en el espacio de trabajo. Un capítulo específico de nuestro V AENC se destina igualmente a eta materia. Se corrobora, en fin, la denunciada necesidad de adaptar nuestro sistema de prevención de riesgos laborales a una prestación de trabajo no meramente presencial sino también a distancia o híbrida.

Sobre aquellos riesgos psicosociales, defendida la necesidad de una Directiva en la materia que, al menos por el momento, no parece sea sentida por la UE, los referentes son, desde todos los ámbitos, innumerables. Y a ellos se suman algunos pronunciamientos señeros de nuestro TS, como su S. (Social) 581/2023, de 22 de septiembre (Rec. 128/2022). Riesgos que repercuten en la salud mental, materia ésta precisada de una mayor y, sobre todo, más clara atención. Apuntar en relación con la misma, a título de ejemplo, la Resolución del Parlamento Europeo, de 5 de julio de 2022, sobre la salud mental digital o el Marco estratégico de la UE en materia de salud y seguridad en el trabajo 2021-2027 que refleja algunos relevantes datos y el crecimiento de estos riesgos y daños a la salud mental con el teletrabajo. También la relevancia del DSM-5.

Por último, los estudios evidencian los beneficios y riesgos, también psicosociales, aparejados al uso de los exoesqueletos. Dispositivos portátiles de la parte inferior del cuerpo, de la parte superior y de cuerpo entero, que pueden ser activos o pasivos y que se incluyen entre los robots colaborativos. Exoesqueletos que merecen una creciente atención en nuestro ámbito debido al envejecimiento de la fuerza laboral, al importante número de trabajadores con manipulación de cargas y al crecimiento de la denominada Healthtech.

Las referencias en el ámbito preventivo son aquí, más allá de las normas ISO 8373-2021 y 10218-2011, de la especificación técnica ISO/TS

15066:2016 y de las NTP 1162 y 1163 NTP y de la NTP indirectas, destacando el Reglamento (UE) 2023/1230, cuyo artículo 1.3.7 se refiere a la prevención de los riesgos de contacto que puedan provocar situaciones de peligro y del estrés psicológico que pueda derivarse de la interacción con la máquina. Y, eventualmente, el Reglamento UE 2016/425. También el Real Decreto 1644/2008, que, como poco, ha de ser objeto de necesaria actualización. Finalmente, señalar que el reciente Reglamento (UE) 2024/1689, del Parlamento Europeo y del Consejo, de 13 de junio de 2024, de Inteligencia Artificial recuerda la necesidad de su funcionamiento de manera segura en entornos complejos.

Bibliografía

AA.VV., *Seguridad y Salud en el Trabajo. Practicum social 2017,* Cizur Menor (Aranzadi), 2017. ISBN 978-84-9099-110-7, 211 páginas.

ÁLVAREZ CUESTA, H., *El futuro del trabajo vs. el trabajo del futuro. Implicaciones laborales de la Industria 4.0.* Madrid, Colex, 2017, 173 pp. ISBN 978-84-17135-35-5.

AMERICAN PSYCHIATRIC ASSOCIATION, "*Diagnostic and Statistical Manual of Mental Disorders, Fifth Edition, Text Revision (DSM-5-TR®),* 2022, 1120 pages. ISBN 978-0-89042-576-3.

CAVET, M, IRASTORZA, X, SCHENEIDER, E. y VIAHUR, N., "Workers' exposure survey on cancer risk factors in Europe. First findings", *Occupational Medicine,* Volume 74, Issue Supplement 1, July 2024.

CC.OO., AMETIC y UGT, *Recomendaciones sobre el Impacto de la Tecnología en los Centros Productivos de Trabajo.* 6 páginas. Disponible en https://industria.ccoo.es/1feccefb64b1d94313a6c4718b82365a000060.pdf Última visita en enero de 2025.

CORRAO, MAZZOTTA, LA TORRE y DE GIUSTI, "Biological risk and occupational health", *Industrial Health,* 2012, 50, pp. 326 a 337.

DÍAZ BERNARDO, L., "Extensión del deber de protección del empresario frente a riesgos biológicos en actuaciones excluidas del ámbito de aplicación de la Ley 31/1995, de 8 de noviembre de Prevención de Riesgos Laborales", Revista Doctrinal Aranzadi Social, núm. 7, Sección Presentación, 2012, 10 páginas.

DUTKIEWICZ et al., "Occupational biohazards: a review", *American Journal of Industrial Medicine,* 1988; 14(5), 605-23.

EU-OSHA, "The impact of using exoskeletons on occupational safety and health". Discussión Paper de 27 de agosto de 2019, 10 páginas. Disponible en https://osha.europa.eu/en/publications Última consulta en enero de 2025.

FERNÁNDEZ-COSTALES MUÑIZ, J., "La prevención de riesgos laborales y sus nuevas exigencias y retos frente al avance de la digitalización y las nuevas tecnologías", *Revista de Trabajo y Seguridad Social.* CEF, 452 (noviembre 2020), pp. 83-115.

FLOR-UNDA, O., CASA, B., FUENTES, M., SOLORZANO, S., NARVAEZ-ESPINOZA, F., ACOSTA-VARGAS, P., "Exoskeletons: Contribution to Occupational Health and Safety", *Bioengineering,* 2023, 10, 1039. 24 páginas.

GONZÁLEZ COBALEDA, E., "Digitalización, factores y riesgos laborales: estado de situación y propuestas de mejora", *Revista de Trabajo y Seguridad Social.* CEF, número extraordinario 2019, pp. 85-112.

ILO, *COVID-19: Guidance for labour statistics data collection. Defining and measuring remote work, telework, work at home and home-based work.* 5/June/2020.

LANTARÓN BARQUÍN, "D., Prevención de riesgos laborales y negociación colectiva: anclajes legales internacionales y desarrollos sectoriales estatales en España", *T R I P A L I U M Justicia Social y Trabajo Decente e-revista,* núm. 2, 2023, pp. 38 a 69. T R I P A L I U M (wordpress.com)

LANTARÓN BARQUÍN, D., "Encrucijadas y direcciones del derecho a la desconexión digital del trabajador: especial atención al ámbito preventivo", *REDT (Thomson Reuters),* núm. 250, versión digital 45 páginas, 2022, sección "Estudios", Versión papel pp. 83 a 134 versión electrónica 45 páginas. ISSN 2444-3476.

LANTARÓN BARQUÍN, D., «De cómo escapar del "día de la Marmota" aprendiendo del cuento del lobo: una visión universal del derecho del trabajo y sus respuestas a la crisis del COVID-19», *T R I P A L I U M Justicia Social y Trabajo Decente e-revista,* VOL. III, núm. 1, 2021, pp. 3-39. Disponible en www.tripaliumsite.wordpress.com

LIEDTKE, M. AND GLITSCH, U., Exoskelette. Verordnung für persönliche Schutzausrüstung. Sicher ist sicher, 2018, 3, 110-113.

MERCADER UGUINA, J. R. y DOMÍNGUEZ ROYO, M., "La prevención de riesgos ante la evolución científica y técnica: últimas tendencias normativas", *Trabajo y Derecho.* Aranzadi LA LEY, núm. 93, septiembre de 2022, edición digital, pp. 1-10.

DE LA PUEBLA PINILLA, A., "Por fin el V Acuerdo sobre Empleo y Negociación Colectiva", *Foro de Labos,* mayo de 2023. Disponible en https://www.elforodelabos.es/

PURCALLÁ BONILLA, M.A., "Vigilancia de la salud de los trabajadores: claves interpretativas de su régimen jurídico", *Aranzadi social,* ISSN 1131-5369, núm. 5, 1997, pp. 675-706.

SÁNCHEZ-URÁN AZAÑA, Y. Y GRAU RUIZ, Mª. A., "El impacto de la robótica, en especial la robótica inclusiva, en el trabajo: aspectos jurídico-laborales y fiscales", *Revista Aranzadi de Derecho y Nuevas Tecnologías,* núm. 50, Sección "Estudios Jurídicos", segundo cuatrimestre de 2019, 40 páginas edición digital.

Transposición de la normativa de la Unión Europea sobre seguridad y salud en el trabajo. Visión desde el derecho comparado

NURIA ELENA RAMOS MARTÍN
Investigadora Distinguida, Universidad de Salamanca
ORCID (Open Researcher and Contributor ID): 0000-0001-6290-1283

1. PRÓLOGO

Me gustaría comenzar estas páginas mostrando mi satisfacción por poder aportar mi contribución a esta publicación homenaje al Profesor Jesús Mercader Uguina. He tenido la suerte y el enorme privilegio de trabajar con el Profesor Mercader Uguina en numerosos proyectos de investigación internacionales financiados por la Dirección General de Empleo de la Unión Europea sobre múltiples temas relacionados con el derecho social de la UE y el derecho del trabajo comparado. En este capítulo presento parte de los resultados de la investigación sobre "Salud y seguridad en el trabajo: logros, deficiencias y opciones políticas", realizada en el marco del Proyecto Horizon 2020 EUSOCIALCIT (The Future of European Social Citizenship)[1]. El Profesor Mercader y otros queridos compañeros de varias

---

[1] RAMOS MARTÍN, N. E., MERCADER UGUINA, J., and MUÑOZ RUIZ, A. B. et al. (2023), Health and safety at work: achievements, shortcomings, and policy op-

universidades Europeas colaboraron activamente en dicha investigación y contribuyeron a que dicho proyecto haya sido evaluado como excelente por la Comisión Europea, (entidad financiadora del mismo). Antes de exponer, de forma sucinta, parte de los resultados de dicha investigación, quiero expresar mi enorme agradecimiento al Profesor Mercader por su cercanía, su amabilidad y su gran profesionalidad. De mi cooperación con él y su equipo investigador, he colegido que el Profesor Jesús Mercader es un magnífico investigador con una extraordinaria capacidad de visión analítica de nuestra disciplina, un gran maestro en el campo del derecho del trabajo con una amplia proyección dentro y fuera de nuestras fronteras y, sobre todo, una excelente persona. Estaré siempre agradecida a su apoyo y a la posibilidad que me ha brindado de trabajar juntos durante todos estos años.

2. INTRODUCCIÓN

Este capítulo explica cómo el acervo de la Unión Europea (UE) en materia de seguridad y salud en el trabajo se ha aplicado en los Estados miembros de la UE, con un enfoque en el estudio del caso de los Países Bajos. En este capítulo, examino cómo se han implementado los principales instrumentos normativos de la UE en materia de seguridad y salud en el trabajo (la Directiva Marco de la UE sobre seguridad y salud en el trabajo[2] y dos directivas conexas, a saber, la Directiva sobre el tiempo de trabajo[3] y la Directiva sobre seguridad y salud en el trabajo de la trabajadora embarazada)[4]. Este capítulo ofrece una visión general (centrándose en el estudio de caso de los Países Bajos) de las medidas de transposición,

tions. *EuSocialCit Working Paper*, Doi: 10.5281/zenodo.8118960, (2023), pp. 1-154, disponible en: https://zenodo.org/records/8118960 [consulta: 20/02/2025].

2 Directiva 89/391/CEE del Consejo de 12 de junio de 1989 relativa a la aplicación de medidas para promover la mejora de la seguridad y de la salud de los trabajadores en el trabajo DOUE-L-1989-80648.

3 Directiva 2003/88/CE de Parlamento Europeo y del Consejo de 4 de noviembre de 2003 relativa a determinados aspectos de la ordenación del tiempo de trabajo, DOUE L 299/9, de 18.11.2003.

4 Directiva 92/85/CEE del Consejo, de 19 de octubre de 1992, relativa a la aplicación de medidas para promover la mejora de la seguridad y de la salud en el trabajo de la trabajadora embarazada, que haya dado a luz o en período de lactancia), DOUE-L-1992-81903

cumplimiento y aplicación de las normas de seguridad y salud en el trabajo de la UE.

Este capítulo se basa en la investigación realizada en el marco del proyecto EUSOCIALCIT[5] en el ámbito de la seguridad y salud en el trabajo en la UE, que incluyó una selección de estudios de caso. Se prestó especial atención a incluir un abanico suficientemente amplio de países que cubrieran diferentes sistemas de relaciones laborales y tradiciones jurídicas: países con predominancia del derecho civil (Países Bajos, Alemania), jurisdicciones mixtas de derecho civil y derecho laboral específico (España, Francia), países de derecho común (Irlanda), países con regímenes jurídicos de transición (Polonia) y países con una fuerte participación de los interlocutores sociales y la negociación colectiva en cuestiones laborales (Dinamarca).

Este capítulo aborda las siguientes preguntas de investigación: ¿Cuáles son las condiciones de seguridad y salud, así como los principales problemas que enfrentan los trabajadores en dos sectores específicos (construcción y servicios personales y del hogar)? ¿En qué medida los trabajadores de estos sectores pueden ejercer efectivamente sus derechos en relación con la seguridad y salud en el trabajo? Y ¿Cuán efectivos han sido los Estados miembros, en particular los Países Bajos, en la transposición y aplicación de las normas actuales de seguridad y salud en el trabajo de la UE?

Tomando como punto de partida el marco teórico sobre recursos de poder desarrollado en el proyecto EUSOCIALCIT[6], este capítulo analiza cómo el acervo de la UE sobre seguridad y salud en el trabajo se ha transpuesto y aplicado en los Países Bajos. Asimismo, evalúa en qué medida la legislación de la UE en materia de seguridad y salud ha contribuido a garantizar la protección de los trabajadores en relación con el derecho a un entorno laboral saludable, seguro y bien adaptado, conforme al Principio 10 del Pilar Europeo de Derechos Sociales.

---

5 *This article is partly based on the research conducted for the EuSocialCit project, which has received funding from the European Commission's Horizon 2020 Research and Innovation programme under grant agreement no 870978. Disclaimer: This publication reflects the authors' view only. The European Commission is not responsible for any use that may be made of the information it contains.*

6 Ver FERRERA M., CORTI F. y KEUNE M. Social citizenship as a marble cake: the changing pattern of right production and the role of the EU. *Journal of European social policy*, Volume 33, Issue 5. (2023) pp. 487-492.

La teoría de los "recursos de poder" desarrollada por Ferrera, Corti y Keune, en el marco del proyecto EUSOCIALCIT[7], clasifica los derechos sociales en conjuntos de recursos de poder que permiten a los individuos reclamar y adquirir efectivamente beneficios materiales para afrontar una amplia gama de riesgos y necesidades sociales. Se identifican tres categorías de recursos de poder:

1. **Recursos normativos:** Obligaciones y derechos recogidos en la legislación nacional, los Tratados de la UE, el derecho derivado de la UE y la jurisprudencia. Si bien estos recursos legales son fundamentales para garantizar el respeto de los derechos sociales, pueden volverse ineficaces si los ciudadanos no pueden ejercer estos derechos en la práctica y responsabilizar a las administraciones, empresas y/o individuos en caso de incumplimiento.

2. **Recursos de aplicación o coercitivos:** Mecanismos establecidos en términos generales en muchas de las Directivas sociales de la UE, tales como los recursos judiciales, que permiten a los titulares de derechos hacer valer sus derechos a través de litigios y responsabilizar a las autoridades, organizaciones o individuos en caso de conculcación de los mismos. También incluyen procedimientos administrativos que los Estados miembros pueden utilizar para cumplir con sus obligaciones.

3. **Recursos instrumentales:** Herramientas híbridas como canales y procedimientos ofrecidos por organizaciones de la sociedad civil y sindicatos, medidas internas de las empresas o campañas de información pública sobre nuevos derechos, que facilitan el ejercicio de los mismos en la práctica.

El análisis se centra en los sectores de la construcción y los servicios personales y del hogar, ambos con problemas significativos en materia de seguridad y salud laboral.

Antes de detallar en las siguientes secciones los recursos de poder específicos disponibles para proporcionar a los ciudadanos de la UE derechos efectivos en materia de seguridad y salud en el trabajo, cabe señalar que, a pesar de los notables esfuerzos a nivel europeo para promover un alto nivel de protección en esta área y tratar de erradicar los accidentes laborales, la incidencia de estos en los dos sectores estudiados sigue siendo alta.

---

7 Ibid.

Según los datos publicados por EUROSTAT[8], la incidencia de accidentes laborales es mayor entre los hombres, principalmente porque las actividades en las que trabajan son más peligrosas. En 2020, los sectores de la construcción, transporte y almacenamiento, manufactura, y agricultura, silvicultura y pesca representaron conjuntamente aproximadamente dos tercios (63,1%) de todos los accidentes laborales mortales y más de dos quintos (44,1%) de los accidentes no mortales en la UE. En 2020, más de una quinta parte (21,5%) de todos los accidentes mortales y el 12,7% de los accidentes no mortales ocurrieron el sector de la construcción[9]. En los servicios del hogar, debido al carácter altamente informal y la prevalencia del trabajo no declarado, no existen cifras estadísticas claras a nivel de la UE sobre la incidencia de accidentes laborales en dicho sector. Sin embargo, algunos informes nacionales muestran que, debido a las arduas condiciones de trabajo detectadas, la tasa de accidentes laborales es significativamente mayor en estos servicios en comparación con otras ocupaciones[10].

3. RECURSOS NORMATIVOS A NIVEL EUROPEO: MARCO LEGAL DE LA UE SOBRE SALUD Y SEGURIDAD EN EL TRABAJO[11]

Este artículo comienza realizando una breve descripción de la normativa sobre seguridad y salud en el trabajo en la UE. La seguridad y salud en el trabajo fue una de las primeras áreas en las que se adoptó legislación social

---

[8] European statistics on accidents at work (ESAW) administrative data collection exercise: Disponible en: https://ec.europa.eu/eurostat/statistics-explained/index.php?title=Accidents_at_work_statistics [consulta: 20/02/2025].

[9] *Ibid.*

[10] GAYET C., Quand le domicile privé est aussi un lieu de travail, *Hygiène et Sécurité du travail,* n° 246, Juin 2016, pp. 1-47 y MANNOUDI, A., WEBER, T., SCOTT, D. y HAWLEY WOODALL, J., ICF, '*An analysis of Personal and Household Services to support work life balance for working parents and carers'*, Publications Office of the European Union, 2018, p. 1-67.

[11] Para más información sobre esta sección ver la contribución de MUÑOZ RUIZ, A. B a la publicación del proyecto EUSOCIALCIT: RAMOS MARTÍN, N. E., MERCADER UGUINA, J., y MUÑOZ RUIZ, A. B. et al. Health and safety at work: achievements, shortcomings, and policy options. *EuSocialCit Working Paper,* Doi: 10.5281/zenodo.8118960, (2023), pp. 12-23, *op. cit.* y MUÑOZ RUIZ, A. B., *El sistema normativo de la prevención de riesgos laborales,* Tesis doctoral dirigida por Jesús R. MERCADER UGUINA (dir. tes.). Universidad Carlos III de Madrid (2008).

en la UE y los Estados miembros deben transponer ese marco normativo en su propio sistema jurídico. En este proceso se puede observar una gran variedad de opciones y técnicas legislativas de transposición.

Desde la década de 1980 se han aprobado numerosas Directivas de la UE con el objetivo de proteger la seguridad y salud en el trabajo. La regulación de esta materia ha evolucionado en cuanto a la intensidad de la protección ofrecida por el derecho de la UE, desde las primeras normativas hasta el momento actual. Las técnicas legislativas han evolucionado desde los instrumentos tradicionales, caracterizados por su alto y detallado contenido técnico, hacia regulaciones prolijas en el establecimiento de principios jurídicos y normas más generales. Ha existido una transición de una intervención predominantemente pública a otra que también involucra a los sujetos privados debido a su cercanía con los problemas reales en materia de seguridad y salud en el trabajo. El contenido de los instrumentos legales ha evolucionado ampliando la esfera de protección en términos de los riesgos y peligros a los que se refiere. Además, la complejidad técnica de la materia ha requerido la participación de expertos científicos y técnicos en los procesos de producción normativa. A su vez, se han puesto a prueba algunas fórmulas de diálogo social, quizá no siempre con éxito, con el fin de que los agentes sociales puedan aprobar pactos y acuerdos sobre esta materia. Finalmente, la incertidumbre científica respecto a algunas sustancias y procesos de producción ha llevado a la incorporación de principios jurídicos novedosos como el principio de precaución.

Las primeras Directivas sobre seguridad y salud en el trabajo fueron adoptadas a principios de la década de 1980. La base jurídica utilizada para su aprobación fue el artículo 100 del entonces Tratado de la Comunidad Europea, que requería la unanimidad en el Consejo para la adopción de las Directivas. La legislación aprobada durante este periodo fue un conjunto desorganizado de Directivas que se centraban en el campo de la higiene industrial, orientadas a prevenir las enfermedades profesionales, con algunas excepciones, como las relacionadas con las señales de seguridad y los riesgos de accidentes graves[12]. La consecuencia inmediata de esto es que esta normativa se refería a riesgos derivados del uso de sustancias muy

---

[12] GONZÁLEZ DE LENA ÁLVAREZ, F., "La materia laboral de seguridad e higiene en las Directivas comunitarias. Balance y perspectivas a comienzos de 1989", *Relaciones Laborales*, I, 1989, p. 1298.

específicas utilizadas por ciertos tipos de empresas[13]. Por lo tanto, no se establecieron medidas de protección contra muchos otros peligros presentes en casi todas las empresas[14]. La naturaleza fragmentada de esta legislación continuó con la aprobación de la Directiva 80/1107, conocida como la Directiva Marco sobre Higiene, que prevé la adopción de medidas específicas en materia de seguridad y salud en el trabajo y sobre el uso de sustancias concretas[15]. Esta legislación respondía a un enfoque técnico tradicional de la seguridad y salud laboral[16] y ofrecía protección a los trabajadores únicamente contra riesgos relacionados con la exposición a agentes químicos, físicos y biológicos durante el trabajo[17].

En las primeras Directivas, la protección de las normas en la materia se vio debilitada por la formulación de algunas disposiciones, como el artículo 3 de la Directiva Marco sobre Higiene, que proporciona a los Estados una lista de elementos que les permite ajustar las obligaciones normativas o hacer referencia a factores económicos al establecer las normas sobre seguridad y salud en el trabajo razonablemente posibles.

En este primer periodo, la política sobre seguridad y salud en el trabajo se concebía como una responsabilidad casi exclusiva de las autoridades públicas. Esto fue el resultado de la falta de un enfoque integral sobre la prevención de la seguridad y salud en el trabajo en ese periodo. Más adelante, el enfoque legislativo de la UE en este campo evolucionó al incor-

---

13 GONZÁLEZ ORTEGA, S., "La Directiva marco en materia de seguridad", *IX Jornadas Universitarias Andaluzas de Derecho del Trabajo y Relaciones Laborales,* Málaga, 1992, p. 239.

14 GONZÁLEZ-POSADA MARTÍNEZ, E., "El significado de la normativa comunitaria en materia de seguridad, higiene y salud en el trabajo. La Directiva 89/391/CEE ", *Actualidad Laboral,* 1991, III, p. 394.

15 CAMAS RODA, F., *La normativa internacional y comunitaria de seguridad y salud en el trabajo,* Valencia, Tirant lo Blanch, 2003, p. 228.

16 Ver RODRÍGUEZ PIÑERO, M., "El desarrollo reglamentario de la Ley de Prevención de Riesgos Laborales", *Relaciones Laborales,* 1997, II, p. 55; GONZÁLEZ DE LENA ÁLVAREZ, F., "La materia laboral de seguridad e higiene en las Directivas comunitarias. Balance y perspectivas a comienzos de 1989", *Relaciones Laborales,* I, 1989, p. 1298 y GONZÁLEZ-POSADA MARTÍNEZ, E., "El significado de la normativa comunitaria en materia de seguridad, higiene y salud en el trabajo. La Directiva 89/391/CEE", *Actualidad Laboral,* I, 1991, III, p. 395.

17 GONZÁLEZ ORTEGA, S., *La Directiva marco en materia de seguridad,* IX Jornadas Universitarias Andaluzas de Derecho del Trabajo y Relaciones Laborales, Málaga, 1992, p. 239.

porar la participación de las partes en la relación laboral (empleadores y trabajadores).

La segunda generación de Directivas: Desde la entrada en vigor del Acta Única Europea en 1986[18], se aprobaron nuevas normativas sobre seguridad y salud en el trabajo en el ámbito de la UE. Esta legislación presentó un nuevo enfoque respecto a las Directivas aprobadas previamente[19]. Los expertos en la materia constataron "una nueva dinámica de producción de normas de seguridad e higiene"[20] y "un nuevo enfoque"[21] de la UE sobre la seguridad y salud en el trabajo. Durante ese periodo, se produjeron cambios sustanciales en la intensidad de la protección en este ámbito. Se adoptaron nuevas directivas, con un alcance más amplio y un mayor ámbito material de aplicación. Se aprobaron diversas directivas con nuevas disposiciones que no solo regulaban cuestiones de higiene industrial, sino que también abordaban problemas más generales, como los riesgos relacionados con la seguridad en el trabajo[22].

---

18 Ver VILLA GIL, L. E., "La Carta de los Derechos Fundamentales de la Unión Europea", *Revista del Ministerio de Trabajo y Asuntos Sociales,* 2001, núm. 32, pp. 21 y 22 y GONZÁLEZ ORTEGA, S., "La Carta Comunitaria de Derechos Sociales Fundamentales de los Trabajadores", en AA.VV. (Dir. MARIÑO MENÉNDEZ, F. M. y FERNÁNDEZ LIESA, C.), *Política Social internacional y europea,* Madrid, Ministerio de Trabajo y Asuntos Sociales, 1996, p. 324.

19 GONZÁLEZ ORTEGA, S., *La Directiva marco en materia de seguridad,* IX Jornadas Universitarias Andaluzas de Derecho del Trabajo y Relaciones Laborales, Málaga, 1992, p. 240 y MORENO VIDA, M. N., "*La seguridad y salud en el trabajo: el deber de prevención de riesgos profesionales. Un análisis desde la perspectiva de la Directiva 89/391/CEE",* en AA.VV. (Coord. MONEREO PÉREZ, J. L.), *La reforma del mercado de trabajo y de la seguridad y salud laboral,* Universidad de Granada, 1996, pp. 551 y 552.

20 GONZÁLEZ de LENA ÁLVAREZ, F., "La materia laboral de seguridad e higiene en las Directivas comunitarias. Balance y perspectivas a comienzos de 1989 ", *Relaciones Laborales,* I, 1989, p. 1296.

21 GONZÁLEZ ORTEGA, S., *La Directiva marco en materia de seguridad,* IX Jornadas Universitarias Andaluzas de Derecho del Trabajo y Relaciones Laborales, Málaga, 1992, p. 241.

22 GONZÁLEZ de LENA ÁLVAREZ, F., "La materia laboral de seguridad e higiene en las Directivas comunitarias. Balance y perspectivas a comienzos de 1989", *Relaciones Laborales,* I, 1989, p. 1300 y GONZÁLEZ ORTEGA, S., La Directiva marco en materia de seguridad, IX Jornadas Universitarias Andaluzas de Derecho del Trabajo y Relaciones Laborales, Málaga, 1992, p. 241.

3.1. Base jurídica de la UE para la protección de la seguridad y salud en el trabajo

La base jurídica para la aprobación de normativa sobre seguridad y salud en el trabajo es actualmente el artículo 153.1 a) del Tratado de Funcionamiento de la Unión Europea (TFUE) (anterior artículo 137 del TCE). Este artículo ha sido interpretado por la jurisprudencia del Tribunal de Justicia de la Unión Europea, en particular, por la Sentencia de 12 de noviembre de 1996, Asunto C-84/94, que trata sobre la solicitud de anulación interpuesta por el Reino Unido contra la Directiva 93/104/CE del Consejo, de 23 de noviembre de 1993, sobre la organización del tiempo de trabajo[23]. En esta sentencia, el Tribunal proporciona una interpretación de los conceptos de seguridad y salud en el trabajo, del enfoque normativo de la UE en esta materia, así como del alcance de las medidas generales o específicas que debe adoptar el legislador de la UE.

El TJUE dictaminó, en la sentencia mencionada, una interpretación amplia de los términos "seguridad" y "salud". Según el Tribunal, los conceptos de "entorno de trabajo" y "seguridad" y "salud" no deben interpretarse de manera restrictiva y nada en la base del Tratado indica que no se refieran a todos los factores, ya sean físicos o no, que puedan afectar la salud y seguridad del trabajador en su entorno laboral, y, en particular, a ciertos aspectos de la organización del tiempo de trabajo[24]. Por el contrario, el Tribunal señala que la parte de la frase "en particular, el entorno de trabajo" permite una interpretación amplia de la competencia conferida al artículo 118 A del TCE (actual artículo 153.1 a) TFUE) en materia de protección de la seguridad y salud de los trabajadores. Además, se añade que tal interpretación de los términos "seguridad" y "salud" puede ser respaldada por el preámbulo de la Constitución de la Organización Mundial de la Salud, que define la salud como un estado de completo bienestar físico, mental y social, y no solo como un estado consistente en la ausencia de cualquier enfermedad o dolencia.

---

[23] Ver comentario de esta sentencia: CAMAS RODA, F., *La normativa internacional y comunitaria de seguridad y salud en el trabajo,* Valencia, Tirant lo Blanch, 2003, pp. 174 a 186.

[24] Parte de la doctrina criticó la argumentación de la sentencia al considerar la tradicional separación de la normativa aplicable al tiempo de trabajo y la seguridad y salud en el trabajo, ver: ALONSO OLEA, M., "¿Es de seguridad y salud del medio de trabajo la regulación de la jornada?", *Revista Española de Derecho del Trabajo,* 1999, núm. 93, pp. 5-17.

3.2. La principal legislación secundaria de la UE sobre seguridad y salud en el trabajo: la Directiva Marco 89/391/CEE

La Directiva Marco 89/391/CEE intenta coordinar y unificar la normativa precedente. Esta Directiva se configura como la columna vertebral del sistema de seguridad y salud en el trabajo[25]. La Directiva Marco pone más énfasis en los aspectos institucionales o estructurales legales de la salud y la seguridad que en la incorporación de nuevas medidas preventivas. De hecho, la Directiva define derechos y obligaciones para las partes de la relación laboral, remitiendo los aspectos técnicos a las Directivas específicas[26]. Además, se caracteriza por su propósito globalizador, especialmente en lo que respecta a su ámbito de aplicación, dado que, en principio, se aplica a todos los sectores de actividad y a todo tipo de riesgos[27]. La Directiva Marco refuerza los estándares de protección al afirmar en su Preámbulo que la mejora de la seguridad, la higiene y la salud de los trabajadores representa un objetivo que no puede estar subordinado a consideraciones de naturaleza puramente económica[28]. Por lo tanto, la idea de flexibilización de las obligaciones de seguridad y salud en el trabajo debido a condicionamientos económicos desaparece en gran medida del enfoque legislativo de la UE sobre esta cuestión.

La Directiva Marco y las Directivas sectoriales van acompañadas de una serie de disposiciones de carácter más general que intentan favorecer un enfoque global de la seguridad y salud en el trabajo. Son recursos instrumentales transversales que abarcan materias tan diversas como pantallas de visualización, lugares de trabajo o equipos de protección. Además, uno

---

25 Ver RODRÍGUEZ PIÑERO, M., "El desarrollo reglamentario de la Ley de Prevención de Riesgos Laborales", *Relaciones Laborales,* 1997, II, p. 55 y LOZANO LARES, F., "El marco jurídico comunitario de la seguridad y salud laboral", in (Coord. CRUZ VILLALÓN, J. y PÉREZ del RÍO, T.), *Una aproximación al derecho social comunitario,* Madrid, Tecnos, 2000, p. 85.

26 FERNÁNDEZ MARCOS, L., "Directiva marco comunitaria de seguridad y salud de los trabajadores en el trabajo", *Mapfre Seguridad,* nº 37, 1990, p. 28.

27 CUEVAS GALLEGOS, J. y RAMOS SERRANO, E., "Directivas comunitarias sobre seguridad y salud laborales no traspuestas al derecho español, vencido su plazo, y recargo por falta de medidas de seguridad", in (Coord. MONEREO PÉREZ, J. L.), *La reforma del mercado de trabajo y de la seguridad y salud laboral,* Universidad de Granada, 1996, p. 619.

28 GONZÁLEZ ORTEGA, S., *La Directiva marco en materia de seguridad,* IX Jornadas Universitarias Andaluzas de Derecho del Trabajo y Relaciones Laborales, Málaga, 1992, p. 249-250.

de los avances más importantes de esta Directiva es la tendencia hacia la corresponsabilidad y el difuminado de los límites entre el control público y privado del cumplimiento. Esto tiene como objetivo reducir la intervención estatal y, al mismo tiempo, aumentar la participación de empleadores y trabajadores en los procesos relacionados con la seguridad y salud en el trabajo. Con este fin, las nociones de empleador y trabajador en el contexto normativo de la seguridad y salud en el trabajo se definen por primera vez[29] y se establecen deberes generales de diligencia y estructuras participativas para desarrollar políticas de salud y seguridad[30]. La doctrina ha resaltado el hecho de que, aunque los destinatarios de la Directiva son los Estados Miembros, el texto se dirige en realidad a los empleadores y trabajadores de forma directa[31]. En resumen, "una nueva orientación menos reguladora y más participativa" es introducida por la Directiva Marco y las Directivas específicas derivadas de ella[32].

3.3. Directiva 92/85/CEE sobre la mejora de la seguridad y de la salud en el trabajo de la trabajadora embarazada, que haya dado a luz o en período de lactancia

La Directiva 92/85/CEE introdujo medidas para fomentar la mejora de la seguridad y la salud en el trabajo de las trabajadoras embarazadas y aquellas que han dado a luz recientemente o están en período de lactancia. La Directiva establece directrices respecto a la evaluación de los agentes químicos, físicos y biológicos, así como de los procesos industriales considera-

---

29 GONZÁLEZ de LENA ÁLVAREZ, F., "La materia laboral de seguridad e higiene en las Directivas comunitarias. Balance y perspectivas a comienzos de 1989", *Relaciones Laborales,* I, 1989, p. 1304.

30 RODRÍGUEZ PIÑERO, M., "Trabajo y Medio Ambiente", *Relaciones Laborales,* 1995, II, pp. 105 y 106 o "Medio ambiente y relaciones de trabajo", *Temas Laborales,* núm. 50, 1999, p. 7 a 18 y RODRÍGUEZ PIÑERO y BRAVO-FERRER, M., "Medio ambiente y prevención de riesgos laborales", in. (eds. SALINAS MOLINA, F.), *Responsabilidad medioambiental: aspectos civiles y riesgos laborales,* Madrid, Consejo General del Poder Judicial, 2005, p. 14.

31 PÉREZ de LOS COBOS ORIHUEL, F., "La Directiva marco sobre medidas de seguridad y salud de los trabajadores en el trabajo y la adaptación del ordenamiento español (I)", *Relaciones Laborales,* I, 1991, p. 1223.

32 RODRÍGUEZ PIÑERO y BRAVO-FERRER, M., "Medio ambiente y prevención de riesgos laborales", in (eds. SALINAS MOLINA, F.), *Responsabilidad medioambiental: aspectos civiles y riesgos laborales,* Madrid, Consejo General del Poder Judicial, 2005, p. 14.

dos peligrosos para la salud y seguridad de las mujeres embarazadas o de las que han dado a luz y están amamantando (artículo 3). Los empleadores o los servicios de salud y seguridad deberán utilizar estas directrices como base para una evaluación de riesgos en todas las actividades que las trabajadoras embarazadas o en periodo de lactancia puedan realizar y deberán decidir qué medidas deben adoptarse para evitar dichos riesgos (artículo 4.1). Las trabajadoras deberán ser informadas sobre los resultados de la evaluación y las medidas que se adoptarán respecto a la seguridad y salud en el trabajo (artículo 4.2), lo cual puede incluir un ajuste en las condiciones laborales, un traslado a otro puesto de trabajo o la concesión de un permiso (artículo 5)[33].

De acuerdo con la Directiva, no se deberá obligar a las trabajadoras embarazadas o en periodo de lactancia a realizar tareas para las cuales la evaluación haya revelado un riesgo de exposición a agentes que pongan en peligro su seguridad o salud (artículo 6). Estos agentes y condiciones laborales están definidos en el anexo II de la Directiva. Además, se establece la obligación de los Estados miembros de asegurar que las trabajadoras embarazadas no sean obligadas a realizar turnos nocturnos cuando así lo indique un certificado médico (artículo 7).

Un aspecto fundamental de esta Directiva es que crea el derecho a una baja maternal remunerada por una duración mínima de 14 semanas, de las cuales al menos 2 deben ocurrir antes del parto (artículo 8). Asimismo, la Directiva establece una prohibición de despido de las mujeres (artículo 10 de la Directiva 92/85/CEE). La jurisprudencia del Tribunal de Justicia de la Unión Europea (TJUE) ya había establecido anteriormente que cualquier trato perjudicial hacia las mujeres (incluido el despido) relacionado con el embarazo (una condición biológica exclusiva de las mujeres) se consideraba discriminación directa por razón de sexo y nunca podía ser objetivamente justificado[34].

---

[33] Ver: Communication from the Commission on the guidelines on the assessment of the chemical, physical and biological agents and industrial processes considered hazardous for the safety or health of pregnant workers and workers who have recently given birth or are breastfeeding, COM/2000/0466 final, Disponible en: https://eur-lex.europa.eu/legal-content/EN/TXT/?uri=CELEX:52000DC0466 [consulta: 20/02/2025].

[34] Ver, *inter alia*, STJUE de 8 de noviembre de 1990, (asunto C-177/88, Dekker v Stichting Vormingscentrum voor Jong Volwassenen, VJV-Centrum).

En varios casos, el Tribunal de Justicia de la Unión Europea (TJUE) ha abordado la evaluación de riesgos de las trabajadoras embarazadas o en período de lactancia. Esta jurisprudencia resulta relevante considerando que las sentencias tratan sobre cómo debe llevarse a cabo dicha evaluación de riesgos. Son particularmente significativos los casos C-531/15 (Otero Ramos)[35] y C-41/14 (González Castro)[36].

El caso C-41/14 aborda varias cuestiones sobre la interpretación de la Directiva 92/85. La Sra. González Castro trabaja como vigilante de seguridad en una empresa de seguridad (Prosegur). Tras dar a luz a un hijo que luego recibió lactancia, desempeñó sus funciones en un centro comercial bajo un patrón variable de turnos rotatorios de ocho horas. Realizó varios turnos sola durante la noche. Inició el procedimiento para obtener una prestación por riesgo durante la lactancia, establecida en el artículo 26 de la Ley 31/1995, con la compañía aseguradora Umivale, una mutua de seguros privada sin ánimo de lucro que cubre riesgos relacionados con accidentes laborales y enfermedades profesionales. La solicitud de la Sra. González Castro fue rechazada.

El TJUE resolvió en este caso que el artículo 7 de la Directiva 92/85 debe interpretarse en el sentido de que se aplica a una situación en la que la trabajadora realiza trabajos a turnos, en los cuales solo una parte de sus funciones se llevan a cabo durante la noche. Dado que la redacción de la disposición no especifica detalles sobre el alcance exacto del concepto de "trabajo nocturno", el Tribunal señaló que la Directiva 92/85 establece requisitos mínimos, especialmente en lo que respecta a las mejoras en el entorno laboral para proteger la seguridad y salud de los trabajadores. El Tribunal mencionó la definición de "trabajo nocturno" contenida en la Directiva 2003/88 sobre el tiempo de trabajo: una trabajadora que realiza trabajos a turnos, en los cuales solo una parte de sus funciones se lleva a cabo por la noche, debe considerarse que realiza trabajo durante el "tiempo nocturno" y, por lo tanto, debe clasificarse como "trabajadora nocturna" en el sentido de la Directiva 2003/88. Las disposiciones establecidas por la Directiva 92/85 relacionadas con el trabajo nocturno tienen como objetivo fortalecer la protección de las trabajadoras embarazadas, las que han dado a luz recientemente o las que están en periodo de lactancia, y no deben interpretarse de manera menos favorable que las disposiciones generales de la Directiva 2003/88, que son aplicables a otras categorías de trabajadores.

---

[35] STJEU de 19 de octubre de 2017, (asunto C-531/15, Otero Ramos)·

[36] STJEU de 19 de septiembre de 2018, (asunto C-41/14, González Castro).

En consecuencia, se debe considerar que la trabajadora en cuestión realiza "trabajo nocturno" en el sentido del artículo 7 de la Directiva 92/85 y que está cubierta por dicha disposición. Esta interpretación está respaldada por el propósito del artículo 7 de la Directiva 92/85 (es decir, proteger a las trabajadoras en período de lactancia contra trabajos que supongan un riesgo para su salud o seguridad).

Además, el Tribunal señaló en su fallo que "el artículo 19(1) de la Directiva 2006/54 debe interpretarse en el sentido de que se aplica a una situación en la que una trabajadora, a quien se le ha denegado un certificado médico que indique la existencia de un riesgo para la lactancia que su trabajo podría suponer, y, en consecuencia, una prestación por riesgo durante la lactancia, impugna, ante un tribunal u otra autoridad competente del Estado miembro correspondiente, la evaluación de riesgos de su trabajo, siempre que esa trabajadora aporte pruebas objetivas que sugieran que dicha evaluación no incluyó una valoración específica teniendo en cuenta su situación individual y, por lo tanto, permitiendo la presunción de que existe discriminación directa por razón de sexo, en el sentido de la Directiva 2006/54, lo cual corresponde al tribunal remitente verificar."

En la sentencia Castro, el TJUE se refirió a una sentencia anterior en la que el Tribunal sostuvo que "la falta de evaluación del riesgo que supone el trabajo de una trabajadora en período de lactancia, de conformidad con los requisitos del artículo 4(1) de la Directiva 92/85, debe considerarse un trato menos favorable hacia una mujer relacionado con el embarazo [...] y, por lo tanto, constituye discriminación directa por razón de sexo" (sentencia de 19 de octubre de 2017, Otero Ramos, C-531/15). La evaluación de riesgos del trabajo de las trabajadoras embarazadas y las trabajadoras que han dado a luz recientemente o están en período de lactancia, prevista en el artículo 7 de la Directiva 92/85, no puede estar sujeta a requisitos menos estrictos que los que se aplican en virtud del artículo 4(1) de esa Directiva, dado que ambas disposiciones persiguen el mismo objetivo.

En el informe de la Comisión sobre la implementación de la Directiva 92/85/CE del Consejo, publicado en 1999, respecto a la obligación establecida en el artículo 4 de la Directiva, que requiere que los empleadores realicen una evaluación del riesgo de exposición para las trabajadoras embarazadas, en período de lactancia o que hayan dado a luz recientemente, a partir de la lista no exhaustiva de agentes, procesos y condiciones laborales mencionadas en el anexo I de la Directiva, la Comisión concluyó que la mayoría de los Estados miembros ya contaban con estos requisitos en este ámbito bajo sus propias normas de salud y seguridad y habían modificado su legislación conforme a lo dispuesto por la Directiva[37].

No obstante, en ese mismo informe de implementación, la Comisión destacó como un desafío la efectiva aplicación de lo dispuesto en el artículo 5 de la citada Directiva. Dicho precepto requiere que los empleadores ajusten las condiciones laborales o el horario de trabajo para evitar cualquier riesgo identificado. Si esto no es posible, la trabajadora en cuestión debe ser trasladada a otro puesto de trabajo o, si esto resulta imposible, se le debe conceder una licencia o permiso. El informe de la Comisión detecto problemas en la aplicación práctica de dicha disposición en varios Estados Miembros[38].

En relación con el trabajo nocturno, la Comisión aclara en el informe de implementación que la Directiva 92/85/CE no se aparta del principio fundamental de trato igualitario, que permite a las mujeres trabajar en igualdad de condiciones que los hombres. Sin embargo, las trabajadoras embarazadas, las que han dado a luz recientemente o las que están en período de lactancia constituyen una categoría de trabajadoras que requiere un trato especial. Por lo tanto, si el trabajo nocturno supone un riesgo para la salud y seguridad, la mujer puede ser trasladada a trabajo diurno y, cuando esto no sea posible o no se pueda exigir razonablemente, a la trabajadora se le debe conceder un permiso o una extensión de la baja maternal. Las conclusiones de este informe en este punto se ven reforzadas por la mencionada jurisprudencia del TJUE en los asuntos Otero Ramos y González Castro.

3.4. La Directiva sobre tiempo de trabajo

La principal norma legislativa de la Unión Europea que regula el tiempo de trabajo a nivel comunitario es la Directiva 2003/88/CE. Esta Directiva exige a los Estados miembros garantizar estándares mínimos en la organización del tiempo de trabajo para todos los trabajadores en la UE. Estos

---

37 Ver: Report from the Commission on the implementation of Council Directive 92/85/EEC of 19 October 1992 on the introduction of measures to encourage improvements in the health and safety at work of pregnant workers and workers who have recently given birth or are breastfeeding, COM/99/0100 final, disponible en: https://eur-lex.europa.eu/legal-content/EN/TXT/?uri=CELEX:51999DC0100 [consulta: 20/02/2025].

38 *Ibid.*

estándares incluyen límites sobre las horas máximas de trabajo semanales, periodos mínimos de descanso diario y semanal, pausas durante la jornada laboral, vacaciones anuales, así como aspectos relacionados con el trabajo nocturno y a turnos. La finalidad de la Directiva es regular el tiempo de trabajo, al mismo tiempo que proteger a los trabajadores de posibles efectos negativos en su salud derivados de jornadas laborales prolongadas o patrones de trabajo irregulares.

La Directiva establece obligaciones para que los Estados miembros garanticen que todos los trabajadores tengan los siguientes derechos: un periodo mínimo de descanso diario de 11 horas consecutivas en cada periodo de 24 horas; una pausa durante cada jornada laboral que exceda de 6 horas; un descanso ininterrumpido de 24 horas cada 7 días, además de las 11 horas diarias; al menos 4 semanas de vacaciones anuales pagadas; un máximo promedio de 48 horas de trabajo semanal, incluidas las horas extraordinarias, en un periodo de 7 días; y, en general, el trabajo nocturno no debe exceder un promedio de 8 horas en un periodo de 24 horas. Además, los trabajadores nocturnos tienen derecho a chequeos médicos gratuitos a intervalos regulares.

Esta Directiva, reformada en 2003, fue el resultado de una compleja negociación dentro del proceso legislativo de la UE[39] y representa un compromiso que incluye múltiples posibilidades de flexibilización para su transposición a nivel nacional, así como una amplia lista de excepciones. Los Estados miembros pueden utilizar periodos de referencia para calcular los descansos semanales y el tiempo máximo de trabajo semanal y pueden excluir de su ámbito de aplicación personal a ciertas categorías de trabajadores, como los ejecutivos de alta dirección, trabajadores familiares, marineros y representantes de entidades religiosas. También se excluyen otros

---

39 Sobre dicho proceso legislativo: Comunicación de la Comisión al Parlamento Europeo, al Consejo, al Comité Económico y Social y al Comité de las Regiones, Revisión de la Directiva sobre el tiempo de trabajo (primera fase de la consulta de los interlocutores sociales a nivel de la Unión Europea con arreglo al artículo 154 del TFUE), COM/2010/0106 final, disponible en: https://eur-lex.europa.eu/legal-content/EN/TXT/?uri=celex%3A52010DC0106 [consulta: 20/02/2025] y Comunicación de la Comisión al Parlamento Europeo, al Consejo, al Comité Económico y Social y al Comité de las Regiones, Revisión de la Directiva sobre el tiempo de trabajo (segunda fase de la consulta de los interlocutores sociales a escala europea con arreglo al artículo 154 del TFUE), COM/2010/0801 final, disponible en: https://eur-lex.europa.eu/legal-content/EN/TXT/?uri=celex%3A52010DC0801 [consulta: 20/02/2025].

tipos de trabajadores porque existen directivas específicas sobre el tiempo de trabajo aplicables a ellos. Este es el caso de los trabajadores en los sectores de transporte por carretera, aviación civil, ferrocarriles transfronterizos o transporte por vías navegables interiores. A nivel de la UE, existen regulaciones sectoriales específicas sobre el tiempo de trabajo para estos grupos de trabajadores, que son incluso más concisas y estrictas que la directiva horizontal general sobre tiempo de trabajo.

Además, se permite la aplicación de excepciones a ciertas disposiciones de la Directiva en los siguientes casos: actividades de seguridad y vigilancia que requieran una presencia permanente para proteger a personas o bienes; continuidad de servicios o producción en áreas como hospitales, puertos, aeropuertos, medios de comunicación y agricultura; un aumento previsible de la actividad (especialmente en agricultura, turismo, servicios postales, ferrocarriles, accidentes); y excepciones acordadas en convenios colectivos entre empleadores y empleados.

En 2010, la Comisión Europea publicó un informe sobre la implementación de la Directiva sobre el tiempo de trabajo[40]. En este informe se señala que, en general, los periodos de referencia establecidos por la Directiva "se han aplicado satisfactoriamente en los Estados miembros, y en algunos de ellos se han realizado modificaciones legislativas significativas recientemente para mejorar el cumplimiento". Según la Comisión, las principales dificultades en la transposición radican en el uso de excepciones, que permiten posponer o reducir los periodos mínimos de descanso, pero solo bajo la condición de que el trabajador reciba un periodo de descanso adicional de igual duración en otro momento como compensación por los descansos no disfrutados ("descanso compensatorio equivalente"). "Las normas no permiten que los periodos mínimos de descanso sean completamente omitidos, salvo en casos excepcionales en los que sea objetivamente imposible proporcionar un descanso compensatorio equivalente y en los que los trabajadores hayan recibido una protección alternativa adecuada."

40 Ver: Report from the Commission to the European Parliament, the Council, the European Economic and Social Committee and the Committee of the Regions on implementation by Member States of Directive 2003/88/EC ('The Working Time Directive'), COM(2010) 802 final, 21.12.2010. Consultar también: Report from the Commission to the European Parliament, the Council and the European Economic and Social Committee, Report on the implementation by Member States of Directive 2003/88/EC concerning certain aspects of the organisation of working time, COM/2023/72 final.

Además, según la sentencia Jaeger[41], el descanso compensatorio debe proporcionarse de manera inmediata, en el periodo inmediatamente posterior a aquel en el que el descanso fue omitido. Según la Comisión, en la parte más crítica del citado informe, en varios Estados miembros se han utilizado excepciones que exceden lo permitido por estas normas.

También queda claro en la evaluación de implementación realizada por la Comisión que existe un número significativo de Estados miembros en los que el tiempo de guardia en el lugar de trabajo todavía no se considera plenamente como tiempo de trabajo, lo cual entra en conflicto con las decisiones del TJUE sobre este asunto[42].

Debido a la complejidad de las normas establecidas en la Directiva sobre el tiempo de trabajo, en 2017 y 2023 la Comisión publicó, en el marco del proceso del Pilar Europeo de Derechos Sociales, comunicaciones interpretativas sobre la Directiva 2003/88/CE del Parlamento Europeo y del Consejo relativa a ciertos aspectos de la organización del tiempo de trabajo[43]. Estas comunicaciones, dirigidas a los Estados miembros, son un interesante ejemplo de recurso normativo e instrumental híbrido que intenta clarificar las normas de la UE sobre el tiempo de trabajo y la seguridad y salud en el trabajo, y facilitar el respeto de los derechos establecidos en la Directiva sobre el tiempo de trabajo a nivel nacional. Dado que esta comunicación facilita la aplicación práctica de la Directiva sobre el tiempo de trabajo, podría considerarse un recurso instrumental. En este mismo sentido, también son recursos instrumentales relevantes la información y la investigación proporcionadas por las agencias de la UE en esta área, en particular por la Agencia Europea para la Seguridad y la Salud en el Trabajo (EU-OSHA) y por la agencia Europea EUROFOUND, que durante años ha recopilado información sobre diversos aspectos del tiempo de trabajo y sus implicaciones para las condiciones laborales y la calidad de vida de hombres y mujeres en la UE.

---

41 STJEU de 9 de septiembre de 2003, (asunto C-151/02, Landeshauptstadt Kiel v Norbert Jaeger).

42 Entre otros en la sentencia en el asunto C-151/02, Jaeger, *op. cit.*, en la STJUE de 3 de octubre de 2000, (asunto C-303/98, Simap) y en las SSTJUE de 9 de marzo de 2021, (asuntos C-580/19 y 344/19).

43 Communication from the Commission Interpretative Communication on Directive 2003/88/EC of the European Parliament and of the Council concerning certain aspects of the organisation of working time 2023/C109/01, C/2023/969, OJ C 109, 24.3.2023, p. 1-68.

3.5. Evaluación de la transposición de los recursos normativos de la UE

Tal como se indica en el Informe sobre la Evaluación de la Implementación Práctica de las Directivas de Seguridad y Salud en el Trabajo de la UE en los Estados Miembros, la mayoría de los Estados Miembros de la UE han transpuesto los principios y requisitos principales relativos a la seguridad y salud en el trabajo, principalmente los establecidos en la Directiva Marco, en un único acto legislativo. La transposición se ha llevado a cabo generalmente mediante una ley marco sobre seguridad y salud, o, alternativamente, incluyendo disposiciones en el código laboral y/o una ley de salud pública[44].

Asimismo, a partir de la información contenida en dicho informe y de nuestra propia investigación multidisciplinar cualitativa basada en el análisis documental y en entrevistas con expertos en este ámbito en siete Estados Miembros, se desprende que, en la mayoría de los casos, la legislación nacional refleja la estructura de la normativa de la UE sobre seguridad y salud en el trabajo, con una ley marco complementada por legislación sectorial que transpone cada Directiva específica en la materia.

Sin embargo, existen casos en los que la legislación nacional va más allá de los requisitos establecidos en la Directiva Marco de la UE. Por ejemplo, once Estados Miembros de la UE han incluido a los trabajadores domésticos en la definición de "trabajador" al transponer la Directiva Marco[45], estableciendo así un ámbito personal de aplicación más amplio que el de la propia Directiva. Esto resulta especialmente relevante en el contexto de este estudio, ya que el sector de los servicios personales y del hogar es uno de los sectores estudiados. La exclusión de los trabajadores del hogar de las disposiciones generales de la Directiva Marco sobre seguridad y salud ha sido objeto de críticas reiteradas por parte de varios expertos entrevistados.

Las directivas sobre seguridad y salud en el trabajo establecen requisitos mínimos, lo que implica que la legislación nacional puede prever disposiciones más estrictas. Según el informe de evaluación previamente mencionado, "los casos de discrepancias observadas entre los requisitos legales de la UE y la legislación nacional de transposición son bastante

---

44 Report on the Evaluation of the Practical Implementation of the EU Occupational Safety and Health (OSH) Directives in EU Member States published by the DG Employment, Social Affairs and Inclusion, noviembre (2015), p. 1-112.

45 *Ibid.* p. 24.

raros."[46] Nuestra investigación confirma esta conclusión, así como otra observación del informe de evaluación citado, que señala que: "tanto los actores de la UE como los nacionales evalúan el nivel de cumplimiento de los requisitos de las Directivas como más elevado en grandes empresas en comparación con las pequeñas y medianas empresas (PYMES) y los micro establecimientos"[47].

4. ESTUDIO DE CASO SOBRE LA SEGURIDAD Y SALUD EN EL TRABAJO EN LOS PAÍSES BAJOS

4.1. Recursos normativos48

En los Países Bajos, la seguridad y salud en el trabajo está regulada por la **Ley de Condiciones de Trabajo** (*Arbowet*)[49], el **Decreto de Condiciones de Trabajo** (*Arbobesluit*)[50] y el **Reglamento de Condiciones de Trabajo** (*Arboregeling*)[51]. Según la legislación en esta materia de los Países Bajos, las empresas están obligadas a invertir en la seguridad y salud en el trabajo y en la prevención de riesgos laborales. La Ley de Condiciones de Trabajo (*Arbowet*) establece procedimientos destinados a alcanzar resultados mediante la prevención.

Los aspectos más destacados de la legislación de seguridad y salud en el trabajo en los Países Bajos son los siguientes:

- **Obligaciones del empleador:** Los empleadores están obligados a garantizar que los trabajadores puedan desempeñar sus funciones en un entorno saludable y seguro. El empleador debe proporcionar al trabajador instrucciones suficientes, así como la formación necesaria

---

46 *Ibid.* p. 24.

47 *Ibid.* p. 24.

48 Ver información sobre el sistema de seguridad y salud en el trabajo en los Países Bajos proporcionada por la Agencia Europea para la Seguridad y la Salud en el Trabajo en su sitio web. Esta Agencia es una organización en red, con un "punto focal" en cada Estado Miembro: EU-OSHA, National Focal Points | Safety and health at work, disponible en: https://osha.europa.eu/en/about-eu-osha/national-focal-points/focal-points-index [consulta: 20/02/2023].

49 *Arbeidsomstandighedenwet*, 20-05-2022, Stb. 2022, 76 y Stb. 2021, 549

50 *Arbeidsomstandighedenbesluit*, Stb. 2022, 501

51 *Arbeidsomstandighedenregeling*, 01-01-2023, Stcrt. 2022, 34933.

sobre, entre otros aspectos, los riesgos en materia de seguridad y salud dentro de la organización y cómo gestionarlos.

- **Plan de acción:** Cada empleador debe elaborar un plan de acción que refleje la política de la empresa en materia de seguridad y salud, incluidos los riesgos psicosociales.
- **Evaluación de riesgos:** Los empleadores están obligados a realizar una evaluación de riesgos que contemple los riesgos laborales para la salud y seguridad de los trabajadores. También deben elaborar un plan de acción detallado con medidas para abordar dichos riesgos, acompañado de un cronograma. La evaluación de riesgos no requiere actualización anual, pero debe modificarse si, por ejemplo, cambian los métodos de trabajo o surgen nuevos riesgos.
- **Revisión de la evaluación de riesgos:** Esta evaluación debe ser revisada y certificada por un experto o por un servicio de salud y seguridad (*arbodienst*), salvo en el caso de empresas con menos de 26 trabajadores. Esta certificación puede realizarse utilizando recursos internos de la empresa o encargándose a una organización externa[52].
- **Instrumentos sectoriales:** Los empleadores con menos de 26 trabajadores pueden utilizar un instrumento sectorial para la evaluación de riesgos. Actualmente, existen más de 170 instrumentos de este tipo, reconocidos por los interlocutores sociales en cada rama de actividad económica[53].
- **Participación de los trabajadores:** El comité de empresa (*ondernemingsraad*) o, en las pequeñas empresas, el órgano representativo de los trabajadores, debe estar de acuerdo con la política de seguridad y salud en el trabajo propuesta por la empresa. Si no existe un comité de empresa u otro órgano representativo, el empleador debe consultar a los trabajadores correspondientes. La **Ley sobre Comités de Empresa** (*WOR*) y varias disposiciones legislativas en materia de seguridad y salud atribuyen competencias claras al comité de empresa

---

[52] Servicios certificados de seguridad y salud en el trabajo *SBCA (Stichting Beheer Certificatie Arbodiensten)* disponible en: https://sbca.nl/ [consulta: 20/02/2023].

[53] HAVE, K. T, MICHEL, F., NOSSENT, S., WEYERS, M. y BORGH, H. V. D., *Digitale RI&E-instrumenten: brancheorganisaties aan de slag!, Handleiding voor brancheorganisaties, Steunpunt RI& instrumenten* of the Labour Foundation, 2007 disponible en: https://www.rie.nl/voor-brancheorganisaties/hoe-maak-je-een-branche-rie [consulta: 20/02/2023].

en este ámbito. En algunas áreas, estas competencias legales van más allá de los requisitos mínimos establecidos al respecto por la Directiva Marco 89/391/CEE y la Directiva 2002/14/CE sobre información y consulta. En particular, los comités de empresa tienen derecho a vetar las propuestas del empleador para implementar medidas de seguridad y salud en la empresa si discrepan con las mismas[54].

- **Responsable de prevención y asistencia de emergencia:** Cada empresa debe designar al menos un trabajador como "responsable de prevención", encargado de la seguridad y salud en el lugar de trabajo. En el caso de empresas con menos de 26 trabajadores, el propio empleador puede asumir esta función. Asimismo, cada empresa está obligada a disponer de asistencia de emergencia (*BHV*), designando a personas capacitadas para responder a emergencias y asistir a otros trabajadores y visitantes en caso necesario.
- **Contratación de servicios médicos ocupacionales:** Cada empleador debe tener un contrato con un médico de empresa u otro servicio de salud y seguridad (*arbodienst*) para llevar a cabo tareas específicas, como controles de salud periódicos y apoyo a trabajadores que no pueden desempeñar sus funciones debido a una situación de enfermedad.
- **Catálogos de seguridad y salud:** En muchos sectores de los Países Bajos se han desarrollado los llamados "catálogos de seguridad y salud", que contienen soluciones personalizadas para cada sector. Estos catálogos, aprobados por la Inspección Laboral, se consideran directrices principales para las condiciones laborales en ese sector.
- **Responsabilidad del empleador:** En los Países Bajos, el empleador es el principal responsable de la política de seguridad y salud en el trabajo. Según el artículo 12 de la Ley de Condiciones de Trabajo, los empleadores y los representantes de los trabajadores deben cooperar en esta materia y tratar de alcanzar acuerdos sobre condiciones laborales, (en conformidad con lo dispuesto en el artículo 27 de la Ley sobre Comités de Empresa).

54 POPMA, J. y van LAMMEREN, B., 'Worker participation in the management of occupational safety and health —qualitative evidence from ESENER-2 Country report— the Netherlands', *European Risk Observatory,* European Agency for Safety and Health at Work, (2017), p. 68.

La impresión general de los expertos entrevistados es que la Directiva Marco, la Directiva sobre el tiempo de trabajo y la Directiva sobre la seguridad y salud de las trabajadoras embarazadas, han sido debidamente transpuestas en la legislación nacional de los Países Bajos. El sistema de evaluación de riesgos también está regulado satisfactoriamente y se considera avanzado en términos comparativos europeos, especialmente para las PYMES (25 o menos empleados). Las PYMES pueden utilizar fácilmente los catálogos, (paquetes reguladores estándar en materia de seguridad y salud en el trabajo predeterminados con un inventario y evaluación de riesgos específicos por rama y subsectores), desarrollados en muchos casos por las organizaciones sectoriales. No obstante, a pesar de la disponibilidad de estos catálogos, a veces resulta difícil, especialmente para las pequeñas y medianas empresas, encontrar soluciones adecuadas para los problemas relativos a la salud y seguridad en el trabajo.

4.2. Recursos de Aplicación

La Inspección de Trabajo SZW es la responsable de hacer cumplir la legislación sobre seguridad y salud en el trabajo en los Países Bajos. Los inspectores pueden acceder a las instalaciones en cualquier momento. Sin embargo, la mayoría de las inspecciones son notificadas con antelación. Durante la inspección, el inspector también solicita reunirse con miembros del comité de empresa y examinar los edificios e instalaciones de la empresa. Según un miembro de la inspección laboral entrevistado, el inspector normalmente solicita el inventario y la evaluación de riesgos antes de realizar una inspección. Durante la visita, revisa información relevante como la evaluación de riesgos, el plan de acción y el contrato con el servicio de salud y seguridad laboral. No obstante, a veces las inspecciones no son anunciadas si se sospecha que no se cumple la normativa o si existe una denuncia (con visos de ser fundada) contra la empresa.

Un experto en seguridad y salud laboral entrevistado mencionó que la formación de los miembros del comité de empresa en estos temas debía mejorarse y que, en ocasiones, estos miembros informan a los inspectores de que, cuando se anuncia una inspección, la empresa se prepara limpiando todo adecuadamente antes de la llegada del inspector para dar una buena impresión, lo cual no siempre refleja las condiciones reales de trabajo.

El artículo 9 de la Ley de Condiciones Laborales[55] establece que cualquier accidente laboral grave debe ser notificado a la inspección laboral. Sin embargo, no existe una disposición similar para las enfermedades profesionales. Según el experto en seguridad y salud laboral entrevistado, esta es una cuestión compleja que requiere mayor atención. Los casos de enfermedades profesionales deben comunicarse únicamente al Centro Nacional de Enfermedades Laborales, que solo mantiene un registro anonimizado del número de casos por sector, pero no por empresa. Esto plantea un problema serio de subregistro, ya que los médicos de empresa están obligados a informar de casos de enfermedades profesionales, pero a menudo no lo hacen[56]. Esto es especialmente preocupante en casos de exposición a sustancias cancerígenas en el lugar de trabajo que resultan en un cáncer sufrido por el trabajador, los cuales deberían ser siempre comunicados a la autoridad competente[57].

En cuanto a los recursos, la capacidad de la inspección laboral en los Países Bajos está entre las más bajas en términos de inspectores laborales por empresa. Hace algunos años, los Países Bajos incumplían las obligaciones del Convenio 81 de la OIT en este aspecto[58]. No obstante, como resultado de las recomendaciones de la OIT, en los últimos años el número de inspectores ha aumentado considerablemente. Sin embargo, los Países Bajos siguen estando en el extremo inferior del número de inspectores por cada 10.000 trabajadores en la UE[59].

---

55 Ley sobre comités de empresa: *Wet op de ondernemingsraden - WOR*, 18-02-2023, Stb. 2022, 76.

56 Ver WILLEMS, J., TJOE NIJ, E., HOUBA, R. y MENTIN, R. 'Beroepsziekten fors onderschat', *Vakblad Arbo*
(2014), disponible en: https://www.arbo-online.nl/14051/beroepsziekten-fors-onderschat [consulta: 20/02/2023].

57 Se estima que anualmente se producen aproximadamente 500 casos mortales de cáncer entre los trabajadores, y el NCvB solo registra alrededor de 10 por año, información disponible en: https://www.beroepsziekten.nl/ncvb [consulta: 20/02/2023].

58 ILO Labour Inspection Convention, 1947 (No. 81). Ver: POPMA, J. "*Capaciteit Arbeidsinspectie in EU-landen*", disponible en https://www.arbo-online.nl/14742/capaciteit-arbeidsinspectie-in-eu-landen [consulta: 20/02/2023].

59 Inspección de trabajo neerlandesa, "De Arbeidsinspectie: time for change?", disponible en: https://www.arbo-online.nl/14687/de-arbeidsinspectie-time-for-change [consulta: 20/02/2023].

Según expertos de TNO, los inspectores de trabajo han logrado un buen equilibrio en su estrategia de supervisión entre inspecciones anunciadas y no anunciadas, pese a los recursos limitados con los que cuentan actualmente. También consideran que aún se necesitan más recursos para la inspección laboral, ya que desempeñan un papel crucial en la aplicación de las normas en materia de seguridad y salud en el trabajo. Por lo tanto, sería recomendable acompañar cada campaña de concienciación sobre medidas y obligaciones de seguridad y salud con una serie de inspecciones laborales relacionadas con el tema.

Respecto al impacto de las sanciones impuestas por los inspectores de trabajo, un representante sindical entrevistado considera que no son lo suficientemente elevadas como para tener un efecto disuasorio. Un experto entrevistado opina que, desde una perspectiva de prevención general, las sanciones no son muy efectivas. Esto ha sido corroborado por algunos hallazgos dentro de la inspección laboral que indican que el efecto de las sanciones, desde la perspectiva de la prevención general, no es muy fuerte, principalmente porque las empresas saben que la probabilidad de enfrentarse a una inspección es baja[60]. Sin embargo, el nivel de las sanciones puede ser bastante alto en algunos casos, especialmente en violaciones graves de las normas de seguridad y salud en el trabajo, en casos de reincidencia o accidentes laborales con resultado de muerte. Asimismo, en 2017 se incrementaron las sanciones en casos de exposición a sustancias peligrosas en el lugar de trabajo.

Sobre el sistema de responsabilidad en caso de accidentes laborales y enfermedades profesionales en los Países Bajos, un experto en seguridad y salud entrevistado lo describió como "un doble sufrimiento" debido al reducido número de reclamaciones de responsabilidad exitosas. Según este experto, durante muchos años las obligaciones del convenio de la OIT sobre compensación por enfermedades profesionales no se cumplieron adecuadamente en la normativa aplicable en los Países Bajos[61]. El número de litigios en que se dirime una posible responsabilidad civil por daños derivados de accidentes laborales es bastante reducido en los Países Bajos.

60 Ver: Inspección de trabajo neerlandesa, "Inspecties: niet het aantal, maar het effect" (2016). disponible en: https://www.arbo-online.nl/10921/inspecties-niet-het-aantal-maar-het-effect [consulta: 20/02/2023] y "Wat gaat de Arbeidsinspectie doen in 2022?" (2022) disponible en: https://fireprevent.nl/blog/wat-gaat-de-arbeidsinspectie-doen-in-2022 [consulta: 20/02/2023].

61 Workmen's Compensation (Occupational Diseases) Convention (Revised), 1934 (No. 42).

La posibilidad de conseguir una compensación por daños elevada en un caso de estas características depende mucho de si las circunstancias que llevaron al daño son claras. En casos de enfermedades profesionales, es muy difícil establecer una relación causal clara entre las condiciones laborales y el daño sufrido por el empleado, como ocurre cuando el trabajador padece cáncer relacionado con el uso de sustancias peligrosas en el trabajo. El problema radica en la dificultad de establecer un vínculo causal entre las condiciones laborales y el daño a la salud del empleado. En otros países de la UE existe una lista cerrada de enfermedades profesionales, pero ese no es el caso en los Países Bajos.

En cuanto a la transparencia en el acceso de los trabajadores a la información relevante sobre medidas de seguridad y salud en el trabajo, el artículo 12 de la Ley de Condiciones Laborales[62] establece que los trabajadores tienen derecho a recibir formación y acceso a información sobre esta materia, específicamente los miembros de los comités de empresa[63]. En este sentido, los representantes sindicales entrevistados señalaron que uno de los principales problemas en el sector de la construcción es que las empresas contratistas principales suelen proporcionar información suficiente a los representantes de los trabajadores, pero muchos subcontratistas a lo largo de la cadena de contratación no brindan la información adecuada a sus trabajadores sobre los riesgos a los que están expuestos. Este problema, relacionado con la cuestión de la legislación sobre contratación pública, resulta muy preocupante desde el punto de vista del cumplimiento adecuado de las normas en materia de seguridad y salud. La inspección laboral está intentando promover que las empresas contratistas principales informen a todos los subcontratistas a lo largo de la cadena de subcontratación.

Además, se debería mejorar la formación de los miembros de los comités de empresa sobre cómo interpretar la información sobre seguridad y salud que reciben. Según un experto entrevistado, estos miembros a menudo no tienen un conocimiento suficiente de las disposiciones específicas detalladas del Arbobesluit (Decreto sobre seguridad y salud en el trabajo), lo cual es problemático.

Una característica relevante del sistema de seguridad y salud laboral en los Países Bajos es que los acuerdos sobre el tema entre empleadores y empleados se formalizan en un catálogo para el sector en su conjunto. En mu-

---

62 *Arbeidsomstandighedenwet, op. cit.*

63 Artículo 31 de la Ley sobre Comités de Empresa (WOR)

chos sectores, las asociaciones de empleadores y los sindicatos desarrollan de manera conjunta un documento llamado catálogo de salud y seguridad, en el que describen de forma autónoma cómo cumplirán con las normas de salud y seguridad laboral[64]. Un catálogo de salud y seguridad debe ser revisado por el Ministerio de Asuntos Sociales y Empleo a solicitud conjunta de representantes de empleadores y empleados[65]. El catálogo es un documento clave para la aplicación de la normativa. Se trata de una recopilación de medidas y soluciones entre las que las empresas de un sector determinado pueden elegir para cumplir con las normas estándar en materia de seguridad y salud. Este sistema concertado es respaldado por el Ministerio de Asuntos Sociales y Empleo para ofrecer a las empresas mayor flexibilidad en la aplicación de la normativa sobre seguridad y salud. En el sector de la construcción, los agentes sociales han acordado un catálogo de seguridad y salud[66].

Según un experto en seguridad y salud en el trabajo entrevistado, en algunos sectores existen problemas con la calidad de los catálogos de seguridad y salud laborales. Muchos de ellos no están actualizados y no son lo suficientemente detallados en cuanto a la evaluación de riesgos y las medidas de prevención recomendadas (muchos de ellos no incluyen una evaluación adecuada de todos los riesgos en el trabajo, como el riesgo de exposición a niveles elevados de calor). En la inspección de trabajo se está llevando a cabo un proyecto para revisar estos catálogos y asegurarse de que realmente incluyan el último estado del conocimiento sobre los riesgos y las medidas de prevención adecuadas.

En ambos sectores examinados (construcción y servicios personales y del hogar), existen problemas con el alto número de trabajadores autónomos que no están comprendidos en el ámbito de las Directivas sobre seguridad y salud en el trabajo. Según algunos expertos, su exclusión entra en conflicto con la noción del derecho de la UE que establece que todos los trabajadores deben tener los mismos derechos a la protección en esta materia. Actualmente, la inspección de trabajo está abordando este tema.

---

64 Información sobre los catálogos de seguridad y salud disponible en: https://www.arboportaal.nl/onderwerpen/arbobeleid/arbocatalogi [consulta: 20/02/2023].

65 Según lo dispuesto en el Artículo 4:81(1) de la Ley General Administrativa neerlandesa.

66 Ver catálogo sobre seguridad y salud en la construcción disponible en: https://www.arboportaal.nl/externe-bronnen/arbocatalogi/bouw-en-infra [consulta: 20/02/2023].

Esto representa siempre un problema para un inspector, quién debe determinar si el trabajador es un empleado o si realmente se trata de un trabajador autónomo genuino.

No obstante, también existen disposiciones en el Arbobesluit (Decreto sobre seguridad y salud en el trabajo) que incluyen a los trabajadores autónomos en el ámbito de aplicación del Decreto en caso de riesgos graves en el trabajo. Como sucede en el caso de exposición a productos químicos. Aunque no en todos los aspectos relacionados con la seguridad y salud laboral los autónomos reciben protección.

4.3. Recursos Instrumentales

Un recurso instrumental principal en los Países Bajos es el Punto Focal gestionado por TNO. Esta organización cuenta con varios expertos que proporcionan información y ejemplos de buenas prácticas en materia de seguridad y salud en el trabajo. Además, los representantes de las organizaciones de empleadores y los sindicatos trabajan conjuntamente con TNO para que la información sobre seguridad y salud laboral sea accesible y comprensible tanto para las empresas como para los empleados. TNO es una organización de investigación establecida por ley y es parte de la administración neerlandesa. Su objetivo principal es reducir la brecha entre la investigación académica en el campo de la seguridad y salud en el trabajo y las necesidades de información de las empresas en este ámbito. Una parte amplia de la investigación se dedica a la seguridad y salud en el sector de la defensa y es financiada con fondos estatales.

Los técnicos de TNO están organizados en unidades que abordan cuestiones de relevancia social relacionadas con la seguridad y salud. Los expertos entrevistados pertenecen a la unidad de TNO de salud laboral y bienestar. Además de la investigación, organizan campañas de sensibilización sobre seguridad y salud en el trabajo y desarrollan herramientas digitales que pueden ser utilizadas tanto por empleadores como por empleados en esta materia. Asimismo, cooperan en proyectos de investigación internacionales, que incluyen intercambio de conocimientos especializados, así como en la organización de campañas a nivel de la UE junto con otros puntos focales nacionales y en estrecha colaboración con la Agencia Europea para la Seguridad y Salud en el Trabajo. El departamento de asesoría legal de TNO también brinda asistencia al Ministerio de Asuntos Sociales en los expedientes relacionados con seguridad y salud en el trabajo. Finalmente, ayudan en la certificación de servicios de seguridad y salud en el trabajo y asesoramiento legal en este ámbito.

Una disposición interesante en el *Arbobesluit* (Decreto de seguridad y salud) es que la información disponible para los trabajadores debe estar en un idioma que ellos comprendan. Esto es relevante para ambos sectores examinados debido a la alta incidencia de trabajadores migrantes y las barreras lingüísticas existentes. Este punto ha sido señalado por los entrevistados como uno de los problemas en la aplicación de las normas de seguridad y salud en los Países Bajos. En algunos casos, los trabajadores que realizan trabajos peligrosos (frecuente en el sector de la construcción) deben, en principio, hablar neerlandés (en lugar de que el empleador instruya a todos los trabajadores en su propio idioma). La estipulación legal establece únicamente que el empleador debe instruir "de manera efectiva" (art. 8 de la Ley de Condiciones Laborales: "El empleador garantiza que los empleados sean informados de manera efectiva sobre el trabajo a realizar y los riesgos asociados, así como sobre las medidas dirigidas a prevenir o mitigar esos riesgos").

Uno de los expertos en seguridad y salud entrevistados es crítico con muchas de las herramientas de evaluación de riesgos que se han desarrollado en los últimos 20 años en los Países Bajos. La mayoría de ellas siguen la estructura del *Arbobesluit* (Decreto de seguridad y salud), abordando todos los riesgos relevantes para el sector específico, pero no ayudan a las empresas a analizar realmente sus procesos desde una perspectiva de gestión de riesgos. Muchas de las herramientas son meramente formularios de casillas para marcar. Además, las "herramientas prácticas de seguridad y salud" son utilizadas por el empleador o un miembro del personal para completarlas por sí mismo, en lugar de involucrar a los trabajadores que realizan el trabajo en la práctica y experimentan los riesgos. Para abordar este problema, la inspección laboral desarrolló en 2008 una herramienta para la "evaluación participativa de riesgos", con recomendaciones muy simples para el empleador: "Acuda al centro de trabajo; hable con los trabajadores sobre los riesgos de seguridad y salud que están experimentando y plantéeles tres preguntas principales: ¿Qué está causando los problemas en materia de seguridad y salud?, ¿Por qué?, y ¿Cómo puede reducirse este problema?"

4.3.1. Recursos instrumentales en el sector de la construcción

Durante la pandemia de Covid-19, los agentes sociales del sector reaccionaron rápidamente y lograron elaborar un protocolo conjunto para poder continuar con la realización del trabajo en las obras. Fue el primero preparado en los Países Bajos y se elaboró conjuntamente con otros sectores técnicos. Algunos de los temas recogidos fueron: cuántos trabajadores puede viajar por vehículo o usar conjuntamente maquinaria, distancia de seguridad y designación de un responsable de medidas contra el Covid-19 por obra, así como la apertura de oficinas para consultas de empleadores y empleados. Los agentes sociales lograron con esta rápida reacción evitar el cierre total del sector. El diseño de este protocolo se pudo organizar rápidamente porque en el sector de la construcción existe un instituto específico en materia de seguridad y salud laboral denominado VOLANDIS, especializado en proporcionar asesoría técnica en salud y seguridad para el sector.

Otras buenas prácticas, destacadas por el sindicalista entrevistado, incluyen el plan de acción de PRORAIL para evitar accidentes laborales y mejorar la seguridad en los lugares de trabajo del sistema ferroviario (pasaporte de seguridad para las personas que trabajan en el mantenimiento de ferrocarriles).

Otro recurso instrumental en desarrollo es una tarjeta de seguridad para el acceso de los trabajadores a las áreas de construcción (control de acceso de los operarios a las obras con el objeto de comprobación de las debidas cualificaciones y formación en el uso de equipos y las medidas de seguridad y salud aplicables). Este proyecto aún se encuentra en fase piloto, aunque el desarrollo de este sistema de tarjetas comenzó hace más de 7 años en los Países Bajos.

4.4. Evaluación del cumplimiento de la legislación de la UE en materia de seguridad y salud en el trabajo en los Países Bajos

Según la información recopilada en las entrevistas, la aplicación en los Países Bajos de las Directivas de la UE en el ámbito de la salud y seguridad en el trabajo se ha realizado de manera adecuada. No obstante, existe margen de mejora. Por ejemplo, la nueva Directiva de la UE sobre la exposición al asbesto podría tener un impacto positivo en la legislación nacional en los Países Bajos y se tendrían que aplicar normas más protectoras. Según el experto legal de TNO entrevistado, una Directiva que fue políticamente sensible y más difícil de implementar fue la Directiva sobre las obras de construcción temporales o móviles[67].

---

67 Directiva del Consejo 92/57/CEE de 24 de junio de 1992 relativa a las disposiciones mínimas de seguridad y de salud que deben aplicarse en las obras de construcción temporales o móviles.

Sin embargo, el representante sindical del sector de la construcción considera que existe una brecha en la protección de los derechos de salud y seguridad de los trabajadores debido a varios factores. Uno de los factores principales en el sector de la construcción es la reducida aplicación de las normas existentes. Esto también se debe al alto grado de incumplimiento de los subcontratistas y las ETTs (empresas de trabajo temporal)[68]. La empresa contratista principal (normalmente una gran empresa) generalmente cumple con las normas de seguridad y salud en el trabajo, pero cuanto más se desciende en la cadena de subcontratación, menor es el cumplimiento y la supervisión de las normas[69].

Otro problema es el relacionado con el elevado número de trabajadores migrantes que realizan trabajos en este sector y la falta de comunicación clara sobre las instrucciones para la realización del trabajo debido a las diferencias lingüísticas[70]. Por lo tanto, la obligación de proporcionar la información básica en un lenguaje sencillo que pueda ser comprendido por los trabajadores que realizan las actividades laborales está regulada en el artículo 1.5 del Decreto de seguridad y salud en el trabajo, y existen campañas para promover la disponibilidad de información para los trabajadores temporales extranjeros que desempeñan su labor en los Países Bajos[71].

En los Países Bajos, una gran parte de los trabajadores al servicio del hogar no está debidamente cubierta por la legislación de seguridad y salud en el trabajo. Esta relación laboral especial está regulada por el Reglamento de servicios a domicilio (Regeling Dienstverlening aan Huis, RDAH)[72]. Existe una gran incertidumbre sobre la posición de los trabajadores del hogar en cuanto a la protección de la salud y la seguridad. Muchos de los

---

68 Los datos publicados por la Oficina Nacional de Estadística en los Países Bajos (CBS) muestran que el número de accidentes de trabajo de trabajadores contratados a través de ETTs es más elevado que el de los trabajadores contratados directamente por la empresa usuaria. Información estadística disponible en: https://www.cbs.nl/nl-nl/cijfers/detail/83158NED [consulta: 20/02/2023].

69 En los Países Bajos no hay límite en el número máximo de niveles de subcontratación, y esto se considera problemático en términos de supervisión del cumplimiento de las normas de seguridad y salud en el trabajo, según la entrevista 1 en los Países Bajos, representante sindical/sector de la construcción.

70 *Ibid.*

71 Información disponible en: https://www.werkenveiligheid.nl/preventie/beleid-en-overheid/taaleis-bij-tijdelijke-klus-door-buitenlandse-werknemers [consulta: 20/02/2023].

72 *Regeling dienstverlening aan huis* de 30-09-2015.

trabajadores domésticos son autónomos en los Países Bajos y, por lo tanto, no están cubiertos por dichas normas. Además, no existe un catálogo de seguridad y salud para el sector del trabajo doméstico (limpiadores a domicilio).

El asesor de políticas para el sector de los cuidados a domicilio dentro de la inspección laboral (entrevistado para esta investigación) mencionó que este es un tema claramente tratado en el convenio colectivo aplicable y también en los denominados catálogos de seguridad y salud. Existe un catálogo específico para el sub-sector del cuidado de personas enfermas o dependientes en el hogar (thuiszorg)[73].

Los expertos de TNO entrevistados y el experto de la inspección laboral mencionaron que se trata de un sector muy amplio, con diferentes subsectores. En una parte del sector hay empleos formales (especialmente en la prestación de servicios de atención a domicilio) donde se encuentran los llamados "ayudantes alfa", que son empleados, pero con un tipo específico de contrato (relación cliente/paciente).

En resumen, el gobierno neerlandés no ha adoptado un enfoque legislativo adecuado para garantizar la salud y la seguridad de todos los trabajadores del hogar. La desprotección afecta principalmente a los trabajadores que prestan servicios de limpieza a domicilio. No obstante, se han organizado algunas campañas de sensibilización por parte del gobierno central, consistentes en información sobre la normativa referente al trabajo en el sector de los servicios del hogar.

En los Países Bajos, según los resultados del estudio cualitativo, no existen iniciativas claras ni buenas prácticas para mejorar la seguridad y salud de los trabajadores en la parte más informal del sector, los trabajadores que prestan servicios de limpieza en el hogar.

5. CONCLUSIONES Y RECOMENDACIONES

Según los resultados de la investigación realizada para el proyecto EUSOCIALCIT, en la mayoría de los casos, la legislación nacional refleja la estructura de la legislación de la UE en materia de seguridad y salud en el trabajo, con una ley marco complementada con legislación sectorial que

---

[73] Catálogo disponible en: https://www.arbocatalogusvvt.nl/ [consulta: 20/02/2023].

transpone cada Directiva individual. De nuestra investigación se desprende que, en términos generales, la legislación nacional de transposición de la normativa Europea se halla en conformidad con las directivas estudiadas. Además, nuestra investigación muestra que, en muchos de los casos analizados, el cumplimiento de los requisitos mínimos de las directivas es mayor en las empresas de grandes dimensiones que en las pequeñas y medianas empresas (PYMEs).

Sin embargo, existen algunos casos en los que la legislación nacional va más allá de los requisitos de la Directiva marco de la UE. Por ejemplo, once Estados miembros de la UE han incluido a los trabajadores domésticos en la definición de "trabajador" al transponer la Directiva Marco, estableciendo un ámbito personal de aplicación más amplio.

A partir de nuestro análisis cualitativo, hemos extraído varias recomendaciones de política social para fortalecer los derechos en materia de salud y seguridad en el trabajo en ambos sectores, que se recogen a continuación.

En primer lugar, una sugerencia, mencionada por varios representantes sindicales del sector de la construcción, sería implementar una obligación por parte de los empleadores de demostrar que conocen suficientemente la normativa aplicable (mediante certificación o evaluación) antes de poder contratar a trabajadores. La sensibilización y el aumento del conocimiento sobre la información entre los empleadores, así como entre los miembros de los comités de empresa, es mencionada como una recomendación importante por muchos de los expertos entrevistados.

En varios de los Estados Miembros estudiados, y en particular en los Países Bajos, hay margen de mejora en el funcionamiento de los servicios de seguridad y salud en el trabajo, específicamente en la recopilación de información anónima sobre las enfermedades relacionadas con el trabajo de los empleados.

En segundo lugar, una propuesta interesante para mejorar los recursos instrumentales para la participación de los trabajadores en el ámbito de la seguridad y salud sería el uso de nuevas tecnologías, como el empleo de sensores. En ocupaciones peligrosas con alto riesgo de exposición a sustancias potencialmente nocivas, cada trabajador podría contar con un dispositivo para controlar su propia exposición a factores de riesgo específicos, y sería muy útil tener esa información almacenada en archivos de salud personales. Esto ayudaría a prevenir que los niveles de exposición a estos factores lleguen a ser lo suficientemente altos como para causar una enfermedad ocupacional.

En tercer lugar, uno de los problemas señalados por varios de los entrevistados (tanto de los Países Bajos como de expertos a nivel de la UE) es el tema de los riesgos psicosociales. En los últimos años se ha prestado más atención a estos riesgos, pero aún no se han logrado avances adecuados en las políticas de seguridad y salud al respecto.

En el sector de los servicios personales y del hogar, según los resultados de nuestra investigación cualitativa, se necesita una intervención más profunda a nivel de la UE para mejorar la prevención de los riesgos tanto tradicionales como emergentes (riesgos psicosociales) que afectan a estos trabajadores. Los expertos legales entrevistados para esta investigación recomendaron la adopción de nueva legislación de la UE centrada más en los riesgos psicosociales en el trabajo. Se necesita una Directiva que defina el concepto de riesgo psicosocial en el trabajo.

En cuarto lugar, algunos de los expertos (en particular en los Países Bajos) consideraron que, para fortalecer los derechos en materia de salud y seguridad en el trabajo, se necesitan más recursos institucionales y es necesario realizar más inspecciones, medidas de aplicación más específicas y mayor inversión en recursos que promuevan una gestión eficaz de la seguridad en todos los sectores.

En quinto lugar, en el sector de los servicios del hogar, según los representantes sindicales entrevistados y estudios previos[74], es muy importante hacer más visible el trabajo. Cuando el trabajo sea más visible, será más fácil identificar si se cometen errores en la aplicación de las normas de seguridad y salud. Asimismo, esto contribuiría a que se valorara más este tipo de trabajo, ya que uno de los principales problemas que mencionan los empleados en el sector es la falta de reconocimiento de su trabajo y la falta de respeto por su labor.

Como ya han señalado varios informes, en el sector de servicios del hogar, los recursos instrumentales, como la formación y la sensibilización tanto para los trabajadores como para los empleadores, son herramientas clave. Los empleados deben ser instruidos en aspectos legales, así como en aquellos relacionados con la gestión de riesgos de seguridad y salud en el trabajo. También es esencial, debido a la particular caracterización no em-

---

74 CANER, L., ALEKSANDRIA, N., RIGA, V. y GEERTSEMA, Z. (supervisor: RAMOS MARTÍN, N. E.),
'Comparative Study on Health and Safety at Work in the Personal and Household Services Sector', Informe publicado por UvA Fair Work and Equality Law Clinic, (2022), p. 1-83.

presarial del trabajo doméstico, formar al empleador en buenas prácticas, derechos y deberes, y en la prevención de riesgos[75].

Una preocupación mencionada por los entrevistados en varios países (incluidos los Países Bajos) es el aumento del porcentaje de trabajadores autónomos en ambos sectores (incluyendo un alto número de falsos autónomos, según los sindicatos) y el alto porcentaje de trabajadores flexibles, incluidos los trabajadores informales y (a menudo en situación irregular) de países terceros. Frecuentemente, estos trabajadores no están debidamente protegidos por la normativa de seguridad y salud ni por los convenios colectivos, lo cual es muy problemático.

Por último, se observó que el sector de la construcción es muy fragmentado y la subcontratación está muy extendida, lo que conduce a trabajos más flexibles, menor protección y más accidentes (mortales en muchos casos), a menudo con trabajadores migrantes afectados. Por lo tanto, una intervención a nivel de la UE que aborde el problema del exceso de falsos autónomos y las largas cadenas de subcontratación podría ser una solución efectiva para mejorar la salud y la seguridad en el trabajo en estos dos sectores.

Bibliografía

ALONSO OLEA, M., "¿Es de seguridad y salud del medio de trabajo la regulación de la jornada?", *Revista Española de Derecho del Trabajo,* 1999, núm. 93, pp. 5-17.

CAMAS RODA, F., *La normativa internacional y comunitaria de seguridad y salud en el trabajo,* Valencia, Tirant lo Blanch, 2003, pp. 174 a 228.

CANER, L., ALEKSANDRIA, N., RIGA, V. and GEERTSEMA, Z. (supervisor: Ramos Martín, N. E.), '*Comparative Study on Health and Safety at Work in the Personal and Household Services Sector',* Informe publicado por UvA Fair Work and Equality Law Clinic, (2022), p. 1-83.

COMISIÓN EUROPEA, *Communication from the Commission on the guidelines on the assessment of the chemical, physical and biological agents and industrial processes considered hazardous for the safety or health of pregnant workers and workers who have recently given birth or are breastfeeding,* COM/2000/0466 final, Disponible en: https://eur-lex.europa.eu/legal-content/EN/TXT/?uri=CELEX:52000DC0466 [consulta: 20/02/2025].

COMISIÓN EUROPEA, *Report from the Commission on the implementation of Council Directive 92/85/EEC of 19 October 1992 on the introduction of measures to encourage improvements in the health and safety at work of pregnant workers and workers who have recently given birth or are breastfeeding,* COM/99/0100 final, Disponible en: https://eur-lex.europa.eu/legal-content/EN/TXT/?uri=CELEX:51999DC0100 [consulta: 20/02/2025].

---

75 *Ibid.*

COMISIÓN EUROPEA, *Comunicación de la Comisión al Parlamento Europeo, al Consejo, al Comité Económico y Social y al Comité de las Regiones, Revisión de la Directiva sobre el tiempo de trabajo (primera fase de la consulta de los interlocutores sociales a nivel de la Unión Europea con arreglo al artículo 154 del TFUE),* COM/2010/0106 final, disponible en: https://eur-lex.europa.eu/legal-content/EN/TXT/?uri=celex%3A52010DC0106 [consulta: 20/02/2025]

COMISIÓN EUROPEA, *Comunicación de la Comisión al Parlamento Europeo, al Consejo, al Comité Económico y Social y al Comité de las Regiones, Revisión de la Directiva sobre el tiempo de trabajo (segunda fase de la consulta de los interlocutores sociales a escala europea con arreglo al artículo 154 del TFUE),* COM/2010/0801 final, disponible en: https://eur-lex.europa.eu/legal-content/EN/TXT/?uri=celex%3A52010DC0801 [consulta: 20/02/2025].

COMISIÓN EUROPEA, *Report from the Commission to the European Parliament, the Council, the European Economic and Social Committee and the Committee of the Regions on implementation by Member States of Directive 2003/88/EC ('The Working Time Directive'),* COM(2010) 802 final, 21.12.2010.

COMISIÓN EUROPEA, *Report from the Commission to the European Parliament, the Council and the European Economic and Social Committee, Report on the implementation by Member States of Directive 2003/88/EC concerning certain aspects of the organisation of working time,* COM/2023/72 final, (2023).

COMISIÓN EUROPEA, *Communication from the Commission Interpretative Communication on Directive 2003/88/EC of the European Parliament and of the Council concerning certain aspects of the organisation of working time* 2023/C109/01, C/2023/969, 24.3.2023, p. 1-68.

COMISIÓN EUROPEA, *Report on the Evaluation of the Practical Implementation of the EU Occupational Safety and Health (OSH) Directives in EU Member States* (2015), p. 1-112.

CUEVAS GALLEGOS, J. y RAMOS SERRANO, E., "Directivas comunitarias sobre seguridad y salud laborales no traspuestas al derecho español, vencido su plazo, y recargo por falta de medidas de seguridad", in (Coord. J. L. Monereo Pérez), *La reforma del mercado de trabajo y de la seguridad y salud laboral,* Universidad de Granada, 1996, p. 619.

FERNÁNDEZ MARCOS, L., "Directiva marco comunitaria de seguridad y salud de los trabajadores en el trabajo", *Mapfre Seguridad,* nº 37, 1990, p. 28.

FERRERA M., CORTI F. and KEUNE M. Social citizenship as a marble cake: the changing pattern of right production and the role of the EU. *Journal of European social policy,* Volume 33, Issue 5. (2023) pp. 487-492.

GAYET C., Quand le domicile privé est aussi un lieu de travail, *Hygiène et Sécurité du travail,* n° 246, Juin 2016, pp. 1-47

GONZÁLEZ DE LENA ÁLVAREZ, F., "La materia laboral de seguridad e higiene en las Directivas comunitarias. Balance y perspectivas a comienzos de 1989", *Relaciones Laborales,* I, 1989, pp. 1298-1304.

GONZÁLEZ ORTEGA, S., "La Directiva marco en materia de seguridad", *IX Jornadas Universitarias Andaluzas de Derecho del Trabajo y Relaciones Laborales,* Málaga, 1992, p. 239-250.

GONZÁLEZ ORTEGA, S., "La Carta Comunitaria de Derechos Sociales Fundamentales de los Trabajadores", en AA.VV. (Dir. F. M. Mariño Menéndez y C. Fernández

Liesa), *Política Social internacional y europea*, Madrid, Ministerio de Trabajo y Asuntos Sociales, 1996, p. 324

GONZÁLEZ-POSADA MARTÍNEZ, E., "El significado de la normativa comunitaria en materia de seguridad, higiene y salud en el trabajo. La Directiva 89/391/CEE", *Actualidad Laboral*, 1991, III, p. 394.

HAVE, K. T, MICHEL F., NOSSENT S., WEYERS M. & BORGH H. V. D., *Digitale RI&E-instrumenten: brancheorganisaties aan de slag!, Handleiding voor brancheorganisaties, Steunpunt RI& instrumenten of the Labour Foundation,* 2007 disponible en: https://www.rie.nl/voor-brancheorganisaties/hoe-maak-je-een-branche-rie [consulta: 20/02/2023].

INSPECCIÓN DE TRABAJO NEERLANDESA, *"De Arbeidsinspectie: time for change?"*, disponible en: https://www.arbo-online.nl/14687/de-arbeidsinspectie-time-for-change [consulta: 20/02/2023].

INSPECCIÓN DE TRABAJO NEERLANDESA, *"Inspecties: niet het aantal, maar het effect"* (2016). disponible en: https://www.arbo-online.nl/10921/inspecties-niet-het-aantal-maar-het-effect [consulta: 20/02/2023]

INSPECCIÓN DE TRABAJO NEERLANDESA, *"Wat gaat de Arbeidsinspectie doen in 2022?"* (2022) disponible en: https://fireprevent.nl/blog/wat-gaat-de-arbeidsinspectie-doen-in-2022 [consulta: 20/02/2023].

LOZANO LARES, F., "El marco jurídico comunitario de la seguridad y salud laboral", in (Coord. J. Cruz Villalón y T. Pérez del Río), *Una aproximación al derecho social comunitario,* Madrid, Tecnos, 2000, p. 85.

MANOUDI, A., WEBER, T., SCOTT, D. and HAWLEY WOODALL, J., '*An analysis of Personal and Household Services to support work life balance for working parents and carers*', Publications Office of the European Union, 2018, pp. 1-67.

MORENO VIDA, M. N., "La seguridad y salud en el trabajo: el deber de prevención de riesgos profesionales. Un análisis desde la perspectiva de la Directiva 89/391/CEE", en AA.VV. (Coord. Monereo Pérez, J. L.), *La reforma del mercado de trabajo y de la seguridad y salud laboral,* Universidad de Granada, 1996, pp. 551-552.

MUÑOZ RUÍZ, A. B., *El sistema normativo de la prevención de riesgos laborales,* Tesis doctoral dirigida por Jesús R. Mercader Uguina (dir. tes.). Universidad Carlos III de Madrid (2008).

PÉREZ DE LOS COBOS ORIHUEL, F., "La Directiva marco sobre medidas de seguridad y salud de los trabajadores en el trabajo y la adaptación del ordenamiento español (I)", *Relaciones Laborales,* I, 1991, p. 1223.

POPMA, J. y VAN LAMMEREN, B., 'Worker participation in the management of occupational safety and health —qualitative evidence from ESENER-2 Country report— the Netherlands', *European Risk Observatory,* European Agency for Safety and Health at Work, (2017), p. 68.

POPMA, J. "*Capaciteit Arbeidsinspectie in EU-landen",* disponible en https://www.arbo-online.nl/14742/capaciteit-arbeidsinspectie-in-eu-landen [consulta: 20/02/2023].

RAMOS MARTÍN, N. E., MERCADER UGUINA, J., and MUÑOZ RUIZ, A. B. et al. (2023), Health and safety at work: achievements, shortcomings, and policy options. *EuSocialCit Working Paper,* Doi: 10.5281/zenodo.8118960, (2023), pp. 1-154, disponible en: https://zenodo.org/records/8118960 [consulta: 20/02/2025].

RODRÍGUEZ PIÑERO, M., "El desarrollo reglamentario de la Ley de Prevención de Riesgos Laborales", *Relaciones Laborales,* 1997, II, p. 55

RODRÍGUEZ PIÑERO, M., “Trabajo y Medio Ambiente”, Relaciones Laborales, 1995, II, pp. 105 and 106 o “Medio ambiente y relaciones de trabajo”, *Temas Laborales,* núm. 50, 1999, pp. 7-18-

RODRÍGUEZ PIÑERO Y BRAVO-FERRER, M., “Medio ambiente y prevención de riesgos laborales”, in. (eds. F. Salinas Molina), *Responsabilidad medioambiental: aspectos civiles y riesgos laborales,* Madrid, Consejo General del Poder Judicial, 2005, p. 14.

VILLA GIL, L. E., “La Carta de los Derechos Fundamentales de la Unión Europea”, *Revista del Ministerio de Trabajo y Asuntos Sociales,* 2001, núm. 32, pp. 21 y 22

WILLEMS, J., TJOE NIJ, E., HOUBA, R. y MENTING, R, ‘Beroepsziekten fors onderschat’, *Vakblad Arbo* (2014), disponible en: https://www.arbo-online.nl/14051/beroepsziekten-fors-onderschat [consulta: 20/02/2023].

Referencias Entrevistas

Entrevista 1 Países Bajos, representante sindical, construcción, fecha: 30 de septiembre de 2022.

Entrevista 2 Países Bajos, experto en seguridad y salud laboral - Inspección de trabajo, fecha: 5 de octubre de 2022.

Entrevista 3 Países Bajos, representante del punto focal de salud y seguridad TNO, fecha: 22 de noviembre de 2022.

Entrevista 4 Países Bajos, representante del punto focal de salud y seguridad TNO, fecha: 22 de noviembre de 2022.

Entrevista 1 nivel de la UE, representante de confederación sindical Europea - sector de la construcción, fecha: 12 de octubre de 2022.

Entrevista 2 nivel de la UE, experto en salud y seguridad ETUI - sector servicio del hogar, fecha: 28 de noviembre de 2022.

SEMBLANZAS

Semblanza de Jesús R. Mercader Uguina

IGNACIO GARCÍA-PERROTE ESCARTÍN
Magistrado de la Sala de lo Social del Tribunal Supremo
Catedrático de Derecho del Trabajo de la UNED (s.e.)

1. DOS POSIBLES COMIENZOS PARA LA SEMBLANZA DEL "AMIGO, MAESTRO Y HERMANO 'MENOR'" Y SU RECIENTE *DERECHO LABORAL DE DAÑOS*: EL "CORREDOR DE FONDO."

1. *Derecho laboral de daños (Indemnizaciones por daños y perjuicios en las relaciones laborales)* es, de momento, el último libro de Jesús R. Mercader Uguina, publicado en 2025 por la editorial Tirant lo Blanch, de cuyo Consejo Editorial Jesús forma parte desde 2009.

Se trata de un auténtico tratado de la materia y expresa de forma sobresaliente lo que es el excelente hacer investigador del profesor Mercader. Su inmensa capacidad de trabajo (al alcance de muy pocos; sigue aquí la estela de nuestro maestro común, Luis Enrique de la Villa Gil), así como su afán por comprender y explicar(nos) las materias más complejas e interdisciplinares, se manifiestan de forma extraordinaria en este libro, destinado a ser la obra de referencia sobre el derecho laboral de daños. El libro cuenta con un iluminador prólogo de María Emilia Casas Baamonde, a la que más adelante haré adicionales referencias.

La inagotable curiosidad intelectual de Jesús R. Mercader se había proyectado en los últimos años sobre otras dos difíciles e igualmente interdisciplinares materias en las que Mercader es reconocido como un consumado especialista y persona de referencia: la protección de datos y la inteligencia artificial. A ellas había llegado con un espléndido equipaje primorosamente construido desde una ya temprana dedicación a la digitalización y a las tecnologías de la comunicación propias de nuestro tiempo. Mercader presta especial atención a la radical transformación de la realidad económica y social —vertebrada por aquellas tecnologías— sobre la que operan las normas laborales, dando cuenta de cómo estas normas se tienen que integrar en ordenamientos y reglas de alta complejidad emanadas de fuentes distintas. No es casual, así, la ininterrumpida dedicación académica de nuestro autor a la Constitución —fue, además, un brillante letrado del Tribunal Constitucional—, al Derecho de la Unión Europea y, como revela bien su *Derecho Laboral de Daños*, a reglas tan singulares como los *Principles of European Tort Law (PETI)*.

Como Jesús R. Mercader está extraordinariamente atento a la transformación de la sociedad, siguiendo desde el principio el debate académico y social internacional, llega más preparado casi que nadie, podríamos decir, a la hora de acometer el análisis en profundidad de la ordenación jurídica de esa cambiada realidad. Creo que esta anticipación de Jesús, que es una característica principal de lo que me permito llamar "método Mercader" —al que más adelante me referiré—, es lo que ha ocurrido con sus estudios sobre la protección de datos y la inteligencia artificial. Por centrarme en esta última, nuestro autor tiene múltiples trabajos sobre la materia que son anteriores al Reglamento (UE) 2024/1689, de 13 de junio de 2024, por el que se establecen normas armonizadas en materia de inteligencia artificial. Se trata de una aproximación metodológica a través de la cual Jesús R. Mercader se esmera por prestar atención a la transformación de la realidad antes de que se promulguen las reglas jurídicas que la regulan. Mercader siempre ha querido llegar a la sustancia de las cosas y es un gran "corredor de fondo" no solo en sentido deportivo —que lo es—, sino también en el ámbito académico.

Sobre la obra de Jesús Mercader luego volveré.

Pero ahora me gustaría proponer al lector otro posible y más personal comienzo de esta semblanza.

2. "Amigo, maestro y hermano 'menor'". Esto es lo que es para mí Jesús R. Mercader, haciendo mías las generosas palabras que me dedicó en su día, con un único cambio: donde él decía hermano "mayor" yo tengo que decir "menor"; es nuestra diferencia de edad.

La amistad profunda, tan necesaria para la vida, me parece que es, sin embargo, un "bien escaso" y que con suerte se acaba teniendo con un reducido número de personas. Afortunadamente para mí, Jesús es una de las más importantes de esas personas. La gente que nos conoce se sonríe cuando nos ve juntos porque sabe que no pararemos en ningún momento de hablar por largo que sea el viaje a donde nos dirijamos; es una conversación que se reanuda según nos vemos, porque hasta entonces había estado solo momentánea y transitoriamente interrumpida.

En nuestro caso, como he anticipado, además de amigos nos consideramos hermanos, lo que es una doble dicha. Los hermanos lo son para siempre. Pero no siempre los hermanos son amigos y a veces la relación de hermandad puede ser problemática. Nosotros tenemos la doble fortuna de ser amigos y hermanos y de habernos ahorrado alguno de los problemas que pueden surgir en las relaciones entre hermanos, seguramente porque nos conocimos ya en una edad relativamente adulta en la Universidad Autónoma de Madrid y, en todo caso, somos hermanos por elección.

Finalmente, tengo a Jesús Mercader por uno de mis maestros. Luis Enrique de la Villa Gil es mi maestro (ya he dicho que también lo es de Jesús); sin Luis Enrique no seríamos ambos quienes somos. También tenemos por maestro común a nuestro queridísimo M. Carlos Palomeque López. Y para mi Jesús Mercader ha terminado formando parte también de esta suerte de virtuosa tríada.

A la dedicatoria de "amigo, maestro y hermano 'menor'", añadiría por mi parte la gran calidad humana de Jesús y su extraordinaria generosidad.

Esa generosidad se pone de manifiesto en las múltiples ocasiones en que he cofirmado con él artículos y editoriales en los que mi participación ha sido con creces muy inferior a la suya. E intuyo que, sin llegar a los extremos de mi caso, lo anterior ha ocurrido con las cofirmas de otras compañeras y compañeros en trabajos en los que la intervención de Jesús era la verdaderamente decisiva.

En este mismo sentido, es de señalar el gran apoyo que Mercader ha prestado a varios doctorandos y doctorandas en el difícil trance de la elaboración de sus tesis doctorales. Y no me refiero solo a su contribución a las numerosas tesis por él dirigidas (todas valoradas con la máxima calificación, como luego diré), sino a tesis dirigidas por otros colegas en las que la ayuda de Jesús se produjo en los momentos más delicados y necesarios. Apoyo y ayuda que se reciben incondicionalmente del profesor Mercader, no ya en una tesis doctoral, sino para cualquier cosa que se le pide.

De ahí que Jesús R. Mercader cuente con el profundo agradecimiento y reconocimiento de muchos profesores y profesoras, especialmente de las universidades por las que ha discurrido su rica carrera académica, y que van más allá de sus discípulos más directos. Creo que Jesús goza de un aprecio profesional y personal prácticamente unánime. Y eso no es nada fácil de conseguir. Su fino humor es otra característica, creo que muy apreciada por quienes le conocen, que define a nuestro personaje.

Me detengo ahora en las universidades por la que ha discurrido el quehacer docente e investigador del profesor Mercader.

2. SUS UNIVERSIDADES, ESPECIALMENTE LA CARLOS III DE MADRID, Y ALGÚN LIBRO.

1. Jesús estudió la carrera de Derecho en la Universidad Autónoma de Madrid (UAM), fue brillante alumno de lo que creo cabe denominar "mítico" *Curso especial de derecho del trabajo* ideado por los profesores de la Villa y Palomeque y en la UAM elaboró su tesis doctoral bajo la dirección del maestro de la Villa, obteniendo la máxima calificación de *cum laude* por unanimidad y el premio extraordinario de doctorado. *Estructura de la negociación colectiva y relaciones entre convenios* (Madrid, Civitas/UAM, 1994, 515 páginas) es el título de la monografía que recoge esa excelente tesis doctoral.

En la UAM Mercader llegó a ser profesor titular, pasando a prestar servicios desde 1996 en la Universidad de Cantabria, universidad en la que accedió a la condición de catedrático en el año 2000.

2. En la Universidad de Cantabria Jesús dirigió la Escuela de Graduados Sociales a ella adscrita y el Máster Universitario en Prevención de Riesgos Laborales nada menos que durante diez ediciones.

Pero lo que más me interesa señalar de la estancia del profesor Mercader en la Universidad de Cantabria es que allí tuvo por primera vez que asumir la máxima responsabilidad de la dirección del área de conocimiento y lo tuvo que hacer "en solitario", es decir, sin la referencia, compañía e interlocución del maestro y de otros también experimentados compañeros y compañeras que sí había tenido en la UAM. En efecto, cuando Jesús Mercader se incorporó a la Universidad de Cantabria solo estaban en el área de conocimiento de dicha universidad dos jóvenes profesores (quien es ahora catedrático de esa universidad, el profesor David Lantarón Barquín y la profesora Ana Badiola Sánchez, en la actualidad profesora contratada doctora de esa misma universidad) que estaban entonces realizando sus tesis doctorales y a quienes Jesús ayudó de forma realmente significativa en la culminación de esas tesis con la máxima calificación de *cum laude*.

En la Universidad de Cantabria Mercader incorporó a la profesora Ana Belén Muñoz Ruiz, a la que luego me referiré, formó parte de la comisión juzgadora de la tesis doctoral del magistrado de la sala de lo social del Tribunal Superior de Justicia de Cantabria, Rubén López-Tames Iglesias y, en fin, elaboró nada más y nada menos que el libro *Derecho Administrativo Laboral* (Valencia, Tirant lo Blanch, 2000, 1ª ed., 2004, 2ª ed. con 925 páginas), en coautoría con César Tolosa Tribiño, por entonces profesor asociado del área en aquella Universidad y actualmente magistrado del Tribunal Constitucional.

Me parece que este "salto" desde una universidad como la UAM con un gran equipo a una universidad más pequeña, que contaba con uno muy reducido que había que apoyar e impulsar y en la que tenía que asumir la máxima responsabilidad, fue especialmente importante en, utilizando el título flaubertiano, "la educación sentimental" universitaria de Jesús.

3. Con este importante bagaje, en octubre de 2003 y de la mano del profesor Santiago González Ortega (a quien Jesús siempre se lo ha agradecido), el profesor Mercader se incorporó a la Universidad Carlos III de Madrid, siendo nombrado catedrático de esa prestigiosa Universidad en octubre de 2004.

Y en la "Carlos" sigue ininterrumpidamente desde entonces. Es en esta universidad en la que Mercader terminó su proceso de maduración y en la que ha realizado una labor excelente en grado sumo, por la que a mi juicio ha alcanzado su condición de maestro de la disciplina a una relativamente temprana edad. El área de Derecho del Trabajo y de la Seguridad Social de la Universidad Carlos III, una universidad joven comparada con otras, es incomprensible sin Jesús Mercader y no se entiende a Jesús Mercader sin la Universidad Carlos III.

Cuando Mercader se incorpora había ya en la Carlos un importante elenco de profesores y profesoras y una actividad docente realmente intensa y extensa. Pero todo ello había que organizarlo y encauzarlo, lo que, tras la vuelta a Sevilla del profesor González Ortega, tuvo de nuevo Jesús que hacer en "solitario" pero con la gran experiencia que había acumulado.

Se mire como se mire, el resultado es en verdad extraordinario.

a) Centrándome únicamente en las tesis dirigidas por el profesor Mercader (y no en las igualmente excelentes por él codirigidas con otros ilustres colegas), a lo largo de estos años se han leído en la Carlos III las tesis de la ya citada Ana Belén Muñoz Ruiz y de quienes posteriormente Jesús tuvo la lucidez (también la oportunidad, ciertamente) de ir incorporando: Cristina Aragón Gómez; Pablo Gimeno Díaz de Atauri; Daniel Pérez del Prado; Patricia Nieto Rojas y Amanda Moreno Solana, muchos de ellos siendo actualmente profesores de otras universidades, como la UNED, la mayoría de ellos, y la Complutense. Todas las tesis merecieron la máxima calificación de *cum laude* y casi todas ellas el premio extraordinario de doctorado. También sus previas tesinas, igualmente dirigidas por Jesús, habían obtenido la calificación de sobresaliente/matrícula de honor. Todos los profesores citados tienen ya en su haber una relevante y reconocida labor docente e investigadora manifestada en importantes y numerosas publicaciones.

Me parece a mí que Jesús es de lo que está más satisfecho y la verdad es que creo que puede estar orgulloso de estos magníficos discípulos que no son ya una esperanzadora promesa, sino una realidad bien tangible. La última tesis dirigida por el profesor Mercader en la Carlos III ha sido la de Víctor Maneiro Hervella, leída en septiembre de 2024, igualmente valorada con la máxima calificación de *cum laude*. Como puede verse, el profesor Mercader no ceja en la exigente tarea de dirigir excelentes tesis doctorales.

b) En la Carlos III Mercader ha sido y es investigador principal de numerosos proyectos de investigación españoles y europeos y lo fue de Cátedras de investigación. Dirige o codirige Institutos de Investigación y diversos Master Oficiales y Títulos Propios, como es, precisamente, el Máster Oficial en Responsabilidad Civil, que dirige desde 2017 y que está en el origen de su referido *Derecho Laboral de Daños*.

Y en fin, además de director del Departamento en que se inserta el área de Derecho del Trabajo y de la Seguridad Social, Jesús Mercader ha sido Secretario General y a cargo de las Relaciones Institucionales de la Universidad Carlos III nada menos que desde 2007 hasta 2015. También en la gestión, y no solo en la investigación, Jesús ha dejado una importante huella en esa Universidad.

En definitiva, la labor que Jesús R. Mercader ha realizado y sigue realizando en la Carlos III es sencillamente excepcional.

Mención aparte merece contar la ilusión que le hizo a Jesús la incorporación del añorado Aurelio Desdentado Bonete como profesor honorario de la Carlos III una vez que se jubiló como magistrado del Tribunal Supremo. Cuando desgraciadamente Aurelio falleció, Jesús, con la inestimable ayuda de la catedrática de la UAM, Ana de la Puebla Pinilla, impulsó el *Liber Amicorum en homenaje a Aurelio Desdentado Bonete*. Aurelio, a quien el maestro de la Villa tan justamente ha definido como "uno de los más importantes laboralistas de todos los tiempos", tuvo una mayúscula influencia sobre nuestro Jesús, siendo, sin duda, una de las personas más decisivas de su vida.

c) En la Carlos y para la docencia en ella, Jesús Mercader redactó sus *Lecciones de Derecho del Trabajo*, editadas por Tirant lo Blanch, y que van ya por su 17ª edición. Es un manual de la disciplina, pero que tiene una originalidad, metodología e innovación, como sus innumerables "casos prácticos con respuesta", sin paragón —me parece— en nuestra manualística. La 17ª edición de las *Lecciones* de Jesús cuenta con la coautoría de la ya citada Ana de la Puebla Pinilla y de Francisco Javier (Paco) Gómez Abelleira, catedrático este último de la propia Universidad Carlos III. Ana y Paco reconocen abiertamente el magisterio de Jesús. Ambos son también esenciales para él.

En otro ejemplo de su inagotable curiosidad, Jesús Mercader ha reflexionado de forma luminosa sobre "El papel del 'Manual' en la construcción de la ciencia jurídica" y la actual "crisis de identidad" en que se encuentra la manualística (el trabajo está publicado en la revista *Trabajo y Derecho*, 2023, núm. 100). Y lo ha hecho precisamente al hilo de la 30ª y última edición de uno de los Manuales más importantes de nuestra disciplina, el *Derecho del Trabajo* de los profesores Carlos M. Palomeque López, a quien ya me he referido, y de Manuel Álvarez de la Rosa, quien desgraciadamente nos ha dejado demasiado pronto y con quien Jesús mantuvo un permanente y rico diálogo, no solo sobre el Derecho del Trabajo, sino principalmente sobre la literatura y el ensayo en sus más amplias acepciones.

En este contexto, demostrándonos su radical modernidad, Jesús ha participado de forma decisiva en la creación y es codirector del blog *Foro de Labos*, que en poco tiempo se ha convertido a mi juicio en uno de los más importantes que los laboralistas tenemos a nuestra disposición y en el que Jesús publica constantes entradas (llevaba 50 en enero de 2025). Jesús ha comprendido muy bien el moderno lenguaje y las actuales y tan rápidas vías digitales de comunicación, en las que se mueve con gran soltura. Lo que me asombra es, con lo ocupado que está, que sea capaz de intervenir con la inmediatez que, para bien o para mal, parece exigir nuestro tiempo, y que lo haga con gran rigor y juicio certero, además de con la brevedad que requieren esas vías de comunicación y que es la nueva cortesía que quizás, además de la claridad, reclamaría ahora Ortega. Con independencia de que se lea más o menos y de la profundidad con la que sea lea, lo cierto es que hay tal abundancia de información, que seguramente todos sintamos que no tenemos tiempo para leer todo lo que nos gustaría leer. Y, sin embargo, Mercader, que lo lee todo —y cuando digo todo, es todo—, expresa con impresionante inmediatez y brevedad su autorizada opinión sobre el acontecimiento en cuestión (por ejemplo, una sentencia importante). La última entrada que le he leído, de 20 de enero de 2025, cuando escribo estas líneas ("El barco de Teseo y los antecedentes del actual modelo de relaciones laborales"), expresa bien la cultura y la capacidad de nuestro autor de exponer con brevedad lo que es el nuevo modelo constitucional de relaciones laborales a la luz de una paradoja filosófica de honda raigambre histórica.

d) Para reflexiones más profundas y detenidas Mercader sigue utilizando con profusión los libros y artículos, estos últimos en muchas ocasiones en formatos no tradicionales, pero que son también signos de nuestro tiempo, como al que a continuación voy a referirme.

Mercader es codirector de la revista *Labos Revista de Derecho del Trabajo y Protección Social*, editada por la Universidad Carlos III y que se publica en formato digital de acceso abierto; los otros codirectores de esa original revista (también del blog) son José María Goerlich Peset, catedrático de la Universidad de Valencia, con quien Jesús mantiene una fructífera colaboración académica en todos los planos, siendo igualmente esencial para él, y Ana de la Puebla, a quien ya he mencionado. Finalmente es *Editor-in-Chief*, junto con Paco Gómez Abelleira, a quien también ya me he referido, de la revista *Spanish Labour Law and Employment Relations Journal*, asimismo editada por la Universidad Carlos III en formato electrónico.

En fin, la labor de la Universidad Carlos III es impresionante y más lo es, a mi parecer, que Jesús Mercader la haya impulsado y esté presente en tantas actividades.

Quiero recordar, por último, que esta Universidad nombró con todo merecimiento como doctora *honoris causa* a la profesora María Emilia Casas Baamonde, haciendo Jesús una —para mí— maravillosa *laudatio*. María Emilia es otra de las personas decisivas para Jesús. La profesora Casas es presidenta de la Asociación Española de Derecho del Trabajo y de la Seguridad Social (AEDTSS), y la AEDTSS está presente en este moderno lenguaje con los *briefs*, que tanta utilidad tienen para todos nosotros, algunos de ellos redactados por Mercader. Recuerdo todavía lo útil y clarificador que me fue su *brief* "El Reglamento de Inteligencia Artificial: frecuentemos el futuro" (2024).

3. SU OBRA: EL "MÉTODO MERCADER" Y SUS PRINCIPALES LÍNEAS DE INVESTIGACIÓN.

1. La obra científica de Jesús Mercader es verdaderamente asombrosa, tanto en cantidad como en calidad. Precisamente una de las cosas que más me llaman la atención es que siendo tan numerosas y constantes sus publicaciones, sean todas ellas excelentes y, al menos la gran mayoría de ellas, obras de referencia.

Como nos enseñó el maestro de la Villa, los trabajos de Jesús se basan en un riguroso tratamiento de las fuentes, manejando primorosamente los más relevantes estudios doctrinales, que siempre han sido leídos por él de forma muy atenta y cuidadosa y aparecen convenientemente citados, y, en fin, en la imprescindible claridad expositiva y adecuada ordenación sistemática.

Jesús ha escrito en el ya citado *Liber Amicorum* de Aurelio Desdentado que, como pensaba Aurelio, el conocimiento "va más allá del Derecho y ... está en la filosofía, en la literatura, en la ciencia política, en el pensamiento del ser humano." Y de ello de buena cuenta nuestro autor en todos sus trabajos, siempre aderezados con citas de autores universales del pensamiento que iluminan, enriquecen y completan el análisis jurídico. También maneja Jesús en su trabajos doctrina jurídica no solo de estudiosos del Derecho del Trabajo, sino del Derecho "a secas." Y doy fe de que Jesús ha leído con toda atención a esos pensadores universales y a la doctrina jurídica no propiamente laboralista. La biblioteca que Jesús Mercader tiene al respecto es inconmensurable.

Creo que esta apertura hacia horizontes jurídicos que van más allá del Derecho del Trabajo y que se adentran en la interdisciplinariedad jurídica, en la unidad del ordenamiento y en el pensamiento en general, es uno de las más característicos y profundos rasgos de lo que antes he aludido y creo que puede llamarse "método Mercader". De ahí que Jesús haya publicado en revistas jurídicas no propiamente laborales y con autores que tampoco lo son, como da cuenta su abrumador Curriculum Vitae (CV).

En este método está también el ejemplar tratamiento y acercamiento de Jesús a la doctrina clásica. A Mercader le ha preocupado y se ha ocupado de que no olvidemos a los clásicos. Memorables son sus voces, en colaboración con Antonio V. Sempere Navarro, magistrado de la Sala de lo Social del Tribunal Supremo y catedrático de Derecho del Trabajo en la Universidad Rey Juan Carlos, sobre William Beveridge, Otto Kahn-Freund, Francesco Santoro-Pasarelli, Luigi Mengoni, Philipp Lotmar (en colaboración con R. Domingo), Paul Durand y Hugo Sinzheimer, en la obra sobre *Juristas Universales*, publicada en 2004 por Marcial Pons (ed. R. Domingo).

También Jesús ha dedicado sus esfuerzos a que no se olviden los "orígenes" de la disciplina y de la realidad social sobre la que se asienta.

Buena muestra de lo anterior está en su ya citado trabajo sobre *El papel del 'Manual' en la construcción de la ciencia jurídica*, en donde pulcramente se parte de los "antecedentes remotos" de los primeros manuales, no solo españoles, de "Legislación industrial", "derecho obrero" y "derecho social", se pasa por el "nacimiento" de los manuales de "Derecho del Trabajo", en donde es de obligada referencia el de maestro Manuel Alonso Olea (en coautoría en sus últimas ediciones con la profesora Casas), y se llega a los "Manuales del Derecho del Trabajo posconstitucional", momento en que Jesús detiene su análisis.

También es muestra de lo que vengo diciendo, por ejemplo, el largo y trabajado artículo de Jesús "Filantropía, beneficencia y caridad en el primer Derecho Obrero", publicado en la *Revista Española de Derecho del Trabajo* en el año 2008 y al que me parece que su autor tiene especial cariño. O el de la "vivienda obrera", publicado diez años después (creo que Jesús sigue con suma atención la evolución de las materias sobre las que ha publicado), en 2018, en la revista *Trabajo y Derecho,* dirigida por Carlos Palomeque, revista a la que Jesús está tan vinculado y que tan importante es para él.

El esfuerzo por rememorar los "orígenes" de la disciplina y su evolución se expresa muy bien, finalmente, en las importantes entrevistas que Jesús, acompañado de alguna de las personas más cercanas a él ya referidas, viene últimamente haciendo, por ejemplo, a los profesores de la Villa, Rodríguez-Piñero Bravo-Ferrer y Sempere Navarro, utilizando "como pretexto" el devenir de las más importantes revistas especializadas. Los trabajos y las entrevistas se vienen publicando en la sección dedicada a las "Revistas Laborales" de la revista *Revista de Derecho Laboral vLex,* sección ideada por el codirector de la revista Antonio V. Sempere Navarro.

En esta sección de recuperación de la memoria de lo que han sido y son las más importantes revistas de la disciplina, Jesús ya ha publicado ya, entre otros, los trabajos: "De la Revista General de Legislación y Jurisprudencia a la Revista de Trabajo" (2020); "Reflexiones del maestro Luis Enrique de la Villa sobre el papel de las revistas en la doctrina laboral" (2021); "Un repaso a los Cuadernos de la Cátedra de Derecho del Trabajo" (2021); "Entrevista a Luis Enrique de la Villa Gil. Las diferentes etapas de la vida de la Revista de Trabajo" (2022); "Entrevista a Antonio V. Sempere Navarro: Una vida entre revistas: de Aranzadi Social a Vlex" (2022); "Entrevista a Miguel Rodríguez-Piñero; "Entrevista a Carlos Palomeque, director de Trabajo y Derecho" (2025). Historia del Derecho del Trabajo y unas revistas como pretexto" (2024).

Ya he dicho que Jesús es codirector de la revista *Labos Revista de Derecho del Trabajo y Protección Social* y *Editor-in-Chief* de la revista *Spanish Labour Law and Employment Relations Journal.*

Mercader forma parte, muy activa además, del Consejo de Redacción de importantes revistas especializadas, como son, por ejemplo, la *Revista Española de Derecho del Trabajo,* en la que redacta periódicamente editoriales, la revista *Trabajo y Derecho,* a la que he hecho referencia unas líneas atrás y en la que es responsable de la sección "Práctica jurídica y despachos profesionales", y la *Revista de Derecho Laboral vLex,* en la que, como igualmente se acaba de decir, se ocupa precisamente de la sección de revistas. En las revistas de la editorial Lex Nova *Información Laboral* y *Justicia Laboral* fue, respectivamente, codirector y director adjunto hasta 2018 y 2014. Y fue miembro, igualmente hasta 2014, del Consejo de Redacción de la revista *Relaciones Relaciones Laborales. Revista crítica de teoría y práctica.*

2. Otra de las notas señeras del "método Mercader" es la reiterada y constante apertura a la coautoría de sus publicaciones.

Esa coautoría se manifestó tempranamente con sus primeras monografías en coautoría con Luis Enrique de la Villa (1994), con un pionero estudio sobre *Modelos, agencias de modelos y empresas publicitarias,* y Aurelio Desdentado (1996), sobre *El desempleo como situación protegida,* y siguió con las posteriores en 2005 con Magdalena Nogueira Guastavino, catedrática de la UAM y con la que Jesús ha colaborado y trabajado mucho, sobre *El recurso de amparo,* y con Ana de la Puebla en 2012, sobre *Los procedimientos de despido colectivo, suspensión y reducción de jornada.* Ya se ha mencionado la coautoría con César Tolosa en 2000 y 2004.

Pero la coautoría, así como la coparticipación en la dirección de libros, es una constante en la trayectoria de Mercader. En efecto nuestro autor ha firmado la dirección y coordinación de libros, así como la coautoría de libros y artículos, con múltiples autores, algunos ya citados.

Siguiendo un orden alfabético, entre ellos están: María Teresa Alameda Castillo; Cristina Aragón Gómez; Mario Barros García; Emilio Beltrán Sánchez; Daniel Cerrutti; Jesús Cruz Villalón; Ana de la Puebla Pinilla; Luis Enrique de la Villa Gil; Aurelio Desdentado Bonete; Javier Díaz López; Marta Domínguez Arroyo; Ricardo Escudero Rodríguez; José Luis Fraile; Gabriel García Becedas; Ignacio García-Perrote; Pablo Gimeno Díaz de Atauri; Jose María Goerlich Peset; Francisco Javier Gómez Abelleira; Marisol Herráiz; Félix Herrero Alarcón; Lourdes López Cumbre; Borja de la Macorra Pérez; Rodrigo Martín Jiménez; Amanda Moreno Solana; Ricardo Morón Prieto; Ana Belén Muñoz Ruiz; Patricia Nieto Rojas; Magdalena Nogueira Guastavino; Daniel Pérez del Prado; Mercedes Perez Manzano; A. Piñeroa de la Fuente; P. Portellano Díez; Isabel Rodríguez León; Juan Antonio Sagardoy Bengoechea; Miguel Sánchez Morón; Amalio Sánchez Grande; Antonio V. Sempere Navarro; Borja Suárez Corujo; Andrés Ramón Trillo García; César Tolosa Tribiño; y Nerea Torrontegui.

Seguramente sea yo mismo con quien Jesús ha firmado cuantitativamente más trabajos en común, particularmente —pero no solo— editoriales (nada menos que 126 de estos últimos a finales de 2024). Pero ya explicado antes que la generosidad de Jesús se ha proyectado sobre mí de forma particularmente intensa, porque su participación en esos trabajos siempre ha sido muy superior a la mía.

También hemos codirigido y coordinado varios libros, especialmente en la editorial Lex Nova, con la que tanto colaboramos, que daban cuenta de las novedades y reformas normativas (así lo hicimos especialmente desde 2007 a 2012), o que fueron comentarios generales del Estatuto de los Trabajadores (las cuatro ediciones fueron también codirigidas por Jesús Cruz Villalón, otra persona de referencia para Jesús, y por José María Goerlich Peset, a quien ya me he referido) o de la Ley General de Seguridad Social (la segunda edición la codirigió Andrés Ramón Trillo García, otra persona muy relacionada con Jesús y con quien tanto ha trabajado).

3. La actividad investigadora de Mercader se inicia con la elaboración de su tesis doctoral, publicada, como ya he mencionado, en 1994 con el título de *Estructura de la negociación colectiva y relaciones entre convenios*. La negociación colectiva ha sido desde entonces una constante en la atención de Jesús, convirtiéndose en un consumado especialista con abundantes publicaciones sobre tan cardinal institución, no en vano reconocida como derecho constitucional. Si, por ejemplo, en 2012 obtuvo el primer premio Ayudas a la Investigación de la Fundación de Diálogo Social por la dirección del estudio *Efectos de la reformas de 2011 sobre la estructura de la negociación colectiva*, más recientemente Jesús nos ha dado cuenta en varias publicaciones de "La arquitectura de la negociación colectiva en la reforma laboral de 2021" y, en particular, de la desaparición en dicha reforma de la preferencia aplicativa del convenio colectivo de empresa en materia salarial. Y, más recientemente, Mercader ha participado de forma decisiva en el libro que estudia la compleja materia del *Derecho de la Competencia y Negociación Colectiva* (2022). En 2023 ha publicado un estudio más general sobre "Derecho del Trabajo y Derecho de la Competencia, una extraña pareja".

Dentro del análisis de la fuentes, a Jesús siempre le han interesado las complejas relaciones entre ellas, internas y externas, así como de sus principios articuladores y aplicativos. Si en 2002 Jesús advertía de "La silenciosa decadencia del principio de norma más favorable", en 2014 publicaba en Tirant lo Blanch su más general reflexión sobre *Los principios de aplicación del Derecho del Trabajo: formación, decadencia y crisis*. Y, en fin, más recientemente, concretamente en 2023, dirige, junto con Ana de la Puebla, la obra *Cambio tecnológico y transformación de las fuentes laborales. Ley y convenio ante la disrupción digital*, en la que Jesús escribe, concretamente, sobre "*Disrupción digital y sistema de fuentes: una visión general.*"

4. Tras haber obtenido el "Primer Premio de Estudios Financieros" en 1994, Mercader culminó una nueva línea de investigación con la publicación en la editorial Aranzadi en 1996 de su monografía *Modernas tendencias en la ordenación salarial. La incidencia sobre el salario de la Reforma Laboral*, línea de investigación que, como es seña de identidad en él, nunca abandonaría. De ello es muestra la publicación en 2011 de su libro *Salario y crisis económica.*

Habiendo publicado también en los años 1994 y 1996 las monografías en coautoría con Luis Enrique de la Villa y Aurelio Desdentado a las que antes he hecho referencia, igualmente en 1996 publica su estudio sobre la *Delimitación de competencias entre el orden social y el contencioso-administrativo*, y en 1999 sobre *La contratación temporal en la jurisprudencia del Tribunal Supremo.* Quiero ver cierta conexión de la primera de estas publicaciones con su libro de 2017, algo más de una década después, sobre *Los procedimientos administrativos en materia de Seguridad Social.* Sea como fuere, si, como ya me he referido, Jesús miró desde fechas muy tempranas al Derecho Administrativo y a sus relaciones con el Derecho Laboral, la Seguridad Social siempre ha ocupado su atención. Su impresionante CV refleja lo anterior.

5. En noviembre de 2000, Jesús Mercader fue nombrado Letrado del Tribunal Constitucional (TC), en donde estuvo hasta octubre de 2003. Más adelante volveré sobre ello y sobre la impagable mirada que proporciona haber tenido el privilegio de prestar servicios en tan decisivo lugar.

Pero lo que me importa ahora señalar es que no por ello dejó de llevar a cabo Jesús en ese periodo una persistente actividad investigadora manifestada en importantes publicaciones, enriquecidas, además, con esa incomparable visión que proporciona ser letrado del TC. La continuidad en la investigación y en la publicación a pesar de realizar funciones tan exigentes en dedicación y atención es algo que caracteriza singularmente al profesor Mercader y que ha demostrado, no solo durante su prestación de servicios en el TC, sino posteriormente, en sus muchos años (2007-2015) como Secretario General y a cargo de las Relaciones Institucionales de la Universidad Carlos III, cargo absorbente en tiempo allá donde los haya, y en su colaboración con despachos profesionales a partir de 2015, a la que asimismo me referiré más adelante con algún mayor detalle. Mercader ha soslayado así el manifiesto riesgo que para el "común de los mortales" tiene la realización estas actividades extraacadémicas.

Pero, en fin, a lo que iba. Desde el privilegiado observatorio del TC, Jesús consolidaría y llevaría a cabo una importante reflexión sobre los derechos fundamentales y su reforzada protección jurisdiccional, que se manifestó, por ejemplo, en su pionero trabajo de 2001 sobre "Derechos fundamentales de los trabajadores y nuevas tecnologías: ¿hacia una empresa panóptica?", en el estudio titulado "Conflicto y ponderación de los derechos fundamentales de contenido laboral. Un estudio introductorio", publicado en el libro sobre *El modelo social en la Constitución Española de 1978,* que editó el Ministerio de Trabajo en 2003, y, en fin, en su trabajo "El marco teórico del principio de igualdad", publicado en el relevante libro de 2003, dirigido por Luis Enrique de la Villa y Lourdes López Cumbre y editado por el Centro de Estudios Financieros, sobre *Los principios del Derecho del Trabajo.*

El estudio sustantivo y procesal de Jesús Mercader sobre nuestra Constitución se materializaría posteriormente, entre otras publicaciones, en el año 2005 en el libro sobre *El recurso de amparo: un enfoque laboral,* en coautoría con Magdalena Nogueira, y en 2018 en los comentarios a varios preceptos de la Constitución realizados en el libro de referencia de 2018, dirigido por Miguel Rodríguez-Piñero y María Emilia Casas, *Comentarios a la Constitución Española.* Más recientemente, Jesús ha publicado "El juicio de proporcionalidad en lo laboral: construcción, nuevas dimensiones y futuros escenarios" (2022).

6. Pero lo que me resulta todavía más asombroso es que, durante su etapa de letrado del TC, Mercader publicara dos libros que están en el origen de dos líneas de investigación en las que Jesús está brillando y aportándonos luz de forma colosal. En 2001, publica su monografía *Indemnizaciones derivadas del accidente de trabajo. Seguridad Social y Derecho de daños,* y en 2002 lo hace con su libro *Derecho del Trabajo, nuevas tecnologías y sociedad de la información.* Es el largo "aliento" y progresiva maduración del "método Mercader."

Son líneas de investigación que, el caso de los daños, culminan de forma abrumadora con su ya mencionado tratado sobre el *Derecho laboral de daños (Indemnizaciones por daños y perjuicios en las relaciones laborales)* de 2025. Y que en el caso de las (entonces) nuevas tecnologías y la sociedad de la información, precedido del artículo ya mencionado de 2001 "Derechos fundamentales de los trabajadores y nuevas tecnologías: ¿hacia una empresa panóptica?", se expresarían en múltiples trabajos, como su libro de 2017 *El futuro del trabajo en la era de la digitalización y la robótica,* y sus artículos "La robotización y el futuro del Derecho del Trabajo" (2017); "Disrupción tecnológica, robótica y nuevas formas de trabajo" (2017); "La transformación de la empresa en la era de la disrupción tecnológica y la industria 4.0" (2017); "Desarrollo de la robotización y justo reparto de la riqueza" (2017); "Robótica y riesgos laborales" (2018); "El futuro del trabajo y del empleo en la era de la digitalización y la robótica" (2018); "Nuevos escenarios para el Estatuto de los Trabajadores del siglo XXI: digitalización y cambio tecnológico" (2020); "Hacia un Estatuto digital de los Trabajadores" (2021, en colaboración con Ana de la Puebla); "Reflexiones sobre la simultánea creación, destrucción y transformación del empleo en la era digital" (2022); y, en fin, "Hacia una democracia digital en la empresa" (2023).

Ya he avanzado que la protección de datos de carácter personal —sobresaliente signo distintivo de nuestro tiempo y de su ordenación jurídica— es una de las materias de las que primorosamente se ha ocupado en los últimos años el profesor Mercader. Aunque aquella protección no está mencionada en nuestra Constitución, la jurisprudencia constitucional la encontró en su artículo 18.4. Y, desde luego, sí se reconoce como tal en la más reciente y moderna Carta de Derechos Fundamentales de la Unión Europea (CDFUE), concretamente en su artículo 8.

Pues bien, Jesús Mercader es considerado de forma unánime como una de las más caracterizadas personas de referencia en protección de datos, materia a la que Jesús ha dedicado numerosas e importantes publicaciones, como son, entre otros, sus libros *Protección de datos en las relaciones laborales* (2018, dos ediciones) y *Protección de datos y garantía de los derechos digitales en las relaciones laborales* (2019), así como su artículos: "Protección de datos y relaciones laborales: apuntes prácticos sobre la entrada en vigor del Reglamento (UE) 2016/679" (2018); "Protección de datos y relaciones colectivas" (2018, en colaboración con Ana de la Puebla); "Categorías especiales de datos" (2019); "El Big data laboral: nuevos retos para la protección de datos en la era del cambio digital y el coronavirus" (2020); "La protección de datos del informe de detectives privados" (2020); y "El 'Big Bang' de la biometría laboral. De la huella dactilar a los neurodatos" (2024).

Particular mención merece el trabajo de Jesús sobre "*La protección de datos personales del trabajador. La obligación del empresario de informar al trabajador sobre sus condiciones de trabajo. Reglamento UE 2016/679, del Parlamento Europeo y del Consejo de 27 de abril de 2016*", publicado en el libro de referencia, ideado por María Emilia Casas y Román Gil Alburquerque, *Derecho Social de la Unión Europea. Aplicación por el Tribunal de Justicia,* (2018, 1ª ed., y 2019, 2ª ed.). Y, en colaboración con Mario Barros García, "*La protección de datos personales del trabajador (Reglamento UE 2016/679, del Parlamento Europeo y del Consejo de 27 de abril de 2016)*" (2023) y cuya renovada edición inglesa, eliminando las referencias al derecho español, se publicará próximamente.

El derecho a la protección de datos personales está proclamado en la CDFUE, como ha quedado dicho, a él se refiere el artículo 16.1 del Tratado de funcionamiento de la Unión Europea y está regulado en el Reglamento general de protección de datos (Reglamento UE 2016/679), al que nuestro autor siempre ha dedicado una especial atención, como lo hace de forma constante con todo el Derecho de la Unión que forma parte obviamente de nuestro derecho y sin el que este no puede comprenderse ni aplicarse. Jesús se ocupa intensivamente de él y de la jurisprudencia de su Tribunal de Justicia (TJUE), cada vez más importante para nuestras relaciones laborales. Si la jurisprudencia constitucional tuvo desde el principio un importante contenido laboral, lo mismo podemos decir desde hace ya tiempo de la jurisprudencia del TJUE.

7. Haciendo abstracción por un momento del derecho laboral de daños, la última línea de investigación de Mercader ha sido la inteligencia artificial, en la que es, al igual que con la protección de datos, una persona que todos consideramos de referencia. Le he oído decir más de una vez a nuestro maestro común, el profesor de la Villa, que cuando tiene alguna duda sobre estas dos materias, acude de inmediato al profesor Mercader. Siguiendo también aquí al maestro, yo hago exactamente lo mismo.

Ya contamos con el Reglamento (UE) 2024/1689, de 13 de junio de 2024, por el que se establecen normas armonizadas en materia de inteligencia artificial. Es una norma de una gran complejidad, sobre la que Mercader se mueve ya con una envidiable desenvoltura. Ya le ha dedicado dos primeros y clarificadores trabajos y comentarios en 2024: "El Reglamento de inteligencia artificial entra en la recta final, una primera lectura en clave laboral" y el ya citado "El Reglamento de Inteligencia Artificial: frecuentemos el futuro". Otra de las constantes del "método Mercader" es que no espera a la publicación de las normas en los correspondientes diarios oficiales, sino que sigue su evolución desde el momento en que empiezan a diseñarse.

En todo caso, Jesús venía estudiando desde hace tiempo con especial intensidad la inteligencia artificial y los algoritmos, lo que había concretado, de momento, en su sugerente libro *Algoritmos e inteligencia artificial en el derecho digital del trabajo* (2022). Con anterioridad había publicado, entre otros, los siguientes trabajos: "Algoritmos y derecho del trabajo" (2019); "Datos biométricos en los centros de trabajo" (2020 y 2021); "Algoritmos: personas y números en el Derecho Digital del trabajo" (2021); "Discriminación algorítmica y derecho granular: nuevos retos para la igualdad en la era del big data" (2021). Y, coetáneamente con el libro, "Labour relations in the era of robotics and artificial intelligence" (2022); "La gestión laboral a través de algoritmos" (2022); "Riesgos, garantías y responsabilidades frente al uso de sistemas de inteligencia artificial" (2022); y "En busca del empleador invisible: algoritmos e inteligencia artificial en el derecho digital del trabajo" (2022). En 2023 publicó "*Algoritmos y Derecho del Trabajo: hacia un Estatuto digital de los trabajadores*". En 2024 ha publicado "El principio de proporcionalidad como límite al control laboral basado en la inteligencia artificial" e "Inteligencia Artificial y relaciones laborales" y ya en 2025, "*Algoritmos e inteligencia artificial en el derecho digital del trabajo*", en el importante y monumental libro, dirigido por María Emilia Casas y coordinado por Daniel Pérez del Prado, *Derecho y Tecnología* (Fundación Ramón Areces, 727 páginas).

Que Jesús Mercader sea persona de referencia en protección de datos y en inteligencia artificial es sobresaliente muestra de lo que ya he denominado antes su radical modernidad, al ocuparse de dos de las materias más importantes de nuestro tiempo.

8. Este rápido repaso por su trayectoria investigadora y por sus publicaciones me llevan a concluir que, en mi opinión, Jesús Mercader forma ya parte de los más importantes investigadores y publicistas del Derecho del Trabajo, y me atrevería a añadir, aunque a él le parecerá sumamente exagerado y hasta probablemente le incomode, de todas las épocas.

No podrá extrañar, en todo caso, que Jesús tenga reconocidos todos los sexenios de investigación y de transferencia que se pueden tener.

El profesor Mercader fue galardonado con el Premio Asnala-Santander Justicia al Mejor Laboralista 2024. La reacción de Jesús al obtener este premio creo que define bien su manera de ser. Expresando desde luego su máximo agradecimiento por la obtención del premio, mostraba sin embargo cierto azoramiento porque pensaba que otras personas tenían más méritos que él para lograrlo.

4. OTRAS ACTIVIDADES PROFESIONALES

1. Ya he mencionado que Mercader fue letrado del Tribunal Constitucional desde noviembre de 2000 hasta octubre de 2003, en donde realizó un magnífico trabajo. Me consta la huella que dejó entre todos los que allí estaban y en los que allí siguen y se bien lo importante que para él fue prestar servicios en tan distinguido lugar.

Para un académico el paso por el TC es una oportunidad única y Jesús la aprovechó bien. Me parece que una de las cosas que más le gustó fue el debate constante con magistrados/as y letrados/as provenientes de otras disciplinas y del mundo tanto judicial como académico. Y, desde luego, la posibilidad de participar y ver de cerca la trabajada y exigente elaboración de las sentencias constitucionales. Por citar una, menciono, en este sentido, la importante STC 192/2003, de 27 de octubre, de la que fue ponente María Emilia Casas, quien, como es sabido, fue presidenta del TC.

En el TC Jesús profundizó su conocimiento de los derechos fundamentales, y su compromiso con ellos, y afianzó, con las mejoras técnicas, la interpretación de las normas laborales a la luz de nuestra Constitución.

Además de las obras a las que ya he hecho referencia, durante su estancia en el TC Mercader publicó el trabajo "*Derechos y libertades*", en el libro *Libertad de información y de expresión. Actas de las VII Jornadas de la Asociación de Letrados del Tribunal Constitucional*, Madrid, Centro de Estudios Políticos y Constitucionales, 2002, pp. 265 a 297.

2. Jesús Mercader se ha interesado y ha participado en los sistemas de solución autónoma de conflictos colectivos.

Ha sido, concretamente, mediador del Servicio Interconfederal de Mediación y Arbitraje (SIMA) perteneciente al Acuerdo Interconfederal sobre Solución Extrajudicial de Conflictos (ASEC) desde 20 de abril de 1998 hasta noviembre de 2000; árbitro del Organismo de Resolución Extrajudicial de Conflictos Laborales de Cantabria (ORECLA), desde 26 de mayo de 1997 hasta noviembre de 2000, y árbitro para entender de las reclamaciones en materia electoral en la Comunidad de Cantabria, desde 11 de diciembre de 1995 hasta noviembre de 2000.

3. A partir de octubre de 2015, Jesús Mercader dio el paso de empezar a colaborar con despachos profesionales.

Fue *Of Counsel* y Director Académico de Sagardoy Abogados desde 1 de octubre de 2015 hasta 31 de enero de 2019, desarrollando una gran labor, muy valorada por todos los integrantes de tan reconocido despacho y especialmente por su fundador, Juan Antonio Sagardoy, por su actual presidente, Iñigo Sagardoy de Simón, y por su director, Martín Godino Reyes. Jesús les está muy agradecido a todos ellos.

Desde el 1 de febrero de 2019, Jesús Mercader es *Counsel* de Uría Menéndez, en donde me consta está también realizando una extraordinaria labor, unánimemente reconocida por todo el despacho (una de las cosas que más le interesaba a Jesús era la visión integrada del derecho que proporciona un despacho multidisciplinar) y, especialmente, por los abogados y abogadas de su área laboral, dirigida por Mario Barros García y que cuenta con la socia Ana Alós Ramos y con los socios Mario Barros, ya citado, Raúl Boo Vicente, Daniel Cerrutti Buendía, André Pestana Nascimento, Sergio Ponce Rodríguez —persona extraordinaria, de suma inteligencia y abogado excepcional, a quien Mercader dedica su Derecho laboral de daños, y que, como dolorosamemte señala Jesús, nos dejó demasiado pronto— y Juan Reyes Herreros. Jesús trabaja intensivamente con todos ellos, quienes valoran extraordinariamente lo mucho que Jesús aporta a tan importante despacho, de fuerte raíz académica.

En Uría Menéndez Jesús se ha involucrado mucho en la práctica profesional y se ha puesto "la toga" con notable éxito. El ejercicio de la abogacía le ha permitido completar su visión del ya muy complejo ordenamiento jurídico laboral y los desafíos que plantea, no solo al investigador, sino al abogado. Le ha permitido hacerse un jurista todavía más completo.

Pero lo que quiero subrayar ahora es que esta importante involucración en una actividad tan exigente como es la abogacía Jesús la ha realizado compatibilizándola con sus tareas docentes e investigadoras. No hay más que ver los numerosos trabajos que Jesús ha publicado (varios de ellos los he mencionado en esta semblanza) a partir de 2019 (e incluso desde 2015). Para mí, que creo conocer bien lo exigente que es el ejercicio de la abogacía, lo que ha hecho Jesús es sencillamente asombroso. Está al alcance de muy pocos (yo desde luego no pude hacerlo en mis intensos veinte años de ejercicio profesional) y ese logro lo acerca, de nuevo, a nuestro maestro común, Luis Enrique de la Villa Gil.

Mi relación con el muy querido profesor Jesús Mercader a través de la Universidad Carlos III de Madrid

MANUEL CARLOS PALOMEQUE LÓPEZ
Profesor de Derecho del Trabajo y Seguridad Social Emérito Honorífico
Universidad de Salamanca

Pues la obra de la memoria solo puede comenzar en la penumbra de la soledad.
Paul Auster, *La invención de la soledad*, 1982

El profesor Jesús Rafael Mercader Uguina es catedrático de universidad, de Derecho del Trabajo y de la Seguridad Social, nuestra disciplina jurídica y común, desde el año 2000. Su máxima condición académica dentro de la esfera oficial de los docentes universitarios en nuestro sistema institucional comienza, así pues, con el estreno también del nuevo milenio al año siguiente. Desde el 26 de octubre de 2000, en el que se hacía efectiva su incorporación como catedrático de la materia, tras haber ganado el correspondiente concurso, a la Facultad de Derecho de la Universidad de Cantabria (Resolución de 6 de octubre de 2000, de la Universidad de Cantabria, por la que se lo nombra, *BOE*, 25-10). Estuvo en ella hasta su acceso a la Universidad Carlos III de Madrid, a su Facultad de Ciencias Jurídicas y Sociales con sede en Getafe, en la que se mantuvo en comisión de servicios entre el 1 de octubre de 2003 y el 14 de octubre de 2004.

Antes de finalizar esta situación administrativa, había ganado el concurso de acceso en propiedad a esta cátedra, juzgado por un tribunal que presidía el profesor Santiago González Ortega, y del que me cupo la fortuna de formar parte como vocal segundo, siendo Luis Enrique de la Villa Gil, su maestro científico y académico, el primero de esta comisión (Resolución de 16 de septiembre de 2004, de la Universidad Carlos III de Madrid, por la que se produce el nombramiento de Jesús Mercader, *BOE*, 15-10). En consecuencia, el profesor Mercader Uguina es catedrático de Derecho del Trabajo y de la Seguridad Social de esta Universidad Carlos III de Madrid desde el 15 de octubre de 2004, sucediendo en la plaza al referido profesor González Ortega, que se había trasladado a la Universidad Pablo de Olavide de Sevilla.

El mes de octubre de este año 2025 en el que vivimos el profesor Mercader Uguina cumple por consiguiente 25 como catedrático de universidad, coronando de este modo una primera etapa harto fecunda de lo que esperamos sea una larguísima carrera investigadora, docente y profesional plena de satisfacciones y éxitos. En estas condiciones, sus muchos discípulos, principalmente de la Universidad Carlos III, aunque no solo de ella, decidieron con buen criterio y conforme a la mejor tradición abordar en homenaje al maestro un libro conmemorativo de esta efeméride singular, en el que habrían de participar todos ellos. Y los promotores de la obra acordaron, al propio tiempo, conocedores de la muy estrecha relación personal y la amistad profunda que me unen desde hace tiempo con Jesús Mercader, invitarme a que escribiera un texto breve para el libro, desde luego fuera de la sistemática material de la obra. Pocos días me otorgaron para llevar a cabo este cometido, pero la amable invitación recibida y la emoción a mi cargo de que mi nombre apareciera en sus páginas ligado al homenaje merecido al amigo justificaron con creces el pequeño inconveniente.

Si pretendo destacar algún elemento singular de la relación personal que me une con el profesor Mercader Uguina, ¿por qué no utilizar como punto de vista para ello el nexo que la Universidad Carlos III de Madrid, en la que él ha desarrollado su madurez con plenitud, nos ofrece a ambos? Y, dicho y hecho.

Jesús Mercader, sin duda uno de los iuslaboralistas más relevantes del tiempo presente entre nosotros, poseedor a pesar de su juventud de una obra plena, original y de impacto científico superlativo, es además un amigo muy querido y admirado. Ya al menos, si no antes, desde el momento de la defensa brillante de su tesis doctoral, con el título *Relaciones de conflicto y coordinación entre convenios colectivos* y bajo la dirección de su maestro, Luis Enrique de la Villa Gil, que tuvo lugar el 10 de diciembre de 1992 en la Facultad de Derecho de la Universidad Autónoma de Madrid. El tribunal, que estuvo presidido por el profesor Antonio Martín Valverde y del que me cupo la fortuna de formar parte en su labor enjuiciadora, le otorgó la máxima calificación de sobresaliente *cum laude*. Y, con posterioridad, un tribunal presidido por el profesor Luis Díez-Picazo y Ponce de León, lo hizo con el premio extraordinario de doctorado. A partir de esta tesis doctoral, publicó el importante libro *Estructura de la negociación colectiva y relaciones entre convenios* (1994, Madrid, Civitas/UAM).

Cuando se puso en marcha bajo mi dirección la revista *Trabajo y Derecho* (hoy, Aranzadi/La Ley), de carácter mensual, más dos números extraordinarios y monográficos al año, que goza en la actualidad del mayor predicamento entre las publicaciones periódicas de la especialidad, propuse a Jesús Mercader que se hiciese cargo de una novedosa sección de aquella: "práctica jurídica y despachos profesionales" fue el nombre que él mismo propuso para esta parte de la publicación y que sigue rigiendo en la actualidad. Ha mantenido de modo vigoroso esta tarea hasta la fecha, dentro del consejo de redacción de la revista, para contribuir así de modo harto notable al éxito general de la obra. El profesor Mercader dirige, como es sabido, junto a los profesores José María Goerlich Peset y Ana de la Puebla Pinilla, *Labos. Revista de Derecho del Trabajo y Protección Social* (Universidad Carlos III de Madrid, Getafe), de cuyo comité científico por cierto me honro en pertenecer.

Y Jesús Mercader ha participado a lo largo de estos últimos años, naturalmente, como consecuencia de invitaciones que le formulamos, en numerosas actividades académicas —conferencias, tribunales de tesis doctorales, comisiones de selección de plazas de profesorado— de la Universidad de Salamanca.

Con anterioridad a la incorporación del profesor Mercader a la Carlos III, yo había tenido ya, es cierto, relación académica con la misma —en algún momento se me había ofrecido inclusive desde la propia universidad la posibilidad de recalar yo allí, antes de que se incorporara como catedrático Santiago González Ortega—, con su Facultad de Ciencias Jurídicas y Sociales. Invitado por los profesores Casas Baamonde, que fue vicerrectora de la corporación durante tiempo, o González Ortega, participé en su seno con la impartición de varias conferencias o ponencias en su Máster de Derecho Comunitario —«Política y Derecho social comunitarios: evolución y perspectivas», 19 de octubre de 1990—, en las V Jornadas hispano-italianas de Derecho del Trabajo —«Relaciones entre el Derecho comunitario y los Derechos nacionales», 2 de julio de 1993—, y en sus cursos de especialización sobre Relaciones laborales en Europa y diálogo social —«La Directiva 94/45/CE sobre la constitución de un comité de empresa europeo», 24 de noviembre de 1997, o «El Tratado de Amsterdam y las competencias comunitarias sobre el empleo», 30 de noviembre de 1998— y, en fin, en su Instituto Universitario de Estudios Internacionales y Europeos —«La política social comunitaria», 22 de abril de 1999—. También formé parte del tribunal de la tesis doctoral —presidido por el tantas veces recordado profesor Fernando Valdés Dal-Ré— que, bajo la dirección del profesor Antonio Baylos Grau, defendía Berta Valdés de la Vega en aquella facultad, el 27 de septiembre de 1993, con el título de *La profesionalidad del trabajador en la determinación cualitativa del objeto contractual y en el cumplimiento de la obligación de trabajar.*

Con la llegada a la cátedra de la Carlos III del profesor Mercader Uguina —llegó a ser también secretario general de la propia universidad—, se intensificó desde luego mi participación académica en la misma. Numerosas fueron las conferencias que impartí en sus aulas. Me referiré de modo singular a dos de ellas.

Guardo especial recuerdo, así pues, de mi participación en el Seminario de profesores de su Facultad de Ciencias Jurídicas y Sociales, el día 23 de noviembre de 2005, en el que desarrollé una ponencia sobre «El Estatuto de los Trabajadores veinticinco años después», a la que siguió un coloquio prolongado e intenso del que, por su interés, guardo el mejor recuerdo.

Y, desde luego, y ha sido la última hasta el momento, la participación de Manuel Álvarez de la Rosa —"el hermano que no tuve" sigue imborrable naturalmente dentro de mi corazón— y mía en la primera sesión del seminario organizado por Jesús Mercader acerca de la manualística española de Derecho del trabajo. Bajo el título «Pasado, presente y futuro del Derecho del trabajo. A propósito de la obra "Derecho del trabajo" de los profesores Palomeque y Álvarez de la Rosa», tuvo lugar la sesión, el 21 de noviembre de 2019, en el madrileño Centro de Postgrado/Campus de Puerta de Toledo de la Carlos III. Los profesores Mercader y García-Perrote presentaron el seminario y dirigieron el debate sobrevenido y nosotros reflexionamos sobre «Nuestro "Derecho de Trabajo": opciones metodológicas y puntos de vista». Un largo e intenso cruce de intervenciones entre los asistentes —verdaderamente un público interesado y participativo— y la mesa giró sobre una doble cuestión esperada: el papel de los manuales docentes para la formación de estudiantes y consultores y, sobre todo, la situación presente del ordenamiento jurídico laboral español y, de modo más amplio, de Derecho del trabajo en general.

No lo sabíamos desde luego en el mes de noviembre de 1919 —acababa de aparecer la 27ª edición de este *Derecho del Trabajo* conjunto, aunque ya por entonces le dábamos vueltas al asunto—, pero el libro concluía su larga y fecunda andadura en julio de 2022, tras su 30ª y última edición, vivo de forma ininterrumpida durante tres décadas (1993-2022). Explicábamos las razones para el punto final en un sentido prólogo —"Nos despedimos de ustedes"— y creíamos con sinceridad que había llegado el momento de concluir el viaje y salir de la escena con dignidad por haberse cumplido con creces nuestro ciclo. Jesús Mercader escribía un bonito texto sobre la obra: «El papel del "manual" en la construcción de la ciencia jurídica: el Derecho del Trabajo de Carlos Palomeque y Manuel Álvarez de la Rosa, treinta ediciones después» (*Trabajo y Derecho*, 2023, núm. 100, abril).

El libro que ahora se cerraba había respondido hasta el final a un propósito científico y metodológico permanente y unitario. No otro, por cierto, que el ofrecimiento de una visión sistemática y completa del ordenamiento laboral en su conjunto, de sus fuentes de producción normativa y de sus contenidos o soluciones jurídicas, así como de las herramientas conceptuales y críticas necesarias para la plena comprensión del complejo entramado institucional resultante de la ordenación de las relaciones de trabajo asalariado, individuales y colectivas, dentro del sistema constitucional español y de la Unión Europea. Y había respondido, además, lo que nos parecía decisivo, al buscado propósito de culminar una entrañable relación personal y académica entre sus autores, que se remontaba en su comienzo a 1979 y se había prolongado a lo largo de más de cuarenta años, primero en la Universidad de La Laguna y más tarde a partir de la fructífera relación entre esta y la de Salamanca, que no ha hecho sino intensificarse con el tiempo, alcanzaba así su principal exponente con la publicación de este *Derecho del Trabajo*.

El profesor Álvarez de la Rosa fallecía en su Santa Cruz de Tenerife natal, ¡ay!, el 2 de noviembre de 2023, cuatro años después de aquel seminario emocionante y uno tan solo desde la conclusión de nuestro manual.

En la Universidad Carlos III he formado parte, asimismo, de comisiones o tribunales encargados de resolver concursos de acceso a plazas de profesores titulares de universidad, de nuestra área de conocimiento de Derecho del Trabajo y de la Seguridad Social, todos ellos bajo la presidencia del profesor Jesús Mercader Uguina. Como las que, tras los respectivos desarrollos, fueron obtenidas por las profesoras María Gema Quintero Lima (Resolución de 17 de diciembre de 2010, de la Universidad Carlos III de Madrid, *BOE* 4-1-2011) o María Teresa Alameda Castillo (Resolución de 17 de abril de 2012 de la Universidad Carlos III, *BOE* 27-4).

Y, en fin, ahora sí concluyo, también he formado parte de tribunales de tesis doctorales dirigidas por el profesor Mercader Uguina en la Facultad de Ciencias Jurídicas y Sociales de la Carlos III. Es el caso de la profesora Ana Belén Muñoz Ruiz —*El sistema normativo de la prevención de riesgos laborales*—, 6 de marzo de 2008, que obtenía la calificación de sobresaliente cum laude, por unanimidad, y yo era primer vocal de un tribunal presidido por Luis Enrique de la Villa y que también integraban los profesores Santiago González Ortega, Ignacio García-Perrote Escartín y Ricardo Escudero Rodríguez, este último como secretario. O de la profesora Patricia Nieto Rojas —*La representación de los trabajadores en la empresa. Estructura, ámbito y función*—, 6 de mayo de 2015, que recibía la calificación unánime de sobresaliente cum laude —obtendría después premio extraordinario de doctorado—, de un tribunal presidido por mí mismo e integrado además por los profesores Ricardo Escudero Rodríguez y José Luján Alcaraz.